Die Rechtsgrundsätze

des

Königlich Preußischen

Ober-Verwaltungsgerichts.

Begründet von K. Parey.

Dritte, gänzlich neu bearbeitete und bis zur Gegenwart ergänzte Auflage

herausgegeben

von

Fr. Kunze
Ober-Verwaltungsgerichtsrath.

und

Dr. G. Kautz,
Regierungsrath.

Erster Band.

Berlin 1897.
J. J. Heines Verlag.

Vorrede.

Einer der wesentlichsten Gesichtspunkte, die in der durch die Kreisordnung vom 13. Dezember 1872 eingeleiteten Reform der inneren Verwaltung Preußens verfolgt werden, ist die Rechtskontrolle der öffentlichen Verwaltung durch selbständige Verwaltungsgerichte. Sie soll bewirken, daß die im öffentlichen Rechte begründeten Individualrechte vor den Verwaltungsgerichten ähnlichen Schutz finden, wie ihn die Zivilgerichte den Privatrechten gewähren.

Es konnte nicht ausbleiben, daß bei Handhabung der neuen Verwaltungsgesetze bei Verwaltungsgerichts-, wie bei Verwaltungsbehörden, sei es in Fragen des materiellen Rechtes und der Zuständigkeit, sei es in solchen des Streitverfahrens, Zweifel und widersprechende Auffassungen entstanden, deren Lösung ein Bedürfnis war. Zur Herbeiführung dieser Lösung dient in erster Reihe die Rechtsprechung des Kgl. Oberverwaltungsgerichtes, das mit der ausdrücklichen Bestimmung in das Leben gerufen worden ist, die Einheit der Verwaltungsrechtsprechung zu sichern. Hieraus erhellt, wie unendlich wichtig die Kenntnis seiner Rechtsprechung ist, nicht allein für die Staats- und kommunalen Verwaltungsbehörden, sondern auch für den Einzelnen, der Schutz seiner Rechte vor den Verwaltungsgerichten finden soll und nicht zum Mindesten auch für die Anwaltschaft, deren Beruf es ist, dem Einzelnen in der Erreichung jenes Schutzes beratend beizustehen.

Die wichtigste Erkenntnisquelle der Rechtsprechung des Oberverwaltungsgerichtes wird immer die von einzelnen seiner Mitglieder herausgegebene amtliche Sammlung der Entscheidungen bilden. Indessen ist nicht zu unterschätzen, daß die nunmehr bereits auf 35 Bände angewachsene Sammlung einen Kaufpreis erfordert, der vielen die Anschaffung erschwert, wenn nicht unmöglich macht. Außerdem ist dem vielbeschäftigten Verwaltungsbeamten, dem Anwalt, wie dem Einzelnen, der sein Recht sucht, oft nicht daran gelegen, die Entscheidung in ihrer ganzen Breite, die Gründe in ihrer ganzen vortrefflichen Ausführlichkeit kennen zu lernen. Ihnen genügt der Kern der Entscheidung, der Rechtsgrundsatz mit der zu seinem Verständnisse unbedingt notwendigen Begründung. Auch dürfte ihnen eine systematische Zusammenstellung der in den 35 Bänden zerstreuten Entscheidungen erwünscht sein. Endlich aber finden sich in zahlreichen anderen Sammlungen, insbesondere im Preußischen Verwaltungsblatt, in Bochmanns Rechtsgrundsätzen und Mitteilungen, im Zentralblatt der Unterrichtsverwaltung (in Schulangelegenheiten) u. s. w. viele Entscheidungen, deren Einfügung zur Vervollständigung der Rechtsprechung des Oberverwaltungsgerichtes erforderlich erschien.

Ist hiernach das Bedürfnis für eine systematische, kurze Zusammenstellung dieser Rechtsprechung vorhanden, so war doch die Aufgabe, ihm zu genügen, eine recht mühevolle. Von dem in den ersten zwei Auflagen von dem früheren Verwaltungsgerichtsdirektor Parey herausgegebenen Werke konnte wenig Gebrauch gemacht werden, so daß die nunmehrige dritte Auflage sich nicht wohl als eine wiederholte Auflegung, sondern vielmehr als ein völlig neues, nach neuen Grundsätzen verfaßtes Werk darstellt.

Unter thunlichster Anlehnung an die Wortfassung des Oberverwaltungsgerichtes ist den Rechtsgrundsätzen da, wo es nötig erschien, eine ausgiebige Begründung beigegeben worden. Auch die Thatbestände sind nicht unberücksichtigt geblieben, wenn ihre Kenntnis zum Verständnisse notwendig war. Besonderer Wert ist auf eine klare, scharfe Systematisierung gelegt worden und es hat sich aus diesem Grunde nicht vermeiden lassen, daß manche Entscheidungen, so weit sie verschiedene Rechtsgrundsätze enthielten, getrennt und in verschiedenen Abschnitten erschienen, manche auch wiederholt werden.

Veraltete Entscheidungen sind fortgelassen; veraltetes in einzelnen Entscheidungen ist ausgeschieden, bezw. nach dem Stande der heutigen Gesetzgebung ergänzt und berichtigt. Erläuternde Anmerkungen tragen zum Verständnisse der Rechtsprechung bei. Den einzelnen Abschnitten sind ausführliche Angaben über die einschlägige Litteratur und über die Gesetzesmaterialien vorausgeschickt; sorgfältige chronologische und Sachregister sollen die Handhabung des Werkes erleichtern.

Möge das Werk seine Aufgabe erfüllen, möge es an seinem Teile dazu beitragen, daß die Rechtsprechung des Oberverwaltungsgerichtes mehr und mehr das Rechtsleben des Volkes und die Praxis der Verwaltungsbehörden durchdringt. Dann wird auch die Aufgabe der Verwaltungsgerichte, eine „Rechtskontrolle der öffentlichen Verwaltung“ zu führen, eine erheblich leichtere sein.

Grunewald,
Charlottenburg, im September 1897.

Fr. Kunze. Dr. G. Kautz.

Inhaltsverzeichnis.

Zweite Abteilung.

Kultus, Schule, Zwangserziehung, Personenstand und Staatsangehörigkeit.

Verzeichnis der Abkürzungen.

a. a. O. = am angeführten Orte.
Abs. = Absatz.
A.-H. = Abgeordnetenhaus.
A. L.-R. = Preuß. Allgem. Landrecht.
Allg. Verf. = Allgemeine Verfügung.
Anm. = Anmerkung.
Art. = Artikel.
Aufl. = Auflage.
Ausf.-Anw. = Ausführungsanweisung.
Ausf.-Ges. = Ausführungsgesetz.
Ausf.-Instr. = Ausführungsinstruktion.
Bd. = Band.
Zirk.-Reskr. = Zirkular-Reskript.
Dot.-Ges. = Dotationsgesetz.
Eink.-St.-Ges. = Einkommensteuergesetz.
Entsch. = Entscheidung.
E.-O.-V. = Entsch. d. Ob. Verwaltungsgerichts.
Erk. = Erkenntnis.
Ges. = Gesetz.
G.-S. = Gesetz-Sammlung d. Pr. Staat.
Gew.-Ordn. = Gewerbeordnung.
H.-H. = Herrenhaus.
Kab.-Ord. = Kabinetsordre.
Komm.-B. = Kommissionsbericht.
Komm. = Kommentar.
Komm.-Abg.-Ges. = Kommunalabgabengesetz v. 14. Juli 1893.
K.-V.-G. = Krankenversicherungsgesetz.
Kr.-Ordn. = Kreisordnung.
L.-V.-G. = Landes-Verwaltungsgesetz.
M.-Bl. = Pr. Ministerialblatt f. d. ges. innere Verwaltung.
Min.-Erl. = Ministerial-Erlaß.
Min.-Inst. = Ministerial-Instruktion.
O.-Trib. = Obertribunal.
O.-V.-G. = Oberverwaltungs-Gericht.
Pr. Ausf.-Ges. = Pr. Ausführungs-Gesetz.
Prov.-Verb. = Provinzialverband.
Prov.-Ordn. = Provinzialordnung.
R.-G. = Reichsgesetz.
R.-G.-Bl. = Reichs-Gesetzblatt.
R.-Ger. = Reichsgericht.
R.-Gew.-Ordn. = Reichsgewerbeordnung.
R.-Str.-G.-B. = Reichsstrafgesetzbuch.
R.-T. = Reichstag.
Reskr. = Reskript.
S. = Seite.
St.-Ordn. = Städte-Ordnung.
Sten.-Ber. = Stenographischer Bericht.
U.-V.-G. = Unfallversicherungsgesetz.
Urt. = Urteil.
Verf. = Verfügung.
Vd. = Verordnung.
Zust.-Ges. = Zuständigkeitsgesetz vom 1. August 1883.

Zur Geschichte und Einrichtung des Ober-Verwaltungsgerichts.

Das Oberverwaltungsgericht verdankt seine Errichtung dem Gesetze, betreffend die Verfassung der Verwaltungsgerichte und des Verwaltungsstreitverfahren, vom 3. Juli 1875. Es entscheidet in erster, zweiter und dritter Instanz, in allen Fällen endgültig. Seine sachliche Zuständigkeit in erster Instanz bestimmen besondere Gesetze, die Entscheidung in zweiter Instanz erfolgt auf Berufung oder Revision gegen die von den Bezirksausschüssen erlassenen Urteile oder Vorbescheide erster Instanz, in dritter Instanz gegen die Berufungsentscheidungen der Bezirksausschüsse.

Bei seinem Zusammentritte bestand das Oberverwaltungsgericht aus sieben Mitgliedern: dem Präsidenten Persius, dem ständigen Mitglied von Meyeren und sechs nichtständigen Mitgliedern, Dr. Gneist, Rhode, Jebens, Dahrenstaedt und von Kamptz. Die erste öffentliche Sitzung fand am 25. April 1876 statt. Das Jahr 1876 brachte folgende Veränderungen: von Kamptz wurde pensioniert und Schmückert, Jebens, Dahrenstaedt und Freiherr von Franke wurden zu Oberverwaltungsgerichtsräten und ständigen Mitgliedern ernannt. Jetzt besteht das Oberverwaltungsgericht aus einem Ersten Präsidenten, fünf Senatspräsidenten, vierundvierzig Oberverwaltungsgerichtsräten (darunter keinen im Nebenamte). Während im Jahre 1876 nur vier Subalternbeamte angestellt waren, befinden sich gegenwärtig im Amte: ein Bureauvorsteher, siebenundzwanzig expedierende Sekretäre, ein Kanzleidirektor, vierundzwanzig Kanzleisekretäre, ein Botenmeister, zwölf Kanzleidiener. Die Journalnummer ist von 1204 auf 24776 gestiegen.

Es bestehen sechs Senate und es bearbeitet der erste Senat: Angelegenheiten der Amtsverbände, der Landgemeinden und Gutsbezirke in den sieben östlichen Provinzen, in Hannover und Schleswig-Holstein sowie des Regierungsbezirks Kassel, Armenangelegenheiten, Schulsachen, Angelegenheiten der evangelischen und katholischen Kirche, Feuerlöschwesen, Dismembrationssachen, Personenstand und Staatsangehörigkeit, Verhängung von Ordnungsstrafen an mittelbare

Staatsbeamte, Konflikte bei gerichtlichen Verfolgungen wegen Amts- und Diensthandlungen, Zwangsetatisierungen 2c.

Der zweite Senat: Angelegenheiten der Provinzen und Kreise, Amts- und Bürgermeistereisachen aus den westlichen Provinzen, Angelegenheiten der Stadtgemeinden, Synagogenangelegenheiten 2c.

Der dritte Senat: Wasser-, Strom-, Schiffahrts- und Hafenpolizeisachen, Deichangelegenheiten, Fischerei-, Feld-, Forst- und Jagdpolizeisachen, Gewerbepolizeiliche Angelegenheiten mit Ausschluß der Streitsachen aus den §§ 35 und 37 der Gewerbe-Ordnung, für welche der vierte Senat zuständig ist, Angelegenheiten der Handelskammern, kaufmännischen Korporationen, Börsen, Versicherungssachen, Hilfskassen-, Kranken- und Unfallversicherungsangelegenheiten 2c.

Der vierte Senat: Wege- und straßenbaupolizeiliche, wege- und straßenpolizeiliche Angelegenheiten, Bau- und Ansiedelungssachen 2c.

Der fünfte und sechste Senat: Staatssteuersachen, verteilt auf je drei Kammern (Ges. vom 26. März 1893 G.-S. S. 60) nach geographischen Bezirken und nach Materien.

Der Disziplinarsenat (Ges. vom 8. Mai 1849 G.-S. S. 107), bestehend aus zwei Präsidenten und sieben Räten, entscheidet in Disziplinaruntersuchungen auf Entfernungen aus dem Amte und über die Thatsache der Dienstunfähigkeit von Beamten.

Erste Abteilung.

Angelegenheiten der Kommunalverbände.

I.

Provinzialverbände.

A. Wahlen zum Provinziallandtage.

Nr. 1. Entsch. Bd. I. S. 15 vom 25. April 1876.

Prov.=Ordn. v. $\frac{29.\ VI.\ 75}{22.\ III.\ 81}$ (G.=S. 1881 S. 233) § 17; Ges. über den Eigentumserwerb v. 5. V. 72 (G.=S. S. 433) § 9.

1) Nach § 17 der Prov.=Ordn. wird für die Wählbarkeit zum Provinziallandtage einjährige Angehörigkeit an die Provinz bis zur Wahl gefordert. Diese Angehörigkeit sollen sowohl Wohnsitz, als Grundbesitz gleichmäßig begründen können, so daß sie so lange nicht als unterbrochen gilt, als nicht beide Voraussetzungen gleichmäßig fehlen.

2) Gegen die Wahl ist der Einwand der simulierten Erwerbung des Grundbesitzes zulässig. Falls also die Auflassung thatsächlich simuliert wäre, so würde trotz der auf Grund dieser im Grundbuche erfolgten Eigentumsübertragung das Eigentum an dem Grundstücke auf den Gewählten nicht übergegangen sein (§ 9 des Ges. vom 5. V. 72, G.=S. S. 433) und somit der Nachweis seiner durch Grundbesitz fortgesetzten Angehörigkeit an die Provinz mangeln. Der Verwaltungsrichter hat selbständig zu prüfen, ob Simulation vorliegt.

Litteratur: v. Brauchitsch: Die neuen preußischen Verwaltungsgesetze, bearbeitet von Studt und Braunbehrens. Berlin. Bd. I. 13. Aufl. 1895. Bd. II. 12. Aufl. 1895. Bd. III. 12. Aufl. 1894. Bd. IV. 11. Aufl. 1893. Bd. V. 3. Aufl. 1894. Dazu: Ergänzungsbände für Westfalen von Braunbehrens 2. Aufl. 1889; für die Rheinprovinz von v. Bitter 2. Aufl. 1890; für Hannover von v. Gostkowsky 1891; für Schleswig=Holstein von Haase 2. Aufl. 1893; für Posen von Haase 1889. — Dr. Bornhak: Preußisches Verwaltungsrecht. Freiburg i. B. 1892. — Haase: Die Kreis= und Provinzialverfassung des preußischen Staates. Berlin 1891. — Hue de Grais: Handbuch der Verfassung und Verwaltung in Preußen und im Deutschen Reich. Berlin. 10. Aufl. 1895. — Hue de Grais: Grundriß der Verfassung und Verwaltung in Preußen und im Deutschen Reich. Berlin. 3. Aufl. 1892. — Illing=Kautz: Handbuch für preußische Verwaltungsbeamte. Berlin. 6. Aufl. 1895. — Parey: Handbuch des preußischen Verwaltungsrechts. Berlin. 1887. — Pfafferoth: Die preußischen Organisationsgesetze für

Nr. 2. Entsch. Bd. I. S. 8 vom 2. Mai 1876.

Wahlreglement §§ 6, 8 zu § 16 der Prov.-Ordn. v. $\frac{29.\ VI.\ 75}{22.\ III.\ 81}$ (G.-S. 1881 S. 233) und §§ 24, 58 der letzteren.

1) Das Verfahren bei der Wahl der Provinziallandtagsabgeordneten regelt sich nach dem der Prov.-Ordn. vom 29. VI. 75 angehängten Wahlreglement.

2) Die Bestimmung im § 6 Nr. 2 dieses Reglements, wonach Stimmzettel ungültig sind, aus denen die Person des Gewählten nicht unzweifelhaft zu erkennen ist, hat nicht den Sinn, daß der Wahlvorstand unter allen Umständen verpflichtet sein soll, alle Stimmzettel, deren Fassung zu Zweifeln über die Person des Gewählten auch nur eine entfernte Möglichkeit geben könnte, unbedingt für ungültig zu erklären. Die Frage, ob sich die Person des Gewählten aus den Stimmzetteln mit Sicherheit erkennen läßt, ist vielmehr eine rein thatsächliche, deren vorläufige Entscheidung nach § 7 a. a. O. dem Wahlvorstande übertragen ist. Kommt es aber demnächst infolge von Einsprüchen oder Klagen gegen die Gültigkeit der Wahl auf eine Prüfung und Entscheidung durch den Provinziallandtag, bezw. das O.-V.-G. an, so wird hierbei auf das Urteil des Wahlvorstandes, falls es sich nicht als ein irrtümliches herausstellen sollte, besonderes Gewicht zu legen sein.

3) Bei der Anwendung des § 8 des Wahlreglements kommt es nicht darauf an, ob überhaupt nur zwei oder ob mehrere Personen im ersten Wahlgange Stimmen erhalten haben. Die Vornahme einer sogenannten engeren Wahl muß in allen Fällen stattfinden, wo der erste Wahlgang eine absolute Stimmenmehrheit nicht ergeben hat.

---

die innere Verwaltung. Berlin. 2. Aufl. 1884. — Schubart: Verfassung und Verwaltung des Deutschen Reiches und des preußischen Staates. Breslau. 11. Aufl. 1896. — Stengel: Die Organisation der preußischen Verwaltung. Berlin 1884. — Dr. Strutz: Kommunalverbände in Preußen. Berlin. 1888. — Dr. Bornhak: Die preußischen Kreis- und Provinzialordnungen, synoptische Ausgabe. Berlin 1887. — Dullo: Die preußischen Verwaltungsgesetze. Berlin 1890. — Hahn: Provinzial-Ordnung. Berlin 1875. — Kletke: Kreis- und Provinzial-Ordnung. Berlin 1881. — Steinitz: Provinzial-Ordnung. Berlin 1875.

Gesetzesmaterialien. Provinzialordnung für die östlichen Provinzen vom 29. Juni 1875. Verhandl. des Abgeordnetenhauses 1875. Drucksachen Nr. 14. 170. 369. Stenographischer Bericht Band I. Seite 131—201. Bd. II. S. 1043—1163, 1175—1235, 1300—1324, 2056—2098. Verh. des Herrenhauses. Drucks. Nr. 99. 136. Stenogr.-Ber. S. 417—503, 512, 628—642. — Novelle zur Provinzialordnung vom 22. März 1881. Abg.-H. 1880/81. Drucks. Nr. 10. 177. 219. Stenogr.-Ber. Bd. I. S. 37—52. Bd. II. S. 1647. 1724. Herrenhaus Drucks. Nr. 69. 88. Stenogr.-Ber. S. 209. 210. — Provinzialordnung für Hannover vom 7. Mai 1884. Abg.-Haus 1883/84. Drucks. Nr. 7. 73. 114. Stenogr.-Ber. I. 99—123. III. 1541—1567, 1579—1587, 1593. Herrenhaus Drucks. Nr. 44. 57. 66. Stenogr.-Ber. S. 160. — Provinzialordnung für Hessen-Nassau vom 8. Juni 1885. Herrenhaus 1885. Drucks. 16. 30. 38. 40. 42. 47. 50. Sten.-Ber. S. 25, 56. Abg.-Haus. Drucks. Nr. 85. 172. 209. Sten.-Ber. II. 919. III. 1437. 1519—1551. 1586—1596. — Provinzialordnung für Westfalen vom 1. August 1886. Herrenhaus 1886. Drucks. Nr. 6. 22. 97. 107. 108. Sten.-Ber. S. 66 ff. 298. Abg.-Haus Drucks. Nr. 76. 168. 208. 256. Sten.-Bericht II. 939.—955. IV. 2252—2284. 2290. 2644. — Provinzialordnung für die Rheinprovinz vom 1. Juni 1887. Herrenhaus 1887. Drucks. Nr. 9. 17. Sten.-Ber. S. 33. Abg.-Haus. Drucks. Nr. 47. 90. Sten.-Ber. I. 481—488. II. 663. 708. — Provinzialordnung für Schleswig-Holstein vom 27. Mai 1888. Herrenhaus 1888. Drucks. Nr. 13. 27. Sten.-Ber. S. 28. Abg.-Haus. Drucks. Nr. 115. Sten.-Ber. II. 1066. III. 1401. 1462. — Dotationsgesetz vom 8. Juli 1875. Abg.-Haus 1875. Drucks. Nr. 28. 144. 383. Sten.-Ber. I. 229—242. II 1355—1392. 1402—1434. III. 2102—2106. Herrenhaus Drucks. Nr. 102. Sten.-Ber. S. 504—550. 642.

4) Die Entscheidung durch das Los tritt nur ein:
a. behufs Entscheidung der Frage, wer von mehreren aus dem ersten Skrutinium mit einer gleichen Stimmenzahl hervorgegangenen Personen auf die engere Wahl zu bringen ist, und
b. behufs Entscheidung der Frage, wer von den auf die engere Wahl gebrachten Personen bei Stimmengleichheit als schließlich, d. h. als im zweiten Wahlgange gewählt, zu betrachten ist.

5) Der Provinziallandtag wird bei Klagen gegen seine Beschlüsse über die Gültigkeit der Wahlen seiner Mitglieder gemäß § 58 der Prov.-Ordn. durch den Provinzialausschuß vertreten, sofern der Provinziallandtag nicht ein besonderes Organ zur Vertretung jenes seines Beschlusses eingesetzt hat. Die Vertretung steht mangels einer entsprechenden Bestimmung weder dem Vorsitzenden des Provinziallandtages zu, noch dem Landesdirektor, welcher letztere vielmehr gemäß §§ 87, 90 a. a. O. in seiner Zuständigkeit auf die Wahrnehmung der laufenden Geschäfte der Provinzialverwaltung beschränkt ist.

6) Demjenigen, dessen Wahl nach § 24 a. a. O. angegriffen wird, ist durch Beiladung zum Streitverfahren die Möglichkeit zu gewähren, sein Interesse an der Aufrechterhaltung der Wahl zu wahren.[1])

Nr. 3. Entsch. Bd. VIII. S. 11 vom 16. Mai 1882.

Prov.-Ordn. v. $\frac{29.\ VI.\ 75}{22.\ III.\ 81}$ (G.-S. 1881 S. 233) §§ 14, 16. Wahlreglement dazu (G.-S 1881 S. 259) §§ 3, 6, 8.

Während die Wahlen zum Kreistage gemäß § 4 des der Kr.-Ordn. angehängten Wahlreglements je in einer besonderen Wahlhandlung durch Stimmzettel zu erfolgen haben, ist es bei der Wahl der Provinziallandtagsabgeordneten durch die Kreistage zulässig, die Wahl einer Mehrzahl von Abgeordneten in einem und demselben Wahlakte vorzunehmen.

Es folgt dies aus dem der Prov.-Ordn. angehängten Wahlreglement, das eine dem vorgenannten § 4 entsprechende Vorschrift nicht enthält und dessen § 6 [3] ausdrücklich nur solche Stimmzettel für ungültig erklärt, die mehr Namen, als zu wählende Personen enthalten. Auch ist bei den parlamentarischen Verhandlungen zum Wahlreglement (Sten.-Ber. 1875 S. 1098, 1099) die Zulässigkeit der gleichzeitigen Wahl Mehrerer ausdrücklich ausgesprochen worden.

Nr. 4. Entsch. Bd. X. S. 1 vom 31. Mai 1883.

Prov.-Ordn. v. $\frac{29.\ VI.\ 75}{22.\ III.\ 81}$ (G.-S. 1881 S. 233) § 17.

1) Wenn ein Beamter in der einen Provinz fest angestellt, in der anderen nur kommissarisch beschäftigt ist, so kann er dennoch am Orte seiner kommissarischen Beschäftigung einen Wohnsitz begründen und durch einjährigen Wohnsitz die Wählbarkeit zum Provinziallandtage der letzteren Provinz erlangen. Abgesehen von der besonderen Vorschrift im § 8 des Ges. v. 11. VII. 22[2]), ist ein Domizil für den Beamten nur dann begründet, wenn das Amt die beständige Gegenwart des Beamten an dem Orte erfordert, jedoch ist weder nach gemeinem noch nach preußischem Rechte ausgeschlossen, daß ein Beamter neben dem durch seine Anstellung begründeten Wohnsitze noch einen zweiten habe.

---

[1]) Vergl. § 70 L.-V.-G., der an die Stelle des § 40 Ges. v. 3. VII. 75 (G.-S. S. 375) getreten ist.

[2]) Diese Vorschrift, wonach jeder Staatsbeamte, der einer Behörde angehört und bei ihr seinen ständigen Wohnsitz haben muß, unter allen Umständen als ein Einwohner derjenigen Stadt zu betrachten ist, in der diese Behörde ihren Sitz hat, ist durch § 12 des Kommunalsteuernotgesetzes vom 27. VII. 85 (G.-S. S. 327) aufgehoben worden.

2) Mit der Auflösung des Haushaltes in dem einen Ort und der Übersiedelung mit dem ganzen Hauswesen in einen anderen Ort in der Absicht, daselbst einen bleibenden Aufenthalt zu nehmen, sowie mit der häuslichen Niederlassung und Einrichtung daselbst sind die Voraussetzungen für die Begründung eines Wohnsitzes in dem anderen Orte vollständig gegeben. Die Entrichtung der öffentlichen Abgaben am Orte der Niederlassung bildet keine Vorbedingung der Erwerbung des Wohnsitzes, wohl aber findet in dem Umstande, daß ein Übersiedelnder seine Staats- und Kommunalabgaben sogleich mit dem Zeitpunkte des Umzuges an dem neuen Wohnorte entrichtet hat, die Absicht, daselbst einen Wohnsitz zu nehmen, noch ein weitere Bestätigung.

Nr. 5. Entsch. Bd. XII. S. 1 vom 26. November 1885. II A 18 85.
Hann. Prov.-Ordn. v. 7. V. 84 (G.-S. S. 243) § 23.

Das Rechtsmittel des Einspruches gegen die Wahl von Abgeordneten zum Provinziallandtage kann nur gegen ein bereits „stattgehabtes" Wahlverfahren zur Anwendung gebracht werden. Etwaige vor diesem Zeitpunkte abgegebene Erklärungen der Wahlberechtigten können als Einsprüche im Sinne des Gesetzes nicht gelten. Der Einspruch kann sich nur gegen das im Wahlverfahren gewonnene Ergebnis richten, dieses soll beseitigt werden. Soweit Mängel des Wahlverfahrens darauf ohne Einfluß geblieben sind, können sie zu einer Berücksichtigung des Einspruches nicht führen; ein Ergebnis des Wahlverfahrens muß daher vorliegen, wenn es mit dem Rechtsmittel des Einspruches soll angefochten werden können, und so lange das Wahlverfahren nicht zum Abschlusse gelangt ist, fehlt es überhaupt an der rechtlichen Möglichkeit, Einspruch zu erheben. In dem gegebenen Falle hatte eine Anzahl von Wählern gegen das Verfahren schon protestiert, als seitens des Wahlkommissars erst die einleitenden Schritte zur Wahl gethan waren, und sich nachher der Wahl enthalten; wenn sie später nach der Vollziehung der Wahl durch die übrigen Wähler darauf hinwiesen, daß sie den Protest durch die Enthaltung von der Wahl und durch Nichtanerkennung der Wahl als Einspruch „aufrecht erhalten" bezw. „bekräftigt und bestätigt" hätten, so kann ihre Nichtbeteiligung an der Wahl jedenfalls einer Einlegung des Einspruchs nach stattgehabtem Wahlverfahren nicht gleichgestellt werden.

Soll also der Einspruch aufrecht erhalten werden, so ist es erforderlich, ihn nach Vollziehung der Wahl ausdrücklich noch einmal zu erheben, enthalten sich aber die Wahlberechtigten nach beendigter Wahl jedes Aktes, der als Einspruch gedeutet werden könnte, und geben sie erst später durch Erhebung der Klage zu erkennen, daß sie den Protest als Einspruch behandelt wissen und die Wahl selbst anfechten wollen, so mangelt es der Klage an der rechtlichen Grundlage, als welche der Einspruch gesetzlich angesehen werden muß.

Nr. 6. Entsch. Bd. XVII. S. 1 vom 6. November 1888. II A 10. 11/88.
Rhein. Prov.-Ordn. v. 1. VI. 87 (G.-S. S. 252) §§ 14, 16, 23, 24 nebst Wahlreglement §§ 1, 2, 3, 8, 11.
Rhein. Kr.-Ordn. v. 30. V. 87 (G.-S. S. 209) §§ 61, 65, 68 nebst Wahlreglement § 11.

Gegen einen Beschluß des Provinziallandtages, mittels dessen die Wahl der Abgeordneten eines Landkreises zum Provinziallandtage für ungültig erklärt wird, steht dem Kreistage, von dem die Wahl erfolgte, eine Klage nicht zu. Die Wahl geschieht nicht durch den Kreistag als solchen, sondern nach § 1 des Wahlreglements durch die aus den Mitgliedern des Kreistages bestehende „Wahlversammlung", die sich in so wesentlichen Punkten von dem Kreistage unterscheidet, oder doch so wesentlich anders zu verfahren hat, daß sie als identisch mit ihm nicht angesehen werden kann. Dies ergiebt sich aus folgenden Umständen:

1) Der Kreistag darf nur beschließen, wenn mehr als die Hälfte der Mitglieder anwesend sind (§ 65 der Rh. Kr.-Ordn.), dagegen schreibt das Wahlreglement für die Wahlhandlung, bei der Beschlüsse der Wähler überhaupt nicht gefaßt werden dürfen, die Anwesenheit einer bestimmten Anzahl von Mitgliedern nicht vor.

2) Das Wahlreglement verbietet im § 2 das Stattfinden von Diskussionen im Wahllokale im allgemeinen und sieht Diskussionen, sowie Beschlüsse eines besonders im Wahltermine gebildeten Wahlvorstandes vor; diese Bestimmungen gelangen für die gewöhnlichen Kreistagsverhandlungen nicht zur Anwendung.

3) Für den Fall der Stimmengleichheit gelten hinsichtlich der Kreistagsverhandlungen nach den oben angezogenen Kreistagsbestimmungen andere Vorschriften, als hinsichtlich der Wahlen nach § 8 des Reglements.

4) Der § 23 der Prov.-Ordn. gewährt jedem Mitgliede der Wahlversammlung das Recht des Einspruches gegen das stattgehabte Wahlverfahren, dagegen wird bei Beschlüssen des Kreistages einem in der Minderheit gebliebenen Mitgliede ein Anfechtungsrecht nicht zugestanden.

5) Das Ergebnis des Wahlaktes beruht hiernach nicht eigentlich auf der Thätigkeit des Kollegiums als solchen, sondern auf den Willenserklärungen der einzelnen Wähler. Diese Wahlversammlung hat aber nach Vornahme der Wahl zu fungieren aufgehört und kann daher selbstverständlich Klage nicht mehr erheben.

6) Sollte dem Kreistage in diesem Falle ein Klagerecht zugebilligt werden, so würde ein nicht gerechtfertigter Unterschied zwischen den Wahlen des Abs. 1 und 2 in § 14 der Prov.-Ordn. entstehen, indem bei Vereinigung zweier Kreise zu einem Wahlbezirke die beiden Kreistage als solche mit der Angelegenheit jedenfalls nicht befaßt sind und ihnen daher unter allen Umständen ein Klagerecht versagt werden muß.

B. Provinzialabgaben.

Nr. 1. Entsch. Bd. IX. S. 1 vom 9. Oktober 1882.

Prov.-Ordn. v. $\frac{\text{29. VI. 75}}{\text{22. III. 81}}$ (G.-S. 1881 S. 233) §§ 37⁴, 106, 107, 111, 112.

1) Wenn im § 106 der Prov.-Ordn. gesagt ist, die Verteilung der Provinzialabgaben erfolge auf die einzelnen Land- und Stadtkreise, nach dem Maßstabe der in ihnen aufkommenden direkten Staatssteuern mit Ausschluß der Gewerbesteuer vom Hausiergewerbe[1]), so sind damit die Steuern des laufenden Jahres gemeint. Ein Antrag, von den zu belastenden Staatssteuerbeiträgen diejenigen zurückzurechnen, die im Vorjahre an Einkommensteuer infolge von Rechtsmitteln abgesetzt, sowie als unbeitreibbar ausgefallen sind, ist hiernach nicht gerechtfertigt. Maßgebend ist das Steuersoll des laufenden Jahres, nicht das Steuerist des Vorjahres.

2) Was die eventuelle Zurückrechnung derjenigen Minderbeträge anlangt, die sich im Laufe des Rechnungsjahres ergeben, so ist auch hier davon auszugehen, daß nicht das Istaufkommen, sondern das Sollaufkommen der Staatssteuern der Verteilung der Provinzialabgaben zu Grunde zu legen ist. Geht dies schon aus der Entstehungsgeschichte des § 106 der Prov.-Ordn. (vgl. Sten.-Ber. 1875 H.-H. S. 485, 490, 499) klar hervor, so ist völlig durchschlagend

---

[1]) Jetzt auch mit Ausschluß der Ergänzungssteuer, § 51 Ergänzungssteuerges. v. 14. VII. 93 (G.-S. S. 134).

die Erwägung, daß die Verteilung und Einforderung der Provinzialabgaben ordnungsmäßig, womöglich im Anfange, mindestens aber doch im Laufe des Etatsjahres erfolgen muß, während eine Verteilung nach dem Isteinkommen regelmäßig vor Schluß des Etatsjahres nicht möglich wäre. Der Einwand aber, daß nach Ablauf des Jahres mit den Kreisen eine Abrechnung stattfinden könne, ist nach Lage der Gesetzgebung (§§ 111, 112 der Prov.-Ordn.) ausgeschlossen.

Hieraus ergiebt sich ohne weiteres die Unzulässigkeit der etwaigen Absetzung unbeitreibbarer Beiträge. Die infolge von Rechtsmitteln ermäßigten Staatssteuern stellen allerdings auch ein Sollaufkommen, und zwar sogar das richtige Sollaufkommen dar. Jedoch lassen sich die Ermäßigungsansprüche, da der Weg der Abrechnung unzulässig ist, nur insoweit zur Geltung bringen, als die ihnen zu Grunde liegenden Thatsachen bereits gegeben sind und in dem Reklamations- oder doch in dem sich anschließenden Streitverfahren eine zahlenmäßige Feststellung des Abgabenbetrages gestatten.[1]) Eine Berücksichtigung dieser Ansprüche darf auch nicht durch ein „bedingtes“ Urteil erfolgen, da solche Urteile nach den Grundsätzen des O.-V.-G. ausgeschlossen sind. In Kommunalangelegenheiten muß eine Entscheidung gefällt werden, die entweder auf Abweisung der Klage oder Freilassung des Klägers oder Feststellung des Abgabenbetrages lautet, zum mindesten aber eine derartige Feststellung enthält, daß sich der Abgabenbetrag ohne weiteres, vermöge einer einfachen Rechnungsoperation ergiebt. Es muß deshalb bei behaupteter Überbürdung schon in der Reklamation, jedenfalls aber in der Klage eine ziffernmäßige Begründung des Anspruches auf Ermäßigung der streitigen Abgabe beigebracht werden. Der Pflichtige muß dem ihm abgeforderten Betrage denjenigen, bis zu dem er Herabsetzung beansprucht, ziffernmäßig gegenüberstellen, also entweder diese Berechnung selbst aufmachen oder die hierzu erforderlichen Unterlagen so vollständig beschaffen, daß der Verwaltungsrichter in die Lage versetzt wird, seinerseits die nötige Berechnung sofort eintreten zu lassen.

3) Die in der Berufungsinstanz etwa angebrachten weiteren Anträge, entweder das ganze Ausschreiben der Provinzialabgaben durch den Provinzialausschuß als nicht gesetzmäßig für aufgehoben oder die Provinz für schuldig zu erklären, nach dem Istaufkommen Abrechnung mit dem Kreise zu halten, sind unzulässig nach § 62 des Verwaltungsgerichtsgesetzes vom 3. VII. 75.[2])

4) Bei Steuerreklamationen ist das Fundament des Anspruches auf Freilassung oder Herabminderung des Abgabenbetrages etwas derartig Wesentliches, daß der Versuch, den erhobenen Anspruch ganz oder teilweise vermittelst eines neuen Fundamentes aufrecht zu erhalten, im Sinne des § 41 des Ges. vom 3. VII. 75[3]) nicht als eine Ergänzung oder Berichtigung der thatsächlichen und rechtlichen Anführungen betrachtet werden kann, sondern unter den Begriff einer in der Berufungsinstanz unzulässigen Klageabänderung fallen würde.

---

[1]) Die hier offen gelassene Frage, ob der Kreis infolge solcher Ermäßigungen demnächst eine Herabsetzung seines Abgabenbeitrages verlangen kann, wird in der hier folgenden Enscheidung v. 20. XII. 83 (E.-O.-V. Bd. X S. 4) bejaht. Dieser Rechtsgrundsatz ist demnächst durch § 91 Abs. 2 des Komm.-Abg.-Ges. v. 14. VII. 93 (G.-S. S. 152) zur gesetzlichen Vorschrift geworden. Hier ist bestimmt, daß die auf Grund der Einlegung von Rechtsmitteln erfolgte Erhöhung oder Ermäßigung der der Verteilung von Provinzialsteuern zu Grunde gelegten Staatssteuersätze die entsprechende Abänderung der Veranlagung zu den Provinzialsteuern nach sich zieht.

[2]) Jetzt § 92 L.-V.-G.

[3]) Jetzt § 71 L.-V.-G.

Nr. 2. Entsch. Bd. X. S. 4 vom 20. Dezember 1883.

Prov.-Ordn. v. $\frac{29. VI. 75}{22. III. 81}$ (G.-S. 1881 S. 233) § 106.

1) Über den § 106 der Prov.-Ordn. vergl. die vorstehende Entsch. vom 9. X. 1882 (Bd. IX. S. 1).

2) In diesem Endurteil ist die Frage nicht zum Austrag gebracht worden, ob derjenige Kreis, dessen bei der Verteilung der Provinzialabgaben zu Grunde gelegtes Staatssteuer-Sollaufkommen infolge von Rechtsmitteln sich demnächst mindert, ohne Rücksicht auf den etwa eingetretenen Ablauf der Reklamationsfrist, eine entsprechende Herabsetzung seines Abgabenbeitrages zu beanspruchen hat.

Diese Frage ist dahin zu bejahen, daß sich die Beitragspflicht des Kreises nicht nach dem zuerst veranlagten, sondern nach dem später berichtigten Staatssteuersoll richtet. Es würde den Anforderungen der Billigkeit und Gerechtigkeit nicht entsprechen, wenn der Pflichtige gehalten sein sollte, die Fehler, die sich die Staatssteuerbehörden haben zu schulden kommen lassen, seinerseits damit zu büßen, daß er zu Kreis-, Gemeinde- und ähnlichen Lasten Beiträge leisten müßte, deren ungerechtfertigte Höhe durch die spätere Ermäßigung der Staatssteuern dargethan wird.[1])

Nr. 3. Entsch. Bd. XI. S. 1 vom 9. Oktober 1884.

Prov.-Ordn. v. $\frac{29. VI. 75}{22. III. 81}$ (G.-S. 1881 S. 233) § 106.

1) In Übereinstimmung mit den Gründen des Endurteiles vom 20. XII. 83 (E.-O.-V. Bd. X. S. 4) ist § 106 der Prov.-Ordn. dahin auszulegen, daß die Verteilung der Provinzialabgaben nur nach dem berichtigten Soll der direkten Staatssteuern erfolgen darf und daß daher derjenige Kreis, dessen bei der Verteilung zu Grunde gelegtes Staatssteuersollaufkommen infolge von Rechtsmitteln sich demnächst vermindert, eine entsprechende Herabsetzung seines Abgabenbeitrages zu beanspruchen hat. Hieran ändert auch der Umstand nichts, daß es sich im § 106 um eine Verteilung der Provinzialabgaben auf die Kreise handelt, nicht aber um eine solche auf die Einzelnen, welche letztere erst demnächst in einem zweiten Stadium des Verfahrens von seiten der Kreise vorgenommen wird. Die Anwendung des berichtigten Steuersolls ist aus den im Endurteil vom 20. XII. 83 angeführten Gründen auf sämtlichen übrigen in Betracht kommenden Gebieten unabweisbar, und es geht daraus eine gleiche Vermutung auch für die Provinzialabgaben hervor, die nur bei dem Vorhandensein zwingender Gründe ausgeschlossen werden könnte. An solchen Gründen fehlt es vollständig, im Gegenteil bieten die Motive zum § 14 des ersten Entwurfes der Kr.-Ordn., in denen festgestellt wird, daß für die Kreisabgaben, deren Aufbringung mit der Verteilung der Provinzialabgaben im engsten Zusammenhange steht, eine solche Anordnung nicht für nötig zu erachten sei, weil die Berichtigung der Staatssteuer von selbst die Berichtigung der danach umgelegten Kreisabgaben nach sich ziehen müsse, einen sehr erheblichen Anhalt für die Beobachtung der sonst gültigen Regel auch auf dem Gebiete der Provinzialabgaben.

---

[1]) Vergl. auch die hier folgende Entsch. v. 9. X. 84 (Bd. XI. S. 1) und Anm. 1 zu Nr. 2 auf S. 6. Die Abänderung der Veranlagung ist durch die Provinzialbehörden von Amtswegen zu bewirken. Sie kann aber auch von den Kreisen verlangt werden, und zwar innerhalb der Reklamationsfrist mittels Reklamation, nach deren Ablauf mittels Beschwerde im Aufsichtswege. Vergl. auch die Entsch. v. 9. I. 94 (Bd. XXVI. S. 1) unten S. 11. Anderer Meinung Nöll, Komm.-Abg.-Ges., 2. Aufl., Berlin 1896, S. 263.

2) Wenn im § 106 von der „Verteilung", im § 108 aber von der „Aufbringung" der Provinzialabgaben die Rede ist, so folgt daraus nicht, daß die Reklamation der Kreise einen anderen Charakter an sich trage als die der einzelnen Pflichtigen. Statt des Wortes „Aufbringung" könnte im § 108 ebensogut das Wort „Unterverteilung" stehen, wie das im § 11 der Kreisordnung der Fall ist. Die „Verteilung" der Provinzialabgaben in Gemäßheit des § 106 wirkt nicht in der Weise auf das Wesen der dagegen zugelassenen Reklamation ein, daß diese einen eigentümlichen Charakter annähme. Allerdings kann auf seiten der Kreise nicht füglich ein Einspruch gegen die Heranziehung als solche, gegen die Auflage überhaupt vorkommen, da der Provinzialausschuß niemals von einem fremden Kreise Abgaben fordern und folglich die Verpflichtung zur Abführung eines Anteiles an den Provinzialabgaben schwerlich jemals streitig werden wird. Abgesehen davon aber stehen die Reklamationen der Kreise und die der einzelnen Pflichtigen im wesentlichen gleich. Ihrem Begriffe gemäß muß sich eine Reklamation stets sowohl gegen die Veranlagungsgrundsätze, wie gegen die eigentliche rechnerische Ausführung der Veranlagung richten können.

3) Eine Aufbringung „nach dem Maßstabe der aufkommenden, direkten Staatssteuern" steht zu der Aufbringung „durch Zuschläge zu den direkten Staatssteuern" in keinem Gegensatze; ihrer Wirkung nach kommen vielmehr beide Arten der Aufbringung im wesentlichen auf dasselbe hinaus. Wenn Abgaben als Zuschläge verteilt oder erhoben werden sollen, so bedeutet dies nicht, daß jedesmal mit der Staatssteuer zugleich der betreffende Prozentsatz als die zugeschlagene Abgabe entrichtet werden müsse, daß folglich die Zahlung der Abgabe notwendig mit der Zahlung der Staatssteuer zusammenfalle und daß alle im Laufe des Jahres an der Staatssteuer sich ergebenden Zu- und Abgänge von selbst auf die Abgabe zurückwirkten. Dies möchte dem Ausdrucke „Zuschlag" im engsten Sinne entsprechen; in dieser Bedeutung wird der Ausdruck indes in der preußischen Gesetzgebung regelmäßig nicht gebraucht. Namentlich nach der für § 106 vorbildlichen Vorschrift der Kr.-Ordn. wird der Zuschlag nur einmal bei der Veranlagung berechnet, und bleibt zu dem ermittelten Betrage für das ganze Jahr bestehen. Von einem „Zuschlage" läßt sich füglich nur da reden, wo die Abgabe in direkte Verbindung mit dem Steuerzahlenden gebracht wird; der Ausdruck paßte deshalb zu dem § 106 nicht, nachdem die Heranziehung und Veranlagung der einzelnen Provinzialangehörigen zu den Provinzialabgaben aufgegeben war.

4) Unter der „Kontingentierung" der Provinzialabgaben kann nichts weiter verstanden werden, als daß den Kreisen bestimmte, demnächst auf die Pflichtigen zu verteilende Summen nach dem gesetzlichen Maßstabe auferlegt werden. Die Kontingentierung, die auf das Reklamations- und Klagerecht der Kreise keinen Einfluß übt, hat zum Zweck, einerseits alle Streitigkeiten über den Maßstab bei Erhebung der Provinzialabgaben aus der Verwaltung des Provinzialverbandes auszuscheiden, andererseits die sehr bedeutenden Weitläufigkeiten zu beseitigen, die mit der Veranlagung aller einzelnen Provinzialangehörigen und dem dann notwendig werdenden Reklamations- und Klagerechte jedes einzelnen Pflichtigen der Provinz gegenüber unvermeidlich gewesen sein würden. Auch diese sogenannten „Kreiskontingente" sind nicht unabänderlich, sondern der Änderung infolge der Reklamationen unterworfen. Anderenfalls würde ja das den Kreisen gesetzlich gewährte Reklamations- und Klagerecht grundsätzlich in Frage gestellt werden.

5) Der Provinzialausschuß ist rechtlich verpflichtet, bei Ausschreibung der Provinzialabgaben derartig vorzugehen, daß ein Reklamationsrecht der Kreise bestehen bleiben und von Erfolg begleitet sein kann. Es empfiehlt sich zu diesem

Zwecke die Ausschreibung nach Prozenten der Staatssteuern anstatt der Verteilung fester Summen und es erscheint im Hinblick auf das gesetzliche Reklamationsrecht der Kreise notwendig, daß behufs Deckung möglicher Ausfälle ein etwas höherer Prozentsatz eingefordert wird, als wie er sich aus dem Verhältnisse der Etatssumme zu dem unberichtigten Gesamtsteuersoll der Provinz ergiebt, ein Verfahren, das gleichzeitig das Rechnen mit runden Zahlen, anstatt womöglich mit Brüchen, zuläßt. Wie bei jeder größeren Steuerverwaltung läßt es sich auch bei den Provinzialabgaben nicht vermeiden, daß das etatsmäßige Einnahmesoll entweder überschritten oder nicht erreicht wird. Ein Beschluß des Provinziallandtages, der absolute Übereinstimmung des bewilligten Betrages mit der erhobenen Summe (weder mehr, noch weniger) verlangte, würde nicht bloß Unmögliches, sondern auch mit dem gesetzlichen Reklamationsrechte Unvereinbares fordern.

Die Ausschreibung nach Prozenten erleichtert auch die Berechnung, wenn ein Kreis, dessen bei der Verteilung der Provinzialabgaben zu Grunde gelegtes Staatssteuersollaufkommen infolge von Reklamationen u. s. w. sich demnächst mindert, eine entsprechende Herabsetzung seines Abgabenbeitrages zu beanspruchen hat. Das Abgabensoll des reklamierenden Kreises ermäßigt sich dann um den Betrag, der sich ergiebt, wenn von der an dem ursprünglichen Steuersoll nachträglich in Abgang gestellten Summe der angegebene Prozentsatz berechnet wird. Nach Abschluß des Staatssteuer-Reklamationsverfahrens braucht keine völlig neue Verteilung der Provinzialabgaben stattzufinden, sondern von dem Abgabensoll jedes einzelnen Kreises wird, nachdem der Kreis das berichtigte Staatssteuersoll klargestellt hat, die nach dem Vorstehenden zu berechnende Summe abgesetzt, und dies ist ohne Bedenken auch dann ausführbar, wenn die im § 112 der Prov.-Ordn.[1]) bestimmte Reklamationsfrist bereits abgelaufen ist. Eine nachträgliche Erhöhung des Abgabensolls kann sich hier für keinen Kreis ergeben; der durch die Ermäßigung bewirkte Ausfall muß in anderer Weise gedeckt werden.

6) Es ist nicht zulässig, dem klagenden Kreise den Nachweis desjenigen Betrages aufzubürden, auf den das berichtigte Steuersoll der übrigen Kreise in der Provinz sich beziffere. Diesen Nachweis zu führen, ist der Kreis nicht in der Lage, da er keine Mittel besitzt, die Organe der anderen Kreise zu einer Auskunftserteilung hierüber anzuhalten und da zur Zeit der Klageanstellung das berichtigte Steuersoll der anderen Kreise vielleicht noch unbekannt ist. Es widerspricht aber allgemeinen Rechtsgrundsätzen, für die Begründung eines vom Gesetze durch das Klagerecht geschützten Anspruches Anforderungen zu stellen, die die klagende Partei nach der bestehenden Gesetzgebung zu erfüllen außer Stande ist.

7) Unzulässig ist die Berechnung der einen Kreise zukommenden Ermäßigung seines Anteils in der Art, daß er sowohl das Gesamtsteuersoll der ganzen Provinz wie sein eigenes Steuersoll um die betreffende, in Abgang gestellte Summe vermindert. Denn es würde dann regelmäßig jeder Kreis von seinem Steuersoll einen verschiedenen Prozentsatz zahlen, was dem § 106 der Prov.-Ordn. direkt zuwiderliefe.

Nr. 4. Entsch. Bd. XX. S. 1 vom 3. März 1891. II A 5 90.

Prov.-Ordn. v. $\frac{29.\ VI.\ 75}{22.\ III.\ 81}$ (G.-S. 1881 S. 233) §§ 106—108, 110—113.
Zust.-Ges. § 1.
Ges. über die allg. Landesverwalt. und die Zuständigkeit der Verwalt.- und Verwaltungsgerichtsbehörden in der Prov. Posen v. 19. V. 89 (G.-S. S. 108) Art. V A Nr. 6.

1) Reklamation und Klage gegen die Verteilung der Provinzialabgaben werden dadurch nicht ausgeschlossen, daß letztere aus formellen oder materiellen

[1]) Vergl. auch § 1 Zust.-Ges.

Gründen mit den gesetzlichen Vorschriften nicht im Einklange steht. Insbesondere kann gegen die Rechtsmittel nicht eingewendet werden, daß es sich bei der — im übrigen durchaus den Vorschriften entsprechenden — Ausschreibung nicht sowohl um eine Verteilung der Provinzialbeiträge, als vielmehr darum gehandelt habe, eine Grundlage für die Erlangung von Abschlagszahlungen auf eine Steuerschuld zu treffen. Keinem Steuergläubiger — sei es der Staat, die Gemeinde oder ein sonstiger Verband — gewähren die Gesetze das Recht, bei vorhandenen Geldbedürfnissen vor Ausschreibung einer Steuer sich eine sogenannte Grundlage für Abschlagszahlungen und diese selbst dadurch zu verschaffen, daß er einseitig und unanfechtbar Quantum und Zeit der Abführung ihm erwünschter Geldbeträge festsetzt.

2) In der Sache selbst ist es unstatthaft, bei der Verteilung eine der in den §§ 106, 107 der Prov.-Ordn. benannten Steuern außer Betracht zu lassen und so einen anderen, als den vom Gesetze absolut gebotenen Maßstab anzuwenden. Es giebt keine Verteilung der Provinzialabgaben, auch keine „vorläufige“, nach einem anderen, als dem gesetzlichen Maßstabe, und wo eine solche dennoch vorgenommen worden ist, muß sie auf Anrufen außer Kraft gesetzt werden. Es giebt auch nur eine Verteilung, in der die Ansprüche der Provinz an die nachgeordneten Verbände zum Ausdrucke kommen, und nur eine Entscheidung nach vorgängiger Reklamation und Klage, in der sie Anerkennung und Berichtigung zu finden haben. Einer bloß „vorläufigen“ Verteilung ist, als im Gesetze nicht vorgesehen, die rechtliche Wirksamkeit abzusprechen.

3) Eine „vorläufige“ Verteilung ist auch nicht etwa deshalb zulässig, weil das veranlagte Steuersoll mannigfacher Berichtigung im Laufe des Steuerjahres offensteht. Eine Verteilung auf der Grundlage des Staatssteuersolls ist keineswegs für unstatthaft, sondern nur eine nachträgliche Berichtigung im Rechtsmittelverfahren für möglich erklärt, vergl. E.-O.-V. Bd. IX. S. 11.[1])

4) Mit der Reklamation sind die Grenzen für die demnächstige Klage gegeben, vergl. E.-O.-V. Bd. XII. S. 99.[2])

Nr. 5. Entsch. Bd. XXIV. S. 1 vom 16. August 1892. II A 5 92.

Prov.-Ordn. v. $\frac{\text{29. VI. 75}}{\text{22. III. 81}}$ (G.-S. 1881 S. 233) §§ 106—108, 110—113 (gemäß Ges. v. 19. V. 89 G.-S. S. 108 Art. V A Nr. 3 auch für die Prov. Posen gültig).

Kr.-Ordn. v. $\frac{\text{13. XII. 72}}{\text{19. III. 81}}$ (G.-S. 1881 S. 179) §§ 10, 17, 18.

St.-Ordn. v. 30. V. 53 (G.-S. S. 261) § 4.

1) Nach § 106 der Prov.-Ordn. erfolgt die Verteilung der Provinzialabgaben auf die einzelnen Land- und Stadtkreise nach dem Maßstabe der in ihnen aufkommenden direkten Staatssteuern mit Ausschluß der Gewerbesteuer vom Hausiergewerbe.[3]) Diese Vorschrift wird durch § 107 a. a. O. nach zwei Richtungen hin modifiziert, indem einerseits nach dessen ersten Satze die behufs Aufbringung der Kreis-, bezw. der städtischen Kommunalabgaben in den einzelnen Land- und Stadtkreisen gemäß der betreffenden Bestimmungen der Kr.-Ordn. und der St.-Ordn. besonders veranlagten Steuerbeträge auf Höhe der entsprechenden Staatssteuern mit in Anrechnung gebracht werden sollen, und andererseits nach dessen zweiten Satze die von einer Belastung mit Kreis- und Gemeindeabgaben befreiten Steuerbeträge insoweit außer Acht zu lassen sind,

---

[1]) Oben S. 5.

[2]) Unten im Abschnitt „Stadt- und Landgemeinden“, „Gemeindeabgaben“.

[3]) Und der Ergänzungssteuer, § 51 Ergänzungssteuerges. v. 14. VII. 93 (G.-S. S. 134).

als sie durch die §§ 17 und 18 der Kr.-Ordn., sowie durch den § 4, Abs. 7 ff. der St.-Ordn.[1]) der Kreis- und der Gemeindebesteuerung entzogen sind.

2) Unter den befreiten „Steuerbeträgen" sind solche Staatssteuerbeträge zu verstehen, die auf die befreiten Steuerobjekte entweder wirklich entfallen oder entfallen würden, falls die letzteren einer Staatsbesteuerung unterworfen sein sollten.

Nr. 6. Entsch. Bd. XXVI. S. 1 vom 9. Januar 1894. II A 13/93.

Prov.-Ordn. v. $\frac{\text{29. VI. 75}}{\text{22. III. 81}}$ (G.-S. 1881 S. 233) §§ 106 ff, 112, 114.

1) Für die Verteilung der Provinzialabgaben auf die einzelnen Kreise ist das berichtigte Staatssteuersoll maßgebend. Vergl. E.-O.-V. Bd. IX. S. 1, Bd. X. S. 4, Bd. XI. S. 1[2]). Demgemäß hat das Istaufkommen der in den Kreisen zur Hebung gestellten direkten Staatssteuern keine Bedeutung, so daß Ausfälle, die durch Nichteinziehbarkeit der Individualabgaben entstehen, sowie Änderungen, die im Laufe des Steuerjahres zufolge Verziehens oder Todes des Pflichtigen sich ergeben, unberücksichtigt bleiben. Dagegen muß, wenn die Staatssteuerbeträge infolge von Einsprüchen, Berufungen u. s. w. der Beteiligten eine Modifikation erleiden, wenn hierdurch also festgestellt wird, daß die Besteuerung der betreffenden Individuen von Anfang an eine unrichtige war, diesem Umstande Rechnung getragen werden, weil in diesem Falle die ursprünglich zu Grunde gelegte Gesamtsumme der in dem Kreise aufkommenden Staatssteuern ex tunc eine andere wird.

2) Der Kreis vermag aber einen derartigen Umstand im Wege der Reklamation und der Klage nur dann mit Erfolg geltend zu machen, falls zu der Zeit, da die Entscheidung hinsichtlich seiner Überbürdungsklage getroffen wird, die Berichtigung des ursprünglichen Solls schon stattgefunden hat, denn die Provinz ist zwar verpflichtet, auch spätere Berichtigungen des Solls zu berücksichtigen, allein es fehlt an einer gesetzlichen Vorschrift, auf Grund deren der Kreis jenen Anspruch im Verwaltungsstreitverfahren durchführen könnte.

3) Ist die Reklamationsfrist unbenutzt verstrichen, oder hat eine Entscheidung zufolge Reklamation und Klage einmal stattgefunden, so bleibt nur noch die Anrufung der Aufsichtsbehörde übrig, um die späteren Berichtigungen des Staatssteuersolls zu verwerten.

4) Die bloße Anmeldung der Reklamation behufs Wahrung der Frist mit dem Vorbehalte späterer Begründung und Präzisierung ist ebenso unzulässig, wie die Anbringung der Klage ohne bestimmten Antrag.

C. Aufsicht über die Provinzialverwaltung. Zwangsetatisierungen.

Nr. 1. Entsch. Bd. VII. S. 1 vom 14. Februar 1881.

Dot.-Ges. v. 8. VII. 75 (G.-S. S. 497) § 18.

Für den Inhalt und Umfang der mit dem Übergange der Staatschausseen auf die Provinzialverbände den letzteren zugefallenen Verpflichtungen sind in erster Reihe die Vorschriften des Dot.-Ges. vom 8. VII. 75. (G.-S. S. 497) maßgebend. Aus § 18 dieses Ges. in Verbindung mit seiner Entstehungsgeschichte (Sten.-Ber. H.-H. 1875 S. 550 ff., A.-H. S. 2104) geht hervor, daß nur diejenigen, im Zuge der Staatschausseen liegenden Bauwerke, insbes. Brücken und Fähren, den

---

[1]) Jetzt gelten für die Stadtkreise die entsprechenden Vorschriften des Komm.-Abg.-Ges. v. 14. VII. 93 (G.-S. S. 152).

[2]) Oben S. 5 ff.

Prov.-Verbänden zur Verwaltung und Unterhaltung übertragen worden sind, die seither aus dem Chausseebau-Unterhaltungsfonds unterhalten waren, nicht auch diejenigen, die aus anderen Fonds, z. B. aus dem Wasserbaufonds, unterhalten worden waren. Darauf, ob die fraglichen Bauwerke von allgemein rechtlichen Gesichtspunkten aus als Substanzteile oder Zubehör der Chaussee anzusehen sind, kommt es nicht an. Für die Auseinandersetzung zwischen dem Staate und der Provinzialverwaltung ist lediglich die Thatsache entscheidend, aus welchem Fonds das Bauwerk seither unterhalten worden ist. Hieran kann auch der Umstand nichts ändern, daß die thatsächliche Unterhaltung aus einem Fonds einer ergangenen höheren Anordnung zuwider erfolgt ist.

Nr. 2. Entsch. Bd. VII. S. 12 vom 24. Februar 1881.

Prov.-Ordn. v. 29. VI. 75 / 22. III. 81 (G.-S. S. 233) §§ 114, 121, 125, 128.

Vd. über die Einrichtung und Verwaltung des Landarmenwesens in der Prov. Sachsen v. 2. X. 71 (G.-S. S. 473) und A.-E. dazu v. 10. VI. 76 (G.-S. S. 243).

Vd. zur Regelung des Landarmenwesens in der Prov. Sachsen v. 16 III. 78 (G.-S. S. 127).

R.-G. über den Unterstützungswohnsitz v. 6. VI. 70 (B.-G.-Bl. S. 360) §§ 28 ff., 33, 34 ff. und Preuß. Ausf.-Ges. dazu v. 8. III. 71 (G.-S. S. 130) §§ 37, 40 ff.

Litteratur. Kommentar zum Unterstützungswohnsitzgesetz von Eger. 3. Aufl. 1894. — Koppe 1894. — Wohlers-Krech, 7. Aufl. 1896,

1) Die Zuständigkeit des O.-V.-G. zur Entscheidung von Klagen aus § 121 der Prov.-Ordn. ist für diejenigen Fälle nicht zweifelhaft[1]), wo der Oberpräsident als Aufsichtsbehörde (§ 114 der Prov.-Ordn.) eine vom Prov.-Verb. zu übernehmende Leistung festgestellt hat, und der Verband die Erfüllung verweigert.

2) Handelt es sich in einem solchen Falle um eine auf dem Gebiete des Landarmenwesens liegende Leistung, so ist die Inanspruchnahme des Prov.-Verb. der Provinz Sachsen durchaus begründet. Denn es giebt in der Provinz Sachsen seit der Vd. vom 16. III. 78 (G.-S. S. 127) nur einen Landarmenverband, der von dem Prov.-Verb. der Provinz Sachsen verwaltet wird. Letzterer ist demnach, wo eine auf dem Gebiete des Landarmenwesens liegende Leistung in Betracht kommt, ebenso in Anspruch zu nehmen, wie wenn etwa eine Forderung in Beziehung auf das Chausseebauwesen (§ 18 des Dot.-Ges. vom 8. VII. 75) an ihn gestellt wird.

3) Die Zuständigkeit des O.-V.-G. ist auch nicht um deswillen anfechtbar, weil über den Klageantrag, soweit dem Prov.-Verb. die Übernahme der Fürsorge für einen Hilfsbedürftigen — es handelte sich um die Übernahme eines Hilfsbedürftigen aus dem in Armensachen als Ausland geltenden Bayern auf Grund des § 1 des Gothaer Vertrages vom 15. VII. 51 (G.-S. S. 711) — angesonnen werde, nur auf dem in §§ 34 ff. des R.-G. vom 6. VI. 70 und §§ 40 ff. des Ausf.-Ges. vom 8. III. 71 vorgezeichneten Wege oder, soweit es sich um die vom Auslande geforderten Kosten handelte, nur durch den ordentlichen Richter entschieden werden könne. Die Klage aus § 121 der Prov.-Ordn.[2]) ist kein subsidiäres Mittel der Rechtsverfolgung, das überall da ausgeschlossen

---

[1]) Die alte Fassung des § 121, wonach bei einer Weigerung des Provinzialverbandes die ihm gesetzlich obliegenden, von der Behörde innerhalb der Grenzen ihrer Zuständigkeit festgestellten Leistungen zu erfüllen, auf Antrag der Behörde das Verw.-Ger. im Verwaltungsstreitverfahren entschied, ist durch die Novelle v. 22. III. 81 dahin abgeändert worden, daß der Oberpräsident, unter Angabe der Gründe, die Eintragung in den Etat, bezw. die Feststellung der außerordentlichen Ausgaben verfügt. Gegen die Verfügung des Oberpräsidenten steht dem Provinzialverbande innerhalb 2 Wochen die Klage bei dem O.-V.-G. zu.

Das Erkenntnis verliert durch die Novelle nicht seine Bedeutung, es werden durch sie in der Hauptsache nur die Parteirollen für das Verwaltungsstreitverfahren verschoben.

[2]) Vergl. Anm. 1.

erscheint, wo für einen Anspruch gegen den Prov.-Verb. die Verfolgung im Rechtswege oder in einem Verwaltungsstreitverfahren offen steht. Vielmehr ist sie eine zulässige Ausübung des Aufsichtsrechtes aus § 114 der Prov.-Ordn., da es in der Tat im öffentlichen Interesse liegt, daß irgend ein Armenverband die vorläufige Fürsorge für den betreffenden Hilfsbedürftigen mit allen nach dem Gesetze daraus entspringenden Verpflichtungen übernimmt. Bedenken hinsichtlich der Handhabung des Aufsichtsrechtes würden sich nur nach der Richtung hin erheben lassen, wenn etwa für den Hilfsbedürftigen thatsächlich und vorläufig bereits gesorgt wäre, und es sich lediglich um die im öffentlichen Interesse nicht liegende Erstattung der von seiten des auswärtigen Staates gemachten Auslagen handelte.

4) In materieller Beziehung ist jedoch die Klage gegen den den Landarmenverband darstellenden Prov.-Verb. auf vorläufige Übernahme des Hilfsbedürftigen und Erstattung der vom Auslande geforderten Kosten nicht begründet. Insbesondere kann der Anspruch auf vorläufige Übernahme nicht aus § 37 des Pr.-Ausf.-Ges. vom 8. III. 71 begründet werden. Denn der § 37 enthält über die vorläufige Unterstützungspflicht keine Bestimmungen, er ist lediglich eine Ausführung des § 33 des R.-G. vom 6. VI. 70 und in dem letzteren ist wie aus dem System dieses Ges. und der Entstehungsgeschichte des § 33 (Sten.-Ber. R.-T., 69/70, Bd. IV., S. 439, 582) klar hervorgeht, nur von der endgiltigen Fürsorgepflicht die Rede, während § 28 a. a. O. die vorläufige Unterstützungspflicht regelt.

§ 37 kann also jedenfalls nichts anordnen, was mit den §§ 28, 33 des R.-G. im Widerspruch stünde. Er muß sich deshalb auf Anordnungen wegen der definitiven Unterstützungspflicht beschränken und die vorläufige Fürsorgepflicht dem betreffenden Ortsarmenverbande nach der Regel des § 28 a. a. O. belassen. Ihm liegt folgender Gedanke zu Grunde: Hat der (aus dem Auslande übernommene) Arme einen Unterstützungswohnsitz im Inlande, so ist sein Armenverband der definitiv verpflichtete; Hat er keinen Unterstützungswohnsitz im Inlande, so wird nicht der Landarmenverband (hier der Prov.-Verb.) des Grenzübertrittes herangezogen, sondern es lebt der letzte (durch Abwesenheit verlorene) Unterstützungswohnsitz gleichsam wieder auf und wird für die Frage, welcher Verband der unterstützungspflichtige ist, maßgebend. Nur wo ein letzter Unterstützungswohnsitz nicht zu ermitteln ist, (um diesen Fal handelte es sich), soll der Verband, in dem die Hilfsbedürftigkeit hervorgetreten ist, verpflichtet sein — aber offenbar in derselben rechtlichen Stellung, wie der Verband des Hilfsdomizils, welcher auch nur zur definitiven Übernahme der Fürsorge verpflichtet ist.

Die Erstattung der Kosten, die die ausländische (in diesem Falle die bayrische) Regierung berechnet hat, kann von dem Prov.-Verb. nicht verlangt werden; dazu fehlt es, daß diesem Verbande die vorläufige Unterstützungspflicht nicht obliegt, an jedem Rechtsgrunde.

Nr. 3. Entsch. Bd. XIII. S. 1 vom 26. Juni 1886. I A 79/85.

R.-Ges. über den Unterstützungswohnsitz v. 6. VI. 70 (B.-G.-Bl. S. 360) §§ 8, 59 und Preuß. Ausf.-Ges. dazu v. 8. III. 71 (G.-S. S. 130) §§ 25, 36, 59.
Zust.-Ges. §§ 33, 42.
Prov.-Ordn. v. $\frac{29. VI. 75}{22. III. 81}$ (G.-S. 1881 S. 233) § 121.

Litteratur: S. oben zu Nr. 2. S. 12.

1) Nach § 36 des preuß. Ausf.-Ges. vom 8. III. 71 (Ges.-S. S. 130) in Verbindung mit § 59 des R.-G. über den Unterstützungswohnsitz sind die Landarmenverbände verpflichtet, Ortsarmenverbände, die zur Zahlung von Kosten der vorläufigen Armenpflege und der Überführung der Verpflegten an den vor-

läufig unterstützenden Armenverband verurteilt und zu deren Aufbringung ihrerseits außer stande sind, hierbei zu unterstützen, bezw. zu vertreten. Denn es geht aus der Entstehungsgeschichte der Armengesetze klar hervor, daß unter den im § 59 des R.-G. aufgeführten, einem Armenverbande endgültig zur Zahlung auferlegten Kosten nicht etwa bloß die Kosten der Überführung, sondern mit und an erster Stelle die zu erstattenden Kosten der Unterstützung des Hilfsbedürftigen verstanden sind.

2) Darüber, ob und in welchem Umfange der Fall der Leistungsunfähigkeit des verpflichteten Ortsarmenverbandes vorliegt und in welcher Höhe und Art daher eine Beihilfe zu gewähren ist, beschließt gemäß § 36 Abs. 1 des Ausf.-Ges. in Verbindung mit § 42 des Zust.-Ges. der Provinzialrat nach Anhörung des Kreistages endgültig.

3) Das Verfahren wird sich in einem solchen Falle folgendermaßen zu gestalten haben:

Glaubt ein Ortsarmenverband, gegen den eine Kostenforderung (§ 59 des R.-G.) endgültig erstritten worden ist, zur Befriedigung des Gläubigers außer Stande zu sein, so hat er den Landarmenverband um Hilfeleistung anzugehen und event. die Beschlußfassung des Provinzialrates anzurufen. Ist die Kostenforderung zur Exekution gestellt, so hat die Kommunalaufsichtsbehörde, der die Leitung der Exekution obliegt, den Ortsarmenverband, den sie selbst etwa für gänzlich oder teilweise zahlungsunfähig erachtet, anzuhalten, den angedeuteten Weg zur Befriedigung der die Exekution nachsuchenden Gegenpartei zu beschreiten; denn sie hat darüber zu wachen, daß die rechtskräftig festgestellte Schuld getilgt wird. Der Beschluß des Provinzialrates ist für die die Exekution leitende Aufsichtsbehörde maßgebend; sie muß die Exekution gegen den Ortsarmenverband insoweit vollstrecken, als letzterer für nicht hilfsbedürftig erachtet worden ist. Soweit aber die Hilfsbedürftigkeit von dem Provinzialrate anerkannt worden ist, kann dessen Beschluß gegen den Landarmenverband durch Zwangsetatisierung vollstreckt werden, mithin gegen den Prov.-Verb. gemäß § 121 der Prov.-Ordn.

Nr. 4. Entsch. Bd. XIV. S. 1 vom 22. Dezember 1886. I A 29/86.

Prov.-Ordn. v. 29. VI. 75 / 22. III. 81 (G.-S. 1881 S. 233) §§ 58, 59, 90, 121.
Reichsviehseuchenges. v. 23. VI. 80 (R.-G.-Bl S. 153) §§ 16, 59, 61, 63 und Pr. Ausf.-Ges. dazu v. 12. III. 81 (G.-S. S. 128) §§ 12, 17 ff, 21).
Ges. über die Zulässigkeit des Rechtsweges in Beziehung auf polizeiliche Verfügungen v. 11. V. 42 (G.-S. S. 192) §§ 4, 5.

Litteratur: Beyer: Viehseuchengesetze. 3. Aufl. 1895. — von Rohrscheidt: Viehseuchengesetze, Berlin 1895. — Reuter: Deutsche Viehseuchengesetzgebung 1895. — Zander: Handbuch sämmtlicher Bestimmungen über preußisches Medizinal- und Veterinärwesen. Leipzig 1881.

1) Wird an den Landesdirektor seitens des Oberpräsidenten eine Zwangsetatisierungsverfügung erlassen, so ist der Landesdirektor zur Erhebung der Klage gegen jene Verfügung, auch ohne einen darauf bezüglichen Beschluß des Provinzialausschusses, legitimiert. Partei in diesem Streitverfahren ist zwar gemäß § 121 der Prov.-Ordn. der Prov.-Verb., allein nach § 90 Abs. 3 a. a. O. vertritt der Landesdirektor den Prov.-Verb. nach außen in allen Angelegenheiten, insbesondere auch da, wo die Gesetze eine Spezialvollmacht verlangen.

2) Die Beschlußfassung des Provinziallandtages über die Verweigerung einer Leistung ist nicht notwendige Voraussetzung der Etatisierung durch die Aufsichtsbehörde. Vergl. E.-O.-V. Bd. VIII. S. 50.[1]) Die Weigerung des Provinzialverbandes zu einer Leistung wird nach außen hin durch die Erklärung des

[1]) Unten im Abschnitt „Kreise".

Landesdirektors festgestellt; ob sie auf einem Beschlusse des Provinzialausschusses oder Provinziallandtages beruht oder nicht, ist unerheblich.

3) Hat ein Prov.-Verb. sich ohne gesetzlichen Grund geweigert, die dem Besitzer eines als rotzkrank auf polizeiliche Anordnung getöteten Pferdes gemäß § 59 des Reichsviehseuchenges. vom 22. VI. 80, § 12 [1], und § 21 des Ausf.-Ges. vom 12. III. 81 zustehende Entschädigung zu zahlen und ist diese auf Anordnung der Regierung abermals ohne gesetzlichen Grund aus der Staatskasse bezahlt worden, so kann die Provinz im Wege der Zwangsetatisierung nicht gezwungen werden, dem Fiskus die Auslage zu ersetzen, weil die Entschädigungsforderungen dieser Art nicht der Feststellung durch die Verwaltungsbehörden, sondern derjenigen im Wege des Zivilprozesses unterliegen. § 4 des Ges. vom 11. V. 42 (G.-S. S. 192).

Die Zwangsetatisierung wäre nur zulässig, falls etwa eine richterliche Entscheidung vollstreckt werden sollte oder eine Verwaltungsbehörde zur interimistischen Entscheidung berufen wäre und diese auch getroffen hätte.

Zu einer solchen Entscheidung ist die gemäß §§ 18 ff. des Ausf.-Ges. zu bildende Schätzungskommission in Verbindung mit der die Entschädigung liquidierenden Ortspolizeibehörde (oder dem Seuchen-Kommissarius) nicht zuständig.

Ebensowenig ist der Oberpräsident zur Feststellung der streitigen Forderung befugt. Die Forderung des Fiskus ist rein zivilrechtlicher Natur und ein öffentliches Interesse, den Fiskus zu befriedigen, nicht erkennbar.

4) Die Forderung des Fiskus ist auch keine solche, hinsichtlich derer die administrative Zwangsvollstreckung vor der Entscheidung des Richters zulässig wäre. (§ 42 der Vd. vom 26. XII. 1808 — G.-S. 1817 S. 282.)

Nr. 5. Entsch. Bd. XV. S. 1 vom 22. November 1887. II A 19/87.

Ges., betr. die Unterbringung verwahrloster Kinder v. 13. III. 78 (G.-S. S. 132) §§ 10, 15 und Ergänzungsges. v. 23. VI. 84 (G.-S. S. 306).

Litteratur: Kommentar zum Gesetz betr. Unterbringung verwahrloster Kinder und den Ergänzungsgesetzen von Wiedemann. Berlin 1887.

1) Durch einen Beschluß des verpflichteten Kommunalverbandes, daß ein auf Grund des Ges. v. 13. III 78 zur Zwangserziehung verwiesenes Kind endgültig daraus zu entlassen ist, wird die Unterbringungspflicht des Kommunalverbandes nur dann beendet, wenn dieser Beschluß darauf beruht, daß der Zweck der Zwangserziehung erreicht oder anderweit sicher gestellt ist. Nur in diesen beiden Fällen (abgesehen von der Vollendung des 18. Lebensjahres, mit deren Eintritt das Recht und die Pflicht der Zwangserziehung von selber aufhören) darf die endgültige Entlassung des Zöglings beschlossen werden; ist weder der eine noch der andere gegeben, so kann nur eine widerrufliche Entlassung verfügt werden.

2) Der Kommunalverband kann sich darauf nicht berufen, daß noch andere Fälle, die das Aufhören der Zwangserziehung zur Folge haben müßten, im Gesetze nicht aufgezählt seien, z. B. Tod und eintretender Irrsinn. Beim Ableben eines Kindes kann von einer „Entlassung" des Zöglings nicht mehr die Rede sein, verfällt aber ein Zögling in unheilbare Geisteskrankheit, so liegt die rechtliche und thatsächliche Unmöglichkeit einer Zwangserziehung zu Tage.

3) Angebliche „völlige Bildungsunfähigkeit" ist mit dem Falle des Irrsinnes nicht auf eine Linie zu stellen. Die Unmöglichkeit einer Erziehung liegt keineswegs vor und kann auch, wenn das Kind nur geistig gesund ist, niemals durch Gutachten Sachverständiger dargethan werden. Es muß vielmehr bei dem Kinde eben während der gesetzlichen Zeit versucht werden, was etwa zu erreichen ist. Der Umstand, daß bei einzelnen Zöglingen nur mit außerordentlichen

Mitteln ein wesentlicher Erfolg der Erziehung zu erzielen ist, erscheint nicht geeignet, den Prov.-Verb. seiner Verpflichtung gänzlich zu entheben.[1])

Nr. 6. Entsch. Bd. XXIV. S. 11 vom 22. April 1893. II A 6/92.

Rhein. Prov.-Ordn. v. 1. VI. 87 (G.-S. S. 252) §§ 60, 87, 95 ff., 114, 115, 118, 119, 120. Regierungsinstruktion v. 23. X. 17 (G.-S. S. 397) § 18.

1) Die vom Oberpräsidenten zu übende Aufsicht über die Verwaltung der Angelegenheiten der Prov.-Verb. ist nur nach Maßgabe der Prov.-Ordn. zu führen. Sie ist lediglich eine kommunale, nämlich eine solche, die darum besteht, weil es sich um Provinzialangelegenheiten handelt. Durch sie werden daher sonstige Aufsichtsbefugnisse, die den Behörden generell Jedem gegen- über verliehen worden sind, nicht beseitigt oder modifiziert.

2) Im Prinzip ist hiernach eine staatliche Überwachung und Einwirkung auch bei Taubstummenanstalten der Provinz, soweit deren Angelegenheiten, wie z. B. die Unterhaltung, Provinzialangelegenheiten sind, durchaus zulässig. Ingleichen steht außer Zweifel, daß das Provinzialschulkollegium als Nachfolger der Bezirksregierungen zufolge des Allerh. Erlasses v. 27. VII. 85. (G.-S. S. 350) die Aufsicht über die provinziellen Taubstummenanstalten auf Grund des § 18 der Regierungsinstruktion vom 23. X. 17 zu führen hat.

3) Aus diesem Überwachungs- und Aufsichtsrecht ist aber nicht zu folgern, daß die Lehrer an den Prov.-Taubstummenanstalten der staatlichen Bestätigung bedürfen. Die Verhältnisse der an solchen Anstalten angestellten Lehrer, die zu den Beamten der Provinzialinstitute gehören, da sie an einem solchen angestellt sind, haben durch den VI. Abschnitt im zweiten Titel der Prov.-Ordn. eine erschöpfende Regelung gefunden. Sie sind gemäß § 60 a. a. O. von dem Provinzialausschuß zu ernennen und bedürfen keiner staatlichen Bestätigung. Ihre besonderen dienstlichen Verhältnisse sind durch das Reglement des § 96 a. a. O. geordnet. Wenn dieses Reglement gemäß § 120 a. a. O. in beschränktem Maße der Genehmigung des Ministers des Inneren bedarf, so kann auch hieraus nicht etwa das Erfordernis staatlicher Bestätigung für die Provinzialbeamten gefolgert werden.

Nr. 7. Entsch. Bd. XXIV. S. 18 vom 22. April 1893. II A 7/92.

Vd. betr. die Verwaltung des provinzialständischen Verbandes der Prov. Posen v. 5. XI. 89 (G.-S. S. 177) § 40.

1) Die dem Oberpräsidenten zustehende, mit aufschiebender Wirkung erfolgende Beanstandung eines Prov.-Ausschuß-Beschlusses hat nur den Zweck, einen Beschluß, der im öffentlichen Interesse nicht zu dulden ist, unschädlich und wirkungslos zu machen. Eine solche Beanstandung ist aber bei Beschlüssen und Reglements, die der höheren Genehmigung bedürfen, wirkungslos, solange diese Genehmigung fehlt. Keine Beanstandung kann dazu führen, daß der Prov.-Ausschuß ein den Absichten der beanstandeten, bezw. der genehmigenden Behörden entsprechendes Reglement beschließt.

2) Hieraus folgt, daß solche kommunalen Beschlüsse, die der höheren Genehmigung bedürfen, nicht beanstandet werden sollen, solange über die Erteilung der Genehmigung nicht entschieden ist und daß eine Beanstandung definitiv unnötig und unzulässig wird, falls die erforderliche Genehmigung in unanfechtbarer Weise versagt worden ist.

Dagegen ist eine Beanstandung statthaft, wenn die Genehmigung ausgesprochen und auf diese Weise der Beschluß zur Ausführung reif geworden ist.

---

[1]) Vgl. auch E.-O.-V. Bd. VII. (S. 239).

D. Dotationsangelegenheiten.

Nr. 1. Entsch. Bd. VIII. S. 1 vom 23. Januar 1882.

Dot.-Ges. v. 8. VII. 75 (G.-S. S. 497) § 18.

1) § 18. Das Dot.-Ges. vom 8. VII. 75 bestimmt im Abs. 4, daß die Übertragung der Verwaltung und Unterhaltung der den Prov.-Verb. überwiesenen Staatschausseen auf engere Kommunalverbände hinsichtlich derjenigen Straßenstrecken, die der Staat auf Grund des § 9 der Vd. vom 16. VI. 38 (G.-S. S. 353) übernommen hat, dann erfolgen muß, wenn die beteiligte Stadtgemeinde es verlangt. Kommt über den zu diesem Zweck auszusondernden Anteil an der Provinzialdotation zwischen dem Prov.-Verb. und der betreffenden Stadtgemeinde eine Vereinbarung nicht zu stande, so entscheidet das O.-V.-G. über die Höhe der zu gewährenden jährlichen Geldrente nach Verhältnis der aufzuwendenden Kosten.

2) Die Worte „nach Verhältnis der aufzuwendenden Kosten" können nicht anders ausgelegt werden, als daß diejenigen Kosten entscheidend sein sollen, die der klagenden Stadtgemeinde durch die Unterhaltung und Verwaltung der zu übernehmenden Chausseestrecke erwachsen werden. Als Grundlage für die Berechnung der Rente haben also diejenigen Kosten zu dienen, die die Stadtgemeinde in Zukunft für Unterhaltung und Verwaltung der Strecken aufwenden muß, nicht etwa derjenige Betrag, der bisher — sei es in letzter Zeit, sei es während eines länger zurückliegenden Zeitraumes nach dem Durchschnitte — von dem Unterhaltungspflichtigen verausgabt worden ist.

Behufs der Ermittelung der künftig aufzuwendenden Unterhaltungskosten kann man, abgesehen von dem Falle, wo die Verhältnisse auf einer in sich selbst und von vorneherein durch einen bestimmten Endtermin zeitlich begrenzten Grundlage beruhen, regelmäßig nur von den zur Zeit bestehenden Verhältnissen (Preise der Materialien, Arbeitslöhne u. s. w.) ausgehen, selbst auf die nach Lage der Gesetzgebung unvermeidliche Gefahr hin, daß die unveränderliche Rente mit den veränderlichen Verhältnissen später vielleicht nicht mehr im Einklange stehen dürfte. Die Möglichkeit eines Gewinnes muß hier die Gefahr eines Verlustes aufwiegen. Bei Berechnung der Verwaltungskosten ist lediglich darauf zu sehen, welche Ausgaben für die Stadt entstehen, ohne Rücksicht darauf, daß die Provinz dafür besondere Aufwendungen nicht zu machen gehabt habe und folglich für sie auch keine Ersparung eintreten werde.

3) Liegt die Unterhaltung eines Teiles der zu übernehmenden Chausseen kraft besonderen Titels einem Dritten, z. B. einer Pferdebahngesellschaft ob, so ist die Stadtgemeinde für die Dauer des zur Zeit mit dem Dritten bestehenden Vertragsverhältnisses eine Entschädigung für die von dem Dritten zu leistenden Ausgaben zu fordern nicht berechtigt. Werden jedoch durch den Betrieb der Straßenbahn die neben ihr belegenen Flächen in erhöhtem Maße abgenutzt, so ist die dadurch verursachte Vermehrung der Unterhaltungskosten zu Gunsten der Stadtgemeinde in Betracht zu ziehen.

4) Weichen bei der Berechnung der Kosten die Sachverständigengutachten von einander ab, so entspricht es einem, durch die Preußische Gesetzgebung (A. G. O., T. II., Tit. 6, § 6) ausdrücklich anerkannten Rechtsgrundsatze, aus dem zahlenmäßige Schlußergebnisse den Durchschnitt zu ziehen.

II.

Kreise.

A. Auseinandersetzung bei Veränderung der Kreisgrenzen und Bildung neuer Kreise.

Nr. 1. Entsch. Bd. II. S. 1 vom 28. Februar 1877.

Kr.-Ordn. v. $\frac{\text{13. XII. 72}}{\text{19. III. 81}}$ (G.-S. 1881 S. 179) § 3 und Zust.-Ges. § 2.

Bei den infolge Veränderung bestehender Kreisgrenzen notwendig werdenden Auseinandersetzungen sind Streitigkeiten zwischen den beteiligten Kreisen nach Recht und Billigkeit in einem schiedsrichterlichen Verfahren zu entscheiden und in jedem einzelnen Falle die obwaltenden konkreten Verhältnisse zu berücksichtigen. Für die Beurteilung der Entschädigungsansprüche sind dabei folgende Gesichtspunkte maßgebend:

1) Jeder Teil einer Kommune scheidet durch Exkommunalisierung ipso jure, soweit nicht besondere Rechtstitel ein Anderes begründen, aus allen, aus der bisherigen kommunalen Zugehörigkeit erwachsenden Rechten und Pflichten aus. Ein gegenseitiger Rechtsanspruch auf Entschädigung ist daher nicht vorhanden, wenn nicht eben besondere Rechtstitel zur Seite stehen.

2) Abgesehen hiervon ist zu unterscheiden, ob es sich um Kreisteilungen und Abzweigungen größerer Distrikte (Ausscheiden größerer Städte) aus dem Kreisverbande handelt, wobei die Erhaltung der Leistungsfähigkeit des Restkreises und die Sicherung der Kreisgläubiger in Betracht kommen, oder ob ein geringerer Kreisteil abgetrennt wird, der nach seiner Lage und den gesammten Lebens- und Verkehrsbeziehungen seiner Einwohner thatsächlich bereits einem anderen Kreise angehört, als dem, dessen Glied er rechtlich ist. Im letzteren Falle wird durch die Grenzregulirung dem thatsächlichen Verhältnisse nur die rechtliche Grundlage gegeben. Hier wird in der Regel und abgesehen von besonderen Verhältnissen jede Entschädigungsforderung aus dem bisherigen Rechtsverhältnisse eine Unbilligkeit sein. Die Anerkennung solcher Forderung würde meistens nur die Bedeutung haben, einen anomalen Rechtszustand, der eben als solcher durch einen Akt der Gesetzgebung beseitigt ist, in seinen bisherigen rechtlichen Folgen gleichwohl zu erhalten. Eine im öffentlichen Interesse als notwendiges Bedürfnis erkannte Bezirksveränderung kann daher niemals zu einem Entschädigungsanspruch — sei es der verkleinerten Korporation wegen Verminderung der Steuerkraft oder der vergrößerten wegen Vermehrung ihrer Bedürfnisse — führen, weil das Anerkenntnis der Notwendigkeit der Veränderung auf der Voraussetzung beruht, daß das bisherige rechtliche Verhältnis zwischen den beteiligten Korporationen und Grundstücken hinsichtlich der kommunalen

---

Litteratur: v. Brauchitsch: Die neuen preußischen Verwaltungsgesetze. — Bornhak: Verwaltungsrecht. — Haase: Kreis- und Provinzialverfassung. — Hue de Grais Handbuch der Verfassung und Verwaltung, Grundriß der Verfassung und Verwaltung — Illing-Kautz: Handbuch für preuß. Verwaltungsbeamte — Parey: Handbuch des Verwaltungsrechts — Pfafferoth: Organisationsgesetze — Schubart: Verfassung und Verwaltung — Stengel: Organisation der Verwaltung — Strutz: Kommunalverbände — s. oben bei Abschnitt I. — Bornhak: Die preußischen Kreis- und Provinzialordnungen. Berlin 1887. — v. Brauchitsch: Materialien zur Kreisordnung. Berlin 1882. — Kolisch: Die preußischen Kreisordnungen. Berlin 1894. — Kommentare zur Kreisordnung von Gneist, Berlin 1870. Hahn, Berlin 1873. — Höinghaus, Berlin, 4. Aufl. 1881. Kletke, Berlin 1881. — Mascher, Eisleben, 2. Aufl. 1874. — Parey, Magdeburg, 3. Aufl. 1875. — Stolp, Breslau, 2. Aufl. 1874. — Wachler, Breslau, 2. Aufl. 1875.

Bedürfnisse und Pflichten ein unrichtiges war, das durch die Veränderung den realen Verhältnissen entsprechend berichtigt werden soll.

Nach diesem Grundsatze sind in solchen Fällen etwaige Entschädigungsansprüche des verkleinerten Kreises gegen den vergrößerten wegen alter Chaussee- oder Eisenbahnschulden nicht gerechtfertigt.

Nr. 2. Entsch. Bd. II. S. 15 vom 27. Juni 1877.

Kr.-Ordn. v. $\frac{\text{13. XII. 72}}{\text{19. III. 81}}$ (G.-S. 1881 S. 179) § 4 und Zust.-Ges. § 2.

Bei dem Ausscheiden einer Stadt aus dem Kreise und bei der dem Ausscheiden vorausgehenden Auseinandersetzung gelten hinsichtlich der Regelung der Last zur Unterhaltung der Kreischausseen folgende Grundsätze:

1) Die Chausseen werden vom Kreise, wie von der Provinz und früher vom Staate, lediglich zu öffentlichem Gebrauche im öffentlichen Verkehrsinteresse gebaut, und die Kreischausseen haben dem entsprechend im wesentlichen auch den rechtlichen Charakter der Staatsstraßen, die als öffentliche Sachen (res publicae) außer Verkehr sind. Ihrer Bestimmung gemäß sind sie also nicht Erwerbsquelle der Kreise, vielmehr belasten sie diese regelmäßig mit so hohen, durch die Unterhaltung bedingten Ausgaben, daß die Einnahmen aus den Nutzungen weit dagegen zurückbleiben. Hiernach können die Chausseen, obwohl sie im Eigentum der Kreise stehen, der Regel nach nicht als ihr Aktivvermögen zum Zwecke einer Vermögensauseinandersetzung, d. h. als Vermögensstücke in Betracht kommen, deren Nutzungen außer der Deckung der Kosten ihrer Unterhaltung auch noch zur Befriedigung anderer Bedürfnisse des Kreises dienen und daher die Steuerlast der Kreiseingesessenen verringern. Das Eigentumsverhältnis an den Chausseen tritt hinter der Verbindlichkeit zu ihrer Unterhaltung völlig zurück.

2) Ebensowenig fällt die Unterhaltungslast der Kreischausseen unter das „Passivvermögen" der Kreise, denn sie fällt nicht unter den Begriff der „Schulden". Anderenfalles müßten alle etatsmäßigen Ausgaben der Kreise, die auf einer rechtlichen Verbindlichkeit beruhen, zu dem Passivvermögen gerechnet werden.

Es hieße aber den Zweck des Ausscheidens einer Stadt aus dem Verbande eines Landkreises zum Zwecke der Bildung eines Stadtkreises vereiteln, wenn

---

Gesetzesmaterialien. Kreisordnung für die östlichen Provinzen vom 13 Dezember 1872. Abg.-Haus 1872. Drucks. Nr. 89. 239. Sten.-Ber. I. 227—230. 307. 308. 1277—1492. — 1872/73. Drucks. Nr. 14. 39. — Sten.-Ber. I. 14. 17—52. 68—121. Herrenhaus 1872. Sten.-Ber. S. 573. — 1872/73. Sten.-Ber. S. 15. 39. 64. — Novelle zur Kreisordnung vom 19. März 1881. Abg.-Haus 1880/81. Drucks. Nr. 9. 177. 266. Sten.-Ber. I. 37—52. II. 1606—1647. 1711—1723. 1866—1884. Herrenhaus Drucks. Nr. 71. 88. 102. 103. 104. Sten.-Ber. S. 206—209. 245. — Kreisordnung für Hannover vom 6. Mai 1884. Abg.-Haus 1883/84. Drucks. Nr. 7. 73. 112. Sten.-Ber. I. 99—123. II. 1479—1539. III. 1569—1576. Herrenhaus Drucks. Nr. 44. 57. 74. 77. Sten.-Ber. S. 160. — Kreisordnung für Hessen-Nassau vom 7. Juni 1885. Herrenhaus 1885. Drucks. Nr. 16. 30. 38. 40. 42. 43. 45. 47. 50. 89. 106. Sten.-Ber. S. 25. 56. 231. Abg.-Haus Drucks. Nr. 85. 172. 208. Sten.-Ber. II. 899—919. III. 1437—1474. 1513—1519. 1573—1586. — Kreisordnung für Westfalen vom 31. Juli 1886. Herrenhaus 1886. Drucks. Nr. 6. 22. 30. 87. 88. 107. 108. Sten.-Ber. S. 23 ff. 47. 289. Abg.-Haus. Drucks. Nr. 76. 168. 207. 213. 256. Sten.-Ber. II. 937—955. IV. 2155—2252. 2263—2290. 2627—2644. — Kreisordnung für die Rheinprovinz vom 30. Mai 1887. Herrenhaus 1887. Drucks. Nr. 9. 17. 21. 79. 84. 85. Sten.-Ber. S. 16. 184. Abg. Haus. Drucks. Nr. 47. 90. 100. Sten.-Ber. I. 481—488. II 644—663. 706—708. — Kreisordnung für Schleswig-Holstein vom 26. Mai 1888. Herrenhaus 1888. Drucks. Nr. 13—27. 82. 83. 84. Sten.-Ber. S. 28. 99. Abg.-Haus Drucks. Nr. 115. 164. 193. Sten.-Ber. II. 1052—1066. III. 1367—1401. 1451—1463.

man die Bilanz zwischen den Einkünften des Korporationsvermögens und den Gesammtabgaben des Kreises ziehen und der Stadt einen verhältnismäßigen Anteil an der Minusdifferenz auferlegen wollte, den sie nach wie vor — anstatt im Wege der Kreisbesteuerung, in dem der Gemeindebesteuerung — aufzubringen hätte.

3) Durch diese Definition des Begriffes „Passivvermögen" ist jedoch die Möglichkeit einer Auseinandersetzung bezüglich der Chausseeunterhaltungslast nicht ausgeschlossen. Die großen Städte bilden meist Verkehrsmittelpunkte der ländlichen Kreise, so daß regelmäßig die Kreischausseen dazu dienen, den Verkehr des platten Landes mit ihnen und dieser mit jenem zu verbinden. Dies trifft zu, wenn eine Kreischaussee durch die städtische Feldmark in die Stadt hineinführt oder wenn ein Netz von Kreischausseen die Interessen der ausscheidenden Stadt in gleicher Weise fördert, ohne gerade die Stadt oder ihre Feldmark zu berühren, wo also z. B. die Kreischaussee in eine Provinzial-Straße vor dem Eintritt der letzteren in den Stadtbezirk mündet. Dienen in solchen Fällen die Kreischausseen auch nach dem Ausscheiden der Stadt gemeinsamen Zwecken der beiden Kreise (des Land- und des neuen Stadtkreises), so hat der Stadtkreis fortdauernd zu der Unterhaltung beizutragen. Die Gemeinsamkeit der Zweckbestimmung ist die Voraussetzung fortdauernder Leistungen der aus dem Kreisverbande ausscheidenden Stadt zur Unterhaltung der Kreischausseen. Wo diese Voraussetzung zutrifft, steht dem nichts entgegen, mit der Unterhaltungslast auch das Eigentum an den Chausseen zu überweisen und bei dieser Regelung der finanziellen Leistungsfähigkeit der beiden beteiligten Kreise, da deren Erhaltung für die Sicherung des gemeinsamen Interesses wesentlich ist, billig Rechnung zu tragen.

Nr. 3. Entsch. Bd. VI. S. 9 vom 6. Dezember 1879.

Kr.-Ordn. v. $\frac{13.\ XII.\ 72}{19.\ III.\ 81}$ (G.-S. 1881 S. 179) §§ 3, 4 und Zust.-Ges. § 2.

1) Eine Auseinandersetzung zwischen den beteiligten Verbänden wird erforderlich, wenn der eine Verband Ansprüche gegen den andern erhebt. Die dabei entstehenden Streitigkeiten sind nach Recht und Billigkeit in einem schiedsrichterlichen Verfahren zu entscheiden.[1])

2) Der Bau von Chausseen ist Sache der Freiwilligkeit. Der Staat kann dazu weder Kommunalverbände, noch Private zwingen, hat sich aber die Förderung des Ausbaues von Kunststraßen teils durch Gewährung von Prämien, teils durch Verleihung der sogenannten fiskalischen Vorrechte angelegen sein lassen und zugleich darauf Bedacht genommen, die künftige Unterhaltung der Chausseen dadurch sicher zu stellen, daß jene Bewilligungen gegen die ausdrückliche Verpflichtung des Bauunternehmers, die Chaussee stets in ordnungsmäßigem Stande zu erhalten, ausgesprochen sind.[2])

3) Wenn nun ein Verband innerhalb seines Gebietes Chausseen baut oder zu unterhalten übernimmt, so thut er dies als kommunaler Organismus zunächst in Fürsorge für die von der Chaussee berührten Bezirke. Der Natur der Sache nach kommen Chausseen in erster Reihe derjenigen Gegend zu gute, die davon

---

[1]) Vergl. E.-O.-V. Bd. II. S. 1, oben S. 18.

[2]) Hier folgt eine Darstellung der Entwickelung des Chausseebauwesens in Altpommern und Neuvorpommern. In Neuvorpommern kennt man keine von den einzelnen Kreisen zu unterhaltende Chausseen. Die Last, die in Altpommern den Kreisen obliegt, trägt hier der kommunalständische Verband. Die kommunalständischen Chausseen in Neuvorpommern stehen daher hinsichtlich der Unterhaltung mit den Kreischausseen in Altpommern auf gleicher Linie.

örtlich berührt wird. Grundwert und Ertragsfähigkeit steigen daselbst. Es kann Fälle geben, wo das Interesse des ganzen Gebietes oder einzelner Teile den Verband veranlaßt, Chausseen auch über sein Territorium hinaus anzulegen und zu unterhalten. Zunächst und regelmäßig beschränkt sich aber die Thätigkeit eines Wegeverbandes auf Schaffung angemessener Wegeverbindungen innerhalb seines Bezirkes, wie es überhaupt die nächstliegende Aufgabe jedes Verbandes ist, Einrichtungen gemeinnütziger Art nur innerhalb seines Gebietes zu treffen; und jedenfalls muß da, wo ein Verband auf seinem eigenen Gebiete solche Einrichtungen ins Leben ruft, namentlich also Chausseen baut und unterhält, vorausgesetzt werden, daß dies eben um deswillen geschieht, weil die Teile, die hauptsächlich Nutzen davon haben, ihm gehören. Daraus folgt, daß bei Abtrennung dieser Teile dem Verbande Pflichten nicht ohne Unbilligkeit belassen werden dürfen, die er im Interesse jener Teile und aus dem Grunde, weil sie Glieder seines Organismus waren, auf sich genommen hat.

Er kann vielmehr, nachdem die Voraussetzung, unter der er die Chausseestrecken gebaut, bezw. zur Unterhaltung übernommen hat, mit der Abtrennung weggefallen ist, die Abnahme der Unterhaltungslast von demjenigen Verbande verlangen, in dessen Gebiet jene übergegangen sind.

Mit der Unterhaltungslast sind dem letzteren aber auch die das Äquivalent dafür bildenden Nutzungen (anteiliges Chausseegeld, Gras, Chausseebäume) zu überweisen.

Nr. 4. Entsch. Bd. VII. S. 57 vom 22. November 1880.

Kr.-Ordn. v. $\frac{13.\ XII.\ 72}{19.\ III.\ 81}$ (G.-S. 1881 S. 179) § 3 und Zust.-Ges. § 2.

1) Bei den infolge des Gesetzes, betreffend die Veränderungen einiger Kreise in den Provinzen Preußen, Pommern und Sachsen, vom 8. II. 78 (G.-S. S. 93) erfolgten Zuschlagungen einzelner Ortschaften von dem einen Kreise an einen anderen hat der letztere keinen Anspruch auf verhältnismäßige Anteile an dem nach den Gesetzen vom 30. IV. 73 (G.-S. S. 187) und vom 8. VII. 75 (G.-S. S. 497) den Kreisverbänden gewährten Dotationsfonds.

2) Wegen der für die Auseinandersetzung maßgebenden Rechtsgrundsätze vergl. E.-O.-V. Bd. II. S. 1.[1])

Nr. 5. Entsch. Bd. VII. S. 61 vom 25. November 1880.

Kr.-Ordn. v. $\frac{13.\ XII.\ 72}{19.\ III.\ 81}$ (G.-S. 1881 S. 179) § 4 und Zust.-Ges. § 2.

1) Die Auseinandersetzung, die vor dem Ausscheiden einer Stadt aus einem Kreise getroffen werden muß, hat sich zu erstrecken:

1. auf das gemeinsame Aktivvermögen (im vorliegenden Falle der allgemeine Kreiskommunalfonds, der Kreisordnungsfonds, der Chausseebaufonds, das vorhandene Chausseebaumaterial);
2. auf das gemeinsame Passivvermögen (hier die Chausseebauschulden und angeblich die Unterhaltungslast der Kreischausseen);

außerdem ist zu untersuchen,

3. ob der Stadt etwa eine Teilnahme an fortdauernden Leistungen zu gemeinsamen Zwecken der beiden neuen Kreise aufzuerlegen ist.

2) Die Chausseebauunterhaltungslast fällt nicht unter den Begriff des Passivvermögens im Sinne des § 4 der Kr.-Ordn. (vergl. E.-O.-V. Bd. II. S. 18[2]). Wenn in dieser Entscheidung „Dritten gegenüber eingegangene vermögensrechtliche

---

[1]) Oben S. 18.
[2]) Oben S. 19.

Verbindlichkeiten" zum Passivvermögen gerechnet werden und unter Bezug hierauf eingewendet wird, daß auch die Chausseebauunterhaltungslast eine solche Verbindlichkeit ist, insofern als sie der Kreis dem Staate bezw. der Provinz gegenüber übernommen hat und sich ihrer nicht entledigen kann, so ist dabei übersehen, daß dort nur an Verpflichtungen privatrechtlichen Charakters gedacht ist. Der Begriff „Passivvermögen" wird aus dem Gegensatze zum „Aktivvermögen" entwickelt und es fällt deshalb jedenfalls alles dasjenige nicht unter den ersteren Begriff, was sich nicht auf Seiten eines dem Kreise gegenüberstehenden Subjektes als „Aktivvermögen" darstellt. Dergleichen Verbindlichkeiten stehen hier nicht in Frage; die Verbindlichkeit des Kreises zur Instandhaltung der Chausseen kann von dem Staate oder der Provinz nur auf Grund des öffentlichen Rechtes in Anspruch genommen werden und bildet unter allen Umständen weder für den Staat noch für die Provinz einen Gegenstand, der sich als Aktivvermögen bezeichnen läßt. Jede andere Auffassung würde zu dem unrichtigen Ergebnisse führen, daß sämtliche etatsmäßige Ausgaben der Kreise, die auf einer rechtlichen Verbindlichkeit beruhen, unter dem Passivvermögen zu begreifen seien. Eine Auseinandersetzung hinsichtlich der Chausseebauunterhaltungslast hat also von diesem Gesichtspunkte aus nicht stattzufinden.

3) Dagegen ist sie erforderlich, soweit die Chausseen fortdauernd gemeinsamen Zwecken dienen. Bei Prüfung dieser Frage ist davon auszugehen (vergl. E.-O.-V. Bd. II. S. 13, 18[1]), daß die Kreischausseen regelmäßig bestimmten Kreisteilen unmittelbar zu gute kommen und in deren Interesse gebaut werden, weshalb auch § 13 der Kr.-Ordn. eine ungleiche Verteilung der für den Bau von Kreischausseen aufzubringenden Abgaben gestattet. Die nicht zu diesem engeren Interessentenkreise gehörigen Bewohner des Kreises haben an den Chausseestrecken kein weiteres Interesse, als das reisende Publikum überhaupt; das mittelbare Interesse aber, das sie als Glieder des kommunalen Organismus besitzen, hört mit dem Ausscheiden aus dem Kreisverbande auf. Auf das bloße Vorhandensein eines zusammenhängenden „Chaussee-Netzes" kommt es nicht an, sondern nur darauf, ob durch das Ineinandergreifen der mehreren Linien Verhältnisse entstanden sind, die die Annahme rechtfertigen, das Interesse des Ausscheidenden werde auch durch die entfernter gelegenen Strecken in unmittelbarer Weise gefördert.

4) Steht hiernach fest, auf welche Chausseen sich die Auseinandersetzung zu beziehen hat und steht dann weiter in Frage, nach welchem Verhältnisse die ausscheidende Stadt an den Kosten in Zukunft teilnehmen soll, so ist davon auszugehen, daß das Gesetz in seinen Vorschriften über die Aufbringung der Kreisabgaben richtige Grundsätze aufgestellt hat. (§§ 10 und 12 der Kr.-Ordn.) Keinesfalls darf das Auseinandersetzungs-Verfahren dazu benutzt werden, um etwaige in der Vergangenheit liegende Überbürdungen des Ausscheidenden auszugleichen, vielmehr soll nach dem Gesetze nur der Anteil bestimmt werden, den der Ausscheidende an den Lasten, die auch demnächst noch als gemeinsame betrachtet werden müssen, in Zukunft zu übernehmen hat.

5) Die Chausseebauschuld gehört zu dem Passivvermögen des Kreises. Eine Unterscheidung zwischen den Summen, die auf diese oder jene Chausseestrecke verwendet worden sind, ist nicht statthaft. Die vorhandenen Schulden sind sämtlich Schulden des ganzen Kreises und in seinem Interesse aufgenommen. Sie müssen daher sämtlich in die Teilung hereingezogen werden und ihr Ursprung kann nur bei der Wahl des Maßstabes, nach dem die Teilung vorzunehmen ist, Berücksichtigung finden.

---

[1]) Oben S. 18. 19.

6) **Wenn ein Kreistag bestimmte Kapitalien dem Kreiskommunalfonds entnommen hat, die als besonderer Kreisordnungsfonds behufs Bestreitung der Ausgaben für die Kreisausschuß- und die Amtsverwaltung verwaltet werden sollen, so unterliegt auch dieser Fonds, wie jedes andere Aktivvermögen, der Auseinandersetzung, es sei denn, daß es sich um Kapitalien handelte, deren Verwendung einer freien Entschließung der Kreisorgane entzogen und durch anderweite Anordnung, insbesondere etwa durch Gesetz, auf einen bestimmten Zweck beschränkt wäre. Eine derartige Beschränkung ist in den Worten „für Durchführung der Kreisordnung, insbesondere zur Bestreitung der Kosten des Kreisausschusses und der Amtsverwaltung“** (Ges. vom 30. IV. 73 G.-S. S. 187 und 8. VII. 75 G.-S. S. 497) **nicht enthalten, und es sind die Kreise in Beziehung auf die Verwendung von Ersparnissen aus diesen Geldern nicht gebunden.**

Nr. 6. Entsch. Bd. X. S. 10 vom 28. Juni 1883.

Kr.-Ordn. v. 13. XII. 72 / 19. III. 81 (G.-S. 1881 S. 179) § 4 und Zust.-Ges. § 2.

1) Gemäß § 4 Abs. 4 der Kr.-Ordn. ist vor dem Ausscheiden einer Stadt aus einem Kreise hinsichtlich des gemeinsamen Aktiv- und Passivvermögens eine Auseinandersetzung unbedingt notwendig. Dabei mag nicht ausgeschlossen sein, daß unter Umständen auch das ganze Vermögen dem Landkreise zugesprochen werde. Keinesfalls tritt ein solches Ergebnis als rechtliche Folge des Ausscheidens der Stadt von selbst ein.

2) Die betr. Vorschrift der Kr.-Ordn. ist auch nicht etwa lex imperfecta, da in ihr keine Teilungsgrundsätze vorgesehen seien. Aus der Entstehungsgeschichte des Ges. (vergl. Bd. II. S. 5 ff.[1]) geht hervor, daß der Gesetzgeber sich absichtlich eines Eingehens darauf enthalten hat, damit den Behörden völlig freie Hand für eine Entscheidung nach Recht und Billigkeit gelassen werde. Ein Zurückgehen auf §§ 182 ff. Tit. 6. T. II. A.-L.-R. ist unstatthaft.

Der Teilungsmaßstab ist hiernach je nach der besonderen Lage des Falles zu wählen, und es ist nicht unzutreffend, wenn auf das Verhältnis zurückgegangen wird, nach dem in den drei letzten Jahren die Einwohner beider Kreise zu den Kreisabgaben beigetragen haben. In der Regel wird die Stadt durch ihr Ausscheiden finanzielle Vorteile erlangen, der Landkreis Schaden erleiden; das ist aber, obwohl die Erhaltung der Leistungsfähigkeit des Landkreises gewiß Berücksichtigung erheischt, nicht zu ändern.

3) **Ein Kreisständehaus wird regelmäßig gegen Übernahme der etwa darauf haftenden Schulden dem Landkreise gebühren. Bei Beurteilung der Frage, ob der Landkreis dafür noch etwas herauszahlen soll und wie für diesen Fall der Wert des Hauses zu bemessen ist, muß man berücksichtigen, daß das Ständehaus nicht, wie irgend ein anderer, jederzeit verkäuflicher Vermögensgegenstand behandelt werden darf. Es steht zwar den Chausseen nicht gleich, weil bei diesen von Reinerträgen regelmäßig nicht die Rede sein kann. Es läßt sich aber auch nicht den vorgenannten Vermögensstücken (Acker, Wiese, Wald) gleichstellen, weil es mehr oder weniger einem öffentlichen Zwecke dient und weil dem Landkreise nicht ohne Unbilligkeit zugemutet werden kann, die bisherige Benutzung aufzugeben, das Haus zu veräußern und für die Verwaltung neue Mietsräume aufzusuchen. Demnach ist von dem bisherigen Zustande und insbesondere von der bisherigen Art der Benutzung des Grundstückes auszugehen, und es würde selbst bei Vorhandensein eines kleinen Reinertrages unter billiger Abwägung**

---

[1]) Oben S. 18.

aller in Betracht kommenden Verhältnisse die Überweisung des Grundstückes an den Landkreis ohne Entschädigungspflicht völlig begründet erscheinen.

4) Bezüglich einer etwa bestehenden Kreissparkasse kann von der Stadt, die eine eigene Sparkasse besitzt, die Fortführung der Gemeinschaft ebensowenig gefordert werden, wie ihr ein Einspruch gegen das Fortbestehen der Sparkasse, als einer Einrichtung des Landkreises allein, zusteht. Auch ein Anrecht auf den Reservefonds besitzt die Stadt nicht. Dieser Fonds gehört nicht zu dem Aktivvermögen des bisherigen Kreises, das einer Teilung unterworfen werden könnte. Er dient bis zu einem gewissen Prozentsatze der Passivmasse zur Deckung von Ausfällen und steht keineswegs zur Verfügung des bisherigen Kreises. Ob er jemals anderweit verwendbare Überschüsse abwerfen wird, entzieht sich jeder Berechnung und es würde gegen alle Regeln der Gerechtigkeit verstoßen, der ausscheidenden Stadt einen Anspruch auf künftige mögliche Überschüsse aus der Sparkasse vorzubehalten.

Nr. 7. Entsch. Bd. XIII. S. 19 vom 27. Mai 1886.
Hann. Kr.=Ordn. v. 6. V. 84 (G.=S. S. 181) §§ 3, 111—113.

1) Die hannoverschen Amts-Sparkassen sind mit Einführung der Kr.=Ordn. gemäß § 111 daselbst mit den hierauf bezüglichen Rechten und Pflichten des Amtsverbandes an sich auf die Kreis-Kommunalverbände übergegangen und es hätte, sofern diese Folge ausgeschlossen werden sollte, einer ausdrücklichen Bestimmung bedurft, die zufolge § 113 nur „bei der Auseinandersetzung", d. h. in dem gemäß § 112 nach den Vorschriften des § 3 zu bewirkenden Auseinandersetzungsverfahren getroffen werden konnte. Daß eine solche Ausnahme von der Regel des § 111 hinsichtlich der Sparkasse nicht einzutreten habe, ist das Verwaltungsgericht befugt, zu erkennen.

2) Während der § 3 nur von den Auseinandersetzungen zwischen den beteiligten „Kreisen" handelt, ist in dem § 112 von der Auseinandersetzung zwischen den verschiedenen „Verbandsteilen" die Rede. Die Bezugnahme des § 112 auf § 3 hat nur den Sinn, daß die in dem § 3 gegebenen Vorschriften über die Zuständigkeit der Behörden und die den Beteiligten gewährten Rechtsmittel Anwendung finden sollen. Außerdem wird im § 112 nur noch bestimmt, wer die bisherigen Verbände, bezw. Verbandsteile bei dem Verfahren zu vertreten hat, weil sie an sich einer geordneten Vertretung entbehren. Diese Vorschrift kann daher nicht so gedeutet werden, als sei die Auseinandersetzung lediglich zwischen den fraglichen Verbänden oder Verbandsteilen zu bewirken. Das Gesetz enthält sich einer näheren Regelung in Beziehung auf die Parteirollen bei dem Auseinandersetzungsverfahren.

Müssen bei der Zusammenlegung zweier Ämter zu einem Kreise ohne Zweifel diese Ämter in erster Linie als bei einem erforderlich werdenden Auseinandersetzungsverfahren beteiligt angesehen werden, so wird die gleiche Beteiligung einem einem Kreise zugeschlagenen Stadtbezirke in einem solchen Falle ebenfalls nicht verschränkt und ihm nicht verwehrt werden können, als Partei in dem Verfahren aufzutreten.

3) Der Übergang einer Amtssparkasse auf den Kreis erscheint dann nicht angezeigt, wenn dem Kreise eine Stadt angehört, die eine eigene Sparkasse hat, welche letztere mit einer nicht selten in der Stadt selbst domizilierten Amtssparkasse in Konkurrenz steht.

Nr. 8. Entsch. Bd. XV. S. 9 vom 1. November 1887. II B 29/87.
Hann. Kr.=Ordn. v. 6. V. 84 (G.=S. S. 181) §§ 3, 111 ff.

1) Wenn in dem Auseinandersetzungsverfahren zwischen mehreren zu einem Kreise vereinigten Ämtern gemäß § 111 der hannov. Kr.-Ordn. als Parteien

einerseits der Kreis, andererseits die einzelnen alten Ämter auftreten (vergl. über die Gestaltung der Parteirollen in einem Auseinandersetzungsverfahren E.-O.-V. Bd. XIII. S. 19 ff.[1]), so stehen diese drei Parteien völlig selbständig da und können möglicherweise drei von einander völlig abweichende Ansichten vertreten. Schon deshalb ist unzulässig, daß der Kreistag als solcher nicht nur den Kreisverband, sondern zugleich eines der beiden Ämter oder gar beide vertrete. Der Kreistag ist das Organ des Kreises, zur Vertretung der Ämter beruft § 112 der Kr.-Ordn. diejenigen Mitglieder des neuen Kreistages, die in den betr. Bezirken gewählt sind, oder ihren Wohnsitz oder Grundbesitz haben. Enthält nun auch das Ges. keine Vorschrift, wie die letzteren ihre Beschlüsse zu fassen oder vor den Beschlußbehörden ꝛc. aufzutreten haben, so kann dies doch niemals dahin führen, den Kreistag oder den Landrat als dasjenige Organ anzusehen, das sie einstweilen — etwa bis zur Bestellung eines Bevollmächtigten — zu vertreten und insbesondere Zustellungen mit Rechtswirksamkeit entgegenzunehmen hat. Fehlt es an einer zur Vertretung des Amtes berufenen Person, so muß entweder ein Bevollmächtigter bestellt werden, oder die Zustellung an die sämtlichen einzelnen Vertreter erfolgen.

2) § 112 a. a. O. hat, wie dies schon der Begriff „Auseinandersetzung" mit sich bringt, eine solche im Auge, die ohne Beschränkung auf eine vorab begrenzte Periode und ohne den Vorbehalt einer sich notwendig periodisch wiederholenden Genehmigung alsbald zu definitiver Regelung der Verhältnisse führen und die gegenseitigen Ansprüche der beteiligten Verbände aus den durch die Kr.-Ordn. geschaffenen Veränderungen endgültig für immer ausgleichen soll.

B. Kreisabgaben.[2])

Nr. 1. Entsch. Bd. I. S. 27 vom 2. Mai 1876.

Kr.-Ordn. v. $\frac{\text{13. XII. 72}}{\text{19. III. 81}}$ (G.-S. 1881 S. 179) §§ 9—18.

Bei der Berechnung des den Gemeinden nach § 11 der Kr.-Ordn. zur Einziehung und Abführung an die Kreiskommunalkasse zu überweisenden Kreisabgabensolls sind die im § 18 a. a. O. angeordneten Befreiungen von den Kreisabgaben zu berücksichtigen. Insbesondere darf die Steuer einer Stadt, insoweit sie auf die unmittelbaren und mittelbaren Staatsbeamten entfällt, nicht zum ganzen, sondern nur bis zum Betrage des nach § 18 noch beitragspflichtigen Prozentsatzes in Anrechnung gebracht werden. Der entgegenstehenden Ansicht, wonach der Wortlaut der §§ 10 und 11 a. a. O. die Berücksichtigung der im § 18 angeordneten Befreiungen bei der Berechnung des Kreisabgabensolls der Gemeinde ausschließe und die letztere zur Übernahme der danach ausfallenden Abgabebeträge verpflichte, ist nicht beizutreten. Die Verteilung der Kreisabgaben erfolgt gemäß § 10 auf die einzelnen Kreisangehörigen, bezw. die sonstigen Abgabepflichtigen. Hieraus folgt, daß die für diese Verteilung vorgeschriebenen Grundsätze auch bei der Berechnung des Steuersolls der Gemeinden durchweg zur Anrechnung zu bringen sind. Die die Beitragspflicht und die Ausnahmen davon betreffenden Grundsätze stehen in so wesentlichem Zusammenhange mit einander, daß es in

---

[1]) Oben S. 24.

[2]) **Litteratur:** Friedrichs, die Kreisabgaben im Geltungsbereiche der Kreisordnung vom 13. Dezember 1872. Berlin 1889. — Kommentare zum Einkommensteuergesetz vom 24. Juni 1891 von Fuisting, Berlin. 2. Aufl. 1892. — Kolisch, Glogau 1891. — Krause, Berlin 1892. — Maaßen, Köln 1891. — Meitzen, Berlin 1892. — Zweigert, Essen. 2. Aufl. 1892.

dem, die individuelle Abgabepflicht regelnden § 10 der Bezugnahme auf die in den §§ 16—18 nachgelassenen Ausnahmen nicht bedurfte, um deren notwendige und in der Natur der Sache begründete Mitberücksichtigung bei der Berechnung der Gemeindesolls herbeizuführen.

Ebensowenig kann aus § 11 eine Verpflichtung der Gemeinde, die durch die Befreiungen entstehenden Ausfälle zu übertragen, gefolgert werden. § 11 handelt lediglich von der Aufbringung der Kreisabgaben und bezweckt, die Aufstellung von Zu- und Abgangslisten auszuschließen, also diejenigen Vermehrungen und Verminderungen des wirklichen Aufkommens gegen das Soll unberücksichtigt zu lassen, die nach der Feststellung des Solls gegen dieses durch Veränderungen in den steuerpflichtigen Personen oder Objekten eintreten.

Nr. 2. Entsch. Bd. I. S. 33 vom 9. Mai 1876.

Kr.=Ordn. v. 13. XII. 72 / 19. III. 81 (G.=S. 1881 S. 179) §§ 9, 10, 14, 15.

Das Kreisabgabensystem der Kr.-Ordn. ist kein reines Staatssteuerzuschlagssystem; es durchbricht letzteres vielmehr durch die vollständig selbständigen Grundsätze der forensischen Real= und Personalbesteuerung, die zwar hinsichtlich der Einschätzungsnormen (§ 15 der Kr.-Ordn.), nicht aber hinsichtlich der Steuerpflicht dem Staatssteuersysteme angepaßt ist.

Zu den Forensen des § 14 a. a. O. gehören auch diejenigen Personen, die, ohne in dem Kreise zu den persönlichen Staatssteuern veranlagt zu sein, darin einen Wohnsitz haben und zugleich Grundeigentum besitzen oder ein stehendes Gewerbe oder außerhalb einer Gewerkschaft Bergbau betreiben. Darauf ob ihre Veranlagung zu den persönlichen Staatssteuern in einem anderen preußischen Kreise erfolgt ist, oder nicht, kommt es überhaupt nicht an.[1])

Nr. 3. Entsch. Bd. I. S. 40 vom 30. Mai 1876.

Kr.=Ordn. v. 13. XII. 72 / 19. III. 81 (G.=S. 1881 S. 179) § 17.

Der § 3 Nr. 2 des Ges. vom 21. V. 1861 (G.-S. S. 317) erklärt die dem Staate und den daselbst namhaft gemachten kommunalen Verbänden gehörigen Gebäude für steuerfrei, insofern sie zu einem öffentlichen Dienste oder Gebrauche bestimmt sind, insonderheit also die zum Gebrauche öffentlicher Behörden oder zu Dienstwohnungen für Beamte bestimmten Gebäude. Die fiskalischen Forstbediensteten sind Beamte (A. L.-R. II. 10 §§ 1 ff. und § 68). Deshalb sind die dem Staate gehörigen, zu Dienstwohnungen für königliche Forstbeamten bestimmten Gebäude nach § 17 der Kr.=Ordn. von den Kreisabgaben befreit[2]).

---

[1]) Diese Entscheidung hatte zum Zweck, die, kraft besonderen Privilegiums von den persönlichen Staatssteuern befreiten Standesherren hinsichtlich der Kreisabgabepflicht den Forensen gleichzustellen und zu beweisen, daß ihre Befreiung von Kreisabgaben nicht etwa deshalb begründet sei, weil es bei ihnen an einer mit Zuschlägen gemäß § 10 der Kr.=Ordn. zu belegenden Staatssteuer fehle und weil sie als Angehörige des Kreises auch nicht zu den Forensen gezählt werden könnten. Nachdem die Befreiung der Standesherren von persönlichen Staatssteuern durch Ges. v. 18. VII. 92 (G.=S. S. 210) gegen Entschädigung aufgehoben worden ist, hat die Entscheidung insofern ihre Bedeutung verloren.

[2]) Nach v. Brauchitsch Bd. II. Anm. 106 zu § 17 d. Kr.=Ordn. würde diese Entsch. ihre Bedeutung verloren haben, da dort aus §§ 4, 5. des Ges. wegen Aufhebung direkter Staatssteuern v. 14 VII. 93 (G.=S. S. 119) die Steuerpflichtigkeit der bisher steuerfreien Dienstwohnungen gefolgert wird. Diese Ansicht trifft nicht zu, vergl. E.=O.=V. Bd. XXIX. S. 12, weiter unten in diesem Abschnitte. Ebenso hat ein Erl. des Landw. Min. v. 18. IX. 95 ausdrücklich den § 17 der Kr.=Ordn. als gegenüber dem Komm.=Abg.=Ges. v. 14. VII. 93 noch zu Recht bestehend und die Dienstwohnungen der Forstbeamten als demzufolge von den Kreislasten dauernd befreit bezeichnet.

Nr. 4. Entsch. Bd I. S. 43 vom 27. Juni 1876.

Kr.=Ordn. v. $\frac{13.\ XII.\ 72}{19.\ III.\ 81}$ (G.=S. 1881 S. 179) § 14.

Die Abgabepflichtigkeit des Fiskus gegenüber den Kreisen ist nicht ausschließlich durch § 14 Abs. 3 der Kr.=Ordn. geregelt und somit derartig begrenzt worden, daß er nur mit Zuschlägen zur Grund- und Gebäudesteuer belastet werden könnte, sondern es sind durch diese Bestimmung die in den beiden vorausgehenden Sätzen des § 14 enthaltenen, die Beitragspflicht der juristischen Personen normierenden Vorschriften bezüglich des Fiskus nur insofern geändert worden, als letzterer zwar zu keinen Kreiseinkommensteuern, vielmehr statt dessen mit erhöhten Zuschlägen zur Grund- und Gebäudesteuer heranzuziehen, im übrigen aber als juristische Person gleich diesen zu besteuern ist. Die drei ersten Sätze des § 14 bilden für die Frage der Kreisabgabepflicht des Fiskus ein Ganzes, in dem der Fiskus zunächst den juristischen Personen völlig gleichgestellt, sodann aber den letzteren gegenüber nur von der Einkommensteuerpflicht gegen ein bestimmt bemessenes Äquivalent befreit wird.

Fiskus ist also sowohl zu den auf den Grundbesitz, als auch zu den auf das stehende Gewerbe einschließlich des Bergbaues, gelegten Kreisabgaben beitragspflichtig und nimmt lediglich hinsichtlich des aus diesen Quellen fließenden Einkommens eine bevorzugte Sonderstellung ein.

Nr. 5. Entsch. Bd. I. S. 59 vom 8. September 1876.

Kr.=Ordn. v. $\frac{13.\ XII.\ 72}{19.\ III.\ 81}$ (G.=S. 1881 S. 179) § 14.

Das Einkommen aus einer Bierbrauerei, deren Fabrikat von einem außerhalb des Kreises liegenden Kontor vertrieben wird, ist in diesem Kreise zu den Kreisabgaben heranzuziehen, soweit es aus dem daselbst betriebenen Gewerbebetriebe herrührt, da die Zubereitung des Bieres einen wesentlichen Teil des Gewerbebetriebes bildet. Dieser setzt sich seiner Natur nach aus Fabrikation und Handel zusammen und gewährt nur durch die Verbindung beider Geschäftszweige einen Ertrag. Da der eine Geschäftszweig innerhalb des Kreises liegt, so ist das Einkommen daraus auch kreisabgabenpflichtig.[1])

Nr. 6. Entsch. Bd. I. S. 62 vom 12. September 1876.

Kr.=Ordn. v. $\frac{13.\ XII.\ 72}{19.\ III.\ 81}$ (G.=S. 1881 S. 179) §§ 11, 14, 19.

1) Die Grundsätze über die individuelle Verteilung der Kreisabgaben auf die Pflichtigen, namentlich also auch die auf die Veranlagung der Forensen und juristischen Personen bezüglichen Vorschriften der §§ 14, 15 der Kr.=Ordn. sind bei der Berechnung des Abgabensolls der Gemeinden und selbständigen Gutsbezirke genau zur Anwendung zu bringen. Die zur Abführung ihrer Anteile im Ganzen verpflichteten Gemeinden können verlangen, daß bei Abmessung jener Anteile solcher anderen Gemeinden, in denen sich Forensen oder juristische Personen befinden, deren fingierte Steuersätze überall mit zur Anrechnung gebracht werden. Hieraus folgt, daß ein Kreisausschuß unrichtig verfährt, wenn er das Beitragssoll der Gemeinden ohne Zurechnung der auf die Forensen und juristischen Personen entfallenden Abgabenbeträge feststellt und erst längere Zeit später mit der Veranlagung der letztbezeichneten Abgaben vorgeht. Es müssen vielmehr die Ergebnisse beider Feststellungen gleichzeitig zur Kenntnis der sämtlichen

---

[1]) Vergl. wegen der Veranlagung § 91, 47 ff. des Komm.=Abg.=Ges. v. 14. VII. 93 (G.=S. S. 152), wegen der Verteilung auf die mehreren Kreise u. s. w. §§ 92, 51, 71—74 das.

Gemeinden des Kreises gebracht werden, um sie in den Stand zu setzen, einerseits die Berechnung der Anteile im ganzen zu prüfen und nötigenfalls deren Berichtigung in dem ihnen nach § 19 a. a. O. offen stehenden Wege zu verlangen, andererseits die ihren Bezirken angehörenden Forensen und juristischen Personen von den auf sie entfallenden Individualabgabenbeträgen behufs des hierauf bezüglichen Einziehungs- und Reklamationsverfahrens zu benachrichtigen.

2) Machen die Gemeinden[1]) von der ihnen durch § 11 Abs. 2 a. a. O. eingeräumten Befugnis, über die Art und Weise der Aufbringung ihrer Anteile zu beschließen, keinen Gebrauch, so sind die nach § 11 Abs. 1 für sie und die selbständigen Gutsbezirke berechneten Anteile unter Anwendung des allgemeinen Kreisabgabenmaßstabes auf die einzelnen Steuerpflichtigen zu verteilen. Es werden also die auf die letzteren nach Vorschrift der §§ 14, 15 a. a. O. veranlagten Individualbeträge unmittelbar in und mit dem Gemeindesoll festgestellt und gelangen ohne jede Veränderung zur Einziehung. Die Reklamationsbefugnis dieser Abgabepflichtigen richtet sich aus diesem Grunde auch unmittelbar gegen den Kreis.

Beschließen die Gemeinden die anderweitige Aufbringung der Anteile (aus bereiten Mitteln, durch Gemeindesteuern), so reicht die Wirkung des Individualbesteuerungssystems der Kreisabgaben nur bis zur Berechnung der ihnen zu überweisenden Gesammtanteile. Darüber hinaus besteht keine Abgabepflicht der einzelnen Kreisangehörigen gegenüber dem Kreise. Sie haben daher auch an dem Ergebnisse ihrer Veranlagung zu den Kreisabgaben kein eigenes, unmittelbares Interesse und können nur gegen die betreffende Gemeinde vorgehen, und zwar nach Maßgabe derjenigen Bestimmungen, die für die Erhebung von Gemeindesteuerreklamationen gelten, während das Recht, gegen das Veranlagungsresultat dem Kreise gegenüber Einspruch zu erheben, nur einerseits der beteiligten, andererseits den übrigen Gemeinden des Kreises zusteht.

Nr. 7. Entsch. Bd. I. S. 67 vom 19. September 1876.

Kr.-Ordn. v. $\frac{13. XII. 72}{19. III. 81}$ (G.-S. 1881 S. 179) §§ 10, 11, 14, 16.

1) Die Kr.-Ordn. kennt nur Kreisforensen, d. h. solche physischen Personen, die ohne in dem Kreise einen Wohnsitz zu haben, bezw. in ihm zu den persönlichen Staatssteuern veranlagt zu sein, daselbst Grundeigentum besitzen, oder ein stehendes Gewerbe, oder außerhalb einer Gewerkschaft Bergbau betreiben. Sie kennt nicht Gemeindeforensen, d. h. solche physischen Personen, die in einer Gemeinde des Kreises Grundeigentum besitzen und in einer anderen Gemeinde desselben Kreises einen Wohnsitz haben.

2) Der Kreisausschuß ist daher nicht berechtigt, Grundbesitzer einer Gemeinde, die in einer anderen Gemeinde des Kreises ihren Wohnsitz haben, von dem Einkommen aus ihrem Grundbesitze fingiert zur Einkommensteuer zu veranlagen und den veranlagten Steuerbetrag der Gemeinde, in deren Bezirk der Grundbesitz belegen ist, bei der Berechnung des Kreisabgabensolls mit in Ansatz zu bringen. Hieraus folgt, daß die Einkommensteuer eines Zensiten in ihrem vollen Betrage bei der Berechnung des Kreisabgabensolls derjenigen Gemeinde in Ansatz gebracht wird, in der er wohnt, bezw. zu den persönlichen Staatssteuern veranlagt ist, auch wenn er sein steuerpflichtiges Einkommen oder einen Teil davon aus Grundbesitz bezieht, der in einer anderen Gemeinde desselben Kreises belegen ist.

---

[1]) Heute sowohl Stadt-, als auch Landgemeinden, nachdem durch § 91[1] des Komm.-Abg.-Ges. v. 14. VII. 93 (G.-S. S. 152) auch letzteren die Beschlußfassung darüber, wie ihre Anteile an den Kreisabgaben aufgebracht werden sollen, vorbehalten ist.

3) Gemeinden[1]), die von der ihnen durch § 11 Abs. 2 der Kr.-Ordn. eingeräumten Befugnis Gebrauch machen, können hierdurch wohl Nachteile haben, weil bei der Heranziehung zur Gemeindeeinkommensteuer das außerhalb der Gemeinde belegene Grundeigentum außer Berechnung bleiben muß[2]), allein dieser Nachteil ist unvermeidlich.

4) Von einer minutiösen Ausgleichung entgegenstehender finanzieller Interessen ist in der Kr.-Ordn. überhaupt Abstand genommen worden. Es wird z. B. nach § 11 a. a. O. das Kreisabgabensoll für die einzelnen Gemeinden und selbständigen Gutsbezirke unter Anwendung des Kreisabgabenverteilungsmaßstabes im Ganzen berechnet und ihnen zur Unterverteilung auf die einzelnen Steuerpflichtigen nach demselben Maßstabe, zur Einziehung sowie zur Abführung im Ganzen an die Kreiskommunalkasse, überwiesen. Hieraus folgt, daß, wie den einzelnen Gemeinden und Gutsbezirken die gegen das Soll entstehenden Zugänge zu gute kommen, ihnen andererseits dem Kreise gegenüber auch die Deckung der Abgänge und Ausfälle obliegt. Wenn auch die Ab- und Zugänge sich der Regel nach im Laufe der Zeit ausgleichen, so können doch bisweilen einzelne Fälle vorkommen, in denen ein sehr erheblicher Abgang stattfindet, der durch entsprechende Zugänge seine Ausgleichung nicht findet. Gleichwohl sollen diese Nachteile durch eine mit erheblichen praktischen Schwierigkeiten verbundene Führung von Ab- und Zugangslisten nicht beseitigt werden.[3])

Nr. 8. Entsch. Bd. I. S. 74 vom 18. Oktober 1876.

Kr.-Ordn. v. $\frac{13.\ XII.\ 72}{19.\ III.\ 81}$ (G.-S. 1881 S. 179) §§ 6, 9, 10, 11, 14, 15.

1) Die einer landrätlichen Bekanntmachung beigefügte Repartition der Kreisabgaben gilt als Heberolle im Sinne des § 1 des Ges. vom 18. VI. 40 (G.-S. S. 140)[4]) den einzelnen Kreisangehörigen gegenüber nur insoweit, als daraus die von ihnen zu entrichtenden Abgabenbeträge ohne weiteres zu ersehen sind. Anderenfalls ist, soweit die Gemeinden nicht von der Befugnis des § 11 Abs. 2 der Kr.-Ordn. Gebrauch machen[5]), in ihnen, wie in den selbständigen Gutsbezirken, noch eine Unterverteilung nötig, zu welchem Zwecke besondere Hebelisten aufzustellen und bekannt zu machen sind. Erst von diesem Zeitpunkte ab läuft die Klagefrist für den Kreisabgabepflichtigen, dessen Reklamationsbefugnis sich unmittelbar gegen den Kreis richtet.

2) Die Annahme, der § 9 der Kr.-Ordn. sei nicht dahin zu verstehen, daß zu den Kreisabgaben nur Kreisangehörige beitragspflichtig seien, ist insofern nicht unbegründet, als außer den Kreisangehörigen auch die im § 14 a. a. O. genannten Forensen, juristischen Personen u. s. w. zu den Kreisabgaben herangezogen werden. Dagegen ist die weitergehende Folgerung unrichtig, daß zu den Kreisabgaben auch diejenigen Einwohner einer Gemeinde beitragspflichtig seien, die, ohne in ihr einen Wohnsitz zu haben, wegen ihres zeitigen Aufenthaltes daselbst zu den persönlichen Staatssteuern veranlagt seien. Der Kreissteuerpflicht sind vielmehr nur die in den §§ 9 und 14 der Kr.-Ordn. genannten Personen mit den im § 18 gedachten Ausnahmen unterworfen. Begründung der Steuerpflicht durch bloßen Aufenthalt kennt die Kr.-Ordn. nicht.

---

[1]) Stadt- und Landgemeinden, vergl. § 91[1] des Komm.-Abg.-Ges. v. 14. VII. 93 (G.-S. S. 152).

[2]) Vergl. § 49 des Komm.-Abg.-Ges. v. 14. VII. 93 (G.-S. S. 152).

[3]) Die weiteren Entscheidungsgründe sind veraltet.

[4]) Heute ist § 19 der Kr.-Ordn. in seiner jetzigen Fassung maßgebend, doch gilt von der darin vorgeschriebenen Bekanntmachung das Gleiche.

[5]) Stadt- und Landgemeinden, vergl. § 91[1] des Komm.-Abg.-Ges. v. 14. VII. 93 (G.-S. S. 152).

3) Die anscheinend freiwillige, ohne Vorbehalt erfolgte Zahlung der Kreisabgaben, thut dem Rechte des Zahlungspflichtigen zur (fristmäßigen) Einlegung von Rechtsmitteln keinen Abbruch. Denn die Annahme einer „freiwilligen" Zahlung wird überhaupt schon dadurch ausgeschlossen, daß letztere im Exekutionswege erzwungen werden konnte.

Nr. 9. Entsch. Bd. I. S. 81 vom 11. November 1876.

Kr.-Ordn. v. $\frac{13. XII. 72}{19. III. 81}$ (G.-S. 1881 S. 179) §§ 14, 15.

1) Der § 14 Abs. 2 der Kr.-Ordn. unterscheidet nicht zwischen solchen juristischen Personen, deren Einkommen öffentlichen Zwecken, und solchen, deren Einkommen privaten Zwecken dient. Demgemäß ist das Einkommen der juristischen Personen (mit Ausnahme des Fiskus) aus Grundbesitz und Gewerbebetrieb ohne Unterschied der Zweckbestimmung der Kreisbesteuerung unterworfen, und es sind hinsichtlich der Einschätzung (§ 15 a. a. O.) des Einkommens der juristischen Personen aus Grundvermögen zu den Kreisabgaben lediglich die für die Verlangung zur Staatseinkommensteuer bestehenden Vorschriften maßgebend.[1])

2) Hiernach ist als steuerpflichtiges Reineinkommen, das ein Provinzialverband aus einem ihm gehörenden Landgute bezieht, der Pachtzins des letzteren nach Abzug der etwa dem Verpächter verbliebenen, darauf ruhenden Lasten und Steuern, sowie der Schulden zu betrachten. Eine dem Provinzialverbande durch Gesetz auferlegte Verpflichtung, das Landgut bezw. das Einkommen daraus für Waisenerziehung zu verwenden, charakterisiert sich im rechtlichen Sinne weder als eine auf dem gedachten Gute ruhende Last, noch als eine privatrechtliche Schuldverbindlichkeit des Provinzialverbandes. Sie ist vielmehr lediglich als eine gesetzliche Zweckbestimmung für die Verwendung des dem Provinzialverbande übereigneten Vermögensstückes anzusehen, die mit der in den Gesetzen vorgeschriebenen Verwendung des Vermögens kommunaler Korporationen auf gleicher Stufe steht.

3) Auch Kirchen und Schulen haben von ihrem Einkommen aus Grundbesitz zu den Kreisabgaben beizutragen.

Nr. 10. Entsch. Bd. I. S. 87 vom 9. Dezember 1876.

Kr.-Ordn. v. $\frac{13. XII. 72}{19. III. 81}$ (G.-S. 1881 S. 179) §§ 17, 19.

1) Der § 19 der Kr.-Ordn. eröffnet das Verwaltungsstreitverfahren keineswegs für eine Erörterung und Feststellung der Abgabenpflichtigkeit im Prinzip, sondern lediglich für den einzelnen Fall der Heranziehung und Veranlagung.

2) Bei der Beantwortung der Frage, welche Liegenschaften zu einem „öffentlichen Dienste oder Gebrauche bestimmt" sind, (§ 17 der Kr.-Ordn.)[1]) läßt sich dem Worte „bestimmt" in Ermangelung jedes näheren Anhaltes dafür, daß hiermit lediglich eine etwa vom Eigentümer oder von sonst verfügungsberechtigten Subjekten ausgegangene Bestimmung gemeint worden ist, und in

---

[1]) Nach von Brauchitsch Bd. II. 5. Bearb., Anm. 88b, S. 47 soll gemäß §§ 91[4], 34 des Komm.-Abg.-Ges. v. 14. VII. 93 (G.-S. S. 152) jetzt das Einkommen der juristischen Personen aus bebauten und unbebauten Grundstücken, die ganz oder teilweise nach § 24 das. der Steuer vom Grundbesitze nicht unterworfen sind, insoweit auch nicht der Kreiseinkommensteuer unterliegen. Diese Ansicht geht fehl, da § 91[4] eine Änderung des materiellen Kreisbesteuerungsrechtes nicht beabsichtigt. Für die dinglichen Befreiungen von Kreisabgaben ist daher nach, wie vor, § 17 der Kr.-Ordn. maßgebend. Vergl. Anm. 2 oben S. 26.

[2]) Vergl. § 24 des Komm.-Abg.-Ges. v. 14. VII. 93 (G.-S. S. 152).

Erwägung ferner, daß die Bestimmung an sich unmittelbar auf dem Gesetze beruhen kann, eine über das objektive Moment hinausreichende, überhaupt eine selbständige und entscheidende Bedeutung kaum zugestehen. Nur das ist allenfalls anzuerkennen, daß die Beziehung der betreffenden Liegenschaft zum öffentlichen Dienste oder Gebrauche keine lediglich zufällige, keine im Verhältnis zu den sonstigen Beziehungen mehr oder minder untergeordnete sein darf. Entscheidend sind erst die Worte „öffentlicher Dienst oder Gebrauch". Mit diesen, aus der Grundsteuergesetzgebung übernommenen Worten ist kein anderer als derjenige Sinn verbunden, den mit ihnen das Grundsteuergesetz vom 21. V. 61 (G.-S. S. 253) im § 4 e verbindet.

3) Voraussetzung ist hiernach die unmittelbare und dauernde Bestimmung zum öffentlichen Dienste oder Gebrauche. Dies trifft bei den, dem Fiskus gehörigen, an öffentlichen Strömen belegenen und durch Weidenanpflanzungen ausgenutzten „Kämpen" nicht zu. Es kann zunächst daraus, daß die auf der Kämpe gewonnenen Weiden ohne Ausnahme bei und zur Ausführung von Stromregulierungsbauten Verwendung finden, also keinen baaren Erlös liefern, nicht gefolgert werden, daß die Kämpe keinen Reinertrag gewähre. Sie liefert insofern einen „Reinertrag", als dem Fiskus infolge des Gewinnes von Materialien zu den Strombauten Ausgaben wegen anderweiten Ankaufes dieses Materials erspart werden. Liegt nun in der Verwendung der Weiden auch zugleich eine Förderung öffentlicher Zwecke, so ist die Beziehung der Kämpe zum öffentlichen Dienste oder Gebrauche doch nur eine mittelbare, wie sie mehr oder minder bei jedem Grundstücke des Staates vorkommt. Auch die in der Grundsteuergesetzgebung den Baumschulen zugewiesene Befreiung kann Zweifel an der Richtigkeit dieser Ansicht nicht erregen, obwohl deren Bestimmung zum öffentlichen Dienste oder Gebrauche ebenfalls nur eine mittelbare ist. Baumschulen unterscheiden sich von derartigen Weidenkämpen dadurch, daß das Baumschulenterrain an sich in der Regel auch die verschiedensten sonstigen Arten der Nutzbarmachung gestatten würde, während auf den Kämpen nach ihrer Lage und Beschaffenheit meist nur die Weidenzucht thatsächlich oder wirtschaftlich möglich ist. Andererseits steht der Verpflichtung des Staates, für die zur Sicherheit und Bequemlichkeit der Schiffahrt nötigen Anstalten in schiffbaren Strömen zu sorgen, der Anspruch auf die Nutzungen dieser Ströme gegenüber (A. L.-R. II. 16 § 79), während die Eigentümer der zur Bepflanzung öffentlicher Plätze u. s. w. bestimmten Baumschulen ein dem gleichzustellendes Äquivalent nicht genießen.

4) Das Gegenteil ist auch nicht aus dem Zusammenhange der Kämpen mit den künstlich angelegten Stromwerken zu folgern. Es ist nicht anzuerkennen, daß, indem jene diese befestigen, zum Teil auch ergänzen und ersetzen, die sich darbietenden Nutzungen an Weiden u. s. w. nur etwas Nebensächliches seien, wie etwa das von Rasenplätzen auf öffentlichen Spaziergängen, an den Böschungen der Chausseen und Eisenbahnen gewonnene Gras und Obst. Denn hier handelt es sich nicht um Bodenprodukte einer lediglich öffentlichen Zwecken dienenden Anlage. Die Kämpen sind keine Teile der Strombauwerke, stehen vielmehr selbständig diesen gegenüber. Sie sind auch nicht erst dazu bestimmt, den letzteren als Halt oder Ergänzung zu dienen, leisten vielmehr — wenn und insoweit überhaupt — doch ohne besondere Bestimmung, gleichviel wem sie eigentlich gehören, diesen Dienst. Ihre natürliche Lage und Beschaffenheit bringt es nicht mehr und nicht minder, wie etwa die eines in den Strom hinein vorspringenden Felsens, von selbst mit sich, daß sie sich auch nach dieser Richtung hin förderlich und nützlich erweisen.

5) Wenn aber die Kosten der zum Schutze und zur Erhaltung der Kämpen dienenden künstlich angelegten Werke den Ertrag aus den Weidenpflanzungen

übersteigen, so geht daraus nicht hervor, daß der aus der Nutzung der Kämpen sich ergebende Reinertrag seine Bedeutung verlöre und die Voraussetzung einer Bestimmung zum öffentlichen Dienste oder Gebrauche herzustellen geeignet wäre. Die Stromwerke mögen nach der Richtung der Erhaltung der Kämpen hin günstig wirken, ihr Hauptzweck ist aber die Regulierung des Stromes, eine Leistung, zu deren Erfüllung im öffentlichem Interesse der Staat kraft Gesetzes verpflichtet ist. Die Kämpen stehen den Deichen gleich. Mögen beide auch zum öffentlichen Nutzen dienen, so wird damit allein noch keineswegs die nach dem Gesetze erforderliche Bestimmung zu einem öffentlichen Dienste oder Gebrauche hergestellt, zumal ihr Eigentümer in der Lage ist, jeden Dritten von der Benutzung dieser Liegenschaften auszuschließen.

Nr. 11. Entsch. Bd. II. S. 23 vom 3. Januar 1877.

Kr.-Ordn. v. $\frac{13.\ XII.\ 72}{19.\ III.\ 81}$ (G.-S. 1881 S. 179) § 17.

1) Fiskalische Exerzierplätze und Artillerieschießplätze sind unmittelbar und dauernd zum öffentlichen Dienste oder Gebrauche bestimmt und daher von den Kreisabgaben befreit. Der Möglichkeit, einen Schießplatz auch anderweit, insbesondere landwirtschaftlich zu nutzen, steht gegenüber, daß gerade die hier stattfindende Art des öffentlichen Dienstes vermöge ihrer Natur jede andere Art der Benutzung auf das äußerste beschränken muß — und zwar zu nicht geringerem Teile auch für die Zeit, in der der Dienst ruht. Das Gesetz will aber nur die Hauptbestimmung derartiger Liegenschaften als maßgebend angesehen wissen. Unterliegt in dieser das Grundstück dem öffentlichen Dienste oder Gebrauche, so wird die hierdurch einmal begründete Befreiung nicht dadurch wieder ausgeschlossen, daß nebenher noch eine gewisse anderweite Nutzung stattfindet und solche dem Besitzer auch einen mäßigen Reinertrag abwirft.[1])

2) Die Befreiung steht auch dem Reichsfiskus zu (Ges. vom 25. V. 73 — R.-G.-Bl. S. 113).

Nr 12. Entsch. Bd. II. S. 33 vom 31. Januar 1877.

Kr.-Ordn. v. $\frac{13.\ XII.\ 72}{19.\ III.\ 81}$ (G.-S. 1881 S. 179) §§ 14, 16.

Der Pächter eines Landgutes, der seinen Wohnsitz in einem anderen als demjenigen Kreise hat, in dem das Pachtgut liegt, ist wegen seines aus der Pachtung fließenden Einkommens zu den Kreisabgaben in seinem Wohnsitzkreise nicht heranzuziehen. Denn das Einkommen aus der Pacht eines Landgutes ist bezüglich seiner Belastung mit Kreisabgaben als aus einem Gewerbebetriebe fließendes zu behandeln und unterliegt insofern der Anwendung des § 16 der Kr.-Ordn. Die Pächter von Landgütern sind im Sinne des § 14 a. a. O. nicht sowohl zu den Grundbesitzern, als vielmehr zu den Gewerbetreibenden zu rechnen.[2])

Nr. 13. Entsch. Bd. II. S. 38 vom 10. Februar 1877.

Kr.-Ordn. v. $\frac{13.\ XII.\ 72}{19.\ III.\ 81}$ (G.-S. 1881 S. 179) § 15.

1) Ein Anspruch auf Ermäßigung der veranlagten Kreiseinkommensteuer im Falle der Verminderung des veranschlagten Gesamteinkommens durch den

---

[1]) Vergl. § 24c des Komm.-Abg.-Ges. v. 14. VII. 93 (G.-S. S. 152).

[2]) Die Veranlagung des Einkommens aus Pachtungen richtet sich jetzt nach §§ 7, 13 des Eink.-St.-Ges. v. 24. VI. 91 (G.-S. S. 175) und Art. 15 I der Ausf.-Anw. v. 5. VIII. 91.

Verlust einzelner Einnahmequellen um mehr als den vierten Teil ist z. B. bei Bergwerken nur infolge gänzlichen Aufhörens des Bergbaubetriebes gerechtfertigt, nicht schon infolge des gegen die Vorjahre verringerten Reinertrages der Grube.

2) Derartige Anträge dürfen nach Ablauf des Jahres, für das die Veranlagung erfolgt ist, überhaupt nicht mehr berücksichtigt werden.[1]

Nr. 14. Entsch. Bd. II. S. 42 vom 14. März 1877.

Kr.-Ordn. v. $\frac{13.\ \text{XII.}\ 72}{19.\ \text{III.}\ 81}$ (G.-S. 1881 S. 179) §§ 14, 15.

Ob die Kosten der auf der Kohlengrube einer Aktiengesellschaft ausgeführten Reparaturen und Tiefbauten von deren Einkommen abgezogen werden können, hängt lediglich von dem Gegenstande der Ausgabe ab, und wenn sich findet, daß die Anlage nicht eine Erweiterung des Betriebes, sondern nur seine Fortführung in dem bisherigen Umfange bezweckt und erreicht hat, so kommt es darauf, wie die dafür geleisteten Ausgaben von dem Bergbautreibenden gebucht worden sind, nicht weiter an. Insbesondere erscheint die Aufstellung der Bilanz über das Gesammtunternehmen der reklamierenden Aktiengesellschaft behufs der Feststellung der an die Aktionäre zu zahlenden Dividende für die Berechnung des steuerbaren Einkommens aus den einzelnen Etablissements der Gesellschaft nicht maßgebend.[2]

Nr. 15. Entsch. Bd. II. S. 47 vom 16. Mai 1877.

Kr.-Ordn. v. $\frac{13.\ \text{XII.}\ 72}{19.\ \text{III.}\ 81}$ (G.-S. 1881 S. 179) §§ 14—16, 19.

1) Als Einkommen aus Grundstücken, die verpachtet sind, ist der jeweilige Pachtzins, einerseits unter Heranziehung etwaiger Natural- oder sonstiger Nebenleistungen, sowie der dem Verpächter etwa vorbehaltenen Nutzungen, andererseits unter Abrechnung der dem Verpächter verbleibenden Lasten zu berechnen.[3]) Denn nicht dasjenige Einkommen unterliegt der Einkommenbesteuerung, das von dem Eigentümer aus der Benutzung seines Grundstückes gewonnen werden könnte, sondern dasjenige, das thatsächlich von ihm bezogen wird. Mag also ein Gut aus persönlichen Rücksichten unter besonderen, dem Pächter ungewöhnlich vorteilhaften Bedingungen verpachtet werden, immer kann der dadurch dem Pächter erwachsende Vermögensgewinn nur bei dessen Einkommenbesteuerung, nicht aber bei der des Verpächters zur Rechnung gezogen werden. Bei der letzteren würde die vertragsmäßig bedungene Summe der baar zu zahlenden Pacht allerdings dann nicht maßgebend sein, wenn der Vertrag in dieser Beziehung simuliert und das dem Verpächter aus dem Pachtverhältnisse thatsächlich zufließende Einkommen ein höheres wäre; ferner auch dann nicht ausschließlich, wenn der Pächter vermögensrechtliche Leistungen für die Pachtgegenstände übernommen hätte, die nicht sowohl auf Erhaltung der letzteren, als vielmehr auf ihre Meliorationen abzielten. In allen diesen Fällen bedarf es aber, um das Einkommen aus verpachtetem Grundbesitz, abweichend von der Höhe des

[1]) Vergl. § 58 des Eink.-St.-Ges. v. 24. VI. 91 (G.-S. S. 175).

[2]) Vergl. §§ 6—11, 14 des Eink.-St.-Ges. v. 24. VI. 91 (G.-S. S. 175) und Art. 17—20 der Ausf.-Anw. v. 5. VIII. 91. Der übrige Teil der Entscheidungsgründe trifft nicht mehr zu; maßgebend für die Berechnung ihrem Betrage nach unbestimmter Einnahmen sind heute die drei letzten, der Veranlagung voraufgegangenen Jahre, deren Ergebnisse zur Zeit der Veranlagung festgestellt werden können, vergl. § 10 des Eink.-St.-Ges. und Art. 5 der Ausf.-Anw. dazu.

[3]) Vergl. §§ 7, 13 des Eink.-St.-Ges. v. 24. VI. 91 (G.-S. S. 175) und Art. 15 der Ausf.-Anw. v. 5. VIII. 91.

bedungenen Pachtzinses zum Zwecke der Besteuerung zu berechnen, des Nachweises entsprechender thatsächlicher Verhältnisse.

2) Wenn sich der durchschnittliche Reinertrag der letzten drei Jahre beim Mangel ordnungsmäßig geführter Wirtschaftsbücher nicht ermitteln läßt, es also auf eine mehr arbiträre Schätzung des Einkommens aus nicht verpachtetem Grundbesitz ankommt, so kann die besteuernde Behörde zwar eine Einschätzung nach dem Vorbilde ähnlicher Grundstücke vornehmen, keinesfalls aber darf es dem Eigentümer verwehrt werden, sein wirkliches Einkommen rechnungsmäßig nachzuweisen.[1])

3) Handelt es sich um die Kreisbesteuerung physischer, der Staatseinkommenbesteuerung unterliegender Personen in mehreren Kreisen, so entspricht es dem § 16 der Kr.-Ordn., wenn von den Erträgen der einzelnen, verschiedenen Kreisen angehörigen Einnahmequellen nach Verhältnis dieser Erträge die Schulden, die als auf dem gesamten Vermögen des steuerpflichtigen Subjekts lastend angesehen werden müssen, in Abzug gebracht werden. Dem gegenüber stehen aber solche Lasten und Schulden, die der einzelnen Einkommensquelle anhaften, lediglich mit Bezug auf diese übernommen und eingegangen und daher auch zunächst aus den Erträgen zu bestreiten sind, so daß immer nur nach deren Abzug von einem Reinertrage der einzelnen Einnahmequelle die Rede sein kann. Zu diesen Schulden gehören die Hypotheken- und Grundbuchschulden, bezw. die von ihnen zu entrichtenden Zinsen mit Ausnahme der Amortisationsbeiträge.[2]) Die Möglichkeit, den Grundbesitz in dem einen Kreise mit Schulden zu belasten und die dadurch gewonnenen Mittel in einem anderen Kreise als Einnahmequelle oder zur Tilgung anderer Schulden zu benutzen, ist eine notwendige, nicht zu ändernde Folge der forensalischen Einkommensbesteuerung des § 14 a. a. O., die die Reinerträge der verschiedenen Einnahmequellen als gesonderte Teile des persönlichen freien Gesamteinkommens des Pflichtigen erfaßt.

4) Der zur Entscheidung über Reklamationen berufene Verwaltungsrichter darf sich nicht darauf beschränken, die Grundsätze anzugeben, nach denen das Reineinkommen des Reklamanten aus dem Grundbesitze berechnet werden soll, sondern er muß die Höhe dieses Einkommens und damit den Betrag der zu zahlenden Steuer gleichzeitig festsetzen.

Nr. 16. Entsch. Bd. II. S. 56 vom 16. Mai 1877.

Kr.-Ordn. v. $\frac{13.\ XII.\ 72}{19.\ III.\ 81}$ (G.-S. 1881 S. 179) §§ 14 ff.

Für die Berechnung des aus Grundbesitz fließenden Einkommens der Gemeinden und anderer juristischer Personen gelten folgende Grundsätze:

1) Der Anspruch einer Stadtgemeinde, die aus ihrem Grundbesitze im Kreise ein Reineinkommen bezieht, sie in Ermangelung eines steuerpflichtigen Einkommens von den Kreisabgaben freizulassen, weil sie nicht nur jenes Einkommens, sondern noch erheblicher Steuern zur Erfüllung ihrer öffentlichen Zwecke bedürfe, mag de lege ferenda wohl gerechtfertigt sein, nach den Bestimmungen der Kr.-Ordn. kann ihm aber nicht entsprochen werden.

2) Ebenso unzulässig ist der Anspruch, bei Ermittelung des Reineinkommens aus dem Grundbesitze nicht nur die auf dem letzteren lastenden, sondern alle Schulden der Stadt zu berücksichtigen. Die Gemeinden lassen sich in Bezug auf die Veranlagung der nach dem Einkommen umgelegten Kreisabgaben weder den Forensen, noch der Erwerbsgesellschaft gleichstellen.

---

[1]) Vergl. §§ 10, 13, 32 des Eink.-St.-Ges. und Art. 11, 42 der Ausf.-Anw.
[2]) Vergl. § 9^{12} des Eink.-St.-Ges. und Art. 11^{IV}, 24 der Ausf.-Anw.

Bei einem Forensen, der in einem anderen Kreise nach seinem Einkommen abgabepflichtig ist, ist das aus dem Grundbesitze ꝛc. fließende Einkommen als ein Teil des persönlichen freien Einkommens aufzufassen. Bei einer Aktiengesellschaft kommt der Ertrag, den ihr Unternehmen abwirft, seiner Natur nach als solcher, nicht als Teil des Einkommens der Aktionäre in Betracht; das gewerbliche Unternehmen mit seinen Einkünften, Lasten und Schulden ist ausschließlich in Rechnung zu ziehen und der Reinertrag als „das aus dieser Quelle fließende Einkommen“ nach den gesetzlichen Vorschriften festzustellen.[1]) Hierbei ergiebt sich der Abzug der Schuldenzinsen als eine notwendige Folge der Einheit des Veranlagungsobjektes und -subjektes. Einkommen der Gesellschaft und Reinertrag fallen zusammen.

Anders bei einer Gemeinde. Denn sie bezieht weder, wie der Forense, ein steuerbares Gesammteinkommen, das sich nach seinen einzelnen Quellen sondern läßt, noch stellt sie sich, wie das Aktienunternehmen, als eine Einnahmequelle für ihre Angehörigen dar. Die Reinerträge ihrer Grundstücke und gewerblichen Unternehmungen erscheinen vielmehr nur als Einnahmeposten des Gemeindehaushaltes, dessen Bedürfnisse, soweit jene nicht zu ihrer Deckung hinreichen, im Wege der Besteuerung bestritten werden. Die auf diesem Wege erzielten Geldmittel ergänzen zwar die notwendigen Einnahmen der Gemeinde, haben aber nicht die Natur dessen, was die Steuergesetzgebung unter „Einkommen“ versteht. Eine Einschätzung dieser Einnahmen nach den für die Veranlagung der Einkommensteuer bestehenden Grundsätzen ist daher überhaupt nicht ausführbar.

Das aus Grundbesitz, Gewerbebetrieb und Bergbau fließende Einkommen der Gemeinden kommt demgemäß nicht als Teil eines steuerpflichtigen Gesammteinkommens, sondern lediglich als der ihnen aus diesen Quellen zufließende Reinertrag in Betracht, bei dessen Berechnung folgeweise, neben den dinglichen Lasten und Abgaben, andere als solche Schulden, die diesen Ertrag schmälern, nicht in Rechnung zu ziehen sind. Solche abzugsfähigen Schulden sind die eigentlichen Betriebsschulden und die Zinsen der (auf dem städtischen Grundeigentum ruhenden) Hypothekenschulden.[2]) Dagegen belasten alle weiteren Verpflichtungen der Gemeinde, z. B. die Verzinsung und Tilgung einer Stadtanleihe, zwar den städtischen Haushalt, nicht aber die im Kreise belegenen Grundstücke der Gemeinde.

Nr. 17. Entsch. Bd. II. S. 62 vom 16. Mai 1877.

Kr.-Ordn. v. $\frac{13.\ XII.\ 72}{19.\ III.\ 81}$ (G.S. 1881 S. 179) §§ 14–16.

Für die Berechnung des steuerbaren Reineinkommens eines Eisenbahnunternehmens gelten folgende Grundsätze:

1) Aus dem § 16 der Kr.-Ordn. läßt sich ein Anspruch der Aktionäre einer Eisenbahngesellschaft nicht herleiten, nach dem die Berechnung des steuerbaren Einkommens aus dem Eisenbahnbetriebe nach der in den Vorjahren zur Verteilung gelangten Dividende anzulegen wäre, wobei davon auszugehen sei, daß diese dasjenige Einkommen der Aktionäre darstelle, das bei deren persönlicher Heranziehung zu den Kreisabgaben außer Berechnung bleiben müsse. Denn wenn auch das Eisenbahnunternehmen selbst als ein Gewerbe anzusehen ist, so geht doch sein Betrieb nicht von den einzelnen Aktionären, sondern von der Aktiengesellschaft als selbständigem Rechtssubjekte, beziehungsweise von

---

[1]) §§ 10, 16 des Eink.-St.-Ges. v. 24. VI. 91 (G.-S. S. 175); Art. 27 der Ausf.-Anw. v. 5. VIII. 91.

[2]) Vergl. E.-O.-V. Bd. II. S. 47, oben S. 33.

deren verfassungsmäßiger Vertretung aus, und der durch diesen Betrieb erzielte Gewinn fließt zunächst und unmittelbar nicht den Aktionären, sondern der Gesellschaft zu.

2) Für die bei Ermittelung des Einkommens der Eisenbahngesellschaften anzuwendenden Grundsätze ist nicht der § 16, sondern der § 15 der Kr.-Ordn. maßgebend.[1])

Nr. 18. Entsch. Bd. II. S. 69 vom 23. Juni 1877.[2])

Kr.-Ordn. v. $\frac{\text{13. XII. 72}}{\text{19. III. 81}}$ (G.-S. 1881 S. 179) § 15.

1) Bei der Berechnung des aus dem Bergbau fließenden Einkommens sind Rücklagen zur Amortisation des Anlagekapitals nicht in Abzug zu bringen.

2) Bei der Absetzung für die jährliche Abnutzung von Gebäuden und Utensilien handelt es sich nicht um die Erneuerung des verauslagten Anlagekapitals, sondern um die Erneuerung des zu dem Betriebe erforderlichen Inventars, durch dessen Vorhandensein die Fortsetzung dieses Betriebes in dem bisherigen Umfange bedingt wird.

3) Der Abzug von Renten, zu deren Zahlung als Entgelt für die Förderung diejenigen Bergbautreibenden verbunden sind, die nicht Eigentümer des Feldes oder seiner Oberfläche sind, ist lediglich die Folge des allgemeinen Grundsatzes, daß die auf dem Grundbesitze oder Gewerbe lastenden Schulden den Betriebsausgaben beizuzählen sind.

Nr. 19. Entsch. Bd. III. S. 11 vom 3. November 1877.

Kr.-Ordn. v. $\frac{\text{13. XII. 72}}{\text{19. III. 81}}$ (G.-S. 1881 S. 179) §§ 14, 19.

1) Nach §§ 10 ff. der Kr.-Ordn. können als Abgaben (§ 9) erhoben werden:

a. eine nach der Einkommensteuer,
b. eine nach der Grund- und Gebäudesteuer,
c. eine nach der Gewerbesteuer bemessene Abgabe.

Jede dieser Abgaben folgt besonderen Regeln und ist deshalb, wie die ihr zu Grunde liegenden Staatssteuern, als eine besondere Steuer im Sinne des Ges. vom 18. VI. 40 (G.-S. S. 140)[3]) anzusehen.

Es ist deshalb nicht zutreffend, daß ein Steuerpflichtiger, der gegen die nach der Grundsteuer gemessene Kreisabgabe reklamiert hat, verpflichtet gewesen wäre, sich event. zu erbieten, zu der nach dem Einkommen bemessenen Abgabe beizutragen, denn es ist lediglich Sache des Kreisausschusses, wenn er findet,

---

[1]) Gemäß § 46 des Komm.-Abg.-Ges. v. 14. VII. 93 (G.-S. S. 152) gilt als Reineinkommen der Privateisenbahnunternehmungen der nach Vorschrift der Ges. v. 30. V. 53 (G.-S. S. 449) und 16. III. 67 (G.-S. S. 465) behufs Erhebung der Eisenbahnabgabe für jede Eisenbahnunternehmung ermittelte (bezw. zu ermittelnde) Überschuß abzüglich der Eisenbahnabgabe mit der Maßgabe, daß bei der Berechnung nach dem Ges. v. 16. III. 67 die zur Verzinsung und planmäßigen Tilgung der etwa gemachten Anleihen erforderlichen Beträge als Ausgaben mit in Anrechnung gebracht werden dürfen. Die sich darnach ergebenden steuerpflichtigen Beträge werden von den mit der Aufsicht über die Privateisenbahnunternehmungen betrauten Staatsbehörden alljährlich endgültig festgestellt. Die Steuerpflicht besteht nur in den Kreisen, in denen sich der Sitz der Verwaltung, eine Station oder eine für sich bestehende Betriebs- oder Werkstätte, oder eine sonstige gewerbliche Anlage befindet, § 35 des Komm.-Abg.-Ges. Die Verteilung des kreissteuerpflichtigen Einkommens auf die verschiedenen beteiligten Kreise erfolgt nach §§ 47, 48 a. a. O.

[2]) Vergl. §§ 9, 10, 16 des Eink.-St.-Ges. v. 24. VI. 91 (G.-S. S. 175); Art. 4, 20, 26, 27 der Ausf.-Anw. v. 5. VIII. 91.

[3]) Jetzt ist § 19 der Kr.-Ordn. maßgebend.

daß ein Steuerpflichtiger bei der letzteren Abgabe zu Unrecht übergangen sei, seine Veranlagung nachträglich zu bewirken.

Ein Erkennen des Verwaltungsrichters über die Grundsätze der Veranlagung ist unzulässig.

2) Gymnasien sind juristische Personen (A.-L.-R. II. 12 § 54). Die Grundstücke Königlicher Gymnasien sind daher nicht fiskalische Grundstücke, denn das Eigentum einer juristischen Person an einem bestimmten Gegenstande schließt das Eigentum einer anderen Person an demselben Gegenstande aus. Im übrigen gebührt nicht einmal die Verwaltung der Gymnasialgrundstücke fiskalischen Behörden, sondern der staatlichen Aufsichtsbehörde, dem Provinzialschulkollegium. Endlich geht aus §§ 4 und 10 des Grundsteuergesetzes vom 21. V. 61 — G.-S. S. 253 klar hervor, daß sie auf dem Gebiete des Steuerwesens nicht als fiskalische Liegenschaften anzusehen sind. Die Gymnasien sind also in Bezug auf ihre Kreisabgabenpflicht als Grundbesitzer nicht wie der Fiskus, sondern wie die juristischen Personen zu behandeln.

Nr. 20. Entsch. Bd. III. S. 25 vom 15. Dezember 1877.

Kr.-Ordn. v. $\frac{\text{13. XII. 72}}{\text{19. III. 81}}$ (G.-S. 1881 S. 179) §§ 15, 17.

1) Die Haffe sind als im Eigentume des Staates befindliche und auch zu einem öffentlichen Gebrauche bestimmte Liegenschaften von der Beitragspflicht zu den Kreisabgaben befreit. Ob dies Eigentum „gemeines“ (A. L.-R. II. 14 § 21) oder besonderes ist, macht dabei keinen Unterschied. Daß sie ferner bis zu einem gewissen Grade nicht nur zu einem öffentlichen Gebrauche — zur Schiffahrt — bestimmt sind, sondern auch thatsächlich dazu dienen, ist unstreitig. Ob gerade Dampfschiffe oder Frachtschiffe darauf verkehren, ist unerheblich. Selbst der Verkehr der Fischer ist ein solcher Gebrauch, da auch seitens der Fischer das Recht zum Befahren des Haffes an sich keineswegs erst aus dem mit dem Fiskus abgeschlossenen Fischereipachtverträgen abgeleitet wird. Nicht minder ist es unerheblich, ob sich der Gebrauch zur Schiffahrt thatsächlich auf das ganze Haff und auf jeden einzelnen Teil davon erstreckt und gewisse Nutzungen — einen Reinertrag nicht ausschließt. Vergl. E. O.-V. Bd. I. S. 91, II. S. 25.[1])

Für die Bestimmung zu einem öffentlichen (Dienste oder) Gebrauche ist jedoch nur die Hauptbestimmung maßgebend. Unterliegt in dieser das Grundstück dem öffentlichen Dienste oder Gebrauche, so steht der hierdurch einmal begründeten Befreiung nicht wieder entgegen, daß nebenher noch eine anderweite Nutzung stattfindet und diese dem Besitzer auch einen mäßigen Reinertrag gewährt, z. B. schiffbare Kanäle mit ihren Böschungen, Spaziergänge mit ihren Rasenplätzen, Lustgärten mit ihren Obstbäumen, öffentliche Parks mit ihren Gras- und Holznutzungen.

2) Die Annahme der zur Ermittelung des Reinertrages des grundsteuerpflichtigen Grundeigentums berufenen Staatsbehörde, daß eine bestimmte Liegenschaft von jener Ermittelung ausgeschlossen und im Grundsteuerkataster als ein „wegen der Benutzung zu öffentlichen Zwecken ertragloses Grundstück“ nachzuweisen sei (Anweisung vom 21. V. 61, § 2a und § 5, Muster 1, 3 bis 7, Anlage C § 13, Anlage D. — G.-S. S. 257), steht der Heranziehung zu den Kreisabgaben nicht entgegen, vielmehr hat in diesem Falle die Einschätzung nach den für die Veranlagung der Staatssteuer bestehenden gesetzlichen Vorschriften seitens des Kreisausschusses zu erfolgen.

---

[1]) Oben S. 30—32.

Nr. 21. Entsch. Bd. III. S. 42 vom 5 Januar 1878.

Kr.-Ordn. v. $\frac{13.\ XII.\ 72}{19.\ III.\ 81}$ (G.-S. 1881 S. 179) §§ 13, 19, 127, 177, 178.

1) Eine Steuerüberbürdungsklage kann zwar darauf gestützt werden, daß die nach § 13 der Kr.-Ordn. (Mehr- oder Minderbelastung einzelner Kreisteile) an sich zulässige Ungleichheit der Besteuerung gesetzwidrig eingeführt sei, niemals aber darauf, daß der Kreistag sie zu Unrecht nicht beschlossen habe, so daß der Verwaltungsrichter den fehlenden Kreistagsbeschluß durch seinen Spruch zu ergänzen habe.

2) Wird mit einer Klage die Streichung einer Position aus dem Etat gefordert, so stellt sie sich überhaupt nicht als eine Klage wegen Veranlagung zu den Kreisabgaben dar; sie ist vielmehr gegen die Feststellung des Etats durch den Kreistag gerichtet und als solche nicht statthaft. Gegenstand des durch § 19 der Kr.-Ordn. eingeführten Streitverfahrens ist lediglich das Besteuerungsrecht der Kreiskorporationen, nicht deren gesamtes Verwaltungsrecht, insbesondere nicht deren Etatsrecht. Beschwerden in dieser Beziehung sind lediglich an die Aufsichtsbehörde zu richten.

Nr. 22. Entsch. Bd. IV. S. 11 vom 16. Februar 1878.

Kr.-Ordn. v. $\frac{13.\ XII.\ 72}{19.\ III.\ 81}$ (G.-S. 1881 S. 179) §§ 14, 15, 17.
Gebäudesteuerges. v. 21. V. 61 (G.-S. S. 317) §§ 3, 5.

1) Dem Grundsatze, daß die zu den Staatsbahnen gehörigen Gebäude an und für sich als „zu einem öffentlichen Dienste oder Gebrauche bestimmt" im Sinne des § 17 der Kr.-Ordn. nicht anzusehen sind (vergl. E.-O.-V. Bd. II. S. 129)[1]), kann mit Erfolg nicht entgegengehalten werden, daß die Postverwaltungsgebäude unter § 3[2]) des Gebäudesteuergesetzes vom 21. V. 61 ausdrücklich als solche aufgeführt würden, die zum Gebrauche öffentlicher Behörden und somit zu einem öffentlichen Dienste oder Gebrauche bestimmt seien, und daß dasselbe von den eisenbahnfiskalischen Gebäuden gelten müsse. Denn der postalische Transportbetrieb ist Gegenstand eines Regals, das durch den Postzwang die Konkurrenz des Privatverkehrs wesentlich beschränkt (A.-L.-R. II. 15, §§ 141 ff., Reichspostges. vom 28. X. 71 — R.-G.-Bl. S. 347). Dieser Betrieb findet durch die dazu angestellten Beamten an erster Stelle „zum gemeinen Besten" statt (A.-L.-R. II. 15, § 142) und ist um der dabei vorwiegend maßgebenden öffentlichen Interessen willen in allen einzelnen Beziehungen im direkten Gegensatze zu einem Gewerbebetriebe als öffentlicher Dienst durch das Gesetz geregelt. Gerade entgegengesetzt hat in Preußen das Transportgeschäft der Eisenbahnen geschichtlich von dem Privatgewerbe seinen Ausgang genommen und zwar so, daß demnächst der Staat in die Reihe der Privatgesellschaften unter den für diese gegebenen Bedingungen und Verhältnissen als Unternehmer eines Transportgewerbes eingetreten ist. Nur insofern als die diesem Gewerbebetriebe dienenden fiskalischen Gebäude ganz oder überwiegend dazu dienen, Staatsbeamten Dienstwohnungen[2]) zu gewähren, sind dieselben nach § 17 der Kr.-Ordn. von Kreisabgaben frei.

2) Daß aber § 17 auf die Heranziehung des Fiskus gemäß § 14 Abs. 3 a. a. O. überhaupt nicht Anwendung finden soll, beruht auf einer Verkennung des ganzen Systems der Kreisbesteuerung, wie es bezüglich des Fiskus in

---

[1]) Unten im Abschnitte „Landgemeinden u. s. w., Gemeindeabgaben".
[2]) Vergl. Anm. 2, oben S. 26.

E.-O.-V. Bd. I. S. 43[1]) dargestellt worden. Es sind hiernach insbesondere auch die §§ 17, 18 maßgebend für jede Kreisbesteuerung, auch für die des Staates gemäß § 14 Abs. 3, da hierdurch für die Prinzipalveranlagung des Fiskus kein Sonderrecht geschaffen worden ist.

3) Eine teilweise Befreiung der Gebäude von der Gebäudesteuer kennt das Gesetz vom 21. V. 61 nicht, die Gebäude sind entweder ganz steuerfrei oder ganz steuerpflichtig. Weil nun die Steuerfreiheit gesetzlich sich als die Ausnahme von der Steuerpflichtigkeit darstellt, so kann sie nur da eintreten, wo ein Gebäude überwiegend und der Hauptsache nach Zwecken gewidmet ist, die die Steuerfreiheit bedingen.

4) Der Umstand, ob und wie weit Gebäude zu Dienstwohnungen von Staatsbeamten dienen, ist allein entscheidend für die Steuerfreiheit und Steuerpflichtigkeit der Gebäude. Ist diese Frage für die Steuerpflichtigkeit entschieden, so ist die weitere Frage, ob die Steuer 2 oder 4 % des Nutzungswertes beträgt, davon, ob die Wohnungsräume des Gebäudes Beamten zu Dienstwohnungen dienen oder nicht, ganz unabhängig und nach § 5 des Gebäudesteuerges. vom 21. V. 61 allein von der rein thatsächlichen Frage abhängig, ob das Gebäude vorzugsweise zum Bewohnen und zu sonstigen persönlichen Bedürfnissen der Menschen dient oder aber im Gegensatze hierzu zum Gewerbebetriebe, d. h. zur Anfertigung, Zubereitung und Verwertung von Sachen oder zur Beförderung des Verkehrs, und es kommt hierbei in Betracht, daß Wohngebäude um deswillen nicht diesen thatsächlichen Charakter verlieren, weil sie als solche gewerbsmäßig verwertet werden oder einem Gewerbebetriebe dienen. Demgemäß werden auch die Stationsgebäude der Privatbahnen, soweit sie überwiegend zu Dienstwohnungen, Restaurationslokalen, Wartesalons und dergl. bestimmt sind, mit 4 % zur Staatsgebäudesteuer herangezogen.

Ob ein Gebäude, welches gleichzeitig Übernachtungsgebäude und Wasserhebewerk ist, mit einem Gebäude für Dienstwohnungen in Parallele zu stellen ist, bleibt besonders nachzuweisen.

Nr. 23. Entsch. Bd. IV. S. 19 vom 20. Juni 1878.

Gesetzliche Bestimmungen: Vergl. bei Nr. 22 S. 38.

Bei Festhaltung und Anwendung der in der vorstehenden Enscheidung aufgestellten Grundsätze ergiebt sich folgendes:

1) Fiskalische Güterschuppen sind unbedingt als kreissteuerpflichtig zu erachten.

2) Ein zweistöckiges Stationsgebäude, in dessen oberem Stockwerke die Dienstwohnungen für den Stationsvorsteher und den Assistenten, in dessen unterem Stockwerke dagegen außer dem Vestibül und einer Portierstube zwei Empfangszimmer mit Büffetraum, die Räumlichkeiten zur Billetausgabe und zur Abfertigung des Passagiergepäcks und das Zimmer des Stationsvorstehers, in einem Anbau ein Büreau für den Eisenbahntelegraphendienst sich befinden, — alles Räumlichkeiten, die mehr oder minder den Zwecken des Transportgewerbes dienen — ist kreissteuerpflichtig. Der Maßstab des Flächeninhalts ist allein nicht maßgebend, entscheidend ist die Hauptbestimmung des Gebäudes.

3) Eisenbahntelegraphenbüreaus dienen Zwecken des Transportgewerbes, wenn an demselben Orte eine Reichs-Telegraphenanstalt besteht. (§ 2 des Reglements vom 7. III. 76 — R.-Z.-Bl. S. 156.)

---

[1]) Oben S. 27.

Nr. 24. Entsch. Bd. IV. S. 22 vom 1. Mai 1878.

Kr.-Ordn. v. $\frac{13. XII. 72}{19. III. 81}$ (G.-S. 1881 S. 179) §§ 14, 15.

1) Bei der Berechnung des „Durchschnittes der letzten drei Jahre" zum Zwecke der Feststellung des Einkommens aus Bergbaubetrieb sind die Zubußen abzugsfähig, die dem Steuerpflichtigen nicht infolge von Kapitalanlagen zur Erweiterung des Betriebes oder zu sonstigen Verbesserungen, sondern lediglich behufs Fortsetzung des Betriebes im bisherigen Umfange erwachsen sind.[1])

2) Unter „dreijährigem Durchschnitt" ist das mittlere Verhältnis zwischen Gewinn und Verlust während dreier Jahre zu verstehen. Um es zu finden, können nur entweder die Einnahmen aller drei in Betracht kommenden Jahre den Ausgaben desselben Zeitraumes gegenübergestellt und das danach berechnete Ergebnis — möge es mit Gewinn oder Verlust abschließen — durch drei geteilt werden, oder es können auch der Teilung durch drei die zusammengerechneten Überschüsse der drei Jahre, bezw. falls ein Jahr mit Verlust abgeschlossen hat, die Überschüsse der beiden anderen Jahre — nach Abzug dieses Verlustes — unterworfen werden.[2])

Nr. 25. Entsch. Bd. IV. S. 26 vom 24. Juni 1878.

Dem Reklamanten, der eine Ermäßigung der Steuer beansprucht, liegt es ob, dem Verwaltungsrichter die geeigneten Unterlagen an die Hand zu geben.[3])

Nr. 26. Entsch. Bd. IV. S. 37 vom 27. Juni 1878.[4])

Kr.-Ordn. v. $\frac{13. XII. 72}{19. III. 81}$ (G.-S. 1881 S. 179) §§ 14, 15.
Allg. Berggesetz v. 24. VI. 65 (G.-S. S. 705) § 56.

1) Nach § 15 der Kr.-Ordn. fällt dem Kreisausschusse eine doppelte Aufgabe zu:

a. Die prozentuale Heranziehung der Forensen, juristischen Personen u. s. w. zu den Kreisabgaben nach Maßgabe der, der Verteilung der letzteren zu Grunde gelegten Staatssteuern, sofern diese Kreisabgabepflichtigen zu solchen veranlagt sind.

b. Falls letztere Voraussetzung nicht zutrifft, auch die Einschätzung der betreffenden Abgabepflichtigen zu den Prinzipalsteuersätzen nach den für die Veranlagung dieser Staatssteuern bestehenden gesetzlichen Vorschriften oder, wie der § 10 der Kr.-Ordn. im ersten Absatze sich ausdrückt, die Ermittelung der „fingierten" Steuersätze der Forensen, juristischen Personen u. s. w. Bei dieser Einschätzung zu fingierten Prinzipalsteuersätzen fallen dem Kreisausschusse alle diejenigen Funktionen zu, die für die Veranlagung der entsprechenden Staatssteuern den staatlichen Veranlagungsorganen zuzuweisen sind.

---

[1]) Vergl. Art. 20³ der Ausf.-Anw. zum Eink.-St.-Ges. v. 5. VIII. 91.

[2]) Vergl. Eink.-St.-Ges. v. 24. VI. 91 (G.-S. S. 175) § 10 und Ausf.-Anw. v. 5. VIII. 91 Art. 5.

[3]) Der übrige Teil der Entscheidungsgründe hat seine Bedeutung verloren, nachdem der Bergbau durch § 28³ des Komm.-Abg.-Ges. v. 14. VII. 93 (G.-S. S. 152) der Gewerbesteuer in den Gemeinden unterworfen worden ist und demgemäß zufolge § 4, Abs. 1 des Ges. wegen Aufhebung direkter Staatssteuern v. 14. VII. 93 (G.-S. S. 119) auch den Kreiszuschlägen zur Gewerbesteuer unterliegt. § 14, Abs. 4 der Kr.-Ordn. ist daher gegenstandslos geworden. Vergl. v. Brauchitsch II. S. 49, Anm. 92.

[4]) Vergl. Anm. 3.

Wie dem Kreisausschusse — als dem mit der Verwaltung der Kreisangelegenheiten betrauten Organe (§ 134 Nr. 2 a. a. O.) die Heranziehung der Forensen u. s. w. zu den Kreisabgaben, ohne daß es dieserhalb einer ausdrücklichen gesetzlichen Vorschrift bedurft hätte, schon vermöge seiner Stellung in der Organisation der Kreisverwaltung zukommt, so ist eben hierin auch seine — in dieser Beziehung den Rechten der Magistrate entsprechende — Befugnis begründet, in dem vorgedachten Umfange die Veranlagung von Abgabepflichtigen zu fingierten Steuersätzen zu bewirken.[1])

2) Wo das Recht zur Gewinnung verschiedener Mineralien innerhalb derselben Feldesgrenzen verschiedenen Bergwerkseigentümern zusteht, sind die Mineralien des einen Teiles, die von dem anderen bei planmäßiger Gewinnung seines Minerals zwar, weil beide nicht getrennt gewonnen werden können, mitgewonnen werden dürfen, jenem aber herausgegeben werden müssen, bei der Bestimmung des Umfanges des Bergwerksbetriebes des ersteren nicht mit zu berücksichtigen. Denn er erhält diese Mineralien zwar kraft seines Bergwerkseigentums, allein nicht auf Grund seines Bergwerksbetriebes.

Nr. 27. Entsch. Bd. IV. S. 48 vom 26. September 1878.

Kr.=Ordn. v. $\frac{13.\ XII.\ 72}{19.\ III.\ 81}$ (G.=S. 1881 S. 179) §§ 10, 14, 16.

Als eine unzulässige Doppelbesteuerung ist es nicht anzusehen, wenn neben dem Einkommen einer im Kreise Bergbau betreibenden Gewerkschaft auch noch das Einkommen eines einzelnen Kreisangehörigen aus Kuxen eben dieser Gewerkschaft herangezogen wird.

Der Grundsatz, daß Doppelbesteuerungen überhaupt nicht vorkommen sollen, ist in der Kr.=Ordn. nicht ausgesprochen. § 16 verbietet nur, daß der nach Maßgabe der persönlichen Staatssteuern Kreisabgabenpflichtige wegen des aus Einkommensquellen außerhalb des Kreises ihm zufließenden Einkommens nicht innerhalb des Kreises zu Kreisabgaben herangezogen wird.

---

[1]) Die Selbständigkeit des Kreisausschusses bei der Veranlagung ist durch das Komm.=Abg.=Ges. v. 14. VII. 93 (G.=S. S. 152) beschränkt worden. Gemäß §§ 51, 92 das. darf bei der Veranlagung der Kreiseinkommensteuer das in mehreren Kreisen veranlagte Einkommen eines Abgabepflichtigen im ganzen den Höchstbetrag derjenigen Steuerstufe nicht übersteigen, in der der Steuerpflichtige bei der Veranlagung zur Staatseinkommensteuer eingeschätzt worden ist. Zur Durchführung dieser Vorschrift ist das in den §§ 71—74 und 92 geordnete Verfahren gegeben. Die Einschätzung hat darnach auch jetzt noch jeder Kreisausschuß für sich zu bewirken. Er muß aber dabei von vornherein die Einschätzung zur Staatseinkommensteuer und die Verteilung des Gesamteinkommens auf die mitbeteiligten Kreise berücksichtigen, widrigenfalls diese Berücksichtigung auf Antrag des Steuerpflichtigen durch den Bezirksausschuß herbeigeführt wird.

Die Veranlagung zur Grund= und Gebäudesteuer wird jetzt seitens der Staatsbehörden für alle in den Gemeinden und Kreisen der Steuer vom Grundbesitz unterworfenen Liegenschaften und Gebäude bewirkt, (Ges. wegen Aufhebung direkter Staatssteuern v. 14. VII. 93 G.=S. S. 119 § 4 Abs. 1) und zwar gesondert für jeden Gemeindebezirk. Die Prinzipalsteuersätze, die den Kreiszuschlägen zu Grunde zu legen sind, bedürfen daher einer Feststellung durch den Kreisausschuß nicht mehr.

Die Veranlagung zur Gewerbesteuer wird jetzt ebenfalls seitens der Staatsbehörden für alle in den Gemeinden und Kreisen der Gewerbesteuer unterworfenen Betriebe bewirkt (a. a. O. § 4 Abs. 1). Erstreckt sich ein Gewerbebetrieb über mehrere Gemeinden, so hat der zuständige Steuerausschuß die Zerlegung des Gesamtsteuersatzes in die auf die einzelnen Gemeinden entfallenen Teilbeträge zu bewirken, Komm.=Abg.=Ges. §§ 32, 76, Gew.=St.=Ges. v. 24. VI. 91 (G.=S. S. 205) § 38. Zusatzbest. zur Ausf.=Anw. v. 5. III. 94 Abschn. II. Vergl. v. Brauchitsch II S. 50, 51, Anm. 95.

Nr. 28. Entsch. Bd. IV. S. 52 vom 7. Oktober 1878.

Kr.-Ordn. v. $\frac{13.\ XII.\ 72}{19.\ III.\ 81}$ (G.-S. 1881 S. 179) §§ 9 ff. 14, 15, 19.

1) Ein Reklamant, der gegen den seine Reklamation zurückweisenden Beschluß noch einmal remonstriert und dann erst gegen den darauf ergehenden ferneren Bescheid, ohne daß der Kreisausschuß die Remonstration weiter zur Erörterung zieht, sondern sie lediglich mit der Aufforderung zur Zahlung unter Androhung von Zwangsmitteln beantwortet, binnen der gesetzlichen Frist, vom Tage des zweiten Bescheides an gerechnet, die Klage erhebt, wahrt die Klagefrist nicht, sofern die Klage nicht binnen der gesetzlichen Frist, vom Tage des ersten Bescheides an gerechnet, angebracht worden ist.

2) Wenngleich in dem Endurteile vom 12. IX. 76[1]) es als das den Vorschriften der Kr.-Ordn. entsprechende Verfahren bezeichnet worden ist, daß das Kreisabgabensoll der Gemeinden unter Zurechnung der auf die Forensen, juristischen Personen u. s. w. entfallenden Abgabenbeträge festzusetzen und zur Hebung zu stellen ist, so ist doch daneben die Auffassung statthaft, daß der Kreisausschuß wohl berechtigt ist, gegen eine Stadtgemeinde, die den ihr zur Abführung im ganzen überwiesenen Anteil an den Kreisabgaben auf den Kämmereifonds übernommen hat, demnächst noch eine Nachforderung, betreffend einzelne bei jener früheren Überweisung ergangene Zensiten (Forensen u. s. w.) des Stadtbezirkes, zu erheben. Dies folgt aus §§ 5, 6 und 14 des Gesetzes vom 18. IX. 40 (G.-S. S. 140) hinsichtlich des Kalenderjahres, worin die Nachforderung geltend gemacht wird. Dem Nachforderungsrechte des Kreises steht der § 11 Abs. 2 der Kr.-Ordn. nicht entgegen, da es die Befugnisse der Städte, über die Aufbringung ihrer Anteile zu beschließen, unberührt läßt.

3) Ein Beschluß der städtischen Behörden, den Anteil an Kreisabgaben auf die Kämmereikasse zu übernehmen, deckt dem Kreise gegenüber auch dasjenige, was etwa nachgefordert wird, und die Stadtgemeinde kann über die Aufbringung des nachgeforderten Betrages nicht etwa einen von dem Beschluß über die Aufbringung der Hauptsumme abweichenden Beschluß fassen.

Nr. 29. Entsch. Bd. IV. S. 55 vom 9. Dezember 1878.

Kr.-Ordn. v. $\frac{13.\ XII.\ 72}{19.\ III.\ 81}$ (G.-S. 1881 S. 179) §§ 9 ff., 14, 15, 116, 134[1].

1) Wegen des Nachforderungsrechtes vergl. die vorstehende Entsch.

2) Aus dem Umstande, daß der Kreisausschuß bei der Berechnung und Ausschreibung der Kreisabgaben an die von der Kreisversammlung gefaßten Beschlüsse gebunden ist, folgt nicht, daß die berechneten und ausgeschriebenen Kreisabgaben mit dem von der Kreisvertretung bewilligten Betrage rechnungsmäßig absolut übereinstimmen müssen. Wie bei jeder Steuerverwaltung, läßt es sich auch bei der Ausschreibung der Kreisabgaben nicht vermeiden, daß das etatsmäßige Einnahmesoll entweder überschritten oder nicht erreicht wird, ohne daß in solchen Abweichungen irgendwie eine Beeinträchtigung des Abgabenbewilligungsrechtes erblickt werden kann. Ist durch ein Versehen des Kreisausschusses das vom Kreistage beschlossene Abgabensoll in unzulässiger Weise überschritten, so mag für den Kreistag oder die Aufsichtsbehörde ein genügender Anlaß gegeben sein, den Maßnahmen des Kreisausschusses entgegenzutreten. Keinesfalls aber kann der einzelne Kreisabgabepflichtige oder die einzelne Gemeinde aus der Überschreitung des gesamten Kreisabgabensolles ein Recht ab-

---

[1]) Oben S. 27.

leiten, sich der Abgabepflicht zu entziehen. Auch eine Benachteiligung der übrigen Gemeinden und Kreisabgabepflichtigen ist in der Geltendmachung einer Nachforderung nicht zu erblicken. Denn im Falle einer Überschreitung des Einnahmesolles wird bei Einziehung der späteren Raten im laufenden Etatsjahre, jedenfalls im nächsten Jahre, eine Ausgleichung herbeigeführt werden können. Umgekehrt würde dadurch, daß ein Abgabepflichtiger zu Unrecht übergangen werden sollte, nicht allein eine finanzielle Schädigung der übrigen Abgabepflichtigen, sondern auch eine Verletzung der in der Kr.-Ordn. bezüglich der Abgabepflicht aufgestellten Grundsätze eintreten.

3) Eine Stadtgemeinde, die von dem im § 11 Abs. 2 bezeichneten Rechte Gebrauch gemacht hat, ist damit nicht etwa an Stelle der zu ihr gehörigen Kreisabgabepflichtigen als alleinige Zensitin getreten. Nicht die Stadt wird wegen ihres Einkommens zu den Kreisabgaben veranlagt und herangezogen, wenn von ihr Kreisabgaben nach dem Maßstabe der Einkommensteuer verlangt werden, sondern es werden ihr nur die nach diesem Maßstabe auf die zu ihr gehörigen Kreisabgabepflichtigen entfallenden Kreisabgabenbeträge zur Abführung im Ganzen überwiesen. Auch im Falle des § 11 Abs. 2 bleiben die einzelnen Kreisabgabepflichtigen die Zensiten.

Nr. 30. Entsch. Bd. IV. S. 60 vom 28. Oktober 1878.

Kr.-Ordn. v. $\frac{13.\ XII.\ 72}{19.\ III.\ 81}$ (G.-S. 1881 S. 179) §§ 14, 15.

1) In dem Satze des § 14 der Kr.-Ordn., „welche auf den Grundbesitz, das Gewerbe, den Bergbau oder das aus diesen Quellen fließende Einkommen gelegt werden," soll das Wort „oder" nicht die Alternative („entweder oder") bedeuten, es stellt vielmehr nur selbständige Begriffe gleichberechtigt nebeneinander. Abgesehen von der Wortauslegung ergiebt sich auch aus dem Zusammenhange der §§ 10, 14, 15, daß die Kreisabgaben in Form von Zuschlägen zu allen direkten Staatssteuern[1]) sei es zu den staatlicherseits veranlagten, sei es zu den von den Kreisen fingiert zu veranlagenden Prinzipalsteuern aufzubringen sind. Die Forensen, juristischen Personen (Kirchen) u. s. w. sind also außer wegen ihres Grundbesitzes, Gewerbe- und Bergbaubetriebes auch noch wegen ihres Einkommens aus diesen Quellen zu den Kreisabgaben heranzuziehen.

2) Der etwaige Einwand, daß die Grundsteuerzuschläge nicht aus der Substanz, sondern aus dem dem Grundbesitze entfließenden Einkommen entnommen werden und daß deshalb in der Veranlagung einer Einkommensteuer wegen des Einkommens aus Grund und Boden eine „Doppelbesteuerung" liege, trifft nicht die Veranlagung der Forensen, juristischen Personen u. s. w. zu einer fingierten Einkommensteuer, sondern überhaupt das Staatssteuersystem. Eine Doppelbesteuerung im Sinne des § 16 der Kr.-Ordn. liegt nicht vor.

3) Das aus Grundbesitz fließende Einkommen der juristischen Personen kommt bei der Veranlagung zu einer fingierten Einkommensteuer nicht als Teil eines steuerpflichtigen Gesammteinkommens, sondern lediglich als der aus dieser Quelle fließende Reinertrag in Betracht, bei dessen Berechnung folgeweise neben den dinglichen Lasten und Abgaben andere als solche Schulden, die diesen Ertrag schmälern, nicht in Rechnung zu ziehen sind. Zu solchen Schulden gehören die Ausgaben, zu deren Leistung der Steuerpflichtige (in diesem Falle eine Kirche) lediglich auf Grund eines seitens der Aufsichtsbehörde festgestellten Etats verpflichtet ist, an sich nicht. Auch die Thatsache, daß ein Steuerpflichtiger gewisse Ausgaben observanzmäßig bestritten hat, würde eine

[1]) Abgesehen von der Hausiergewerbe- und Ergänzungssteuer.

abzugsfähige Schuld nicht begründen, vielmehr nur erkennen lassen, daß der Zweck dieser Einnahme — wenigstens teilweise — in der Bestreitung gewisser Ausgaben besteht. Die nicht auf der einzelnen Einkommensquelle haftenden Schuldverbindlichkeiten können nur dann berücksichtigt werden, wenn nicht der Ertrag einer einzelnen Einkommensquelle, sondern das persönlich freie Gesammteinkommen eines Steuerpflichtigen den Gegenstand der Veranlagung bildet. Vergl. E.-O.-V. Bd. I. S. 81, II. S. 47, 56.[1])

Nr. 31. Entsch. Bd. IV. S. 63 vom 4. November 1878.

Kr.-Ordn. v. $\frac{13.\ XII.\ 72}{19.\ III.\ 81}$ (G.-S. 1881 S. 179) § 17.

1) Über die Kreisabgabepflicht im Allgemeinen und abgesehen von dem einzelnen Falle der Hebung findet eine Entscheidung im Verwaltungsstreitverfahren überhaupt nicht statt. Vergl. E.-O.-V. Bd. I. S. 91, II. S. 54, III. S. 88, 158.

2) Die den Landgestüten gehörenden Marställe, Reitbahnen und Krankenställe sind im Sinne des § 17 der Kr.-Ordn. als „dem Staate gehörige, zu einem öffentlichen Dienste oder Gebrauche bestimmte Gebäude" anzusehen. Die im § 3 Nr. 2 des Gebäudesteuerges. vom 21. V. 61 — (G.-S. S. 317) — gebrauchten Worte „insonderheit also die zum Gebrauche" haben nicht die Bedeutung, daß damit ein erschöpfendes Verzeichnis aller einzelnen, unter den Begriff der Bestimmung für den öffentlichen Dienst oder Gebrauch fallenden Gebäude gegeben sei. Es wird damit vielmehr nur die Aufzählung einzelner hervorragender Beispiele eingeleitet, neben denen es noch andere, nicht einzeln und besonders aufgeführte, aber dennoch unter die allgemeine Begriffsbestimmung fallende Gebäude geben muß. Es bleibt also in jedem einzelnen Falle zu prüfen, ob bei den gerade in Rede stehenden Gebäuden die Voraussetzungen des § 17 der Kr.-Ordn. anzutreffen sind. Dabei ist die Möglichkeit nicht ausgeschlossen, daß selbst bei einem Inbegriffe bestimmter, dem Staate gehöriger Gebäude und Liegenschaften, bei dem an sich eine gewisse Beziehung zum öffentlichen Dienste oder Gebrauche nicht zu verkennen wäre, diese Prüfung gleichwohl nur hinsichtlich einzelner Gebäude oder Grundstücke zur Bejahung, hinsichtlich anderer zu dem entgegengesetzten Ergebnisse führt, je nachdem der Zusammenhang der Bestimmung und Verwendung des einzelnen Gegenstandes mit dem öffentlichen Dienste oder Gebrauche ein notwendiger, naher und unmittelbarer oder nur ein mehr oder minder zufälliger und loser ist. So sind z. B. die der Gestütverwaltung zunächst zu gewöhnlicher, landwirtschaftlicher Nutzung überwiesenen, auch thatsächlich als solche genutzten, sogenannten Gestütvorwerke zu einem öffentlichen Dienste oder Gebrauche nicht bestimmt und deshalb von den Kreisabgaben nicht befreit. (Entsch. vom 16. V. 78. Bd. IV. S. 67, 68 in der Anmerkung.)

Dagegen trifft bei den Marställen, Reitbahnen und Krankenställen der Landgestüte das Gegenteil zu. Letztere sind durch gesetzgeberische Akte ins Leben gerufen zu dem Zwecke, einen für die Wehrhaftigkeit des Landes und die Landeskultur wesentlichen Zweig der Landwirtschaft zu heben und zu fördern und bilden aus öffentlichen Mitteln unterhaltene, allgemeinen staatlichen Zwecken dienende Staatsanstalten. Jene Gebäude dienen dazu, dem das eigentliche Wesen der Landgestüte bildenden Material — den Zuchthengsten — die erste Bedingung ihrer Existenz, Obdach und Pflege zu gewähren; ohne sie sind die Anstalten überhaupt nicht denkbar.

---

[1]) Oben S. 30, 33, 34.

Nr. 32. Entsch. Bd. IV. S. 69 vom 21. November 1878.

Kr.=Ordn. v. $\frac{13.\ XII.\ 72}{19.\ III.\ 81}$ (G.=S. 1881 S. 179) §§ 14, 15.

Ist die Frage, welche Jahre bei der Berechnung des dreijährigen Durchschnittes behufs Veranlagung zu den Kreisabgaben nach §§ 14, 15 der Kr.=Ordn. in Betracht kommen, unter den Parteien nicht streitig, so liegt auch für den Verwaltungsrichter keine Veranlassung vor, wider den Willen der Parteien eine Berichtigung der Veranlagung vorzunehmen, wenn etwa falsche Durchschnittsjahre zu Grunde gelegt worden sind.[1])

Nr. 33. Entsch. Bd. IV. S. 72 vom 12. Dezember 1878.

Kr.=Ordn. v. $\frac{13.\ XII.\ 72}{19.\ III.\ 81}$ (G.=S. 1881 S. 179) § 11.

1) Die Entscheidung der Frage, wie weit die Grenzen des Besteuerungsrechtes der Kreiskorporationen überhaupt reichen, ist nicht aus dem Kreissteuerstatut, sondern aus dem Gesetze zu entnehmen. Sollte etwa mit ersterem eine Belastung der Kreisangehörigen über die durch das letztere festgestellten Grenzen hinaus bezweckt oder bestimmt werden, so stände gleichwohl jedem davon Betroffenen das Recht zu, sie in jedem einzelnen Falle der Heranziehung auf das gesetzlich allein statthafte Maß zurückgeführt zu sehen. Vergl. E.=O.=V. Bd. II. S. 108.)[2])

2) Fiskus kann, nach § 14 Abs. 3 der Kr.=Ordn., wenn die übrigen Abgabepflichtigen 100% der Einkommensteuer, und 50% der Grund= u. s. w. Steuer zu entrichten haben, nicht mit 150%, sondern nur mit 100% der letzteren Steuer zu den Kreisabgaben herangezogen werden.

Die Satzung für die Besteuerung des Fiskus ist nicht lediglich im Abs. 3, sondern auch in den beiden ersten Abs. des § 14 zu suchen. Daraus ergiebt sich die Verpflichtung des Fiskus, Kreisabgaben vom Grundbesitze und vom Gewerbe zu bezahlen, ohne weiteres, der dritte Abs. hat nur den Zweck, für das bei anderen Kreisangehörigen besteuerbare Einkommen in einer über den allgemein zu zahlenden Satz erhöhten Heranziehung des Fiskus nach Maßgabe der Grundsteuer um deshalb Ersatz zu schaffen, weil das Einkommen des Fiskus einer Besteuerung nicht unterliegt.

Hiernach besteht die Einheit, der die nach dem dritten Abs. zu ermittelnde Mehrlast zuzurechnen ist, in demjenigen Betrage, der überhaupt vom Grundbesitze aufzubringen ist, während die Mehrlast die Hälfte desjenigen Prozentsatzes beträgt, mit dem die Einkommensteuer herangezogen wird.

Vergl. auch E.=O.=V. Bd. I. S. 47.[3])

Nr. 34. Entsch. Bd. V. S. 5 vom 17. Februar 1879.

Kr.=Ordn. v. $\frac{13.\ XII.\ 72}{19.\ III.\ 81}$ (G.=S. 1881 S. 179) §§ 9, 10, 11, 14, 15, 116, 127.

1) Eine Eisenbahngesellschaft, deren Etatsjahr mit dem Kalenderjahr zusammenfällt, und deren steuerpflichtiges Einkommen von dem Eisenbahnkommissariat[4]) alljährlich für das Kalenderjahr festgestellt wird, kann von dem

[1]) Der übrige Teil der Entscheidungsgründe ist veraltet; vergl. wegen Veranlagung der Privateisenbahnunternehmungen Anm. 1 zu Nr. 17 oben S. 36; wegen der dreijährigen Durchschnittsberechnung Anm. 2 zu Nr. 14 oben S. 33.

[2]) Unten im Abschnitte Landgemeinden u. s. w.

[3]) Oben S. 27; vgl. ferner Min.=Erl. v. 10. VI. 74 (M.=Bl. S. 155) und 25. II. 75 (M.=Bl. S. 100).

[4]) Jetzt von dem betr. Eisenbahnkommissar, A.=E. v. 15. XII. 94 (G.=S. 1895 S. 1) und Min.=Erl. v. 2. III. 95 (E.=V.=Bl. S. 230).

Kreise, der sein Etatsjahr in Gemäßheit des § 1 des Gesetzes vom 20. VI. 76 (G.-S. S. 177) festgestellt hat, nicht verlangen, daß für das hiernach überschießende Quartal des Kreissteuerjahres eine neue, besondere, dem Einkommensergebnisse des Vorjahres entsprechende Veranlagung zu erfolgen habe.

2) Das Einkommen einer Aktiengesellschaft kommt hinsichtlich der Kreisbesteuerung nicht als Gesammteinkommen in Betracht — weder überhaupt, noch innerhalb des einzelnen Kreises. Das Einkommen aus ihrem Gewerbebetriebe bildet das Objekt der Besteuerung, und der Gewerbebetrieb einer Eisenbahngesellschaft vollzieht sich an den einzelnen Eisenbahnstationen[1]; sie kann also verlangen, daß sie nach dem für jede einzelne Station besonders berechneten Einkommen zu den Kreisabgaben veranlagt und herangezogen werde.

3) Wenn eine Gemeinde[2]) gemäß der ihr nach § 11 Abs. 2 der Kr.-Ordn. zustehenden Befugnis ihren Anteil an den Kreisabgaben nicht im Wege der Unterverteilung nach dem Kreisabgabenmaßstabe, sondern anderweitig, insbesondere durch Übernahme auf Gemeindemittel, aufbringt, so darf ein zu einer solchen Stadt gehöriger Kreisabgabepflichtiger — sei er eine physische oder juristische Person — nicht unmittelbar zu den Kreisabgaben herangezogen werden. Vergl. E.-O.-V. Bd. I. S. 62.[3])

Nr. 35. Entsch. Bd. V. S. 52 vom 19. Mai 1879.

Kr.-Ordn. v. $\frac{\text{13. XII. 72}}{\text{19. III. 81}}$ (G.-S. 1881 S. 179) §§ 10, 14, 15.

1) Nach § 11 in Verbindung mit § 10 der Kr.-Ordn. sind nicht allein die Kreisabgaben der Kreisangehörigen, sondern auch die der Forensen, juristischen Personen u. s. w. (§ 14 a. a. O.) für die einzelnen Gemeinden und Gutsbezirke im Ganzen zu berechnen und diesen zur Unterverteilung auf die einzelnen Steuerpflichtigen nach demselben Maßstabe zur Einziehung sowie zur Abführung im Ganzen an die Kreiskommunalkasse zu überweisen. Unrichtig ist die Annahme, daß der § 11 sich nur auf die von den Kreisangehörigen zu entrichtenden Kreisabgaben beziehe, daß dagegen die auf die Forensen, juristischen Personen u. s. w. entfallenden Kreisabgaben unmittelbar von diesen im § 14 bezeichneten Abgabenpflichtigen seitens der Kreise eingefordert werden müßten.

2) Ist hiernach die unmittelbare Einforderung der Kreisabgaben von den Forensen u. s. w. zwar formell nicht richtig, so ist sie doch materiell unschädlich, soweit eine Gemeinde von der Befugnis des § 11 Abs. 2 der Kr.-Ordn. keinen Gebrauch macht.[4])

3) Sind die Kreisabgaben unmittelbar von einem Forensen eingefordert so kommt in Frage, ob dieser zur Zeit der Ausschreibung der Kreisabgaben noch Forense, mithin noch kreisabgabepflichtig war. Hat ein Forense vor diesem Zeitpunkte seinen forensalischen Besitz im Kreise veräußert, so war er auch nicht mehr Forense, mithin dem Besteuerungsrechte des Kreises nicht mehr unterworfen. Wären dagegen nach dem Stande zu Beginn des Etatsjahres die nach dem Einkommen des Forensen aus seinem Grundbesitze berechneten Abgaben dem Kreisabgabensoll des betreffenden Gemeindebezirkes u. s. w. zugesetzt und von

---

[1]) Bezw. da, wo sich der Sitz der Verwaltung, eine für sich bestehende Betriebs- oder Werkstätte oder eine sonstige gewerbliche Anlage befindet, § 35 Komm.-Abg.-Ges. v. 14. VII. 93 (G.-S. S. 152).

[2]) Stadt- oder Landgemeinde, § 91[1] des Komm.-Abg.-Ges.

[3]) Oben S. 27.

[4]) Stadt- oder Landgemeinde, § 91[1] des Komm.-Abg.-Ges. v. 14. VII. 93 (G.-S. S. 152).

letzterem erfordert worden, so würde, da Zu- und Abgänge im Laufe des Steuerjahres nicht berücksichtigt werden, der Bezirk das Kreisabgabensoll im Ganzen, also einschließlich des Kreisabgabenbetrages des Forensen haben abführen müssen.

4) In Kreisabgabensachen hat der Verwaltungsrichter nicht die Reklamationsbescheide der Kreisausschüsse zu bestätigen, aufzuheben und abzuändern, sondern seine Entscheidung auf Abweisung der Klage, Freilassung des Klägers oder Feststellung des Kreisabgabenbetrages, zum mindesten des Prinzipalsteuersatzes zu richten. Hiernach ist auch der Tenor der Entscheidungen zu fassen.

Nr. 36. Entsch. Bd. V. S. 56 vom 23. Mai 1879.

Kr.-Ordn. v. $\frac{13.\ XII.\ 72}{19.\ III.\ 81}$ (G.-S. 1881 S. 179) §§ 13, 176.

Ein auf Grund der §§ 13 und 176 Nr. 2 der Kr.-Ordn. gefaßter und bestätigter Kreistagsbeschluß, betreffend die Mehr- oder Minderbelastung einzelner Kreisteile, ist im Verwaltungsstreitverfahren nicht mit der Behauptung angreifbar, daß es in Anbetracht der konkreten Verhältnisse angemessen und billig gewesen wäre, wenn der Kreistag ein Gut in eine niedrigere Interessentenklasse, als geschehen, eingeschätzt hätte. Denn der § 13 überträgt dem Kreistage das Recht, zu „beschließen". Grundsätze, nach denen das Maß der den einzelnen Kreisteilen aus der betreffenden Kreiseinrichtung erwachsenden Vorteile bemessen werden soll, sind im Gesetze nicht vorgesehen, vielmehr ist die Ermittelung und Festsetzung angemessener Abstufungen dem pflichtmäßigen Ermessen der Kreisvertretung überlassen und der nach den Gesichtspunkten administrativer Zweckmäßigkeit zu beurteilende Kreistagsbeschluß in seiner Gültigkeit von der Bestätigung des Ministers des Innern abhängig gemacht.

Der Stellung des Kreistages würde es allerdings mehr entsprechen, wenn er nicht selbst die Einschätzung sämmtlicher Ortschaften zu den verschiedenen Interessentenklassen bewirkte, sondern, unter Aufstellung der maßgebenden Grundsätze, dies dem Kreisausschusse überließe. Indessen dies ist gesetzlich nicht vorgeschrieben.

Nr. 37. Entsch. Bd. VI. S. 1 vom 17. November 1879.

Kr.-Ordn. v. $\frac{13.\ XII.\ 72}{19.\ III.\ 81}$ (G.-S. 1881 S. 179) §§ 11, 14, 15.

1) Voraussetzung des Besteuerungsrechtes des Kreises, wie der Abgabenpflicht der Forensen, ist der Betrieb des Gewerbes seitens der letzteren zu der Zeit, zu der die Veranlagung zu den Kreisabgaben erfolgt. Ist die Veranlagung im Laufe des Etatsjahres vorgenommen und der Gewerbebetrieb schon vorher eingestellt worden, so kann gegen den Gewerbetreibenden für die Folgezeit ein Besteuerungsrecht nicht mehr geltend gemacht werden.

2) Besteht das Gewerbe in dem Betriebe eines Holzhandels aus einem Walde, so ist die Quelle des dem Gewerbetreibenden zufließenden Einkommens nicht der Wald, sondern das von dem Waldeigentümer mittels Verkaufs der Produkte dieses Waldes betriebene Gewerbe.

Nr. 38. Entsch. Bd. VI. S. 5 vom 20. November 1879.

Kr.-Ordn. v. $\frac{13.\ XII.\ 72}{19.\ III.\ 81}$ (G.-S. 1881 S. 179) § 16.

Bei der Anwendung des § 16 der Kr.-Ordn. zur Vermeidung einer Doppelbesteuerung des Abgabepflichtigen im Domizilkreise kann, um zunächst den Hauptfaktor der dort vorgeschriebenen Berechnung, „das zur Staatssteuer veranlagte

Gesamteinkommen", zu finden, es nicht auf die — eine größere Gruppe von Einkommen mehr oder minder weit auseinander liegender Beträge umfassende — Steuerstufe, in der der Pflichtige steuert, sondern nur auf das in bestimmten Zahlen ausgedrückte Einkommen, das die Einreihung in die fragliche Stufe zur Folge hat, ankommen. Demnächst handelt es sich um die Ermittelung „der bezüglichen Einkommenssteuerquote", d. h. desjenigen Bruchteiles des Gesamteinkommens, den die außerhalb des Domizilkreises belegenen Einnahmequellen liefern, und endlich um eine verhältnismäßige Herabsetzung des festgestellten, d. i. des von dem Gesamteinkommen zu entrichtenden „Steuersatzes", um eine Anwendung jenes Bruchteiles auf diesen Steuersatz. In dieser Weise muß ein Reklamant, der ein aus verschiedenen Kreisen herrührendes Einkommen bezieht und dieserhalb in seinem Domizilkreise veranlagt ist, den Nachweis einer Mehrbelastung antreten, auch muß er die Frage klarstellen, ob und inwieweit etwa der erforderte Abgabenbetrag den gesetzlich zulässigen überschreite.

Nr. 39. **Entsch. Bd. VI. S. 28** vom 11. Dezember 1879.

Kr.-Ordn. v. $\frac{13.\ \text{XII.}\ 72}{19.\ \text{III.}\ 81}$ (G.-S. 1881 S. 179) §§ 14—16.

1) Eine Fabrik, deren zur kaufmännischen Vertretung, insbesondere zum Vertriebe des Fabrikates bestimmtes Kontor außerhalb des Kreises liegt, muß hinsichtlich der Heranziehung ihres Einkommens zu den Kreisabgaben als ein Gewerbeunternehmen angesehen werden, das sich aus zwei verschiedenen, teils hier, teils dort betriebenen Geschäftszweigen — Fabrikation und Handel — zusammensetzt, aus deren Verbindung die Reineinnahme hervorgeht. Es muß also behufs der Kreisbesteuerung eine Verteilung des Gesamteinkommens auf beide Geschäftszweige vorgenommen werden, und der Kreis, in dem die Fabrik liegt, kann nur denjenigen Teil zur Besteuerung heranziehen, der auf die innerhalb seines Gebietes betriebene Fabrikation zu rechnen ist.

2) Die Entscheidung darüber, wie das Gesamteinkommen auf beide Geschäftszweige zu verteilen ist, kann nur aus dem Wesen der Sache und aus den besonderen Verhältnissen des einzelnen Falles entnommen werden. Der Gewinn der Fabrik ohne kaufmännischen Betrieb läßt sich nicht berechnen, es handelt sich also um eine arbiträre, approximative Schätzung. Diese richtet sich nach dem Verhältnis, in dem die beiden Geschäftszweige thatsächlich zu einander stehen. Insbesondere ist zu untersuchen, ob sie vollständig von einander getrennt sind, oder ob etwa der Vertrieb der Waare zum Teil auch von der Fabrikationsstätte aus erfolgt. Es kommt ferner darauf an, ob es sich um ein Unternehmen von bedeutendem Umfange handelt, bei dem die kaufmännische Leitung naturgemäß schwerer ins Gewicht fällt, oder ob das Gewerbe wegen seiner geringeren Ausdehnung der Handelsthätigkeit weniger Raum läßt. Es ist endlich die Art des Fabrikates ins Auge zu fassen, das, je nachdem es einen Absatz nur in eng begrenztem Kreise oder vielleicht als ein Artikel des Weltmarktes bis auf die weitesten Entfernungen gestattet, einen eigentlichen Handelsbetrieb kaum nötig macht oder umgekehrt in hervorragender Weise erfordert u. s. w. Dagegen ist dem Gesichtspunkte, daß Rechte und Pflichten gegen einander abgewogen und folglich die den einzelnen Gemeinden oder Kreisen aus dem Gewerbebetriebe erwachsenden Lasten mitberücksichtigt werden müssen, eine Berechtigung nicht einzuräumen.

3) Der § 16 der Kr.-Ordn. (Doppelbesteuerung) kommt hier nicht zur Anwendung. Er bezieht sich nach § 169 Abs. 2 der Kr.-Ordn. nicht auf Stadtkreise, handelt auch nur von der Besteuerung im Domizilkreise, während hier die Besteuerung im Forensenkreise in Frage steht und dem letzteren das

Recht selbständiger Veranlagung der Forensen ohne Rücksichtnahme auf ihre Einschätzung im Domizilkreise nach §§ 14, 15 der Kr.-Ordn. nicht abgesprochen werden kann.[1])

Nr. 40. Entsch. Bd. VI. S. 33 vom 19. Januar 1880.

Kr.-Ordn. v. $\frac{31.\ XII.\ 72}{19.\ III.\ 81}$ (G.-S. 1881 S. 179) §§ 14, 15, 19, 199.

1) Ältere Privilegien, betreffend die Befreiung von Kreisabgaben (Vertrag, betreffend die Thüringische Eisenbahn vom 19. IV. 44, Art. 15 — G.-S. S. 444; Vertrag mit derselben Eisenbahn vom 12. I. 66 § 19 — G.-S. S. 484), haben gegenüber den die Kreisabgabenpflicht neu regelnden Bestimmungen der Kr.-Ordn. keine Geltung mehr.

2) Diesem Grundsatze steht auch der Rechtssatz aus §§ 21 und 61 der Einleitung zum A.-L.-R. „lex generalis non derogat legi speciali priori" nicht entgegen. Denn es ist einesteils fraglich, ob nicht die Vorschriften der Kr.-Ordn. über das Kreisabgabenwesen ebenfalls eine lex specialis vorstellen, so daß hier Spezialgesetz gegen Spezialgesetz stehen würde. Anderenteils fehlt es jedenfalls nicht an der Voraussetzung des § 61 a. a. O., daß die Aufhebung der früheren lex specialis in der späteren lex generalis, wenn man die Kr.-Ordn. als solche auffassen will, „deutlich verordnet" ist. Eine solche „deutliche Verordnung" liegt im § 199 der Kr.-Ordn. vor, der die Aufhebung aller zuwiderlaufenden Bestimmungen ausspricht.

3) Ebensowenig kann geltend gemacht werden, daß der Preußische Staat sich in dem Art. 15 des Vertr. vom 19. IV. 44 seines Besteuerungsrechtes zum Teil begeben habe und dieses auch auf die Kreisverbände nur in dem ihm selbst verbliebenen Umfange habe übertragen können, sowie daß er außerdem durch seine, den auswärtigen Staaten gegenüber eingegangene Verpflichtung verhindert gewesen sei, den Kreisverbänden ein Besteuerungsrecht hinsichtlich der betr. Eisenbahngesellschaft einzuräumen. Dem steht zunächst entgegen, daß der Staat deren Kreisabgabenpflicht durch die Kr.-Ordn. festgestellt hat und daß eine Erörterung, ob er das Gesetz zu geben befugt war, von vornherein ausgeschlossen ist. **Niemand kann sich der Befolgung eines Gesetzes durch die Behauptung entziehen, das Gesetz habe nicht erlassen werden dürfen, und der Richter ist nicht berechtigt, aus diesem Grunde die Anwendung eines Gesetzes abzulehnen. Ferner aber mag ein Staat dem andern völkerrechtlich verbunden sein, einer Eisenbahngesellschaft die Befreiung von allen Kommunalabgaben fortdauernd zu gewähren; staatsrechtlich ist er unbehindert, ein derartiges Privilegium wieder aufzuheben** (§ 70 der Einleitung zum A.-L.-R.).

Nr. 41. Entsch. Bd. VI. S. 41 vom 5. Februar 1880.

Kr.-Ordn. v. $\frac{13.\ XII.\ 72}{19.\ III.\ 81}$ (G.-S. 1881 S. 179) §§ 9—11, 19, 116, 127.

1) Aus den in § 11 der Kr.-Ordn. enthaltenen Worten „im Ganzen" kann in Bezug auf die Frage, zu welchem Zeitpunkte die Kreisabgaben entrichtet werden müssen, nichts gefolgert werden. Die Worte bedeuten, wie aus der

---

[1]) Heute gilt gemäß Komm.-Abg.-Ges. §§ 92, 51, 71—74 die Regel, daß das in verschiedenen Kreisen veranlagte Einkommen im Ganzen den Höchstbetrag der Stufe nicht übersteigen darf, in der der Steuerpflichtige bei der Veranlagung zur Staatseinkommensteuer eingeschätzt ist. Gleichzeitig ist ein besonderes Verfahren vorgesehen, um die Ausführung dieser Regel dem Steuerpflichtigen zu gewährleisten und den beteiligten Kreisen zu erleichtern.

Entstehungsgeschichte des § 11 hervorgeht (vergl. E.-O.-V. Bd. I. S. 72)[1]), nichts weiter, als daß die Ab- und Zugänge den Gemeinden ꝛc. zur Last fallen. Nur soviel könnte man aus § 11 noch ableiten, daß die Einzelnen ihre Beiträge zu einem Zeitpunkte entrichten müssen, der die — zur Vorschußleistung nicht verpflichtete — Gemeinde in den Stand setzt, das Soll im Ganzen zu berichtigen, d. h. vor den Terminen zur Abführung an die Kreiskommunalkasse. Dagegen folgt aus § 11 nicht, daß der Kreis von den Gemeinden und damit auch von den Einzelnen die Entrichtung der Kreisabgaben auf einmal zum vollen Jahresbetrage fordern kann oder gar muß, um für eintretende Bedürfnisse Deckung zu haben. Die Zahlung in Raten ist nicht nur üblich, sondern wird in den Motiven und parlamentarischen Verhandlungen sogar stillschweigend als Regel vorausgesetzt. Deshalb gerade die Bestimmung in § 11 wegen der Ab- und Zugänge.

2) Dennoch ist eine solche Maßregel der Kreise nicht unstatthaft. Darüber, in welchen Terminen die Kreisabgaben erhoben werden sollen, giebt es keine gesetzliche Vorschrift. Aus § 10 a. a. O. läßt sich die Bestimmung monatlicher Termine nicht herleiten, denn er bezieht sich lediglich auf die Verteilung, nicht auf die Einziehung der Kreisabgaben. Ebensowenig sind die für die Staatssteuern festgesetzten monatlichen Zahlungen als eine allgemeine Regel zu betrachten. Anordnungen, die in den einzelnen, die Staatssteuern regelnden Gesetzen über die Hebung für jede Steuer besonders getroffen werden, lassen sich nicht ohne Weiteres auf die Abgaben der Kommunalverbände ausdehnen. Es hängt daher von dem Belieben des Kreises ab, die Abgaben in ein- oder mehrmonatlichen Raten einzuziehen. Dies folgt auch aus der Natur der Sache. Eine Entscheidung über Termine zur Erhebung der Kreissteuern ist unentbehrlich, sonst wäre das Recht, Abgaben zu erheben, überhaupt nicht zu verwirklichen. In diesem Rechte liegt also notwendig zugleich die Befugnis, die Termine zu bestimmen. Ist die Befugnis aber nicht durch Gesetz beschränkt, so kann sie nach freiem Ermessen ausgeübt, also auch die Zahlung des ganzen Jahresbetrages auf einmal angeordnet werden, ohne daß den Pflichtigen ein Klagerecht dagegen zusteht. Diese Anordnung kann für jedes Jahr besonders und verschieden getroffen werden.

3) Wenn ein Beamter im Laufe des Steuerjahres aus dem Kreisverbande ausscheidet, so wird das Besteuerungsrecht des Kreises dadurch nicht berührt. Etwaige Ansprüche des Beamten sind aber, wenn sie nicht schon deshalb ausgeschlossen sein sollten, weil die Pflicht zur Entrichtung der Kreisabgaben sich lediglich nach dem Fälligkeitstermine bestimmt, nicht gegen den Kreis, sondern gegen die Gemeinde zu richten (§ 11 der Kr.-Ordn.)[2])

Nr. 42. Entsch. Bd. VII. S. 27 vom 13. September 1880.

Kr.-Ordn. v. $\frac{\text{13. XII. 72}}{\text{19. III. 81}}$ (G.-S. 1881 S. 179) § 14; Ges. betr. die Erwerbs- und Wirtschaftsgenossenschaften v. 1. V. 89 (R.-G.-Bl. S. 55) an Stelle des Ges. v. 4. VII. 68. (B.-G.-Bl. S. 415.)

1) Die Annahme idealer Rechtssubjekte (juristischer Personen) mit privatrechtlicher Rechtsfähigkeit ist ein unabweisliches Bedürfnis jedes Verkehrslebens. Die Erfordernisse und Vorbedingungen aber, unter denen ein Rechtssubjekt, wenn es nicht aus einer physischen Person besteht, als solches gelten darf, und der Umfang und die Wirkung dieser Geltung sind nicht aus allgemeinen

[1]) Oben S. 27f.

[2]) Jedoch nicht im Verwaltungsstreitverfahren. Nur die Aufsichtsbehörden würden behufs Verfolgung eines Anspruches gegen die Gemeinde angerufen werden können (§§ 7 und 24 des Zust.-Ges.

Begriffen abzuleiten, sie beruhen vielmehr lediglich in dem positiven Rechte eines jeden Staates und müssen nach dessen Satzungen bemessen werden.

2) Eingetragene Genossenschaften gehören nicht zu den juristischen Personen im Sinne des § 14 der Kr.=Ordn., denn sie sind weder durch Gesetz, noch durch besondere Verleihung dazu erklärt worden, sondern man hat sich darauf beschränkt, sie mit denjenigen Rechten auszustatten, die in jedem einzelnen Falle zur Erreichung ihrer Zwecke erforderlich und genügend erscheinen.

3) Ebenso verhält es sich mit den im Deutschen Handelsgesetzbuche gedachten Handelsgesellschaften, die im § 10 der Grundbuchordnung vom 5. V. 72 ausdrücklich neben den juristischen Personen besonders aufgeführt werden.

4) Deshalb unterliegt auch das Einkommen der Vorschußvereine (eingetragene Genossenschaften) aus dem Grundbesitze oder dem Gewerbebetriebe der Heranziehung zu den Kreisabgaben nicht.[1])

Nr. 43. Entsch. Bd. VII. S. 34 vom 16. September 1880.[2])

Kr.=Ordn. v. $\frac{13.\ XII.\ 72}{19.\ III.\ 81}$ (G.=S. 1881 S. 179) §§ 10, 14.

1) Eine Berggewerkschaft, die von ihrem gesamten, über mehrere Kreise sich erstreckenden Hüttenbetriebe nur in einem Kreise zur Gewerbesteuer staatlich veranlagt ist, kann doch zu den in diesem Kreise auf das Gewerbe gelegten Kreisabgaben nur insoweit herangezogen werden, als das Gewerbe innerhalb seiner Grenzen betrieben wird.

Der staatlichen Besteuerung des Gewerbes liegt das Prinzip zu Grunde, daß derjenige, der innerhalb des Staatsgebietes unter dem Schutze des Staates und im Mitgenusse der staatlichen Einrichtungen eine gewisse wirtschaftliche Thätigkeit entfaltet, dafür ein Äquivalent an denjenigen zahlen muß, der ihm diesen Betrieb gewährleistet. Liegt die Betriebsstätte nur zum Teil unter dem Schutze des diesseitigen Staates, so wird die Abgabe — Gewerbesteuer — nur nach Maßgabe des im Inlande stattfindenden Betriebes erhoben. Das Objekt der Besteuerung ist die wirtschaftliche, lokalisierte Thätigkeit, das sich innerhalb des geographischen Bezirkes des Steuerberechtigten entwickelnde Gewerbe. Auf demselben Prinzip beruht das Besteuerungsrecht der Kreise.

2) Der die Aufbringung der Kreisabgaben betreffende § 10 der Kr.=Ordn. ist nicht dazu bestimmt und danach angethan, den Umfang der der Kreisbesteuerung unterworfenen Objekte zu erweitern; er will nur regeln, wie der Kreis die seinem Besteuerungsrechte unterworfenen Gegenstände besteuern soll. Keineswegs läßt sich aus dem Veranlagungs- und Aufbringungsmodus ableiten, daß, wenn etwa der Staat die in mehreren Kreisen betriebenen Gewerbe mit einem Steuersatze umfaßt, dann auch der Kreis den in fremden Kreisen belegenen Grundbesitz oder das in fremden Kreisen betriebene Gewerbe besteuern dürfte. Nicht die Staatssteuer, die in einem Kreise zur Hebung gelangt, sondern der im Kreise belegene Grundbesitz, das im Kreise belegene Gewerbe ist das Objekt der Besteuerung.

---

[1]) Daran ist auch durch § 33³ des Komm.=Abg.=Ges. nichts geändert, da § 91 das. eine Erweiterung des materiellen Besteuerungsrechtes der Kreise nicht vorsieht. Vergl. Anm. 2 oben S. 26 und Anm. 1 oben S. 30.

[2]) Die Gewerbesteuer ist als Staatssteuer aufgehoben, wird aber für Zwecke der kommunalen Besteuerung weiterhin staatlich veranlagt, §§ 1, 3 des Ges. wegen Aufhebung direkter Staatssteuern v. 14. VII. 93 (G.=S. S. 119). Für Berggewerkschaften, deren Betrieb sich über mehrere Kreise erstreckt erfolgt jetzt die Verteilung des gesammten Gewerbesteuersatzes auf die Kreise nach § 32 des Komm.=Abg.=Ges.

Nr. 44. Entsch. Bd. VII. S. 38 vom 4. Oktober 1880.

Kr.=Ordn. v. $\frac{13.\ XII.\ 72}{19.\ III.\ 81}$ (G.=S. 1881 S. 179) § 14.

1) Wenn jemand in dem einen Kreise eine Ziegelei, in dem anderen einen für jene das Rohmaterial liefernden Erdstich betreibt, so ist er von seinem Einkommen aus dem Gewerbebetriebe dem letzteren Kreise als Forense nur in dem Falle nicht abgabenpflichtig, wenn der Gesammtbetrieb in beiden Kreisen kein Reineinkommen abwirft. Anderenfalls ist seine Heranziehung von einem verhältnismäßigen Teile des Einkommens aus dem Gesammtbetriebe zulässig.[1]) Für sich allein gewährt ein Erdstich allerdings einen Reinertrag dem Ziegeleibesitzer nicht, sofern es feststeht, daß die Ausnutzung des Erdstichlandes lediglich zu dem Zwecke erfolgt, daß die gewonnene Erde auf der Ziegelei in dem Nachbarkreise, dem Domizilkreise des Gewerbetreibenden, ihre Verwendung finde. Deshalb darf auch der Gewerbetreibende wegen dieses außerhalb seines Domizilkreises, d. h. im Forensalkreise, betriebenen Erdstiches nicht in der Weise eingeschätzt werden, daß dabei der Wert der gestochenen Erde unter Zugrundelegung des gewöhnlichen Verkaufswertes dortiger Ziegelerde berechnet wird, denn die Erde wird nicht verkauft. Es darf bei der Veranlagung nicht ein Einkommen in Betracht gezogen werden, wie es vielleicht erzielt werden könnte, vielmehr unterliegt der Besteuerung nur dasjenige Einkommen, welches wirklich erzielt worden ist. Im übrigen stellt sich die dauernd betriebene Gewinnung der Ziegelerde als ein Gewerbebetrieb dar, ebenso wie die Ausbeutung eines Steinbruches, eines Torf-, Kreide- u. s. w. Lagers. Im vorliegenden Falle ist aber der Erdstich nur ein Teil des Gesammtbetriebes, es kann also auch die Heranziehung des Gewerbetreibenden in dem Forensalkreise nur von einem verhältnismäßigen Teile desjenigen Einkommens geschehen, das aus dem Gesammtbetriebe bezogen wird.

2) Die gleichen Verhältnisse liegen vor, wenn ein Holzhändler außerhalb seines Domizilkreises das Holz einer angekauften Forst abtreibt, um es nachher außerhalb des Forensalkreises zu veräußern. Es kann in dem Abtreiben des Waldes und in der Zubereitung der geschlagenen Hölzer zur Verkaufswaare sehr wohl die Ausübung eines stehenden Gewerbes gefunden werden, das auch hier wieder als ein Teil des Gesammtbetriebes des Holzhändlers, nämlich als die Produktion oder Fabrikation gegenüber dem Verkaufe, erscheinen würde.

Nr. 45. Entsch. Bd. VII. S. 42 vom 8. Oktober 1880.

Kr.=Ordn. v. $\frac{13.\ XII.\ 72}{19.\ III.\ 81}$ (G.=S. 1881 S. 179) § 15.

1) Wenn es sich bei der Heranziehung der Kreisabgaben darum handelt, das Einkommen aus Holzungen (Waldungen) festzustellen, so ist dabei der von dem Waldeigentümer nachgewiesene, thatsächlich erzielte Ertrag der Forst, und nicht eine annähernde Schätzung, zu Grunde zu legen.[2])

2) Von dem Einkommen aus größerem Grundbesitze (es handelte sich um Königliche Familiengüter), insbesondere auch bei dessen Verpachtung, kommen

---

[1]) Vergl. jedoch §§ 91⁴, 92, 51, 71—74 des Komm.=Abg.=Ges. und Anm. 1 oben S. 41. Die Ermittelung des Forensaleinkommens erfolgt nach §§ 47ff. a. a. O.

[2]) Vergl. Art. 11, 13 der Ausf.=Anw. v. 5. VIII. 91 zum Eink.=St.=Ges. v. 24. VI. 91 (G.=S. S. 175). Das Einkommen ist nur dann auf Grund annähernder Schätzung festzustellen, wenn der wirklich erzielte Reinertrag der letzten drei Jahre nicht rechnungsmäßig nachgewiesen werden kann. Im übrigen ist der wirkliche Reinertrag maßgebend, nicht aber dasjenige Einkommen, das erzielt sein würde, wenn das nach dem behördlich festgestellten Nutzungsplan einzuschlagende Holzquantum eingeschlagen worden wäre, E.=O.=V. v. 4. VII. 94 (Pr. V.=Bl. Bd. XVI. S. 52).

die Generalverwaltungskosten in Abzug. Dazu gehören (in diesem Falle) die Kosten für die Unterhaltung der Hofkammer, die nicht zum Hofstaate gehört, sondern nur die Verwaltung der Königlichen Fideikommiß- u. s. w. Güter zu führen hat. Denn die Ausgaben für die Hofkammer werden eben geleistet, um aus dem von ihnen verwalteten Grundbesitze Einnahmen zu erzielen, und schmälern deshalb die letzteren.

Soweit es sich um selbstbewirtschafteten Grundbesitz handelt, stellen sie Ausgaben für den Wirtschaftsbetrieb dar und sind als solche bei Feststellung der Reineinnahme zu berücksichtigen. Bei verpachtetem Grundbesitze gehören sie zu den dem Verpächter verbliebenen Lasten.[1])

Nr. 46. Entsch. Bd. VII. S. 49 vom 25. Oktober 1880.

Kr.-Ordn. v. $\frac{\text{13. XII. 72}}{\text{19. III. 81}}$ (G.-S. 1881 S. 179) §§ 12, 13, 125, 176.

1) Die Verbindlichkeit von Kreistagsbeschlüssen über die Beitragspflicht zu den Kreisabgaben ist durch die Veröffentlichung ihres Inhaltes, bezw. der etwa erforderlichen ministeriellen Bestätigung, nicht bedingt. Die im § 125 Abs. 3 der Kr.-Ordn. vorgeschriebene Veröffentlichung hat nur die Bedeutung, daß den Kreiseingesessenen der Hauptsache nach Kunde von dem Gange der Kreisverwaltung gegeben werden soll.

2) Aus § 12 Abs. 4 der Kr.-Ordn. folgt nicht, daß ein gemäß § 13 gefaßter Kreistagsbeschluß ungültig ist, weil er nicht bis zum Schlusse des dort bezeichneten Jahres die höhere Bestätigung erhalten habe. Die sich aus § 13 a. a. O. ergebende, von § 12 völlig unabhängige Befugnis, die Kreisangehörigen einzelner Kreisteile unter Umständen höher zu belasten, ist an eine Frist nicht gebunden. Denn der § 13 schreibt eine solche nicht vor und konnte sie auch nicht vorschreiben, weil Kreiseinrichtungen in Frage stehen, die von den einzelnen Kreisen je nach den obwaltenden Verhältnissen beliebig zu einer im voraus nicht zu übersehenden Zeit ins Leben gerufen werden.

3) § 13 erstreckt sich aber nicht nur auf künftig erst zu beschließende, sondern auch auf bereits vorhandene Kreiseinrichtungen.

Nr. 47. Entsch. Bd. VII. S. 77 vom 2. Dezember 1880.

Ges. v. 18. VI. 40 (G.-S. S. 140) über die Verjährungsfristen bei öffentlichen Abgaben, §§ 5, 6, 14.

1) Der zu einer „Nachforderung" im Laufe des Etatsjahres berechtigende Fall einer „gänzlichen Übergehung" liegt auch vor, wenn die Verteilung der Kreisabgaben nach dem Verhältnisse aller direkten Staatssteuern zu erfolgen hatte und hierbei nur die Gewerbesteuer der sämmtlichen Gewerbetreibenden einer Gemeinde übergangen ist.

Die staatlichen Grundsteuern können sowohl bei gänzlicher Übergehung, als bei zu geringem Ansatze nachträglich verlangt werden, alle anderen Steuern nur bei gänzlicher Übergehung. Für das Recht zur Nachforderung ist demnach nicht entscheidend, ob der betr. Steuerpflichtige bei der Veranlagung völlig von direkten Staatssteuern verschont geblieben ist, sondern es muß für jede einzelne Steuer untersucht werden, ob er in Bezug auf sie ganz übergangen oder nur zu niedrig eingeschätzt ist. Derselbe Grundsatz gilt für die Kreisabgaben, weil diese durch Zuschläge zu den direkten Staatssteuern — seien diese unmittelbar aus den Steuerrollen herausgenommen oder durch besondere Einschätzung ermittelt — erhoben werden. Die von den einzelnen Kreisabgabenpflichtigen zu entrichtenden Kreisabgaben setzen sich zusammen aus den Zuschlägen zu den

---

[1]) Vergl. Art. 11 der Ausf.-Anw. v. 5. VIII. 91.

verschiedenen direkten Staatssteuern; der Zuschlag zu einer jeden Steuer bildet einen für sich bestehenden Teil des ganzen Betrages und läßt sich als eine besondere Kreisabgabe ansehen. Dies zeigt sich namentlich darin, daß als Kreisabgaben-Verteilungsmaßstab weder die sämmtlichen direkten Staatssteuern noch die gleichen Prozentsätze der heranzuziehenden Staatssteuern zu Grunde gelegt zu werden brauchen, und daß in einem Falle, wo nicht sämmtliche direkte Staatssteuern mit denselben Prozentsätzen zur Grundlage für die Kreisabgaben dienen, sowohl bei Veranlagung des Abgabenpflichtigen von seiten des Kreisausschusses, wie bei Unterverteilung des für die Gemeinden u. s. w. berechneten Kreisabgabensolls auf die einzelnen Pflichtigen der Zuschlag für jede direkte Staatssteuer besonders ausgeworfen werden muß. Wenn dann aus Zweckmäßigkeitsgründen die Beträge der einzelnen Zuschläge zusammengerechnet und in einer Summe erhoben werden, so ändert das an dem rechtlichen Charakter der Zuschläge nichts.

2) Wenn der Anspruch auf Unterlassung der Nachforderung event. auf die Behauptung gestützt wird, daß der Kreisausschuß zu viel nacherhoben habe, weil das Bedürfnis durch einen geringeren Prozentsatz der Kreisabgaben zu decken gewesen wäre, so unterliegt dies nicht der Erörterung im Verwaltungsstreitverfahren, sondern hier wäre nur eine Beschwerde an den Kreistag oder an die Aufsichtsbehörde am Platze. Vergl. E.-O.-V. Bd. IV. S. 55.[1])

Nr. 48. Entsch. Bd. VII. S. 81 vom 2. Dezember 1880.

Kr.-Ordn. v. $\frac{\text{13. XII. 72}}{\text{19. III. 81}}$ (G.-S. 1881 S. 179) §§ 10, 11, 14, 15.

1) Wenn es sich in Betreff der Beitragspflicht zu den Kreisabgaben darum handelt, das Einkommen aus Grundbesitz festzustellen, so sind die Deichlasten in vollem Umfange, einschließlich der außerordentlichen, zur Amortisation von Deichverbandschulden bestimmten Beiträge als abzugsfähige Lasten anzusehen.

In Beziehung auf den Abzug von Lasten, die auf dem Grundbesitze ruhen, stehen verpachtete und selbstbewirtschaftete Güter, sofern die Lasten bei ersteren dem Verpächter verblieben sind, einander gleich.

2) Wenn zu den abzugsfähigen Lasten auch die notwendigen Unterhaltungskosten der Gebäude gehören[2]), so sind als solche die Kosten der infolge von Brandfällen notwendig gewordenen Neubauten nicht zu betrachten, wohl aber die für Errichtung von Notställen und für die Aufräumung der Brandstätte. Letztere sind Aufwendungen behufs Fortführung der Wirtschaft, erstere dagegen als Ausgaben, die zum Zwecke des Ersatzes der durch den Brandfall herbeigeführten Vermögensverluste gemacht sind, Kapitalanlagen, von denen nur die thatsächlich aufgewendeten Zinsen in Ansatz kommen können.

3) Eine juristische Person, z. B. eine Stadtgemeinde, darf das ihr aus einer von mehreren Einkommensquellen (Grundstücken) erwachsene Defizit von dem Gesammtertrage der übrigen nicht abrechnen. Vergl. E.-O.-V. Bd. II. S. 56, V. S. 52[3]) Gegenstand der Besteuerung ist nur der Reinertrag aus der einzelnen Einkommensquelle. Bei seiner Ermittelung dürfen neben den dinglichen Lasten und Abgaben nur solche Schuldenzinsen abgezogen werden, die diesen Reinertrag schmälern. Dahin gehören Zinsen von Hypothekenschulden und Pfandbriefen nur unter der Voraussetzung, daß sie das betreffende Grundstück

---

[1]) Oben S. 42.
[2]) § 9[1] des Eink.-St.-Ges. v. 24. VI. 91 (G.-S. S. 175).
[3]) Oben S. 34, 46.

belasten. Übersteigen sie den Ertrag dieses Grundstückes, so wirft es ein Einkommen nicht ab und fällt bei der Veranlagung zur Kreissteuer aus. Das Defizit aber, das von der Stadtgemeinde gedeckt werden muß, steht mit anderen, in demselben Kreise belegenen Besitzungen der Stadtgemeinde in keinem weiteren Zusammenhange, wie die sonstigen Verbindlichkeiten, die auf dem städtischen Haushalte ruhen.

Nr. 49. **Entsch. Bd. VII. S. 104** vom 17. März 1881.

Kr.-Ordn. v. 13. XII. 72 / 19. III. 81 (G.-S. 1881 S. 179) § 18.

Das den Geistlichen in Betreff der Befreiung von Kreisabgaben zustehende Sonderrecht kommt auch den zum Gnadenjahr berechtigten Hinterbliebenen hinsichtlich der während des Gnadenjahres bezogenen Einkünfte aus der Pfarre zu statten.

Spricht der § 10 des Ges. vom 11. VII. 22 (G.-S. S. 284) auch nur von Sterbe- und Gnadenmonaten, so berechtigt dieser Ausdruck allein keineswegs zu der Annahme, daß damit nur jene im engeren Sinne des Wortes (bei unmittelbaren Staatsdienern) und nicht die gesetzliche Sterbe- und Gnadenzeit überhaupt, insbesondere also das den Hinterbliebenen eines im Amte verstorbenen Geistlichen gebührende Gnadenjahr, gemeint sein sollen. Vielmehr spricht die ganze Absicht und Tendenz des Gesetzes für das Gegenteil, da es durch die völlige Befreiung der Besoldungen und Emolumente der Geistlichen im Gegensatze zu dem nur gewisse Erleichterungen erfahrenden Diensteinkommen der unmittelbaren Staatsdiener anerkannt hat, daß die ersteren den letzteren gegenüber einer ganz besonderen Berücksichtigung bedürftig sind. Vergl. auch Vd. vom 23. IX. 67 (G.-S. S. 1648) § 1.

Nr. 50. **Entsch. Bd. VII. S. 108** vom 4. April 1881.

Kr.-Ordn. v. 13. XII. 72 / 19. III. 81 (G.-S. 1881 S. 179) § 14; Ges. betr. den Erwerb mehrerer Eisenbahnen für den Staat v. 20. XII. 79 (G.-S. S. 635) § 8; desgl. v. 14. II. 80 (G.-S. S. 21) § 9 und Vertrag v. 24. XII. 79 (G.-S. 1880 S. 36).

1) Eine Eisenbahngesellschaft, deren gesammtes Unternehmen der Staat für eigene Rechnung verwaltet und betreibt, dergestalt, daß er das ganze Betriebseinkommen, wie alle anderen Nutzungen ihres Vermögens, bezieht, andererseits auch sämmtliche Lasten trägt und nur eine von den Betriebsergebnissen unabhängige feste Rente aus eigenen Mitteln an die Aktionäre zahlt, hat von dem aus dem Eisenbahnbetriebe fließenden Einkommen keine Kreisabgaben mehr zu zahlen. Denn sie kann unmöglich wegen des in die Staatskasse fließenden Einkommens aus einem Betriebe, von dem sie in keiner Weise mehr berührt wird, besteuert werden, mag die Gesellschaft auch als solche noch rechtlich fortbestehen.

2) Eine gegenteilige Auffassung würde nur möglich sein, falls der Übergangsvertrag oder das Gesetz eine die Kreisabgabenpflicht anderweitig regelnde Bestimmung enthielten. Eine solche Bestimmung enthält der § 9 des Ges. vom 14. II. 80[1]), ganz abgesehen davon, daß er die Steuerpflicht nur für die Zeit nach dem Übergange der Eisenbahn in das Eigentum des Staates hat regeln sollen, nicht, da er sich auf Kreisabgaben überhaupt nicht bezieht.

---

[1]) § 9, der sich nach dieser Entsch. ebenso, wie § 8 des Ges. v. 20. XII. 79, nur auf Gemeinden bezieht, ist schon durch § 14 Abs. 2 des, demnächst durch das Komm.-Abg.-Ges. v. 14. VII. 93 ersetzten Komm.-Abg.-Ges. v. 27. VII. 85 (G.-S. S. 327) aufgehoben worden.

Nr. 51. Entsch. Bd. VII. S. 115 vom 19. Mai 1881.

Kr.-Ordn. v. $\frac{13. XII. 72}{19. III. 81}$ (G.-S. 1881 S. 179) §§ 10, 11, 178.

1) Ein Gegensatz zwischen „Gesetzesverletzung" einerseits und „unrichtiger Auslegung des Gesetzes" oder „Nichtanwendung bezw. unrichtiger Anwendung des Gesetzes" andererseits besteht in Beziehung auf die Anfechtung[1]) von Kreistagsbeschlüssen über die Beitragspflicht zu den Kreisabgaben nicht.

2) Eine Verteilung der Kreisabgaben nach dem Soll der Staatssteuern des vorhergehenden Jahres ist ausgeschlossen, die Kreisabgaben dürfen nicht nach dem Verhältnisse des Staatssteuersolles eines früheren, als des betreffenden Etatsjahres, verteilt werden. Das betreffende Etatsjahr ist dasjenige, für das die Kreisabgaben erhoben werden und für das sie zu zahlen sind.

Schon die grammatikalische Auslegung des § 10 der Kr.-Ordn. („der von den Kreisangehörigen zu entrichtenden direkten Staatssteuern") nötigt zu dieser Auffassung. Eine wesentliche Verstärkung findet sie in dem Ausdrucke „Zuschläge". Ein Zuschlag zu einer Steuer ist streng genommen ein Beitrag, der mit der Steuer zugleich erhoben wird. Fallen nun auch die Erhebung der Staatssteuer und die der Kreisabgaben nicht völlig zusammen, so bliebe es doch ein auffallender Ausdruck, wenn mit „Zuschlägen" Beiträge bezeichnet werden sollen, die auch nach Maßgabe einer längst, etwa vor Jahren entrichteten Steuer erhoben werden können.

Diese Ansicht wird bestätigt durch die Vorschriften über die Heranziehung der Forensen. Soweit sie zu den Staatssteuern nicht unmittelbar herangezogen sind, soll ihre Einschätzung besonders erfolgen; letztere kann aber nur für das laufende Steuerjahr vorgenommen werden.

Außerdem spricht die Vermutung dagegen, daß der Gesetzgeber, der es für notwendig gehalten hat, die Kreistage hinsichtlich des Verteilungsmaßstabes in eng bestimmte Grenzen einzuschränken, ihnen die unbedingte Freiheit habe geben wollen, die Kreisabgaben nach beliebigen, vielleicht mehrere Jahre zurückliegenden Steuerbeträgen aufbringen zu lassen. Damit würde der Weg eröffnet sein, einen mit der Leistungsfähigkeit der Pflichtigen nicht mehr im Einklange befindlichen Maßstab anzuwenden.

Nr. 52. Entsch. Bd. VIII. S. 17 vom 4. April 1881.

Kr.-Ordn. v. $\frac{13. XII. 72}{19. III. 81}$ (G.-S. 1881 S. 179) §§ 6, 14, 19; Prov.-Ordn. v. $\frac{29. VII. 75}{22. III. 81}$ (G.-S. 1881 S. 233) §§ 106, 108, 112.

1) Die Provinzialabgaben nehmen nach §§ 106 und 108 der Prov.-Ordn. den einzelnen Pflichtigen gegenüber die Natur der Kreis- bezw. Gemeindeabgaben an. Denn ihre Verteilung erfolgt nicht auf die Provinzialangehörigen, sondern auf die Stadt- und Landkreise, und innerhalb der letzteren werden sie gleich den übrigen Kreis- bezw. Gemeindebedürfnissen aufgebracht. Gegen die Verteilung der Provinzialabgaben seitens der Organe der Provinzialverwaltung giebt das Gesetz deshalb auch nur den Kreisen ein Reklamationsrecht (§ 112 a. a. O.), während das Verfahren bei Reklamationen der einzelnen Beitragspflichtigen sich nach § 19 der Kr.-Ordn. richtet.

2) Nicht zutreffend und aus den Worten im § 14 der Kr.-Ordn. „ohne in dem Kreise zu persönlichen Staatssteuern veranlagt zu sein" nicht zu folgern

---

[1]) An Stelle der Anfechtung aus § 69 des Zust.-Ges. v. 26. VII. 76 ist die Beanstandung aus § 178 der Kr.-Ordn. getreten.

ist die Annahme, daß jemand schon deshalb zu den Kreisabgaben herangezogen werden könne, weil er in diesem Kreise zu den persönlichen direkten Staatssteuern veranlagt sei. Kreisabgabenpflichtig sind nur die Kreisangehörigen und die im § 14 der Kr.-Ordn. genannten Forensen u. s. w. Vergl. E.-O.-V. Bd. I. S 78.[1])

3) Die Kreisabgabenpflicht bestimmt sich auch nicht danach, wo dasjenige Gericht seinen Sitz hat, bei dem die Vormundschaft über den zu den Kreisabgaben Heranzuziehenden geführt wird. (A.-L.-R. II. 18 § 56, §§ 2 und 4 der Vormundschaftsordn. vom 5. VII. 75.)

4) Über den accessorischen Anspruch eines obsiegenden Reklamanten auf Prozeßzinsen (Zögerungszinsen) ist der Verwaltungsrichter an und für sich zu entscheiden wohl befugt. Ein solcher Anspruch ist aber niemals gerechtfertigt, weil die Rechtsmittel gegen die Heranziehung zu den Kreisabgaben keine aufschiebende Wirkung haben, der Zensit sich also selbst einer Versäumnis schuldig machte, wenn er nicht sofort zahlte. Damit ist auf seiten des Kreisausschusses eine Säumnis in Erstattung der einstweilen gezahlten Summe bis zur rechtskräftigen Entscheidung unvereinbar.

5) Auf eine angebrachte Reklamation (Einspruch) hat man einen endgültigen Beschluß des Kreisausschusses zu beanspruchen, die Klagefrist beginnt erst vom Tage der Behändigung des letzteren und nicht etwa von dem Tage der Behändigung eines vorläufigen Zwischenbescheides.

Nr. 53. Entsch. Bd. VIII. S. 23 vom 21. April 1881.

Kr.-Ordn. v. $\frac{13.\ XII.\ 72}{19.\ III.\ 81}$ (G.-S. 1881 S. 179) §§ 17, 18.

Die Befreiung der Dienstgrundstücke der Geistlichen erstreckt sich auch auf die innerhalb der Pfarrländereien belegenen, von den Pfarrpächtern und deren ländlichem Gesinde bewohnten sogenannten Pfarr-Insthäuser. Denn man versteht unter „Grundstück" nicht bloß den Grund und Boden mit Ausschluß der darauf befindlichen Gebäude, sondern der Ausdruck umfaßt beides. Folglich sind mit den „Dienstgrundstücken" die auf ihnen vorhandenen Baulichkeiten von den Kreislasten befreit. Dagegen spricht auch nicht die Fassung des § 17 der Kr.-Ordn., wo die Grundstücke und Gebäude nicht mit der gemeinsamen Bezeichnung „Grundstücke" zusammengefaßt sind. Es hat dies seinen Grund in der Bezugnahme des § 17 auf die verschiedenen, einesteils die Grundsteuer, anderenteils die Gebäudesteuer regelnden Gesetze. Übrigens spricht die Vermutung dafür, daß der Gesetzgeber sämmtliches zum Unterhalte, beziehungsweise zur Besoldung der Geistlichen dienende Grundeigentum von den Kreislasten befreien wollte. Die Dienstwohnungen sind schon deshalb frei, weil davon keine Gebäudesteuer bezahlt wurde; die Dienstgrundstücke werden durch § 18 für befreit erklärt; dem gegenüber wäre es auffallend, wenn allein solche Pfarr-Insthäuser abgabepflichtig sein sollten. Wenn ihre Befreiung von der Staatsgrundsteuer nicht anerkannt gewesen ist, so hat dies darin seinen Grund, daß die Staatssteuergesetzgebung das Prinzip nicht enthält, daß sämmtliche Dienstgrundstücke der Geistlichen u. s. w. steuerfrei sein sollten. Die Steuerfreiheit war vielmehr auf diejenigen, zur Dotation der Geistlichen gehörigen Grundstücke beschränkt, denen schon früher Grundsteuerfreiheit zustand. Gerade weil man aber diese Beschränkung des § 4 c des Grundsteuerges. vom 21. V. 61 auf das Gebiet des Kreisabgabenwesens nicht einfach übernommen hat, muß hier unbedingte Abgabenfreiheit der Dienstgrundstücke angenommen werden.

---

[1]) Oben S. 29.

Nr. 54. Entsch. Bd. VIII. S. 27 vom 23. Juni 1881.

Kr.=Ordn. v. $\frac{13.\ XII.\ 72}{19.\ III.\ 81}$ (G.=S. 1881 S. 179) §§ 14, 15.
Allg. Bergges v. 24. VI 65 (G.=S. S. 705) §§ 65 ff., 94 ff.
Ges. v. 22. II. 69 (G.=S. S. 401) betr. die Verhältnisse des Braun= und Steinkohlenbergbaues in den ehemals kursächsischen Landestheilen

Unter den im § 14 Abs. 2 der Kr.=Ordn. erwähnten „Berggewerkschaften“ sind nur eigentliche Berggewerkschaften, nicht auch Bergwerksgesellschaften oder gar alle Bergwerksbesitzer, soweit sie nicht Einzelbesitzer, zu verstehen. Die Gewerkschaften stehen den Aktiengesellschaften ganz gleich und sind aus diesem Grunde in den § 14 Abs. 2 aufgenommen worden. Der sie den Aktiengesellschaften gleichstellende Umstand, die vermögensrechtliche Selbständigkeit des Unternehmens, fehlt den Bergwerksgesellschaften.

Nr. 55. Entsch. Bd. VIII. S. 30 vom 12. September 1881.

Kr.=Ordn. v. $\frac{13.\ XII.\ 72}{19.\ III.\ 81}$ (G.=S. 1881 S. 179) §§ 11, 14, 15.

1) Das Einkommen eines Gewerbetreibenden, dessen Betriebsstätte sich über mehrere Gemeindebezirke erstreckt, kann nicht zu den Kreisabgaben unmittelbar herangezogen werden, vielmehr sind die auf den Gewerbetreibenden entfallenden Beträge dem Kreisabgabensoll der betreffenden Gemeinden hinzuzurechnen und diesen im Ganzen zu überweisen. Ein entgegengesetztes Verfahren kann zu Gesetzwidrigkeiten führen, wenn es sich um Gemeinden [1]) handelt, die von dem ihnen nach § 11 Abs. 2 der Kr.=Ordn. zustehenden Rechte Gebrauch machen. Vergl. E.=O.=V. Bd. I. S. 62, V. S. 10.[2])

2) Läßt ein Gewerbetreibender sich jedoch die direkte Besteuerung gefallen, so unterliegen nur die übrigen gegen die Heranziehung oder Einschätzung vorgebrachten Einwendungen der verwaltungsrichterlichen Entscheidung.

3) Steht in dieser Beziehung fest, daß sich eine Betriebsstätte, z. B. eine Eisenbahnstation über mehrere Gemeinden erstreckt, so ist der Kreis nicht berechtigt, bei Berechnung der von dem Reklamanten direkt einzuziehenden Kreisabgaben ohne weiteres das gesammte Einkommen aus der ganzen Station in Ansatz zu bringen. Sie erstreckt sich aber über mehrere Gemeinden, wenn das Stationsgelände in kommunaler Beziehung zwei Gemeinden angehört, und wenn in der einen zwar das Stationsgebäude, in der anderen aber der Lokomotivschuppen und die Beamtenwohnungen sich befinden, beides Gebäude, die für den Bahnhofsbetrieb unentbehrlich sind.

4) Wegen der Schätzung der Höhe dieses Einkommensteiles bleibt es ohne Einfluß, welches Einkommen thatsächlich eine Gemeinde, die von der Bestimmung des § 11 Abs. 2 Gebrauch gemacht hat, zur Kommunalsteuer herangezogen hat. Die Verteilung des Einkommens muß durch den Kreisausschuß vorgenommen werden; letzterer wird hierin durch die Veranlagung der Gemeindeeinkommensteuer seitens der Gemeindebehörden nach keiner Richtung hin gebunden.[3])

Nr. 56. Entsch. Bd. VIII. S. 34 vom 24. November 1881.

Kr.=Ordn. v. $\frac{13.\ XII.\ 72}{19.\ III.\ 81}$ (G.=S. 1881 S. 179) § 18.

1) Ob und in welchem Maße die unmittelbaren und mittelbaren Staatsbeamten von ihrem Diensteinkommen zu den Kreisabgaben herangezogen werden

[1]) Stadt= und Landgemeinden, § 91[1] des Komm.=Abg.=Ges. v. 14. VII. 93 (G.=S. S. 152).
[2]) Oben S. 27, 45.
[3]) Für die Verteilung sind die §§ 47, 48 des Komm.=Abg.=Ges. maßgebend.

dürfen, richtet sich nach dem Umfange der ihnen auferlegten Gemeindeabgaben. Erreichen diese Gemeindeabgaben bereits die in den §§ 2 und 3 a. a. O. bezeichnete Grenze, so findet eine Heranziehung der Beamten zu den Kreissteuern überhaupt nicht statt. Erreichen sie jene Grenze nicht, so findet nur noch bis zu dieser die Heranziehung statt.

2) In Gemeinden[1]), die von der ihnen nach § 11 Abs. 2 der Kr.-Ordn. eingeräumten Befugnis Gebrauch machen, bedarf es hiernach erst einer näheren Ermittelung dessen, was die Beamten als Beiträge zu den Gemeindebedürfnissen ohne Hinzurechnung der Kreissteuern entrichten, da diese sonst zu Gunsten der betr. Gemeinde doppelt angerechnet werden würden. Das aus der Gemeindekasse im Ganzen berichtigte Kreisabgabensoll würde sich regelmäßig niedriger stellen, als wenn es von den einzelnen Steuerpflichtigen als Kreisabgabe aufgebracht wird, und den Ausfall müßte der Kreis in seiner Gesammtheit tragen. Vergl. E.-O.-V. Bd. I. S. 27.[2])

3) Ob und inwieweit das gesetzliche Maximum der Beamtenbeiträge bereits von der Stadt in Anspruch genommen ist, bestimmt sich lediglich nach demjenigen Gemeindebeitrage, den die Stadt zur Deckung ihrer *eigentlichen* Gemeindebedürfnisse, also mit Ausschluß des darin enthaltenen Kreissteuersolls, *thatsächlich ausschreibt*, nicht nach demjenigen, den sie auszuschreiben *berechtigt* oder genötigt sein würde, falls *andere Deckungsmittel* fehlen sollten.

4) Wenn eine Gemeinde eine Beschwerde wegen Überbürdung mit Kreisabgaben führen will, so muß sie den Betrag dieser Überbürdung ziffermäßig feststellen und in einem Falle, wie dem vorliegenden, eine *Nachweisung* anfertigen, in der für jeden einzelnen Beamten unter Gegenüberstellung des Diensteinkommens und des Privateinkommens, der darnach zu berechnenden Staats- und der zur Deckung der eigentlichen Gemeindebedürfnisse zu zahlenden Gemeindesteuerbeträge genau festgestellt wird, ob und welche Summe der Kreis von dem Dienst- und übrigen Einkommen des Beamten zu fordern berechtigt ist.

Nr. 57. Entsch. Bd. VIII. S. 57 vom 27 März 1882.

Kr.-Ordn. v. $\frac{13.\ XII.\ 78}{19.\ III.\ 81}$ (G.-S. 1881 S. 179) §§ 14, 16.

A.-L.-R. 1, Tit. 9, §§ 263, 264.

1) *Landbildungen (Anlandungen) zwischen Strombauten* (Buhnenwerken) in öffentlichen Flüssen gehen nicht ohne weiteres in das Eigentum dessen über, der die sie herbeiführenden Anstalten getroffen hat. Sie werden — wenigstens nach altpreußischem Recht — nicht ohne Weiteres Eigentum des Staates, vielmehr haben die Adjazenten des Flusses das nächste Recht, sich den solchergestalt gewonnenen Grund und Boden durch Besitznehmung zuzueignen, wobei demjenigen, der die fraglichen Anstalten hergestellt hat, falls er sich im *Besitze* der Anlandungen befindet, ein Retentionsrecht auf so lange zukommen mag, bis er wegen seiner Anforderungen auf Ersatz der aufgewendeten Kosten befriedigt ist.[3])

2) Nach § 14 der Kr.-Ordn. ist aber der Begriff „des *Besitzes* von Grundeigentum innerhalb des Kreises" die Quelle der Kreisabgabenpflicht (vergl. E.-O.-V. Bd. IV. S. 75)[4]), mag das Grundeigentum auch in Nießbrauch ausgethan, verpachtet, vermietet, oder einem Verwalter oder sonstigen Inhaber übergeben sein, weil durch die Einräumung des unvollständigen Besitzes an einen

---

[1]) Stadt- und Landgemeinden, § 91[1] des Komm.-Abg.-Ges. v. 14. VII. 93 (G.-S. S. 152).

[2]) Oben S. 25.

[3]) Vergl. auch § 5 ff. des Strombauverwaltungsges. v. 20. VIII. 83 (G.-S. S. 333).

[4]) Oben S. 45.

anderen der **vollständige** Besitz des bisherigen Besitzers **fortgesetzt** wird (A.-L.-R. I. Tit. 7 § 124) und der Eigentümer nach wie vor im Kreise Grundeigentum besitzt. Dagegen besitzt Grundeigentum nicht, wer eben nicht „**Eigentum**", sondern etwa ein **gepachtetes** Grundstück in Besitz oder Gewahrsam hat. Deshalb ist überall, wo im § 14 der Kr.-Ordn. davon die Rede ist, daß der „Besitz von Grundeigentum" oder „Grundbesitz" die Verpflichtung nach sich zieht, die auf diesen Besitz gelegten Abgaben zu zahlen, **nur** der **Eigentümer** der Verpflichtete, **nur** das **Eigentum** bildet den verpflichtenden Grund, und zwar das Eigentum überhaupt, mithin das beschränkte und geteilte ebenso wie das uneingeschränkte und ausschließliche. Diese Auslegung wird durch § 16 a. a. O. bestätigt. Wenn hier für die Besteuerung im Domizilkreise auf die nach § 14 mögliche Heranziehung außerhalb des letzteren hingewiesen wird und als Grundlagen dieser Heranziehung Grundeigentum, Gewerbe- und Bergbaubetrieb aufgezählt werden, so decken sich nicht nur die beiden letztgenannten mit dem Betriebe eines Gewerbes oder eines Bergbaues im Sinne des § 14, sondern auch das „Grundeigentum" (§ 16) mit dem „Besitzen von Grundeigentum" oder „Grundbesitz" (§ 14) vollkommen. Da nun der Strombaufiskus die Anlandungen als sein Eigentum nicht inne hat, so kann er auch als eine „Grundeigentum" im Kreise besitzende juristische Person nicht gelten und ist bezüglich jener aus § 14 nicht kreissteuerpflichtig. Ebensowenig giebt es andere gesetzliche Bestimmungen, die seine Kreissteuerpflicht begründen könnten.

Nr. 58. Entsch. Bd. VIII. S. 64 vom 7. April 1881.

Kr.-Ordn. v. $\frac{13.\ XII.\ 72}{19.\ III.\ 81}$ (G.-S. 1881 S. 179) § 16.

1) Handelt es sich um die Ermittelung des Hauptfaktors der in § 16 der Kr.-Ordn. vorgeschriebenen Berechnung, um das „zur Staatssteuer veranlagte **Gesammteinkommen**", so muß als Grundlage ein in bestimmten Zahlen ausgedrücktes Einkommen angenommen werden, und es genügt nicht, die Berechnung auf die **Steuerstufe**, die mehr oder minder weit auseinandergehende Beträge umfaßt, zu bauen. Vergl. E.-O.-V. Bd. VI. S. 6.[1])

2) Wenn der Kreisausschuß des Domizilkreises die nach § 16 erforderliche Berechnung anzustellen hat, so muß ihm auch das Recht beiwohnen, „die bezügliche Einkommensquote", das aus dem auswärtigen Grundeigentume, Bergbau und Gewerbebetriebe fließende Einkommen des Steuerpflichtigen, sofern es nicht bereits anderweit feststeht, seinerseits selbständig zu ermitteln. Dabei ist er nicht an die von den auswärtigen Behörden erfolgte Abschätzung gebunden.

3) Der Forensalkreis kann aber gleichfalls das Einkommen aus dem in ihm betriebenen Gewerbe u. s. w. abschätzen. Durch die Möglichkeit, daß auf diese Weise ein Steuerpflichtiger in den verschiedenen Kreisen zusammengenommen von einem höheren, als dem zur Staatssteuer veranlagten Gesammteinkommen herangezogen wird, kann das Einschätzungsrecht der beiderseitigen Veranlagungsbehörden nicht beeinträchtigt werden. Denn der Steuerpflichtige hat in beiden Kreisen das Reklamationsrecht und kann dadurch seine Doppelbesteuerung vermeiden.[2])

Nr. 59. Entsch. Bd. VIII. S. 68 vom 22. September 1881.

Kr.-Ordn. v. $\frac{13.\ XII.\ 72}{19.\ III.\ 81}$ (G.-S. 1881 S. 179) §§ 14, 15.

1) Bei der Berechnung des der Kreisbesteuerung unterliegenden Einkommens aus einem Eisenbahnunternehmen kommen die **Rücklagen** in den **Reserve**-

[1]) Oben S. 47.
[2]) Vergl. hierzu Anm. 1 oben S. 41.

fonds als Ausgaben nicht in Abzug, da sie keine Ausgaben zur Fortführung des Gewerbes im bisherigen Umfange sind. Eine von dem Gewerbeunternehmer aus dem Jahresertrage seines Betriebes entnommene und zu einem bestimmten Zwecke beiseite gelegte Summe stellt an sich keine Ausgabe dar, und wenn die Summe etwa zum Ankauf zinstragender Wertpapiere verwendet oder auf Hypothek u. s. w. untergebracht wird, so findet die Verausgabung unzweifelhaft behufs einer Kapitalansammlung statt, die möglicherweise im Interesse des Gewerbebetriebes geschieht, aber bei der Steuerveranlagung nicht in Abzug gebracht werden darf[1]), falls nicht ein besonderer Rechtsgrund für die Abzusfähigkeit geltend gemacht werden könnte. Ein solcher liegt nicht vor, wenn der Reservefonds statutenmäßig zur Deckung der in außerordentlichen Fällen eintretenden ungewöhnlichen größeren Betriebsausgaben bestimmt ist, insbesondere solcher, die durch außerordentliche Elementarereignisse oder Unfälle im Betriebe verursacht werden, oder wenn bei dem Reservefonds eine eigene Abteilung zur Deckung von persönlichen Kosten der Unfälle mit Rücksicht auf das Haftpflichtgesetz vom 7. VI. 71 gebildet ist und wenn auf diese Weise unvorhergesehene, von Zeit zu Zeit eintretende Ausgaben höheren Betrages nicht aus den Einnahmen des laufenden Jahres, denen sie eigentlich zur Last fallen würden, gedeckt zu werden brauchen, sondern gewissermaßen auf eine Reihe von Jahren verteilt werden. Denn es kann, da das Gesetz anordnet, daß die steuerpflichtige Summe nach dem Reinertrage der drei letzten Jahre berechnet werden soll, hierbei nicht der Betrag der (ganzen) Rücklagen, sondern nur der Betrag der in den letzten drei Jahren wirklich aus dem Reservefonds geleisteten Ausgaben zu Grunde gelegt werden.

2) Anders steht es mit der Abzugsfähigkeit der Rücklagen in den Erneuerungsfonds, da solche Kapitalansammlungen zur Deckung von Abnutzungen an Stelle von Abschreibungen dienen. Sie sind nichts weiter, als die übliche Absetzung für jährliche Abnutzung von Gebäuden und Utensilien und stehen den Ausgaben gleich, die behufs Fortführung des Gewerbebetriebes in dem bisherigen Umfange gemacht werden.[2]) Für die Höhe dieser Rücklagen ist ev. sachverständiges Ermessen maßgebend, sofern nicht in dieser Beziehung in autoritativer Weise etwas Bestimmtes festgesetzt ist.

Nr. 60. Entsch. Bd. IX. S. 20 vom 12. Oktober 1882.

Kr.-Ordn. v. $\frac{13.\ XII.\ 72}{19.\ III.\ 81}$ (G.-S. 1881 S. 179) § 11.

1) Bei der Berechnung des Kreisabgaben-Solls einer Gemeinde kommt die Einkommensteuer eines zwar erst nach der Veranlagung dieser Steuer, jedoch vor Beginn des Steuerjahres aus dem Kreise verziehenden Zensiten nicht mehr in Ansatz, insbesondere auch dann nicht, wenn die Überweisung in die Steuerliste des neuen Domizils erst später erfolgt. Vergl. E.-O.-V. Bd. I S. 28, 64, 70, 77, Bd. IV. S. 59.[3])

2) Von Zu- und Abgängen läßt sich nur gegenüber dem festgestellten Kreisabgaben-Soll reden.

Nr. 61. Entsch. Bd. IX. S. 23 vom 27. Oktober 1882.

Kr.-Ordn. v. $\frac{13.\ XII.\ 72}{19.\ III.\ 81}$ (G.-S. 1881 S. 179) §§ 14, 15.

Von dem Einkommen einer zu den Kreisabgaben herangezogenen Gemeinde aus Grundbesitz kommen die Zinsen des bestimmungsmäßig zur Rückzahlung

---

[1]) Vergl. § 16 des Eink.-St.-Ges. v. 24. VI. 91 (G.-S. S. 175).
[2]) Vergl. § 9[5] a. a. O.
[3]) Oben S. 25, 27—29, 42.

der früher auf dem Grundbesitz haftenden Hypothekenschulden verwendeten Teiles einer auf dem gesammten Gemeindevermögen ruhenden Anleiheschuld nicht in Abzug. Vergl. E.-O.-V. Bd. II S. 56.[1])

Nr. 62. Entsch. Bd. IX. S. 26 vom 6. November 1882.

Kr.-Ordn. v. $\frac{13.\ XII.\ 72}{19.\ III.\ 81}$ (G.-S. 1881 S. 179) §§ 19, 176.

Einsprüche und Klagen gegen die Heranziehung zu den Kreisabgaben können, wenn auch dem einzelnen Abgabepflichtigen ein Klagerecht auf Aufhebung des seiner Heranziehung zu Grunde liegenden Beschlusses überhaupt nicht zusteht, auf die Behauptung der Rechtsungültigkeit eines der Abgabenforderung zu Grunde liegenden, von der Aufsichtsbehörde bestätigten Kreistagsbeschlusses gestützt werden. Vergl. E.-O.-V. Bd. IV. S. 72.[2]) Das Prüfungsrecht des Verwaltungsrichters ist durch die Notwendigkeit und den Eintritt der Bestätigung eines Kreistagsbeschlusses nicht behindert. Vergl. E.-O.-V. Bd. II. S. 108, III. S. 97, IV. S. 117, 145.

Nr. 63. Entsch. Bd. X. S. 52 vom 10. Mai 1883.

Kr.-Ordn. v. $\frac{13.\ XII.\ 72}{19.\ III.\ 81}$ (G.-S. 1881 S. 179) §§ 16, 19.

1) Dasjenige Einkommen, das einem Abgabepflichtigen aus seinem außerhalb des Domizilkreises stattfindenden Gewerbebetriebe zufließt, muß bei Feststellung seines im Domizilkreise zu veranlagenden Einkommens unabhängig davon außer Berechnung gelassen werden, ob auch der auswärtige Kreis ein Besteuerungsrecht jenem Einkommen gegenüber zur Geltung bringt.

2) Besteuert jedoch der Domizilkreis das ganze Einkommen, so muß der davon Betroffene zur Vermeidung der Doppelbesteuerung dagegen fristzeitig ein Rechtsmittel einlegen und zwar läuft die Frist von der Bekanntmachung dieser Heranziehung, mag ihm auch die Nachricht, daß er im Forensalkreise ebenfalls besteuert sei, erst später zugehen. Keinesfalls kann das Rechtsmittel erst auf diese Nachricht gegründet werden und von da ab die Frist laufen.

Nr. 64. Entsch. Bd. X. S. 61 vom 11. Oktober 1883.

Kr.-Ordn. v. $\frac{13.\ XII.\ 72}{19.\ III.\ 81}$ (G.-S. 1881 S. 179) §§ 10, 14, 15, 17.

1) Der § 17 der Kr.-Ordn. bestimmt lediglich eine dingliche Befreiung von der Kreisabgabenpflicht und schließt eine Besteuerung der Besitzer von dem Einkommen aus dem auf jenen Grundstücken betriebenen Gewerbe und von dem Gewerbe selbst nicht aus. Die Gewerbesteuer ruht nicht auf den zum Gewerbe dienenden Grundstücken, sondern auf dem Gewerbe selbst, und von einer Befreiung des letzteren handelt der § 17 nicht.

2) Die Freilassung der städtischen Wasserwerke von der staatlichen Gewerbesteuer schließt die Befugnis der Kreise aus §§ 14, 15 a. a. O. zur Heranziehung zu den Kreisabgaben nach einer fingierten Gewerbesteuer nicht aus, wenn der Kreisausschuß als Einschätzungsbehörde auch an die durch das Gesetz gezogenen Schranken gebunden ist und ein Gewerbe, das nach der Gewerbesteuergesetzgebung nicht zu veranlagen ist, auch nicht zu einer fingierten Gewerbesteuer einschätzen darf.[3])

---

[1]) Oben S. 34.
[2]) Oben S. 45.
[3]) Vergl. § 3^{4b} des Gew.-St.-G. v. 24. VI. 91 (G.-S. S. 205) und Art. 5^{3} der Ausf.-Anw. v. $\frac{10.\ IV.\ 92}{5.\ III.\ 94}$.

3) Für die Höhe der Abschreibungen (Absetzungen) behufs Berechnung des gewerblichen Einkommens kann immer nur der wirkliche Wert des Unternehmens, nicht sein Buchwert in Frage kommen. Es ist deshalb unzulässig, das für den Erwerb eines Privilegs eines anderen Unternehmers angelegte Kapital mit zu amortisieren und die Amortisationsrente den Abschreibungen hinzuzuzählen.

4) Unzutreffend ist es, nicht bloß die „gewöhnliche" Abnutzung, sondern auch außergewöhnliche Vorkommnisse — Unglücksfälle, Umbauten u. s. w. — bei Feststellung der Höhe der Absetzung zu berücksichtigen. Vergl. E.-O.-V. Bd. VIII. S. 69.[1])

5) Durch die unentgeltliche Entnahme des Wassers seitens der Stadtgemeinde für eigene kommunale Zwecke erzielt sie einen Gewinn, der bei der Berechnung des Ertrages mit berücksichtigt werden muß, denn der Geldwert der von den Gewerbetreibenden zum eigenen Nutzen verwendeten Erzeugnisse ist bei der Berechnung des Einkommens in Einnahme zu stellen.[2])

Nr. 65. Entsch. Bd. X. S. 73 vom 12. November 1883.

Kr.-Ordn. v. $\frac{13.\ XII.\ 72}{19.\ III.\ 81}$ (G. S. 1881 S. 179) § 15.

Nicht der Buchwert eines gewerblichen Unternehmens oder der Kaufpreis, sondern nur der wahre Wert gewährt einen sichern Anhaltspunkt für die Berechnung der Abschreibungen an jährlicher Abnutzung.

Der Buchwert hängt bei einem Unternehmen, das bereits eine Reihe von Jahren bestanden hat, mehr oder weniger von der Willkür des Unternehmers ab. Er wird größer oder geringer sein, je nachdem der Unternehmer es in seinem Interesse gefunden hat, geringere oder größere Abschreibungen vorzunehmen. Der Kaufpreis aber kann unter Umständen den wirklichen Wert um ein sehr Beträchtliches übersteigen oder hinter dem eigentlichen Werte erheblich zurückbleiben.

Abschreibungen sollen eine Rücklage bilden, aus der die im Gewerbebetriebe verbrauchten Gegenstände demnächst wieder angeschafft werden können, ohne daß es der Aufnahme eines neuen Betriebskapitals bedarf. Sie dürfen insbesondere nicht dazu benutzt werden, um einen übermäßig hohen, den wirklichen Wert weit hinter sich lassenden Kaufpreis im Laufe der Jahre teilweise zu amortisieren.

Nr. 66. Entsch. Bd. X. S. 75 vom 19. November 1883.

Handelt es sich um die „letzten drei Jahre", nach deren Durchschnitt der Reinertrag aus nicht verpachteten Besitzungen oder der Gewinn aus Handel u. s. w. zu berechnen ist, so ist es dem wegen der Höhe der Kreisabgaben Reklamierenden und Klagenden wohl gestattet, bei der Einreichung der Klage von denjenigen Jahren wieder abzugehen, auf die die erste, dem Kreisausschusse vor der Veranlagung gemachte Mitteilung über die Ergebnisse der Steuerobjekte gebaut war. Beide Teile, der Kreisausschuß, wie der Pflichtige, haben einen Anspruch darauf, daß von denjenigen Jahren ausgegangen werde, die das Gesetz für die maßgebenden erklärt. Vergl. E.-O.-V. Bd. II. S. 45, V. S. 19.[3]) Der Steuerpflichtige kann sogar noch in der Berufungsinstanz die Feststellung des

---

[1]) Oben S. 60f.; vergl. auch § 9⁵ des Eink.-St.-Ges. v. 24. VI. 91 (G.-S. S. 175 und Art. 18^III der Ausf.-Anw. v. 5. VIII. 91.

[2]) Ausf.-Anw. v. 5. VIII. 91 Art. 18 I 3.

[3]) Oben S. 33, 45f.

steuerpflichtigen Einkommens nach den in den Gesetzen vorgesehenen Jahren verlangen.[1])

Nr. 67. Entsch. Bd. XI. S. 22 vom 9. Februar 1885.

Kr.-Ordn. v. $\frac{13. XII. 72}{19. III. 81}$ (G.-S. 1881 S. 179) § 15.

Wenn jemand wegen eines außerhalb seines Domizilkreises belegenen Grundbesitzes, aus dem er sein gesammtes Einkommen bezieht, zur Staatssteuer mit einer bestimmten Stufe herangezogen ist, so hat der Forensalkreis bei der Heranziehung zu den Kreisabgaben nicht das Recht, für die Besteuerung des Zensiten einen selbständig gefundenen (fingierten) Staatssteuersatz zu Grunde zu legen. Ob der Forense die Staatssteuern innerhalb oder außerhalb des Forensalkreises entrichtet, macht keinen Unterschied.

Bei der Verteilung der Kreisabgaben ist ein möglichst enger Anschluß an die Staatssteuern zu erstreben. Die Verteilung soll als Regel nur durch Zuschläge zu den direkten Staatssteuern erfolgen. Hiervon macht das Gesetz eine Ausnahme lediglich insoweit, als dazu eine unabweisbare Notwendigkeit vorliegt, nämlich in denjenigen Fällen, wo beim Mangel einer unmittelbar verwertbaren staatlichen Veranlagung eine anderweitige Einschätzung unentbehrlich ist, also bei den Forensen und den ihnen gleichgestellten im § 14 aufgeführten Rechtssubjekten. Für diese ist die selbständige Einschätzung durch den Kreisausschuß als Ausnahme von der Regel vorgesehen, soweit eine unmittelbare Verwertung der staatlichen Veranlagung nicht möglich ist. Daß ein außerhalb des Forensalkreises veranlagter Forense zu der bei den Kreisabgaben in Betracht kommenden Einkommensteuer schon unmittelbar herangezogen ist, steht außer Zweifel und es braucht daher die Ausnahme von der Regel nicht Platz zu greifen.

Andere Grundsätze würden Platz greifen, sofern es sich bei der Heranziehung zu den Kreisabgaben nur um ein Teileinkommen handelte. Hier wäre eine selbständige Einschätzung des Kreisausschusses unvermeidlich.

Nr. 68. Entsch. Bd. XII. S. 27 vom 22. April 1885.

Kr.-Ordn. v. $\frac{13. XII. 72}{19. III. 81}$ (G.-S. 1881 S. 179) §§ 12, 13, 124, 176.

1) Der Ausdruck „Kreiseinrichtung" im § 13 der Kr.-Ordn. bezieht sich auch auf solche Fälle, wo der Kreis eine Anlage oder eine Anstalt nicht selbst ins Leben ruft, sondern nur das Unternehmen eines anderen, z. B. die Erbauung einer Eisenbahn, durch unentgeltliche Hergabe des Grund und Bodens fördert.

2) Dadurch, daß der § 13 nur eine Bemessung der Mehrbelastung „nach Quoten der Kreisabgaben" verlangt, wird eine Erhebung der Mehrbelastung „nach Quoten der allgemeinen Kreisabgaben nicht ausgeschlossen.[2])

3) Wenn in einem und demselben Kreistagsbeschlusse mehrere der im § 176 der Kr.-Ordn. aufgeführten Angelegenheiten zur Erledigung gelangen, zu denen teils eine $^2/_3$ Mehrheit, teils nur eine einfache Mehrheit erforderlich

---

[1]) Vergl. zur Berechnung des Durchschnittes der letzten drei Jahre Eink.-St.-Ges. v. 24. VI. 91 (G.-S. S. 175) § 10 und Ausf.-Anw. v. 5. VIII. 91 Art. 5. Die weiteren Entscheidungsgründe sind infolgedessen veraltet.

[2]) Gemäß § 91³ des Komm.-Abg.-Ges. vom 14. VII. 93 (G.-S. S. 152) ist für die Mehr- oder Minderbelastung allgemein auch ein anderer Maßstab, als der nach Quoten der Kreisabgaben, für zulässig erklärt.

ist, und es wird hinterher eine Abänderung dieses Beschlusses nötig in einer Angelegenheit, bei der einfache Mehrheit genügt, so bedarf es hierzu nicht etwa einer Zweidrittelmehrheit, weil der Abänderungsbeschluß einen Teil des erstgefaßten Beschlusses bilde und dieser als Ganzes aufgefaßt werden müsse.

Der Beschluß, eine Mehrbelastung nach § 13 eintreten zu lassen, kann rechtlich und thatsächlich sehr wohl getrennt von dem Beschlusse über die Herstellung einer Kreiseinrichtung gehalten werden, mit der eine neue Belastung der Kreisangehörigen ohne gesetzliche Verpflichtung verbunden ist und für die jene Mehrbelastung gelten soll. Daher richtet sich die rechtliche Beurteilung der Frage, nach welcher Stimmenmehrheit der Abänderungsbeschluß gefaßt werden soll, lediglich nach dem Inhalte dieses Beschlusses selbst.

Nr. 69. Entsch. Bd. XIII. S. 38 vom 7. Januar 1886. II B 41/85.

Kr.-Ordn. v. $\frac{13. XII. 72}{19. III. 81}$ (G.-S. 1881 S. 179) § 15.

Die übliche Absetzung für jährliche Abnutzung an Gebäuden und Utensilien ist auch in Beziehung auf bergbauliche Anlagen unter Tage, insbesondere auf Schächte, Querschläge, Förderstrecken, Sumpfstrecken, Überbrechen u. s. w. zulässig.[1])

Nr. 70. Entsch. Bd. XIII. S. 45 vom 27. April 1886. II C 44/86.

Hann. Kr.-Ordn. v. 6. V. 84 (G.-S. S. 181) §§ 2, 10; Hann. Ges. über Gemeindewege und Landstraßen v. 28. VII. 51 (G.-S. S. 141) §§ 30 ff.

1) Dem hannoverschen Wegeverbande gegenüber sind nicht etwa die Gemeinden oder die Gemeindeglieder als solche zur Leistung von Beiträgen verpflichtet, sondern diejenigen einzelnen Personen, die dem — eine juristische Persönlichkeit bildenden — Wegeverbande entweder als Eingesessene oder als Besitzer der im Verbande belegenen Grundstücken und Häusern angehören.

Hieraus folgt, daß die im § 35 des Ges. vom 28. VII. 51 näher geordnete „Ermittelung des simpli" nur nach der Gesammtsumme der im ganzen Verbande zur Anrechnung kommenden Steuern bewirkt werden kann.

Eine gemeindeweise Ermittelung ist insbesondere auch dann ausgeschlossen, wenn ein Zensit, z. B. der Fiskus, in mehreren Gemeinden eines Wegeverbandes mit Grundbesitz angesessen ist.

2) Die Gemeinde-Umlagen der §§ 37, 38 a. a. O. sind dagegen nach den in der betr. Gemeinde aufkommenden Steuern zu bemessen.

Nr. 71. Entsch. Bd. XIII. S. 53 vom 31. Mai 1886. II C 56/86.

Hann. Ges. über Gemeindewege und Landstraßen v. 28. VII. 51 (G.-S. S. 141) § 35 und Abänderungsges. v. 12. III. 68 (G.-S. S. 225); Hann. Kr.-Ordn. v. 6. V. 84 (G.-S. S. 181) §§ 2, 10.

Der § 35 des hann. Wegegesetzes vom 28. VII. 51 ist dahin auszulegen, daß neben den Realsteuern von den im Wegeverbande belegenen Grundstücken und Häusern nur die persönlichen direkten Steuern derjenigen heranzuziehen sind, die im Wegeverbande einen Wohnsitz haben. Der Ausdruck „Eingesessene" läßt eine andere Deutung nicht zu. „Eingesessene" sind zu unterscheiden von den „Angesessenen". Zu den letzteren gehören auch diejenigen, die in dem Bezirke auch Grundeigentum besitzen, daselbst aber nicht wohnen; bei den Eingesessenen dagegen bildet der Wohnsitz im Bezirke an sich ein notwendiges Erfordernis.

---

[1]) Wegen der Bedeutung dieser technischen Ausdrücke vergl. Berg- und Hüttenmännisches Wörterbuch von Dannenberg und Frantz, Leipzig 1882.

Nr. 72. Entsch. Bd. XIV. S. 10 vom 12. Oktober 1886. II C 101/86.

Hann. Kr.-Ordn. v. 6. V. 84 (G.-S. S. 181) § 17.

Hausgärten, deren Flächeninhalt einen Morgen nicht übersteigt, werden gesetzlich als Zubehör des betreffenden Gebäudes angesehen. (§§ 1a. und 7 des Gebäudesteuergesetzes v. 21. V. 1861 — G.-S. S. 317.) Liegen solche Hausgärten bei steuerfreien Dienstgebäuden, so unterliegen sie auch nicht der Kreisbesteuerung, umfassen sie aber eine größere Fläche als 1 Morgen (0,2553 Hektar), so werden sie zur Grundsteuer eingeschätzt und sind kreissteuerpflichtig.

Nr. 73. Entsch. Bd. XV. S. 17 vom 30. September 1887. II C 104/87.

Hann. Kr.-Ordn. v. 6. V. 84 (G.-S. S. 181) §§ 10—16, 101: Komm.-Abg.-Ges. v. 27. VII. 85. (G.-S. S. 327) § 13.

Hann. Ges. über Gemeindewege und Landstraßen v. 28. VII. 51. (Hann. G.-S. S. 141) § 35.

1) Die Bestimmungen des Gesetzes v. 27. VII. 1885 sind auf die hannoverschen Wegeverbandslasten nicht anwendbar und es kann deshalb aus § 13 dieses Gesetzes[1]) nicht gefolgert werden, daß die Vorschriften des letzteren zur Vermeidung der Doppelbesteuerung bei der Heranziehung zu jenen zu berücksichtigen sind. Zwar gehören diese hannoverschen Landstraßen-Umlagen an sich zu den Kreislasten im Sinne des § 10 der Hann. Kr.-Ordn., sie unterscheiden sich aber wesentlich von den regelmäßigen Kreisabgaben, wie sie in Gemäßheit der §§ 10—16 a. a. O. erhoben werden. Dies bringt der Schlußsatz des § 10 bestimmt zum Ausdruck, und aus den Motiven zur Kr.-Ordn. geht hervor, daß nicht nur die §§ 10—15, sondern auch § 16 der Kr.-Ordn. wegen Unzulässigkeit der Doppelbesteuerung sich auf die hannoverschen Wegeverbandslasten nicht beziehen. § 16 insbesondere ist nur deshalb aufgenommen, weil die Kr.-Ordn. (v. 13. XII. 1872) die forensalische Einkommenbesteuerung einführte und es infolgedessen notwendig wurde, einer zweimaligen Besteuerung desselben Einkommens — in dem Domizil- und in dem Forensalkreise — vorzubeugen. Die hannoversche Wegegesetzgebung kennt aber eine forensalische Einkommenbesteuerung bei Veranlagung der Landstraßen-Umlagen überhaupt nicht. Es kann also eine Doppelbesteuerung desselben Einkommens nicht eintreten. Die fraglichen Umlagen werden in der Weise ermittelt, daß der ganze Betrag der Grund- und Gebäudesteuer der im Verbande belegenen Grundstücke und Häuser, sowie $^2/_5$ der Einkommensteuer und der Gewerbesteuer, ausschließlich der Hausiersteuer der Eingesessenen zusammengerechnet werden. Unter „Eingesessenen" versteht die hannoversche Wegegesetzgebung diejenigen Personen, die innerhalb des Verbandes — jetzt überall des Kreises — ihren Wohnsitz haben. Vergl. E.-O.-V. Bd. XIII. S. 53.[2]) — Der Forensalkreis besteuert daher als Wegeverband allerdings den Grundbesitz als solchen mittels Heranziehung der Grund- und Gebäudesteuer, nicht aber das Einkommen aus dem in seinem Bezirke belegenen Grundbesitze. Dieses wird immer nur von dem Domizilkreise, wo der Pflichtige „Eingesessener" ist, besteuert.

2) Stadtkreise können nach § 101 Abs. 2 Hann. Kr.-Ordn niemals Kreisabgaben in Gemäßheit der §§ 10 ff. erheben. Denn sie decken ihre Bedürfnisse in ihrer Eigenschaft als Kreisverbände regelmäßig durch Gemeindesteuern.

---

[1]) Heute § 91[4] des Komm.-Abg.-Ges. v. 14. VII. 93 (G.-S. S. 152).
[2]) Oben S. 65.

Nr. 74. Entsch. Bd. XVI. S. 21 vom 14. Januar 1888 I B 40/87.

Kr.-Ordn. v. $\frac{13. XII. 72}{19. III. 81}$ (G.-S. 1881 S. 179) §§ 11, 19, 134.

1) Der § 11 der Kr.-O. schreibt vor, daß das Kreisabgabensoll für die einzelnen Gemeinden und selbständigen Gutsbezirke im Ganzen berechnet und diesen zur Unterverteilung auf die einzelnen Steuerpflichtigen nach demselben Maßstabe, zur Einziehung sowie zur Abführung im Ganzen an die Kreiskommunalkasse überwiesen werden soll. Hierdurch werden die einzelnen Verwaltungsorgane der Gemeinden und Gutsbezirke (die Gemeindevorsteher, Gutsvorsteher, Vollstreckungsbeamten u. s. w.) nicht zu Organen der Kreisverwaltung für Einziehung der Kreissteuern, sondern es werden die Gemeinden und Gutsbezirke als solche zu Selbstschuldnern des Kreises bezüglich des für sie im Ganzen berechneten und zur Abführung im Ganzen überwiesenen Kreisabgabensolls. Für etwaige Versehen und Veruntreuungen (Unterschlagungen) seitens der Gemeindebeamten sind die letzteren lediglich der Gemeinde verhaftet, nicht aber dem Kreise, dessen Anspruch an die Gemeinde durch die Handlungen der Beamten dergestalt unberührt bleibt, daß bei nicht vollständiger Einzahlung der fehlende Betrag in Gemäßheit des § 35 des Zust.-Ges. v. 1. VIII. 1883[1]) im Wege der Zwangsetatisierung eingezogen werden kann. (Min.-Erl. v. 28. VIII. 1886 — Min.-Bl. S. 199.)

2) Die im § 35 des Zust.-Ges.[1]) vorgesehene „Feststellung" der in den Voranschlag einzutragenden Leistung der Abgabenforderung braucht nicht noch besonders zu geschehen. Sie ist der einzelnen Gemeinde gegenüber erfolgt durch die „Überweisung" des für die einzelnen Gemeinden im Ganzen berechneten Kreisabgabensolls an diese zur Einziehung und zur Abführung im Ganzen. Diese „Überweisung", dies Ausschreiben des Gemeindesteuersolls auf eine einzelne Gemeinde hat durch den Kreisausschuß zu erfolgen (§ 134 Nr. 2 der Kr.-Ordn.); der Kreisausschuß stellt also im Sinne des § 35 des Zust.-Ges. die der Gemeinde gesetzlich obliegende Leistung innerhalb seiner Zuständigkeit fest. Gegen diese Feststellung hat die Gemeinde gemäß § 19 der Kr.-Ordn. das Rechtsmittel der Beschwerde und Klage insoweit, als sie ein von dem rechtlichen Interesse der einzelnen Zensiten verschiedenes, mit ihm sich nicht deckendes Interesse an der Bemessung der Steuersumme hat. Vergl. E.-O.-V. Bd. I. S. 67[2]).

Außerdem kann sich der Umfang der einer Gemeinde für ein Steuerjahr auferlegten Leistung noch ändern durch Nachforderungen an Kreisabgaben seitens des Kreisausschusses, durch die sich das Steuersoll erhöht, und durch Befreiungen und Ermäßigungen, die der einzelne Zensit im Wege der Reklamation erlangt und durch die sich das Gesammtsteuersoll der Gemeinde entsprechend vermindert. Solche einzelne Akte der Verwaltung oder der Verwaltungsrechtsprechung sind selbst „Feststellungen" im Sinne des § 35 des Zust.-Ges.

3) Der Beschluß des Kreisausschusses, der eine Reklamation als begründet anerkennt oder ein verwaltungsgerichtliches Endurteil gleichen Inhaltes haben nicht die rechtliche Wirkung, daß dadurch allein die Verbindlichkeit der Gemeinde, einen gemäß § 11 der Kr.-Ordn. eingezogenen Kreissteuerbetrag auch an den

---

[1]) Jetzt gilt für die 7 östlichen Provinzen § 141 der L.-G.-Ordn. v. 3. VII. 91 (G.-S. S. 223).

[2]) Siehe oben S. 28. Letzteres ist der Fall, wenn bei der Berechnung des Kreisabgabensolls Irrtümer untergelaufen sind, die durch Klage des Einzelnen nicht beseitigt werden können, z. B. wenn in dem Soll Beträge für Personen enthalten sind, auf die, weil sie beim Beginn des Steuerjahres bereits verstorben waren, eine Unterverteilung nicht ausführbar ist. Hier bleibt als das zur Reklamation und Klage berechtigte Subjekt nur die Gemeinde übrig. — Friederichs, Kreisabgaben S. 139.

Kreis abzuführen, beseitigt wurde, so daß der **Kreis** schuldig wäre, dem Zensiten die zu Unrecht erhobene Steuer zu erstatten, gleichwohl aber nicht berechtigt, zu dem Zwecke den erhobenen Steuerbetrag von der Gemeinde zu fordern. Befreit sich die Gemeinde von ihrer Verbindlichkeit, die eingezogene Steuer an den Kreis abzuführen, nicht dadurch, daß sie sie dem Zensiten zurückgiebt und so den Kreis von seiner Verpflichtung gegen ihn befreit, so kann die ursprüngliche Feststellung des von der Gemeinde abzuführenden Kreissteuersolls zu Gunsten der Gemeinde nur etwa dadurch geändert werden, daß der Kreisausschuß dieser gegenüber das abzuführende Steuersoll ohne Rücksicht auf die stattgehabte Einziehung der zu erstattenden Steuer ausdrücklich um diese herabsetzt.

Nr. 75. Entsch. Bd. XVI. S. 28 vom 12. Mai 1888. I C 60/88.

Kr.-Ordn. v. $\frac{13.\ XII.\ 72}{19.\ III.\ 81}$ (G.-S. 1881 S. 179) §§ 10, 15, 19.

Die Vorschrift in § 19 Abs. 2 der Kr.-Ordn., nach der Einsprüche gegen die Höhe von Kreiszuschlägen zu den direkten Staatssteuern, die sich gegen den Prinzipalsatz der letzteren richten, unzulässig sind, findet nur Anwendung auf die in § 10 a. a. O. erwähnten Zuschläge, nicht aber auf die Quoten der zufolge § 15 a. a. O. nach den für die Veranlagung der Staatssteuern bestehenden gesetzlichen Vorschriften durch den Kreisausschuß zu ermittelnden fingierten Prinzipalsätze. Wäre die Anfechtung einer durch den Kreisausschuß vorgenommenen fingierten Einschätzung durch Einspruch und Klage versagt, so würde dem Zensiten die Herbeiführung einer Berichtigung überhaupt nicht möglich sein, da die Gesetze ein Reklamationsverfahren bei den Staatssteuerbehörden hierfür nicht vorsehen.

Nr. 76. Entsch. Bd. XVI. S. 30 vom 24. Januar 1888. II C 189/87.

Ges. v. 24. I. 84 (G.-S. S. 11) § 10, betr. den weiteren Erwerb von Privateisenbahnen für den Staat. Komm.-Abg.-Ges. v. 27. VII. 85 (G.-S. S. 327) §§ 13, 14.[1])

1) Das Kommunalsteuergesetz vom 27. VII. 85 beschäftigt sich überhaupt nicht mit der Regelung des Steuerrechts der Kreise und enthält daher auch nicht die anderweite gesetzliche Regelung der Kommunalbesteuerung auf diesem Gebiete, die in den Eisenbahn-Verstaatlichungsgesetzen in Bezug genommen ist. Vielmehr richtet sich die Steuerpflicht der verstaatlichten Eisenbahnen den Kreisen gegenüber nach den bisherigen gesetzlichen Vorschriften.

2) Beseitigt sind dagegen auch auf dem Gebiete der Kreisbesteuerung, gemäß § 13 a. a. O. die älteren Veranlagungsgrundsätze, soweit sie mit den Vorschriften dieses Gesetzes im Widerspruch stehen. Dahin gehört namentlich die Bestimmung der Verstaatlichungsgesetze, daß der Einkommensberechnung als Steuereinheit der Direktionsbezirk zu Grunde zu legen ist. Vielmehr sind nunmehr gemäß § 5, Abs. 1 a. a. O. die gesammten Staats- und für Rechnung des Staates verwalteten Eisenbahnen als **eine** abgabepflichtige Unternehmung anzusehen.

Nr. 77. Entsch. Bd. XVI. S. 34 vom 24. Januar 1888. II C 185/87.

Komm.-Abg.-Ges. v. 27. VII. 85 (G.-S. S. 327) § 7, 13, 14[2]).

Die Vorschrift des § 7c des Komm.-Abg.-Ges. vom 27. VII. 85 findet auf die Kreisbesteuerung keine Anwendung, weil es bei dieser an dem vorausgesetzten Thatbestande — dem Gegensatze zwischen Kreisen, die bereits vor diesem

---

[1]) Das Komm.-Abg.-Ges. v. 14. VII. 93 (G.-S. S. 152) hat an dem hierdurch für die Kreise geschaffenen Rechtszustande nichts geändert; vergl. § 45 das.

[2]) Vergl. Anm. 1.

Gesetze den Eisenbahnen gegenüber abgabeberechtigt waren, und solchen, die es erst durch das Gesetz geworden sind — fehlt. Das genannte Gesetz erweitert die Steuerberechtigung der Kreise überhaupt nicht.

Nr. 78. Entsch. Bd. XVI. S. 38 vom 25. Februar 1888. I C 6/88.

Hann. Kr.-Ordn. v. 6. V. 84 (G.-S. S. 181) § 10; Hann. Wegegesetz v. 28. VII. 51 (Hann. G.-S. S. 141) §§ 31, 34, 35, 37.

Ein am 30. VII. 87 aus der Provinz Hannover nach der Provinz Westfalen versetzter und verzogener Beamter wurde laut eines ihm am 26. VII. 87 nachgesandten Steuerzettels zu den für das Jahr 87/88 ausgeschriebenen Wegeabgaben herangezogen. Der auf Freilassung von dieser Abgabe gerichteten Klage wurde stattgegeben, weil seine Verbandsangehörigkeit im Laufe des Rechnungsjahres fortgefallen war, was die Freiheit von diesen Verbandslasten zur Folge hatte, soweit sie erst nach jenem Zeitpunkte zur Ausschreibung gelangten. Auf die hannoverschen Wegeverbandsabgaben findet die Vorschrift des § 1 des Ges. vom 18. VI. 40 (G.-S. S. 140), in der Provinz Hannover eingeführt durch Ges. vom 12. IV. 82 (G.-S. S. 297), Anwendung. Hiernach ist eine Abgabe ausgeschrieben, sobald die Heberollen aufgestellt und bekannt gemacht sind. Erst von diesem Zeitpunkt ab tritt die Zahlungspflicht ein. Daraus folgt, daß diejenigen, die zur Zeit der „Ausschreibung" einer bestimmten Abgabe bereits aufgehört haben, Angehörige der Korporation und damit überhaupt abgabepflichtig zu sein, auch zu dieser Abgabe nicht mehr herangezogen werden können. Andererseits sind die zu jenem Zeitpunkte Abgabepflichtigen im Falle einer ratenweisen Erhebung der ausgeschriebenen Abgabe zur Zahlung nicht nur der fortan fällig werdenden, sondern auch der während ihrer Angehörigkeit zur Korporation bereits fällig gewordenen Raten verbunden.

Vergl. auch § 7 der Vd. vom 23. IX. 67 (G.-S. S. 1648) betr. die Heranziehung der Staatsdiener zu den Kommunalauflagen in den neuen Landesteilen.

Nr. 79. Entsch. Bd. XVII S. 37 vom 6. Februar 1889. I C 46/88.

Kr.-Ordn. v. $\frac{13.\ XII.\ 72}{19.\ III.\ 81}$ (G.-S. 1881 S. 179) § 15; Komm.-Abg.-Ges. v. 27. VII. 85 (G.-S. S. 327) § 3, 15.

In den Endurteilen des II. Senats vom 28. VI. 86 (Entsch. Bd. XIII. S. 144), vom 13. IV. 85 (a. a. O. S. 149) und vom 18. I. 86 (a. a. O. S. 151) ist der Grundsatz ausgesprochen, daß die von Erwerbsgesellschaften auf Grund des Gesellschaftsstatuts an ihre Beamten und Arbeiter für pflichttreue Dienste ohne rechtliche Verpflichtung gezahlten Gratifikationen nicht zu den zur Erzielung des Ertrages „erforderlichen" Aufwendungen gehören und deshalb bei der Ermittelung des steuerpflichtigen Einkommens aus Handel und Gewerbe nicht in Abzug gebracht werden können. Dieser Grundsatz ist jetzt dahin geändert, daß die Abzugsfähigkeit solcher Zuwendungen, die der Gewerbetreibende den zu ihm in kontraktlichem Dienst- oder Arbeitsverhältnisse stehenden Personen über die vertragsmäßig zugesicherten Gehalts- und Lohnbezüge hinaus als Remuneration oder Gratifikation für geleistete Dienste gewährt hat, nicht abhängig ist von dem Bestehen einer rechtlichen Verbindlichkeit des Gewerbetreibenden zu deren Leistung.[1]) Derartige Ausgaben werden zur Erzielung eines Ertrages oder Gewinnes aufgewendet, ganz gleich, ob dies seitens des Gewerbetreibenden auf Grund einer bestehenden Verpflichtung oder aus freier Entschließung geschah. Es macht für die Bestimmung des Reineinkommens nicht einmal einen Unter-

---

[1]) Art. 18 II 6 der Ausf.-Anw. v. 5. VIII. 91.

schied, ob die Aufwendungen wirtschaftlich zweckmäßig oder nutzbringend waren. Hiermit steht es im Einklange, wenn in den maßgebenden Vorschriften die ohne Rechtspflicht an Beamte und Arbeiter gezahlten Gratifikationen als solche Einnahme bezeichnet werden, welche in der Person der Empfänger zu besteuern sind.[1]) Freiwillig und ohne Rechtspflicht gemachte Zuwendungen an Arbeiter und Beamte, mögen sie sich als Belohnung für pflichttreu geleistete Dienste oder als Ermunterung für künftige Leistungen darstellen, sind zweifellos nicht ohne Einfluß auf den Gewinnertrag des Unternehmens, ja sie können unter Umständen — insbesondere wenn derartige Gratifikationen in der Gegend oder bei ähnlichen Unternehmungen allgemein üblich sind — selbst die unerläßliche Voraussetzung für die Erhaltung eines tüchtigen Arbeiterstammes und damit für das wirtschaftliche Bestehen des Unternehmens ausmachen.

Nr. 80. Entsch. Bd. XVII. S. 51 vom 2. März 1889. I C 124 88.

Hann. Ges. betr. die Amtsvertretung v. 27. VII. 52 (G.=S. S. 177) §§ 23—25 und 28. IV. 59 (G.=S. S. 423) §§ 1—5, 22 ff.; Hann. Ges. über verschiedene Änderungen des Landesverfassungsges. v. 5. IX. 48 (G.=S. S. 261) §§ 13, 17 und 28. IV. 59 (G.=S. S. 389). Hann. Kr.=Ordn. v. 6. V. 84 (G.=S. S. 181) §§ 6—19, 111—117.

1) Im Sinne des hannoverschen Gesetzes über die Amtsvertretung vom 28. IV. 59 sind diedanach gebildeten Amtsbezirke als juristische Personen anzusehen. Unrichtig ist die Behauptung, ein solcher Amtsbezirk könne keine juristische Person bilden, da diese entweder aus einer Anzahl physischer Personen oder aus einem mit der Rechtsfähigkeit versehenen selbständigen Vermögen beständen, vielmehr baut das bestehende Recht die kommunalen, mit Korporationsrechten versehenen Verbände teils, wie namentlich die Gemeinden, auf der Grundlage von innerhalb eines bestimmten räumlich abgegrenzten Bezirkes zu einander durch Wohnsitz, Grundbesitz u. s. w. in rechtliche Beziehung tretenden Personen, oder auch, wie bei kommunalen Verbänden höherer Ordnung (Provinzen) auf der von kommunalen Verbänden niederer Ordnung auf. Diese Grundlagen liegen für die nach dem Gesetz vom 28. IV. 59 organisierten hannoverschen Amtsversammlungen thatsächlich vor, es fehlt ihnen also auch nicht an den Voraussetzungen einer Korporation, obwohl ihnen diese Eigenschaft durch das Gesetz nicht ausdrücklich beigelegt ist. Denn es genügt, daß der Gesetzgeber ihnen diese Verfassung gegeben hat. Die Amtsbezirke mit korporativen Rechten bestanden in Hannover schon längst, was sich ergiebt aus dem hannoverschen Gesetze vom 27. VII. 52 (G.=S. S. 177) und aus dem § 30 der Wegeordnung vom 28. VII. 51. Vergl. E.=O.=V. Bd. XIII. S. 45[2]) —, §§ 23 bis 25 des Gesetzes vom 27. VII. 52 und §§ 28 ff. des Gesetzes vom 28. IV. 59. § 29 Abs. 2 des Pr. Ausf.=Ges. vom 8. III. 71 — G.=S. S. 130 —, §§ 111—113 der hann. Kr.=Ordn.) In allen diesen Vorschriften erscheinen die hannoverschen Amtsversammlungs= bezw. Amtsbezirke als die Träger von vermögensrechtlichen Rechten und Pflichten, die, wie alle sonstigen Kommunalverbände, mit dem Rechte der Besteuerung ihrer Angehörigen versehen sind. Das Gegenteil ergiebt sich auch nicht aus den §§ 1 und 28 ff. des Gesetzes vom 28. IV. 59 (G.=S. S. 389).

2) Sogenannte „kommunalfreie" Grundstücke, die weder einer Gemeinde angeschlossen sind, noch aber auch zu den in der Amtsversammlung vertretenen größeren Gütern und Höfen gehörten, können deshalb doch zu den vorher gedachten korporativen Verbänden gehören. Eigentlich sollen solche Grundstücke überhaupt nicht bestehen. Denn nach dem Gesetze vom 28. IV. 59 betreffend

---

[1]) Art. 21[1], [2] a. a. O.
[2]) Oben S. 65.

die Abänderung des § 12 des Gesetzes vom 5. IX. 48 muß (mit gewissen Ausnahmen) jeder Landeseinwohner, jedes Grundstück, jedes Haus in Beziehung auf die öffentlichen Verhältnisse einer Gemeinde angehören. Auf dieser Grundlage ist das Gesetz über die Amtsvertretung aufgebaut, indem danach die Amtsvertretung gebildet wird durch die Vorsteher der Landgemeinde und durch die Besitzer, bezw. Vertreter der größeren Domanial-, Kloster- und sonstigen Güter und Höfe, die entweder einer Gemeinde nicht angeschlossen sind oder von denen, wenn sie es sind, eine bestimmte größere Summe von Grundsteuern entrichtet wird. Geht hieraus hervor, daß § 1 des Gesetzes vom 28. IV. 59, wo es heißt, daß die Amtsversammlungen bestehen sollen „zur Vertretung der Gemeinden des Amtsversammlungsbezirkes hinsichtlich ihrer gemeinsamen Angelegenheiten", damit nichts anderes hat sagen wollen, als: zur Vertretung des Amtsversammlungsbezirkes in seinen Angelegenheiten und giebt er daher für die rechtliche Stellung und Behandlung kommunalfreier Grundstücke keinen Anhalt, so ergiebt sich deren Zugehörigkeit zum Amtsverbande aus § 2: „Den Bezirk der Amtsversammlung bildet in der Regel das Amtsgebiet." Daß das betr. Grundstück in der Amtsversammlung nicht vertreten war, bildet kein rechtliches Hindernis seiner Zugehörigkeit. Es giebt zahlreiche öffentlich-rechtliche Korporationen, die nicht allen ihren Gliedern die Teilnahme an der Vertretung oder deren Wahl gewähren, ohne sie doch dadurch von den aus der Zugehörigkeit zur Korporation entspringenden Pflichten zu entbinden.

3) Besteht hiernach eine Anstalt, z. B. eine Spar- und Leihkasse, für einen Amtsbezirk, so besteht sie mangels entgegengesetzter ausdrücklicher Vorschrift für den ganzen Amtsbezirk und es ist deshalb eine Weigerung der Besitzer kommunaler Grundstücke, an den für die Kasse auf den Amtsbezirk umgelegten Lasten teilzunehmen, unbegründet.

Nr. 81. Entsch. Bd. XVII. S. 63 vom 2. Januar 1889. I C 97/88.

Hann. Kr.-Ordn. v. 6. V. 84 (G.-S. S. 181) §§ 111—117.

1) Der Entscheidung liegt derselbe Sachverhalt, wie der vorstehend abgedruckten, zu Grunde.

2) Sind die auf Kosten der alten hann. Amtsbezirke errichteten Anstalten (z. B. eine Spar- und Leihkasse) von dem Übergange auf die neuen Kreiskommunalverbände ausgeschlossen und den ehemaligen Amtsbezirken vorbehalten, so sind die Bestimmungen der hann. Kr.-Ordn. über die Verteilung und Aufbringung der Kreisabgaben für die Regelung des Abgaben-Verteilungs-Maßstabes hinsichtlich der Amtsbezirkslasten nicht formell maßgebend. Es kann deshalb z. B. nicht ohne weiteres verlangt werden, daß das Einkommen aus außerhalb des Amtsbezirkes belegenen Grundeigentums von Amtsbezirkslasten freigelassen werde, da § 16 der Kr.-Ordn. diese Doppelbesteuerung ausschließe. Wird ein neuer Verteilungs-Maßstab beschlossen, so findet er auch da Anwendung, wo mit den zu erhebenden Steuern vor der Änderung des Maßstabes entstandene Verbindlichkeiten zu tilgen sind. Vergl. §§ 13, 17 des Hann. Ges. vom 5. IX. 48 (G.-S. S. 261).

Nr. 82. Entsch. Bd. XVII. S. 69 vom 27. Juni 1888.

Hann. Kr.-Ordn. v. 6. V 84 (G.-S. S. 181) §§ 72, 73, 83, 87, 91, 99 und Zust.-Ges. § 64.
Hann. Ges. v. 26. II. 77 (G.-S. S. 18), betr. eine Abänderung des Hann. Ges. über Gemeindewege und Landstraßen.

Hat ein Kreistag (in der Provinz Hannover) beschlossen, die Unternehmer von Fabriken u. s. w. wegen erheblicher Abnutzung der Landstraßen mit Präzipual-

beiträgen zu deren Unterhaltung heranzuziehen, so bedürfen der Kreisausschuß oder die mit der Verwaltung der Straßen beauftragte Kommission des Kreistages zur Geltendmachung derartiger Ansprüche im Verwaltungsstreitverfahren nicht noch einer besonderen Legitimation durch einen zur Anstellung der Klage ermächtigenden Kreistagsbeschluß.

Nr. 83. Entsch. Bd. XVIII. S. 17 vom 15. Oktober 1889. II C 94/89.

Kr.=Ordn. v. $\frac{13. XII. 72}{19. III. 81}$ (G.=S. 1881 S. 179) §§ 14, 15, 86.

Kuxe des älteren Rechtes sind weder nach allgemeinen gesetzlichen Vorschriften, noch im Sinne des § 14 der Kr.=Ordn. als Grundeigentum anzusehen, durch dessen Besitz eine forensale Kreissteuerpflicht begründet wird. Allerdings gehören ebenso, wie das verliehene Bergwerkseigentum, d. i. das Recht, die in der Verleihungsurkunde bezeichneten Mineralien innerhalb eines bestimmten Bergwerksfeldes mit Ausschluß Anderer zu gewinnen, auch die Kuxe, d. h. die Anteile an einem Bergwerkseigentum und an dessen Pertinenzien (§ 253 Tit. 16 Teil II A.-L.-R.'s und § 228 des allgemeinen Berggesetzes vom 24. VI. 65) im Gebiete des Allg. Landrechtes zu den unbeweglichen Sachen. Allein das Allg. Landrecht spricht nicht aus, daß dem gesammten unbeweglichen Vermögen Grundstücksqualität beiwohne, vielmehr ergeben die §§ 6, 8 und 9 Th. I Tit. 2 des A.-L.-R., daß jenes Vermögen in Grundstücke, d. h. den Grund und Boden, sowie die mit ihm untrennbar verbundenen Gegenstände einerseits und in Rechte, denen die Eigenschaft einer unbeweglichen Sache beigelegt ist, andererseits zerfällt, während diese letztere Beilegung entweder auf der Verbindung der Befugnis zur Ausübung des Rechtes mit dem Besitze einer unbeweglichen Sache, oder, wie beim Kuxe, auf ausdrücklicher Bestimmung besonderer Gesetze beruht. Die Kuxe gehören hiernach zu denjenigen Gerechtigkeiten, die nicht gewissen Grundstücken ankleben, sondern für sich bestehen (Allg. Hyp.-Ordn. vom 20. XII. 73 Tit. 1 § 14, § 1 der Subhast.-Ordn. vom 15. III. 69 — G.-S. S. 421 —, Ges. vom 5. V. 72 — G.-S. S. 433 —, § 1 des Ges. vom 13. VII. 83 — G.-S. S. 131 —). Bei ihrer Veräußerung und Verpfändung sollen die für Grundstücke gegebenen Bestimmnngen zur Anwendung kommen, während sie im übrigen den Grundstücken keineswegs gleichstehen. Daß insbesondere § 14 der Kr.-Ordn. unter „Grundeigentum" Kuxe nicht verstehen kann, geht schon aus dem übrigen Inhalte der Kr.-Ordn. hervor. Der § 86 versteht unter den größeren ländlichen Grundbesitzern lediglich die Besitzer von „Liegenschaften", die der Veranlagung von Grund- und Gebäudesteuern fähig sind und stellt diesen nur im Wege einer besonderen Vorschrift die Bergwerkseigentümer — einschließlich der Gewerkschaften und ausschließlich der Eigentümer von Kuxen — für einen bestimmten Fall gleich.[1])

Nr. 84. Entsch. Bd. XVIII. S. 24 vom 1. Mai 1889. I C 152/88.

Kr.=Ordn. v. $\frac{13. XII. 72}{19. III. 81}$ (G.=S 1881 S. 179) §§ 14, 15, 17, 18, 199.

A.=L.=R. II Tit. 11 §§ 17 ff., 165, 166, 174, 187, 189, 453 ff., 458 ff., 666 ff., 676, 678, 762, 818 ff.

1) So wenig wie die politischen, sind auch die Kirchengemeinden an sich kreissteuerfrei. Nur die Kirchen=Gebäude sind nach § 174 A.-L.R Th. II. Tit 11 von den gemeinen Lasten frei. Selbst wenn hierdurch das ganze Einkommen

---

[1]) In Übereinstimmung mit diesen Rechtsgrundsätzen gilt neuerdings das Einkommen aus Kuxen des älteren Rechtes nicht als Einkommen aus Grundbesitz, sondern als solches aus Kapitalvermögen, Art. 13[1] der Ausf.=Anw. v. 3. IV. 94 (zum Erg.=St.=Ges. v. 14. VII. 93 G.=S. S. 134) und Anm. 14 dazu, E.=O.=V. in St. Bd. III. S. 111, E.=O.=V. Bd. XXVI. S. 67. Die weiteren Entscheidungsgründe sind daher veraltet.

der Kirchengesellschaften, das aus den kirchlichen Gebäuden fließt, freigestellt wäre, so würde doch diese Befreiung durch § 199 der Kr.-Ordn. insoweit beseitigt sein, als sie nicht durch die §§ 17 und 18 aufrecht erhalten ist. Vergl. Entsch. Bd. VI. S. 34.[1]) Diese Paragraphen begründen aber nur die Freiheit von den dinglichen, die Grundstücke belastenden Steuern, nicht jedoch von der persönlichen, auf das Einkommen aus den Grundstücken gelegten Einkommensteuer. Vergl. Entsch. Bd. X. S. 62.[2])

2) Nicht jede Einnahme, zu deren Erzielung der Grundbesitz eine zufällige oder selbst eine notwendige Voraussetzung bildet, stellt schon deshalb ein aus Grundbesitz fließendes Einkommen im Sinne des § 14 der Kr.-Ordn. dar. Stellgelder, die nach Gewohnheit des Ortes für Begräbnisplätze auf den Kirchhöfen entrichtet werden, gehören zu den Kircheneinkünften (A.-L.-R. II. 11 § 667). Diese Bezahlung, die die Kirche erhält (§ 762), wird zu den Abgaben, die niemand der Kirchenkasse durch ein Privatbegräbnis entziehen kann (§ 187), gerechnet und in den §§ 458 ff. als „Gebühr" bezeichnet. Gebühren sind aber Abgaben, die von den Einzelnen als ein spezielles Entgelt der für sie zu öffentlichen Zwecken geleisteten Dienste oder Ausgaben in einer von der Staatsgewalt einseitig festgestellten Art und Höhe erhoben werden. Ihr Unterscheidungsmerkmal gegenüber den Steuern liegt allein in der speziellen Entgeltlichkeit und Kostendeckung für besonders beanspruchte öffentliche Leistungen gegenüber der generellen Entgeltlichkeit und Kostendeckung allgemeiner Leistungen des Staates, während den Gebühren mit den Steuern gemeinsam ist, daß sie aus öffentlich-rechtlichem Titel gefordert, in Ausübung der Staatshoheit befohlen werden, daß sie beide „Auflagen" sind. Als solche stehen beide im Gegensatze zu den „erworbenen", im Wege der Privatwirtschaft erzielten und aus privatrechtlichem Titel geforderten Einnahmen des Staates, wie z. B. aus den Forsten, Bergwerken, Eisenbahnen. Denn bei diesen fehlt das den Gebühren wesentliche Moment, daß die Staatsgewalt einseitig über Art und Höhe der Gegenleistung entscheidet, selbst dann, wenn die fiskalische Betriebsverwaltung auch den Preis ihrer Leistung in Taxen, Tarifen u. s. w. veröffentlicht und so ihre Verkaufsofferte jedermann zur freien Annahme bekannt gegeben haben mag. Der rechtliche und wirtschaftliche Charakter der Gebühr wird ferner dadurch nicht aufgehoben, daß der Staat sein Hebungsrecht nicht selbst ausübt, sondern an Korporationen oder Private, soweit diese öffentliche Zwecke erfüllen (z. B. beim Wegezoll), zur Ausübung übertragen hat. Wie aber die Grenze zwischen der Gebühr und dem vertragsmäßigen Taxpreise sprachlich nicht immer scharf innegehalten wird, so ist sie gerade dort, wo öffentliche Korporationen forderungsberechtigt sind, auch rechtlich im Einzelnen vielfach nur schwer zu erkennen. Jedenfalls ist die Gegenleistung für die Benutzung einer Gemeindeanstalt dann als Gebühr anzusehen, wenn sie gemäß der von der Staatsbehörde festgesetzten Normen und wenn sie zugleich lediglich kraft dieser Festsetzung dergestalt, daß etwaige Mängel des Vertragsschlusses oder der Leistung von der Zahlung nicht befreien, gefordert werden kann. Denn das rechtliche Fundament für die Entstehung einer Gebührenforderung liegt eben nicht in einem Vertrage und dessen einseitiger Erfüllung, sondern in der auf den Hebeberechtigten übertragenen Machtbefugnis des Staates, die ihm unterworfenen Vermögen mit Auflagen zu belasten, mögen diese — wie die Steuern — für allgemeine Zwecke, oder nur aus einem besonderen Anlasse und für besondere Zwecke, bei der Inanspruchnahme einer besonderen Thätigkeit, einer speziellen Anstalt, fällig werden.

---

[1]) Oben S. 49.

[2]) Oben S. 62.

Daher ist auch die wirtschaftliche und rechtliche Quelle des in Form von Gebühren zufließenden Einkommens nicht der gewerbliche Betrieb dieser Anstalt oder das für diese unentbehrliche Grundstück, sondern die staatlich verliehene Hebeberechtigung, demgemäß bei den Einnahmen aus Chaussee- und Brückengeld nicht das Grundstück, welches Weg oder Brücke trägt, sondern die Zollgerechtigkeit und das durch diese begründete Forderungsrecht. Steht die Zollgerechtigkeit einer Einzelperson zu, so wird diese von dem Überschusse ihrer Einnahmen Einkommensteuer an Staat und Kreis zu zahlen haben; die letztere Pflicht zessiert aber jedenfalls dann, wenn das Heberecht einer juristischen Person zusteht, die nicht mit ihrem Gesammteinkommen, sondern nur von dem Einkommen aus Grundbesitz kreisabgabenpflichtig ist.

3) Dies gilt auch von den Grabstellengeldern, sofern sie sich als Gebühren darstellen. Die von den politischen Gemeinden erhobenen Grabstellenbeiträge sind als im öffentlichen Rechte beruhende Gemeindeabgaben anerkannt, wenn sie auf Grund einer obrigkeitlich festgestellten Taxe erfordert werden. Vergl. Entsch. Bd. XVII. S. 210. — Mangelt diese Voraussetzung, so kann die von einer politischen Gemeinde für Grabstellen erhobene Vergütung auch, wenn letztere in einem veröffentlichten Tarife abgestuft und fälschlich als Gebühr bezeichnet sein sollte, rechtlich als eine aus Vertrag entspringende Forderung und steuerlich als Einkommen aus Grundbesitz erscheinen und dementsprechend sind auch in einem Endurteile des II. Senats vom 12. X. 84[1]) die bezüglichen Einnahmen einer Stadt als kreisabgabenpflichtig erachtet, weil damals die Parteien nur über die privatrechtliche Wirkung der Einräumung einer Begräbnisstelle stritten, bezüglich der von der Stadt bezogenen Gegenleistung aber nicht behauptet hatten, daß sie als eine kraft öffentlichen Rechtes geforderte Abgabe sich darstelle. Daß auch die von den Kirchengemeinden erhobenen Stellgelder als „Gebühren" im eigentlichen Sinne des Wortes erscheinen können und in der Regel erscheinen, ist nach dem bestehenden Rechte nicht zweifelhaft. Die Kirchengemeinde errichtet und unterhält den Kirchhof nicht freiwillig zur Erzielung von Vermögensvorteilen, sondern in Erfüllung der ihr durch Staatsgesetz auferlegten Pflicht, den Eingepfarrten ein christliches Begräbnis und die letzte Ruhestätte zu gewähren. Die Gegenleistung dafür, das Grabstellengeld, steht zwar in keiner Beziehung zu geistlichen oder kirchlich enAmtshandlungen und ist daher keine eigentliche Stolgebühr, jedoch ebenso wie diese entstanden, und wird auch in der Gesetzgebung, wie in der Praxis ebenso, wie diese, als eine kirchliche Abgabe, als eine Gebühr behandelt. Zur Neueinführung des Grabstellengeldes oder zu seiner Abänderung bedarf es eines übereinstimmenden Beschlusses des Kirchenvorstandes (Gemeindekirchenrates) und der Gemeindevertretung, außerdem aber der Genehmigung der staatlichen Aufsichtsbehörde (§ 21 Nr. 9, § 50 Nr. 6 des Ges. vom 20. VI. 75 — G.-S. S. 241 —, § 31 Nr. 7 der Synodalordnung vom 10. IX. 73 — G.-S. S. 417 —, Art. 24 Nr. 4 des Ges. vom 3. VI. 76 — G.-S. S. 125 —). Das Allg. Landrecht hat deshalb auch das Grabstellgeld in §§ 818 Tit. 11 Teil II von den eigentlichen Nutzungen des Kirchhofes scharf unterschieden. (Vergl. Erk. des Obertrib. vom 23. XII. 47 — Archiv Bd. III. S. 257 —.)

4) Den Grabstellengeldern sind die Kirchstuhlgebühren gleichzustellen. (Allg. Landrecht II. 11 § 678). Dagegen bildet die Grasnutzung von dem Kirchhofe ein unzweifelhaft abgabepflichtiges Einkommen.

---

[1]) Pr. Verw.-Bl. Bd. VI. S. 57.

Nr. 85. Entsch. Bd. XVIII. S. 33 vom 8. Oktober 1889. II C 79/89.

Die Gegenleistungen, die eine Aktien-Zuckerfabrik den Aktionären für gelieferte sog. Aktien- oder Pflicht-Rüben und Über-Rüben gewährt, sind bei der Besteuerung des Fabrikeinkommens mit Kreisabgaben als Ausgaben *nicht* abzusetzen. Mag auch den Aktionären ein *privatrechtliches* Forderungsrecht darauf zustehen, so muß vom *steuerlichen* Standpunkte aus zwischen dem Teile der Bezüge, den die Aktionäre lediglich als solche empfangen (die oben bezeichneten Gegenleistungen) und dem ihnen unabhängig von dieser ihrer Eigenschaft gewährten anderen Teile (normaler Kaufpreis) unterschieden werden. Alle Zuwendungen an die Aktionäre, als Dividenden oder in anderer Gestalt, fallen nicht unter den Begriff der zur Erzielung des Ertrages erforderlichen Aufwendungen und verringern nicht das eigentliche Reineinkommen. Da die Gesellschaft zu Zwecken des Erwerbes gegründet und ihr Einkommen dazu bestimmt ist, den Aktionären Einnahmen zuzuführen, so gehören die zur Erfüllung dieser Verpflichtung gemachten Ausgaben nicht zu denjenigen Aufwendungen, die von den Einnahmen behufs Feststellung des Reineinkommens in Abzug gebracht werden dürfen. Dazu gehören auch die den wahren Kaufwert übersteigenden Leistungen für Pflicht- oder Über-Rüben.¹) Vergl. wegen des Begriffes des Reineinkommens Entsch. Bd. XI. S. 77.

Nr. 86. Entsch. Bd. XXI. S. 8 vom 25. September 1891.

Kr.=Ordn. v. $\frac{13. XII. 72}{19. III. 81}$ (G.=S. 1881 S. 179) §§ 11, 19.

1) Auf dem Gebiete des Kreisabgabenwesens ist die Aufgabe des Gutsvorstehers als der mit der obrigkeitlichen Gewalt in einem selbständigen Gutsbezirke betrauten Persönlichkeit, auf die aus § 11 der Kr.=Ordn. sich ergebende Thätigkeit beschränkt. Zu einer Vertretung des Gutsbezirkes in Fällen, wo diesem selbst gegen die Veranlagung zu Kreisabgaben ein Rechtsmittel zugestanden werden muß, ist der Gutsvorsteher *nicht* berufen. Für Ausfälle an dem dem Gutsbezirke überwiesenen Kreisabgabensoll haben nicht die kreisabgabepflichtigen Insassen des Gutsbezirkes, sondern der *Gutsbezirk* aufzukommen. Tritt letzterer mit der Behauptung und dem Verlangen auf, daß das ihm überwiesene Soll ein zu hohes und daher zu ermäßigendes sei, so wird damit lediglich ein *vermögensrechtliches* Interesse des Gutsherrn in seiner Eigenschaft als Eigentümer des mit obrigkeitlicher Gewalt versehenen Gutes verfolgt. Der die obrigkeitliche Verwaltung im Gutsbezirk führende Gutsvorsteher ist aber nicht der Vertreter des Gutsbesitzers hinsichtlich seiner vermögensrechtlichen Verhältnisse, wie solche sich nach öffentlich-rechtlichen Normen aus seiner Stellung als Gutsherrschaft ergeben.

2) Der Gemeinde oder dem selbständigen Gutsbezirke steht ein Rechtsmittel nur insoweit zu, als sie ein von dem rechtlichen Interesse der einzelnen Zensiten verschiedenes, mit ihm sich nicht deckendes, gleichartiges Interesse an der Bemessung der Steuersumme haben. Ihnen fehlt ein Klagerecht da, wo solches den einzelnen Pflichtigen zusteht, um deswillen, weil sie nicht berufen sind, die Interessen der einzelnen Pflichtigen im Reklamations- und Streitverfahren wahrzunehmen. Mag man nun auch dem Bezirke ein Rechtsmittel dann zugestehen, wenn bei der Berechnung des Kreisabgabensolls Irrtümer unterlaufen sind, die durch Klage des Einzelnen nicht beseitigt werden können, beispielsweise wenn in dem Soll Beträge für Personen enthalten sind, auf die eine Unterverteilung

---

¹) Vergl. Art. 27¹ der Ausf.=Anw. (zum Eink.=St.=Ges.) v. 5. VIII. 91.

nicht mehr ausführbar ist, weil sie bei Beginn des Steuerjahres bereits verstorben waren, so liegt ein solcher Fall nicht vor, wenn einem Gutsbezirke ein Betrag für einen dem Bezirke nicht mehr Angehörenden in das Kreisabgabensoll eingerechnet wird. Aufgabe des zur Unterverteilung des dem Gutsbezirke überwiesenen Kreisabgabensolls verpflichteten Gutsvorstehers ist es, die einzelnen Pflichtigen von der Höhe der ihnen auferlegten Steuern zu benachrichtigen, die Abgabenbeiträge einzuziehen und das ganze Soll an den Kreis abzuführen. Ist ein im Soll berücksichtigter Pflichtiger aus dem Kreise verzogen, so hat der Gutsvorsteher ihn schriftlich zu benachrichtigen und ihm die Einlegung von Rechtsmitteln zu überlassen. Hat dieser gegen die Veranlagung ein Rechtsmittel gar nicht oder nicht rechtzeitig eingelegt, so gilt seine Verpflichtung auch für den Gutsbezirk, dessen Eigentümer im Falle der Zahlungsunfähigkeit jenes den Ausfall decken muß. Ist eine Benachrichtigung überhaupt nicht erfolgt, so kann der Verzogene nach Ablauf des Etatsjahres nicht mehr herangezogen werden; der Gutseigentümer hat auch in diesem Falle für den Ausfall des, weil unangefochten, unverändert gebliebenen Abgabenbeitrages aufzukommen.

Nr. 87. Entsch. Bd. XXI. S. 13 vom 3. März 1891. II C 11 91.

Kr.-Ordn. v. $\frac{13.\ XII.\ 72}{19\ III.\ 81}$ (G.-S. 1881 S. 179) §§ 14, 15.

Allg. Berggeſ. v. 24. VI. 65 (G.-S. S. 705) §§ 30, 50 Ges. v. 22. II. 69 (G.-S. S. 305) betr. die Rechtsverhältnisse des Stein- und Braunkohlenbergbaues in denjenigen Landesteilen, in denen das Kurfürstlich-Sächsische Mandat v. 19. VIII. 1743 Gesetzeskraft hatte, §§ 2, 4, 9, 10.

1) Die Grundlage für die Kreisabgabepflicht bildet das Betreiben von Bergbau im Kreise. Letzteres liegt vor, auch wenn jemand in denjenigen Landesteilen, in dem das Kurfürstlich sächsische Mandat v. 19. VIII. 1743 Gesetzeskraft hatte, auf eigenem Grundstücke Kohlen abbaut. Allerdings unterliegen hier, während das verliehene Bergwerkseigentum des Berggesetzes v. 24. VI. 65 in dem Rechte besteht, die von der Verleihungsurkunde bezeichneten Mineralien innerhalb eines bestimmten Bergwerksfeldes mit Ausschluß Anderer zu okkupieren, nach § 1 des Ges. v. 22. II. 69 (G.-S. S. 401) die Stein- und Braunkohlen lediglich dem Verfügungsrechte des Grundeigentümers, falls nicht bei Erlaß des genannten Gesetzes schon eine selbständige Berechtigung zum Betriebe des Stein- und Braunkohlen-Bergbaues bestanden hat. Außerdem kann gemäß § 2 a. a. O. seitens des Grundeigentümers eine für sich bestehende Kohlenabbau-Gerechtigkeit von dem Eigentum an dem Grundstücke abgetrennt und hierdurch entweder für den Grundeigentümer selbst oder für eine dritte Person besonders konstituiert werden. Stellt sich nun einerseits das Recht zur Kohlengewinnung, das als eine selbständige Gerechtigkeit begründet worden ist, als die Befugnis zur Entnahme von Substanzteilen eines fremden Grundstückes und nicht als die Ausnutzung eines verliehenen Bergwerkseigentums dar (§ 4 a. a. O.), so beutet andererseits der Grundbesitzer durch die Kohlenförderung sein Eigentum in derselben Weise aus, als wenn er Sand, Kies, Lehm u. s. w. gräbt.

2) Befindet sich jemand, der auf eigenem Grundstücke Kohlen abbaut, an und für sich im letzteren Falle, so betreibt er dennoch Bergbau im Sinne des § 14 der Kr.-Ordn. Von vornherein müßte ein Ergebnis befremden, nach dem die nämlichen Manipulationen, die auf die Förderung von Kohlen aus dem Inneren der Erde abzielen, in dem einen Teile des Staates einen Bergbaubetrieb darstellen würden, in dem anderen nicht. Es ergiebt aber das Ges. v. 22. II. 69 in den §§ 9, 10, daß ein solches Ergebnis nicht beabsichtigt ist, weshalb der hiernach Bergbautreibende unstreitig zu den Bergwerksbesitzern gehört. Dem steht auch nicht entgegen, daß von einem Bergwerkseigentume hier nicht die Rede sein könne. „Bergwerk“ und „Bergwerkseigentum“ sind ver-

schiedene Begriffe. Letzteres besteht in dem verliehenen Rechte zur Gewinnung von Mineralien, dagegen bildet das Bergwerk den Inbegriff der zu Zwecken des Bergbaues hergestellten Anlagen. Bergbau und Bergwerkseigentum können von einander getrennt bestehen — dann nämlich, wenn der Inhaber des letzteren dessen Ausbeutung einem anderen in der Weise überläßt, daß dieser die äußerlich in die Erscheinung tretenden, für die gedachte Ausbeutung erforderlichen Einrichtungen herstellt. Vergl. Entsch. Bd. XVIII. S. 21.[1])

Nr. 88. Entsch. Bd. XXI. S. 16, 17 in der Anmerkung, vom 9. Juni 1891.

Kr.-Ordn. v. $\frac{13.\ XII.\ 72}{19.\ III.\ 81}$ (G.-S. 1881 S. 179) §§ 14, 15.
Allg. Berggef. v. 24. VI. 65 (G.-S. S. 705) §§ 30, 50 und Gef. v. 8. IV. 94 (G.-S. S. 41) betr. die Abänderung des § 211 des Allg. Berggef., Art. I.

Derselbe Grundsatz, wie in der vorhergehenden Entscheidung gilt auch in Beziehung auf das Einkommen aus *Eisenerzförderungen* im *Herzogtum Schlesien*. Es gehört nicht zu dem Einkommen aus Grundbesitz, sondern zu dem aus *Bergbaubetrieb* im Sinne des § 14 der Kr.-Ordn.

Die Gewinnung des Eisenerzes bildet, wenn sie bergmännisch erfolgt, den Betrieb eines Bergbaues im Sinne des § 14 der Kr.-Ordn., der das Grundeigentum und den Betrieb des Bergbaues als zwei verschiedene Einkommensquellen nebeneinander stellt. Ob jene Gewinnung auf Grund eines verliehenen Bergwerkseigentums oder, wie es in Schlesien der Fall ist, kraft des Eigentums am Grund und Boden vorgenommen wird, macht keinen Unterschied, indem die behufs Förderung des Minerals erforderlichen Manipulationen in beiden Fällen die nämlichen sind.

Nr. 89. Entsch. Bd. XXVII. S. 1 vom 10. Oktober 1894. II C 94/94.

Eink.-St.-Ges. v. 24. VI. 1891 (G.-S. S. 175) § 9 $I^{2,3}$, II^{1}.

1) Die zur Tilgung eines an Stelle einer Lehnsschuld aufgenommenen landschaftlichen Darlehns von einem Fideikommißbesitzer jährlich zu entrichtenden *Amortisationsraten* sind von dem Einkommen aus Grundbesitz *nicht* in Abzug zu bringen. Denn es handelt sich hier um *Kapitalabtragungen*, die nicht lediglich als durch eine gute Wirtschaft gebotene und aus den Betriebseinnahmen zu deckende Ausgaben anzusehen sind. Abzugsfähig sind nur *dauernde*, auf einem *besonderen Rechtstitel* beruhende Lasten. Der Umstand, daß die in Rede stehende Last keine dauernde ist, da ein Kapital in einer Reihe von Jahren zurückgezahlt wird, reicht aus, um sie zu einer nicht abzugsfähigen zu machen, ohne daß es einer Untersuchung darüber bedarf, ob der Darlehnsvertrag, in dem der Fideikommißbesitzer zufolge eines mit den Agnaten geschlossenen Abkommens sich zu einer besonders gearteten Rückzahlung verpflichtet hat, die Eigenschaft eines besonderen Rechtstitels besitzt. Allerdings ist nicht erforderlich, daß die Last ewig bestehe, es genügt vielmehr die periodische Wiederkehr der Leistung. Allein die Wiederholung fehlt eben da, wo die Rückzahlung nur auf verschiedene Zeiträume verteilt ist und in jedem Jahre ein anderer Teil des Kapitals zur Erstattung gelangt.

2) Wenn dem gegenüber die an die Rentenbanken zu zahlenden Renten als dauernde Lasten anzusehen sind, so hat dies darin seinen Grund, daß die Schuldner an die Rentenbank lediglich die einzelnen Rentenzieler abführen. Der Rentenschuldner zahlt die volle Rente, bezw. $^{9}/_{10}$ davon, während der Gläubiger

---

[1]) Oben S. 72.

als Abfindung nur den mit 4 Prozent zu verzinsenden 20fachen Betrag der vollen Rente erhält. Dadurch werden $^{2}/_{10}$ der Rente frei, die ganz oder zur Hälfte zur Amortisation dienen, ohne daß eine Kapitalzahlung seitens des Schuldners stattfindet. Vergl. Rentenbankges. v. 2. III. 50 (G.-S. S. 112) §§ 10, 28, 32, 38.

3) Die zu 1 näher beschriebene Schuld ist für den Fideikommißbesitzer eine eigene Schuld. Denn ihm gebührt nicht etwa blos der Nießbrauch, sondern das volle, nutzbare Eigentum des Fideikommisses, nur das Obereigentum beruht bei der ganzen Familie, vergl. A.-L.-R. I. Tit. 18 §§ 1—4, II Tit. 4 §§ 73, 74. Er ist lediglich hinsichtlich seiner Veräußerung und Belastung, sowie durch die den Agnaten zustehenden Successionsrechte beschränkt und unterscheidet sich auch praktisch vom Nießbraucher erheblich, indem er z. B. befugt ist, einzelne Teile des Gutes zu ändern, die auf dem Gute haftenden Ehrenrechte auszuüben u. s. w.

4) Sollten die jährlichen Amortisationsraten etwa zu einem Fonds angesammelt werden, über den der Schuldner zufolge der seitens der darleihenden Korporation gestellten Bedingungen erst nach einem gewissen Zeitablauf verfügen dürfe, so würde eine erst recht nicht abzugsfähige Kapitalanlage vorliegen.

Nr. 90. Entsch. Bd. XXVIII. S. 1 vom 2. Oktober 1895. II B 22 95.

Kr.-Ordn. v. $\frac{13.\ XII.\ 72}{19.\ III.\ 81}$ (G.-S. 1881 S. 179) §§ 10, 12, 119, 124, 178.
Komm.-Abg.-Ges. v. 14. VII. 93. ((G.-S. S. 152) §§ 91 ff. und Ausf.-Anw. v. 10. V. 94 Art. 59.

1) Ein dem § 119 der Kr.-Ordn. unterliegender Beschluß, dem kein den Abgeordneten schriftlich zugestellter Vorschlag des Kreisausschusses vorangegangen ist, ist dann nicht nichtig, wenn die Tagesordnung des betr. Kreistages diejenigen Gründe erkennen läßt, die den Kreisausschuß zu seinem Antrage bewogen haben. Der Ausdruck „ausführlich" im § 119 ist so dehnbar, daß dadurch im Großen und Ganzen dem diskretionären Ermessen des Kreisausschusses die Entscheidung nach der Richtung hin überlassen ist, wie viel an Gründen zu geben sei. Die Vorschrift, daß der Vorschlag ein ausführlicher sein soll, ist wesentlich instruktioneller Natur.

2) Ein Kreistagsbeschluß bedarf gemäß § 124 a. a. O. einer Zweidrittelmehrheit, wenn dadurch eine Veränderung des festgestellten Verteilungsmaßstabes für die Kreisabgaben eingeführt werden soll. Eine solche liegt nicht vor, wenn lediglich eine durch das neue Komm.-Abg.-Ges. ausdrücklich gebotene neue Verteilung der Kreisabgaben auf die einzelnen Steuerarten beschlossen wird. Eine Veränderung würde voraussetzen, daß eine Abweichung von dem rechtmäßig Bestehenden ohne eine in dem Komm.-Abg.-Ges. begründete Nötigung beabsichtigt werde.

Nr. 91. Entsch. Bd. XXIX. S. 7 vom 7. März 1896. II C 342/95.

Kr.-Ordn. v. $\frac{13.\ XII.\ 72}{19.\ III.\ 81}$ (G.-S. 1881 S. 179) § 14.
Ges., betr. die Gesellschaften mit beschränkter Haftung, v. 20. IV. 92 (R.-G.-Bl. S. 477)
Komm.-Abg.-Ges. v 14. VII. 93 (G.-S. S. 152) §§ 33, 91.

1) Gesellschaften mit beschränkter Haftung dürfen als solche zur Einkommensteuer weder von Gemeinden, noch von Kreisen herangezogen werden, weil, wenn ihnen auch das Gesetz vom 20. IV. 92 in manchen privatrechtlichen Beziehungen die Eigenart juristischer Personen übertragen haben mag, dies doch znr Begründung ihrer Steuerpflicht noch nicht genügt, sondern hierzu noch eine ihre Verpflichtung besonders aussprechende Satzung oder ihre ausdrückliche Erhebung zu juristischen Personen erforderlich gewesen sein würde.

2) Was die physischen Personen der Gesellschafter anlangt, so galt für sie vor Inkrafttreten des Komm.-Abg.-Ges. vom 14. VII. 93, daß das Gewerbe weder von dem einzelnen Gesellschafter, noch von ihrer Gesammtheit, sondern von der — insoweit vermögensrechtlich selbständigen — Gesellschaft betrieben wird. Vergl. E.-O.-V. Bd. XXVII. S. 41.

Daraus ergiebt sich, daß der einem Gesellschafter aus einem solchen Betriebe zufließende Anteil am Reingewinn sich für ihn als Einkommen aus Kapitalvermögen darstellt und nur am Wohnsitzorte, bezw. im Wohnsitz-Kreise besteuert werden kann.

3) Dieser Rechtszustand ist für die Gemeinden durch § 33 a. a. O. dahin abgeändert worden, daß in ihnen der einzelne Gesellschafter hinsichtlich des ihm selbst aus dem Unternehmen zufließenden Einkommens der Besteuerung unterworfen ist.

Die neu geschaffene Steuerberechtigung ist aber nicht etwa auch auf die Kreise übertragen, insbesondere nicht durch § 91 [1] a. a. O.

Hier wird für jede etwaige Anwendung des neuen Gesetzes auf die Kreisbesteuerung, abgesehen davon, daß an der Spitze des § 91 überhaupt der Satz steht, daß die bestehenden Vorschriften über die Aufbringung der Kreis- und Provinzialsteuern, mit Ausnahme einiger Bestimmungen, grundsätzlich unberührt bleiben, zur ersten Voraussetzung gemacht, daß die juristischen Personen u. s. w. bereits einkommensteuerpflichtig sind, und daß die physischen Personen bereits in verschiedenen Kreisen, also namentlich dem Forensalkreise, der Einkommensbesteuerung unterliegen. Dies ist das gerade Gegenteil der Einführung einer neuen Steuerverpflichtung für Subjekte, die bisher kreissteuerfrei waren, wie die Forensen bezüglich ihres Kapitaleinkommens. Es ist vielmehr hier nur für den Fall bereits bestehender Steuerpflicht die sinnentsprechende Anwendung der die Veranlagung dieser pflichtigen Personen u. s. w. zur Gemeindeeinkommensteuer betreffenden Vorschriften angeordnet.

Nr. 92. Entsch. Bd. XXIX. S. 1 vom 29. April 1896. II C 24/96, 32/96.

Kr.-Ordn. v. $\frac{13. XII. 72}{19. III. 81}$ (G.-S. 1881 S. 179) §§ 10, 14, 17, 18.
Ges. wegen Aufhebung direkter Staatssteuern v. 14. VII. 93 (G.-S. S. 119) §§ 3–5.
Komm.-Abg.-Ges. v. 14. VII. 93 (G.-S. S. 152) §§ 24, 26, 28, 30, 91 und Ausf.-Anw. v. 10. V. 94 Art. 59.

1) Durch das neue Komm.-Abg.-Ges. hat das Kreissteuerrecht keine Erweiterung dahin erfahren, daß fortan auch von solchen Gebäuden (Dienstgrundstücken 2c.), die bisher kreissteuerfrei waren, nunmehr aber, als der Gemeindebesteuerung unterworfen, vom Staate zur Gebäudesteuer veranlagt werden, Zuschläge zu dieser, ferner auch von solchen Rechtssubjekten (eingetragenen Genossenschaften 2c.), die bisher nicht kreissteuerpflichtig waren, nunmehr aber, als der Gemeindebesteuerung unterworfen, vom Staate zur Gewerbesteuer veranlagt werden, Zuschläge zu dieser erhoben werden dürfen.

2) Denn der § 91 des Komm.-Abg.-Ges. stellt an die Spitze der wenigen auf die Kreisbesteuerung bezüglichen Vorschriften den Satz: „Die bestehenden Vorschriften über die Aufbringung der Kreis- und Provinzialabgaben bleiben mit folgenden Maßgaben unberührt.“ Angesichts dieser klaren Aufrechterhaltung des bisherigen Rechtszustandes hätte es anderweit einer völlig unzweideutigen Bestimmung bedurft, um innerhalb des Kreissteuersystems eine Veränderung herbeizuführen, die nicht nur die sachlichen Privilegien des § 17 der Kr.-Ordn. größtenteils beseitigen, sondern auch — durch Heranziehung der Realitäten ohne Rücksicht auf die Persönlichkeit ihrer Inhaber — eine dem Kreissteuersystem sonst fremde Loslösung der Realsteuern von den Steuersubjekten, eine reine Be-

steuerung der Objekte einführen würde. Eine solche Bestimmung ist insbesondere in § 91² des Komm.-Abg.-Ges. nicht zu finden.

3) Das Gegenteil kann auch aus den §§ 4, 5 des Ges. wegen Aufhebung direkter Staatssteuern vom 14. VII. 93 nicht gefolgert werden, dergestalt, daß jetzt, wo nach § 5 an die Stelle der zu entrichtenden Staatssteuern die veranlagten Beiträge treten und wo die Veranlagung nach § 4 alle der Gemeindebesteuerung unterliegenden Realitäten erfaßt, der Kreis der Objekte für die Realsteuern der Kreise und der für die der Gemeinden sich mit einander decken. Dabei wird übersehen, daß weder die Kr.-Ordn., noch ein neueres Gesetz, Bestimmungen enthalten, wonach seitens des Kreises auf jeden dem Staate zu entrichtenden Realsteuerbetrag ein Zuschlag gelegt werden dürfe. Die Kr.-Ordn. macht die Kreissteuerpflicht zwar in erster Linie abhängig von der Entrichtung von Staatssteuern oder der Veranlagung zu den Staatssteuersätzen. Außerdem knüpft sie sie aber noch an die beiden weiteren Bedingungen, daß erstens der Zensit zu den steuerpflichtigen Rechtssubjekten gehört, und daß zweitens von ihr der Realität Abgabenfreiheit versagt worden ist. In beiden Hinsichten giebt sie Beschränkungen. Ihr § 14 engt den Kreis der Steuerschuldner ein, indem er als solche, abgesehen von den physischen Personen, nur einige von den durch das sonstige Recht anerkannten Rechtssubjekten benennt, und ihre §§ 17, 18 scheiden aus dem Kreise der Steuerobjekte die in ihnen aufgeführten Realitäten aus. Die Befreiung der im § 14 nicht genannten nichtphysischen Rechtsträger und der in den §§ 17, 18 benannten Gegenstände beruht lediglich auf diesen Sondervorschriften. Sie ist nicht abhängig gemacht von der Nichtveranlagung zur Staatssteuer, sondern sie ist gewährleistet sogar für den Fall der Heranziehung seitens des Staates, z. B. bei Genossenschaften, die nach § 5 des Gew.-St.-Ges. vom 24. VI. 91 der staatlichen Gewerbesteuer unterworfen sind, oder bei aus § 1 des Eink.-St.-Ges. vom 24. VI. 91 einkommensteuerpflichtigen Konsumvereinen.

Hatte aber jene Steuerbefreiung nicht ihren Grund in einer, vielleicht zufälliger Weise gleichfalls vorhandenen, Freiheit von der Staatssteuer, so konnte sie auch nach § 5 cit. nicht dadurch untergehen, daß jetzt eine staatliche Veranlagung für Zwecke der Gemeindebesteuerung stattfindet.

C. Wahlangelegenheiten.

Nr. 1. Entsch. Bd. I. S. 102 vom 13. Oktober 1876.

Kr.-Ordn. v. $\frac{13.\ XII.\ 72}{19.\ III.\ 81}$ (G.-S. 1881 S. 179) §§ 87, 98, 99, 110.

1) Das gemäß § 110 der Kr.-Ordn. vom 13. XII. 72 aufgestellte Verzeichnis der in den einzelnen Wahlverbänden Wahlberechtigten hat nur für die bevorstehende Wahl der Kreistagsabgeordneten, für die es angefertigt und veröffentlicht ist, Gültigkeit.

Klagt jemand im Verwaltungsstreitverfahren auf Berichtigung des ausgelegten Verzeichnisses, so steht es ihm frei, früher verworfene Ansprüche von neuem zu erheben und zu begründen. Ebenso ist die entscheidende Behörde an den Inhalt der früheren Verzeichnisse und der lediglich zu ihrer Berichtigung ergangenen Entscheidungen nicht gebunden.

2) „Selbständige Güter" im Sinne des § 98² der Kr.-Ordn. sind kommunalrechtlich selbständige Gutsbezirke. Nur sofern sie die letztere Eigenschaft haben, gewähren sie ein persönliches Stimmrecht in einem Wahlbezirke des Wahlverbandes der Landgemeinden, während ein solches Stimmrecht den Eigen-

tümern thatsächlich geschlossener und wirtschaftlich selbständiger Güter ebenso wenig zusteht, wie den Eigentümern von sog. kommunalfreien Besitzungen oder von Abzweigungen eines Gutsbezirkes.

3) Die Frage, ob ein Besitztum einen kommunalrechtlich selbständigen Gutsbezirk bildet oder nicht, wird in den Gesetzen ausdrücklich nicht beantwortet. Läßt sich der Nachweis der besonderen Verleihung der Eigenschaft eines Gutsbezirkes durch einen Akt der Staatshoheit nicht erbringen, so können hierbei nur solche öffentlich rechtlichen Verhältnisse maßgebend sein, die nach der geschichtlichen Entwickelung des Instituts der Gutsbezirke als deren Grundlagen anzusehen sind, oder die die Selbständigkeit des Gutes in kommunaler Beziehung zur notwendigen rechtlichen Voraussetzung haben. Nach dem A.-L.-R. bildet die Grundlage das Unterthänigkeitsverhältnis, der Besitz scharwerkspflichtiger Hintersassen. Die spätere Gesetzgebung stellt die Gutsbezirke in kommunaler Beziehung den Landgemeinden gleich mit der Maßgabe, daß in jenen die Rechte und Pflichten, die in den Landgemeinden von deren Organen geübt, bezw. deren Mitgliedern erfüllt werden, dem Gutsherrn zustehen und obliegen. Maßgebend ist also, daß bei der Zersplitterung eines ehemaligen Gutes ein Zusammenhang der einzelnen Teile in kommunaler Beziehung aufrecht erhalten worden ist, während die Zersplitterung an und für sich ohne Einfluß ist. Denn es folgt aus der öffentlich-rechtlichen Natur des Gutsbezirkes als eines kommunalen Verbandes, daß seine Grenzen durch privatrechtliche Verfügungen des Gutsbesitzers über einzelne Teile nicht geändert werden können.

4) Ohne entscheidende Bedeutung für die Eigenschaft eines Gutsbezirkes sind die Größe und der Wert eines Gutes; ein gleiches gilt von dem Umstande, daß weder die Gerichtsbarkeit noch die Polizeigewalt, noch ständische Rechte oder ein Patronat mit dem Besitze verbunden gewesen sind, da keines dieser Rechte ein notwendiges Attribut eines selbständigen Gutsbezirkes darstellt. Maßgebend ist auch nicht, daß ein Gut seit lange als ein geschlossenes besessen, veräußert und im Hypothekenbuche eingetragen worden ist, da diese rechtliche Qualität keine den kommunalrechtlich selbständigen Gütern ausschließlich eigentümliche ist.

5) Für die Zeit nach der Einführung des A.-L.-R. muß der Erwerb der rechtlichen Selbständigkeit als Gutsbezirk durch landesherrliche Verleihung nachgewiesen werden.

Nr. 2. Entsch. Bd. I. S. 113 vom 8. November 1876.

Kr.-Ordn. v. $\frac{13.\ XII.\ 72}{19.\ III.\ 81}$ (G.-S. 1881 S. 179) §§ 86, 97.

Die Eigentümer einzelner, wirtschaftlich und privatrechtlich selbständiger Güter können um deswillen, weil die letzteren zusammen einen (zersplitterten) Gutsbezirk bilden, bei der Wahl der Kreistagsabgeordneten im Wahlverbande der größeren ländlichen Grundbesitzer eine Stimme durch einen Mitbesitzer nicht führen, wenn auch von den Gütern zusammen mehr als 225 Mark an Grund- und Gebäudesteuern entrichtet wird. Maßgebend für die Zugehörigkeit zu dem fraglichen Wahlverbande ist lediglich und allein, daß jemand innerhalb des Kreises auf dem platten Lande — abgesehen von gewerblichen Unternehmungen — Grundstücke von gewisser, nach dem Maßstabe der Grund- und Gebäudesteuer bemessener Größe eigentümlich besitzt.

Ob die Kläger bezüglich gutsherrlicher Rechte und Pflichten in dem Verhältnisse gemeinschaftlicher Eigentümer stehen, was dahingestellt bleiben mag, ist für diese Beurteilung wirkungslos. Denn die Kr.-Ordn. hat weder diese Rechte und Pflichten für sich, noch auch in ihrer Beziehung zum Grundeigentum zum

Träger des Wahlrechtes im Wahlverbande der größeren ländlichen Grundbesitzer gemacht, sondern das Grundeigentum allein.

Nr. 3. Entsch. Bd. III. S. 6 vom 13. Oktober 1877.

Kr.-Ordn. v. $\frac{13.\ XII.\ 72}{19.\ III.\ 81}$ (G.-S. 1881 S. 179) §§ 95, 97, 113.

1) Gegen einen Beschluß des Kreistages über die Legitimation seiner Mitglieder nach deren Prüfung von Amtswegen[1]) steht den in der Minorität verbliebenen Mitgliedern des Kreistages ein Klagerecht gegen die Majorität nicht zu. Es entspricht ein solches Klagerecht schon nicht der Stellung des einzelnen Mitgliedes einer kollegialisch zusammengesetzten Vertretung zu den übrigen Mitgliedern, wie zur Gesamtheit. Insoweit die Ansicht des Einzelnen überhaupt Anspruch darauf hat, zur Geltung zu kommen, findet sie hinlänglich Gelegenheit dazu bei der Beratung und Abstimmung. Handelt es sich aber darum, daß die Mehrheit damit umgeht, ihre Befugnisse zu überschreiten, oder die Gesetze zu verletzen, so steht nicht mehr die Geltendmachung eines individuellen Standpunktes, sondern das öffentliche Interesse im Vordergrunde. Dieses Interesse wahrzunehmen, erscheint wieder der Einzelne um deswillen nicht berufen, weil das Gesetz ausdrücklich den Landrat als Vorsitzenden nicht nur für befugt, sondern für verpflichtet erklärt, seinerseits derartigen Beschlüssen entgegenzutreten, von Amtswegen, oder auf Veranlassung der Aufsichtsbehörde[2]), wobei es dem Einzelnen wieder unbenommen bleibt, die Aufsichtsbehörde um ihre Vermittelung anzugehen.

2) Nicht minder spricht gegen eine Zulassung einer Klage des einzelnen Kreistagsmitgliedes als solchen der Grundgedanke des Verwaltungsstreitverfahrens. Es liegt im Begriffe der „Gerichtsbarkeit in streitigen Verwaltungssachen"[3]) begründet, daß einerseits zur Fürsorge für das öffentliche Interesse nicht der Einzelne, sondern nach, wie vor, nur die Verwaltungsbehörde berufen ist, in deren Aufgabe diese Fürsorge bisher lag, und daß andererseits die Interessen des Einzelnen auf rechtlichen Schutz im Verwaltungsstreitverfahren nur insoweit Anspruch haben, als das Gesetz ihnen einen solchen zugesteht, sie als subjektive Rechte anerkennt.

Nr. 4. Entsch. Bd. III. S. 16 vom 10. November 1877.

Kr.-Ordn. v. $\frac{13.\ XII.\ 72}{19.\ III.\ 81}$ (G.-S. 1881 S. 179) §§ 113, 178 (an Stelle der dem Urteil zu Grunde liegenden §§ 64, 69 des Zust.-Ges. v. 26. VII. 76 getreten).

1) Unter den „Mitgliedern des Kreistages", deren Legitimation der Kreistag von Amts wegen zu prüfen hat, können nur diejenigen verstanden werden, die der Wahlvorstand für gewählt erklärt hat und die daher bis zur Prüfung ihrer Legitimation als einstweilen berechtigt zu Sitz und Stimme im Kreistage anzusehen sind. Der Kreistag ist auf diese Legitimationsprüfung beschränkt und insbesondere nicht befugt, die Einberufung eines vom Wahlvorstande nicht als gewählt erklärten Mitgliedes zu beschließen, das nach seiner Ansicht für gewählt hätte erklärt werden sollen.

2) Im allgemeinen unterliegen dem Anfechtungsrechte des Landrates[4]) auch ablehnende Beschlüsse des Kreistages, sofern sie dessen Befugnisse über-

---

[1]) § 113 der Kr.-Ordn.

[2]) § 178 der Kr.-Ordn.

[3]) § 7 L.-V.-G.

[4]) An Stelle der Anfechtung mittels Klage gemäß § 69 des Zust.-Ges. v. 26. VII. 76 ist gemäß § 178 der Kr.-Ordn. die Beanstandung mittels Verfügung getreten.

schreiten oder die Gesetze verletzen. Allein ein Beschluß des Kreistages auf Ablehnung eines Antrages, daß nach der Ungültigkeitserklärung der Wahl des von der Majorität Gewählten und vom Wahlvorstande für gewählt Erklärten der von der Minorität Gewählte als gewählt erklärt werde, enthält keine Gesetzesverletzung.

Nr. 5. Entsch. Bd. III. S. 18 vom 14. November 1877.

Kr.-Ordn. v. $\frac{\text{13. XII. 72}}{\text{19. III. 81}}$ (G.-S. 1881 S. 179) §§ 113 (an Stelle des § 64 des Zust.-Ges. v. 26. VII. 76) und Wahlreglement dazu § 5 Abs. 2 (früher Abs. 3), § 8 (früher § 7).

1) Der Kreistag kann die Wahl eines Kreistagsmitgliedes nur für ungültig erklären, nicht aber „beanstanden“. Der Beschluß über die Ungültigkeitserklärung ist dem Beteiligten zuzufertigen und diesem die Erhebung einer förmlichen Klage innerhalb der gesetzlichen Frist zu überlassen.

2) Die Klagefrist ist für gewahrt zu erachten, wenn derjenige, dessen Wahl für ungültig erklärt wird, sofort im Kreistage die Erklärung abgiebt, daß er gegen den Beschluß die Entscheidung des zuständigen Verwaltungsgerichtes anrufe, und wenn diese Erklärung fristzeitig an das Gericht gelangt.

3) Über Unregelmäßigkeiten bei der Wahlmännerwahl kann im Verwaltungsstreitverfahren hinweggegangen werden, wenn über die Absichten der Wählerschaft kein Zweifel besteht und wenn gegen diese Wahlmännerwahlen aus dem Schoße der Wählerschaft ein Protest nicht erhoben worden ist.

4) Wenn bei der Wahl eines Kreistagsabgeordneten durch die Wahlmänner im ersten Wahlgange zwei Personen die gleiche Stimmenzahl erhalten haben, so entscheidet zwischen ihnen nicht sofort das Los, sondern es ist gemäß § 7 (jetzt 8) des Reglements zunächst eine engere Wahl herbeizuführen. Vergl. E.-O.-V. Bd. I. S. 13.[1])

5) Zu einer engeren Wahl dürfen auch Wähler zugelassen werden, die sich bei der ersten Abstimmung noch nicht beteiligt hatten. Aus dem § 5 Abs. 3 (jetzt Abs. 2) des Wahlreglements ist zu folgern, daß, nachdem der Wahlvorstand die erste Abstimmung für geschlossen erklärt hat, die inzwischen erschienenen Wahlmänner nicht noch nachträglich ihre Stimmen abgeben durften. Mit der notwendig gewordenen engeren Wahl beginnt ein neuer Wahlakt, an dem die inzwischen Erschienenen sich zu beteiligen berechtigt sind.

Nr. 6. Entsch. Bd. III. S. 21 vom 28. November 1877.

Kr.-Ordn. v. $\frac{\text{13. XII. 72}}{\text{19. III. 81}}$ (G.-S. 1881 S. 179) §§ 97, 106².

Die Bestimmung im § 106 Nr. 2 der Kr.-Ordn., wonach in den Wahlverbänden der größeren Grundbesitzer, sowie der Landgemeinden ein Jeder zum Mitgliede des Kreistages wählbar ist, der in einer Versammlung dieser Verbände Wahlrecht ausübt und seit einem Jahre in dem Kreise einen Wohnsitz hat, bezieht sich auf die im § 97 a. a. O. zugelassenen Vertreter, die als solche ein Wahlrecht ausüben und für den bestimmten Wahltermin mit Vollmacht versehen sind.

Nr. 7. Entsch. Bd. III. S. 32 vom 19. Dezember 1877.[2])

Kr.-Ordn. v. $\frac{\text{13. XII. 72}}{\text{19. III. 81}}$ (G.-S. 1881 S. 179) §§ 106, 108, 113.

1) Zur Prüfung der gemäß § 108 der Kr.-Ordn. stattgehabten Ergänzungswahlen ist nicht etwa nur der aus diesen Wahlen hervorgegangene, sondern jeder

[1]) Oben S. 2.

[2]) Die Ausführungen dieses Urteils zum § 29 Abs. 3 des alten Zust.-Ges. v. 26. VII. 76 (Fristversäumnis wegen irriger Rechtsbelehrungen betr., vergl. jetzt §§ 52, 112 L.-V.-G.) sind als veraltet hier nicht wiedergegeben.

vorschriftsmäßig berufene Kreistag zuständig. Das Gesetz unterscheidet nicht zwischen einem „alten“ und einem „neuen“ Kreistage, es ermächtigt schlechthin „den Kreistag“ zur Prüfung der Legitimation seiner Mitglieder.

2) Nach § 106 Nr. 2 der Kr.-Ordn. verlangt das Gesetz als Bedingung der Wählbarkeit nicht einjährigen Grundbesitz und Wohnsitz, sondern entweder einen mindestens einjährigen Besitz von Grundeigentum oder die Ausübung eines Wahlrechtes in einer Versammlung der dort verzeichneten Verbände, verbunden mit einjährigem Wohnsitz im Kreise. Vergl. Entsch. Bd. I. S. 17.[1])

Nr. 8. Entsch. Bd. III. S. 36 vom 22. Dezember 1877.

Zust.-Ges. v. 1. VIII. 83 (G.-S. S. 237) § 163 (früher Zust.-Ges. v. 26. VII. 76 § 175).
Kr.-Ordn. v. $\frac{13.\ XII.\ 72}{19.\ III.\ 81}$ (G.-S. 1881 S. 179) §§ 96—98, 106, 107, 110, 113, 118, 134.

1) Bei der Feststellung der Anhängigkeit einer Verwaltungsstreitsache im Sinne des § 173 des Zust.-Ges. vom 26. XII. 76[2]) kommt es darauf an, ob ein entstandener Streit zum Zwecke der Entscheidung bereits vor dem Inkrafttreten des betreffenden Gesetzes an das bis dahin berufene Organ gebracht worden ist.

2) Die nach § 107 Abs. 2 der Kr.-Ordn. in ursprünglicher Fassung[3]) erforderliche Feststellung über den Verlust der Wählbarkeit gehört mit zur Prüfung der Legitimation der Mitglieder, und es ist dazu nur der Kreistag berufen, also nicht der Landrat auf Grund des § 118 a. a. O. oder der Kreisausschuß auf Grund des § 134 Nr. 1 a. a. O.

3) In der Anerkennung richtig erfolgter Vorladung zum Kreistage kann eine jene Feststellung enthaltender oder ersetzender Beschluß nicht gefunden werden.

4) Wenn die Wahl eines Kreistagsmitgliedes mit dem Aufhören der in seiner eignen Person mittels Grundbesitzes begründeten Bedingung der Wählbarkeit an sich wirkungslos geworden ist, so wird die fernere Wirkung auf Grund der Eigenschaft des ehemaligen Kreistagsmitgliedes als Vertreters seiner Ehefrau (als Besitznachfolgerin) nur in dem Falle gesichert, wenn in eben jenem Zeitpunkte (des Aufhörens der eigenen Wählbarkeit) die anderweiten Voraussetzungen der Wählbarkeit in der Person des Klägers zu- und zusammentreffen. Dazu gehört ein seit einem Jahre festgehaltener Wohnsitz im Kreise (§ 106 Nr. 2 der Kr.-Ordn.) und es genügt keineswegs die fortdauernde Reichsangehörigkeit (§ 97 a. a. O.).

5) Für das Aufgeben des bisherigen Wohnsitzes spricht die auch durch eine Willenserklärung entgegengesetzten Inhaltes (z. B. vor Gericht) nicht ausgeschlossene Vermutung bei einer „Übersiedelung“ mit der Familie und dem gesammten Hausrat, zumal wenn die begleitenden Umstände die fernere Beibehaltung des bisherigen Wohnsitzes gar nicht einmal thunlich erscheinen lassen.

Nr. 9. Entsch. Bd. III. S. 60 vom 23. Januar 1878.

Kr.-Ordn. v. $\frac{13.\ XII.\ 72}{19.\ III.\ 81}$ (G.-S. 1881 S. 179) § 104 und Wahlreglement § 2.

Die Leitung der Wahlen der Kreistagsabgeordneten in den vereinigten Städte-Wahlbezirken steht nur dem Landrate zu.

---

[1]) Oben S. 1.
[2]) Jetzt § 163 Zust.-Ges. v. 1. VIII. 83.
[3]) Später § 64 Abs. 3 des Zust.-Ges. v. 26. VII. 76, jetzt § 113 Abs. 3 der Kr.-Ordn.

Die Vertretung des Landrates durch andere als diejenigen Personen, die gesetzlich zur Vertretung des Landrates als solchen (§ 75 der Kr.-Ord.) in Behinderungsfällen berufen sind, ist unzulässig. Deshalb zieht diese Leitung durch einen vom Landrate beauftragten Bürgermeister die Ungültigkeit des Wahlaktes nach sich, und es ändert hieran auch die Thatsache nichts, daß der Bürgermeister die persönliche Befähigung zur Erlangung des Amtes eines Landrates oder zu seiner Stellvertretung besitzt. Die §§ 41, 43. T. I. Tit. 13 A.-L.-R. dürfen auf den vorliegenden Fall nicht angewendet werden, denn die vom Gesetze hervorgehobene Qualifikation beruht nicht in den Eigenschaften der Person, sondern in denen des Amtes.

Nr. 10. Entsch. Bd. III. S. 64 vom 16. Februar 1878.

Kr.-Ordn. v. $\frac{13.\ XII.\ 72}{19.\ III.\ 81}$ (G.-S. 1881 S. 179) § 97[3].

1) In Ansehung staatsbürgerlicher Rechte ist prinzipiell eine Übertragung auf Dritte, sei es auch nur in Beziehung auf die Ausübung, nicht gestattet (A.-L.-R. Einleitung §§ 99, 102 ff., Teil I. Tit. 11 § 382, Tit. 13 §§ 18, 31), und es ist daher jede Deutung zu vermeiden, die über den „gewöhnlichen" (A.-L.-R. Teil I. Tit. 4 § 65) Sinn der gebrauchten Worte hinausgeht.

2) Wenn ausnahmsweise nach § 97 Nr. 3 der Kr.-Ordn. sich Eltern durch ihre Söhne, denen sie die Verwaltung selbständiger Güter dauernd übertragen haben, bei den Kreistagswahlen vertreten lassen können, so läßt sich diese Bestimmung, bei deren Auslegung gemäß des unter Nr. 1 angeführten Rechtsgrundsatzes ohnehin alle Vorsicht walten muß, nicht ausdehnen auf solche Söhne, denen die Eltern ihre Güter verpachtet haben. Denn die Begriffe von „Verwaltung" und „Pacht" sind, abgesehen davon, daß sie privatrechtlich und wirtschaftlich zwei weit auseinander liegende, nicht nur nicht verwandte, sondern gegensätzlich einander gegenüberstehende Vertragsverhältnisse sind, weshalb nicht anzunehmen ist, daß sich der Gesetzgeber ihrer bei der Wahl der Worte etwa nicht bewußt gewesen sei, schon dadurch voneinander verschieden, daß jenes Rechtsverhältnis auf Vertrauen, auf persönlichen Beziehungen beruht, dieses aber auf dem Buchstaben eines Vertrages. Die vorgedachte Bestimmung ist zu Gunsten der Eltern geschaffen, wie die Allerh. Kabinetsordre vom 21. III. 31 (v. Kamptz Annalen Band XV. S. 10) bestätigt.

Nr. 11. Entsch. Bd. IV. S. 1 vom 1. Juli 1878.

Kr.-Ordn. v. $\frac{13.\ XII.\ 72}{19.\ III.\ 81}$ (G.-S. 1881 S. 179) §§ 20[1], 116[1], 118, 178.

Gegenstand der gesetzlichen Regelung im § 118 der Kr.-Ordn. ist lediglich die Berufung der Kreistagsabgeordneten zum Kreistage seitens des Landrates, nicht aber die Bestimmung des Ortes der Kreistagsversammlungen. Erscheint hiernach der Landrat zwar befugt, infolge seines Berufungsrechtes, so lange er hierin nicht beschränkt ist, seinerseits den Ort zu bezeichnen, an dem die Kreisvertretung sich versammeln soll, so ist dadurch mangels gesetzlicher Regelung, und da es sich um eine Angelegenheit des Kreises handelt, der Erlaß einer statutarischen Anordnung über den Ort der Kreistagsversammlungen nicht ausgeschlossen und überschreitet die dem Kreistage nach § 20 a. a. O. eingeräumten Befugnisse nicht. Der Landrat kann also einen solchen Beschluß anfechten.[1])

---

[1]) An Stelle der Anfechtung durch Klage aus § 69 des Zust.-Ges. v. 26. VII. 76 ist die Beanstandung durch Verfügung gemäß § 178 der Kr.-Ordn. getreten.

Nr. 12. Entsch. Bd. IV. S. 5 vom 5. September 1878.

Kr.-Ordn. v. 13. XII. 72 / 19. III. 81 (G.-S. 1881 S. 179) §§ 94 ff., 113.
Min.-Instr. v. 10. III. 73 (M.-Bl. S. 87) Art. 12.

1) Aus Abs. 1 und 4 im § 64 des Zust.-Ges. vom 26. VII. 76[1]) ergiebt sich für jedes Mitglied der Wahlversammlung — unter der Voraussetzung rechtzeitigen Einspruches — das Recht, einen den Einspruch verwerfenden Beschluß des Kreistages, betreffend die Wahlen von Kreistagsabgeordneten, mittels Klage anzugreifen.

2) Das der Kr.-Ordn. angehängte Wahlreglement und die dazu erteilte ministerielle Instruktion vom 10. III. 73 enthalten die bei der gesetzlichen Regelung des Wahlverfahrens eingeführten Formen und Förmlichkeiten. Sie haben, je nach der Verschiedenheit ihres Inhaltes und des durch sie betroffenen Gegenstandes, eine wesentlich verschiedene Bedeutung. Sie sind entweder unerläßliche Bedingung der Gültigkeit der danach vorzunehmenden Rechtshandlung dergestalt, daß die letztere ohne Beobachtung der Form überhaupt nicht zur rechtlichen Existenz gelangt, die Verletzung der bezüglichen Vorschrift für das Wahlverfahren unter allen Umständen die Ungültigkeit der Wahlhandlung zur Folge hat und für das richterliche Ermessen kein Raum bleibt, oder die Einführung einer Förmlichkeit erstrebt nur die besondere Klarlegung und Feststellung des Inhaltes einer Willenserklärung; sie soll als Sicherungsmittel insbesondere für den Einzelnen gegen Benachteiligungen durch die Mehrheit dienen; sie verfolgt den Zweck mehrerer Beglaubigung des unter ihren Schutz gestellten Aktes. Bei Förmlichkeiten der letzteren Art ist dem Verwaltungsrichter, wenn anders überhaupt eine sachgemäße Handhabung des Gesetzes ermöglicht werden soll, die Befugnis nicht zu versagen, je nach der Lage des gegebenen Falles über die Bedeutung ihrer Nichtbeachtung frei zu befinden.

3) Zu der letzteren Art der Förmlichkeiten gehört die im Art. 12 unter Nr. 11 der Instruktion vom 10. III. 73 angeordnete Verpflichtung mittels Handschlages an Eidesstatt der Beisitzer, des Protokollführers und der Stimmzähler.[2]) Es ist unrichtig, daß vor dieser Verpflichtung kein Wahlvorstand besteht und daß in einem solchen Falle die Wahl als ohne jeden Wahlvorstand vorgenommen zu gelten habe.

Der Wahlvorstand in seinen wesentlichen Elementen, dem Vorsitzenden und den Beisitzern, nimmt die Bedingungen seiner Existenz vor der eidlichen Verpflichtung und ohne diese aus dem Gesetze und dem Vertrauen der Wählerversammlung, der Protokollführer und die Stimmzähler, wenn solche überhaupt bestimmt werden, entnehmen sie aus der Ernennung durch den Wahlvorstand, ebenfalls vor der Verpflichtung der Beisitzer. Unter diesen Umständen kann der vorgeschriebenen Verpflichtung keine andere Bedeutung und dem sie anordnenden Gesetzgeber keine andere Absicht beigelegt werden, als die, daß durch diese Förmlichkeit eine erhöhte Gewähr für eine gewissenhafte Amtsführung seitens der zu verpflichtenden Personen gewonnen werde. Darum ist es gestattet, jene besondere Gewähr überall da für nicht unbedingt wesentlich und ihren Mangel für einflußlos in Beziehung auf die Gültigkeit des Wahlaktes zu erachten, wo der Verlauf des letzteren klar zu übersehen ist, sich sonst überall als ein ordnungsmäßiger herausstellt, wo die Thätigkeit des Wahlvorstandes als solchen und seiner einzelnen Mitglieder, einschließlich des Protokollführers und der Stimmzähler, von den Beteiligten in keiner Weise bemängelt ist und auch

---

[1]) Jetzt § 113 der Kr.-Ordn.

[2]) § 2 des Wahlreglements in neuester Fassung nennt den Stimmzähler ausdrücklich nicht mehr, vergl. aber § 6 a. a. O.

bei sonstiger Prüfung zu Bedenken keine Veranlassung giebt, wo also ohnehin volle Gewißheit darüber besteht, daß der Wille der einzelnen Wähler und des Wahlkörpers zur vollen Geltung und zu seinem gesetzlichen Ausdrucke gelangt ist.

Nr. 13. Entsch. Bd. V. S. 1 vom 23. Januar 1879.

Kr.-Ordn. v. $\frac{13. XII. 72}{19. III. 81}$ (G.-S. 1881 S. 179) § 97^{2}.

Unter einem „größeren Gute" im Sinne des § 97 Nr. 2 der Kr.-Ordn. ist nicht etwa ein Gut zu verstehen, das in kommunaler (politischer) Hinsicht für ein selbständiges zu erachten ist. Andererseits läßt sich auch der Ansicht nicht beipflichten, daß ein „größeres Gut" nur ein solches „größeres Grundeigentum" sei, das zur Teilnahme an dem Wahlverbande der größeren Grundbesitzer berechtige (§§ 86 und 183 der Kr.-Ordn.), vielmehr kann darunter nur ein größeres Besitztum verstanden werden, das sich thatsächlich als ein wirtschaftlich selbständiges, geschlossenes darstellt und um dieser Eigenschaft willen im Sprachgebrauche des gewöhnlichen Lebens ein „Gut" genannt wird. Vergl. E.-O.-V. Bd. I. S. 107.[1] Ob hiernach eine Besitzung als Gut anzusehen ist, muß der Beurteilung der thatsächlichen Verhältnisse seitens des Kreistages überlassen werden.

Nr. 14. Entsch. Bd. V. S. 11 vom 17. Februar 1879.

Kr.-Ordn. v. $\frac{13. XII. 72}{19. III. 81}$ (G.-S. 1881 S. 179) §§ 104, 106^{1}.
Östl. St. Ordn. v. 30. V. 53 (G.-S. S. 261) §§ 5, 6, 62.
Zirkular und Kostentarif v. 27. II. 84 (M. Bl. S. 30) Nr. VIII — an Stelle des Tarifs v. 8. XI. 76 getreten.

1) Der Besitz des Bürgerrechtes gilt als besondere Voraussetzung der Wählbarkeit zum Mitgliede des Kreistages im Wahlverbande der Städte auch für den auf Grund der St.-Ordn. vom 30. V. 53 bestellten Bürgermeister. Entscheidend ist jetzt nicht mehr der Umstand, ob jemand ein städtisches Amt bekleidet, sondern lediglich der Besitz des Bürgerrechtes.

2) Bei der Bemessung des Wertes des einer Schätzung nach Gelde nicht fähigen Streitgegenstandes — Gültigkeit der Wahl als Kreistagsabgeordneter — ist es nicht zulässig, den Gegenstand als einen solchen von geringerer Wichtigkeit zu behandeln. Im vorliegenden Falle sind 500 Mark für angemessen erachtet worden.

Nr. 15. Entsch. Bd. V. S. 20 vom 7. April 1879.

Kr.-Ordn. v. $\frac{13. XII. 72}{19. III. 81}$ (G.-S. 1881 S. 179) §§ 92, 108, 111, 112, 112a, 113.

1) Der Kreistag ist nicht berechtigt, bei Prüfung der Legitimation seiner Mitglieder auch noch die dem eigentlichen Wahlverfahren vorangehenden, dieses vorbereitenden Akte, insbesondere die Verteilung der städtischen Kreistagsabgeordneten auf die einzelnen Städte, nachdem diese Akte einmal bereits früher zu formell korrektem Abschlusse gelangt sind, in sachlicher Beziehung zu prüfen und darüber Beschluß zu fassen.

2) Zur Vollziehung von Ergänzungs- oder Neuwahlen darf erst dann geschritten werden, wenn entweder die Fristen zur Anbringung von Berichtigungsanträgen, ohne daß solche eingegangen, abgelaufen, oder die angebrachten berücksichtigt, oder auf die entsprechenden Klagen und Berufungen endgültige Entscheidungen der Verwaltungsgerichte ergangen sind, oder endlich mit Rücksicht

---

[1]) Oben S. 80 f.

auf die Art der Klageanträge der Kreisausschuß zu der Ansicht gelangt ist, daß die Entscheidungen des Bezirksausschusses oder des O.-V.-G., auch wenn sie den Klageanträgen entsprechen sollten, die Verteilung der Abgeordneten auf die Wahlverbände, Wahlbezirke und Städte nicht beeinflussen würden.

Nr. 16. Entsch. Bd. VI. S. 71 vom 14. Juni 1880.

Kr.-Ordn. v. $\frac{13.\ XII.\ 72}{19.\ III.\ 81}$ (G.-S. 1881 S. 179) § 107.

Die Vorschrift des § 107 der Kr.-Ordn., wonach alle drei Jahre die Hälfte, beziehungsweise die der Hälfte am nächsten kommende Zahl der Abgeordneten eines Kreistagswahlverbandes ausscheidet und durch neue zu ersetzen ist, findet auch dann Anwendung, wenn sich nicht eine dementsprechende Anzahl durch Ablauf der sechsjährigen Wahlperiode erlöschender Mandate innerhalb des Wahlverbandes vorfindet. Wer von den Abgeordneten, deren Wahlperiode noch nicht erloschen ist, auszuscheiden hat, bestimmt auch in diesem Falle das Los. Vergl. Zirkularverfügung vom 21. VII. 76 (M.-Bl. S. 223) unter II. 5 und 6.

Nr. 17. Entsch. Bd. VII. S. 54 vom 11. November 1880.

Kr.-Ordn. v. $\frac{13.\ XII.\ 72}{19.\ III.\ 81}$ (G.-S. 1881 S. 179) §§ 100, 108, 113.
Instr. v. 10. III. 73 (M.-Bl. S. 81) Art. 12 ⁸.

1) Wenn bei der Wahl der Wahlmänner der Landgemeinden zu den Kreistagsabgeordnetenwahlen der Inhaber mehrerer Vertretungsvollmachten mit einer der letzteren — zu Unrecht — zurückgewiesen wird und deshalb die Vorlegung der übrigen, lediglich demselben Zurückweisungsgrunde unterliegenden Vollmachten unterläßt, so wird dadurch das Wahlergebnis in dem Falle nicht berührt, wenn jene eine zu Unrecht zurückgewiesene Stimme für den Ausfall der Wahl nichts austrägt.

2) Den Wahlmännern steht gegen einen in Bezug auf ihre eigene Wahl — neben derjenigen der Kreistagsabgeordneten — die Ungültigkeit aussprechenden Kreistagsbeschluß ein Klagerecht zu. Vergl. Min.-Erl. vom 10. VIII. 77 (M.-Bl. S. 209).

Nr. 18. Entsch. Bd. VII. S. 94 vom 24. Februar 1881.

Kr.-Ordn. v. $\frac{13.\ XII.\ 72}{19.\ III.\ 81}$ (G.-S. 1881 S. 179) § 113 und Wahlreglement dazu §§ 6, 7.

1) Wegen der Prüfung der Legitimation der Mitglieder des Kreistages vergl. Entsch.-Bd. III. S. 16.[1]) Danach können unter den „Mitgliedern" des Kreistages nur diejenigen verstanden werden, die bis zur Prüfung ihrer Legitimation als einstweilen berechtigt zu Sitz und Stimme im Kreistage anzusehen sind. Diese Berechtigung steht ausschließlich denjenigen zu, die der Wahlvorstand für gewählt erklärt hat.

2) Darüber, ob eine Wahl zustande gekommen ist, oder nicht, muß sich der Wahlvorstand alsbald ohne Vorbehalt schlüssig machen. Denn es hängt hiervon ab, ob die Wahlhandlung weiter geführt werden muß, oder geschlossen werden kann. Der Beschluß enthält aber sachlich zugleich stets eine Feststellung, daß die Wahl ein Ergebnis gehabt habe und wie es ausgefallen sei. Ohne solche Feststellung entbehrt die Wahl des erforderlichen Abschlusses und ist, wenn sie trotzdem beendet wird, ergebnislos verlaufen. Eine bedingte Feststellung, z. B. in der Art, daß sich der Wahlvorstand die Entscheidung über die Gültigkeit einzelner Stimmzettel vorbehält und je nach dem Ausfalle weiterer

---

[1]) Oben S. 82.

Ermittelungen den einen oder den anderen für gewählt erklärt, ist schon deshalb unstatthaft, weil der zur Entscheidung über die Gültigkeit der Stimmzettel berufene Wahlvorstand mit dem Schlusse der Wahlhandlung außer Funktion tritt und demnach nicht in der Lage ist, die im Wahltermine selbst erforderlichen Entscheidungen nachträglich zu treffen, einer — auch im Gesetze nicht ausdrücklich vorgesehenen — förmlichen „Verkündigung" des Wahlergebnisses bedarf es nicht.

3) Ist eine Wahlhandlung ohne bestimmt erkennbares Ergebnis verlaufen, so hat die Kreisversammlung nicht das Recht, einen ihrer Meinung nach Gewählten aus eigener Initiative einzuberufen. Es ist eben dann aus der Wahlverhandlung ein Mitglied des Kreistages nicht hervorgegangen und der Kreistag kann gar nicht in die Lage kommen, die Legitimation dieses Mitgliedes zu prüfen. Geschieht dies dennoch, so liegt darin eine Überschreitung der Befugnisse des Kreistages, der durch die Anfechtung[1]) des betreffenden Beschlusses durch den Landrat entgegengetreten werden kann.

Nr. 19. **Entsch. Bd. VIII. S. 42** vom 13. Febr. 1882.

Kr.=Ordn. v. $\frac{13.\ XII.\ 72}{19.\ III.\ 81}$ (G.=S. 1881 S. 179) §§ 96, 103, 106, 108, 110, 113.
Min.=Instr. v. 10. III. 73 (M.=Bl. S. 81) Art. 13.

1) Nach § 103 der Kr.=Ordn. muß die Wahl des Kreistagsabgeordneten eines ländlichen Wahlbezirkes (auch eine Ersatzwahl) unter der Leitung des Landrates oder in dessen Auftrage eines Amtsvorstehers vorgenommen werden. Wird dazu ein anderer Stellvertreter, als der im Gesetze bezeichnete, genommen, so ist die Wahl ungültig. Vergl. Entsch. Bd. III. S. 60[2]).

2) Daraus, daß jemand seine Ämter als Kreistagsabgeordneter, stellvertretender Amtsvorsteher, Standesbeamter u. s. w. niedergelegt hat, darf nicht gefolgert werden, daß er auch sein Mandat als Wahlmann eines ländlichen Wahlbezirkes hat niederlegen wollen. Ebensowenig darf er als aus diesem Amte ausgeschieden behandelt werden, weil er als „geistig tot" zu dessen Ausübung unfähig war. Dauernde unheilbare (Geistes=) Krankheit bewirkt das Ausscheiden des so erkrankten Wahlmannes nur in dem Falle, wenn etwa dem Betreffenden wegen Geistesschwäche u. s. w. die Verfügung über sein Vermögen durch gerichtliche Anordnung entzogen worden wäre (§ 106 Schlußsatz in Verbindung mit § 96 lit. a und Abs. 2 der Kr.=Ordn.).

3) Unzulässig ist dagegen, daß der Landrat in die Wählerliste als Besitzer selbständiger Güter Personen aufgenommen hat, die sich in dem nach § 110² der Kr.=Ordn. aufgestellten Verzeichnisse nicht befanden. Die Wählerliste ist, soweit das Verzeichnis des § 110² in Frage kommt, lediglich auf Grund dieses Verzeichnisses aufzustellen. Eine Eintragung von Personen, die nicht in dem Verzeichnisse stehen, entbehrt der gesetzlichen Grundlage. Die Wahlberechtigung ruht nicht auf den betreffenden Gütern, sondern sie kommt den Besitzern persönlich zu und wird vom Gesetze ihnen nur gewährt, sofern sie bestimmten Erfordernissen entsprechen. Ob letzteres der Fall ist, soll durch die alle drei Jahre vorzunehmende Anfertigung neuer Verzeichnisse und das sich hieran knüpfende, gesetzlich geordnete Verfahren festgestellt werden. Eine Berichtigung des Verzeichnisses kann deshalb ohne Eröffnung dieses zum Schutze aller Beteiligten gegebenen Verfahrens nicht erfolgen. Daß die Wählerliste öffentlich ausgelegen und keinen Widerspruch erfahren hat, ändert hieran nichts, da diese Auslegung weder den

---

[1]) An Stelle der Anfechtung durch Klage (§ 69 des Zust.=Ges. v. 26. VII. 76) ist die Beanstandung durch Verfügung (§ 178 der Kr.=Ordn.) getreten.

[2]) Oben S. 84.

Zweck noch die Wirkung hat, die im § 110 a. a. O. angeordnete Veröffentlichung der Verzeichnisse zu ersetzen. Denn ein Verfahren, wie es der § 110 im Schlußsatze zur Erledigung von Anträgen auf Berichtigung der Verzeichnisse vorgesehen hat, kann sich in Ermangelung einer dahingehenden gesetzlichen Vorschrift an Einwendungen gegen die Wählerliste nicht anschließen.

4) Allerdings ergiebt sich hieraus die Folge, daß Berichtigungen des Verzeichnisses im Laufe der dreijährigen Periode auch bei eingetretenem Wechsel im Besitze der selbständigen Grundstücke nicht vorgenommen werden können und demnach die Besitznachfolger eine Zeit lang von dem ihnen an sich gebührenden Wahlrechte ausgeschlossen bleiben. Der Gesetzgeber hat aber ohne Zweifel die Rücksicht durchschlagend sein lassen, daß in dem alle drei Jahre für den ganzen Kreis aufgestellten Verzeichnisse für diesen Zeitraum eine unanfechtbare Grundlage geschaffen werden müsse, und er konnte das um so unbedenklicher thun, als es sich dabei nur um die verhältnismäßig seltneren Ersatzwahlen handelt.

Nr. 20. **Entsch. Bd. IX. S. 15** vom 4. September 1882.

Kr.-Ordn. v. $\frac{13.\ XII.\ 72}{19.\ III.\ 81}$ (G.-S. 1881 S. 179) § 113.

1) Der § 113 der Kr.-Ordn. eröffnet demjenigen, dessen Wahl als Kreistagsabgeordneter durch Beschluß des Kreistages für ungültig erklärt worden ist, durch die ihm gewährte Klage in gewissem Sinne eine weitere, das Wahlprüfungsverfahren erst definitiv abschließende Instanz zur Führung seiner bemängelten Legitimation, und der Zweck dieses Rechtsmittels ist kein anderer, als daß durch den Richter die von dem Kreistage verworfene Wahl als gültig und geeignet anerkannt werde, den Beteiligten zum Mitgliede des Kreistages zu machen — ein Ergebnis, zu dem der Verwaltungsrichter nur dann gelangen kann, wenn, auch abgesehen von den seitens des Kreistages etwa als maßgebend angesehenen, jedoch unhaltbar befundenen Momenten, das Wahlverfahren überall frei von Mängeln ist und somit der Zulassung des Gewählten ein Hindernis überhaupt nicht im Wege steht.

2) Ein derartiger Mangel liegt vor, wenn der Name des Klägers in das Verzeichnis des § 110² der Kr.-Ordn. nicht aufgenommen war.[1])

Nr. 21. **Entsch. Bd. X. S. 24.** vom 17. Mai 1883.

Kr.-Ordn. v. $\frac{13.\ XII.\ 72}{19.\ III.\ 81}$ (G.-S. 1881 S. 179) §§ 75, 94, 113.

1) Das öffentliche Interesse ist im Sinne des § 61 des Verwaltungsgerichtsgesetzes vom 3. VII. 75[2]) für beteiligt zu erachten, wenn es sich um die Frage handelt, ob bei den Wahlen der Kreistagsabgeordneten im Wahlverbande der Großgrundbesitzer die Stellvertretung des Landrates nur einem der Kreisdeputierten oder auch einem Königlichen Beamten übertragen werden dürfe.

2) Das Recht der Anfechtung eines Kreistagsbeschlusses nach § 113 der Kr.-Ordn. wird dadurch nicht beeinträchtigt, daß die Kläger zuerst die Wahl angenommen und dann selbst im Sinne des von ihnen durch Klage angefochtenen Beschlusses für die Ungültigkeit gestimmt haben.

3) In der Sache selbst ist daran festzuhalten[3]), daß die Leitung der Wahl von Kreistagsabgeordneten im Wahlverbande der Großgrundbesitzer durch einen anderen, als den Landrat des Kreises oder die durch die bestehende Behörden-

---

[1]) Vergl. die vorhergehende Entsch. Nr. 19.

[2]) Jetzt § 91 L.-V.-G.

[3]) Vergl. Entsch. Bd. III. S. 61 oben S. 84.

organisation zu seiner Vertretung in Behinderungsfällen berufene Persönlichkeit einen wesentlichen die Wahlen ungültig machenden Mangel bildet. Es kommt daher darauf an, ob eine solche Persönlichkeit auch in dem mit der Verwaltung des Landratsamtes beauftragten Assessor zu erblicken ist. Die Zuständigkeit des Verwaltungsrichters zur Entscheidung dieser Frage steht außer Zweifel, da in der Hauptsache, d. h. über die Gültigkeit der Wahl, nicht entschieden werden kann, ohne zuvor über die Rechtmäßigkeit des Auftrages an den Assessor durch die Staatsregierung Entscheidung zu treffen. Die Entscheidung muß aber zu Gunsten der Staatsregierung ausfallen und letztere unbedenklich für befugt erachtet werden, die Vertretung des Landrates auch einem Königlichen Beamten mit Übergehung der Kreisdeputierten zu übertragen.

Auch § 75 der Kr.-Ordn. schließt seinem Wortlaute nach eine kommissarische Vertretung keineswegs aus, sondern setzt sie im Gegenteil als unter Umständen zulässig notwendigerweise voraus, z. B., wenn die Kreisdeputierten die Vertretung ablehnen, wenn keine vorhanden sind, oder wenn sie sonst nicht herangezogen werden können, und enthält sich jeder positiven Bestimmung darüber, unter welchen Bedingungen eine kommissarische Vertretung statthaft sein soll. Namentlich schreibt er nicht vor, eine solche Anordnung solle lediglich und erst dann getroffen werden können, nachdem die Kreisdeputierten auf Anfrage die Stellvertretung abgelehnt hätten. § 75 enthält auch sonst zahlreiche Lücken und regelt keineswegs die Vertretung des Landrates erschöpfend nach allen Seiten hin. Aus ihm geht nicht einmal mit Sicherheit hervor, daß er bei einer Erledigung des Landratsamtes nicht zur Anwendung kommen solle. Auch enthält er keine Vorschrift darüber, von wem die Stellvertretung angeordnet werden soll und wer insbesondere darüber zu befinden hat, ob es sich um eine kürzere oder längere Behinderung handelt. Ferner ist die Frage offen gelassen, in welchem Verhältnisse die beiden Kreisdeputierten zu einander stehen. Es muß daher zu seiner Auslegung die Entstehungsgeschichte in umfassender Weise herangezogen werden. Aus dieser geht hervor, daß die Staatsregierung die schon früher als rechtlich zulässig und thatsächlich geübt nachgewiesene Befugnis, unter Umständen trotz des Vorhandenseins von Kreisdeputierten und trotz deren Bereitwilligkeit zur Übernahme der Stellvertretung diese einem besonderen Kommissar zu übertragen, auch durch § 75 der Kr.-Ordn. nicht verloren hat. Sollte diese Befugnis für die Zukunft ausgeschlossen werden, so bedurfte es hierzu einer ausdrücklichen Bestimmung im Gesetze, woran es fehlt.

Nr. 22. Entsch. Bd. X. S. 44 vom 11. Juni 1883.

Kr.-Ordn. v. $\frac{13.\ XII.\ 72}{19.\ III.\ 81}$ (G.-S. 1881 S. 179) §§ 99, 101, 103, 104, 110, 178.

1) Beschlüsse des Kreisausschusses über Anträge auf Berichtigung von Verzeichnissen der Wahlberechtigten gemäß § 110 der Kr.-Ordn. gehören zu den „in Kommunalangelegenheiten des Kreises“ gefaßten Beschlüssen und sind gemäß § 178 a. a. O. dem Beanstandungsrechte des Landrates unterworfen, denn es handelt sich dabei um die eigenen Angelegenheiten der Kreiskorporation. Der Kreisausschuß beschließt nicht als staatliches, zur Ausübung staatlicher Hoheitsrechte berufenes Organ, sondern als kommunales Organ, was schon daraus hervorgeht, daß gegen seine Beschlüsse in diesem Falle die Klage im Verwaltungsstreitverfahren zusteht.

2) Gegen Beschlüsse des Kreisausschusses, betreffend die Vereinigung der Besitzer mehrerer kleiner Güter, oder der Einwohner mehrerer kleiner Gemeinden zu Kollektivstimmen und betreffend die Bestimmung des Wahlortes in den Wahlbezirken des Verbandes der Landgemeinden, den Städten und den Städte-

wahlbezirken (§§ 99, 101, 103, 104 der Kr.-Ordn.), findet das regelmäßige Beschwerdeverfahren nicht statt, sie können vielmehr nur beanstandet werden.

Nr. 23. Entsch. Bd. XII. S. 11 vom 11. Mai 1885. II B 16/85.

Kr.-Ordn. v. $\frac{13.\ XII.\ 72}{19.\ III.\ 81}$ (G.-S. 1881 S. 179) §§ 94, 96, 97, 103, 104, 107.

1) Nach § 103 der Kr.-Ordn. gebührt die Bestimmung des Wahlortes für die Wahl der Kreistagsabgeordneten in den Wahlbezirken des Verbandes der Landgemeinden dem Kreisausschusse. Diese positive Vorschrift gehört zu denjenigen Förmlichkeiten, ohne deren Beobachtung die Wahlhandlung überhaupt nicht zur rechtlichen Existenz gelangt.

2) Ein für die regelmäßigen Ergänzungswahlen von dem Kreisausschusse im Voraus bestimmter Wahlort ist auch für die Ersatzwahlen maßgebend.

3) Mit den Schlußworten des § 96 der Kr.-Ordn., „wenn die gerichtliche Haft verfügt ist", ist nur die gerichtliche Untersuchungshaft gemeint. Wenn also z. B. ein Kreistagsmitglied wegen Majestätsbeleidigung zu einer mehrmonatlichen Freiheitsstrafe verurteilt und dabei zugleich der aus seiner Wahl hervorgegangenen Rechte verlustig erklärt worden ist, so kann es, während es die Strafe verbüßt, doch als sein eigner Ersatzmann wieder gewählt werden.

Nr. 24. Entsch. Bd. XII. S. 19 vom 14. Dezember 1885. II B 69/85.

Hann. Kr.-Ordn. v. 6. V. 84 (G.-S. 1881 S. 179) §§ 56, 64, 70.
Min.-Instr. dazu v. 11. V. 84 Art 1[1].
Hann. Ges. v. 28. IV. 59 (Hann. G.-S. S. 393), betr. die Landgemeinden, §§ 3—21, 65.

1) Die Prüfung der Legitimation der Kreistagsmitglieder durch den Kreistag hängt nicht ab von einem gegen das stattgehabte Wahlverfahren erhobenen Einspruche, sondern erfolgt von Amtswegen. Daraus daß jemand eine Zeit lang bereits dem Kreistage unbeanstandet angehört und an mehreren Kreistagen teilgenommen hat, folgt keineswegs, daß seine Legitimation bereits geprüft und durch Beschluß des Kreistages für beschafft erklärt worden sei.

Ein bestimmter Zeitpunkt, bis zu dem die Wahlen beanstandet werden müssen, ist nicht vorgeschrieben.

2) In der Provinz Hannover sind die Forensen der Landgemeinden befugt, an dem Stimmrecht bei der Wahl der Wahlmänner in den Wahlbezirken des Verbandes der Landgemeinden teilzunehmen.

Nr. 25. Entsch. Bd. XIII. S. 30 vom 25. März 1886. II B 11/86.

Hann. Kr.-Ordn. v. 6. V. 84 (G.-S. S. 181) §§ 52, 53, 66, 70, 91, 93, 106, 108.
Kr.-Ordn. v. $\frac{13.\ XII.\ 72}{19.\ III.\ 81}$ (G.-S. 1881 S. 179) § 97.

1) Der Kreistag ist zu einer dem Gesetze entsprechenden Thätigkeit überhaupt nur dann befähigt, wenn seine Mitglieder unter Beobachtung der für ihre Abordnung in die Kreisversammlung bestehenden Vorschriften erwählt worden sind, er hat mithin das allerdringendste und nächstliegende Interesse, sich vorab darüber Gewißheit zu verschaffen, daß er in legaler Weise zusammengesetzt ist. Die Wahlverhandlungen bilden die Quelle seiner eigenen Existenz; ohne ihre ordnungsmäßige Abwickelung mangelt es an der ersten und unerläßlichsten Vorbedingung für ein gesetzmäßiges Funktionieren. Deshalb ist es nicht bloß ein erst auf Anrufen beteiligter Wähler aktuell werdendes Recht, sondern eine ganz unabhängig davon bestehende Pflicht des Kreistages, die Legitimation seiner Mitglieder, damit vor allem aber die Wahlverhandlungen zu prüfen und Beschluß zu fassen darüber, ob sie dem Gesetze entsprechend ihre Erledigung

gefunden haben. Nicht um fremde Angelegenheiten Dritter handelt es sich dabei, die auch auf anderem Wege, etwa durch Übereinkunft der Wähler und Gewählten geordnet werden könnten, sondern eigene Angelegenheiten sind es im allerengsten Sinne des Wortes, die der Kreistag von Amtswegen oder auf Anregung seitens Einspruch erhebender Wähler zum Austrage zu bringen, wie auch fernerhin zu vertreten hat. Hieraus geht hervor, daß der Kreistag im Streitverfahren über die Gültigkeit der Wahlen seiner Mitglieder die Hauptpartei bildet, ohne deren Zuziehung gar nicht entschieden werden kann. Zur Wahrnehmung seiner Gerechtsame als Partei in dem Streitverfahren ist er nicht auf die für die Regel zur Ausführung seiner Beschlüsse oder zur Vertretung des Kreises nach Außen berufenen Organe beschränkt, sondern durch § 70 Abs. 5 der Hann. Kr.-Ordn. ausdrücklich ermächtigt, einen besonderen Vertreter zu bestellen.

Er ist ferner zur Vertretung seines Beschlusses über die Gültigkeit oder Ungültigkeit von Kreistagswahlen allein berechtigt und verpflichtet. Eine notwendige Streitgenossenschaft zwischen ihm und den Wählern und Gewählten im Sinne des § 59 der Zivilprozeßordnung besteht nicht. Es liegt ihm nicht ob, die Gerechtsame Dritter wahrzunehmen, wogegen es ihm natürlich unbenommen bleibt, die Beiladung solcher Personen zu beantragen, deren Interesse seines Erachtens von der zu erlassenden Entscheidung berührt wird.

2) Ehefrauen können sich nach § 53 Nr. 7 a. a. O. bei den Kreistagswahlen nur durch ihre Ehemänner vertreten lassen. Auch im Übrigen hat die Frage, wer zur Teilnahme an dem Wahlakte selbst persönlich oder durch einen Stellvertreter berechtigt ist, in den §§ 52, 53 a. a. O. eine selbständige und erschöpfende Regelung gefunden. Danach sind Witwen nur wahlberechtigt, wenn sie an dem Tage der Wahl Angehörige des Deutschen Reiches sind. War dies nicht der Fall, so ist die Wahl (sofern es dabei auf die betreffende Stimme ankommt) ungültig, selbst wenn sich der Name der Wittwe in dem — unbeanstandet gebliebenen — Verzeichnisse der zum Wahlverbande der größeren Grundbesitzer gehörigen Besitzer vorfindet.

3) Die Ungültigkeit einer Stimme kann auch nicht um deswillen für belanglos erklärt werden, weil deren Führer, wie aus verschiedenen Anzeigen ersichtlich, ohnehin mit der Minderheit gestimmt und somit das Wahlergebnis nicht beeinflußt hätte. Gegenüber der Vorschrift des Gesetzes, daß die Abstimmung eine geheime ist und mittels uneröffneter Stimmzettel zu erfolgen hat, ist demnächst ausschließlich der Inhalt letzterer entscheidend, und jede Ermittelung über die Autorschaft der einzelnen Zettel als mit dem Wesen der geheimen Abstimmung unvereinbar ausgeschlossen, so daß es nicht angeht, das Resultat der Abstimmung von dem Ergebnisse einer Ermittelung darüber abhängig zu machen, wie der Einzelne gestimmt hat.

Eltern können durch ihre Söhne bei den Kreistagswahlen nur dann vertreten werden, wenn sie ihnen die Verwaltung selbständiger Güter dauernd übertragen haben. Die Verpachtung steht der Verwaltung nicht gleich. Vergl. Entsch. Bd. III. S. 64.[1]) Darauf, daß die Beteiligten sich über diese Lage der Gesetzgebung ihrer Angabe nach in einem Irrtume befunden haben, kann keine Rücksicht genommen werden.

Nr. 26. Entsch. Bd. XIV. S. 41. (i. d. Anm.) vom 25. Januar 1887. II B 12/87.

Kr.-Ordn. v. $\frac{13.\ XII.\ 72}{19.\ III.\ 81}$ (G.-S. 1881 S. 179) § 113.

1) In Fällen, wo der Kreistag von Amtswegen eine Wahl für ungültig erklärt, ist eine vorgängige Anhörung des Beteiligten nicht geboten,

[1]) Oben S. 85.

es kann daher aus einer Verletzung der Vorschrift in § 113 der Kr.-Ordn., wonach über den Einspruch die Beteiligten vorab zu hören sind, niemals die Folgerung abgeleitet werden, daß der betreffende Kreistagsbeschluß im Verwaltungsstreitverfahren aufzuheben sei. Wenn das Gesetz gegen die Beschlußfassung des Kreistages über die Gültigkeit einer Wahl das Rechtsmittel der Klage gewährt, so ergeben sich Zweck und Ziel dieses Verfahrens ohne weiteres aus dem Wesen der Sache: Durch die Entscheidung soll das Ergebnis der Wahl endgültig festgestellt werden. Der Verwaltungsrichter kann sich deshalb nicht damit begnügen, den Beschluß des Kreistages aufzuheben, er muß vielmehr darüber befinden, ob die Wahl gültig ist, oder nicht.

2) Gründe braucht der Kreistag seinem Beschlusse nicht beizufügen.

Nr. 27. Entsch. Bd. XVI. S. 1 vom 2. Juli 1888. II B 19/88.

Kr.-Ordn. v. 13. XII. 72 / 19. III. 81 (G.-S. 1881 S. 179) §§ 7, 14, 86, 87, 96—98, 106, 110.

1) Die in dem für drei Jahre aufgestellten Verzeichnisse der Mitglieder des Wahlverbandes der größeren Grundbesitzer aufgeführten Wahlberechtigten sind zur Ausübung des aktiven Wahlrechtes nicht mehr befugt, wenn nach Abschluß jenes Verzeichnisses im Laufe der dreijährigen Periode ihre Eigenschaft als Großgrundbesitzer des Kreises in Fortfall gekommen ist. Die Fortdauer der Berechtigung auch nach dem Fortfalle ihrer einzigen Grundlage wäre eine Anomalie, die nur dann als vom Gesetzgeber gewollt und als bestehendes Recht anerkannt werden könnte, wenn sich eine unzweideutige Bestimmung dieses Inhalts vorfände, was nicht der Fall ist.

2) Zwar ist es allerdings ein unerläßliches Erfordernis für jedes Wahlverfahren, daß zu irgend einem Zeitpunkte der Kreis derjenigen Personen feststeht, die zu dem Wahlakte eingeladen werden müssen. Deshalb bedarf es bei der Aufstellung des Verzeichnisses der Festsetzung eines Präklusivtermines, nach dessen Ablauf neue Personen dem Kreise der zu Ladenden nicht mehr hinzutreten können. Von diesen Erwägungen aus hat das O.-V.-G. wiederholt (vergl. Entsch. Bd. VIII. S. 42[1]) ausgesprochen, daß bei vorgekommenem Besitzwechsel die Besitznachfolger ein Stimmrecht für sich nicht beanspruchen können, weil sie in dem Verzeichnisse der Angehörigen des Wahlverbandes nicht genannt seien, diese Verzeichnisse aber für die dreijährige Periode insofern die unverrückbare Grundlage des Wahlverfahrens bilden, als neue Berechtigte dem Kreise der durch das Verzeichnis gegebenen nicht hinzutreten können.

Aus der Unzulässigkeit des Eintrittes neuer Mitglieder in den Kreis der durch das Verzeichnis nachgewiesenen Berechtigten folgt aber nicht zugleich die Unstatthaftigkeit oder Unmöglichkeit des Ausscheidens. Eine Geschlossenheit des Wahlverbandes in der Weise, daß der Bestand seiner Mitglieder nur durch den Tod eine Verringerung erfahren darf, sonst aber absolut keine, ist zum Zwecke der Durchführung eines geordneten Verfahrens ersichtlich nicht erforderlich. Mit dem Geiste des Gesetzes aber und mit den Grundsätzen, nach denen sich das Teilnahmerecht in der Vertretung des Kreises regelt, steht es im Widerspruch, daß der Eigentümer eines seiner Eigenschaft als Großgrundbesitzer bedingenden Gutes, nachdem letzteres im Laufe der wesentlichen drei Jahre etwa einem anderen Kreise zugeschlagen oder zerstückelt oder im Ganzen veräußert ist, oder daß der Eigentümer eines untergegangenen, nicht wieder hergestellten Gebäudes fortwährend als Großgrundbesitzer des Kreises fungiert. In derselben Weise widerspricht es dem Geiste des Gesetzes, wenn eine Persönlichkeit, die an der

---

[1]) Oben S. 89.

Ausübung ihres Wahlrechtes behindert ist, weil sie sich im Konkurse befindet oder ihr die Verfügung über ihr Wahlrecht genommen ist, demnächst als Großgrundbesitzer wieder in Aktion tritt, nachdem der Konkurs durch Versilberung oder Verteilung der Masse beendigt, und der Beteiligte statt der bis dahin ihm entzogenen Vermögensverfügung nunmehr die Substanz verloren hat.

Nr. 28. Entsch. Bd. XVI. S. 10 vom 26. Juni 1888. II C 61/88.

Hann. Kr.=Ordn. v. 6. V. 84 (G.=S. S. 181) §§ 48, 49.

Die gesetzliche Regel des § 49 der Hann. Kr.=Ordn. über die Ausgleichung der sich bei der Verteilung der städtischen Kreistagsabgeordneten ergebenden *Bruchteile* findet *keine* Anwendung bei der nach § 48 zu bewirkenden Feststellung der Voraussetzung, unter der mehrere Städte eines Kreises behufs der Wahl mindestens eines gemeinschaftlichen Abgeordneten zu *einem Wahlbezirke* vereinigt werden.

Nr. 29. Entsch. Bd. XVI. S. 13 vom 13. Januar 1888. II B 43/87.

Hann. Kr.=Ordn. v. 6. V. 84 (G.=S. S. 181) §§ 42, 53, 106.
Hann. Ges., betr. die Amtsvertretung, v. 28. IV. 59 (Hann. G.=S. S. 423) § 8 und Ausf.=Best. dazu v. 28. IV. 59 (Hann. G.=S. S. 431) Nr. IV.

Bei *Berechnung der Grund= und Gebäudesteuerbeträge* behufs Aufnahme in die Wählerliste des Großgrundbesitzes gemäß § 42 der Hann. Kr.=Ordn. sind *nur diejenigen* Grundstücke zu berücksichtigen, die dem Aufzunehmenden selbst gehören, nicht auch diejenigen, die von seiner *Ehefrau* nach Hoya'schem *Meierrechte* in die Ehe eingebracht sind, oder die ihr während der Ehe zufallen.

Der auf eine Meierstelle aufheiratende Hofeswirt erlangt infolge oder durch Eingehung der Ehe nicht Eigentum an der Meierstelle, und ebenso wenig geht die von der Frau ererbte Stelle in das Eigentum des Ehemannes über. Er wird und bleibt Inhaber des Meiergutes mit einem weitgreifenden dinglichen Verwaltungs= und Nutzungsrechte. Er ist Repräsentant des Hofes und hat mit dem uneingeschränkten Bewirtschaftungsrecht die alleinige Verfügung über die Aufkünfte des Hofes, aber Eigentümer ist er nicht. Weder durch freiwillige Veräußerung unter Lebenden, noch auf den Todesfall darf er den Hof weggeben, auch richtet sich die Erbfolge in ihn lediglich nach der Person der Frau, von der der Hof herrührt.

Nr. 30. Entsch. Bd. XVII. S. 4 vom 6. November 1888. II B 36/88.[1])

Kr.=Ordn. v. $\frac{\text{13. XII. 72}}{\text{19. III. 81}}$ (G.=S. 1881 S. 179) § 200 und Min.=Instr. v. 10. III. 73 (M.=Bl. S. 81).

Die Annahme, es bestehe in Beziehung auf das Wahlverfahren ein prinzipieller Unterschied zwischen gesetzlichen und instruktionellen Vorschriften dahin, daß zwar die *Befolgung der ersteren* unbedingt geboten, die *Nichtbeachtung der letzteren* aber ebenso allgemein gestattet sei, wenn nicht hier gleichzeitig der Nachweis erbracht werde oder es an sich ersichtlich sei, daß das Wahlresultat bei Beobachtung der Instruktion ein anderes gewesen wäre — kann in dieser Allgemeinheit als richtig *nicht* anerkannt werden, weil die fragliche Instruktion in Gemäßheit des § 200 der Kr.=Ordn. erlassen ist. Hiernach erscheint es nicht thunlich, die Instruktion ohne Rücksicht auf den Inhalt der bezüglichen Bestim-

[1]) Der hier nicht berücksichtigte Teil des Urteils, wonach zwischen den Ergänzungswahlen zum Kreistage im Verbande der Landgemeinden und in dem der Großgrundbesitzer ein Zeitraum von mindestens acht Tagen offen bleiben muß, ist durch Min.=Erl. v. 2. V. 88 (M.=Bl. S. 103, vergl. E.=O.=V. Bd. XIX S. 1 unten S. 100) bedeutungslos geworden.

nungen im Gegensatze zur Kr.-Ordn. selbst grundsätzlich als minderwertig zu behandeln. — Vergl. E.-O.-V. Bd. IV. S. 8[1]), VI. S. 154 und VIII. S. 119.[2])

Nr. 31. Entsch. Bd. XVII. S. 8 vom 25. September 1888. II C 70/88.

Hann. Kr.-Ordn. v. 6. V. 84 (G.-S. S. 181) §§ 7, 42, 45, 46, 67, 69.

Kr.-Ordn. v. $\frac{13.\ XII.\ 72}{19.\ III.\ 81}$ (G.-S. 1881 S. 179) §§ 86, 90.

1) Es ist gesetzlich unzulässig, eine Mehrheit von Individuen, ohne Prüfung der Frage, ob ihnen für ihre Person ein Klagerecht beiwohnt, zur Erhebung der Klage im Verwaltungsstreitverfahren zu verstatten, sie als Partei bei dessen Durchführung zu beteiligen und schließlich ihren Klageanträgen Folge zu geben, auch den Gegner zum Ersatze der ihnen erwachsenen baaren Auslagen zu verurteilen, weil neben ihnen mit dem gleichen Anspruche eine zu dessen Erhebung für berechtigt angesehene Person auftritt. Das Recht zur Klageerhebung im Verwaltungsstreitverfahren bedarf in allen Fällen und für jeden, der davon Gebrauch macht, auch ohne dagegen aufgestellten Einwand, der besonderen Untersuchung. Deshalb ist es unerläßlich, daß der Verwaltungsrichter zu der vor ihn gebrachten Frage der Legitimation auch in Ansehung etwaiger Mitkläger ausdrücklich Stellung nimmt.[3])

2) Nach § 69 der Hann. Kr.-Ordn. steht nur den „Beteiligten" ein Recht der Klage gegen die daselbst erwähnten Beschlüsse zu. Damit sind aber nicht die sämtlichen Kreisangehörigen als solche gemeint, vielmehr kann eine Klageberechtigung immer nur da beansprucht und zugestanden werden, wo sie zur Beseitigung eines Eingriffs in subjektive Rechte des Klageprätendenten führen kann und soll, was wiederum zur unerläßlichen Voraussetzung hat, daß ein solcher Eingriff vorliegt.

3) Wird für einen Kläger die Zugehörigkeit zum Wahlverbande der Landgemeinden nachgewiesen, so ist damit zugleich dessen subjektives Recht dargethan, seinem Wahlverbande die volle ihm gebührende Zahl der Abgeordneten gesichert zu sehen, so daß dieser Kläger als beteiligt und deshalb klageberechtigt zu erachten ist.

4) Nach § 68 des L.-V.-G. steht es den Parteien frei, ihre Erklärungen vor dem Termin schriftlich einzureichen. Das Duplikat solcher Erklärungen ist der Gegenpartei zuzufertigen, in dem Falle aber, wenn das nicht mehr ausführbar, der wesentliche Inhalt in der Verhandlung mitzuteilen.

Zweck dieser Vorschrift ist, die Gegenpartei des Erklärenden vor oder in dem Verhandlungstermin in den Stand zu setzen, sich zu äußern. Werden solche Erklärungen lediglich zu den Akten genommen und ist auch in dem Verhandlungstermine niemand erschienen, so bleibt, wenn der Gerichtshof die neu behaupteten Thatsachen für erheblich erachtet, nur übrig, die Verhandlungen zu vertagen und die Gegenpartei unter Mitteilung des Schriftstückes anderweit zu laden.

5) Die Verteilung der Kreistagsabgeordneten auf die drei Wahlverbände der größeren Grundbesitzer, der Landgemeinden und der Städte erfolgt nach den §§ 45 und 46 a. a. O. Bleibt die vorhandene Zahl der in dem Wahlverbande der größeren Grundbesitzer Wahlberechtigten unter der ihrem Verbande zukommenden Abgeordnetenzahl, so wählt dieser Verband nur soviel Abgeordnete, als Wähler vorhanden sind, während die ihm abgehende Zahl von Abgeordneten dem Wahlverbande der Landgemeinden zufällt. Wenn nun von

[1]) Oben S. 86.

[2]) Weiter unten im Abschnitt: „Landgemeinden und Gutsbezirke."

[3]) Der Vorderrichter hatte mehrere Personen zur Klage zugelassen, obwohl nur einem von ihnen das Klagerecht zustand.

den drei in dem Verzeichnisse der Großgrundbesitzer stehenden Persönlichkeiten niemand in dem Wahltermine erscheint oder bei keinem von ihnen im Momente der Wahl die früher vorhanden gewesenen Vorbedingungen des § 52 a. a. O. anzutreffen sind, so verbleibt es gleichwohl bei dem Verteilungsplane und es tritt der Fall ein, daß der Großgrundbesitz keine Vertretung erhält und die drei auf den Wahlverband verteilten Abgeordneten dem Verbande der Landgemeinden entgehen. Wenn von den drei Wahlberechtigten nur einer im Termin erscheint oder nur einer in der Lage ist, dem § 52 zu genügen, so wählt dieser eine drei Vertreter. Sind von einem aus drei Personen bestehenden Wahlkörper die Abgeordneten zu wählen, so hat jeder Wähler aus eigenem Rechte nicht eine, sondern drei Personen zu wählen, die als Gewählte aus seiner Wahl hervorgehen, wenn er keinen Widerspruch findet, sei es, weil außer ihm niemand anwesend ist oder weil die anderen ihm zustimmen. Erst wenn auseinandergehende Meinungen hervortreten, entscheidet die Mehrheit.

6) Im § 46 a. a. O. sind die Personen, „welche als Wähler vorhanden," gleichbedeutend mit denjenigen, die in der zweiten Zeile daselbst als „Wahlberechtigte" bezeichnet werden. Es ist unzulässig, den § 46 dahin auszulegen, daß im Gegensatze zu den Wahlberechtigten unter „Wähler" nur solche Personen zu verstehen sind, welche die abstrakte Wahlberechtigung im konkreten Falle thatsächlich ausüben.

7) Wegen der Berechnung des Wertes des Streitgegenstandes vergl. E.-O.-V. Bd. III. S. 384.

Nr. 32. Entsch. Bd. XVII. S. 24 vom 2. November 1888. II C 94/88.
Hann. Kr.-Ordn. v. 6. V. 84 (G.-S. S. 181) § 66.

1) Die Wahl zum Kreistage und alles, was damit in unmittelbarem Zusammenhange steht, bildet eine Kommunalangelegenheit des Kreises. Sowohl der Kreistag, als auch der Kreisausschuß, insofern sie mit der Besorgung der für die Wahl erforderlichen Geschäfte betraut sind, fungieren als Organe der Kreiskorporationen. Ihre desfallsigen, in eigener Angelegenheit und nach eigenem Ermessen gefaßten Beschlüsse können daher, wenn sie angegriffen werden, nur von ihnen selbst vertreten werden. Dieser Grundsatz greift auch hinsichtlich der Aufstellung des Wahlverzeichnisses der größeren Grundbesitzer und der Beschlußfassung über dessen etwaige Berichtigung seitens des Kreisausschusses gemäß § 66 der Hann. Kr.-Ordn. Platz. Vergl. E.-O.-V. Bd. X. S. 30.[1])

2) Die Klage auf Aufhebung dieses Beschlusses kann deshalb nur gegen den Kreisausschuß, nicht etwa gegen diejenigen gerichtet werden, die — angeblich unrichtiger Weise — in das Verzeichnis aufgenommen sind. Insbesondere kann die Klage gegen letztere nicht etwa darauf gestützt werden, daß von ihnen dem (zu den Wahlberechtigten gehörenden) Kläger eine Rechtsverletzung zugefügt worden sei. Denn sie werden bei der Aufstellung des Verzeichnisses nicht zugezogen und vor der Beschlußfassung über etwaige Berichtigungsanträge nicht gehört, so daß in diesen Stadien des Verfahrens es ganz ungewiß sein kann, ob der Grundbesitzer, um dessen Aufnahme oder spätere Streichung es sich handelt, eine Wahlberechtigung überhaupt in Anspruch nimmt. Der Kreisausschuß kann die Aufnahme sogar gegen seinen Willen bewirken. Ebensowenig kann eine Rechtsverletzung darin liegen, daß die betreffenden Großgrundbesitzer ein durch Aufnahme in das Verzeichnis erworbenes Recht thatsächlich ausgeübt haben. Außerdem steht bei der Mitteilung eines von dem Kreisausschusse über einen Berichtigungsantrag gefaßten Beschlusses regelmäßig die Wahl noch bevor und

[1]) Oben S. 30.

die Frage, gegen wen zufolge dieses Beschlusses Klage erhoben werden muß, kann nicht dadurch entschieden werden, ob in Zukunft eine Teilnahme seitens des betreffenden Grundbesitzers an der Wahl stattfinden wird oder nicht.

3) Ist hiernach innerhalb der gesetzlichen Frist die Klage gegen den Kreisausschuß nicht erhoben, so hat er zufolge Zeitablaufes das Recht erworben, seinen Beschluß als einen unumstößlichen behandelt zu sehen. Durch die Beiladung zu einem gegen einen unrichtigen Beklagten angestellten Prozesse kann ihm, der in diesem Prozesse nicht verurteilt werden darf, dieses Recht nicht nachträglich wieder entzogen werden. Eine Beiladung zum Verwaltungsstreitverfahren bezweckt keineswegs, legitimierte Personen erst zu schaffen, deshalb kann sie auch nicht die Wirkung ausüben, daß zufolge ihrer eine materielle Entscheidung der Sache zwischen dem Kläger und dem Beigeladenen zulässig wäre. Vergl. E.-O.-V. Bd. XI. S. 274.

Nr. 33. Entsch. Bd. XVII. S. 29 vom 23. November 1888. II B 49/88.

Kr.-Ordn. v. $\frac{13.\ XII.\ 72}{19.\ III.\ 81}$ (G.-S. 1881 S. 179) §§ 100, 108, 113, 178 und Ausf. Instr. v. 10. III. 73 (M.-Bl. S. 81) Art. 12[25], 16.

1) Das Recht der Beanstandung der Wahl der Kreistagsabgeordneten und folgeweise auch der Wahlmänner steht nach § 113 der Kr.-Ordn. allein dem Kreistage zu.

2) So lange ein die Ungültigkeit der Wahl eines Wahlmannes aussprechender Beschluß des Kreistages nicht vorliegt, fehlt es auch an der Möglichkeit, die Neuwahl eines Wahlmannes in der betreffenden Gemeinde anzuordnen. Vergl. Kr.-Ordn. § 108 und Min.-Erl. vom 10. VIII. 77 (Min.-Bl. S. 209).

3) Dem Wahlvorstande steht formell die Berechtigung nicht zu, einen Wahlmann als nicht ordnungsmäßig gewählt von der Teilnahme an der Wahl eines Kreistagsabgeordneten auszuschließen. Ist dies aber einmal geschehen, so begründet eine solche Ausschließung die Ungültigkeit der Wahl in dem Falle nicht, wenn gerade die Teilnahme des Ausgeschlossenen die Wahl ungültig gemacht haben würde. War z. B. die Wahl des ausgeschlossenen Wahlmannes eine rechtsungültige aus § 100 der Kr.-Ordn., § 8 des Wahlreglements, Art. 12 Nr. 25 der Instr. vom 16. III. 73, so würde auch die unter dessen Teilnahme vorgenommene Wahl ungültig gewesen sein.

Nr. 34. Entsch. Bd. XVIII. S. 1 vom 13. September 1889. II B 37/89.

Kr.-Ordn. v. $\frac{13.\ XII.\ 72}{19.\ III.\ 81}$ (G.-S. 1881 S. 179) §§ 96, 106, 113.

1) Nach § 96 der Kr.-Ordn. ruht das Wahlrecht zur Wahl eines Kreistagsabgeordneten im Wahlverbande der größeren Grundbesitzer während der Dauer einer wegen der dort vorgesehenen strafbaren Handlungen (z. B. Meineid) eingeleiteten gerichtlichen Untersuchung, so daß während dieser Zeit die zur Untersuchung gezogene Person nicht wählen darf. Wenn nun der § 106 a. a. O. vorschreibt, daß für die Wählbarkeit zum Wahlmanne und zum Abgeordneten die im § 96 u. s. w. für die Wahlberechtigung gegebenen Bestimmungen gelten, so ist dadurch mit hinreichender Deutlichkeit ausgesprochen worden, daß die betreffende Person während der kritischen Zeit nicht gewählt werden solle. Wahlen, die entgegen diesem Grundsatze vorgenommen werden, sind ungültig und der gleichwohl Gewählte gehört nicht zur Wahlversammlung. Die Mitgliedschaft bei dieser letzteren ist aber die unerläßliche Voraussetzung zum Einspruche gegen das Wahlverfahren.

2) Die Eröffnung der Voruntersuchung wegen Meineides kann als „Einleitung einer „gerichtlichen Untersuchung" im Sinne des § 96 der Kr.-Ordn. nicht angesehen werden. Für die Bedeutung der dort gebrauchten Worte ist zunächst diejenige Gesetzgebung, die zur Zeit des Erlasses der Kr.-Ordn. bestand, von Erheblichkeit, so daß es für das Gebiet der Kr.-Ordn. vornehmlich auf die Vd. vom 3. I. 49 (G.-S. S. 14) §§ 42, 44, 47, 48 und das Ges. vom 3. V. 52 (G.-S. S. 209) Art. 63 ankommt. Hiernach war damals eine „gerichtliche Untersuchung" erst dann „eingeleitet", wenn das Gericht die Eröffnung der Untersuchung, beziehungsweise die Versetzung in den Anklagestand beschlossen hatte. Wenn nun auch anerkannt werden muß, daß nach dem Sprachgebrauche der jetzt geltenden Strafprozeßordnung durch die „Eröffnung der Voruntersuchung" (§ 179 das.) immer auch eine „Eröffnung der Untersuchung" herbeigeführt wird, so sprechen doch überwiegende Gründe dafür, daß eine einschneidende Änderung des hier in Rede stehenden Rechtszustandes nicht herbeigeführt worden ist. Es handelt sich demnach darum, welches Stadium des jetzt bestehenden Verfahrens der früheren Eröffnung, der Untersuchung beziehungsweise Versetzung in den Anklagestand entspricht. Wird berücksichtigt, daß nach § 188 der Strafprozeßordnung die nunmehrige Voruntersuchung den nämlichen Zweck hat und innerhalb derselben Grenzen sich halten soll, wie die frühere Voruntersuchung, so kann es keinem Bedenken unterliegen, zur Zeit den Beschluß auf Eröffnung des Hauptverfahrens (§§ 196 ff. a. a. O.) als denjenigen Akt anzusehen, durch den die Einleitung der im § 96 der Kr.-Ordn. bezeichneten gerichtlichen Untersuchung erfolgt.

3) Die dem Kreistage hinsichtlich seiner Mitglieder zustehende Legitimationsprüfung kann sich nur darauf erstrecken, ob die Wahl derjenigen, die der Wahlvorstand für gewählt erklärt hat, als gültig oder als ungültig zu erachten ist. Geschieht letzteres, so darf der Kreistag nicht seinerseits eine Persönlichkeit, die nach seiner Ansicht hätte für gewählt erklärt werden sollen, einberufen; vielmehr hat dann eine Neuwahl stattzufinden. Vergl. E.-O.-V. Bd. III. S. 16, VII. S. 99, XII. S. 19.[1])

Nr. 35. Entsch. Bd. XVIII. S. 7 vom 18. Juni 1889. IV C 21/89.

Westf. Kr.-Ordn. v. 3. VII. 86 (G.-S. S. 217) §§ 50, 76.

1) Der § 76 der westf. Kr.-Ordn. handelt von der Zusammensetzung des Kreisausschusses und verweist wegen der Wählbarkeit auf den § 50 daselbst. Letzterer unterscheidet in seinem ersten Absatze zwei Arten von Wahlverbänden, nämlich: die der Städte einerseits und die der größeren Grundbesitzer und der Amtsverbände andererseits. Für beide Arten werden völlig abweichende Erfordernisse hinsichtlich der Wählbarkeit aufgestellt. Dagegen werden im zweiten Absatze noch weitere Bedingungen hinzugefügt, die für alle Wahlen zum Kreistagsabgeordneten gelten. Fragt es sich nun, in welcher Weise diese Bestimmungen gemäß § 76 auf die Wahlen der Kreisausschußmitglieder angewendet werden sollen, so ist zunächst ohne Weiteres klar, daß sämtliche Kreisausschußmitglieder denjenigen Bedingungen entsprechen müssen, die nach dem zweiten Absatze des § 50 bei den Kreistagsabgeordneten überhaupt vorausgesetzt werden. Dagegen muß ein Kreisausschußmitglied von den aus dem ersten Absatze des § 50 sich ergebenden Anforderungen entweder die in Nr. 1 oder die in Nr. 2 dieses Absatzes gedachten Eigenschaften besitzen und nicht etwa den daselbst für beide Klassen von Wahlverbänden aufgestellten Erfordernissen genügen.

2) Die Voraussetzung, daß ein Kreistagsabgeordneter kein besoldetes, der Aufsicht des Landrates unterstelltes Amt bekleide, ist im § 50 nur für die Wahl

[1]) Oben S. 82, 88, 92.

in den Verbänden der größeren Grundbesitzer und der Amtsverbände, nicht aber für die Wahl in den Verbänden der Städte, ausgesprochen. In dem Verbande der Städte ist vielmehr jeder Einwohner wählbar, der sich im Besitze des Bürgerrechtes, beziehungsweise wo Bürgerrecht nicht besteht, des Gemeinderechtes befindet; daß er kein besoldetes, der Aufsicht des Landrates unterstelltes Amt bekleiden dürfe, kann, wie auch aus der Entstehungsgeschichte des Gesetzes (Sten.-Ber. H.-H. 86 S. 58, 62) unzweifelhaft hervorgeht, nicht verlangt werden.

Nr. 36. Entsch. Bd. XIX. S. 1 vom 3. Dezember 1889. II B 46/89.

Kr.-Ordn. v. $\frac{13\ \text{XII.}\ 72}{19.\ \text{III.}\ 81}$ (G.-S. 1881 S. 179) §§ 108, 200.

Durch den Min.-Erl. vom 2. V. 88 (Min.-Bl. S. 103) sind diejenigen Ausführungsbestimmungen des Ministers des Innern (vergl die Min.-Erl. vom 1. V. und vom 21. VII. 76 Min.-Bl. S. 223 Nr. IV sowie Art. XIV der Instr. vom 10. III. 73 Min.-Bl. S. 81 und die dazu ergangenen Zusatzbestimmungen) außer Kraft gesetzt worden, die bis dahin bei Wahlen von Kreistagsabgeordneten im Wahlverbande der größeren Grundbesitzer für die Ladung der Wähler, für die Anberaumung des Wahltermines und für das zeitliche Verhältnis zu den Wahlen im Verbande der Landgemeinden (neben der gesetzlichen Vorschrift, daß die letzteren vorher vorzunehmen sind) die Einhaltung gewisser Termine und Fristen anordneten.

Es genügt hiernach, wenn sich das bei den Wahlen eingeschlagene Verfahren in Übereinstimmung befindet mit § 108 der Kr.-Ordn.[1])

Nr. 37. Entsch. Bd. XXI. S. 1 vom 20. Oktober 1891. II B 28/91.

Rhein. Kr.-Ordn. v. 15. V. 56 (G.-S. S. 406) §§ 6, 9, 11, 36 ff., 43, 53.
Rhein. Kr.-Ordn. v. 30. V. 87 (G.-S. S. 209) §§ 48, 49 und Wahlreglement §§ 2, 8.

1) In den rheinischen Städten mit Bürgermeisterei-Verfassung (Tit. I—VII der Rhein. St.-Ordn.) hat der Bürgermeister bei den durch die Stadtverordnetenversammlung erfolgenden Wahlen der städtischen Kreistagsabgeordneten als Vorsitzender der Stadtverordnetenversammlung volles Stimmrecht. Die versammelten Stadtverordneten sind ohne das Haupt keine beschlußfähige Körperschaft. Erst in Gemeinschaft mit ihrem gesetzlichen, stimmberechtigten Vorsitzenden ist die Stadtverordnetenversammlung zu einer Aktion im Stande, sei es, daß es sich um Gemeinde-Angelegenheiten im eigentlichen und engsten Sinne oder um Angelegenheiten handelt, die ihr durch besondere gesetzliche Vorschrift zugewiesen sind. Eine solche Zuweisung ist durch die Kr.-Ordn. (§ 48) hinsichtlich der Wahl der städtischen Kreistagsabgeordneten geschehen. Wenn nun auch diese Wahl selbst nach dem der Kr.-Ordn. angefügten Wahlreglement vorzunehmen ist, so bestimmt letzteres über die Person des Vorsitzenden nicht selbständig, sondern verweist ausdrücklich im § 2 auf die „bestehenden Vorschriften", das sind die Vorschriften der St.-Ordn. Hat aber hiernach der Bürgermeister den Vorsitz mit vollem Stimmrechte, so gebührt er ihm auch bei den Wahlen zum Kreistage, es sei denn, daß bestimmte Vorschriften der Kr.-Ordn. oder des Wahlreglements ihm das Stimmrecht ausdrücklich abgesprochen hätten, was nicht der Fall ist. Daran ändert nichts, daß die hier in Frage stehende Thätigkeit der Stadtverordnetenversammlung in mannigfacher Richtung einen anderen Charakter aufweist, als da, wo sie sich lediglich im Rahmen der St.-Ordn. bewegt. So giebt z. B. die Stimme des Vorsitzenden bei den Wahlen zum Kreistage nicht den Ausschlag, vielmehr tritt beim

[1]) Vergl. E.-O.-V. Bd. XVII. S. 4, oben S. 95.

Mangel der erforderlichen Mehrheit das im § 8 des Wahlreglements vorgesehene Verfahren ein. Es kann auch zugegeben werden, daß die Stadtverordnetenversammlung zur Wahl eines Kreistagsabgeordneten als eine besondere Wahlversammlung zusammentritt, und daß der Wahlakt nicht auf der Thätigkeit des Kollegiums als solchen, sondern auf den einzelnen Willenserklärungen der Wähler beruht. (Vergl. E.-O.-V. Bd. XVII. S. 1 [1]). Jedoch gehören zu ihr unbedingt und uneingeschränkt auch in diesem Falle als Wähler alle diejenigen, die in der Stadtverordnetenversammlung ein Stimmrecht haben. Unthunlich ist es, für gewisse Angelegenheiten den Bürgermeister oder den Beigeordneten als vom Mitstimmen ausgeschlossen zu erachten.

2) Dieses Ergebnis erscheint schließlich als das dem Gesetze entsprechende noch aus einem anderen Gesichtspunkte. Überall im Geltungsbereiche des Zuständigkeitsgesetzes ist dem kollegialischen Gemeindevorstande in den Städten — den Magistraten — durch die Kr.-Ordn. eine Mitwirkung bei der Wahl der städtischen Abgeordneten für die Kreistage eingeräumt; überall kommt neben den Abgeordneten der Bürgerschaft die Obrigkeit in der Weise mit zum Worte, daß Magistrat und Stadtverordnete in gemeinsamer Versammlung die Wahl vornehmen und die obrigkeitliche Behörde so viel Stimmen in die Wagschale werfen kann, als sie Mitglieder zählt. Es ist daher nicht ersichtlich, was den Gesetzgeber bestimmt haben sollte, für diejenigen Städte, deren Verwaltung nach Tit. I—VII der Rhein. St.-Ordn. geführt wird, wo also der Bürgermeister die Ortsobrigkeit bildet, diese mit geringeren Rechten auszustatten und andererseits die Gemeindevertretungen vor anderen dadurch bevorzugen, daß sie allein die Wahlen zum Kreistage vorzunehmen haben.

Nr. 38. Entsch. Bd. XXII. S. 1 vom 16. Februar 1892. II B 55/92.

Kr.-Ordn. v. $\frac{\text{13. XII. 72}}{\text{19. III. 81}}$ (G.-S. 1881 S. 179) §§ 108—112 und Ausf.-Instr. v. 10. III. 73 (M.-Bl. S. 81) Art. 11.

Die Abweichung von der Vorschrift des § 108 der Kr.-Ordn., daß die Wahlen zur regelmäßigen Ergänzung des Kreistages alle drei Jahre im Monat November stattfinden sollen, in der Weise, daß die Wahl erst im Dezember vorgenommen wird, hat deren Ungültigkeit nicht zur Folge.

Eine solche Annahme müßte dahin führen, daß, wenn unabwendbare Naturereignisse, z. B. eine Überschwemmung, die Vornahme der Wahl im November unmöglich gemacht hätten, oder für eine zwar im November erfolgte, nach späterem Ausspruche aber ungültige Wahl eine anderweite zweite Wahl erforderlich würde, eine Ergänzung des Kreistages überhaupt ausgeschlossen wäre. Den Ergänzungswahlen muß ferner die Aufstellung von Verzeichnissen der Wahlberechtigten, unter Umständen sogar die Aufstellung und Abänderung des Verteilungsplanes voraufgehen, zu deren Berichtigung ein Verwaltungsstreitverfahren gegeben ist. Wird von letzterem Gebrauch gemacht, so kann, da das Streitverfahren auch bei denkbar frühester Aufstellung der Verzeichnisse u. s. w. in den meisten Fällen im Monat November kaum zu Ende sein wird, von einer Vornahme der Wahlen im November schwerlich die Rede sein.

Die Vorschrift des § 108 Abs. 1 ist daher wesentlich instruktioneller Natur, deren thunlichste Befolgung zwar zu den Aufgaben des Vorsitzenden des Kreistages gehört, keineswegs aber eine unerläßliche Voraussetzung für die Gültigkeit der Wahlen bildet.

---

[1]) Oben S. 1.

Nr. 39. Entsch. Bd. XXIV. S. 23 vom 7. Februar 1893. II B 42/92.

Kr.-Ordn. v. $\frac{13.\ XII.\ 72}{19.\ III.\ 81}$ (G.-S. 1881 S. 179) §§ 97, 113.

1) Zu den Mitgliedern einer Wahlversammlung, denen der § 113 der Kr.-Ordn. die Befugnis des Einspruches gegen das zum Zwecke der Wahl der Kreistagsabgeordneten stattgehabte Wahlverfahren gewährt, gehört ein jeder, der sich an der Wahlversammlung, sei es in Person, sei es durch einen Stellvertreter, beteiligt hat. Diese Mitgliedschaft, die solchergestalt seitens der erschienenen oder vorschriftsmäßig vertretenen Persönlichkeiten erworben worden ist, kann nicht etwa dadurch verloren gehen, daß einem Beteiligten das Mitstimmen seitens des Wahlvorstandes demnächst versagt wird. Dagegen gehören zur Wahlversammlung nicht die „Berechtigten", die an der Wahl hätten Teil nehmen dürfen, es aber nicht gethan haben.

2) Gehört eine Stadt vermöge ihres Grundbesitzes zu dem Wahlverbande der größeren Grundbesitzer eines auswärtigen Kreises, so kann sie sich an der Wahl selbst nur durch einen nach § 97 der Kr.-Ordn. qualifizierten Vertreter beteiligen.

Geschieht die Vertretung nicht durch einen bevollmächtigten Pächter oder Administrator des die Wahlberechtigung begründenden größeren Gutes, so steht an und für sich nichts entgegen, daß der Bürgermeister, der nach dem maßgebenden Stadtrezeß die Ausfertigungen der Stadturkunden namens der Gemeinde vollzieht, auch ohne besondere Vollmacht, die Stadt vertritt. Voraussetzung ist jedoch gemäß § 97 letzter Absatz, daß er in dem auswärtigen Kreise entweder einen Wohnsitz oder Grundeigentum besitzt.

Nr. 40. Entsch. Bd. XXIV. S. 31 vom 6. Januar 1893. II B 43/92.

Kr.-Ordn. für Hessen-Nassau v. 7. VI. 85 (G.-S. S. 193) §§ 71, 73, 74, 78, 107 und Wahlregl. dazu §§ 3, 6, 7.

1) Das dem Landrat zustehende Recht der „Beanstandung" der Beschlüsse des Kreistages bezieht sich nicht auf die vom Kreistage vorzunehmenden Wahlen. Die nach den Vorschriften des Wahlreglements vorzunehmende Wahlhandlung ist ein von dem Thatbestande der Beschlußfassung innerlich verschiedener, die Willenserklärung der Gesamtheit der Wähler als ein von der beschließenden Thätigkeit des Kreistagskollegiums völlig abweichender Akt. Sie kann daher weder im Ganzen als ein Beschluß des Kreistages gelten, noch fallen die Entscheidungen des Wahlvorstandes, der nur aus 3 oder 5 Mitgliedern besteht, über die Gültigkeit der Stimmzettel darunter. Mit der vom Wahlvorstande abgegebenen Erklärung des Stimmzettelergebnisses schließt der Akt. Bis hier liegt also kein Beschluß des Kreistages vor und damit fehlt ein dem Gesetze entsprechendes Objekt der Beanstandung.

Ein Beschluß des Kreistages würde nur derartig hier herbeigeführt werden können, daß ein Mitglied des Kreistages und zwar in der kurz bemessenen Frist bis zum Schlusse des Kreistages Einspruch bei dem Vorsitzenden erhebt. In einem solchen Falle hat der Kreistag endgültig über den Einspruch Beschluß zu fassen, der event. einer Beanstandung unterliegen könnte.

2) Es ließe sich ferner denken, daß eine Prüfung der Legitimation der Gewählten von Amtswegen eintreten müßte, deren Ergebnis dann in einem solchen Beschlusse gipfeln würde. Allein eine solche offizielle Prüfung der Legitimation eines vom Kreistage zum Kreisausschußmitgliede Gewählten ist gesetzlich nicht vorgesehen und weder dem Kreistage noch dem Kreisausschuß übertragen.

Nr. 41. Entsch. Bd. XXVI. S. 7 vom 5. Dezember 1893. II C 266/93.

Rhein. Kr.-Ordn. v. 30. V. 87 (G.-S. S. 209) §§ 38—40, 52, 55—57, 101.

1) Der Umstand, daß die gesetzlich vorgeschriebene neue Verteilung der Kreistagsabgeordneten nicht alsbald nach Ablauf der dreijährigen Periode stattgefunden hat, macht die nachträglich stattgehabte Verteilung nicht ungültig. Deren gänzliche Unterlassung würde den früheren Fehler nicht ausgleichen, sondern ihm noch einen zweiten angereiht haben.

2) Wenn z. B. ein Verteilungsplan schon vor den Ergänzungswahlen des Jahres 1890 hätte revidiert werden sollen, was aber nicht geschehen ist, so kann aus § 52 Abs. 2 der Rh. Kr.-Ordn. nicht gefolgert werden, daß dieser selbe Verteilungsplan nunmehr auch für die Ergänzungswahlen des Jahres 1893 unrevidiert maßgebend sein müsse. Der § 52 Abs. 2 bestimmt nur, daß, wenn ein beispielsweise von den größeren Grundbesitzern gewählter Kreistagsabgeordneter ausscheidet, die Neuwahl wiederum von den größeren Grundbesitzern geschehen soll, nicht aber, daß zwischen der früheren und der Neuwahl eine Änderung des Verteilungsplanes unzulässig sei. Eine solche Vorschrift wäre auch unausführbar, da die Revisionen des Verteilungsplanes alle 12 Jahre stattfinden, alle 3 Jahre aber die Hälfte der Kreistagsabgeordneten ausscheiden soll.

Nr. 42. Entsch. Bd. XXVI. S. 10 vom 30. Juni 1894. II B 12/94.

Kr.-Ordn. v. $\frac{13. XII. 72}{19. III. 81}$ (G.-S. 1881 S. 179) § 112.
Hann. Kr.-Ordn. v. 6. V. 84 (G.-S. S. 181) §§ 40, 45 ff., 67, 68.

1) Nach § 68 der Hann. Kr.-Ordn. und nach den daselbst in Bezug genommenen §§ 40, 45 soll bei den alle 12 Jahre wiederkehrenden Revisionen der Verteilung der Kreistagsabgeordneten auf die einzelnen Wahlverbände namentlich geprüft werden, ob infolge einer Änderung der Einwohnerzahl des Kreises oder der Städte sich auch die Zahl der im ganzen bezw. der von den Städten zu wählenden Kreistagsabgeordneten geändert hat.

Werden Revisionen vor der regelmäßig wiederkehrenden Revision des Verteilungsplanes notwendig, weil die Zahl der Städte des Kreises sich vermehrt oder vermindert oder eine Stadt Stadtkreis wird (§ 68¹) oder weil die Zahl der wahlberechtigten größeren Grundbesitzer sich dergestalt vermehrt oder vermindert, daß die Zahl der diesem Verbande zukommenden Abgeordneten eine größere oder geringere wird, als bei der letzten Verteilung (§ 68²), so ist die Revision in derselben Weise, also namentlich unter Berücksichtigung von Veränderungen in der Einwohnerzahl, mittels anderweiter Bestimmung der Gesamtzahl der zu wählenden Kreistagsabgeordneten, vorzunehmen.

Folgt dies für § 68¹ aus den Motiven zu dem vorbildlichen § 112 der Kr.-Ordn. vom 13. XII. 72, so ist nicht anzunehmen, daß der Gesetzgeber die Fälle des § 68² habe anders behandeln wollen. Der Grund, weshalb überhaupt eine Revision innerhalb des zwölfjährigen Zeitraumes vorgeschrieben wird, ist der, daß der Verteilungsplan mit den Bestimmungen der Kr.-Ordn. in Einklang bleiben soll. In dieser Beziehung kommt es aber besonders darauf an, daß er, soweit die Bevölkerungszahlen entscheidend sind, die zur Zeit maßgebenden, d. i. die der letzten Volkszählung, zu Grunde legt.

Die Revision würde eine unvollständige sein, wenn der neue Plan auf eine jetzt nicht mehr zutreffende Grundlage gestützt würde. Gerade bei einer Vermehrung der Berechtigten im Verbande der größeren Grundbesitzer ist die Berücksichtigung der Schwankungen der Bevölkerung und namentlich auch in Bezug auf die Gesamtheit der Abgeordneten erforderlich, um zu vermeiden, daß eine Benachteiligung der anderen Verbände eintritt.

2) Dagegen ist es unrichtig, wenn im letzteren Falle eine Neuwahl sämtlicher Kreistagsabgeordneten vorgenommen wird. Eine solche, im § 68[1] enthaltene Bestimmung findet sich im § 68[2] nicht und kann auf letzteren um so weniger bezogen werden, als sich hier eine spezielle Bestimmung, daß die erforderlichen Ergänzungs- bezw. Neuwahlen zu vollziehen seien, findet, wie auch daraus, daß die Berichtigung des Verteilungsplanes hier vor den nächsten regelmäßigen Ergänzungswahlen stattfinden soll, hervorgeht, daß der regelmäßige Turnus der Wahlen nicht unterbrochen werden soll. Die Worte in § 68[2] „bezw. Neuwahlen" sind auf die Fälle zu beziehen, wo die Zahl der von einem Verbande zu wählenden Abgeordneten sich vermehrt. Bei einer Verringerung dieser Zahl dagegen sind die infolgedessen ausscheidenden Abgeordneten im Notfalle durch das Los zu bestimmen, nicht aber sind alle Wahlen des betreffenden Verbandes als erloschen zu behandeln und Neuwahlen für sämtliche Abgeordnete dieses Verbandes vorzunehmen.

Nr. 43. Entsch. Bd. XXIX. S. 1 vom 18. Dezember 1895. II B 25,95.

Kr.-Ordn. v. $\frac{13. XII. 72}{19. III. 81}$ (G.-S. 1881 S. 179) §§ 94—97, 98—103, 106.

1) Vollmachten, die zur Ausübung eines Wahlrechtes bei der Wahl von Kreistagsabgeordneten ermächtigen sollen, können nicht schon um deswillen für ungültig erklärt werden, weil sie der Beglaubigung der Unterschriften entbehren, denn das Gesetz verlangt eine solche Beglaubigung nicht unbedingt und zumal da nicht, wo der Wahlvorstand keinerlei Anlaß findet, in dieser Richtuug Bedenken zu erheben.

2) Weder der dem Wahlverbande der Landgemeinden angehörende Besitzer eines selbständigen Gutes, noch der Wahlmann einer Landgemeinde wird dadurch, daß er bereits bei den Wahlen in jenem Verbande das entsprechende Wahlrecht ausübte, rechtlich behindert, demnächst auch noch ein solches als Stellvertreter bei den Wahlen in dem Verbande der größeren ländlichen Grundbesitzer auszuüben.

Das Gegenteil kann insbesondere aus § 102 Abs. 2 der Kr.-Ordn. nicht gefolgert werden. Wenn es dort heißt, daß durch die Ausübung eines Wahlrechtes als Wahlmann einer Landgemeinde die Ausübung des persönlichen Wahlrechtes im Verbande der größeren Grundbesitzer nicht ausgeschlossen sei und es wird hieraus per argumentum e contrario abgeleitet, daß jemand, der eine Stimme als Wahlmann einer Landgemeinde abgebe, dadurch die Fähigkeit verliere, eine Stellvertretung im Verbande der Großgrundbesitzer zu übernehmen, so ist dieser Schluß unzulässig. Der Abs. 2 des § 102 steht lediglich in Beziehung zum Abs. 1 daselbst, handelt von der Stellvertretung, wie auch der ganze § 102, überhaupt nicht und enthält nur lediglich die ausdrückliche Bestätigung des Grundsatzes, daß mehrfache Stimmabgabe bei verschiedenen Wahlakten zulässig sei, in Bezug auf einen einzelnen Fall.

D. Verpflichtung der Kreisangehörigen zur Annahme von unbesoldeten Ämtern in der Kreisverwaltung.

Nr. 1. Entsch. Bd. III. S. 46 vom 12. Januar 1878.

Kr.-Ordn. v. $\frac{13. XII. 72}{19. III. 81}$ (G.-S. 1881 S. 179) §§ 8, 122.

L.-V.-G. § 59 (an Stelle des § 13 des früheren Zust.-Ges. v. 26. VII. 76.)

1) Das Verfahren gegen einen Kreisangehörigen, der sich ohne einen ausreichenden Entschuldigungsgrund weigert, ein unbesoldetes Amt in der Verwaltung oder Vertretung des Kreises zu übernehmen oder das über-

nommene Amt drei Jahre hindurch zu versehen, betrifft nicht Angelegenheiten des Kreises, sondern solche der allgemeinen Landesverwaltung. Der Staat hat ein Interesse daran, daß die Kreisangehörigen die Pflicht zur Übernahme und Führung der im Kreise geordneten Ämter erfüllen.

2) Die Beteiligung des Landrates an der geschäftlichen Behandlung solcher Angelegenheiten (Vorbereitung und Leitung des Beschlusses des Kreistages) kann nur durch Beschwerde bei der Aufsichtsbehörde verhindert werden. Hat er gleichzeitig als Mitglied des Kreistages an dessen Abstimmung teilgenommen, so steht dem kein Gesetz, insbesondere nicht der § 122 der Kr.-Ordn. entgegen.[1])

Nr. 2. Entsch. Bd. XII. S. 6 vom 29. Juni 1885.

Kr.-Ordn. v. $\frac{13.\ XII.\ 72}{19.\ III.\ 81}$ (G.-S. 1881 S. 179) §§ 8, 56, 57.

1) Zu den in § 8 der Kr.-Ordn. gedachten „unbesoldeten Ämtern in der Verwaltung und Vertretung des Kreises" gehören auch das Amt des Amtsvorstehers und des Amtsvorsteher-Stellvertreters.[2])

2) Der Thatbestand der Weigerung eines Kreisangehörigen, ein Amt zu übernehmen, kann erst da als gegeben angesehen werden, wo bereits eine bestimmte Willensäußerung der zur Übertragung des Amtes berufenen Stelle vorliegt. Deshalb berechtigt eine Ablehnung während der die Vorschläge des Kreistages zur Ernennung des Amtsvorstehers oder des Amtsvorsteher-Stellvertreters erst vorbereitenden Verhandlungen noch nicht zur Verhängung der Folgen einer ungerechtfertigten Ablehnung. Das Vorschlagsrecht des Kreistages ist kein Wahlrecht. Erst wenn der Oberpräsident auf Grund dieser Vorschläge eine Entscheidung getroffen hat und jemand sich dieser Ernennung gegenüber weigert, das übertragene Amt zu übernehmen, können die Folgen der Wahlablehnung eintreten.

Nr. 3. Entsch. Bd. XXIII. S. 1 vom 30. September 1892. II B 21/92.

Kr.-Ordn. v. $\frac{13.\ XII.\ 72}{19.\ III.\ 81}$ (G.-S. 1881 S. 179) § 8; Land-Gem.-Ordn. v. 3. VII. 91 (G.-S. S. 233) § 146. Eink.-St.-Ges. v. 24. VI. 91 (G.-S. S. 175) §§ 31, 33, 34, 50 und Ausf.-Anw. v. 5. VIII. 91 Art. 40, 46.

Wenn ein Einwohner eines Gutsbezirkes, der als von der Regierung ernanntes Mitglied der für die Voreinschätzung zur Staats-Einkommensteuer berufenen Kommission eines den Gutsbezirk mitumfassenden Voreinschätzungsbezirkes die Annahme dieses Amtes ohne gesetzlichen Entschuldigungsgrund ablehnt, so ist der Kreistag nicht zuständig, die Folgen der ungerechtfertigten

---

[1]) Das frühere doppelte Verfahren, wonach der Kreistag darüber zu befinden hatte, ob der sich Weigernde pp. als entschuldigt anzusehen sei, und im Falle der Verneinung der Kreisausschuß über die zu verhängenden Nachteile auf Klage des Kreistages im Verwaltungsstreitverfahren zu entscheiden hatte, ist durch die Novelle v. 19. III. 81 dahin vereinfacht, daß der Kreistag sowohl über die Schuldfrage, als über die Verhängung der Nachteile zu beschließen hat. Gegen den Beschluß des Kreistages ist alsdann binnen zwei Wochen die Klage bei dem Bezirksausschusse zulässig.

Der Rest der Entscheidungsgründe des Erk. v. 12. I. 78 ist daher teils veraltet, teils hat er lediglich verwaltungsprozessualischen Wert und wird an anderer Stelle Verwendung finden.

[2]) Dagegen ist das Amt des Amtsvorsteher-Stellvertreters kein dem Amt des Amtsvorstehers gleichartiges Amt im Sinne des § 8 Abs. 4 der Kr.-Ordn. Unter einem „gleichartigen" Amte ist nur ein solches zu verstehen, das an und für sich betrachtet, denselben oder doch wesentlich denselben Umfang an Wirksamkeit, Leistung und Zeit erfordert, als das bisher verwaltete. Entsch. v. 15. XII. 94 (Pr. V.-Bl. Bd. XVI S. 222). Dieselbe Entsch. erläutert auch den Begriff der Krankheit im Sinne des § 8 Abs. 2 Nr. 1. Die Gewißheit der Verschlimmerung des Zustandes ist nicht unbedingt erforderlich.

Ablehnung über ihn zu verhängen. Es handelt sich dabei nicht um die Übernahme eines Kreisamtes, auch nicht eines Gemeindeamtes, sondern eines, allerdings den Inhaber nicht zum Staatsbeamten machenden Staatsamtes, das zum Zwecke der richtigen Veranlagung einer Staatssteuer geschaffen worden ist. § 50 Abs. 2 des Eink.-St.-Ges. v. 24. VI. 91 enthält eine Lücke, die der Verwaltungsrichter nicht ausfüllen kann.

E. Beihilfen der Kreise an die Ortsarmenverbände.

Litteratur: Kommentar zum Unterstützungswohnsitzgesetz von Eger. 3. Aufl. 1894. — Koppe. 1894. — Wohlers-Krech. 7. Aufl. 1896.

Nr. 1. Entsch. Bd. XXVI. S. 17 vom 9. Februar 1894. II B 38/93.

Ges. v. 11. VI. 91 (G.-S. S. 300), betr. Abänderung der §§ 31, 65, 68 des Ges. zur Ausführung des Bundesges. über den Unterstützungswohnsitz v. 8. III. 71, Art. 1 L.-V.-G. § 70.

1) Zwischen dem zur Kostenerstattung verpflichteten Ortsarmenverbande und dem hierbei zu einer Beihilfe verpflichteten Kreise kann unter gewissen Voraussetzungen ein Verwaltungsstreitverfahren stattfinden. Unter diesen Streitigkeiten können nur solche gemeint sein, welche die von den Kreisen zu leistende Beihilfe zu den vom Landarmenverbande ersetzt verlangten Kosten betreffen. Da der Landarmenverband den Ersatz der Kosten nicht eher verlangen kann, als bis sie entstanden sind, so ergiebt sich, daß ein Streit über die Beihilfe keinesfalls anhängig gemacht werden kann, bevor die Aufnahme des Hilfsbedürftigen in die Anstalt erfolgt ist. Eine Feststellungsklage zur Entscheidung der Frage, ob und welche Beihilfe der Kreis zu gewähren haben würde, wenn die Aufnahme stattgefunden hätte, kennt das Gesetz nicht, wie denn auch eine etwa dem entsprechende Entscheidung ohne jeden praktischen Erfolg bliebe, wenn es demnächst zu der Aufnahme überhaupt nicht käme.

2) Darüber, ob der Hilfsbedürftige nach Maßgabe des § 21 des Ges. vom 11. VI. 91 in eine Anstalt aufzunehmen sei, kann zwischen Ortsarmenverband und Kreis nicht gestritten und entschieden werden. Die Pflicht zur Aufnahme liegt direkt dem Landarmenverbande ob, und die Bestimmung, ob im Einzelfalle die Aufnahme stattfinden soll, steht (in der Provinz Westfalen) dem Landeshauptmann zu. Dem Landarmenverbande gegenüber ist lediglich der Ortsarmenverband ersatzpflichtig, und wenn ein Fall vorliegt, in dem der Landarmenverband nach § 31 Abs. 1 zur Aufnahme verpflichtet ist, so kann die Aufnahme nicht deshalb versagt werden, weil der Kreis die Gewährung der Beihilfe an den Ortsarmenverband verweigert.

3) Durch die Beiladung des Landarmenverbandes hat die prozessuale Lage der Sache keine Änderung erfahren, die Gruppierung der Parteien bleibt dieselbe.

F. Disziplinarverfahren gegen Kreisbeamte.

Nr. 1. Entsch. Bd. III. S. 55 vom 23. Januar 1878.

Kr.-Ordn. v. $\frac{\text{13. XII. 72}}{\text{19. III. 81}}$ (G.-S. 1881 S. 179) §§ 68, 134 [3], 178.
L.-V.-G. §§ 123, 126.[1])

1) Der Beschluß des Kreisausschusses über die Verhängung einer Ordnungsstrafe gegen Kreisbeamte ist nicht endgültig und daher seine Anfechtung durch Klage des Landrates nach § 126 L.-V.-G. nicht zulässig.

[1]) Die hier aufgeführten und die im Texte angezogenen Bestimmungen der Kr.-Ordn. und des L.-V.-G. sind an Stelle der §§ 61, 69, 70 des Zust.-Ges. v. 26. VII. 76 und des § 35 der Kr.-Ordn. in der Fassung v. 13. XII. 72 getreten.

2) Ebensowenig unterliegt er der Beanstandung durch den Landrat gemäß § 178 der Kr.-Ordn.[1]), denn die Übung der Disziplin über die Kreisbeamten durch den Kreisausschuß gehört nicht zu den Kommunalangelegenheiten des Kreises im Sinne des § 178, sondern sie betrifft Angelegenheiten der allgemeinen Landesverwaltung. Die Handhabung des Disziplinarstrafrechtes über die Kreisbeamten als mittelbare Staatsbeamten ist stets, auch wenn sie durch Organe der Kommunen erfolgt, ein Akt der Staatshoheit und vollzieht sich lediglich in Ausübung eines Staatshoheitsrechtes. (A. L.-R. II. 6 §§ 171—173, II. §§ 10, 68, 69, 98—100.) Die Zuständigkeit der Kreisausschüsse beruht auf der an sie durch Gesetz erfolgten Übertragung der in der Staatshoheit begründeten Disziplinarstrafgewalt.

Nr. 2. Entsch. Bd. V. S. 41 vom 3. Mai 1879.

Kr.-Ordn. v. $\frac{13.\ XII.\ 72}{19.\ III.\ 81}$ (G.-S. 1881 S. 179) §§ 68, 133, 134^{3}.

Gef. v. 21. VII. 52 (G.-S. S. 465), betr. die Dienstvergehen der nicht richterlichen Beamten, §§ 3—7, 28. L.-V.-G. § 91.

1) Handelt es sich um die Frage, ob ein Kreisausschuß zur Übung der Disziplin gegen einen durch sein Hauptamt im unmittelbaren Staatsdienste stehenden Kreiskommunalbeamten zuständig ist, so ist das öffentliche Interesse im Sinne des § 91 L.-V.-G.[2]) für beteiligt zu erachten.[3])

2) Die Disziplinargewalt über Kreiskommunalbeamte im Nebenamte, die vermöge ihres Hauptamtes unmittelbare Staatsbeamte sind, wird von den Kreiskommunal-Disziplinarbehörden geübt. Es ist zwar zuzugeben, daß die Einheitlichkeit in der Ausübung der Disziplin über die Beamten in der Gesetzgebung und Praxis thunlichst aufrecht erhalten worden ist. Sie hat aber nicht die Bedeutung eines staatsrechtlichen Grundsatzes, der bis zu seiner Aufhebung durch ein Spezialgesetz aktuelles Recht wäre. Die Übung der Disziplin hat lediglich die relative Bedeutung, die öffentliche Dienstordnung in dem gesetzmäßigen Wirkungskreise der Beamten sicher zu stellen. Sie ist daher nicht unabhängig von der Organisation der Ämter und des Dienstes, die von einer und derselben Person bekleidet werden können und demgemäß hat jene Einheitlichkeit von jeher öfters in der Weise zurücktreten müssen, daß die Übung der Disziplin über Beamte je nach den verschiedenen Zweigen ihrer amtlichen Thätigkeit verschiedenen Behörden zugestanden wurde. Vergl. K.-Ord. v. 30. VII. 42 (M.-Bl. S. 303), betr. rheinische Verwaltungsbeamte, die zugleich gerichtliche Polizeibeamte sind; § 4 der Vd. v. 27. VI. 45 (G.-S. S. 440), Vd. v. 11. VII. 49 und Min.-Erl. v. 17. VI. 50 (M.-Bl. S. 203), betr. die Inhaber von vereinigten Kirchen- und Schulämtern; § 43 des Ausf.-Gef. zum Bundesgef. über den Unterstützungswohnsitz v. 8. III. 71 (G.-S. S. 130), § 189 der Kr.-Ordn. (alter Fassung) und § 12 des Gef. v. 3. VII. 75 (G.-S. S. 375), betr. die Mitglieder der Verwaltungsgerichte. Ingleichen hat die mit der Kr.-Ordn. begonnene Organisationsgesetzgebung die Ämterverfassung der Gemeinden und der höheren kommunalen Verbände dergestalt geregelt, daß die Handhabung der Disziplin über die Träger der Ämter den Organen der Selbstverwaltung und der Verwaltungsgerichtsbarkeit übertragen worden ist, obwohl dem Gesetzgeber nicht

---

[1]) Wohl aber kann der Landrat als Vorsitzender des Kreisausschusses gemäß § 123 L.-V.-G. gegen den Beschluß aus Gründen des öffentlichen Interesses Beschwerde erheben.

[2]) Früher § 61 des Gef. v. 3. VII. 75 (G.-S. S. 375).

[3]) Die übrigen verwaltungsprozessualischen Rechtsgrundsätze dieser Entsch. finden sich an anderer Stelle abgedruckt.

entgehen konnte, daß jene Ämter vielfach auch Staatsbeamten übertragen werden würden.

Die Interessen der Staatsverwaltung finden ausreichenden Schutz durch die Möglichkeit, die Genehmigung zur Übernahme eines Kommunaldienstes im Nebenamt auf jederzeitigen Widerruf zu erteilen oder selbst zu versagen.

G. Oberaufsicht über die Kreisverwaltung.

1. Beanstandung von Beschlüssen des Kreistages oder Kreisausschusses.[1])

Nr. 1. Entsch. Bd. V. S. 28 vom 17. April 1879.

Kr.-Ordn. v. $\frac{13.\ XII.\ 72}{19.\ III.\ 81}$ (G.-S. 1881 S. 179) §§ 116, 130, 134, 176, 199.
A.-L.-R. Einl. §§ 59, 61.

1) Der Kreistag ist befugt, über den Fortbestand und die Zusammensetzung einer kreisständischen (Armen-) Kommission insbesondere dahin Beschluß zu fassen, daß nach Einführung der Kr.-Ordn. die mittels älterer Bestimmungen einer solchen Kommission überwiesenen kreiskommunalen Geschäfte fortan von dem Kreisausschusse wahrgenommen werden sollen. Ein solcher Beschluß läuft den bestehenden Gesetzen nicht zuwider; seine Beanstandung durch den Landrat[2]) ist daher nicht gerechtfertigt.

2) Die Bildung und die Zusammensetzung der Kreisarmen-Kommissionen beruhen in Ostpreußen auf der Anweisung zur Landarmenpflege, die dem § 15 Nr. 1 des Reglements vom 26. IX. 64 (G.-S. S. 621 ff.) angeschlossen ist, während letzteres auf Grund des § 37 des Ges. vom 31. XII. 42 (G.-S. 1843 S. 8) erlassen ist. Diese Vorschriften sind aber durch § 199 der Kr.-Ordn. aufgehoben. Wenn die gegenteilige Ansicht dies mit der Begründung bestreitet, daß das Reglement von 1864 als ein Spezialgesetz durch die Kr.-Ordn. als allgemeines Gesetz nur dann hätte aufgehoben werden können, wenn die Aufhebung ausdrücklich erfolgt wäre, was durch § 199 der Kr.-Ordn. nicht geschehen sei, so ist dies nicht zutreffend. In dem § 199 ist vielmehr eine „ausdrückliche" Aufhebung aller zuwiderlaufenden Bestimmungen zu erblicken. Die „ausdrückliche" und „deutliche" Aufhebung früherer Gesetze setzt keineswegs voraus, daß in dem neueren Gesetze die aufzuhebenden Gesetze als solche mittels besonderer, etwa gar jedes einzelne Gesetz für sich umfassender Bezeichnung aufgeführt werden. Vielmehr genügt es im allgemeinen schon, wenn das neuere Gesetz eine entgegenstehende, mit der alten nicht vereinbare Rechtsregel einführt, und in allen Fällen, wenn, wie dies in der neueren Gesetzgebung immer mehr und mehr in Übung gekommen ist, das neuere Gesetz die Aufhebung der zuwiderlaufenden (entgegenstehenden, widersprechenden, unvereinbaren u. s. w.) Bestimmungen ausdrücklich ausspricht. In seiner eigentlichen Bedeutung wird das im § 59 der Einl. zum A.-L.-R. gebrauchte Wort „ausdrücklich" erst durch den Gegensatz zum § 60 a. a. O. klargestellt, welcher letztere, abweichend vom gemeinen Recht, die Aufhebung der Gesetze durch Nichtanwendung (desuetudo) verwirft.

Aus diesen Erwägungen geht klar hervor, daß § 199 der Kr.-Ordn. alle ihr zuwiderlaufenden „Bestimmungen" aufgehoben hat, und es gehören zu diesen auch Königliche Verordnungen und Verwaltungsvorschriften aller Art.

---

[1]) Vergl. auch E.-O.-V. Bd. XXIV oben S. 102.

[2]) Gemäß § 178 der Kr.-Ordn. an Stelle der durch § 69 des Zust.-Ges. v. 26. VII. 76 vorgeschriebenen Anfechtung durch Klage getreten. Das Parteienverhältnis ist dadurch derartig geändert, daß der Landrat nicht mehr in die Rolle des Klägers kommen kann.

Daß die auf die Bildung (das Fortbestehen) und die Zusammensetzung der Kreisarmenkommission bezüglichen Bestimmungen des Reglements vom 26. IX. 64 und der angeschlossenen Anweisung thatsächlich der Kr.-Ordn. widersprechen, ergiebt sich daraus, daß die Verwaltung der Landarmenangelegenheiten in den ostpreußischen Kreisen eine Kreisangelegenheit und nicht eine Angelegenheit der allgemeinen Landesverwaltung bildet und daß die frühere Kreisarmenkommission mit der Besorgung von Kreisangelegenheiten betraut war. Es läuft aber der Kr.-Ordn. zuwider, daß der Kreistag verpflichtet sein soll, eine solche Kommission weiterbestehen zu lassen. Denn es erhellt aus den Vorschriften der Kr.-Ordn. §§ 115, 116 Nr. 8, 130, 134 Nr. 1 und 2 und 167, daß, unbeschadet des staatlichen Aufsichtsrechtes, dem Kreistage auf dem Gebiete der Kreiskommunalverwaltung das Recht der freien Organisation zusteht, daß als der eigentliche Träger der Kreisverwaltung der Kreisausschuß anzusehen ist, daß aber der Kreistag unter gewissen Voraussetzungen auf dem Gebiete der Kreisverwaltung besondere Kommissionen oder Kommissare bestellen kann und daß, wenn er solche einsetzt, er in dieser Organisation nicht, wie dies in Betreff der für die Zwecke der allgemeinen Landesverwaltung angeordneten Kommissionen der Fall ist, Beschränkungen unterliegt.

Mittelbar ergiebt sich die freie Stellung des Kreistages in der Entschließung, ob und wie die Kreisverwaltung durch Einsetzung besonderer Kommissionen zu regeln ist, auch aus dem Schlußsatze des § 199, wonach die bisherigen Kommissionen bis zur anderweiten Beschlußnahme des Kreistages über ihren Fortbestand und ihre Zusammensetzung in Wirksamkeit bleiben sollen.

3) Die Richtigkeit der vorstehend entwickelten Rechtsgrundsätze ergiebt sich auch aus der Entstehungsgeschichte des § 116² Abs. 2 der Kr.-Ordn. Hiernach soll es, unbeschadet des Rechtes des Kreistages, über die Aufbringung von Staatsprästationen zu beschließen, bei der — durch § 17 Abs. 3 des R.-G. v. 13. VI. 73 (R.-G.-Bl. S. 129) nicht geänderter — Bestimmung des § 5³ des Ges. v. 11. V. 51 (G.-S. S. 362) sein Bewenden behalten, wonach die Verteilung des Bedarfes an Landlieferungen innerhalb der Kreise auf die Gemeinden durch die Landräte unter Zuziehung eines von der Kreisvertretung gewählten Ausschusses bewirkt wird. In dieser Bestimmung soll nach den Motiven nicht ausgesprochen liegen, daß der Kreistag in Zukunft einen besonderen Ausschuß zur Verteilung der Kriegsleistungen auf die Gemeinden wählen müsse. Vielmehr soll der Kreistag befugt sein, hiermit ein für alle Male den Kreisausschuß zu beauftragen.

Nr. 2. Entsch. Bd. VI. S. 52 vom 5. April 1880.

Kr.-Ordn. v. $\frac{13. XII. 72}{19. III. 81}$ (G.-S. 1881 S. 179) §§ 116⁷, 134³, 176, 178.

A.-L.-R. II Tit. 10 § 84, Tit. 13 § 7; Reg.-Instr. v. 23. X. 17 (G.-S. S. 248) § 15; Vd. v. 27. X. 10 (G.-S. S. 9) über die veränderte Verfassung aller obersten Staatsbehörden; Verfassungsurkunde v. 31. I. 50 (G.-S. S. 17) § 50.

1) Beschlüsse des Kreistages können beanstandet[1]) werden, auch wenn sie schon ausgeführt sind. Die Worte „aufschiebende Wirkung" haben nur die Bedeutung, daß die Ausführung, wenn sie noch nicht erfolgt ist, bis nach ausgemachter Sache zu unterbleiben hat.

Anderen Falles würde die Befugnis der Aufsichtsbehörde nicht genügend gewahrt bleiben, den Landrat zur Beanstandung zu veranlassen, da diese Behörde naturgemäß nicht „sofort" einschreiten kann und der Kreistag oder Kreisaus-

[1]) Vergl. Anm. 2 zu Nr. 1 oben S. 108.

schuß es daher meistenteils in der Hand haben würden, durch unverzügliche Ausführung des Beschlusses die Beanstandung zu hintertreiben.

Auch die Behauptung, daß ausgeführte Beschlüsse nur selten rückgängig gemacht werden könnten, trifft hier nicht zu. Denn das Beanstandungsrecht beschränkt sich auf Beschlüsse, die die Befugnisse der beschließenden Behörde überschreiten oder die Gesetze verletzen. Aus solchen Beschlüssen aber kann der Regel nach niemand Rechte erwerben, die ihm nicht — wenn auch nur unter Vorbehalt seiner Ansprüche gegen die Behörde — wieder entzogen werden dürften. Der Umstand, daß der Landrat in die Lage kommen kann, Beschlüsse nachträglich zu beanstanden, die er selbst ausgeführt hat, fällt ebenso wenig ins Gewicht.

2) Das Beanstandungs-Recht ist an eine Frist nicht gebunden und es ist daher unerheblich, daß die Aufsichtsbehörde schon geraume Zeit vor der Beanstandung von dem Beschlusse Kenntnis gehabt hat.

3) Das Recht, Titel zu verleihen, gehört an sich zu den Hoheitsrechten der Krone und kann nur vom Landesherrn oder in seinem Auftrage von den Staatsbehörden geübt werden. Es bezieht sich dies jedoch nur auf Titel, die „von Staatswegen" verliehen werden und mit denen eine Rangstellung oder ähnliche bestimmte Vorrechte verbunden sind. Daneben giebt es als Titel im weiteren Sinne eine große Fülle von Bezeichnungen für wissenschaftliche oder gewerbliche Thätigkeiten oder nicht amtliche Stellungen, zu deren Annahme jeder Einzelne befugt ist und deren Verleihung demnach nicht zu den Vorrechten der Krone gehört. Es unterliegt daher keinem Zweifel, daß auch Privatpersonen, Vereine und Korporationen, die in keinem Zusammenhange mit dem Staatsorganismus stehen, ihren Angestellten Titel im weitesten Sinne beilegen können. Dies gilt auch von den Beamten derjenigen Korporationen, die in den Organismus des Staates eingreifen, den sogenannten mittelbaren Staatsdienern. In dem Rechte, über die Einrichtung eines Amtes zu bestimmen und den betr. Beamten anzustellen, ist die Befugnis mitenthalten, dem Angestellten eine seine Stellung ausdrückende Benennung beizulegen. Wie das neugeschaffene Amt selbst, so bedarf auch der darin angestellte Beamte einer Bezeichnung und es ist eine solche bei den mittelbaren Staatsdienern um so weniger entbehrlich, als sie die Eigenschaft wirklicher Beamten besitzen und daher nicht blos dem Publikum erforderlichenfalls mit Beamtenautorität gegenübertreten sollen, sondern vor allem als Beamte nach außen hin kenntlich sein müssen. Eine Einschränkung dieses Rechtes durch Abhängigmachung von einer Zustimmung der Staatsbehörde müßte ausdrücklich vorgeschrieben sein, was bezüglich der mittelbaren Staatsdiener allgemein nirgends geschehen ist.

Die Verleihung eines Titels an einen Kreisbaubeamten durch den Kreisausschuß würde also nur dann eine Gesetzesverletzung oder Überschreitung seiner Befugnisse enthalten, wenn der Titel mit einem wirklichen Titel, namentlich mit dem Titel eines der Kgl. Baubeamten gleichlautend wäre. Dies trifft bei dem Titel „Kreisbauinspektor" nicht zu, da zwischen einem solchen Titel und dem Titel „Kgl. Kreisbauinspektor" ein entscheidender Unterschied zu machen ist.[1]) In ähnlicher Weise ist von dem Obertribunal die Annahme des Titels „Musikdirektor" für straflos erklärt, da nur der Titel „Kgl. Musikdirektor" als ehrenvolle Auszeichnung verliehen werde und der Gebrauch des Titels „Musikdirektor" den letzteren nicht in sich schließe.

---

[1]) Durch Min.-Erl. v. 4. VIII. 80 (M.-Bl. S. 272) ist übrigens angeordnet worden, daß den seitens der Kreiskorporationen angestellten Kreisbaubeamten fortan ausschließlich der Titel „Kreisbaumeister" beigelegt werden soll.

Nr. 3. Entsch. Bd. VI. S. 66 vom 12. Mai 1880.

Kr.-Ordn. v. $\frac{13.\ XII.\ 72}{19.\ III.\ 81}$ (G.-S. 1881 S. 179) § 178; L.-V.-G. § 126.[1])

Ges. v. 8. III. 71 (G.-S. S. 130), betr. Ausführung des Bundesges. über den Unterstützungswohnsitz, § 8.

Es liegt in dem Wesen gerichtlicher Entscheidungen und somit auch der Rechtskontrolle, wie sie im § 178 der Kr.-Ordn.[2]) **durch die Möglichkeit, Entscheidungen über Beschlüsse der Kreistage u. s. w. herbeizuführen, gegeben worden ist, daß diese letzteren nur ergehen können, wo ein solcher Beschluß unbeanstandet rechtliche Wirkungen äußert, und zwar der Art, daß sie durch die Aufhebung des Beschlusses beseitigt werden. Dem entspricht es, daß der Beanstandung der Beschlüsse, um sie nicht etwa thatsächlich bedeutungslos werden zu lassen, durch das Gesetz aufschiebende Wirkung beigelegt worden ist.**

2) **Ein auf Grund des § 8 des Ges. v. 8. III. 71 gefaßter Beschluß eines Kreistages, durch den Statuten zur Regelung der Armenpflege in den nicht ausschließlich im Eigentume des Gutsbesitzers stehenden Gutsbezirken aufgestellt werden, kann nicht um deswillen der Beanstandung unterliegen, weil er gesetzwidrig in die bestehende Verfassung des Gutsbezirkes eingriff, da die Beschlüsse ohne die Bestätigung des Bezirksausschusses**[3]) **rechtsunwirksam sind. Nur diese Bestätigung als der die Veränderung der Ortsverfassung statuirende Akt unterliegt wegen etwaiger Gesetzwidrigkeit der Anfechtung nach § 126 L.-V.-G. Die Beanstandung eines Kreistagsbeschlusses zu dem Zwecke, daß durch die Verwerfung dieses Beschlusses das von dem Kreisausschusse dem Kreistage vorgelegte und von diesem abgelehnte Statut hergestellt werden solle, ist unzulässig. Durch richterliche Erkenntnisse, deren Wirkung in der Vollstreckbarkeit der rechtskräftigen Entscheidung, nicht in der mehr oder minder autoritativen, aber nicht zwingenden Bedeutung der Gründe beruht, lassen sich dergleichen Statuten nicht aufstellen, die demnächst noch der Bestätigung und somit einem Verfahren unterliegen, in dem sie verworfen und also nochmals der Rechtskontrolle im Streitverfahren unterstellt werden können. Und auch abgesehen hiervon steht weder dem Gutsherrn, noch dem Bezirksausschusse ein erzwingbares Recht auf die Annahme eines bestimmten Statutes durch den Kreistag zu, so daß die Aufhebung des ein solches Statut ablehnenden Beschlusses dieses in Kraft treten ließe. Der Bezirksausschuß kann durch sein Bestätigungsrecht die Beschlußfassung des Kreistages nicht ersetzen.**

Nr. 4. Entsch. Bd. VII. S. 88 vom 3. Januar 1881.

Kr.-Ordn. v. $\frac{13.\ XII.\ 72}{19.\ III.\ 81}$ (G.-S. 1881 S. 179) § 178.

Bei der Ausübung des Beanstandungsrechtes[4]) **gemäß § 178 der Kr.-Ordn. handelt der Landrat nicht als Organ des Kreisverbandes, sondern als durch Gesetz berufener Vertreter der Aufsichtsbehörde.**

Die Kosten der Beanstandung fallen daher, wenn die vor der Aufsichtsbehörde ausgesprochene Beanstandung durch die rechtskräftige Entscheidung nicht aufrecht erhalten wird, der Staatskasse zur Last.

---

[1]) Diese Bestimmungen sind an Stelle der der Entsch. zu Grunde liegenden §§ 18, 69, 74 des Zust.-Ges. v. 26. VII. 76 und des § 118 der Prov.-Ordn. v. 29. VI. 75 getreten.

[2]) Vergl. Anm. 2 zu Nr. 1 oben S. 108.

[3]) Vergl. Zust.-Ges. § 40.

[4]) Vergl. Anm. 2 zu Nr. 1 oben S. 108.

2. Zwangsetatisierungen.[1])

Nr. 1. Entsch. Bd. VI. S. 24 vom 8. Dezember 1879.

Kr.=Ordn. v. $\frac{13.\ XII.\ 72}{19.\ III.\ 81}$ (G.=S. 1881 S. 179) § 180.

Voraussetzung der Anwendung des § 180 der Kr.-Ordn. ist, daß es sich um eine von der Behörde innerhalb der Grenzen ihrer Zuständigkeit festgestellte Leistung handelt. Eine bestimmte Form ist für die Feststellung nicht vorgeschrieben. Es genügt z. B., daß der Kreiskommunalverband durch Vermittelung des Landrates von der Anweisung des Regierungspräsidenten, die Übernahme der Leistung auf Kreiskommunalfonds zu fordern, Kenntnis erlangt hat[2])

Nr. 2. Entsch. Bd. VIII. S. 48 vom 6. März 1882.

Kr.=Ordn. v. $\frac{13.\ XII.\ 72}{19.\ III.\ 81}$ (G.=S. 1881 S. 179) §§ 134 [1,2], 177, 180.

Ges. v. 8. VII. 75 (G.=S. S. 497) betr. Ausführung der §§ 5, 6 des Ges. wegen Dotation der Kreis= und Provinzialverbände, §§ 18, 22.

Ges. v. 27. III. 72 (G.=S. S. 278), betr. Einrichtung und Befugnisse der Oberrechenkammer, § 19.

1) Die Anwendung des § 180 der Kr.-Ordn. setzt voraus, daß der Kreis eine ihm gesetzlich obliegende, von der Behörde innerhalb der Grenzen ihrer Zuständigkeit festgestellte Leistung auf den Haushaltsetat zu bringen oder außerordentlich zu genehmigen verweigert oder unterläßt.

Es ist nicht erforderlich, daß einer auf Grund des § 180 zu erlassenden Verfügung zuerst eine Feststellung der Behörde, weiter ein Auftrag, hierüber eine Beschlußfassung des Kreistages herbeizuführen, endlich ein die Leistung verweigernder Beschluß des Kreistages vorhergehen muß, da nicht nur eine ausdrückliche Weigerung, sondern auch ein einfaches Unterlassen von Seiten des Kreises die Aufsichtsbehörde zum Einschreiten ermächtigt. Es genügt, wenn die Forderungen an den Kreisausschuß, als das Verwaltungsorgan des Kreises, gerichtet und diesem die weiteren Schritte überlassen werden. Es muß aber im letzteren Falle ein gewisser Zeitraum zwischen Feststellung der Leistung und Zwangsetatisierung freibleiben, um den zuständigen Organen des Kreises die Möglichkeit einer Entschließung zu lassen, weil es sonst sowohl an einer Weigerung, wie an einem Unterlassen im Sinne des Gesetzes fehlen würde. Mangels genauerer gesetzlicher Bestimmung über den Zeitraum ist je nach Lage des Falles zu bemessen, inwieweit dem Kreise ausreichende Gelegenheit zur Beschlußfassung gewährt ist. Keinesfalls können die Feststellung der Leistung und die Anordnung der Eintragung in den Etat miteinander verbunden werden, da es dann immer an der gesetzlichen Vorbedingung für letztere fehlen würde.

2) Die Rechtskontrolle des Verwaltungsrichters in Gemäßheit des § 180 a. a. O. ist nicht auf die formelle Berechtigung der Zwangsetatisierung beschränkt, sondern hat das Vorhandensein der Vorbedingungen dafür im vollen Umfange zu prüfen. Insbesondere erstreckt sie sich auch darauf, ob die Leistung eine dem Kreise gesetzlich obliegende und die Feststellung

---

[1]) Vergl. auch E.=O.=V. Bd. XVI S. 21, oben S. 67.

[2]) Der übrige Teil der Entscheidungsgründe ist inzwischen veraltet, nachdem die §§ 51, 67, 69, 71 des Zust.=Ges. v. 26. VII. 76 durch die §§ 177, 178, 180 der Kr.=Ordn. in der Fassung der Novelle v. 19. III. 81, § 76[1] des Ges. v. 3. VII. 75, betr. das Verwaltungsstreitverfahren, durch § 107[1] L.=V.=G. ersetzt worden sind und auch § 121 der Prov.=Ordn. durch die Novelle v. 22. III. 81 eine entsprechende Abänderung erfahren hat. Vergl. auch Anm. 2 oben S. 108.

von der zuständigen Behörde ausgegangen ist. Der § 177 der Kr.-Ordn. steht dem nicht entgegen.

3) Das Einschreiten der Aufsichtsbehörde in diesen Fällen erfordert stets, daß ein von der Behörde wahrzunehmendes öffentliches Interesse obwalte. Die staatliche Aufsicht kann mithin in dieser Beziehung nicht so weit reichen, daß den Kommunalverbänden die Verwendung der ihnen vom Staate gegebenen Dotationsmittel im einzelnen vorgeschrieben werden dürfte. Damit wäre der Begriff der Selbstverwaltung nicht vereinbar.

4) Unter den im § 22 des Dot.-Ges. v. 8. VII. 75 erwähnten, auf die Kommunalverbände übergegangenen Verpflichtungen des Staates gegenüber dem angestellten Chausseeaufsichtspersonale sind nur rechtliche Verpflichtungen zu verstehen. Eine Übertragung anderer Verpflichtungen war überhaupt nicht thunlich. In Beziehung auf Leistungen, die nicht auf einem Rechtsgrunde, sondern etwa nur auf Ermessen beruhten, konnte die Gewährung schon deshalb den Verbänden nicht auferlegt werden, weil solche Leistungen nach Umfang und Inhalt völlig unbestimmbar sind und dies mehr oder minder selbst dann bleiben, wenn die Übung des Ermessens nach gewissen Grundsätzen erfolgt. Hieran ändert nichts, daß im § 22 von dem Übergange „sämmtlicher" Verpflichtungen die Rede ist. Ob der Rechtsgrund für die Verpflichtung des Staates im öffentlichen oder privaten Rechte liegt, ist gleichgültig. Es kann z. B. der Anspruch des Chausseeaufsichtspersonals auf Aufrücken in höhere Gehaltsklassen sich auf den Anstellungsvertrag gründen. Ist dies nicht der Fall, so könnte er nur aus allgemeinen Grundsätzen des öffentlichen Rechtes abgeleitet werden. Verwaltungsbeamte aber besitzen — im Gegensatze zu den richterlichen Beamten — keinen Anspruch auf Gehaltsverbesserung. Demgemäß hatten auch die Chausseeaufseher der vormaligen Staatschausseen, insoweit deren Besoldung in Gemäßheit eines nach einem Durchschnittssatze abgestuften Spezialetats und bestimmter, das Aufrücken in die höheren Gehaltsklassen regelnder Grundsätze erfolgte, gegebenen Falles keinen Rechtsanspruch auf ein solches Aufrücken, so daß nunmehr eine entsprechende Verpflichtung der inzwischen in die Verwaltung jener Chausseen eingetretenen Kommunalverbände bestände.

Eine entgegenstehende Ansicht läßt sich auch aus § 19 des Oberrechenkammerges. v. 27. III. 72 nicht begründen.

Nr. 3. Entsch. Bd. XI. S. 15 vom 23. Juni 1884.

Kr.-Ordn. v. 13. XII. 72 / 19. III. 81 (G.-S. 1881 S. 179) §§ 115, 116[3, 5], 118, 127, 130, 134[1, 2], 137, 180 und Zust.-Ges. § 4.

Prov.-Ordn. v. 29. VI. 75 / 22. III. 81 (G. S. 1881 S. 233) §§ 37, 58, 59, 101, 103, L.-V.-G. §§ 36, 52.

1) Verfügungen des Regierungspräsidenten, betreffend die Zwangsetatisierung gesetzlicher Leistungen des Kreises brauchen nicht notwendig an die Kreistage als diejenigen Organe erlassen zu werden, die endgültig über die Leistung und Flüssigmachung der erforderlichen Gelder zu beschließen haben; es genügt, wenn die Aufforderung an ein zur Vertretung der Korporation berufenes Organ ergeht. Dies ist der Kreisausschuß, der dafür zu sorgen hat, daß die Angelegenheit auf ordnungsmäßigem Wege erledigt und zu dem Ende den für die Beschlußfassung zuständigen Organen vorgelegt wird. In den dem Kreisausschusse durch die §§ 130, 134[1, 2] der Kr.-Ordn. zugewiesenen Verwaltungsbefugnissen liegt zugleich die Ermächtigung, in dringenden Fällen, wo die Rechte des Kreises vom Kreistage selbst nicht wahrgenommen werden können, einstweilen für letzteren einzutreten. Er ist also auch für befugt zu erachten, ohne vorherigen Beschluß des Kreistages die an ihn gerichtete Anordnung

der Zwangsetatisierung im Wege der Klage anzufechten. Schon nach allgemeinen Rechtsgrundsätzen würde ihm dabei die Vermutung einer Vollmacht zur Seite stehen. Die Klagefrist beginnt daher vom Tage der Zustellung der Verfügung an den Kreisausschuß.

2) Dasselbe gilt von dem Provinzialausschusse hinsichtlich der Zwangsetatisierung gegen die Provinz. (Vgl. E.-O.-V. Bd. I S. 11 [1]).

Nr. 4. Entsch. Bd. XIII. S. 58 vom 3. Februar 1886. I A 30/85.

Kr.-Ordn. v. 13. XII. 72 / 19. III. 81 (G.-S. 1881 S. 179) § 180 und Zust. Ges. § 4.
Vd. v. 30. VII. 53 (G.-S. S. 909), betr. exekutivische Beitreibung der direkten und indirekten Steuern, § 1 [2].

1) Für das Verfahren bei Vermessungen behufs Fortschreibung der Grundsteuerbücher und Karten sind die Bestimmungen der auf Grund des Ges. v. 21. V. 61 (G.-S. S. 253) und des Ges. v. 8. II. 67 (G.-S. S. 185) von dem Finanzminister erlassenen Anweisung II v. 31. III. 77 (Min.-Bl. S. 212) maßgebend. Diese Anweisung handelt in den §§ 51—57 von der Berechnung der Fortschreibungsvermessungsgebühren. Die Gebühren werden in Hebelisten nachgewiesen, die der Katasterkontrolleur aufstellt, der Katasterinspektor prüft und feststellt und die Kgl. Regierung, Abt. für direkte Steuern pp. mit dem Festsetzungsvermerke versieht. Nach § 54 der Anweisung steht gegen die erfolgte Festsetzung der Vermessungsgebühren dem Katasterkontrolleur und den beteiligten Grundeigentümern binnen einer Präklusivfrist von 4 Wochen, vom Empfang der Mitteilung über die erfolgte Festsetzung an gerechnet, der Rekurs an das Finanzministerium offen. Gegen die Entscheidung des letzteren findet eine Berufung nicht statt.

Werden gegen einen Kreis derartige Kosten festgesetzt und versäumt er das angegebene Rechtsmittel, so sind die Festsetzungs-Verfügungen der Regierung rechtskräftig geworden und es kann der Kreisverband mit Einwendungen dagegen nicht mehr gehört werden. Eine Nachprüfung der Entscheidungen anderer Behörden, die dazu berufen sind, in besonders geregeltem Verfahren die dem Einzelnen oder den Korporationen gesetzlich obliegenden Leistungen festzustellen, steht dem Oberverwaltungsgericht auf Grund des § 180 der Kr.-Ordn. nicht zu. Vgl. Entsch. Bd. VII S. 209. Das Oberverwaltungsgericht hat sich bei derartig festgesetzten Leistungen auf diejenigen Rechtsfragen zu beschränken, die für die Zwangsvollstreckung allein, im Gegensatze zur Feststellung der Verpflichtung, maßgebend sind. In dieser Beziehung unterliegt es keinem Zweifel, daß die endgültig festgesetzten Fortschreibungsgebühren gemäß § 1 Nr. 2 der Vd. v. 30. VII. 53 im Wege der Administrativ-Exekution beigetrieben werden können.[2])

2) Es liegt im öffentlichen Interesse, daß Korporationen wie Privatpersonen ihren rechtsgültig festgestellten Verpflichtungen nachkommen und dazu erforderlichen Falles zwangsweise angehalten werden.

Nr. 5. Entsch. Bd. XIV. S. 14 vom 12. März 1887. I A 73/86.[3])

Reichs-Impf-Ges. v. 8. IV. 74 (R.-G.-Bl. S. 65), §§ 7, 9, 18.
Preuß. Ausf.-Ges. v. 12. IV. 75 (G.-S. S. 191) §§ 1, 2.
Min.-Erl. v. 6. IV. 86 (Min.-Bl. S. 52).

1) Die Kosten des Druckes der Vorschriften, die von den Ärzten bei der Ausführung des Impfgeschäftes zu befolgen sind, fallen dem Kreise

---

[1]) Oben S. 11.

[2]) Vergl. Kautz, Das Verwaltungszwangsverfahren wegen Beitreibung von Geldbeträgen, Berlin 1896, Karl Heymanns Verlag, S. 25.

[3]) Litteratur: Kommentare zum Reichsimpfgesetz von Bach, Düsseldorf 1888. — Jacobi und Guttstadt. 2. Aufl. Berlin 1876. — Rapmund, Berlin 1889.

zur Last, der die Impfärzte zu berufen, zu besolden und mit dem zur Ausführung des Auftrages Erforderlichen auszurüsten hat. Dasselbe gilt von dem Druck der Verhaltungsvorschriften für die Angehörigen der Impflinge. Es sind dies keine polizeilichen Auflagen, mögen die Angehörigen die Vorschriften aus der Hand des Arztes oder der Ortspolizeibehörde empfangen. Es sind Belehrungen, die in gewissen Kreisen der Arzt mündlich erteilt. Ihre Aushändigung ist eine Ergänzung des Impfgeschäftes, und es fallen daher ihre Kosten durchaus in den Rahmen der den Kreisen gesetzlich auferlegten Kosten.

2) Dagegen fallen die Druckkosten der Vorschriften, die von den Ortspolizeibehörden bei der Ausführung des Impfgeschäftes zu befolgen sind, nicht den Kreisen zur Last. Hier handelt es sich lediglich um Weisungen, die den Ortspolizeibehörden im Aufsichtswege erteilt werden. Diese Aufsicht ist der Kreisverwaltung nicht übertragen, ebensowenig die Kostenlast, die mit ihrer Handhabung durch die Aufsichtsbehörde verbunden ist. Wie die Ortspolizeibehörde das, was sie zu thun hat, als Amtspflicht unentgeltlich und nicht etwa auf Kosten des Kreises zu leisten hat, ebenso die Polizeiaufsichtsbehörde die Handhabung der Aufsicht, deren Kosten zu denen der allgemeinen Landesverwaltung gehören.

Nr. 6. Entsch. Bd. XIV. S. 20 vom 2. Oktober 1886. I A 7/86.

Ges. v. 28. V. 75 (G.-S. S. 223), betr. Verpflichtung zur Unterstützung hilfsbedürftiger Hebammenbezirke, § 3 und Verf. v. 6. VIII. 83 (M.-Bl. S. 211) das Hebammenwesen betr.
Kr.-Ordn. v. $\frac{13.\ \text{XII.}\ 72}{19.\ \text{III.}\ 81}$ (G.-S. 1881 S. 179) §§ 20, 116, 176, 180.

1) Bis zum Erlasse des Ges. v. 28. V. 75 bestand in den älteren Provinzen des Preuß. Staates eine rechtliche Verpflichtung zur Besoldung, Unterstützung pp. der Bezirks-Hebammen weder für die Hebammenbezirke, noch für die zu ihnen gehörigen Gemeinden und Gutsbezirke, oder die Kreise. Für die Hebammenbezirke oder die zugehörigen Gemeinden und Gutsbezirke, bezw. deren Einsassen ist eine solche auch durch das genannte Ges. und die Verf. v. 6. VIII. 83 nicht geschaffen worden. Vgl. E.-O.-V. Bd. XII S. 167. Den Kreisen aber legt jenes Ges. in § 3 die Verpflichtung der Unterstützung derjenigen Hebammenbezirke auf, die die Mittel zur Ausbildung, Besoldung oder Unterstützung einer Bezirkshebamme zu leisten außer stande sind. Auf Grund dieser Vorschrift können von den Kreisverbänden niemals Unterstützungen für solche Hebammenbezirke gefordert werden, die zur Besoldung u. s. w. einer Bezirkshebamme im stande sind, es aber ablehnen, eine solche zu gewähren.

2) Dem Übelstande, daß in solchen vermögenden Hebammenbezirken die Hebammen auf die Liberalität der Eingesessenen des betreffenden Bezirkes angewiesen sind, kann dadurch abgeholfen werden, daß der Kreis durch statutarische Anordnung die Verpflichtung übernimmt, für sämmtliche Hebammenbezirke ohne Unterschied einzutreten und sämmtlichen Bezirkshebammen das Erforderliche aus Kreismitteln zu gewähren. Solche Statuten bedürfen der Bestätigung des Bezirksausschusses und der Allerhöchsten Genehmigung.

Nr. 7. Entsch. Bd. XVII. S. 33 vom 9. Februar 1889. I A 56/88.

Kr.-Ordn. v. $\frac{13.\ \text{XII.}\ 72}{19.\ \text{III.}\ 81}$ (G.-S. 1881 S. 179) §§ 176^6, 180.
Zust.-Ges. § 4.

1) Die Aufbringung der erforderlichen Besoldung der Kreisbeamten ist eine gesetzliche Pflicht der Kreise im Sinne des § 180 der Kr.-Ordn. Dagegen sind die von einem Kreise bewilligten und demnächst auch aufgebrachten

Besoldungszuschüsse zur Dotieruug einer etatsmäßigen Kreistierarztstelle keine gesetzlich den Kreisen obliegenden, bei verweigerter Fortzahlung der Zwangsetatisierung unterliegenden Leistungen. Sie werden zu solchen auch dann nicht, wenn deren Übernahme von zuständiger Stelle aus genehmigt ist, oder die Besoldungszuschüsse in dem Staatshaushaltsetatsgesetze Erwähnung finden. Der Kreistierarzt steht zu dem Kreise nicht in Beziehung, denn er ist ein ausschließlicher Beamter des Staates mit der Befugnis veterinärärztlicher Praxis, soweit es der öffentliche Dienst gestattet. Wenn es nicht bloß zulässig, sondern im Interesse der Kreiseingesessenen auch angezeigt ist, daß der Kreis mit seinen Mitteln eintritt, um seitens der Staatsregierung die Anstellung eines solchen Beamten zu erlangen, so ist hierfür doch keine gesetzliche Verpflichtung begründet.

2) Die gesetzlich vorgeschriebene Bestätigung einer freiwillig übernommenen Leistung behindert den Kreistag nicht, diese Leistung nach Ermessen einzustellen, sofern nicht etwa der Staat oder der Beamte gegenüber dem Kreise ein klagbares Recht auf die Zahlung des Zuschusses erlangt hat. Liegt ein solcher Fall vor, so ist im Streitfalle nur der ordentliche Richter zur Entscheidung berufen und es berechtigt erst die Vollstreckung einer richterlichen Entscheidung zu Zwangsmaßregeln. Vergl. E.-O.-V. Bd. XVI S. 220.

Nr. 8. Entsch. Bd. XXV. S. 1 vom 14. Oktober 1893. I A 30/93.

Kr.-Ordn. v. 13. XII. 72 / 19. III. 81 (G.-S. 1881 S. 179) §§ 134, 137, 160, 180.
L.-V.-G. §§ 74 Abs. 3, 107 [1].

1) Nach § 134 der Kr.-Ordn. hat der Kreisausschuß — neben den Kommunalangelegenheiten — auch „Geschäfte der allgemeinen Landesverwaltung" teils als Kollegium, teils (§ 137) durch seinen Vorsitzenden wahrzunehmen; nach § 164 sind die Kosten dieser Geschäftsführung vom Kreise zu tragen. Zu jenen Geschäften gehören vornehmlich die dem Kreisausschusse überwiesenen Verhandlungen und Entscheidungen im Verwaltungsstreitverfahren (§ 7 L.-V.-G.) und die dem Vorsitzenden des Kreisausschusses durch § 74 Abs. 3 L.-V.-G. übertragene Bestellung eines Kommissars zur Wahrung des öffentlichen Interesses. Die Kosten, die aus der Bestellung und Schadloshaltung eines solchen Kommissars entstehen, insbesondere die ihm durch Endurteil auferlegten Prozeßkosten, hat der Kreis auch dann zu tragen, wenn der Streit besondere Interessen des Kreises nicht berührt hat.

2) Soll eine dem Kreise gesetzlich obliegende Leistung zwangsetatisiert werden, so muß zunächst eine Feststellung der Leistung durch die zuständige Behörde auch dann zeitlich vorangehen, wenn die Leistung nicht ihrem Betrage, sondern nur ihrem Grunde nach streitig ist. Vergl. E.-O.-V. Bd. VIII S. 49[1]) und Min.-Erl. v. 30. XII. 90 (M.-Bl. 91 S. 6).

[1]) Oben S. 112.

III.

Amtsverbände

in den Provinzen Ost- und Westpreußen, Brandenburg, Pommern, Schlesien, Sachsen und Schleswig-Holstein.[1])

Litteratur: Vergl. zunächst die beim Abschnitt II (Kreise) oben S. 18 angegebenen Werke. Ferner: v. Borries, Amtsführung der Gemeinde-, Guts- und Amtsvorsteher in den östlichen Provinzen — Berlin 1893. — Stein, Handbuch für Amtsvorsteher. 7. Aufl. 1892. Limberg, der Amtsvorsteher, 2. Aufl. mit 2 Nachtr., 1878—85; Der Amtsvorsteher in Schleswig-Holstein, amtlich, 2 Bände. 1889.

Gesetzesmaterialien: Vergl. bei Abschnitt II (Kreise) oben S. 19.

A. Bildung der Amtsbezirke.

Nr. 1. Entsch. Bd. II. S. 72 vom 30. Juni 1877.

Kr.-Ordn. v. $\frac{13. XII. 72}{19. III. 81}$ (G.-S. 1881 S. 179) §§ 9—18, 70, 185.

1) Die Bildung der Amtsbezirke ist kein Akt der Gesetzgebung, sondern der Verwaltung, und es bedurfte daher einer besondern gesetzlichen Bestimmung über ihre Bekanntmachung. Eine solche ist zu dem Zwecke, um den Zeitpunkt des Inkrafttretens der rücksichlich der örtlichen Polizeiverwaltung in der Kr.-Ordn. enthaltenen Vorschriften zu bestimmen und zur öffentlichen Kenntnis zu bringen, in dem § 185 der Kr.-Ordn. gegeben worden. In dieser Bestimmung ist aber keineswegs vorgeschrieben, daß die Bekanntmachung alle einzelnen Grundstücke, aus denen sich ein Amtsbezirk zusammensetzt, enthalten solle. Dem Zwecke, zu welchem jene Bekanntmachungen zu erfolgen haben, entspricht es vollständig, wenn sie die Grenzen der einzelnen Amtsbezirke, sei es durch Angabe der einzelnen zu den Amtsbezirken gehörenden Gemeinden und Gutsbezirke, sei es, wo es sich um Teile solcher handelt, durch die Bezeichnung sonst bekannter Örtlichkeiten, Kolonien, Abbauten, gewerblicher Etablissements und dergl., so wie durch die Abgrenzung der benachbarten Amtsbezirke erkennen lassen. Etwaige Zweifel muß der Verwaltungsrichter durch besondere Feststellungen beseitigen.

2) Den Amtsbezirken stehen als abgabepflichtige Glieder die zu dem Amte gehörigen Gemeinde- und Gutsbezirke als solche, nicht die einzelnen Amtseingesessenen gegenüber.

Unter dem nach dem Schlußsatze des § 70 der Kr.-Ordn. in Ermangelung einer Vereinbarung für die Verteilung der Amtsunkosten zur Anwendung kommenden Maßstabe ist keineswegs nur derjenige Maßstab für die Kreisabgaben zu verstehen, der nach § 12 der Feststellung des Kreistages unterliegt, sondern auch derjenige, der einer solchen Feststellung nicht unterworfen und durch die §§ 14 und 15 allgemein feststehend geregelt ist. Das Kreissteuersystem der Kr.-Ordn. ist lediglich ein System von Zuschlagssteuern und zwar setzt sich der Kreissteuer-Verteilungsmaßstab, auf den der § 70 a. a. O. verweist, aus zwei Faktoren, den Prinzipalsteuersätzen, nach denen zu verteilen ist, und der Quote, mit der sie dabei zum Ansatz kommen, zusammen. Erstere ergiebt das Gesetz, bezw. die auf Grund des Gesetzes (§§ 14, 15 der Kr.-Ordn.) erfolgende Ein-

[1]) Die Angelegenheiten der Amtsverbände in Westfalen und der Landbürgermeistereien in der Rheinprovinz sind, als mit den Angelegenheiten der Landgemeinden in diesen Provinzen unmittelbarer zusammenhängend, bei diesen berücksichtigt worden.

schätzung; letztere stellt innerhalb gewisser, durch das Gesetz gezogener Grenzen der Kreistag fest. Keiner dieser beiden Faktoren kann modifiziert werden, ohne damit den Kreissteuer-Verteilungsmaßstab aufzugeben und an dessen Stelle einen neuen, eigentümlichen Maßstab zu setzen.

3) In Amtsbezirken, die nur aus Teilen von Gemeinden und Gutsbezirken zusammengesetzt sind, sind die Amtsunkosten in Ermangelung einer Vereinbarung zwischen den beteiligten Gemeinden und Gutsbezirken auf deren Teile ganz ebenso, als wenn sie selbständige Gemeinden bezw. Gutsbezirke bildeten, unter Anwendung des Kreisabgaben-Verteilungsmaßstabes zu repartieren, und die so bestimmten Quoten der Amtsunkosten sind von den Gemeinden und Gutsbezirken, deren Teile in Betracht kommen, einzuziehen. Diesen Gemeinden bezw. dem Besitzer des Gutes, dem Gutsherrn in den Gutsbezirken, liegt es ob, die auf sie entfallenden Amtsunkosten nach Maßgabe der bestehenden Vorschriften in derselben Weise aufzubringen, wie diejenigen Amtsunkosten, die auf ihre zu einem anderen Amtsbezirke gehörigen Restteile repartiert werden.

Nr. 2. Entsch. Bd. XI. S. 28 vom 29. November 1884.

Kr.-Ordn. v. $\frac{13.\ XII.\ 72}{19.\ III.\ 81}$ (G.-S. 1881 S. 179) §§ 49a, 66.

1) Ist eine Landgemeinde auf Grund des § 49a der Kr.-Ordn. in polizeilicher Beziehung mit einer benachbarten Stadtgemeinde vereinigt worden und demgemäß aus dem bisherigen Amtsbezirke vollständig ausgeschieden, so hat, wenn es sich darum handelt, den Beitrag der Landgemeinde zu den Kosten der städtischen Polizeiverwaltung festzusetzen, der Bezirksausschuß sich dieser Festsetzung zu unterziehen (§ 49a Abs. 2 a. a. O.) und nicht der Kreisausschuß. Denn diese Festsetzung ist etwas anderes, als die im § 49a Abs. 3 vorgesehene Auseinandersetzung zwischen der Landgemeinde und dem Amtsbezirke, dem sie früher angehörte. Das Gesetz setzt ausdrücklich als die Regel voraus, daß die Vereinigung einer Landgemeinde mit einer Stadtgemeinde bezüglich der Polizeiverwaltung und das gänzliche Ausscheiden der ersteren aus dem Amtsbezirke gleichzeitig erfolgt. Den Beitrag der Landgemeinde zu den Kosten der städtischen Polizeiverwaltung stellt dann in Streitfällen gemäß § 49a Abs. 2 der Bezirksausschuß fest. Wenn hierbei der Kosten nicht besonders gedacht ist, die etwa dem Polizeiverwalter noch aus den im § 66 der Kr.-Ordn. erwähnten Geschäften erwachsen, so folgt daraus gewiß nicht, daß die Entschädigung für diese im Wege der Auseinandersetzung vor dem Kreisausschusse gemäß § 49a Abs. 3 besonders zu regeln wäre. Vielmehr behandelt das Gesetz diese Kosten für den Fall des Ausscheidens einer Landgemeinde aus dem Amtsbezirke offenbar als Teil der Kosten der Polizeiverwaltung, da die Geschäfte, aus denen sie etwa erwachsen, nach der Regel des Gesetzes und abgesehen von der Anomalie ihrer Trennung von denen der eigentlichen Polizeiverwaltung, die eben durch das gänzliche Ausscheiden der Landgemeinden aus den Amtsbezirken vermieden werden soll, ein Annex der Polizeiverwaltung bilden. Daraus ergiebt sich, daß, wenn dies Ausscheiden, wie hier, nachfolgt, auch die Beschlußfassung darüber, ob nunmehr noch eine Erhöhung der Entschädigung für die Kosten der Polizeiverwaltnng stattfinden kann, und ev., in welchem Maße sie erfolgen soll, gemäß § 49 Abs. 2 dem Bezirksausschusse zukommt.

2) In Streitfällen hat eventl. der Magistrat als Vertreter desjenigen Kommunalverbandes, der für Mehraufwendungen zu entschädigen ist, die Rolle des Beklagten zu übernehmen, und nicht die Polizeiverwaltung. Denn nicht darum handelt es sich, ob die städtische Polizeiverwaltung neue Ob-

liegenheiten zu übernehmen hat, sondern darum, daß dasjenige Rechtssubjekt, das die Kosten der Polizeiverwaltung zu tragen hat, für die ihm aus der Übertragung der Polizeiverwaltung und der mit ihr sonst verbundenen Geschäfte erwachsenden Mehraufwendungen angemessen entschädigt wird.

B. Organe der Amtsbezirke und ihre Befugnisse.[1]

Nr. 1. Entsch. Bd. V. S. 83 vom 22. Februar 1879.

A. G.-O. Anhang § 153 zu Teil I Tit. 21 § 15, Teil I Tit. 35 § 33 und Einf.-Ges. zur Ziv.-Pr. Ordn. v. 30. I. 77 (R.-G.-Bl. S. 244).

1) Die Ortspolizeibehörden können auch gegen den Fiskus mit Zwangsmaßregeln vorgehen, müssen aber dabei die für Exekutionen gegen fiskalische Stationen bestehenden allgemeinen gesetzlichen Normen beachten. Danach haben Zwangsvollstreckungen gegen den Fiskus und gegen die unter Staatsaufsicht stehenden juristischen Personen, Gemeinden u. s. w. soweit es sich um Geldforderungen handelt, im allgemeinen durch Vermittelung der, einer zunächst beteiligten nachgeordneten fiskalischen Station vorgesetzten Finanzbehörde bezw. der Staatsaufsichtsbehörde zu erfolgen. Diese Vorschriften sind zunächst zwar nur für die Vollstreckung gerichtlicher Erkenntnisse gegeben. Da das durch sie geordnete Verfahren aber eine unabweisbare Forderung der Organisation der Staats- und Gemeindeverwaltung pp. ist, so sind sie auch für die Verwaltungsbehörden maßgebend und beim Mangel anderweiter Vorschriften auch für die administrative Exekution, deren Verfahren lediglich nach Analogie der gerichtlichen Exekution ausgebildet worden ist, anwendbar.[2])

2) Ein Amtsvorsteher darf deshalb fiskalische Wegebaumaterialien nicht unmittelbar beschlagnahmen und verwenden. Handelt er dabei schuldbar, so giebt er zu disziplinarischer Ahndung Veranlassung.[3])

Nr. 2. Entsch. Bd. VI. S. 77 vom 15. Oktober 1879.

Kr.-Ordn. v. $\frac{13. XII. 72}{19. III. 81}$ (G.-S. 1881 S. 179) § 66.

1) Nicht den Amtsvorstehern, sondern dem Landrate und Kreisausschusse[4]) liegt die Führung der Aufsicht über die Kommunalangelegenheiten der Landgemeinden und Gutsbezirke ob. Der Amtsvorsteher kann somit auch nicht definitive Entscheidungen und Anordnungen in den jene Angelegenheiten betreffenden Beschwerden und dergl. erlassen. Dagegen können Landrat und Kreisausschuß bei der Übung der Aufsicht sich der Amtsvorsteher als Mittelspersonen zur Ausführung einzelner Aufträge in ihren Amtsbezirken bedienen und sie z. B. auch mit der Revision von Gemeindekassen beauftragen, sofern dazu nicht besondere technische Kenntnisse erforderlich sind. Die Revision der Kasse einer Landgemeinde erheischt aber regelmäßig keine besondere dienstliche Vorbildung, keine andere Befähigung, als die sonstigen, den Amtsvorstehern durch Gesetz besonders überwiesenen Funktionen, die Verwaltung der Ortspolizei und die Amtsverwaltung im Amtsbezirke. Sollte ein Amtsvorsteher sich gleichwohl

[1]) Vergl. auch Entsch. v. 2. VI. 80 (Bd. V S. 119), unten im Abschnitte Gemeindelasten, über das Amt und die Anstellung der Amtssekretäre, v. 4. II. 80 (Bd. VI S. 208), unten im Abschnitte Landgemeinden, über die Unzulässigkeit der Übertragung der Polizeiverwaltung auf die Gemeindevorsteher.

[2]) Vergl. auch Min.-Erl. v. 24. V. 82 (J.-M.-Bl. S. 59), Kr.-Ordn § 55^{b}, Zust.-Ges. §§ 17^{4}, 33^{4}; Land-Gem.-Ordn. v. 3. VII. 91 (G.-S. S. 223) § 121^{2}.

[3]) Der Rest der Entscheidungsgründe, das Disziplinarverfahren gegen Amtsvorsteher behandelnd, ist veraltet, nachdem das Verfahren durch § 68 der Kr.-Ordn. neu geordnet ist.

[4]) Nach Maßgabe der Land-Gem.-Ordn. v. 3. VII. 91 (G.-S. S. 223) § 139.

der Revision einer Kasse nicht gewachsen glauben, so würde er dies geltend und glaubhaft zu machen haben, um auf Grund dessen einen ihm dazu erteilten Auftrag ablehnen zu können. Die Anordnung einer derartigen Revision, wie die Verfügung nach Maßgabe des Befundes, sind Aufsichtsakte, die einen Beschluß der Kommunalaufsichtsbehörde erfordern, also nicht vom Amtsvorsteher ausgehen können.

2) Hieraus folgt aber nicht, daß es angemessen sein würde, die Amtsvorsteher in allen Fällen mit den Revisionen zu betrauen. Es ist zu berücksichtigen, daß das Gesetz die Thätigkeit der Amtsvorsteher an erster Stelle für die Handhabung der Polizei und die Amtsverwaltung in Anspruch nimmt, und daß ihr Amt ein unbesoldetes und ehrenamtliches ist. Wollte man den Amtsvorsteher lediglich zur Entbindung der landrätlichen und der Kreisausschußverwaltungen mit laufenden, namentlich büreaumäßigen Arbeiten betrauen, die ohne sachlichen Nachteil auch von diesen Stellen selbst oder von ihren anderen Organen versehen werden können, so würde dies ein Mißbrauch sein.[1])

Nr. 3. Entsch. Bd. VI. S. 359 vom 10. April 1880.

Kr.-Ordn. v. $\frac{13. XII. 72}{19. III. 81}$ (G.-S. 1881 S. 179) § 57.

Die ortspolizeiliche Thätigkeit muß, und zwar gerade auf ihren wichtigsten Gebieten, nach Inhalt und Wesen die Interessen größerer oder kleinerer Kreise der dem Polizeibezirke Angehörigen berühren, indem sie ihnen Schutz und Förderung angedeihen läßt, und dies kann sich auch sehr wohl in der Abwehr einer Wertsminderung oder selbst in einer Steigerung des Wertes der im Bezirke liegenden Grundstücke fühlbar machen. Regelmäßig handelt es sich hierbei aber um öffentliche Interessen des Publikums, die nicht gleichbedeutend sind mit den besonderen Privatinteressen der einzelnen Personen, aus denen das beteiligte Publikum zufällig besteht und die allerdings in gewissen Fällen nach Maßgabe besonderer Gesetze den Schutz der Polizei genießen, wie z. B. in Jagdsachen, Gesindestreitigkeiten u. s. w. Nur ein von dem allgemeinen Interesse verschiedenes besonderes Privatinteresse des Amtsvorstehers begründet aber dessen persönliche Beteiligung im Sinne des § 57 der Kr.-Ordn.[2])

Nr. 12. Entsch. Bd. XII. S. 423 vom 8. April 1885. I B 41/84.

1) Der Amtsvorsteher ist berechtigt, sich für gewisse Arbeiten, namentlich die mehr mechanischen, der Beihilfe von Privatpersonen zu bedienen. Bei der Ausübung dieser Befugnis und namentlich bei der Auswahl der Per-

---

[1]) Vergl. zu dieser Entsch. die Min.-Erl. v. 13. VI. 74 (M.-Bl. S. 158) und 3. II. 75 (M.-Bl. S. 61).

[2]) Das persönliche Interesse ist dem amtlichen nicht gleichzustellen, E.-O.-V. Bd. I S. 240. Über Fälle persönlicher Beteiligung vergl. Bd. I S. 255, 412; Bd. II S. 249; Bd. IV S. 328; Bd. XI S. 222. Zur Vertretung bedarf es eines ausdrücklichen Auftrages des Kreisausschusses, ohne einen solchen ist auch der gewöhnliche Vertreter zur Erledigung des Geschäftes nicht legitimiert, E.-O.-V. Bd. XI S. 219. Doch genügt, wenn der Fall keinen Aufschub zuläßt, auch ein Auftrag des Vorsitzenden des Kreisausschusses, Bd. X S. 357 und Min.-Erl. v. 15. IX. 75 (M.-Bl. S. 267); auch kann für Fälle persönlicher Beteiligung im voraus ein Stellvertreter ernannt werden, an den der beteiligte Amtsvorsteher die Sache eintretenden Falles kurz abgiebt, E.-O.-V. Bd. VIII S. 208. Die Vertretungsbefugnis eines benachbarten beauftragten Bürgermeisters oder Amtsvorstehers erlischt mit der Niederlegung dieses Amtes, E.-O.-V. Bd. XV S. 328.

sonen liegt ihm die durch das dienstliche Interesse gebotene Pflicht ob, alles zu vermeiden, was geeignet ist, die Würde seines Amtes und das Vertrauen zu seiner Amtsführung zu schmälern und den Dienstbetrieb zu beeinträchtigen oder zu gefährden. Die Aufsicht über die Erfüllung dieser amtlichen Pflicht ist ein Teil der Aufsicht über die Geschäftsführung überhaupt. Mag nun auch der Amtsvorsteher für alle dienstlichen Handlungen seiner Hilfskräfte verantwortlich bleiben, so ist das Einschreiten der Aufsichtsbehörde durch Untersagung der Benutzung unzuverlässiger Personen als Hilfskräfte bei der Erledigung der Amtsgeschäfte dennoch berechtigt und geboten, wenn Thatsachen vorliegen, die die Befürchtung rechtfertigen, daß die Integrität des Amtes und das Vertrauen zu der Behörde durch den Mangel sittlicher Zuverlässigkeit und Unbescholtenheit der Hilfskräfte gefährdet werden könne.

Nr. 5. Entsch. Bd. XII. S. 35 vom 22. April 1885. I B 21/85.

Kr.-Ordn. v. $\frac{\text{13. XII. 72}}{\text{19. III. 81}}$ (G.-S. 1881 S. 179) §§ 8, 57, 69, 72.

1) Amtsvorsteher oder Bürgermeister, denen gemäß § 57 Abs. 5 der Kr.-Ordn. von dem Kreisausschuß die Vertretung des Amtsvorstehers eines benachbarten Amtsbezirkes übertragen worden ist, haben gegen diesen Amtsbezirk keinen Anspruch auf Vergütung für die ihnen aus der Stellvertretung erwachsende Mühewaltung, sondern nur einen solchen auf Entschädigung für vermögensrechtliche Aufwendungen aller Art. Solche können auch durch Benutzung eigenen Fuhrwerkes entstehen und sind dann unter billiger Würdigung der konkreten Verhältnisse festzusetzen.[1])

Auf Diäten und Reisekosten neben den baren Auslagen hat der stellvertretende Amtsvorsteher oder Bürgermeister keinen Anspruch, auch nicht nach ermäßigten Sätzen. Das Amt des Amtsvorstehers ist ein unbesoldetes Ehrenamt im Sinne des § 8 der Kr.-Ordn. Deshalb ist sein Inhaber im Gegensatze zu dem kommissarischen Amtsvorsteher, dem eine Remuneration, eine Vergütung für seine Mühewaltung gebührt, nach § 69 a. a. O. nur berechtigt, eine in der Gestalt eines Pauschquantums zu gewährende Amtsunkostenentschädigung zu beanspruchen, bei deren Berechnung allerdings auch Dienstreisen in Betracht zu ziehen sind.

Reisekosten und Tagegelder, wie sie das Ges. v. 24. III. 73 (G.-S. S. 122) in Verbindung mit dem Ges. v. 28. VI. 75 (G.-S. S. 370) und der Vd. v. 15. IV. 76 (G.-S. S. 107) den Staatsbeamten ohne Rücksicht auf ihnen thatsächlich erwachsene bare Auslagen zusichert, sind den im Ehrenamte fungierenden Kommunalbeamten oder ihren Stellvertretern gesetzlich nicht gewährleistet.

2) Ob der ordentliche Amtsvorsteher dem Amtsverbande wegen der Auslagen für die Stellvertretung zur Erstattung verpflichtet wäre, würde zwischen diesen beiden unter Berücksichtigung derjenigen Bedingungen, unter welchen das Pauschquantum als Amtsunkostenentschädigung in Gemäßheit des § 69 der Kr.-Ordn. festgesetzt worden ist, zum Austrage zu bringen sein.

---

[1]) Bei längerer Führung der Amtsgeschäfte sind einem Stellvertreter Entschädigungen für Schreibhilfe und Geschäftslokal zuzubilligen, mögen solche Einrichtungen auch am Wohnsitze des eigentlichen Amtsvorstehers bestehen. Denn für den Stellvertreter besteht keine Pflicht, an diesem Orte während der Dauer seiner Geschäftsführung und gar ohne Entgelt stets anwesend zu sein, Entsch. v. 17. IX. 92 (Pr. V.-Bl. Bd. XIV S. 121).

Nr. 6. Entsch. Bd. XXI. S. 20 vom 7. März 1891. I C 138/90.

Kr.-Ordn. v. $\frac{13. XII. 72}{19. III. 81}$ (G.-S. 1881 S. 179) §§ 51, 51ᵃ.
Schl.-Holst. Kr.-Ordn. v. 26. V. 88 (G.-S. S. 139) §§ 28, 30, 38, 39.

1) § 38 der Schl.-Holstein. Kr.-Ordn. hat der statutarischen Regelung nur die Bestimmung der Zahl der von jeder Gemeinde in den Amtsausschuß zu entsendenden Vertreter, sowie der jedem Gutsbezirke einzuräumenden Stimmen, beides nach der Steuerleistung und der Einwohnerzahl, vorbehalten. Wer als Vertreter der Gemeinden in den Amtsausschuß zu entsenden ist, bestimmt das Gesetz hier in Nr. 1 Abs. 2 unmittelbar dahin, daß dies die Gemeindevorsteher, sodann deren Stellvertreter und, wenn auch deren Zahl nicht ausreicht, andere von der Gemeinde zu wählende Mitglieder sein sollen. Dagegen fehlt es an einer Bestimmung, wer die dem Gutsbezirke einzuräumenden Stimmen abzugeben hat. In letzterer Beziehung geht aber aus der Entstehungsgeschichte zum § 51 der Kr.-Ordn. v. 13. XII. 72 hervor, daß der Gutsbezirk nur durch einen Abgeordneten, und zwar durch den Gutsvorsteher, im Amtsausschusse vertreten sein soll, der dann die sämmtlichen auf den Gutsbezirk entfallenden Stimmen führt.

2) Das Recht zum Eintritte in den Amtsausschuß steht dem Gemeinde- und Gutsvorsteher pp. nicht persönlich, sondern kraft ihres Amtes zu. Die für Behinderungsfälle zur Wahrnehmung des Amtes des Gemeinde- bezw. Gutsvorstehers bestellten und bestätigten Stellvertreter haben deren Funktionen im vollen Umfange und also einschließlich der Mitgliedschaft und des Stimmrechtes im Amtsausschusse wahrzunehmen.

3) Wenn es im Abs. 2 des § 39 der Schl.-Holst. Kr.-Ordn. heißt: „Im übrigen prüft der Amtsausschuß die Legitimation seiner Mitglieder von Amtswegen und beschließt darüber", so bezieht sich dies auf alle und nicht bloß auf die gewählten Mitglieder, mithin auch auf die Stellvertreter. Deshalb ist der Gutsvorsteher befugt, an den Amtsausschuß die Frage zu stellen, ob bei eigener Behinderung sein Stellvertreter zu den Sitzungen zugelassen werden wird, und gegen einen die grundsätzliche Nichtzulassung seines Stellvertreters aussprechenden Beschluß des Amtsausschusses Klage zu erheben.

Nr. 7. Entsch. Bd. XXII. S. 4 vom 4. November 1891. I C 84/91.

Kr.-Ordn. v. $\frac{13. XII. 72}{19. III. 81}$ (G.-S. 1881 S. 179) §§ 52, 55ᵃ, 70.
Schl.-Holst. Kr.-Ordn. v. 26. V. 88 (G.-S. S. 139) §§ 10, 12, 14, 15, 28, 37, 40, 42, 45, 61.

1) Während dem Kreise die Kreisangehörigen von ihrem Besitze und Einkommen unmittelbar zu den erforderlichen Abgaben verpflichtet sind und den Gemeinden und Gutsbezirken nur die Abführung der für ihren Bezirk veranlagten Abgaben im ganzen obliegt, sind dem Amtsbezirke die Gemeinden und Gutsbezirke unmittelbar pflichtig. Eine Individualbesteuerung der Amtseingesessenen seitens des Amtsbezirkes ist ausgeschlossen. Die beteiligten Gemeinden und Gutsbezirke haben erforderlichenfalls in Gemäßheit ihrer das Gemeindesteuerrecht regelnden Ortsverfassung die Amtsunkosten aufzubringen und an die Amtskasse abzuführen. Vergl. E.-O.-V. Bd. I S. 132, Bd. II S. 78, Bd. III S. 87, während für den Gutsbezirk der Besitzer des Gutes den Kostenanteil aufzubringen hat, ohne seinerseits zur Umlage auf die Gutsangehörigen ermächtigt zu sein. Vergl. E.-O.-V. Bd. IV S. 139. Die Grundsätze für die Individualbesteuerung der Kreisangehörigen seitens der Kreise können für die Beitragspflicht zu den Amtsunkosten unmittelbar nicht maßgebend sein, weil diese von den Gemeinden ohne Rücksicht darauf, ob sie im Amtsbezirke Grundbesitz haben, ein Gewerbe betreiben oder ein Einkommen aus diesen oder

anderen Quellen beziehen, und von den Gutsherren in Ansehung des ganzen anteilmäßigen Beitrages auch dann zu erfüllen ist, wenn der Grundbesitz im Gutsbezirke ihnen nicht ausschließlich gehört oder hier von anderen ein Gewerbe betrieben oder Einkommen bezogen wird. Demgemäß ist im § 41 der Schl.-Holst. Kr.-Ordn. die Bestimmung des Beitragsfußes der Vereinbarung der Gemeinden und Gutsbezirke überlassen und im § 70 Abs. 5 der Östl. Kr.-Ordn. ist die Anwendung des gesetzlichen Maßstabes für die Kreisabgaben nur subsidiär, mangels anderweitiger Vereinbarung der Beteiligten vorgeschrieben.

2) Die Beschlußfassung über die Verteilung der durch den Beitrag des Staates nicht gedeckten Kosten für die Erfüllung der gesetzlichen Aufgaben des Amtsbezirkes steht in Schleswig-Holstein nicht den den Amtsbezirk bildenden Gemeinden und Gutsbezirken, sondern dem Amtsausschusse durch Mehrheitsbeschluß zu. Gegenüber den zum Amtsbezirke gehörigen Gemeinden und Gutsbezirken ist dem Amtsausschusse eine Stellung angewiesen, die über diejenige eines auf die Verwaltung beschränkten Organes hinausgeht. Danach rechtfertigt sich die Abgrenzung seiner Zuständigkeit (auch im Sinne der Östl. Kr.-Ordn.) dahin, daß er über alle nicht ausdrücklich den Gemeinden und Gutsbezirken vorbehaltenen oder von ihrer Zustimmung bedingten Angelegenheiten selbständig zu befinden hat. Dahin gehört für Schleswig-Holstein die Bestimmung des Maßstabes für die Umlegung der Kosten zur Erfüllung der gesetzlichen Aufgaben durch Mehrheitsbeschluß, wie dies auch für die Östl. Kr.-Ordn. zuträfe, falls es hier an der besonderen Vorschrift im § 70 Abs. 5 fehlte.

3) Die Feststellung des Beitragsmaßstabes nach der in den Gemeinden und Gutsbezirken vertretenen Steuerkraft ist eine angemessene und billige. Soweit dem Amtsbezirke nur Gemeinden angehören, berücksichtigt dieser Maßstab deren Leistungsfähigkeit bei Übung ihres Steuerrechtes gegenüber ihren Mitgliedern. Daß der Gutsherr des Steuerrechtes im Gutsbezirke, sofern hier außer ihm steuerpflichtige Personen in Betracht kommen, entbehrt, kann an der Zulässigkeit dieses Maßstabes auch ihm gegenüber nichts ändern, weil von ihm für den Gutsbezirk die den Gemeinden obliegenden Pflichten zu erfüllen sind. Die Berücksichtigung der fingiert veranlagten Einkommensteuer ist an sich und hinsichtlich des Fiskus insbesondere zulässig, nachdem sie den Gemeinden gestattet ist. Hieraus allein folgt, daß die fingierte Veranlagung des Fiskus behufs Bestimmung des Maßstabes für die zu erteilenden Amtsunkosten, nicht schon deshalb grundsätzlich unzulässig erscheint, weil für die Kreisabgaben eine solche Bestimmung ausgeschlossen ist. Die Amtsausschüsse in Schleswig-Holstein sind also zwar befugt, es insoweit bei der Vorschriften der Kr.-Ordn. bewenden zu lassen, aber nicht dazu verpflichtet.[1])

C. Die Kosten der Amtsverwaltung.

Nr. 1. Entsch. Bd. I. S. 119 vom 13. Oktober 1876.

Kr.-Ordn. v. $\frac{\text{13. XII. 78}}{\text{19. III. 81}}$ (G.-S. 1881 S. 179) §§ 55, 70.
Schl.-Holst. Kr.-Ordn. v. 26. V. 88 (G.-S. S. 139) §§ 44, 61.

1) Die Rechtsauffassung, daß ein gemäß § 53 Abs. 2 der Kr.-Ordn. gefaßter Beschluß, nach dem die Kosten gewisser dem Amtsverbande überwiesener Kommunalangelegenheiten nach dem für die Kreisabgaben geltenden Maßstabe verteilt werden sollen, den Einzelnen von dem Kreisabgaben-Systeme Be-

[1]) Soweit die Entsch. Erläuterungen zu § 53 der Östl., bezw. § 41 der Schl.-Holst. Kr.-Ordn. enthält, sind sie mit der Aufhebung dieser veraltet. Vergl. Anm. 1 zu Nr. 1 unten S. 24.

troffenen dem Amtsverbande gegenüber steuerpflichtig mache, würde sich aus dem § 55 der Kr.-Ordn., wonach dem Amtsverbande für die nach Vorschrift des Gesetzes den Gemeinden und Gutsbezirken gemeinsamen Angelegenheiten die Rechte einer Korporation zustehen, nur dann herleiten lassen, wenn die einzelnen Angehörigen des Amtsbezirkes seine abgabepflichtigen Glieder wären. Letzteres ist nicht der Fall. Vielmehr ergiebt sich aus den gesammten, auf die Organisation der Amtsbezirke bezüglichen Bestimmungen der Kr.-Ordn. und insbesondere aus § 53, daß das Gesetz als jene Glieder des Amtsverbandes die ihn bildenden Gemeinden und Gutsbezirke ansieht. Wer also thatsächlich in der Gemeinde von Abgaben frei ist, kann durch einen Beschluß der zum Amtsbezirke gehörenden Gemeinden bezw. Gutsbezirke dem Amtsbezirke gegenüber nicht unmittelbar abgabepflichtig werden. Dieselbe Bewandtnis hat es mit den Gesammtarmenverbänden nach § 10 des Ges. vom 8. III. 71 (G.-S. S. 130).

2) Die Stellung der juristischen Personen im Abgabensystem der Amtsbezirke ist dieselbe wie die jeder physischen Person, die Mitglied der Gemeinde ist, die Amtslasten können also von ihnen nicht direkt eingezogen werden, vielmehr bezahlen sie ihren Anteil an die Gemeinde, die ein Glied des Amtsbezirkes ist.

3) Unter den Beteiligten, die sich über den Aufbringungsmaßstab einigen sollen, können nur die zum Amtsverbande gehörenden Gemeinden und Gutsbezirke verstanden werden. Ihre Vereinbarung soll sich auf den Maßstab, nach dem sie zu den Abgaben des Amtsbezirks beizutragen haben, erstrecken; sie kann also nur die Umlage dieser Abgaben auf die einzelnen Gemeinden und Gutsbezirke regeln und läßt die Rechtsverhältnisse, nach denen innerhalb der letzteren diese Abgaben als Lasten der Gemeinden und der Gutsbezirke aufzubringen sind, völlig unberührt.[1])

Nr. 2. Entsch. Bd. IV. S. 77 vom 9. Februar 1878.

Kr.-Ordn. v. $\frac{\text{13. XII. 72}}{\text{19. III. 81}}$ (G.-S. 1881 S. 179) §§ 69, 70 Abs. 4.

Die Annahme, daß der Kreisausschuß befugt sei, die auf Grund des § 69 der Kr.-Ordn. durch ihn erfolgte Festsetzung der einem Amtsvorsteher im Ehrenamte zu gewährende Amtsunkostenentschädigung wieder herabzusetzen, wenn im Laufe der Jahre Umstände eintreten, die eine Veränderung

---

[1]) Die diesen Entscheidungsgründen zu Grunde liegenden gesetzlichen Bestimmungen sind insofern wesentlich modifiziert worden, als § 53 der Kr.-Ordn. durch § 146 der Land-Gem.-Ordn. v. 3. VII. 91 (G.-S. S. 223) ausdrücklich aufgehoben ist, nachdem die §§ 128—138 das. eingehendere Bestimmungen über „Verbindung nachbarlich belegener Gemeinden und selbständiger Gutsbezirke behufs gemeinsamer Wahrnehmung kommunaler Angelegenheiten" enthalten. Von der Befugnis des § 53 der Kr.-Ordn. war in der Praxis nur vereinzelt Gebrauch gemacht worden. Wo es geschehen ist, können die so geschaffenen Verbände als Zweckverbände nach § 128 der Land-Gem.-Ordn. fortbestehen, sofern die Bestimmungen über die gemeinsame Verwaltung gewisser kommunaler Angelegenheiten mit denen der Land-Gem.-Ordn. übereinstimmen. Andernfalls sind sie einer entsprechenden Umgestaltung zu unterziehen.

Als „gemeinsame Angelegenheiten der Amtsbezirke" gemäß § 55 der Kr.-Ordn. kommen jetzt nur noch diejenigen Angelegenheiten in Betracht, die die gesetzlichen Aufgaben des Amtsverbandes (§ 52[1]) bilden. Im übrigen ist der Amtsbezirk nur Verwaltungsbezirk ohne kommunalen Inhalt, als solcher nicht vermögensrechtsfähig und der juristischen Persönlichke ıentbehrend. v. Brauchitsch II, S. 93.

Für Schleswig-Holstein gilt dasselbe, nachdem § 41 der Kr.-Ordn. v. 26. V. 88 durch Art. II zu § 143 Abs. 3 der Land-Gem.-Ordn. v. 4. VII. 92 (G.-S. S. 147) ebenfalls aufgehoben ist.

des Bedarfes mit sich führen, ist in dieser Allgemeinheit für *zutreffend nicht* zu erachten. Denn wenn auch die Amtsunkostenentschädigung im Gegensatze zu der einem kommissarischen Amtsvorsteher zu gewährenden Remuneration kein Entgelt für persönliche Mühewaltung in sich schließt, sondern nur dazu bestimmt ist, dem Amtsvorsteher die erforderlichen sachlichen Mittel zur Führung der ihm übertragenen Geschäfte zu überweisen, so begründet doch der § 69, indem er dem Amtsvorsteher die Berechtigung verleiht, eine Amtsunkostenentschädigung zu beanspruchen — und zwar als ein Pauschquantum, d. h. ohne Verpflichtung, darüber Rechnung zu legen — ein Recht des Amtsvorstehers auf den Bezug der einmal festgesetzten Amtsunkostenentschädigung während der ganzen Dauer seiner Amtsperiode, *sofern nicht etwa bei der Festsetzung in letzterer Beziehung ein besonderer Vorbehalt* (vergl. Min.-Erl. v. 10 VI. 73 — Min.-Bl. S. 137 —) *gemacht worden ist*. Ohne einen solchen würde eine Herabsetzung des Pauschquantums im Laufe der Amtsperiode auch gegen den Willen des Amtsvorstehers nur dann erfolgen dürfen, wenn eine Änderung in den von der Willensbestimmung der Amtsvorstehers unabhängigen objektiven Verhältnissen des Amtes, wie beispielsweise eine erhebliche Verkleinerung des Amtsbezirkes, eingetreten ist, da die Bewilligung der Amtsunkostenentschädigung in allen Fällen unter der stillschweigenden Voraussetzung erfolgt, daß die für die Bemessung des Pauschquantums maßgebend gewesenen objektiven Verhältnisse des Amtes während der Dauer der Amtsperiode eine Änderung nicht erfahren.

Nach Ablauf der Amtsperiode erlischt mit dem Amte auch das Recht auf die Amtsunkostenentschädigung; bei der Wiederbesetzung der Stelle steht demgemäß auch einer anderweiten Festsetzung des Pauschquantums ein rechtliches Hindernis nicht entgegen.[1])

Nr. 3. Entsch. Bd. V. S. 60 vom 14. Mai 1879.

Kr.-Ordn. v. $\frac{13.\ XII.\ 72}{19.\ III.\ 81}$ (G.-S. 1881 S. 179) §§ 46, 47, 59, 69—72.
Regulativ v. 8. VIII. 35 (G.-S. S. 240), über die sanitätspolizeilichen Vorschriften bei den am häufigsten vorkommenden ansteckenden Krankheiten, § 10.

1) Unter den Polizeibehörden, denen nach § 10 des Reg. v. 8. VIII. 35 die *Verpflichtung* obliegt, den *Ausbruch ansteckender Krankheiten ärztlich feststellen zu lassen*, sind die *Ortspolizeibehörden* zu verstehen.

2) Wenn es sich um die *Kosten* einer Maßnahme handelt, die die *Ortspolizeibehörde* zu treffen hat, so kann die Frage, wem diese Kosten zur Last fallen, nur nach denjenigen Bestimmungen beantwortet werden, die die Organisation der Ortspolizeiverwaltung und zwar insbesondere bezüglich der Kostenlast dieser Verwaltung regeln. Dies sind die §§ 47, 59, 69—72 der Kr.-Ordn., insbesondere der § 70 Abs. 4, nach denen das Amt die Kosten der Amtsverwaltung und somit nach §§ 47 und 59 an erster Stelle die der Polizeiverwaltung zu tragen hat. Für die Verbindlichkeit des Staates, einzelne dieser Kosten zu tragen, bietet diese Gesetzgebung keinen Anhalt. Lediglich die Ausstattung der Amtsbezirke mit Mitteln zur Bestreitung der ihnen auferlegten

[1]) Der Rest der Entscheidungsgründe, handelnd von der Anfechtung der gemäß § 69 der Kr.-Ordn. gefaßten Beschlüsse im Streitverfahren und den Parteirollen in diesem Verfahren, ist veraltet. Für das Verfahren sind heute die §§ 115—126 L.-V.-G. maßgebend. Gegen den Beschluß des Kreisausschusses findet nicht mehr der Antrag auf mündliche Verhandlung im Verwaltungsstreitverfahren, sondern gemäß § 121 L.-V.-G. die Beschwerde an den Bezirksausschuß statt. Aus dem gleichen Grunde ist die Entsch. v. 18. XI. 78 Bd. IV S. 82) als veraltet nicht wiedergegeben.

Kosten der örtlichen Polizeiverwaltung hat der Staat in gewissem Umfange nach § 70 a. a. O. und den Ausführungsgesetzen v. 30. IV. 73 (G.-S. S. 187) und v. 8. VII. 75 (G.-S. S. 497) übernommen und durchgeführt. Der Träger jener Last ist aber der Amtsbezirk, wie nach § 3 des Ges. über die Polizeiverwaltung v. 11. III. 50 (G.-S. S. 265) im übrigen die Gemeinde.

3) Auch die Kreiskorporation ist zur Übernahme dieser Kosten nicht verpflichtet, wenn auch der Staat die Mittel zur Durchführung der Kreisordnung, insbesondere für die Kosten des Kreisausschusses und der Amtsverwaltung den Kreisen überwiesen hat (§ 70 der Kr.-Ordn., § 3 des Ges. v. 30. IV. 73, § 5 des Ges. v. 8. VII. 75). Die Kreise haben durch ihre Vertretung über die ihnen so gewährten Mittel zu Gunsten des Kreises und der einzelnen Amtsverbände zu verfügen. Geschähe dies im einzelnen Falle gesetzwidrig, so könnten solche Beschlüsse nach § 178 der Kr.-Ordn. beanstandet werden.[1]) Niemals aber kann ein Amtsbezirk die Aufsichtsbehörde mit der Forderung, die Kosten der örtlichen Polizeiverwaltung zu tragen, um deswillen an den Kreis verweisen, weil er Mittel besitze, die für die Bestreitung solcher Kosten vom Staate und der Provinz hergegeben und verfügbar seien. Denn die Organisation der Ortspolizeiverwaltung durch die Kr.-Ordn. (insbesondere durch § 70) ist nicht die, daß der Kreis die Kosten der örtlichen Polizeiverwaltungen seiner Amtsbezirke zu tragen und diese ihm hierzu Beisteuern zu leisten hätten, soweit die vom Staate und der Provinz gewährten Dotationen nicht ausreichen, sondern umgekehrt die, daß jeder Amtsverband die Kosten der örtlichen Polizeiverwaltung bestreiten muß und ihm zu diesem Zwecke vom Kreise aus jenen Dotationen Mittel gewährt werden.

Nr. 4. Entsch. Bd. V. S. 68 vom 2. Juli 1879.

Kr.-Ordn. v. $\frac{13.\ \text{XII}.\ 72}{19.\ \text{III}.\ 81}$ (G.-S. 1881 S. 179) § 70.

1) Die Ortspolizeibehörden unterstehen der Aufsicht der Regierungspräsidenten. Diese Aufsichtsbefugnis ist inhaltlich bei der auch gesetzlich (§§ 1 und 3 Titel 17 Teil II. A. L.-R.) ausdrücklich anerkannten Einheitlichkeit der Polizeigewalt als der des Staates nur nach zwei Seiten hin beschränkt, nämlich einerseits durch die gesetzlichen Ziele, die die Polizei und insbesondere die Ortspolizei überhaupt zu verfolgen hat, und andererseits durch die Organisation der Polizeigewalt, die diese zwischen verwaltenden und Aufsicht führenden Organen derartig teilt, daß die letzteren sich nicht willkürlich an die Stelle der ersteren als ausführende Organe setzen dürfen (Min.-Erl. v. 15. IX. 75 und E.-O.-V. Bd. II. S. 424). Hiernach bildet es die wichtigste Aufsichtsbefugnis der Regierungspräsidenten, die unterstellten Polizeibehörden für deren ordnungsmäßige, regelmäßige, laufende Amtsführung mit Anweisungen zu versehen. Sie müßte gesetzlich ausdrücklich ausgeschlossen sein, wenn sie den Regierungspräsidenten nicht zustehen sollte; dies ist aber nicht der Fall, vielmehr statuiert der § 6 der Regierungsinstruktion v. 23. X. 17, der von dem Verhältnisse der Regierungen zu den Unterbehörden handelt, keine solche Ausnahme. Es bedarf daher auch nicht des Hinweises auf den § 1 Abs. 2 des Ges. über die Polizeiverwaltung v. 11. III. 50 oder den § 50 L.-V.-G.[2]) Beide Bestimmungen schaffen nicht neues Recht.

---

[1]) Früher war Anfechtung durch Klage gemäß § 69 des Zust.-Ges. v. 26. VII. 76 vorgeschrieben.

[2]) Früher § 39 des Zust.-Ges. v. 26. VII. 76.

Alle die zahlreichen Vorschriften, die Polizeiverordnungen, Baupolizeiordnungen, Wegepolizeiordnungen, Schauordnungen und dergl. über die polizeilichen Anforderungen an Bauten, an die Befriedigung des Verkehrsinteresses durch den Wegebau, an Grabenräumungen u. s. w. enthalten, sind zugleich Anweisungen der höheren Instanz an die ausführenden Polizeibehörden zur Handhabung der Polizei.

Die Aufsicht ist auch bezüglich der Frage, welcher Mittel sich eine Polizeibehörde bedienen solle, um ihre Aufgabe ordnungsmäßig zu erfüllen, nicht ausgeschlossen; deshalb kann die Aufsichtsbehörde in bestimmten Fällen die Zuziehung eines technischen Beirates fordern, z. B. auf dem Gebiete der Bau-, Wege-, Gesundheits-, Versicherungs- u. s. w. Polizei, wenn nicht bereits, wie in größeren Bezirken, für die betreffenden Zwecke ein- für allemal Beamte angestellt sind.

Wo es in den ortspolizeilichen Bezirken an dergleichen Organen fehlt, hat die Ortspolizeibehörde die Pflicht, technische Kräfte zu ihrer Unterstützung heranzuziehen. Thut sie es nicht, so kann sie von der Aufsichtsbehörde nach Maßgabe des Bedürfnisses dazu angehalten werden.

2) Die hieraus erwachsenden Kosten sind Kosten der örtlichen Polizeiverwaltung, wären es auch nur Auslagen für Portis, Schreibmaterialien, Botenlöhne u. s. w. Dem gegenüber steht die Verpflichtung des Staates, die Kosten der Verwaltung der Landespolizei einschließlich derjenigen der Aufsichtsführung über die Organe der Ortspolizei, abgesehen von der privatrechtlichen Verpflichtung des Beamten zum Ersatze von Kosten, die er der Aufsichtsbehörde schuldbar verursacht, zu tragen. Das für die Kostenfrage Entscheidende ist allein dies, ob es nach Lage der die ortspolizeilichen und landespolizeilichen Funktionen scheidenden Gesetzgebung ein ortspolizeilicher Akt sein kann und thatsächlich ist, der sie verursacht, nicht aber, ob er sich mit oder ohne Anweisung der Aufsichtsbehörde vollzieht (Erk. Ob.-Trib. v. 11. XI. 56, Strieth. Arch. XXIII. S. 40).

3) Die Maß- und Gewichtsrevision ist in den einzelnen Polizeibezirken Sache der Ortspolizeibehörden und bleibt ein ortspolizeilicher Akt, auch wenn ein Aichmeister der Ortspolizeibehörde technische Assistenz leistet, und wenn auch die Zuziehung dieses Beamten für alle Polizeibehörden eines Aufsichtsbezirkes angeordnet worden ist, oder wenn in einzelnen Fällen Ausnahmen zugelassen sind. Abhilfe hiergegen würde nur im Wege der Beschwerde und nicht im Verwaltungsstreitverfahren zu erlangen sein, in welchem letzteren zu prüfen wäre, ob die Aufsichtsbehörde innerhalb ihrer gesetzlichen Zuständigkeit handelte, nicht aber, ob ihre Maßnahmen zweckmäßig und angemessen waren. Eine solche Maßnahme ist ferner nicht etwa als eine Ausnahmemaßregel zur Abwendung von Übelständen und Gefahren im Interesse der Gesammtheit der Staatsangehörigen im Gegensatze zu den Revisionen als lokalpolizeilichen Maßregeln anzusehen. Das Gesetz hat den Schutz der Interessen der Gesammtheit der Staatsangehörigen bei dem Gebrauche der Maße und Gewichte durch die Gewerbtreibenden, wie auf den meisten anderen polizeilichen Gebieten, der Ortspolizei anvertraut. Dieser gesetzlichen Organisation des polizeilichen Schutzes schließt sich die Anordnung der Aufsichtsbehörde an, indem sie lediglich darauf gerichtet ist, daß die ortspolizeilichen Revisionen erfolgreich und zweckentsprechend sich vollziehen. Namentlich erscheint die Zuziehung der Aichmeister nicht etwa als Dienstkontrolle, als Revision der amtlichen Wirksamkeit der Amtsvorsteher, sondern lediglich als technische Hilfeleistung bei den Gewichtsrevisionen. Die Kosten, die aus dieser Assistenz erwachsen, sind danach Kosten der

Ortspolizeiverwaltung und fallen als solche nach § 70 der Kr.-Ordn. dem Amtsbezirke zur Last.

4) Die Aufsichtsbehörde kann jedoch nur fordern und erzwingen, daß die Ortspolizei auf Kosten des verpflichteten Verbandes ordnungsmäßig und dem öffentlichen Interesse entsprechend gehandhabt wird. Sie ist nicht etwa in der Lage, beliebig Reichs- und Staatslasten auf die Träger der Ortspolizeilast abzuwälzen. Die Zuständigkeiten zwischen Reichs-, Landes- und Ortspolizei sind gesetzlich geschieden und dementsprechend ist auch die Kostenlast geregelt..

Nr. 5. Entsch. Bd. VII. S. 121 vom 8. Januar 1881.

Kr.-Ordn. v. $\frac{13.\ XII.\ 72}{19.\ III.\ 81}$ (G.-S. 1881 S. 179) §§ 52, 55c, 69, 70, 72.

1) Die Ansicht, daß der Kreisausschuß zu einer Festsetzung der Amtsunkostenentschädigung in dem Falle nicht zuständig sei, wenn der Amtsvorsteher eine solche nicht beantragt hatte, ist dann nicht zutreffend, wenn der Amtsausschuß die Amtsunkostenentschädigung in den Amtsetat aufgenommen hat. Diesen Etat hat der Kreisausschuß festzusetzen.

2) Unter den Kosten der Amtsverwaltung sind an erster Stelle die Unkosten verstanden, die aus der Thätigkeit des Verwaltungsorganismus erwachsen, nicht Aufwendungen zur Erfüllung derjenigen materiellen Aufgaben, deren Pflege und Obhut der Polizei anvertraut ist. Bezüglich der letzteren ist die Verpflichtung der Gemeinden, Gutsbezirke u. s. w. durch die Organisation der Amtsverbände nicht berührt worden. Andererseits giebt es neben der Amtsunkostenentschädigung noch andere Kosten der Amtsverwaltung, die der Amtsvorsteher nicht notwendig alle auf seine Entschädigung zu übernehmen hat. Für solche Ausgaben ist durch den Amtsausschuß sachgemäß ein Etat als Grundlage einer ordnungsmäßigen Geldwirtschaft aufzustellen. Der wesentliche Unterschied zwischen den so etatsmäßig zu leistenden Ausgaben und denjenigen, die der Amtsvorsteher aus der ihm als Pauschquantum bewilligten Amtsunkostenentschädigung bestreitet, ist der, daß über die ersteren dem Amtsausschusse von Amts wegen Rechnung zu legen ist, über die letzteren nicht. Welche Ausgaben der etatsmäßigen Verwaltung zu überweisen und welche dem Amtsvorsteher zur Deckung aus der Amtsunkostenentschädigung zu überweisen sind, darüber enthält das Gesetz keine Norm und auch der in dieser Beziehung in dem Min.-Erl. v. 10. VI. 73 (M.-Bl. S. 139) gegebenen Anleitung wohnt die Eigenschaft einer allgemein bindenden Vorschrift nicht bei.

Im allgemeinen wird in zweifelhaften oder streitigen Fällen zu berücksichtigen sein, daß der Amtsvorsteher nach dem dem § 69 der Kr.-Ordn. zu Grunde liegenden Gedanken zwar für seine Mühewaltung nicht entschädigt, anderseits aber auch durch die Gewährung der Amtsunkostenentschädigung als Pauschquantum namentlich hinsichtlich der arbiträren, laufenden Ausgaben vom Amtsausschusse unabhängig gestellt werden soll.

Welche Ausgaben der Amtsvorsteher auf die Amtsunkostenentschädigung übernehmen soll, hat der Kreisausschuß anzuordnen. Eine weitergehende, allgemeine Befugnis zur Aufstellung oder Bestätigung der Amtsetats steht dem Kreisausschusse nicht zu. Es schließt dies aber nicht aus, daß er als Aufsichtsbehörde die ordnungsmäßige Aufstellung der Etats überwacht und nötigenfalls den Amtsausschuß zur Bewilligung der Mittel zwecks Erfüllung gesetzlicher Leistungen anhält. Diese Thätigkeit der Aufsichtsbehörde fällt aber nicht mit der ihr in § 69 der Kr.-Ordn. überwiesenen Feststellung der Amtsunkostenentschädigung zusammen.

Nr. 6. Entsch. Bd. VIII. S. 74 vom 7. Dezember 1881.

Kr.-Ordn. v. $\frac{13.\ XII.\ 72}{19.\ III.\ 81}$ (G.-S. 1881 S. 179) §§ 70, 70ᵃ.

Zu einer Klage, deren Gegenstand lediglich die Frage ist, ob der Prinzipal-Einkommensteuersatz eines Gutsherrn bei der Veranlagung zu den Amtsunkosten richtig festgestellt ist, ist letzterer aktiv legitimiert, ohne daß es dabei weiter darauf ankommt, ob von dem Amtsausschusse außer dem klagenden Gutsherrn, der als solcher die Beiträge des Gutsbezirkes zu den Amtsunkosten zu tragen hat, auch noch andere Gutseingesessene zu den letzteren herangezogen sind. Die Thätigkeit des über einen derartigen Anspruch erkennenden Richters hat sich auf die Entscheidung der Frage zu beschränken, ob die streitige Forderung an sich rechtlich begründet und nach Maßgabe der gesetzlichen Vorschriften richtig bemessen ist, und es darf der Verwaltungsrichter einer gegen die von zuständiger Stelle ausgegangene Veranlagung angestellten, auf Ermäßigung der Beiträge gerichteten Klage deshalb allein den Erfolg nicht versagen, weil bei Anwendung anderer, von ihm für richtig erachteter Veranlagungsgrundsätze sich eine Überbürdung nicht ergeben würde. Die Entscheidung des Verwaltungsrichters würde damit an die Stelle der Veranlagung treten, und das ist nicht zulässig.

Nr. 7. Entsch. Bd. XIII. S. 62 vom 30. Januar 1886. I B 43/85.

Kr.-Ordn. v. $\frac{13.\ XII.\ 72}{19.\ III.\ 81}$ (G.-S. 1881 S. 179) §§ 70, 72.

1) Wird von seiten des Regierungspräsidenten die Setzung von Höhenpfählen (Merkpfählen) in einem Privatflusse durch die Ortspolizeibehörde zur polizeilichen Kontrolle der ordnungsmäßigen Räumung des Flußbettes angeordnet, so gehören die dadurch entstehenden Kosten zu den sächlichen der Polizeiverwaltung und sind von dem Amtsverbande zu tragen, auch wenn jene Kontrolle nicht ausschließlich von dem Amtsvorsteher, sondern in erster Linie von der Schaukommission geübt wird. Denn die Höhenpfähle sollen an erster Stelle den die Räumung des Flußlaufes überwachenden polizeilichen Organen die Handhabung ihrer polizeilichen Funktionen ermöglichen oder doch insoweit erleichtern, daß die Überwachung in einer dem praktischen Bedürfnisse entsprechenden Weise geschehen kann.

Selbst wenn es aber richtig wäre, daß die polizeiliche Überwachung der Räumung der Wasserläufe immer nur Interessen bestimmt begrenzter Kreise von Privatpersonen verfolgte, so würde dies an der Tragung der Kostenlast nichts ändern, da die Kreisordnung bezüglich der Verpflichtung zur Tragung der Amtsunkosten keineswegs zwischen den einzelnen polizeilichen Funktionen nach dem Gesichtspunkte unterscheidet, ob sie dem Publikum im allgemeinen oder einem mehr oder minder eng gezogenen Kreise seiner Mitglieder zu gute kommen. Nur dann würde § 70 unanwendbar sein, wenn die Kostenlast für die Handhabung des hier fraglichen Teiles der Wasserpolizei anderweit gesetzlich geregelt wäre, was nicht der Fall ist.

Ob die Aufsichtsbehörde die Setzung der Höhenpfähle nur für einen Amtsbezirk, oder im Interesse einheitlicher Ausführung unter Zuziehung eines Technikers für mehrere unter anteiliger Verteilung der Kosten, ist gleichgültig.

2) Der § 72 der Kr.-Ordn. bietet keinen Raum dar für eine richterliche Prüfung der Nützlichkeit und Angemessenheit der Einrichtungen,

für die dem Amtsverbande im Wege der Zwangsetatisierung eine Leistung auferlegt wird. Bei dieser Prüfung steht immer nur in Frage, ob die Leistung dem Amtsverbande gesetzlich obliegt und ob sie von der Behörde innerhalb der Grenzen ihrer Zuständigkeit festgestellt ist. Handelt es sich also um eine sachliche Vorkehrung, so gestatten die dem richterlichen Urteile gezogenen Grenzen nur die Frage danach, ob sie etwa so absolut untauglich und zweckwidrig ist, daß die Forderungen der nötigen Kosten für sie als eine gesetzwidrige erscheint. Die weiter gehende Frage nach der mehr oder minder großen Nützlichkeit und Vollkommenheit untersteht lediglich dem Urteile der Aufsichtsbehörden. Vgl. E.-O.-V. Bd. V S. 68.[1])

Nr. 8. Entsch. Bd. XIV. S. 23 vom 6. November 1886. I B 53/86.

Kr.-Ordn. v. $\frac{13.\ XII.\ 72}{19.\ III.\ 81}$ (G.-S. 1881 S. 179) §§ 59, 70, 72.

1) Polizeiliche Maßnahmen, die an sich zur Zuständigkeit der Ortspolizei gehören, z. B. die Untersuchung der Unbrauchbarkeit von Brunnen infolge von Verjauchung durch die mit benachbarten städtischen Kanalisationen verbundenen Rieselanlagen, können bei genügendem Anlaße auch von der Landespolizeibehörde in der Weise angeordnet werden, daß diese die Funktion der Ortspolizeibehörde an sich zieht und an ihrer Stelle, in ihrer Vertretung im örtlichen Interesse handelt. In diesen Fällen hat der betreffende örtliche Polizeiverband (Amtsbezirk) die Kosten dieser Maßnahmen zu tragen. Vgl. E.-O.-V. Bd. V. S. 60, 68.[2])

2) Die Landespolizeibehörde kann aber auch als solche derartige Anordnungen dann treffen, wenn es sich darum handelt, Interessen wahrzunehmen, die über die Grenzen eines örtlichen Polizeibezirkes hinausgehen. Solche Interessen liegen vor, wenn ermittelt werden soll, ob der Gebrauch der Berliner Rieselanlagen die Brunnen verderbe, um event. die Quelle des Mißstandes zu beseitigen oder den Mißstand anderweit auszugleichen. Rieselfelder dienen in gewissem Sinne polizeilichen Zwecken, der Gewährung der nötigen Salubrität einer Großstadt. Jede Einschränkung ihrer Benutzung schließt eine Beeinträchtigung dieses Zweckes in sich. Es handelt sich daher um kein einseitiges ortspolizeiliches Vorgehen, sondern um den der Landespolizeibehörde als höherer Instanz zustehenden Ausgleich örtlich verschiedener polizeilicher Interessen verschiedener Polizeibezirke. Außerdem wird bei der Kostspieligkeit der städtischen Anlagen auch das Ressort des Regierungspräsidenten als Kommunalaufsichtsbehörde berührt. In diesem Falle sind die Kosten von der Landespolizeiverwaltung, und nicht von dem Amtsverbande, zu tragen.

3) Die Klage des Amtsverbandes gegen eine auf Grund des § 72 der Kr.-Ordn. ergangene Verfügung des Landrates kann nur auf Aufhebung der Verfügung, der angeordneten Zwangsetatisierung oder außerordentlichen Feststellung einer Ausgabe gerichtet sein. Ist in Ausführung dieser Verfügung bereits eine Zahlung geleistet, so liegt ihre Rückgängigmachung, bzw. die Anordnung der Rückerstattung gegen den, den der Amtsverband aus Gründen des öffentlichen Rechtes statt seiner für verpflichtet erachtet und mittels Klage in Anspruch nimmt, außerhalb der Zuständigkeit der Verwaltungsgerichte. Ein Streitverfahren zwischen dem Amtsverbande und anderen vermögensrechtlichen Subjekten über die Frage, wem von ihnen die dem ersteren angesonnene Leistung gesetzlich obliegt, ist im Gesetze nicht vorgesehen.

---

[1]) Oben S. 126.
[2]) Oben S. 125, 126.

Nr. 9. Entsch. Bd. XVI. S. 44 vom 11. April 1888. I C 37/88.

Kr.-Ordn. v. $\frac{13. XII. 72}{19. III. 81}$ (G.-S. 1881 S. 179) §§ 52, 54[a], 69, 70, 116.

1) Die Amtsbezirke haben nicht gleich den politischen Gemeinden und Kreisen eine gesetzlich nicht umgrenzte Vollmacht bekommen, Ausgaben im Interesse ihrer Verbände zu beschließen. Ihre Befugnisse sind vielmehr durch den § 52[1] der Kr.-Ordn. scharf begrenzt. Über die Grenzen der §§ 69, 70 Abs. 4 hinaus können Ausgaben, auch unter Zustimmung der Gemeinden und Gutsbezirke, vom Amtsausschusse nicht übernommen werden.

2) Zu den Kosten der Amtsverwaltung gehören lediglich diejenigen persönlichen und sachlichen Aufwendungen, die die Verwaltung des Polizeiamtes verursacht, im Gegensatze zu den Kosten öffentlicher, polizeilichen Zwecken dienender kommunaler Einrichtungen, die bereits vor Erlaß der Kr.-Ordn. den politischen Gemeinden, Gutsbezirken, Wegeverbänden, Armenverbänden u. s. w. oblagen und von den Bestimmungen der Kr.-Ordn. über die Amtsbezirke zunächst unmittelbar nicht berührt worden sind. Vgl. E.-O.-V. Bd. VII S. 122[1])

Nr. 10. Entsch. Bd. XVII. S. 75 vom 27. Oktober 1888. I B 38/88.

Kr.-Ordn. v. $\frac{13. XII. 72}{19. III. 81}$ (G.-S. 1881 S. 179) §§ 31, 69—72, 77.
Ges. v. 11. III. 50 (G.-S. S. 265) über die Polizeiverwaltung, §§ 1, 3.

1) Unter dem Worte „Gemeinde" in dem § 3 des Polizeiverwaltungsges. hat man nicht einen Polizeibezirk, sondern die kommunale Korporation zu verstehen, die die Gemeindeordnung v. 11. III. 50 (G.-S. S. 213) in Übereinstimmung mit dem früheren und späteren Rechte als solche bezeichnet, nur daß im späteren Rechte der § 31 der altländischen Kreisordnung noch besonders klar gestellt hat, daß den Gemeinden in dieser Beziehung die Gutsbezirke, beziehungsweise die Besitzer des Gutes gleichstehen. Und selbst wenn dem nicht so wäre, so steht doch immer außer Zweifel, daß, indem der Gesetzgeber 22 Jahre später in eben dieser Kreisordnung die örtliche Polizeiverwaltung neu und derartig regelte, daß ihre Bezirke sich regelmäßig nicht mit den Gemeinden decken, vielmehr in den Amtsbezirken ganz neue, von den Gemeindebezirken verschiedene Polizeibezirke, in den Amtsverbänden neue, von den Gemeinden verschiedene korporative Verbände geschaffen, und besondere Bestimmungen über die Polizeilast, nämlich dahin gegeben sind, daß die Amtsbezirke „die Kosten der Amtsverwaltung" zu tragen haben, hierbei füglich nicht davon ausgegangen sein kann, daß diese neu geschaffenen Amtsbezirke gleichbedeutend seien mit den Gemeinden des § 3 des Ges. v. 11. III. 50. Anderenfalls wäre nicht ersichtlich, wozu es der Vorschrift über die Verbindlichkeit zum Tragen der Kosten der Amtsverwaltung bedurft hätte.

2) Die Bestimmung des § 70 der Kr.-Ordn. wird hiernach durch den § 3 des Ges. v. 11. III. 50 dahin ergänzt, daß, soweit es sich nicht um die Kosten der Amtsverwaltung im Sinne des ersteren Gesetzes handelt, die Polizeilast nach, wie vor, nicht von den Amtsverbänden, sondern von den Gemeinden und Gutsbezirken getragen wird, sofern nicht Spezialgesetze für einzelne Gebiete der Polizei (Wege-, Deich-, Armen-, Wasser-Recht u. s. w.) die Kostenlast abweichend regeln.

3) Die Aufwendung für die im sicherheitspolizeichen Interesse erforderliche Absteckung von Wegen auf den vom Publikum benutzten Eisdecken der Seen gehören nicht zu den Kosten der Amtsverwaltung.

---

[1]) Oben S. 128.

Nr. 11. Entsch. Bd. XXVII. S. 8 vom 19. Februar 1895. I B 46/94.

A.-L.-R. Teil I Tit. 17 §§ 2, 8.

Kr.-Ordn. v. $\frac{13. XII. 72}{19. III. 81}$ (G.-S. 1881 S. 179) §§ 47, 50, 56, 58, 61, 70 Abs. 4, 72.

1) Ist der in einem Verwaltungsstreitverfahren unterliegende Teil eine öffentliche Behörde, z. B. ein Amtsvorsteher, so fallen die Kosten gemäß § 107 Nr. 1 L.-V.-G. demjenigen zur Last, der nach gesetzlicher Bestimmung die Amtsunkosten dieser Behörde zu tragen hat.

2) Die Kosten der Amtsverwaltung trägt mit der im § 70 Abs. 4 der Kreisordnung gedachten Maßgabe das Amt.

Jeder Verband hat aber außer dem von ihm selbst festgesetzten Aufwande zur Erhaltung seines eigenen Amtsvorstehers, nur die durch Verwaltung seiner eigenen Angelegenheiten verwachsenden sachlichen Kosten zu bestreiten, nicht auch diejenigen, die seinem Amtsvorsteher aus der diesem auftrags- oder vertretungsweise übertragenen Verwaltung der Angelegenheiten fremder Amtsbezirke entstehen.

3) Wird gemäß § 61 der Kr.-Ordn. ein Amtsvorsteher mit der Regelung einer mehreren Amtsbezirken gemeinsamen Angelegenheit beauftragt[1]), so erledigt er die Geschäfte der Amtsverwaltung nicht nur seines eigenen, sondern auch die der anderen Amtsbezirke. Die durch oder infolge seiner Geschäftsführung entstehenden Kosten (auch die dem Amtsvorsteher etwa auferlegten Kosten eines Verwaltungsstreitverfahrens) sind solche der Amtsverwaltung der mehreren Verbände und von diesen anteilsweise zu tragen.

4) Für die Verteilung der Kosten auf die beteiligten Verbände kommen die Grundsätze der §§ 8 und 2 Tit. 17 Teil I A.-L.-R. über zufällig entstandene Gemeinschaften zur Anwendung, so daß mangels anderweiter Anhaltspunkte die Anteile gleich zu bemessen sind.

5) Es liegt im öffentlichen Interesse, daß der die Polizei handhabenden Behörde die Mittel zur Führung dieser Verwaltung von dem nach öffentlichem Rechte Verpflichteten rechtzeitig gewährt oder sofort erstattet werden; daher ist auch die zuständige Aufsichtsbehörde befugt, die bezügliche Pflicht gegen die Amtsverbände vorläufig und unbeschadet der Beschreitung des etwa zulässigen Rechtsweges festzustellen und nötigenfalls gemäß § 72 der Kr.-Ordn. zu erzwingen.

IV.

Städte.

Litteratur: Kommentare zur Preußischen Städte-Ordnung vom 30. Mai 1853 von Haase 1891. — v. Brauchitsch: Die neuen preußischen Verwaltungsgesetze, Bd. III. 12. Aufl. 1894. — Ergänzungsbände für Westfalen von Braunbehrens, 2. Aufl. 1889 — für die Rheinprovinz von v. Bitter, 2. Aufl. 1890 — für Hannover von v. Gostkowski 1891 — für Schleswig-Holstein von Haase, 2. Aufl. 1893 — für Posen von Haase 1889. — Illing-Kautz: Handbuch für preußische Verwaltungsbeamte, Bd. II. 6. Aufl. 1895. — Marcinowski und Hoffmann, 3. Aufl. 1890. — Oertel, 2. Aufl. 1893. — Plagge 1893. — Steffenhagen, 10. Aufl. 1890. — Zander, 6. Aufl. 1895. — Zelle, 3. Aufl. 1896. — Dullo: Die Preußischen Verwaltungsgesetze — Berlin 1890. — Backoffner: Preußische Städteordnungen 1880. — Kotze desgl., 2. Aufl. 1883. — Leidig: Stadtrecht 1891. — v. Möller: Stadtrecht 1864. — Otte: Stadtrecht 1875. — v. Rönne:

[1]) Einer besonderen Bestellung bedarf es nicht, wenn die gemeinsame Angelegenheit zwei Amtsbezirke betrifft, die ohnehin von einem Amtsvorsteher verwaltet werden, E.-O.-V. Bd. XX S. 420. Stirbt der mit Auftrag aus § 61 der Kr.-Ordn. versehene Amtsvorsteher, so geht der Auftrag nicht ohne weiteres auf seinen Stellvertreter oder Amtsnachfolger über, E.-O.-V. Bd. XXIV S. 250.

Preußische Städteordnungen von 1808—1831. 1840. — Kommentare zur Westf. St.-Ordn. von v. Detten, 2. Aufl. 1888. — Lindemann 1886. — Steffenhagen 1887. — Neukamp: Staats- und Selbstverwaltung Westfalens 1887. — Kommentare zur Rh. St.-Ordn. von v. Bohlen 1887. — Steffenhagen 1887. — Neukamp: Staats- und Selbstverwaltung der Rheinprovinz 1888. — Kommentar zur Schl.-Holst. St.-Ordn. von Steffenhagen 1888. — Krüger: Organisation der Staats- und Selbstverwaltung in der Provinz Schleswig-Holstein 1889. — Bertram: Nassauische Gemeindegesetzgebung 1887. — Grotefend: Handbuch der Provinzial-, Kreis- und Kommunalverwaltung in Hessen-Nassau 1878. — Peters: Handbuch für das Nassauische Gemeindewesen 1882. — Althaus: Kurh. Gem.-Ordn. 1878. — Brüning: Die preußische Verwaltungsgesetzgebung für die Provinz Hannover 2. Aufl. 1886. — Steffenhagen: Hann. Städteordnung 3. Aufl. 1887. — v. Ooen: Gem.-Verfassungsgesetze für Frankfurt a. M. 1872.

Gesetzesmaterialien: Städte-Ordnung für die sechs östlichen Provinzen vom 30. Mai 1853. Abg.-Haus 1852/53. Drucks. Nr. 95. 204. 240. 271. — Sten.-Ber. S. 815—973. 1005. — Herrenhaus 1852/53. Drucks. Nr. 401. 402. — Sten.-Ber. S. 157—217. 235—40. 1023—24. — Rheinische Städte-Ordnung vom 15. Mai 1856. Abg.-Haus. Drucks. Nr. 91[a]. 92. 149. 303. — Sten.-Ber. S. 781—886. — Herrenhaus. Drucks. Nr. 54. 150. 172. 196. — Sten.-Ber. S. 239. 243. 295. 365—418. 451. — Städte-Ordnung für die Provinz Westfalen vom 19. März 1856. Abg.-Haus Drucks. Nr. 8. 9. 303. — Sten.-Ber. S. 157—194. 239. — Herrenhaus. Drucks. Nr. 10. 54. 55. — Sten.-Ber. S. 47. 64—74. — Hannoversche revidierte Städte-Ordnung vom 24. Juni 1858. Hann. Gesetz-Sammlung S. 141. — Kurhessische Gemeinde Ordnung für die Städte und Landgemeinden vom 23. Oktober 1834. Kurh. Gesetz-Sammlung S. 181.*) — Nassauisches Gemeindegesetz vom 26. Juli 1854. Nass. Verordnungsblatt S. 166.*) — Gemeindeverfassungsgesetz für die Stadt Frankfurt a. M. vom 25. März 1867. (Königl. Verordnung) Gesetz-Sammlung 1867. S. 401.*) — Städte-Ordnung für den Regierungsbezirk Wiesbaden vom 8. Juni 1891. Abg.-Haus. Drucks. Nr. 229. 322. 323. 336. — Sten.-Ber. S. 1941—1943. 2119—2131. 2288. — Herrenhaus. Drucks. Nr. 16. 43. 120. 123. — Sten.-Ber. S. 99. 291.*) — Gesetz betr. die Verfassung und Verwaltung der Städte und Flecken in der Provinz Schleswig-Holstein vom 14. April 1869. Abg.-Haus 1868/69. Drucks. Nr. 110. 211. 259. 349. — Sten.-Ber. S. 394. 395. 1399—1495. 1520. 1521. 2025—2028. — Herrenhaus. Drucks. Nr. 112. 128. — Sten.-Ber. S. 305. 323—332. — Gesetz betr. die Aufhebung der Einzugsgelder und ähnlicher Kommunalabgaben vom 2. März 1867. Abg.-Haus 1866/67. Drucks. Nr. 200. — Sten.-Ber. S. 1797. 1902—1904. — Herrenhaus. Drucks. Nr. 115. — Gesetz über die allgemeine Landesverwaltung vom 30. Juli 1883. Abg.-Haus. Drucks. Nr. 44. 52. 137. 158. 198. 262. — Sten.-Ber. S. 470—513. 1621—1663. 1749—1760. 2021—2024. — Herrenhaus. Drucks. Nr. 69. 77. 80. 81. 83. 92. 104. — Sten.-Ber. S. 210—233. 264. — Gesetz über die Zuständigkeit der Verwaltungs- und Verwaltungsgerichtsbehörden vom 1. August 1883. Abg.-Haus. Drucks. Nr. 44. 52. 53. 137. 158. 206. 262. — Sten.-Ber. S. 513. 1665—1712. 1760—1776. 2024—2034. — Herrenhaus. Drucks. Nr. 69. 77. 80. 92. 104. — Sten.-Ber. S. 235—250. 264—277.

A. Grundlagen der städtischen Verfassung. Ortsrecht. Bürgerrecht. Bürgerrechtsgeld.[1])

Nr. 1. Entsch. Bd. XIII. S. 83 vom 2. November 1885. II C 112/85.

St.-Ordn. v. 30. V. 53 (G.-S. S. 261) § 5.

1) Der § 13 der Reichs-Gew.-Ordn. ändert den § 5 Nr. 4b der St.-Ordn. dahin ab, daß der Gewerbetreibende nach Ablauf von drei Jahren seit begonnenem Gewerbebetriebe das Bürgerrecht auf Verlangen der Gemeindebehörde erwerben muß, in diesem Falle aber das sonst vorgeschriebene oder übliche Bürgerrechtsgeld nicht zu zahlen hat. Der Gewerbebetrieb als solcher führt daher nicht mehr ohne weiteres den Erwerb des Bürgerrechts herbei. Abgesehen von dem Falle, wo etwa der Gewerbetreibende selbst die Aufnahme

*) Der Entwurf einer neuen Städte-Ordnung für die Provinz Hessen-Nassau liegt gegenwärtig dem Landtage zur Beratung vor.

[1]) Das Gemeindeabgabenrecht ist in einem besonderen Hauptabschnitte VI zusammengefaßt worden.

als Bürger beanspruchen sollte, tritt der Erwerb auf Grund des Gewerbebetriebes **nur auf Verlangen der Gemeindebehörde** ein. Wird ein derartiges Verlangen nicht gestellt, so unterbleibt der Erwerb des Bürgerrechtes; infolge dessen steht aber nichts entgegen, daß der Gewerbetreibende beim Zusammentreffen der sonstigen, im § 5 aufgestellten Erfordernisse, das Bürgerrecht von selbst erwirbt. Sein Gewerbebetrieb bleibt hierfür ohne Einfluß. Ebenso wie der Gewerbetreibende vor Ablauf der drei Jahre beim Vorhandensein der sonstigen gesetzlichen Voraussetzungen Bürger wird, geschieht dies auch nach Ablauf der drei Jahre.

Ausgeschlossen würde dies nur in dem Falle sein, wenn er bereits auf Grund des Gewerbebetriebes das Bürgerrecht erworben hätte. Hat er dagegen das Bürgerrecht noch nicht erlangt, so ist nicht abzusehen, weshalb der in den Bestimmungen der St.-Ordn. vorgesehene, sich von selbst vollziehende Eintritt in das Bürgerrecht bloß um deswillen unterbleiben sollte, weil der Betreffende zugleich das Gewerbe betreibt. Der Min.-Erl. v. 27. VIII. 72 (Min.-Bl. S. 224) steht dieser Auffassung nicht entgegen.

2) Nach § 9 des Ges. v. 14. V. 60 (G.-S. S. 237) verjähren nicht zur Hebung gestellte Bürgerrechtsgelder zwei Jahre nach Ablauf desjenigen Jahres, in dem die Zahlungsverbindlichkeit entstanden ist. Hat also jemand 1882 das Bürgerrecht erworben, so kann das Bürgerrechtsgeld noch im Laufe der Jahres 1884 von ihm gefordert werden.

Nr. 2. Entsch. Bd. XIII. S. 87 vom 26. Mai 1886. I B 20/86.

St.-Ordn. v. 30. V. 53 (G.-S. S. 261) § 5.

Der § 13 der Reichs-Gew.-Ordn. hat zwar alle ihm entgegenstehenden Bestimmungen der Gemeindeverfassungen beseitigt, alle sonstigen, das Bürgerrecht betreffenden Bestimmungen aber nicht berührt. Die Gewerbetreibenden werden von dem gemeinen Rechte nicht eximiert. Es ist ihnen kein Privilegium verliehen, auf Grund dessen sie verlangen könnten, von der sie aus anderen Gründen und nicht wegen ihres Gewerbebetriebes treffenden Verpflichtung zur Gewinnung des Bürgerrechtes entbunden zu werden. Die Reichs-Gew.-Ordn. hat nach ihrem klaren Wortlaute nur für die Gewerbetreibenden eine Ausnahme konstituiert und konnte dies auch nur, weil sie lediglich die Verhältnisse der Gewerbetreibenden in dieser ihrer Eigenschaft zu ordnen bestimmt war. **Treffen daher bei einem Gewerbetreibenden die Voraussetzungen zu**, unter den **jeder** Einwohner **das Bürgerrecht erwerben muß**, z. B. der Besitz eines Wohnhauses, so ist **auch der Gewerbetreibende hierzu verpflichtet.**

Nr. 3. Entsch. Bd. XIII. S. 182 vom 17. Juni 1886. II C 76/86.

St.-Ordn. v. 30. V. 53 (G.-S. S. 261) § 1. Zust.-Ges. § 22.

Der Wortlaut des § 22 Abs. 1 des Zust.-Ges., nach dem die Bestimmungen des Titel IV des Ges. auf die in § 1 Abs. 2 der St.-Ordn. erwähnten „Flecken" Anwendung finden, kann **nicht** dahin ausgelegt werden, daß damit **nur solche Ortschaften** gemeint sein sollen, die **eine der städtischen „analoge"** Verfassung erhalten haben. Tit. IV findet vielmehr Anwendung auf diejenigen bei Erlaß der St.-Ordn. v. 30. V. 53 im Stande der Städte auf den Provinziallandtagen nicht vertretenen Ortschaften (Flecken), wo bisher weder eine der St.-Ordn. v. 19. XI. 08 und 17. III. 31 gegolten, noch die ländliche Gemeindeverfassung bestanden hat, vorausgesetzt, daß die betr. Ortschaft nicht inzwischen durch Verleihung der Landgemeindeverfassung völlig in den Stand der Landgemeinden übergegangen ist.

Nr. 4. Entsch. Bd. XIV. S. 33 vom 21. Januar 1887. II B 73/86.

Hann. rev. St.-Ordn. v. 24. VI. 58 (Hann. G.-S. S. 141) §§ 13, 15, 21, 22, 24, 27, 28, 31, 32.

Nach der Hann.-St.-Ordn. wird das Bürgerrecht in der Regel nur durch Verleihung erworben, indessen können die Wohnhaus-Erwerber angehalten werden, das ihnen von den städtischen Behörden verliehene Bürgerrecht anzunehmen. Andererseits tritt die Erwerbung des Bürgerrechts nicht mit dem Wohnhauserwerben von selbst ein, sondern erst mit der Verleihung. Letzteres kann auf den Antrag des Erwerbers geschehen. Die städtischen Behörden sind jedoch befugt, den Antrag abzulehnen. Unterbleibt der Antrag auf Verleihung, so hängt die Entscheidung, ob der Erwerber des Grundstückes zur Gewinnung des Bürgerrechtes gezwungen werden soll, von der Entschließung der städtischen Behörden ab. Sie können die Sache auf sich beruhen lassen. In diesem Falle entsteht für den Beteiligten irgend eine Verpflichtung überhaupt nicht. Sie können aber auch beschließen, das nicht beantragte Bürgerrecht zu verleihen, was für den Beteiligten die Verpflichtung begründet, das Bürgerrecht anzunehmen und das Bürgergewinngeld zu zahlen. Für die Frage, ob jemand zur Annahme des Bürgerrechtes verpflichtet ist, sind die Verhältnisse zur Zeit der Verleihung maßgebend.

Nr. 5. Entsch. Bd. XIV. S. 170 vom 8. Oktober 1886. II C 111/86.

St.-Ordn. v. 30. V. 53 (G.-S. S. 261) § 5.

Wirtschaftlich oder ökonomisch selbständige Personen, die sich im Besitze einer eigenen, gemieteten, wenn auch mit Möbeln und Gerätschaften des Vermieters ausgestatteten Wohnung befinden und einem fremden Hausstande nicht angehören, haben, im Sinne des § 5 der St.-Ordn. einen eigenen Hausstand. Denn sie erlangen für die Dauer ihres Mietsrechtes in den Grenzen ihres Vertrages die ausschließliche Herrschaft über die sämmtlichen, ihnen überlassenen Mietsobjekte, können jeden Dritten, selbst den Vermieter von ihren Räumen fern halten und sind im Sinne des gewöhnlichen Lebens innerhalb ihres mit den Erfordernissen einer Wirtschaft ausgestatteten Anwesens alleiniger Herr.

Sie erwerben daher das Bürgerrecht[1]) und können zur Zahlung des Bürgerrechtsgeldes herangezogen werden.

Nr. 6. Entsch. Bd. XV. S. 22 vom 13. Mai 1887. II B 28/87.

Freizügigkeitsges. v. 1. XI. 67 (B. G.-Bl. S. 55) § 1. Reichs-Gew.-Ordn. § 13.

1) Die Entrichtung des hannoverschen Bürgergewinngeldes hat den Charakter als Gemeindelast; ihre besondere Natur, wonach sie „für die Erteilung des Bürgerrechtes" stattzufinden hat, begründet die Fälligkeit in dem Zeitpunkte, wo der Beteiligte das Bürgerrecht erwirbt.

2) Durch § 1 des Freizügigkeitsges. ist es untersagt, die Erwerbung von Grundeigentum zu verhindern oder an lästige Bedingungen zu knüpfen. Dagegen werden die bestehenden (ortsstatutarischen) Bestimmungen, wonach der Besitz von Grundeigentum zum Erwerbe des Bürgerrechtes und zur Entrichtung von Bürgerrechtsgeld verpflichtet, hierdurch nicht berührt. Denn das Freizügigkeitsges. hat nicht beabsichtigt, jedem neuen Erwerber von Grundeigentum völlige Freiheit von den nach der Gemeindeverfassung auf dem Grundeigentum ruhenden oder aus dem Besitze von Grundstücken sich ergebenden Lasten zu sichern.

---

[1]) Ohne daß es eines Antrages ihrerseits bedarf, vgl. Entsch. v. 14. XII. 85 (Pr. V.-Bl. Bd. VII S. 183).

Auch der § 13 der Reichs-Gew.-Ordn. ist nur dahin zu verstehen, daß zwar die **Zulassung** zum Gewerbebetriebe nicht von dem Besitze des Bürgerrechtes abhänge, daß aber **demnächst** der Gewerbetreibende zur Erwerbung des Bürgerrechts angehalten werden dürfe.

Nr. 7. Entsch. Bd. XV. S. 31 vom 13. Mai 1887. II B 22/87.
Zust.-Ges. §§ 10, 11.

Im **Streitverfahren** gegen Beschlüsse der **Gemeindevertretung** (in Hannover des Bürgervorsteher-Kollegiums) in den ihr durch § 10 des Zust.-Ges. zugewiesenen Angelegenheiten ist die **Klage gegen die Gemeindevertretung** als Beklagte und nicht gegen den Magistrat zu **richten**. Der Beschluß der Gemeindevertretung ist in diesem Falle nicht als die Entscheidung einer außerhalb der Parteien stehenden Behörde anzusehen, gegen die als Rechtsmittel die Klage gegeben wäre; sondern die Gemeindevertretung beschließt namens der Gemeinde als deren durch spezielle gesetzliche Vorschrift hierzu berufene Vertreterin und vertritt folgerecht die Gemeinde auch in dem weiteren Verfahren.

Nr. 8. Entsch. Bd. XVI. S. 49 vom 16. Mai 1888. I **A 97/87.**
A.-L.-R. T. I Tit. 8 § 81, T. II Tit. 6 §§ 89, 90. St.-Ordn. v. 30. V. 53 (G.-S. S. 261) §§ 4, 11, 53, 54. Zust.-Ges. § 16. L.-V.-G. § 126.

1) Auf Grund des § 11 der St.-Ordn. war folgendes Ortsstatut erlassen: § 1. In allen Straßen und Straßenteilen der Stadt haben auf Anordnung der Ortspolizeibehörde die Eigentümer der angrenzenden Häuser, Hofräume und Gärten auf ihre Kosten Bürgersteige, den baupolizeilichen Vorschriften gemäß, herzustellen. Von den Kosten dieser Herstellung wird den Eigentümern ein Drittel aus der Stadthauptkasse erstattet, sofern die Anlegung des Bürgersteiges von den Stadtbehörden gutgeheißen und die Ausführung des Baues von den beteiligten Hauseigentümern der städtischen Bauverwaltung überlassen worden ist. § 2. Die Unterhaltung und Erneuerung der nach den polizeilichen Vorschriften (§ 1) hergestellten Bürgersteige wird durch die Stadtgemeinde auf ihre Kosten bewirkt. § 3. Die in Ausführung dieses Statutes von der Stadtgemeinde für die Grundstückseigentümer verlegten Kostenbeträge können von dem Verpflichteten im Verwaltungszwangsverfahren eingezogen werden. § 4. Die Vorschriften des Ortsstatutes vom 24. VIII. 75, betreffend die Anlegung, Veränderung und Bebauung von Straßen und Plätzen in der Stadt E. werden durch diese Bestimmungen (§§ 1—3) nicht berührt.

In dem Bestätigungsverfahren vor dem Bezirksausschusse und dem Provinzialrat entstand zwischen diesen beiden Behörden und später auch zwischen dem Oberpräsidenten und dem Provinzialrat eine Meinungsverschiedenheit über die Frage, ob den Eigentümern der städtischen Grundstücke die obigen Verpflichtungen nur auf Grund eines auf Observanz beruhenden Lokalrechtes, oder auch unabhängig von einem solchen neu auferlegt werden können. Der ersteren Ansicht waren der Bezirksausschuß und der Oberpräsident, der letzteren der Provinzialrat und die beigeladene Stadtgemeinde.

Das O.-V.-G. trat dem auf Grund des § 126 L.-V.-G. gegen den Beschluß des Provinzialrates klagenden Oberpräsidenten bei, weil die städtischen Organe durch Beschließung des obigen Statutes ihre gesetzlichen Befugnisse, statutarische Anordnungen zu treffen, überschritten hatten. Die Handhabung der städtischen Autonomie darf nicht gegen die bestehenden Gesetze erfolgen, zu denen nicht nur das geschriebene Staatsgesetz, sondern auch die sonstigen Quellen des objektiven Rechtes, insbesondere das Gewohnheitsrecht gehören. Die Autonomie darf sich auch nicht weiter erstrecken, als auf die korporative Verfassung und Verwaltung selbst.

2) Mangels eines besonderen örtlichen Rechtes, das den Anliegern von städtischen Straßen die Unterhaltung des Bürgersteiges und der öffentlichen Straßen überhaupt auferlegt, liegt diese Verpflichtung lediglich der Stadtgemeinde ob. Wenn in einzelnen Fällen neben der Observanz auch auf „Statuten“ als eine mögliche Rechtsquelle hingewiesen ist, so kann dies sehr wohl geschehen, da solche Statuten teils in älterer Zeit unter landesherrlicher Approbation rechtsverbindlich (d. h. mit der Kraft von Gesetzen) ergangen sind, teils in neuerer Zeit auf der Grundlage des örtlichen Gewohnheitsrechtes, namentlich zur Entbürdung der Eigentümer der an die Straße grenzenden Grundstücke.

3) Nach § 4 Abs. 1 der St.-Ordn. sind alle Einwohner des Stadtbezirkes zur Mitbenutzung der öffentlichen Gemeindeanstalten der Stadt berechtigt und zur Teilnahme an den städtischen Gemeindelasten nach Maßgabe der St.-Ordn. verpflichtet. Hiermit ist, soweit es sich um die Teilnahme an den städtischen Gemeindelasten handelt, wohl nicht ein Mehreres ausgesprochen, als daß alle persönlichen und nicht persönlichen Befreiungen von den Gemeindelasten, soweit sie das Gesetz nicht ausdrücklich statuiert, grundsätzlich ausgeschlossen sind. Darüber hinaus ist aber für die Verteilungsmaßstäbe, die dem Kommunalsteuersystem zu Grunde gelegt werden können, gar nichts bestimmt, namentlich nicht, daß jede Kommunalsteuer, um zulässig zu sein, notwendig alle Einwohner des Stadtbezirkes treffen müsse. Dagegen spricht die Möglichkeit der kommunalen Zuschläge zu den Real-Staatssteuern und der besonderen kommunalen Grund- und Gebäudesteuern. Dem gegenüber erscheint es mindestens bedenklich, gleichwohl die sogenannte Zweckbesteuerung (Steuer für bestimmte Zwecke, z. B. zur Herstellung von Bürgersteigen) durch den Absatz 1 im § 4 für rechtsgrundsätzlich ausgeschlossen zu erklären, obwohl sie gerade auf dem Gebiete der Ortsgemeinden nach deren geschichtlicher Entwickelung eine besondere Bedeutung erlangt hat.

Nr. 9. Entsch. Bd. XXI. S. 26 vom 12. Juni 1891. II B 15/91.

A. L.-R. Einl. § 46; T. 1 Tit. 9 §§ 568, 569. Ges. v. 14. V. 60 (G.-S. S. 237), betr. das städtische Einzugs-, Bürgerrechts- und Einkaufsgeld, §§ 6, 9. Reichs-Gew.-Ordn. § 13.

1) Durch den § 13 der Reichs-Gew.-Ordn. werden die Gewerbetreibenden über die dort getroffenen Ausnahmebestimmungen hinaus nicht von dem gemeinen Rechte eximiert. Es ist ihnen kein gesetzliches „Sonderrecht“ verliehen, kraft dessen sie von der aus anderen Gründen und nicht wegen ihres Gewerbebetriebes sie treffenden Verpflichtung zur Gewinnung des Bürgerrechtes und zur Entrichtung des Bürgerrechtsgeldes entbunden wären. Vergl. E.-O.-V. Bd. XIII S. 88.

2) Vor Berichtigung des Bürgerrechtsgeldes darf das Bürgerrecht nicht ausgeübt werden. Diese Vorschrift findet auch Anwendung auf den Fall, daß der Anspruch auf das Bürgerrechtsgeld bereits verjährt ist. Zur Ausübung des Bürgerrechtes gehört — mag das Bürgerrechtsgeld bezahlt sein oder nicht — im allgemeinen noch der Wille des Berechtigten, weil zur Ausübung von Rechten niemand genötigt werden kann, ein Zwang vielmehr nur zur Erfüllung von Pflichten besteht. Der Zwang kann, z. B. durch Verjährung, in Fortfall kommen, der Wille aber, von dem Bürgerrechte keinen Gebrauch zu machen, nach wie vor, bestehen. Ein Bürger, der das Bürgerrechtsgeld nicht berichtigt hat, so daß es inzwischen verjährt ist, kann daher seine Eintragung in die Bürgerliste nur verlangen, sofern er nachträglich die Vorbedingung für die Ausübung des Bürgerrechtes erfüllt, d. h. das — wenn auch verjährte und nicht mehr beitreibliche — Bürgerrechtsgeld berichtigt. „Verjährtes“ und „berichtigtes“ Bürgerrechtsgeld ist nach gemeinem Sprachgebrauche füglich nicht dasselbe.

Daß aber die Verjährung des Bürgerrechtsgeldes der thatsächlich erfolgten Zahlung oder sonstigen effektiven Berichtigung um deswillen gleich geachtet werden müsse, weil der Bürger sich weder unredlicher Weise, noch wider besseres Wissen der Entrichtung des Bürgerrechtsgeldes entzogen habe, mithin von dem im § 569 Tit. 9 T. I. A. L.-R.'s zugelassenen Gegenbeweise gegen die Vermutung, daß es getilgt sei (§ 568 a. a. O.), nicht die Rede sein könne, ist gegenüber der positiven Vorschrift im § 6 des Ges. v. 14. V. 60, einer Spezialvorschrift des öffentlichen Rechtes, nicht anzunehmen. Letztere darf auch da Anspruch auf Anerkennung erheben, wo wegen vollendeter Verjährung die Zahlung des Bürgerrechtsgeldes selbst nicht mehr gefordert werden kann.

Nr. 10. Entsch. Bd. XXV. S. 14 vom 9. Mai 1893. II B 9 93.

St.-Ordn. v. 30. V. 53 (G.-S. S. 261) §§ 7, 52, 74. Ges. v. 14. V. 60 (G.-S. S. 237) betr. das städtische Einzugs-, Bürgerrechts- und Einkaufsgeld, § 6.

Die Entrichtung des Bürgerrechtsgeldes bedingt den Erwerb des Bürgerrechtes selbst überhaupt nicht, sondern nur dessen Ausübung — ein Unterschied, den auch die St.-Ordn. anerkennt, wenn sie im § 7 von dem Verluste des Rechtes selbst und daneben nur von dem Ruhen der Ausübung spricht. Gerade weil die Verjährung des Bürgerrechtsgeldes garnicht den Verlust des Rechtes zur Folge hat, sondern nur seine Ausübung hemmt, bleibt dem Magistrat das Mittel übrig, den an sich Berechtigten durch nachträgliche Zahlung des Bürgerrechtsgeldes noch die Ausübung wieder zu eröffnen. Hat aber jemand von diesem Angebote keinen Gebrauch gemacht, so darf ihm die Ausübung seines Rechtes oder doch die Möglichkeit einer solchen nicht aufgezwungen werden.

Nr. 11. Entsch. Bd. XXVIII. S. 6 vom 8. Juni 1895. II B 3 95.

Westf. Kr.-Ordn. v. 31. VII. 86 (G.-S. S. 217) § 4. Zust.-Ges. § 2.

Bei dem Ausscheiden großer Städte aus dem Kreisverbande ist den Beteiligten eine Klage nur insoweit gegeben, als der Bezirksausschuß als Beschlußbehörde über die Auseinandersetzung eine sachliche Vorab-Entscheidung getroffen, also den etwa von der ausscheidenden Stadt zu übernehmenden Anteil an dem gemeinsamen Aktiv- und Passivvermögen des bisherigen Kreises, sowie an fortdauernden Leistungen zu gemeinsamen Zwecken der beiden neuen Kreise bestimmt hat. Ein solcher Auseinandersetzungsbeschluß liegt nicht vor, wenn der Bezirksausschuß es ablehnt, über die Auseinandersetzung der Stadtgemeinde mit dem Kreise einen materiellen Beschluß zu fassen.

Nr. 12. Entsch. Bd. XXVIII. S. 29 vom 30. Oktober 1895. II B 18 95.

St.-Ordn. v. 30. V. 53 (G.-S. S. 261) §§ 5, 13, 20. Eink.-St.-Ges. v. 24. VI. 91 (G.-S. S. 85) §§ 17, 38, 75, 76, 77. Zust.-Ges. § 11.

1) Ob die von Oertel in dessen Städteordnung (II. Aufl. S. 132, 133) und von den Herausgebern des von Brauchitsch'schen Kommentars zu den neuen Verwaltungsgesetzen (Bd. III, 4. Bearbeitung, S. 27) vertretene Ansicht, daß der § 9b des Ges. v. 25. V. 73 (G.-S. S. 213) durch den § 85 des Eink.-St.-Ges. aufgehoben und durch den § 77 desselben Ges. ersetzt worden und daß hiernach in den vormals mahl- und schlachtsteuerpflichtigen Städten der östlichen Provinzen Kommunalbeschlüsse, mittels derer bei Aufhebung der Schlacht- und Mahlsteuer als Bedingung des Bürgerrechtes an Stelle der vorgeschriebenen Klassensteuersätze die in der St.-Ordn. (§ 5) fixierten Beträge des jährlichen Einkommens beibehalten worden sind, gegenüber dem Eink.-St.-Ges. nicht mehr in Kraft stehen, zutreffend ist, unterliegt nicht unerheblichen Bedenken. Was zunächst den § 85 dieses Ges. anlangt, so bleibt zu berücksichtigen, daß

Abs. 3 des § 9b des Ges. v. 73 nur eine vorübergehende Bedeutung gehabt hat. Da er nämlich den betr. Gemeinden lediglich die Beibehaltung des im § 5[4 d] der St.-Ordn. bezeichneten Einkommenszensus gestattet hatte, so mußte der vorgeschriebene Kommunalbeschluß spätestens am 1. I. 75 gefaßt sein. Vergl. Min.-Erl. v. 15. VII. 73 (M.-Bl. S. 219). Die in Rede stehende Bestimmung hatte daher am 1. I. 75 ihre Wirksamkeit für die Zukunft verloren, weshalb nur zu fragen ist, ob der durch die Gemeindebeschlüsse geschaffene Rechtszustand durch § 85 des Eink.-St.-Ges. in Wegfall gekommen sei. Nun läßt sich nicht ohne Berechtigung die Meinung vertreten, daß eine derartige Wirkung nicht durch eine Vorschrift herbeigeführt worden ist, die sich auf die Aufhebung der Vorschriften über die Einrichtung und Veranlagung der Klassen und klassifizierten Einkommensteuer beschränkt hat. Die §§ 76, 77 aber handeln ausdrücklich nur von dem Ersatze bisheriger Steuersätze durch andere Steuersätze, so daß es einer ausdehnenden Interpretation bedürfen würde, um infolge ihrer den Fortfall des Einkommenszensus von 600, 750 und 900 M. und die Substituierung eines Steuerzensus von 4 M. als eingetreten anzunehmen.

2) Das in einem solchen Beschlusse vom Jahre 1874 vorgesehene Jahreseinkommen von 900 M. braucht nicht durch Veranlagung, und zwar bis zu dem aus § 20 der St.-Ordn. sich ergebenden Endtermine, festgestellt zu sein. Maßgebend ist vielmehr das thatsächlich bezogene Einkommen, das gerade an Stelle eines bestimmten Steuersatzes von einem festgestellten Einkommen in denjenigen Städten treten sollte, wo im Jahre 1853 eine Heranziehung der Einwohner zur Klassensteuer nicht stattfand. Die Feststellung des thatsächlich bezogenen Einkommens darf, da durch § 11 des Zust.-Ges. gegen den Beschluß der Gemeindevertretung die Klage im Verwaltungsstreitverfahren gegeben ist, in diesem Verfahren erfolgen.

Nr. 13. Entsch. Bd. XXVIII. S. 65 vom 25. Mai 1895. II C 23/95.

St.-Ordn. v. 30. V. 53 (G.-S. S. 261) § 5. Eink.-St.-Ges. v. 24. VI. 91 (G.-S. S. 175) §§ 17, 74.

1) Ein Ortsstatut über die Erhebung von Bürgerrechtsgeld, das diese Abgabe in Anlehnung an den Umfang des besteuerten Einkommens u. s. w. abstuft, wird, da es lediglich an die Thatsache anknüpft, daß jemand staatlicherseits nach einem bestimmten Zensus veranlagt ist und nicht etwa frühere Steuersätze als maßgeblich für die Berechnung des Bürgerrechtsgeldes erklärt, durch das neue Einkommensteuergesetz nicht berührt, soweit die in Betracht kommenden Einkommens-Stufen eine Änderung nicht erfahren haben und daher durch das neue Gesetz in den Grundsätzen über die Abstufung des Bürgerrechtsgeldes Verschiebungen nicht eingetreten sind.

2) Das Bürgerrecht wird nicht durch Zahlung des Bürgerrechtsgeldes erworben (vgl. E.-O.-V. Bd. XXI S. 26. Bd. XXV S. 18[1]); wohl aber ist seine Ausübung davon abhängig. Teilzahlungen genügen nicht, denn eine Teilzahlung ist keine „Berichtigung" des Bürgerrechtsgeldes.

Ist aber jemand, z. B. im Jahre 1881 zu einem Bürgerrechtsgelde von 30 Mark herangezogen worden und hat die Stadt verlassen, nachdem nur 12 Mark von ihm beigetrieben werden konnten, und zieht er im Jahre 1894 abermals zu, so kann er nicht nochmals zum Bürgerrechtsgelde herangezogen werden, wenn dieses in seiner gegenwärtigen Abstufung für ihn weniger als 12 Mark beträgt. Denn eine solche Heranziehung würde dem § 7 des Ges. v. 14. V. 60 (G.-S. S. 237) widerstreiten, wonach Bürgerrechtsgeld in derselben Gemeinde von derselben Person nur einmal erhoben werden

---

[1]) Oben S. 137, 138.

darf, mag die zweite Anforderung auch auf Grund eines neuen Ortsstatutes erfolgen.

Nr. 14. Entsch. Bd. XXVIII. S. 70 vom 14. November 1894. II C 55/94.

Gem.-Verf.-Ges. für die Stadt Frankfurt a. M. v. 25. III. 67 (G.-S. S. 401) § 16. Zust.-Ges. § 16.

1) Eine Abänderung eines Beschlusses über die Einführung von Bürgerrechtsgeld kann ebenso, wie die Einführung selbst, nur mit Genehmigung des Bezirksausschusses erfolgen.

2) Mangels einer entsprechenden Bestimmung in dem Beschlusse ist eine besondere Einschätzung der Bürger zur Feststellung des Betrages des Bürgerrechtsgeldes nicht zulässig.

B. Stadtverordnetenversammlung.

Litteratur: Ebert: Der Stadtverordnete im Geltungsbereiche der Städteordnung vom 30. Mai 1853, 2. Auflage 1883.

Gesetzesmaterialien: Gesetz betr. die Abänderung und Ergänzung einzelner Bestimmungen wegen der Wahl der Stadtverordneten vom 1. März 1891. Herrenhaus 1891. Drucks. Nr. 8. 28. Stenogr.-Ber. S. 30. — Abg.-Haus. Drucks. Nr. 51. Stenogr.-Ber. Bd. II. S. 550. 551. 573.

1. Wahlangelegenheiten.

Nr. 1. Entsch. Bd. XII. S. 52 vom 28. Oktober 1885. I B 49/85.

St.-Ordn. v. 30. V. 53 (G.-S. S. 261) §§ 5, 17, 56, 64, 65.

1) Ein Ortssteuererheber, dem auf Grund einer von der Stadtverordneten-Versammlung vorgenommenen Wahl von dem Magistrate die Erhebung der direkten Staatssteuern im Stadtbezirke gegen den Bezug der vom Staate für die Erhebung zu zahlenden Tantiemen übertragen worden ist, gehört zu den besoldeten Gemeindebeamten, die nicht Stadtverordnete sein können, auch wenn er nicht als Gemeindebeamter vereidigt ist. Denn es handelt sich bei der fraglichen Einziehung um eine ständige und wesentliche Thätigkeit zur Ausübung des aus der Staatshoheit fließenden Besteuerungsrechtes. Eine solche ist nach der Organisation der Staatsverwaltung regelmäßig durch Beamte zu üben.[1])

2) Die den Gemeindesteuererhebern gezahlten Tantiemen gehören zu den Besoldungen, sofern nicht der Steuererheber sein Amt als Ehrenamt bekleidet und sein Einkommen sich nur als Dienstkosten-Entschädigung darstellt. Denn die Tantiemen bilden hier den dem Beamten für die Gesammtheit seiner Dienste zu seinem Lebensunterhalte gewährten Entgelt. Ob das Einkommen daraus ein festes oder schwankendes ist, ob es im voraus oder nachträglich gezahlt wird, ist für den Begriff der Besoldung unwesentlich. Ebenso wird er dadurch nicht ausgeschlossen, daß das Einkommen, entsprechend dem Umstande, daß der Steuereinnehmer seinem Amte nicht seine ganze Kraft zu widmen hat, zu gering ist, um ihm allein den Lebensunterhalt zu verschaffen. Für den Begriff des Staatsdienstes, des Beamtentumes, ist es nicht wesentlich, daß der Dienst die volle Thätigkeit des Dieners in Anspruch nimmt. Es haben sich die Verhältnisse des Staats- und Gemeindedienstes vielfach so gestaltet, daß zahlreiche Ämter geschaffen sind, die nicht die volle Kraft und Zeit des Inhabers erheischen, und daher oft in einer Person mehrere Ämter oder Thätigkeiten verbunden werden.

---

[1]) Auch städtische Sparkassenrendanten sind zu Stadtverordneten nicht wählbar, weil aus dem Wesen der Sparkasse als einer städtischen Anstalt folgt, daß der bei ihr fungierende Rendant der Aufsicht und Disziplinargewalt des Magistrates unterliegt und als besoldeter Gemeindebeamter anzusehen ist, Entsch. v. 24. VI. 87 (Pr. V.-Bl. Bd. VIII S. 378).

Endlich ist zum Begriffe der Besoldung auch nicht erforderlich ihre Feststellung oder Aufnahme in den Normaletat oder ihre Aufnahme in den jährlichen Haushaltsetat oder ihre Pensionsfähigkeit. Es genügt, daß der Beamte das Einkommen von der Kommune aus deren Mitteln empfängt.

3) Dem § 17 Nr. 2 der St.-Ordn. liegt der Gedanke zu Grunde, daß der Charakter der Stadtverordneten-Versammlung als des die Verwaltung kontrolierenden Organs diejenigen von ihr ausschließt, die diese Verwaltung führen und die als Unterbeamte von der verwaltenden Instanz abhängig sind, die letzteren wenigstens dann, wenn ihr Abhängigkeitsverhältnis dadurch verschärft wird, daß sie auf ihr Amt zum Zwecke des Broterwerbes hingewiesen sind.

Nr. 2. Entsch. Bd. XIII. S. 70 vom 6. Juli 1886. I B 22/86.

St.-Ordn. v. 30. V. 53 (G.-S. S. 261) §§ 13, 19, 20, 53. Zust.-Ges. § 10.

1) Die §§ 10 und 11 des Zust.-Ges. schreiben vor, daß die Gemeindevertretung über die Richtigkeit der Gemeindewählerliste (zu den Stadtverordnetenwahlen) beschließt und daß gegen diesen Beschluß die Klage im Verwaltungsstreitverfahren stattfindet; Einspruch und Klage können aber nur auf bestimmt bezeichnete Unrichtigkeiten der Liste gerichtet sein.

2) Es ist nun möglich, daß bei der Einteilung der Wähler in die einzelnen Abteilungen nach Maßgabe der von ihnen zu entrichtenden direkten Steuern falsche Steuersätze in Rechnung gezogen werden, ohne daß sich doch bei der Geringfügigkeit der zu viel oder zu wenig angesetzten Beträge oder auch etwa unter ganz besonderen Umständen infolge eines gegenseitigen Sichausgleichens der Irrtümer aus der Irrigkeit des Ansatzes eine Unrichtigkeit der Wählerliste ergiebt, indem die Abteilungen der Wähler auch bei richtigem Ansatze der Steuern dieselben bleiben. In solchem Falle berechtigt der Irrtum in dem Ansatze der Steuern bei Aufstellung der Wählerliste nicht zu Einspruch und Klage, da die Wählerliste in ihrem maßgebenden Resultate eine richtige ist.

Auf der anderen Seite aber verlangt das Gesetz zur Begründung von Einspruch und Klage nicht, daß der Kläger selbst die auf jeden Wähler entfallenden Steuerbeträge richtig stellt, danach die Grenzen der einzelnen Wahlabteilungen berechnet und die einzelnen Wähler in sie einteilt. Es genügt, daß die Unrichtigkeit der Wählerliste derartig dargethan resp. festgestellt wird, daß die dafür maßgebenden Gesichtspunkte zugleich die sicheren Normen für ihre Richtigstellung, der Zweck des Verfahrens ist, ergeben.

3) Die in manchen Städten an Stelle von Naturalleistungen (Gemeindedienste) erhobene Pflastersteuer der Hausbesitzer ist eine bei der Aufstellung der Wählerliste zu berücksichtigende direkte Gemeindesteuer. Denn sie hat ihre rechtliche Grundlage in dem Besteuerungsrechte der Gemeinde und stellt sich nicht dar als eine Gebühr für die Benutzung einer Gemeindeanstalt 2c., nicht als Entgelt für bestimmte einzelne Leistungen und nach deren Werte, sondern als eine auf die Klasse der Hausbesitzer nach allgemeinen Normen steuerartig zu verteilende und zu behandelnde regelmäßige und dauernde Geldausgabe.

4) Offene Handelsgesellschaften stellen keine von den Gesellschaftern verschiedene juristische Person dar. Es sind immer die einzelnen Gesellschafter, denen das Eigentum an den einzelnen Grundstücken zusteht. Sie werden als Eigentümer durch den Namen der Gesellschaft im Grundbuche bezeichnet. Es müssen deshalb die einzelnen Gesellschafter, nicht die Gesellschaft als solche, als Träger der Steuerschuld angesehen und auch die von den Liegenschaften dieser Gesellschaften zu zahlenden direkten Staats- und Gemeindesteuern bei Aufstellung der Wählerlisten und Verteilung jener auf die einzelnen Gesell-

schafter nach Verhältnis ihrer Beteiligung an der Gesellschaft, mangels zuverlässiger Information nach Köpfen in Rechnung gezogen werden.

Nr. 3. Entsch. Bd. XIII. S. 79 vom 27. Januar 1886. I B 36/85.

St.-Ordn. v. 30. V. 53 (G.-S. S. 261) §§ 17, 76 und Zust.-Ges. § 7.
Kr.-Ordn. v. $\frac{13. \text{XII}. 72}{19. \text{III}. 81}$ (G.-S. 1881 S. 179) §§ 75, 77, 136.

Die Kreissekretäre sind nach der Regel der Kr.-Ordn. die gesetzlichen Stellvertreter der Landräte. Es handelt sich bei ihnen der gesetzlichen Regel nach nicht um eine, von der Entschließung der Aufsichtsbehörde abhängige bloße Möglichkeit einer ausnahmsweisen Vertretung. Vielmehr erhalten sie den Auftrag dazu für kürzere Behinderungsfälle durch ihr Amt. Sie sind für Fälle, die jederzeit und unabhängig von dem Willen der Aufsichtsbehörde oder einer sonstigen Instanz eintreten können, durch ihr Amt zur Verwaltung der Polizei im Kreise berufen und danach als Polizeibeamte zu Stadtverordneten nicht wählbar.

Nr. 4. Entsch. Bd. XIV. S. 38 vom 7. September 1886. II B 44/86.

L.-V.-G. § 7 Abs. 2. Zust.-Ges. §§ 10, 11.

1) Die Klage wegen Ungültigkeit einer Wahl zur Stadtgemeindevertretung muß unmittelbar gegen den Beschluß der Gemeindevertretung gerichtet werden, durch den die Wahl für gültig erklärt worden ist, und positiv zum Ziele haben, daß die Ungültigkeitserklärung erfolge. Ein im Verwaltungsstreitverfahren gestellter Antrag auf Feststellung, daß ein hannoversches Bürgervorsteher-Kollegium erst nach der Bekanntmachung der Bürgervorsteher-Wahlen durch den Magistrat und nach Ablauf weiterer 14 Tage Beschluß über die Gültigkeit der Wahlen fassen dürfe, ist unzulässig.

Es mag bei der Klage wohl in Frage kommen können, ob durch das Verfahren der Gemeindevertretung den Beteiligten die Einspruchsfrist abgeschnitten ist, insbesondere ob die gesetzlich vorgesehene Bekanntmachung der Wahlen ordnungsmäßig stattgefunden hat, sowie ob zwischen dieser Bekanntmachung und dem Beschlusse ein Zeitraum von 14 Tagen liegt. Sofern aber die Beantwortung dieser Fragen etwa schließlich zu einem dem Kläger günstigen Ergebnisse und damit zu einer Aufhebung des Beschlusses führen sollte, würde eine Feststellung des Inhaltes, wie sie hier der Kläger fordert, immer nur in die Gründe, niemals in den Tenor der Entscheidung gehören. Ebensowenig kann mit der Klage lediglich die Wiederaufhebung des Beschlusses verlangt werden, ohne daß zugleich die Gültigkeit der Wahl selbst in Zweifel gezogen oder beanstandet wird. Durch das Verfahren vor den Verwaltungsgerichten soll das Ergebnis der Wahl endgültig festgestellt werden. Der Verwaltungsrichter muß also eine Entscheidung treffen, ob die Wahl gültig ist oder nicht.

2) Anträge auf Ungültigkeitserklärung von Wahlen, die bereits auf Antrag anderer Berechtigter für ungültig erklärt worden sind, müssen als gegenstandslos zurückgewiesen werden.

Nr. 5. Entsch. Bd. XIV. S. 44 vom 18. Januar 1887. II B 47/86.

St.-Ordn. v. 30. V. 53 (G.-S. S. 261) §§ 8, 13, 20, 53. Zust.-Ges. §§ 10, 11.

1) Legitimiert zur Klage wider den die Richtigkeit der Gemeindewählerliste betreffenden Beschluß der Gemeindevertretung sind neben den in ihrer Wahlberechtigung durch den Beschluß Beschränkten auch die in besonderen eigenen Rechten nicht verletzten Gemeindemitglieder, vorausgesetzt, daß der Beschluß einem ihrerseits erhobenen Einspruche entgegen er-

ging. Dadurch, daß jedem Gemeindemitgliede das Recht gegeben ist, Irrtümer der Liste im Wege des Einspruches aufzudecken und ihre Berichtigung herbeizuführen, hat die St.-Ordn. eine Gewähr für die Richtigkeit der Liste schaffen wollen.

Hat daher die Stadtverordnetenversammlung einen Namen infolge der Beanstandung seiner Aufnahme in die Liste daraus gestrichen, so steht nicht etwa jedem Mitgliede der Stadtgemeinde das Recht zu, diesen Beschluß anzufechten, weil er die Liste zu einer unrichtigen mache. Klagt dessen ungeachtet jemand und hat auch der Gestrichene selbst Klage wegen dieser Streichung erhoben, so sind diese beiden Klagen mit einander zu verbinden. Überhaupt empfiehlt es sich, beim Eingang einer solchen Klage durch Rückfrage bei dem Magistrat festzustellen, welche Beschlüsse der Stadtverordnetenversammlung noch mit der Klage angegriffen werden können, damit der Gerichtshof in der Lage ist, die sich auf dieselben Wähler beziehenden Klagen in einem Verfahren zu erledigen.

2) Die Wahlberechtigung aus § 8 der St.-Ordn. ist nur da gegeben, wo der Beteiligte, sei er eine physische, im Gemeindebezirke weder wohnende, noch sich aufhaltende, sei er eine juristische Person, in der Stadt seit einem Jahre sowohl an direkten Staats-, als an Gemeindeabgaben mehr als einer der drei höchst besteuerten Einwohner entrichtet. Eine Zusammenrechnung der Staats- und Gemeindesteuern darf nicht vorgenommen werden, sondern es muß die betreffende Person bei der einen, wie bei der anderen Art von Abgaben mit ihrem Steuerbetrage die entsprechende Steuersumme des von den drei höchstbesteuerten am niedrigsten herangezogenen Einwohners übersteigen.

Damit ist die Möglichkeit einer Wahlberechtigung des Fiskus ausgeschlossen, weil er in der Stadt überhaupt keine Staatssteuern entrichtet.

3) Gruben (Bergwerke, Gewerkschaften) können wahlberechtigt sein, wenn sie ihre Staats- und Gemeindesteuern in genügender Höhe bezahlen, hinsichtlich der Staatssteuern ist aber zu beachten, daß die Bergwerksabgabe in dem hier maßgebenden Sinne eine direkte Staatssteuer nicht ist. Der Begriff der direkten Steuern steht weder in der Wissenschaft, noch in der Praxis unzweifelhaft fest. Ausschlaggebend kann demnach nur sein, was nach preußischem Rechte und Sprachgebrauche darunter zu verstehen ist. Vergl. E.-O.-V. Bd. VI S. 106. Der preußische Gesetzgeber versteht aber unter direkten Steuern keinesfalls Abgaben, die im Sinne der preußischen Finanzverwaltung zu den direkten Staatssteuern nicht gehören, was auch bezüglich der Bergwerksabgabe ausweislich der Staatshaushaltsetats der Fall ist.

Nr. 6. Entsch. Bd. XIV. S. 56 vom 17. September 1886. II B 42/86.
St.-Ordn. v. 30. V. 53 (G.-S. S. 261) §§ 19—21. Zust.-Ges. §§ 10, 11.

1) Die Klage des zum Stadtverordneten Gewählten wider den auf Einspruch eines Dritten gegen die Gültigkeit der Wahl in diesem Sinne gefaßten Beschluß der Stadtverordnetenversammlung braucht nicht auch gegen jenen Dritten gerichtet zu werden. Die gegenteilige Ansicht findet nicht etwa in E.-O.-V. Bd. IV S. 379 eine Stütze, da diese Entscheidung sich auf einem völlig anderen Gebiete (Einspruch gegen eine Ansiedelung) bewegt. Lehnt die Ortspolizeibehörde die Ansiedelungsgenehmigung auf erhobenen Einspruch ab, so nimmt sie damit nicht ein von Amtswegen zu schützendes öffentliches Interesse, sondern ein vom Gesetze ausdrücklich unter ihre Obhut gestelltes Privatinteresse wahr, dessen Vertretung in dem nachfolgenden Streitverfahren den Beteiligten nicht vorzuenthalten ist. Bei Anfechtung der Wählerliste steht dagegen ausschließlich ein öffentliches Interesse in Frage, das die Gemeindevertretung, mit oder ohne Einspruch, genau in gleicher Weise wahrzu-

nehmen hat, dessen Wahrung auch, weil ihre eigene, ordnungsmäßige Zusammensetzung davon abhängt, in erster Linie gerade ihr zufällt und den Privatpersonen nur zu dem Zwecke mit überwiesen ist, um eine möglichst große Gewähr für die Richtigkeit der Wählerliste zu erzielen.

2) Was die zeitliche Tragweite der alljährlichen Berichtigung der Gemeindewählerliste anlangt, so ist davon auszugehen, daß eine Liste der stimmfähigen Bürger fortdauernd vom Magistrate geführt und alljährlich im Juli berichtigt wird. Diese Einrichtung unterscheidet sich wesentlich von der Neuaufstellung einer für eine einzelne Wahl bestimmten Liste, die mit dem Abschlusse der Wahl ihren Wert verliert. Erfolgte daher nach einer früheren Berichtigung der Gemeindewählerliste bereits eine neue, so haben — wenigstens, wenn die Stadtverordneten über die Richtigkeit der neueren Liste schon Beschluß faßten — spätere, wenn auch früher erforderlich gewordene Wahlen auf Grund der letzteren, nicht mehr der älteren Liste stattzufinden, obgleich nur in Beziehung auf diese das in beiden Fällen anhängig gemachte Streitverfahren bereits zum Abschlusse gelangte.

Wenn beispielsweise ein Magistrat Ersatzwahlen zur Stadtverordnetenversammlung angeordnet hat und der Regierungspräsident auf erhobene Beschwerde verfügt, daß der Wahlakt gemäß § 11 des Zust.-Ges. aufzuschieben sei, und wenn dann diese Ersatzwahlen erst im folgenden Jahre erfolgen, so ist bei diesem Wahlakte nicht die Wählerliste des Vorjahres, sondern die des laufenden Jahres zu Grunde zu legen.[1])

Die Anschauung, daß die für das laufende Jahr bereits aufgestellte, aber wegen eines etwa noch in Aussicht stehenden Verwaltungsstreitverfahrens noch nicht fertiggestellte Wählerliste den Ersatzwahlen nicht zu Grunde gelegt werden dürfe, läßt sich insbesondere nach § 11 Abs. 2 a. a. O. nicht rechtfertigen.

Die Bestimmung des § 11 Abs. 2, daß Ersatzwahlen vor ergangener rechtskräftiger Entscheidung nicht vorgenommen werden dürfen, hat lediglich solche Ersatzwahlen im Auge, die zum Ersatze für ungültig erklärte Wahlen stattfinden sollen. Nur letztere müssen bis zur rechtskräftigen Entscheidung über sie aufgeschoben bleiben, während Anfechtungen der Wählerliste, wie alle übrigen im § 10[1] a. a. O. aufgeführten Streitigkeiten unter die erste Norm des § 11 Abs. 2 fallen, daß die anhängig gemachten Klagen ohne aufschiebende Wirkung bleiben.

Nr. 7. **Entsch. Bd. XIV. S. 64** vom 2. November 1886. II B 46/86.

St.-Ordn. v. 30. V. 83 (G.-S. S. 261) §§ 25, 26.

1) Wenn bei einer Stadtverordnetenwahl mehrere (etwa 3) Stadtverordneten gleichzeitig zu wählen sind, und wenn dann ein Wahlberechtigter nicht 3, sondern nur 2 Personen bezeichnet, so sind diese beiden Stimmen bei der Ermittelung des Wahlergebnisses mit in Rechnung zu stellen, während hinsichtlich des dritten (nicht bezeichneten) Kandidaten angenommen werden muß, daß sich der Wahlberechtigte der Abstimmung enthalten habe.

2) Behufs Ermittelung der absoluten Stimmenmehrheit sind in solchen Fällen diejenigen Stimmen, welche 3 Personen gewählt haben durch 3, dagegen diejenigen von dem Wähler, der nur 2 Personen gewählt hat, durch 2 zu teilen. Denn die Berechnung hat nicht etwa schlechthin nach dem arithmetischen Mittel der abgegebenen gültigen Stimmen, sondern, ohne daß etwa

---

[1]) Ebenso ist für eine Neuwahl an Stelle einer für ungültig erklärten Wahl die zuletzt berichtigte Wählerliste zu benutzen, Entsch. v. 8. III. 89 (Pr. V.-Bl. Bd. X S. 396).

der einheitliche Wahlakt entsprechend der Zahl der zu Wählenden in mehrere Einzelakte zu zerlegen wäre, nach der Zahl der Wähler zu erfolgen.

Nr. 8. Entsch. Bd. XIV. S. 70 vom 18. Februar 1887. II B 6/87.
St.-Ordn. v. 30. V. 53 (G.-S. S. 261) §§ 11, 17, 23, 25, 30, 56.

1. Die Vorschrift des § 23 der St.-Ordn. läßt dem Magistrat die Wahl zwischen der Einladung der stimmberechtigten Wähler zur Stadtverordnetenwahl durch besondere Schreiben oder durch ortsübliche Bekanntmachung. Der Magistrat kann hiernach in jedem einzelnen Falle einen dieser beiden Wege nach seinem Ermessen einschlagen; in diesem Wahlrecht kann er durch Ortsstatut, oder durch Gemeindebeschluß, nicht aber dadurch beschränkt werden, daß er eine Zeit lang regelmäßig nach der einen der beiden zulässigen Einladungsformen verfahren ist.

2) Die Städteordnung bestimmt weder ausdrücklich, daß die Stadtverordnetenwahlen öffentlich sein sollen, noch schließt sie die Öffentlichkeit grundsätzlich aus. Es kann hiernach nicht für unzulässig erachtet werden, daß bei der Wahlhandlung Personen anwesend sind, die zwar dem Wahlkörper, nicht aber der gerade abstimmenden Abteilung angehören, sofern nur durch deren Verhalten nicht der Wahlakt oder die öffentliche Ordnung gestört werden. Als eine Störung der öffentlichen Ordnung ist die Führung von Wahlkontrolllisten im Wahllokale nicht anzusehen. Denn wenn es dem einzelnen Wähler nicht versagt ist, im Wahllokale zu verweilen, so kann es ihm auch nicht verwehrt sein, die Ergebnisse seiner Wahrnehmung schriftlich aufzuzeichnen. Ingleichen ist in dem Umstande, daß Wählern seitens des Wahlvorstandes gestattet wird, an dem für ihn bestimmten Tische Platz zu nehmen, zwar eine Ungehörigkeit, aber kein die Ungültigkeit der Wahl bedingender Formfehler zu erblicken, und es liegt eine Störung der öffentlichen Ordnung auch nicht darin, daß diese Personen sich anscheinend mit der Absicht und dem Erfolge aus dem Wahllokale entfernen, ihm neue Wähler zuzuführen. Vgl. Min.-Erl. v. 13. XI. 83 (M.-Bl. S. 276).

3) Lehrer an städtischen Schulen gehören nicht zu den Gemeindebeamten, die von dem Amte eines Stadtverordneten ausgeschlossen sind. Ebensowenig gehört der Rektor einer städtischen höheren Töchterschule zu den „Elementarlehrern", da die Schule einen über die Ziele der Volksschule hinausgehenden Zweck verfolgt.[1])

Nr. 9. Entsch. Bd. XV. S. 34 vom 28. Juni 1887. II B 25/87.
St.-Ordn. v. 30. V. 53 (G.-S. S. 261) §§ 23, 26.

1) § 26 Abs. 4 der St.-Ordn. schreibt vor, daß, wenn bei der Stadtverordnetenwahl der erste Wahlgang kein definitives Ergebnis gehabt hat, die Wähler von dem Wahlvorstande sofort oder spätestens innerhalb 8 Tagen zur zweiten Wahl zu berufen sind, nicht aber, daß die zweite Wahl sofort oder spätestens innerhalb 8 Tagen stattfinden soll. Für diese zweite Berufung verbleibt es bei der Vorschrift des § 23 a. a. O., daß sie 14 Tage vor der Wahl stattfinden soll.

Die durch § 26 Abs. 4 vorgeschriebene Aufforderung der Wähler unterscheidet sich von der im § 23 vorgesehenen Berufung zu den Wahlen nur dadurch, daß sie nicht von dem Magistrate, sondern von dem Wahlvorstande zu erlassen ist und neben der genauen Bestimmung des Lokals, der Tage und der

[1]) Der Charakter der Schule entscheidet, nicht etwa die Qualifikation oder der Bildungsgang des Lehrers, vergl. Entsch. v. 25. IX. 88 (Pr. V.-Bl. Bd. X S. 353) und Min.-Erl. v. 17. I. 78 (Min.-Bl. S. 36).

Stunden, in denen die Stimmen bei dem Wahlvorstande abzugeben sind, auch die Zahlen des Ergebnisses der ersten Wahl enthalten muß.

Nr. 10. Entsch. Bd. XVI. S. 59 vom 29. Juni 1888. II A 4/88.
St.-Ordn. v. 30. V. 53 (G.-S. S. 261) § 28. Zust.-Ges. §§ 10, 11, 15, 18.

1) Im Geltungsbereiche der St.-Ordn. bleiben die bei der regelmäßigen Ergänzung der Stadtverordneten-Versammlung ausscheidenden Mitglieder noch über den Anfang des nächstfolgenden Jahres hinaus bis zur Einführung der für sie neugewählten Mitglieder in Thätigkeit. Dies gilt auch für jedes einzelne ausscheidende Mitglied, und es ist unrichtig, anzunehmen, daß dessen Thätigkeit als Stadtverordneter nur bis zum regelmäßigen Einführungstage der neugewählten Mitglieder, d. h. bis zu demjenigen Tage fortdauert, an dem alle Neugewählten, bei denen die Einführung nicht wegen Hindernisse in der Person oder wegen Beanstandung der Wahl unterbleiben muß, eingeführt werden.

2) Beschließt eine Stadtverordnetenversammlung dementsprechend, so handelt sie durchaus dem Gesetze gemäß. Die Beanstandung ihres Beschlusses durch den Magistrat würde daher zu Unrecht erfolgen. Dagegen ist der Magistrat formell zu der Beanstandung eines solchen Beschlusses durchaus befugt. Die Annahme, daß der Magistrat in solchem Falle von dem ihm im § 11 des Zust.-Ges. gewährten Klagerechte Gebrauch machen müsse, ist nicht zutreffend. Nach § 11 steht dem Magistrate die Klage nur in den Fällen des § 10 zu; um einen solchen Fall handelt es sich aber nicht. Denn alle Beschlüsse der Gemeindevertretung können gemäß § 10 Nr. 1 nur auf Beschwerden und Einsprüche ergehen, der Magistrat gehört aber nicht zu denjenigen Beteiligten, die Beschwerden und Einsprüche zu erheben haben, auch war dem betreffenden Stadtverordneten das Recht zur Teilnahme an der Stadtverordneten-Versammlung nicht wegen Mangels an dem Besitze des Bürgerrechts, sondern wegen Ablaufes seiner Wahlperiode bestritten worden. Auch auf § 10 Nr. 2 kann die formelle Unzulässigkeit der Beanstandungen nicht gestützt werden, weil die Gültigkeit einer Wahl gar nicht in Frage steht und ein Beschluß über das Fortbestehen oder Erlöschen eines gültigen Mandates nicht als ein Beschluß über die Gültigkeit der Wahl im Sinne des Gesetzes bezeichnet werden kann.

Unzutreffend ist endlich, daß bei solchen Beschlüssen, die eine Mitwirkung des Magistrates erforderten, für die Beanstandung kein Raum sei, vgl. E.-O.-V. Bd. XIV S. 82, wie auch die gegenteilige Ansicht fehlgeht, daß die Beanstandung in solchen Angelegenheiten ausgeschlossen sei, in denen der Magistrat weder bei der Beschlußfassung, noch bei der Durchführung der von der Stadtverordneten-Versammlung gefaßten Beschlüsse mitzuwirken habe. Eine dahingehende Beschränkung findet sich im § 15 des Zust.-Ges. nicht, gerade in derartigen Fällen erscheint die Beanstandung als das einzige und deshalb unentbehrliche Mittel, um etwaigen Gesetzwidrigkeiten, die die Gemeindevertretungen sich zu Schulden kommen lassen, mit rechtlicher Wirkung entgegenzutreten.

Nr. 11. Entsch. Bd. XVI. S. 73 vom 17. Februar 1888. II B 48/87.
St.-Ordn. v. 30. V. 53 (G.-S. S. 261) § 17. Betriebsordnung für die Haupteisenbahnen Deutschlands v. 5. VII. 92 (R.-G.-Bl. S. 691) §§ 53 ff., 63, 64, 66 ff.

1) Der § 17 der St.-Ordn. bestimmt, wer nicht Stadtverordneter sein kann. Unter Nr. 6 werden aufgeführt: „die Polizeibeamten". Dazu gehören auch die Eisenbahn-Polizeibeamten. Denn die betreffende Vorschrift umfaßt alle Polizeibeamten ohne Ausnahme und unterscheidet nicht zwischen deren verschiedenen Arten. Daß aber die Eisenbahnpolizeibeamten auch wirklich Polizei-

beamte sind, wird durch die bezüglichen Bestimmungen der Betriebsordnung v. 5. VII. 92, insbesondere § 68, wonach sie von der zuständigen Behörde vereidigt werden und in Ansehung ihrer Dienstobliegenheiten dem Publikum gegenüber in die Rechte der öffentlichen Polizeibeamten treten, zur Genüge klargestellt.

Nr. 12. Entsch. Bd. XVII. S. 90 vom 18. Dezember 1888. II B 48/88.
St.-Ordn. v. 30. V. 53 (G.-S. S. 261) § 20. Zust.-Ges. §§ 10, 11.

Der Einspruch gegen die Richtigkeit der Wählerliste und das sich an ihn anschließende Verwaltungsstreitverfahren halten die Vornahme der Wahl auf Grund der Liste nicht auf, und zwar selbst dann nicht, wenn die Wählerlisten, wie im Bereiche der Hann. St.-Ordn., nur für eine bestimmte, gerade bevorstehende Bürgervorsteher-Wahl aufgestellt werden, und nicht auch für sonstige, im Verlaufe einer gewissen Periode etwa noch vorkommende Wahlen wirksam sind. Die Klage im Verwaltungsstreitverfahren hat keine aufschiebende Wirkung. Es bewendet für das fernere Verfahren bei dem auf den Einspruch gefaßten Beschluße, die Wahl wird auf der streitigen Basis fortgesetzt. Deshalb darf jedoch nicht etwa demjenigen, der von dem Verwaltungsstreitverfahren Gebrauch macht, eine Entscheidung um deswillen versagt werden, weil die Wahl auf Grund der angefochtenen Liste inzwischen stattgefunden habe und die Sache erledigt sei. Bedeutung und Zweck der Klage sind damit keineswegs erschöpft.

Jeder stimmfähige Bürger hat das Recht, als solcher auch in der Liste der Wahlberechtigten zu erscheinen. Es mag dahingestellt bleiben, ob dieses subjektive Recht des Einzelnen nicht schon für sich allein und ganz unabhängig davon, ob er von seinem Wahlrechte thatsächlich Gebrauch machen will oder daran dauernd behindert ist, vom Gesetzgeber für so wertvoll erachtet worden ist, daß es durch eine besondere Klage zu schützen sei, oder ob dieser Rechtsschutz in dem Falle zu versagen ist, wenn die Wahl vorüber und der Übergangene nachzuweisen außer stande ist, daß seine Stimme den Ausschlag gegeben hätte. Mit der dem Gemeindevorstande im § 11 des Zust.-Ges. eingeräumten Klage hat der Gesetzgeber im öffentlichen Interesse einen Weg eröffnet, um einen Ausspruch der Verwaltungsgerichte über die Gesetzmäßigkeit der Beschlüsse der Gemeindevertretung bezüglich der Gestalt der Wählerliste herbeizuführen. Es ist nicht anzunehmen, daß derselbe Gesetzgeber, indem er die Ausführung auch der angefochtenen Beschlüsse und den Fortgang des Wahlverfahrens zuließ, von dem Momente ab, wo die Klage gegen die Wahl wach wird, jenes Kontrollrecht hat wiederum beseitigen und es damit hat gänzlich illusorisch machen wollen, wenn die Wahl, ungeachtet der Ungesetzlichkeit der Wählerliste, aus anderen Gründen unanfechtbar ist.

Nr. 13. Entsch. Bd. XVII. S. 94 vom 23. Oktober 1888. II B 27/88.
St.-Ordn. v. 30. V. 53 (G.-S. S. 261) §§ 4, 8, 19, 20. Komm.-Abg.-Ges. v. 14. VII. 93 (G.-S. S. 152) § 33³.

1) Aktiengesellschaften sind gleich den juristischen Personen steuerpflichtig, folglich auch nach § 8 Abs. 2 der St.-Ordn. wahlberechtigt.

Bei Erlaß der Städte-Ordnung besaßen die Aktiengesellschaften gemäß §§ 1 und 8 des Ges. v. 9. XI. 43 (G.-S. S. 341) die Eigenschaft juristischer Personen, aber auch nach neuerem Rechte hat der rechtliche Charakter der Aktiengesellschaften, soweit er im vorliegenden Falle in Betracht kommt, keine Änderung erfahren. Vielmehr finden sich auch gegenwärtig noch alle Merkmale, die das Wesen der juristischen Personen ausmachen, bei den Aktiengesellschaften vor und unterscheiden sie, was die Selbständigkeit des durch sie ins Leben gerufenen Rechtssubjektes und die Organisation der Gesellschaft betrifft, von anderen, auf diesem Gebiete vorkommenden, ähnlichen Gestaltungen — Genossenschaften, offenen Handelsgesellschaften u. s. w. — erheblich.

2) Der § 8 Abs. 2 der St.-Ordn. stellt als **Erfordernis für die Wahlberechtigung nicht** auf, daß die juristische Person in der betreffenden Stadt **domiziliert** sei.

3) **Fiskus ist nicht wahlberechtigt**, weil er in der Stadt überhaupt keine Staatssteuern entrichtet (vergl. E.-O.-V. Bd. XIV S. 44[1]) Die Wahlberechtigung der juristischen Personen wird im § 8 Abs. 2 daran geknüpft, daß sie in der Gemeinde besteuert sind. Als „besteuert" kann nur derjenige bezeichnet werden, der zu einer Steuer herangezogen, gegen den eine Steuerforderung erhoben wird. Bei der Ausübung des Besteuerungsrechtes kann zwischen den verschiedenen Maßnahmen des Steuerberechtigten unterschieden werden; zunächst findet eine **Veranlagung** des Pflichtigen zu der Steuer statt, dann folgt seine **Heranziehung**, beginnend mit der **Aufforderung zur Entrichtung** der Steuer, und endigend entweder mit der **freiwilligen Zahlung** des geforderten Betrages oder mit der **zwangsweisen Beitreibung**. Eine „Besteuerung" liegt aber jedenfalls dann nicht vor, wenn nichts weiter, als die **Veranlagung** vorgenommen ist, und vor allem kann eine Veranlagung, die nicht zu dem Zwecke erfolgt, um darauf eine Steuerforderung zu begründen, niemals eine „Besteuerung" genannt werden.

Damit dem Erfordernisse des Gesetzes genügt werde, muß also bei den juristischen Personen mindestens der erste Akt der Heranziehung, die Ausschreibung der betreffenden Steuer, vor sich gegangen sein. Hiervon kann aber bei dem Fiskus gegenüber der Grund- und Gebäudesteuer nicht die Rede sein. Denn der Fiskus hat diese Steuern nicht zu zahlen. Unerheblich ist dagegen, ob etwa sonst eine Feststellung der Unterlagen für eine Veranlagung zu diesen Steuern oder auch eine solche Veranlagung selbst, aber zu anderen Zwecken, stattfindet.[2])

Nr. 14. Entsch. Bd. XVII. S. 100 vom 14. September 1888. II B 22/88.
St.-Ordn. v. 30. V. 53 (G.-S. S. 261) §§ 12, 13, 18, 21, 26, 27. Zust.-Ges. § 10.

1) **Das Recht eines wahlberechtigten Gemeindemitgliedes, die Ungültigkeitserklärung von Stadtverordneten-Wahlen im Wege der Klage zu beantragen,** ist nur dann und insoweit zuzugestehen, als dasselbe Gemeindemitglied unter den in dem Gesetze gegebenen Voraussetzungen Einspruch erhoben hat. Einsprüche gegen die Gültigkeit der Wahlen zur Gemeindevertretung sind innerhalb zwei Wochen nach Bekanntmachung des Wahlergebnisses bei dem Gemeindevorstande zu erheben. Wird Einspruch zu einem Zeitpunkte

[1]) Oben S. 142.

[2]) Diese Ausführungen treffen heute allgemein insofern nicht mehr zu, als durch § 1 des Ges. v. 14. VII. 93 (G.-S. S. 119) die Grund-, Gebäude- und Gewerbesteuer und durch § 2 a. a. O. die Bergwerksabgaben der Staatskasse gegenüber überhaupt außer Hebung gesetzt sind und daher bei ihnen eine „Heranziehung" der Pflichtigen seitens des Staates nicht mehr stattfindet. Die Grund-, Gebäude- und Gewerbesteuer werden aber gemäß § 3 a. a. O. für Zwecke der kommunalen Besteuerung weiter veranlagt. Die so veranlagten Beträge treten da, wo bestehende gesetzliche Bestimmungen von der Entrichtung solcher Steuern gewisse Rechte abhängig machen, also z. B. auch das Wahlrecht aus § 8 der St.-Ordn., gemäß § 5 a. a. O. an Stelle der zu entrichtenden Beträge. Doch können diesen Schutz des § 5 immer nur solche Rechte genießen, die in der bestehenden Gesetzgebung begründet waren. Keinesfalls können dadurch neue Rechte geschaffen werden und es kann deshalb nicht etwa ein Wahlrecht des Fiskus aus § 8 der St.-Ordn. dadurch geschaffen werden, daß die auf seinen Grundbesitz oder Gewerbebetrieb entfallenden Steuern zur Anrechnung gelangen.

erhoben, zu dem die später angegriffene Wahl noch gar nicht bewirkt und demgemäß auch noch nicht bekannt gemacht war, so fehlt es überhaupt an einem Einspruche, der unerläßlichen Voraussetzung der Klage.

2) Handelt es sich um die Vornahme von Stadtverordneten-Neuwahlen zur Durchführung einer Erhöhung der Zahl der Stadtverordneten (z. B. von 15 auf 18) in Verbindung mit den regelmäßigen Ergänzungswahlen, so kommt es nicht mehr an auf eine bloße „Ergänzung" der Stadtverordnetenversammlung, sondern darauf, eine „neue" Körperschaft ins Leben zu rufen, weshalb denn auch dem einzuschlagenden Verfahren die §§ 13 und 18 der Städte-Ordnung vom 30. Mai 1853 zu Grunde zu legen sind. Die Vornahme der regelmäßigen Ergänzungswahlen hat zur Folge das Ausscheiden von 5 Mitgliedern, für welche Neuwahlen stattzufinden haben, außerdem aber auch noch für die drei hinzutretenden Mitglieder. Danach ergiebt sich zunächst als Grundsatz, daß von der Gesammtzahl von 18 Mitgliedern in Zukunft auf jede Abteilung deren 6 entfallen müssen; es sind deshalb in jeder Abteilung so viel Personen zu wählen, daß mit den vorhandenen die Zahl von einem Drittel der Stadtverordneten erreicht wird.

3) Diese sämmtlichen Wahlen erfolgen auf 6 Jahre; sollte der Fall eintreten, daß von mehreren auf 6 Jahre Gewählten zur Herstellung des gesetzlichen Turnus ein Teil früher austreten muß, so kann dieser Zwiespalt nur durch das Los entschieden werden.[1])

Nr. 15. Entsch. Bd. XVII. S. 117 vom 14. September 1888. II B 24/25.

St.-Ordn. v. 30. V. 53 (G.-S. S. 261) §§ 24, 25, 27. Zust.-Ges. §§ 10, 11.

1) Gegen den Beschluß der Gemeindevertretung betreffend die Gültigkeit der Stadtverordneten-Wahlen können außer dem Gemeindevorstande nur einmal diejenigen, deren eigene Rechte durch den Beschluß der Gemeindevertretung betroffen sind — also die Gewählten — und sodann diejenigen stimmberechtigten Bürger, deren Einspruch durch den Beschluß, wenn auch nur im Endergebnisse, eine ablehnende Entscheidung gefunden hat, mit der Klage auftreten. Vgl. E.-O.-V. Bd. XIV S. 44[2]) und Entsch. v. 9. IX. 87. (Pr. V.-Bl. Bd. IX S. 19).

2) Nach § 24 der St.-Ordn. ist ein Wahlvorstand nur dann vollständig besetzt, wenn er aus dem Bürgermeister oder einem von diesem

[1]) Bezüglich der zu 2 und 3 dargestellten Rechtsgrundsätze weist das O.-V.-G. darauf hin, daß sich in der Städteordnung eine den vorliegenden Fall treffende Norm nicht vorfindet. Damit sei aber nicht einem durch Zweckmäßigkeitsgründe geleiteten Ermessen der städtischen Behörden Raum gegeben, vielmehr nach den aus der Städteordnung ersichtlichen allgemeinen Grundsätzen (§§ 13, 18) und den wegen ähnlicher Fälle erlassenen Vorschriften zu verfahren. Diese Ausführungen und damit auch im wesentlichen die Rechtsgrundsätze selber haben heute ihre Bedeutung verloren, nachdem durch Art. I, 1 des Ges. v. 1. III. 91 (G.-S. S. 20), betr. Abänderung und Ergänzung einiger Bestimmungen wegen der Wahl der Stadtverordneten, bestimmt worden ist, daß im Falle einer erforderlichen Änderung der Anzahl oder Grenzen der Wahlbezirke oder der Anzahl der von jedem von ihnen zu wählenden Stadtverordneten wegen einer in der Zahl der stimmfähigen Bürger eingetretenen Änderung oder aus sonstigen Gründen der Magistrat die entsprechende anderweitige Festsetzung zu treffen und wegen des Überganges aus dem alten in das neue Verhältnis das Geeignete anzuordnen hat. Der Beschluß bedarf der Bestätigung von Aufsichtswegen. Immerhin werden jene Rechtsgrundsätze auch für dieses Verfahren nicht jeder Bedeutung entbehren.

Durch die gleiche Vorschrift des Ges. v. 1. III. 91 ist übrigens auch die Entsch. v. 2. XI. 88 (Bd. XVII S. 107), worin das O.-V.-G. die Unzulässigkeit einer Abänderung der Wahlbezirksgrenzen (nach den früheren gesetzlichen Vorschriften) eingehend begründete, gegenstandslos geworden.

[2]) Oben S. 142.

ernannten Stellvertreter und aus zwei von der Stadtverordneten-Versammlung gewählten Beisitzern besteht. Die unvollständige Besetzung des Wahlvorstandes ist an sich als ein wesentlicher Mangel des Wahlverfahrens, als eine „erhebliche Unregelmäßigkeit“ im Sinne des § 27 Abs. 3 der St.-Ordn. anzusehen. Eine Wahlhandlung, die unter Leitung eines in ungesetzlicher Weise gebildeten Wahlvorstandes vollzogen ist, muß als eine ohne jeden Wahlvorstand vorgenommene behandelt werden. Vgl. E.-O.-V. Bd. III S. 60, Bd. IV S. 5, Bd. VIII S. 120, Bd. X S. 24. Einen Unterschied zwischen „vollbesetzten“ und „beschlußfähigen“ Kollegien kennt die St.-Ordn. nicht, er kann hier auch überhaupt nicht in Frage kommen, da der Wahlvorstand nur durch drei Personen — die geringste Zahl für ein Kolleg — gebildet werden soll. Ebensowenig kommt es darauf an, ob während der unvollständigen Besetzung des Wahlvorstandes eine Beschlußfassung erforderlich geworden ist. Überdies hat der Wahlvorstand sich über die Zulassung jedes einzelnen Wählers schlüssig zu machen; er muß feststellen und anerkennen, daß der Wähler eine der in den Wahllisten eingetragene Person ist. Das mag bei vielen Wählern keinem Bedenken unterliegen und folglich eine förmliche Beratung und Beschlußfassung entbehrlich machen. Rechtlich betrachtet entfaltet aber auch hier — und ganz abgesehen von den Fällen, wo Zweifel über die Legitimation des Wählers entstehen — der Vorstand in Wirklichkeit eine Thätigkeit, die auf eine Beschlußfassung hinausläuft.

3) Nach § 24 der St.-Ordn. müssen für die Beisitzer Stellvertreter gewählt werden, und der Bürgermeister ist nicht behindert, mit seiner Stellvertretung mehr als eine Person zu beauftragen; deshalb kann selbst bei langdauernden Wahlakten durch einen Wechsel der Personen für das unausgesetzte Vorhandensein eines Vorsitzenden und zwei Besitzer ohne erhebliche Schwierigkeiten gesorgt werden.

4) Andrerseits kann einem viele Stunden dauernden Wahlakte die Gültigkeit im ganzen nicht um deswillen allein abgesprochen werden, weil etwa während einiger Minuten die gesetzlichen Förmlichkeiten nicht gewahrt sind. Der Wahlakt bildet nicht in der Art eine Einheit, daß die Ungültigkeit eines jeden, wenn auch noch so geringfügigen Teiles unbedingt die Nichtigkeit des ganzen Wahlgeschäftes zur Folge haben müßte. Das Wahlgeschäft setzt sich im Gegenteil aus einzelnen, unabhängig neben einander dastehenden Wahlhandlungen — der Stimmabgaben der einzelnen Wähler — zusammen, von denen sehr wohl einige mit einem wesentlichen Mangel behaftet, andere dem Gesetze entsprechend vollzogen sein können. Eine Ungültigkeit des gesammten Wahlgeschäftes läßt sich nur dann annehmen, wenn die unvollständige Besetzung des Wahlvorstandes so lange gedauert hat, daß davon das Ergebnis der Wahl selbst beeinflußt wird. Doch dürfen nicht etwa Wahrscheinlichkeitsberechnungen nach dieser Richtung hin angestellt werden.

Insbesondere erscheint es unstatthaft nach der Zahl der im ganzen abgegebenen Stimmen und der Dauer des Wahlaktes eine Durchschnittsrechnung aufzumachen und demgemäß zu ermitteln, wieviele Stimmen auf einen bestimmten Zeitraum entfallen. Auch eine Feststellung, wieviele Stimmen thatsächlich während der unvollständigen Besetzung des Wahlvorstandes abgegeben sind, hat nicht einzutreten. Abgesehen von den Schwierigkeiten, zu denen solche Nachforschungen unvermeidlich führen müßten, läßt sich niemals mit irgend welcher Sicherheit aufklären, ob nicht eine Anzahl Wähler durch die unvollständige Besetzung des Wahlvorstandes veranlaßt ist, die von vorherein als ungültig erscheinende Stimmabgabe zu unterlassen. Bei Beurteilung solcher Mängel muß vielmehr von dem Gesichtspunkte ausgegangen werden, daß sie das Ergebnis des Wahlgeschäftes nur dann nicht berühren, wenn nach verständigem Ermessen die Annahme ausgeschlossen erscheint, daß durch die Zahl der Stimmen, die während der Dauer des gesetzwidrigen Verfahrens allenfalls hätte abgegeben werden können, eine Änderung des Wahlergebnisses möglich geworden sei.

Nr. 16. Entsch. Bd. XVII. S. 124 vom 14. Dezember 1888. II B 51/88.

St.-Ordn. v. 30. V. 53 (G.-S. S. 261) §§ 4, 17[3]. Kirchengem.- und Syn.-Ordn. v. 10 IX. 73 (G.-S. S. 417) § 24 und Rev.-Instr. dazu v. 25. I. 82 (K.-G. und V.-Bl. S. 1).

1) Zu den Kirchendienern im Sinne des § 4 der St.-Ordn. sind die weltlichen Kirchenbedienten des § 550 Tit. 11 Teil II A. L.-R.'s zu rechnen, d. h. alle Personen, die zum Dienste der Kirche in mechanischen Verrichtungen oder weltlichen Angelegenheiten bestimmt sind. Zu ihnen gehört auch ein gegen festes Gehalt angestellter Kirchenkassenrendant. Vgl. E.-O.-V. Bd. XV S. 79. Die Kirchendiener, die der § 173 der St.-Ordn. neben den Geistlichen und Elementarlehrern als zu Stadtverordneten nicht wählbar bezeichnet, sind aber keine anderen, als diejenigen, denen, wiederum neben Geistlichen und Elementarlehrern, unter gewissen Voraussetzungen Freiheit von den Gemeindelasten gewährt ist. Folglich sind auch die obenbezeichneten Kirchenkassenrendanten zu Stadtverordneten nicht wählbar.

2) Eine Anstellung als Kirchenkassenrendant liegt nicht vor, solange ihm keine Besoldung, sondern nur eine Vergütung für sächliche Ausgaben u. s. w. gewährt wird. Geht die Besoldung oder Remuneration über eine „Vergütigung für sächliche Ausgaben" und den „Ersatz von Auslagen" hinaus, so handelt es sich nicht mehr um einen Ehrenbeamten im Sinne des § 24 der Synodal-Ordn., sondern um einen „angestellten" Beamten. Unerheblich ist es, wenn eine besondere Vereidigung nicht stattgefunden hat, dagegen ist für die Feststellung des Verhältnisses von Wichtigkeit der zwischen dem Rendanten und dem Gemeindekirchenrate abgeschlossene Anstellungs-Vertrag.

Nr. 17. Entsch. Bd. XVIII. S. 38 vom 18. Oktober 1889. II B 38/89.

St.-Ordn. v. 30. V. 53 (G.-S. S. 261) §§ 13, 27. Zust.-Ges. § 10.

Nach § 27 der St.-Ordn. in Verbindung mit § 10 des Zust.-Ges. kann jeder stimmfähige Bürger, gleichviel zu welcher Abteilung er als Wähler gehört, gegen das Wahlverfahren Einspruch erheben. Die Bürgerschaft ist es, aus deren Wahl die Stadtverordneten hervorgehen, wenngleich behufs Vollziehung der Wahl die stimmfähigen Bürger in drei Abteilungen geteilt werden. Jeder stimmfähige Bürger, der überdies in jeder Abteilung wählbar ist, hat ein erhebliches rechtliches Interesse daran, daß in jeder Abteilung die Wahlen ordnungsmäßig vollzogen werden. Dieselben Grundsätze gelten auch für die Wahlen von Gemeindeverordneten in Landgemeinden, Vgl. E.-O.-V. Bd. IX S. 87.[1])

---

[1]) Der Rest der Entscheidungsgründe, worin die Unzulässigkeit der Verbindung von Ersatz- und Ergänzungswahlen ausgesprochen ist, hat seine Bedeutung verloren, nachdem durch Art. I 3 des Ges. v. 1. III. 91 (G.-S. S. 20), betr. Abänderung und Ergänzung einiger Bestimmungen wegen der Wahl der Stadtverordneten, ausdrücklich ausgesprochen ist, daß Ersatzwahlen mit den Ergänzungswahlen in ein und demselben Wahlakte verbunden werden können. Es hat nur jeder Wähler getrennt zunächst so viele Personen zu bezeichnen, als zur regelmäßigen Ergänzung der Stadtverordneten-Versammlung, und sodann soviele Personen, als zum Ersatze der innerhalb der Wahlperiode ausgeschiedenen Mitglieder zu wählen sind. Vgl. E.-O.-V. Bd. XXVIII S. 25 unten S. 162.

Nr. 18. Entsch. Bd. XIX. S. 7 vom 13. Dezember 1889. II B 6/89.

St.-Ordn. v. 30. V. 53 (G.-S. S. 261) §§ 19, 23—27. Schl.-Holst. St.- und Flecken-Ordn. v. 14. IV. 69 (G.-S. S. 589) § 43.

Gegenüber der Vorschrift im § 23 der St.-Ordn., daß die Einladung der Wähler zu den Stadtverordneten-Wahlen die „Tage und Stunden", in denen die Stimmen abzugeben sind, genau bezeichnen muß, ist es durchaus gestattet, das Wahlgeschäft an einem Tage zu erledigen. Der Gesetzgeber hat mit jenen Worten nicht ein absolutes Gebot dahin aussprechen wollen, daß unter allen Umständen und ohne jede Rücksicht auf die Größe des Gemeinwesens, auf den Umfang des konkreten Wahlgeschäftes und auf die Zahl der Wähler mindestens an zwei Tagen der Wahlvorstand während mehrerer, nach Beginn und Ende bestimmter Stunden das Erscheinen der Wähler zu erwarten habe, sondern er hat mit jenen Worten nur in dem Sinne, daß den Wählern Ort und Zeit der Wahl nach Tag und Stunde bekannt zu machen, Bestimmung getroffen. Im übrigen aber hat er es dem vernünftigen, durch das Bedürfnis geleiteten Ermessen der Behörden überlassen, in jedem einzelnen Falle sich schlüssig zu machen, ob das Geschäft an einem oder mehreren Tagen, zu welcher Tageszeit und ob in einem oder mehreren Lokalen zu erledigen sei.

Es besteht daher, ebenso wie § 23 kein Hindernis bietet, das Wahlgeschäft, wenn thunlich, an einem Tage zu erledigen, auch keine unbedingte Notwendigkeit, in die Einladung eine Mehrzahl von Stunden mit bestimmtem Endtermine aufzunehmen, wiewohl dies zweckmäßig und empfehlenswert sein mag.

Nr. 19. Entsch. Bd. XIX. S. 18 vom 30. Mai 1890. II B 15/90.

Rh. St.-Ordn. v. 15. V. 56 (G.-S. S. 406) §§ 5, 16, 22, 25. Zust.-Ges. §§ 10, 11.

1) Bei der gemeinsamen Wahl mehrerer Stadtverordneten bestimmt sich die absolute Mehrheit selbst dann nach der Zahl der Wähler, wenn etwa einige der letzteren ihr Wahlrecht nur teilweise ausgeübt, z. B. statt fünf bloß vier Personen als von ihnen gewählt, bezeichnet haben sollten, Vgl. E.-V.-O. Bd. XIV S. 64.[1])

2) Die Wahl von Ausländern ist ungültig. Sie erlangen die Wahlfähigkeit auch nicht etwa dadurch, daß sie einmal in die Wählerliste aufgenommen worden sind und daß hiergegen ein Widerspruch nicht erhoben worden war. Denn diese Liste hat nur den Zweck, den Kreis der stimmfähigen Bürger festzustellen, nicht aber den, als Verzeichnis der mit dem passiven Wahlrechte bekleideten Personen zu dienen. Während beide Begriffe keineswegs sich decken, kommt es, hinsichtlich der Fähigkeit, gewählt zu werden, lediglich auf die Zeit der Wahl an. Wer zu dieser Zeit nicht Preuße war, konnte auch nicht gewählt werden.

3) Das Recht, gegen die Gültigkeit der Wahl eines Ausländers Einspruch zu erheben und darauf zu bestehen, daß die Stadtverordnetenversammlung die Ungültigkeit der Wahl ausspricht, wird dadurch nicht aufgehoben, daß der Ausländer die auf ihn gefallene Wahl ablehnt, und kann ev. im Wege der Klage weiter verfolgt werden. Ist aber die Ungültigkeits-Erklärung der Wahl erfolgt, so hat weder die Stadtverordneten-Versammlung, abgesehen davon, daß von ihr die Beisitzer des Wahlvorstandes zu wählen sind, noch der Verwaltungsrichter Anordnungen über das weiter zu Veranlassende zu erteilen. Das Verwaltungsgericht kann mit einer solchen Frage, z. B. ob eine Stichwahl unter anderen gleichzeitig Gewählten stattzufinden habe, nur dann befaßt werden, wenn hinsichtlich der neuen Wahl wiederum Klage und Einspruch erhoben werden sollten.

---

[1]) Oben S. 144.

4) **Wenn wegen eines bei der engeren Wahl stattgehabten Formfehlers eine anderweite Wahl erforderlich wird, so ist die Vornahme einer völlig neuen Wahl und nicht die Wiederholung der engeren Wahl für gesetzmäßig zu erachten.** Vgl. Pr. V.-Bl. Bd. IX S. 377.

Nr. 20. Entsch. Bd. XX. S. 10 vom 3. Oktober 1890. II B 22/90.

St.-Ordn. v. 30. V. 53 (G.-S. S. 261) §§ 19, 21, 23 ff. Zust.-Ges. §§ 10, 11, 21.

1) **Der Stadtverordnetenvorsteher ist für berechtigt anzusehen, Rechtsmittel für die als Partei im Verwaltungsstreitverfahren beteiligte Stadtverordnetenversammlung auch ohne besonderen Auftrag einzulegen. Es genügt, wenn die Versammlung die Anrufung der höheren Instanz nachträglich, wenn auch nach Ablauf der Rechtsmittelfrist, genehmigt.**

2) **Die Klage gegen den, einen Einspruch gegen die Richtigkeit der Wählerliste verwerfenden Beschluß der Gemeindevertretung hat keine aufschiebende Wirkung.** Hieraus ergiebt sich, was die Unterlagen und den Gang des Wahlgeschäftes anlangt, als positives gesetzliches Gebot, daß, etwa vorliegender Einsprüche und Klagen ungeachtet, nach Maßgabe der abgeschlossenen Listen mit der Wahl vorzugehen ist und als gewählt diejenigen anzusehen sind, die innerhalb jeder Abteilung und des sich aus den Listen ergebenden Kreises der Wähler jeder Abteilung die erforderliche Stimmenzahl auf sich vereinigt haben. Damit nicht vereinbar und daher unrichtig ist es, die formelle Wahlberechtigung der einzelnen Abteilungswähler, wie sie am Wahltage bestand, zufolge der nachträglichen Feststellung über die Unrichtigkeit der Liste als nicht vorhanden anzusehen und so die von berechtigten Personen abgegebenen Stimmen zugleich als unberechtigter Weise verlautbart und die gültig vollzogene Wahl zugleich als eine ungültige anzusehen.

Freilich tritt damit der Zustand ein, daß Beschlüsse der Wählerversammlungen in den einzelnen Abteilungen perfekt geworden sind und aufrecht erhalten werden, bei denen Mitglieder mitgewirkt und andere gefehlt haben, die nach dem Ausscheiden des Unberechtigten nicht mitgewirkt oder gefehlt haben würden. Allein diese Folge ist auf den zahlreichen Gebieten, wo gewählte Versammlungen sofort nach vollzogener Wahl in Thätigkeit treten, eine häufig wiederkehrende, auch nicht zu vermeidende. Der Umstand weiter, daß der Wert eines Angriffes gegen die Wählerliste erheblich sinkt, wenn seine erfolgreiche Durchführung das Wahlergebnis nicht beseitigen kann, giebt keinen Grund ab, der Vorschrift des § 11 des Zust.-Ges., daß die Klage keine aufschiebende Wirkung hat, die ihr zukommende Bedeutung zu versagen. Im Interesse eines geordneten und ungestörten Fortganges der städtischen Verwaltung liegt es, daß die Gemeindeangehörigen sich zunächst an denjenigen Garantieen genügen lassen, die in der Beschlußfassung der Gemeindevertretung über die erhobenen Einsprüche gewährt ist, und daß auf der damit geschaffenen Basis weiter gebaut werden darf, unbeschadet ihres Rechtes, für die Zukunft eine anderweite Gestaltung der Wählerlisten zu erreichen.

Nr. 21. Entsch. Bd. XX. S. 16 vom 17. Februar 1891. II B 42/43. 90.

Hann. St.-Ordn. v. 1. V. 51 (Hann. G.-S. S. 63) §§ 53, 94, 95. Hann. rev. St.-Ordn. v. 24. VI. 58 (Hann. G.-S. S. 141) §§ 53, 92, 93. Zust.-Ges. § 11.

1) **Nach der Hann. St.-Ordn. muß ein als Mitglied des Bürgervorsteher-Kollegiums Gewählter wenigstens ein Drittel der abgegebenen Stimmen auf sich vereinigen. Eine „Mehrheit von einem Drittel der Stimmen" ist aber nur bei demjenigen als gegeben anzusehen, der mehr als ein Drittel und zugleich eine größere Anzahl der abgegebenen Stimmen erhielt, als jeder**

der neben ihm genannten Kandidaten. Haben mehrere Kandidaten eine gleich große, ein Drittel übersteigende Stimmenzahl erhalten, so entscheidet zwischen ihnen das Los, jedoch nicht sofort, sondern erst nach vorangegangener engerer Wahl.

2) Es ist im Wesen jeder Wahlhandlung begründet, daß in Bezug auf das die Wahl leitende Personal die Kontinuität thunlichst gewahrt werden muß. Dennoch ist ein in der Person eines Beisitzers während einer Stadtverordnetenwahl (bei einem späteren Wahlgange) vorgekommener Wechsel keine Unzuträglichkeit, um deren willen die Wahl für ungesetzmäßig zu erklären wäre. Ebenso ist anerkannten Rechtens die Zulassung von solchen in die Wählerliste eingetragenen Wählern, die bei dem ersten Wahlgange noch nicht erschienen waren, zur engeren Wahl. Vgl. E.-O.-V. Bd. XVIII S. 334.

3) Mit der Erklärung der Gültigkeit oder Ungültigkeit einer Wahl findet das durch § 11 des Zust.-Ges. gegebene Verwaltungsstreitverfahren seinen Abschluß; Anordnungen über das weiter zu Veranlassende liegen außerhalb des Rahmens eines solchen Verfahrens. Vergl. E.-O.-V. Bd. XVIII S. 336, Bd. XIX S. 23.

Nr. 22. Entsch. Bd. XXII. S. 12 vom 9. Oktober 1891. II B 26 91.

Westf. St.-Ordn. v. 19. III. 56 (G.-S. S. 237) §§ 13, 19, 20, 21, 23, 26. Zust.-Ges. §§ 10, 11.

1) Den Vorschriften in den §§ 19 und 20 der Westf.-St.-Ordn. wird nur entsprochen mit der Auslegung einer nach Wahlabteilungen und, sofern dies erforderlich erscheint, nach den Wahlbezirken bereits eingeteilten Liste. Wird dies unbeachtet gelassen, so ist die Wahl ungültig, ohne Rücksicht auf den sonstigen Verlauf des Wahlaktes. Zum Zwecke der Wahl der Stadtverordneten werden die stimmfähigen Bürger nach Maßgabe der von ihnen zu entrichtenden Steuern in drei Abteilungen geteilt. Es sind drei selbständig funktionierende Wahlkörper zu schaffen, deren jeder zwar eine gleiche Anzahl von Abgeordneten entsendet, deren einzelne Mitglieder aber, je nachdem sie der III., II. oder I. Abteilung angehören, ein inhaltlich verschiedenes und desto stärkeres Wahlrecht haben, je kleiner der Personenstand des Wahlkörpers ist. Es folgt daraus, daß jeder Bürger auf das lebhafteste dabei interessiert ist, nicht nur, daß er überhaupt wählen kann, sondern auch, daß ihm derjenige Anteil an der Mitwirkung bei den Gemeindeangelegenheiten zu teil wird, auf den er nach der Höhe seiner Steuerleistungen Anspruch hat.

Wortlaut, Zusammenhang und Zweck des Gesetzes führen gleichmäßig zu dem Satze, daß vor der Wahl innerhalb eines gesetzlich bestimmten Zeitraumes eine Beurkundung nicht nur des Personenstandes sämmtlicher Wähler, sondern auch der Bildung und der Mitgliederzahl der drei Wahlkörper in Gestalt einer einheitlichen, beides zur Darstellung bringenden Liste geschaffen werden muß, und daß diese Liste nur unter der gesetzlich geordneten Mitwirkung und Kontrolle der beteiligten Wähler zur Entstehung gelangen kann. Eine ohne diese Grundlage vollzogene Wahl läßt sich nicht aufrecht erhalten.[1])

2) Ein Ungültigkeitsgrund ergiebt sich auch, wenn zu einer zweiten (engeren) Wahl die Wähler nicht durch den Wahlvorstand, sondern durch den Magistrat, auch nicht 14, sondern nur 5 oder 6 Tage vor dem Wahltermine geladen sind.[2]) Vergl. E.-O.-V. Bd. XV S. 34, Bd XVIII S. 48. Die mangelnde Ladung durch den Wahlvorstand kann auch nicht dadurch ersetzt

---

[1]) Ebenso Entsch. v. 13. XI. 95 (Pr. V.-Bl. Bd. XVII S. 312).

[2]) Doch zieht eine zu späte Einladung die Ungültigkeit der Wahl nicht nach sich, wenn der zu spät eingeladene Wähler an der Wahl teilgenommen hat, Entsch. v. 21. II. 90 (Pr. V.-Bl. Bd. XI S. 301).

werden, daß letzterer vor dem ersten Wahlgange den in diesem Zeitpunkte erschienenen Wählern oder nach dem Wahlgange bei Bekanntgebung der endgültig Gewählten mitteilt, wie es für den Fall einer engeren Wahl gehalten werden solle. Beteiligt sind bei der engeren Wahl sämmtliche Wähler der betreffenden Abteilung, auch die im ersten Wahltermine ausgebliebenen. Abgesehen davon, daß eine im Wahltermine selbst erfolgende mündliche Ladung ohnehin die schwersten Bedenken gegen sich hat, erscheint sie insofern unzulänglich, als sie niemals zur direkten Kenntnis aller derer gelangen wird, für die sie bestimmt ist.

Nr. 23. Entsch. Bd. XXIV. S. 34 vom 28. Februar 1893. II B 5 93.

Hann. rev. St.-Ordn. v. 24. VI. 58 (Hann. G.-S. S. 141) §§ 2, 3, 21, 34, 71, 73, 74, 76, 77, 83, 85, 92, 97, 110. Zust.-Ges. §§ 10, 16.

1) Der § 10 Abs. 2 Zust.-Ges., zufolge dessen Einsprüche gegen die Gültigkeit der Wahlen zur Gemeindevertretung innerhalb 2 Wochen nach Bekanntmachung des Wahlergebnisses zu erheben sind, bestimmt nur, wann die zweiwöchentliche Frist abläuft. Deshalb ist ein Einspruch, der unmittelbar nach Verkündigung des Wahlresultates durch den Wahlleiter beim Magistrat erhoben wird, nicht verfrüht, sondern zulässig, wie denn auch die ähnliche Vorschrift des § 86 Abs. 1 L. V.-G. die Einlegung eines Rechtsmittels gegen ein zwar verkündetes, aber noch nicht zugestelltes Erkenntnis nicht hindert. Vgl. E.-O.-V. Bd. VI S. 383.

2) Für die Frage der Wählbarkeit zum Stadtverordneten entscheidet nicht der Inhalt der ausgelegten Wählerliste, sondern es sind die „stimmfähigen Bürger" wählbar, d. h. nach § 85 Abs. 1 der Hann. St.-Ordn. diejenigen Bürger, die die in dem § 83 a. a. O. verlangten Eigenschaften besitzen.

3) Nach § 21 a. a. O. wird in Hannover das Bürgerrecht der Regel nach durch ausdrückliche Verleihung erworben und § 97 Nr. 10 bestimmt ganz allgemein, daß die Bürgervorsteher vom Magistrate bei Entscheidungen über Verleihung und Versagung des Bürgerrechtes zuzuziehen sind, so daß beide Kollegien mitzuwirken haben. Wenn aber das Gesetz bestimmte Geschäfte einzelnen Behörden und Kollegien in der Voraussetzung überweist, daß gerade die betreffenden Stellen zur Besorgung jener Geschäfte geeignet seien, so erscheinen sie nicht befugt, ihre Funktionen anderen Organen, z. B. einer zur Beschlußfassung über Verleihung des Bürgerrechtes eingesetzten, gemeinschaftlichen Kommission, zu übertragen, wie etwa eine Privatperson ihre Vermögensrechte zu cedieren pflegt. Die amtliche Thätigkeit der Behörden und Kollegien ist ein Ausfluß des öffentlichen Rechtes und sonach jeder Modifikation und Einschränkung durch Verzichte und Überweisung an einzelne Kommissionen entzogen. Vgl. E.-O.-V. Bd. VI S. 208, Bd. X S. 207, Bd. XIX S. 371.

4) Ist aber jemand ohne Beachtung der vorgeschriebenen Formen einmal durch den Magistrat unter die Zahl der Bürger aufgenommen, so ist er nicht zur Nachforschung verpflichtet, ob der Vertreter der Stadtgemeinde zur Abgabe der betreffenden Erklärung durch einen gültigen Beschluß der zuständigen Kollegien auch wirklich ermächtigt ist. Für ihn ist die Angelegenheit, soweit es sich um die Willenserklärung der Stadtgemeinde handelt, durch den Empfang der die Verleihung des Bürgerrechtes aussprechenden Erklärung des Magistrates erledigt, wenn sie vorschriftsmäßig durch den Bürgermeister oder dessen gesetzlichen Stellvertreter vollzogen ist.

Nr. 24. Entsch. Bd. XXV. S. 7 vom 17. Oktober 1893. II B 25/93.

St.-Ordn. v. 30. V. 53 (G.-S. S. 261) § 23. Westf. St.-Ordn. v. 19. III. 56 (G.-S. S. 237) § 23.

Die Westf. St.-Ordn. überläßt im Einklang mit der St.-Ordn. für die östl. Provinzen im § 23 lediglich dem pflichtmäßigen Ermessen des

Magistrats, unter Berücksichtigung der besonderen örtlichen Verhältnisse die Länge der Wahlzeit zu bestimmen. Wenn es auch dem Gesetze entspricht, für die Wahlen zur Gemeindevertretung nur einen Zeitpunkt als Anfangstermin festzusetzen (vgl. E.-O.-V. Bd. XIX S. 7)[1]), empfiehlt es sich doch aus praktischen Gründen, durch Bestimmung einer zweiten Stunde als Endtermin den Wählern bekannt zu geben, wie lange ein Entgegennehmen der Stimmen erfolgen werde. Die Anzahl der Wähler ist hierbei nicht allein bestimmend.

Ein Anspruch darauf, daß er ohne jede Unbequemlichkeit und ohne jedes Opfer an Zeit zur Ausübung des Wahlrechts gelange, steht keinem Wähler zu und kann auch aus dem Gesichtspunkte nicht hergeleitet werden, daß durch die Wahl der unverfälschte Wille der Wähler zum freien Ausdruck gelangen soll. Wenn eine größere oder geringere Anzahl von Wählern, anstatt die mehr oder minder mit jeder Wahl verknüpften Opfer an Zeit und Bequemlichkeit zu bringen, es vorgezogen hat, das Wahllokal, ohne gestimmt zu haben, zu verlassen, so ist hieraus lediglich zu folgern, daß sie freiwillig sich ihres Wahlrechtes begeben haben.

Nr. 25. Entsch. Bd. XXV. S. 14 vom 9. Mai 1893. II B 9/93.

St.-Ordn. v. 30. V. 53 (G.-S. S. 261) § 20. Zust.-Ges. § 10.

1) Das Einspruchsrecht gegen die Richtigkeit der Gemeindewählerliste steht jedem Mitgliede der Stadtgemeinde zu, d. h. nach § 3 der St.-Ordn. allen Einwohnern des Stadtbezirkes. Man hat für die Richtigkeit der Liste eine Gewähr dadurch schaffen wollen, daß jedem Gemeindegliede das Recht gegeben ist, etwaige Irrtümer aufzudecken und ihre Berichtigung herbeizuführen. Vgl. E.-O.-V. Bd. XIV S. 46.[2]) Daß die generelle Bezeichnung des Gemeindemitgliedes hier mit Absicht gewählt ist, erhellt auch aus dem Gegensatze des § 27 a. a. O., wo der Einspruch gegen das spätere Wahlverfahren auf die engere Kategorie der stimmfähigen Bürger beschränkt ist.

2) Es ist Sache desjenigen, der die Listen bemängelt, diese Mängel bestimmt zu bezeichnen und thatsächlich zu begründen, nicht etwa Sache des Prozeßgegners, die gegen ihn erhobenen Angriffe, wäre es auch aus eigener Wissenschaft, zu ergänzen. Darüber, ob eine Aufnahme in die Liste mit oder ohne rechtlichen Grund unterblieben ist, darf, solange es an einer Bezeichnung der davon betroffenen einzelnen Personen fehlt, schon in deren Interesse ein Streitverfahren nicht zugelassen, auch nicht einmal der Gegenpartei — selbst wenn sie im großen und ganzen nicht gerade zweifelhaft darüber sein mag, auf wen sich das Verlangen beziehen soll — eine Auslassung angesonnen, vollends aber eine Entscheidung nicht getroffen werden, die noch Raum läßt für einen späteren Streit darüber, auf wen sie im einzelnen sich bezieht.

Nr. 26. Entsch. Bd. XXV. S. 20 vom 3. November 1893. II B 26/93.

St.-Ordn. v. 30. V. 53 (G.-S. S. 261) § 27. Rhein. St.-Ordn. v. 15. V. 56 (G.-S. S. 406) §§ 11—17, 26, 27. Schl.-Holst. St.-Ordn. v. 14. IV. 69 (G.-S. S. 589) §§ 38, 47. Zust.-Ges. § 7, 10, 11.

1) Die Annahme, das die Stadtverordneten-Versammlung nicht berechtigt sei, von Amts wegen, sondern nur auf Einspruch über die Gültigkeit der Wahlen zu prüfen, ist rechtsirrtümlich. Der § 10 des Zust.-Ges. hat zwar in Nr. 1 zur Voraussetzung eine Beschwerde oder einen Einspruch, nicht aber in Nr. 2; stellt ferner Abs. 2 a. a. O. eine Frist für den Einspruch fest, so folgt daraus nur, daß außerdem auch der Einspruch zulässig ist. Im übrigen ist die Stadtverordneten-Versammlung gemäß §§ 10 und 11 Zust.-Ges. an Stelle

---

[1]) Oben S. 152.

[2]) Oben S. 142.

der früheren Aufsichtsbehörde — Regierung — getreten, der nach § 26 der Rh. St.-Ordn., ebenso wie nach § 27 der Östl. St.-Ordn. ein Prüfungsrecht, wie eine Prüfungspflicht, in Beziehung auf die Stadtverordnetenwahlen im Falle erheblicher Unregelmäßigkeiten, und zwar unter Umständen auch von Amts wegen zustand.

2) Der Landrat übt nicht die Aufsicht des Staates über die Städte aus. Deshalb kann aus § 16 N. 1 der Rh. St.-Ordn. allein hieraus ein Grund für die Ungültigkeit der Wahl eines Kreisdeputierten als Stellvertreter des Landrates nicht abgeleitet werden. Allerdings hat der Landrat nach § 32 der Rh. Kr.-Ordn. v. 30. V. 87 (G.-S. S. 209) die Polizeiverwaltung in den Stadtgemeinden zu überwachen. Dies fällt aber nicht unter die durch § 7 des Zust.-Ges. umgrenzte Aufsicht des Staates über die Verwaltung der städtischen Gemeindeangelegenheiten. Vgl. E.-O.-V. Bd. XIII S. 79.

3) Von der Wahl zum Gemeinde-(Stadt-)Verordneten sind nicht nur die Polizei-Exekutivbeamten, sondern nach den gleichlautenden allgemeinen Bestimmungen der Städte-Ordnung jede Art von Polizeibeamten ausgeschlossen. Vgl. E.-O.-V. Bd. XVI S. 73. Der Landrat gehört zweifellos zu den Polizeibeamten, deshalb findet auf ihn die Ausschluß-Bestimmung im § 16 Nr. 6 der Rh. St.-Ordn. Anwendung.

4) Die Rh. St.-Ordn. handelt im Titel II von der Zusammensetzung und Wahl der Stadtverordneten-Versammlung. Zunächst wird daselbst über die Zahl der Mitglieder (§ 11) und über die Abteilungsbildung ꝛc. (§§ 12 bis 14) Bestimmung getroffen. Im Zusammenhange damit ergehen aber auch mehrere Bestimmungen, die das aktive Wahlrecht und die passive Wählbarkeit berühren. Der § 15 schreibt vor, daß die Hälfte der von jeder Abteilung zu wählenden Stadtverordneten aus Hausbesitzern bestehen muß, und der § 16 führt dann diejenigen Personen auf, die nicht Stadtverordnete sein können, während der § 17 davon handelt, unter welchen Voraussetzungen eine Wahl ihre Wirkung verliert oder doch vorübergehend der Gewählte von der Teilnahme an den Geschäften der Stadtverordneten-Versammlung ausgeschlossen ist. Beachtet man diese Stellung des § 16, so leuchtet ein, daß der Gesetzesausdruck „Stadtverordnete können nicht sein . . ." nicht auf einen späteren Zeitpunkt und überhaupt nicht auf die Frage der Fähigkeit zur dereinstigen Funktion bezogen werden darf, sondern nur direkt auf denjenigen Moment, da die Wahl selbst erfolgt. Nach diesem allein bestimmt sich die Frage der Wählbarkeit. Jede Beziehung auf einen späteren Zeitpunkt — sei es der des Beschlusses über die Gültigkeit der Wahl, sei es der gesetzliche Beginn der Verrichtungen nach § 27 der Östl. St.-Ordn., sei es die thatsächliche Einführung — würde Zustände, die gerade durch die Wahl thunlichst festgelegt werden sollen, zu so unsicheren und unbeständigen machen, daß mit einer zu solchen Konsequenzen führenden Intention des Gesetzgebers überhaupt nicht gerechnet werden darf. — Dafür, daß die Ausnahmen des § 16 sich lediglich auf die Wählbarkeit und nicht auf das spätere Fungieren als Stadtverordneter beziehen, spricht deutlich eine spätere Redaktion der St.-Ordn. in den entsprechenden Bestimmungen, nämlich das Gesetz, betr. die Verfassung und Verwaltung der Städte und Flecken in der Provinz Schleswig-Holstein vom 14. IV. 69. Der dortige Titel IV (von der Stadtv.-Versammlung) hat die Bestimmungen über das Wahlrecht unter der besonderen Überschrift „Wahlbefähigung" zusammengefaßt und bestimmt in § 38: „Ein jeder Bürger, welcher . . . zur Ausübung des Wahlrechts befugt ist, ist . . . . zum Stadtverordneten . . . . wählbar; jedoch können Stadtverordnete nicht sein . . . . die Polizeibeamten." Diese Fassung bringt fast unmittelbar den Ausdruck, daß die Polizeibeamten zu Stadtverordneten überhaupt nicht wählbar, keineswegs etwa nur von der

Befugnis, als solche zu fungieren, oder das Amt anzutreten, ausgeschlossen sind. Versteht man aber das Gesetz in diesem Sinne, so fehlt den am Wahltage im Amt befindlichen Polizeibeamten geradezu die Wählbarkeit.

5) Ein Kreisdeputierter wird nach Vorstehendem nicht schon, wie der Landrat und der Kreissekretär als dessen regelmäßiger gesetzlicher Vertreter (vgl. E.-O.-V. Bd. XIII S. 79)[1]), von vornherein als Polizeibeamter anzusehen sein. Nach § 31 der Rh. Kr.-Ordn. werden behufs Stellvertretung des Landrates von dem Kreistage aus der Zahl der Kreisangehörigen zwei Kreisdeputierte gewählt, die nach der Bestätigung zu vereidigen sind. Damit ist aber nur die Qualifikation zur Stellvertretung gegeben und es bleibt zunächst dahingestellt, ob der Deputierte zu dem Amte der Stellvertretung, falls es überhaupt jemals einer solchen bedarf, berufen wird. Vgl. E.-O.-V. Bd. X S. 24.[2]) Wird aber einmal der Kreisdeputierte thatsächlich zum Stellvertreter des Landrates bestellt, so ist er im vollen Umfange zur Ausübung des Amtes berufen nnd damit ebenso wie der Landrat Polizeibeamter, mithin auch in diesem Zeitpunkt als Stadtverordneter nicht wählbar.

Nr. 27. Entsch. Bd. XXVI. S. 20 vom 27. Februar 1894. II B 4/94.

St.-Ordn. v. 30. V. 53 (G.-S. S. 261) § 8. Westf. St.-Ordn. v. 19. III. 56 (G.-S. S. 237) § 8.

1) Bei der Wahl der Stadtverordneten sind auch nicht physische Personen teilnahmeberechtigt, wenn sie bereits seit einem Jahre in dem überhaupt erforderlichen Maße besteuert sind. § 8 Abs. 2 Westf. St.-Ordn. enthält eine den juristischen Personen gemachte Konzession. Die Absicht des Gesetzgebers ging, wie die Anreihung an den ersten Abs. und die Worte „dasselbe Recht" ergeben, dahin, jene Personen im allgemeinen den Forensen gleichzustellen. Jedoch muß das bei den physischen Personen gestellte Verlangen, daß die Besteuerung bis zu einem gewissen Grade ein festes Verhältnis geworden sei, auch bei ihnen zutreffen.[3])

Die beiden Ausdrücke im § 8 „Besteuertsein" und „Entrichten der Steuer" sind gleichbedeutend, auch durch die Worte „seit einem Jahre" können Zweifel nicht entstehen.

2) Auf den Einwand, daß jemand in der betreffenden Stadt mit Unrecht zur Staats-Einkommensteuer veranlagt sei, kommt es in der Regel nicht an, weil nach dem Gesetze lediglich die Thatsache der Veranlagung bezw. die Entrichtung der Steuern in der betreffenden Stadtgemeinde entscheidet.

Nr. 28. Entsch. Bd. XXVI. S. 24 vom 23. Mai 1894. II B 1/94.

St.-Ordn. v. 30. V. 53 (G.-S. S. 261) §§ 7, 18, 20, 27, 75. Zust.-Ges. §§ 10, 11.

Das Recht zur Beschwerde und Klage, betreffend die Bekleidung einer (den Besitz des Bürgerrechtes voraussetzenden) Stelle in der Gemeindevertretung aus § 10 des Zust. Ges. ist nicht nur abhängig von dem Besitze des Bürgerrechtes, sondern steht nicht einmal jedem stimmberechtigten Bürger zu. § 20 der St.-Ordn. dehnt den Kreis derjenigen, die gegen die Richtigkeit der Liste der stimmfähigen Bürger Einwendungen erheben dürfen, auf alle Mitglieder der Stadtgemeinde aus. § 27 dagegen beschränkt das Anfechtungsrecht gegenüber dem stattgehabten Wahlverfahren auf die stimmfähigen Bürger allein. Für die Suspension und Amtsentsetzung von Stadtverordneten aber ist eine Be-

---

[1]) Oben S. 142.

[2]) Oben S. 90.

[3]) Keine juristischen Personen sind die Gesellschaften mit beschränkter Haftung, es steht ihnen also ein Wahlrecht aus § 8 Abs. 2 der St.-Ordn. nicht zu; Entsch. v. 27. VI. 96 (Pr. V.-Bl. Bd. XVII S. 462).

stimmung, wodurch einem **Dritten Kontrollrechte** eingeräumt würden, **überhaupt nicht** gegeben. Maßgebend sind hier §§ 7, 18, 75 a. a. O, und es hat hiernach der individuell Verletzte, abgesehen von dem Eingreifen der Gemeindebehörde, lediglich die Beschwerde bei der Aufsichtsbehörde.

An diesem Rechtszustande hat das Zust. Ges. nichts geändert. Nur in Bezug auf den Gemeindevorstand ist in dem § 11 die Klage im Verwaltungsstreitverfahren eingeführt worden. Darüber hinaus kann ein solches Klagerecht weder den Gemeindemitgliedern überhaupt, noch den stimmfähigen Bürgern insbesondere eingeräumt werden. Soweit sie eine Verletzung des öffentlichen Rechtszustandes wahrzunehmen glauben, würden sie auf eine Anregung der Offizialthätigkeit mittels einer Vorstellung bei der Gemeindebehörde beschränkt bleiben, wogegen dann nur die Beschwerde an die Kommunalaufsichtsbehörden gestattet sein würde.

Nr. 29. Entsch. Bd. XXVII. S. 16 vom 6. März 1895. II B 33/94.

St.-Ordn. v. 30. V. 53 (G.-S. S. 261) § 20. Zust.-Ges. § 10.

1) Einwendungen gegen die Richtigkeit der Wählerliste zur Stadtverordnetenwahl können nur während der Dauer ihrer Auslegung[1]) erhoben werden, und es ist daher rechtlich unerheblich, wenn solche Einwendungen nach jener Zeit geltend gemacht werden. Die nicht rechtzeitig angefochtene Wählerliste bildet ohne Rücksicht auf ihre materielle Richtigkeit oder Unrichtigkeit die rechtliche Grundlage für die Wahl.

2) Das jedem Gemeindemitgliede zustehende Recht auf Einsicht der ausgelegten Wählerliste ist nicht abhängig von der Zahlung des Bürgerrechtsgeldes. Die Verweigerung der Einsicht aus diesem Grunde hat die Ungültigkeit der Wahlen zur Folge, da es dann an der gesetzmäßigen Auflegung der Liste fehlen würde. Ob das Wahlergebnis dadurch beeinflußt worden ist, oder nicht, ist gleichgültig. Denn es handelt sich nicht um einen Mangel, der die Gültigkeit einzelner Stimmen, sondern um einen solchen, der die des ganzen Wahlverfahrens in Frage stellt.

3) Den Beteiligten steht ein Recht auf Erteilung einer Abschrift der Wählerlisten nicht zu. Aber auch die Berechtigung zum Abschreiben der Liste läßt sich in Ermangelung einer bezüglichen Gesetzesvorschrift nicht als in dem Rechte auf Einsicht der Liste mitbegriffen ansehen.

Nr. 30. Entsch. Bd. XXVII. S. 21 vom 8. Dezember 1894. II B 21/94.

Rh. St.-Ordn. v. 15. III. 56 (G.-S. S. 406) §§ 18, 19. Eink. St.-Ges. v. 24. VI. 91 (G.-S. S. 175) §§ 52, 69.

1) Nach § 19 der Rh. St.-Ord. soll die im § 18 bezeichnete Liste für die Stadtverordnetenwahlen, d. i. eine Liste der stimmfähigen Bürger, die ihre erforderlichen Eigenschaften nachweist und die nach Wahlabteilungen eingeteilt ist, zur öffentlichen Kenntnis offen gelegt werden. Es darf also der Einsichtnahme nichts von dem vorenthalten werden, was die Liste enthalten

[1]) Wenn § 20 Abs. 2 der St.-Ordn. vorschreibt, daß die Einsicht in der Zeit vom 15.—30. Juli gestattet ist, so erscheint wesentlich nur die Bestimmung über die Dauer der Auslegung, nicht dagegen die über den Zeitpunkt. Anderen Falles müßte, falls aus irgend einem Grunde der Zeitpunkt versäumt worden ist oder die ausgelegte Liste unrichtig erscheint, bis zum Juli nächsten Jahres mit der Neuberichtigung gewartet werden. Entsch. v. 8. III. 89 (Pr. V.-Bl. Bd. X S. 396).

Die Wählerlisten selbst sind (in den östlichen Provinzen) nicht vom Bürgermeister, sondern vom Magistrate aufzustellen. Vergl. Entsch. v. 16. XI. 88 (Pr. V.-Bl. Bd. X S. 179) und 19. IX. 94 (daselbst Bd. XVI S. 122). Streichungen in der festgestellten Wählerliste außerhalb des regelmäßigen Berichtigungsverfahrens sind unzulässig, Entsch. v. 19. V. 94 (daselbst Bd. XV S. 557).

muß. Hierzu gehört auch die Angabe der Steuern, die von den eingetragenen Personen zu zahlen sind.

Denn die Höhe der Steuern ist nicht nur in Bezug auf die Wahlberechtigung an sich, sondern auch in Bezug auf die Frage, in welcher Abteilung der Betreffende zu wählen hat, von Bedeutung. Insbesondere würde dem letzteren Gesichtspunkte gegenüber auch nicht etwa geltend gemacht werden können, daß doch schon die Aufnahme in die Liste an sich das Vorhandensein der erforderlichen Eigenschaften zum Ausdruck bringe. Die Kontrolle der Richtigkeit der Liste, die durch die Offenlegung ermöglicht werden soll, kann nicht in gehöriger Weise ausgeübt werden, wenn die Angaben über die zu zahlenden Steuern der Einsichtnahme vorenthalten bleiben Es genügt auch nicht, daß die Gesammtsumme der Steuern und der auf jede Wahlabteilung entfallende Betrag einzusehen verstattet wird, da es für die Richtigkeit der Liste z. B. auch darauf ankommt, daß nicht etwa ein Wähler, der weniger zahlt, als ein anderer, gleichwohl in eine höhere Abteilung gesetzt ist.

Dieses Recht auf Kenntnisnahme von dem Inhalte der Liste hat auch durch die auf Geheimhaltung der Verhältnisse der Steuerpflichtigen abzielenden Vorschriften des Eink.-St.-Ges. keine Einschränkung erfahren. Letzteres enthält keine ausdrückliche Bestimmung, daß die Steuersätze schlechthin, unter allen Verhältnissen geheim gehalten werden sollen. Die ältere Vorschrift der St.-Ordn. kann auch nicht etwa um deswillen, weil ihr diejenige Anschauung fremd ist, von der das Eink.-St.-Ges. ausgegangen sein mag, ohne weiteres als beseitigt angesehen werden.

2) Einwendungen gegen die Richtigkeit der Wählerliste können, nachdem die gesetzliche Frist zu ihrer Einbringung verstrichen, nicht mehr berücksichtigt werden.

3) Eine zu knappe Bemessung der Zeitdauer für die Vornahme der einzelnen Wahlen kann deren Ungültigkeit nur dann zur Folge haben, wenn den Wählern dadurch nicht nur eine Unbequemlichkeit verursacht, sondern thatsächlich ihr Wahlrecht geradezu verkümmert ist. Vergl. E.-O.-V. Bd. XXVI S. 123.[1])

Dasselbe gilt von der Beschränkung des Zutrittes der Wähler zum Wahllokale. An sich hat jeder Wähler das Recht, sich im Wahllokale aufzuhalten, und dieses Recht darf nur aus besonderen Gründen, namentlich zur Aufrechterhaltung der Ordnung, und nur, soweit es zur Erreichung des bezüglichen Zweckes erforderlich ist, beschränkt werden. Vergl. E.-O.-V. Bd. XXVI S. 115.

Nr. 31. Entsch. Bd. XXVIII. S. 10 vom 8. Mai 1895. II B 34/94.

St.-Ordn. v. 30. V. 53 (G.-S. S. 261) §§ 5, 7, 12—28, 30.

1) Nach dem Tode eines zum Stadtverordneten Gewählten kann eine die Gültigkeit oder Ungültigkeit der Wahl aussprechende Entscheidung nicht mehr ergehen. Denn eine Entscheidung setzt die Möglichkeit voraus, daß die unmittelbar an die Gültigkeit oder Ungültigkeit sich knüpfenden Konsequenzen noch zur praktischen Geltung gelangen können. Ist aber der Rechtsstreit in der Hauptsache im Laufe des Verfahrens auch gegenstandslos geworden, so ist dadurch der Anspruch in Ansehung des Kostenpunktes nicht erloschen und es bedarf zu seiner Entscheidung der Prüfung, ob der Vorderrichter richtig oder unrichtig entschieden hat.

2) Hinsichtlich der Fähigkeit gewählt zu werden, kommt es lediglich auf die Zeit der Wahl an. Vgl. E.-O.-V. Bd. XIII S. 82, Bd. XIX S. 22, Bd. XXV

[1]) Ebenso Entsch. v. 9. IX. 87 (Pr. V.-Bl. Bd. IX S. 19).

S. 23. Mit erst in einer späteren Zeit sich vollziehenden Änderungen darf nicht gerechnet werden, ohne daß damit in den öffentlich-rechtlichen Wahlakt eine ihm begrifflich widerstrebende Unsicherheit hineingetragen würde. Daher kann ein Magistratsmitglied während seiner Amtszeit auch für eine erst nach ihrem Ablaufe beginnende Wahlperiode nicht zum Stadtverordneten gewählt werden.

Nr. 32. Entsch. Bd. XXVIII. S. 18 vom 11. Mai 1895. II B 10.95.
St.-Ordn. v. 30. V. 53 (G.-S. S. 261) §§ 24 ff.

1) Es ist zulässig, bei der Wahl von Stadtverordneten zu dem Wahlakt einen Protokollführer zuzuziehen, der die mechanische Schreibarbeit besorgt. Dem Wahlvorstande verbleibt auch dann die Kontrolle, die er durch Führung von Gegenlisten ausübt, und die volle Verantwortlichkeit für die Richtigkeit der Protokolle, die durch die Unterzeichnung sämmtlicher Mitglieder anerkannt wird.[1])

2) Nach dem § 25 der St.-Ordn. muß jeder Wähler erklären, wem er seine Stimme geben will. In welcher Weise er die zu wählende Person zu bezeichnen hat, ist nicht vorgeschrieben, namentlich nicht etwa, daß er neben dem Familiennamen auch den Vornamen und den Stand angeben muß. Vielmehr kommt es darauf an, daß die Bezeichnung ausreichend ist, um jeden Zweifel über die Identität der Person auszuschließen, wozu andererseits unter gewissen Umständen nicht einmal die Beifügung von Vornamen und Stand ausreichen wird. Es muß zunächst dem pflichtmäßigen Ermessen des Wahlvorstandes überlassen werden, ob er die Bezeichnung für ausreichend erachtet, wie er die Stimmabgabe auslegt, auf wen er sie bezieht. Gewahrt bleiben muß dabei allerdings eine Beschränkung auf solche Fälle, in denen überhaupt Raum für eine Auslegung gegeben ist, was beispielsweise dann nicht mehr zutreffen würde, wenn positiv ein bestimmter Vor- und Zuname von dem Wähler angegeben ist.

Nr. 33. Entsch. Bd. XXVIII. S. 22 vom 5. Juni 1895. II B 57/94.
St.-Ordn. v. 30. V. 53 (G.-S. S. 261) §§ 13, 18, 21.

Es widerspricht nicht den §§ 13, 18, 21 der St.-Ordn., wenn die Erneuerung einer aus 24 Mitgliedern bestehenden Stadtverordnetenversammlung in der Weise geschieht, daß zweimal hintereinander von den Gewählten

der I. Abteilung je 3 }
der II. Abteilung je 2 } 8
der III. Abteilung je 3 }

das dritte Mal aber von denen

der I. Abteilung je 2 }
der II. Abteilung je 4 } 8
der III. Abteilung je 2 }

ausscheiden.

Anderenfalls würden entweder jedesmal 2 von den in der II. Abteilung Gewählten 8 Jahre im Amte bleiben, wenn nämlich die Ausscheidenden auf die einzelnen Abteilungen den von diesen vorzunehmenden Ergänzungswahlen entsprechend verteilt würden, oder die Ergänzungswahlen würden nicht von den-

[1]) Daß die Eintragung der Stimmen der Gewählten durch Striche oder Zahlen in Spalten stattfindet, die für jeden Gewählten bestimmt sind und am Kopfe seinen Namen tragen, hat auf die Gültigkeit der Wahl keinen Einfluß. Aus den Protokollen und deren Anlagen muß gemäß § 25 der St.-Ord. nur mit Sicherheit zu ersehen sein, welchen Personen jeder Wähler seine Stimme gegeben hat. Jede Art der Protokollierung, die jenen Zweck erreicht, ist gesetzmäßig. Entsch. v. 16. XI. 88 (Pr. V.-Bl. Bd. X S. 178).

selben Abteilungen vorgenommen werden können, die ursprünglich die entsprechenden Stadtverordneten gewählt haben. Es würde die II. Abteilung immer nur 2, also im sechsjährigen Turnus 6 statt 8 Stadtverordneten wählen. § 21 hat nur den Zweck, eine Abhilfe für Fälle zu schaffen, wo es unmöglich ist, die bezüglichen Grundsätze der St.=Ordn. zur Anwendung zu bringen, nicht aber die Anwendbarkeit jener Grundsätze auch da auszuschließen, wo sie möglich ist.

Nr. 34. Entsch. Bd. XXVIII. S. 25 vom 10. Juli 1895. II B 4/95.

Ges. v. 1. III. 91 (G.=S. S. 20), betr. Abänderung und Ergänzung einiger Bestimmungen wegen der Wahl der Stadtverordneten, Art. 1, 3.

Nach Art. I Nr. 3 des Ges. v. 1. III. 91 soll bei der Verbindung von Ersatzwahlen mit den Ergänzungswahlen zur Stadtverordnetenversammlung in einem und demselben Wahlakte die Abgabe der Stimmen für die eine und für die andere Wahl zwar „getrennt“ geschehen; das Gesetz giebt aber nicht an, in welcher Weise die Trennung geschehen soll. Man muß daher jede Trennung für genügend erachten, wodurch ein Zweifel, auf welche Wahl die Stimmabgaben sich beziehen, ausgeschlossen wird, und das Nähere dem pflichtmäßigen Ermessen des Wahlvorstandes überlassen.

Nr. 35. Entsch. Bd. XXVIII. S. 36 vom 23. November 1895. II B 14/95.

Schl.=Holst. St.=Ordn. v. 14. IV. 69 (G.=S. S. 589) §§ 7[4a], 16, 35, 43, 45.

Wenn der § 35 der Schl.=Holst. St.=Ordn. anordnet, daß die Hälfte der Stadtverordneten aus Besitzern eines zum Stadtbezirk gehörigen Hauses bestehen muß, so sind unter solchen Hausbesitzern lediglich die Besitzer eines Wohnhauses zu verstehen, und zwar wird ein wirkliches juristisches Nießbrauchs= und Besitzrecht vorausgesetzt.

2. Amtsgeschäfte.

Nr. 1. Entsch. Bd. III. S. 159 vom 3. April 1878.

St.=Ordn. v. 30. V. 53 (G.=S. S. 261) §§ 36, 56.

1) Nur der Magistrat ist berufen, die Stadtgemeinde nach außen zu vertreten. Allgemeine Verwaltungsangelegenheiten sind hiervon nicht ausgeschlossen. Das Recht der Vertretung nach außen ist nicht zu verwechseln mit dem Rechte der Stadtverordneten, die Entscheidung der Kommunal=Aufsichtsbehörden bei Meinungsverschiedenheiten zwischen Magistrat und Stadtverordneten anzurufen.

2) Zur Anstellung der im § 11 des Ges. v. 14. VIII. 76 (G.=S. S. 373), betr. Verwaltung der den Gemeinden und öffentlichen Anstalten gehörigen Holzungen ꝛc., dem Waldeigentümer gegebenen Klage ist demnach nur der Magistrat als Vertreter der Stadtgemeinde und nicht die Stadtverordnetenversammlung berechtigt.

Nr. 2. Entsch. Bd. XIII. S. 89 vom 10. März 1886. I B 47/85.

St.=Ordn. v. 30. V. 53 (G.=S. S. 261) §§ 10, 35, 56. Pr. Verf.=Urk. v. 31. I. 50 (G.=S. S. 17) Art. 32, 105.

1) Art. 32 der Verf.=Urk. deklariert in seinem ersten Satze das Petitionsrecht jedes Staatsangehörigen, jedes Preußen, als Grundrecht, als Ausfluß der Freiheit des gesellschaftlichen Daseins und der Zugehörigkeit zum Staate. In seinem zweiten Satze enthält er eine positive und eine negative Vorschrift. Die erstere geht dahin, daß auch Korporationen und Behörden als solche zum Petitionieren berechtigt sein sollen, die letztere richtet sich gegen alles sonstige Petitionieren unter einem Gesammtnamen. Was im übrigen dazu gehöre, um

petitionieren zu können, läßt Art. 32 unberührt. Mißt man daher dem Petitionsrechte den Charakter eines selbständigen Rechtes mit eigenem materiellen Inhalte bei, so ist die notwendige Voraussetzung der rechtlichen Möglichkeit seiner Ausübung die Handlungsfähigkeit. Sie beantwortet sich bei Korporationen und Behörden nach den gesetzlichen Normen über ihre Handlungs- und Beschlußfähigkeit, bei einer Stadtverordnetenversammlung also aus § 35 der St.-Ordn., wonach sie über alle Gemeindeangelegenheiten zu beschließen hat, die nicht ausschließlich dem Magistrate zugewiesen sind. Zwischen dem Beschließungsrechte als dem Rechte zur Beschlußfassung in Sachen, in denen man zu entscheiden hat, und dem Petitionsrechte besteht dem § 35 gegenüber ein Unterschied nicht, § 35 enthält auch die Grenzen des Petitionsrechtes, und es ist eine Petition nur dann rechtlich zulässig, wenn sie „Gemeindeangelegenheiten" betrifft. Das Petitionsrecht der städtischen Gemeindeorgane ist nun nicht auf Verwaltungsgegenstände beschränkt, die ihrer Beschlußfassung zum Zwecke der Ausführung durch sie selbst unterliegen. Schon ein Min.-Erl. v. 29. IV. 52 erachtet mit Recht Petitionen der Gemeindebehörden, die die Gesetzgebung über das Gemeindewesen betreffen, für zulässig, obwohl es sich um die Staatsgesetzgebung über das Gemeindewesen handelt. Die Gemeindeorgane werden daher die Grenze des § 35 nicht überschreiten, wenn sie im Interesse des von ihnen verwalteten Kämmereivermögens um solche Maßnahmen der staatlichen Gesetzgebung zum Schutze oder zur Förderung der Erträgnisse des Vermögens petitionieren, die nicht nur der einzelnen Stadt oder den Gemeinden, sondern allen Personen, die Eigentum gleicher Art unter gleichartigen Verhältnissen besitzen, zu Gute kommen. Gesetzlich feste Schranken sind der Wirksamkeit der Gemeinden als solcher nicht gezogen. Ihnen steht die Pflege der sittlichen und wirtschaftlichen Interessen ihrer Angehörigen allgemein zu, soweit nicht Sondergesetze Ausnahmen vorsehen. Die Grenze ist durch die örtliche Beschränkung, den lokalen Charakter der Gemeindeaufgaben gezogen. Unmaßgeblich ist dagegen, ob eine Maßnahme unmittelbar oder nur mittelbar städtische Rechte und Interessen fördert. In der Sorge für das Wohlergehen ihrer Mitglieder, an dem eine Gemeinde nur mittelbar beteiligt ist, betreibt sie ihre eigensten Angelegenheiten, mag dies durch Verwendung von Geldmitteln aus der Gemeindekasse, durch Verordnungen oder durch Petitionieren geschehen.

Gegenüber dem Umstande, daß nach dem Wesen des Staates und der Gemeinde örtliche und nationale Interessen sich vielfach durchdringen oder ohne feste Grenze ineinander übergehen, ist für die Umgrenzung des Rechtes der Gemeindeorgane zum Petitionieren in staatlichen Angelegenheiten keine andere Norm gegeben, als für die Grenzen aller kommunalen Thätigkeit überhaupt, die Beschränkung auf die Interessen der örtlichen Gemeinschaft, auf die Vertretung lokaler Interessen in ihrer Beziehung und in ihrem Konflikte mit denen der staatlichen Gesammtheit. Eine Petition der Stadtverordnetenversammlung in Angelegenheiten, die in der Besonderheit der Verhältnisse der örtlichen Gemeinschaft ihren Ausgangspunkt, in dem Schutze und der Förderung dieser Verhältnisse ihr Ziel haben, kann daher nicht für unzulässig erachtet werden, da sie als Gemeindeangelegenheit erscheint.

2) Diesem Grundsatze entsprechend, wurde eine Petition der Stadverordneten zu Stettin an den Reichstag gegen die Erhöhung der Getreidezölle für erlaubt erachtet. Denn sie habe zum Gegenstande und Zwecke gehabt, die besonderen lokalen Interessen des Verkehrs, des Handels und der Schiffahrt von Stettin, also hervorragend wichtige materielle Interessen der städtischen Bevölkerung nach Maßgabe der besonderen Verhältnisse dieser Stadt in jener steuerpolitischen Frage zu vertreten. Sie beträfe also Gemeindeangelegenheiten, über die

die Stadtverordnetenversammlung nach § 35 der St.-Ordn. zu beschließen zuständig war.

Nr. 3. Entsch. Bd. XIV. S. 77 vom 21. September 1886. II B 45/86.

St.-Ordn. v. 30. V. 53 (G.-S. S. 261) §§ 9, 35, 49, 53, 56[4], 57, 77. Zust.-Ges. §§ 15, 17.

1) Die Befugnis des Magistrats zur Beanstandung eines Beschlusses der Stadtverordnetenversammlung wird durch den Umstand nicht ausgeschlossen, daß der betreffende Beschluß der Zustimmung des Magistrates bedurfte; deshalb erscheint die Annahme irrig, daß eine Beanstandung solcher Beschlüsse, die an sich die Zustimmung des Magistrates erfordern, rechtlich unmöglich wäre.[1])

2) Eine Stadtverordnetenversammlung ist nicht befugt, zu beschließen, daß den Wahlmännern für die Wahlen zum Hause der Abgeordneten zur Reise nach dem Wahlorte Entschädigungen aus der Kämmereikasse gezahlt werden.

Nach allgemeinen Grundsätzen und nach den Bestimmungen des positiven Rechtes ist das Vermögen der Stadtgemeinde nur für solche Zwecke verwendbar, deren Durchführung zu den gesetzlichen Zwecken und Aufgaben dieser Korporation selbst gehört; jede andere Verfügung darüber liegt außerhalb der Befugnisse der städtischen Behörden. Diese Befugnisse finden ihre rechtliche Grenze in der Zweckbestimmung jenes Vermögens. Die Verwendung des der Korporation zustehenden gemeinschaftlichen Vermögens darf nicht nur, sie muß zur Beförderung des gemeinschaftlichen Besten der Korporation, zur Erreichung ihres Endzweckes geschehen; jeder Beschluß, der eine Verwendung außerhalb dieses Endzweckes erstrebt, ist wider das Gesetz.

Hiernach kann eine Stadtgemeinde, unter Verwendung ihres Vermögens, alles, aber auch nur das, in den Bereich ihrer Wirksamkeit ziehen, was die Wohlfahrt des Ganzen, die materiellen Interessen und die geistige Entwickelung fördert. Sie kann dazu gemeinnützige Anstalten und Vorkehrungen selbständig einrichten, übernehmen oder sich daran beteiligen und zur sonstigen Pflege der sittlichen und wirtschaftlichen Interessen bereite Mittel aufwenden — immer aber unter der Voraussetzung, daß sie oder ihre Organe sich auf die Wahrung der Interessen der örtlichen Gemeinschaft beschränken, daß die Verfügung über das Korporationsvermögen von der Besonderheit der Verhältnisse der örtlichen Gemeinschaft ihren Ausgangspunkt und in dem Schutze und der Förderung dieser Verhältnisse ihr Ziel hat, was nicht ausschließt, unter Umständen diese Vorbedingungen auch dann für gegeben zu erachten, wenn es sich um Vorgänge außerhalb der engeren Gemeinschaft, beispielsweise um Kalamitäten handelt, die, wenn auch nur mittelbar, auf weite Kreise und so mehr oder minder auch auf das wirtschaftliche Wohlergehen der einzelnen Stadt zurückwirken.

Alle diese Gesichtspunkte herrschen bei der Gewährung von Reisekosten an die Wahlmänner nicht vor. Hat der Staat von allgemeinen politischen Erwägungen aus ein Interesse daran, daß die Willensmeinung der Gesammtwählerschaft des Landes möglichst vollständig zum Ausdrucke gelange, so gehört es keinesfalls zu den Aufgaben der Kommunalvertretung einer Einzelgemeinde, an ihrem Teile durch Aufwendung städtischer Mittel auf die Wahrnehmung der

[1]) Im übrigen unterliegen nur solche Beschlüsse der Beanstandung, die unangefochten rechtliche Wirkungen äußern, die einer Ausführung fähig sind, nicht etwa bloße Meinungsäußerungen, Gutachten, Ansichten u. s. w., Entsch. v. 21. IX. 95 (Pr. V.-Bl. Bd. XVII S. 222), 19. II. 96 (daselbst Bd. XVII S. 258). Die Beanstandung muß durch den Gemeindevorstand geschehen, also nicht durch den Bürgermeister allein (außer in der Rheinprovinz), sondern durch den Magistrat, Entsch. v. 4. IX. 88 (Pr. V.-Bl. Bd. IX S. 466), 23. II. 95 (daselbst Bd. XVI S. 460).

Wahltermine seitens der Wähler und damit auf die Erreichung jenes völlig außerhalb ihres Interessenkreises liegenden Zieles hinzuwirken. Die gemeinnützige Natur einer Ausgabe kann auch nicht darin gefunden werden, daß eine finanziell günstig situierte Gemeinde die mit der Übernahme des Amtes als Wahlmann verbundenen Geldopfer einzelnen Bürgern erleichtern will.

Nr. 4. Entsch. Bd. XVIII. S. 48 vom 16. April 1889. II B 10/89.

St.-Ordn. v. 30. V. 53 (G.-S. S. 261) §§ 12, 35, 37, 42.

Die Vorschrift im § 42 der St.-Ordn.: „Die Stadtverordneten-Versammlung kann nur beschließen, wenn die Hälfte ihrer Mitglieder zugegen ist“, läßt die Frage offen, ob für diese Hälfte die gesetzlich vorgeschriebene oder die thatsächlich amtierende Zahl der Mitglieder maßgebend ist. Die Frage ist dahin zu beantworten, daß von der gesetzlich oder, wo dies zutrifft, von der statutarisch vorgeschriebenen Mitgliederzahl auszugehen ist. Diese Auslegung entspricht dem älteren Rechte. Wäre beabsichtigt worden, in Abweichung davon die Hälfte der jeweilig funktionierenden Mitglieder zu Grunde zu legen, so hätte das im Gesetze irgend einen Ausdruck gefunden. In Übereinstimmung hiermit schreibt § 55 des Ges. v. 14. IV. 69. (G.-S. S. 589), betr. Verfassung und Verwaltung der Städte und Flecken in Schleswig-Holstein, ausdrücklich vor, daß zur Gültigkeit eines Beschlusses die Anwesenheit mindestens der Hälfte der statutarisch festgesetzten Mitgliederzahl erforderlich ist.[1])

Nr. 5. Entsch. Bd. XIX. S. 112 vom 18. Dezember 1889. I A 49/89.

St.-Ordn. v. 30. V. 53 (G.-S. S. 261) §§ 36, 56, 78. Zust.-Ges. §§ 10, 11, 15, 17, 18, 19, 21.

1) Gegen eine auf Grund des § 19 des Zust.-Ges. von dem zuständigen Regierungspräsidenten angeordnete Zwangsetatisierung kann außer dem Magistrate auch die Stadtverordnetenversammlung die Klage erheben.

Allerdings gebührt noch § 56 [5, 8] der St.-Ordn. die Vertretung der Stadtgemeinde allein dem Magistrate. Indessen hat auf Grund des Zust.-Ges. die Gemeindevertretung gemäß §§ 10, 11 ihre, die Gültigkeit der Wahlen, die Berechtigung zur Wahl und zur Ablehnung eines Amtes betreffenden Beschlüsse als Beklagte gegen Dritte und den Gemeindevorstand, und ferner gemäß § 15 ihre Beschlüsse im Falle der Beanstandung als Klägerin gegen den Gemeindevorstand im Streitverfahren zu vertreten, während nach § 19 bei Zwangsetatisierungen die Klage der Gemeinde zusteht. Endlich bestimmt § 21 Abs. 2 für die im Tit. IV vorgesehenen Fälle überhaupt, daß die Gemeindevertretung, bzw. der Gemeindevorstand zur Wahrnehmung ihrer Rechte im Verwaltungsstreitverfahren einen besonderen Vertreter bestellen können. Die Gemeindevertretung hat nun als korporatives Organ keine selbständigen, von denen der Korporation verschiedenen, eigenen Rechte. Unter „ihren Rechten“ können immer nur die Verwaltungsbefugnisse verstanden sein, vermöge deren sie nach der korporativen Verfassung auf gewissen Gebieten den Willen der Korporation rechtsverbindlich festzustellen, gegebenen Falles auch gegen diese im Streitverfahren geltend zu machen hat. Hiernach begründet § 21 die Befugnis der Gemeindevertretung, das Recht der Gemeinde auch gegenüber einer Zwangsetatisierung gerichtlich wahrzunehmen. Denn eine solche greift mittelbar in das wichtigste Vorrecht der kommunalen Vertretungskörper ein,

---

[1]) Die Abstimmung selbst darf keine geheime, schriftliche sein, Entsch. v. 5. V. 94 (Pr. V.-Bl. Bd. XV S. 427), dagegen ist eine stillschweigende Abstimmung nicht ausgeschlossen, Entsch. v. 4. XI. 92 (Pr. V.-Bl. Bd. XIV S. 147).

nämlich in das der maßgebenden Beschlußfassung über die Vermögensverwaltung, Steuerbewilligung und Etatsfeststellung.

Da diese ihre Befugnis aber nur ausnahmsweise, nur durch ihren besonderen hierauf gerichteten Beschluß wirksam wird, so sind und zwar jedenfalls bis zur Fassung eines solchen — die betreffenden Verfügungen der Aufsichtsbehörde an die Gemeinde zu Händen ihres regelmäßigen, gesetzlichen Vertreters, d. i. des Magistrats, zu richten, sodaß auch von der Zustellung an diesen die Klagefrist beginnt. Vgl. E.-O.-V. Bd. XI S. 15, Bd. XIV S. 94. [1])

2) Gegen die Feststellung der einer Stadt gesetzlich obliegenden Leistung und gegen die Verfügung, betr. die zwangsweise Eintragung der hierdurch erforderlich werdenden Ausgabe in den städtischen Haushaltsetat sind verschiedene Rechtsmittel zulässig, gegen letztere die Klage, gegen erstere die Beschwerde im Aufsichtswege. Um die Gemeinde in dem ordnungsmäßigen Gebrauche der ihr zustehenden Rechtsmittel nicht unzulässig zu beschränken, dürfen daher jene beiden Anordnungen nur getrennt und nur innerhalb einer gewissen Zwischenzeit erfolgen. Vgl. E.-O.-V. Bd. VIII S. 50, Bd. XIV S. 7, Bd. XVI S. 219.

Nr. 6. Entsch. Bd. XXI. S. 30 vom 8. September 1891. II B 18/91.
Sparkassenreglement v. 12. XII. 38 (G.-S. 1839 S. 5) Nr. 3, 18, 21. Westf. St.-Ordn. v. 19. III. 56 (G.-S. S. 237) §§ 56 ³, ⁶, 59. Zust.-Ges. §§ 11, 15, 17.

1) Die Vorschrift in Nr. 18 des Sparkassen-Reglements, wonach in jedem Sparkassen-Statute wegen der Verwaltung der Kasse, der dabei zu beschäftigenden Personen, ihrer „Anstellung" und der von ihnen zu stellenden Kaution Bestimmungen aufgenommen werden sollen, ist durch die Städteordnung nicht abgeändert worden. Durch jene Nr. 18 ist den Verbänden, die Sparkassen errichten, die Befugnis verliehen worden, eine autonome Regelung der hier fraglichen Materie vorzunehmen, die, falls sie von der zur Bestätigung des Statuts berufenen Stelle genehmigt worden ist, bis dahin zu gelten hat, daß eine Aufhebung der bezüglichen Anordnungen im ordnungsmäßigen Wege herbeigeführt wird. Bestimmt also ein städtisches Sparkassenstatut, daß der Rendant und der Kontroleur der Sparkasse von der Stadtverordnetenversammlung zu wählen und vom Magistrate zu bestätigen sind, so ist dieses Recht der Stadtverordnetenversammlung nicht dadurch verloren gegangen, daß § 56^{6} der Westf. St.-Ordn. die Anstellung der Gemeindebeamten dem Magistrate zuweist.

2) Auch solche Beschlüsse der Stadtverordnetenversammlung, die die Zustimmung des Magistrates erfordern, dürfen beanstandet werden. Vgl. Entsch. Bd. XIV S. 82.

Nr. 7. Entsch. Bd. XXIII. S. 5 vom 30. September 1892. II B 38/92.
Schiedsmanns-Ordn. v. 29. III. 79 (G.-S. S. 321) §§ 3, 4, 7, 8, 9, 10, 31, 32. Zust.-Ges. §§ 10, 11.

Der Beschluß der Stadtverordnetenversammlung, mittels dessen bei unbegründeter Verweigerung der Übernahme des Schiedsmannsamtes die sich hieran knüpfenden gesetzlichen Nachteile über den gewählten Schiedsmann verhängt werden, unterliegt nicht der Anfechtung im Verwaltungsstreitverfahren. Denn nach § 8 der Schiedsmannsordn. wird über die Be-

---

[1]) Die Entsch. v. 2. II. 87 (Bd. XIV S. 89) nahm gegenteilig an, daß aus dem Wortlaut des § 21 diese Befugnis der Stadtverordnetenversammlung nicht zu folgern sei, und entnahm hieraus, daß Zwangsetatisierungsverfügungen nur dem Magistrate zuzustellen seien und daß von dieser Zustellung ab die Klagefrist laufe.

fugnis zur Ablehnung und zur Niederlegung des Amtes als Schiedsmann von dem Landgerichtspräsidenten endgültig entschieden.

Gegenüber einem so klaren, gesetzgeberischen Ausdrucke kann auch aus dem Zust.-Ges. das Gegenteil nicht entnommen werden. Nach § 10 Abs. 3 des Zust.-Ges. beschließt die Gemeindevertretung nur betreffs Ämter und Stellen in der Gemeindeverwaltung und über die Nachteile für Nichterfüllung der den Mitgliedern nach den Gemeindeverfassungsgesetzen obliegenden Pflichten. Das Institut der Schiedsmänner steht aber in keiner direkten Beziehung zu der Gemeindeverwaltung oder -Vertretung und wird von den Gemeindeverfassungsgesetzen nicht getroffen. Ebensowenig kann das Klagerecht aus § 18 a. a. O. hergeleitet werden. Denn es steht vorliegend nicht die dort behandelte effektive regelmäßige Heranziehung zu Gemeindelasten durch Beschluß des Gemeindevorstandes, sondern ein vorbereitender, ausnahmsweise ergehender Strafbeschluß der Gemeindevertretung in Frage.

Nr. 8. Entsch. Bd. XXV. S. 14 vom 9. Mai 1893. II B 9/93.

St.-Ordn. v. 30. V. 53 (G.-S. S. 261) §§ 1, 5, 12, 19—21, 52, 59, 70.

Der § 52 der St.-Ordn. setzt für die Erhebung des Hausstandsgeldes etwas Weiteres überhaupt nicht voraus, als einen Gemeindebeschluß und dessen Genehmigung. Es bedarf daher nicht des Erlasses eines Statutes, wie ein solches die Städteordnung in gewissen anderen Fällen in Aussicht nimmt. Ebenso wenig ist bei bloßen Beschlüssen, mögen sie immerhin nicht nur einen einzelnen Fall betreffen, sondern auf die Dauer von weiterreichendem Einflusse sein, eine Veröffentlichung vorgeschrieben. Landes- und Reichsgesetze freilich bedürfen für ihre verbindliche Kraft einer besonders geregelten Verkündigung; eine gleiche Vorbedingung besteht auch für Polizeiverordnungen 2c.; derartige Formalvorschriften dulden aber keine analoge Ausdehnung auf andere Gebiete, namentlich bei dem verschiedenen Geltungsbereich und Charakter von Gesetzen oder verwandten Strafvorschriften einerseits und bloßen Lokalbestimmungen andererseits. Wenn der Min.-Erl. v. 30. VIII. 72 (Min.-Bl. S. 225) im Aufsichtswege darauf hingewirkt sehen will, daß eine ausreichende Veröffentlichung städtischer Steuerregulative nicht unterbleibe, so geht er dabei keineswegs von der Meinung einer gesetzlichen Notwendigkeit aus, sondern betont nur die Zweckmäßigkeit. Gerade diese Begründung zeigt, daß dabei die Ansicht maßgebend gewesen ist, es bestehe eine unmittelbar gesetzliche Publikationspflicht an sich nicht. In diesem Sinne hat auch das Reichsgericht durch Urteil v. 2. I. 83 und wiederholt das Ob.-Verw.-Ger. entschieden. Vergl. u. A. E.-O.-V. Bd. XVII. S. 216.

C. Magistrat, Gemeindebeamte, städtische Deputationen.

Litteratur: Steffenhagen: Instruktion für die Magistrate und die ihnen untergeordneten Verwaltungsdeputationen. 3. Aufl. 1887.

Nr. 1. Entsch. Bd. XI. S. 35 vom 2. Oktober 1884.

St.-Ordn. v. 30. V. 53 (G.-S. S. 261) §§ 29, 31, 33, 64, 81. Zust.-Ges. § 19.

1) Die Stadtgemeinden haben nach ihrer Stellung im Gesammtorganismus des Staates mit ihren Mitteln und Kräften nicht nur für kommunale, sondern — in den gesetzlich fixierten Grenzen — auch für allgemein staatliche Zwecke einzutreten. Eine wesentliche Voraussetzung für die Erfüllung dieser Aufgabe ist die Bestellung und Wirksamkeit geeigneter Organe, weshalb der Staat es von jeher für seine Obliegenheit angesehen hat, bei aller Freiheit der Korporationen in der Wahl und Bestellung ihrer Vorstände und Beamten im Wege der Gesetzgebung vorzuschreiben, welche Anforde-

rungen er hinsichtlich der Zahl, der Befähigung und Zuständigkeit jener Organe für erforderlich, aber auch für ausreichend erachtet. Die Einrichtung und Ausstattung der Ämter innerhalb der gesetzlichen Normen ist nicht nur ein Recht, sondern zugleich eine vom Staate zu kontrollierende Pflicht der Stadtgemeinden, wobei der Umfang des für diese Zwecke zu bewilligenden Kostenaufwandes in der persönlichen und sachlichen finanziellen Ausgestaltung eben jener zu Lasten der Stadtgemeinde gesetzlich vorgesehenen Ämter seine Begrenzung findet.

2) Diese Grundsätze sind auch in der St.-Ordn. v. 30. V. 53 zum Ausdrucke gelangt. Die Stadtgemeinden unterliegen der Oberaufsicht des Staates. Soweit indes die Organisation und Besetzung der städtischen Ämter und die Stellvertretung des Bürgermeisters in der St.-Ordn. eine besondere, gesetzliche Regelung erfahren hat, beschränkt sich die Übung der Aufsicht — in Ermangelung weiter gehender besonderer Ermächtigungen — darauf, es zu überwachen, daß die bestehenden Vorschriften eingehalten werden, daß die gesetzlich bestehenden Ämter allezeit ordnungsmäßig besetzt sind. Ist daher ein Beigeordneter gesetzlich gewählt und bestätigt, so darf die Aufsichtsbehörde bei Behinderung des Bürgermeisters die Stelle nicht nach freiem Ermessen — unter Übergehung des Beigeordneten — auf Kosten der Stadt kommissarisch verwalten lassen. Dieser Auffassung stehen auch nicht entgegen die §§ 64 und 81 a. a. O., noch Nr. 12 der Instr. v. 25. V. 35 (v. Kamptz, Ann. XIX. S. 733), Nr. XIII 2 der Instr. v. 20. VI. 53 (Min.-Bl. S. 138).

3) Weigert sich daher eine Stadtgemeinde, die Kosten einer demgemäß ungesetzlich angeordneten Verwaltung der Bürgermeisterstelle zu tragen, so ist zu einer Zwangsetatisierung kein Raum, da die verweigerte Leistung als eine innerhalb der Grenzen der Zuständigkeit der Aufsichtsbehörde festgestellte nicht anerkannt werden kann. Ein Antrag auf Rückerstattung des infolge der Zwangsverfügung etwa Gezahlten ist dagegen im Verwaltungsstreitverfahren nicht zu entscheiden.

Nr. 2. Entsch. Bd. XII. S. 48 vom 26. September 1885. I B 54/85.

St.-Ordn. v. 30. V. 53 (G.-S. S. 261) § 56. L.-V.-G. §§ 30, 61.

1) Die Anstellung der nicht zu mechanischen Dienstleistungen bestimmten städtischen Beamten auf Kündigung ist unzulässig. Denn die Vorschrift im § 56⁶ der St.-Ordn. gehört dem öffentlichen Rechte an und unterliegt als solche nicht der Abänderung nach der Willkür der Kontrahenten. Aber auch die gesetzwidrig erfolgte Anstellung auf Kündigung berechtigt den Magistrat nicht zur Entlassung der Beamten. Die Anstellung ist eine unter dem Schutze des öffentlichen Rechtes stehende Thatsache, die nicht rückgängig gemacht werden kann. Der Zusatz der Kündigkeitsklausel entbehrt einfach der rechtlichen Wirksamkeit. Eine Anstellung auf Probe ist durch § 56⁶ grundsätzlich nicht ausgeschlossen.

2) Der Regierungspräsident ist kraft des Gesetzes von der Ausübung des Richteramtes im Verwaltungsstreitverfahren nicht ausgeschlossen, wenn eine, zwar nicht von ihm selbst, aber doch auf seine Anweisung, von einer ihm nachgeordneten Behörde erlassene Verfügung Gegenstand des Streites ist. Die Vorschrift des § 41¹, der Civ.-Pr.-Ordn. v. 30. I. 77 steht nicht entgegen, weil der Regierungspräsident in dem Streite garnicht als Partei auftritt. Aber auch eine sinngemäße Anwendung des § 41⁶ a. a. O. wird durch § 61 Abs. 2 des L.-V.-G. in Verbindung mit § 30 das. unbedingt ausgeschlossen.

Nr. 3. Entsch. Bd. XIII. S. 175 vom 28. April 1886. I B 1/86.

St.-Ordn. v. 30. V. 53 (G.-S. S. 261) §§ 64, 65 und Zust.-Ges. § 20.

Die Frage, welcher Teil des Diensteinkommens der besoldeten Gemeindebeamten (in diesem Falle des Bürgermeisters) bei der Feststellung ihrer Pensionsansprüche als pensionsberechtigtes Gehalt anzusehen ist, läßt sich nur nach Inhalt der betreffenden Beschlüsse der städtischen Körperschaften und der Bestimmungen der zuständigen Aufsichtsbehörde, auf Grund deren die Normierung des Gehaltes bei der Besetzung der Stelle erfolgt ist, entscheiden. Daß Gehaltszulagen — unter wenigstens stillschweigender Genehmigung der Aufsichtsbehörde (vergl. E.-O.-V. Bd. XI S. 52) — als „persönliche" verliehen werden, schließt die Pensionsberechtigung nicht aus. Denn in dem Ausdrucke „persönliche" liegt nur der Gegensatz gegen eine für die Dauer mit der Stelle verbundene Gehaltserhöhung, nicht der Gegensatz gegen eine „pensionsberechtigte". Auch ist es unerheblich, wenn eine derartige Zulage nicht ausdrücklich als „Gehalts"-Zulage bezeichnet worden ist. Nur dann, wenn eine Zulage ausdrücklich als eine „widerrufliche" bewilligt ist, wird sie nicht als eine pensionsfähige anzusehen sein.

Nr. 4. Entsch. Bd. XIII. S. 180 vom 17. April 1886. I B 5/86.

St.-Ordn. v. 30. V. 53 (G.-S. S. 261) und Zust.-Ges. § 20. Militärpensionsges. v. 27. VI. 71 (R.-G.-Bl. S. 275) §§ 37, 102, 106. Pensionsges. v. 27. III. 72 (G.-S. S. 268) § 29.

Das gesammte Diensteinkommen eines städtischen Beamten ist nicht ohne weiteres als pensionsfähiges Gehalt anzusehen.[1]) Insbesondere geht die Eigenschaft von Nebenemolumenten als pensionsfähiges Gehalt nicht daraus hervor, daß sie ihm seitens der Militärverwaltung auf seine Militärpension in Anrechnung gebracht worden sind. Nach den Grundsätzen über die Pensionierung der Beamten und Militärpersonen ist die Kürzung der Pension mit Rücksicht auf ein anderweit erlangtes Diensteinkommen nicht davon abhängig, daß das neu erlangte Diensteinkommen ein pensionsberechtigtes sei.

Nr. 5. Entsch. Bd. XVII. S. 79 vom 22. Januar 1889. II B 63/88.

Rhein. St.-Ordn. v. 15. V. 56 (G.-S. S. 406) §§ 28 ff., 66 ff. L.-V.-G. § 38. Zust.-Ges. § 15.

1) Wenn § 38 des L.-V.-G. im Abs. 6 bestimmt hat, daß in Betreff der Wählbarkeit der Mitglieder des Stadtausschusses in Stadtkreisen, in denen der Bürgermeister allein den Gemeindevorstand bildet, die für unbesoldete Magistratsmitglieder bestehenden gesetzlichen Vorschriften gelten, so muß er unter dem Ausdrucke „Magistratsmitglieder", sofern er sich nicht mit einem feststehenden Sprachgebrauche in Widerspruch setzen wollte, die Mitglieder eines Magistratskollegiums verstanden haben. Denn es kann außerhalb eines solchen eine eigentliche Mitgliedschaft für die genannten Personen nicht bestehen. Das Gleiche folgt aus der Entstehungsgeschichte des § 38. Es sind also maßgebend diejenigen gesetzlichen Vorschriften, die in dem betreffenden Landesteile hinsichtlich der Wählbarkeit der unbesoldeten Mitglieder der kollegialischen Magistrate bestehen.

2) Nach § 69 der Rhein. St.-Ordn. gehören aber zu den Personen, die nicht Mitglieder des Magistratskollegiums sein können, auch die Stadtverordneten.[2])

---

[1]) Vergl. die vorstehend abgedruckte Entsch.

[2]) Nach einer Entsch. v. 21. XII. 88 (abgedruckt im Thatbestande zu obenstehender Entsch. S. 81 und im Pr. V.-Bl. Bd. X S. 253) dürfen in rheinischen Stadtkreisen, in denen der Bürgermeister allein den Gemeindevorstand bildet, auch Söhne oder Brüder von Stadtverordneten nicht zu Mitgliedern des Stadtausschusses gewählt werden, da Vater und Sohn, sowie Brüder, nicht zugleich unbesoldete Magistratsmitglieder, bzw. unbesoldete Beigeordnete und Stadtverordnete sein dürfen.

Der Umstand, daß die §§ 69 und 70 a. a. O. sich des Ausdruckes „Magistratspersonen" bedienen, kann nicht dazu führen, die beiden Ausdrücke „Magistratsmitglieder" und „Magistratspersonen" für gleichbedeutend zu erklären und infolge dessen den im § 29 a. a. O. erwähnten Bürgermeistern und Beigeordneten der mit der Bürgermeistereiverfassung versehenen Städte, die dort als Magistratspersonen bezeichnet sind, die Eigenschaft der Magistratsmitglieder zuzuschreiben. Er erklärt sich vielmehr, wie schon in dem Min.-Erl. v. 3. IV. 88[1]) hervorgehoben ist, genügend dadurch, daß die Bezeichnung „Magistratspersonen" die weitere ist und sowohl die kollegialischen, als auch die nichtkollegialischen Magistratspersonen umfaßt.

Nr. 6. Entsch. Bd. XVII. S. 443 vom 1. Dezember 1888. I A 32/88.

St.-Ordn. v. 30. V. 53 (G.-S. S. 261) §§ 58, 80. Westf. St.-Ordn. v. 19 III. 56 (G.-S. S. 237) §§ 52, 82. Ges. v. 21. VII. 52 (G.-S. S. 465), betr. Dienstvergehen der nicht richterlichen Beamten §§ 15, 18. Just.-Ges. § 20.

Im Geltungsbereiche der Städteordnungen für die östlichen Provinzen und für Westfalen sind die an der Spitze der städtischen Verwaltung stehenden Bürgermeister befugt, gegen die Mitglieder der Magistrate Warnungen und Verweise als Disziplinarstrafe zu verhängen. Die Befugnis zur Verhängung dieser mildesten Disziplinarstrafen ist in der Disziplinargesetzgebung als die unentbehrliche Ausrüstung dessen, der den Geschäftsgang einer Behörde zu leiten und zu beaufsichtigen hat, des Dienstvorgesetzten gegenüber denen, die unter seiner Leitung und Aufsicht die Geschäfte führen, in diesem Sinne seinen Untergebenen, angesehen. Von diesen sind die Geld- und Arreststrafen als die Ordnungsstrafen im eigentlichen und engeren Sinne, zu deren Verhängung keineswegs die Dienstvorgesetzten allgemein, sondern stets besondere Behörden und Beamte berufen sind, streng zu unterscheiden.

Nr. 7. Entsch. Bd. XVIII. S. 150 vom 29. Mai 1889. I A 23 89.

Ges. v. 8. III. 71 (G.-S. S. 130), betr. Ausführung des Reichsges. über den Unterstützungswohns. §§ 2, 3, 65. L.-V.-G. §§ 59, 126. Just.-Ges § 43.

Wenn eine Stadtgemeinde mit anderen Gemeinden nicht zusammen einen Ortsarmenverband bildet, so ist der Ortsarmenverband mit der Stadtgemeinde identisch und stellt dasselbe Rechtssubjekt dar. Verfolgt ein solcher Ortsarmenverband bei dem Stadtausschusse derselben Stadt den Anspruch, daß die Angehörigen eines Hilfsbedürftigen zu dessen Unterstützung angehalten werden, so ist die Stadtgemeinde hierbei „beteiligt" im Sinne des § 59. L.-V.-G. Ein auf einen solchen Antrag nur im letzteren Sinne zur Anfechtung eingehender, zur Sache selbst nicht Stellung nehmender Beschluß des Stadtausschusses gilt nicht als ein den Vorsitzenden zur Anfechtung berechtigender „endgültiger" Beschluß.

Nr. 8. Entsch. Bd. XVIII. S. 55 vom 25. Oktober 1889. II A 1/89.

St.-Ordn. v. 30. V. 53 (G.-S. S. 261) § 56[6].

1) Nach 56 der St.-Ordn. soll die Anstellung der Gemeindebeamten, die nicht zu vorübergehenden oder mechanischen Dienstleistungen bestimmt sind,

---

[1]) Abgedruckt im Thatbestande zu obenstehender Entsch. S. 82. Thatsächlich sind die Stadtkreise in der Rheinprovinz sämmtlich solche, in denen der Bürgermeister allein den Gemeindevorstand bildet.

auf Lebenszeit erfolgen.[1]) Diese Vorschrift erscheint aber nicht auf einen Beamten anwendbar, der überhaupt noch nicht definitiv angestellt worden ist.

2) Es ist schwierig, den Begriff der „Anstellung" erschöpfend und allgemein gültig zu fixieren. Jedenfalls muß die Begründung eines dauernden Dienstverhältnisses bezweckt, und hierauf der Wille der Beteiligten erkennbar gerichtet sein. Niemals kann sich eine „Anstellung" ohne oder gar wider den Willen der letzteren — ihnen unbewußt — vollziehen. Mag immerhin das Beamtenverhältnis nur in gewissen Richtungen nach den Grundsätzen des Privatrechtes zu beurteilen sein und im übrigen dem öffentlichen Rechte angehören — immer ist rechtserzeugender Faktor der ausdrücklich erklärte oder doch sonst erkennbare Wille; wo er fehlt, wird eine Anstellung nicht existent. Generelle Bestimmungen, die den Zweck haben, dem Beamten-Personal die Wohlthat des Ges. v. 11. VII. 22 zu sichern und für die Anwendung der §§ 113, 331 des R.-Str.-G.-B. Raum zu schaffen, sind nicht geeignet, den für die Anstellung erforderlichen Willen des Anzustellenden zu ersetzen. Wird ein Dienstverhältnis bei seinem Beginne ausdrücklich nur als ein vorübergehendes, jeden Augenblick von beiden Teilen — wenn auch unter vorgängiger Aufkündigung — lösbares eingegangen, so ist der bloße Zeitablauf für sich allein nicht darnach angethan, die Natur dieses Verhältnisses zu ändern und einem der Beteiligten die Befugnis beizulegen, nunmehr eine dauernde Aufrechterhaltung zu erzwingen. Aber auch der an sich schon gewagte Schluß, es sei, weil von dem Auflösungsrechte kein Gebrauch gemacht worden, die Herstellung eines dauernden Verhältnisses „gewollt" ist unstatthaft, wenn die Gründe, aus denen das Verhältnis fortgesetzt, und der Zweck, der dabei verfolgt worden, klar erhellen und eine andere Absicht dokumentieren.

3) Die für die gegenteilige Ansicht in Bezug genommenen Erkenntnisse: des O.-V.-G. v. 26. IX. 85 (Bd. XII S. 48), des vorm. O.-Trib. v. 15. IX. 73 (Strieth. Archiv Bd. XC S. 220) und des Reichs-Ger. vom 6. XII. 88 sind in diesem Falle nicht maßgebend. Denn in ihnen wird in mehr oder minder speziell motivierter Weise und in Anlehnung an gewisse Thatsachen vorab festgestellt, daß eine „definitive Anstellung," die „Übertragung eines Gemeindeamtes" stattgefunden habe und daß die Abrede der Kündigung, die neben der Hauptsache — der definitiven Anstellung — als eine Nebenabrede qualifiziert wird, der Gültigkeit entbehre.

Nr. 9. Entsch. Bd. XXIII. S. 60 vom 25. Mai 1892. I A 22/92.

A.-L.-R. Teil I Tit. 5 §§ 101, 103—105. St.-Ordn. v. 30. V. 53 (G.-S. S. 261) §§ 35 [1], 56 [4], [6], 65—67. Disziplinargeſ. v. 21. VII. 52 (G.-S. S. 465) §§ 88—95. Pensionsges. v. 27. III. 72 (G.-S. S. 268) §§ 1, 20—24 und Zust.-Ges. §§ 19, 20.

1) Eine Pension kommt nur denjenigen Beamten zu, die wegen (körperlicher oder geistiger) Dienstunfähigkeit in den dauernden Ruhestand versetzt sind. Die

[1]) Die Vorschrift, daß die Stadtverordneten vor Anstellung eines Gemeindebeamten vernommen werden sollen, räumt ihnen nicht etwa eine entscheidende Stimme, sondern lediglich ein votum consultativum ein. Eine provisorische Anstellung ist im Bereiche der östl. St.-Ordn. unzulässig, Entsch. v. 13. VI. 93 (Pr. V.-Bl. Bd. XIV S. 498). Die Beamteneigenschaft kann auch durch Unterzeichnung eines Vertrages zwischen der Behörde und dem Berufenen erfolgen. Jedoch ist die regelmäßige Form die Erteilung einer Bestallung. Es bedarf daher in jedem Falle einer besonderen Untersuchung, ob die Beamtenstellung durch den Vertrag gewährt und übernommen ist. Es genügt nicht, daß der Berufene überhaupt an der Erfüllung kommunaler Aufgaben beteiligt wird, sondern es müssen ihm innerhalb dieser Aufgaben Funktionen übertragen werden, die gerade die Beamtenstellung besonders kennzeichnen, Entsch. v. 16. II. 95 (Pr. V.-Bl. Bd. XVI S. 296). Die Verleihung des Titels „Stadtbaurat" an einen städtischen Beamten ist zulässig, Entsch. v. 30. X. 95 (Pr. V.-Bl. Bd. XVII S. 224); vergl. E.-O.-V. Bd. VI S. 52.

Feststellung, ob, in welcher Höhe und von welchem Zeitpunkte an eine Pension dem Beamten zu leisten ist, setzt daher notwendig die Feststellung voraus, daß dieser in den Ruhestand versetzt ist. Beide Akte können zeitlich und äußerlich zusammenfallen, werden vielfach unter dem Ausdruck „Pensionierung" zusammengefaßt; für jeden können jedoch auch besondere Verfahren und Zuständigkeiten normiert werden. Die Pensionsvorschriften für Gemeindebeamte sind — abgesehen vom § 95 des Disziplinarges. v. 21. VII. 52 — durch § 65 der St.-Ordn., dessen Abs. 2 die für unmittelbare Staatsbeamte maßgebenden Grundsätze des Ges. v. 27. III. 72 für anwendbar erklärt, gegeben. Indessen ist bezüglich der Zuständigkeiten eine Änderung durch § 20 des Zust.-Ges. eingetreten. Danach ergiebt sich folgendes:

2) Die Versetzung in den Ruhestand wegen Dienstunfähigkeit erfolgt bei Zustimmung des Beamten durch den Magistrat; sie tritt nach § 24 des Pensionsgesetzes entweder ein in dem Zeitpunkte, der auf den Antrag oder mit ausdrücklicher Zustimmung des Beamten festgesetzt wird, oder event. mit dem Ablauf des Quartals, in dem dem Beamten die Entscheidung über die Inruhestandsetzung und die Höhe der Pension mitgeteilt sind. Widerspricht der Beamte der vom Magistrate behaupteten Dienstunfähigkeit und der beabsichtigten Versetzung in den Ruhestand, so liegt ein „streitiger Fall" im Sinne des § 65 Abs. 3 der St.-Ordn. vor, über den nach § 20 Abs. 2 des Zust.-Ges. der Bezirks-Ausschuß zu entscheiden hat und zwar nicht nur in dem Falle, wenn ein dienstunfähig gewordener Beamter vor dem Zeitpunkte, mit dem die Pensionierung für ihn eingetreten sein würde, dienstunfähig wird (§ 95 Abs. 2, § 93 des Disziplinarges.), sondern auch dann, wenn die Versetzung in den Ruhestand nach Erlangung der Pensionsberechtigung wider den Willen des Beamten herbeigeführt werden soll. Die Vorschrift des § 95 a. a. O. ist also durch § 20 Abs. 2 des Zust.-Ges. erweitert worden.

3) Zur Erhebung eines solchen Streites namens der Stadt ist ausschließlich der Magistrat zuständig, weil nur diesem nach § 56 Ziff. 6 der St-Ordn. die Beaufsichtigung der Gemeindebeamten übertragen ist und weil zu dieser in erster Linie die Frage gehört, ob der Beamte dienstfähig ist oder nicht. Den Stadtverordneten steht daher gemäß § 35 Satz 1 a. a. O. eine beschließende Mitwirkung nicht zu. Sie sind demnach auch nicht berechtigt, die vom Magistrate verfügte Versetzung eines Beamten in den Ruhestand dadurch, daß sie dessen Dienstfähigkeit behaupten, nachträglich zu einer streitigen, vom Disziplinarrichter zu entscheidenden Angelegenheit zu machen.

4) Die Feststellung der Pension dagegen bedarf der Zustimmung der Stadtv.-Versammlung, weil es sich hier um Übernahme einer dauernden Last und fortlaufenden Zahlungspflicht auf die Kämmerei handelt. Lehnt diese die bez. Anträge ab, indem sie bestreitet, daß der Beamte überhaupt oder zu dem betreffenden Zeitpunkt in den Ruhestand versetzt sei, oder daß auch anderenfalls ihm ein Pensionsanspruch überhaupt, oder schon jetzt oder in der beantragten Höhe zustehe, so liegt ein „streitiger Fall über Pensionsansprüche" im Sinne des § 65 Abs. 3 der St.-Ordn. vor, über den nach § 20 Abs. 4 des Zust.-Ges. der Bezirksausschuß vorbehaltlich der Verwaltungs- oder Zivilklage zwischen Beamten und Stadt zu beschließen hat. Nur ein solcher Beschluß kann die Grundlage für eine künftige Zwangsetatisierung der Pension, die hierzu unerläßliche Feststellung der Leistung bilden.

5) Ein Pensionsantrag an den Magistrat verbindet den Antragsteller ebenso, wie Offerten überhaupt, nach § 101 Tit. 5 T. I. A. L.-R. nicht länger, als auf die zur verfassungsmäßigen Beschlußfassung ausreichende Zeit.

Nr. 10. Entsch. Bd. XXIII. S. 68 vom 11. März 1892. II C 12/92.

Ges. v. 2. IV. 87 (G.-S. S. 105), betr. die durch ein Auseinandersetzungsverfahren begründeten gemeinschaftlichen Angelegenheiten, § 6.

1) Nach § 6 des Ges. v. 2. IV. 87 hat der Gemeindevorstand, wenn ihm die Verwaltung der durch ein Auseinandersetzungsverfahren begründeten gemeinschaftlichen Angelegenheiten übertragen ist, insbesondere für die Ausführung der zur ordnungsmäßigen Unterhaltung der gemeinschaftlichen Anlagen erforderlichen Arbeiten durch die Verpflichteten zu sorgen. Die Beteiligung der Gemeindevertretung ist hierbei nicht erforderlich. Vgl. E.-O.-V. Bd. XXI S. 149.

2) Ist ein Beitragsverhältnis für die Verteilung der Kosten im Auseinandersetzungsverfahren nicht festgesetzt, so geschieht dies nach Verhältnis der Teilnehmerrechte und soweit letztere aus dem Rezesse nicht klar hervorgehen, nach Verhältnis des Grundsteuerreinertrages der bei der Auseinandersetzung ausgewiesenen Landabfindungen. Diese Kosten unterliegen der exekutivischen Einziehung. Es können aber nur die thatsächlich aufgewendeten und nicht höhere Kosten zur Verteilung kommen und dann müssen auch hierzu alle Interessenten herangezogen werden und nicht nur einige, die den größten Vorteil von den vorgenommenen Arbeiten haben. Hierbei würde, wenn Zweckmäßigkeitsgründe dafür sprechen sollten, größere Grundbesitzer mit der Unterhaltung der auf ihren Flächen befindlichen gemeinsamen Anlagen zu beauftragen, es keineswegs ausgeschlossen sein, daß ihnen eine derartige Unterhaltung vertragsmäßig gegen Entgelt übertragen wird und dann eine Aufrechnung dieser Schuld der Gesammtinteressenten bei der Einziehung der Beiträge jener größeren Grundbesitzer stattfindet. Auch dem steht nichts entgegen, daß mit Genehmigung der zum gemeinschaftlichen Jagdbezirke gehörigen Grundbesitzer die ihnen zufallenden Jagdpachtgelder zur Tilgung der ihnen obliegenden Interessentenbeiträge verwendet werden. Dagegen ist eine Verteilung, die statt des Maßstabes der Teilnahmerechte oder des Grundsteuerreinertrages den Maßstab der aufkommenden und für die Unterhaltung der gemeinschaftlichen Anlagen verwendeten Einnahmen aus der Gemeindejagd berücksichtigt, ungesetzlich.

3) Wird die Höhe des Beitrages angefochten, so hat in allen Fällen, wo es sich um Repartition von Gesammtkosten auf einzelne Censiten handelt, die Richtigkeit der Rechnung der beklagte Gemeindevorstand zu beweisen, da die dem Kläger bekannten eigenen Verhältnisse nicht dazu genügen, um seinen Anteil an den zu repartierenden Kosten zu finden.

Nr. 11. Entsch. Bd. XXV. S. 46 vom 9. Mai 1893. II B 33/92.

St.-Ordn. v. 30. V. 53 (G.-S. S. 261) §§ 44, 57, 76. Zust.-Ges. §§ 7, 17, 18.

1) Die Grenzen des dem Regierungspräsidenten durch § 7 des Zust.-Ges. übertragenen staatlichen Aufsichtsrechtes über die Stadtgemeinden sind weder in der St.-Ordn. noch in dem Zust.-Ges. fest bestimmt und geregelt. In der Theorie und Praxis ist dem Aufsichtsrechte des Regierungs-Präsidenten, soweit ihm nicht durch Spezialbestimmungen Schranken gezogen sind oder die Zuständigkeit anderweit geregelt ist, die Ausdehnung gegeben worden, die § 139 der St.-Ordn. v. 17. III. 31 (G.-S. S. 9) als Ausflüsse des staatlichen Oberaufsichtsrechtes bezeichnet. Die Aufsichtsbehörde ist danach auch heute noch so berechtigt, wie verpflichtet, dafür zu sorgen, daß die Verwaltung fortwährend in dem vorgeschriebenen Gange bleibe und angezeigte Störungen beseitigt werden. — Die Verwaltung einer Stadtgemeinde kann aber ohne Einschreiten der Aufsichtsbehörde nicht in dem vorgeschriebenen Gange bleiben, wenn ein Magistrat in Folge persönlicher privater Beteiligung seiner Mitglieder beschlußunfähig wird und nach Lage der Sache ein Beschluß gefaßt werden muß.

2) Ist ein Beschluß des Magistrates über einen bei ihm erhobenen Einspruch erforderlich, so kann im Falle der Beschlußunfähigkeit nicht etwa der Bezirksausschuß über einen erhobenen Einspruch an seiner Stelle Beschluß fassen. Der § 17 des Zust.-Ges. beruft zwar den Bezirksausschuß dazu, in gewissen städtischen Angelegenheiten zu beschließen, so u. a. auch „an Stelle der Gemeindebehörden, im Falle ihrer durch widersprechende Interessen herbeigeführten Beschlußunfähigkeit", überall aber nur und allein „soweit die Beschlußfassung nach den Gemeindeverfassungsgesetzen der Aufsichtsbehörde zusteht". Während der § 44 der St.-Ordn. genau vorschreibt, wie es gehalten werden soll, wenn eine Stadtverordneten-Versammlung wegen persönlicher Beteiligung ihrer Mitglieder beschlußunfähig wird, fehlt es im § 57 a. a. O. an einer konformen Bestimmung hinsichtlich des Magistrates. Eine analoge Anwendung der Bestimmungen des § 44 auf Fälle des § 57 ist aber ausgeschlossen, da es sich um das Gebiet der Zuständigkeit handelt. Ist der Magistrat infolge persönlicher Beteiligung seiner Mitglieder in einem bestimmten Falle beschlußunfähig, so erübrigt nur von Aufsichts wegen durch den Regierungspräsidenten einen Kommissar ad hoc zu ernennen und diesem die Beschlußfassung für den Magistrat zu übertragen.

Nr. 12. Entsch. Bd. XXV. S. 415 vom 28. Oktober 1893. I A 23 93.

St.-Ordn. v. 30. V. 53 (G.-S. S. 261) §§ 53, 59, 75 und Ausf.-Instr. v. 20. VI. 53 (M.-Bl. S. 138). Disziplinarges. v. 21. VII. 52 (G.-S. S. 465) § 1.

1) Die nach § 59 der St.-Ordn. zur dauernden Verwaltung oder Beaufsichtigung einzelner Geschäftszweige aus Mitgliedern des Magistrates und der Stadtv.-Versammlung eingerichteten besonderen Deputationen sind öffentliche Behörden und ihre Mitglieder öffentliche Beamte. — Die städtischen Deputationen bearbeiten als organische Bestandteile einer öffentlichen Behörde — des Magistrates — öffentliche Angelegenheiten selbständig, die dienstliche Stellung der Deputationen und ihrer Mitglieder kann deshalb in rechtlicher Beziehung nicht anders, als die des Magistrates und seiner Mitglieder, beurteilt werden.

2) Ein Stadtverordneter, der gleichzeitig Mitglied einer solchen Deputation — Baudeputation — ist, genießt zwar in seiner ersteren Eigenschaft keine Beamtenqualität, ist dagegen als Mitglied der städtischen Baudeputation zu den Beamten zu rechnen. Daraus, daß gegen ihn als Mitglied der Stadtverordnetenversammlung ein Disziplinarverfahren nicht stattfinden darf, folgt nicht, daß er gleiche Immunität als Mitglied der Baudeputation genießt; denn seine Immunität als Stadtverordneter gründet sich darauf, daß er als solcher nicht Beamter ist, und dieser Grund fällt fort, wenn er unbeschadet seiner Eigenschaft als Stadtverordneter in Verhältnisse tritt, aus denen ihm die Eigenschaft eines Beamten erwächst. Ob die Übertragung des Amtes mit Rücksicht darauf erfolgt ist, daß er Mitglied der Stadtverordnetenversammlung war, ändert darin an sich nichts. Jedoch untersteht er nicht etwa dem Disciplinarges. v. 21. VII. 52.

Nach § 75 Abs. 2 der St.-Ordn. können die zu bleibenden Verwaltungsdeputationen gewählten Deputationsmitglieder durch einen übereinstimmenden Beschluß des Magistrates und der Stadtverordneten auch schon vor Ablauf ihrer Wahlperiode von ihrem Amte entbunden werden. Damit soll nach dem Vorgang des § 206 der St.-Ordn. v. 19. XI. 08 (G.-S. S. 324) ausdrücklich die Möglichkeit gegeben werden, solche nicht zu den Magistratsbeamten gehörigen unbesoldeten Gemeindebeamten, die sich nicht genügend brauchbar erweisen oder bei denen sonst die Notwendigkeit hierzu eintritt, in einer keinen disziplinaren Charakter an sich tragenden, keine Kränkung mit sich führenden Weise aus dem Amte zu entfernen, und ohne Weitläufigkeiten durch andere zu ersetzen. Will also der Gesetzgeber, daß gegen derartige Beamte der Selbstverwaltung, wenn ihre Entbindung vom Amte erforderlich wird, in besonderer, ihre ehrenamtliche Stellung schonend berücksichtigender Weise vorzugehen ist, so erscheint es ausgeschlossen, daß die Bestimmungen des Disciplinarges. auf sie Anwendung finden. § 1 dieses Ges. hat somit durch den § 75 Abs. 2 der St.-Ordn. eine Einschränkung in Betreff der dort genannten Mitglieder der städtischen Deputationen erfahren.

§ 27 Abs. 3 Nr. 2 der in der Min-Instr. v. 20. VI. 53 in Bezug genommenen Instr. für die Stadtmagistrate vom 25. V. 35 (v. Kamptz, Annalen Bd. XIX S. 733), die von einer Disciplin des Vorsitzenden der städtischen Deputationen über deren Mitglieder spricht, hat nur lediglich geschäftsleitende Maßnahmen, wie Erinnerungen und Zurechtweisungen, im Auge gehabt, wie solche jeder Vorsitzende eines Kollegiums gegen die Mitglieder haben muß, wenn er ordnungsmäßig die Geschäfte führen soll.

3) Auch bei den gewählten Mitgliedern der Kreisausschüsse bestehen analoge Verhältnisse in disziplinarer Beziehung. Während sie zwar nach § 39 des L.-V.-G. aus Gründen, die die Entfernung eines Beamten aus seinem Amte rechtfertigen, im Wege des Disciplinarverfahrens ihrer Stellen enthoben werden können, dürfen mit Rücksicht auf die Entwickelung jener Bestimmung aus § 133 der Kr.-Ordn. und die Entstehung dieser letzteren Vorschrift Ordnungsstrafen gegen sie nicht verhängt werden.

Nr. 13. Entsch. Bd. XXVI. S. 27. vom 2. Mai 1894. II B 42/93.

Bd. v. 20. IX. 67 (G.-S. S. 1529) über die Polizeiverwaltung in den neu erworbenen Landesteilen, § 4. Ges. v. 14. IV. 69 (G.-S. S. 589), betr. Verfassung und Verwaltung der Städte und Flecken der Provinz Schleswig-Holstein, § 89. Ges. v. 21. VII. 92 (G.-S. S. 214), betr. Besetzung der Subaltern- und Unterbeamtenstellen in der Verwaltung der Kommunalverbände mit Militäranwärtern, § 3.

1) Auch in den neuerworbenen Landesteilen bedarf nach §. 4 der Bd. v. 20. IX. 67 die Ernennung aller Polizeibeamten, deren Anstellung den Gemeindebehörden zusteht, der Bestätigung der Staatsregierung. Diese Bestimmung hat jedoch für die Provinz Schleswig-Holstein durch § 89 des Ges. v. 14. IV. 69 die Einschränkung erfahren, daß die von der Gemeinde anzustellenden Polizeibeamten, die nur zu mechanischen Dienstleistungen verwendet werden, der Bestätigung der Regierung nicht bedürfen.

2) Wenn es auch schwierig sein mag, den Begriff der rein mechanischen Dienstleistungen nach der Richtung abzugrenzen, wo zu den Handleistungen entweder die Denkthätigkeit hinzutreten muß, oder eine gewisse spezielle technische Vorbildung erforderlich ist, so findet doch in allen Fällen die mechanische Thätigkeit da ihre Grenze, wo die Funktionen nur nach freier, selbständiger Bestimmung und Entscheidung wahrgenommen werden können. Nachtwächter sind Beamte, die sowohl der Sicherheitspolizei im allgemeinen, als der Feuerpolizei insbesondere zu dienen und in beiden Beziehungen aus eigener Initiative einzuschreiten haben. Ohne freies Ermessen zu üben, würden sie ihr Amt garnicht verwalten können. So haben sie unter anderem über die vorläufige Festnahme im Falle des § 127 der Str.-Pr.-Ordn. zu befinden. Vermöge dieser ihrer Berufung zu einem auf öffentlich-rechtlichem Gebiete sich bewegenden, jedenfalls Urteilsfähigkeit und selbst ein bescheidenes Maß von Gesetzeskenntnis erheischenden Handeln gehören sie nicht zu den Beamten, die nur zu mechanischen Dienstleistungen verwendet werden, etwa wie die Wärter, Boten, Ofenheizer, Pförtner u. dergl., d. h. Personen, die sich lediglich in einem Kreise von auftragsgemäß vorzunehmenden geringen Hilfeleistungen bewegen.

3) Das Ges. v. 21. VII. 92, betreffend die Besetzung der Subaltern- und Unterbeamtenstellen in der Verwaltung der Kommunalverbände mit Militäranwärtern, steht in gar keinem Zusammenhange mit der Bestätigungsfrage, sondern verfolgt lediglich den Zweck, den Kreis der den Militäranwärtern vorbehaltenen Stellen zu fixieren. Wenn es dabei den in den Städteordnungen bezüglich der Anstellungsbedingungen vorkommenden Ausdruck von Beamten, die nur zu mechanischen Dienstleistungen verwendet werden, in der veränderten Form von „im wesentlichen" mechanischen Dienstleistungen anwendet, so werden jene Klassen zwar umfaßt, aber auch zugleich erweitert und damit den Militäranwärtern eine größere Anzahl von Stellen zugewendet. Die gesetzlichen Vorschriften über die Bestätigung werden dadurch nicht beeinflußt.

D. Gemeindeholzungen und Gemeindeanstalten.

Gesetzesmaterialien: Gesetz betr. die Verwaltung der Gemeindeholzungen vom 14. August 1876. Abg.=Haus Drucks. Nr. 246. 302. 328. 369. Sten.=Ber. S. 1572—1577. 1871—1901. 2090. — Herrenh. Drucks. Nr. 19. 40. 53. 100. 104. 132. Sten.=Ber. S. 93—103. 408—409.

Litteratur: Oehlschläger und Bernhardt, Verwaltung der Gemeindewaldungen 1878. — v. Rönne: Preuß. Domänen-, Forst- und Jagdwesen 1854.

Nr. 1. Entsch. Bd. XVI. S. 335 vom 18. Februar 1888. I A 60/86.

Ges. v. 14. VIII. 76 (G.=S. S. 373), betr. Verwaltung der den Gemeinden und öffentlichen Anstalten gehörigen Holzungen u. s. w., §§ 2, 3, 5, 6. Ausf.=Instr. v. 21. VI. 77 (M.=Bl. S. 259) Nr. 4.

1) Mit der Revision der Betriebspläne, zu der der Regierungspräsident nach § 5 des Ges. v. 14. VIII. 76 nicht nur befugt, sondern verpflichtet ist, ist die „Taxations-Revision" gleichbedeutend, die als „die Aufstellung einer Generalbilanz der Waldwirtschaft, um zu ermitteln, wie das Resultat der letzteren sich nach dem festgestellten Betriebsplane stellt und welche Änderungen des letzteren angezeigt sind", definiert wird. Vergl. Drucks. H.-H. 1876 Nr. 40 S. 8.

2) Die Einreichung jährlicher Hauungs- und Kulturpläne kann — sofern die Nachhaltigkeit des Betriebes und die Nichtverletzung des § 2 des Ges. außer Frage steht — nach § 6 a. a. O. nur darauf begründet werden, daß der Betrieb dem festgestellten Plane nicht entspricht.

3) Für die Feststellung des Planes seitens des Regierungspräsidenten ist eine besondere Form nicht vorgeschrieben, sie kann daher, wie sonstige Bestätigungen und Genehmigungen der Aufsichtsbehörde auch stillschweigend erfolgen. Vgl. E.-O.-V. Bd. IX. S. 53, Bd. XIII S. 179. Die Eigenschaft eines so festgestellten Betriebsplanes geht auch dadurch nicht verloren, daß dessen Revision und anderweite Feststellung angeordnet, aber nicht erfolgt ist. Die Anordnung einer bloßen Prüfung, ob etwa eine bestehende Norm zu ändern sein wird, enthält nicht schon die Aufhebung der letzteren.

Nr. 2. Entsch. Bd. XVII. S. 334 vom 19. September 1888. I A 30/88.

Ges. v. 14. VIII. 76 (G.=S. S. 373) betr. Verwaltung der den Gemeinden u. s. w. gehörigen Holzungen u. s. w. §§ 2—7, 10, 14.

Nach dem Ges. v. 14. VIII. 76 sollen Pläne für den Betrieb der den Gemeinden 2c. gehörigen Holzungen aufgestellt werden. Die Kosten für die erste Ausarbeitung dieser Pläne haben die Waldeigentümer zu tragen, während den Staat höchstens die Kosten der Prüfung treffen können. Der Waldeigentümer kann aber seiner Pflicht, der Bewirtschaftung einen geeigneten Plan zu Grunde zu legen, nicht lediglich durch die erstmalige Aufstellung eines solchen, sondern nur durch die fortgesetzte, mindestens von 10 zu 10 Jahren zu wiederholende Nachprüfung des aufgestellten Planes genügen. Die Kosten für diese Revisionen (Taxationsrevisionen) der Pläne fallen daher ebenfalls dem Waldeigentümer zur Last, während die Funktionen der Oberaufsicht aus § 5 darin bestehen, einmal zu ermitteln, ob ein außerordentlicher Anlaß zur Revision vorliegt, ferner den Eigentümer zur Vornahme der periodischen oder außerperiodischen Revision anzuhalten und endlich die Ergebnisse der Revision nachprüfen zu lassen, bezw. den infolge der Revision veränderten oder unverändert beizubehaltenden Betriebsplan „erneut festzustellen". Nur die durch diese Aufsichtsfunktionen entstehenden Kosten können der Staatskasse zur Last gelegt werden.

Nr. 3. Entsch. Bd. XX. S. 22 vom 3. Februar 1891. II B 44/90.

St.-Ordn. v. 30. V. 53 (G.-S. S. 261) § 4. Zust.-Ges. § 18[1].

Ob eine städtische Gasanstalt zu den öffentlichen Gemeindeanstalten gehört, oder nicht, ist nach den jeweiligen Verhältnissen zu beurteilen. Dies ist nicht der Fall, wenn die Stadtgemeinde sich bezüglich des Verkaufes des Gases lediglich auf einen privatrechtlichen Standpunkt gestellt hat und als Gewerbetreibender den Konsumenten gegenüber auftritt. Fehlt es aber an einer öffentlichen Gemeindeanstalt, so kann auch kein Anspruch auf Zuführung von Gas aus dem städtischen Werke unter dem Gesichtspunkte eines Rechtes zur Mitbenutzung der Anstalt geltend gemacht werden.[1])

Nr. 4. Entsch. Bd. XXVII. S. 297 vom 10. Juli 1894. I A 43/94.

Ges. v. 14. VIII. 76 (G.-S. S. 373) §§ 1, 7, 10, 11, betr. Verwaltung der den Gemeinden u. s. w. gehörigen Holzungen, §§ 1, 7, 10, 11; Ausf.-Instr. v. 21. VI. 77 (M.-Bl. S. 259) Nr. 12. Dekl. einiger Vorschriften, betr. das nutzbare Gemeindevermögen, v. 26. VII. 47 (G.-S. S. 327) § 1. L.-V.-G. §§ 127, 133.

1) Auf eine Bürgerforst, die „Bürgervermögen" im Sinne der Dekl. v. 26. VII. 47 bildet, daher im Eigentume der Stadt und nicht im gemeinschaftlichen Eigentume der Bürger steht, findet nicht das Ges. v. 14. III. 81 (G.-S. S. 261), sondern ausschließlich dasjenige v. 14. VIII. 76 Anwendung.

2) Nach § 7 dieses Ges. sind die Gemeinden verpflichtet, für den Schutz und die Bewirtschaftung ihrer Holzungen durch genügend befähigte Personen ausreichende Fürsorge zu treffen. Darunter sind nach den Motiven — neben den Organen für Forstschutz und Beaufsichtigung der Waldarbeiten — in Waldungen von einiger Ausdehnung auch ausgebildete Sachverständige für die eigentlichen Betriebsgeschäfte zu verstehen. Der Grad der wissenschaftlichen Qualifikation dieser Sachverständigen ist schließlich und ausschlaggebend dem pflichtmäßigen Ermessen des Regierungspräsidenten überlassen (§ 12 der Ausf.-Instr. v. 21. VI. 77). Der erforderte Nachweis eines gewissen Grades theoretischer Ausbildung (z. B. des bestandenen Oberförsterexamens) für den städtischen Forstverwalter widerstreitet daher an sich nicht dem bestehenden Rechte und würde als gesetzwidrig nur dann zu erachten sein, wenn die Anforderung der zu ihrem Erlasse unentbehrlichen Voraussetzungen (Umfang der Waldung 2c.) völlig ermangelte.

3) Die Auswahl des Forstpersonals einschließlich der Bestimmung darüber, ob eigenes anzunehmen oder fremdes mitzubenutzen, ist dem Waldeigentümer überlassen. Wenn dieser jedoch den ihm nach § 7 a. a. O.

[1]) Der Unterschied zwischen öffentlichen Gemeindeanstalten und gemeindlichen Privatanstalten wird eingehend erörtert in einer Entsch. v. 6. V. 87 (Pr. V.-Bl. Bd. VIII S. 409). Kanalisationsanlagen sind danach öffentliche Gemeindeanstalten, zu deren Mitbenutzung alle Einwohner der Stadt berechtigt sind. — Über Ansprüche auf Mitbenutzung einer öffentlichen Gemeindeanstalt von Personen, die außerhalb des Gemeindebezirkes wohnen, sind die Verwaltungsgerichte zu entscheiden nicht zuständig, Entsch. v. 19. IX. 93 (Pr. V.-Bl. Bd. XV S. 94).

obliegenden Verpflichtungen nicht nachkommt, ist die Forstaufsichtsbehörde berechtigt, einem Dritten den Schutz und die Pflege des Waldes auf Rechnung des Eigentümers und unter dem Aufwande der von ihr zu bestimmenden Kosten zu übertragen. Dagegen kann die weitergehende Befugnis der Forstaufsichtsbehörde, den Waldeigentümer, der eine genügend befähigte und ausreichende Persönlichkeit für geringere Aufwendungen gewinnen zu können vermeint, von vornherein zur Gewährung höherer Dienstbezüge anzuhalten, aus dem Ges. v. 14. VIII. 76 nicht abgeleitet werden.

4) Die Vorschriften des § 11 a. a. O. sind, wenngleich in einem Spezialgesetze wiederholt, doch allgemeine Regeln und sind durch die Änderung dieser, wie eine solche durch die §§ 127, 133 L.-V.-G. erfolgte, mit geändert worden. Die Bestimmung des § 11 Nr. 3 ist daher beseitigt.

Nr. 5. Entsch. Bd. XXVII. S. 304 vom 11. Januar 1895. I A 82/94.

Ges. v. 14. VIII. 76 (G.-S. S. 373) §§ 7, 10.

Die Anstellung eines städtischen Forstmeisters als Gemeindebeamten auf Lebenszeit (neben einem Oberförster) kann aus § 7 des Ges. v. 14. VIII 76 nicht verlangt werden. Es ist den Gemeinden und Instituten zu überlassen, tüchtige Personen mit dem Schutze und der Bewirtschaftung ihrer Forsten zu betrauen, ohne ihnen die Beamtenqualität beizulegen. Vergl. Ausf.-Instr. v. 21. VI. 77 (M.-Bl. S. 259) Nr. 12.

Nr. 6. Entsch. Bd. XXIX. S. 70 vom 27. November 1895. II C 119/95.

Vd. v. 31. III. 33 (G.-S. S. 62) §§ 1—4, 7, 10, betr. die Regulierung der während der westfälischen Zwischenregierung entstandenen Verhältnisse zwischen den Dominien und Gemeinden in den zur Provinz Sachsen gehörigen, ehemals westfälischen Landesteilen; Zust.-Ges. §§ 18, 21.[1])

1) Die zufolge der Vd. v. 31. III. 33 aus den bürgerlichen Gemeinden im allgemeinen ausgeschiedenen Rittergüter und Domänen blieben nach den Vorschriften der Vd. zu jenen bezüglich derjenigen Gemeindeanstalten zugehörig, von denen die Güter Nutzen hatten und an denen sie daher Anteil behalten sollten. Der Gemeinde verblieb, obwohl ihr allein die Verpflichtung zur Unterhaltung der betr. Anstalten oblag, das Recht, von den Gutsbezirken einen Beitrag dazu zu verlangen. Letztere waren ihr insofern, wie Gemeindemitglieder, abgabepflichtig geblieben, weshalb den von ihnen zu entrichtenden Beiträgen der Charakter von Gemeindesteuern beiwohnt, die dem Rechtsmittelverfahren des § 18 des Zust.-Ges. unterliegen.

2) Die Vd. macht jedoch die verbliebene Gemeinschaft davon abhängig, daß der neue Gutsbezirk von einer Gemeindeanstalt Nutzen hatte. Bezüglich der Frage, welche einzelnen Anstalten in den Kreis der von der Vd. betroffenen gehören, kann daher lediglich derjenige Zustand entscheiden, der schon im Jahre 1833 obgewaltet hat. Die Beitragsverbindlichkeit darf auf erst später entstehende Anstalten nicht ausgedehnt werden.

3) Hinsichtlich der Straßen und Wege ist insonderheit zu berücksichtigen, daß nicht etwa deren gesammtes Netz eine einheitliche Anstalt bildet, daß vielmehr jede für sich bestehende Straße rc. eine selbständige Gemeindeanstalt bildet, so daß durch die Neuanlegung von Straßen rc. keineswegs bloß eine Erweiterung einer einzigen bestehenden Anstalt herbeigeführt wird.

4) Straßen, die im Jahre 1833 Privatwege gewesen sind, bildeten damals keine Gemeindeanstalt; sie hätten daher nur dann von dem Vergleiche betroffen werden können, falls der Grundbesitz, dem sie dienten, zu einer solchen Anstalt gehörte.

---

[1]) Vergl. E.-O.-V. Bd. VI S. 99, Bd. XI S. 146.

5) Ist die Unterhaltungspflicht der Stadt bezüglich einer der Bd. an sich unterworfenen Gemeindeanstalt in der Folgezeit durch einen öffentlich-rechtlichen Akt, z. B. einen Rezeß, fortgefallen, so hörte damit zugleich der Beitrag der Domäne 2c. auf. Die Stadt kann das einmal aufgehobene Rechtsverhältnis nicht einseitig dadurch wieder ins Leben rufen, daß sie späterhin freiwillig wieder die Unterhaltungspflicht übernimmt, zumal dann nicht, wenn dies gegen ein Äquivalent geschieht.

E. Gemeindehaushalt und Zwangsetatisierung.

Litteratur: Stengels: Wörterbuch des deutschen Verwaltungsrechts; Artikel: Gemeindehaushalt; die Bearbeitungen der Städte-Ordnungen von R. Backoffner, H. Brüning, G. H Gräff, L. Haase, E. A. Huber, Ferd. Kabpisch, Otto Kotze, Marcinowski u. L. Hoffmann, O. Oertel, Plagge u. s. w. — Eugen Leidig: Preußisches Stadtrecht. — v. Rönne u. H. Simon: Gemeindeverfassung. — H. Steffenhagen: Gründung der städtischen Verfassung. — v. Ulmenstein: Preußische Städteordnung.

Gesetzesmaterialien: Gesetz über die Polizeiverwaltung vom 10. März 1850. Abg.-Haus. Drucks. Nr. 552. 561. — Sten.-Ber. S. 2343. 2344. 3223—3230. — Herrenhaus. Drucks. Nr. 481. 501. 528. 627. — Sten.-Ber. S. 2315—2341. 2447—2449. 2975. — Verordnung über die Polizeiverwaltung in den neu erworbenen Landesteilen vom 20. September 1867. Ges.-Samml. S. 1529. — Gesetz betr. die Kosten königlicher Polizeiverwaltungen in Stadtgemeinden vom 20. April 1892. Abg.-Haus. Drucks. Nr. 8. 46. 59. — Sten.-Ber. S. 325—343. 655—680. 687—689. — Herrenhaus. Drucks. Nr. 27. 42. 46. — Sten.-Ber. S. 36. 61.

Nr. 1. Entsch. Bd. XII. S. 38 vom 26. September 1885. I A 14 85.

Polizeiverwaltungsges. v. 11. III. 50 (G.-S. S. 265) §§ 2, 3.

1) Die Gemeinden sind verpflichtet, die Kosten einer im dienstlichen Interesse getroffenen Einrichtung, nach der den Beamten der exekutiven örtlichen Polizei die Dienstkleidung und Waffen zum Gebrauch unter der Verpflichtung zur Rückgabe nach erfolgter Abnutzung unentgeltlich geliefert werden, zu bestreiten. Denn die Kosten der örtlichen Polizeiverwaltung sind gemäß § 3 des Polizeiverwaltungsges. v. 11. III. 50, mit alleiniger Ausnahme der Gehälter der von der Staatsregierung im Falle der Anwendung des § 2 a. a. O. angestellten besonderen Beamten, von der Gemeinde zu tragen. Unter Gehalt ist aber lediglich dasjenige zu verstehen, was der Staat oder die Kommune ihren Beamten als Äquivalent für die Gesammtheit ihrer Dienste in der Fürsorge für ihre wirtschaftliche Existenz, zu einem standesgemäßen Lebensunterhalte gewähren. Dem Gehalte stehen auf dem Gebiete der Lokalpolizei gegenüber die sachlichen Ausgaben für das Bedürfnis des Geschäftsbetriebes und für besondere polizeiliche Anstalten.

2) Bei dieser Unterscheidung werden unter anderem die Pensionen und die Kosten zur Beschaffung von Dienstwohnungen zu den Gehältern gerechnet, die Fuhr- und Bureaukosten (Equipagen- und Pferdegelder u. s. w.) aber nicht. Die Kosten für diese letzteren gehören zu den sächlichen Kosten der Polizeiverwaltung, und dasselbe gilt von allen übrigen Ausgaben für den Geschäftsbetrieb der Polizeibeamten, z. B. Schreibmaterialien, Dienstbekleidung, Waffen u. s. w. Daß Waffen nicht etwa zum Gehalte gehören, bedarf keines Beweises, denn sie dienen lediglich zur Erfüllung dienstlicher Obliegenheiten. Uniformstücke ersetzen allerdings eine sonstige Kleidung und befriedigen somit eines der ersten Lebensbedürfnisse. Ausschlaggebend ist jedoch, daß die Uniformierung lediglich spezifische Zwecke des Polizeidienstes verfolgt. Sie soll dem Publikum jederzeit die amtliche Autorität des Trägers der Uniform vergegenwärtigen, die einheitliche Organisation der Schutzmannschaft auch äußerlich darstellen und in dem Träger der Uniform durch diese das Bewußtsein seiner Dienstpflichten heben und jederzeit lebendig erhalten. Sie verfolgt also lediglich

dienstliche Interessen im Gegensatze zu den persönlichen, privaten Interessen des einzelnen Beamten.

Nr. 2. Entsch. Bd. XIV. S. 98 vom 20. November 1886. I A 37/86.

Polizeiverwaltungsgeſ. v. 11. III. 50 (G.-S. S. 265) §§ 2—4.

1) Wenn bei einer Königlichen Polizeibehörde die Stelle eines Polizeibaubeamten für Zwecke der Ortspolizeiverwaltung auf Staatskosten neu eingerichtet wird, und wenn es dann seitens der Aufsichtsbehörde für erforderlich erachtet wird, diesem Beamten jährlich ein Pauschquantum an Fuhrentschädigung und für Beschaffung mechanischer Arbeitskräfte (Hilfe beim Rechnen, Zeichnen, Schreiben u. s. w.) zu gewähren, so gehören diese Kosten zu den sächlichen und die aufsichtlich festgesetzte Pauschalsumme kann event. zwangsweise auf den Etat der Gemeinde gebracht werden.

2) Der event. Einwand, daß die Verpflichtung der Gemeinde keineswegs weiter reiche, als die thatsächlich gezahlten und als gezahlt nachgewiesenen Summen zu erstatten, ist unbegründet. Erachtet die vorgesetzte Polizeiaufsichtsbehörde es nicht für bedenklich, daß ein Beamter zur Bestreitung der Bureaukosten u. s. w. im Durchschnitt eine bestimmte Summe gebrauchen wird, so kann sie es andererseits sehr wohl im dienstlichen Interesse für geboten erachten, daß der Beamte nicht genötigt wird, über jede einzelne, wenn auch noch so kleine und häufige Ausgabe Rechnung zu legen, sie mit Belägen zu versehen und so seine Geschäftsführung einer fortgesetzten, sie vielleicht unnötig beengenden Kritik auszusetzen, und sie kann sich durch solche Erwägungen sehr wohl bewogen finden, jene Summe dem Beamten zur freien Verfügung für den gedachten Zweck zu stellen. Es handelt sich dabei um eine gemäß § 4 des Ges. v. 11. III. 50 in das Ermessen der Aufsichtsbehörde gestellte Einrichtung des Dienstbetriebes der örtlichen Polizeiverwaltung, deren Kosten die Gemeinde zu tragen hat.

Nr. 3. Entsch. Bd. XIV. S. 95 vom 6. Oktober 1886. I A 12/86.

A.-L.-R. Teil II Tit. 12 §§ 29, 34, 39.

Aus dem Ges. v. 11. III. 72 (G.-S. S. 183), betr. Beaufsichtigung des Unterrichts- und Erziehungswesens, ist nicht zu folgern, daß die Kosten der Visitation der Elementarschulen durch die Kreisschulinspektoren an Stelle der bis dahin damit Belasteten fortan vom Staate zu tragen sind. In welcher Weise diese Kosten aufzubringen, ist für einzelne Provinzen durch besondere Vd. bestimmt. Für die Provinz Brandenburg bestehen besondere provinzialrechtliche Bestimmungen über die Gestellung der Fuhren, bezw. Vergütung der Reisekosten der Kreisschulinspektoren nicht, und es gilt mangels ihrer das A.-L.-R. Danach können die fraglichen Kosten von den Schulunterhaltungspflichtigen nur gefordert werden, wenn sie sich als Kosten der Schulunterhaltung darstellen. Das A.-L.-R. rechnet zum Unterhalte der Schule die Unterhaltung der Lehrer (II, 12, § 39), der Schulgebäude (§ 34), die Herbeiholung des Lehrers (§ 39). Erschöpfen diese Bestimmungen auch nicht den Begriff der Unterhaltung, so zeigen sie doch immer, daß das A.-L.-R. den Unterhalt auf die Befriedigung der unmittelbaren Bedürfnisse der Schulanstalt als solcher beschränkt wissen will. Der Kreisschulinspektor ist aber kein Beamter der Schulen, über die er kraft staatlichen Rechtes die Aufsicht führt. Die Visitationen, die er vornimmt, bezwecken, die Schule im staatlichen Interesse zu fördern und zu pflegen, für ihr Bestehen sind sie kein notwendiges Erfordernis. Ihre Quelle ist das staatliche Aufsichtsrecht, weshalb die durch ihre Übung entstehenden Kosten bei allen öffentlich-rechtlichen Korporationen dem Staate zur Last fallen, sofern nicht besondere Gesetze ein anderes bestimmen.

Nr. 4. Entsch. Bd. XIV. S. 102 vom 23. Februar 1887. I A 48/56.

Polizeiverwaltungsges. v. 11. III. 50 (G.=S. S. 265) § 4 und Vd. v. 20. IX. 67 (G.=S. S. 1529) über die Polizeiverwaltung in den neu erworbenen Landesteilen, §§ 3, 4.

1) Für die Reinigung der von den Polizeibeamten festgenommenen Personen müssen, bevor die Vorführung vor den Richter erfolgt, die Ortspolizeibehörden auf Kosten der betreffenden Gemeinden Sorge tragen, da sie sich als ein Erfordernis des Dienstbetriebes der örtlichen Polizeiverwaltung darstellt.

2) Das diesbezügliche Geschäftsgebahren beruht auf dem Min.=Erl. v. 13. IX. 83 (M.=Bl. S. 222). Der Verwaltungsrichter hat nicht zu prüfen, ob diese Anordnung zweckmäßig und angemessen, sondern lediglich ob sie gesetz= und rechtswidrig ist, bezw. ob bei ihr in thatsächlicher Beziehung Interessen des polizeilichen Dienstes überhaupt nicht obwalten. Beides ist zu verneinen.

Die Anordnung der Reinigung ist eine Ordnung des polizeilichen Dienstbetriebes. Der Aufgegriffene kommt, zumal er nach dem Min.=Erl. v. 11. VII. 81 (M.=Bl. S. 184) von dem festnehmenden Organe des Sicherheitsdienstes zunächst der Polizeibehörde des Aufgreifungsortes zuzuführen ist, in unmittelbare, oft sehr nahe Berührung mit den Beamten der Polizei. Er betritt bei seiner Vorführung dienstliche Räume, die im übrigen den Beamten und dem Publikum zugänglich sind. Es fehlt also nicht an einem dienstlichen Interesse, unreine, mit Ungeziefer behaftete Inhaftierte reinigen zu lassen, damit ihr unerläßlicher Verkehr mit Beamten und in Diensträumen frei bleibt von Ekel und der Gefahr, sich zu schädigen, und es kann das entsprechende Verfahren von der Aufsichtsbehörde sehr wohl als Regel vorgeschrieben werden.

Auch der § 128 der R.=Straf=Pr.=Ordn., wonach der Festgenommene unverzüglich dem Amtsrichter vorzuführen ist, steht nicht entgegen. Aus der thunlichsten Beschleunigung der Vorführung folgt, abgesehen von Ausnahmefällen, nicht, daß ihr jede Rücksicht auf den Zustand des Festgenommenen, auf das allgemeine gesundheitliche Interesse, sowie dasjenige des polizeilichen Dienstes unbedingt unterzuordnen ist.

3) Dieser Rechtszustand gilt auch in der Provinz Hannover.

Nr. 5. Entsch. Bd. XIX. S. 120 vom 12. April 1890. I A 27/89.

Zust.=Ges. § 19; L.=V.=G. § 7. Kurh. Ministerialausschreiben v. 25. III. 22 (Kurh. G.=S. S. 10).

1) Wenn die gesetzlich zur Anstellung der Lehrer berufene Behörde das Präsentationsrecht einer Stadtgemeinde für diese Stelle nicht anerkennt und dieses auch nicht anderweit, z. B. durch rechtskräftiges Urteil, zweifellos festgestellt ist, so kann die Stadtgemeinde aus diesem ihrem bestrittenen Rechte keine weiteren Rechte und Rechtswirkungen herleiten, als denjenigen zustehen, die ein bestrittenes Patronats= oder Wahlrecht zu kirchlichen Ämtern behaupten. Nach dem A.=L.=R. gebührt in der Regel die Institution in eine Pfründe den geistlichen Oberen. Entsteht über das Präsentations= oder Wahlrecht zu ihr Streit, so haben jene im Einzelfalle den Streit nach Maßgabe der bestehenden Rechtsnormen zu prüfen und über die Besetzung der Stelle, sei es durch Bestätigung der Präsentation, sei es frei zu befinden. Vergl. Min.=Erl. v. 1. X. 47 (M.=Bl. S. 278) Nr. 4. Die durch Übertragung der Stelle im Einzelfalle getroffene Festsetzung kann im Rechtswege nicht angefochten werden. Ihm unterliegt nur der Streit, ob und in welchem Umfange das beanspruchte Präsentations= oder Wahlrecht besteht (A.=L.=R. II, 11, §§ 361 ff.; Entsch. d. Komp. G. H. v. 10. I. 52 J.=M.=Bl. S. 67). Diese Grundsätze sind im

wesentlichen auch die des Hessischen Kirchenrechtes. Jedem Dritten und somit auch dem Schuldner der Pfründe gegenüber gilt daher der unter Verletzung des Präsentationsrechtes instituierte Pfarrer gleichwohl als der rechtmäßige Inhaber der Pfründe.

2) Im vorliegenden Falle hat die Regierung das vermeintliche Präsentationsrecht der Stadtgemeinde, dessen ursprüngliche Entstehung durch Herkommen und dessen Fortbestehen gegenüber dem Ministerialausschreiben v. 25. III. 22 mindestens nicht zweifellos und jedenfalls nicht rechtskräftig festgestellt war, nicht anerkannt und kraft der ihr aus § 18 der Reg.-Instr. regelmäßig zustehenden Befugnis den Rektor der Stadtschule selbständig bestellt. Dadurch erwuchs der Stadt die Zahlung des unstreitigen Stelleneinkommens als eine gesetzliche Leistung. Da die rechtzeitige Entrichtung der Beamtengehälter im öffentlichen Interesse liegt, war die Kommunalaufsichtsbehörde zur zwangsweisen Etatisierung der Leistung berechtigt. Nimmt die Stadt ein die Anstellungsbefugnis der Schulaufsichtsbehörde materiell beschränkendes Recht in Anspruch, so mag sie dies gegenüber dieser, sie kann es aber weder gegen den formell gültig bestellten Rektor, noch gegen die Kommunalaufsichtsbehörde und im Rahmen der Klage gegen die Zwangsetatisierung geltend machen.

3) Die Klage aus § 19 des Zust.-Ges. steht ausschließlich der Stadtgemeinde und nur auf Aufhebung der Zwangsetatisierungs-Verfügung zu.

Nr. 6. Entsch. Bd. XX. S. 65 vom 26. November 1890. I A 78/90.

Polizeiverwaltungsges. v. 11. III. 50 (G.-S. S. 265) §§ 1, 3, 4. Westf. St.-Ordn. v. 19. III. 56 (G.-S. S. 237) §§ 62, 64, 76; Westf. Kr.-Ordn. v. 31. VII. 86 (G.-S. S. 217) § 32. Rh. St.-Ordn. v. 15. V. 56 (G.-S. S. 406) §§ 57, 58, 81; Rh. Kr.-Ordn. v. 30. V. 87 (G.-S. S. 209) § 32. Zust.-Ges. §§ 7, 19; L.-V.-G. §§ 18. 127.

1) Gegen die Stadtgemeinden in der Rheinprovinz und in Westfalen sind die zu polizeilichen Zwecken (z. B. Anstellung eines Polizeiwachtmeisters) erforderlichen Leistungen aus kommunalen Mitteln nicht von dem Landrate als Polizeiaufsichtsinstanz, sondern von dem Regierungspräsidenten festzustellen.

Die Grenzen der Zuständigkeit der Polizeiaufsichtsinstanz und der Kommunalaufsichtsinstanz ergeben sich aus der rechtlichen Trennung der sich thatsächlich eng berührenden Polizei- und Kommunalangelegenheiten. Glaubt die Ortspolizeibehörde zur Durchführung ihrer Aufgaben neuer oder erweiterter Einrichtungen zu bedürfen, so ist es ihre Sache, bezw. die der Polizeiaufsichtsinstanz (vermöge ihres Aufsichtsrechtes, vergl. E.-O.-V. Bd. V. S. 74, Bd. X. S. 361) sich darüber schlüssig zu machen, welche Einrichtungen und welche Kosten dafür erforderlich, sowie von welchen vermeintlich Verpflichteten sie zu beanspruchen sind. Wird dieser Anspruch gegen die Stadt gerichtet, so ist es Sache der Kommunalverwaltung und Aufsicht, zu beschließen, ob die Pflicht zur Bereitstellung der Kosten der Stadt oder einem Dritten obliegt und wie im ersten Falle das Verlangte zu gewähren ist. Im Weigerungsfalle ist behufs Feststellung der Leistung die Kommunalaufsichtsinstanz anzurufen, die dabei die kommunalen Gesichtspunkte, Leistungsfähigkeit, unverhältnismäßige Störung des kommunalen Haushaltes u. s. w. zu prüfen und zu berücksichtigen hat.

2) Die richterliche Prüfung der Feststellung der Leistung hat sich stets nur auf deren Recht- und Gesetzmäßigkeit, nicht aber, über die Grenzen der Rechtskontrolle hinaus, auf deren Angemessenheit und Zweckmäßigkeit zu erstrecken.

Nr. 7. Entsch. Bd. XX. S. 71 vom 11. März 1891. I A 76/90.
G.:s. Bestimmungen wie zu vorstehender Entsch.

1) Das dem Landrate durch § 32 der Westf. Kr.-Ordn. vorbehaltene Aufsichtsrecht über die örtliche Polizeiverwaltung schließt auch die Befugnis zu einem positiven Eingreifen, zu Anordnungen oder Verboten in sich. Denn der Begriff der staatlichen Oberaufsicht umfaßte schon im Gemeinen Deutschen Staatsrechte neben dem jus cognoscendi und confirmandi auch das jus interdicendi und ist innerhalb des Preußischen Staatsrechtes vielfach zu einem jus statuendi ausgebildet. Insbesondere hinsichtlich der Polizeiverwaltung ist es anerkannter Grundsatz, daß die Aufsichtsinstanzen befugt sind, nicht allein das Verhalten der untergeordneten Instanzen durch Anweisungen zu regeln, sondern in dringenden Fällen sogar deren Funktionen selbständig zu übernehmen. Vergl. E.-O.-V. Bd. V. S. 74, Bd. X. S. 361.

2) Dagegen begründet die polizeiliche Aufsichtsinstanz des Landrates für ihn die Zuständigkeit nicht, eine für die Stadtgemeinde verbindliche Feststellung der ihr gesetzlich obliegenden Leistungen zu polizeilichen Zwecken zu treffen.

Nr. 8. Entsch. Bd. XXV. S. 26 vom 21. November 1893. II A 5/93.
Ges. v. 20. IV. 92 (G.-S. S. 87), betr. Kosten der Kgl. Polizeiverwaltungen in den Stadtgemeinden, §§ 1, 2, 6.

1) Wo einzelne Zweige der Ortspolizeiverwaltung einer Stadtgemeinde überwiesen werden, berechnet sich die dann eintretende „der Minderausgabe des Staates entsprechende Ermäßigung“ nach § 6 des Ges. v. 20. IV. 92 in der Weise, daß die Ersparnis des Staates durch die Zahl der Einwohner der Stadt zu teilen und der sich dann ergebende Betrag von dem im § 1 des Ges. bestimmten Kopfsatze in Abzug zu bringen ist.[1])

2) Der von der Stadtgemeinde zu führende Beweis über die Minderausgaben des Staates wird nur durch Schätzung zu erbringen sein. Von diesem Standpunkte aus erscheinen die Ausgaben, die thatsächlich den Gemeinden durch die Verwaltung der ihnen überwiesenen Polizeizweige entstehen, von Bedeutung und bieten einen Anhalt bis dahin, daß der Staat besondere Gründe für die Annahme glaubhaft macht, er würde mit geringeren Beträgen auskommen.

3) Bei Übertragung der Feldpolizei an die Stadt hat letztere in ausreichender Weise nicht nur für das allgemeine sicherheitspolizeiliche Interesse, sondern auch für den Schutz der Felder pp. zu sorgen, da der Schutz des Privateigentumes eine der erheblichsten Pflichten der Ortspolizei bildet. Daher muß sich der Staat die gesammten, hierfür notwendigen Kosten, also auch solche für Feldhüter, als Minderausgabe voll abrechnen lassen.

Dagegen sind bei Übertragung der Feuerlösch-Polizei an die Stadt die Kosten des Feuerlöschwesens, d. h. der Anstalt behufs Entdeckung und Unterdrückung eingetretener Feuersbrünste, dem Staate nicht als Minderausgabe anzurechnen, da diese Ausgaben im § 2 des Ges. v. 20. IV. 92 zu den vom Staate in Städten mit Königlicher Polizei zu tragenden Ausgaben der örtlichen Polizeiverwaltung im Sinne des § 1 a. a. O. nicht zu rechnen sind und auch

[1]) Die ziffernmäßige Feststellung des Gesammtbeitrages der Stadt kann nicht eher bewirkt werden, als bis die Höhe des ermäßigten Beitragssatzes gemäß § 6 des Polizeikostenges. durch den Oberpräsidenten festgesetzt ist, Entsch. v. 5. IV. 95 (Pr. V.-Bl. Bd. XVI S. 385).

nicht zu den im § 2 aufgeführten „besonderen Ausgaben im Interesse der örtlichen Polizeiverwaltung“ gehören.

Nr. 9. Entsch. Bd. XXV. S. 43 (i. d. Anm.) vom 6. Oktober 1893. II A 3/93.
Ges. v. 20. IV. 92 (G.=S. S. 87), betr. Kosten der Kgl. Polizeiverwaltungen in den Stadtgemeinden, §§ 1, 2, 6. Ges. v. 12. IV. 75 (G.=S. S. 191), betr. Ausführung des Reichsimpfges.

Die Kosten des Impfwesens gehören nicht zu den nach dem Polizeikostenges. v. 20. IV. 92 vom Staate zu tragenden Polizeikosten. Die durch das Impfwesen hervorgerufenen Kosten haben durch das Ges. v. 12. IV. 75 eine besondere Regelung erfahren und das Polizeikostenges. hat an diesem Rechtszustande nichts geändert und sie im § 2 als Ausgaben der örtlichen Polizeiverwaltung im Sinne des § 1 nicht aufgeführt. Denn während der Impfarzt kein Polizei-, sondern ein Kommunalbeamter ist, gehören jene Kosten auch nicht zu den „besonderen Ausgaben im Interesse der örtlichen Polizeiverwaltung“. Hiernach hat der Staat die Kosten des Impfwesens selbst dann nicht aufzubringen, wenn er die Ortspolizei bezüglich des Impfwesens verwaltet, so daß er diese Kosten auch nicht dadurch ersparen kann, daß er auf die Verwaltung des betreffenden Zweiges der Ortspolizei verzichtet.

Nr. 10. Entsch. Bd. XXV. S. 111 vom 13. Mai 1893. I A 9/93.
Gem.=Ordn. für die Städte und Landgemeinden Kurhessens v. 23. X. 34 (Samml. S. 181) §§ 57, 93. Zust.=Ges. § 19.

Durch die kurh. Gem.-Ordn. v. 23. X. 34 wird die Befugnis der Aufsichtsbehörde — Reg.-Präsident — nicht ausgeschlossen, auch gegen übereinstimmende Beschlüsse von Gemeinderat und Gemeindeausschuß zur Abwendung von Störungen des Geschäftsganges eine Erhöhung unzulänglicher Gehälter der Gemeindebeamten, sobald der zeitige Inhaber das Amt niederlegt, nach pflichtmäßigem Ermessen anderweitig festzusetzen und zwangsweise in den Etat einzustellen.

Hierin hat § 19 des Zust.-Ges. nichts geändert, sondern nur das Verfahren, um die festgestellte Mehrleistung zu erzwingen, durch Einführung der Zwangsetatisierung formell anderweit geregelt. Wenn nach dem Abs. 3 die Feststellung des gesammten Stadtetats durch die Aufsichtsbehörde fortan nicht mehr stattfinden soll, so bezieht sich dies nur auf das Gebiet solcher Städteordnungen, nach denen, um den Etat zu einer gültigen, allerseits verbindlichen Verwaltungsnorm zu machen, zu den bezüglichen Beschlüssen der städtischen Körperschaften noch die Aufsichtsgenehmigung hinzutreten mußte.

Nr. 11. Entsch. Bd. XXVI. S. 85 vom 6. Januar 1894 I A 59/93.
Polizeiverwaltungsges. v. 11. III. 50 (G.=S. S. 265) §§ 3, 6. Kab.=Ordn. v. 8. VII. 35 (G.=S. S. 240), über die sanitätspolizeilichen Vorschriften bei ansteckenden Krankheiten, §§ 13, 28, 31.

1) Der Gegensatz zwischen Landes- und Ortspolizei gründet sich auf zwei sich vielfach durchkreuzende Momente, ein materielles, je nachdem die polizeilich zu schützenden Gemeininteressen in erster Reihe solche der nachbarlichen örtlichen Gemeinschaften sind, oder ob sie über diese räumliche Beschränkung hinaus in weiteren Bezirken, vielleicht als unmittelbar einheitliche Interessen des Staates hervortreten, und ein formelles, indem durch positive Normen Gemeininteressen der ersteren Art dennoch zu solchen der Landes- und die der letzteren Art zu solchen der Ortspolizei erklärt worden sind.

Bezüglich der polizeilichen Thätigkeit gegenüber den Seuchen sind derartige formale Normen erschöpfend nicht ergangen. Wenn das Polizeiges. v. 11. III. 50 im § 6 zu f unter den „Gegenständen ortspolizeilicher Verord-

nungen" auch die „Sorge für Leben und Gesundheit" aufzählt, so ist deshalb noch nicht jede bezügliche Thätigkeit eine ortspolizeiliche. Das Gegenteil ergiebt sich aus dem Reg. v. 8. VIII. 35, das vielfach landespolizeiliche Instanzen beruft. Es erübrigt daher nur die Entscheidung nach dem materiellen Momente, und dies ist gegenüber den leicht übertragbaren und daher durch jeden örtlichen Ausbruch zugleich das Staatsganze gefährdenden Seuchen vielfach nur schwer erkennbar. Augenscheinlich erfordert aber das Gesammtinteresse des Staates, daß die im Auslande herrschende Seuche die Landesgrenze nicht überschreitet, und — falls dies an einem Orte des Inlandes dennoch geschehen — das Gesammtinteresse der übrigen Landesteile, daß sie auf diesen Ort beschränkt bleibe. Dagegen werden die Assanierung der einzelnen Ortschaften und die sonstigen Maßnahmen, um im Falle einer Einzelerkrankung die Entstehung einer örtlichen Epidemie zu verhüten, im nachbarlichen Interesse notwendig. Andererseits wird durch den Schutz der Landes- oder Provinzialgrenzen das besondere Interesse der einzelnen Ortschaften ebenso geschützt, wie es dem des Staatsganzen förderlich ist, daß jeder örtliche Seuchenausbruch thunlichst schnell unterdrückt wird.

2) Aus diesen Erwägungen heraus sind Maßnahmen, die auf die Verhinderung der Einschleppung von Seuchen aus dem Auslande in das Inland oder auf die ihrer Verbreitung im Inlande von einer Gegend zur anderen abzielen, als landespolizeiliche, diejenigen aber, die auf Bekämpfung oder Beschränkung der Krankheit innerhalb des einzelnen Ortes gerichtet sind, als ortspolizeiliche zu erachten, während im Einzelfalle stets zu prüfen bleibt, ob bei der betr. Maßregel das landes- oder ortspolizeiliche Interesse überwiegend vorherrscht und von welcher Behörde sie getroffen ist.

3) Die Maßnahmen zur Überwachung der Seehäfen sind durch Min.-Erl. v. 29. VI. 93 zu II als im Allgemeinen landespolizeilicher Natur anerkannt, so daß die dadurch entstehenden Kosten der Quarantäneanstalten, des gesammten Überwachungsdienstes und der Desinfektion der Schiffe selbst der Staatskasse zur Last fallen, letztere insoweit, als es sich um Gestellung des Aufsichtspersonals handelt, während die Kosten der Desinfektionsmittel von dem Schiffseigentümer zu erstatten sind. Die Maßnahmen zur Verhütung der Seucheneinschleppung auf dem Seewege sind hiernach und nach dem allgemeinen Grundsatze landespolizeiliche Anordnungen.

4) Ob die desinfizierten Waren bereits gelöscht (ausgeladen) waren oder nicht, ist ohne Einfluß auf den vorstehenden Rechtsgrundsatz.

Nr. 12. Entsch. Bd. XXVII. S. 62 vom 23. Oktober 1894. I A 59/94.

Polizeiverwaltungsges. v. 11 III. 50 (G.-S. S. 265) §§ 3, 4. Ges. v. 20. IV. 92 (G.-S. S. 87), betr. die Kosten der Kgl. Polizeiverwaltungen in den Stadtgemeinden, §§ 1, 2.

1) Unter den unmittelbaren Kosten der Polizeiverwaltung sind diejenigen Ausgaben zu verstehen, die durch die Einsetzung und den Unterhalt des verwaltenden Personals und durch dessen Ausrüstung mit dem zum Dienstbetriebe Erforderlichen an Grundstücken, Materialien, Geräten, Hilfsleistungen Dritter u. s. w. erwachsen. Mittelbare Kosten sind hingegen diejenigen, die erst infolge der verwaltenden Thätigkeit durch die Ausführung der im Verwaltungswege gegen Dritte getroffenen Anordnungen, durch Herstellung polizeimäßiger Zustände in der Außenwelt entstehen. Zu solcher Herstellung sind in der Regel alle Rechtssubjekte bezüglich ihres persönlichen Verhaltens und ihres Eigentumes, ausnahmsweise kraft besonderer Gesetzesnorm (z. B. für das Wege- und Armenwesen) auch die öffentlichen Korporationen zunächst verpflichtet. Erst wenn die Polizeibehörde ihre Anordnungen an deren Stelle und im Wege des Zwanges selbst ausführt, werden die unein-

ziehbaren Kosten der Ausführung aus den Kosten Dritter zu solchen der Polizeiverwaltung. Da ferner die Gemeinden gewisse Einrichtungen und Organisationen, die für die Zwecke der Polizei und deren Ausrüstung mit dem nötigen Hilfspersonal und den sachlichen Hilfsmitteln unentbehrlich sind, vielfach zweckmäßiger und billiger, als die Polizeibehörde selbst, errichten und unterhalten können, so haben sie für solche Einrichtungen fernerhin Sorge getragen und sie zur Disposition der Polizei bereit gehalten, z. B. diejenigen für das Nachtwacht- und Feuerlöschwesen. Nach dem geltenden Rechte steht nun die Gemeinde, die eine kommunale, polizeilichen Zwecken dienende Veranstaltung selbstthätig zu unterhalten rechtlich verpflichtet ist, bezüglich aller Anforderungen, die im Polizeiinteresse an deren Ergänzung oder Erhaltung gestellt werden, der Polizeibehörde genau, wie ein Privatmann gegenüber, der sein Eigentum oder sein Verhalten den öffentlichen Interessen gemäß zu gestalten hat. Vergl. E.-O.-V. Bd. XVIII S. 144. Deshalb sind die durch solche kommunalen Einrichtungen entstehenden Kosten, wenngleich jene anderenfalls von der Polizei selbst zur Vervollständigung ihrer Organisation hätten getroffen werden müssen, dennoch nicht unmittelbare, sondern mittelbare Kosten der Polizeiverwaltung.

2) Nach dem Gesetz über die Polizeiverwaltung v. 11. III. 50 hatten die Gemeinden mit Königlicher Polizeiverwaltung alle mittelbaren und von den unmittelbaren die Unterkategorie der sächlichen Polizeiverwaltungskosten zu tragen, während der Fiskus von den unmittelbaren die persönlichen Kosten zu bestreiten hatte. Das Gesetz, betr. die Kosten Königlicher Polizeiverwaltungen in Stadtgemeinden, v. 20. IV. 92 hat die Unterscheidung zwischen sächlichen und persönlichen Ausgaben fallen lassen und alle unmittelbaren Kosten der örtlichen Polizeiverwaltung gegen Zahlung einer Pauschsumme seitens der Gemeinden auf den Staat übertragen, während die mittelbaren mangels anderweiter Verpflichteter nach, wie vor, der Stadt zur Last fallen.

3) Die Löhnung von Personen, die zum Aufsuchen und Bergen von Wasserleichen angenommen sind, gehört zu den unmittelbaren, vom Staate zu bestreitenden „besonderen Kosten im Interesse der örtlichen Polizeiverwaltung". Hat die Ortspolizei hier zwar auch das öffentliche Interesse der sittlichen Ordnung, daß Leichen nicht unbestattet bleiben, und das fernere sicherheitspolizeiliche Interesse wahrzunehmen, daß durch solche Wasser oder Luft nicht gesundheitsschädlich infiziert werden, so steht doch in erster Linie das kriminalpolizeiliche Interesse. Vergl. Str.-P.-O. §§ 157, 161. Vermöge ihrer Pflicht strafbare Handlungen zu erforschen, hat sie dafür zu sorgen, daß etwa vorhandene Leichen Bekannter oder Unbekannter ihr nicht verborgen bleiben, sondern aufgefunden werden. Die Maßnahmen zum Aufsuchen der Leichen bezwecken, ihr die nötige, thatsächliche Information zum Einschreiten zu gewähren, und bilden die notwendige Voraussetzung und einen Teil ihrer unmittelbaren verwaltenden Thätigkeit. Daraus, daß eine Stadt die betr. Arbeiter früher an Stelle der Polizei gestellt hat, ist eine sie belastende Observanz nicht erkennbar. Es war dies lediglich die freiwillig gewährte Art der Erfüllung ihrer damaligen gesetzlichen Pflicht zur Tragung der unmittelbaren sächlichen Polizeikosten. Ebensowenig entsteht für sie aus dem eigentümlichen Besitze von Grundstücken eine Pflicht zum Aufsuchen der auf ihnen etwa befindlichen Leichen. Denn die Pflicht, sein Grundstück in polizeimäßigem Stande zu halten, verbindet dessen Besitzer nicht zu Vorkehrungen gegen zukünftige mögliche Störungen durch Dritte. Vergl. E.-O.-V. Bd. XVIII. S. 417. Und weil dazu, daß eine Leiche beerdigt wird, in Ermangelung von Angehörigen der Armenverband, und dazu, daß eine unbekannte Leiche bis zur Beerdigung sicher gestellt werde, die Kriminalpolizei verpflichtet ist, so liegt dem Grund-

eigentümer auch nicht die gesetzliche Pflicht ob, die gefundene Leiche zu bergen, oder die Bergungskosten zu zahlen.

Nr. 13. Entsch. Bd. XXVII. S. 75 vom 23. Oktober 1894. I A 54/94.

Polizeiverwaltungsges. v. 11. III. 50 (G.=S. S. 265) §§ 3, 4. Ges. v. 20. IV. 92 (G.=S. S. 87), betr. die Kosten der Kgl. Polizeiverwaltungen in den Stadtgemeinden, §§ 1, 2.

Die Kosten der im sanitätspolizeilichen Interesse angeordneten Zwangsheilung syphilitisch Erkrankter gehören nicht zu den nach dem Ges. v. 20. IV. 92 vom Staate zu bestreitenden Kosten der örtlichen Polizeiverwaltung.

Sie sind insbesondere nicht „Polizeigefängniskosten". Denn dadurch, daß ein Kranker unter Zwangsandrohung angehalten wird, sich in einer bestimmten Krankenanstalt heilen zu lassen und diese vor seiner Heilung nicht zu verlassen, wird er noch nicht zu einem „Gefangenen", die Anstalt nicht zu einem „Polizeigefängnis". Sie sind auch nicht „Kosten für die Untersuchung von Prostituierten", die erst feststellen soll, ob Anlaß zu einer polizeilichen Anordnung vorliegt. Andererseits sind sie allerdings auch nicht „Ausgaben für Anstalten und Einrichtungen, die vorzugsweise kommunalen Zwecken dienen, aber im polizeilichen Interesse erforderlich sind". Jedenfalls aber sind sie nicht Aufwendungen, die erforderlich sind, um die dem Gesetze entsprechende verwaltende Thätigkeit der Polizei zu ermöglichen, die unmittelbar durch und für diese entstehen. Sie sind erst eine Folge des polizeilichen Einschreitens zur Abwehr ansteckender Krankheiten und fallen daher der Gemeinde zur Last.[1])

Nr. 14. Entsch. Bd. XXVII. S. 77 vom 1. Mai 1894. I A 93/93.

St.=Ordn. v. 30. V. 53 (G.=S. S. 261) §§ 64, 76, 78 und Zust.=Ges. §§ 7, 24.

1) Im Geltungsbereiche der östl. St.-Ordn. ist die Kommunalaufsichtsbehörde in der Regel nicht befugt, die Gehälter bereits angestellter Gemeindebeamten während deren Dienstzeit einseitig zu erhöhen, weder bezüglich der Magistratsmitglieder[2]), noch bezüglich der sonstigen städtischen Beamten. Für einzelne Kategorien städtischer Beamter ist diese Befugnis des Regierungspräsidenten auf Grund von Spezialnormen anerkannt, so — von den Volksschullehrern abgesehen — für die Polizeibeamten auf Grund des § 4 des Polizeiges. v. 11. III. 50 (Erk. d. Komp. G. H. v. 5. IV. 56. M.-Bl. S. 122) und, soweit die Vd. v. 24. XII. 16 (G.-S. 1817 S. 51) gilt, auch für die Gemeindeforstbeamten (Min.-Erl. v. 6. VI. 62 M.-Bl. S. 245). Im übrigen kommt jedoch folgendes in Betracht:

Da im § 76 der östl. St.-Ordn. der Inhalt des Kommunalaufsichtsrechtes nicht abgegrenzt, sondern als ein Gegebenes vorausgesetzt wird, so stehen dem Regierungspräsidenten im allgemeinen und vorbehaltlich anderweiter Regelungen durch Spezialbestimmungen diejenigen Befugnisse zu, die der § 139 der revidierten St.-Ordn. v. 17. III. 31 (G.-S. S. 9) als Ausfluß der Kommunalaufsicht bezeichnet; d. h. er ist „so berechtigt, als verpflichtet, dafür zu sorgen, daß die Verwaltung fortwährend im vorgeschriebenen Gange bleibe und angezeigte Störungen beseitigt werden." Aus der entsprechenden generellen Abgrenzung des Aufsichtsrechtes ist für den Geltungsbereich des Kurhessischen Gemeindeges. v. 23. X. 34 die Befugnis zur Erhöhung des Gehaltes einer er-

---

[1]) Doch besteht keine öffentlich=rechtliche Verpflichtung der Gemeinden, die von der Polizei angeordnete Heilung Erkrankter selbstthätig durchzuführen und hierzu kommunale Krankenanstalten zur Verfügung zu stellen, Entsch. v. 10. VII. 94 (Pr. V.=Bl. Bd. XV S. 502).

[2]) Vergl. auch Entsch. v. 15. VII. 93 (Pr. V.=Bl. Bd. XIV S. 605).

ledigten Stelle (vergl. E.-O.-V. Bd. XXV S. 112) mit Rücksicht darauf abgeleitet, daß in jenem Gesetze eine gerade das Aufsichtsrecht bezüglich der Gehaltsfestsetzungen regelnde Spezialbestimmung nicht enthalten ist. Wohl aber findet sich eine solche im § 64 der östl. St.-Ordn., der die Aufsichtsbefugnisse bei allen Gemeindebeamten hinsichtlich der Gehaltsnormierung erschöpfend regelt. Gemäß § 64 Abs. 3 unterliegt die Festsetzung der Gehälter zwar bei Magistratsmitgliedern der Einwirkung der Aufsichtsbehörde, dagegen hat sie gemäß Abs. 2 und 1 bei allen Gemeindebeamten (sei es durch den Normaletat, sei es im Einzelfalle) vor der Wahl zu erfolgen. Vergl. Min.-Erl. v. 14. V. und 28. VI. 61 (M.-Bl. S. 116, 162).

2) Bei Klagen gegen die Zwangsetatisierung einer Leistung unterliegt die Frage, ob deren Feststellung von der verfügenden Behörde rechtmäßig getroffen ist, der Nachprüfung des Verwaltungsrichters dann nicht, wenn sie in einem förmlich geregelten, dem gerichtlichen, nachgebildeten Verfahren und für alle Beteiligten maßgebend ergangen ist. Vergl. E.-O.-V. Bd. XIV S. 107.

Nr. 15. Entsch. Bd. XXVIII. S. 86 vom 19. April 1895.

Polizeiverwaltungsges. v. 11. III. 50 (G.-S. S. 265) § 3 und Vd. v. 29. VI. 67 (G.-S. S. 917), betr. Einrichtung einer Kgl. Polizeiverwaltung in Frankfurt a. M. Ges. v. 20. IV. 92 (G.-S. S. 87) §§ 1, 2, betr. Kosten der Kgl. Polizeiverwaltungen in den Stadtgemeinden.

In einer Heilanstalt im gesundheitspolizeilichen Interesse zwangsweise untergebrachte geschlechtskranke Dirnen sind keine Polizeigefangenen, die durch ihre Festhaltung u. s. w. entstehenden Kosten keine Polizeigefängniskosten im Sinne des § 2 Ges. v. 20. IV. 92.

Während die letzteren unmittelbare Polizeiverwaltungskosten sind, da die verwaltende Thätigkeit, wie die Verhängung, so den Vollzug der Haftstrafen, wie das Festnehmen, so auch das Festhalten der zu Verhaftenden umfaßt, entstehen erstere erst infolge der verwaltenden Thätigkeit der Polizei, durch die Ausführung der von ihr getroffenen Anordnungen und fallen daher als mittelbare Kosten der Gemeinde zur Last. Vergl. E.-O.-V. Bd. XXVII S. 62, 75[1]).

Die Frauenzimmer sind auch nicht etwa deshalb während des Heilverfahrens Polizeigefangene, weil sie von Polizeiorganen in das Krankenhaus gebracht, dort kontrolliert und bei der Entlassung wieder abgeholt werden. Dabei ist in rechtlicher Beziehung übersehen, daß nicht jeder polizeiliche Eingriff in die persönliche Freiheit eines Menschen, selbst wenn dieser dadurch in seiner Bewegungsfreiheit und auf einen bestimmten Aufenthaltsort beschränkt wird, ihn zu einem Polizeigefangenen macht. Gebietet die Polizei, abgesehen von der Festnahme behufs Verbüßung einer Kriminal- oder Exekutivstrafe oder wegen Verdachtes strafbarer Handlungen oder zur Aufrechterhaltung der öffentlichen Ruhe, Sicherheit und Ordnung, in welchen Fällen die Festgenommenen Polizeigefangene auch dann bleiben, wenn sie im Auftrage der Polizei einstweilen in anderen Räumen, etwa ohne Entlassung aus der Haft in einer Krankenanstalt 2c. untergebracht werden, in Erfüllung ihrer sonstigen, durch A.-L.-R. II, 17, § 10 umschriebenen Aufgaben einem Menschen die Vornahme einer Handlung und wendet sie lediglich zur Durchführung ihres Gebotes Zwang gegen seine Person an, indem sie ihn so lange, bis die Handlung ausgeführt ist, selbst festhält oder durch Dritte festhalten läßt und ihm so die Freiheit entzieht, so kann ein Gezwungener darum allein noch nicht als Polizeigefangener bezeichnet werden.

---

[1]) Vorstehend unter Nr. 12 und 13, S. 185 f. und 187, abgedruckt.

Nr. 16. Entsch. Bd. XXVIII. S. 89 vom 28. Mai 1895. I A 16/95.

Ges. v. 20. IV. 92 (G.-S. S. 87), betr. Kosten der Kgl. Polizeiverwaltungen in den Stadtgemeinden, §§ 1, 2. Polizeiverwaltungsges. v. 11. III. 50 (G.-S. S. 265) §§ 3, 4.

1) Durch das Polizeikostenges. v. 20. IV. 92 sind vom Staate nur die unmittelbaren Kosten der Polizeiverwaltung, d. h. diejenigen übernommen, die dieser Verwaltung aus der Annahme und Unterhaltung des Haupt- und Hilfspersonals und aus ihrer Ausstattung mit allem zum dienstlichen Betriebe Erforderlichen entstehen, wobei nur die persönlichen und sächlichen Ausgaben für solche, den polizeilichen Zwecken dienende Einrichtungen und Organisationen ausscheiden, die dem bestehenden Rechte gemäß, wie z. B. die Feuerwehr, von den Gemeinden als kommunale Anstalten zu errichten und in brauchbarem Stande zur Disposition der Polizei bereit zu halten sind. Vom Staate nicht übernommen sind die erst infolge einer gesetzmäßigen Thätigkeit der Polizeiverwaltung entstehenden mittelbaren Kosten, d. h. solche Ausgaben, die die Erhaltung oder Herstellung polizeimäßiger Zustände in der Außenwelt erforderlich macht. Da diese in der Regel von Dritten — Privaten oder Gemeinden als den Eigentümern von Sachen oder Unternehmern der Anstalten — zu bewirken und durch polizeiliche Verfügnng zu erfordern sind, so erwachsen daraus „Kosten der Polizeiverwaltung" erst dann, wenn die Ausführung der von ihr angeordneten Handlung, mangels Erfüllung durch den Verpflichteten, von der Polizei selbst im Wege des Zwanges bewirkt werden muß, und wenn die hierzu nötigen Vorschüsse von dem Verpflichteten wegen dessen Leistungsunfähigkeit nicht wieder eingezogen werden können. Dem steht aber der Fall rechtlich gleich, daß die Herstellung des polizeimäßigen Zustandes dem Drittverpflichteten durch Verfügung nicht auferlegt werden kann, weil die verpflichtete Person nicht auffindbar oder weil sie thatsächlich oder auch rechtlich nicht vorhanden ist. Alle solche Ausgaben sind zwar Kosten der Polizeiverwaltung und von deren gesetzlichem Träger zu übernehmen, bleiben aber mittelbare Kosten.

2) Die amtliche Benennung der städtischen Straßen und deren Kenntlichmachung an Ort und Stelle hat nicht, wie die Aufstellung der Wegweiser an öffentlichen Wegen, lediglich den Zweck, dem auf diesen sich bewegenden Verkehre zu dienen. Sie ist für die öffentliche Ordnung notwendig (vergl. E.-O.-V. Bd. XXI S. 423) und bildet die unentbehrliche Voraussetzung für das Zusammenleben einer größeren Anzahl von Menschen an einem Orte und für deren gesammten geselligen und gewerblichen Verkehr. Die Anbringung der Straßenschilder bildet daher keinen Teil der Wege- und Straßenbaulast. Ebensowenig liegt sie dem Eigentümer des an die Straße grenzenden Grundstückes ob, da dessen Zustand durch das Fehlen der Schilder nicht zu einem polizeiwidrigen wird, noch dem Privateigentümer des Straßenlandes, da dieser durch dessen Hergabe alle aus seinem Eigentume entspringenden Pflichten für das Verkehrswesen erfüllt hat (vergl. E.-O.-V. Bd. XVIII S. 415). Falls daher die Gemeinde nicht etwa nach Ortsrecht die Straßenbezeichnung als eine kommunale Anstalt zu erhalten hat, steht der Polizeibehörde kein Dritter gegenüber, der zur Anbringung der Straßenschilder rechtlich verpflichtet wäre. Deshalb muß sie von der Polizei selbst bewirkt und die Ausgabe von dem allgemeinen Träger der Polizeilast, d. h. in Städten mit Kgl. Polizeiverwaltung als „mittelbare Kosten" von der Gemeinde übernommen werden.[1]) Daß solche Kosten hier vorliegen, ist nicht unzweifelhaft. Denn die Schilder haben

[1]) Unbeschadet einer observanzmäßig feststehenden Verpflichtung der Stadtgemeinde zur selbstthätigen Anbringung, Entsch. v. 17. I. 96 (Pr. V.-Bl. Bd. XVII S. 480).

mit anderen Bekanntmachungen der Polizei, z. B. Tafeln, die Polizeiverordnungen veröffentlichen, Tafeln mit der Inschrift: „Keine Einfahrt", „Schritt", „Rechts fahren", eine gewisse Ähnlichkeit. Doch sind solche Vorkehrungen ein Mittel von Kundgebung polizeilicher Ge- oder Verbote und als solche Akte des polizeilichen Dienstbetriebes, ihre Kosten daher „unmittelbare". Die Straßenschilder dagegen stellen lediglich einen äußeren Zustand in der Stadt und in den Straßen her, ohne den der Verkehr des täglichen Lebens nicht so, wie die allgemeinen und polizeilich zu schützenden Interessen es erheischen, sich würde gestalten können. Die durch sie verursachten Ausgaben sind daher „mittelbare Polizeikosten".

3) Die Verpflichtung einer Gemeinde, der örtlichen Polizeiverwaltung die nötigen Geldmittel bereit zu stellen oder zu ersetzen, kann — des etwa zulässigen Rechtsweges unbeschadet — von der Aufsichtsbehörde festgesetzt und erzwungen werden. Denn es liegt im öffentlichen Interesse, daß die Gemeinden ihre öffentlich-rechtlichen Pflichten gegenüber anderen öffentlichen Instituten rechtzeitig erfüllen und nicht durch ihre Verweigerung den geordneten Gang der Verwaltung stören. Vergl. E.-O.-V. Bd. XXV S. 49.[1])

Zuständig ist die Kommunalaufsichtsbehörde (vergl. E.-O.-V. Bd. XVIII S. 145) und zwar auch hinsichtlich derjenigen mittelbaren Polizeikosten, die durch Herstellung eines Zustandes entstanden, aber in Ermangelung oder wegen Leistungsunfähigkeit eines Dritten uneinziehbar sind.

In allen Fällen, wo die Gemeinde nicht zur Ausführung einer Handlung, sondern zur Zahlung von Kosten verpflichtet ist, bleibt es Sache der Ortspolizei und der Polizeiaufsichtsbehörde (vergl. E.-O.-V. Bd. XX S. 68[2])), festzustellen, welches Kostenbetrages die Polizei zur Erfüllung ihrer Aufgaben bedarf, und Sache der Kommunalaufsichtsbehörde, festzustellen, ob die Leistung dieses Bedarfes der Gemeinde gesetzlich obliegt.

Nr. 17. Entsch. Bd. XXIX. S. 79 vom 15. November 1895. I A 44/95.

Ges. v. 20. IV. 92 (G.-S. S. 87), betr. die Kosten der Kgl. Polizeiverwaltungen in den Stadtgemeinden, §§ 1, 5, 6. Nass. Edikt v. 5. VI. 16 (Samml. der landesherrl. Ed. von 1818 S. 72), über die Einrichtung der Gemeinde- und Ortsverwaltung, § 13; Nass. Ges. v. 12. XII. 48 (V.-Bl. S. 227), betr. die Verfassung und Verwaltung der Gemeinden u. s. w., §§ 2, 39; Nass. Gem.-Ges. v. 26. VII. 54 (V.-Bl. S. 166) §§ 2, 34; Nass. Ges. v. 8. VIII. 57 (V.-Bl. S. 168), wegen Bildung einer besonderen Polizeibehörde für die Stadt Wiesbaden, § 4.

1) Die Funktionen der Badepolizei sind nicht landespolizeiliche, sondern ortspolizeiliche. Sie berühren zwar die Interessen eines weiten Kreises von Personen, die durch ihren Gesundheitszustand auf den Gebrauch der Quellen des Bades angewiesen sind, aber doch nur in dem Falle, daß diese ihren Aufenthaltsort nach dem Bade verlegen. Sie betreffen also nur die durch Anwesenheit von Fremden hervorgebrachten örtlichen Verhältnisse. Die durch den unmittelbaren Dienstbetrieb der Kgl. Badepolizeibehörde erwachsenen Kosten gehören daher zu den Kosten der örtlichen Polizeiverwaltung.

2) Obwohl hiernach die örtliche Polizeiverwaltung „teilweise" von einer Kgl. Polizeibehörde geführt wird, findet das Ges. v. 20. IV. 92 keine Anwendung. Aus §§ 5 und 6 a. a. O. ergiebt sich, daß der Gesetzgeber nur solche Fälle hat treffen wollen, in denen die Verwaltung der Ortspolizei durch die Kgl. Behörde die Regel bildet, und daß er jedenfalls solche Fälle, in denen die Verwaltung der Kgl. Behörde keine dauernde, sondern nur eine periodisch eintretende ist, nicht im Auge gehabt hat. Denn für derartige Verhältnisse

---

[1]) Oben S. 173.
[2]) Oben S. 182.

erscheinen die angeführten Bestimmungen über die Ermittelung ermäßigter Beitragssätze der Gemeinden völlig unanwendbar.

3) Da nun — es handelte sich um einen Badeort im vormaligen Herzogtume Nassau — auch die St.-Ordn. für den Regierungsbezirk Wiesbaden vom 8. VI. 91 (G.-S. S. 107) keine Bestimmungen darüber enthält, wer die örtlichen Kosten der Polizeiverwaltung zu tragen hat, so ist gemäß § 3 Abs. 1 der Vd. v. 20. IX. 67 (G.-S. S. 1529) auf das im vormaligen Herzogtum Nassau geltende Recht zurückzugehen. Nach diesem liegen die Kosten des unmittelbaren Dienstbetriebes der Ortspolizeibehörde den Gemeinden nur dann ob, wenn sie als Kosten der Gemeindeverwaltung oder einer für die Gemeinde errichteten gemeinnützigen Anstalt sich kennzeichnen. Dagegen trägt der Staat, gleich den persönlichen, auch alle sächlichen Kosten, die aus dem inneren Dienstbetriebe von ihm übernommener Ortspolizeiverwaltungen unmittelbar entstehen.

Nr. 18. Entsch. Bd. XXIX. S. 89 vom 18. Februar 1896. I A 101/95.

Ges. v. 20. IV. 92 (G.-S. S. 87), betr. die Kosten der Kgl. Polizeiverwaltungen in den Stadtgemeinden, § 1. Gem.-Ordn. für die Städte und Landgemeinden Kurhessens v. 23. X. 34 (Kurh. G.-S. S. 181) §§ 61, 71, 76; Verf.-Urkunde v. 5. I. 31 (daselbst S. 1) § 44.

1) Die Kosten der Zwangsheilung an Syphilis erkrankter Prostituierter gehören zu denen, die mittelbar durch die verwaltende Thätigkeit der Polizeibehörde erwachsen. Vergl. E.-O.-V. Bd. XXVII S. 75[1]).

2) Daraus folgt aber nicht ohne weiteres, daß solche Kosten der Gemeinde zur Last fallen. Das Ges. v. 20. IV. 92 enthält keine erschöpfenden Vorschriften über die Verteilung der Kosten Kgl. Ortspolizeiverwaltungen zwischen Staat und Gemeinde. Es hat vielmehr nur die unmittelbar aus der Verwaltung entstehenden Ausgaben zum Gegenstande, die mittelbaren Kosten dagegen garnicht berührt. Hinsichtlich ihrer bewendet es bei dem bestehenden Rechte, d. h. in Kurhessen gemäß § 3 Abs. 1 der Vd. vom 20. IX. 67 (G.-S. S. 1529) bei den vor Erlaß dieser Vd. bestehenden Vorschriften.

3) Im Bereiche des Kurhessischen Provinzialrechtes fallen sämmtliche, aus der Führung der Ortspolizeiverwaltung durch eine Kgl. Behörde, sei es unmittelbar oder mittelbar entstehenden Kosten dem Staate zur Last, soweit nicht eine positive gesetzliche Vorschrift die Unterhaltung kommunaler, polizeilichen Zwecken dienender Anstalten den Gemeinden auferlegt, oder besondere Rechtsgründe ein anderes ergeben.

Mangels solcher gehören zu den daselbst dem Staate gesetzlich obliegenden Polizeikosten auch diejenigen, die aus der von Dritten bewirkten Durchführung polizeilich angeordneter Zwangsheilungen Geschlechtskranker erwachsen.

Nr. 19. Entsch. Bd. XXIX. S. 99 vom 11. Februar 1896. I A 120/95.

Ges. v. 20. IV. 92 (G.-S. S. 87), betr. die Kosten der Kgl. Polizeiverwaltungen in den Stadtgemeinden. Ges. v. 11. III. 50 (G.-S. S. 265) über die Polizeiverwaltung, § 3. Min.-Verf. v. 8. VIII. 93 (M.-Bl. S. 173), betr. Maßnahmen gegen Weiterverbreitung der Cholera.

1) Die Entscheidung, ob Maßnahmen zur Abwehr der Cholera landes- oder ortspolizeilicher Natur sind, hängt davon ab, ob im Einzelfalle bei der Maßnahme das landes- oder ortspolizeiliche Interesse überwiegend vorherrscht und von welcher Behörde sie ausgegangen ist. Vergl. E.-O.-V. Bd. V S. 77, Bd. XXVI S. 85 ff., 89 ff.[2])

2) Hat die Aufsichtsbehörde einer Ortspolizeiverwaltung die fortlaufende bakteriologische Untersuchung des von einem Wasserwerke für die Haushaltungen

[1]) Oben S. 187.
[2]) Oben S. 126, 184.

einer Stadt gelieferten Trink- und Wirtschaftswassers zur Abwehr der Cholera aufgegeben, so ist die thatsächliche Befolgung dieser Anordnung eine ortspolizeiliche Maßregel. Die allgemeine Maßnahme, daß bei Zeiten für reines Trink- und Gebrauchswasser gesorgt und demgemäß sämmtliche größere Wasserfilterwerke einer staatlichen Kontrolle unterworfen werden sollen, hat der Natur der Sache nach in erster Linie das gesundheitliche Interesse derer im Auge, die sich der Wasserwerke zur Gewinnung reinen Trink- und Gebrauchswasses bedienen. Das landespolizeiliche Interesse — die Verhütung der Verbreitung der Seuche im Inlande von einer Gegend zur anderen — tritt hier völlig in den Hintergrund. Hieran ändert nichts, daß das Leitungswasser einem die Landesgrenze gegen ein choleraverseuchtes auswärtiges Staatsgebiet bildenden öffentlichen Strome entnommen wird.

3) Die Anordnung der Ortspolizei wird auch nicht etwa dadurch zu einem landespolizeilichen Akte, daß sie in Verfolg einer Verfügung des Regierungspräsidenten ergangen ist. Letztere enthält nicht weiteres, als eine Anweisung der vorgesetzten Behörde an die untergeordnete, daß den „Grundsätzen" entsprechend Veranstaltungen getroffen werden sollen und hierbei mit Rücksicht auf die in dem Nachbarstaate herrschende Krankheit mit besonderer Sorgfalt verfahren werde. Vergl. E.-O.-V. Bd. V S. 75.[1])

4) Die Untersuchungen bilden daher einen Teil der „unmittelbar verwaltenden Thätigkeit" der Polizeibehörde, deren Kosten als solche des inneren Dienstbetriebes dem Staate nur dann zur Last fallen, wenn die Ortspolizeiverwaltung einer Kgl. Polizeibehörde übertragen ist, im übrigen aber dem sonstigen Träger der Polizeilast obliegen, vergl. E.-O.-V. Bd. XXVII S. 73, 76.[2])

5) Die Einziehung dieser Kosten kann nicht durch polizeiliche Verfügung, sondern lediglich durch Festsetzung der Aufsichtsbehörde und nachfolgende Zwangsetatisiernng geschehen. Vergl. Entsch. v. 10. VII. 94 (Pr. V.-Bl. Bd. XV S. 502). Insbesondere stand der Polizeibehörde nicht etwa als Drittverpflichteter der Eigentümer des Wasserwerkes gegenüber, gegen den sie mit polizeilichen Anordnungen hätte vorgehen können. Denn es handelte sich nicht um Beseitigung polizeiwidriger Zustände, sondern erst um die Ermittelung, ob solche vorhanden sind, deren Kosten dem Eigentümer des Wasserwerkes gesetzlich nicht obliegen.

6) Daß das Wasserwerk außerhalb des polizeilichen Bezirkes der betr. Stadt belegen ist, befreit letztere nicht von den Kosten. Die Pflicht der Gemeinden zur Bestreitung der Kosten der örtlichen Polizeiverwaltung hat zwar eine dem Interesse der Einwohner des Polizeibezirkes dienende polizeiliche oder im Auftrage der Polizei unternommene Thätigkeit zur Voraussetzung, nicht aber daß diese Thätigkeit sich innerhalb des Polizeibezirkes vollzieht. Untersuchungen, Reisen, Einholung von Gutachten pp, die jenem Interesse dienen, erfolgen auf Kosten des Trägers der Polizeiverwaltung.

7 Über die Angemessenheit der dem Techniker für die Wasseruntersuchungen zugebilligten Vergütung ist in einem auf Grund des § 19 des Zust.-Ges. anhängig gemachten Streitverfahren nicht zu befinden. Vergl. E.-O.-V. Bd. XIV S. 107, Bd. XX S. 67[3]).

---

[1]) Oben S. 126.
[2]) Oben S. 185 f., 187.
[3]) Oben S. 181, 182.

V.

Landgemeinden und Gutsbezirke.

Litteratur: v. Brauchitsch: Die neuen preußischen Verwaltungsgesetze. — Bornhak: Verwaltungsrecht. — Hue de Grais: Handbuch der Verfassung und Verwaltung; Grundriß der Verfassung und Verwaltung. — Illing-Kautz: Handbuch für preußische Verwaltungsbeamte. — Parey: Handbuch des Verwaltungsrechts. — Pfafferoth: Organisationsgesetze. — Schubart: Verfassung und Verwaltung. — von Stengel: Organisation der Verwaltung und Wörterbuch des deutschen Verwaltungsrechts, Artikel „Gemeinden" u. s. w., „Gutsbezirke", dazu die Nachträge in den Ergänzungsheften. — von Rönne und Simon: Gemeindeverfassung des preuß. Staats, 1843. — Stüve: Wesen und Verfassung der Landgemeinden in Niedersachsen und Westfalen, 1851. — von Möller: Landgemeinden und Gutsherrschaften nach preuß. Recht, 1865. — Löning: Erhebung des deutschen Verwaltungsrechts. — Gierke: Das deutsche Genossenschaftsrecht. — Strutz: Kommunalverbände — s. oben S. 1. — Kommentare zur Landgemeinde-Ordnung von Dullo: Berlin 1891. — Freitag 1892. — Genzmer 1892. — Hahn 1891. — Halbey 1892. — Keil 1896. — Studt und Braunbehrens 1892. — Zander 1891. — v. Borries: Die Amtsführung der Gemeinde-, Guts- und Amtsvorsteher in den östlichen Provinzen der Preußischen Monarchie — Berlin 1893. — Geiseler: Das ländliche Kommunalwesen in den sechs östlichen Provinzen. — Genzmer: Entstehung und Rechtsverhältnisse der Gutsbezirke in den sieben östlichen Provinzen der preußischen Monarchie, 1892. — Halbey: Das Gemeindeverfassungs- und Verwaltungsrecht in den sieben östlichen Provinzen, 1896. — Haxthausen: Ländliche Verfassung der preußischen Monarchie, 1839—1861. — Keil: Die Landgemeinde in den östlichen Provinzen Preußens, 1890. — Knapp: Die Bauernbefreiung und der Ursprung der Landarbeiter in den älteren Teilen Preußens, 1887. — von Möller: Landgemeinden und Gutsherrschaften nach preußischem Rechte, 1865. — Schön: Das Recht der Kommunalverbände in Preußen, Berlin 1897. — Stein: Handbuch für Amtsvorsteher, 7. Auflage 1892. — Westfalen: Kommentare zur Landgemeinde-Ordnung vom 19. März 1856 von Braunbehrens 1887. — v. Detten, 2. Aufl. 1888. — Lindemann 1886. — Steffenhagen 1887. — Stüve: Wesen und Verfassung der Landgemeinden in Niedersachsen und Westfalen 1851. — Rheinprovinz: Kommentare zur Landgemeindeordnung vom 23. Juli 1845 von v. Bitter, 2. Aufl. 1891. — Dasbach, 3. Aufl. 1888. — Harnisch, 3. Aufl. 1896. — Maassen und Merklinghaus 1888. — Schmitz, 3. Aufl. 1885. — Neukamp: Staats- und Selbstverwaltung der Rheinprovinz, 1888. — v. Plettenberg-Mehrum: Der Gemeindevorsteher in den Landgemeinden der Rheinprovinz, 1890. — Hannover: v. Gostkanski: Gemeindeverfassungsgesetze, 1891. — Brüning: Die preußische Verwaltungsgesetzgebung für die Provinz Hannover, 2. Aufl. 1886. — Ebert: Handbuch für Gemeindebeamte, 2. Aufl. 1890. — Schleswig-Holstein: Krüger: Landgemeindeordnung, 1889. — Krüger: Organisation der Staats- und Selbstverwaltung in der Provinz Schleswig-Holstein, 1889. — Hessen-Nassau: Althaus: Kurh. Gemeindeordnung vom 23. Oktober 1834, 1878. — Bertram: Nassauische Gemeindegesetzgebung, 1887. — Bertram: Nassauische Gemeindeordnung 1876. — Grotefend: Handbuch der Provinzial-, Kreis- und Kommunalverwaltung in Hessen-Nassau, 1878. — Merklinghaus: Verwaltungsgesetze für Hessen-Nassau, 1886. — v. Oven: Gemeindeverfassungs- und Organisationsgesetze für Frankfurt a. M. 1872. — Peters: Handbuch für das Nassauische Gemeindewesen, 1882.

Gesetzesmaterialien: Materialien zu den Kreisordnungen s. oben S. 19. — Zum Landesverwaltungs- und Zuständigkeitsgesetz s. oben S. 133. — Landgemeinde-Ordnung für die sieben östlichen Provinzen der Monarchie vom 3. Juli 1891. Abg.-Haus. Drucks. Nr. 7. 48. 145. 296. 355. — Sten.-Ber. S. 12. 201—255. 1608—1822. 1851—1931. — Herrenhaus. Drucks. Nr. 88. 104. 111. 112. 118. 119. 125. 139. 145. 151. — Sten.-Ber. S. 206. 264. 292. 317. — Landgemeinde-Ordnung für die Provinz Westfalen vom 19 März 1856. Abg.-Haus. Drucks. Nr. 10. 11. — Sten.-Ber. S. 195—234. 279. 280. — Herrenhaus. Drucks. Nr. 11. 47. 59. — Sten.-Ber. S. 59. 74—76. — Rheinische Gemeindeordnung vom 23. Juli 1845 (G.-S. S. 523) und Gemeindeverfassungsgesetz vom 15. Mai 1856. Abg.-Haus. Drucks. Nr. 91—94. — Sten.-Ber. S. 890 ff. — Herrenhaus. Drucks. N. 54. 150. 179. 196. — Sten.-Ber. S. 239. 243. 316. 421—429. — Hannoversches Landgemeinde-Verfassungsgesetz vom 28. April 1859. (Ges.-Samml. S. 393.) — Kurhessische Gemeindeordnung vom

23. Oktober 1834 (Kurh. Gesetz-Sammlung S. 181), ergänzt durch Ges. vom 15. Mai 1863 (das. S. 18). — Nassauisches Gemeindegesetz vom 26. Juli 1854 (Nass. V.-Bl. S. 166). — Großherzogl. Hess. Gemeinde-Ordnung vom 30. Juni 1821 (Reg.-Bl. S. 335) nebst Ges. vom 27. September 1848 (das. S. 364), vom 8. Januar und vom 21. Juni 1852 (das. S. 33 und 299) und vom 3. Mai 1858 (das. S. 189). — Landgräfl. Hess. Ges. vom 9. Oktober 1849 (Archiv S. 471), Vd. vom 21. Dezember 1849 (das. S. 490), Ges. vom 6. Dezember 1852 (das. S. 704) und Vd. vom 5. Februar 1856 (das. S. 799). — Frankfurter Gemeinde-Ordnung vom 12. August 1824 (Frankf. G.-S. III. S. 263), eingeführt in Niederrad Ges. vom 3. November 1842 (das. Bd. VIII S. 9). Für die vormals bayrischen Gebietsteile Vd. vom 17. Mai 1818 (bayr. G.-S. S. 49) und vom 1. Juli 1834 (das. S. 109). — Landgemeinde-Ordnung für Hechingen vom 19. Oktober 1833 (Hech. Woch.-Bl. von 1833). — Gemeinde-Ordnung für Hohenzollern-Sigmaringen vom 6. Juni 1840 (Hohenz. G.-S. V. S. 241) und Ges. vom 5. August 1837 (das. Bd. IV S. 539). — Landgemeinde-Ordnung für Schleswig-Holstein vom 4. Juli 1892. Abg.-Haus. Drucks. Nr. 120. 171. 179. — Sten.-Ber. S. 1277—1282. 1285. 1681—1683. 1768. 1769. — Herrenhaus. Drucks. Nr. 91. 102. — Sten.-Ber. S. 285. 317.

A. Rechtliche Stellung der Landgemeinden und Gutsbezirke. Kommunale Eigenschaft. Änderung der Bezirksgrenzen. Auseinandersetzungen.

Nr. 1. Entsch. Bd. I. S. 147 vom 22. November 1876.

Ges. v. 8. III. 71 (G.-S. S. 130), betr. Ausführung des Bundesgesetzes über den Unterstützungswohnsitz, § 8. Land-Gem.-Ordn. v. 3. VII. 91 (G.-S. S. 223) § 122 Abs. 1.

1) Der normale, nicht sowohl durch ausdrückliche gesetzliche Bestimmungen, als vielmehr durch die geschichtliche Entwickelung des Institutes der Gutsherrschaften bestimmte Rechtszustand, wonach der Eigentümer des einen Gutsbezirk bildenden Gutes als solcher Träger der gutsherrlichen Rechte und Pflichten ist, hat durch die neuere Gesetzgebung vielfach Modifikationen erlitten. Die durch die Landeskulturgesetzgebung eingeführte freie Teilbarkeit des Grund und Bodens, die gesetzlich erfolgte Regulierung der gutsherrlichen und bäuerlichen Verhältnisse behufs der Eigentumsverleihung an die bäuerlichen Besitzer und die Aufhebung des Obereigentums der Guts- und Grundherren und der Erbzinsherren, sowie des Eigentumes der Erbverpächter, haben die Rechtsverhältnisse vieler Gutsbezirke in der Weise umgestaltet, daß die gutsherrlichen Rechte und Pflichten mit dem Eigentume eines verhältnismäßig geringfügigen Teiles eines Gutes oder nur mit Rechten verknüpft sind, die ablösbar oder durch Vermittelung der Rentenbanken bereits abgelöst sind, ohne daß durch derartige Umgestaltungen der ursprünglichen Gutsverhältnisse allein der kommunalrechtliche Bestand der Gutsbezirke beseitigt und die gutsherrlichen Pflichten derer, auf welche die Gutsherrschaft überkommen ist, aufgehoben werden könnten[1]).

Letzteres gilt insbesondere hinsichtlich der im Gutsbezirke bestehenden Last der Armenpflege, und es darf das Gegenteil nicht etwa aus § 8 des Ges. v. 8. III. 71 gefolgert werden. Die Grundlage des § 8 ist die prinzipale Verpflichtung des Gutsherrn zur Tragung der Kosten der öffentlichen Armenpflege im Gutsbezirke. Hierbei ist für den Träger der gutsherrlichen Rechte und Pflichten im Gutsbezirke — den Gutsherrn, die Gutsherrschaft —

---

[1]) So ist der Dominialbesitz des Fiskus vielfach thatsächlich derartig gestaltet, daß er mit einem Gute im landwirtschaftlichen Sinne keine Ähnlichkeit hat. Ebenso sind durch Abverkäufe, Kolonisation u. s. w. mit zahlreichen Gütern so wesentliche Veränderungen vorgegangen, daß nur noch Gerechtsame übrig geblieben sind, ohne daß dadurch die kommunalrechtliche Natur des ursprünglichen Gutes als Gutsbezirk verändert wäre. Entsch. v. 13 III. 89 (Pr. V.-Bl. Bd. X S. 384).

der von den normalen und regelmäßigen Verhältnissen der Gutsbezirke hergenommene Ausdruck „Gutsbesitzer" gebräuchlich, eine Ausdrucksweise, der demnächst auch § 31 Abs. 1 der Kr.-Ordn.[1]) folgt. Diese Bestimmungen setzen bezüglich der Frage, wer in einem Gutsbezirke der Gutsbesitzer in kommunalrechtlicher Beziehung, d. i. die Gutsherrschaft, sei, das bestehende Recht voraus.

2) Das kommunalrechtliche Bestehen der Gutsbezirke ist von den privatrechtlichen Dispositionen des Eigentümers am Grund und Boden über diesen unabhängig; es können also Gutsbezirke als solche niemals durch Zerstückelungen des Gutes allein, sondern nur durch einen entsprechenden Akt der Staatshoheit aufgehoben werden.[2])

3) Der Gutsherr kann sich seiner gutsherrlichen Pflichten nicht willkürlich durch einseitige Handlungen, wie durch Parzellierung des Grund und Bodens, durch Veräußerung oder Ablösung der ihm daran zustehenden Rechte, entledigen.

4) Die mit der Gutsherrschaft verbundenen Lasten und insbesondere die Last der öffentlichen Armenpflege haben nicht die Natur der Reallasten. Sie können daher auch nicht auf die einzelnen Teile des Bezirkes als öffentliche Lasten umgelegt werden. Für den kommunalrechtlich stets ein Ganzes bildenden Gutsbezirk ist lediglich und allein der Gutsbesitzer — der Träger der gutsherrlichen Rechte, der als solcher der Regel nach durch das Eigentum am Grund und Boden des Gutsbezirkes, des Gutes oder Restgutes bestimmt wird — zu den Pflichten und Leistungen verbunden, die den Gemeinden im öffentlichen Interesse für ihren Bezirk obliegen, insbesondere also auch zu den Kosten der Armenlast, nicht aber die Eigentümer von Gutsparzellen, die nicht Gutsherren sind.

5) Wenn die Leistungen des Gutsbesitzers in einem thatsächlichen Mißverhältnisse zu den Rechten stehen, so ist Abhilfe dagegen nur auf dem im § 8 Abs. 2 des Ges. v. 8. III. 71 bezeichneten Wege oder durch die Umgestaltung des Gutsbezirkes in eine Gemeinde zu suchen.

Nr. 2. Entsch. Bd. II. S. 117 vom 7. März 1877.

Ges. v. 31. XII. 42 (G.-S. 1843 S. 8), über die Verpflichtung zur Armenpflege, § 6 Ges. v. 8. III. 71 (G.-S. S. 130), betr. Ausführung des Bundesges. über den Unterstützungswohnsitz, § 74.

1) Die Begriffe „Gemeindebezirk" und „Gutsbezirk" haben sich geschichtlich entwickelt. Ausgangs- und Mittelpunkt der ländlichen Gemeindeverfassung bildete früher das Band der persönlichen Leibeigenschaft oder Erbunterthänigkeit der hörigen Leute zum Gutsherrn. Lediglich in dem Belieben des letzteren stand es, ob er die Feldmark selbst bewirtschaften lassen oder ganz oder zum Teil mit bäuerlichen Wirten besetzen wollte. Er konnte Bauern legen oder früheres Vorwerksland mit bäuerlichen Wirten besetzen. That er letzteres, so trat ohne weiteres das Vorwerksland den Rustikalstellen der Dorfgemeinde hinzu. Das Bauernlegen wurde frühzeitig durch besondere Provinzialgesetze beschränkt, die teils bestimmten, daß die nach einem gewissen Jahre eingezogenen Stellen hinsichtlich der auf ihnen haftenden dinglichen Lasten und persönlichen Leistungen von dem Gutsherrn vertreten werden sollten, teils die Konservierung der in einem gewissen Jahre vorhanden

---

[1]) Jetzt § 122 Abs. 1 der Land-Gem.-Ordn. v. 3. VII. 91.

[2]) Vergl. auch Entsch. v. 24. I. 91 (Pr. V.-Bl. Bd. XII S. 242). Ebenso gehören Grundstücke, die jetzt im Eigentume eines Gutsherrn stehen, deshalb keineswegs ohne weiteres notwendig zum Gutsbezirke. Ihre kommunalrechtliche Zugehörigkeit hängt vielmehr von ihrem Ursprunge u. s. w. ab. Entsch. v. 9. VII. 94 (Pr. V.-Bl. Bd. XV S. 524).

gewesenen Rustikalstellen anordneten (Art. 4 der Deklaration v. 29. V. 16 — G.-S. S. 154 —; A.-L.-R. II. 7 §§ 14 bis 16, 9 §§ 74 und 75). Während so das Recht des Gutsherrn auf Umwandlung von Bauerland in Vorwerksland eingeschränkt wurde, blieb das Recht des Gutsherrn, Vorwerksland mit bäuerlichen Wirten zu besetzen, ungeschmälert, so lange die Erbunterthänigkeit bestand.[1]) Durch diese Besetzungen vergrößerte sich von selbst die bäuerliche Gemeinde.

Mit der Aufhebung der Erbunterthänigkeit (Ed. v. 9. X. 07 und 14. IX. 11 G.-S. S. 281), trat das Eigentum der bäuerlichen Gemeinde dem Eigentume des Gutsherrn gegenüber, es entstanden Grenzen zwischen Gemeinde und Gutsbezirk, ohne daß durch diese Gesetze die öffentlich-rechtlichen Verhältnisse zwischen dem Gutsherrn und der Gemeinde geordnet worden wären.

Bis zum Erlaß des Ges. v. 31. XII. 42 war die Frage, ob die vom Gutsherrn abverkauften Parzellen des Gutes Teile des Gutsbezirkes bleiben oder als in den Bezirk der Dorfgemeinde ohne weiteres eintretend zu behandeln seien, zweifelhaft; erst durch den § 6 Nr. 3 des gedachten Gesetzes ist eine feste Basis geschaffen. Hiernach sollen die von den Rittergütern u. s. w. abgezweigten Grundstücke, soweit solche vor Publikation des Ges. v. 31. XII. 42 ohne Widerspruch der Beteiligten zu der Dorfgemeinde übergegangen oder als zu ihr gehörig behandelt worden sind, bei letzterer auch ferner verbleiben. Die ausdrückliche Zustimmung der Gemeinde und die Genehmigung der Landespolizeibehörde ist dabei nicht erforderlich.[2])

2) Wenn der § 1 des Ges. v. 14. IV. 56 (G.-S. S. 359) bestimmt, daß den Bezirk einer ländlichen Gemeinde alle diejenigen Grundstücke bilden, die ihm bisher angehört haben, so gehören dazu auch die im § 6 Nr. 3 des Ges. v. 31. XII. 42 bezeichneten Trennstücke von Rittergütern. Die Vereinigung solcher Trennstücke mit dem Gutsbezirke in den Formen des § 1 Abs. 4 des Ges. v. 14. IV. 56 ist nicht erforderlich. Vergl. auch § 74 des Ges. v. 8. III. 71.

Nr. 3. Entsch. Bd. II. S. 154 vom 26. April 1877.

Gemeinheitsteilungsord. v. 7. VI. 21 (G.-S. S. 53) § 147. Ges. v 31. XII. 42 (G.-S. 1843 S. 8) über die Verpflichtung zur Armenpflege, § 6. Ges. v. 8. III. 71 (G.-S. S. 130), betr. Ausführung des Bundesges. über den Unterstützungswohnsitz, § 8.

1) Die Bestimmung des § 147 der Gemeinheitsteilungsordn. v. 7. VI. 21, wonach Abfindungsländereien Surrogate der dafür bei Gemeinheitsteilungen abgetretenen Grundstücke oder abgelösten Berechtigungen sind, bezieht sich auch auf die öffentlich-rechtlichen und insbesondere die Kommunalverhältnisse der Abfindungsländereien. Vergl. Min.-Erl. v. 13. VIII. 60 (M.-Bl. S. 235).

2) Die Kommunalverhältnisse eines Grundstückes sind unabhängig von privatrechtlichen Bestimmungen, durch die es einem anderen Grundstücke zugeschlagen wird. Es kommt für die Beurteilung der Kommunalverhältnisse von Abfindungsländereien lediglich darauf an, ob sie vor der Separation zu den Ländereien eines Gutsbezirkes oder zu den bäuerlichen Grundstücken gehört

---

[1]) D. h. bis zum 1. I. 12, als dem Zeitpunkte des Inkrafttretens der neuen Agrargesetzgebung. Grundstücke, die nach dem 1. I. 12 von dem Gutsherrn veräußert worden, sind nicht bäuerliches Land geworden, sondern im Gutsbezirke verblieben, falls sie nicht in der Folge durch einen nach Maßgabe der Vd. v. 20. VI. 17 (G.-S. S. 165) abgeschlossenen, von der Generalkommission bestätigten Rezeß oder anderweit in legaler Weise der Gemeinde einverleibt worden sind. Entsch. v. 12. IX. 88 (Pr. V.-Bl. Bd. X S. 77).

[2]) Die Rechtsverhältnisse der früher mit Bauern besetzten Vorwerksländereien, der landrechtlich anerkannte Besitzstand der Landgemeinden sind durch § 6³ nicht berührt worden. Entsch. v. 15. I. 87 (Pr. V.-Bl. Bd. VIII S. 195).

haben und es sind hierbei im weiteren die in E.-O.-V. Bd. II S. 117, 162[1]**) näher ausgeführten Rechtsgrundsätze maßgebend.**

Nr. 4. Entsch. Bd. II. S. 162 vom 30. April 1877.

A.-L.-R. Teil II Tit. 7 §§ 18, 20, 308; Tit. 11 §§ 772, 775, 776. Ges. v. 31. XII. 42 (G.-S. 1843 S. 8) über die Verpflichtung zur Armenpflege, § 6.

Das A.-L.-R. unterscheidet in Tit. 7. T. II herrschaftliche Grundstücke und bäuerliche Grundstücke. Nur die Besitzer der letzteren, und zwar nur die angesessenen Wirte, bilden die Dorfgemeinde. Wohin Pfarrländereien zu rechnen sind, bestimmt es nicht ausdrücklich, doch geht aus T. II Tit. 11 §§ 775, 776 hervor, daß es den Pfarrer hinsichtlich der Pfarrgüter nicht als Genossen des Gutsherrn, sondern als Gemeindeinteressenten ansieht. Diese Bestimmungen entsprachen den zur Zeit der Verkündigung des A.-L.-R. auf dem platten Lande herrschenden Zuständen. Die Verhältnisse änderten sich völlig, nachdem durch die Ed. v. 9. X. 07 (G.-S. S. 170) und 14. IX. 11 (G.-S. S. 281) die Teilbarkeit aller an sich veräußerlichen Grundstücke gestattet, die Gutsunterthänigkeit aufgehoben und den bäuerlichen Wirten das Eigentum ihrer Höfe verliehen worden war. Zahlreiche neue Höfe entstanden nicht nur durch Teilung bäuerlicher Höfe, sondern auch auf Trennstücken von Rittergütern. Letztere überwies das Ges. v. 31. XII. 42 dem Gemeindebezirke, soweit ihre Vereinigung mit der Gemeinde unter der ausdrücklichen Zustimmung der letzteren und mit Genehmigung der Landespolizeibehörde erfolgt, oder soweit ihre Vereinigung schon vor der Verkündigung des Ges., zwar ohne jene Zustimmung und Genehmigung, aber doch ohne Widerspruch der Beteiligten zur Ausführung gekommen war. Das Ges. errichtete feste Grenzen zwischen Guts- und Gemeindebezirk und seitdem hängt die Zugehörigkeit eines Grundstückes zu einer Gemeinde nicht mehr davon ab, ob es zur Zeit des Erscheinens des A.-L.-R. für ein „bäuerliches" zu erachten war, sondern davon, ob es im Gemeindebezirke — im Gegensatze zum Gutsbezirke — belegen ist. Welchem Bezirke Pfarrländereien zuzuteilen sind, bestimmt das Ges. v. 31. XII. 42 nicht. Der Gesetzgeber hat diese Frage durch § 778 A.-L.-R. II 11 in der Regel für klargestellt erachtet und zweifelhafte Fälle nach den obwaltenden besonderen Rechtsverhältnissen und den im Ges. aufgestellten Grundsätzen entschieden wissen wollen.[2])

Nr. 5. Entsch. Bd. III. S. 99 vom 8. Dezember 1877.

Gemeinheitsteilungsordn. v. 7. VI. 21 (G.-S. S. 53) § 147. Vd. wegen Organisation der Generalkommissionen 2c. v. 20. VI. 17 (G.-S. S. 161) §§ 4 ff. Ges. v. 7. VI. 21 (G.-S. S. 83) über die Ausführung der Gemeinheitsteilungsordn., § 9. Vd. v. 30. VI. 34 (G.-S. S. 96), wegen des Geschäftsbetriebes in den Angelegenheiten der Gemeinheitsteilungen, § 11.

Abfindungsländereien, die für abgelöste Berechtigungen gewährt wurden, sind ein Surrogat für diese und werden in allen — sowohl privat- als öffentlich-rechtlichen — Beziehungen Zubehör der früher berechtigten Grundstücke. Damit tritt ohne weiteres auch eine Änderung der Grenzen der beteiligten Gemeinde- und Gutsbezirke ein. Diese im öffentlichen Rechte begründeten Folgen können nicht durch Privatabkommen ausgeschlossen werden, vielmehr bedarf es dazu der Zustimmung der beteiligten politischen Gemeinden und eines ausdrücklichen Ausspruches der staatlichen Aufsichts- (Landespolizei-) Behörde, durch den die durch das Gesetz bestimmten Gemeindegrenzen abgeändert worden wären (§ 6 Nr. 2 des Ges. über die Verpflichtung zur Armenpflege v. 31. XII. 42 — G.-S. 43 S. 8 —).

---

[1]) Nr. 2 und 4 dieses Abschnittes.

[2]) Vergl. auch E.-O.-V. Bd. XIII S. 298.

Aus einem etwa in früherer Zeit (1844) stipulierten Vorbehalte der Jagd und der Kriminalgerichtsbarkeit ist nichts für die Gemeindezubehörigkeit zu folgern, da vor Aufhebung der Jagd auf fremdem Grund und Boden und vor Aufhebung der Patrimonialgerichtsbarkeit die Grenzen der Jagdrechts- und der Gerichtsbezirke mit den Grenzen der Gemeinde- und Gutsbezirke keineswegs notwendig zusammenfielen.

Nr. 6. Entsch. Bd. V. S. 116 vom 19. April 1879.

A.-L.-R. Teil II Tit. 7 §§ 18, 308.

1) Wenn § 1 des Ges. v. 14. IV. 56 (G.-S. S. 359) bestimmt, daß die ländlichen Gemeinden und selbständigen Gutsbezirke von allen denjenigen Grundstücken gebildet werden, die ihm bisher angehört haben, so ist unter der bisherigen Angehörigkeit nicht etwa nur die thatsächliche Angehörigkeit oder gar die thatsächliche räumliche Lage, sondern die rechtliche Zugehörigkeit verstanden. Indem § 1 die bis dahin fehlenden Normen für die „Veränderung von Gemeinde- und Gutsbezirken" giebt, knüpft er an den bestehenden Rechtszustand an, gestaltet ihn aber nicht neu.

Zur Zeit der Emanation des A.-L.-R. bildeten lediglich die bäuerlichen Grundstücke, im Gegensatze zu den herrschaftlichen, den Gemeindebezirk. Der Umfang des letzteren war aber insofern von der Disposition des Gutsherrn abhängig, als er Vorwerksland mit bäuerlichen Wirten besetzen und so den Gemeindebezirk vergrößern konnte. In gewisser Hinsicht blieb dieser Rechtszustand auch nach Beseitigung der Fundamente jenes Rechtszustandes durch Aufhebung der Erbunterthänigkeit und Verleihung des Eigentumes an die bis dahin unterthänigen bäuerlichen Besitzer bestehen, nämlich insofern, als auch nach Erlaß der Ed. v. 9. X. 07 und 14. IX. 11 davon ausgegangen wurde, daß, wenn der Gutsherr Teile seines herrschaftlichen Besitzes veräußerte, diese damit ipso jure in den Verband der Gemeinde übergingen. Diese Rechtsauffassung wurde durch § 6 des Ges. v. 31. XII. 42 (G.-S. 43 S. 8) für die Vergangenheit insofern sanktioniert, als daselbst unter Nr. 3 bestimmt wurde, daß den Gemeinden die Armenpflege auf den abverkauften Gutsparzellen obliege, wenn die Vereinigung mit der Gemeinde schon vor Verkündung des Ges. ohne Widerspruch der Beteiligten wirklich erfolgt sei. Für die Zukunft wurde sie aber reprobiert, indem nach § 6 dem Gutsherrn die Armenlast auch auf den abverkauften Parzellen der Regel nach verbleiben sollte. Das Ges. v. 31. XII. 42 hat also feste Grenzen zwischen Guts- und Gemeindebezirk aufgerichtet und seitdem ist die Zugehörigkeit eines Grundstückes zu einer Gemeinde nicht mehr davon abhängig, ob es zur Zeit des Erscheinens des A.-L.-R.'s für ein „bäuerliches" zu erachten gewesen, sondern davon, ob es im Gemeindebezirke, im Gegensatze zum Gutsbezirke, liegt. Hiermit ist zunächst zum Ausdrucke gebracht, daß für die Umgrenzung des Gemeindebezirkes der Begriff des bäuerlichen Grundstückes im Sinne des A.-L.-R.'s insofern nicht mehr entscheidend ist, als nach dessen Emanation vielfach zu den Landgemeinden Parzellen von Gutsbezirken hinzugetreten sind, ohne doch dadurch wegen der inzwischen völlig veränderten Gesetzgebung zu bäuerlichen im Sinne des A.-L.-R.'s zu werden. Keineswegs hat damit gesagt werden sollen, daß lediglich die räumliche Lage in Gemeinde- bezw. Gutsbezirken über die kommunale Zugehörigkeit entscheide. Anderenfalls wäre damit nicht nur den thatsächlich bestehenden kommunalen Verhältnissen zahlreicher Gutsenklaven in bäuerlichen Feldmarken und bäuerlicher Enklaven in Gutsbezirken entgegengetreten, sondern auch ein Rechtsprinzip aufgestellt worden, das vielfach, wo Gut und Gemeinde im Gemenge liegen, praktisch nicht zu verwerten ist. In jedem Falle ist daher die rechtliche Zugehörigkeit eines Grundstückes zum Gemeinde- oder Gutsbezirk zu prüfen, und es kann hierbei nach der oben dargelegten Entwickelung der Gemeinde- und Gutsbezirksverhältnisse allerdings ein Grundstück dem Bezirke einer Landgemeinde dann nicht hinzugerechnet werden, wenn nicht nur erhellt, daß es niemals ein bäuerliches im Sinne des A.-L.-R.'s gewesen, sondern auch, daß es im Gegenteil von jeher als herrschaftliches Territorium vom Gutsherrn zu Eigentum besessen ist und keinerlei Anhalt dafür vorliegt, daß es nach Emanation des A.-L.-R.'s auf einem der vorstehend angedeuteten Wege in den Gemeindeverband übergegangen wäre.

2) Herrschaftliche Dorfauen pflegen mit den Grundstücken der Gemeinden im Gemenge zu liegen. Für Schlesien muß als Regel anerkannt werden, daß diese Dorfauen im Eigentum der Gutsherrschaften verblieben sind, weil sie ursprünglich herrschaftliches Territorium waren und nicht an die Unterthanen ausgegeben sind. Hieraus folgt, daß sie regelmäßig und überall da, wo und soweit nicht Ausnahmeverhältnisse und namentlich der Übergang in den Bezirk der Landgemeinden dargethan sind, auch jetzt noch nicht zu den letzteren in kommunaler Beziehung gehören. Für einen solchen Übergang sind die Zweckbestimmung der Dorfaue und deren Benutzung durch die Einwohner des Dorfes nicht entscheidend, ebensowenig wie das Moment, ob die Dorfauen in räumlicher Verbindung mit einem geschlossenen Gutsbezirk stehen oder nicht. Es sind dies thatsächliche Verhältnisse, denen keine gesetzliche Bestimmung eine rechtliche Bedeutung beigelegt und die sich in Wirklichkeit überaus mannigfaltig gestaltet haben.

3) Von Einfluß könnte der Umstand sein, daß die Vereinigung der Dorfaue mit dem Gemeindebezirke vor der Publikation des Ges. v. 31. XII. 42 in Ausführung gekommen wäre, d. h. daß die Gutsherrschaft die Dorfaue vor jenem Zeitpunkte veräußert hätte. Dagegen kann aus dem Umstande, daß die Dorfgemeinde über die Dorfaue etwa stets die örtliche Polizei geübt hat, ein entscheidendes Moment für die Beurteilung der kommunalen Zugehörigkeit so wenig hergeleitet werden, wie aus der nach der Kr.-Ordn. erfolgten Organisation der Amtsbezirke, bei der allerdings regelmäßig gleichfalls nicht die kommunale Stellung der Dorfaue berücksichtigt sein wird. Die Polizei im Dorfe stand ohne Unterschied zwischen Dorfaue und Dorfgemeinde bis zum Erlaß der Kr.-Ordn. der Gutsherrschaft zu, und wenn sich die letztere der Dorfgerichte in Gemäßheit des § 59 Tit. 7 T. II A.-L.-R.'s dabei als Organe bediente, so änderte das doch nichts an der Befugnis zur Ausübung der Polizeigewalt.

4) Das Auenrecht gilt auch in dem größten Teile der östlichen Provinzen, namentlich in Brandenburg und Pommern.

Nr. 7. Entsch. Bd. V. S. 149 u. Bd. VI. S. 89 vom 10. September 1879.

Ed. v. 14. IX. 11 (G.-S. S. 281), die Regulierung der gutsherrlichen und bäuerlichen Verhältnisse betr., §§ 16, 37, 48, und Dekl. dazu v. 29 V. 16 (G.-S. S. 154) Art. 36. Gemeinheitsteilungsordn. v. 7. VI. 21 (G.-S. S. 53) § 147.

Grenzen zwischen Gemeinde- und Gutsbezirk entstanden erst infolge des Ed. v. 14. IX. 11 durch die Regulierung der gutsherrlich-bäuerlichen Verhältnisse. Wenn nun dieses Ed. ausdrücklich verordnet, daß die Kommunalabgaben und Leistungen von den Bauerhöfen allein zu tragen sind, und den Gutsherrn für die ihm gemäß des Ed. gewordene Landabfindung von jeder Kommunalbeitragspflicht befreit, so kann diese Bestimmung nicht anders gedeutet werden, als daß die gutsherrliche Landabfindung aus dem bäuerlichen Gemeindeverbande ausscheidet und als Surrogat der aufgehobenen gutsherrlichen Rechte ein Bestandteil des Gutes wird. Rechtlich unerheblich ist es, ob das berechtigte Gut bereits gutsherrliches Vorwerksland umfaßte oder nur aus Ehrungen bestand. Im ersteren Falle trat die Landabfindung dem vorhandenen Vorwerkslande hinzu, im anderen bildete sie statt der Ehrungen das Gut.[1])

Nr. 8. Entsch. Bd. VI. S. 94 vom 17. Dezember 1879.

A. L.-R. I. 9 §§ 225 ff. 271 ff., Teil II Tit. 14 §§ 21, 24, Tit. 15 §§ 8, 38, 67, 68. Allgem. Strom-, Deich- und Uferordn. für Ostpreußen und Litthauen v. 14. IV. 06 (Rabe Bd. XIII S. 631) §§ 61, 64.

1) Öffentliche Flüsse gehören (insbesondere auch in Ostpreußen) in kommunaler Beziehung zu den sie umgebenden Kommunalbezirken. Hierauf weist namentlich der enge rechtliche Zusammenhang zwischen Ufer und Flußbett hin. Steht auch das Flußbett nicht im Eigentume der Uferbesitzer, so erwerben diese doch die Anspülungen ohne besondere Besitzergreifung und verlieren das Eigentum an Uferteilen, die dauernd unter Wasser treten. Durch diese natürlichen Veränderungen des Flußbettes werden aber die kommunalen Grenzen nicht verrückt. Ebenso erwirbt nach der Regel des A.-L.-R.'s der Uferbesitzer das natürlich zugelandete und verlassene Flußbett und hat das Recht, sich die im Flusse entstehenden Inseln zuzueignen. Allen diesen privatrechtlichen Beziehungen der Uferbesitzer zum Bette der öffentlichen Flüsse entspricht auf kommunalem Gebiete nur die Annahme der kommunalen Zugehörigkeit der Flüsse zu den sie umgebenden Gemeinde- und Gutsbezirken.

Hieraus ergiebt sich weiter für die zahlreichen Fälle, in denen Flüsse die Grenze zwischen Gemeinde-, bezw. Gutsbezirken bilden, unter analoger Anwendung der für privatrechtliche Grenzverhältnisse im § 379 Tit. 17 T. I A.-L.-R. gegebenen Vorschrift und der für die Bestimmung der Rechte am verlassenen Flußbette und den im Flusse entstehenden Inseln überall wiederkehrenden Scheidung nach der Mitte des Flußbettes als Regel, daß die Mitte des Flusses die Grenzscheide der auf diese Weise aneinander grenzenden Kommunalbezirke bildet. Vergl. Min.-Erl. v. 17. VI. 88 (M.-Bl. S. 249.)

2) Angeschwemmte Leichen müssen auf Anordnung des Amtsvorstehers von dem zur Tragung der Armenlast verpflichteten Gutsbesitzer beerdigt werden, in dessen Bezirke sie gefunden werden. Aus dem Umstande, daß die Ausübung der Armenpolizei in dem betreffenden Bezirke dem Amtsvorsteher zusteht, läßt sich eine Befreiung des Gutsbesitzers von der obigen Last nicht herleiten.

3) Für die Feststellung der kommunalen Verhältnisse und Grenzen der Gemeinde- und Gutsbezirke ist diejenige Beurteilung nicht entscheidend, die bei der Bildung der Amtsbezirke leitend war, und es ist rechtlich nicht unbedingt ausgeschlossen, aus Zweckmäßigkeitsgründen Stromstrecken ohne Rücksicht auf ihre kommunale Zugehörigkeit den Amtsverbänden zuzuteilen.

Nr. 9. Entsch. Bd. VI. S. 100 vom 22. Mai 1880.

Verordnung, die Regulierung der während der westfälischen Zwischenherrschaft entstandenen Verhältnisse zwischen den Dominien und Gemeinden u. s. w. betr., v. 31. III. 33 (G.-S. S. 62)

1) Die Vd. v. 31. III. 33 hebt im § 1 die bis dahin entstandene Verbindung der Domänen und Rittergüter mit den Stadt- und Landgemeinden auf und erklärt die gedachten Güter „für sich bestehend". Gemäß dieser Bestimmung schieden mit dem Inkrafttreten des Ges. die Güter ipso jure aus dem Kommunalverbande aus (Min.-Erl. v. 19. IV. 37, —

---

[1]) Dieselben Grundsätze finden auch in den ehemals zum Königreich Westfalen gehörigen Landesteilen Anwendung. Entsch. v. 18. VI. 95 (Pr. V.-Bl. Bd. XVI S. 597.)

v. Kamptz, Ann. Bd. 21 S. 458 —), und von da ab war den Vorstehern der Stadt- und Landgemeinden die rechtliche Möglichkeit genommen, die in Rede stehenden Güter zu Kommunalsteuern zu veranlagen. Eine Ausnahme hiervon trat nur dann ein, wenn beide Teile das Fortbestehen der Vereinigung wünschten. Das Vorhandensein eines solchen Wunsches oder einer derartigen Vereinigung muß event. nachgewiesen werden; ist dies nicht zu ermöglichen, so kann die Gemeinde den Rittergutsbesitzer zu Gemeindeabgaben nicht veranlagen.

2) Was die Regelung der beiden Kommunalverbänden — Rittergut und Landgemeinde — gemeinsam gebliebenen Angelegenheiten betrifft, so findet in Streitfällen das Verwaltungsstreitverfahren nicht statt; nach § 10 a. a. O. haben die Verwaltungsbehörden die erforderlichen Festsetzungen zu treffen. Über die Repartition der Bedürfnisse für derartige gemeinsame Anlagen disponiert der § 7 a. a. O. Handelt es sich um die Deckung derartiger Ausgaben, so ist zu prüfen, ob nach der angezogenen Gesetzesstelle der Gemeinde überhaupt das Recht zuerkannt werden kann, ihrerseits ohne Beteiligung des Gutsherrn auf den Letzteren Beiträge auszuschreiben und ob ein über die Höhe der beiderseitigen Beiträge entstehender Streit durch die Verwaltungsgerichte oder durch die Aufsichtsbehörden zu entscheiden ist. Eines Eingehens auf diese Fragen bedarf es nicht, wenn die Gemeinde die Steuer ausdrücklich als eine Gemeindesteuer von dem Rittergutsbesitzer in der Eigenschaft eines vermeintlichen Mitgliedes der Landgemeinden gefordert hat, und wenn sie dazu nach den Ausführungen nicht berechtigt war.

Nr. 10. Entsch. Bd. VII. S. 177 vom 26. März 1881.

A.-L.-R. Teil II Tit. 7 §§ 19, 91, 92. Ostpr. Provinzialrecht, Zusatz 162.

1) Das A.-L.-R. kennt als kommunalen Verband auf dem Lande nur die Gemeinde. Den Gemeinden, die als solche bereits bei Publikation des A.-L.-R.'s bestanden, verleiht der § 19 Tit. 7 T. II die Rechte öffentlicher Korporationen. Neue Gemeinden können diese Rechte nur durch landesherrliche Verleihung nach den Bestimmungen des Tit. 6 T. II daselbst erhalten. Weder der zweite Abschnitt des Tit. 7, noch der Tit. 6 T. II finden auf die Rittergüter, adligen Güter, Gutsherrschaften Anwendung. Das A.-L.-R. beschränkt sich hinsichtlich dieser auf die Regelung der Rechtsverhältnisse zwischen dem Gutsherrn und seinen Unterthanen und kennzeichnet hiermit das Unterthänigkeitsverhältnis als die Grundlage der Gutsherrschaften. Die Besitzer, welcher Güter Unterthanen haben können, bestimmen die §§ 91, 92 Tit. 7 T. II.

Aus diesen Gutsherrschaften haben sich infolge der Ed. v. 9. X. 07 und 14. IX. 11 (vergl. E.-O.-V. Bd. II S. 117[1]) die selbständigen Gutsbezirke gebildet, deren Besitzern die spätere Gesetzgebung diejenigen Rechte und Pflichten in kommunaler Beziehung beigelegt hat, die in den Landgemeinden von deren Organen geübt bezw. von deren Mitgliedern erfüllt werden. Der Bestand dieser Gutsbezirke beruht noch heute — abgesehen von der Erhebung einzelner Besitzungen zu solchen durch besonderen landesherrlichen Akt nach jetzigem Rechte — auf dem ehemaligen Gegensatze des gutsherrlichen Grundbesitzes zu dem bäuerlichen Besitze der Unterthanen.[2])

---

[1]) Oben S. 195.

[2]) Vergl. auch E.-O.-V. Bd. I S. 102 (109) oben S. 81 Nr. 3 ff und bezüglich der rechtlichen Voraussetzungen für das Bestehen eines Gutsbezirkes Entsch. v. 27. V 84 (Pr. V.-Bl. Bd. V S. 395). Danach kommt es nicht darauf an, daß der Gutsbesitzer, bezw. sein Besitzvorgänger thatsächlich Unterthanen gehabt haben, sondern daß sie sie nach der rechtlichen Beschaffenheit ihres Besitzes haben konnten. Lediglich diese Gutsherrlichkeit,

2) Ist eine Besitzung notorisch kein Rittergut, kein adliges Gut, so muß der Besitzer das Recht seines Gutes, Unterthanen haben zu können, nach § 92 a. a. O. durch Berufung auf Provinzialgesetze, Privilegia oder Verjährung besonders begründen. Auf Verjährung kann er sich aber nur stützen, wenn diese vor Aufhebung der Erbunterthänigkeit vollendet war.

3) Den Ausdruck „kommunalfrei" kennen die Gesetze nicht; sie sprechen nur von Grundstücken, die bisher noch keinem Gemeinde- oder selbstständigen Gutsbezirke angehört haben. Eine Entscheidung hierüber setzt voraus, daß von irgend einer Seite, sei es von seiten des Besitzers oder einer Gemeinde oder des Vertreters eines Gutsbezirkes die Zugehörigkeit des Grundstückes zu einem bestimmten Gemeinde- oder Gutsbezirke behauptet und unter ihnen oder mit der Behörde darüber gestritten wird.

4) Die Grenzen kommunaler Verbände können durch privatrechtliche Verfügungen nicht geändert werden.

Nr. 11. Entsch. Bd. VII. S. 201 vom 20. Oktober 1880.

A.-L.-R. T. II Tit. 6 § 25, Tit. 7 §§ 18, 19.

1) Nach Publikation des A.-L.-R.'s bedarf es zur Erlangung der Rechte einer Korporation nach § 25 Tit. 6 T. II A.-L.-R.'s der staatlichen Genehmigung. Diese muß ausdrücklich erteilt werden, und hierzu ist nach gegenwärtiger Lage der Gesetzgebung, insofern es sich um die Konstituirung einer Landgemeinde handelt, nur der Landesherr befugt.[1]) Die ausdrückliche Genehmigung der Regierung und des Landratsamtes genügt nicht, um eine Ortschaft zur Landgemeinde zu erheben.

2) Gutsbezirke werden durch Zersplitterung nicht in eine Mehrheit sogenannter kommunalfreier Grundstücke aufgelöst. Das kommunalrechtliche Bestehen der Gutsbezirke ist von den privatrechtlichen Dispositionen des Eigentümers am Grund und Boden über diesen unabhängig. Es können also Gutsbezirke als solche niemals durch Zerstückelungen des Gutes allein, sondern nur durch einen entsprechenden Akt der Staatshoheit aufgehoben werden. Vergl. Min.-Erl. vom 13. X. 70 (M.-Bl. 71 S. 107) und E.-O.-V. Bd. I S. 102, 147.[2])

Nr. 12. Entsch. Bd. VII. S. 204 vom 21. März 1881.

A.-L.-R. T. II Tit, 7 §§ 18, 19.

Ortschaften, die bereits vor der Emanation des A.-L.-R.'s ohne Widerspruch der Aufsichtsbehörde ein Gemeindeleben in Gemäßheit des dazumal hiermit verbundenen Rechtsbegriffes führten, gehören nach § 19 Tit. 7 T. II A.-L.-R.'s in die Kategorie der Gemeinden als einer mit Korporationsrechten versehenen Klasse der Gesellschaften, so daß sich für jene Periode das

---

die in der Herrschaft über die Unterthanen enthaltene obrigkeitliche Gewalt bildet die Voraussetzung der kommunalen Selbständigkeit eines Gutsbezirkes. Thatsächliche Momente, wie Größe, Leistungsfähigkeit, wirtschaftliche Selbständigkeit und Geschlossenheit, Recht der Standschaft, bilden solche Voraussetzungen nicht. Desgl. nicht der Besitz einzelner obrigkeitlicher Rechte (Polizeigewalt, Gerichtsbarkeit), die wesentliche Merkmale des obrigkeitlichen Verhältnisses darstellen, es aber nicht erschöpfen und namentlich nach älterem Staatsrechte vereinzelt verschiedenen Rechtssubjekten zustehen konnten.

Wegen der Entwickelung der Gutsbezirke in den ehemals Sächsischen Landesteilen vergl. Entsch. v. 14. VI. 88 (Pr. V.-Bl. Bd. X S. 633).

[1]) Ebenso Entsch. v. 23. IV. 87 (Pr. V.-Bl. Bd. IX S. 51).

[2]) Oben S. 180, 193.

Erfordernis einer **ausdrücklichen Verleihung** jener Rechte **nicht** rechtfertigen läßt. Allerdings ist **zum Nachweise der Gemeindequalität** im Streitfalle der Nachweis erforderlich, daß **ausreichende Thatsachen** vorliegen, die **ein thatsächlich bestehendes Gemeindeleben** kennzeichnen. Als sicherste Kennzeichen sind solche zu bezeichnen, die sich auf den Organismus der Gemeinde selbst beziehen, das Vorhandensein einer Ortsverfassung, ein verfassungsmäßiger Gemeindevorstand, gemeinsame Objekte und dauernde Einrichtungen, wie sie den Zwecken der Landgemeinde entsprechen (Gemeindeweide, öffentliche Wege, Gräben, Schutzvorrichtungen u. s. w.), endlich eine auf Gemeindezwecke gerichtete Thätigkeit in öffentlichen und privaten Beziehungen nach innen oder außen, oder ein entsprechendes passives Verhalten, Heranziehung der Einzelnen für das Ganze, Verkehr mit nebengeordneten oder übergeordneten Rechtssubjekten, Abschluß von Verträgen u. s. w.[1])

Nr. 13. Entsch. Bd. VII. S. 206 vom 8. Mai 1880.
A.-L.-R. T. II Tit. 7 §§ 18, 19.

Während das A.-L.-R. die zur Zeit seiner Publikation bestehenden Dorfgemeinden als Korporationen anerkennt, können seit diesem Zeitpunkte **neue Gemeinden** als solche **nur mit landesherrlicher Genehmigung** entstehen. Für den rechtlichen Bestand einer Gemeinde ist aber **der Name**, den sie führt, **völlig bedeutungslos** und deshalb auch eine etwaige Namensänderung ohne Einfluß. Hat eine Landgemeinde früher als Korporation bestanden und ist sie als solche nicht durch Einverleibung in eine andere Gemeinde oder in einen Gutsbezirk aufgehoben, besteht sie vielmehr nach ihrer realen Grundlage, dem bäuerlichen Grundbesitze, unter einem anderen Namen fort, so kann ihr die rechtliche Eigenschaft einer Landgemeinde nicht streitig gemacht werden. Daran würde auch eine etwaige Verkleinerung des ursprünglichen Gemeindebezirkes nichts ändern, falls ein Überrest verblieben sein würde, mit dem thatsächlich die Handhabung der korporativen Rechte, insbesondere die Organisation der Gemeindeverwaltung, in die später anders genannte Gemeinde überging, und ebenso ist diese Fortsetzung des rechtlichen Bestandes der alten Gemeinde auch dadurch nicht unbedingt ausgeschlossen, daß der die letztere ursprünglich bildende bäuerliche Besitz nicht derselbe ist, der jetzt thatsächlich die unter neuem Namen bestehende Gemeinde bildet, da die Grundstücke derartig ausgetauscht werden konnten, daß auch in kommunaler Beziehung das eine an die Stelle des anderen trat, nämlich, abgesehen von den In- und Exkommunalisierungen nach Maßgabe des heutigen Gemeinderechtes, in dem Gemeinheitsteilungsverfahren nach Maßgabe des § 147 der Gemeinheitsteilungsordn. v. 7. VI. 21, so wie früher vor der Grenzscheidung zwischen Gemeinde- und Gutsbezirken durch die Aufhebung der Erbunterthänigkeit und die Verleihung des Eigentumes am lassitischen Grundbesitz an die bäuerlichen Besitzer infolge des Austausches

---

[1]) Darin, daß die Grundbesitzer ihr Vieh unter gemeinsamen Hirten und in gemeinschaftlicher Herde auf den Landungen des Vorwerks aufgetrieben haben, ist ein Nachweis des „Gemeindelebens" nicht zu finden, denn es liegt darin nicht ohne weiteres ein gemeinsames Hütungsrecht, daß die Einzelnen sich gemeinschaftlich einen Hirten annehmen. Entsch. v. 18. IX. 86 (Pr. V.-Bl. Bd. VIII. S. 43).

Die Unterhaltung des Dorfnachtwächters ist zwar eine Gemeindelast, zu der in der Regel jedes Mitglied der Gemeinde beizutragen hat. Da aber erfahrungsgemäß sich vielfach Korporationen unter einander und mit Privatpersonen zur Unterhaltung eines gemeinschaftlichen Nachtwächters vereinigen, so kann aus der Zahlung von Nachtwächtergeld allein nicht unter allen Umständen auf die kommunale Zugehörigkeiteines Grundstückes geschlossen werden. Entsch. v. 15. X. 84 (Pr. V.-Bl. Bd. VI S. 250).

von herrschaftlichem Vorwerkslande mit Rustikalbesitz. Vergl. E.-O.-V. Bd. II S. 117.[1])

Nr. 14. Entsch. Bd. VIII. S. 80 vom 18. Mai 1881.

A.-L.-R. T. II Tit. 7 §§ 91, 92; Tit. 11 §§ 598 ff.; Tit. 17 §§ 26, 27, 29, 44, 45.

1) **Die kommunalen Rechtsverhältnisse der selbständigen Gutsbezirke** haben sich aus dem Rechtsverhältnisse der unterthänigen Landbewohner zu den Gutsherrschaften und aus dem Gegensatze des herrschaftlichen zu dem bäuerlichen Grundbesitze in der Weise entwickelt, daß nach der durch die Agrargesetzgebung am Anfange dieses Jahrhunderts erfolgten definitiven Abgrenzung der bäuerlichen, die Landgemeinden bildenden Feldmarken von den herrschaftlichen Besitzungen die spätere Gesetzgebung diese letzteren Besitzungen als selbständige kommunale Gebilde neben und ähnlich den Landgemeinden beibehielt. Nicht jedes privatrechtlich oder wirtschaftlich eine Einheit bildende Grundstück, dessen Territorium nicht bäuerlicher, sondern herrschaftlicher Besitz war, bildet aber einen Gutsbezirk. Vielmehr konnten Abverkäufe von herrschaftlichen Territorien statthaben und haben stattgefunden, ohne daß dadurch neue Gutsbezirke entstanden wären, und zwar deshalb, weil die Besitzer dieser Absplisse nicht gutsherrliche Rechte überkamen und daher die gutsherrlichen Verhältnisse unverändert blieben.

2) Wenn der Fiskus in früherer Zeit eine Landfläche nach Erbzinsrecht veräußerte, das Obereigentum behielt und sich einen Kanon oder ein Laudemium ausmachte, so blieb er aus diesem Grunde noch nicht Gutsherr. Abgesehen davon, daß nach dem Erbzinsrechte die mit der Gutsherrschaft verbundenen Rechte und Pflichten keineswegs dem Obereigentümer als solchem zustehen, sondern gleich allen anderen mit dem Besitze des Grundstückes verbundenen publizistischen Rechten und Pflichten ein Ausfluß des nutzbaren Eigentumes sind, ist vor allem der Veräußerungsvertrag selbst maßgebend.

War dieser landesherrlich bestätigt worden, so konnten die gutsherrlichen Rechte auch einem Erbzinsmanne übertragen werden. Zu diesen Rechten der Gutsherrschaften (Rittergüter) gehörten in älterer Zeit die Jurisdiktion, die Jagd, die Brauerei und Branntweinbrennerei, ingleichen Krug- und Mühlengerechtigkeit, und zwar in der Ausdehnung auf die in dem ausgewiesenen Fundo sich aufhaltenden Familien.[2])

3) **Die Gutsherrlichkeit** war früher **kein Annexum der Gerichtsbarkeit und polizeiobrigkeitlichen Gewalt**, beide konnten vielmehr voneinander getrennt in verschiedenen Händen liegen, und es bestehen zweifelsohne nicht wenige kommunalrechtliche selbständige Güter, deren Gutsherrschaften niemals die Gerichtsbarkeit besaßen. Ist daher in dem Veräußerungsvertrage bestimmt, daß zur Entscheidung über die zwischen dem Erbzinsmanne und seinen Kolonen etwa entstehenden Rechtsstreitigkeiten die Kriegs- und Domänenkammer das forum ordinarium sein solle, so folgt hieraus nicht etwa, daß sich der veräußernde Fiskus die gutsherrlichen Rechte vorbehalten hat. Hierzu wäre erforderlich, daß Gerichtsbarkeit und Polizei vom Fiskus unter Umständen übernommen wären, die die Übertragung der Gutsherrlichkeit auf den Fiskus erkennen lassen.

---

[1]) Oben S. 195. Die Aufnahme von Grundstücken in die Kataster und Flurbücher ist an sich ohne Bedeutung für die kommunale Zugehörigkeit. Entsch. v. 14. VI. 88 (Pr. V.-Bl. Bd. X S. 632); 9. I. 94 (das. Bd. XVI S. 75).

[2]) Daß ein adliges Gut, das der Fiskus kauft und später vererbpachtet, die Natur eines selbständigen Gutsbezirkes behalten hat, wird in den Entsch. v. 29. IV. 91 (Pr. V.-Bl. Bd. XII S. 530) und 8. IV. 93 (Pr. V.-Bl. Bd. XIV S. 477) näher ausgeführt.

Nr. 15. Entsch. Bd. VIII. S. 86 vom 11. Juni 1881.

A.-L.-R. T. II Tit. 7 §§ 91, 92. Vd. v. 26. und 28. I. 09 (v. Rönne, Ergänzungen und Erläuterungen der Preußischen Rechtsbücher — zu § 7 der Hyp.-Ordn.), betr. die Berichtigung des Hypothekenwesens sämmtlicher Domänen.

1) Die Grundlage der Gutsbezirke in kommunalrechtlicher Beziehung bildet das Verhältnis der Gutsherren zu den Unterthanen und der Gegensatz des herrschaftlichen zu dem bäuerlichen Grundbesitze, von denen jenes durch die Ed. v. 9. X. 07 und 14. IX. 11 aufgehoben, dieser neu geregelt wurde. Die herrschaftlichen Territorien sind zu kommunalrechtlich selbständigen Gutsbezirken geworden. Wurden Teile dieser Territorien veräußert, nach Erbzinsrecht, zu Erbpacht oder in den sonstigen Formen des bäuerlichen Besitzrechtes ausgethan, so lag die Möglichkeit vor, daß damit zugleich die öffentlich-rechtliche, insbesondere die kommunale Stellung solcher Teile verändert wurde — einmal dann, wenn aus ihnen neue bäuerliche Gemeinden geschaffen oder wenn sie der Feldmark bestehender bäuerlicher Gemeinden zugelegt wurden, sodann, falls aus ihnen neue selbständige Güter entstanden, mit deren Besitze herrschaftliche Rechte verknüpft wurden. Bei dem Mangel des einen oder des anderen Vorganges fehlt es an einem Momente, das eine Veränderung der öffentlich-rechtlichen Stellung des privatrechtlich abgezweigten Territoriums begründen könnte. Mit Recht sind daher von jeher Kolonieen, die auf herrschaftlichem Territorium entstanden sind, so lange als zu letzterem kommunalrechtlich gehörig angesehen und behandelt worden, als sie nicht zu Landgemeinden umgestaltet sind.

2) Für die Entstehung neuer selbständiger Güter mit herrschaftlichen Rechten verweist § 92 Tit. 7 T. II A.-L.-R.'s — abgesehen von den Rittergütern — auf Provinzialgesetze, Privilegia und Verjährung. Es unterliegt danach keinem Zweifel, daß die wirtschaftliche Selbständigkeit eines Gutes allein nicht ausreicht, um seine kommunale Selbständigkeit zu begründen.

3) Die Vd. v. 26. und 28. I. 09 ordneten die Berichtigung des Hypothekenwesens sämmtlicher Domänen an, um sie zur Abtragung der Kriegskontribution mit Pfandbriefschulden belasten zu können. Jedes Domänenamt mit seinen Pertinenzstücken, Pacht- und Erbpachtsvorwerken und Bauerdörfern sollte im Hypothekenbuche ein Folium erhalten und in letzterem nicht die Benennung „Domänenamt", sondern „Domänengut" gebraucht werden. Hieraus ergiebt sich nicht etwa, daß man Domänengüter, die nicht bestanden, nur fingiert habe, daß man sie als vermögensrechtliches Ganzes mit Pertinentien zum Zwecke der Verpfändung in das Hypothekenbuch habe eintragen lassen, während man in Wirklichkeit Ämter, d. h. Verwaltungsbezirke, gemeint habe, die als solche kein Vermögens- und Pfandobjekt bildeten. Vielmehr erhellt lediglich, daß man bei dem Erlasse jener Vd. nach dem thatsächlichen Bestehen der Ämter keinen Anstand fand, die fiskalischen Realitäten innerhalb ihrer als vermögensrechtliche Einheit, als Domänengut zu behandeln. Dieses Moment ist ein bedeutsames Beweisstück für die ursprüngliche Einheit des Besitzes und als die Grundlage der kommunalen Einheitlichkeit des Gutsbezirkes anzusehen. Doch kann von solcher kommunalen Einheit nur soweit die Rede sein, als nicht in dem fraglichen Territorium nachweisbar besondere kommunale Verbände — Gemeinden und Gutsbezirke — bestanden.

Nr. 16. Entsch. Bd. VIII. S. 96 vom 21. September 1881.

A.-L.-R. T. II Tit. 7 § 18.

1) Eine Landgemeinde kann eine Entscheidung darüber verlangen, ob ein benachbartes Gut ganz oder zum Teil zu ihrem Gemeindebezirke

gehört, aber nicht darüber, ob ein solches Gut einen selbständigen Gutsbezirk bildet, Teil eines anderen Gutsbezirkes, kommunalfrei sei u. s. w., weil sie kein rechtliches Interesse daran hat. Ein derartiger Streit ist zwischen dem Besitzer des Gutes und einem zur Wahrnehmung des öffentlichen Interesses bestellten Kommissar zum Austrage zu bringen. In einem solchen Prozesse können die benachbarten Gemeinden und sonstige beim Ausgange des Prozesses interessierte öffentliche Korporationen beigeladen werden.

2) Ehemalige forstfiskalische Grundstücke, die durch Kauf in Privathände übergegangen sind, bleiben Teile des forstfiskalischen Gutsbezirkes, falls sie nicht auf rechtsgültige Weise einer Gemeinde einverleibt sind.

3) Schatullkölmische Güter unterscheiden sich von kölmischen Gütern nur dadurch, daß jene ursprünglich forstfiskalisches Land waren. Das fiskalische Land wurde bäuerlich, wie jedes andere gutsherrliche Land, wenn es vor Aufhebung der Erbunterthänigkeit vom Gutsherrn mit Bauern besetzt und so zur Erweiterung oder Neubegründung von Landgemeinden verwandt wurde. Zu dem bäuerlichen Lande im Sinne des § 18 Tit. 7 T. II A.-L.-R.'s gehört nicht nur das widerruflich von dem Gutsherrn ausgethane Land, sondern auch das freie Bauerland, in den Provinzen Ost- und Westpreußen das in den Dörfern belegene kölmische, schatullkölmische, erbfreie Land. In jenen Provinzen giebt es daher vielfach Dörfer, die nur aus Kölmern, Schatullkölmern u. s. w. bestehen. Aus dem Umstande, daß das schatullkölmische Land einst forstfiskalisches Land war, folgt also nicht, daß es nicht zur Gemeinde gehört.

4) Auch wenn ein Grundstück erst nach Aufhebung der Erbunterthänigkeit von der fiskalischen Forst abgetrennt worden wäre, würde es zur Landgemeinde gehören, wenn eine Vereinigung mit der Gemeinde nach Maßgabe des § 6 Nr. 3 des Ges. v. 31. XII. 42 (G.-S. 43 S. 8) stattgefunden hätte.

Nr. 17. Entsch. Bd. VIII. S. 101 vom 22. Februar 1882.

Allg. Ed. v. 12. VIII. 1749 (C. C. M. Teil VII Cont. IV S. 181 Nr. LXXVI) gegen das Einziehen der Bauer- und Kossätenhöfe.

1) Das Recht der Gutsherren, Bauern zu legen, d. h. bäuerliches Land zu Vorwerksland zu machen, ist nicht erst durch die Ed. v. 9. X. 07 und 14. IX. 11 gesetzlich beschränkt worden. Für Brandenburg gilt, wo nicht auf Grund besonderer Rechtstitel Abweichungen bestehen, nach den Ed. v. 29. VI. 1714, 31. III. und 30. VIII. 1717 (Mylius, C.-C.-M. IV. Abt. III S. 59) als bestehendes Recht, daß alle nach dem Jahre 1624 eingezogenen oder doch im Steuerkataster von 1624 noch als steuerbare und zu besetzende aufgeführte Höfe und Äcker zur Landgemeinde gehören. In gleicher Weise ist der Rechtszustand für Schlesien unter Bestimmung des Jahres 1633 als des Normaljahres durch die Konstitution v. 14. VII. 1749 (Kornsche Ed.-Samml. Bd. III S. 517) geregelt worden. Für Hinterpommern ist kein entsprechendes Provinzialgesetz ergangen. Weder der Hufenmatrikel vom Jahre 1628, noch der nur für die Ritterschaft und die Städte erlassenen Klassifikation vom Jahre 1717 ist eine in der fraglichen Beziehung entscheidende Bedeutung beigelegt worden. Wohl aber gelten auch für Pommern diejenigen allgemeinen Gesetze, die das Einziehen der Bauerhufen untersagten, d. h. das Kgl. Reskript v. 14. III. 1739 und das Ed. v. 12. VIII. 1749, das für die Zukunft jedes Einziehen der Bauer- und Kossätenhöfe unbedingt unter Androhung von Strafe verbot und ausdrücklich auch die Kgl. Ämter als unter das Gesetz fallend bezeichnete. Es kann daher den Einziehungen von Bauerhufen zu den Vorwerken, die gegen dies Verbot vollzogen wurden, nicht die rechtliche

Wirkung beigemessen werden, daß dadurch bäuerliches Land in Vorwerksland verwandelt wurde.

2) Die vor den vorstehend gedachten Verboten vollzogene Umwandlung des bäuerlichen Landes in Vorwerksland erscheint in allen rechtlichen Beziehungen unanfechtbar, und es ist daher herrschaftlicher Besitz mit allen Folgerungen daraus, falls es nicht später in gesetzlicher Weise einem Gemeindebezirke einverleibt worden ist, z. B. gemäß § 6 Nr. 3 des Ges. v. 31. XII. 42 (G.-S. 43 S. 8) oder durch einen Akt der Kommunalaufsichtsbehörde gemäß § 6 Nr. 2 des Ges. v. 31. XII. 42 oder des § 1 des Ges. v. 14. IV. 56 (G.-S. S. 359).

Nr. 18. Entsch. Bd. IX. S. 91 vom 2. Dezember 1882.

A.-L.-R. T. II Tit. 7 §§ 18, 19.

Die §§ 18, 19 A.-L. R. II 7 bestimmen das Rechtsinstitut der Dorfgemeinden als öffentlicher Korporationen nach zwei Seiten hin, nämlich insofern, als sie die Grenzen der Dörfer und ihrer Feldmarken als die der Gemeinden feststellen und innerhalb ihrer den bäuerlichen Grundbesitz im Gegensatze zu dem herrschaftlichen als das Substrat der Landgemeinden kennzeichnen. Damit ist der regelmäßige Zustand zur Zeit der Emanation des A.-L.-R. bezeichnet, nämlich die Genossenschaft der Besitzer der bäuerlichen Feldmark als die geschichtlich gegebene Grundlage, der Stamm der politischen Landgemeinde, zu der schon damals die übrigen Dorfeinwohner unter Rechtsverhältnissen, die sich provinziell und lokal unendlich verschieden gestalteten, gehörten.

Dieser Rechtszustand schloß nicht aus, daß sich Gemeinden auch auf einer anderen Grundlage gebildet haben konnten. Es muß aber der Nachweis ihres Bestandes, zum mindesten der einer den Vorschriften des A.-L.-R.'s entsprechenden gemeindlichen Organisation und Wirksamkeit zur Zeit des Inkrafttretens dieses Ges. geführt sein, um sie auf Grund der Bestimmungen des letzteren als rechtlich bestehend anerkennen zu können. Dagegen bedarf es dieses Nachweises nicht, wo die vom Gesetze ausdrücklich anerkannte normale Grundlage der Gemeinde außer Zweifel steht. Es müßte vielmehr hier gegenteilig der Mangel der gemeindlichen Zusammengehörigkeit der Genossenschaft der bäuerlichen Feldmark erwiesen sein, um daraus den Mangel des rechtlichen Bestehens einer Gemeinde für solche Feldmark zu folgern.

Nr. 19. Entsch. Bd. X. S. 89 vom 3. Oktober 1883.

Domänen-Veräußerungs-Instr. v. 25. X. 10 §§ 29, 32. Ges. v. 31. XII. 42 (G.-S. 43 S. 8) über die Verpflichtung zur Armenpflege, § 6. Ges. v. 14. IV. 56 (G.-S. S. 359), betr. Landgemeindeverfassungen u. s. w., § 1 und Zust.-Ges. § 26.

1) Die kommunalen Verhältnisse von Grundstücken sollen nicht endgültig geregelt werden, ohne daß die Besitzer dieser Grundstücke gehört werden. Hiernach ist es unzulässig, das Streitverfahren durchzuführen, ohne die Besitzer der Grundstücke, deren kommunale Zugehörigkeit bestimmt werden soll, derartig am Streitverfahren (als Partei) zu beteiligen, daß sie in die Lage versetzt werden, ihr rechtliches Interesse zu vertreten und nötigenfalls durch Einlegung von Rechtsmitteln zu verteidigen.[1])

2) Durch den § 29 der Domänen-Veräußerungs-Instr. v. 25. X. 10 ist den mit der Veräußerung der Domänen betrauten Staatsbehörden die Befugnis übertragen, durch die Veräußerungsverträge — vorbehaltlich Königlicher

[1]) Zu gleichem Schlusse kommen die Entsch. v. 4. II. 80 (Pr. V.-Bl. Bd. I S. 211) und 8. II. 95 (Pr. V.-Bl. Bd. XVI S. 509).

Genehmigung — Rittergüter abzugrenzen und so auch die Grenzen der Gutsbezirke, sowohl in den etwa im Besitze des Staates verbleibenden Restgütern, als auch in den neu geschaffenen Rittergütern mit der Wirkung zu regeln, daß der Erwerber Gutsherr des erkauften Landes wurde, der Fiskus aber Gutsherr in allen übrigen, nicht veräußerten Teilen des bisherigen Gutsbezirkes blieb. Eines besonderen Ausspruches seitens des Landesherrn bedurfte es nicht. Er erfolgte durch die landesherrliche Genehmigung des Vertrages, durch die nicht nur der privatrechtliche Veräußerungsakt, sondern gleichzeitig auch die durch die Veräußerung bedingte Regelung der öffentlich rechtlichen Verhältnisse sanktioniert wurde. Auch die Zuziehung der Domäneneinsassen war nicht geboten und zwar um so weniger, als durch die Erbveräußerung eines Teiles des bisherigen fiskalischen Gutsbezirkes und durch seine Erhebung zu einem besonderen Gutsbezirke der Status der in dem fiskalischen Restgutsbezirke verbleibenden Grundbesitzer in nichts verändert wurde; sie blieben nach wie vor der fiskalischen Gutsherrschaft unterthan.[1])

3) Die vor dem Inkrafttreten des A.-L.-R.'s veräußerten Stücke solcher Güter sind damals keineswegs aus der Gutsherrlichkeit herausgetreten (vergl. E.-O.-V. Bd. VII. S. 181)[2]), sie sind nicht „kommunalfrei" geworden, sondern blieben in dem alten gutsherrlichen Verbande, wenn sie nicht einem anderen Guts- bezw. Gemeindeverbande einverleibt wurden.

4) Die in Armenstreitsachen ergangenen Erkenntnisse des Bundesamtes für das Heimatwesen über die Gutszubehörigkeit schaffen für Streitigkeiten der vorliegenden Art nicht res judicata.

5) Der § 6 Nr. 3 des Armenpflegeges. v. 31. XII. 42 bezieht sich nur auf solche Trennstücke eines Gutes, die mit einer Gemeinde vereinigt sind (vergl. E.-O.-V. Bd. II S. 122[3]), und kann auf Gutsländereien, die nicht einer Gemeinde zugeteilt, sondern von dem Erwerber mit einem Gute wirtschaftlich vereinigt sind, keine Anwendung finden.

Nr. 20. Entsch. Bd. X. S. 98 vom 20. Februar 1884.

Ges. v. 31. XII. 42 (G.-S. 43 S. 8) über die Verpflichtung zur Armenpflege, § 6.

Die Bestimmung des § 6 Abs. 3 des Ges. v. 31. VII. 42 bezieht sich nicht nur auf solche Gutsabschlisse, die von dem Besitztume des Gutsherrn der betr. Gemeinde herrühren, sondern auf alle Trennstücke von Gutsbezirken, die vor Verkündigung des Ges. ohne Widerspruch der Beteiligten als zur Gemeinde gehörig behandelt worden sind.

Nr. 21. Entsch. Bd. XIII. S. 178 vom 30. Mai 1885. I C 37/85.

Zust.-Ges. § 26. Land-Gem.-Ordn. v. 3. VII. 91 (G.-S. S. 223) § 4.

1) Soll über die Eigenschaft einer Ortschaft als Gemeinde oder eines Gutes als Gutsbezirk entschieden werden, so bedarf es der Beteiligung eines Kommissars zur Wahrnehmung des öffentlichen Interesses als Partei im Streitverfahren und zwar schon in erster Instanz.

---

[1]) Dieselbe Bewandtnis hatte es mit den durch Ed. v. 30. X. 10 (G.-S. S. 32) eingezogenen (säkularisierten) geistlichen Gütern, die nur dem Namen nach nicht Domänen waren, ihrer rechtlichen Natur nach aber zu ihnen gehörten und, abgesehen von den Bestimmungen, die besondere Organe für ihre Veräußerung schufen (Kab.-O. v. 16. I. und 30. III. 12 G.-S. S. 33, 34), für die sonstigen Modalitäten der Veräußerung u. s. w. überall den sonstigen Domänen gleichgestellt wurden; Entsch. v. 10. X. 83 Nr. I 1039 (Bd. X S. 95 i. d. Anm.).

[2]) Oben S. 200.

[3]) Oben S. 195.

Diese Beteiligung erübrigt nicht um der bloßen Möglichkeit willen, daß Berufung oder Revision im öffentlichen Interesse eingelegt, oder von dem Regierungspräsidenten ein solcher Vertreter besonders für die Berufungsinstanz bestellt werden konnte. Es genügt nicht, daß auch ohne die Bestellung solches Vertreters sich ein Parteiverhältnis konstruieren läßt, daß Kläger und Beklagte vorhanden sind, und prozessualisch ein Streitverfahren stattfinden kann, wenn diese Parteien nicht derartig zur Sache legitimiert sind, daß letztere unter ihnen allein entschieden werden kann. Die Beteiligung des Regierungspräsidenten als Richter im Streitverfahren kann die Vertretung des öffentlichen Interesses in der Rolle der Partei nicht ersetzen.

2) Streitigkeiten der vorliegenden Art können nicht entschieden werden, ohne die Besitzer derjenigen Grundstücke, über deren kommunale Verhältnisse entschieden werden soll, derartig am Streitverfahren zu beteiligen, daß sie in die Lage kommen, ihr rechtliches Interesse zur Sache zu vertreten und nötigenfalls durch Einlegung von Rechtsmitteln zu verteidigen. Vgl. E.-O.-V. Bd. X S. 92.[1]) Diese sind, ein jeder für sich, zum Streitverfahren beizuladen, dürfen aber eine einzelne Vertrauensperson mit ihrer Vertretung bevollmächtigen.

Nr. 22. Entsch. Bd. XIII. S. 188 vom 6. Februar 1886. I C 78/85.

A.-L.-R. T. II Tit. 7 §§ 1, 18; Tit. 11 §§ 775, 776.

Hypothekenbücher wurden über die Rittergüter als Gegenstände des privatrechtlichen Eigentumes, nicht über Gutsbezirke geführt, die aus einem Rittergute und privatrechtlich abgetrennten, im Sondereigentume dritter befindlichen Abschlissen bestehen konnten. Die kommunale Zugehörigkeit der zum Stiftungsvermögen der Landkirchen gehörigen Ländereien läßt sich aber nicht nach dem Inhalte der Hypothekenbücher beurteilen, sondern nur nach § 18 Tit. 7 Teil II A.-L.-R.'s. Unter den „bäuerlichen Grundstücken" sind nicht ausschießlich diejenigen zu verstehen, deren Besitzer als solche Gutsunterthanen waren oder zu einer Gutsherrschaft in einem dienstpflichtigen Verhältnisse standen. § 1 das., der den Bauernstand als die Bewohner des platten Landes definiert, die sich mit dem unmittelbaren Betriebe des Ackerbaues und der Landwirtschaft beschäftigen, insofern sie nicht durch adlige Geburt, Amt oder besondere Rechte von diesem Stande ausgenommen sind, gewährt dafür keinen Anhalt, und es giebt im Geltungsbereiche des A.-L.-R.'s notorisch zahlreiche Landgemeinden, deren Glieder niemals einer Guts- oder Grundherrschaft unterthänig waren. Weiter bezeichnet § 18 wohl den Stamm und Kern der Landgemeinden, ohne aber auszuschließen, daß neben ihm Grundbesitzer zur politischen Gemeinde und Grundbesitz zu deren Bezirke gehören können, von denen nicht bäuerliche Dienste und Lasten getragen werden. Pfarr- und Kirchengrundstücke können also ebenso, wie andere, sehr wohl zum Bezirke der politischen Gemeinden gehören, ohne bäuerliche Lasten zu tragen. Ginge das A.-L.-R. nicht davon aus, so würden die §§ 775, 776 A.-L.-R. II 11 überflüssig, bzw. unverständlich sein. Vergl. E.-O.-V. Bd. II S. 162.[2]) In der Regel giebt der Separationsrezeß darüber Auskunft, zu welchem Kommunalverbande dergleichen Grundstücke gehören.

Nr. 23. Entsch. Bd. XIII. S. 192 vom 26. Mai 1886. I C 49/85.

A.-L.-R. T. II Tit. 7 §§ 23 ff., 37, 45.

1) Wenn in ein und demselben Dorfe von jeher mehrere selbständige Landgemeinden bestehen, so können diese mit einander gewisse Ange-

[1]) Oben S. 206.
[2]) Oben S. 196.

legenheiten gemeinschaftlich betreiben und ebenso mag dies z. B. die Klasse der Fischerwirte in der einen Gemeinde mit derselben Klasse in der anderen Gemeinde thun. Sie sind aber nicht befugt, diese Angelegenheiten als kommunale eines und desselben Gemeindeverbandes, einer gar nicht bestehenden Gemeinde, zu behandeln, auch kann keiner der beiden Schulzen seine Befugnisse, insbesondere die Einziehung der Gemeindeabgaben, auf die andere Gemeinde ausdehnen. Denn wie für die Handhabung des Schulzenamtes der Gemeindebezirk mit den ihm anhaftenden Rechten und Pflichten die Grenze bildet, so beruhen auch die einzelnen Klassen der Gemeindeglieder und die Möglichkeit, daß sie auf Grund der Gemeindeverfassung die Gemeindeangelegenheiten nach Maßgabe der dafür bestehenden öffentlich-rechtlichen Normen betreiben, auf der Grundlage der korporativen Einheit der Gemeinde und finden zugleich in dieser ihre rechtliche Schranke.

2) In alten Zeiten hat das Bestehen verschiedener Gerichtsbarkeiten in einem und demselben Dorfe hier und da dessen Scheidung in mehrere selbständige Gemeinden herbeigeführt. Indessen ergiebt sich in der Regel doch aus den Separationsrezessen nur das Bestehen einer einheitlichen Gemeinde, wenn auch insofern mit einer eigenartigen Verfassung, als das Bestehen zweier Gutsherrschaften und Gerichtsbarkeiten insoweit, als es sich um die zwischen ihnen und ihren Hintersassen bestehenden Rechtsverhältnisse handelt, gesonderte, gegen einander selbständige Anteile geschaffen hat. Einer solchen Auffassung widerspricht auch das Nebeneinanderbestehen zweier Schulzenämter namentlich dann nicht, wenn einer der beiden Schulzen von jeher obrigkeitliche Befugnisse über das ganze Dorf ausgeübt hat, und dem anderen Schulzen etwa nur die Vertretung des einen Anteils in seinen besonderen Angelegenheiten und Interessen oblag.

3) Die Besitzer von Fischerstellen oder Fischernahrungen können als solche (nicht als eine Gemeinschaft von Gewerbetreibenden) besondere Klassen der Landgemeinde im Sinne des §§ 23 ff. A.-L.-R. II 7 bilden, ebenso wie die Kossäten, Ganz- und Halbhüfner u. s. w.

4) Gegen den Inhalt von Separationsrezessen können sich auch abweichende Observanzen bilden. Es handelt sich dabei nicht um einen privatrechtlichen Vertrag, sondern um die Regelung einer Gemeindeangelegenheit durch Beschluß, um einen Akt der Gemeinde-Autonomie; sie entspringt danach ganz derselben Quelle, wie die Observanz.

Nr. 24. Entsch. Bd. XIII. S. 200 vom 29. Mai 1886. I C 114/85.

Ges. v. 14. IV. 56 (G.-S. S. 359), betr. die Landgemeindeverfassungen, § 1.

Aus der Aenderung von kommunalen Grenzen kann gesetzlich ein Entschädigungsanspruch zwischen den beteiligten Kommunalverbänden wegen Mehrbelastung mit kommunalen Pflichten nicht entstehen. Solche Inkommunalisierungen erfolgen im öffentlichen Interesse. Ihre Wirkung der Erschwerung der Kommunallasten auf der einen, der Erleichterung auf der anderen Seite ist eine zufällige, nebensächliche, für die kein Teil dem anderen rechtlich aufzukommen verpflichtet ist. Für die Fälle, wo ganze Gemeinden oder Gutsbezirke oder wo kommunalfreie Grundstücke inkommunalisiert werden, fehlt es sogar an den erforderlichen einander gegenüberstehenden Rechtssubjekten zur Vertretung jener Folgen der Inkommunalisierung. Es ist weiter ein stets anerkannt gewesener Rechtsgrundsatz, daß die Pflichten, die eine Gemeinde als solche zu erfüllen hat, bei der Erweiterung ihrer Grenzen lediglich durch diese auch für die zuwachsenden Teile entstehen und gleichzeitig für den Kommunalverband erlöschen, der Abzweigungen erfährt, so daß eine der Auseinandersetzung fähige und bedürftige Gemeinsamkeit von Lasten und Pflichten der Regel nach nicht entstehen kann. Vergl. Min.-Erl. v. 29. VIII. 51 (M.-Bl. 52 S. 2.)[1]) Es schließt das nicht aus, daß die Behörden bei Umänderung der kommunalen Grenzen dafür Sorge tragen, daß Unbilligkeiten und Härten vermieden werden, indem sie Inkommunalisierungen von der vorgängigen Sicherstellung entsprechender Entschädigungen abhängig machen. Derartige Maßnahmen sind jedoch nicht Gegenstand der Auseinandersetzung im Sinne des Gesetzes.

Eine Ausnahme hiervon bildet die Last der öffentlichen Armenunterstützung. Hatten z. B. die Einwohner einer Kolonie Neu-S. vor deren Inkommunalisierung nach Alt-S. in dem Gutsbezirke K. ihren Unterstützungswohnsitz erworben, so haben sie ihn nicht erworben durch die Inkommunalisirung nach Alt-S. innerhalb dieses Ortsarmenverbandes allein in seiner neuen Gestaltung. Vielmehr bildet die auf sie bezügliche Unterstützungspflicht bis auf weiteres eine gemeinschaftliche Last derjenigen Ortsarmenverbände, die an dem Bestande des alten Ortsarmenverbandes K. partizipieren, ein anormaler Zustand, der nur durch die im öffentlichen Interesse gebotene Regelung des Überganges der Unterstützungspflicht bezüglich der in Neu-S. wohnhaften und von hier hervorgegangenen Ortsarmen auf den Ortsarmenverband Alt-S. im Wege der Auseinandersetzung zwischen dem Gutsbezirke K. und der genannten Gemeinde beseitigt werden kann.[2])

Nr. 25. Entsch. Bd. XVI. S. 224 vom 1. Februar 1888. I C 115/87.

A.-L.-R. T. II Tit. 7 § 92. Westpr. Prov.-Recht v. 19. IV. 44 (G.-S. S. 103) § 19.

1) Ein Gut kann als selbständiger Gutsbezirk, dessen Eigentümer der Gutsherr des durch jenes gebildeten Kommunalverbandes ist, nur dann anerkannt werden, wenn entweder dargethan wird, daß dem Gute diese Eigenschaft besonders verliehen ist, oder daß, wenn dies nicht der Fall, es zu denjenigen Gütern gehört, mit deren Besitz ehedem das Recht auf Unterthanen, herrschaftliche Rechte über solche verbunden waren. Vergl. E.-O.-V. Bd. II S. 117, Bd. VII S. 177.[3]) Diese Voraussetzungen darzuthun, liegt demjenigen ob, der die streitige Eigenschaft behauptet.

2) Kölmische Güter in Westpreußen waren unadelige Güter, die, wenn sie nicht mit bäuerlichen Grundstücken vermischt in einer Feldmark lagen, vollständig freies Eigentum mit gewissen Vorrechten waren. Preußische Freigüter waren solche, die während der Ordensherrschaft an eingeborene Preußen, als Lehn gegeben wurden, frei von Zehnten und Scharkwerkspflicht, belastet mit Burg- und Kriegsdiensten, ausgestattet mit dem Rechte, freie Hintersassen zu setzen.

Nr. 26. Entsch. Bd. XVI. S. 229 vom 10. November 1886. I C 70/86.

A.-L.-R. T. II Tit. 7 § 92. Ostpr. Prov.-Recht Zusatz 105 § 1.

Die Stellung des Besitzers des Gutes als Gutsherrschaft im Sinne der früheren Verfassung des ländlichen Grundbesitzes folgt keineswegs notwendig daraus, daß eine Besitzung „zu Kölmischen Rechten" verliehen worden ist. Charakterisierte sich auch der Besitz nach Kölmischem Rechte als freies Allodial-Eigentum, schloß er auch ferner namentlich die Befreiung von allem

---

[1]) Hieraus folgt, daß auch älteres Ortsrecht auf neu einverleibte Bezirksteile und ihre Bewohner ohne weiteres Anwendung findet. Entsch. v. 26. VI. 94 (Pr. V.-Bl. Bd. XV S. 511).

[2]) Es folgen hierauf ausführliche, für den vorliegenden Fall aufgestellte Grundsätze für die Auseinandersetzung hinsichtlich der Armenlasten.

[3]) Oben S. 195, 200.

Scharwerk in sich, so daß das Ostpreußische Provinzialrecht die Kölmer nicht zum Bauernstande rechnen konnte, so schließt doch andererseits die Vergebung nach Kölmischem Rechte keineswegs regelmäßig die Verleihung herrschaftlicher Rechte über Unterthanen in sich. Die Kölmischen Güter stehen den Rittergütern nicht gleich.[1])

Nr. 27. Entsch. Bd. XVI. S. 230 vom 20. November 1886. I C 65 86.
Ostpr. Prov.-Recht Zusatz 162 Abs. 1.

Für die Eigenschaft eines „adligen Gutes" in Ostpreußen ist allein entscheidend, ob die Verleihung mit adligen Gerechtigkeiten erfolgte, gleichgültig ist dagegen, welcher Art der gleichzeitig verliehene privatrechtliche Besitz am Gute war. Auf dieses Besitzrecht allein bezieht sich aber die Vergabung entweder nach Kölmischem Rechte, die zu Beginn der Ordensherrschaft auch für adligen Besitz die Regel war, oder nach Magdeburgischem Rechte, insofern als erstere das wirkliche Eigentum, letztere aber Lehnrechte gewährte.

Nr. 28. Entsch. Bd. XVI. S. 231 vom 21. März 1888. I C 117 87.
A. L. R. T. II Tit. 7 § 92.

Dadurch, daß bei Vererbpachtung eines zu einem größeren gutsherrlichen Besitze des Fiskus gehörigen Grundstückes der Erbpächter verpflichtet worden ist, die auf dem Grundstücke vorhandenen Gärtner zu konservieren und neue anzusetzen, ist ein selbständiger Gutsbezirk, dessen Gutsherr bei Aufhebung des Obereigentumes des Fiskus der seitherige Erbpächter geworden wäre, nicht geschaffen. Solche Vertragsbestimmungen waren ehemals für die gleichartigen Rechtsgeschäfte über domänenfiskalische Besitzungen die Regel. Ihre Anwendung war auch keineswegs nur auf die Vererbpachtung von Vorwerken als größerer wirtschaftlicher Einheiten beschränkt. Die Vorwerke wurden, je nach Gelegenheit, als Ganzes oder „zum Abbau von Bauerfamilien" vererbpachtet. Die dadurch geschaffenen Rechtsverhältnisse bildeten nicht die Grundlage gutsherrlicher Verhältnisse. Die Ansetzungen konnten, wenn sie auf nicht zu Bauergütern umgewandeltem Vorwerkslande erfolgten, zu gutsherrlich-bäuerlichen Verhältnissen im Sinne der späteren Landeskulturgesetzgebung führen, dies dem Vorwerksbesitzer gegenüber vielfach aber nur bezüglich der privatrechtlichen Seiten jenes Rechtsverhältnisses, nicht dagegen notwendig für das in ihm ruhende öffentlich-rechtliche obrigkeitliche Element. Für die Entscheidung der Frage, ob ein Gut Gutsbezirk, sein Besitzer Gutsherr ist, kommt nur lediglich die öffentliche, obrigkeitliche Seite der Gutsherrschaft, die Gutsherrlichkeit, in Betracht. Es ist nicht maßgebend, ob der Erbpächter und spätere Eigentümer des Gutes zu den einzelnen Einsassen des Guts privatrechtlich in die Stellung des Gutsherrn trat.

Ist daher der Gutsherr Obrigkeit eines Vorwerks nicht lediglich als dessen Eigentümer, so daß dieses Vorwerk in bestimmten Grenzen das Substrat der Gutsherrlichkeit für einen entsprechend begrenzten Bezirk gebildet hätte, sondern als Gutsherr und Obrigkeit eines größeren Bezirkes geworden, so kann diesem Vorwerk die Eigenschaft eines selbständigen Gutsbezirkes nicht zugesprochen werden.

---

[1]) Selbst wenn ihnen durch Ges. v. 1. VII. 23 (G.-S. S. 139) das Recht zum Erscheinen im Stande der Ritterschaft beigelegt und ihre Besitzer insoweit den Rittergutsbesitzern gleichgestellt sind. Art. II der Vd. v. 17. III. 28 (G.-S. S. 28) spricht es bestimmt aus, daß für die Rittergutseigenschaft nicht schon die Beilegung der Gerechtsame, im Stande der Ritterschaft auf den Kreistagen zu erscheinen u. s. w. entscheidend ist, daß sie vielmehr Allerhöchst verliehen werden muß. Entsch. v. 22. II. 90 (Pr. V.-Bl. Bd. XI S. 445).

Nr. 29. Entsch. Bd. XIX. S. 153. vom 3. Mai 1890. I C 182/89.

A.-L.-R. T. II Tit 6 § 189. Hann. Grundges. v. 26. IX. 33 (G.-S. S. 286) §§ 42, 45. Hann. Landesverf.-Ges. v. 6. VIII. 40 (G.-S. S. 141) §§ 45, 46, 54 und Abänd.-Ges. v. 5 IX. 48 (G.-S. S. 261) § 12 und 28. IV. 59 (G.-S. S. 389). Hann. Kr.-Ordn. v. 6 V. 84 (G.-S. S. 181) §§ 21, 36 ff.; L.-V.-G. § 25, Zust.-Ges. §§ 25, 26.

1) Selbständige Gutsbezirke giebt es auch in der Provinz Hannover seit dem Erlaß der Kr.-Ordn. v. 6. V. 84, jedoch sind sie nicht aus ehemals „ritterschaftlichem Besitze“ entstanden, sondern es können auch „sonstige Güter und Höfe“ jene Eigenschaft haben. Das Gebiet des ehemaligen Königreiches Hannover setzte sich im wesentlichen, aber nicht ausschließlich aus Gemeindebezirken zusammen. Neben ihnen bestanden einzelne bebaute Güter, die in gewisser Weise die öffentlich-rechtlichen Aufgaben der Gemeinden erfüllten, ferner größere unbebaute Besitzungen (insbesondere die mehreren Gemeinden gehörigen Marken und sonstige Gemeinheiten) und endlich kleinere kommunalfreie Grundstücke. Mit der öffentlich-rechtlichen Stellung der historisch einem Gemeindeverbande nicht angehörigen Grundflächen beschäftigen sich §§ 42, 45 des Staatsgrundges. v. 26. IX. 33 (G.-S. S. 286), § 45 des Landesverfassungsges. v. 6. VIII. 40 (G.-S. S. 141), § 12 des Verf.-Änd.-Ges. v. 5. IX. 48 (G.-S. S. 261) und Verf.-Änd.-Ges. v. 28. IV. 59 (G.-S. S. 389). Nach diesen durch die Kr.-Ordn. nicht geänderten Rechtsnormen wird seit 1833 zwischen Grundstücken, die einer Gemeinde unbedingt anzuschließen sind, und zwischen „Gütern“ und „Besitzungen“, die unter Umständen ausgeschlossen bleiben können, unterschieden, und es werden zu den letzteren — in der ausgesprochenen Absicht, jede Beschränkung auf ritterschaftlichen Besitz zu verhüten — auch „sonstige Güter und Höfe“ neben den größeren unbebauten Besitzungen gerechnet. Das Unterscheidungsmerkmal zwischen selbständigen Gutsbezirken und Gemeinden kann daher nicht, wie bei den Gutsbezirken des Ostens, die regelmäßig aus der herrschaftlichen (obrigkeitlichen) Gewalt des Territorialherrn sich entwickelt haben, in einem ähnlichen, im bestehenden öffentlichen Rechte bereits anerkannten Verhältnisse beruhen. Die Eigenschaft, die eine Mehrheit von Grundstücken zu einem „Gute“ oder einer „größeren Besitzung“ vereinigt und deren Ausschluß vom Gemeindeverbande rechtfertigt, kann nur die Einheit des privatrechtlichen Eigentums sein. Deshalb ist auch der 1840 zugelassene Anschluß von Grundstücken an selbständige Güter nach dem Ges. v. 5. IX. 48 nicht ferner gestattet. Werden von einem einheitlichen Güterkomplexe vor dessen förmlichen Ausschlusse Grundstücke an Dritte abveräußert, so bilden die Trennstücke, wie der Rest, je für sich bestehende und zu behandelnde „kommunalfreie“ Grundstücke.

2) Durch den formellen Ausschluß eines Gutes von der Eingemeindung, durch die behördliche Anerkennung der Besitzung als einer selbständigen entsteht ein deren Bestandteile zusammenhaltendes öffentlich-rechtliches Band und es kann daher das öffentlich-rechtliche Verhältnis durch privatrechtliche Akte nicht einseitig, sondern nur mit hinzutretender staatlicher Genehmigung geändert werden. Dieser Grundsatz ist völlig einwandsfrei geworden durch die Kr.-Ordn., die die Gutsbezirke Hannovers mit denen der östlichen Provinzen vollkommen gleichstellt. — Was den Eintritt des Verlustes der Eigenschaft als Gutsbezirk anlangt, so kann in sinngemäßer Anwendung des § 189 A.-L.-R. II 6 auch in Hannover ein Gutsbezirk, bei dem infolge der Zerstückelung ein Stammgut nicht mehr erkennbar bleibt, selbst gegen den Willen der Trennstücksbesitzer durch einen Akt des Staates bezüglich des kommunalen Verbandes aufgelöst werden. (Folgt nähere Begründung.) Die zur Auflösung zuständige Behörde ist der Oberpräsident.

Nr. 30. Entsch. Bd. XXI. S. 116 vom 12. September 1891. I C 68/91.

A.-L.-R. T. II Tit. 7 §§ 18, 87—92, 308. Ostpr. Prov.-Recht Zusatz 105, 108 ff., 162, 226. Ges. wegen Anordnung der Provinzialstände v. 1. VII. 23 (G.-S. S. 138) § 7 und Vd. v. 17. III. 28 (G.-S. S. 28) Art. II. Ges. v. 31. XII. 42 (G.-S. 43 S. 8) über die Verpflichtung zur Armenpflege, § 5. Ges. v. 11. IV. 56 (G.-S. S. 359), betr. die Landgemeindeverfassungen u. s. w. §§ 1, 2. Kr.-Ordn. v. $\frac{13.\ XII.\ 72}{19.\ III.\ 81}$ (G.-S. 1881 S. 179) § 31.

1) Das Ges. v. 14. IV. 56 hat nicht jedem außerhalb des Gemeindeverbandes stehenden, als selbständig behandelten Gute die Eigenschaft eines Gutsbezirkes beigelegt. Unter dem selbständigen Gute im Sinne des ersten Abs. des § 1 ist, was der weitere Wortlaut dieses Paragraphen und der § 2 außer Zweifel stellen, der Gutsbezirk verstanden, dessen Begriff dieses Ges. nicht bestimmt, und ebenso, wie die Kr.-Ordn. als bekannt vorausgesetzt hat. Das Wort „Gutsbezirk" findet sich zuerst in dem Ges. v. 31. XII. 42 über die Verpflichtung zur Armenpflege, und daß hier unter dem Gutsbezirke die außerhalb des Gemeindeverbandes stehenden Güter der Gutsherrschaften gemeint sind, ergiebt § 5, indem hier den Gemeinden lediglich die Gutsherrschaften als diejenigen gegenübergestellt sind, die für ihren Bezirk gleich den Gemeinden die öffentliche Armenpflege zu üben haben. Es ist dies nicht eine der Armenpflege eigentümliche Regelung, sie beruht vielmehr auf dem nach der ganzen Entwickelung der kommunalen Verhältnisse feststehenden Grundsatze, daß Gemeinden und Gutsherrschaften je für ihren Bezirk die Träger öffentlicher Pflichten sind. Wovon das Ges. bei der Armenpflege ausgegangen ist, das trifft für die Gutsbezirke auch im übrigen zu; sie kommen nur als Kommunalbezirke in Betracht, und ob dies für diejenigen Güter, die nicht in neuerer Zeit zufolge landesherrlicher Entschließung oder sonst rechtsgültig zu Gutsbezirken erklärt sind, zutrifft, ist ausschließlich davon abhängig zu machen, ob ihre Besitzer rechtlich als Gutsherrschaften anerkannt werden können.

Der Begriff der Gutsherrschaften ist aber entsprechend der geschichtlichen Entwickelung in den §§ 87 bis 90 Tit. 7 T. II A.-L.-R.'s dahin gegeben, daß es diejenigen Gutsbesitzer sind, die gegenüber den Gutsanwohnern als ihren Gutsunterthanen die im weiteren Teile dieses Titels näher bestimmten, auf der gutsobrigkeitlichen Gewalt beruhenden gutsherrlichen Rechte üben durften. Auf diese Gutsherrschaften beziehen sich die anschließenden §§ 91, 92. Deshalb kann ihnen die Bedeutung nicht abgesprochen werden, daß sie den Kreis der für die Folge zur Gutsherrschaft befugten Güter endgültig bestimmen.

2) Rittergüter sind die zu adligen Rechten besessenen Güter. Zu diesen gehören die kölmischen an sich nicht. Im § 7 des Ges. v. 1. VII. 23 sind die Grundeigentümer der kölmischen und gleichartigen Güter der sich aus den Besitzern von Rittergütern zusammensetzenden Ritterschaft gegenübergestellt, und die Vd. v. 17. III. 28 hebt im Art. II noch ausdrücklich hervor, daß für die in die Matrikel auf Grund der Berechtigung, im Stande der Ritterschaft zu erscheinen, aufgenommenen Güter die Rittergutsqualität von der Allerhöchsten Verleihung abhängig ist, und solche nur denjenigen, der Oberherrlichkeit eines anderen Dominiums nicht unterstellten Gütern verliehen werden soll, mit deren Besitz mindestens die Gerichtsbarkeit über die auf dem Gute wohnenden Nichteximierten verbunden ist. Die provinzialständische Verfassung ist danach für die Frage, ob mit einem Gute die Gutsherrschaft verbunden ist, überhaupt unwesentlich.

Das ostpreußische Provinzialrecht schließt die Kölmer (freikölmischen Gutsbesitzer), sofern sie nicht zu dem Domanium gehören, zwar von dem Bauernstande aus, zählt sie aber weder zu dem Adel, noch zu den Gutsherrschaften. Die früher, jedoch nach der Zeit der Ordensherrschaft, übliche Verleihung zu kölmischen Rechten, die auch für den Adel nicht ungewöhnlich war, hatte nur die Bedeutung, daß der Beliehene den Grund und Boden nicht nach Magdeburgischem Rechte als Lehn, sondern als freies Eigentum erhielt. Soweit die ausschließlich nach kölmischem Rechte Beliehenen zugleich die Gerichtsobrigkeiten (Gutsherrschaften) sein sollten, ist dies durch spezielle Erwähnung der zugleich verliehenen Gerichtsbarkeit zum Ausdruck gelangt. Für die Kölmer ist dies nur ausnahmsweise geschehen. Die Kölmer gehörten nicht zu den Gutsherrschaften, sondern zu den freien Einsassen der Guts- und Grundherrschaften, deren Rechtsstellung zu diesen gleich denjenigen der Hofzinser, Emphyteuten, Assekuranten, Chatoulbauern, Chatoulkölmer, und anderen nicht auf Scharwerkshufen angesetzten Einsassen sich nach ihren Privilegien, Kontrakten und Verschreibungen bestimmen sollten. Doch durfte dem Erwerber eines Kölmergutes die Loslassung aus der Unterthänigkeit nicht versagt werden. Vgl Vd. v. 8. IX. 1773 (Lemann, Westpr. Prov.-Recht Abt. II S. 151).

3) Für die nach Provinzialgesetz nicht zu den Gutsherrschaften gehörigen kölmischen Güter ergiebt sich als öffentlicher Rechtssatz, daß sie, soweit ihnen das gutsherrliche Recht nicht durch Privilegium ausdrücklich verliehen ist, in welchem Falle sie Gutsbezirke ohne Rücksicht darauf sind, ob von diesem Rechte erweislich durch Ansetzung von Unterthanen Gebrauch gemacht ist, als solche gemäß § 92 Tit. 7 T. II A.-L.-R. nur anerkannt werden können, wenn deren Besitzer thatsächlich das gutsherrliche Recht gegenüber angesetzten Unterthanen geübt und durch Verjährung bis zur Aufhebung der Gutsunterthänigkeit erworben haben.

Nr. 31. Entsch. Bd. XXII. S. 84 vom 18. November 1891. I C 93/91.

(Ges. v. 14. IV. 56 (G.-S. S. 359), betr. die Landgemeindeverfassungen u. s. w., § 1. L.-V.-G. §§ 121, 123, 126. Zust.-Ges. §§ 8, 9, 25, 26. Land-Gem.-Ordn. v. 3. VII. 91 (G. S. S. 233) §§ 2, 4.

Wenn sogenannte „gemeindefreie" Grundstücke benachbarten Gemeinden einverleibt worden sind, so ist gegen einen solchen Beschluß des Kreisausschusses eine Klage im Verwaltungsstreitverfahren auf Rückgängigmachung dieser Einverleibung nicht gestattet. Auch ist eine Grenzstreitklage mit dem Ziele auf Feststellung des Grenzzuges, wie er vor dem Einverleibungs-Beschlusse bestanden hat, als unzulässig abzuweisen, weil dem Verwaltungsrichter die Befugnis der Nachprüfung des Eingemeindungsbeschlusses dahin entzogen ist, ob die streitige Gemeindefreiheit der Marken im Beschlußverfahren bejaht werden durfte.

Alle Verwaltungsakte sind zwar, wenn sie für die Entscheidung eines anhängigen Verwaltungsstreites wesentlich in Betracht kommen, der Nachprüfung des Verwaltungsrichters dahin unterworfen, ob sie von einer zu dem einzelnen Akte an sich zuständigen Behörde ausgegangen sind. Trifft dies aber zu, dann ist die weitere Prüfung, ob die thatsächlichen Voraussetzungen für die Zuständigkeit als vorliegend angenommen werden durften, jedenfalls für diejenigen organisatorischen Verwaltungsakte ausgeschlossen, bezüglich deren das Gesetz den Beteiligten neben der Beschwerde kein weiteres Rechtsmittel gestattet und deren unmittelbare Anfechtung insbesondere versagt hat. Denn aus solcher Regelung der Rechtsmittel muß notwendig gefolgert werden, daß die Beschlußbehörden auch über die ihre Zuständigkeit bedingenden thatsächlichen Voraussetzungen für die Beteiligten wirksam und endgültig zu befinden haben und demgemäß die auf Beschwerde letztinstanzlich aufrecht erhaltenen Verwaltungsakte für sie so lange maßgebend sein sollen, als diese nicht infolge der dem Regierungspräsidenten allein gegebenen Anfechtungsklage rückgängig gemacht sind. Betreffs der Eingemeindungsbeschlüsse als solcher organisatorischen Verwaltungsakte zur Regelung des status der Kommunalbezirke kann es hiernach keinem Zweifel unterliegen, daß sie im Sinne des Gesetzes nach Erschöpfung des Beschwerdezuges für die Kommunalbezirke einen deren Anfechtung entzogenen Rechtszustand schaffen sollten.[1])

Nr. 32. Entsch. Bd. XXII. S. 87 vom 1. März 1892. II B 29/90.

Ges. 14. IV. 56 (G.-S. S. 359), betr. die Landgemeindeverfassungen, § 1. Land-Gem.-Ordn. v. 3. VII. 91 (G.-S. S. 233) §§ 2, 4. Zust.-Ges. §§ 8, 9, 25. 26.

1) Nach § 9 des Zust.-Ges. unterliegen Streitigkeiten über die bestehenden Grenzen eines Stadtbezirkes der Entscheidung im Verwaltungsstreitverfahren. Über die Festsetzung streitiger Grenzen beschließt vorläufig, sofern es das öffentliche Interesse erheischt, der Bezirksausschuß, und zwar dergestalt, daß dieser Beschluß für alle Verhältnisse maßgebend bleibt, also auch nicht etwa gelegentlich eines anderen Streites (incidenter) auf seine Rechtsgültigkeit nachgeprüft werden kann (vgl. E.-O.-V. Bd. XX. S. 172, 173), sondern einer Korrektur durch die Verwaltungsgerichte nur in einem Verfahren unterliegt, das sich direkt und unmittelbar mit demselben Gegenstande — mit den Grenzen — zu befassen hat, dann aber kraft des Gesetzes auch die — und zwar wiederum für alle Verhältnisse maßgebende — Wirkung hat, daß der Beschluß jede fernere Bedeutung verliert. Dieser Rechtszustand gilt nach § 4 der Land-Gem.-Ordn. v. 3. VII. 91 auch in Zukunft.

In einem gewissen Gegensatze zu § 4 behandelt der § 2 der gedachten Land-Gem.-Ordn., die bisher zerstreuten Vorschriften zusammenfassend, von entstehenden, von der Schaffung neuer Grenzen — ersichtlich mit dem Ziele, für alle diejenigen Verhältnisse, bei denen der territoriale Bestand und der rechtliche Charakter der kommunalen Verbände von Bedeutung sind, feste und eine geordnete Verwaltung ermöglichende Grundlagen zu schaffen. Jedoch enthält er keine Bestimmung etwa des Inhaltes, daß es bei dessen Festsetzungen nur so lange verbliebe, bis im Verwaltungsstreitverfahren etwas anderes entschieden werde, was dann an die Stelle jener zu treten hätte. Die territorialen Neubildungen und Veränderungen, die Neuschaffung von Grenzen erfolgen ausschließlich in dem durch § 2 zum Teil eigenartig geregelten Beschlußverfahren, das ohne Prüfung der thatsächlichen Verhältnisse — z. B. im Falle des § 2 Nr. 1 ohne eine Feststellung darüber, ob ein Grundstück noch keinem Gemeinde- oder Gutsbezirke angehört — nicht möglich, also auf diese Prüfung nicht auszudehnen ist. Werden gegen die ergangenen Beschlüsse oder Verfügungen in jenem Verfahren Rechtsmittel überhaupt nicht eingelegt oder bleiben die eingelegten ohne Erfolg, so ist damit eine definitive Norm organisatorischer Natur geschaffen, bei der es so lange bewendet, bis auf den im § 2 geordneten Wegen etwa eine Abänderung eintritt. Ein direkter Angriff gegen den so zur Entstehung gelangten Rechtszustand durch Klage vor den Verwaltungsgerichten findet beim Mangel eines ihn zulassenden Gesetzes nicht statt, auch nicht auf dem Umwege des § 4. Letzterer eröffnet zwar die Möglichkeit, auch beim

---

[1]) In demselben Sinne und aus denselben Gründen entschied das O.-V.-G. am 5. III. 92 (Entsch. Bd. XXII S. 87 in der Anmerkung, I C 128/91) auf die gegen einen Vertreter des öffentlichen Interesses eingeleitete Klage eines Gutsbesitzers, der für sein Gut die Eigenschaft eines Gutsbezirkes beanspruchte, während der Kreisausschuß beschlossen hatte, dies Gut als gemeindefrei mit einer benachbarten Gemeinde zu vereinigen.

Vergl. auch Entsch. v. 7. I. 96 (Pr. V.-Bl. Bd. XVII S. 470) über die Zuständigkeit der Regierungen zur Veränderung der Gemeindegrenzen vor Erlaß des Ges. v. 14. IV. 56 (G.-S. S. 359), betr. die Landgemeindeverfassungen u. s. w.

Vorhandensein einer nach § 2 getroffenen Grenzbestimmung, über deren Inhalt und Tragweite zu streiten, genau in dem Umfange, wie Zweifel über den Inhalt eines Gesetzes vor den Spruchbehörden zum Austrage gelangen können. Dagegen ist ein Klagerecht mit der Begründung, daß die auf dem Gebiete und im Rahmen des § 2 a. a. O. in Thätigkeit gewesenen Behörden geirrt hätten, daß die nach den dort ergangenen Entscheidungen bestehenden Grenzen unrichtig seien, und mit dem Antrage, diese Entscheidungen außer Kraft zu setzen oder doch zu ignorieren und denjenigen Zustand als den bestehenden wiederherzustellen, der soeben eine Abänderung erfahren hat, durch § 4 a. a. O. nicht geschaffen, auch völlig unverträglich mit den Zielen und Zwecken, die der § 2 a. a. O. vor Augen hat.

Dieses Verhältnis der die Schaffung neuer Grenzen regelnden Normen zu den sich mit den Streitigkeiten über bestehende Grenzen befassenden Satzungen ist nicht erst durch die Land-Gem.-Ordn. hervorgerufen, sondern ergiebt sich mit dem Inhalte ebenso aus dem Zust.-Ges.

2) Die vor der Kreisordnung und der nachfolgenden Gesetzgebung, insbesondere die auf dem Boden des Ges. v. 14. IV. 56 von den dort berufenen Behörden getroffenen Entscheidungen über die Bildung oder Umgestaltung kommunaler Verbände sind, sofern sie in dem zur Zeit ihres Ergehens statthaften Instanzenzuge einen Angriff oder eine Abänderung nicht erfahren haben, gleichwertig denen, die unter der späteren Gesetzgebung entstanden sind, und lassen sich mit Hülfe des § 9 oder des § 26 des Zust.-Ges. nicht unter dem Vorgeben anfechten, es hätten die Behörden rechtlich oder in Würdigung derjenigen thatsächlichen Verhältnisse geirrt, über die sie zu befinden hatten.

Eine Änderung kann, falls etwa das öffentliche Interesse sie erheischen sollte, nur auf demjenigen Wege erreicht werden, der für die Abtrennung und Vereinigung einzelner Gemeindebezirksteile (in § 2 der Land-Gem.-Ordn.) vorgesehen ist.

Nr. 33. Entsch. Bd. XXII. S. 95 vom 25. November 1891. I C 95/91.

Vd. v. 22. IX. 67 (G.-S. S. 1603), betr. Landgemeindeverfassungen in Schleswig-Holstein, §§ 1, 27, 28. Zust.-Ges. § 26. Schl.-Holst. Kr.-Ordn. v. 26. V. 88 (G.-S. S. 139) § 155.

In der Provinz Schleswig-Holstein ergingen die Entscheidungen der (bis zum Inkrafttreten der Zuständigkeit der Verwaltungsgerichte) zuständigen Verwaltungsbehörden (Landrat und Regierung) über streitige Gemeindebezirksgrenzen nicht als endgültige in dem Sinne, daß sie sich einer Abänderung seitens derselben Behörden entzogen und nunmehr auch ein Verwaltungsstreitverfahren über dieselbe Frage unzulässig gemacht haben.

Weder in den Gemeindeverfassungsgesetzen, noch sonst, waren die Verwaltungsbehörden zur Entscheidung von Streitigkeiten über die Grenzen der Kommunalbezirke ausdrücklich ermächtigt. Handelte es sich um einen Streit über Gemeindebezirksgrenzen, so konnte dieser durch einen Eingemeindungsakt erledigt werden, wozu aber bei Widerspruch der Beteiligten die landesherrliche Genehmigung notwendig war. Wurde dieser Weg nicht betreten, dann durften die Verwaltungsbehörden sich allerdings kraft ihres Aufsichtsrechtes über die Kommunalbezirke mit dem Grenzstreite befassen und ihn für die Kommunalbezirke wirksam entscheiden, doch schafften diese Entscheidungen nicht einen endgültigen Zustand, ließen vielmehr eine anderweite Prüfung und Entscheidung zu und es ist heute mit Rücksicht auf die den Entscheidungen der Verwaltungsbehörden mangelnde Rechtskraft auch ein Verwaltungsstreitverfahren nicht ausgeschlossen.

Nr. 34. Entsch. Bd. XXII. S. 99 vom 5. März 1892. I C 136/91.

Ges. v. 1. VII. 23 (G.-S. S. 138) wegen Anordnung der Provinzialstände, § 7 und Vd. v. 17. III. 28 (G.-S. S. 28) Art. II. Ges. v. 31. XII. 42 (G.-S. 43 S. 8) über die Verpflichtung zur Armenpflege, §§ 5—9.

1) Wäre an sich anzuerkennen, daß ein durch landesherrlichen Akt zum Gutsbezirke nicht erklärtes Gut diese Eigenschaft auch dann, wenn mit dem Gute das Recht, Unterthanen zu haben und herrschaftliche Rechte über sie auszuüben, nicht verbunden gewesen ist, durch Observanz erlangen kann, so war dies doch nach dem Begriffe der Observanz als die aus dem gleichmäßigen Verhalten der an einem bestimmten Rechtsverhältnisse Beteiligten in Ansehung dieses Rechtsverhältnisses zu entnehmende Rechtsnorm nur dahin möglich, daß unter diesen Beteiligten durch gleichmäßige Übung als Rechtsnorm die Voraussetzung bestimmt wurde, unter der ihrer Rechtsansicht entsprechend ein Gut als Gutsbezirk zu beurteilen ist.

Eine solche Rechtsnorm ist darin nicht zu finden, daß die außerhalb des Gemeindeverbandes stehenden Güter, deren Besitzer die Kommunallasten getragen haben, allgemein und insbesondere von den Verwaltungsbehörden als Gutsbezirke angesehen worden sind. Diese Praxis der Verwaltungsbehörden kommt für die Observanzbildung überhaupt nicht in Betracht.

Letztere haben die Verwaltung nach Maßgabe des objektiven Rechtes und also auch nach rechtsgültig bestehenden Observanzen zu führen. Zu den Beteiligten, unter denen sich die Observanz für ein gemeinsames Rechtsverhältnis ausbilden kann, gehören sie nicht. Ihre Praxis wäre nur dann entscheidend, wenn sich aus dieser ein Rechtssätze erzeugendes Verwaltungsrecht bilden dürfte, was nach Lage der Gesetzgebung nicht zutrifft.

2) Der Begriff des „Gutsbezirkes“ ist erst eingeführt durch das Armenpflegeges. v. 31. XII. 42, und es ist hier unter dem Gutsbezirke die Gutsherrschaft mit ihren außerhalb des Gemeindeverbandes stehenden Gütern gemeint. Vergl. §§ 5, 6 a. a. O. Nicht also jeder außerhalb des Gemeindeverbandes stehender Besitz, der wirtschaftlich oder im Sinne des Sprachgebrauches ein Gut darstellt, ist im Sinne des Gesetzes ein Gutsbezirk, sondern allein das Gut der Gutsherrschaft. Als solche Güter sind, in den §§ 7—9, die Domänen und die Rittergüter qualifiziert. Diese Regelung beruht auf der geschichtlichen, gesetzlich anerkannten Entwickelung, wonach mit jenen Gütern die Gutsherrschaft als die Ortsobrigkeit verbunden war und wonach in den Gutsherrschaften sowohl die Organe für die Verwaltung, wie auch die Träger der öffentlichen Lasten neben den Gemeinden gegeben waren.

Von einer Erläuterung des Begriffes der „Güter der Gutsherrschaften“ konnte das Ges. absehen. Diese war bereits in den §§ 87—90 A.-L.-R. II 7 dahin gegeben, daß es diejenigen Güter sind, mit denen gegenüber den Gutsanwohnern als den Gutsunterthanen gutsherrliche Rechte verbunden waren. Diese Rechte als das charakteristische Merkmal der Gutsherrschaften erkennt das A.-L.-R. in den §§ 91, 92 für Rittergüter in der Regel, für andere freie Landgüter jedoch nur dann an, falls sie durch Provinzialgesetz, Privilegien oder Verjährung begründet sind. Für die hier nicht erwähnten landesherrlichen oder staatlichen Domänen verstand sich dieses Recht von selbst. Wenn demnach mit den in dem Armengesetz benannten Domänen und Rittergütern die Güter der Gutsherrschaften nicht abschließend begrenzt sind, so sind doch für die zu jenen nicht gehörigen Güter im § 92 die Voraussetzungen, unter denen für sie die Gutsherrschaft anzuerkennen ist, endgültig bestimmt; und da hier auf die Observanz nicht verwiesen ist, auch das Westpr. Prov.-Recht sich auf die Definition der adligen oder Rittergüter beschränkt und die Observanz ebensowenig zuläßt, so folgt hieraus in Verbindung mit den §§ 3, 4 der Einl. und §§ IV ff.

des Publ. Patents zum A.-L.-R. v. 5. II. 94 notwendig, daß die Observanz für die Frage, ob mit einem Gute die Gutsherrschaft verbunden und dieses also ein Gutsbezirk ist, überhaupt nicht in Betracht kommen kann. Doch gab es schon zu Anfang des 18. Jahrhunderts in Westpreußen adlige oder Rittergüter mit dem Vorrechte, Unterthanen zu haben und herrschaftliche Rechte über sie auszuüben.

3) Ein Gut wäre also als Gutsbezirk nur anzuerkennen, sofern es als adliges oder Rittergut verliehen oder — da das Westpreußische Provinzialrecht bezüglich der nicht zu den Rittergütern gehörigen freien Landgüter keine abweichende Norm enthält — für es das Vorrecht, Unterthanen zu haben und herrschaftliche Rechte über sie auszuüben, zur Zeit der Verleihung bestanden hat, oder später durch Privilegium oder Verjährung erworben ist Die adlige Qualität eines Gutes ist auch nicht aus seiner Bezeichnung als Pustkowie zu folgern. Als Pustkowien, d. h. zu polnischer Zeit jure perpetuo colonario aus den Starosteien verliehene Güter, wurden einsame, abgelegene wüste Plätze und die auf diesen unter Urbarmachung entstandenen Ansiedelungen benannt.

4) Damit, daß ein Gut nicht als Rittergut, sondern als ein für sich bestehendes Landgut im Sinne des § 7 Nr. 2 des Ges. v. 1. VII. 23 in die Matrikel aufgenommen, ist sein Besitzer zwar für die provinzialständische Verfassung wahlberechtigt und wählbar im ersten Stande geworden, nicht aber auch die Qualität des Gutes geändert. Die Rittergutseigenschaft konnte es, sofern es sie nicht schon besaß, nur auf Grund Allerhöchster Verleihung erlangen (Art. II der Vd. v. 17. III. 28). War das Gut vordem in den Registern nicht als adliges geführt, so kann es als solches nicht schon deshalb anerkannt werden, weil es einem von Adel frei von Handdiensten, Frohnen und Scharwerk verliehen ist, sondern nur dann, wenn von dem Besitzer der Nachweis erbracht wird, daß es als ein unadliges ohne seiner Vorfahren Wissen und Genehmigung geführt worden ist.

5) Aus den Starosteien fanden übrigens in der Regel Verleihungen nur zu emphyteutischem Rechte statt (von Haxthausen, ländliche Verfassung Bd. I S. 197, 205; von Vegesack, Westpreuß. Provinzialrecht Bd. I S. 211, 249); denn ein Mehreres als die Verleihung zu emphyteutischen oder der deutschrechtlichen Erbpacht ähnlichen Rechten bedeutet das übertragene jus perpetuum colonarium nicht (Eichhorn, Einleitung zum deutschen Privatrecht §§ 160—259, Runde, deutsches Privatrecht, 8. Aufl. §§ 506, 527). Das Eigentum ist zunächst dem Staate verblieben. Selbst wenn es aber schon vor Aufhebung der Erbunterthänigkeit als freies erlangt wäre, so müßte immer noch bis dahin das Recht Unterthanen zu haben und herrschaftliche Rechte über sie auszuüben, durch Verjährung erworben sein. Später ist dies nicht mehr möglich.

Nur dann, wenn ein Gut vor dem Eigentumsübergange in der Starostei oder später im Domänenamte als ein abgesondertes bestanden hat, in Ansehung dessen der Staat die Gutsherrschaft besonders übte, ist es als Gutsbezirk anzuerkennen.

6) Als im öffentlichen Rechte begründet, ist an der fortdauernden Zugehörigkeit der zu freiem Eigentume verliehenen kölmischen Güter zu demjenigen Gutsbezirke festzuhalten, von dem sie abgezweigt sind (vergl. u. A. Entsch. des O.-V.-G. Bd. XXI S. 116 ff.).[1] Dies muß umsomehr für die mit Vorbehalt des Eigentums verliehenen Güter gelten, mag auch der Gutsherr keinen Teil des Gutes mehr besitzen, da die Gutsherr-

[1]) Oben S. 213.

lichkeit auf Renten pp. fortbestehen kann und auch mit deren Ablösung nicht untergegangen ist. Vergl. E.-O.-V. Bd. VIII S. 89, Bd. XVI S. 231[1]); Pr. V.-Bl. Bd. XII S. 242, 529.

Nr. 35. Entsch. Bd. XXII. S. 107 vom 28. Oktober 1891. I C 62/91.

A.-L.-R. T. II Tit. 7 §§ 14, 15, 18. Gem.-Ordn. v. 11. III. 50 (G.-S. S. 213) §§ 147, 156 und Instr. dazu v. 23. III. 50 (v. Rönne Gem.-Ordn. v. 11. III. 50 S. 292). Zust.-Ges. § 26.

1) **Die Vereinigung von Grundstücken, die einer Gemeinde angehörten, mit einem Rittergute ist nicht schon deshalb endgültig erfolgt, weil der bezügliche Beschluß der Kreiskommission im Kreisblatte veröffentlicht worden ist. Endgültig ist (im vorliegenden Falle) dieser Beschluß nur in dem Sinne, als die Kreiskommission sich dahin schlüssig gemacht hat, daß ihrer Annahme nach zweckmäßig aus der bestehenden Gemeinde einerseits und dem Dominium mit seinen Bestandteilen und einer Anzahl Häuslerstellen andererseits zwei Gemeindebezirke zu bilden sind.** Gemäß §§ V—VII der zur Gem.-Ordn. v. 11. III. 50 ergangenen Instr. v. 23. III. 50 war dieser Beschluß zwar zur öffentlichen Kenntnis zu bringen. Seine Bedeutung ging aber über die eines vorläufigen Gutachtens nicht hinaus, weil er der Nachprüfung seitens der Bezirkskommission und deren Beschluß der Bestätigung des Ministers des Inneren unterlag. Liegt nur der Beschluß der Kreiskommission vor, so unterliegt die Frage, ob die im vorigen Jahrhundert von dem Gutsherrn erworbenen bäuerlichen Stellen dem Guts- oder Gemeindebezirk angehören, als eine noch offene der Entscheidung der Verwaltungsgerichte.

2) Durch den Friedens-Vertrag zwischen Preußen und Sachsen (Königreich) vom 18. V. 15 (G.-S. S. 53) sind gewisse Teile der Oberlausitz an Preußen übergegangen. Durch das Patent v. 15. XI. 16 (G.-S. S. 233) ist hier zwar das A.-L.-R., nicht aber die vorlandrechtliche Gesetzgebung eingeführt. Die Frage, inwieweit der Gutsherr mit den in der Vorzeit eingezogenen Bauerstellen in der Gemeinde abgabepflichtig geblieben oder zu deren Wiederbesetzung mit Bauern verpflichtet ist, muß daher nach den älteren Gesetzen für die Oberlausitz beantwortet werden. Maßgebend waren die Unerthanenordn. v. 4. VII. 1651 und die Kurf. Resolution v. 7. IX. 1672 (Kollektion der Oberlausitzschen Ges. T. I. Art. 2 S. 620, 636), die für die Gutsherren das Recht zur Einziehung, ja selbst zum Auskauf der Bauern wider ihren Willen mit der Wirkung statuierten, daß die übrigen Bauern diese Ländereien im Falle der Vereinigung mit dem Gute gleich den alten Vorwerksländereien mit ihren Diensten zu bestellen hatten. **Soweit Gutsherren vor Einführung des A.-L.-R.'s in Übung dieses Rechtes Bauerstellen, die sie ehemals vom Gute an Bauern ausgethan hatten, eingezogen und als Vorwerksland thatsächlich benutzt haben, sind diese Stellen Bestandteile des Vorwerkes (Rittergutes) geworden und damit aus dem Gemeindeverbande ausgeschieden.** Das Einziehungsrecht der Gutsherren war aber auf den Besitz der Erbunterthanen beschränkt und gegenüber den Schutzunterthanen ausgeschlossen.

(Folgen nähere Ausführungen.)

Nr. 36. Entsch. Bd. XXIV. S. 119 vom 22. Februar 1893. I C 96/92.

Ges. v. 8. III. 71 (G.-S. S. 130), betr. Ausführung des Reichsges. über den Unterstützungswohnsitz, §§ 7 ff. Zust.-Ges. § 44; Land-Gem.-Ordn. v. 3. VII. 91 (G.-S. S. 233) § 4.

Mit der Auflösung eines Gemeindebezirkes fällt das für diesen ergangene Gemeindestatut weg. Dasselbe gilt, wenn ein Gutsbezirk, für den auf Grund

---

[1]) Oben S. 204, 211.

des § 8 des Ges. v. 8. III. 71 ein Armenpflegestatut erlassen ist, aufgehoben wird, oder wenn sein Nichtbestehen im Wege des § 4 Abs. 1 oder 2 der Land-Gem.-Ordn. herbeigeführt ist. Es bedarf nicht noch eines besonderen die Aufhebung oder Abänderung der Norm des Statuts verfügenden Aktes.

Nr. 37. Entsch. Bd. XXV. S. 153 vom 4. November 1893. I C 21/93.

Gem.-Ordn. v. 11. III. 50 (G.-S. S. 213) §§ 1, 146, 147, 151, 156 und Aufhebungsges. v. 24. V. 53 (G.-S. S. 238) nebst Instr. v. 23. VI. 53 (M.-Bl. S. 116).

1) Der auf Grund der §§ 146, 147 der Gem.-Ordn. v. 11. III. 50 gefaßte Beschluß der Kreiskommission über Bildung einer neuen Gemeinde und deren Abgrenzung hat an sich nur die Bedeutung eines vorläufigen Gutachtens, erhält aber durch die Bestätigung des Ministers des Inneren die Kraft einer endgültigen Entscheidung, der gegenüber ein Widerspruch der Beteiligten bedeutungslos ist. Neben der ministeriellen Anordnung ist ein mehreres, namentlich eine öffentliche Bekanntmachung, nicht notwendig, um die Neubildung einer Gemeinde und ihre Abgrenzung für die Behörden und die Beteiligten wirksam zu machen.

2) Ist aber die Bildung der Gemeinde unter der Herrschaft der Gem.-Ordn. v. 11. III. 50 völlig zum Abschlusse gebracht worden, so kann sie auch durch die spätere Aufhebung dieses Ges. nicht ohne weiteres beseitigt werden. Gesetze haben nur dann rückwirkende Kraft, wenn sie ihnen vom Gesetzgeber beigelegt ist, was bezüglich des Aufhebungsges. v. 24. V. 53 nicht geschehen ist. Die bestätigten Beschlüsse der Kreiskommission müssen also auch unter der veränderten Gesetzgebung als maßgebende Normen für die Abgrenzung der Kommunalbezirke angesehen werden.

3) Als organisatorische Verwaltungsakte zur Regelung des Bestandes der Kommunalbezirke unterliegen die Beschlüsse zwar, wie jeder andere Verwaltungsakt, der Nachprüfung des Verwaltungsrichters, ob sie von einer an sich zuständigen Behörde ausgegangen sind, aber nicht des weiteren, ob die thatsächlichen Voraussetzungen für die Zuständigkeit als vorliegend angenommen werden durften. Vergl. E.-O.-V. Bd. XXII S. 86 [1]). Folgt nun die Zuständigkeit der Behörden an sich aus §§ 146, 147 der Gem.-Ordn., so ist das Vorliegen der thatsächlichen Voraussetzungen der Zuständigkeit durch den Beschluß des Ministers unanfechtbar entschieden.

Nr. 38. Entsch. Bd. XXVI. S. 93 vom 7. Februar 1894. I C 10/93.

Land-Gem.-Ordn. v. 3. VII. 91 (G.-S. S. 233) §§ 2, 3, 146. Zust.-Ges. § 25. L.-V.-G. § 79. Ges. v. 14. IV. 56 (G.-S. S. 359), betr. die Landgemeindeverfassungen u. s. w., § 1.

1) Bei Umwandlung eines Gutsbezirkes in eine Landgemeinde sind die Vorschriften im § 3 der Land-Gem.-Ordn. v. 3. VII. 91 maßgebend. Diese Vorschriften haben das Verwaltungsstreitverfahren auf die Ausgleichung der öffentlich-rechtlichen Interessen auch für den Fall ausgedehnt, daß durch die Umwandlung privatrechtliche Verhältnisse berührt werden. Die Vorschrift im § 1 Abs. 5 des Ges. v. 14. IV. 56, daß bei dergleichen Auseinandersetzungen über Grundstücke privatrechtliche Verhältnisse nicht berührt werden sollen, ist in die neue Land.-Gem.-Ordn. nicht mit übernommen,

[1]) Oben S. 214. Ebenso Entsch. v. 7. I. 96 (Pr. V.-Bl. Bd. XVII S. 470), die hinsichtlich der Zuständigkeit der Regierungen zur Veränderung der Gemeindegrenzen vor Erlaß des Gem.-Verf.-Ges. v. 14. IV. 56 sehr eingehende Ausführungen enthält. In der Bestätigung eines Abgabenregulierungsplanes und der darin enthaltenen Festsetzungen über die Kommunalverhältnisse ist ein solcher Ausspruch der Regierung wohl zu finden.

vielmehr absichtlich von der Aufnahme ausgeschlossen worden. Auf die am 1. IV. 92 bereits anhängig gewesenen Auseinandersetzungen sind sie insoweit anzuwenden, als sie nur das Verfahren und die Zuständigkeit der mit ihm befaßten Behörden regeln. Soweit sie materiell-rechtlichen Inhaltes sind, fallen sie unter die Regel des § 14 der Einl. zum A.-L.-R., daß neue Gesetze nicht auf schon vorher vorgefallene Handlungen und Begebenheiten angewendet werden können.

2) Mit der Auflösung des Gutsbezirkes tritt die Gemeinde an die Stelle des letzteren und wird zur ausschließlichen Trägerin kommunaler Rechte und Pflichten.

3) In der Regel wird es zweckmäßig sein und eine der Billigkeit nach allen Seiten hin entsprechende Auseinandersetzung und Ausgleichung erleichtern, wenn alle dabei in Betracht kommenden Punkte durch einen einheitlichen Beschluß geregelt werden. Rechtlich unzulässig ist es aber nicht, einen einzelnen Streitpunkt herauszugreifen und durch besonderen Beschluß zu regeln. Dem Verwaltungsrichter steht es aber vollends nicht zu, die beantragte Entscheidung wegen Unvollständigkeit des Auseinandersetzungsbeschlusses abzulehnen oder den Beschluß wegen dieses Mangels aufzuheben. Seine Aufgabe ist es überhaupt nicht, das Verfahren und die Anordnung der Beschlußbehörde im vollen Umfange nachzuprüfen. Sie ist vielmehr darauf beschränkt, über die von den Parteien gegen einander erhobenen, durch Klage geltend gemachten Ansprüche zu entscheiden.

Nr. 39. Entsch. Bd. XXVII. S. 119 vom 30. Oktober 1894. I C 21/94.

Unterthanenordn. v. 4. VII. 1651 (Kollektion der Oberlaus.-Ges. T. I S. 614) Art. IV und Kurf. Sächs. Resol. v. 7. IX. 1672 (das. S. 636).

Die Gutsherren in der ehemals Königlich Sächsischen Oberlausitz waren vor Aufhebung der Erbunterthänigkeit durch Vd. v. 18. I. 19 (G.-S. S. 21) berechtigt, die vom Gute zu lassitischen Rechten an Erbunterthanen ausgethanen Bauerstellen einzuziehen, ja selbst die Bauern wider ihren Willen auszukaufen, das betreffende Land mit dem Rittergute zu vereinigen und es damit aus dem Gemeindeverbande auszuscheiden. Vergl. E.-O.-V. Bd. XXII S. 107[1]). Die Ausübung dieses „Auskaufrechts" hat jedoch das Ausscheiden der ausgekauften Höfe aus dem Gemeindeverbande dann nicht zur Folge, wenn der seit alter Zeit forterhaltene Zusammenhang beider durch sichere Thatsachen festgestellt ist. Dies trifft da zu, wo die auf die ausgekauften Höfe entfallenden Gemeindeabgaben fortdauernd entrichtet worden sind.

B. Gemeindeverbände. Hebammenbezirke. Armenverbände.

Litteratur: Kommentare zum Unterstützungswohnsitzgesetz s. oben S. 12.

Gesetzesmaterialien: Gesetz betr. die Verpflichtung zur Unterstützung hilfsbedürftiger Hebammenbezirke vom 28. Mai 1875. Abg.-Haus. Drucks. Nr. 21. 131. — Sten.-Ber. S. 37—39. 71—72. 1237—1239. — Herrenhaus. Drucks. Nr. 21. 28. 41. 73. 83. — Sten.-Ber. S. 28. 289. — Gesetz betr. die Belohnung der Hebammen vom 3. August 1856 (Hann. Ges.-Samml. S. 261). — Reichsgesetz über den Unterstützungswohnsitz vom 6. Juni 1870. Reichst. Drucks. Nr. 12. 121. 139. 177. 203. — Sten.-Ber. S. 85—94. 899—988. 1097—1108. 1119. — Novelle zum Unterstützungswohnsitz-Gesetz vom 12. März 1894. Reichst. Drucks. Nr. 57. 117. 142. — Sten.-Ber. S. 251—260. 893—900. 977—993. 1101—1102. — Preußisches

[1]) Oben S. 219.

Ausführungsgesetz zum Unterstützungswohnsitz-Gesetz vom 8. März 1871. Abg.-Haus. Drucks. Nr. 94. 109. 169. 175. — Sten.-Ber. S. 354. 593—686. 772. 774—782. — Herrenhaus. Drucks. Nr. 6. 16. 27. 41. 42. 49. — Sten.-Ber. S. 10. 26—45. 49—78. 125—142. — Novelle zum Ausführungsgesetz vom 11. Juli 1891. Abg.-Haus. Drucks. Nr. 60. 351. 382. 422. — Sten.-Ber. S. 551—555. 2554—2566. 2598—2607. — Herrenhaus. Drucks. Nr. 5. 34. 40. 41. 130. 141. 148. — Sten.-Ber. S. 58. 341.

Nr. 1. Entsch. Bd. VI. S. 82 vom 6. Dezember 1879.

Min.-Verf. v. 2. VI. 70 (Min.-Bl. S. 187) und 6. VIII. 83 (Min.-Bl. S. 211), das Hebammenwesen betr. Ges. v. 28. V. 75 (G.-S. S. 223), betr. die Verpflichtung zur Unterstützung hilfsbedürftiger Hebammenbezirke. Kab. O. v. 16. I. 17 (v. Kamptz, Ann. Bd. I S. 270), die Landhebammenbezirke betr.

Hebammenbezirke sind nirgends als öffentlich-rechtliche Korporationen mit dem Rechte der Besteuerung ihrer Mitglieder gesetzlich eingeführt oder anerkannt worden. Wenn zufolge einer Regierungsverordnung über die Anstellung und Besoldung von Bezirkshebammen der zu einem Hebammenbezirke gewiesenen Gemeinde- und Gutsbezirke und die Aufbringung des Gehaltes durch die einzelnen Gemeinde- und Gutsbezirke als solche durch ihre Organe eine Vereinbarung getroffen ist, so sind die gemäß dieser Vereinbarung ausgeschriebenen Beiträge keine Gemeindelasten im Sinne des Komm.-Abg.-Ges.

Demgemäß ist auch ein Verwaltungsstreitverfahren über die Beschwerden einzelner Herangezogener nicht zulässig, vielmehr wird die Entscheidung derjenigen Staatsverwaltungsbehörde zustehen, die die Handhabung der Regierungsverordnung zu beaufsichtigen hat. Erst wenn von dieser festgestellt wäre, daß die Aufwendungen für die Bezirkshebammen lediglich von den einen Bezirk bildenden Gutsbezirken oder von einem Gutsbezirke aufzubringen seien, und wenn dann die Last eines einzelnen Gutsbezirkes auf dessen Eingesessene seitens des Gutsvorstehers umgelegt würde, könnte ein Streitverfahren hierüber gemäß § 69 ff. des Komm.-Abg.-Ges. v. 14. VII. 93 (G.-S. S. 152) stattfinden.

Nr. 2. Entsch. Bd. XII. S. 167 vom 9. Mai 1885. I B 43/84.

Min.-Verf. v. 2. VI. 70 (M.-Bl. S. 187) und 6. VIII. 83 (M.-Bl. S. 211), das Hebammenwesen betr. Ges. v. 28. V. 75 (G.-S. S. 223), betr. die Verpflichtung zur Unterstützung hilfsbedürftiger Hebammen, § 3.

1) Durch die Kab.-O. v. 16. I. 17 (v. Kamptz, Ann. Bd. I S. 270) 21. V. 27 (das. Bd. XI S. 497) und 1. I. 61 (M.-Bl. S. 65), sowie durch die Ministerial-Verfügungen v. 1. XI. 23, 28. III. 54, 15. VIII. 15, 18. X. 51 (bei Horn, Preuß. Medizinalwesen T. II S. 248 ff.) sind die Hebammenbezirke nicht zu öffentlich-rechtlichen Korporationen konstituiert worden, auch ist ihnen ein Besteuerungsrecht ihrer Mitglieder nicht beigelegt und ebensowenig den politischen Gemeinden und Gutsbezirken eine Verpflichtung zur Dotierung der Bezirkshebammen auferlegt worden. Letztere waren lediglich auf die nach der Medizinaltaxe zu erhebenden Gebühren und die Unterstützungen aus dem Trauungs- und Taufgelderfonds angewiesen.

2) Dieser Rechtszustand gilt noch heute. Wenn das Gegenteil durch den Min.-Erl. v. 2. VI. 70 hat erreicht werden sollen, so steht dem entgegen, daß der Medizinal-Minister nicht berechtigt war, den bestehenden, auf Allerhöchsten Bd. beruhenden Rechtszustand zu ändern. Auch durch Polizeiverordnungen hätte dies nicht geschehen können, weil durch solche neue korporative Organe als Träger einer Polizeilast nicht geschaffen werden können. Der § 3 des Ges. v. 28. V. 75 kann ebenfalls nach seiner Entstehungsgeschichte nicht dahin gedeutet werden, daß damit den Hebammenbezirken juristische Persönlichkeit beigelegt, den zu solchen Bezirken vereinigten politischen Gemeinden und Gutsbezirken eine neue Last auferlegt worden ist, wenngleich er allerdings vor-

aussetzt, daß die Gemeinden und Gutsbezirke, die einen Hebammenbezirk bilden, oder die Einsassen des Bezirkes bereit sind, die Mittel zur Ausbildung, Besoldung oder Unterstützung einer Hebamme zu gewähren.

Was oben von der Min.-Verf. v. 2. VI. 70 gesagt worden ist, gilt ferner auch von der Min.-Verf. v. 6. VIII. 83, der dazu ergangenen Instr. von demselben Tage und von den auf Grund dieser Min.-Verf. erlassenen Polizei-Verordnungen.

Nr. 3. Entsch. Bd. XVI. S. 236 vom 28. April 1888. I C 128/87.

Reichsges. v. 6. VI. 70 (R.-G.-Bl. S. 360) über den Unterstützungswohnsitz, § 37. Ges. v. 8. III. 71 (G.-S. S. 130), betr. Ausführung des Reichsges. über den Unterstützungswohnsitz, §§ 2 ff., 68. Ges. v. 14. IV. 56 (G.-S. S. 359), betr. die Landgemeindeverfassungen u. s. w., § 1. Land-Gem.-Ordn. v. 3. VII. 91 (G.-S. S. 223) §§ 2, 3 und Zust.-Ges. § 39.

1) Die Veränderung der Grenzen der Gemeinde- und Gutsbezirke durch Ex- und Inkommunalisierungen zieht die Veränderung der Grenzen der Gesammt-Armenverbände, zu denen jene gehören, von selbst nach sich.

Der an die Einwilligung der Beteiligten hinsichtlich solcher Veränderungen geknüpfte Vorbehalt, betreffend die auf Grund des § 3 der Land.-Gem.-Ordn. zu bewirkende Auseinandersetzung macht derartige Einwilligungen nicht zu bedingten.

2) Haben bei Abtrennung einzelner Grundstücke eines zerstückelten Gutsbezirkes und deren Vereinigung mit einem anderen Gutsbezirke der beteiligte Restgutsbesitzer und die Besitzer abzutretender Grundstücke ihre Einwilligung erteilt, so bedarf es nicht weiter der Einwilligung der Besitzer anderer etwa noch vorhandener Trennstücke, noch der Vorstände der Gesammt-Armenverbände, denen die Gutsbezirke angehören, noch — mit Rücksicht auf diese Angehörigkeit — des Bezirksausschusses.

Nr. 4. Entsch. Bd. XVI. S. 242 vom 2. Juni 1888. I C 18/88.

Reichsges. v. 6. VI. 70 (B.-G.-B. S. 360) über den Unterstützungswohnsitz, §§ 37, 38. Ges. v. 8. III. 71 (G.-S. S. 130), betr. Ausführung des Reichsges. über den Unterstützungswohnsitz, §§ 68 ff. Zust.-Ges. §§ 39, 44, 46. Ges v. 18. VI. 40 (G.-S. S. 140), betr. Verjährungsfristen bei öffentlichen Abgaben, §§ 1, 14.

1) Eine aus § 44 Ziffer 1 des Zust.-Ges. zu erhebende Klage ist nicht gegen den Gesammt-Armenverband als solchen zu richten, sondern gegen den Vorsitzenden seiner Vertretung.

2) Ist in den Gesetzen die Verpflichtung zur Zahlung von Korporationsbeiträgen der Kontrolle der Verwaltungsgerichte unterstellt, so findet die letztere überall da statt, wo zu Korporationszwecken eine Besteuerung thatsächlich ins Werk gesetzt wird. Mit dem Nachweise, daß die von einem Gesammtarmenverbande in thatsächlicher Ausübung seines Besteuerungsrechtes eingezogenen Beiträge entweder an sich, oder dem Herangezogenen gegenüber der Ausschreibung und Einziehung als steuerliche Abgabe nicht unterliegen, tritt nicht die Unzuständigkeit der Verwaltungsgerichte, sondern auf Anrufen des Beteiligten die Notwendigkeit ein, die Beitreibung rückgängig zu machen.

3) Eine Armenunterstützung hört dadurch, daß sie von einem Armenverbande nicht endgültig übernommen, sondern unter Vorbehalt der gänzlichen oder teilweisen Erstattung durch andere Verbände oder Private nur vorläufig gewahrt ist, nicht auf, eine Last der Armenpflege in dem ersteren Verbande zu bilden.

4) Gehört weder der zu Beiträgen Herangezogene persönlich, noch dessen Gutsbezirk dem betreffenden Gesammt-Armenverbande an, so ist der letztere — mag er auch gegen den ersteren einen dem Grunde nach anerkannten und nur

im Betrage bestrittenen Rechtsanspruch auf teilweisen Ersatz der verlegten Kosten einer infolge einer früheren Zusammengehörigkeit gemeinsam gebliebenen Armenlast haben — dennoch nicht berechtigt, diesen Kostenteil im Wege der Besteuerung durch Ausschreibung und Zwangsbeitreibung zu erfordern. Vielmehr kann er diesen Anspruch gegen den die Zahlung Weigernden nur gemäß § 68 des Ausf.-Ges. v. 8. III. 71 und auf einem der dort bezeichneten Wege entweder im Zivilprozesse oder nach §§ 37 und 38 des Reichsges. v. 6. VI. 70 bezw. § 39 des Zust.-Ges. durch Klage beim Bezirksausschusse geltend machen.

Die auf diese Weise zu Unrecht eingezogenen Beiträge müssen zurückgezahlt werden, mit Ausnahme der Mahngebühren, da nach § 44 Abs. 4 des Zust.-Ges. Einspruch und Klage in diesem Falle keine aufschiebende Wirkung haben. Vergl. E.-O.-V. Bd. VI S. 135.

Nr. 5. Entsch. Bd. XXV. S. 131 vom 12. Juli 1893. I C 108/92.

Komm.-Abg.-Ges. v. 14. VII. 93 (G.-S. S. 152) §§ 69, 70. Land-Gem.-Ordn. v. 3. VII. 91 (G.-S. S. 233) §§ 128, 136.

1) Durch § 70 Abs. 1 des Komm.-Abg.-Ges. ist die Klage gegen den Gemeindevorstand wegen Heranziehung zu den „Gemeindelasten" gegeben und im Abs. 2 daselbst ist bestimmt, daß der Entscheidung im Verwaltungsstreitverfahren auch Streitigkeiten zwischen den Beteiligten über ihre in dem öffentlichen Rechte begründete Verpflichtung „zu den im § 69 Abs. 1 a. a. O. bezeichneten Lasten" unterliegen. Aus dieser Verweisung folgt, daß die Anwendung des § 70 Abs. 3 sich auf diejenigen Lasten beschränkt, die in § 69 Abs. 1 erwähnt werden. Die letztere Bestimmung aber betrifft nicht alle öffentlich-rechtlichen Lasten, die der Gemeinde als solcher obliegen, sondern bezieht sich nur auf diejenigen, zu denen der Verpflichtete durch den Gemeindevorstand kraft eines aus der Gemeindeabgabenverfassung entspringenden Rechtes herangezogen oder veranlagt werden kann. Ein solches Besteuerungsrecht hängt nicht notwendig mit der persönlichen Mitgliedschaft des Verpflichteten zur Gemeinde zusammen; es kann auch solchen Personen gegenüber begründet sein, die außerhalb des Gemeindebezirkes wohnen und der Gemeindeverfassung in keiner anderen Art als durch die Beitragspflicht zu einer Gemeindelast unterworfen sind. Entscheidendes Merkmal eines derartigen Besteuerungsrechtes aber bleibt in jedem Falle, daß der Verpflichtete in Bezug auf seine Leistungspflicht durch Beschlüsse der Gemeindeorgane rechtlich verbunden wird, daß Eintritt und Umfang der Pflicht zur Einzelleistung einseitig vom Gemeindevorstande festgestellt, daß der Verpflichtete vom Gemeindevorstande mit Recht „veranlagt, herangezogen" werden kann.

2) Verhältnisse, kraft der von zwei Kommunalverbänden der eine die gesetzliche Last des anderen, z. B. die Unterhaltung bestimmter Brücken, Wege, ganz oder teilweise zu tragen hat, kommen mehrfach und namentlich zwischen Gemeinden und Gutsbezirken vor und beruhen auf öffentlich-rechtlichen Verträgen, Rezessen oder auch auf Observanz. Durch sie entstehen Rechte und Pflichten lediglich zwischen zwei koordinierten Rechtssubjekten, die nur nach den allgemeinen Grundsätzen erzwungen werden können. Durch sie wird indes der Verpflichtete, solange nicht aus den Abmachungen das Gegenteil klar erhellt, keineswegs zu einem Mitgliede des berechtigten Verbandes oder sonst den autonomen Beschlüssen oder dem Besteuerungsrechte dieses unterworfen. Die Last des Verpflichteten ist daher keine aus der „Verfassung" der Gemeinde entspringende, keine „Gemeindelast", die eine einseitige „Heran-

ziehung" rechtfertigen könnte, und es ist schon deshalb das Verwaltungsstreitverfahren des § 70 Abs. 2 a. a. O. in Beziehung auf sie nicht anwendbar. Aber selbst wenn eine Gemeindelast vorläge, kann das zwischen den „Beteiligten" gegebene Streitverfahren des § 70 Abs. 2 hier doch nicht statthaben, da bei Streitigkeiten unter solchen Zweck-Verbänden die forderungsberechtigte Gemeinde zu den „Beteiligten" nicht gezählt werden kann. Ihr gegenüber kann sich der Streit nur in den Formen des Abs. 1 bewegen. Der Gemeindevorstand hat heranzuziehen, bei ihm ist Einspruch zu erheben, gegen den Beschluß auf den Einspruch findet die Klage statt. Als Kläger kann aber nur der in Anspruch Genommene, nicht der Gemeindevorstand auftreten.

3) Der Nachtwachdienst ist eine polizeilichen Zwecken dienende Kommunalanstalt, deren Einrichtung — abgesehen von § 37 Tit. 7 T. II. A.-L.-R. — auf Grund der generellen Vorschriften des § 3 des Ges. v. 11. III. 50 (G.-S. S. 265) von den Gemeinden und ebenso gemäß § 31 der Kr.-Ordn. für den Bereich eines Gutsbezirkes von dem Gutsbesitzer verlangt werden darf. Daß und welche bezügliche Leistung Gemeinde und Gutsbezirk im Einzelfalle zu bewirken haben, bleibt von der Polizeibehörde im Wege der polizeilichen Verfügung des § 127 L.-V.-G. festzustellen. (Entsch. Bd. XVIII. S. 144.) Wie indes der Tit. 7 A.-L.-R.s, so hat auch der § 3 des Polizeiges. die Verpflichtung der Gemeinde nur als eine subsidiäre für den Fall konstituiert, daß ein anderer, nach öffentlichem Rechte Verpflichteter nicht vorhanden ist. (Entsch. Bd. VII S. 350.) Wenn daher eine Gemeinde, der die Bestellung eines Nachtwächters durch polizeiliche Verfügung aufgegeben ist, behauptet, daß die Verpflichtung hierzu nach dem öffentlichen Rechte nicht ihr, sondern einem andern Rechtssubjekte — Gutsbezirke — obliege, so stehen ihr zunächst die auf Aufhebung der polizeilichen Anordnung gerichteten Rechtsbehelfe der §§ 127, 128 L.-V.-G. zur Seite, so daß im Wege der Klage der Gemeinde gegen die Polizeibehörde und unter Beiladung des Gutsherrn die Frage, ob die Gemeinde oder der Gutsherr zur Bestellung des Gemeindenachtwächters verpflichtet ist, zur Entscheidung des Verwaltungsrichters gelangen kann. Falls jedoch die Gemeinde auf diesen Rechtsbehelf verzichtet oder mit ihm keinen Erfolg gehabt hat, so steht ihr nach § 5 des Ges. über die Zulässigkeit des Rechtsweges v. 11. V. 42 (G.-S. S. 192) immer noch als weiteres Rechtsmittel das der Klage bei den Zivilgerichten gegen den an ihrer statt vermeintlich Verpflichteten offen.

Besteht aber zwischen Gemeinden und Gutsbezirken aus der Zeit vor Einführung der neuen Land-Gem.-Ordn. in Bezug auf das Nachtwachwesen ein Zweckverband, so ist dennoch ein Verwaltungsstreitverfahren wegen der Vereinslasten nicht zulässig, da die Vorschriften der Land-Gem.-Ordn. auf Zweckverbände, die sich vor ihrer Einführung gebildet haben, keine Anwendung finden. Derartige Vereinigungen von Gemeinden und Gutsbezirken, die nur in der Gemeinsamkeit eines bestimmten Zweckes begründet waren, fielen nicht unter den Begriff der Landgemeinden und es war § 34 des Zust.-Ges., der ersichtlich nur von der einzelnen Landgemeinde und dem einzelnen Gutsbezirke handelt, auf ihre Lasten nicht zu beziehen. Dies geht schon daraus hervor, daß für mehrere Arten solcher Zweckverbände das Streitverfahren erst ausdrücklich durch Sonderbestimmung zugelassen worden ist. Vergl. §§ 53, 55, 70, 70a der Kr.-Ordn., 44, 46—48, 139, 140 des Zust.-Ges. Für andere Zweckverbände haben erst die §§ 128, 136 der Land-Gem.-Ordn. die Möglichkeit des Verwaltungsstreitverfahrens wegen der Lasten eröffnet.

Nr. 6. Entsch. Bd. XXV. S. 162 vom 17. Mai 1893. I A 3/93.

Reichsges. v. 6. VI. 70 (R.-G.-Bl. S. 360) über den Unterstützungswohnsitz, § 28. Ges. v. 8. III. 71 (G.-S. S. 130), betr. Ausführung des Ges. über den Unterstützungswohnsitz, § 34. Zust.-Ges. § 41.

Nach § 41 Abs. 1 des Zust.-Ges. unterliegen Beschwerden der Armen über Art oder Höhe ihrer Unterstützung der Beschlußfassung der Beschlußbehörden nur dann, wenn sie sich gegen Verfügungen von Ortsarmenverbänden richten. Dabei ist es gleichgültig, auf welcher rechtlichen Grundlage die Fürsorge des verfügenden Ortsarmenverbands beruht, ob sie insbesondere nach dem Reichsges. v. 6. VI. 70 eine definitive oder eine vorläufige ist, oder ob sie nur deshalb besteht, weil der Arme vom Landarmenverbande auf Grund des § 34 des Ausf.-Ges. v. 8. III. 71 dem Ortsarmenverbande gegen Entschädigung überwiesen ist.

Eine solche Überweisung bedarf keiner ausdrücklichen Willenserklärung und kann auch stillschweigend durch konkludente Handlungen (vergl. A.-L.-R. I 13 § 7) geschehen, z. B. dadurch, daß der Landarmenverband den als landarm Anerkannten dem vorläufig verpflichteten Ortsarmenverbande gegen das Erbieten der Erstattung zu liquidierender Auslagen einfach beläßt. Sie würde ausgeschlossen sein, wenn der Landarmenverband den Armen in eigene Pflege übernimmt, indem er dem am Orte seiner vorläufigen Unterstützung verbleibenden Landarmen die erforderlichen Geld- oder Naturalleistungen unmittelbar bestimmt und entweder direkt gewährt oder durch Vermittelung der örtlichen Armenbehörde leistet.

Nr. 7. Entsch. Bd. XXVII. S. 12 vom 18. Januar 1895. I C 84/94.

Westf. Land-Gem.-Ordn. v. 19. III. 56 (G.-S. S. 265) §§ 30, 44, 45, 75, 76. Westf. Kr.-Ord. v. 31. VII. 86 (G.-S. S. 217) § 24. Zust.-Ges. §§ 27, 28.

1) Die Klage auf Gültigkeit oder Ungültigkeit von Kommunalwahlen steht dem Einsprechenden, den Gewählten, sowie der Vertretung und dem Vorstande desjenigen Kommunalverbandes zu, dessen Organe durch die Wahl gebildet werden, nicht aber dem Wahlvorstande oder dem Wahlkörper, der die Wahl vollzogen hat.

2) Die nach § 30 der Westf. Land-Gem.-Ordn. zu Gemeindeverordneten nicht wählbaren Personen dürfen auch nicht zu Amtsverordneten gewählt werden. Nach § 76 a. a. O. soll nicht bloß das, was über die Zusammenberufung und den Geschäftsbetrieb, was über die Beschlüsse, was über die materiellen Aufgaben und Funktionen der Gemeindeversammlungen bestimmt ist, sondern eben „alles das, was in Betreff der Gemeindeversammlungen bestimmt ist", auch für die Amtsversammlungen gelten. Dazu gehören auch die Bestimmungen über die thatsächlichen Momente, die von jeder Teilnahme an einer solchen Versammlung ausschließen.

Nr. 8. Entsch. Bd. XXVII. S. 160 vom 28. September 1894. I B 14/94.

Westf. Land-Gem.-Ordn. v. 19. III. 56 (G.-S. S. 265) §§ 5, 7, 76, 77. Westf. Kr.-Ordn. v. 31. VII. 86 (G.-S. S. 217) § 22.

1) Auch nach der Westf. Land-Gem.-Ordn. sind die die Amts- und Gemeindebildung aussprechenden Anordnungen des Ministers des Innern (im Einvernehmen mit dem Bezirksausschusse) als organisatorische Verwaltungsakte (vergl. E.-O.-V. Bd. XXII S. 84[1]) der richterlichen Nachprüfung entzogen. Dagegen ist dies nicht der Fall bezüglich der lediglich die Zwecke des bereits bestehenden Kommunalverbandes

[1]) Oben S. 214.

feststellenden Akte, mag es sich auch um Angelegenheiten handeln, die für alle zu dem Verbande gehörigen Gemeinden ein gemeinsames Interesse haben. Diese bleiben ebenso, wie die Bestätigung von Beschlüssen einer Einzelgemeinde, durch die einzelne bisher nicht verfolgte Zwecke übernommen werden, auf ihre Rechtmäßigkeit zu prüfen. Vergl. E.-O.-V. Bd. XXIV S. 123.

2) Ist für Angelegenheiten, an denen nicht alle Gemeinden eines Amtes ein gemeinsames Interesse haben, gemäß § 5 Abs. 2 ein „besonderer Verband" gebildet, so bildet dieser nicht eine selbständige, neben dem Amtsverbande bestehende Korporation, sondern eine durch ihn vertretene und verwaltete, vermögensrechtliche Gemeinschaft innerhalb des Verbandes. Durch Errichtung des „besonderen Verbandes" wird lediglich über die Zwecke des Amtskommunalverbandes bestimmt. Die zu jener erforderten Verwaltungsakte — Zustimmung der beteiligten Gemeinden nnd der Amtsversammlung unter Kreisausschußgenehmigung — sind daher nicht gleich denjenigen Akten, durch die der korporative Amtsverband selbst ins Leben tritt, der richterlichen Nachprüfung in Bezug auf ihre Rechtmäßigkeit entzogen.

3) Haben mehrere Gemeinden die Unterhaltung einer Mittelschule nicht als Verband, sondern jede für sich anteilsweise übernommen, so kann deren Beitragspflicht zu den sächlichen, wie persönlichen Schulkosten von Kommunalaufsichtswegen weder festgestellt, noch durch Zwangsetatisierung erzwungen werden. Die Unterhaltung bildet keine einheitliche Pflicht einer Korporation, eines mit juristischer Persönlichkeit und mit selbständigen Organen für die Äußerung eines eigenen Willens ausgestatteten Verbandes von Einzelgemeinden, sondern nur die gemeinsam nach Anteilen des Steuersolls zu tragende vertragsmäßige Pflicht jeder einzelnen der Gemeinden.

Nr. 9. Entsch. Bd. XXVIII. S. 128 vom 15. Mai 1865.

Rhein.-Gem.-Ordn. v. 23. VII. 45 (G.-S. S 523) §§ 86, 88, 113 und Abänd.-Ges. v. 15. V. 56 (G.-S. S. 435) Art. 15. Zust.-Ges. §§ 29, 56.

Wenn zufolge von Beschlüssen einzelner Gemeindevertretungen oder zufolge der örtlichen Lage einer Anstalt, z. B. einer gemeinschaftlich zu unterhaltenden Brücke, einige, aber nicht alle Gemeinden einer rheinischen Bürgermeisterei bei einer und derselben Angelegenheit beteiligt sind, so bilden diese Gemeinden keineswegs einen besonderen Kommunalverband oder etwa einen kleineren Bürgermeistereiverband. Ebensowenig erstreckt sich die Zuständigkeit der für den einzelnen Fall besonders zusammengesetzten Bürgermeistereiversammlung auch auf die Frage, wie die durch die Angelegenheit veranlaßten Kosten auf die einzelnen Gemeinden umzulegen sind. Vielmehr haben die Gemeinderäte der beteiligten Gemeinden sich zunächst über den Kostenanteil, den jede Gemeinde übernehmen will, schlüssig zu machen. Gelangen sie hierbei zu einem Einverständnisse, so ist die Sache erledigt. Wenn nicht, so wird über die obwaltende Streitigkeit in dem durch § 56 des Zust.-Ges. vorgesehenen Wege zu entscheiden sein.

Nr. 10. Entsch. Bd. XXVIII. S. 142 vom 14. Mai 1895.

Ges. v. 11. VII. 91 (G.-S. S. 300), betr. Abänderung der §§ 31, 65, 68 des Ges. v. 8. III. 71, Art. I § 31c.

Der Art. I § 31c Abs. 1 des Ges. v. 11. VII. 91 hat die neue Klage zwischen Ortsarmenverband und Kreis nur über die Beihilfe zu den Pflegekosten hilfsbedürftiger Geisteskranker pp. zugelassen, mag sie von jenem auf Gewährung der verweigerten oder von diesem auf Rückgewähr der zu Unrecht geleisteten Beihilfe erhoben werden. Dagegen ist die Klage nicht etwa auch wegen der dem Kreise erwachsenen Ansprüche aus der durch ihn vermittelten Erstattung von Pflegekosten gegeben. Wegen Erstattung von in dieser Weise entstandenen Ausgaben des Kreises für den Ortsarmenverband ist nur der ordentliche Rechtsweg gegeben, sei es aus der condictio indebiti gegen den Land-, sei es aus der nützlichen Verwendung oder der Geschäftsführung gegen den Ortsarmenverband, da ihm auch der Weg des Armenprozesses nach der Entscheidung des Bundesamtes für das Heimatswesen v. 5. I. 95 (Pr. V.-Bl. Bd. XVI S. 289) verschlossen ist.

Nr. 11. Entsch. Bd. XXIX. S. 129 vom 13. Dezember 1895. I B 20/95.

Nass. Ed. v. 14. III. 18 (Samml. der Ed. u. Vd. Bd. III S. 139), die Einrichtung des Medizinalwesens betr., §§ 3, 4; Nass. Gemeindeordn. v. 5. VI. 16 (das. Bd. II S. 72) § 13: Nass. Gemeindeges. v 26. VII. 54 (Vd.-Bl. S. 166) § 34; Hann. Ges. v. 3. VIII. 56 (G.-S. S. 261), betr. die Belohnung der Hebammen. Vd. v. 13. V. 67 (G.-S. S. 667), betr. die Zuständigkeit des Ministers der geistl. 2c. Angelegenheiten zur Verfügung über Gegenstände der Unterrichts- und Medizinalverwaltung in den neu erworbenen Landesteilen; Min.-Verf. v. 2 VI. 70 (M.-Bl. S. 187) und 6. VIII. 83 (M.-Bl. S. 211).

1) In den älteren Provinzen des preußischen Staates besteht eine rechtliche Verpflichtung der Hebammenbezirke oder der zu ihnen gehörigen Gemeinden (Gutsbezirke) zur Besoldung der Hebammen nicht (vergl. E.-O.-V. Bd. XII S. 167, Bd. XIV S. 20)[1]) und hat hat auch durch die Verf. vom 2. VI. 70 und 6. VIII. 83 nicht begründet werden können. Dagegen ist eine solche Verpflichtung in Hannover und dem vorm. Herzogtum Nassau durch die frühere Gesetzgebung ausdrücklich anerkannt und letztere durch die Vd. v. 13. V. 67, bezw. die Verf. v. 2. VI. 70 und 6. VIII. 83 nicht aufgehoben worden. Vergl. Entsch. O.-V.-G. v. 6. VII. 94 (Pr. V.-Bl. Bd. XVI S. 433).

2) Dennoch ist auch im vorm. Herzogtum Nassau der Regierungspräsident nicht befugt, eine Gemeinde im Zwangswege zur Erhöhung der Besoldung einer vertragsmäßig angestellten Bezirkshebamme anzuhalten. Denn die Zentralinstanz ist berechtigt, für die Handhabung des geltenden Rechtes maßgebende Bestimmungen mit der Wirkung zu erlassen, daß sich die Provinzialinstanzen danach zu richten haben, sofern sie nur den Gesetzen nicht entgegenstehen. Dies gilt auch von der Verf. v. 6. VIII. 83, die im § 9 vorschreibt, daß die Annahme der Bezirkshebammen thunlichst durch besonderen Vertrag zwischen ihr und der Gemeinde erfolgen soll, der der Bestätigung des Landrates bedarf. Stellt der Regierungspräsident das streitige Gehalt ohne weiteres, trotz eines bestehenden Vertrages, fest, so handelt er nicht innerhalb der Grenzen seiner Zuständigkeit und es entbehrt daher eine etwaige Zwangsetatisierung der rechtlichen Grundlage.

Nr. 12. Entsch. Bd. XXIX. S. 136 vom 20. Dezember 1895. I B 38/95.

Ges. v. 6. VI. 70 (B.-G.-Bl. S. 360) über den Unterstützungswohnsitz §§ 28, 30. Abänderungsges. v. 11. VII. 91 (G.-S. S. 300) Art. I §§ 31a, 31b, 31c.

Die Verpflichtung des Kreises, dem endgültig unterstützungspflichtigen Ortsarmenverbande zu den von diesem dem Landarmenverbande zu ersetzenden Kosten der Fürsorge für hilfsbedürftige Geisteskranke pp. durch Anstaltspflege mindestens zwei Drittel der Kosten als Beihilfe zu gewähren, erstreckt sich nur auf die Kosten der Aufnahme und Bewahrung, Kur und Pflege, nicht auch auf Kosten, die aus der Beschaffung der von den Kranken nach Maßgabe des Anstaltsreglements in die Anstalt mitzubringenden Bekleidung

---

[1]) Oben S. 222, 115.

und aus ihrer Überführung dorthin entstehen Letztere fallen lediglich dem überführenden Ortsarmenverbande zur Last.

C. Gemeinderecht und Gemeindewahlen.

Litteratur: Spieß: Das Gemeinde- Stimm- und Wahlrecht. Berlin 1892.

Gesetzesmaterialien: Gesetz betr. die Änderung des Wahlverfahrens vom 29. Juni 1893. Abg.-Haus. Drucks. Nr. 19. 73. 85. 108. 119. 252. — Sten.-Ber. S. 329—376. 1541—1625. 1724—1729. 2357—2378. — Herrenhaus. Drucks. Nr. 62—69. 70. 71. 72. 74. — Sten.-Ber. S. 102. 125. 180. 228.

Nr. 1. Entsch. Bd. V. S. 91 vom 5. Februar 1879.

Land-Gem.-Ordn. v. 3. VII. 91 (G.-S. S. 233) § 63.

Der Einspruch „gegen die Ordnungsmäßigkeit" einer Wahl eines Gemeindevertreters kann nicht auf die Behauptung gestützt werden, daß überhaupt kein gesetzlicher Anlaß zur Vollziehung zur Wahl vorliege. Darüber findet nur die Beschwerde an die Aufsichtsbehörde statt.[1])

Nr. 2. Entsch. Bd. VI. S. 142 vom 18. Februar 1880.

Ges. v. 14. IV. 56 (G.-S. S. 359), betr. die Landgemeindeverfassungen u. s. w. § 5. Land-Gem.-Ordn. v. 3. VII. 91 (G.-S. S. 233) § 45.

Bei Beantwortung der Frage, was unter einem Grundstücke zu verstehen sei, das zu seiner Bewirtschaftung Zugvieh erfordert, ist nicht der Gesichtspunkt maßgebend, ob zur rationellen Bewirtschaftung eines Grundstückes die Dingung einer Zugkraft für gewisse Arbeiten nötig ist, auch nicht der, ob der Besitzer eines Grundstückes thatsächlich Zugvieh hält, sondern es kommt allein darauf an, ob das Grundstück nach Umfang und Beschaffenheit zu seiner landwirtschaftlichen Benutzung Zugvieh erfordert, d. h. ob nach landwirtschaftlichen Grundsätzen das Halten von solchem auf dem Grundstücke möglich und zweckmäßig ist.

Nr. 3. Entsch. Bd. VI. S. 148 vom 17. April 1880.

Land-Gem.-Ordn. v. 3. VII. 91 (G.-S. S. 233) §§ 63, 82.

Für die Gültigkeit der Wahl eines Gemeindevorstehers, Gemeindevertreters rc. ist unwesentlich, daß ein Beisitzer des Wahlvorstandes die Unterzeichnung des Wahlprotokolles verweigert, oder daß dieses außerhalb des Wahllokales vollzogen wird. Im vorliegenden Falle war bei Verlesung des Protokolles im Wahllokale eine große Unruhe entstanden, was den Wahlvorstand veranlaßte, sich nach dem Schulzenlokale zurückzuziehen.[2])

Nr. 4. Entsch. Bd. VII. S. 159 vom 22. Januar 1881.

Land-Gem.-Ordn. v. 3. VII. 91 (G.-S. S. 233) § 104.

Die Art und Weise der Zusammenberufung der Gemeindeversammlung (Gemeindevertretung) wird durch die Ortsverfassung bestimmt.

---

[1]) Dieser Rechtsgrundsatz aus dem im übrigen infolge der neueren Gesetzgebung (Zust.-Ges. und Land-Gem.-Ordn.) gegenstandslos gewordenen Erkenntnisse gilt noch heute.

[2]) Der Rest der Entscheidungsgründe ist durch die Bestimmungen der Land-Gem.-Ordn. v. 3. VII. 91 gegenstandslos geworden.

Zulässig ist z. B. das Herumschicken der Einladung von Haus zu Haus. Diese Art der Einladung bezweckt der Natur der Sache nach nicht sowohl, jedem einzelnen Mitgliede persönlich den Termin bekannt zu machen, als sie vielmehr darauf hinausgeht, der Kenntnis von ihm durch die allgemeine Ansage innerhalb der Gemeinde eine solche Verbreitung zu verschaffen, daß mutmaßlich das einzelne Mitglied sich dieser Kenntnis füglich nicht ohne eigene Schuld entziehen kann. Abwesende haben sich danach die Folgen ihrer Nichtkenntnis nur selbst zuzuschreiben. Die der behördlichen Vertretung eines Mitgliedes beiwohnende eigentümliche Organisation, z. B. die der Staatseisenbahnverwaltung, kann die Gemeindebehörde nicht verbinden, abweichend von dem auf der Ortsverfassung beruhenden Gebrauche sich speziell diesem Mitgliede gegenüber einer anderen Behändigungsart zu bedienen.

Nr. 5. Entsch. Bd. VII. S. 195 vom 21. Mai 1881.
Land-Gem.-Ordn. v. 3. VII. 91 (G.-S. S. 233) §§ 40, 66.

1) In der rechtswidrigen Ausschließung eines stimmberechtigten Gemeindegliedes vom Wahlakte liegt keine Verletzung des Statusrechtes der passiven Wählbarkeit. Denn die thatsächliche Ausschließung von der Teilnahme an der Wahl verhindert nur die Ausübung des aktiven Wahlrechtes, das Recht selbst, die Berechtigung, mitzustimmen, wenn sie besteht, wird durch sie nicht beseitigt, und somit auch nicht die Berechtigung, gewählt zu werden.

2) Die Beantwortung der Frage, welche rechtliche Wirkung die zu Unrecht erfolgte Ausschließung für das Ergebnis des Wahlaktes hat, hängt von dem thatsächlichen Umstande ab, ob das veröffentlichte Wahlergebnis trotz der vorgefallenen Ordnungswidrigkeit als der wirkliche, klar erkennbare Ausdruck des freien Willens der Majorität der Wähler angesehen werden kann oder nicht. Die Frage kann sehr wohl unter Umständen lediglich durch eine, rechtlich nicht unzulässige Berechnung der Stimmen beantwortet werden.[1])

Nr. 6. Entsch. Bd. VIII. S. 115 vom 22. Oktober 1881.
Land-Gem.-Ordn. v. 3. VII. 91 (G.-S. S. 233) §§ 59—63, 66.

Der Landrat hat in seiner Eigenschaft als Aufsichtsbehörde über die ländlichen Gemeindeangelegenheiten keineswegs die Obliegenheiten eines Wahlkommissars oder Wahlvorstehers bei Gemeindewahlen zu versehen. Sie sind vielmehr der Regel nach von dem Gemeindevorsteher wahrzunehmen. Hat der Amtsvorsteher im Auftrage des Landrates in Vertretung des Gemeindevorstehers die Wahl geleitet, so hat er nicht als Stellvertreter des Landrates, sondern des Gemeindevorstehers fungiert. Die Frage, ob der Landrat zur Erteilung dieses Auftrages gesetzlich befugt war, mag dahingestellt bleiben. Keinesfalls ist aus der Anordnung der Vornahme der Wahl durch den Landrat zu folgern, daß auch der Einspruch bei ihm anzubringen sei. Aus der Natur der Sache folgt, daß der Einspruch entweder bei demjenigen, der den Bescheid auf ihn zu erteilen hat, d. h. bei dem Gemeindevorsteher bezw. der Gemeindevertretung, oder bei demjenigen, von dem die Wahl geleitet worden ist, angebracht werden muß. Letzterem liegt es dann ob, die Beschwerde zur Bescheidung an die zuständige[2]) Behörde abzugeben. Die Ein-

[1]) Der Rest der Entscheidungsgründe ist veraltet.
[2]) Gemäß § 63 Abs. 2 der Land-Gem.-Ordn. ist der Einspruch beim Gemeindevorsteher anzubringen. Die Anbringung bei einer anderen Stelle, etwa bei der Aufsichtsbehörde wahrt daher die Frist nicht. Sie wird auch nicht schon dadurch ersetzt, daß der

reichung der Beschwerde beim Landrate befreit von den gesetzlichen Folgen der Fristversäumnis auch dann nicht, wenn der Landrat die Abgabe der Beschwerde an den Gemeindevorsteher so sehr hätte beschleunigen können, daß sie bei letzterem noch rechtzeitig eingegangen wäre.

Nr. 7. Entsch. Bd. VIII. S. 118 vom 22. Juni 1881.

Land-Gem.Ordn. v. 3. VII. 91 (G.-S. S. 233) § 66.

Für den Einspruch gegen Wahlen zur Gemeindevertretung und den darauf zu erteilenden Bescheid ist die schriftliche Form nicht ausdrücklich vorgeschrieben. Auch ein mündlicher Einspruch, auf den ein mündlicher oder schriftlicher Bescheid erteilt ist, ist keineswegs rechtsungültig. Doch müssen Einspruch und Bescheid nach dem Wahlakte erfolgen.[1])

Nr. 8. Entsch Bd. VIII. S 120 vom 22. Oktober 1881.

Land-Gem.-Ordn. v. 3. VII. 91 (G.-S. S. 233) § 60.

Die gesetzmäßige Bildung des Wahlvorstandes ist die unerläßliche Voraussetzung der Gültigkeit der Wahlen. Die Wahl der Beisitzer durch mündliche Stimmabgabe oder Zuruf ist in Ermangelung einer entgegenstehenden gesetzlichen Vorschrift zulässig. Doch darf der Wahlvorsteher die Beisitzer nicht einfach, wenn auch ohne Widerspruch, ernennen. Er kann die zu wählenden Personen vorschlagen und es braucht die Zustimmung der Wähler keine ausdrückliche zu sein. Auch eine stillschweigende Zustimmung kann für genügend erachtet werden. Jedenfalls aber muß den Wählern die Möglichkeit eines Widerspruches gewährt, eine bestimmte Frage an sie, ob sie einverstanden sind, gerichtet und ihnen so oder auf andere Weise zu erkennen gegeben werden, daß sie die Berechtigung zum Widerspruche haben.

Nr. 9. Entsch. Bd. VIII. S. 124 vom 2. April 1881.

Land-Gem.-Ordn. v. 3. VII. 91 (G.-S. S. 233) § 63.

Der Verlust des Wahlprotokolles macht den Wahlakt selbst nicht ungültig, da letzterer hierdurch nur beurkundet wurde. Es erscheint zulässig, die Ordnungsmäßigkeit der Wahl durch anderweitige Beweismittel festzustellen. Vgl. A.-L.-R. T. I. Tit. 5 § 169. Diese Feststellung ist Sache der thatsächlichen Beurteilung und unterliegt nicht der Nachprüfung in der Revisionsinstanz.[2])

Gemeindevorsteher davon dadurch Kenntnis erlangt, daß der Landrat vor Ablauf der Frist von ihm Bericht erfordert. Der Einspruch muß vielmehr in einer Weise an ihn gelangen, die ihn zur Herbeiführung einer Entscheidung berechtigt und verpflichtet, d. h. durch Zufertigung zur amtlichen Behandlung. Wer die Einspruchsfrist versäumt, geht des Rechtes verlustig, die Mängel des Wahlverfahrens zu rügen; die Versäumung kann nicht etwa durch Erhebung der Klage geheilt werden. Entsch. v. 23. IX. 93 (Pr. V.-Bl. B. XV S. 120).

[1]) Ebenso ist ein Einspruch gegen eine noch nicht ausgelegte Wählerliste niemals zu berücksichtigen. Entsch. v. 23. IX. 92 (Pr. V.-Bl. Bd. XIV S. 206). Die Unrichtigkeit der Listen muß eine derartige sein, daß sich dadurch die Wählerabteilungen verschieben, während unbedeutende Irrtümer in den Steuersätzen der einzelnen Wähler, sofern sie nicht diese Konsequenz nach sich ziehen, unberücksichtigt bleiben können. Ob die Auslassung eines Stimmberechtigten, oder die ungesetzliche Aufnahme einer Person in die Wählerliste gerügt werden, ist für die rechtliche Beurteilung gleichwertig. Mit Ablauf der im § 56 der Land-Gem.-Ordn. gegebenen Einspruchsfrist, erlischt jedoch die Befugnis der Stimmberechtigten, Unrichtigkeiten der Wählerliste zu rügen, und sie können nicht etwa noch im Wege des Einspruches oder der Klage gegen die Wahl selbst geltend gemacht werden. Entsch. v. 13. XII. 93 (Pr. V.-Bl. Bd. XV S. 239).

[2]) Der Rest der Entscheidungsgründe, die sich überhaupt auf die Wahl eines Gemeindevorstehers bezogen, gegen die Einspruch und Klage heute nicht mehr zulässig sind, ist veraltet.

Nr. 10. Entsch. Bd. VIII. S. 130 vom 12. November 1881.
Land-Gem.-Ordn. v. 3. VII. 91 (G.-S. S. 233) § 46.

Nicht beglaubigte Vollmachten zur Ausübung des Stimmrechtes bei Wahlen sind nicht unter allen Umständen zurückzuweisen. Der Wahlvorstand ist nur befugt, falls er berechtigte Zweifel an der Echtheit der Unterschriften hegt, ihre Beglaubigung zu verlangen. Unzulässig ist ein schriftlicher Auftrag, eine bestimmte Person zu wählen.

Nr. 11. Entsch. Bd. VIII. S. 126 vom 6. April 1882.
Land-Gem.-Ordn. v. 3. VII. 91 (G.-S. S. 233) § 41.

In einem Falle, wo mehrere großjährige Geschwister gemeinsam das zur Ausübung des Stimmrechtes befähigende Grundstück besaßen, hatte der älteste von ihnen mit Vollmacht der übrigen das Stimmrecht ausgeübt. Dies wurde angefochten, da er einen eigenen Hausstand nicht führe.

Das Ob.-Verw.-Ger. entschied, daß die persönliche Teilnahme der anderen auf dem Gute wohnhaften Familienglieder an der Wirtschaftsführung die Thatsache, die die Natur des gegenseitigen Verhältnisses mit sich bringe, daß die Leitung des Ganzen dem ältesten Bruder überlassen sei, keineswegs von selbst ausschließe, daß letzterer vielmehr sehr wohl als diejenige Person angesehen werden könne, die der Wirtschaft vorstehe. Aus diesem Verhältnisse der Mitbesitzer unter einander ergebe sich zugleich, daß der älteste Bruder den Vorstand des auf dem Gute geführten Hausstandes repräsentiere und damit einen eigenen Hausstand führe. Dem widerspreche es auch nicht, wenn sich die Familie aus natürlichen Pietätsrücksichten der Mutter als ihrem Haupte im gemeinsamen Hausstande unterordne.[1])

Nr. 12. Entsch. Bd. IX. S. 63 vom 22. November 1882.
Land-Gem.-Ordn. v. 3. VII. 91 (G.-S. S. 233) §§ 41, 44.

1) Die an die Eröffnung des Konkurses oder an die Aberkennung des Rechtes, über sein Vermögen zu verfügen und es zu verwalten, geknüpften Beschränkungen in der Ausübung des Gemeindebestimmungsrechtes treten nicht schon dann ein, wenn die im Gemeindebezirke belegenen Grundstücke des Stimmberechtigten unter gerichtliche Administration genommen sind, während er im übrigen in der Verfügung über sein Vermögen nicht beschränkt ist. Der Konkurs unterscheidet sich nach zwei Richtungen hin von der gerichtlichen Administration eines Grundstückes, indem letztere nur einzelne Vermögensstücke betrifft und nur das Verwaltungs-, nicht aber das Verfügungsrecht des Schuldners schmälert.

2) Sind in einem solchen Falle die Gemeindeabgaben zwar nicht von dem Stimmberechtigten, wohl aber für ihn von dem Administrator bezahlt, so ist den gesetzlichen Erfordernissen genügt, da die Zahlung nicht für Rechnung der Gläubiger, sondern für den zur Entrichtung der Abgaben nach öffentlichem Rechte verpflichteten Schuldner erfolgte und nach § 43 Tit. 16 T. I A.-L.-R.'s durch jede Zahlung eines Dritten mit oder ohne Auftrag die Verbindlichkeit des Schuldners getilgt wird.[2])

[1]) Der Rest der Entscheidungsgründe — es handelte sich um die jetzt nicht mehr zulässige Anfechtung der Wahl eines Gemeindevorstehers durch Klage — ist veraltet.

[2]) Unter der „Mahnung" als Vorbedingung des Ruhens des Gemeinderechtes wegen Nichtzahlung von Gemeindeabgaben ist nicht jede formlose Erinnerung, sondern nur eine Mahnung in den Formen der Vd. v. 7. IX. 79, betr. das Verwaltungszwangsverfahren, und der Ausf.-Anw. dazu v. 15. IX. 79 zu verstehen. Entsch. v. 16. XI. 94 (Pr. V.-Bl. Bd. XIV S. 269).

Nr. 13. Entsch. Bd. IX. S. 87 vom 25. Oktober 1882.

Land-Gem.-Ordn. v. 3. VII. 91 (G.-S. S. 233) §§ 66, 67.

Wo die Gemeindeverordneten in verschiedenen Abteilungen gewählt werden, kann der einzelne Wähler nicht nur die Wahlen derjenigen Abteilung, der er angehört, sondern sämmtliche Wahlen anfechten.

Die Wahlversammlung ist und bleibt eine einheitliche, ungeachtet die Wahlen der einzelnen Gemeindeverordneten in drei verschiedenen Abteilungen vollzogen werden.

Nr. 14. Entsch. Bd. XI. S. 97 vom 25. Juni 1884.

A.-L.-R. I. 4 §§ 58 ff., Tit. 13 §§ 159, 161, 185.

Wenn bei der Wahl von Gemeindeverordneten mehrere Bevollmächtigte desselben Stimmberechtigten auftreten, so macht die jüngere Vollmacht die ältere nur dann unwirksam, wenn beide Bevollmächtigte zu verschiedenen Zeiten zu dem Wahlakte erscheinen. Erscheinen sie aber gleichzeitig zu dem Wahlakte mit dem Verlangen, von ihrer Vollmacht Gebrauch zu machen, und will keiner von beiden zurücktreten, so sind auch beide zurückzuweisen, da in diesem Falle der Wille des Vollmachtgebers bei dem Wahlakte nicht klar erkennbar gewesen ist.

Mangels ausdrücklicher Bestimmungen greift für das Vollmachtsverhältnis die im § 185 Tit. 13 T. I. A.-L.-R.'s lediglich wiederholte allgemeine Regel des § 58 Tit. 4 T. I Platz. Danach kann, wenn der Machtgeber im Laufe eines Geschäftes für dessen Fortsetzung einen anderen Mandatar bestellt, hierin sehr wohl der Widerruf des ersten einem anderen erteilten Auftrages erkennbar sein, z. B. bei der Bevollmächtigung mehrerer Rechtsanwälte nacheinander zur Führung eines Prozesses. Im vorliegenden Falle muß jedoch in der Ausstellung einer zweiten Vollmacht zur Ausübung eines Wahlrechtes nicht notwendig die stillschweigende Zurücknahme der früheren Vollmacht gefunden werden, da zwar nicht beide Bevollmächtigte zusammen, vielmehr immer nur einer von ihnen das Wahlrecht ausüben, gleichwohl aber die Bevollmächtigung einer zweiten Person für dasselbe Wahlgeschäft erfolgen kann, ohne daß der Machtgeber damit die zuerst erteilte Vollmacht widerrufen will, z. B. wenn er die Möglichkeit im Auge hat, daß der eine Bevollmächtigte für die Stunde der Wahl verhindert sein könnte, und daraus für ihn erwachsenden Nachteilen vorbeugen will. Hat er aber zu seinen Bevollmächtigten nicht das Vertrauen, daß im Falle gleichzeitigen Erscheinens zum Wahlgeschäfte einer von ihnen freiwillig zurücktritt, so muß er für diesen Fall seinen Willen zur Vermeidung der Ungewißheit besonders zu erkennen geben.

Nr. 15. Entsch. Bd. XIII. S. 215 vom 22. Mai 1886. I C 4/86.

A.-L.-R. T. I Tit. 13 § 113. Vorm.-Ordn. v. 5. VII. 75 (G.-S. S. 431) §§ 12, 17, 24, 31. Land-Gem.-Ordn. v. 3. VII. 91 (G.-S. S. 233) §§ 46, 47.

1) Vollmachten können der Regel nach unbeschadet ihrer Rechtsgültigkeit in blanco ausgestellt werden. Es sind daher auch bei den Wahlen zur ländlichen Gemeindevertretung Blankettvollmachten als gültig anzusehen. Die nachträgliche Ausfüllung der Vollmachtsblanketts mit dem Namen des Bevollmächtigten durch einen anderen, als den Vollmachtgeber, beeinflußt die Gültigkeit der Vollmacht an sich nicht, falls mit den Blanketts nicht etwa nachweisbar Mißbrauch getrieben worden ist. Als ein solcher Mißbrauch kann das Stimmensammeln für den Parteikandidaten nicht angesehen werden. Genoß der Gemeindevorsteher, als die mit der Ausfüllung der Blanketts beauftragte Person,

bei den Stimmberechtigten ein solches Vertrauen, daß sie ihm die Bestimmung des Stellvertreters überließen, so läßt sich hieraus eine unredliche Beeinflussung des Wahlergebnisses nicht herleiten. Dagegen kann eine Witwe, wenn sie nicht Vormünderin ihrer Kinder ist, namens der letzteren eine Vollmacht nicht ausstellen. Ebenso ist die Vollmacht einer Witwe ungültig, wenn in ihr ein anderer Name, als der von ihr gewünschte, eingeschrieben ist.

2) Die Beglaubigung der Vollmachten durch den Gemeindevorsteher, ohne bei der Vollziehung gegenwärtig gewesen zu sein, ist nicht unbedingt unzulässig, da er sich anderweit von der Echtheit der Unterschriften überzeugt haben kann.

3) Der bei der Wahlverhandlung zugezogene Protokollführer braucht weder dem Wahlvorstande noch der Wahlversammlung anzugehören.

Nr. 16. Entsch. Bd. XIV. S. 181 vom 26. Februar 1887. I C 4/87.
Zust.-Ges. § 27; Land-Gem.-Ordn. v. 3. VII. 91 (G.-S. S. 233) § 66.

Über die Gültigkeit der Wahlen eines Gemeinde-„Vorstehers“, Schöffen und sonstigen Gemeindebeamten kann im Verwaltungsstreitverfahren nicht entschieden werden.

Nr. 17. Entsch. Bd. XV. S. 169 vom 7. Mai 1887. I C 41/87.
A.-L.-R. T. II Tit. 7 §§ 18, 20, 22, 31.

Das Wort „angesessen“, „ansässig“ bedeutet „mit liegenden Gründen oder unbeweglichen Gütern an einen Ort gebunden“ und ist durchaus nicht beschränkt auf Wohngebäude, Wohnsitz und Wirtschaftsgebäude. Das Wort „Wirt“ bezeichnet jeden Ackerbau treibenden Landbewohner, möge er sein Domizil im Bereiche eines Dorfes oder in einer abgesonderten Besitzung haben. Allein unter einem in einer bestimmten Gemeinde angesessenen „Wirte“ kann füglich nur der verstanden werden, der auf dem von ihm in dieser Gemeinde besessenen Grundstücke Landwirtschaft betreibt, zu diesem Behufe daselbst Wohn- und Wirtschaftsgebäude besitzt, mögen sie im Dorfe selbst oder auf der Dorffeldmark belegen sein, und in ihm seinen Wohnsitz hat.[1])

Nr. 18. Entsch. Bd. XV. S. 181 vom 14. September 1887. I C 46/87.
Land-Gem.-Ordn. v. 3. VII. 91 (G.-S. S. 233) §§ 6, 147.

Das partikuläre Gewohnheitsrecht und die Ortsobservanz bestehen aus Rechtssätzen, die innerhalb eines bestimmten Interessentenkreises seine Teilnehmer in der inneren Überzeugung von deren rechtlicher Notwendigkeit unter vorausgesetzter stillschweigender Zustimmung der gesetzgebenden Gewalten fortgesetzt befolgt haben. An dieser letzteren Voraussetzung fehlt es gänzlich, wenn die Übung einem allgemeinen Landesgesetze zuwiderläuft. Auch der Ortsobservanz und dem partikulären Gewohnheitsrechte liegt ganz wie dem Statutarrechte das autonomische Bestimmungsrecht der Gemeinden zu Grunde. Es findet daher gleich diesem seine Schranke in den Vorschriften, die das allgemeine Landesgesetz mit präzeptiver Kraft aufstellt.[2])

---

[1]) Der Rest der Entscheidungsgründe ist veraltet, nachdem durch § 45 der Land-Gem.-Ordn. die Stimmberechtigung der Forensen unter gewissen Voraussetzungen anerkannt worden ist.

[2]) Nach dem 1. IV. 92 — dem Tage des Inkrafttretens der neuen Land-Gem.-Ordn. — kann sich daher die Observanz nur noch innerhalb der Grenzen, die dem Ortsstatute gezogen sind, bilden, ohne jedoch den für das Ortsstatut gelassenen Raum ganz auszufüllen. So kann z. B., sobald die Land-Gem.-Ordn. auf statutarische Regelung verweist, an deren Stelle, falls sie unterbleibt, niemals eine Observanz treten. Ebensowenig kann ein Ortsstatut durch Observanz aufgehoben werden.

Handeln die bei der Bildung der Observanz Beteiligten unter dem Einflusse der irrigen Annahme, daß ihr Verfahren eine zwingende Folge gegebener, in der Wirklichkeit nicht vorhandener, rechtlicher oder thatsächlicher Verhältnisse sei, so gebricht es an der für die Entstehung des Gewohnheitsrechtes erforderlichen Voraussetzung, daß die Gewohnheit von einer gemeinsamen Rechtsüberzeugung ausging und nicht erweislich von einem Irrtume, der jene Überzeugung notwendig ausschließt. Die in die äußere Erscheinung tretende Thätigkeit der Beteiligten reicht allein nicht aus, zu dem Anerkenntnisse eines Gewohnheitsrechtes, einer Observanz zu führen, wenn ihr nicht zugleich der innere Rechtsgrund entspricht. Die gleichmäßige Übung darf nicht auf einer Grundlage beruhen, die sich hinterher als irrig herausstellt. Es darf keinesfalls die Annahme aufkommen, daß, wenn der Irrtum als solcher anerkannt wäre, die Beteiligten anders verfahren haben würden und nicht so, wie es geschehen, gehandelt hätten.[1])

Nr. 19. Entsch. Bd. XIX. S. 125 vom 14. März 1890. I C 32/90.

Rh. Gem.-Ordn. v. 23. VII. 45 (G.-S. S. 523) §§ 16, 35, 45, 46, 78, 110 und Abänd.-Ges. v. 15. V. 56 (G.-S. S. 435) Art. 11, 12 Rh. Kr.-Ordn. v. 30. V. 87 (G.-S. S. 209) §§ 21, 26, 34, 37, 47, 48. Zust.-Ges. §§ 27, 28; L.-V.-G. §§ 7, 79, 92, 97.

1) Der zivilprozessualische Grundsatz im § 498 der Ziv.-Pr.-Ordn., daß Urteile erster Instanz nur insoweit abgeändert werden dürfen, als eine Abänderung beantragt worden ist, findet keine Anwendung, wenn der Kläger im Verwaltungsstreitverfahren in materieller Beziehung durch das erste Urteil nicht abgewiesen, vielmehr nur das Verwaltungsstreitverfahren für unzulässig erklärt war. Es fehlt in diesem Falle an der Voraussetzung, daß dem Beklagten durch reformatio in pejus zu nahe getreten werde. Der Grund der Unzulässigkeit des Verwaltungsstreitverfahrens gehört mehr dem Inhalte der Entscheidung an, als den Gründen; gegen die letzteren giebt es aber überhaupt und ausschließlich kein Rechtsmittel.

2) Das in diesem Falle streitige Recht des Klägers auf Sitz und Stimme im Gemeinderate als sogenanntes „geborenes" Mitglied neben den gewählten Gemeindeverordneten ist dem Wesen nach nichts anderes, als ein integrierender Teil der Gemeindemitgliedschaft. Diese aber ist nach § 27[1] des Zust.-Ges. an erster Stelle denjenigen Gemeinderechten eingereiht, die der § 28 a. a. O. unter den Schutz des Verwaltungsstreitverfahrens stellt. Nach § 45 der Rh. Gem.-Ordn. sind in gewissen Gemeinden Gemeindeverordnete die sämmtlichen „Meistbeerbten" als die nach § 16 a. a. O. zur Ausübung des Gemeinderechtes befähigten Gemeindemitglieder. In den übrigen Gemeinden, die durch gewählte Gemeindeverordnete vertreten werden, läßt § 46 a. a. O. gleichfalls — aber neben den gewählten — noch Gemeindeverordnete aus eigenem Rechte zu, die „Meistbegüterten". In beiden Fällen haben Gemeindeglieder als solche, falls sie mit dem erforderlichen Besitze ausgestattet sind, Sitz und Stimme im Gemeinderate. Ist ihnen somit eine Gemeindemitgliedschaft mit erweiterten Befugnissen gesetzlich eigen, so muß ihre Mitgliedschaft in dieser Beziehung so gut, wie in jeder anderen, geschützt sein.

3) Dieses im § 46 der Rh. Gem.-Ordn. gewissen „Meistbegüterten" gewährte Recht, als „geborene Mitglieder dem Gemeinderate anzugehören, besteht zur Zeit auch denjenigen Gemeinden gegenüber, die auf dem Provinziallandtage früher im Stande der Städte vertreten waren.

---

[1]) Der Rest der Entscheidungsgründe — die Ausdehnung des Stimmrechtes auf die Forensen im Wege der Observanz betreffend — ist veraltet.

Nr. 20. Entsch. Bd. XIX. S. 132 vom 25. April 1890. II C 44/90.

Rh. Gem.-Ordn. v. 23. VII. 45 (G.-S. S. 523) §§ 45, 46, 115 und Gem.-Verf.-Ges. v. 15. IV. 56 (G.-S. S. 435) Art. 14. Zust.-Ges. § 24.

Nach Art. 14 Abs. 4 des Rh. Gem.-Verf.-Ges. v. 15. V. 56 können Gemeindeverordnete die Mitglieder derjenigen Behörden nicht sein, durch die die staatliche Aufsicht über die Gemeinde geübt wird. Diese Bestimmung findet keine Anwendung auf die Mitglieder der Kreisausschüsse, so daß also z. B. ein „Meistbegüterter" als Mitglied des Gemeinderates auch zugleich Mitglied des Kreisausschusses sein kann. Der Kreisausschuß gehört garnicht zu den Gemeinde-Aufsichtsbehörden. § 24 des Zust.-Ges. überträgt die Aufsicht des Staates über die Verwaltung der Angelegenheiten der Landgemeinden in erster Instanz dem Landrate als Vorsitzendem des Kreisausschusses, in höherer und letzter Instanz dem Regierungspräsidenten. Der Zusatz „als Vorsitzender des Kreisausschusses" hat nur die Bedeutung, daß für den Fall der Stellvertretung des Landrates durch den Kreissekretär nicht dieser, sondern das hierzu vom Ausschusse gewählte Mitglied den Landrat als Vorsitzenden vertritt.

Nr. 21. Entsch. Bd. XIX. S. 237 vom 14. März 1890. II C 5/90.

Westf. Gem.-Ordn. v. 19. III. 56 (G.-S. S. 265) §§ 26, 28. Westf. Kr.-Ordn. v. 31. VII. 86 (G.-S. S. 217) §§ 54, 57. Zust.-Ges. §§ 27—29.

1) Aus dem Wortlaute und Zwecke des § 27 des Zust.-Ges. ist ein Anlaß nicht zu entnehmen, das im § 28 ebenda zugelassene Klagerecht auf einen Angriff gegen das Wahlverfahren zu beschränken. Die Gemeindevertretung beschließt nach § 27 „über die Gültigkeit der Wahlen", mithin an und für sich und soweit nicht durch das Gesetz selbst eine Schranke gezogen ist, nach allen für die Beurteilung der Gültigkeit oder Ungültigkeit der Wahl wesentlichen Richtungen.

2) Nach § 26 der Westf. Gem.-Ordn. hat nicht etwa, in Vorbereitung der Ergänzungswahlen, die Gemeindevertretung darüber zu beschließen, wer das erste oder zweite Mal auszuscheiden hat, vielmehr ist über das Ausscheiden durch das Gesetz selbst und damit, weil die Ergänzungswahlen von denselben Abteilungen vorgenommen werden, von denen die Ausscheidenden gewählt waren, zugleich über den Kreis der Wähler Bestimmung getroffen. Für eine förmliche Beschlußfassung ist also auf diesem Gebiete überhaupt kein Raum. Faßt die Gemeindevertretung dennoch einen Beschluß, so hat das einzelne Gemeindemitglied freilich ein Recht, ihn als mit den Gesetzen unvereinbar, anzugreifen. Wenn aber eine bestimmte Summe von Rechten durch Klage geschützt oder ein bestimmtes Rechtsverhältnis der Kontrolle der Verwaltungsgerichte auf Anrufen des Einzelnen unterstellt ist, und wenn andererseits behauptet wird, daß ein Beschluß jene Rechte verletze oder in dieses Rechtsverhältnis eingreife, so bildet der Umstand, daß ein Beschluß durch die berufene Behörde hätte angefochten werden können, kein Hindernis für den Verwaltungsrichter, ihn seinerseits einer Prüfung auch auf Antrag des Einzelnen zu unterwerfen und, falls der Beschluß gesetzwidrig befunden wird, seine Wirkung für den konkreten Fall zu beseitigen, es sei denn, daß das Gesetz für einzelne Fälle etwas anderes bestimmt, insbesondere für gewisse behördliche Akte ein besonderes, die Nachprüfung regelndes Verfahren vorgeschrieben und, nachdem es zum Abschlusse gediehen ist, das Resultat als eine unantastbare Grundlage hingestellt hat, auf der weiter zu bauen ist. Vergl. §§ 54, 57 der Westf. Kr.-Ordn.

3) Nach § 28 der Westf. Gem.-Ordn. sollen alle Ergänzungswahlen von denselben Abteilungen vorgenommen werden, von denen die Ausgeschiedenen gewählt waren. Die das erste Mal Ausscheidenden werden für jede Abteilung

durch das Los bestimmt (§ 26 a. a. O.). Daraus folgt, daß die Ausscheidenden nicht lediglich den in einer Abteilung Gewählten angehören dürfen. Vielmehr ergeben sich aus dem Gesetze folgende Grundsätze:

a) Es müssen alle, an sich auf sechs Jahre gewählten Mitglieder der Eventualität, daß sie zur Auslosung gelangen, ausgesetzt sein, dergestalt, daß nach zwei Jahren der Verlust des Mandates jedes Mitglied treffen kann, und nach vier Jahren alle diejenigen, die bei dem ersten Losen nicht ausgelost sind.

b) Es muß jedesmal jede Abteilung — wenigstens jedenfalls dann, wenn sie mehrere noch nicht ausgeloste Mitglieder enthält — in sich losen, da „für jede Abteilung der Ausscheidende durch das Los bestimmt werden soll, so daß eine Abteilung, die keinen Ausscheidenden hat, bei völlig normalem Verlaufe nicht vorhanden sein darf.

c) Es muß ein zweimaliges Losen, nach zwei und vier Jahren, eintreten.

d) Es muß erreicht werden, daß in der Versammlung und, soweit das möglich, auch in jeder Abteilung drei Gruppen vorhanden sind, von denen eine sechs Jahre, die andere vier Jahre, die dritte zwei Jahre zu amtieren hat, woraus dann

e) folgt, daß bei den künftigen regelmäßigen Ergänzungswahlen thunlichst alle Abteilungen zu beteiligen sind.

Diese Grundsätze sind unschwer zu verwirklichen, wo die Zahl der Mitglieder auf neun oder auf ein Produkt von neun sich beläuft. Besteht aber die ursprünglich gewählte Versammlung z. B. aus 6 Mitgliedern, so wird bei Ergänzungswahlen zunächst innerhalb jeder der drei Abteilungen gelost und so der Ausscheidende für jede Abteilung durch das Los bestimmt. Da aber im ganzen nur zwei Personen ausscheiden sollen, so erfolgt zwischen den drei Ausgelosten ein zweites Losen, wodurch zwei verschiedenen Abteilungen angehörige Ausscheidende gefunden werden. Nach Ablauf von 3 Jahren ist zunächst innerhalb derjenigen Abteilung zu losen, aus der das erstemal niemand ausgeschieden ist. Neben der so gefundenen Person muß als zweite eines derjenigen Mitglieder ausscheiden, die — von dem Lose bisher unbetroffen — in den beiden anderen Abteilungen vorhanden sind. Welches von beiden bestimmt das unter ihnen zu ziehende Los.

Nr. 22. Entsch. Bd. XIX. S. 148 vom 11. Juni 1890. I C 20/90.

Kurh. Gem.-Ordn. v. 23. X. 34 (Samml. v. Ges. u. s. w. S. 181) §§ 25, 45, 46.

1) Es handelte sich um die Wahl von Gemeinde-Ausschuß-Mitgliedern in einer Landgemeinde des vormaligen Kurhessens.[1]) Bei diesen Wahlen nehmen die „Tagelöhner" eine besondere Stellung ein insofern, als deren Stimmfähigkeit während der Dauer dieses Verhältnisses ruht. (§ 27 der Kurh. Gem.-Ordn.)

2) Zur Anfechtung einer solchen Wahl mittels Einspruches ist zwar jeder Beteiligte, zur Anfechtung des, über deren Gültigkeit gefaßten Beschlusses der Gemeindevertretung mittels der Klage sind aber, abgesehen von dem Gemeindevorstande und den Gewählten nur diejenigen Ortsangehörigen berechtigt, die vorgängig jenen Einspruch erhoben hatten. Vgl. E.-O.-V. Bd. XVII S. 103, 118.[2])

---

[1]) Die Wahlprüfung muß der Konstituierung des neu gewählten Gemeindeausschusses und dem Beginne seiner Funktionen vorhergehen und liegt demnach dem bisherigen Gemeindeausschusse ob. Entsch. v. 24. IV. 96 (Pr. V.-Bl. Bd. XVII S. 371).

[2]) Oben S. 148, 149.

3) **Die Ausschußwahl verliert auch dann ihre Gültigkeit nicht, wenn sich weniger als die Hälfte der thatsächlich vorhandenen Stimmfähigen an ihr beteiligen** (§ 45 Abs. 3 der Kurh. Gem.-Ordn.). **Es entscheidet auch beim Ausbleiben von Stimmfähigen lediglich die Stimmenmehrheit. Anders verhält es sich, wenn es sich um die Wahl des Gemeinderates und des Ortsvorstandes handelt** (§ 46 a. a. O.).

4) Der rechtswidrige Ausschluß von Wählern bei der Wahl von Ausschuß-Mitgliedern von der aktiven Teilnahme an der Wahl kann auf die Gültigkeit der letzteren nur insoweit einwirken, als infolgedessen deren Schlußergebnis sich geändert hätte. Vgl. E.-O.-V. Bd. XVII S. 123.

5) Bei der Feststellung des Begriffes „Tagelöhner" ist nicht maßgebend, ob der Lohn nach der Zeit, oder nach der Leistung geregelt wird. Vielmehr ist lediglich der Umstand entscheidend, ob der mit dem Dritten geschlossene Vertrag auf die zeitweise Verdingung der Arbeitskraft, deren Leitung und Verwendung dann dem Dritten überlassen bleibt, abzielt, oder ob er die „Werkverdingung", das vom Arbeiter nach eigenem Ermessen herzustellende Arbeitsresultat, zum Gegenstande hat. (Locatio-conductio operarum und operis.) Der letztere ist kein Tagelöhner.[1])

Nr. 23. Entsch. Bd. XX S. 73 vom 31. Oktober 1890. II C 148/90.

Westf. Land-Gem.-Ordn. v. 19. III. 56 (G.-S. S. 265) §§ 1, 3, 6, 7, 9, 12, 13, 28, 30, 31, 32, 37, 39, 41—44, 46, 48, 49, 65, 69, 74, 78, 80—86. Westf. Kr.-Ordn. v. 31. VII. 86 (G.-S. S. 217) §§ 27, 29. Zust.-Ges. §§ 24, 28, 29, 36.

In der Provinz Westfalen kann der Stellvertreter (Beigeordnete) des Amtmannes, ebenso, wie der letztere selbst, zugleich Gemeindevertreter sein. Der Beigeordnete steht als der gesetzlich durch sein Amt berufene Stellvertreter dem Amtmanne zur Seite. Die Fähigkeit, zum Gemeindeverordneten gewählt zu werden, ist also bei beiden die gleiche. Nach der Westf. Land-Gem.-Ordn. ist aber der Amtmann kein Beamter, durch den die Aufsicht des Staates über die Gemeinden ausgeübt wird.

Auch der § 30 Abs. 1 Nr. 2 steht seiner Wählbarkeit nicht entgegen. Selbst wenn zugegeben werden könnte, daß der Amtmann im Sinne der Land-Gem.-Ordn. als Gemeindebeamter anzusehen wäre, so würde sein Ausschluß von der Wählbarkeit durch jene Nr. 2 immer noch deshalb zu verneinen sein, weil er als derjenige, der die Gemeindeverwaltung kontrolliert und der Gemeindeversammlung an Stelle des Vorstehers vorsitzen kann, dann doch ein zum Gemeindevorstande gehörender Gemeindebeamter sein müßte. Durch die Kr.-Ordn., die eine Erweiterung der Befugnisse des Amtmannes oder die Verleihung eines ihm früher nicht zustehenden Aufsichtsrechtes nicht herbeigeführt hat, ist der frühere Rechtszustand nicht geändert. Das Gleiche gilt vom Zust.-Ges.

Nr. 24. Entsch. Bd. XX. S. 83 vom 17. Dezember 1890.

Kurh. Gem.-Ordn. v. 23. X. 34 (Samml. v. Ges. u. s. w. S. 181) §§ 49, 51, 65, 93. Zust.-Ges. §§ 27, 28, 38. L.-V.-G. § 94².

1) In den ehemals kurhessischen Gemeinden beschließt der Gemeinderat über die Gültigkeit der Neuwahlen für die mit Ablauf ihrer Funktionsperioden ausscheidenden Mitglieder selbst noch nach jenem Ablauf in der bisherigen Zusammensetzung. Vgl. E.-O.-V. Bd. XVI S. 64. Denn die Neugewählten sind noch garnicht Mitglieder der Vertretung und können es erst durch die Beschlußfassung werden.

2) Den Stimmberechtigten ist im § 27 Abs. 2 des Zust.-Ges. Einspruch

---

[1]) Ebenso Entsch. v. 6. XII. 90 (Pr. V.-Bl. Bd. XII S. 363).

nur gegen die Gültigkeit der Wahl gegeben. Der Einspruch kann deswegen nur dahin gerichtet sein, daß die Wahl des von dem Wahlvorstande als gewählt proklamierten ungültig sei. Nach Ablauf der Einspruchsfrist hat die Gemeindevertretung, wie über etwa erhobene Einsprüche, so über die Gültigkeit der Wahl zu beschließen. Gegen ihren Beschluß findet die Klage statt. Zur Anfechtung der Wahl mittels Einspruches sind daher alle Beteiligten, zur Klage dagegen — außer dem Gemeindevorstande und den Gewählten — nur diejenigen Ortsbürger berechtigt, die Einspruch erhoben hatten, letztere auch nur dann, wenn der Beschluß auf Gültigkeit der Wahl lautet. Vgl. E.-O.-V. Bd. XVII S. 103, 118.[1])

3. Fehlende Prozeßvollmachten muß der Verwaltungsrichter dadurch beschaffen, daß er für die Nachbringung einer solchen vor der Entscheidung eine Frist bestimmt.

Nr. 25. Entsch. Bd. XXIII. S. 75 vom 18. Mai 1892. I C 31/92.

Hann. Land-Gem.-Ordn. v. 28. IV. 59 (G.-S. S. 393) §§ 8 [1], 1?, 13, 16. Just.-Ges. § 27 [1].

1) Die Hann. Land-Gem.-Ordn. überweist das Stimmrecht dem Besitzer oder Nießbraucher eines Grundstückes als ein ihm persönlich zustehendes Recht und überläßt es seinem freien Ermessen, ob und durch welchen Bevollmächtigten er dies sein persönliches Recht ausüben will. Verstanden ist hierunter der jeweilige Besitzer oder Nießbraucher des Grundstücks, und diesem darf durch den Erblasser weder das Recht, persönlich zu stimmen, noch dasjenige, hierfür einen Bevollmächtigten nach seiner Wahl zu bestellen, eingeschränkt werden. Dasselbe gilt von dem Vertreter des Besitzers oder Nießbrauchers.

Eine Übertragung der Ausübung des Stimmrechtes mit der Wirkung, daß der Bevollmächtigte das Recht als ein ihm selbst zustehendes dem Gemeindevorsteher gegenüber verfolgen könnte und andererseits die Erben des Grundbesitzers behindert wären, einen anderen Bevollmächtigten zu bestellen, findet nicht statt.

2) Ein Pächter ist nicht Nießbraucher, da Pacht und Nießbrauch sich begrifflich nicht decken. Das Stimmrecht für ein erpachtetes Grundstück steht ihm daher nicht als ein ihm persönliches, eigenes Recht zu, sondern muß ihm erst durch Vollmacht des Verpächters übertragen werden.

Nr. 26. Entsch. Bd. XXV. S. 11 vom 17. Oktober 1893. II C 137/93.

Westf. Land-Gem.-Ordn. v. 19. III. 56 (G.-S. S. 265) § 28.

Der § 28 der Westf. Land-Gem.-Ordn. trifft darüber, in welcher Art die Wahl stattzufinden hat, keine weiteren, als die Bestimmungen, daß der Wahltermin vier Wochen vorher ortsüblich bekannt zu machen sei, und daß jeder Wähler dem Wahlvorstande mündlich und vernehmlich zu Protokoll zu erklären habe, wem er seine Stimme geben will. Hinsichtlich der für die Wahlhandlung festzusetzenden Zeit schreibt also das Gesetz nur vor, daß die Wähler auf eine bestimmte Stunde eines bestimmten Tages — in ein zu bezeichnendes Lokal — eingeladen werden sollen. Zwar ist dem Amtmanne bezw. dem Gemeindevorsteher nicht verwehrt, bei der Anberaumung des Termines auch anzuordnen, daß Stimmen während eines gewissen Zeitraumes entgegengenommen werden sollen, in welchem Falle der Wahlvorsteher den Wahlakt vor Ablauf jenes Zeitraumes nicht schließen, und kein innerhalb dieses die Entgegennahme seiner Stimme verlangender Wähler etwa um deswillen

[1]) Oben S. 148, 149.

zurückgewiesen werden darf, weil es vorher schon an noch nicht abgefertigten Wählern gefehlt hatte, also Pausen entstanden waren. Eine Verpflichtung zu einer derartigen Anordnung besteht jedoch für den Leiter der Wahl keineswegs. Wird solche nicht getroffen, so sind die Wähler gehalten, sich zu der festgesetzten Stunde im Wahllokale einzufinden; diejenigen Wähler, die später erscheinen, haben zufolge ihrer eigenen Versäumnis das Wahlrecht in dem Falle verloren, wenn zur Zeit ihrer Ankunft die früher erschienenen Wähler ihr Wahlrecht bereits ausgeübt haben und deshalb der Wahlakt geschlossen worden ist. Zu den Pflichten des Wahlvorstehers gehört es, dafür zu sorgen, daß einerseits die Wahlhandlung sich ohne Überstürzung vollzieht, andererseits aber auch der förmliche Schluß des Abstimmungsaktes erfolgt, sobald thatsächlich niemand mehr sich zum Abgeben der Stimme meldet, und daher zu dem weiteren Akte der Feststellung des Wahlergebnisses geschritten werden kann. Sollte hierbei der Wahlvorsteher sich Willkürlichkeiten, insbesondere im Interesse einer Partei, zu Schulden kommen lassen, und sollten diese auf die Wahl einwirken, so würde auf Einspruch und Klage Abhilfe zu erfolgen haben, falls die Gemeindevertretung nicht von Amtswegen die Wahl für ungültig erklärte.[1])

Nr. 27. Entsch. Bd. XXV. S. 114 vom 4. Oktober 1893. I C 52/93.
Land-Gem.-Ordn. v. 3. VII. 91 (G.-S. S. 233) §§ 59, 66, 67.

1) Mit der Bestimmung im § 59 der Land-Gem.-Ordn., daß die Wähler eine Woche vor dem Wahltage zusammenzuberufen sind, ist keineswegs gesagt, daß zwischen dem Tage der Bekanntmachung und dem der Wahl der volle Zeitraum einer freien Woche liegen soll. § 59 ist nicht gleichbedeutend mit der im § 194 der Ziv.-Pr.-Ordn. ausgesprochenen Ladungsfrist, nach der allerdings zwischen der Zustellung und dem Terminstage mindestens eine Woche, also 7 volle Tage liegen sollen. Die im § 59 vorgesehene Frist ist vielmehr eine Wochenfrist, die mit dem Beginne desjenigen Tages der Woche beginnt, dessen Benennung demjenigen Wochentage entspricht, an dem die Frist ablaufen wird.

Für den Tag der Publikation durch eine Zeitung ist nicht das Datum der betreffenden Nummer entscheidend, sondern der Tag, an dem diese in dem betreffenden Orte regelmäßig an die Besteller gelangt. Dieser wird ferner nicht durch die vertragsmäßige Pflicht des Herausgebers, noch durch das vertragliche Recht der Besteller, die Nummern an einem gewissen Tage zu liefern resp. zu erhalten, sondern lediglich durch die Thatsache bestimmt, an welchem Tage die Nummern regelmäßig ausgetragen werden. Der Umstand, daß in einem Ortsteile mehrfach regelwidrig einzelne Nummern verspätet bestellt worden sind, ändert an dieser Thatsache nichts.

2) Sind bei Gemeindewahlen zu amtlichen Publikationen als Aushang mehrere Stellen in der Gemeinde ortsüblich im Gebrauch, so müssen sie auch pflichtmäßig benutzt werden. Die in dem Unterlassen dieser Benutzung liegende Unvollständigkeit einer ortsüblichen Bekanntmachung bildet einen wesentlichen Mangel des Wahlverfahrens, d. i. einen solchen, ohne den

---

[1]) Damit sind aber für das Verhalten des Wahlvorstehers nicht absolut und unabänderlich bindende Vorschriften gegeben. Es dürfen vielmehr im einzelnen Falle die besonderen Verhältnisse, unter denen sich die Wahl vollzieht, nicht außer Acht gelassen werden. So erscheint z. B. bei dem Mangel jeglichen Anhaltes für eine im Parteiinteresse geübte Willkür die Unterbrechung des Wahlaktes auf wenige Minuten, um draußen Umschau zu halten, ob noch Wähler vorhanden seien, bei einfachen ländlichen Wahlen durchaus unverfänglich. Entsch. v. 29. IV. 96 (Pr. V.-Bl. Bd. XVII S. 386).

möglicherweise die Wahl ein anderes Resultat hätte ergeben können. Vgl. E.-O.-V. Bd. IV S. 8, Bd. XVII S. 8.[1])

Nr. 28. Entsch. Bd. XXV. S. 119 vom 29. November 1893. I C 63/93.

Zust.-Ges. §§ 27[1], 28 Abs. 2.

1) Zur Klage mit dem Ziel auf Anfechtung der Gemeinde- resp. Stadtverordnetenwahlen ohne vorgängigen Einspruch ist nur der Magistrat berechtigt, nicht aber der Bürgermeister für seine Person.

2) Zur Stadtverordnetenwahl haben alle in der Bürgerliste eingetragenen Wähler Zutritt. Wenn daher solche Wähler, die vom Magistrat in die offengelegte Liste eingetragen und nicht infolge einer auf Einspruch getroffenen Entscheidung gestrichen sind, von der Wahl ausgeschlossen wurden, so sind diese Wahlen insoweit ungültig, als ihr Ausschluß das Wahlresultat hätte beeinflussen können. Eine selbständige, von Einsprüchen unabhängige Prüfung und Berichtigung der Liste steht der Gemeindevertretung nicht zu.

Die Fassung des § 27 Nr. 1 Zust.-Ges. wäre freilich glücklicher gewählt, wenn sie lautete: Die Gemeindevertretung beschließt: Nr. 1 „auf Beschwerden und Einsprüche, betreffend den — die — sowie „betreffend" oder „gegen" die Richtigkeit der Gemeindewählerliste, anstatt „über" die Richtigkeit der Gemeindewählerliste. Denn nur über Einwendungen gegen die Liste und nicht über die Wählerliste an sich soll die Gemeindevertretung nach dem Sinne des Gesetzes beschließen. Anderenfalls würden der Gemeindevertretung in den Landgemeinden größere Befugnisse zustehen, als den Stadtverordneten nach § 10 a. a. O. eingeräumt sind und den Landgemeinden seit dem Jahre 1876 nur zugestanden hatten.

3) Ein mündlicher Einspruch im Sinne des § 27 Abs. 2 gegen die Richtigkeit der Wählerliste, dahin gehend: „die Listen enthalten viele Unrichtigkeiten" ist ungültig, da diese allgemeine Behauptung weder die Unrichtigkeit der Liste, noch auch Anhaltspunkte für deren Berichtigung darzulegen geeignet ist. Vgl. E.-O.-V. Bd. XIII S. 71.[2])

Nr. 29. Entsch. Bd. XXV. S. 123 vom 26. September 1893. II C 140/93.

Westf. Land-Gem.-Ordn. v. 19. III. 56 (G.-S. S. 265) §§ 15, 22. Eink.-St.-Ges. v. 24. VI. 91 (G.-S. S. 175) §§ 40 ff., 77, 80 und Ausf.-Anw. v. 5. VIII. 91 Art. 85.

Die Entscheidung läßt dahingestellt, ob der Verlust des Gemeinderechtes als Folge der Veranlagung zu einem Steuersatze, der hinter dem zur Erlangung jenes Rechtes erforderlichen Satze zurückbleibt, erst dann eintritt, wenn die Veranlagung eine endgültige ist, oder nicht schon dann, wenn die Veranlagung zu einem niedrigeren Satze vorliegt. Keinesfalls kann der Verlust davon abhängig sein, daß die Wiedererlangung des erforderlichen Satzes auf dem Wege der Nachbesteuerung unmöglich geworden ist. Denn es sind, abgesehen von dem Falle der strafbaren Hinterziehung, sowohl für den Steuerpflichtigen als für den Vertreter des Staatsinteresses zur Berichtigung einer ordnungsmäßig erfolgten, aber sachlich unrichtigen Veranlagung die ordentlichen Rechtsmittel in den §§ 40—49 des Eink.-St.-Ges. v.

[1]) Oben S. 86, 96. Auch wenn es sich um eine engere Wahl handelt, muß die Bekanntmachung unter Beobachtung der für die Ladung zur ersten Wahl vorgeschriebenen Formen und Fristen erfolgen. Die Aufforderung im Wahltermine selbst genügt nicht. Entsch. v. 16. XI. 94 (Pr. V.-Bl. Bd. XVI S. 269).

[2]) Oben S. 141.

24. VI. 91 gegeben, und nicht der von der Nachbesteuerung handelnde § 80 a. a. O.

Nr. 30. Entsch. Bd. XXV. S. 127 vom 3. Juni 1893. I C 35/93.

Östl. St.-Ordn. v. 30 V. 53 (G.-S. S. 261) § 17. Land-Gem.-Ordn. v. 3. VII. 91 (G.-S. S. 233) §§ 40, 41, 53. Betriebs-Ordn. für die Haupteisenbahnen Deutschlands v. 5. VII. 92 (R.-G.-Bl. S. 691) §§ 53 ff., 63, 66, 69, 71.

Nach § 17 Nr. 6 der St.-Ordn. v. 30. V. 53 können „die Polizeibeamten“ nicht Stadtverordnete sein. Ein Unterschied zwischen den verschiedenen Arten der Polizeibeamten ist nicht gemacht, deshalb gilt von den Bahnpolizeibeamten dasselbe, wie von den Beamten der allgemeinen Polizei, wie dies bereits in E.-O.-V. Bd. XVI S. 72 ff.[1]) ausgesprochen worden ist. Der Ausdruck „die Polizeibeamten“ umfaßt alle Polizeibeamten. Hätte der Gesetzgeber eine dahingehende Anordnung nicht beabsichtigt, so hätte er eine andere Fassung wählen müssen; es fehlt daher auch an einer Ermächtigung für den Verwaltungsrichter, seinerseits eine Unterscheidung in die Bestimmung hineinzutragen. Die Land-Gem.-Ordn. hat im § 53 jedoch die Nichtwählbarkeit ausdrücklich auf die Polizei-Exekutivbeamten beschränkt. Es fragt sich, ob die Bahnpolizeibeamten dazu gehören. Die Beantwortung dieser Frage ist nicht lediglich davon abhängig, daß jene nicht überall und zu jeder Zeit Polizeibeamte sein können, daß vielmehr die Wirksamkeit der Bahnpolizeibeamten räumlich und sachlich eine beschränkte ist. Vergl. E.-O.-V. Bd. XXIII S. 373.

Innerhalb des Personals der mit der Polizeiverwaltung Beauftragten werden im allgemeinen verwaltende und exekutive Beamte unterschieden und zu den letzteren insbesondere die Polizeiinspektoren, Polizeikommissarien, Polizeisergeanten und Polizeidiener gerechnet. Die Exekutivbeamten haben nur die bestehenden polizeilichen Gesetze und Anordnungen auszuführen und über ihre Beobachtung zu wachen, nicht ihrerseits selbständig Anordnungen zu erlassen. Dieser Unterschied besteht notwendig auch bei der Bahnpolizei. Nur ist die Exekutive hier nicht so geregelt, daß gewisse Personen ausschließlich, d. h. mit Ausschluß jeder sonstigen amtlichen Thätigkeit, mit ihr betraut wären. Vielmehr sind gewisse im Bahndienste beschäftigte Personen zugleich zur Ausübung der Bahnpolizeiexekutive berufen. Dafür, ob sie den Polizeiexekutivbeamten im Sinne des § 53⁴ der Land-Gem.-Ordn. zuzurechnen sind, wird ausschlaggebend sein, ob jemand vorwiegend mit der Ausführung und Überwachung der bestehenden bahnpolizeilichen Bestimmungen amtlich in Anspruch genommen wird oder nicht. Hinsichtlich welcher Beamten dies zutrifft, ist Gegenstand der thatsächlichen Feststellung. Jedenfalls besteht für einen Stationsaufseher oder Stationsassistenten nach Art der ganzen amtlichen Beschäftigung kein Zweifel, daß er auch zu den „Polizei-Exekutivbeamten“ zu rechnen ist.

Nr. 31. Entsch. Bd. XXVI. S. 102 vom 13. April 1894. I C 117/93.

Land-Gem.-Ordn. v. 3. VII. 91 (G.-S. S. 233) §§ 41, 43, 49, 52, 54, 66, 67.

1) Die Gemeindevertretung ist in der Land-Gem.-Ordn. nicht ausdrücklich ermächtigt, darüber zu beschließen, ob der Fall eines Verlustes unbesoldeter Gemeindeämter eingetreten ist, z. B. ob ein Gemeindevertreter durch Verkauf seines Grundstückes die Stelle in der Gemeindevertretung verloren hat. Doch ist diese Befugnis aus dem Zusammenhange der §§ 43 Abs. 1 und 66¹ a. a. O. herzuleiten. Denn nach §§ 66¹ hat sie auf Beschwerden und Einsprüche über den Verlust des Gemeinderechtes zu beschließen

[1]) Oben S. 146.

und nach § 43[1] gehen mit dem Gemeinderechte auch die unbesoldeten Gemeindeämter verloren, eine Vorschrift, die auch da anzuwenden ist, wo der Verlust einer Stelle in der Gemeindevertretung aus dem Eintritt einer in der Gemeindeverfassung begründeten Beschränkung des Gemeinderechtes hergeleitet wird. Daraus folgt nach § 67 a. a. O. die Zulässigkeit des Verwaltungsstreitverfahrens.

Zieht aber auch der Verlust des Gemeinderechtes den der unbesoldeten Gemeindeämter als rechtliche Folge nach sich, so tritt er bei einer Person, die von den drei im § 41[6] wahlweise vorgeschriebenen Erfordernissen mehrere zugleich erfüllt, nicht schon dann ein, wenn eines dieser Erfordernisse wegfällt, sondern erst dann, wenn keines mehr zutrifft.

2) Der als „angesessen" gewählte Gemeindevertreter verliert durch die Veräußerung seines Grundbesitzes allein weder sein Gemeinderecht, noch seine Stelle in der Gemeindevertretung, und zwar letzteres selbst dann nicht, wenn deren Mitglieder nicht mehr zu zwei Dritteln aus Angesessenen bestehen. Diese letztere Vorschrift hat lediglich den Charakter einer die Wahlen regelnden Bestimmung; der Gesetzgeber hat eine solche für ausreichend erachtet, um dem Grundbesitze das ihm gebührende Übergewicht zu sichern, weil er von der Annahme ausging, daß die nach der Wahl eintretenden Veränderungen nicht erheblich genug sein würden, um jenes zu gefährden. Das gewählte Mitglied ist nicht Vertreter einer bestimmten Klasse, sondern Vertreter aller Gemeindeangehörigen; es kann also auch nur dann gesagt werden, daß er zu denen, die er vertreten soll, nicht mehr gehört, wenn er das Gemeinderecht verliert.

Nr. 32. Entsch. Bd. XXVI. S. 108 vom 27. Februar 1894. II C 214/93.

Rh. Gem.-Ordn. v. 23. VII. 45 (G.-S. S. 523) §§ 35, 41, 42, 117 und Gem.-Verf.-Ges. v. 15. V. 56 (G.-S. S. 435) Art. 11 II 3 a b. Zust.-Ges. §§ 24, 27, 28. Eink.-St.-Ges. v. 24. VI. 91 (G.-S. S. 175) § 75.

1) Die Beschwerde an die Gemeindevertretung über das der Ausübung des Gemeinderechtes entgegentretende Verhalten der ausführenden Gemeindebehörde ist an eine Frist nicht gebunden.

Ein in der Gemeinderolle aufgenommener Meistbeerbter, der zur Ausübung des Gemeinderechtes in der That befähigt ist, wird daher durch die Mitteilung des Bürgermeisters, daß er aus gewissen näher zu bezeichnenden Gründen aus der Gemeinderolle fortgelassen werden müsse, keineswegs für alle Zukunft seines Gemeinderechtes beraubt, sondern kann jeder Zeit die Anerkennung seines Rechtes bei dem Gemeinderate beantragen, dessen Beschluß dann bis zur rechtskräftigen Entscheidung über die Streitigkeit maßgebend bleibt. Im Streitverfahren wider den Beschluß bleiben aber Unterlagen des Anspruches, die zur Zeit der Beschlußfassung noch nicht gegeben waren, unberücksichtigt.

Hinsichtlich der Frage, ob ein Gemeinderats-Beschluß dem Gesetze entspricht, sind lediglich die zur Zeit seines Zustandekommens vorhanden gewesenen Verhältnisse maßgebend.

2) Der Besitz eines ideellen Anteiles an einem Wohnhause kann den Anspruch auf Ausübung des Gemeinderechtes nicht begründen. Denn unter dem „Angesessensein" mit einem Wohnhause kann der Besitz eines ideellen Teiles eines solchen Gebäudes nicht verstanden werden.

Beim Mangel der vorgeschriebenen Personalsteuer ist also der Besitz eines Wohnhauses im Gemeindebezirke erforderlich und, falls das betreffende Gemeindemitglied nur Miteigentümer eines Hauses ist, so muß er auf einem der im § 35 Abs. 2 der Gem.-Ordn. bezeichneten Wege zur Ausübung des Gemeinderechtes, das etwa mit dem Hause verbunden ist, berufen werden.

Nr. 33. Entsch. Bd. XXVI. S. 115 vom 13. Februar 1894. II C 253/93.
Westf. Land-Gem.-Ordn. v. 19. III. 56 (G.-S. S. 265) § 28.

1) Die Westf. Land-Gem.-Ordn. enthält zwar keine ausdrückliche Vorschrift darüber, ob und in welchem Maße die Wahl der Gemeindeverordneten eine öffentliche sein soll. Doch geht aus § 28 deutlich genug hervor, daß die Wahl ein gemeinsamer Akt der Wahlberechtigten sein soll. Vergl. E.-O.-V. Bd. XIV S. 74.[1]) Es kann dahingestellt bleiben, inwieweit zur Aufrechterhaltang der Ordnung, bei Beschränktheit des Lokales pp. eine Einrichtung getroffen werden darf, wodurch die gleichzeitige Anwesenheit sämmtlicher Wähler im Wahllokale ausgeschlossen wird. Jedenfalls verstößt eine auf die Geheimhaltung der Stimmabgabe abzielende oder doch im Effekt eben dahin führende besondere Veranstaltung wider das Gesetz. Nicht einmal das würde als noch im Sinne und Rahmen des Gesetzes liegend gelten können, wenn den Wählern, die etwa dem Wahlakte beizuwohnen geneigt wären, angesonnen werden sollte, dabei erst gewisse, gerade in der Absicht, sie fernzuhalten, aufgerichtete Schranken zu durchbrechen, immer unbeschadet der Frage, inwieweit unter besonderen Umständen dem Zutritte der Wähler engere Grenzen gezogen werden dürfen.

2) Wenn und nachdem die Wahl einmal gültig abgeschlossen ist, kann die Unterlassung dessen, was erst darnach zu geschehen hat, nicht nachträglich die Gültigkeit der Wahl alterieren. Bei der Bekanntmachung des Wahlergebnisses erscheint übrigens eine Angabe zwar nicht aller auf die einzelnen Kandidaten entfallenden Stimmen, aber doch der im ganzen abgegebenen und der auf die Gewählten entfallenen Stimmen angemessen.

Nr. 34. Entsch. Bd. XXVI. S. 119 vom 2. Mai 1894. II C 37/94.
Zust.-Ges. § 28.

1) Es ist nicht erforderlich, die Wahl eines Gemeindeverordneten solange auszusetzen, bis die richterliche Entscheidung über den die Wählerliste betreffenden Beschluß der Gemeindevertretung ergangen ist. Vergl. E.-O.-V. Bd. XIV S. 62.[2])

2) Eine Wahl kann nur jedem Beteiligten gegenüber entweder gültig oder ungültig sein, nicht aber dem A. gegenüber das eine, dem B. gegenüber das andere. Beständen zwei im letzteren Sinne ergangene Entscheidungen neben einander, so bliebe es eine unlösbare Frage, welche von beiden der anderen vorginge. Bei dem Rechte, das dem Gewählten aus der Wahl erwächst, handelt es sich um eine Art Statusrecht, über das nur mit der Wirkung inter omnes entschieden werden kann. Vergl. E.-O.-V. Bd. XIII S. 220. Ein vorsichtiger Richter wird deshalb, wenn er in Bezug auf die Gültigkeit einer Wahl angerufen wird, es nicht unterlassen, vorab sich darüber zu vergewissern, ob die Klagefrist für alle Beteiligten bereits abgelaufen ist, eventuell diesen Ablauf erst noch abwarten, und dann die etwa eingelaufenen Klagen mit einander verbinden, dergestalt, daß sie in einem Verfahren dem Abschlusse entgegengeführt werden. Vergl. E.-O.-V. Bd. XIV S. 48.[3])

Im übrigen ist zu beachten, daß dem zweiten Verfahren aus einem früheren in dem Falle keine Schranken erwachsen, wenn dieses aus irgend einem voranstehenden, nur formalen Grunde zu einer sachlichen Erörterung der Gültigkeit der Wahl überhaupt nicht geführt hat.

---

[1]) Oben S. 145.
[2]) Oben S. 144.
[3]) Oben S. 142.

Nr. 35. Entsch. Bd. XXVI. S. 124 vom 6. März 1894. II C 290/93.

Westf. Land=Gem.=Ordn. v. 19. III. 56 (G.=S. S. 265) § 28.

1) Die Ausdehnung einer Wahlhandlung bei der Wahl von Gemeindeverordneten bis in die Morgenstunden des auf den Wahltermin folgenden Tages ist geeignet, erhebliche Unregelmäßigkeiten herbeizuführen und unter Umständen Grund zur Ungültigkeitserklärung der Wahl abzugeben. Niemandem darf zugemutet werden, unter derartigen Umständen bis dahin zu warten, daß Gelegenheit zur Abstimmung geboten werde.

2) Die Ungültigkeit der Wahl der einen Abteilung hat für den rechtlichen Bestand der Wahlen der übrigen Abteilungen an sich keine Bedeutung. Die einzelnen Wahlen sind für sich zu betrachten, weshalb sogar unter Umständen von den seitens der nämlichen Abteilung vorgenommenen Wahlen die eine vernichtet werden, die andere bestehen bleiben muß, z. B. wenn der eine Kandidat die Stimmen aller Erschienenen erhalten hat und fast sämmtliche Berechtigte erschienen sind. Vergl. E.-O.-V. Bd. XVII S. 100.[1])

Nr. 36. Entsch. Bd. XXVII. S. 93 vom 2. März 1895. II C 251/94.

Rh. Gem.=Ordn. v. 23. VII. 45 (G.-S. S. 523) §§ 12, 16, 33, 46, 49, 50 und Gem.=Verf.=Ges. v. 15. V. 56 (G.=S. S. 435) Art. 11. Zust.=Ges. §§ 28 Abs. 3, 29. Ges. v. 24. VI. 91 (G.=S. S. 231) und 29. VI. 93 (G.=S. S. 103) betr. Änderung des Wahlverfahrens.

Bei Bildung der Wählerabteilungen für die Wahlen zur Gemeindevertretung nach Maßgabe der von den Urwählern zu entrichtenden Staats- pp. Steuern sind im Geltungsgebiet der Rh. Gem.-Ordn. gemäß §§ 1 und 5 des Ges. v. 29. VI. 93 auch diejenigen Grund- und Gebäudesteuern — bezw. die darauf ausgeschriebenen Kommunalzuschläge — zu berücksichtigen, die von den außer den gewählten Gemeindeverordneten dem Gemeinderate zufolge ihres Grundbesitzes angehörigen Personen, von den sogenannten geborenen Gemeinderatsmitgliedern[2]), entrichtet werden.

Allerdings wird § 1 des Ges. v. 29. VI. 93 auf die Gemeindewahlen nur sinngemäße Anwendung dahin finden können, daß diejenigen Steuern nicht zur Anrechnung gelangen, die in keiner Beziehung zu der betreffenden Gemeinde stehen. So wird z. B. eine Person, die in verschiedenen Rhein. Landgemeinden, ohne daselbst Einwohner zu sein, mit einem Wohnhause angesessen ist und von ihren daselbst gelegenen Grundbesitzungen die im Art. 11 II 3a des Ges. v. 15. V. 56 vorgesehene Grundsteuer entrichtet, in jeder dieser Gemeinden in die Wählerliste lediglich mit denjenigen Steuern aufzunehmen sein, die von ihr wegen des in der Gemeinde belegenen Grundbesitzes gezahlt werden müssen.

Dem Einwande, daß eine solche Abänderung der Rh. Gem.-Ordn. durch § 5 des Ges. v. 29. VI. 93 nicht beabsichtigt sein könne, steht entgegen, daß eine gesetzliche Vorschrift, die zufolge der Art ihres Ausdruckes ein bestimmtes Rechtsverhältnis an sich unbedenklich trifft, auf solches sogar dann Anwendung zu finden hat, wenn es an einem besonderen Anhalte dafür fehlt, daß der Gesetzgeber sich dieser Anwendung und ihrer Konsequenzen voll bewußt gewesen sei. Vergl. E.-O.-V. Bd. XXIV S. 114, Bd. XXV S. 39.

---

[1]) Oben S. 148.

[2]) Zu diesen gehören Aktiengesellschaften nicht, da gewisse persönliche Eigenschaften, die von den durch § 46 der Rh. Gem.=Ordn. betroffenen „Meistbegüterten" verlangt werden, wie männliches Geschlecht, Zurücklegung des 24. Lebensjahres, begriffsmäßig nur bei physischen Personen vorhanden sein können. Entsch. v. 19. XII. 94 (Pr. V.=Bl. Bd. XVI S. 334).

Nr. 37. Entsch. Bd. XXVII. S. 100 vom 17. November 1894. II C 156/94.

Rh. Gem.-Ordn. v. 23. VII. 45 (G.-S. S. 523) §§ 46 ff. und Gem.-Verf.-Ges. v. 15. V. 56 (G.-S. S. 435) Art. 14.

Die Rh. Gem.-Ordn. enthält keine Bestimmung, wie behufs der Wahl der Gemeindeverordneten die Einwohnerzahl zu ermitteln sei und schreibt insbesondere nirgends vor, daß etwa die Gemeindebehörde eine Nachweisung aufzustellen und mit Berücksichtigung der Ab- und Zugänge bei der Gegenwart zu erhalten, oder vor jeder einzelnen Wahl eine selbständige Zählung ad hoc vorzunehmen hätte. Wenn daher die Gemeindebehörde bei der Feststellung der Zahl der zu wählenden Gemeindeverordneten die Zahl der Einwohner der Gemeinde mangels eines anderen Anhaltes nach dem Ergebnisse der letzten Volkszählung ermittelt, so ist hiergegen um so weniger etwas zu erinnern, als die neuere Gesetzgebung für ähnliche Fälle die Ergebnisse der Volkszählung geradezu für maßgebend erklärt.

Nr. 38. Entsch. Bd. XXVIII. S. 20 (in der Anm.) vom 3. Juli 1895. II C 52/95.

Rh. Gem.-Ordn. v. 23. VII. 45 (G.-S. S. 523) § 54.

Die Rh. Gem.-Ordn. enthält weder eine Vorschrift, daß der Bürgermeister oder einer der Skrutatoren die Eintragung der abgegebenen Stimmen und die Niederschrift des Protokolles eigenhändig vorzunehmen habe, noch ein Verbot, zur Besorgung dieser Arbeiten einen besonderen Protokollführer heranzuziehen. Die Zuziehung eines solchen schließt nicht aus, daß der Bürgermeister, bezw. die Skrutatoren für die Richtigkeit der Eintragungen und des Protokolles verantwortlich sind, sie zu überwachen haben, und auch thatsächlich überwachen. Allerdings ist nicht ausgeschlossen, daß die Zuziehung einer einflußreichen Persönlichkeit als Protokollführer die Unabhängigkeit der Stimmabgabe gefährdet. Sie mag daher unzweckmäßig sein und der Aufsichtsbehörde Anlaß zum Einschreiten geben. Doch ist darin eine Wahlbeeinflussung, die die Ungültigkeit der Wahlen zur Folge hätte, nicht zu erblicken. Es muß angenommen werden, daß die Wähler genügende Selbständigkeit besitzen, um sich nicht bei der — ohnehin nicht geheimen — Abstimmung jeder Rücksicht darauf zu enthalten, ob sie durch jene das Mißfallen jemandes, von dem sie in irgend einer Beziehung abhängig sind, erregen.[1])

Nr. 39. Entsch. Bd. XXVIII. S. 97 vom 11. Oktober 1895. I C 119/94.

Land-Gem.-Ordn. v. 3. VII. 91 (G.-S. S. 233) §§ 50, 56, 66, 67. Ges. v. 29. VI. 93 (G.-S. S. 103) betr. Änderung des Wahlverfahrens, §§ 1, 5.

1) Nach § 66 Nr. 1 der Land-Gem.-Ordn. hat die Gemeindevertretung oder, wo eine solche nicht besteht, der Gemeindevorsteher nicht nur auf Beschwerden und Einsprüche, betreffend die Zugehörigkeit zu einer bestimmten Klasse der Stimmberechtigten, sondern auch über die Richtigkeit der

---

[1]) Wahlbeeinflussungen kommen überhaupt nur insoweit in Betracht, als sie thatsächlich von unverkennbarer Bedeutung für das Endergebnis der Wahl gewesen sind, die Wahl dergestalt beeinflußt haben, daß solche nicht mehr als der freie Willensausdruck der Majorität angesehen werden kann. Der Zuruf: „Die III. Abteilung wählt W.", ist z. B. als eine erhebliche Unregelmäßigkeit nicht anzusehen, wenn er auch ungehörig erscheint. Entsch. v. 29. IV. 96 (Pr. V.-Bl. Bd. XVII S. 386). Desgleichen ist die mündliche oder schriftliche Empfehlung von Wahlkandidaten vor dem Wahllokal oder vor der Wahl noch keine unzulässige Wahlbeeinflussung, selbst wenn sie von dem Gemeindevorsteher ausgeht. Entsch. v. 15. VII. 93 (Pr. V.-Bl. Bd. XV S. 72). Der Nachweis versuchter Wahlbeeinflussung reicht keinesfalls aus; sie muß immer die gewollte Einwirkung auf das Wahlergebnis zur Folge gehabt haben, um unzulässig gewesen zu sein, Entsch. v. 17. II. 94 (Pr. V.-Bl. Bd. XV S. 605).

Wählerliste zu beschließen, wenn gegen diese Einspruch erhoben ist. Folglich ist eine Klage aus § 67 a. a. O. auch im letzteren Falle nicht unzulässig. Mag immerhin die Befugnis fehlen, jede ganz geringfügige und im Ergebnisse für die Abgrenzung der drei Wahlabteilungen völlig unerhebliche Unrichtigkeit in den Steuersätzen zum Gegenstande des Einspruches und der Klage zu machen, so ist doch die jedem Stimmberechtigten gegebene Befugnis zum Einspruche gegen die Richtigkeit der Wählerliste gewiß nicht von der Voraussetzung abhängig, daß die Unrichtigkeit gerade seine eigene Stellung innerhalb der Wahlabteilungen betrifft, sondern sie besteht zweifellos schon dann, wenn ein die Zusammensetzung der Wählerschaft oder diejenige ihrer Abteilungen überhaupt berührender Fehler vorliegt, wenn auch der Kläger bei Berichtigung des Steuersolls nach Maßgabe seines Antrages in derselben Wahlabteilung verbleiben würde.

2) Nach § 50 a. a. O. sollen zum Zwecke der Wahlen der Gemeindeverordneten die sämmtlichen Stimmberechtigten einer Landgemeinde nach Maßgabe der von ihnen zu entrichtenden direkten Steuern in drei Klassen geteilt werden. Hierbei sollen jedoch diejenigen Steuern nicht in Betracht kommen, die für Grundbesitz oder Gewerbebetrieb in einer anderen Gemeinde entrichtet werden. Diese Bestimmung ist durch den § 5 des Ges. v. 29. VI. 93 nicht aufgehoben worden. In der Begründung des Gesetzentwurfes ist freilich der Gedanke ausgesprochen, daß die Gesammtleistung des Wählers für die Zwecke des Gemeindewohles den richtigsten Maßstab für die Bemessung seines Anteiles an den öffentlichen Angelegenheiten bilde. Allein aus diesem leitenden Gedanken folgt keineswegs, daß der Gesetzgeber auch bei den Gemeindewahlen eine unverkürzte Anrechnung der Gesammtleistung gewollt habe. Bei ihnen kann, anders, wie bei den Wahlen zum Abgeordnetenhause, das Wahlrecht an mehreren Orten begründet sein und ausgeübt werden. Wird auch hier der Anteil des Wählers an der Wahl nach dem vollen Gewichte seiner Gesammtleistung bemessen, so wird die Wirkung dieser vervielfältigt und damit der an sich richtige Gedanke einer Abstufung des Wahlrechtes nach Maßgabe der Gesammtleistung übertrieben. Der Natur der Sache entspricht daher eine Teilung in der Art, daß diejenigen Steuern, die in keiner Beziehung zur Gemeinde des Wahlortes stehen, außer Ansatz bleiben. Die gegenteilige Auffassung würde auch dem ausgesprochenen Ziele des Gesetzes widersprechen, den übermäßigen Einfluß einzelner besonders hoch besteuerter Wähler auf die Wahl zu mindern. Die Worte im § 5 „fortan allgemein" deuten übrigens selber darauf hin, daß sein Ziel nur dahin geht, die in in den östlichen Provinzen bestehende Abstufung des Wahlrechtes nach Maßgabe aller direkten Gemeinde-, Kreis-, Provinzial- und Staatssteuern auch auf diejenigen Landesteile auszudehnen, in denen das Wahlrecht bisher anders abgestuft war; sie schließen das Anerkenntnis ein, daß dasjenige, was die neue Bestimmung vorschrieb, bereits in einem Teile des Staates geltendes Recht gewesen ist. Vergl. Min.-Erl. v. 27. VI. 93 (bei Brauchitsch 12. Aufl. Bd. III. S. 39).

3) Dem Stimmberechtigten im Bereiche der Land-Gem.-Ordn. sind also mit Ausnahme der Steuer für den Gewerbebetrieb im Umherziehen und der Abgaben, die für Grundbesitz und Gewerbebetrieb in anderen Gemeinden entrichtet werden, alle anderen direkten Steuern anzurechnen, die er an die Gemeinde, den Staat und diejenigen Kreise und Provinzen, denen die Gemeinde angehört, zu entrichten hat. Zu den Steuern für Grundbesitz oder Gewerbebetrieb sind nicht nur die vom Grundbesitz oder Gewerbebetrieb zu entrichtenden Realsteuern, sondern auch die vom Einkommen aus diesen Quellen zu entrichtenden persönlichen Abgaben zu rechnen. Die Staatseinkommensteuer bleibt daher insoweit außer Ansatz, als sie auf das Einkommen aus Grundbesitz oder Gewerbebetrieb außerhalb der Gemeinde entfällt.

Nr. 40. Entsch. Bd. XXVIII. S. 137 vom 9. Oktober 1895. II C 358/94.

Westf. Land-Gem.-Ordn. v. 19. III. 56 (G.-S. S. 265) §§ 15, 17, 20.

Nach § 15 Nr. 3 der Westf. Land-Gem.-Ordn. sind zur Teilnahme an den öffentlichen Geschäften der Gemeinde namentlich diejenigen berechtigt, die — abgesehen von anderen, hier nicht in Frage kommenden Erfordernissen — in dem Gemeindebezirke mit einem Wohnhause angesessen sind und von ihren daselbst belegenen Grundbesitzungen einen Hauptgrundsteuerbetrag von mindestens zwei Thalern entrichten. Es sind hier solche Personen gemeint, die nicht ihren Wohnsitz in der Gemeinde zu haben brauchen. Diese sind stimmberechtigte Gemeindeglieder und berechtigt, ihr Stimmrecht persönlich — ohne Vermittlung eines Stellvertreters — auszuüben. Daß ihr Gemeinderecht gegenüber den in der Gemeinde wohnenden Gemeindemitgliedern ein beschränktes sei, ist im § 15 nicht angegeben. Wenn nun § 20 Abs. 2 so zu verstehen wäre, daß die außerhalb der Gemeinde wohnenden Gemeindemitglieder ihr Gemeinderecht nur unter den dort als Bedingung für ihre Vertretung aufgestellten Voraussetzungen überhaupt ausüben könnten, würden beide Gesetzesstellen einen offenbaren Widerspruch enthalten, da dann für die Teilnahme an den öffentlichen Geschäften der Gemeinde nach § 20 Abs. 2 die Zahlung einer Grundsteuer von mindestens 5 Thalern, nach § 15^{3}a aber nur von mindestens 2 Thalern erfordert würde. Andererseits würde es, da die außerhalb der Gemeinde wohnenden Gemeindemitglieder sich nach § 20 Abs. 2 durch jedes stimmberechtigte Mitglied der Gemeinde — ohne Beschränkung — vertreten lassen können, die außerhalb der Gemeinde wohnenden, daselbst aber mit einem Wohnhause angesessenen Gemeindemitglieder jedenfalls an sich stimmberechtigte Gemeindemitglieder sind, dahin kommen können, daß ein solches Gemeindemitglied zwar ein in gleicher Lage befindliches Gemeindemitglied zu vertreten, nicht aber sein eigenes Recht auszuüben im Stande wäre. Ein solches Ergebnis kann der Absicht des Gesetzgebers nicht entsprechen.

Nr. 41. Entsch. Bd. XXIX. S. 114 vom 19. Februar 1896. II C 299/95.

Rhein. Gem. Ordn. v. 23. VII. 45 (G.-S. S. 523) §§ 3, 12 ff., 35, 36, 46, 49 Rhein. Gem.-Verf.-Ges. v. 15. V. 56 (G.-S. S. 435) Art. 11, 31 und Min.-Instr. v. 18. VI. 56 (M.-Bl. S. 166) § 4.

1) Die Teilnahme an den Wahlen der Gemeindeverordneten in der Rheinprovinz ist demjenigen an sich nicht versagt, der, obschon in der Gemeinde weder wohnend, noch persönlich ein Wohnhaus besitzend, doch Gesellschafter einer mit einem solchen Hause daselbst angesessenen offenen Handelsgesellschaft ist.

2) Gehört er aber zu den meistbegüterten Grundeigentümern gemäß § 46 der Rhein. Gem.-Ordn., so ist er gemäß § 49 a. a. O. von dem aktiven Wahlrechte ausgeschlossen.

3) Daß Gesellschafter einer offenen Handelsgesellschaft, sofern die sonst noch erforderlichen Voraussetzungen gegeben sind, zu den meistbegüterten Grundeigentümern gehören können, ist auch dann unzweifelhaft, wenn der gesammte in der betr. Gemeinde belegene, in Rede stehende Grundbesitz auf den Namen der offenen Handelsgesellschaft eingetragen ist.

Allerdings sind die Gesellschafter nach privatrechtlichen Grundsätzen nicht persönlich Eigentümer der zum Gesellschaftsvermögen gehörigen einzelnen Gegenstände und es ist das Gesellschaftsvermögen thatsächlich und rechtlich von dem Privatvermögen der einzelnen Gesellschafter getrennt, so daß es nicht angängig erscheint, als Subjekt des Gesellschaftsvermögens neben der Gesellschaft auch noch die einzelnen Gesellschafter anzusehen. Allein andere Gesichtspunkte sind entscheidend in der dem öffentlich-rechtlichen Gebiete angehörenden Frage, ob das Vermögen einer offenen Handelsgesellschaft und die damit im Zusammenhange stehende Steuerkraft für die Beurteilung und Bemessung des von den Inhabern der Gesellschaft beanspruchten Census in Betracht kommen. Der Staats-, Grund- und Gebäudesteuer ist nicht die Gesellschaft als solche unterworfen, vielmehr haben die Inhaber der Firma, die Gesellschafter, die Steuer zu entrichten. Die Inhaber einer mit Grund-, bezw. Häuserbesitz in der Gemeinde angesessenen offenen Handelsgesellschaft sind daher insoweit als Grundeigentümer anzusehen und zu behandeln, als dieser Faktor bestimmend für den Einfluß auf die Gestaltung der Gemeindeangelegenheiten ist. Vergl. E.-O.-V. Bd. XIII S. 77.[1])

D. Gemeinde- und Gutsvorsteher. Gemeindebeamte.

Nr. 1. Entsch. Bd. I. S. 135 vom 21. Oktober 1876.

Vorm.-Ordn. v. 5. VII. 75 (G.-S. S. 431) § 52.

Das Amt eines Waisenrates ist ein Gemeindeamt, das nach §§ 161, 162 Tit. 6 Tl. II A.-L.-R.'s nur aus Gründen abgelehnt werden darf, die die Ablehnung einer Vormundschaft rechtfertigen.

Ein Waisenrat unterliegt der Disziplinarstrafgewalt des Landrates in gleicher Weise, wie sonstige Gemeindebeamte.[2])

Nr. 2. Entsch. Bd. II. S. 79 vom 20. Januar 1877.

Einleitung zum A.-L.-R. § 14. Deutsche Reichs-Verf. Art. 2 Ges. v. 6. II. 75 (R.-G.-Bl. S. 23), betr. Beurkundung des Personenstandes, § 7.

1) Bei Ansprüchen der Gemeindebeamten auf Amtsunkostenentschädigungen kommt es bezüglich der Anwendung gesetzlicher Bestimmungen nicht auf den Zeitpunkt an, in dem die betreffenden Anträge gestellt, bezw. bei der Behörde eingegangen sind, sondern nur auf die Zeit, für die Entschädigung gefordert wird, und auf das für diese Zeit maßgebende Gesetz.

2) Gemeindebeamte, die für einen aus mehreren Gemeindebezirken zusammengesetzten Bezirk zu Standesbeamten bestellt sind, haben keinen Anspruch auf Entschädigung für die Wahrnehmung der Standesamtsgeschäfte in der Gemeinde ihres Hauptamtes, sondern nur für die Verwaltung der Standesamtsgeschäfte in denjenigen Gemeinden, in denen sie nur Standesbeamte und nicht gleichzeitig Gemeindebeamte sind.

Nr. 3. Entsch. Bd. II. S. 86 vom 6. Juni 1877.

Kr.-Ordn. v. $\frac{13.\ XII.\ 72}{19.\ III.\ 81}$ (G.-S. 1881 S. 179) § 65.
Land-Gem.-Ordn. v. 3. VII. 91 (G.-S. S. 233) §§ 88, 90.

Der Amtsvorsteher handelt innerhalb seiner gesetzlichen Befugnisse, wenn er dem Gemeindevorsteher die Behändigung polizeilicher Strafverfügungen aufträgt, und der Gemeindevorsteher macht sich disziplinarisch strafbar, wenn er die Ausführung eines derartigen Auftrages verweigert. Es werden hiermit den Gemeinde- und Gutsvorständen keineswegs niedere Botendienste angesonnen. Ein derartiger Auftrag des Amtsvorstehers ist

---

[1]) Oben S. 141.

[2]) Der Rest der Entscheidungsgründe ist infolge der veränderten Gesetzgebung veraltet. Vergl. Zust.-Ges. § 24 und Land-Gem.-Ordn. v. 3. VII. 91 (G.-S. S. 223).

vielmehr nur dahin aufzufassen, daß die Gemeinde- bezw. Gutsvorstände die Behändigung durch diejenigen Organe vornehmen lassen, der sie sich selbst bedienen, wenn sie in ihrer Eigenschaft als „Obrigkeit" an die Gemeinde- bezw. Gutseingesessenen Vorladungen u. s. w. ergehen lassen. Glauben sie, daß der Amtsvorsteher von den ihm gesetzlich zustehenden Befugnissen einen unrichtigen Gebrauch mache, so sind sie berechtigt, Beschwerde bei der dem Amtsvorsteher vorgesetzten Dienstbehörde zu führen und Abhilfe zu beantragen; aber den Auftrag selbst müssen sie erledigen.

Allerdings wird der Amtsvorsteher in der Regel diese Behändigung am zweckmäßigsten und sichersten durch den Amtsdiener oder durch die Post bewirken lassen. Vergl. Regl. v. 30. IX. 52 (M.-Bl. S. 359) § 11.

Nr. 4. Entsch. Bd. IV. S. 92 vom 20. März 1878.
Land-Gem.-Ordn. v. 3. VII. 91 (G.-S. S. 233) §§ 86, 87.

1) Die **Beteiligten**, auf deren Antrag der Kreisausschuß über die Festsetzung der Dienstunkosten-Entschädigung der Gemeindevorsteher zu beschließen hat, sind einerseits die **Gemeinde** als solche und andererseits der Gemeindevorsteher nicht aber an Stelle der ersteren eine Anzahl von Gemeindemitgliedern, die etwa bei der Abstimmung in der Gemeindeversammlung in der Minderheit geblieben sind. Diesen fehlt jede Legitimation.

2) Ein **Abkommen eines Gemeindevorstehers** mit der **Gemeinde** über die Höhe seiner Dienstunkostenentschädigung ist zwar nicht lediglich ein Privatvertrag, **entbehrt** vielmehr des **öffentlichen Charakters nicht völlig**, jedoch behält es seine bindende Kraft nur so lange, bis das öffentliche Interesse eine anderweite Regelung erfordert.

Nr. 5. Entsch. Bd. IV. S. 94 vom 7. Dezember 1878.
Land-Gem.-Ordn. v. 3. VII. 91 (G.-S. S. 233) §§ 86, 87.

Der **zwischen einer Gemeinde und deren Vorsteher** abgeschlossene **Vertrag über Dienstunkostenentschädigung** äußert nur insoweit **rechtliche Wirkung**, als seine Bestimmungen nicht in Widerspruch geraten mit dem Erfordernisse des öffentlichen Interesses, wonach den Gemeindevorstehern neben einer mit ihren amtlichen Mühewaltungen in billigem Verhältnisse stehenden Entschädigung der Ersatz ihrer baren Auslagen gewährt werde.

Nr. 6. Entsch. Bd. IV. S. 99 vom 28. Mai 1878.
Land-Gem.-Ordn. v. 3. VII. 91 (G.-S. S. 233) §§ 86, 87.

Es liegt im öffentlichen Interesse, daß dem **Gemeindevorsteher**, der keineswegs als Privatbeamter der Gemeinde anzusehen ist, **die zu seiner Amtsführung erforderlichen Mittel** gewährt werden. Dieser gesetzliche Anspruch des Gemeindevorstehers kann durch einen Beschluß der Gemeinde über die Höhe der Entschädigung nicht beseitigt werden und es erfolgt **erforderlichen Falles die Festsetzung** der Entschädigung **durch den Kreisausschuß**. Die entscheidende Thätigkeit des letzteren tritt aber erst im Falle eines Streites unter den Beteiligten ein. Eine Erhöhung der Entschädigung ist also, wenn sie angemessen erscheint, erst **von dem Zeitpunkte ab zu bewilligen, in dem darüber Streit entstanden ist**, denn so lange ein solcher nicht vorhanden ist, liegt auch die Notwendigkeit zu einer entscheidenden Beschlußfassung des Kreisausschusses nicht vor.[1])

---

[1]) Der Rest der Entscheidungsgründe behandelte die Frage, ob die Befreiung des Gemeindevorstehers von Gemeindediensten und Lasten zulässig sei und auf die Entschädigung

Nr. 7. Entsch. Bd. V. S. 110 vom 29. März 1879.

Land-Gem.-Ordn. v. 3. VII. 91 (G.-S. S. 233) §§ 123, 124, 126.

Kr.-Ordn. v. $\frac{13.\ XII.\ 72}{19.\ III.\ 81}$ (G.-S. 1881 S. 179) § 8.

Das im § 8 Abs. 5 der Kr.-Ordn. vorgesehene Verfahren wegen ungerechtfertigter Ablehnung oder Niederlegung unbesoldeter Ämter in der Verwaltung und Vertretung des Kreises findet gegen Gutsvorsteher als solche nicht statt. Denn die Verpflichtung zur Verwaltung des Amtes eines Gutsvorstehers folgt nicht sowohl aus der Kreisangehörigkeit, als aus dem privatrechtlichen Eigentume am Gutsbezirke, bezw. am Stammgute. Diese Verpflichtung geht auch nicht auf die persönliche Verwaltung des Amtes, sondern auf Fürsorge für die Verwaltung; der Verpflichtete hat die Wahl, das Amt in Person zu verwalten oder durch Stellvertreter auszuüben.[1]) Mit solchem Inhalte ist die Pflicht weder an eine bestimmte Zeitdauer geknüpft, sondern an den Besitz des Gutes, noch können die Entscheidungsgründe des § 8 a. a. O. von ihr entbinden.

Legt er vorzeitig, ohne für eine Stellvertretung zu sorgen, sein Amt nieder, so ist er, von der Möglichkeit der Bestellung eines kommissarischen Vertreters abgesehen, im Disziplinarwege zur Erfüllung seiner Pflichten anzuhalten, äußersten Falles in diesem Verfahren seines Amtes zu entsetzen.

Nr. 8. Entsch. Bd. V. S. 146 vom 25. Juni 1879.

Zust.-Ges. § 36. Land-Gem.-Ordn. v. 3. VII. 91 (G.-S. S. 233) § 143.

Gegen den Beschluß eines Kreisausschusses, durch den er mit Überschreitung seiner Zuständigkeit gegen einen seinem Ordnungsstrafrechte nicht unterstellten Beamten der Selbstverwaltung eine Ordnungsstrafe verhängt, ist die Klage im Verwaltungsstreitverfahren zulässig.

Nr. 9. Entsch. Bd. VI. S. 136 vom 25. Oktober 1879.

Land-Gem.-Ordn. v. 3. VII. 91 (G.-S. S. 233) §§ 66, 67, 88. L.-V.-G. § 73.

1) Die Gemeindevertretung vertritt die Stelle der Gemeindeversammlung. Beide können zur Ausführung der ihnen obliegenden Beschlüsse im einzelnen Falle besondere Bevollmächtigte bestellen. Zulässig ist auch, daß die Gemeindeverfassung für die Ausführung der Beschlüsse der Gemeindevertretungen allgemeine statutarische Normen giebt. Wo weder das eine, noch das andere der Fall ist, da ist der Gemeindevorsteher der gesetzliche Vertreter. Wenn nun § 66[1] der Land-Gem.-Ord. die Gemeindevertretung, wo eine solche besteht, zur Erteilung der Bescheide auf Einsprüche

---

angerechnet werden könne, und bejahte sie unter Berufung auf A.-L.-R. II 7 § 72. Nach heutigem Rechte ist eine Entschädigung, die in Befreiung von Gemeindediensten und Lasten besteht, unzulässig. Das Komm.-Abg.-Ges. v. 14. VII. 93 (G.-S. S. 152) enthält im § 20 Abs. 1 den Grundsatz, daß die direkten Gemeindesteuern (abgesehen von einer Vereinbarung nach § 43 a. a. O.) auf alle Steuerpflichtigen nach festen und gleichmäßigen Grundsätzen verteilt werden müssen. Gleiche Grundsätze werden mangels besonderer gesetzlicher Bestimmung für die Naturaldienste zu gelten haben. Eine Ausnahme ist in E.-O.-V. Bd. XXI S. 166 zu Gunsten einer am Tage des Inkrafttretens des Komm.-Abg.-Ges. bestehenden Befreiung der im Eigentume des Gemeindevorstehers stehenden Grundstücke von jeder kommunalen Grundsteuer — jedoch nur für die laufende Amtsdauer — zugelassen worden. Vergl. auch § 14 der Anw. zum Komm.-Abg.-Ges. v. 10. V. 94.

[1]) Der Gutsvorsteher hat aber immer nur die obrigkeitliche Verwaltung des Gutsbezirkes zu führen. Er ist nicht der gesetzliche Vertreter des Gutsbesitzers im Gutsbezirke für alle vermögensrechtlichen Verhältnisse, die sich für diesen nach öffentlich-rechtlichen Normen aus seiner Stellung als Gutsherrschaft ergeben. Vergl. E.-O.-V. Bd. VI S. 210, Bd. IX S. 138, Bd. XVIII S. 217.

gegen die Wahl eines Gemeindebeamten u. s. w. beruft, und wenn daher auch die Klagen über diese Bescheide gegen die Gemeindevertretungen zu richten sind, so schließt dies doch die Anwendung des allgemeinen Grundsatzes nicht aus, daß der Gemeindevorsteher durch sein Amt zur Vertretung der Gemeindeverwaltung vor den Verwaltungsgerichten ohne Vollmacht legitimiert ist.[1]) Der wesentliche Unterschied der beiden Möglichkeiten, daß die Gemeindevertretung oder, mangels solcher, der Gemeindevorsteher beschließt, ist, daß dieser im letzteren Falle selbständig fungiert, im anderen dagegen als Organ der Gemeindevertretung. In dieser seiner letzteren Stellung ist er verpflichtet, nach den Weisungen der Gemeindevertretung zu verfahren. Es ist aber nicht die Aufgabe des Verwaltungsrichters, sich besonders davon Überzeugung zu verschaffen, daß dies in jeder einzelnen Parteihandlung und Erklärung geschieht. Etwaige Pflichtwidrigkeiten des Gemeindevorstehers machen ihn nur der Gemeinde, bezw. der Aufsichtsbehörde gegenüber verantwortlich.

2) Der Richter im Verwaltungsstreitverfahren hat ein Wahlverfahren nur bezüglich der Gültigkeit der Wahl desjenigen zu prüfen, der vom Wahlvorstande als gewählt angesehen und bekannt gemacht worden ist, nicht aber im Falle der Ungültigkeit der Wahl darüber hinaus seinerseits im Streitverfahren festzustellen, wer etwa nach dem Wahlverfahren als gewählt anzusehen und zu behandeln sei. Das Gesetz bezweckt, jedem Mitgliede der Wahlversammlung die Befugnis zu geben, darüber zu wachen, daß die Besetzung der Gemeindeämter aus ordnungsmäßigen Wahlen hervorgehe. Die Übung dieser Befugnis wird einem Teile der Wähler verkürzt, wenn man einem anderen Teile die Möglichkeit gewährt, die Klage gegen etwas anderes, als das vom Wahlvorstande festgestellte Ergebnis des Wahlverfahrens zu richten. Die Beiladung aller Wähler kann dem Mangel nicht abhelfen, weil das Recht der Klage von der vorgängigen Erhebung des Einspruches abhängig ist. Ebensowenig kann der Verwaltungsrichter entscheiden, daß der Wahlvorstand eine andere Person als gewählt zu proklamieren habe, da hierdurch die Entscheidung einem nochmaligen Einspruchs- und Klageverfahren unterworfen werden würde.

Nr. 10. Entsch. Bd. VI. S. 155 vom 9. Juni 1880.

Kr.-Ordn. v. $\frac{13. XII. 72}{19. III. 81}$ (G.-S. 1881 S. 179) §§ 65.
Land-Gem.-Ordn. v. 3. VII. 91 (G.-S. S. 233) § 90. L.-V.-G. § 127.

Anordnungen des Amtsvorstehers darüber, wer in örtlich verbundenen Gemeinden und Gutsbezirken die dem Gemeinde- bezw. Gutsvorsteher obliegenden polizeiamtlichen Handlungen, die eine einheitliche Vollziehung erfordern, auszuführen hat, sind nicht als polizeiliche Verfügungen im Sinne des § 127 L.-V.-G. anzusehen. Sie sind Anweisungen der vorgesetzten Dienstbehörde an die ihr nachgeordneten Behörden (Gemeindevorsteher, stellvertretende Gutsvorsteher), wie bei polizeilichen Aktionen zu verfahren ist, wer eintretenden Falles diese zu leiten hat.

Solche amtliche Instruktionen unterliegen nicht der Erörterung im Verwaltungsstreitverfahren.[2])

[1]) Auch der Prozeßvertreter der Gemeinde, z. B. ein von dem Gemeindevorsteher angenommener Anwalt, bedarf einer besonderen Vollmacht der Gemeinde nicht, Entsch. v. 6. XII. 84 (Pr. V.-Bl. Bd. VI S. 196).

[2]) Die in der Entscheidung für zulässig erklärte Klage für den Fall der Verhängung von Zwangsmaßregeln zur Durchführung der Anordnungen trifft heute nicht mehr zu, nachdem durch § 133 Abs. 1 L.-V.-G. gegen die Androhung der Zwangsmittel nur dieselben Rechtsmittel gegeben sind, wie gegen die Anordnungen, um deren Durchführung es sich handelt.

Nr. 11. Entsch. Bd. VII. S. 129 vom 2. Oktober 1880.

Ges. v. 8. III. 71 (G.-S. S. 130) betr. Ausführung des Reichsges. über den Unterstützungswohnsitz, §§ 2, 25, 63. A.-L.-R. Teil II Tit. 17 § 10, Tit. 19 § 15.
Kr.-Ordn. v. $\frac{13.\ XII.\ 72}{19.\ III.\ 81}$ (G.-S. 1881 S. 179) § 59. L.-V.-G. § 132.

1) Abgesehen von dem dem Armen selbst zustehenden Rechte der Beschwerde über einen Ortsarmenverband wegen versagter oder nicht genügender Unterstützung bei der vorgesetzten Aufsichtsbehörde sind die Polizeibehörden ebenso befugt, wie verpflichtet, in dringenden Fällen im Interesse der Hilfsbedürftigen bezw. zur Wahrung der öffentlichen Ordnung gegen die event. fürsorgepflichtigen Armenverbände einzuschreiten. Es ist dies nicht allein ein Ausfluß der allgemeinen Aufgabe der Polizei, sondern es beruht die Legitimation der Polizeibehörde noch besonders auf der ihr durch A.-L.-R. II 17, § 10 übertragenen Fürsorge für die Armen und Unvermögenden, die nach Lage der neueren Gesetzgebung durch Min.-Erl. v. 1. II. 72 (M.-Bl. S. 46) als fortbestehend anerkannt worden ist. Die Unterbringung einer obdachlosen Familie gehört zu den dringenden Fällen der Hilfsbedürftigkeit, die keinen Aufschub erleiden. Vgl. E.-O.-V. Bd. I S. 340.

2) Die vorgedachte Befugnis und Verpflichtung steht dem Amtsvorsteher dem Gemeindevorsteher gegenüber unbedenklich zu, auch kann der erstere den letzteren durch angedrohte Geldstrafen (da amtliche Handlungen regelmäßig nicht fungibel sind, d. h. von einem Dritten geleistet werden können) zum Gehorsam zwingen. Dem Einwande des Gemeindevorstehers, daß niemand den Hilfsbedürftigen aufnehmen wolle, ist durch die Anordnung zu begegnen, daß die Gemeindemitglieder nach Maßgabe ihrer Steuerpflicht die Unterbringung des Hilfsbedürftigen (Obdachlosen) im Reihenzuge zu bewirken haben. Vgl. E.-O.-V. Bd. V S. 106.

Nr. 12. Entsch. Bd. VII. S. 133 vom 24. November 1880.

Ges. v. 8. III. 71 (G.-S. S. 130), betr. Ausführung des Reichsges. über den Unterstützungswohnsitz, §§ 2, 25, 63.
Kr.-Ordn. v. $\frac{13.\ XII.\ 72}{19.\ III.\ 81}$ (G.-S. 1881 S. 179) §§ 159.

Die Thätigkeit der Ortspolizeibehörden in Überwachung der öffentlichen Armenpflege seitens der dazu verpflichteten Gemeinden und Gutsherrschaften[1]) ist auf diejenigen dringenden Fälle eingeschränkt, in denen entweder eine Beschwerde des Hilfsbedürftigen überhaupt nicht vorliegt, gleichwohl die Abwendung einer der Person oder ihrer Familie bevorstehenden Gefahr oder sonst das Interesse der öffentlichen Ordnung und Wohlfahrt die bis dahin unerfüllt gebliebene, vom Gesetze geforderte Fürsorge erheischt, oder die von dem Armen angerufene Abhilfe nach verständigem Ermessen der Behörde ohne Verletzung des ebengedachten öffentlichen Interesses einen längeren Aufschub nicht verträgt. Voraussetzung wird stets die Dringlichkeit des Bedürfnisses sein, dessen Befriedigung die Rücksicht auf die mit einem Verzuge für die persönliche und allgemeine Wohlfahrt verbundenen Gefahren unabweislich verlangt. Bei solchem Rechtszustande wird die öffentliche Armenpflege die selbständige Aktion der Ortspolizeibehörde, wenn auch vielleicht nicht gerade selten, so doch immerhin nur ausnahmsweise in Anspruch nehmen.

Nr. 13. Entsch. Bd. VII. S. 164 vom 16. Februar 1881.

Land.-Gem.-Ordn. v. 3. VII. 91 (G.-S. S. 233) §§ 86, 87.

1) In Bezug auf die Voraussetzungen und den Gegenstand eines Beschlusses des Kreisausschusses über die Festsetzung der Dienst-

---

[1]) Vergl. die vorstehende Entsch. Bd. VII S. 129.

unkostenentschädigung der Gemeindevorsteher gilt als Grundsatz: der Antrag der Beteiligten, auf den jene Festsetzung zu erfolgen hat, ist nicht darauf beschränkt, in welcher Höhe eine Dienstunkostenentschädigung zu gewähren ist, sondern sie kann sich auch darauf erstrecken, daß eine solche überhaupt und in welcher Art sie zu leisten sei.

2) Die Festsetzung einer Dienstunkostenentschädigung ist auch für die Vergangenheit zulässig, falls nicht etwa für die vergangene Zeit eine Vereinbarung und daher ein Einverständnis unter den Beteiligten vorliegt, so daß angenommen werden kann, daß der Gemeindevorsteher sein Amt auf Grund dieses Einverständnisses geführt habe.

Diese Entscheidung steht nicht etwa mit der in E.-O.-V. Bd. IV S. 99[1]) in Widerspruch, indem hier nur ausgeführt ist, daß bei Bemessung des Zeitraumes, für den die Entschädigung festzusetzen sei, es darauf ankomme, seit wann darüber Streit herrsche. Ein solcher liegt nicht vor, solange eine Vereinbarung über die Höhe der Entschädigung besteht und der Gemeindevorsteher sich dabei beruhigt. Ein Streit entsteht erst, wenn er Erhöhung beansprucht.

Nr. 14. Entsch. Bd. VII. S. 184 vom 23. April 1881.

Land-Gem.-Ordn. v. 3. VII. 91 (G. S. S. 233) §§ 122—127.

1) Wie für den Gutsvorsteher der Besitz des Gutes, so ist für den stellvertretenden Gutsbesitzer der Auftrag (die Bestellung) seitens des Gutsbesitzers oder im Falle des § 126 der Land-Gem.-Ordn. der Auftrag (die Ernennung) seitens des Landrates die notwendige Voraussetzung für die rechtliche Existenz seiner amtlichen Stellung. Mit dem Wegfalle dieses Mandats enden die Rechte und Pflichten, die Gutsvorstehergeschäfte wahrzunehmen, von selbst.

2) Ist jemand stellvertretender Gutsvorsteher vermöge Auftrages des Gutsbesitzers, so ist die Festsetzung der ihm gebührenden Dienstunkostenentschädigung lediglich Privatsache der Beteiligten; ist er es vermöge Auftrages des Landrates, so findet im Mangel gütlicher Einigung unter den Beteiligten auf Anrufen eines von ihnen die Festsetzung der Entschädigung nach § 126 der Land-Gem.-Ordn. statt. Die nachträgliche Gutheißung einer ohne Auftrag geführten Verwaltung durch den Landrat ist nicht eine Ernennung unter der Voraussetzung des § 126. Die Frage, auf welche Weise der Beklagte für seine Geschäftsführung ohne Auftrag Entschädigung findet, ist nach dem bestehenden Rechte nicht öffentlich-rechtlicher, sondern privatrechtlicher Natur.

Nr. 15. Entsch. Bd. XI. S. 85 vom 27. Februar 1884.

Land-Gem.-Ordn. v. 3. VII. 91 (G.-S. S. 233) § 81. L.-V.-G. §§ 91, 126.

1) Wenn in Frage steht, ob ein öffentliches Amt den bestehenden Gesetzen gemäß verliehen werden soll oder nicht, so ist bei der Sache das öffentliche Interesse beteiligt.

2) Das im § 126 L.-V.-G. gegebene Rechtsmittel der Anfechtungsklage beim Ob.-Verw.-Ger. ist zulässig, wenn endgültige Beschlüsse die Befugnisse der Behörden überschreiten oder das bestehende Recht, insbesondere auch die von der Behörde innerhalb ihrer Zuständigkeit erlassenen Verordnungen verletzen. Ausgeschlossen ist daher für den Verwaltungsrichter im Streitverfahren die über das Obige hinausgehende freie Prüfung des Beschlusses nach der thatsächlichen Seite allein, seine Würdigung nach seiner Nützlichkeit,

---

[1]) Oben S. 251.

Zweckmäßigkeit, Sachgemäßheit überall da, wo das Gesetz das Ermessen der Behörde walten läßt.

3) Demgemäß kann es als ein Grund zur Anfechtung eines Beschlusses des Kreisausschusses nicht angesehen werden, daß er die gegen die Bestätigung der Wahl eines Gemeindevorstehers geltend gemachten Thatsachen nicht genügend geprüft und berücksichtigt habe. Diese Frage würde keine der „Befugnis“, d. h. der „Zuständigkeit“ sein, sondern lediglich den Beschluß nach seinem materiellen Inhalte betreffen.

4) Jede Neuwahl, auch die einer früher schon einmal gewählten und nicht bestätigten Person erheischt formell einen Beschluß des Landrates und event. des Kreisausschusses über Bestätigung und Nichtbestätigung. Keine der beiden Instanzen ist hierbei an frühere Beschlüsse gebunden und der Kreisausschuß hat um so mehr Anlaß, die Sachlage bei einer Neuwahl nochmals vollständig zu erwägen, wenn das Kollegium des Kreisausschusses bei einer späteren Beschlußfassung durch den Hinzutritt neuer Mitglieder verstärkt worden ist.

5) Die Frage, ob jemand den an den Gemeindevorsteher einer bestimmten Gemeinde zu stellenden Anforderungen nach seinem Lebensgange, seinem Alter, seinem bürgerlichen Berufe, seinem Charakter u. s. w. entspreche, beruht lediglich auf thatsächlichem Gebiete und ist in das freie, sachgemäße Ermessen der mit der Entschließung über die Bestätigung oder Nichtbestätigung betrauten Behörde gestellt. Wollte der Richter im Streitverfahren auf Grund des § 126 L.-V.-G. sein Urteil in dieser Beziehung über das des Kreisausschusses stellen, so würde er gesetzwidrig die Übung der den Verwaltungsbehörden anvertrauten Kommunalaufsicht mit der der Rechtskontrolle über die Thätigkeit dieser Behörden vertauschen.

Nr. 16. Entsch. Bd. XIII. S. 209 vom 20. Januar 1886. I C 92/85.

Land-Gem.-Ordn. v. 3. VII. 91 (G.-S. S. 233) §§ 65, 66.

1) Bei Weigerung eines Dorfeingesessenen, das Amt als Gemeindevorsteher zu übernehmen, ohne einen der im § 65 Abs. 2 der Land-Gem.-Ordn. bezeichneten „Entschuldigungsgründe“, knüpft das Gesetz den Beschluß der Gemeindevertretung (bezw. des Gemeindevorstehers) über die Verhängung von Nachteilen wegen unbegründeter Ablehnung unmittelbar an diese Weigerung. Die Worte „ohne einen der ... Entschuldigungsgründe“ sollen nicht etwa bedeuten: ohne Angabe der Gründe. Denn nicht die formell mangelhafte Begründung der Weigerung soll bestraft werden, sondern die sachlich ungerechtfertigte, diejenige, der keiner der im Gesetz anerkannten Entschuldigungsgründe zur Seite steht. Deshalb hat sich die infolge der Amts-Annahme-Verweigerung eintretende Beschlußfassung zugleich auf die Würdigung der Ablehnungsgründe und event. auf die Verhängung der für den Fall unberechtigter Weigerung vorgesehenen Nachteile zu erstrecken. Ein formelles Verfahren, das zunächst die Mitteilung der Verwerfung seiner Weigerungsgründe an den Gewählten, sodann dessen Erklärung darauf, und event. eine zweite Beschlußfassung über die Bestrafung der ungerechtfertigten Ablehnung anordnete, ist nicht vorgeschrieben. Dabei ist die nötige Remedur gegen ungerechte und unbillige Strafbeschlüsse der korporativen Organe in ihrer Anfechtbarkeit im Streitverfahren vorgesehen. Allerdings schließt diese Lage der Gesetzgebung nicht aus, daß eine Beschlußfassung über die Triftigkeit geltend gemachter Ablehnungsgründe erfolge, ohne damit zugleich die über Verhängung von Strafen zu verbinden, und es wird vielmehr eine solche durchaus angezeigt und sachlich gerechtfertigt sein, wenn der

Gewählte die Entbindung von der Annahme der Wahl fordert, ohne jedoch von vornherein diese Annahme entgültig zu verweigern, und so um eine Erwägung und billige Berücksichtigung seiner Bedenken und Wünsche bittet.

Erklärt sich der Weigernde erst im Laufe des Streitverfahrens, z. B. in der Berufungsrechtfertigungsschrift, zur Annahme bereit, so hat der Verwaltungsrichter hierauf nicht zu rücksichtigen, da es sich im Streitverfahren lediglich darum handelt, ob der angefochtene Beschluß dem Gesetze entspricht.

2) Die Nachteile können auch über die Zeitdauer hinaus ausgedehnt werden, während deren das Amt von dem Pflichtigen bei ihrer Vermeidung mindestens verwaltet werden muß, z. B. auch über das erreichte 60. Lebensjahr hinaus.

Nr. 17. Entsch. Bd. XVII. S. 225 vom 15. September 1888. I C 9/88.

Hann. Landgemeindeverf.-Ges. v. 28. IV. 59 (G.-S. S. 393) §§ 8, 25. Ges. v. 8. III. 71 (G.-S. S. 130), betr. Ausführung des Bundesges. über den Unterstützungswohnsitz, § 71. Hann. Kr.-Ordn. v. 6. V. 81 (G.-S. S. 181) §§ 8, 33, 119, 120. Zust.-Ges. §§ 27, 163.

1) Auch in der Provinz Hannover hat darüber, ob das Amt eines Gemeindevorstehers wegen besonderer Verhältnisse abgelehnt werden kann, ebenfalls die Gemeindevertretung und, wo eine solche nicht besteht, nicht die Gemeindeversammlung, sondern der Gemeindevorstand zu beschließen. Für die hier maßgebenden Fragen der Behörden-Kompetenz und des Verfahrens ist das Zust.-Ges. recht eigentlich sedes materiae. Es ist dazu bestimmt, in diesen Beziehungen, soweit thunlich, Einheitlichkeit des Rechtes zu beschaffen, und es muß daher auch im vorliegenden Falle der § 27^3 des Zust.-Ges., soweit er von dem Abs. des § 33 der Hann. Kr.-Ordn. abweicht, zur Anwendung gebracht werden.

2) Wenn jemand eine Wahl ablehnt, weil er seinen Wohnsitz in einem entfernten Orte habe, so handelt es sich nicht um eine Ablehnung wegen „besonderer Verhältnisse“, sondern um die Bestreitung der passiven Wählbarkeit und somit der rechtlichen Möglichkeit der Wahl.

E. Gemeindebeschlüsse.

Nr. 1. Entsch. Bd. IX. S. 42 vom 24. Juni 1882.

A. L.-R. Teil I Tit. 3 §§ 40, 41; Tit. 4 §§ 65, 94, 95; Teil II Tit. 6 §§ 65, 66. L. V. G. §§ 98—101. Land-Gem.-Ordn. v. 3. VII. 91 (G.-S. S. 233) § 111.

1) Der Berufsrichter, an den eine Sache zurückgewiesen wird, hat sich bei dem Verfahren und bei der anderweiten Entscheidung nach den durch das Erkenntnis des Revisionsrichters festgestellten Rechtsgrundsätzen und Normen zu achten. Dies gilt auch bezüglich derjenigen Grundsätze, die dahin geführt haben, die Sache für nicht spruchreif und die angeordnete Instruktion für erforderlich zu erklären.

2) Auch Erklärungen, die ein Gemeindevorsteher auf Anweisung seiner vorgesetzten Dienstbehörde im Prozesse abgiebt, sind rechtsgültig. Er führt den Prozeß in amtlicher Eigenschaft; neben den in dieser Eigenschaft abgegebenen Erklärungen kommt seine Privatmeinung nicht in Betracht. Selbst wenn er bei Verteidigung des von ihm vertretenen Gemeindeinteresses den Weisungen seiner vorgesetzten Dienstbehörde nur widerwillig, gegen seine Überzeugung nachgekommen oder gar durch Androhung einer Ordnungsstrafe angehalten worden ist, so bleibt seine Erklärung dennoch bestehen, „coactus tamen voluit“.

3) Grundsätzlich ist auch auf dem Gebiete des öffentlichen Rechtes davon auszugehen, daß, sofern nicht etwas anderes ausdrücklich bestimmt wird, die **Beobachtung einer äußeren Form für die Gültigkeit einer Handlung nicht notwendige Voraussetzung ist**, und daß Formvorschriften, wo sie ohnedies bestehen, keine andere Bedeutung haben, als zur mehreren Gewißheit und Beglaubigung zu dienen. Auch die durch § 111 der Land-Gem.-Ordn. vorgeschriebene Eintragung der Gemeindebeschlüsse in ein besonderes Buch u. s. w. ist **keine unerläßliche Bedingung für die Gültigkeit eines Gemeindebeschlusses**. Sie **sichert nur** den sonst auf andere Weise zu führenden **Nachweis seines Bestehens**.[1])

4) Die **Genehmigung** von Gemeindebeschlüssen seitens der **Aufsichtsbehörden** kann auch durch **stillschweigende Willensäußerungen**, insbesondere durch anderweite, die thatsächliche Zustimmung in sich schließende Erklärungen und Handlungen der Aufsichtsbehörde erfolgen.

Nr. 2. Entsch. Bd. XIV. S. 175 vom 12. Januar 1887. I C 84/86.

L.-V.-G. §§ 93, 112.

1) Die **Gemeindeversammlung** ist kein **Spruchkollegium**, sie hält keine Sitzungen und besteht nicht aus Beamten. Jedes Gemeindeglied kommt in sie und entfernt sich aus ihr ganz nach Belieben. Ist in einer Landgemeinde-Versammlung ein Beschluß der Tagesordnung gemäß gefaßt worden, so würde es mit dem öffentlichen Vertrauen auf Treu und Glauben unvereinbar sein, wenn die Beratung und Beschlußfassung von neuem aufgenommen werden könnte, nachdem die Versammlung eine andere Gestalt angenommen, sich verschieden zusammengesetzt hat. Nur mittels Anberaumung einer neuen Versammlung kann derselbe Gegenstand wieder auf die Tagesordnung gebracht werden.

2) **Nur die Gemeinden selbst haben über außerordentliche Umlagen als ihre innere Angelegenheit zu beschließen**, während der Gemeindevorsteher als ausführendes Organ die Beiträge zu verteilen und einzuziehen hat. Fehlt es an einem solchen Beschlusse als dem Fundamente der Umlage, so ist die letztere unzulässig. Vgl. E.-O.-V. Bd. VI S. 111 und es kann in solchem Falle die Frage auf sich beruhen, ob ein Gemeindebeschluß nicht schon dann rechtsunverbindlich ist, wenn er für die Tilgung einer Gemeindeschuld einen von der bestehenden Ortsverfassung abweichenden, besonderen Verteilungsmaßstab (z. B. den Grundsteuerfuß) einführen will. Vgl. E.-O.-V. Bd. IV S. 87.

Nr. 3. Entsch. Bd. XXIV. S. 96 vom 11. April 1893. II C 14/93.

Rh. Gem. Ordn. v. 23. VII. 45 (G.-S. S. 523) §§ 46, 53, 62. Land-Gem. Ordn. v. 3. VII. 91 (G.-S. S. 233) § 104.

1) § 62 der Rh. Gem.-Ordn. schreibt die **schriftliche Zusammenberufung des Gemeinderates** als derart **wesentlich** vor, daß bei ihrem Mangel eine Sitzung in gesetzlicher Form nicht abgehalten, ein rechtswirksamer Beschluß nicht gefaßt werden kann. Eine solche Rechtswirksamkeit erhält der von vornherein nichtige Beschluß auch nicht durch die event. vorgeschriebene Bestätigung der Aufsichtsorgane. Keinesfalls aber schließt sie die richterliche Nachprüfung aus. Aufgabe des **Verwaltungsrichters** ist es, die **rechtliche**

[1]) Ebenso spricht eine Entsch. v. 19. XI. 81 (Pr. V.-Bl. Bd. III S. 109) aus, daß die Rechtsbeständigkeit eines Gemeindebeschlusses durch den Mangel der für die ihn beurkundende schriftliche Verhandlung gesetzlich vorgeschriebenen Formen nicht beeinträchtigt werde, daß vielmehr der Beschluß eine von der Aufnahme einer ihn feststellenden schriftlichen Verhandlung keineswegs bedingte Thatsache sei, und daß sonach jeder Beweis über das Vorhandensein eines Beschlusses zulässig erscheine.

Gültigkeit der Gemeindebeschlüsse nach allen Seiten, sowohl der formalen wie auch der materiellen zu untersuchen, um zunächst grundlegend das anzuwendende Recht festzustellen.

2) Auch die Einstimmigkeit der erschienenen Gemeinderatsmitglieder deckt nicht den Mangel in der Zusammenberufung. Jedes Mitglied hat das gleiche gesetzliche Recht, berufen und gehört zu werden; es ist nicht zulässig, anzunehmen, daß der Beschluß auch bei der Wahrnehmung des Rechtes ebenso ausgefallen und der Geladene etwa überstimmt worden sein würde. Danach darf die Ladung unter keinen Umständen unterbleiben — selbst dann nicht, wenn für den Geladenen kaum mehr die Möglichkeit besteht, sich noch rechtzeitig zur Sitzung einzufinden.[1]

3) Schreibt das Gesetz eine schriftliche Zusammenberufung vor, ohne weitere dispositive Bestimmungen hierüber zu treffen, so kann die Einladung innerhalb des Gemeinderates auch mittels Kurrende erfolgen, wenn dies Ortsgebrauch ist; doch kann der Ortsgebrauch nicht soweit sich erstrecken, daß auswärtige Mitglieder überhaupt nicht geladen werden. Dies widerspricht den allgemeinen Grundsätzen und verstößt direkt gegen die positive gegenteilige Bestimmung in § 62 a. a. O. Wenn die Ortsobservanz aus Rechtssätzen besteht, die innerhalb eines bestimmten Interessentenkreises seine Teilnehmer in der inneren Überzeugung von deren rechtlicher Notwendigkeit fortgesetzt befolgt haben, und zwar unter vorausgesetzter stillschweigender Zustimmung der gesetzgebenden Gewalten (vergl. E.-O.-V. Bd. XV S. 184), so läßt sich schon mit dieser letzteren Voraussetzung da nicht rechnen, wo der Übung ein für ein weiteres Geltungsgebiet erlassenes, mit so präzeptiver Kraft ausgestattetes Gesetz, wie § 62, entgegensteht. Einer solchen Satzung gegenüber ist so wenig Raum für eine abweichende Regelung mittels geschriebenen Statutarrechtes, wie für eine abweichende Fortbildung im Wege der Observanz. Gerade vorliegendenfalls würde es aber für die Anerkennung einer rechtsverbindlichen Lokalobservanz auch an der weiteren, nicht minder unerläßlichen Voraussetzung fehlen, daß für die fortgesetzte Übergehung des zu Ladenden beiderseits die Überzeugung von der rechtlichen Notwendigkeit dieses Vorgehens bestimmend und leitend gewesen ist.

Nr. 4. Entsch. Bd. XXVII. S. 87 vom 7. Dezember 1894. I C 91/94.

Land-Gem.-Ordn. v. 3. VII. 91 (G.-S. S. 233) §§ 88[7], 140. St.-Ordn. v. 30. V. 53 (G.-S. S. 261) § 56[8]. Zust.-Ges. § 29.

1) Die Beanstandung von Beschlüssen der Gemeindeversammlung u. s. w. steht nur dem Gemeindevorsteher zu, nicht aber auch den durch den Beschluß in ihren Rechten verletzten Gemeindeangehörigen, dergestalt, daß sie selbst die Außerkraftsetzung eines solchen Beschlusses im Wege der Beanstandung fordern könnten. Sind sie an dem Streitverfahren im Wege der Beiladung beteiligt worden, was zwar wenig zweckmäßig, aber immerhin zulässig erscheint, so haben sie, mangels eines subjektiven Rechtes auf Beanstandung und mangels Verletzung in ihren eigenen Rechten durch deren Verwerfung, kein Recht zur selbständigen Einlegung von Rechtsmitteln. Vergl. E.-O.-V. Bd. V S. 463.

2) Die unter Rechtskontrolle gestellte Beanstandung von Korporationsbeschlüssen hat ferner zur Voraussetzung, daß ein solcher Beschluß unangefochten rechtliche Wirkungen äußert, und zum Zwecke, daß diese Wirkungen

[1] Bei dem Ausschlusse eines Gemeinderatsmitgliedes wegen unentschuldigten Ausbleibens gemäß Art. 18 des Gem.-Verf.-Ges. v. 15. V. 56 kommt es nicht darauf an, daß jemand sich genügend entschuldigt hat, sondern daß er genügend entschuldigt ist. Entsch. v. 5. VII. 92 (Pr. V.-Bl. Bd. XIV S. 97) und v. 25. V. 95 (daselbst Bd. XVII S. 34).

durch Außerkraftsetzung des Beschlusses beseitigt werden, damit die zu ihrer Gültigkeit der Genehmigung bedürfenden Kommunalbeschlüsse vor deren Erteilung und nach deren Versagung nicht beanstandet werden können. Vergl. E.-O.-V. Bd. VI S. 68, Bd. XXIV S. 21. Wenn in E.-O.-V. Bd. VI S. 56 die Beanstandung eines Beschlusses auch nach seiner Ausführung für zulässig erachtet wurde, so sind beide Grundsätze nur dahin zu vereinigen, daß die Ausführung eines Beschlusses dessen Beanstandung nur dann nicht ausschließt, wenn der Beschluß auch nach jener fortwirkt, dauernde Rechtswirkungen erzeugt, insbesondere eine in allen künftigen Fällen zu beachtende Regel für die Gemeindeverwaltung aufstellt.

3) Eine solche dauernde Wirkung steht bei einem Beschlusse der Gemeinde nicht in Frage, durch den der Gemeindevorstand ermächtigt wird, namens der Gemeinde einen Vertrag einzugehen. Er kann daher nach dem formellen Abschlusse des Vertrages nicht mehr beanstandet werden, da damit die rechtliche Wirkung des Beschlusses erschöpft ist und für die Folgezeit nur noch Wirkungen in Betracht kommen können, die aus dem Vertrage entstehen. Jede Entscheidung darüber, ob und welche rechtliche Wirkungen der formell geschlossene Vertrag hervorbringt, setzt zwar die Prüfung des zu dieser Entscheidung Berufenen auch darüber voraus, ob der Wille der Gemeinde seitens ihres Vertreters gültig erklärt ist; sie bleibt aber unabhängig davon, ob die den formellen Abschluß vorbereitenden oder begleitenden Beschlüsse der Gemeindevertretung bereits anderweit seitens der Gemeinde oder seitens ihrer Aufsichtsbehörde als gültig oder als ungültig anerkannt sind. Dies um so mehr, als nach feststehender Rechtsprechung der von dem Gemeindevorstande namens der Gemeinde mit einem Dritten geschlossene Vertrag voll wirksam bleibt, auch wenn der ihn vorbereitende Beschluß der Gemeindevertretung formell ungültig war, ja selbst, wenn der Vorstand versehentlich ohne jeden Gemeindebeschluß gehandelt hatte. Die Gültigkeit und Wirksamkeit eines solchen Vertrages wird auch nicht dadurch beeinflußt, daß der den Vorstand zu dessen Vollziehung ermächtigende Gemeindebeschluß wegen Überschreitung der Grenzen der Gemeindeautonomie oder wegen Verstoßes gegen das bestehende Recht nachträglich und nach dem Vertragsabschlusse beanstandet sein sollte. Denn die Beanstandung eines Gemeindebeschlusses hat zwar aufschiebende Wirkung, aber keine rückwirkende Kraft.

F. Gemeindevermögen und Gemeindegliedervermögen. Teilnahme an den Gemeindenutzungen.

Nr. 1. Entsch. Bd. II. S. 77 vom 12. September 1877.

Land-Gem.-Ordn. v. 3. VII. 91 (G.-S. S. 233) § 71.

Der thatsächliche Besitz des Gemeindevermögens seitens der Gemeinde bildet die Voraussetzung eines Verwaltungsstreites über die Teilnahme an den Gemeindenutzungen; die Gemeinde muß die Nutzungen thatsächlich beziehen. Es genügt nicht, daß sie ihr gebühren.[1]) Wenn

---

[1]) Daß ein Gemeindeeinkommen auf einem Privatrechtstitel beruht, beeinflußt die Zulässigkeit des Verwaltungsstreitverfahrens über das Recht zur Teilnahme an der Nutzung in keiner Weise, Entsch. v. 20. III. 86 (Pr. V.-Bl. Bd. VII S. 398). Dagegen ist das Verwaltungsstreitverfahren nicht zulässig, wenn Nutzungen an Grundstücken, die Privateigentum von Gemeindegliedern sind, in Frage stehen. Entsch. v. 22. IX. 86 (Pr. V.-Bl. Bd. VIII S. 30). Vergl. die nachfolgende Entsch. Nr. 2.

einer innerhalb der Gemeinde bestehenden Genossenschaft von Grundbesitzern zur Unterhaltung des Samenviehs (einer Bullengenossenschaft) gelegentlich der Separation oder eines Forstservituten-Ablösungs-Verfahrens die Nutzung gewisser Grundstücke überwiesen worden ist, so kann von einer Beschwerde und Klage der außerhalb dieser Sozietät stehenden Gemeindemitglieder auf Grund des § 71 der Land-Gem.-Ordn. nicht die Rede sein.

Streitigkeiten zwischen der Gemeinde und der Genossenschaft über das Recht auf die Nutzungen des Rindes und der Grundstücke können nur im ordentlichen Rechtswege entschieden werden.

Nr. 2. Entsch. Bd. V. S. 160 vom 12. März 1879.

Land-Gem.-Ordn. v. 3. VII. 91 (G.-S. S. 233) § 71.

Das Streitverfahren gemäß § 71 der Land-Gem.-Ordn. findet nur dann statt, wenn es sich um Nutzungen am Gemeindevermögen handelt, die den Beteiligten in ihrer Eigenschaft als Gemeindeglieder zustehen, so daß also die Gemeindemitgliedschaft das Fundament der Berechtigung ist, nicht dagegen, wenn Nutzungen in Frage stehen, die, lediglich auf privatrechtlichen Titeln beruhend, freies Privateigentum des Einzelnen sind. (Gemeindegliedervermögen im Gegensatze zu dem sogenannten Interessentenvermögen.) Das Recht, das das einzelne Gemeindemitglied als solches auf die Nutzung des Gemeindevermögens hat, bildet ein besonderes Recht dieses Gemeindemitgliedes, das es im Streitverfahren zu verfolgen befugt ist. Ganz ebenso ist das einzelne Mitglied einer Klasse von Gemeindemitgliedern berechtigt, den Anspruch auf Nutzung des Gemeindevermögens nach Maßgabe des Rechtszustandes der Klasse, der es innerhalb der Gemeinde angehört, geltend zu machen.[1])

Nach der Dekl. v. 26. VII. 47 (G.-S. S. 327) ist zu unterscheiden zwischen dem Vermögen einer Personenmehrheit (Interessentenvermögen) und dem einer Gemeinde (Gemeindevermögen im weiteren Sinne), und bei letzterem wieder zwischen Gemeindevermögen im engeren Sinne und Gemeindegliedervermögen. Im letzteren Falle liegt eine Einschränkung des Eigentums der Gemeinde durch die Nutzung der Gemeindeglieder vor, die von demjenigen zu beweisen ist, der die Eigenschaft des Gemeindegliedervermögens behauptet. Hat ein Teil der Gemeindeglieder zu Unrecht die Nutzungen des Gemeindevermögens in der irrigen Annahme bezogen, es sei Gemeindegliedervermögen, so ist diesem Zustande im Verwaltungsstreitverfahren gemäß § 71¹ der Land-Gem.-Ordn. nicht abzuhelfen. Dagegen ist die Kommunalaufsichtsbehörde im Hinblick auf § 69 Abs. 1 a. a. O. und § 2 des Komm.-Abg.-Ges. v. 14. VII. 93 (G.-S. S. 152), sowie kraft ihrer Pflicht, dafür zu sorgen, daß die Verwaltung fortwährend in dem vorgeschriebenen Gange bleibe und erkannte Störungen beseitigt werden, befugt, zu verlangen, daß die Gemeinde über eine anderweite Verwendung ihres Gemeindevermögens Beschluß faßt. Von dieser Beschlußfassung würden diejenigen Mitglieder der Gemeindeversammlung, die sich zur Zeit im Genusse der Nutzungen befinden, nach § 108 der Land-Gem.-Ordn. auszuschließen sein. Sollte hierdurch (§ 106 a. a. O.) ein gültiger Beschluß unmöglich werden, so würde der Kreisausschuß an Stelle der Gemeindeversammlung zu beschließen, in jedem Falle aber die Ausführung der Beschlüsse durch den Gemeindevorsteher herbeizuführen haben. Gegen dessen Beschlüsse würden die Rechtsmittel aus § 71 a. a. O. zustehen und dadurch auch die Frage, ob Gemeindegliedervermögen oder Gemeindevermögen im engeren Sinne, zur endgültigen Entscheidung vor den Verwaltungsrichter gebracht werden können. Entsch. v. 11. VI. 95 (Pr. V.-Bl. Bd. XVII S. 95).

Handelt es sich um die Frage, ob Grundeigentum, das eine zwei Ortschaften A und B umfassende Gemeinde besitzt, Sektionsvermögen der Ortschaft B ist, so können die Einwohner der Ortschaft A im Verwaltungsstreitverfahren nicht erzielen, daß die Erträge jenes Grundeigentumes zur Deckung der Gemeindelasten der ganzen Gemeinde Verwendung findet, sondern müssen dazu die Aufsichtsbehörde anrufen, Entsch. v. 1. XII. 94 (Pr. V.-Bl. Bd. XVI S. 348).

[1]) Der Rest der Entscheidungsgründe ist veraltet.

Nr. 3. Entsch. Bd. VIII. S. 136 vom 24. Juni 1881.

Land-Gem.-Ordn. v. 3. VII. 91 (G.-S. S. 233) §§ 69, 70, 71. A. L.-R. Teil II Tit. 6 §§ 26, 29—31, 34, 68, 72, 89. Teil I Tit. 17 § 16.

1) Die Umwandlung von Gemeindegliedervermögen in Gemeindevermögen ist zwar zulässig, jedoch bedürfen die zu dem Zwecke gefaßten Gemeindebeschlüsse zu ihrer Rechtsverbindlichkeit der Genehmigung des **Kreisausschusses**. Dabei dürfen die einzelnen Gemeindegliedern im Gegensatze zu anderen und deren Gesammtheit zustehenden Rechte (jura singulorum im engsten Sinne) ihnen durch Mehrheitsbeschluß weder entzogen noch geschmälert werden. Gewisse Grundstücke (Forsten, Wiesen) können die Eigenschaft des Kämmereivermögens (Eigentum der politischen Gemeinde) haben, während bestimmte Nutzungsrechte an ihnen (Hütung) zu dem Gemeindegliedervermögen gehören. Unter diesen Voraussetzungen ist auch ein Verwaltungsstreitverfahren über den Umfang des Rechtes zur Teilnahme an den Nutzungen des Gemeindevermögens zulässig.

2) Ein Anspruch der Gemeindeglieder aus § 16 Tit. 17 Teil I A. L.-R.'s würde also nur dann begründet sein, wenn die betreffenden Nutzungen nach der Verfassung der Gemeinde nur einzelnen Gemeindegliedern oder einer bestimmten Klasse von ihnen zuständen.

Die Thatsache des **Kuhhaltens** kann nicht das Kriterium einer besonderen Klasse der angesessenen Wirte im Sinne des § 31 Tit. 7 Teil II A. L.-R.'s abgeben.[1])

Nr. 4. Entsch. Bd. X. S. 107 vom 14. November 1883.

Land-Gem.-Ordn. v. 3. VII. 91 (G.-S. S. 233) §§ 70, 71[1].

Das Teilnahmerecht des einzelnen Gemeindemitgliedes an den Nutzungen des Gemeindevermögens kann auf die mannigfachste Weise streitig werden, sei es, daß das Gemeindevermögen der Nutzung unmittelbar durch die Gemeindeglieder überlassen wird und der Einzelne behauptet, hierbei zu Unrecht ausgeschlossen oder in dem Maß der Nutzungen beschränkt zu sein, sei es, daß es zwischen der Gemeindeverwaltung und dem Einzelnen streitig wird, ob und in welchem Umfange Gemeindevermögen der Nutzung unmittelbar durch die einzelnen Gemeindeglieder überlassen werden muß, ortsverfassungsmäßig sog. Kämmereivermögen oder Gemeindevermögen ist, oder ob es aus letzterem in ersteres verwandelt werden kann.

Hiernach sind die Voraussetzungen eines Verwaltungsstreites über das Recht zur Teilnahme an den Nutzungen und Erträgen des Gemeindevermögens zu beurteilen.

Wie die Nutzung des Gemeindevermögens durch die Gemeindeglieder, so sind die Besteuerung der Gemeindeglieder zu Gemeindezwecken und die Ausübung des Stimmrechtes durch sie in der Gemeindeversammlung innere Angelegenheiten der Korporation. Lediglich in diesen, nicht in ihren Beziehungen zu außer ihr stehenden Rechtssubjekten, die sich meist nach Privatrecht ordnen, greift neben der Thätigkeit der Aufsichtsbehörden die Zuständigkeit der Verwaltungsgerichte Platz, nämlich regelmäßig da, wo die Rechtsverhältnisse der einzelnen Gemeindeglieder als solcher streitig sind, und zwar, eben weil es sich hierbei um innere Angelegenheiten der Korporation als solcher, um ihre Verwaltungssachen handelt, im Streit nicht mit anderen Gemeindegliedern, sondern mit der Gemeinde-Verwaltungsbehörde, dem Gemeindevorsteher oder der Gemeindevertretung.

---

[1]) Der Rest der Entscheidungsgründe ist veraltet.

Die Verwaltungsgerichte sind auch zur Entscheidung der Frage berufen, ob eine Anordnung der Kommunalaufsichtsbehörde unanfechtbares Gemeinderecht schafft oder nicht, und letzteren Falles, ob sie materiell zu Recht besteht oder zu Unrecht in das ortsverfassungsmäßige Recht der Beteiligten eingreift. Es sind dies Fragen des öffentlichen Rechtes.

Nr. 5. Entsch. Bd. XI. S. 102 vom 22. Oktober 1884.

Land-Gem. Ordn. v. 3. VII. 91 (G.-S. S. 233) § 69.

1) Sonderrechte einzelner Klassen in der Gemeinde unterliegen der Aufhebung weder durch Gemeindebeschluß noch auch durch Akte der Aufsichtsinstanz. Der letzteren steht es nicht zu, die Rechte einer einzelnen Klasse als einen Mangel der inneren Verfassung zu kassieren, da diese Rechte durch das auch für die Handhabung der Aufsicht maßgebende Gesetz anerkannt sind. Die Aufsichtsbehörde kann hier ebensowenig Remedur schaffen, als sie die sonst durch Gesetz geregelte Verfassung der Landgemeinden, ihre gesetzliche Ordnung der Gemeindeämter, der Vertretung, des Haushaltes u. dergl. nach Gesichtspunkten der Zweckmäßigkeit umzuändern befugt ist. Es würde für die Regelung der Gemeindenutzungen ohne Rücksicht auf die etwaigen Rechte von Klassen einer besonderen gesetzlichen Bestimmung bedürfen.

Demgemäß haben die Aufsichtsbehörden kein Recht, die Umwandlung des Gemeindegliedervermögens der Landgemeinden in sogenanntes Kämmereivermögen anzuordnen.

2) Bei Streitigkeiten zwischen einzelnen Klassen der Gemeinde und der letzteren selbst wird die Entscheidung davon abhängig zu machen sein, ob solche Klassen von Gemeindemitgliedern vorhanden sind, denen gewisse Nutzungen ausschließlich zustehen. Derartige Klassenrechte können sich auch durch Observanz bilden[1]) und zwar auch nach Inkrafttreten des A. L.-R's., da dieses in dem § 31 Teil II Tit. 7 ausdrücklich auf die hergebrachte Gewohnheit als Rechtsquelle für Rechtsverhältnisse der fraglichen Art verweist.

Nr. 6. Entsch. Bd. XV. S. 188 vom 7. Mai 1887. I C 28/87.

A. L.-R. Teil II Tit. 6 § 72, Tit. 7 §§ 28 ff., Tit. 8 § 160. Gem.-Teil-Ordn. v. 7. VI. 21 (G.-S. S. 53) § 7 und Dekl. v. 26. VII. 47 (G.-S. S. 327). Land-Gem.-Ordn. v. 3. VII. 91 (G.-S. S. 233) §§ 69, 70. Fischereiges. v. 30. V. 74 (G.-S. S. 197) § 6.

1) Auch das Gemeindegliedervermögen — im Gegensatze zum Klassen- und Interessentenvermögen — gilt gesetzlich als Gemeinde-Korporationsvermögen, und in diesem Sinne auch die Abfindung für die Nutzungsrechte der Gemeindeglieder und Einwohner mit der Maßgabe, daß ihre Benutzung deren Privatvermögen ausmacht. Es folgt daher aus der Bezeichnung der Realitäten als Eigentum der politischen Gemeinde allein noch keineswegs von selbst deren Eigenschaft als Korporationsvermögen in dem Sinne, daß dessen Nutzung ausschließlich zur Bestreitung der Lasten und Ausgaben der Gemeinde bestimmt ist (das in den Städten sogenannte Kämmereivermögen), sondern es bleibt die Möglichkeit offen, daß darunter Gemeindevermögen („Allmenden", in den Städten „Bürgervermögen") begriffen ist.

2) Eine Wiese, deren Pachteinkünfte seit langer Zeit zur Gemeindekasse vereinnahmt worden sind, ist wegen dieses langjährigen herkömmlichen Verfahrens als Gemeindevermögen im engeren Sinne anzusehen.

3) Nach § 6 des Fischereiges. v. 30. V. 74 sollen Fischereiberechtigungen, die, ohne mit einem bestimmten Grundbesitze verbunden zu

---

[1]) Es folgt die ausführliche Darstellung eines solchen Einzelfalles.

sein, bisher von allen Einwohnern oder Mitgliedern einer Gemeinde ausgeübt werden konnten, künftig in dem bisherigen Umfange nur der politischen Gemeinde zustehen. Hieraus folgt, daß mit dem Inkrafttreten des Fischereigesetzes die Fischereiberechtigungen auf die politische Gemeinde in der Weise übergegangen sind, daß ihr nicht nur die Ausübung, sondern auch das Eigentum und die Nutzungen zustehen.

Nr. 7. Entsch. Bd. XVIII. S. 135 vom 4. Mai 1889. I C 171/88.

A. L.-R. Teil II Tit. 6 §§ 70, 72, Tit. 8 § 139 ff. Dekl. v. 26. VII. 47 (G.-S. S. 327), betr. das nutzbare Gemeindevermögen. Land-Gem.-Ordn. v. 3. VII. 91 (G.-S. S. 233) § 72.

Zu den Gemeindenutzungen gehören nur die persönlichen und direkten Nutzungen der einzelnen Gemeindeglieder am sogenannten Gemeindeglieder-Vermögen (Weide-, Torfstich-, Holzberechtigung), nicht dagegen diejenigen Vorteile, die die einzelne Gemeinde ihren Gliedern als solchen in der Mitbenutzung aller öffentlichen Gemeindeanstalten (Armenanstalten, Wege, Brunnen, Schulen) notwendig bieten muß, und ebensowenig diejenigen Vorteile, die alle Gemeindeglieder mittelbar aus den der Gemeinde als solcher zufließenden, die Steuerlast vermindernden oder aufhebenden Erträgen ihres (Kämmerei-) Vermögens ziehen. Vergl. Min.-Erl. v. 26. IX. 74 (M.-Bl. S. 237). Ein Einkaufsgeld zur Aufwägung dieser letzteren Vorteile ist unstatthaft.[1])

Nr. 8. Entsch. Bd. XX. S. 90 vom 13. Januar 1891. II A 4/90.

Rh. Gem.-Ordn. v. 23. VII. 45 (G.-S. S. 523) §§ 11, 12, 15, 17, 18, 23, 36, 88, 119 und Gem.-Verf.-Ges. v. 15. V. 56 (G.-S. S. 435) Art. 4. Instr. über Einführung der Eintritts- und Einkaufsgelder u. s. w. v. 15. XI. 47 (M.-Bl. S. 310) §§ 11, 12, 18, 19, 26. L.-V.-G. §§ 123, 126; Zust.-Ges. § 31.

1) § 15 der Rh. Gem.-Ordn. besitzt nicht die Bedeutung, daß die Rechte und Pflichten aller Gemeindeglieder in der Gemeinde immer gleich sein sollen. Er enthält überhaupt keine selbständige Vorschrift und hat auch durch die sonstigen Bestimmungen der Gem.-Ordn. eine entsprechende Ausdehnung nicht erfahren. Im Geltungsgebiete der Rh. Gem.-Ordn. kann daher der Rechtssatz, daß die Gemeindemitglieder unter allen Umständen an den Gemeindenutzungen gleichmäßig beteiligt sein müßten, als zutreffend nicht anerkannt werden. Vielmehr können die dortigen Landgemeinden in Ansehung der Teilnahme der einzelnen Gemeindemitglieder an den Nutzungen des Gemeindevermögens von einer für alle gleichmäßigen Teilnahmeberechtigung wohl abgehen, so daß in dieser Beziehung Verschiedenheiten auch insofern vorkommen dürfen, als gewisse Einwohner von der Zahlung eines Einkaufsgeldes ganz oder teilweise entbunden werden können.

2) Solche Beschlüsse bedürfen aber der Genehmigung des Kreisausschusses, da schon nach § 18 der Rh. Gem.-Ordn. das für die Teilnahme an den Gemeindenutzungen etwa zu entrichtende Einkaufsgeld nach Vernehmung des Gemeinderates durch die Regierung (Aufsichtsbehörde) festzusetzen war, und nach §§ 18, 19 der Instr. v. 15. XI. 47 zur Einführung neuer Einkaufsgelder ein Beschluß des Gemeinderates und die ausdrückliche Genehmigung der Regierung erforderlich waren.

Die Frage, ob Beschlüsse über die Teilnahme an Gemeindenutzungen auch dann der Genehmigung bedürfen, wenn kein Einkaufsgeld dafür entrichtet werden soll, ist in der Entscheidung unerörtert geblieben.

---

[1]) Der Rest der Entscheidungsgründe ist veraltet; die Erhebung des Einkaufsgeldes wird heute durch § 72 der Land-Gem.-Ordn. v. 3. VII. 91 geregelt.

Nr. 9. Entsch. Bd. XXI. S. 124 vom 16. September 1891. I C 63/91.

A. L.-R. Teil II Tit. 11 §§ 188, 190, Tit. 20 § 803. Land-Gem.-Ordn. v. 3. VII. 91 (G.-S. S. 233) §§ 71, 88³. Zust.-Ges. §§ 18, 29, 31.

1) Nach § 190 Tit. 11 Teil II A. L.-R.'s kann da, wo der Kirchhof (Begräbnisplatz) erweislich nicht der Kirchengesellschaft, sondern der bürgerlichen Gemeinde gehört, jedes Gemeindemitglied als solches auf das Begräbnis daselbst Anspruch machen, mithin dieses Recht im Verwaltungsstreitverfahren zur Geltung bringen. Aus welchen Beweggründen der Verletzte klagt (z. B. der Vater für seinen als Selbstmörder in einer Ecke des Kirchhofes bestatteten Sohn), ob zur Wahrung vermögensrechtlicher oder anderer (ethischer) Interessen, ist für die Zulässigkeit der Klage ohne Bedeutung. Das Recht der verschiedenen Gemeindemitglieder auf die Benutzung der Gemeindeanstalten ist, soweit nicht das bestehende Recht Abweichungen begründet, ein gleiches. Es wird durch Verkürzung oder Benachteiligung des Einzelnen ebenso verletzt, wie durch völlige Versagung.

2) Falls die Benutzung eines Gemeindekirchhofes nicht durch ein Ortsstatut geregelt ist, ist die Gemeinde wohl befugt, im Beschlußwege das Beerdigungswesen auf ihrem Kirchhofe kraft ihrer Autonomie zu ordnen. Denn insoweit eine Gemeindeanstalt der Benutzung der Gemeindemitglieder gewidmet, diese Benutzung aber gesetzlich nicht geregelt ist, hat die Gemeinde das Recht, den Gemeindemitgliedern die Voraussetzungen, Bedingungen und deren Art vorzuschreiben. Das — aus der Gemeindezugehörigkeit und dem Widmungsakte entspringende — Recht der Gemeindemitglieder auf Benutzung der Anstalt kommt eben nur mit dieser aus dem Eigentumsrechte und den öffentlich-rechtlichen Befugnissen der Gemeinde entspringenden Einschränkung zur Entstehung. Eine die beliebige Benutzung aus sachlichen Erwägungen einschränkende Anordnung der Gemeinde, der selbst die gänzliche Beseitigung der Anstalt freisteht, ist daher noch keine Verletzung des Gemeindemitgliedes.

3) Ein Gemeindebeschluß, einem Selbstmörder die Grabstelle in dem für Selbstmörder bestimmten Teile — „nicht in der Reihe" — des Kirchhofes anweisen zu lassen, läuft dem bestehenden Rechte nicht zuwider. Zwar ist die Bestimmung im § 188 Tit. 11 Teil II A. L.-R.'s, wonach ohne Erkenntnis des Staates Niemandem das ehrliche Begräbnis versagt werden soll, nirgend aufgehoben, und es kann auch ein auf Versagung des ehrlichen Begräbnisses lautender Ausspruch einer staatlichen Behörde heute nicht mehr ergehen. Unter den Begriff des unehrlichen Begräbnisses im Sinne des angezogenen § 188 mag auch die Beerdigung der Selbstmörder insofern gefallen sein, als sie nach § 803 Tit. 20 Teil II A. L.-R.'s zwar ohne Beschimpfung, aber doch mit Verlust als dessen, womit sonst das Absterben und Andenken anderer Leute von ihrem Stande und Range geehrt zu werden pflegt, erfolgen sollte. Von solcher Vorenthaltung sonst gebräuchlicher Ehren bei der Bestattung von Selbstmördern enthält aber der vorgedachte, an eine Genehmigung der Aufsichtsbehörde nicht gebundene Gemeindebeschluß nicht das Mindeste.

Der Gemeindevorsteher aber, dem in seiner Eigenschaft als Verwalter des Gemeindevermögens die Anweisung der Grabstellen obliegt, ist zur Befolgung des Gemeindebeschlusses verbunden, sofern er sich nicht zu seiner Beanstandung bewogen findet.

Nr. 10. Entsch. Bd. XXI. S. 130 vom 24. April 1891. II C 18/91.

Rh. Gem.-Ordn. v. 23. VII. 45 (G.-S. S. 523) §§ 14, 15, 17—19, 119; Instr. v. 15. XI. 47 (M.-Bl. S. 310) über die Einführung der Eintritts- und Einkaufsgelder, §§ 16, 17, 18, 26. Zust.-Ges. § 34¹.

1) Zur Zeit des Erlasses der Rh. Gem.-Ordn. hatten zufolge der bestehenden französischen Bestimmungen, insbesondere des Dekrets v. 6. VI. 11 (Daniels

Bd. V S. 706), alle Haushaltungsvorstände, die in der Gemeinde ihren Wohnsitz hatten, gleichmäßig an den Gemeindenutzungen Teil, doch konnte nach § 4 des Rh. Ressort-Regl. v. 20. VII. 18 (Lottners Samml. Bd. I S. 504) durch Beschluß der Gemeinde unter Genehmigung der Regierung auch eine andere Beteiligung eingeführt werden. Ferner war durch Kab.-O. v. 27. X. 39 (v. Kamptz Ann. Bd. XXIII S. 860) den Gemeinden das Recht verliehen worden, von denjenigen neu Anziehenden, die auf einen Anteil an den Nutzungen Anspruch machen wollten, ein verhältnismäßiges Einkaufsgeld, vorbehaltlich der Bestätigung der Regierung, zu erheben und solches auch den bisherigen Gemeindegliedern aufzuerlegen, soweit sie früher zum Genusse der Nutzungen noch nicht zugelassen worden waren. Wenn nun § 17 der Rh. Gem.-Ordn. vorschreibt, daß in Ansehung der Teilnahme der Gemeindeglieder an den Gemeindenutzungen in den bestehenden Rechtsverhältnissen nichts geändert werden solle, so ist hierbei nicht etwa an „auf besonderen Titeln beruhende subjektive Rechte gedacht, sondern es sind durch § 17 lediglich die bisherigen Spezialgesetze des gemeinen Französischen Rechtes über die Teilnahme an den Gemeindenutzungen beibehalten und also mittels dieser Bezugnahme von der generellen Aufhebungsbestimmung des § 119 a. a. O. ausgenommen worden sind. Vergl. auch § 16 der Instr. v. 15. XI. 47. Es entspricht daher durchaus den maßgebenden Bestimmungen, wenn in einer Gemeinde die Haushaltungsvorstände, die dort ihren gewöhnlichen Wohnsitz haben, zur Teilnahme an den Gemeindenutzungen berechtigt sind, und wenn die Berechtigung der nicht in der Gemeinde geborenen, sondern dahin zugezogenen Mitglieder von der Entrichtung eines Einkaufsgeldes abhängt. Hieran haben auch weder das Ges. v. 2. III. 67 (G.-S. S. 361), betr. die Aufhebung der Einzugsgelder ꝛc., noch das Freizügigkeitsges. v. 1. XI. 67 (G.-S. S. 361) etwas geändert, da das erstere mit dem Einkaufsgelde nichts zu thun hat, und die Wirkungen des letzteren sich nicht auf die Teilnahme an den Gemeindenutzungen beziehen.

2) Ehefrauen von Gemeindemitgliedern, die nicht in der Gemeinde geboren sind, sondern erst hineingeheiratet haben, fehlt jedes Recht zur Teilnahme an den Gemeindenutzungen, weil sie nicht zu den Haushaltungsvorständen gehören.

Nr. 11. Entsch. Bd. XXI. S. 143 vom 2. Mai 1891. I C 15/91.

A. L.-R. Teil I Tit. 17 §§ 10—20, 36 ff. Hann. Ges. v. 30. VI. 42 (G.-S. S. 145) über das Verfahren in Gemeinheitsteilungs- und Verkoppelungssachen § 122. Ges. v. 2. IV. 87 (G.-S. S. 105), betr. die durch ein Auseinandersetzungsverfahren begründeten gemeinschaftlichen Angelegenheiten, §§ 1, 6. Zust.-Ges. § 34.

1) In einer Dorfschaft der Provinz Hannover sind durch ein mittels Rezesses von 1840 abgeschlossenes Auseinandersetzungsverfahren als „gemeinschaftliche Angelegenheiten begründet", d. h. gemeinschaftlich geblieben oder geworden die Flächen und Einrichtungen der Wege, die Vorkehrungen zur Bedeichung und Binnenentwässerung und die Brücken über die Abzugsgräben. Alle diese Angelegenheiten unterliegen den Regeln über das Miteigentum, wobei jedoch durch dessen Entstehung und Zweckbestimmung die römisch-rechtlichen Normen gemeinrechtlich eine dem sogenannten Gesammteigentume entsprechende Modifikation dahin erlitten haben, daß einmal die Anteilsberechtigung des Einzelnen ein untrennbares Zubehör der Hauptabfindung bildet und daß ferner eine Teilungsklage des Einzelnen auf Ermittelung und Ausweisung seines Anteils nicht stattfindet. Nur aus diesem Gesichtspunkte der Anwendbarkeit deutsch-rechtlicher Grundsätze auf die hier vorliegende Art des Miteigentumes kann der Erlaß des Ges. v. 2. IV. 87 seine Erklärung und

Rechtfertigung finden. Nach diesen deutsch-rechtlichen Grundsätzen sind aber die Miteigentümer verpflichtet, nach dem unter ihnen bestehenden Anteilsverhältnisse die gemeinschaftlichen Anlagen in einem Zustande zu erhalten, der deren Zweckbestimmung nach dem jeweiligen Bedürfnisse der Gesammtheit entspricht. Was hierzu erforderlich ist, darüber hat — jedenfalls bei einem durch seine vertragsmäßige Bestimmung so besonders gearteten Miteigentume — die Gesammtheit der Miteigentümer und mangels einer Einigung deren Majorität zu bestimmen, vorbehaltlich des Rechtes der Minderheit, auf richterliche Entscheidung darüber zu provozieren, ob jener Beschluß zum gemeinschaftlichen Besten gereicht und durchzuführen ist.

2) Wenn die Teilungsinteressenten übereinstimmend in dem gemeinschaftlichen Wegezuge eine dem Bedürfnisse nicht mehr entsprechende Furt durch eine Holzbrücke ersetzen, so wird die Brücke ein Bestandteil und Zubehör des rezeßmäßigen Wegezuges und — wie diese selbst — eine durch das Auseinandersetzungsverfahren begründete gemeinschaftliche Angelegenheit im Sinne des § 1 des Ges. v. 2. IV. 87, mag auch ein Streit über die Brückenbaulast nicht nach dem die Brücke nicht vorsehenden Rezesse, sondern nur nach der Festsetzung des die Brücke betreffenden Willensaktes zu entscheiden sein.

3) Durch das Ges. v. 2. IV. 87 ist dem Gemeindevorstande die Verwaltung aller durch das Teilungsverfahren begründeten gemeinsamen Angelegenheiten übertragen, folglich auch hinsichtlich der später hinzugekommenen Bestandteile und Zubehörungen. Der Gemeindevorstand ist nach außen der rechtliche Repräsentant, nach innen der alleinige Disponent über das Miteigentum unter gänzlichem Ausschlusse der Teilhaber, deren Interesse durch die Mitwirkung der Behörden (Auseinandersetzungsbehörden und Aufsicht der Vorgesetzten) gewahrt wird.

4) Der Umstand, daß die von den Miteigentümern auf ihrem Miteigentume getroffenen Einrichtungen auch Dritten zum Vorteile gereichen, führt für den Dritten keinerlei Rechtspflicht herbei, zu den Kosten dieser Einrichtungen beizutragen. Die Miteigentümer allein haben die Kosten nach dem Verhältnisse ihrer Anteile aufzubringen. Ein anderweiter Beitragsfuß kann mit rechtlicher Wirkung nicht durch Mehrheitsbeschluß, sondern nur durch Vertrag aller eingeführt werden.

Nr. 12. Entsch. Bd. XXIV. S. 90 vom 19. November 1892. I C 56/92.

Kurh. Gem.-Ordn. v. 23. X. 34 (Samml. v. Ges. S. 181) §§ 3, 24, 70, 80 und Hess. Ablösungsordn. v. 13. V. 67 (G.-S. S. 716) § 5. A. L.-R. Teil II Tit. 7 § 31 und Land-Gem.-Ordn. v. 3. VII. 91 (G.-S. S. 233) § 69. Dekl. v. 26. VII. 47 (G.-S. S. 327) betr. das nutzbare Gemeindevermögen. Zust.-Ges. §§ 18, 34.

1) Der Verwaltungsrichter ist nicht befugt, bei einem nach Grund und nach Betrag streitigen Anspruche, über den Grund allein vorab zu entscheiden. Vergl. E.-O.-V. Bd. XIV S. 288.

2) Die Hess. Gem.-Ordn. v. 23. X. 34 unterscheidet in Übereinstimmung mit dem Preußischen Rechte im § 70 zwei Arten des Gemeindevermögens, je nachdem dessen Ertrag bisher zur Bestreitung der Gemeindeausgaben bestimmt war (Kämmereivermögen) oder je nachdem dessen Nutzungen bisher allen Gemeindegliedern oder einzelnen Klassen von ihnen zustanden (Gemeindeglieder- oder Bürgervermögen), und kennt bei diesem nach dem § 24 noch die Unterarten, ob die Nutzungen schon infolge der Mitgliedschaft zur Gemeinde, event. nach Zahlung eines Einkaufsgeldes zustanden, oder ob sie noch besonders für sich erworben werden müssen, bezw. Zubehör eines Hofes, Gutes oder Wohnhauses sind.

3) Die Gemeinde kann das Herkommen, durch das die Nutzungen der Gemeindemitglieder am Gemeindevermögen begründet und bestimmt worden, durch

ein nach § 3 zu erlassendes Statut ändern und zwar selbst bis dahin, daß das bisherige Bürger- in Kämmereivermögen verwandelt wird, das nach § 70 wohl veräußert, aber nicht in Bürgervermögen zurückverwandelt werden darf.

4) Unter den im Statut zu berücksichtigenden „besonderen Rechtsverhältnissen" sind nur solche zu verstehen, die auf einem besonderen Rechtstitel des Privatrechtes oder des öffentlichen Rechtes der einzelnen Gemeinden dergestalt beruhen, daß sie für die Beteiligten als begründete, bezw. erworbene Rechte auftreten. Als solche besondere „Rechte" sind aber die Rechte der Gemeindemitglieder auf die Nutzungen des Gemeindevermögens nicht anzusehen, wenn sie durch einseitigen Korporationswillen oder durch Herkommen begründet sind. Denn vermöge ihres Eigentumes und der Dispositionsbefugnis des Eigentümers ist die Gemeinde, insoweit ihre Autonomie nicht durch besondere Bestimmungen, z. B. durch Aufsichtsgenehmigung beschränkt worden, berechtigt, durch Beschluß über die Nutzungen ihres Vermögens dahin zu disponieren, daß sie (z. B. die Weide auf einem Grundstücke) allen oder gewissen Gemeindegliedern überläßt. Solange der Beschluß als gültige Norm der Gemeindeverfassung besteht, hat der Einzelne das öffentliche Recht auf diese Nutzung; er hat es gegen Dritte, wie gegen die Organe der Gemeinde, aber nur kraft des einseitig erklärten Korporationswillens und nur solange dieser geltende Norm der Ortsverfassung bleibt. Gegenüber der Gemeinde hat er kein Recht darauf, daß sie ihre Verfassung nicht ändert und durch entgegengesetzten Beschluß ein Nutzungsrecht nicht wieder aufhebt. Thut sie dies, so verletzt sie den Einzelnen nicht in seinem Rechte. Denn seine bisherige Nutzung war lediglich Ausfluß des Korporationswillens, dem er als Gemeindeglied unterworfen bleibt, nicht aber der Ausfluß eines neben dieser Mitgliedschaft bestehenden Verhältnisses, das ihm ausnahmsweise die Befugnis verliehen hätte, die Gemeinde auch wider ihren Willen zur Fortgestaltung der Nutzung zu zwingen; er hat eben kein Sonderrecht im Sinne des § 3 der Gem.-Ordn.

Wie durch förmlichen, geschriebenen Beschluß kann ein vom Korporationswillen abhängiges Nutzungsrecht auch durch Herkommen begründet werden. In beiden Fällen ist dann die Gemeinde zweifellos befugt, durch Mehrheitsbeschluß und ohne Zustimmung der einzelnen bisher Berechtigten über die Nutzungen anderweit zu verfügen.

Beruht indessen die Nutzung des Bürgervermögens nicht mehr auf einseitigem Korporationswillen, sondern auf einem Vertrage, dann kann der letztere nicht einseitig gebrochen werden. Wenn z. B. ein abgeholzter Wald durch Gemeindebeschluß denjenigen Gemeindegliedern, die ihn in Ackerkultur setzten, auf bestimmte Jahre zur Nutzung überlassen ist, so ist in der Erfüllung dieser Bedingung der Erwerb eines vertragsmäßigen Sonderrechtes gegen die Entziehung der Nutzung vor Ablauf der bestimmten Frist zu erblicken. Dasselbe wird im allgemeinen angenommen, wenn nach dem Herkommen die Nutzung durch den Besitz bestimmter Hof- oder Hausstellen oder durch besonderen Erwerb (§ 24 a. a. O.) bedingt wird; denn hier steht regelmäßig ein Rest der alten Markenverfassung in Frage und es ist das Vermögen der Realgemeinde im Laufe der geschichtlichen Entwickelung nicht als ein freies, sondern als ein mit den Nutzungsrechten beschwertes in das Eigentum der politischen Gemeinde übergegangen. In gleicher Weise ist die Frage für die Fälle, in denen die Nutzung herkömmlich nicht allen Gemeindegliedern, sondern nur Klassen von ihnen zusteht, bezüglich der Landgemeinden in den östlichen Provinzen durch die positive Vorschrift des § 31 Tit. 7 T. II A. L.-R.'s und jetzt des § 69 Abs. 3 der Land-Gem.-Ordn. v. 3. VII. 91 entschieden. Wo dagegen die Nutzungen herkömmlich allen Gliedern der Gemeinde zukommen, darf eine Beschränkung des Eigentümers in der freien Disposition über die Nutzungen seines Vermögens, und somit ein, gegenüber der Gemeinde wohlerworbenes Sonderrecht des einzelnen Mitgliedes, das jene an der einseitigen Änderung der bisherigen Rechtsverhältnisse hinderte, nicht ohne weiteres angenommen werden, sondern erst dann, wenn es im Einzelfalle als bestehend dargethan ist. Wer aus der Existenz eines solchen Sonderrechtes Ansprüche herleitet, hat es zu erweisen, und dazu genügt nicht die Thatsache, daß die Gemeinde die Nutzung durch ihre Mitglieder bisher zugelassen hat, sondern es ist der Nachweis darüber erforderlich, daß jene zu dieser Zulassung den Einzelnen gegenüber rechtlich verpflichtet war.

Nr. 13. Entsch. Bd. XXVII. S. 106 vom 23. Januar 1895. II C 135/94.

Rh. Gem.-Ordn. v. 23. VII. 45 (G.-S. S. 523) §§ 14, 15, 18, 114, 115. Instr. v. 15. XI. 47 (M.-Bl. S. 311 über Einführung der Eintritts- und Einkaufsgelder. Zust.-Ges. § 34.

1) Die den Verwaltungsgerichten im § 34 Abs. 1 Nr. 1 und Abs. 2 des Zust.-Ges. verliehene Zuständigkeit, über das Recht zur Teilnahme an den Nutzungen des Gemeindevermögens zu entscheiden, erstreckt sich auch auf solche Klageanträge, welche auf Wiedererstattung angezahlter Einkaufsgelder und auf Entschädigung wegen Versagung der Teilnahme an jenen Nutzungen gerichtet sind.

2) Wenn die Regierung — als vormalige Kommunalaufsichtsbehörde den Beschluß des Gemeinderates einer Rheinischen Gemeinde, der für einzelne Einwohnerklassen die Zulassung zur Teilnahme an den Gemeindenutzungen an die Entrichtung eines Einkaufsgeldes knüpfte, genehmigt hat, so durfte sie die einmal erteilte Genehmigung nicht ohne weiteres zurücknehmen, weil sie den Beschluß nachträglich für gesetzwidrig erachtete. Denn es können nach den maßgebenden Bestimmungen die zum Vorteile der Gemeindekasse eingeführten Abgaben und Einkaufsgelder ohne Antrag der Gemeinde nicht wieder aufgehoben oder ermäßigt werden.

Gelangt die Aufsichtsbehörde zu der Ansicht, daß der von ihr genehmigte Beschluß entweder von Anfang an gesetzwidrig gewesen oder zufolge eines späteren Gesetzes gesetzwidrig geworden sei, so bedarf es einer eigentlichen Aufhebung des Beschlusses auch garnicht; es genügt, daß sie dieser ihrer Ansicht Ausdruck verleiht und die daraus sich ergebenden Konsequenzen zieht.

G. Gemeindehaushalt. Staatsaufsicht, insbesondere Zwangsetatisierung.

Nr. 1. Entsch. Bd. II. S. 186 vom 30. Juni 1877.

A. L.-R. Teil II Tit. 6 §§ 26, 64, 65. Land-Gem.-Ordn. v. 3. VII. 91 (G.-S. S. 233) § 102 ff.

1) Die Annahme ist nicht haltbar, daß Mehrheitsbeschlüsse einer Gemeinde über zu leistende Beiträge nur dann die Minderheit verpflichten, wenn der Gegenstand der Geldausgabe durch ein ausdrückliches Gesetz oder eine besondere Rechtsnorm als innerhalb der Gemeindezwecke liegend anerkannt sei. Die Annahme steht ebenso im Widerspruche mit der geschichtlichen Entstehung der deutschen Gemeinden, wie mit der täglichen Übung der Gemeinden und der Behörden.

Die deutsche Gemeinde umfaßt ihrer Entstehung und ihrem Wesen nach einen allgemeinen Komplex wirtschaftlicher, gesellschaftlicher und politischer Zwecke, den die neuere Gesetzgebung nur durch das staatliche Aufsichtsrecht begrenzt hat.

Dem entsprechend gilt als eine der ersten Aufgaben die Fürsorge für die Wege, die Herbeiführung und Verbesserung der Verkehrsverbindungen. Hiermit stimmt auch das A. L.-R. in Tl. II Tit. 7 § 37, Tit. 12 §§ 13ff. überein. Es ist deshalb nie in Zweifel gezogen worden, daß auch in Preußen die Gemeinden berechtigt sind, für den Bau von Kunststraßen, die den Gemeindebezirk durchschneiden oder berühren, oder von denen — selbst wenn dies nicht der Fall ist — die Gemeinde doch Vorteile hat, indem die Straßen den Verkehr nach außen erleichtern, Beiträge durch Mehrheitsbeschlüsse mit Genehmigung der zuständigen Aufsichtsbehörde zu bewilligen. Auch die nur subsidiäre Regel der §§ 64, 65 A. L.-R. II 6 wegen des Erfordernisses einhelliger Beschlüsse für bestimmte Angelegenheiten steht dieser Auffassung nicht entgegen. Im § 64 deutet das Wort „Stiftsverfassung“ darauf hin, daß dabei zunächst an Korporationen gedacht ist, die durch schriftliche Verträge errichtet, bezw. durch landesherrliche Stiftungsbriefe ins Leben gerufen sind. Aber selbst wenn man diesen „Stiftsverfassungen“ die Urverfassung der Gemeinden gleichstellt, so erfordert § 64 für den vorliegenden Fall nicht die Einwilligung aller Gemeindemitglieder, weil eben die Fürsorge für die Verkehrsverbindungen in der Urverfassung der deutschen Gemeinde liegt. § 65 aber unterstützt nur obige Auffassung, da zur Erfüllung des Zweckes der Gemeinde“ das Vorhandensein möglichst guter Verkehrsverbindungen gehört.

Nr. 2. Entsch. Bd. XII. S. 155 vom 25. Februar 1885. I C 176/84.

Zust. Ges. § 47. Komm.-Abg.-Ges. v. 14. VII. 93 (G.-S. S. 152) § 69ff.

1) Wenn eine Gemeinde mit Genehmigung der Aufsichtsbehörde beschließt, sämmtliche für Kirchen- und Schulzwecke innerhalb dieser Gemeinde aufzubringenden baren Abgaben und Leistungen, einschließlich der Hand- und Spanndienste, die in Zukunft gegen Barzahlung verdungen werden sollen, als Gemeindelast zu übernehmen; wenn später von den Vertretern der Kirchengemeinde und von denen der Schulgemeinde, ebenfalls mit Genehmigung der Aufsichtsbehörde, beschlossen wird, das Küster- und Schulhaus neu zu bauen und die Baukosten nach Abzug der Patronatslasten zur Hälfte auf die Kirchengemeinde und zur Hälfte auf die Schulgemeinde zu übernehmen, und wenn dann endlich der Gemeindevorstand später auf einen im Gemeindebezirk mit Acker und Wiesen angesessenen Rittergutsbesitzer Gemeindesteuern ausschreibt, von deren Betrage ein Teil auf die Kosten zu dem Neubau des Schul- und Küsterhauses entfällt, so handelt es sich, wenn der Rittergutsbesitzer hiegegen reklamiert, nicht um einen Streit zwischen den zum Bau und zur Unterhaltung der Schule und der Küsterei Verpflichteten, sondern um die Veranlagung eines Gemeindemitgliedes zu den Gemeindeabgaben. Denn hat die Gemeinde neue Lasten übernommen und schreibt sie zur Erfüllung der übernommenen Verpflichtung Steuern aus, so haben diese die Natur wirklicher Gemeindesteuern.

2) Das preußische Recht giebt keine Definition des Begriffes der „Gemeinde“ und ihrer Aufgaben. Es läßt es in dieser Beziehung bei den gemeinen Rechten bewenden. Nach gemeinem deutschem Rechte verfolgt aber die Gemeinde (vgl. E.-O.-V. Bd. II S. 190 —) nicht einen mehr oder weniger vereinzelten Zweck, sondern sie hat die Bestimmung, alle Beziehungen des öffentlichen Lebens in sich aufzunehmen.[1]) Die Gemeinde kann hiernach alles in den Bereich ihrer Wirksamkeit ziehen, was die Wohlfahrt des Ganzen, die materiellen Interessen und die geistige Entwickelung des Einzelnen fördert. Sie kann

---

[1]) Für das Herzogtum Nassau ist die Aufgabe der Landgemeinden zur Unterhaltung von Zuchtvieh in einer Entsch. v. 4. XI. 93 (Pr. V.-Bl. Bd. XV S. 313) anerkannt.

gemeinnützige Anstalten, die hierzu dienen, einrichten, übernehmen und unterstützen. Die Autonomie der Gemeinde wird auf allen diesen Gebieten nur durch das staatliche Aufsichtsrecht begrenzt. Deshalb liegt es in der Befugnis der Gemeinde, Schulen zu errichten, zu übernehmen, zu unterstützen, Lasten ihrer Angehörigen für die Schule auf sich zu nehmen (E.-O.-V. III S. 125). Ein Gleiches gilt hinsichtlich der Kirchen und der kirchlichen Lasten, denn die kirchlichen Institutionen fördern die Wohlfahrt der Gemeinden und ihrer Angehörigen gewiß in nicht minderem Maße als Volks- und gelehrte Schulen. Auch hier haben die Aufsichtsbehörden nur die Angemessenheit der Zuwendungen zu prüfen.

3) Beschlüsse der bürgerlichen Gemeinden, Lasten ihrer Angehörigen für kirchliche oder Schulzwecke mit Genehmigung der Kommunalaufsichtsbehörden zu übernehmen, bedürfen, wenn es sich nicht darum handelt, bestehende kirchliche oder Schulanstalten zu solchen der bürgerlichen Gemeinde zu machen, zu ihrer Rechtsverbindlichkeit für die Mitglieder der letzteren weder der Zustimmung der Kirchen- oder der Schulgemeinde, noch der kirchlichen oder Schulaufsichtsbehörden.

Nr. 3. Entsch. Bd. XVI. S. 218 vom 10. März 1888. I B 4/88.

Land-Gem. Ordn. v. 3. VII. 91 (G.-S. S. 233) §§ 139, 141.

1) Die Zwangsetatisierung gemäß § 141 der Land-Gem.-Ordn. darf erst dann erfolgen, wenn die bezügliche, der Landgemeinde gesetzlich obliegende Leistung von der Behörde innerhalb ihrer Zuständigkeit festgestellt worden ist. Die Feststellung muß der die Zwangsetatisierung aussprechenden Verfügung vorausgehen, letztere setzt voraus, daß die Feststellung erfolgt ist und die Gemeinde die ihr dadurch aufgegebene Leistung unterläßt. Ist die zuständige Behörde der Landrat selbst, so darf er sonach Feststellung und Zwangsetatisierung nicht in einer Verfügung verbinden. Vgl. E.-O.-V. Bd. VIII S. 49[1]).

Ist der Landrat als Kommunalaufsichtsbehörde zur Feststellung der Leistung zuständig, so kann in der seitens des Kreisausschusses an die Gemeinde wiederholt gerichteten Zahlungsaufforderung ein Ersatz für die ausdrückliche Feststellung nicht gefunden werden.

2) Allerdings sind die Landgemeinden befugt, durch Mehrheit der Stimmen mit verbindlicher Kraft für sämmtliche Gemeindemitglieder auch solche Ausgaben, die nicht mittels besonderer Rechtsnorm als innerhalb der Gemeindezwecke liegend anerkannt sind, insbesondere Ausgaben für den Bau von Kunststraßen zu beschließen und, da den Gemeinden das Besteuerungsrecht ihrer Mitglieder zur Erfüllung nicht nur der ihnen gesetzlich obliegenden, sondern auch der kraft gesetzlicher Befugnis von ihnen freiwillig übernommenen Leistungen zusteht, behufs Deckung solcher Ausgaben die Gemeindemitglieder mit Abgaben zu belasten. Daraus erfolgt aber nicht ohne weiteres die Zuständigkeit der Aufsichts- oder einer anderen Behörde, einer Landgemeinde die Erfüllung einer von ihr kraft gesetzlicher Befugnis freiwillig, bezw. vertragsmäßig übernommenen Leistung mit der Wirkung aufzugeben, daß im Weigerungsfalle vom Landrate gemäß § 141 a. a. O. gegen sie eingeschritten werden kann. Zuständig ist die Aufsichtsbehörde nur zur Feststellung der „den Gemeinden gesetzlich obliegenden Leistungen". Unter diesen sind nur solche zu verstehen, die ihnen durch das Gesetz, bezw. durch eine nach Maßgabe des Gesetzes von der zuständigen Behörde gefaßte Entschließung auferlegt sind, vgl. E.-O.-V. Bd. VI S. 170.

---

[1]) Oben S. 112.

3) Nach dem in Preußen geltenden öffentlichen Rechte besteht weder für die Kreise die **Verpflichtung zum Bau von Chausseen, noch für die Gemeinden die Verpflichtung zur Gewährung von Zuschüssen zu solchen Bauten.** Vgl. E.-O.-V. Bd. II S. 267, Bd. III S. 184, Bd. IV S. 247, Bd. VII S. 258, Bd. XI S. 214. Verpflichtet sich also eine Gemeinde dem Kreise gegenüber freiwillig zu einem solchen Zuschusse, so erfüllt sie keine ihr gesetzlich obliegende Verbindlichkeit, es entsteht zwischen ihr und dem Kreise lediglich ein privatrechtliches Vertragsverhältnis. Zweifellos kann freilich die Aufsichtsbehörde aus Gründen des öffentlichen Interesses an die sich weigernde Gemeinde die Aufforderung zur Erfüllung ergehen lassen, doch muß der Streit selbst vor dem Zivilrichter zum Austrage gebracht werden.

Nr. 4. Entsch. Bd. XVIII. S. 140 vom 7. September 1889. I B 2/89.

Hann. Land.-Verf.-Ges. v. 6. VIII. 40 (G.-S. S. 141) §§ 46, 53. Hann. Land-Gem.-Ordn. v. 28. IV. 59 (G.-S. S. 393) §§ 40, 42, 52. Hann. rev. Amts-Ordn. v. 10. V. 59 (G.-S. S. 483) § 8. Hann. Kr.-Ordn. v. 6. V. 84 (G.-S. S. 181) § 24ff. Vd. v. 20. IX. 67 (G.-S. S. 1529) über die Polizeiverwaltung in den neuerworbenen Landesteilen, §§ 3, 4. L.-V.-G. § 127ff.; Zust.-Ges. §§ 17, 33, 35.

1) Dem Magistrate einer hannoverschen Stadt war seitens des Landrates im Interesse der öffentlichen Sicherheit aufgegeben worden, die Nachtwachen zu verstärken, die Straßenbeleuchtung zu erweitern und die Kosten für die Beschaffung und Unterhaltung dieser neuen Einrichtungen auf den städtischen Haushalt zu übernehmen. Dies konnte gemäß § 35 des Zust.-Ges. **nicht lediglich aus dem Grunde für unzulässig** erklärt werden, **weil die Feststellung durch eine polizeiliche Anordnung erfolgt** sein soll. Die Zwangsetatisierung findet zwar als ein subsidiäres Verfahren nicht statt, wenn einmal die Verpflichtung zur Leistung durch rechtskräftige Urteile der ordentlichen Gerichte festgestellt und durch deren Vollstreckung zu erfüllen ist, ferner auch dann nicht, wenn überhaupt eine andere Form zur Durchführung der festgestellten Verpflichtung gesetzlich vorgesehen ist. Diese Voraussetzung trifft bei unanfechtbar gewordenen polizeilichen Anordnungen u. s. w. dann nicht zu, wenn in der nach einem Haushaltsplane wirtschaftenden Gemeinde dem Gemeindevorstande Mittel zur Bestreitung der festgestellten Leistung durch den Etat nicht zur Verfügung gestellt sind, und wenn die etats- oder außeretatsmäßige Bewilligung durch die Gemeinde verweigert wird. Vgl. E.-O.-V. Bd. XIII S. 61.

Bezüglich der Frage, ob und inwieweit **Feststellungen, daß eine zu polizeilichen Zwecken erforderliche Leistung der Gemeinde als eine gesetzliche Pflicht obliegt, in die Zuständigkeit der Kommunalaufsichtsbehörde** fallen, ist folgendes zu beachten. Handelt es sich lediglich darum, der Gemeinde die Erhaltung ihres Eigentums in einer den polizeilichen Anforderungen entsprechenden Zustande aufzuerlegen, so würde die Feststellung des zu Geschehenden nur durch Anordnung im Sinne des § 127 L.-V.-G. erfolgen können. Als Korporationen des öffentlichen Rechtes liegt aber den Gemeinden noch eine weitere Verbindlichkeit ob, als den Privaten, nämlich die zu Leistungen und Ausgaben, die infolge polizeilicher Einrichtungen erforderlich werden und Dritten nicht zur Last fallen. Die Erfüllung dieser Verbindlichkeit vollzieht sich in zwiefacher Art. Entweder hat die Gemeinde die zur Erreichung der polizeilichen Aufgaben unentbehrlichen Anstalten und Einrichtungen selbstthätig errichtet und verwaltet sie unter Schutz und Aufsicht der Polizei, wie alle sonstigen Kommunalanstalten. In diesem Falle steht sie der Polizeibehörde genau in derselben Weise gegenüber, wie ein Privatmann, der sein Eigentum den öffentlichen Interessen entsprechend gestalten muß; die bezügliche Anforderung muß also durch Verfügung der die Polizei handhabenden Behörde festgestellt werden. Oder sie überweist der Polizeibehörde nur die erforderlichen Geldmittel zur

Ausführung der von ihr für erforderlich erachteten und selbstthätig ohne weitere Mitwirkung der Gemeinde ins Werk gesetzten Maßregeln und Einrichtungen. Bei Anforderungen dieser Art handelt es sich nicht um die in Erfüllung ihrer Aufgaben nach außen hervortretende Wirksamkeit der Polizeigewalt, um keine Handlung zur Herstellung eines polizeimäßigen Zustandes, sondern um die Beschaffung der Geldmittel zur Regelung des inneren Dienstbetriebes der Polizei. Diese Anforderungen können nicht im Wege der persönlichen Anordnung von der Polizeibehörde, sondern nur von der Aufsichtsbehörde ausgehen.

Dem entsprechend sind auch die Rechtsmittel durchaus verschiedenartig gestaltet, woraus hervorgeht, daß in Fällen, wo die Aufsichtsbehörde einzuschreiten hat, diese nicht in die Funktionen der Polizeibehörde beliebig eintreten und dadurch den Gemeinden den Schutz der Rechtskontrolle in dem für die letzteren besonders geordneten Instanzenzuge und Verfahren willkürlich entziehen darf. Vgl. E.-O.-V. Bd. XV S. 418.

Diese Grundsätze sind auch für Hannover maßgebend, trotz der Vereinigung der Polizei- und Kommunalaufsichtsbehörde in derselben Person hinsichtlich der Landgemeinden und der nach der Land-Gem.-Ordn. v. 28. IV. 59 verwalteten Städte. Handelt es sich um Herstellung des polizeimäßigen Zustandes rücksichtlich einer zur Befriedigung eines polizeilichen Bedürfnisses errichteten Kommunalanstalt (z. B. um Anzahl und Art der städtischen Straßenlaternen) so ist der Umfang der gesetzlichen Pflicht der Gemeinde nach § 127 L.-V.-G. durch die Ortspolizeibehörde festzustellen, und es stehen hiergegen lediglich die Rechtsmittel gegen polizeiliche Verfügungen zu. Ist die polizeiliche Anordnung unanfechtbar geworden und demnächst die zwangsweise Eintragung der Leistung in den Etat verfügt, so kann in der Klage hiergegen die Anordnung selbst nicht nachträglich angefochten werden. Der Verwaltungsrichter hat bei der Klage gegen die Zwangsetatisierung **nicht die Zweckmäßigkeit, sondern lediglich die Gesetzmäßigkeit der Feststellung** zu prüfen. Vgl. E.-O.-V. Bd. XIV S. 107[1]). Stellt sich bei dieser Prüfung heraus, daß die Feststellung von der Kommunalaufsichtsbehörde getroffen ist, obwohl die Polizeibehörde zuständig war (wie im vorliegenden Falle), so ist die Klage gerechtfertigt[2]).

Nr. 5. Entsch. Bd. XIX. S. 167 vom 8. Januar 1890. I B 32/89.

Zust.-Ges. §§ 17, 33, 35. Land-Gem.-Ordn. v. 3. VII. 91 (G.-S. S. 233) §§ 121, 141.

Unter den „der Gemeinde gesetzlich obliegenden" Leistungen im Sinne des § 35 des Zust.-Ges. sind alle diejenigen Leistungen zu verstehen, die, abgesehen von gerichtlichen Erkenntnissen, deren Exekution anderweit durch §§ 17, 33 Nr. 4 a. a. O. geregelt ist, durch ein Staatsgesetz oder durch eine nach Maßgabe der Staatsgesetze gefaßte Entschließung der in diesen hierzu berufenen Behörde der Gemeinde auferlegt sind, mag die gesetzliche Verpflichtung lediglich und ausschließlich für öffentliche Korporationen (z. B. öffentliche Armenpflege) oder auch für Private (z. B. Deichkosten, Fortschreibungs-

[1]) Oben S. 181. Ebenso Entsch. v. 4. XII. 86 (Pr. V.-Bl. Bd. VIII S. 164).

[2]) In einem Falle, wo die Gemeinden die Löschgeräte selbst (und nicht etwa bloß die erforderlichen Geldmittel) vorzuhalten haben, kann den einen Spritzenverband bildenden Gemeinden die Beschaffung einer Feuerspritze durch Polizeiverfügung aufgegeben werden. Wird die die Leistung feststellende Verfügung rechtskräftig, so kann seitens des Landrates zwangsetatisiert werden. Entsch. v. 21. VI. 95 (Pr. V.-Bl. Bd. XVII S. 83). Ebenso ist nur die Polizeibehörde zur Feststellung zuständig, wenn von der Gemeinde die Anstellung eines Nachtwächters verlangt wird. Entsch. v. 11. II. 91 (Pr. V.-Bl. Bd. XII S. 541). Dieselbe Entsch. führt aus, daß Zwangsetatisierungs-Verfügungen nicht unvollständig sein dürfen, daß sie insbesondere genügend zum Ausdrucke bringen müssen, was der von der Behörde in Anspruch Genommene leisten soll.

gebühren u. s. w.) entstehen können, sofern nur zu einer für die Gemeinde verbindlichen Feststellung nicht ausschließlich die Gerichte, sondern neben den Gerichten oder an ihrer Stelle eine andere öffentliche Behörde zuständig ist. Es ist also nicht zutreffend, daß sich der auf Zwangsetatisierungen beziehende § 35 nur auf solche Leistungen beziehe, zu denen die Gemeinde in ihrer Eigenschaft als öffentlich-rechtliche Korporation verpflichtet ist, nicht aber auf solche, die der Gemeinde gleich jedem anderen Privaten lediglich in der Eigenschaft als Subjekt an Privatrechten obliegen. Vgl. E.-O.-V. Bd. VI S. 171, Bd. XIII S. 58, Bd. XVI S. 218.

Nr. 6. Entsch. Bd. XXIII. S. 79 vom 1. November 1892.

Rh. Gem.-Ordn. v. 23. VII. 45 (G.-S. S. 523) §§ 85, 89. Zust.-Ges. §§ 24, 29, 35.

Der Landrat führt als Vorsitzender des Kreisausschusses nach § 24 des Zust.-Ges. die Aufsicht des Staates über die Landgemeinden und Bürgermeistereien in der Rheinprovinz. Findet er in den ihm vorgelegten Etats irgendwelche Verstöße, so hat er entweder nach § 29 Zust.-Ges. den Bürgermeister anzuweisen, den Beschluß der Gemeinderäte zu beanstanden oder nach § 35 a. a. O. die Eintragung in den Etat zu verfügen.[1]) Im ersteren Falle steht dem Gemeinderate die Klage gegen die Beanstandung des Bürgermeisters im Verwaltungsstreitverfahren, im letzteren der Gemeinde die Klage gegen die landrätliche Verfügung zu.

Hält der Landrat noch weitere Ermittelungen für notwendig, von deren Resultat sein Beschluß abhängig gemacht wird, so kann er nach § 24 des Zust.-Ges. von Aufsichtswegen anordnen, vorläufig auf die betreffenden Posten des Etats keine Ausgabe anzuweisen. In einem solchen Falle steht der Gemeinde ein Klagerecht nicht zu, sondern nur der Weg der Beschwerde beim Regierungs-Präsidenten. Weitere Rechte sind dem Landrate als Aufsichtsbehörde entzogen, insbesondere steht ihm nicht die „Beanstandung" des Etats oder von Beschlüssen der Gemeindebehörden zu. (§ 29 Abs. 2 Zust.-Ges.) Demnach kann eine Verfügung des Landrates „bis nach anderweiter Festsetzung der Dienstunkosten jede Verrechnung von Ausgaben auf die in Betracht kommenden Etatspositionen zu unterlassen" nicht als eine „Beanstandung", sondern lediglich als eine aus dem allgemeinen Aufsichtsrechte fließende getroffene Anordnung angesehen werden, gegen die nur die Beschwerde zulässig ist.

Nr. 7. Entsch. Bd. XXVI. S. 138 vom 21. März 1894. I C 116,93.

Ges. v. 11. III. 50 (G.-S. S. 265) über die Polizeiverwaltung, §§ 1—4. Rh. Kr.-Ordn. v. 30. V. 87 (G.-S. S. 209) § 32. Zust.-Ges. §§ 24, 35.

1) Die von den rheinischen Land-Bürgermeistern im Namen des Königs geführte Ortspolizei-Verwaltung ist eine Staats-, aber keine Gemeinde-Angelegenheit oder -Einrichtung, wenngleich die Kosten von der Gemeinde zu tragen sind. Die Regelung des inneren Dienstbetriebes

[1]) Ebensowenig ist in der Land-Gem.-Ordn. v. 3. VII. 91 der Aufsichtsbehörde die Befugnis vorbehalten, den Etat zu bestätigen, ihrerseits festzustellen und — abgesehen vom Zwangsetatisierungsverfahren — zu ergänzen. Sind Aufsichtsbehörde und Gemeindeorgane darüber einig, für welche Zwecke und in welchen Beträgen Ausgaben von der Gemeinde zu leisten sind und besteht Streit nur darüber, in welcher Art die Deckung der Ausgaben erfolgen soll, verlangt z. B. die Aufsichtsbehörde, daß die Deckungsmittel durch Nutzbarmachung der Gemeindegrundstücke und -Kapitalien als eines Gemeindevermögens beschafft werden, während die Gemeinde für jene die Eigenschaft eines Gemeindegliedervermögens behauptet, so ist keine von der Gemeinde verweigerte Leistung streitig. Die Aufsichtsbehörde ist daher nicht befugt die Erträgnisse dieses Vermögens den angeblich berechtigten Gemeindegliedern zu entziehen und unter Bezugnahme auf § 141 a. a. O. zwangsweise in den Etat einzustellen. Entsch. v. 11. VI. 95 (Pr. V.-Bl. Bd. XVII S. 94).

der Gemeinde und ihrer gesammten Organisation untersteht der Polizeiaufsicht, die demgemäß festzustellen hat, in welcher Weise und mit welchem Geldaufwande die dieserhalb bestehenden örtlichen Einrichtungen, insbesondere durch Vermehrung der Exekutivorgane in den einzelnen zur Land-Bürgermeisterei gehörenden Gemeinden zu vervollständigen sind, während die Kommunalaufsicht die Gewährung der Geldmittel, falls sie von der Gemeinde abgelehnt wird, gegen diese als eine gesetzliche Leistung zwecks künftiger Zwangsetatisierung festzustellen hat. Diese Feststellung gemeinsam sowohl von Polizei- als von Kommunal-Aufsichtswegen zu treffen, ist der Regierungspräsident ermächtigt; die gleiche Befugnis steht dem Landrate zu gegenüber den Landgemeinden, aber nicht gegenüber den Städten, weil er über diese zwar die polizeiliche, aber nicht die kommunale Aufsicht führt. Vgl. E.-O.-V. Bd. XX S. 65, 71, Bd. XXV S. 41.[1])

2) Die Pflicht der Gemeinde, zu den Kosten der Organisation und des inneren Dienstbetriebes der Polizei Ausgaben zu leisten, ist durch die Aufsichtsbehörde festzustellen, dagegen ist zu der Anforderung, daß und wie eine polizeilichen Zwecken dienende Kommunalanstalt vervollständigt werden soll, lediglich die Ortspolizeibehörde im Wege der polizeilichen Verfügung zuständig. Und wenn in E.-O.-V. Bd. XVIII S. 145[2]) als solche Anstalten neben der damals streitigen Straßenbeleuchtung noch das Armen- und Wegewesen, die Seuchenlazarette, das Feuerlösch- und Nachtwachwesen bezeichnet sind, so ist schon auf S. 148 hervorgehoben, daß die Frage, welche Einrichtungen hierher zu rechnen, mangels positiver Gesetzesnormen, wie sie z. B. für das Armen- und Wegewesen bestehen, im Einzelfalle nach der thatsächlichen, historischen Entwickelung zu beantworten bleibt. Dies kommt insbesondere in Betracht bezüglich des Nachtwachwesens, daß im § 37[6] A. L.-R. II 7 zu einer Reihelast der Einwohner der Landgemeinden erklärt und auch außerhalb der Geltung dieser Norm fast ausnahmslos als eine Gemeindeanstalt organisiert ist, so daß deren notwendige Verbesserung der Anordnung der Ortspolizeibehörde vorbehalten werden muß. Diese ausnahmsweise und regelwidrige Ausgestaltung des Nachtwachwesens berechtigt indessen nicht zu der Schlußfolgerung, daß nun auch die Ausstattung der Ortspolizeiverwaltung mit den zur Erfüllung ihrer sonstigen Aufgaben erforderlichen Exekutivkräften, daß die gesammte Organisation dieser Verwaltung eine Einrichtung bilde, über die die Gemeinde, weil sie deren Kosten trage, auch im übrigen selbstthätig zu befinden habe, daß deren Verbesserung der Herstellung polizeimäßiger Zustände in der Außenwelt gleichstehe und demzufolge von der Ortspolizei selbst durch Polizeiverfügung erfordert und erzwungen werden könne. Die Polizeibehörde überschreitet, indem sie einer oder mehreren Gemeinden die Vermehrung des Exekutivpersonals und die Verbesserung der Organisation der Polizeiverwaltung durch Verfügung aufgiebt, ihre Zuständigkeit und greift ein in die der Polizei- und Kommunal-Aufsichts-Instanzen.

Nr. 8. Entsch. Bd. XXVI. S. 141 vom 3. Februar 1894. I B 29/93.

Ges. v. 11. III. 50 (G.-S. S. 265) über die Polizeiverwaltung, §§ 1—4. Westf. Kr.-Ordn. v. 31. VII. 86 (G.-S. S. 217) §§ 32, 80. Westf. Land-Gem.-Ordn. v. 19. III. 56 (G.-S. S. 265) §§ 5, 69, 74. Zust.-Ges. §§ 24, 35.

1) Wenn von einem Amtsverbande die Bereitstellung der Mittel dafür verlangt wird, daß die Ortspolizeibehörde ein Gefängnis nebst Polizei-

---

[1]) Oben S. 182, 183.
[2]) Oben S. 272 f.

diener-Wohnung in der Nähe des Amtssitzes errichten könne, so handelt es sich um eine polizeiliche Einrichtung für den inneren Dienstbetrieb. Die Feststellung, sowohl daß diese Einrichtung polizeilich notwendig, als auch, daß sie vom Amtsverbande zu beschaffen sei, könnte gemäß § 4 des Polizeiges. v. 11. III. 50 vom Regierungspräsidenten ausgehen. Sie darf aber auch in ersterer Hinsicht von der Polizei- und in der zweiten von der Kommunal-Aufsichtsbehörde ausgehen, vgl. E.-O.-V. Bd. XX S. 68 [1]), mithin auch von dem Landrate, der beide Funktionen in sich vereinigt.

2) Während ihn die Polizei-Aufsicht als Geschäft der allgemeinen Landesverwaltung obliegt, übt er die Kommunal-Aufsicht als Vorsitzender des Kreisausschusses. Es erscheint zum mindesten zweifelhaft, ob ihm nicht die Zwangsetatisierung gegen Landgemeinden ebenfalls in letzterer Eigenschaft zusteht. Doch kann diese Frage unerörtert bleiben, wenn die Verfügungen, durch deren erste eine Leistung festgestellt und durch deren zweite sie zwangsetatisiert wird, vom Landrate in Person und unter Anführung seiner beiden Eigenschaften als „Landrat" und als „Vorsitzender des Kreisausschusses" unterzeichnet sind. Das Amt des Landrates ist ein einheitliches, vermöge dessen er nicht bloß die Landesverwaltung im Kreise, sondern auch als Vorsitzender des Kreisausschusses die Kreis-Kommunalverwaltung führt, so zwar, daß er bei den Geschäften letzterer Art nicht durch den Kreissekretär, sondern durch das sogen. gewählte Mitglied vertreten wird. Diese zwiespältige Regelung der Vertretung hebt indessen die organische Einheit des Amtes nicht auf. Da die Aufsicht über die Landgemeinden ein staatliches Geschäft ist, so hat die Bestimmung des § 24 des Zust.-Ges., wonach er hierbei als Vorsitzender des Kreisausschusses handelt, nur die Bedeutung, daß er in dieser Aufsichtsführung nicht von dem Kreissekretär vertreten werden soll. So wenig ein Kommunalaufsichtsakt dadurch allein, daß der Landrat ohne den Zusatz „Vorsitzender des Kreisausschusses" unterzeichnet, als von unzuständiger Stelle erlassen unwirksam wird, so wenig werden sonstige Akte der Landesverwaltung dadurch rechtsverbindlich, daß er seiner Firma „Landrat" noch die weitere Bezeichnung „Vorsitzender des Kreisausschusses" vielleicht inkorrekter Weise hinzufügt.

3) Die Kosten, die aus der Thätigkeit des Verwaltungsorganismus, durch den polizeilichen Dienstbetrieb selbst erwachsen, gehören auch ohne Beschluß der zu dem Amte gehörigen Einzelgemeinden zu den „Gegenständen des Amtskommunalverbandes" und sind von diesem zu tragen, somit auch die der Polizeigefängnisse, im Gegensatze zu den Aufwendungen zur Erfüllung derjenigen materiellen Aufgaben, deren Pflege der Obhut der Polizei anvertraut ist. Vgl. E.-O.-V. Bd. VII S. 125.[2])

4) Die Feststellung der Leistung ist nicht auf Notwendigkeit und Angemessenheit, sondern nur auf ihre Rechtmäßigkeit, in thatsächlicher Beziehung somit nur dahin zu prüfen, ob sie als so absolut zweckwidrig und untauglich sich darstellt, daß sie als völlig willkürlich erscheinen muß. Wenn im Interesse eines geordneten Dienstbetriebes und der Aufrechterhaltung der Ruhe und Sicherheit die Aufsichtsbehörde es für geboten erachtet, daß der Polizeibehörde ein näher liegendes Gefängnis und ein Exekutivorgan jeder Zeit zur Verfügung stehen, so beruhen diese Erwägungen sämmtlich auf objektiven polizeilichen Momenten und entbehren, selbst wenn die Behörde in der Abwägung geirrt, die zeitigen Unzuträglichkeiten und Gefahren überschätzt haben sollte, nicht so völlig einer thatsächlichen Grundlage, daß die Anforderung als eine willkürliche und rechtswidrige bezeichnet werden könnte.

---

[1]) Oben S. 182.
[2]) Oben S. 128.

Nr. 9. Entsch. Bd. XXVIII. S. 108 vom 5. April 1895. I B 60/94.

Vd. v. 20. IX. 67 (G.=S. S. 1529) über die Polizeiverwaltung in den neu erworbenen Landesteilen, § 3. Hann. Land.=Verf.=Ges. v. 6. VIII. 40 (G.=S. S. 144) § 46.

Die Kosten notwendiger Ermittelungen und Untersuchungen, insbesondere auch technischer Vorarbeiten behufs Gewinnung von Unterlagen für die Entschließung der Polizeibehörde darüber, in welchem Sinne und an wen feuerpolizeiliche Anforderungen zur Beseitigung des in einer Gemeinde herrschenden Wassermangels zu stellen sind, kennzeichnen sich nicht als von der Gemeinde zu übernehmende Ausgaben für die Herstellung eines polizeimäßigen Zustandes, sondern gehören zu den Kosten des unmittelbaren Dienstbetriebes der Polizeibehörde und fallen demjenigen zur Last, der die sächlichen Amtsunkosten der letzteren zu tragen hat.

VI.

Kommunalabgabenrecht.

Litteratur: Kommentare zum Kommunalabgabengesetz von Adickes 1894, Dr. Bornhak 1893, Kautz in Illing=Kautz Bd. II, 6. Aufl. 1895, Luks 1894, Mahraun 1893, Nöll 2. Aufl. 1896, Oertel 1894, Reimann 1894, Schaff 1895, Schwarz 1894, Dr. Strutz 3. Aufl. 1895. — Bullermann: Hilfsbuch zur Ausführung des Kommunalabgabenrechts in kleineren Landgemeinden, Berlin 1894. — Hacker: Handbuch der gesetzlichen Bestimmungen über das Kommunalabgabenwesen 1895. — v. Kamptz: Anleitung für die Gemeinden zur Neuordnung des Gemeindeabgabenwesens, Berlin 1895. — Lehrbücher des Verwaltungsrechtes von Bornhak Bd. II S. 153 ff., Grotefend Bd. I S. 641 ff., Löning S. 187 ff., G. Meyer Bd. II (2. Aufl.) S. 285 ff., Freiherr von Reitzenstein in v. Stengels Wörterbuch; derselbe in Schönbergs Handbuch der politischen Ökonomie. — Schön: Recht der Kommunalverbände in Preußen 1897, S. 221 ff. — L. Herrfurth und F. Nöll: Kommunalabgabengesetz v. 27. VII. 85, 2. Aufl. 1888.

Kommentare zum Einkommensteuergesetz von Fuisting 3. Aufl. 1894, kleine Ausgabe 1896, Krause 1891, Meitzen 1892, Menzen 1891, Zweigert 1892.

Kommentare zum Gewerbesteuergesetz von Fuisting 1893, kleine Ausgabe 1895, Falkmann 1893, Kolisch 1891, Neukamp 1891.

Älteres Recht: Grotefend: Grundsätze des Kommunalsteuerwesens in den östlichen und westlichen Provinzen des Preußischen Staates 1874. — Knoblauch: Gesetzgebung der Königl. preußischen Städte in Hinsicht der Kommunalsteuerangelegenheiten, in der Zeitschrift für Städtegesetzgebung, Jahrg. 1858. — Lindemann: Die auf die Kommunalbesteuerung bezüglichen Gesetze in den älteren Provinzen des Preußischen Staates 1886. — Schimmelpfennig: Die Kommunalabgaben in den Städten und Landgemeinden 1859. — Strutz: Kommunalverbände 1888.

Materialien: Kommunalabgabengesetz vom 14. Juli 1893. Abg.=Haus, Session 1892/93. Drucksachen Nr. 7. 128. 217. 245. 272. — Sten.=Ber. S. 209—265. 1953—2200. 2285. 2346. 2490—2501. — Herrenhaus. Drucks. Nr. 79. 90. 98. — Sten.=Ber. S. 246. 308. — Novelle zum Kommunalabgabengesetz vom 30. Juli 1895. Abg.=Haus. Drucks. Nr. 134. 182. 193. 320. — Sten.=Ber. S. 1793—1801. 2197—2212. 2746—2750. — Herrenhaus. Drucks. Nr. 102. 124. 126. — Sten.=Ber. S. 324.

Einkommensteuergesetz vom 24. Juni 1891. Abg.=Haus, Session 1890/91. Drucks. Nr. 5. 75. 184. 308. — Sten.=Ber. S. 12. 18—150. 723—1127. 1217—1307. 2153—2169. — Herrenhaus. Drucks. Nr. 52. 77. 83. 84. 85. 86. 87. 102. 107. 114. — Sten.=Ber. S. 87. 143. 171. 237.

Gewerbesteuergesetz vom 24. Juni 1891. Abg.=Haus, Session 1890/91. Drucks. Nr. 13. 70. — Sten.=Ber. S. 167—188. 1323—1442. 1471—1488. — Herrenhaus. Drucks. Nr. 58. 78. — Sten.=Ber. S. 192.

Gesetz wegen Aufhebung direkter Staatssteuern vom 14. Juli 1893. Abg.-Haus, Session 1892/93. Drucks. Nr. 5. 8. 13. 30. 64. 126. 150. — Sten.-Ber. S. 21—175. 1733—1789. 2249—2265. 2369. Herrenhaus. Drucks. Nr. 82—86. 89. — Sten.-Ber. S. 246. 260.

A. Allgemeines. Begriff der Gemeindelasten. Observanzen. Abgabenregulierungspläne. Schlesische Urbarien. Abgabepflicht der „Wüsten Hufen". Unterhaltung der Bürgersteige.

Nr. 1. Entsch. Bd. III. S. 78 vom 20. Oktober 1877.

Komm.-Abg.-Ges. v. 14. VII. 93 (G.-S. S. 152) §§ 1, 2, 20.

Die Verpflichtung zur Leistung von Gemeindeabgaben ist nicht davon abhängig, daß jemand von einer zur Beförderung der Wohlfahrt einer ganzen Gemeinde dienenden Einrichtung, für die eine allgemeine Abgabe erhoben wird, persönlichen Vorteil hat, z. B. die Unterhaltung des Nachtwächters für einen Ausgebauten.

Anderenfalls wäre der Grundsatz, daß die Verteilung der Gemeindeabgaben gleichmäßig zu erfolgen hat, nicht durchführbar. Denn jedem Gemeindegliede würde alsdann dasselbe Recht nicht verweigert werden können, auf die Höhe seiner Beiträge in Anrechnung zu bringen, was ihm an dem Nutzen, den andere aus der gemeinsamen Einrichtung ziehen, etwa entgeht.[1])

Nr. 2. Entsch. Bd. IV. S. 87 vom 17. Oktober 1877.

Ges. v. 14. IV. 56 (G.-S. S. 359), betreffend die Verfassung der Landgemeinden u. s. w., §§ 11, 12.

Das Recht der Gemeinde, in Gemäßheit der §§ 11 und 12 des Ges. v. 14. IV. 56 eine Ergänzung oder Abänderung der Ortsverfassung zu beschließen, umfaßt nicht die Befugnis, die in Ansehung des Maßstabes der Verteilung der Gemeinde-Abgaben und Dienste bestehende Ortsverfassung für eine einzelne, von der Gemeinde zu leistende Ausgabe oder Arbeit (z. B. die Herstellung oder Pflasterung eines bestimmten Weges) durch einen jenen Verteilungsmaßstab für diesen Fall (zeitweilig, vorübergehend) abändernden Gemeindebeschluß außer Kraft zu setzen.[2])

Nr. 3. Entsch. Bd. IV. S. 144 vom 14. September 1878.

A. L.-R. Teil II Tit. 7 §§ 21, 23, 43. Ges. v. 14. IV. 56 (G.-S. S. 359), betreffend die Landgemeindeverfassungen u. s. w., §§ 11, 12.

Eine einzelne Klasse von Gemeindegliedern hat kein Recht zum Widerspruch gegen die Abänderung der bezüglich des Abgabenverteilungsmaßstabes bestehenden Ortsverfassung durch Gemeindebeschluß oder Anordnung der Kommunalaufsichtsbehörde.

Zwar kann der Beschluß einer Landgemeinde über anderweite Aufbringung der Gemeindeabgaben, auch wenn er bestätigt und unmittelbar nicht

---

[1]) Ähnlich Entsch. v. 15. III. 89 (Pr. Verw.-Bl. Bd. X S. 631): Wenn das örtliche Steuerrecht jeden Besitzer eines bebauten Grundstückes, das an einer mit einem Entwässerungskanale versehenen Straße liegt, zur Entrichtung von Kanalbaubeiträgen verpflichtet, so kann nicht im Wege der Auslegung die Beitragspflicht auf diejenigen Grundstücke beschränkt werden, die von der Entwässerungsanlage einen Vorteil haben oder doch haben können.

[2]) Die angezogenen gesetzlichen Bestimmungen sind schon durch § 146 Abs. 2 der Land-Gem.-Ordn. v. 3. VII. 91 (G.-S. S. 233) aufgehoben; heute richtet sich das Recht der Gemeinde, über Abgabenverteilungsmaßstäbe oder über Leistung von Naturaldiensten zu beschließen, nach den einschlägigen Bestimmungen des Komm.-Abg.-Ges. v. 14. VII. 93 (G.-S. S. 152). Wegen der zur Zeit des Inkrafttretens des Komm.-Abg.-Ges. in Geltung gewesenen Ordnungen vergl. § 96 daselbst, der in der Entsch. v. 17. X. 77 aufgestellte Rechtsgrundsatz wird durch die neuere Gesetzgebung prinzipiell nicht berührt.

angegriffen worden ist, noch später gegenüber einer einzelnen, nach dessen Maßgabe erfolgten Heranziehung mit dem Einwande der Ungesetzlichkeit angefochten werden, vergl. E.-O.-V. Bd. II S. 107—112[1]); eine solche Ungesetzlichkeit ist aber nicht darin zu finden, daß für die sämmtlichen Staatssteuern ein gleichmäßiger Zuschlag nicht festgesetzt ist.

Nr. 4. Entsch. Bd. XIV. S. 186 vom 5. Februar 1887. I C 134/86.

A. L.-R. Teil II Tit. 6 §§ 37, 38. Land-Gem.-Ordn. v. 3. VII. 91 (G.-S. S. 233) §§ 2, 3, 146. Komm.-Abg.-Ges. v. 14. VII. 93 (G.-S. S. 152) § 21.

Ein zwischen einer Gemeinde und einem Eigentümer von Grundstücken gelegentlich der Inkommunalisierung der letzteren getroffenes Abkommen über das Beitragsverhältnis des Eigentümers zu den Gemeindeabgaben, ist, wenn es von der zuständigen Behörde genehmigt ist, rechtswirksam.[2])

Nr. 5. Entsch. Bd. XIX. S. 24 vom 13. Mai 1890. II C 78/90.

Rh. Gem.-Ordn. v. 23. VII. 45 (G.-S. S. 523) §§ 10, 59. Rh. St.-Ordn. v. 15. V. 56 (G.-S. S. 406) §§ 2, 49, 60. Zust.-Ges. §§ 8, 25.

Bei der Zusammenlegung (Eingemeindung) ganzer (Stadt- und Land-) Gemeinden darf den in ihren Vermögensverhältnissen, in der bisherigen Belastung der Steuerpflichtigen und in den noch zu befriedigenden Bedürfnissen der einzelnen Teile bestehenden Verschiedenheiten dadurch Rechnung getragen werden, daß für eine bestimmte Übergangszeit eine an die früheren Gemeindegrenzen anknüpfende, verschiedene Belastung der Angehörigen gestattet wird.

Wie bei der Teilung einer Gemeinde in mehrere Kommunen oder bei der Übertragung einzelner Gemeindeteile von der einen auf die andere Gemeinde Zahlungen zwischen den Gemeinden keineswegs unzulässig sind, ebensowenig kann es grundsätzlich für ausgeschlossen angesehen werden, daß behufs Regelung der finanziellen Verhältnisse der einen künftigen Gemeinde Festsetzungen darüber erfolgen, in welcher Art die bisher getrennten Gemeindeangehörigen zu den gemeinschaftlichen Bedürfnissen beitragen sollen.

Nr. 6. Entsch. Bd. XXI. S. 163 vom 27. Mai 1891. I C 53/91.

Komm.-Abg.-Ges. v. 14. VII. 93 (G.-S. S. 152) § 21. A. L.-R. Teil I Tit. 7 §§ 86, 87, 126; Tit. 9 §§ 599, 600, 625 ff., 656; Teil II Tit. 7 §§ 19, 29 ff.; Tit. 14 § 5.

1) Die Dorfgemeinden sind zur Bewilligung von dauernder völliger oder teilweiser Abgabenfreiheit für ein einzelnes Gemeindemitglied oder ein einzelnes Grundstück durch Vertrag nur mit Vorwissen oder Genehmigung der zuständigen staatlichen Behörde ermächtigt.

---

[1]) Dieser Rechtsgrundsatz des im übrigen infolge des Komm.-Abg.-Ges. v. 14. VII. 93 (G.-S. S. 152) veralteten Erkenntnisses gilt noch heute.

[2]) In der Folge wird ausgeführt, daß das Abkommen kein privatrechtlicher Vertrag sei, der nur durch wechselseitige Einwilligung beider Kontrahenten aufgehoben werden könne, daß es vielmehr einen Teil des öffentlichen Rechtes, der Abgabenverfassung der Gemeinde bilde, der durch einen späteren, vom Kreisausschusse bestätigten Gemeindebeschluß selbst dann abgeändert werden könne, wenn dadurch die Eigentümer der zugeschlagenen Grundstücke über das durch jenes Abkommen bestimmte Maß hinaus belastet würden. Dieser Rechtsgrundsatz besteht heute nicht mehr zu Recht. Vergl. Anm. 1 zu E.-O.-V. Bd. IV S. 109, unten S. 286.

Privatrechtliche, von den Gemeindebehörden mit einzelnen Steuerpflichtigen abgeschlossene Verträge, durch die die im öffentlichen Rechte beruhende Verpflichtung zur Teilnahme an den städtischen Gemeindelasten im voraus abgeändert wird, sind rechtlich unstatthaft. Entsch. v. 12. IV. 89 (Pr. Verw.-Bl. Bd. X S. 428).

2) Die Abgabenfreiheit gegenüber den Landgemeinden im Gebiete des A. L.-R.'s kann aber auch durch die (erwerbende) Verjährung festgestellt werden, sofern deren gesetzliche Voraussetzungen vorliegen. Hierfür würde nach §§ 625ff. Tit. 9 Teil I A. L.-R.'s schon der Nachweis des vollständigen redlichen Besitzes der Freiheit während 30 Jahren genügen, da der den 50jährigen Besitz zur Befreiung von Abgaben erfordernde § 656 Tit. 9 Teil I A. L.-R.'s sich nur auf Abgaben an den Staat bezieht. Vgl. Entsch. des Obertrib. Bd. XIII S. 42, Bd. LXVII S. 157, des Reichsger. bei Gruchot, Beitr. Bd. XXVII S. 916 und des O.-V.-G. Bd. XI S. 134. Nach §§ 599, 600 a. a. O. muß aber Anfang und Ende des Besitzes, also daß der Besitz der Freiheit vor mindestens 30 Jahren begonnen und beim Ablaufe der Frist noch angedauert hat, nachgewiesen werden. Die Besitznahme des Rechtes auf Freiheit von den Gemeindeabgaben aber kann sich gegenüber der Gemeinde, weil es sich hierbei um die Ausschließung des für die Gemeinde gesetzlich begründeten affirmativen Steuerrechtes handelt, nur mittels des Erwerbes eines Untersagungsrechtes seitens des Abgabepflichtigen vollziehen, und der Besitz eines solchen Rechtes ist wiederum — sofern es nicht durch eine ausdrückliche, rechtsgültige Willenserklärung eingeräumt ist, in welchem Falle dann nicht bloß der Besitz, sondern auch das Recht selbst dergestalt abschließend erworben ist, daß es des Nachweises der erwerbenden Verjährung nicht erst bedarf — nach §§ 86, 126 Tit. 7 Teil I A. L.-R.'s allein dadurch zu erlangen, daß die Gemeinde oder deren Vorstand auf die Weigerung des zur Abgabe Verpflichteten von der Erhebung der erforderten Abgabe abgesehen hat. Mit diesem im § 656 Tit. 9 Teil I a. a. O. völlig bestimmt ausgesprochenen Rechtsgrundsatz ist es unvereinbar, die Duldung der Abgabenfreiheit seitens der Gemeinde nach Abschluß des (zu 1 erwähnten) Vertrages und Empfangnahme der bedungenen Gegenleistung als ausreichend zu erachten. Dies konnte für die — gegenüber dem gesetzlich begründeten Abgabenrechte der Gemeinde jedoch unzulässige — Verjährung durch Nichtgebrauch zwar genügen, für die Ersitzung ist aber, weil der Besitzerwerb sich auf Grund des Vertrages nur unter der Voraussetzung seiner Rechtsverbindlichkeit für die Gemeinde vollziehen kann (§ 87 Tit. 7 Teil I A. L.-R.'s), sofern dies nicht festgestellt worden ist, der Erwerb des Besitzes des Untersagungsrechtes und also der Beginn der Verjährungsfrist nicht anders, als dadurch nachzuweisen, daß von der Erhebung der thatsächlich erforderten Abgabe auf die Weigerung des Pflichtigen Abstand genommen ist.

Nr. 7. Entsch. Bd. XXIV. S. 107 vom 7. April 1893.

Westf. Land-Gem.-Ordn. v. 19. III. 56 (G.-S. S. 265) §§ 42, 52, 59.

Eine Gruppe von Gemeindeangehörigen, die für sich eine Freilassung von Abgaben als eine für sich bestehende Abteilung des Gemeindebezirkes in Anspruch nimmt, muß bereits zu der Zeit, da das Gemeindebedürfnis hervortritt und zu seiner Deckung geschritten wird, als ein von der Gemeinde — dem Gesammtverbande — sich abhebendes, besonderes Glied des letzteren verfassungsmäßig „für sich bestehen", als solches anerkannt sein. Wo es hieran fehlt, ist es ausgeschlossen, daß Einzelne ihren Befreiungsanspruch erst gegenüber den das Bedürfnis anerkennenden, auf dessen Befriedigung abzielenden Beschlüssen der Gemeinde behufs Anwendung ihrer Beitragspflicht geltend machen. Selbst da ist dies ausgeschlossen, wo nach Lage der örtlichen oder anderer thatsächlicher Verhältnisse an sich zwar anerkannt werden muß, daß die Gemeinde sich nach einer oder der andern Richtung hin schon früher in mehrere erkennbare Bestandteile gliederte, diese Verhältnisse aber zu einer

öffentlich-rechtlichen, wenn auch nur in längerer Übung hervortretenden Anerkennung noch nicht geführt haben.[1])

Nr. 8. Entsch. Bd. IV. S. 139 vom 3. Juli 1878.

Kr.-Ordn. v. $\frac{13.\ XII.\ 72}{19.\ III.\ 81}$ (G.-S. 1881 S. 179) §§ 11, 70.

Ges. v. 11. III. 50 (G.-S. S. 265) über die Polizeiverwaltung. § 3. Land-Gem.-Ordn. v. 3. VII. 91 (G.-S. S. 233) § 122. Komm.-Abg.-Ges. v. 14. VII. 93 (G.-S. S. 152) §§ 69, 70.

1) Alle Leistungen, die den Gemeinden als solchen im öffentlichen und Staatsinteresse durch das Gesetz auferlegt sind, haben die Natur von Gemeindelasten. Sie sind von der Gemeinde zu tragen und die Kosten sind eventuell von den Pflichtigen nach dem bestehenden Gemeindesteuerrechte aufzubringen.

Bei der Beurteilung der Frage, ob eine Leistung zu den Kommunallasten zu rechnen ist oder nicht, kommt es lediglich auf die Person des Pflichtigen an, nicht darauf, für wen oder zu wessen Gunsten die Leistung zu geschehen hat. Wenn nach § 3 des Ges. v. 11. III. 50 die Kosten der örtlichen Polizeiverwaltung von den Gemeinden zu bestreiten sind, so kann ein Zweifel nicht wohl bestehen, daß damit eine Last der bürgerlichen Gemeinde, eine Kommunallast begründet ist, die nach den für Kommunallasten geltenden Bestimmungen zu tragen ist.

2) Was die Amtsunkosten anlangt, so ist davon auszugehen, daß die Glieder des Amtes als eines kommunalen Verbandes nicht die im Amtsbezirke Wohnenden, sondern die zu ihm gehörigen Gemeinden und selbständigen Gutsbezirke sind. Vergl. E.-O.-V. Bd. I S. 119, Bd. II S. 72.[2]) Eine Korporation hat aber ein Besteuerungsrecht nur ihren Mitgliedern gegenüber. Wenn daher im § 70 der Kr.-Ordn. bestimmt wird, daß das Amt die Kosten der Amtsverwaltung trägt, so ist damit die Verpflichtung der Glieder des Amtes — der Gemeinden und Gutsbezirke — zur Tragung der Kosten ausgesprochen. Es würde dem gegenüber einer ausdrücklichen gesetzlichen Vorschrift bedürfen, um die Kosten den Amtsangehörigen aufzuerlegen. Eine solche ist in dem § 70 Abs. 5 nicht zu finden. Denn unter den dort genannten „Beteiligten" sind die Gemeinden und Gutsbezirke zu verstehen.

3) Fehlt es hiernach an einer ausdrücklichen Bestimmung, wie die auf die Glieder des Amtsverbandes treffenden Anteile innerhalb dieser kommunalen Bezirke aufzubringen sind, so berechtigt dieser Umstand in keiner Weise, die Bestimmungen über die Aufbringung der Kreislasten durch die Kreisangehörigen auf die Verteilung der Gemeinde- und Gutsanteile unter die Gemeinde- und Gutsinsassen anzuwenden. Er nötigt vielmehr dazu, die Verteilung der auf die einzelnen Gemeinde- und Gutsbezirke entfallenden, von ihnen als Kommunallast zu tragenden Quoten der Amtsunkosten innerhalb dieser kommunalen Körperschaften nach denjenigen Normen vorzunehmen, die nach den anderweiten gesetzlichen Bestimmungen für die Aufbringung

---

[1]) Ob dieser Rechtsgrundsatz und der ihn stützende § 59 der Westf. Land-Gem.-Ordn. (vergl. auch § 30 der Rh. Gem.-Ordn. v. 23. VII. 45), wonach Gemeindebedürfnisse, die nur das Interesse einzelner Klassen von Gemeindegliedern oder einzelner für sich bestehender Abteilungen des Gemeindebezirkes betreffen, auch nur von diesen getragen werden sollen, mit § 20 des Komm.-Abg.-Ges. vereinbar sind, ist zweifelhaft. Dem Wortlaute nach stehen sie sich nicht direkt entgegen. Dennoch ist mit Nöll a. a. O. S. 45 Anm. 10 anzunehmen, daß jene älteren Bestimmungen nicht mehr bestehen, da sie mit dem Grundgedanken des § 20, es komme jede Veranstaltung einer Gemeinde wenigstens bis zu einem gewissen Grade allen Gemeindeangehörigen zu statten und es könne sich gegebenen Falles nur um ein Mehr oder Minder handeln, nicht zu vereinen sind.

[2]) Oben S. 123, 117.

der Bedürfnisse der Gemeinden und Gutsbezirke bestehen. Die Amtsunkostenanteile liegen also in selbständigen Gutsbezirken dem Besitzer des Gutes ob, ohne daß ihm ein Rückgriff auf die Gutseinsassen zusteht.

4) Entscheidungen, die wegen öffentlicher, für einen bestimmten Zeitraum geforderter Gemeindelasten ergangen sind, begründen nicht den Einwand der rechtskräftig entschiedenen Sache bezüglich gleicher für einen späteren Zeitraum erhobener Abgabenforderungen.

Nr. 9. Entsch. Bd. XIV. S. 166 vom 3. September 1886. II C 58/86.

Ges. v. 27. II. 80 (G.=S. S. 174), betreffend die Besteuerung des Wanderlagerbetriebes. Komm.=Abg.=Ges. v. 14. VII. 93 (G.=S. S. 152) §§ 69, 70.

Die Wanderlagersteuer gehört nicht zu den für die Stadtgemeinde zu erhebenden Steuern im Sinne des § 69 des Komm.-Abg.-Ges. Sie ist keine Kommunalsteuer, sondern eine Staatsgewerbesteuer und stellt sich als ein der Gemeinde aus dem Vermögen solcher Personen zufließendes Gemeindebenefizium dar, die mangels eines Besteuerungsrechtes auf seiten der Gemeinde zu den Gemeindelasten nicht herangezogen werden können.

Nr. 10. Entsch. Bd. XV. S. 207 vom 11. Juni 1887. I C 37/87.

Ges. v. 8. III. 71 (G.=S. S. 130), betreffend Ausführung des Reichsges. über den Unterstützungswohnsitz, § 8. Zust.=Ges. § 44.

1) Nach § 8 Abs. 2 des Ges. v. 8. III. 71 muß das auf Antrag des Gutsbesitzers erlassene Statut wegen Regelung der Armenpflegekosten im Gutsbezirke den gesetzlichen Bestimmungen über die Verteilung der Kommunallasten in den ländlichen Gemeinden folgen. Zu diesen gehören jetzt auch die Vorschriften des Komm.-Abg.-Ges. v. 14. VII. 93, die also auf die Erhebung der Beiträge im Gutsarmenverbande gleichfalls Anwendung finden, auch wenn sie in das Statut nicht aufgenommen sind.

2) Der Umlage der im besonderen Falle erwachsenen Armenpflegekosten muß auch im Gutsbezirke jedesmal ein Beschluß der Beteiligten oder, wenn ein solcher nicht zustande kommt, die Anordnung der Aufsichtsbehörde vorangehen. Ohne diese Voraussetzung fehlt dem Gutsvorsteher die rechtliche Grundlage für die Ausschreibung der Beiträge. Vergl. E.-O.-V. Bd. VI S. 111.

3) Dem Richter im Verwaltungsstreitverfahren ist es bei der in ihm herrschenden Untersuchungs- oder Offizialmaxime keineswegs verwehrt, den Klagegrund unter einem vom Klagevortrage abweichenden Gesichtspunkte zu beurteilen.

Nr. 11. Entsch. Bd. XX. S. 58 vom 9. Dezember 1890. II B 40/90.

Reichs=Gew.=Ordn. §§ 120, 142. L.=V.=G. §§ 7, 83. Zust.=Ges. §§ 16, 18, 31, 122.

Wenn in einem Ortsstatute gewissen Gewerbetreibenden die Verpflichtung auferlegt worden ist, zur Unterhaltung einer gewerblichen Fortbildungsschule Geldbeiträge zu leisten, so können diese bereits bezahlten Beiträge im Wege des Verwaltungsprozesses nicht zurückgefordert werden, weil die Verwaltungsgerichte zur Entscheidung von Streitigkeiten über Schulgeld für Fortbildungsschulen nicht zuständig sind.

Denn es sind weder die Fortbildungsschulen öffentliche Volksschulen, noch handelt es sich um Gemeindeabgaben oder Gemeindelasten. Die in Rede stehende Beitragspflicht ist nicht auf dem Boden des Korporationsrechtes der Stadt- und

Landgemeinden erwachsen, sondern gehört dem gewerblichen Gebiete an, weshalb es bei der Prüfung ihrer rechtlichen Natur ohne Einfluß bleibt, daß und aus welchen Gründen gewisse andere Leistungen aller oder einzelner Mitglieder einer Gemeinde, die nicht in Spezialvorschriften des Gewerberechtes ihren Grund haben, z. B. Straßenbaubeiträge, den Gemeindelasten beizuzählen sind. Wenn nun die Gewerbegesetzgebung zur Erreichung ihrer Zwecke die Mitwirkung der Gemeindebehörden durch die Ermächtigung zum Erlasse von Ortsstatuten in Anspruch nimmt, so erscheinen die auf dieser Basis entstandenen Statuten nicht als Ausfluß der autonomen steuerlichen Gemeindegesetzgebung, sondern sie bilden das von der Gewerbegesetzgebung für zweckmäßig befundene Mittel, um für bestimmte Kreise Einrichtungen u. s. w. ins Leben zu rufen, sowie aus dem Vermögen der daran Beteiligten Geldmittel zur Erhaltung und Förderung jener Einrichtungen zusammenzubringen. Derartige Leistungen sind nach ihrer Entstehung und ihrem Zwecke als Gemeindeabgaben und Gemeindelasten nicht zu erachten.

Nr. 12. Entsch. Bd. XXI. S. 34 vom 11. September 1891. II B 25/91.

Komm.-Abg.-Ges. v. 14. VII. 93 (G.-S. S. 152) § 4. Rh. St.-Ordn. v. 15. V. 56 (G.-S. S. 406) §§ 4, 8.

1) Wenn Streit entsteht über die Zahlung von Schulgeld für höhere Lehranstalten (Gymnasium, höhere Bürger- und Mädchen-Schulen), so sind zur Entscheidung die Verwaltungsgerichte auch dann nicht zuständig, wenn solche Anstalten ganz oder zum Teil von der Stadtgemeinde unterhalten werden. Denn dem Schulgelde wohnt die Natur einer Gemeindelast oder einer Gemeindeabgabe im Sinne des Komm.-Abg.-Ges. nicht bei. Bestreitet der Verpflichtete die ihm angesonnene Verbindlichkeit zur Zahlung von Schulgeld, so kann er die Entscheidung des Zivilrichters anrufen, da über die Forderungen öffentlicher Schulanstalten an Schulgeld der Rechtsweg unbedingt gestattet ist, vergl. Ges. v. 24. V. 61 (G.-S. S. 261) § 15.

2) Abgaben und Leistungen für die Volksschulen umfassen begrifflich nicht das Schulgeld mit.

Sind die von einer Gemeinde zu Gunsten ihrer höheren Lehranstalten übernommenen Leistungen Kommunallasten, so ist doch hieraus für das Schulgeld nicht die gleiche Eigenschaft herzuleiten. Der Kreis derer, die zur Erfüllung der Korporationsverbindlichkeiten gegenüber der Schule beizutragen haben und in Form von Gemeindeabgaben die unverteilten Zuschüsse aufbringen, deckt sich in keiner Weise mit dem Kreise der etwaigen Schulgeldpflichtigen. Keiner der letzteren hat als solcher auch zur Unterhaltung der Schule beizutragen und ebensowenig folgt aus der Unterhaltungspflicht die Verbindlichkeit, Schulgeld zu entrichten. Jede der beiden Leistungen hat ihren besonderen Ursprung, so daß mit dem Charakter der für die Unterhaltung umgelegten Beiträge nicht zugleich über den des Schulgeldes entschieden ist.

Das preußische Schulwesen ist nicht auf dem Boden des Gemeinderechtes erwachsen; vielmehr bilden die darauf bezüglichen Normen einen besonders gestalteten, für sich bestehenden Teil des öffentlichen Rechtes. Dieser Satz gilt auch da, wo die Gemeinden sich zufolge eigener Entschließung zu Trägern der Schullast machen und mit oder ohne Beihilfe des Staates höhere Lehranstalten gründen oder mit Zuschüssen versehen. Es ist nicht angänglich, so ins Leben gerufene oder erhaltene öffentliche Lehranstalten etwa ebenso zu beurteilen, wie sonstige Einrichtungen und Unternehmungen, zu denen die Gemeinden in Ausübung ihres Selbstverwaltungsrechts zur Förderung der Wohlfahrt ihrer Bürger sich entschließen; vielmehr sind und bleiben alle öffentlichen Schulen — auch die von den Gemeinden geschaffenen — Veranstaltungen des Staates, die nur mit dessen Vorwissen und Genehmigung errichtet werden können. Das Recht zur Einforderung von Schulgeld, auch wenn es von einer Stadtgemeinde für eine von ihr gegründete Anstalt geübt und das Schulgeld zur Gemeindekasse vereinnahmt wird, hat nicht in der Autonomie der Stadtgemeinde, nicht in dem Korporationsrechte, insbesondere nicht in der Befugnis, Korporationsmitglieder und Fremde mit Abgaben oder Lasten zu beschweren, seinen Grund, sondern in einem staatlichen Akte. Damit steht in Übereinstimmung, daß das Gesetz über die Verjährung bei öffentlichen Abgaben v. 18. VI. 40 (G.-S. S. 140) nach § 14 auch auf solche Abgaben Anwendung finden sollte, die an Gemeinden und Korporationen zu entrichten sind, daß dagegen die Forderungen der öffentlichen Schul- und Erziehungs-Anstalten für Unterhalt, Unterricht und Erziehung — wenigstens im Geltungsbereiche des Ges. v. 31. III. 38 (G.-S. S. 249) — den durchaus abweichenden Bestimmungen dieser Rechtsnorm unterliegen.

3) Wollte man übrigens die öffentlichen höheren Lehranstalten auch denjenigen „öffentlichen Gemeinde-Anstalten der Stadt" beizählen, deren Mitbenutzung der § 4 der Rh. St.-Ordn. v. 15. V. 56 allen Einwohnern des Stadtbezirkes eröffnet, worüber Zweifel nicht abzuweisen sind, so giebt es doch keine Vorschrift, die in dieser Richtung zwischen Beamten und Nichtbeamten unterscheidend, die ersteren unter anderen und günstigeren Bedingungen zur Benutzung der Gemeinde-Anstalten für berechtigt erklärt, als die sonstigen Einwohner. Die St.-Ordn. enthält eine dahingehende Bestimmung nicht, sondern besagt nur, daß wegen Besteuerung des Diensteinkommens der Beamten das Ges. v. 11. VII. 22 nebst der Kab.-Ord. v. 14. V. 32 anzuwenden ist; dieses Gesetz behandelt zwar den Fall der auf das Einkommen gelegten Steuern (§§ 1, 2), setzt für die Belastung mit direkten Beiträgen aller Art zu sämmtlichen Gemeindebedürfnissen eine gewisse Grenze (§ 3) und erläutert im § 4, für welche Zwecke bei Besteuerung der Gehälter über das Maximum nicht hinausgegangen werden darf. Es befaßt sich aber mit der Frage, unter welchen Bedingungen Beamte sich der Gemeinde-Anstalten, deren Benutzung in das Belieben der Einwohner gestellt ist, zu bedienen befugt sind, in keiner Weise, wenn man nicht etwa die Vorschrift des § 12 dahin zählen will, die aber gerade positiv ausspricht, daß zu den indirekten Gemeindeabgaben ein jeder, auch die von den direkten Gemeindebeiträgen befreiten Personen, beitragen muß.

Nr. 13. Entsch. Bd. XXVII. S. 115 vom 13. November 1894. I C 36/94.

Zust.-Ges. § 31 Abs. 4. Land-Gem.-Ordn. v. 3. VII. 91 (G.-S. S. 233) §§ 16^2, 19 Abs. 2. Komm.-Abg.-Ges. v. 14. VII. 93 (G.-S. S. 152) §§ 20, 77. Hann. Land-Gem.-Ges. v. 28. IV. 59 (G.-S. S. 393) § 42^6 und Ausf.-Best. dazu § 50^3.

Ein dahin gehender Gemeindebeschluß, daß das Defizit der Schulkassenrechnung, d. h. diejenigen Ausgaben für die Unterhaltung der katholischen Ortsschule, die durch deren eigene Einnahmen nicht gedeckt werden, aus Mitteln der politischen Gemeinde bestritten werden sollen, enthält nur die Übernahme einer dauernden Leistung im Sinne des § 42 Nr. 6 der Hann. Land-Gem.-Ordn. v. 28. IV. 59, und die daran geknüpfte Vorschrift, daß die nicht zum Schulverbande der katholischen Ortsschule gehörigen Einwohner mit Beiträgen zu der neu übernommen Last nicht herangezogen werden sollen, enthält nur eine Änderung der bestehenden Abgabenverfassung dahin, daß die auswärts Eingeschulten mit Rücksicht auf ihre anderweite Heranziehung zu Schulbeiträgen bei den Gemeindeabgaben minder belastet werden sollen. In keinem von beiden Teilen des Beschlusses ist daher die Einführung einer neuen Steuer zu finden; ebensowenig ist durch die Einführung einer Minderbelastung, die sonst auf dem System der Erhebung von Zuschlägen zu den Staatssteuern beruhenden Gemeindeabgabe zu einer „besonderen direkten Steuer" im Sinne des § 31 Abs. 4 des Zust.-Ges. geworden. Zwar wird weder hier, noch im § 19 der Land-Gem. Ordn. v. 3. VII. 91 oder im § 77 des Komm.-Abg.-Ges. v. 14. VII. 93 eine Bestimmung des Begriffes der besonderen Gemeindesteuer gegeben. Doch ist im § 16 der Land-Gem.-Ordn. v. 3. VII. 91 und im § 20 des Komm.-Abg.-Ges. v. 14. VII. 93, denen die Nr. 3 des § 50 der Ausf.-Bek. zur Hann. Land-Gem.-Ordn. v. 28. IV. 59 entspricht, die Befugnis zur Mehr- oder Minderbelastung einzelner Klassen der Gemeindeangehörigen als eine selbständige, von der zur Einführung besonderer Steuern verschiedene gegeben, und die Ausübung dieser Befugnis ist nicht an die Zustimmung der Minister des Innern und der Finanzen gebunden, sondern nur von der Genehmigung des Kreis- bezw. Bezirksausschusses abhängig gemacht.

Die Berechtigung der Gemeinden, eine bestimmte Klasse der Gemeindeabgabepflichtigen mit Rücksicht auf den Mangel eines Interesses an bestimmten Gemeindeeinrichtungen in geringerem Grade zu belasten, ist demnach eine vom Gesetzgeber als statthaft anerkannte Modifikation des Rechtes zur Auflegung besonderer Gemeindeabgaben.

Nr. 14. Entsch. Bd. III. S. 82 vom 17. November 1877.

A. L.-R. Teil I Tit. 9 §§ 655 ff.; Teil II Tit. 7 § 31. Ges. v. 6. II. 75 (R.-G.-Bl. S. 23) über die Beurkundung des Personenstandes, §§ 4—10. Jagdpolizeiges. v. 7. III. 50 (G.-S. S. 165) § 11. Komm.-Abg.-Ges. v. 14. VII. 93 (G.-S. S. 152) §§ 21, 70.

1) Der in dem Min.-Erl. v. 11. XII. 40 (Min.-Bl. S. 146) enthaltenen Rechtsauffassung, daß die von den Büdnern in manchen Orten in Anspruch genommene observanzmäßige gänzliche Befreiung von allen Kommunallasten gar keine rechtliche Wirkung habe, da eine Befreiung von öffentlichen Lasten nach §§ 655 ff. Tit. 9 Teil I A. L.-R.'s nur im Wege der qualifizierten Verjährung erlangt werden könne, ist nicht beizupflichten. Ganz abgesehen davon, ob sich jene landrechtlichen Bestimmungen überhaupt auf Gemeindelasten beziehen, handelt es sich in den Fällen der fraglichen Art nicht um die Erwerbung der Freiheit von Gemeindelasten gegen die Ortsverfassung für einzelne Rechtssubjekte, wobei allein die Verjährung in Betracht kommen kann, sondern um die rechtliche Stellung einer ganzen Klasse von Gemeindeangehörigen in Ansehung ihrer Abgabepflichtigkeit nach Maßgabe der Ortsverfassung. Hierfür ist aber nach § 31 Tit. 7 Teil II A. L.-R.'s die hergebrachte Gewohnheit allerdings bestimmend.[1]) Das Bestehen derartiger Observanzen kann z. B. nachgewiesen werden aus älteren Gemeinheitsteilungs-Rezessen. Gelingt dies, so ist damit erwiesen, daß die Observanz sich nicht auf einen bestimmten Kreis von Gemeindelasten nach Maßgabe des zu einem bestimmten Zeitpunkte (z. B. dem des Rezeßabschlusses) thatsächlich bestehenden Zustandes beschränkt, sondern auf die Gemeindelasten überhaupt erstreckt, soweit die Verpflichtung zur Zahlung einzelner von ihnen nicht anerkannt worden ist.[2])

---

[1]) Dagegen kann sich für ein einzelnes Grundstück eine Observanz überhaupt nicht bilden. Für ein solches kann die Abgabenfreiheit nur auf Grund der Verjährung, und zwar der erwerbenden Verjährung, nicht der Verjährung durch Nichtgebrauch, beansprucht werden. Es bedarf sonach des Nachweises, daß der Besitzer bezw. dessen Vorgänger zur Zahlung der Abgaben aufgefordert sind, sich dessen geweigert haben, und rechtsverjährte Zeit hindurch davon frei geblieben sind. Entsch. v. 29. III. 90 (Pr. Verw.-Bl. Bd. XI S. 347).

[2]) Zum Nachweise einer Observanz können auch Anerkenntnisse der als verpflichtet in Anspruch genommenen Gemeindemitglieder sowie der Umstand verwertet werden, daß

2) Liegt eine von Gemeindelasten befreiende Observanz vor, so begreift sie zweifelsohne die sachlichen Ausgaben und die Dienstunkostenentschädigung des Gemeindevorstehers in sich; desgl. auch die Amtsunkosten und die Entschädigung des Amtsvorstehers, soweit diese Kosten auf die „Beteiligten" umgelegt werden. Die „Beteiligten" im Sinne des § 70 Abs. 5 der Kr.-Ordn. sind die den Amtsbezirk bildenden Gemeinden und Gutsbezirke. Innerhalb der letzteren sind die auf sie entfallenden Beiträge zu den Amtsverwaltungskosten gleich den anderen Gemeindelasten zu behandeln und als solche einzuziehen.

Ingleichen sind die aus der Standesamtsführung erwachsenden Kosten, soweit sie nicht ausnahmsweise der Staatskasse zur Last fallen, gemäß § 4—10 des Ges. v. 6. II. 75 von dem politischen Gemeinden zu tragen und folgeweise zu den Gemeindelasten zu rechnen.

3) Über die streitige Beitragspflicht zu den Gemeindelasten im allgemeinen — ohne Beziehung auf den einzelnen Fall der Hebung — kann im Verwaltungsstreitverfahren nicht erkannt werden, die Klage ist nur über eine einzelne bereits erforderte Gemeindeabgabe gestattet. Das Streitverfahren über Einsprüche gegen Heranziehung (Veranlagung) zu den Gemeindelasten ist an Stelle des früheren Reklamations- bezw. Rekursverfahrens getreten. Wie in diesem, so ist auch in jenem lediglich über thatsächlich erhobene und rechtzeitig bestrittene Abgabenforderungen, nicht aber über die Steuerpflicht im allgemeinen und über deren Maß zu entscheiden. Vergl. E.-O.-V. Bd. IV S. 102, 112, 117.

4) Handelt es sich um Streitigkeiten über aus Rezessen hergeleitete Rechte der Separationsinteressenten, betreffend die Nutzungen von gemeinsamen Sand-, Lehm- und Mergelgruben, Viehtränken u. s. w. und geht aus den Bestimmungen des Rezesses hervor, daß die fraglichen Gruben u. s. w. nicht Eigentum der politischen Gemeinde sind, dergestalt, daß die Gemeindeglieder als solche zu ihrer Benutzung berechtigt waren, so unterliegen jene allein der Rechtsprechung im Zivilprozesse.[1])

Nr. 15. Entsch. Bd. IV. S. 109 vom 26. Juni 1878.

A. L.-R. Teil II Tit. 7 § 31. Land-Gem.-Ordn. v. 3. VII. 91 (G.-S. S. 233) § 146. Komm.-Abg.-Ges. v. 14. VII. 93 (G.-S. S. 152) §§ 21, 70.

1) Wenn bei der Parzellierung eines Gutes zwischen dem Verkäufer und den Käufern der einzelnen Teile bestimmt wurde, daß alle auf dem Gute haftenden oder mit Rücksicht auf dessen Besitz zu entrichtenden gewöhnlichen Kommunalabgaben und Leistungen von einer einzelnen Restparzelle bezw. deren Besitzer fernerhin getragen werden sollen, so kann dies zunächst lediglich privatrechtliche, die Kontrahenten des Vertrages allein bindende Abkommen durch die Zustimmung der Gemeinde bezw. die Genehmigung der Kommunalaufsichtsbehörde auch für die erstere derartig bindend

---

sie sich bei einem die Leistung als ihnen observanzmäßig obliegend feststellenden Bescheide der zuständigen Behörde beruhigt haben. Entsch. v. 19. IX. 83 (Pr. Verw.-Bl. Bd. V S. 54).

Observanzen können sich mit rechtlicher Wirkung auch nach dem Erlaß des Gemeindeverfassungsges. v. 14. IV. 56 bilden. Durch solche Observanzen können auch ältere Verträge über die Verteilung der Gemeindelasten abgeändert werden. Entsch. v. 19. IX. 83 (Pr. Verw.-Bl. Bd. V S. 54).

[1]) Bezüglich der in der Entsch. näher behandelten Jagdpachtgelder, die auch kein Gemeindevermögen, sondern Vermögen der Jagdgenossenschaft (siehe Bd. II S. 70 ff., 80 d. W.) darstellen, ist heute ebenfalls das Verwaltungsstreitverfahren, jedoch nur in den Grenzen des § 106 des Zust.-Ges., vorgesehen.

werden, daß die Gemeindeabgaben nur nach Maßgabe des Vertrages gefordert werden dürfen.[1]) Der letztere wird in jenen Punkten Teil des öffentlichen Rechtes der Gemeindeverfassung, ebenso wie die auf Grund der Gesetze v. 3. I. 45 und 25. VIII. 76 aufgestellten Abgaben-Regulierungspläne oder die auf die Regulierung der Abgabenverhältnisse bezüglichen Festsetzungen, die bei gutsherrlich-bäuerlichen Regulierungen, Gemeinheitsteilungen und Ablösungen unter Genehmigung der die Funktionen der Kommunalaufsichtsbehörden hierbei wahrnehmenden Auseinandersetzungsbehörden getroffen werden.[2])

2) Der § 70 des Komm.-Abg.-Ges. gestattet nur eine Klage im Verwaltungsstreitverfahren über einzelne bereits erhobene Steuerforderungen, nicht aber über die Verpflichtung zur Leistung von Gemeindeabgaben überhaupt, also auch nicht darüber, ob ein Steuerpflichtiger zu gewissen Kommunalabgaben heranzuziehen sei, zu andern aber nicht.

Nr. 16. Entsch. Bd. VII. S. 187 vom 9. Juni 1880.

Ges. v. 3. I. 45 (G.-S. S. 25), betreffend die Zerteilung von Grundstücken u. s. w., §§ 12, 13, 13. Komm.-Abg.-Ges. v. 14. VII. 93 (G.-S. S. 152) §§ 21, 96.

Die bei Parzellierung einer Besitzung zwischen dem Verkäufer und den Käufern, bezw. den letzteren unter sich getroffenen Abmachungen über Tragung und Teilung der öffentlichen Lasten sind privatrechtlicher Natur und daher für die Gemeinde, bezw. den Gemeindevorsteher nicht verbindlich. Anders verhält es sich mit den auf Grund des Ges. v. 3. I. 45 aufgestellten und von der Kommunalaufsichtsbehörde bestätigten Abgabenregulierungsplänen. Die darin getroffenen Festsetzungen sind öffentlich-rechtlicher Natur und werden ein Teil der Ortsverfassung. Sie binden die Gemeinde und deren Vorsteher in gleicher Weise, wie die sonstigen Interessenten. Die durch den Regulierungsplan kann nur in den von dem Gesetze vorgeschriebenen Fällen und Formen geändert werden — vergl. E.-O.-V. Bd. IV S. 109 —[3]), nicht etwa durch einen Schuldotationsplan.

Nr. 17. Entsch. Bd. VII. S. 190 vom 12. Juni 1880.

Verordn. v. 20. VI. 17 (G.-S. S. 161) wegen Organisation der Generalkommissionen, §§ 43, 159. Verordn. v. 30. VI. 34 (G.-S. S. 96) wegen des Geschäftsbetriebes in den Angelegenheiten der Gemeinheitsteilungen §§ 7, 11. Ges. v. 25. I. 45 (G.-S. S. 25), betreffend die Zerteilung der Grundstücke u. s. w. § 24. Ges. v. 25. VIII 76 (G.-S. G. 405), betreffend die Verteilung der öffentlichen Lasten, §§ 2, 7.

1) Nicht nur die gutsherrlich-bäuerlichen Auseinandersetzungen, Gemeinheitsteilungen und Ablösungen, sondern auch die Festsetzung und Regulierung

---

[1]) Ebenso Entsch. v. 29. III. 90 (Pr. Verw.-Bl. Bd. XI S. 347).

[2]) Der in der Entsch. — ebenso, wie in der hier nicht mehr abgedruckten Entsch. v. 18. IV. 77 (Bd. II S. 146) — aufgestellte Grundsatz, daß derartige öffentlich-rechtliche Festsetzungen die Autonomie der Gemeinden zur Neuregulierung ihrer Abgabenverfassung und das Recht der Behörden, diese Neuregulierung von Aufsichtswegen durchzuführen, nicht beschränken, besteht heute nicht mehr zu Recht. Schon § 146 Abs. 3 der Land-Gem.-Ordn. bestimmt, daß Rechte und Pflichten, die auf besonderen Titeln des öffentlichen Rechtes beruhen, insoweit in Kraft bleiben, als diese Titel von den bisherigen allgemeinen und besonderen gesetzlichen Vorschriften, Ordnungen, Gewohnheitsrechten und Observanzen abweichende Bestimmungen enthalten. Diese letztere Voraussetzung trifft bei Festsetzungen, durch die den Besitzern einzelner Grundstücke gewisse Bevorzugungen hinsichtlich der Gemeindeabgabepflicht eingeräumt worden seien, zu. § 146 Abs. 3 derogiert also der früheren Rechtsprechung des O.-V.-G. und in Übereinstimmung hiermit schreibt § 21 des Komm.-Abg.-Ges. vor, daß die auf besonderem Rechtstitel beruhenden Befreiungen einzelner Grundstücke von Gemeindesteuern in ihrem bisherigen Umfange bestehen bleiben, und daß die Gemeinden nur berechtigt sind, diese Befreiungen entsprechend abzulösen. Vergl. v. **Brauchitsch**, Bd. III S. 275 ff., 381; **Nöll**, S. 47; ferner E.-O.-V. Bd. IX S. 69, Bd. XIV S. 186; Entsch. v. 12. IV. 90 (Pr. Verw.-Bl. Bd. XI S. 424).

[3]) Oben S. 286. Festsetzungen der Auseinandersetzungsrezesse über die den damaligen Teilungsinteressenten obliegende Anlage und Unterhaltung der Gemeindewege sind als

der öffentlich-rechtlichen Verhältnisse der beteiligten Korporationen, darunter der Kommunen, gehören zu den Aufgaben und Befugnissen der Auseinandersetzungsbehörden. Die von ihnen bestätigten Separationsrezesse bilden daher Teile der Ortsverfassung, neben denen Privatabreden der Paziszenten nicht maßgebend sind. Den Organen der öffentlich-rechtlichen Korporationen liegt es nicht ob, bei Geltendmachung der diesen zustehenden Forderungen auf die vorhandenen Privatabmachungen zu rücksichtigen, es bleibt vielmehr den Interessenten überlassen, nach Maßgabe der letzteren vermeintliche Überbürdungen unter sich auszugleichen.

2) Die in einem Abgabenregulierungsplan nicht berücksichtigten und nicht zur Verteilung gelangten Lasten bleiben keineswegs auf dem Stammhofe haften, sondern es bleiben nach § 24 des Ges. v. 3. I. 45 und § 2 letzter Abs. des Ges. v. 25. VIII. 76, solange eine Regulierung noch nicht erfolgt ist, alle Trennstücke für sämmtliche Abgaben und Leistungen solidarisch verhaftet, die dem ganzen Grundstücke oblagen oder mit Rücksicht auf dessen Besitz entrichtet werden mußten.[1]) Immerhin erwächst indes dem für solche öffentliche Last in Anspruch Genommenen aus der Mithaft der übrigen Parzellenbesitzer der Gemeinde gegenüber kein Recht auf Befreiung nach Maßgabe seines Minderbesitzes. Der Umfang der in der Gemeinde ausgeübten Rechte, namentlich das Stimmrecht, ist dabei von gar keiner Bedeutung. Dagegen besteht zweifelsfrei für den Gemeindevorsteher nach wie vor die Pflicht, zufolge § 7 des zuletzt gedachten Ges. die Verteilung der in den Dismembrationsplan übergegangenen Abgaben und Leistungen noch nachträglich zu bewirken. Hierzu kann er durch die Aufsichtsbehörde angehalten werden.

Nr. 18. Entsch. Bd. VIII. S. 109 vom 26. April 1882.

A. L.-R. Teil II Tit. 7 § 37. Ed. v. 9. X. 07 (G.-S. S. 1806—1810 S. 170), den erleichterten Besitz und freien Gebrauch des Grundeigentumes betreffend §§ 6, 7. Ed. v. 14. IX. 11 (G.-S. S. 284), die Regulierung der gutsherrlichen und bäuerlichen Verhältnisse betreffend §§ 13, 16 und Dekl. v. 29. V. 16 (G.-S. S. 154) Art. 78. Verordn. v. 20. VI. 17 (G.-S. S. 161) wegen Organisation der Generalkommissionen §§ 3, 4, 43^{4}, 95, 159.

1) Über die Entstehungsgeschichte des § 6 Nr. 3 des Ges .über die Armenpflege v. 31. XII. 42 (G.-S. S. 8) vgl. E.-O.-V. Bd. II S. 119 und Bd. V S. 120.[1]) Diese Bestimmung bezieht sich ausschließlich auf die vom Gute abverkauften Parzellen und sanktioniert hinsichtlich letzterer den damals bestehenden thatsächlichen Zustand. Ein gleicher Grund bestand für die bäuerlichen im Besitze des Gutsherrn befindlichen Grundstücke nicht. Diese blieben der Gemeinde steuerpflichtig, falls sie nicht unter Zustimmung der zuständigen Staatsbehörden zu Vorwerksland gemacht, für kommunalsteuerfrei erklärt und damit dem Gute — dem Gutsbezirke des neueren Rechtes — einverleibt worden waren. Der Gutsherr bleibt für die bäuerlichen Grundstücke steuerpflichtig, auch wenn die Heranziehung zu den Kommunallasten thatsächlich unterblieben ist, da die Freiheit von Gemeindeabgaben nicht durch erlöschende, sondern nur durch erwerbende Verjährung erworben werden kann.

Teile des öffentlichen Rechtes der Gemeinde anzusehen und haben für alle Angehörigen der Gemeinde, also auch für diejenigen, die an dem Abschlusse des Rezesses nicht teilgenommen, rechtliche Wirkung. Entsch. v. 12. IV. 90 (Pr. Verw.-Bl. Bd. XI S. 424). Vergl. auch die Entsch. in Bd. II S. 103 f. in „Dismembrationssachen".

[1]) Ebenso wird in einer Entsch. v. 3. XI. 80 (Bd. VII S. 194 i. d. Anm.) ausgeführt, daß nach der Vorschrift des § 2 des Ges. v. 25. VIII. 76 alle Teilstücke eines dismembrierten Grundstückes nicht nur für die auf letzterem ruhenden eigentlichen Reallasten, sondern auch für diejenigen öffentlichen Lasten, die in Rücksicht auf dessen Besitz entrichtet werden müssen, solange solidarisch haften bleiben, als nicht in Gemäßheit des Gesetzes die Verteilung der Lasten stattgefunden hat.

[2]) Oben S. 195, 198.

2) Im übrigen erfuhren diese Verhältnisse eine besondere Regelung durch die §§ 6 und 7 des Ed. v. 9. X. 07, die dazu ergangenen Instruktionen (für die Marken und Pommern v. 9. I. 10 G.-S. S. 626) das Ed. v. 14. IX. 11 die Dekl. v. 29. V. 16 und durch die Verordn. v. 20. VI. 17 wegen Organisation der Generalkommissionen. Diesen Behörden wurde über ihren nächsten Wirkungskreis der gutsherrlich bäuerlichen Auseinandersetzungen, Gemeinheitsteilungen und Ablösungen hinaus auch die Festsetzung und Regulierung der öffentlich-rechtlichen Verhältnisse der beteiligten Korporationen, darunter der Kommunen, übertragen, und sie traten in dieser Beziehung an die Stelle der Regierungen, bezw. der sonst zuständigen staatlichen Aufsichtsbehörden. Die auf Veranlassung dieser Behörden errichteten und von der Generalkommission bestätigten Rezesse sind daher maßgebend für die Frage, ob die bei einem Rittergute vorhandenen, von dem Gutsbesitzer erworbenen Bauerhöfe auch jetzt noch kommunalsteuerpflichtig sind.

Nr. 19. Entsch. Bd. X. S. 101 vom 6. Oktober 1883.

Ges. v. 3. I. 45 (G.-S. S. 25), betreffend die Zerteilung von Grundstücken u. s. w., §§ 13, 15, 18, 23. Ges. v. 25. VIII. 76 (G.-S. S. 405), betreffend die Verteilung der öffentlichen Lasten bei Grundstücksteilungen, §§ 2, 7, 9.

1) Abgaben-Verteilungs-Plänen wohnt nach § 23 des Ges. v. 3. I. 45 die Kraft einer gerichtlich bestätigten und vollstreckbaren Urkunde nur so weit bei, als der Inhalt der Urkunde reicht. Wo daher die vor dem Ges. v. 25. VIII. 76 bestätigten Abgaben-Regulierungspläne Lücken oder Mängel aufweisen, da ist eine Nachtragsregulierung nicht ausgeschlossen, vielmehr wird zur vollständigen Lösung der von den Gesetzen gestellten Aufgabe eine solche erforderlich für Abgaben und Leistungen, die in dem bestehenden Plane keine Berücksichtigung gefunden haben. Die Länge der inzwischen verflossenen Zeit, während der man mit dem unvollständigen Plane ausgekommen ist, ändert hierin nichts.

2) Privatabreden in den über die Parzellen des Stammhofes geschlossenen Kaufverträgen bezüglich der Verteilung der Lasten sind für sich allein ohne Wert, so lange sie nicht die öffentliche Sanktion gefunden haben, sei es in Auseinandersetzungsrezessen, sei es in Gemeindebeschlüssen. Die Regulierungsbehörde ist aber an solche Privatabreden keineswegs gebunden. Sie darf sie überhaupt nur so weit berücksichtigen, als sie nicht der Landesverfassung entgegenlaufen und nicht die Sicherheit für die nachhaltige Entrichtung der Leistungen gefährden.

3) Für die künftige Verteilung neu entstehender Leistungen (Staats-, Kriegs-, Gemeindelasten) im voraus im Abgabeverteilungsplane Bedacht zu nehmen, ist zulässig und möglich durch die Einreihung der Parzellenerwerber in das betreffende Klassenverhältnis und durch Aufstellung eines allgemeinen Repartitionsmaßstabes.

Nr. 20. Entsch. Bd. XII. S. 174 vom 27. Juni 1885. I C 51/85.

Ges. v. 3. I. 45 (G.-S. S. 25), betreffend die Zerteilung von Grundstücken u. s. w., § 19. Ges. v. 8. III. 71 (G.-S. S. 130), betreffend die Ausführung des Reichsges. über den Unterstützungswohnsitz, § 8.

1) Die nach Maßgabe des Ges. v. 3. I. 45 aufgestellten und bestätigten Abgabenregulierungspläne, die die Verteilung der Kommunallasten innerhalb eines Gutsbezirkes zum Gegenstande haben, begründen keine öffentlich-rechtlich erzwingbare Beitragspflicht der Angehörigen des Gutsbezirkes zu Gunsten des Gutsherrn, sind auch in Ansehung der Armenlasten nicht geeignet, das im § 8 des Ges. v. 8. III. 71 vorgesehene Statut zu er-

setzen, mag auch die festgesetzte Repartition den bei Aufstellung des Statutes zur Anwendung kommenden Verteilungsgrundsätzen entsprechen.

Während die bestätigten Pläne für die Landgemeinden einen Teil der Ortsverfassung bilden, kann ihnen für die Gutsbezirke eine solche Kraft nicht beiwohnen, weil in letzteren sich alle diejenigen Rechte und Pflichten, die in den Gemeinden von dem Gemeindevorstande und der Gemeindeversammlung ausgeübt werden, in der Hand des Gutsbesitzers vereint, gleichsam in seiner Person verkörpert finden und abgesehen von dem Falle des § 8 Abs. 2 des Ges. v. 8. III. 71 für eine Ortsverfassung überhaupt keinen Raum bieten. Die im Aufsichtswege erfolgende Bestätigung kann einer mit dem bestehenden öffentlichen Rechte in Widerspruch stehenden Verabredung der Interessenten keine rechtsverbindliche Kraft verleihen. Sie reicht nicht so weit, daß damit dem Gesetze zuwider ein neues materielles Recht geschaffen würde. Sie beraubt auch die Beteiligten nicht des Rechtes, eintretenden Falles im Streitverfahren ihre Einwendungen gegen die Rechtmäßigkeit der Festsetzung geltend zu machen. Vgl. E.-O.-V. Bd. II S. 108ff., Min.-Erl. v. 22. IV. 73 (M.-Bl. 74 S. 123) und 21. XI. 75 (M.-Bl. 76 S. 76).

2) Der Mangel der Unterschrift eines der Beteiligten würde an und für sich gehoben sein, wenn der Landrat nach Ausweis der Akten diesem Beteiligten den Abgabenregulierungsplan mitgeteilt hat, und zwar mit dem ausdrücklichen Bemerken, daß dies „wegen der Gemeindeabgaben" geschehe. Bei dem Mangel eines Einspruches von dieser Seite ist damit das gesetzliche Präjudiz des Einverständnisses mit der im Plane vorgesehenen Festsetzung in Kraft getreten.

Nr. 21. Entsch. Bd. IX. S. 70 vom 7. Februar 1883.

A. L.-R. Teil II Tit. 7 §§ 31, 39, 43. Schles. Wegereglement v. 11. I. 1767 (Korn, Neue Schles. Edikten-Samml. Bd. X S. 3 ff.), §§ 5, 6, 7. Publikandum, Instruktion und Anleitung wegen zu errichtender Urbarien v. 12. XII. 1784, 20. I. 1785, 4. III. 1785 (das. Bd. XVIII S. 253, 265, 292). Land-Gem.-Ordn. v. 3. VII. 91 (G.-S. S. 233) § 146. Komm.-Abg.-Ges. v. 14. VII. 93 (G.-S. S. 152) § 21.

Die Schlesischen Urbarien haben an erster Stelle den Zweck, zur Vermeidung der Streitigkeiten und Prozesse zwischen Herrschaften und Unterthanen deren gegenseitige Rechte und Verbindlichkeiten zur Feststellung zu bringen. Daneben sollten sie auch zur Feststellung der Gemeindeverfassung dienen und konnten z. B. maßgebende Vorschriften über die Verteilung der Wegebaulast in der Gemeinde enthalten.[1] [2])

Nr. 22. Entsch. Bd. II. S. 137 vom 4. April 1877.

Konstitution v. 14. VII. 1749 (Kornsche Edikten-Samml. Bd. III S. 517 ff.) Nr. 6.

1) Für Schlesien ist durch § 6 der Konst. v. 14. VII. 1749 anerkannt, daß von den damals zu den Gütern eingezogenen Bauerhöfen auch

---

[1]) In der Entsch. wird weiter ausgeführt, daß die durch Urbarien festgestellten Rechte zwar nicht durch Verjährung modifiziert werden könnten, daß aber eine Änderung im Wege der Observanz wohl möglich sei. Observanz und Verjährung seien verschiedene Rechtsinstitute. Diese begründe jura singulorum, während jene als Ausfluß der autonomen Befugnis korporativer Verbände deren Verfassung regle und insbesondere die kommunalen Rechte und Verbindlichkeiten der Gemeindeglieder und ihrer Klassen auf der Basis der bestehenden korporativen Gemeinschaft bestimme. Könne die Autonomie der Gemeinden sich aber in der Observanz bethätigen, sei letztere hinsichtlich der Regelung der Rechtsverhältnisse bezüglich der kommunalen Lasten der Mitglieder der Landgemeinden den Verträgen (Beschlüssen) als Rechtsquelle ebenbürtig zur Seite zu stellen, so sei durch sie auch eine Abänderung und Fortbildung der in dem Urbarium enthaltenen Gemeindeverfassung möglich und zulässig. Dieser Rechtsgrundsatz, der noch dahin ausgeführt wird, daß im vorliegenden Falle auch die §§ 5, 6, 7 des Schles. Wegereglements der ihnen widersprechenden Observanzbildung nicht entgegenständen, besteht heute nicht mehr zu Recht. Vergl. Anm. 2 zu E.-O.-V. Bd. IV S. 109, oben S. 287.

[2]) Ebenso Entsch. v. 7. XII. 89 Nr. I 1435.

fernerhin die Rustikal-Onera getragen werden müssen, und zwar **nicht**, **obwohl** sie durch die Einziehung Teile des Vorwerkes geworden, **sondern weil** sie **trotz** der Einziehung Bauerhufen, bezw. Höfe, geblieben seien. Als solche gehören sie zur Dorffeldmark, zum Bezirke der Landgemeinde und unterliegen eben um dieser Zugehörigkeit willen der Beitragspflicht zu den „sogenannten Gemeindeanlagen", die jene Konstitution neben den „Rustical-Oneribus" erwähnt. In dieser rechtlichen Lage der Sache haben weder der § 1 des Ges. v. 14. IV. 56 (G.-S. S. 359), betr. die Landgemeindeverfassungen, noch die Kr.-Ordn. etwas geändert. Wenn der § 1 cit. bestimmt, daß den Bezirk einer ländlichen Gemeinde oder eines selbständigen Gutes alle diejenigen Grundstücke bilden, die ihm bisher angehört haben, so ergiebt sich daraus, daß diese Bestimmung den Vorschriften über Veränderung der Grenzen, Neubildung kommunaler Verbände pp. vorangestellt wurde, daß für die bei allen diesen Maßnahmen erforderliche Beurteilung der Grenzen der vorhandenen Kommunalbezirke der Zustand maßgebend sein solle, der sich bis zur Zeit der Emanation des Gesetzes nach dem bis dahin bestandenen Rechte und den bis dahin darüber erlassenen Gesetzen entwickelt hatte. Diese letzteren Gesetze haben früher wiederholt den bezüglich der Grenzen zwischen Landgemeinden und Gutsbezirken **nur thatsächlich** bestehenden Zustand sanktioniert und zu einem **rechtlich** bestehenden umgewandelt, so auch namentlich der § 6 Nr. 3 des Ges. über die Verpflichtung zur Armenpflege v. 31. XII. 42 (G.-S. 1843 S. 8). Daß ein Gleiches durch § 1 cit. beabsichtigt worden sei, daß namentlich für die Feststellung der Grenzen der Gemeinde- und Gutsbezirke entgegen den bestehenden Rechtszuständen einem rein thatsächlichen Momente, wie der örtlichen Lage, der wirtschaftlichen Einheit mit einer anderen Besitzung, dem privatrechtlichen Besitze und Eigentume oder anderen kommunalrechtlich nicht maßgebenden Rechtsverhältnissen, eine entscheidende Bedeutung habe beigemessen werden sollen, dafür bietet das Gesetz nach Wortlaut und Inhalt keinen Anhalt.

2) Der Umstand, daß **Lage und Grenzen** der eingezogen Hufen **nicht mehr erkennbar** sind, ist zweifellos anomal und könnte der Heranziehung der wüsten Hufen zu Gemeindelasten entgegenstehen, wenn daraus unter allen Umständen folgte, daß ein Maßstab für deren Abgabepflichtigkeit nicht vorhanden sein könne. Eine solche Folge wäre möglich bei Erhebung der Kommunallasten als Einkommensteuern oder lediglich durch Zuschläge zur Staatsgrundsteuer, jedoch nicht notwendig, namentlich solange nicht, als die Gemeindelasten nach der Zahl der bäuerlichen Nahrungen oder nach dem Hufenstande aufgebracht werden, und die Zahl der eingezogenen Bauergüter und Hufen feststeht, oder wenn man sonst durch besondere Verfassung einer Gemeinde das Beitragsverhältnis der wüsten Hufen zu den Gemeindelasten geregelt ist.[1])

---

[1]) Vergl. hierzu § 28 der Land-Gem.-Ordn. v. 3. VII. 91 (G.-S. S. 233), wonach Besitzer selbständiger Güter, die für ursprünglich bäuerliche, zu ihren Gütern eingezogene, der örtlichen Lage nach aber gegenwärtig nicht mehr erkennbare Grundstücke (wüste Hufen) der Gemeindeabgabepflicht in einer Landgemeinde unterliegen, die von ihnen bisher entrichteten Gemeindeabgaben und Lasten in dem Betrage, wie er sich in dem Durchschnitte der letzten fünf Jahre vor dem Inkrafttreten der Land-Gem.-Ordn. unter Weglassung des höchsten und des niedrigsten Jahresbetrages berechnet, entweder fortzuleisten oder durch Zahlung des 20fachen Jahreswertes dieses Betrages abzulösen haben. Im Falle des Streites ist zum Zwecke einer billigen Ausgleichung, wie im § 3 der Land-Gem.-Ordn., zu verfahren. § 28 trifft also ausdrücklich für den anomalen Zustand Vorsorge, daß die örtliche Lage ehemals bäuerlicher Grundstücke nicht mehr festzustellen ist. Hierin liegt aber zugleich eine Anerkennung der Kommunalabgabepflicht der ehemals bäuerlichen Grundstücke überhaupt, die in dieser Beziehung, soweit sie ihrer Lage nach feststellbar sind, den anderen Grundstücken des Gemeindebezirkes, zu dem sie gehören, gleichstehen.

Nr. 23. Entsch. Bd. XI. S. 124 vom 30. Dezember 1884.

Konstitution v. 14. VII. 1749 (Kornsche Schles. Edikten-Samml. Bd. III S. 517) Nr. 3, 6. Ed. v. 5. VII. 1764 (das. Bd. VIII S. 213), wegen Bebauung und Besetzung der wüsten Stellen und Güter in Schlesien. A. L.-R. Teil I Tit. 9 §§ 625—628, 656 ff.; Tit. 7 §§ 14, 86.

1) **Der Besitzer einer Rustikalstelle in Schlesien kann sich der Teilnahme an den Gemeindelasten nicht schon deshalb entziehen, weil die Gutsherrschaft** bei der Neubegründung der Stelle (im Jahre 1756) **dem ersten Erwerber das Freibleiben von allen Gemeindeabgaben vertragsmäßig zugesichert hat.** Zwar war die Stellung des Gutsherrn zu seinen unterthänigen Bauern, den Hörigen, hintersässigen Kolonen u. s. w. eine öffentlich-rechtliche und insofern sogar eine hoheitliche, als er über die von anderen bebauten Güter und über die Bebauer selbst verschiedene hoheitliche Rechte ausübte. Allein letztere waren, soweit sie in das Verhältnis der Kolonen zum Staate und zur Gemeinde eingriffen, doch nur administrativer Art und aufsichtlicher Natur. Der Inhalt der Grund- und Gutsherrlichkeit, auf dem auch noch die landrechtliche Rustikalverfassung beruht, stellt sich in seiner beschränkteren, hier allein interessierenden Bedeutung als der Inbegriff der Rechte dar, die der Herrschaft zukamen in Bezug auf ein Gut, das ihr gehörte, aber von anderen im Kolonisationsverhältnisse bebaut wurde, oder die doch wenigstens in herrschaftlichen Befugnissen über die Personen der Gutsbebauer bestanden. Diese Befugnisse waren wesentlich obrigkeitlicher und polizeilicher Natur, verbunden mit der Strafgewalt für gewisse Polizeiübertretungen und geringere Vergehen, und hatten zugleich das Aufsichtsrecht für die Dorfangelegenheiten, sowie für die Verwaltung der gutsunterthänigen und hintersässigen Gemeinden im Gefolge. Aus diesem rechtlichen Inhalte der guts- und grundherrlichen Gewalt, wie sie zumeist entstand aus der Verleihung von Grund und Boden an Hörige, zuweilen auch an Freie und wie sie sich in öffentlich-rechtlicher Beziehung darstellt als die der Landesobrigkeit untergebene niedere oder Ortsobrigkeit, lassen sich weitergehende hoheitliche Rechte nicht ableiten. In der Rechtsgeschichte findet sich keine Andeutung für die Annahme, daß die Gutsherrschaft in dieser ihrer Eigenschaft die Befugnis besaß, in das Steuerrecht der Gemeinden selbstbestimmend einzugreifen und deren einzelnen Mitgliedern der Genossenschaft gegenüber Bevorzugungen und Privilegien einzuräumen. (Es folgt eine ausführliche Begründung dieses Rechtsgrundsatzes für Schlesien insbesondere.)

2) **Dagegen kann die Befreiung von den nicht persönlichen Kommunallasten innerhalb einer schlesischen Landgemeinde auf Grund der Verjährung,** die für die Freiheit von den Gemeindesteuern einen rechtlich zulässigen Erwerbsgrund abgiebt — vergl. E.-O.-V. Bd. I S. 134 —, mit Erfolg nachgewiesen werden, und zwar in Gemäßheit der §§ 625—628 (nicht §§ 656 ff.) Tit. 9, Teil I A. L.-R., d. h. nicht im Wege der — nur eine Vermutung begründenden — fünfzigjährigen sogen. Immemorialverjährung, sondern im Wege der außerordentlichen Präskription, wonach, wer zwar vollständiger redlicher Besitzer ist, aber keinen Titel seines Besitzes nachweisen kann, die Verjährung zu seinen Gunsten in dreißig Jahren vollendet. Dabei streitet nach allgemeinen Rechtsgrundsätzen bis zum Beweise des Gegenteiles für die Redlichkeit des Besitzes die Vermutung. Das Fehlen eines Titels schadet bei der außerordentlichen Verjährung nicht, da hier der unrechtfertige dem unredlichen Besitzer nicht gleichsteht, der Irrtum über die Rechtsgültigkeit des Titels also die mala fides nicht begründet.

Es reicht mithin im vorliegenden Falle völlig aus, daß die Stellenbesitzer, sei es mit Recht oder Unrecht, im guten Glauben an ihr Recht in den Besitz der Freiheit von der Kommunalsteuerpflicht gelangten und sich innerhalb der Verjährungsfrist in ihm behaupteten. Eine Unterbrechung des Freiheitsbesitzes ist durch § 3 der durch Ges. v. 24. V. 53 (G.-S. S. 238) wieder aufgehobenen Gem.-Ordn. v. 11. III. 50 (G.-S. S. 213) nicht eingetreten. (Folgt nähere Begründung.) [1])

Nr. 24. Entsch. Bd. XII. S. 163 vom 10. Oktober 1885. I C 66/85.

Kgl. Konstitution v. 14. VII. 1749 (Kornsche Edikten-Samml. Bd. III S. 517).

1) Der Vorschrift der Kgl. Konstitution v. 14. VII. 1749 unter Nr. 6 entspricht das Verlangen des Gutsbesitzers in Schlesien, daß die bei einem herrschaftlichen Vorwerke befindlichen Bauerhöfe, die schon im Normaljahre 1633 eingezogen gewesen und beim Vorwerke kultiviert worden sind, von den „Rustikal-Onera" befreit bleiben. Vergl. E.-O.-V. Bd. II S. 137.[2])

2) Die Benennung der auf wüsten Hufen (seit 1443) angesetzten Wirte als „Freileute" läßt an sich einen untrüglichen Schluß auf deren Zugehörigkeit zum Dominium oder zur Gemeinde nicht zu, da mit dieser Bezeichnung seinerzeit kein feststehender Begriff verbunden war und sogen. Freileute jedenfalls auch in dem Verhältnisse zum Hofdienste vorkamen.

Nr. 25. Entsch. Bd. XX. S. 133 vom 22. Oktober 1890. I C 88/90.

Ed. v. 12. VIII. 1749 (Mylius Teil VII Cont. IV S. 181) und 12. VII. 64 (ebenda unter N. C. C. III S. 449). Ed. v. 9. X. 07 (N. C. C. M. Bd. XII S. 251), den erleichterten Besitz und freien Gebrauch des Grundeigentums betreffend, §§ 6, 7. Ed. v. 14. IX. 11 (G.-S. S. 281), Regulierung der gutsherrlichen und bäuerlichen Verhältnisse betreffend, §§ 16, 32, 33. Dekl. v. 29. V. 16 (G.-S. S. 154), Art. 4c, 36, 76 ff. Vd. v. 20. VI. 17 (G.-S. S. 161), wegen Organisation der Generalkommissionen, §§ 3, 4, 43[4], 95.

1) Bei Emanation des A. L.-R.'s bildeten lediglich die bäuerlichen Grundstücke den Gemeindebezirk. Sein Umfang war insofern nicht fest bestimmt, als der Gutsherr das Vorwerksland ganz oder teilweise mit Bauern zu besetzen und umgekehrt Bauernland zum Vorwerk einzuziehen befugt war. In Folge der Ed. v. 9. X. 07 und 14. IX. 11 änderte sich dieser Zustand. Die Bauern erhielten das Eigentum ihrer Höfe, das dem des Gutsherrn gegenübertrat. Es entstanden feste Grenzen zwischen Gemeinde- und Gutsbezirk, welcher letztere nunmehr aus dem Lande, das stets in herrschaftlichem Besitze gewesen war, und aus der dem Gutsherrn bei der Regulierung zugefallenen Abfindung bestand. Vergl. E.-O.-V. Bd. II S. 117, 162, Bd. V S. 149, Bd. VI S. 89.[3]) Lange zweifelhaft war die auch heute noch öfters bestrittene kommunale Eigenschaft des zum Vorwerk eingezogenen bäuerlichen Landes. Abgesehen von provinziellen Gesetzen verboten die Ed. v. 12. VIII. 1749 und 12. VII. 1764 das Bauernlegen. Die Ed. v. 9. X. 07 und 14. IX. 11 enthielten Beschränkungen dieses Verbotes, desgleichen die Deklaration v. 29. V. 16. Die Vd. v. 20. VI. 17 ermächtigte und verpflichtete die Generalkommissionen zur Feststellung und Regulierung der öffentlich-rechtlichen Verhältnisse der beteiligten Korporationen, insbesondere auch hinsichtlich der von eingezogenen Bauerngütern getragenen und künftig zu leistenden Kommunullasten.

2) Für die Kommunalsteuerpflicht der von der Gutsherrschaft eingezogenen Bauernhöfe ergiebt sich hiernach Folgendes: Soweit der betreffende Regulierungsrezeß darüber vollständige und deutliche Bestimmungen enthält, sind diese allein maßgebend. In Ermangelung solcher kommt in Frage, ob das Einziehen der Bauernhöfe rechtlich mit der Wirkung des Ausscheidens der letzteren aus dem Gemeindeverbande erfolgt ist. Für

---

[1]) Vergl. hierzu auch § 21 des Komm.-Abg.-Ges. v. 14. VII. 93 (G.-S. S. 152).
[2]) Oben S. 290.
[3]) Oben S. 195, 197, 199.

das Eintreten dieser Wirkung ist der Zeitpunkt der Einziehung, je nachdem sie vor oder nach dem in der Gesetzgebung verschiedentlich bestimmten Normaljahre stattgehabt hat, von besonderer Wichtigkeit. Bauernhöfe, die hiernach wider die Vorschrift der Gesetze eingezogen worden, sind im Gemeindeverbande und eben deshalb kommunalsteuerpflichtig verblieben.[1])

Nr. 26. Entsch. Bd. XXVIII. S. 119 vom 7. Mai 1895. I C 103/94.

Land-Gem.-Ordn. v. 3. VII. 91 (G.-S. S. 233) § 28. Komm.-Abg.-Ges. v. 14. VII. 93 (G.-S. S. 152) §§ 69, 70.

1) Nur die an sich unstreitige Gemeindeabgabepflicht der Besitzer selbständiger Güter für ursprünglich bäuerliche, zu ihren Gütern eingezogene, der örtlichen Lage nach aber gegenwärtig nicht mehr erkennbare Grundstücke (wüste Hufen) unterliegt gemäß § 28 der Land-Gem.-Ordn. der Regelung im Wege einer billigen Ausgleichung. Streitigkeiten dagegen, die die Voraussetzungen und den Umfang der Abgabepflicht selbst zum Gegenstande haben, werden in dem Verfahren nach §§ 69, 70 des Komm.-Abg.-Ges., d. i. durch Heranziehung seitens des Gemeindevorstehers und durch Einspruch und Klage seitens des Herangezogenen zum Austrage gebracht.

2) In der Kurmark Brandenburg werden die vor dem Jahre 1624 eingezogenen und in dem Kataster vom Jahre 1624 nicht mehr als steuerbar eingetragenen Bauerhufen als dem Gute einverleibt angesehen und sind von allen Gemeindelasten frei, insofern nicht durch Observanz oder sonst rechtsgültige Art etwas anderes festgesetzt ist.

Nr. 27. Entsch. Bd. XIX. S. 70 vom 18. März 1890. II C 29/90.

Zust.-Ges. §§ 16, 56. Komm.-Abg.-Ges. v. 14. VII. 93 (G.-S. S. 152) § 10. Östl. St.-Ordn. v. 30. V. 53 (G.-S. S. 261) § 11. Westf. St.-Ordn. v. 19. III. 56 (G.-S. S. 237) § 11.

1) Wenn mittels ortsstatutarischer Bestimmungen den Besitzern der an einer städtischen Straße grenzenden Grundstücke die Anlage und die Unterhaltung der Bürgersteige[2]) in natura auferlegt worden ist und wenn diese Inanspruchnahme dahin stattgefunden hat, daß die angrenzenden Hausbesitzer die Straße ganz herstellen, also selbst die durch das Vorhandensein einer zwei Meter übersteigenden Breite entstehenden, die Stadt betreffenden Kosten vorschießen sollen, so kann die Vornahme einer derartigen — in der Anfertigung eines Werkes bestehenden — Handlung als eine gemeindesteuerliche Leistung nicht angesehen werden.

2) Unter den Begriff der „Steuer" fallen nur Beiträge in Geld und anderen fungiblen Sachen, die die Mitglieder einer öffentlich-rechtlichen Sozietät in dieser ihrer Eigenschaft behufs Erfüllung des Zweckes der Korporation zu entrichten haben und die auf sie nach den in dem Gesetze oder in der Grundverfassung bestimmten allgemeinen Grundsätzen und Maßstäben umgelegt werden. Vergl. E.-O.-V. Bd. X S. 153.

---

[1]) In einer Entsch. ähnlichen Inhaltes v. 20. XII. 90 (Bd. XX S. 140), I C 97/90, kam in Frage, ob in der Mark die Verpflichtung der Gutsherren zur Tragung der Dorfslasten schon für die im Jahre 1624 besetzt gewesenen Stellen besteht (vergl. E.-O.-V. Bd. VIII S. 103), oder nur für die erst nach 1740, bezw. 1754 wüstgewordenen Stellen. Das O.-V.-G. folgerte aus den maßgebenden Vorschriften, daß nur die vor 1624 eingezogenen Stellen als dem Gute einverleibt gelten, während von den nachher eingezogenen, rechtlich zum Bauerland und zum Gemeindeverband gehörigen Hufen die Gemeindelasten fortzuentrichten sind.

[2]) Unter dem Bürgersteige ist der für die Fußgänger bestimmte Teil der öffentlichen Straße zu verstehen, der an die Häuser und Baugrundstücke stößt, im Gegensatze zu sonstigen Fußwegen in den Städten, z. B. den in der Mitte breiter Straßen befindlichen Promenaden. Entsch. v. 21. XII. 87 (Pr. Verw.-Bl. Bd. IX S. 154).

3) Eine Leistung, die ihrer Natur nach keine Steuer ist, kann niemals dadurch zu einer steuerlichen werden, daß im Verzugsfalle dem Gläubiger (Steuerberechtigten) ein Recht auf einen Geldbeitrag erwächst, mittels dessen es ihm ermöglicht wird, die rückständige Leistung sich selbst anderweit zu beschaffen. Weder der § 68 der westfälischen (und auch der östlichen) St.-Ordn., noch die Vd. v. 30. VI. 45 (G.-S. S. 444), noch die Vd. v. 7. IX. 79 (G.-S. S. 591) sprechen ausdrücklich von einer executio ad faciendum, während der § 132 des L.-V.-G. sich auf das kommunale Gebiete überhaupt nicht bezieht.

4) Was die Gültigkeit des Ortsstatutes an sich anlangt, so ist die Frage, ob etwa bei Erlaß eines Ortsstatutes der hier in Rede stehenden Art eine von der Wegepolizeibehörde geltend zu machende Verpflichtung der Grundbesitzer zur Anlegung oder Unterhaltung des Bürgersteiges bestand, im vorliegenden Falle auszuscheiden, weil die Regelung einer solchen Angelegenheit der Grundbesitzer keinesfalls auf dem Wege des § 11 der St.-Ordn. erfolgen kann. Ebensowenig kann in Frage kommen eine Regelung dahin, daß eine bisherige Last der Gemeinde auf die Adjazenten durch das Ortsstatut hat abgewälzt werden sollen, in dem Sinne, daß fortan diese an Stelle jener der Polizeibehörde gegenüber als die Verpflichteten eintreten, ein Verfahren, das nach den Entsch. v. 25. V. 87 (Pr. V.-Bl. Bd. VIII S. 314) und 16. V. 88 (Entsch. Bd. XVI S. 48) unzulässig sein würde. Es handelt sich hier vielmehr darum, ob § 11 der St.-Ordn. den Stadtgemeinden den Weg zur Erfüllung ihrer öffentlich-rechtlichen Straßenbaulast eröffnet, daß sie jeden an die Straße grenzenden Grundbesitzer, soweit die Front seines Eigentumes reicht, sich gegenüber zur Leistung des Erforderlichen verpflichten. Diese Frage ist zu verneinen. Es mag zulässig sein, auf Grund des § 11 der St.-Ordn. die Errichtung und Unterhaltung beliebiger Anstalten auf Kosten der Gemeinde zu beschließen und die auf diese Weise entstehenden Kosten einzelnen Klassen der Gemeindeangehörigen aufzuerlegen (vorausgesetzt die Genehmigung nach § 16 des Zust.-Ges.). Allein es ist unzulässig, ein von den Grundsätzen der St.-Ordn. essentiell abweichendes Prinzip der Naturalverteilung der an sich die Gemeinden treffenden Lasten im Wege des § 11 zur Geltung zu bringen und damit etwa auch die Herstellung u. s. w. von Brunnen, Kanälen, Wasserleitungen und allerlei ähnlichen oder nicht ähnlichen Einrichtungen den Einzelnen zur Last zu legen.

Nr. 28. Entsch. Bd. XXVIII. S. 80 vom 6. Juli 1895. II C 343 94.

Rh. St.-Ordn. v. 15. V. 56 (G.-S. S. 406) §§ 10, 49.

1) Auf Grund des § 49 Abs. 2 Nr. II der St.-Ordn. für die Rheinprovinz v. 15. V. 56 ist es zulässig, diejenigen Kosten, die durch Reparatur der Bürgersteige entstehen, den anliegenden Grundbesitzern ortsstatutarisch als Präzipualsteuern aufzuerlegen, und zwar auch da, wo kein diese Beteiligten verpflichtender Ortsgebrauch besteht. Es ist auch grundsätzlich nicht ausgeschlossen, derartigen ortsstatutarischen Satzungen eine auf Ausbesserungsfälle aus einer dem Ortsstatute vorhergehenden Zeit sich zurückerstreckende Wirksamkeit beizulegen. Denn es besteht keine gesetzliche Vorschrift, die es verböte, Präzipualsteuern zu dem Zwecke zu erheben, um bereits früher aus Gemeindemitteln gedeckte Ausgaben der Gemeinde wieder zu ersetzen.[1])

2) Es ist ein fundamentaler, aus dem Verteidigungsrechte der Partei fol-

[1]) Eine observanzmäßige Verpflichtung der Grundeigentümer zur Anlegung und Unterhaltung des Bürgersteiges ist keine Gemeindelast, sondern eine polizeiliche Wegebaulast und deshalb durch § 15 des Fluchtliniengeſ. v. 2. VII. 75 nicht beseitigt worden. Entsch. v. 14. X. 96 (Pr. Verw.-Bl. Bd. XVIII S. 232).

gender Prozeßgrundsatz, daß sie nicht auf einer Grundlage verurteilt werden darf, zu deren Anfechtung sie überhaupt nicht in der Lage gewesen ist. Zieht daher der Verwaltungsrichter von Amtswegen Thatsachen heran, die von den Parteien nicht geltend gemacht worden sind, so muß vor der Entscheidung auf deren Grunde den Parteien Gelegenheit zur Äußerung über sie gegeben werden.

B. Gebühren und Beiträge.

Litteratur: v. Bilinski: Gemeindebesteuerung und deren Reform, 1878, S. 19 ff. — Freiherr v. Reizenstein in v. Stengels Wörterbuch Bd. I S. 504, in Schönberg Bd. III S. 695. — Eheberg in Konrads u. s. w. Hand-Wörterbuch, Bd. III S. 772.

1. Im Allgemeinen.

Nr. 1. Entsch. Bd. XVII. S. 210 vom 4. Januar 1889. II C 136 88.

Komm.-Abg.-Ges. v. 14. VII. 93 (G.-S. S. 152) §§ 1, 4, 87.

1) Das charakteristische Merkmal eigentlicher Gemeindesteuern ist, daß sie bestimmt sind zur Bestreitung der allgemeinen wirtschaftlichen Bedürfnisse der Gemeinde ohne Rücksicht auf eine besondere Gegenleistung. Im vorliegenden Falle handelt es sich um eine städtische Kommunalabgabe, die erhoben wurde für die Errichtung von Grabdenkmälern auf einem nicht kommunalen Kirchhofe. Es fehlt hier also das obige Merkmal, die Abgabe stellt sich vielmehr als eine Auflage dar, die für die Benutzung einer öffentlichen Einrichtung und zwar als Entgelt bezüglich des durch diese Benutzung entstehenden Vorteiles und als Entschädigung hinsichtlich der dem Hebungsberechtigten entstandenen Ausgabe entrichtet werden soll. Sie gehört demnach zu der Klasse der Gebühren oder Gefälle und ist eine der Stadtgemeinde zustehende, des öffentlichen Charakters nicht ermangelnde Gebühr, der diese Eigenschaft auch nicht deshalb vorenthalten werden kann, weil die Anstalt, um deren Benutzung es sich handelt, nicht ein Unternehmen der zu deren Unterhaltung mitbeitragenden hebungsberechtigten Stadtgemeinde, sondern eine Einrichtung der Kirchengemeinde ist (die Stadtgemeinde hatte zur Vergrößerung des Kirchhofes Grundstücke angeschafft und der Kirchengemeinde überlassen).

2) Immerhin gehört aber doch diese „Gebühr", die zufolge eines von dem Willen der Gemeinde unabhängigen Ereignisses nach einem festen Tarife auferlegt wird, ebenso wie eine Gemeindesteuer zu den Gemeindelasten, bezüglich deren Nachforderung § 87 Nr. 2 des Komm.-Abg.-Ges. Anwendung findet.[1][2]

---

[1] In den Entscheidungsgründen waren in dieser Beziehung die §§ 7, 10, 14 des Ges. v. 18. VI. 40 (G.-S. S. 140) für anwendbar erklärt worden. Die Forderung der Grabdenkmalsgebühr mußte also, weil eine Strafe für ihre Nichtentrichtung nicht gesetzt war, binnen eines Jahres, von der Errichtung an, geltend gemacht werden, ohne Rücksicht darauf, ob der Abgabepflichtige die Erlaubnis zur Errichtung des Denkmals nachgesucht oder hiervon Anzeige gemacht hatte. Anderenfalls war sie verjährt. Dieser Rechtsgrundsatz gilt auch heute noch in den Fällen, wo das Komm.-Abg.-Ges. nicht Anwendung findet, z. B. bei Kurtaxen.

[2] Durch Ortsstatut auferlegte und zur Kämmerei fließende Beiträge für eine Pflichtfeuerwehr bilden ebenfalls eine Gemeindelast im Sinne des Komm.-Abg.-Ges. Entsch. v. 7. VI. 87 (Pr. Verw.-Bl. Bd. IX S. 9).

Eine städtische Wasserleitungsabgabe, die regulativmäßig von jedem Grundstücke, das im Bereiche der Wasserleitung liegt, bezw. angeschlossen ist, erhoben wird, ohne Unterschied, ob von der Wasserleitung Gebrauch gemacht wird oder nicht, hat nicht den Charakter einer Gebühr, sondern den einer Steuer im engeren Sinne. Entsch. v. 24. X. 93 (Pr. Verw.-Bl. Bd. XV S. 295). Dieselbe Entsch. enthält den Grundsatz, daß die Befreiung eines Grundstückes von Gemeindeabgaben seine Befreiung von Gebühren nicht in sich schließt.

Nr. 2. Entsch. Bd. XX. S. 52 vom 3. Februar 1891. II C 217/90.

Komm.-Abg.-Ges. v. 14. VII. 93 (G.-S. S. 152) §§ 4, 9, 24, 34.

1) Die gewissen Grundstücken gewährte Kommunalsteuerfreiheit erstreckt sich nicht auf Gebühren für Benutzung öffentlicher Gemeindeanstalten.

2) Die Beiträge zur Anlegung und Unterhaltung unterirdischer Entwässerungskanäle sind keine Gebühren, sobald ihnen deren besondere Merkmale — Entgelt für die Benutzung einer öffentlichen Einrichtung — fehlen. Dieser Fall liegt vor, wenn alle Anlieger einer mit solchen Kanälen versehenen Straße nach demselben Verteilungsmaßstabe und in gleicher Höhe, ohne Rücksicht darauf, ob und in welchem Umfange sie den Kanal benutzen, herangezogen werden. Hier liegt vielmehr eine auf die Grundbesitzer als solche und damit auf die Grundstücke gelegte Gemeindesteuer im engeren und eigentlichen Sinne vor.

Nr. 3. Entsch. Bd. XXV. S. 101 vom 24. Oktober 1893. II C 124/93.

Hann. Ges. über Gemeindewege und Landstraßen v. 28. VII. 51 (Hann. G.-S. S. 141) §§ 9, 24, 26, 27, 29 und 13. III. 55 nebst Vd. v. 13. III. 55 (das. S. 67—68). Zust.-Ges. §§ 18, 56. Komm.-Abg.-Ges. v. 14. VII. 93 (G.-S. S. 152) §§ 10, 65, 69, 70.

1) Der Verwaltungsrichter ist verpflichtet, falls Beweis aus überreichten oder in Bezug genommenen Akten erhoben wird, den Parteien Gelegenheit zu dieser Akteneinsichtnahme zu geben, damit sie in die Lage kommen, über den Akteninhalt Erklärungen abzugeben und etwaigen ihnen nachteiligen Schlüssen, die aus den Akten gezogen werden könnten, entgegenzutreten. Wo dies versäumt ist, hat das ergangene Urteil gegen den fundamentalen, aus dem Verteidigungsrechte folgenden Prozeßgrundsatz verstoßen, daß keine Verurteilung auf einer Grundlage erfolgen darf, zu deren Anfechtung die Partei überhaupt nicht in der Lage gewesen ist. Ein solches Urteil unterliegt daher der Aufhebung, weil das Verfahren, auf dem es beruht, an einem wesentlichen Mangel leidet. Vergl. E.-O.-V. Bd. XII S. 64, Bd. XX S. 191.

2) Die Hann. Wegeordn. v. 28. VII. 51 bestimmt im § 24 die Ortsgemeinde zur wegebaupflichtigen Korporation hinsichtlich der Gemeindewege, also auch hinsichtlich der dem inneren Verkehre der Orte dienenden Wege und hat auch weiter verfügt, in welcher Weise die betreffenden Lasten von den Gemeindeangehörigen getragen werden sollen. Nach § 26 das. haben die Mitglieder der Gemeinde die zur Beschaffung der Wegepflicht erforderlichen Arbeiten zu verrichten und die baaren Beiträge aufzubringen. Doch sollen die Dienste, seien es Hand- oder Spanndienste, in Stadtgemeinden lediglich bei dringenden Fällen gefordert werden dürfen. § 27 ordnet an, in welcher Art die Arbeiten und Beiträge, auf die Mitglieder der Ortsgemeinde verteilt werden sollen, und zwar prinzipaliter nach den in der Gemeinde bestehenden Vorschriften und Regeln, eventl. nach einem durch Gemeindebeschluß festzustellenden Maßstabe, sowie äußersten Falles nach dem für die Verteilung der Landstraßenpflicht bestimmten Fuße. Hier wird also vorausgesetzt, daß die Gemeinde selber ihrer Wegebaupflicht dadurch nachkommt, daß sie die Beiträge oder Arbeiten der ihr pflichtigen Personen dafür verwendet. Einen Gegensatz hierzu bildet das im § 29 behandelte System der Pfandwirtschaft, wonach die Verteilung der Wegelast unter die Mitglieder der Gemeinde nach Pfändern stattfindet. Bei diesem System, das, wo es hergebracht war, auch ferner nicht ausgeschlossen sein soll, unterhält die Gemeinde den Weg nicht selbst, sondern erfüllt ihre Wegebaupflicht in der Weise, daß sie den Besitzern pflichtiger Grundstücke bestimmte Wegestrecken überweist, damit diese Interessenten

nicht etwa der Gemeinde gegenüber sich einzelnen Leistungen unterziehen, sondern die betreffenden Wegepfänder völlig unterhalten, und zwar mittels Abtragens einer Realgemeindelast. Derartige Pfandwirtschaften können aber nicht auf Grund des § 27 Abs. 3 durch Beschlüsse der städtischen Behörden nach freiem Ermessen eingeführt werden, da sonst die Vorschrift im § 29, der nur die Fortsetzung des Pfand- und Anschlußprinzipes, wo solches hergebracht war, zugelassen hat, keine Bedeutung hätte. Deshalb kann ein im Wege des Ortsstatutes beschlossenes Anschlußprinzip nur dann von rechtlicher Wirksamkeit sein, wenn es am 1. V. 55 — dem Inkrafttreten der Wegeordn. v. 28. VII. 51 — hergebracht und auch thatsächlich in Übung gewesen ist.

3) Allerdings kann durch eine Polizei-Verordnung[1]) oder durch ein Gemeinde-Regulativ das Bestehen einer Übung und einer Observanz nachgewiesen werden. Dazu gehört indes, daß durch die Verordnungen jenes Bestehen bezeugt, also ausgesprochen werde, es habe, wenn es sich um eine Auflage handelt, diese schon früher die jetzt in Anspruch genommene Person belastet.

4) Zum Beweise eines Gewohnheitsrechtes sind zwar Nachforschungen von Amtswegen nicht ausgeschlossen, um die Existenz eines derartigen angeblichen Lokalrechtes festzustellen. Es muß jedoch von demjenigen, der ein solches Lokalrecht für sich geltend macht, erwartet werden, daß er dem Richter geeignete Mittel der Forschung an die Hand giebt.

5) Der § 18 des Zust.-Ges. beruft ohne Beschränkung den Verwaltungsrichter auch zu der Prüfung, ob die Naturalleistung, z. B. Bürgersteigsanlage, zu der der Pflichtige herangezogen worden ist, erforderlich war, indem es sich hierbei nicht um Dienste handelt, die nach einem gewissen Maßstabe unter sämmtliche Verpflichtete zu verteilen sind. Der einzelne Eigentümer, der in Anspruch genommen wird, vermag den Mangel eines Bedürfnisses einer Reparatur der Gemeinde gegenüber ebenso geltend zu machen, wie diejenige Persönlichkeit, die der Wegepolizeibehörde gegenüber pflichtig ist, in dem durch § 56 des Zust.-Ges. vorgesehenen Verfahren die Notwendigkeit der Anordnung der Wegepolizeibehörde bestreiten darf.

Nr. 4. Entsch. Bd. XXVI. S. 44 vom 12. Dezember 1893. II C 171/93.

Komm.-Abg.-Ges. v. 14. VII. 93 (G.-S. S. 152) § 4.

1) Der Erhebung einer eigentlichen „Gebühr" für die Benutzung einer öffentlichen Gemeindeanstalt u. s. w. steht nicht entgegen, daß die Anstalt auch der Gemeinde selbst neben den einzelnen Nächstbeteiligten dient. Denn die von den Kommunen zu öffentlichen Zwecken gehaltenen Einrichtungen und Anstalten dienen in den weitaus meisten Fällen keineswegs nur dem Nutzen der einzelnen Gemeindemitglieder, sondern werden, wie die Be- und Entwässerungsanstalten, die Märkte, die Kommunikationsanlagen naturgemäß zugleich für die Zwecke der Gemeinde selbst verwendet. Eine solche gleichzeitige, anteilige Mitbenutzung kann aber nur die Folge haben, daß auch die Gemeinde zu den Kosten beitragen muß, keinesfalls die, daß es ausgeschlossen wäre, die Kosten für Einrichtungen, die vorzugsweise einer bestimmten Kategorie von Ein-

---

[1]) Durch eine Polizeiverordnung kann im übrigen an sich eine Beitragspflicht zu einer Gemeindeabgabe (im vorliegenden Falle zu Kanalbaubeiträgen) nicht begründet werden. Ergiebt sich jedoch aus dem Inhalte, der Form und der Entstehungsgeschichte der Verordnung, daß sie auf Beschlüssen der städtischen Behörden beruht, die in der vorgeschriebenen Form zu stande gekommen, bestätigt und bekannt gemacht sind, so kann sie, trotz ihrer Bezeichnung als Polizeiverordnung, als Grundlage des städtischen Steuerrechtes dienen. Entsch. v. 15. III. 89 (Pr. Verw.-Bl. Bd. X S. 631).

wohnern nützen und in deren speziellen Interesse hergestellt werden, dem entsprechend in erster Reihe durch Gebühren dieser Einwohnerklasse tragen zu lassen. Vergl. E.-O.-V. Bd. XX S. 52.

2) Einer Abgabe kann auch nicht deshalb die Gebührenqualität abgesprochen werden, weil es an der Freiwilligkeit der Inanspruchnahme, als an einer notwendigen Voraussetzung jeder Gebühr, fehle. Die Inanspruchnahme einer städtischen Einrichtung kann ebensowohl auf Zwang beruhen, wie freiwillig erfolgen; der innere Grund der Benutzung hat auf den enscheidenden Thatbestand der Benutzung selbst keinen Einfluß. Nur für diese aber soll die Gebühr das Entgelt abgeben.

3) Sind aber die Anlieger polizeilich zur Reinigung der Straßen verpflichtet, so können sie bei der Einrichtung eines städtischen Straßenreinigungsinstitutes, wenn sie polizeilich verpflichtet bleiben sollen, zur Entrichtung einer Gebühr für die Benutzung des Institutes nur insoweit, angehalten werden, als diese Benutzung eine freiwillige ist. Ein darüber hinausgehendes Ortsstatut würde die Grenzen der städtischen Autonomie weit überschreiten.

Sollen die Anlieger polizeilich nicht mehr verpflichtet bleiben, soll vielmehr die Straßenreinigungspflicht auch der Polizeibehörde gegenüber auf die Stadt übergehen, so ist eine dahingehende ortsstatutarische Maßregel zwar nicht unzulässig. Doch erfüllt die Gemeinde dann lediglich ihre eigenen Verpflichtungen gegen die Polizei, womit wieder ausgeschlossen ist, die Dienste jenes Institutes unter den Gesichtspunkt einer den früheren Verpflichteten gewährten Benutzung einer städtischen Anstalt zu bringen, das an jene Dienste geknüpfte Äquivalent als eine Gegenleistung, eine Gebühr, zu qualifizieren. Dagegen bleibt der Gemeinde in diesem Falle unverwehrt, für die durch Erfüllung der nunmehrigen eigenen Straßenreinigungspflicht ihr erwachsenden Kosten Deckung durch Ausübung ihres Besteuerungsrechtes zu suchen, und zwar selbst in der Weise, daß nicht die Gesammtheit der Steuerpflichtigen, sondern nur der engere Kreis der zunächst Beteiligten von der Steuer betroffen wird.

Nr. 5. Entsch. Bd. XXVI. S. 51 vom 9. Januar 1894. II C 177/93.

Komm.-Abg.-Ges. v. 14. VII. 93 (G.-S. S. 152) § 4. Polizeiverwaltungsges. v. 11. III. 50 (G.-S. S. 265) §§ 1, 5, 6, 11. St.-Ordn. v. 30. V. 53 (G.-S. S. 261) § 11.

1) Die erste Voraussetzung des im § 11 der St.-Ordn. v. 30. V. 53 den Stadtgemeinden eingeräumten Statutarrechtes ist, daß Angelegenheiten der Stadtgemeinde selbst vorliegen, daß es sich um Rechte und Pflichten der Mitglieder auf dem Gebiete der St.-Ordn. oder um Verhältnisse und Einrichtungen handelt, die der Stadt eigentümlich sind. Die so vorgezeichneten Grenzen werden nicht überschritten, wenn eine Gemeinde nicht nur mit der Kanalisation des Straßennetzes vorgeht, sondern auch solche Einrichtungen trifft, die auf eine Entwässerung der einzelnen Grundstücke abzielen. Es können dabei auch die Bedingungen der freiwilligen Benutzung durch die Anlieger frei normiert und ein Entgelt — sei es durch Vertrag, sei es durch Einführung öffentlich-rechtlicher Gebühren — vorgesehen werden.

Wenn dagegen die Stadt dazu übergeht, die städtischen Grundbesitzer durch Ortsstatut in der Wahl der zur Entwässerung der Privatgrundstücke dienenden Mittel zu beschränken und ihnen als einzige Entwässerungsart die Benutzung des städtischen Kanalnetzes im Wege des Anschlußzwanges aufzuerlegen, so greift sie damit in die Privatwirtschaft der Korporationsmitglieder ein, nicht minder, wie wenn sie etwa einen Zwang zur Benutzung von Gasanstalten oder Elektrizitätswerken statuieren und damit dem Einzelnen einen Aufwand ansinnen wollte, dessen Erfolg er sich vielleicht mit sehr viel geringeren Mitteln auf anderem frei gewähltem Wege zu sichern in der Lage wäre.

2) Der von der Kommune angestrebte Zweck würde sich also im Wege des Ortsstatutes allein nicht erreichen lassen, sondern nur mit Hilfe des Staates durch eine Orts-Polizeiverordnung, deren Erlaß der Kommune nicht zusteht.[1])

Nr. 6. Entsch. Bd. XXVIII. S. 74 vom 29. Mai 1895. II C 67 95.

Komm.-Abg.-Ges. v. 14. VII. 93 (G.-S. S. 152) § 4.

1) Statutarische Bestimmungen über Anlage von Erkern und Balkonen über der Straßenfläche gehören, soweit sie im Interesse der öffentlichen Straßen und des sich auf ihnen vollziehenden Verkehrs erlassen sind, dem polizeilichen Gebiete an und dürfen durch Ortsstatut überhaupt nicht erlassen werden. Sollen sie dagegen das Privateigentum schützen, das der Stadt an dem Grund und Boden der ihr gehörigen Straßen zusteht, so beziehen sie sich auf privatrechtliche Verhältnisse, deren Regelung ebensowenig durch ortsstatutarische, dem öffentlichen Rechte angehörige Vorschriften statthaft erscheint.

2) Für die Benutzung der Luftsäule über öffentlichen Straßen zur Anlegung von Balkons und Erkern darf ortsstatutarisch eine Gebühr nicht festgesetzt werden. Denn der Luftraum über städtischen Straßen bildet einen Gegenstand des Privatrechtes. Bei der Anbringung von in ihn hineinragender, im Privatinteresse einzelner Personen beabsichtigter Bauteile kann es sich, wenn die Eigenschaft des Terrains als Straße in Betracht kommt, nur darum handeln, ob sie der Straße unschädlich sind und deshalb seitens der Polizeibehörde gestattet werden dürfen. Gehören die Straßen der Stadt, so

[1]) Wenn ortsstatutarisch die Verpflichtung zur Entrichtung einer Kanalabgabe den Besitzern aller derjenigen Grundstücke auferlegt ist, die nach einer erlassenen Polizeiverordnung zur Entwässerung in die städtischen Kanäle verpflichtet sind, und wenn ferner in dieser Polizeiverordnung nur von einer Pflicht zur Anlegung von Zweigkanälen für die Entwässerung gesprochen wird, so kann die Abgabe von demjenigen nicht gefordert werden, dessen Grundstück zur Zeit des Erlasses der Polizeiverordnung mit einem solchen Zweigkanal bereits versehen war. Dabei ist es gleichgültig, ob er sich etwa durch unkonsentierte Anlegung des Zweigkanals strafbar gemacht hat, sofern nur feststeht, daß der letztere an sich den polizeilichen Anforderungen entspricht und daher bestehen bleiben darf. Entsch. v. 5. V. 91 (Pr. Verw.-Bl. Bd. XII S. 510).

Zu einer demgemäß vorschriftsmäßig neu eingeführten Kanalisationsabgabe können auch Grundbesitzer herangezogen werden, deren Grundstücke bereits vor Einführung der Abgabe an den Kanal angeschlossen waren. Eine verbotene Rückwirkung eines neuen Gesetzes auf die Vergangenheit liegt in solchem Falle nicht vor. Entsch. v. 5. II. 96 (Pr. Verw.-Bl. Bd. XVII S. 506).

Die Abstufung der Abgaben für die Benutzung eines städtischen Kanales nach verschiedenen Wasserarten, die in den Kanal eingeführt werden, — für den häuslichen Bedarf dienendes Hauswasser, Industriewasser, Meteorwasser — ist zulässig. Entsch. v. 1. VII. 96 (Pr. Verw.-Bl. Bd. XVIII S. 30).

Aus der Anlegung einer Straße seitens der Stadt erwächst dem daran sich Anbauenden keineswegs ein Anspruch darauf, sich der Straße einschließlich der Entwässerungsanlagen, soweit es zur Benutzung der Baulichkeit erforderlich, zu bedienen, und zwar uneingeschränkt und frei von jeder später eingeführten Gebühr. Vielmehr ist die Berechtigung der Stadtgemeinden, die Benutzung einer städtischen Entwässerungsanlage seitens der Anlieger von der Entrichtung einer Gebühr abhängig zu machen, anzuerkennen. Zur Entrichtung einer solchen Gebühr sind auch Forensen verpflichtet. Denn sie ist keine Steuer, die Grundsätze von der Forensalbesteuerung finden also keine Anwendung. Die Gebühr hat vielmehr Jeder zu entrichten, von seiten dessen die von ihrer Zahlung abhängig gemachte Benutzung der städtischen Anlage stattfindet. Entsch. v. 13. I. 91 (Pr. Verw.-Bl. Bd. XII S. 553).

mag diese kraft ihres Eigentumes auch gegen die seitens der Polizeibehörde genehmigte Anbringung von Erkern und Balkonen vorzugehen befugt sein. Doch würde sie hierdurch nur ihr Privatrecht an der Luftsäule zur Geltung bringen und eventuell den Rechtsweg beschreiten müssen.

Öffentlich-rechtliche Gebühren aber können nur für die Benutzung einer öffentlichen, von der Gemeinde angelegten Anstalt erhoben werden.

Nr. 7. Entsch. Bd. XXIX. S. 58 vom 1. April 1896. II C 369 95.

Komm.-Abg.-Ges. v. 14. VII. 93 (G.-S. S. 152) § 4.

Gebühren, als Abgaben öffentlich-rechtlicher Natur, dürfen nur für die Benutzung öffentlicher Einrichtungen erhoben werden. Vergl. E.-O.-V. Bd. XXVIII S. 76.[1]) Wenn ortsstatutarisch die regelmäßige Beseitigung der in den Abortanlagen angesammelten Auswurfstoffe seitens einer Gemeinde in der Weise übernommen wird, daß die Abfuhr durch von der Stadt beauftragte Unternehmer, also durch Gewerbetreibende, zu geschehen hat, so fehlt es an einer öffentlichen Gemeindeveranstaltung, für deren Benutzung eine Gebühr erhoben werden könnte, da die Gemeinde selbst nichts leistet.

Insbesondere kann eine, zu Beginn jedes Etatsjahres, von dem Grundstückeigentümer für jedes Haus zu zahlende Abgabe in einem solchen Falle als eine Gebühr nicht erachtet werden. Eine Gebühr wird für die — von dem Pflichtigen gewollte — Benutzung einer öffentlichen Veranstaltung entrichtet, und zwar als Entgelt bezüglich des durch diese Benutzung entstehenden Vorteils und als Entschädigung hinsichtlich der dem Hebungsberechtigten erwachsenen Ausgabe. Die Abgabe soll jedoch auch dann gezahlt werden, wenn zu Beginn des Etatsjahres noch keine Reinigung einer Grube stattgefunden hat, so daß eine Gegenleistung mangelt. Die in Aussicht genommene Anrechnung auf im Laufe des Jahres für erfolgte Abfuhr zu zahlende Gebühren kann aber ihr die Eigenschaft einer Gebühr um so weniger verleihen, als im einzelnen Falle nicht feststeht, daß eine Abfuhr späterhin wirklich erfolgen werde.

2. Anliegerbeiträge.

Litteratur: Kommentar zum Fluchtliniengeſ. v. 2. VII. 75 von Friedrich, 3. Aufl. 1894.

Materialien: Fluchtliniengesetz vom 2. Juli 1875. Abg.-Haus, Session 1875. Drucks. Nr. 23. 279. — Sten.-Ber. S. 73—82. 2028—2047. 2115—2128. — Herrenhaus. Drucks. Nr. 163. — Sten.-Ber. S. 613. 648.

Nr. 1. Entsch. Bd. XII. S. 126 vom 2. November 1885. II C 125/85.

Ges. v. 2. VII. 75 (G.-S. S. 561), betreffend Anlegung und Veränderung von Straßen u. s. w., § 15. Komm.-Abg.-Ges. v. 14. VII. 93 (G.-S. S. 152), §§ 10, 69, 70 und Ausf.-Anw. v. 10. V. 94, Art. 45[1].

Hinsichtlich solcher Kosten, die einer Gemeinde durch die Herstellung einer unbebauten Straße erwachsen und ihr von den angrenzenden Eigentümern, sobald sie Gebäude an der neuen Straße errichten[2]), zu erstatten sind,

---

[1]) Oben S. 300.

[2]) Voraussetzung ist also, daß an der neu angelegten Straße ein Gebäude errichtet wird. Dagegen kann von einem an der Straße belegenen Grundstück nicht deshalb ein Adjazentenbeitrag erhoben werden, weil auf diesem Grundstücke überhaupt ein Gebäude, aber an einer Stelle errichtet worden ist, die nicht als an der neuen Straße gelegen angesehen werden kann. Entsch. v. 13. III. 94 (Pr. Verw.-Bl. Bd. XV S. 320).

Ob das an der neuen Straße belegene Land schon an sich Bauland war oder solches durch deren Anlegung erst geworden ist, macht keinen Unterschied. Das Ges. v. 2. VII. 75 ermächtigt den Richter auch nicht, der Frage der Wertserhöhung der anliegenden Grund-

kann seitens des Magistrats die Repartition und Feststellung der Erstattungsverbindlichkeit nach Grund und Umfang gegenüber den Eigentümern der noch unbebauten Grundstücke nicht erfolgen. Geschieht dies dennoch, so haben die Betroffenen ein Einspruchs- und Klagerecht aus §§ 69, 70 des Komm.-Abg.-Ges.

Nr. 2. Entsch. Bd. XIII. S. 162 vom 12. April 1886. II C 4/86.

Ges. v. 2. VII. 75 (G.-S. S. 561), betreffend Anlegung und Veränderung von Straßen und Plätzen in Städten und ländlichen Ortschaften, § 15. Komm.-Abg.-Ges. v. 14. VII. 93 (G.-S. S. 152) § 10.

1) Die §§ 13 und 14 des Fluchtliniengeſ. v. 2. VII. 75 handeln von der Entschädigung wegen Entziehung oder Beschränkung des durch die Festsetzung neuer Fluchtlinien betroffenen Grundeigentums, sie regeln einen Teil der den Gemeinden aus der Anlegung neuer Straßen erwachsenden Last und stehen außer allem Zusammenhange mit dem § 15, der die Gemeinden ermächtigt, diese ganze Last unter gewissen Voraussetzungen und Beschränkungen auf die Anlieger abzuwälzen. Dazu gehört auch die „Freilegung", unter welcher Bezeichnung das Gesetz den Erwerb des erforderlichen Grund und Bodens mitbegreift.[1])

---

stücke nachzugehen und danach diese und die Beitragspflicht in ein angemessenes Verhältnis zu setzen. Entsch. v. 15. XII. 91 (Pr. Verw.-Bl. Bd. XIII S. 242).

Die Beitragspflicht trifft den Eigentümer des an einer neuen Straße gelegenen Grundstückes, gleichviel ob er selbst einen Neubau aufführt oder einem anderen gestattet, auf seinem Grundstücke einen solchen aufzuführen. (Vergl. Entsch. v. 15. V. 88 Nr. II 485). Beitragspflichtig wird der Eigentümer nicht erst mit der Fertigstellung, sondern schon mit dem Beginne des Neubaus. Als Beginn des Baues ist schon die massive Fundamentierung des Gebäudes anzusehen. Entsch. v. 17. II. 91 (Pr. Verw.-Bl. Bd. XII S. 387).

Ist die Beitragspflicht eines Anliegers durch Beginn eines Neubaues einmal entstanden, so kann sie nicht dadurch wieder beseitigt werden, daß er nachträglich sich entschließt, den Bau nicht fortzusetzen. Entsch. v. 12. V. 93 (Pr. Verw.-Bl. Bd. XV S. 17).

Unter „Gebäuden" im Sinne des § 15 sind nicht bloß Wohngebäude, sondern Gebäude aller Art zu verstehen; insbesondere fällt unter diesen Begriff auch ein an der Straße zu errichtendes Kessel- und Maschinenhaus. Zur Feststellung, daß ein Gebäude an einer Straße errichtet werden soll, genügt es nicht, daß das zu bebauende Grundstück an die Straße grenzt. Entsch. v. 26. VI. 88 (Pr. Verw.-Bl. Bd. IX S. 421). Das Gebäude selbst muß an der Straße liegen. Daß es nach ihr einen Ausgang hat, ist dagegen nicht erforderlich. Entsch. v. 22. II. 89 (Pr. Verw.-Bl. Bd. X S. 373). Wird auf einem an eine schon vorhandene, aber unbebaute Straße grenzenden Begräbnisplatze ein Wohnhaus für den Todtengräber (Leichenhaus, Kapelle) erbaut, so ist der Anliegerbeitrag nach der gesammten, die Straße berührenden Grenze des Kirchhofes zu berechnen. Entsch. v. 17. IX. 95 (Pr. Verw.-Bl. Bd. XVII S. 83). Die Feststellung, daß nicht nur das Grundstück, auf dem das Gebäude errichtet ist, sondern auch das Gebäude selbst an der neu hergestellten Straße liegt, ist lediglich thatsächlicher Natur. Entsch. v. 22. I. 96 (Pr. Verw.-Bl. Bd. XVII S. 248).

Die Anliegerbeiträge haben den Charakter einer Gemeindelast und können im Verwaltungszwangsverfahren beigetrieben werden, auch wenn dies im Ortsstatut nicht ausdrücklich ausgesprochen ist. Entsch. v. 17. XI. 94 (Pr. Verw.-Bl. Bd. XVI S. 308). Es ist deshalb nicht Sache der Polizeibehörden, für die Einziehung der Beiträge thätig zu werden. Namentlich darf die Erteilung eines Baukonsenses oder der thatsächliche Beginn der Bauausführung von der Einzahlung solcher Beiträge polizeilicherseits nicht abhängig gemacht werden. Entsch. v. 27. IV. 95 (Pr. Verw.-Bl. Bd. XVII S. 34). Die Heranziehung zum Ersatze von Straßenherstellungskosten, die vor Erlaß des maßgebenden Ortsstatutes entstanden sind, ist unzulässig. Entsch. v. 23. X. 95 (Pr. Verw.-Bl. Bd. XVII S. 276).

[1]) Zu den Kosten der Freilegung der Straße gehören auch die Ausgaben für den Ankauf aller den Ausbau der Straße hindernden Anlagen, insbesondere der in ihrem Zuge vorhandenen Baulichkeiten, ebenso nach feststehender Rechtsprechung die Grunderwerbskosten. Entsch. v. 15. XII. 91 (Pr. Verw.-Bl. Bd. XIII S. 242).

2) Bestimmungen über die sogenannten „imiginären Grundkosten“, d. h. die Kosten für Straßenland, das ohne vorher bedungenes Entgelt abgetreten wird, verstoßen, wenn sie in den Ortsstatuten vorkommen, nicht gegen den § 15 a. a. O. Sie erscheinen vielmehr geeignet, die Weiterungen eines Enteignungsverfahrens zu vermeiden. In diesem Sinne ist auch eine ortsstatutarische Vorschrift zulässig, nach der der Wert jener vorläufig unentgeltlich hergegebenen Straßenfläche nach dem Durchschnittspreise der von vornherein entgeltlich überlassenen Flächen den Grunderwerbskosten zunächst beigerechnet, sodann aber von dem Gesammtkostenbeitrage des betreffenden angrenzenden Eigentümers wieder abgesetzt werde.[1])

3) Der § 13 des Ges. bezieht sich zunächst nur auf den § 13 selbst, d. h. auf die Frage, in welchen Fällen und in welchem Umfange dem Eigentümer Entschädigung wegen Entziehung oder Beschränkung des Grundeigentumes zu gewähren ist. Er dient aber nicht zur Erläuterung des § 15 Abs. 2, wonach bei der Berechnung der Kosten der Straßenanlage die Kosten der gesammten Straßenlänge und beziehungsweise deren Unterhaltung zusammenzurechnen und den Eigentümern nach Verhältnis ihrer, die Straße berührenden Grenze zur Last zu legen sind. Wenn nun von einem mit mehreren zusammenhängenden Grundstücken oder Grundstücksteilen an eine neue Straße angrenzenden Eigentümer nicht längs der ganzen Grenze Gebäude errichtet werden, so kommt für die Kostenverteilung in der Regel nicht die grundbuchliche, sondern die wirtschaftliche Sebständigkeit des „Grundstückes“ (eine das ganze Gesetz beherrschende Legaldefinition dieses Ausdruckes giebt es nicht) in Betracht. Mehrere, zu einem wirtschaftlichen Ganzen vereinigte und als solche genutzte Grundstücke müssen eben dieser Vereinigung und dieser Art ihrer Benutzung wegen als ein Grundstück angesehen werden. Vergl. E.-O.-V. Bd. IV S. 364 ff. Für Baugrundstücke erhellt die Unmöglichkeit, allein das Grundbuch entscheidend sein zu lassen, schon aus der oft genug vorkommenden Thatsache, daß zwei grundbuchlich getrennte Grundstücke mit einem einzigen, unteilbaren Gebäude besetzt werden. Auf der anderen Seite ist die grundbuchliche Eintragung nicht ohne jeden Wert für die Beurteilung. Indessen läßt sich darüber eine allgemeine Regel nicht aufstellen, vielmehr muß die Entscheidung von Streitigkeiten hierüber von Fall zu Fall erfolgen.

4) Die Adjazenten einer Straße können auch zum Ersatze der Kosten der Freilegung, ersten Einrichtung, Pflasterung und Entwässerung, sobald sie an der Straße Gebäude errichten, selbst in betreff der bei Anlegung der neuen Straße teilweise bereits bebauten Grundstücke herangezogen werden. Für die Annahme, daß der § 15 nur unbebaute Grundstücke betreffe, bietet sein Wortlaut keinen Anhalt. Sie ist aber auch nicht etwa im Wesen der Sache begründet, so daß die Beschränkung einer Aufnahme in das Gesetz nicht erst bedurfte. Im Gegenteil ist schwer einzusehen, welcher Grund den Gesetzgeber bewogen haben sollte, die Heranziehung eines Grundstückes in Fällen auszuschließen, wie sie sich von selbst aufdrängen, z. B. wenn in einem Garten ein kleines Häuschen, auf einem Lagerplatze eine Wärterbude oder ein Schuppen, auf einem langgestreckten Grundstücke an dem entgegengesetzten, eine alte Straße berührenden Ende ein Wohnhaus steht. § 15 soll den Gemeinden eine Erleichterung verschaffen und die Überwälzung der Last auf die Anlieger hielt man für billig, weil sie bei einem Bau an der neuen Straße Vorteile von der Anlage haben. Das Gleiche folgt aus der Entstehungsgeschichte des § 15.

---

[1]) In Frage kam § 3 Abs. 4 des Berliner Ortsstatutes v. 7/19. III. 77.

Nr. 3. Entsch. Bd. XV. S. 147 vom 27. Mai 1887. II C 56/87.

Ges. v. 2. VII. 75 (G.-S. S. 561), betreffend Anlegung und Veränderung von Straßen u. s. w., § 15. Komm.-Abg.-Ges. v. 14. VII. 93 (G.-S. S. 152) § 10.

1) Wenn in einem, gemäß des Fluchtliniengeſ. v. 2. VII. 75 errichteten städtischen Statute die Bestimmung enthalten ist, daß bei dem Anbau an schon vorhandenen, bisher unbebauten Straßen und Straßenteilen „insbesondere an Kommunikations- und Feldwegen" — die Kosten der Herstellung der Straße von den Adjazenten zu tragen seien, so befindet sich dies Statut mit dem Gesetze nicht im Einklange, weil eben Kommunikations- und Feldwege keine „Straßen" im Sinne des Gesetzes sind.

2) Eine „neue" Straße kann, wie aus der Natur der Sache hervorgeht, da nicht angelegt werden, wo eine Straße schon besteht und lediglich einen weiteren Ausbau erfährt, den Anforderungen der Gegenwart gemäß hergerichtet, mit besserem Pflaster, Trottoir u. s. w. versehen wird.

3) Die Frage, ob ein Weg bei Erlaß des betreffenden Statutes bereits eine Straße war, kann nicht danach beurteilt werden, ob er den im Statute neu vorgesehenen Erfordernissen einer Straße genügte. Es kommt vielmehr darauf an, ob diejenigen Anforderungen erfüllt waren, die nach dem bisher geltenden Rechte für die städtischen Straßen in der betreffenden Ortschaft bestanden. Sollten aber daselbst Vorschriften über die normalmäßige Beschaffenheit städtischer Straßen nicht erlassen worden sein, so ist das ausschlaggebende Gewicht darauf zu legen, inwieweit der betreffende Weg thatsächlich dem allgemeinen Verkehre gedient hat und von der Stadtgemeinde, wenn auch in einem, den gegenwärtigen Anforderungen gegenüber unvollkommenem Zustande, als Straße unterhalten ist.

Aus dem Endurteil v. 6. XI. 82 (Bd. IX S. 323) läßt sich ein Mehreres nicht ableiten, als daß für die Annahme einer sogen. historischen Straße ein öffentlicher straßenmäßiger Verkehr erforderlich sei. Diese Anforderung muß aber als erfüllt schon dann angesehen werden, wenn der Weg nicht bloß thatsächlich dem allgemeinen Verkehre gedient hat, sondern daneben auch von der Stadtgemeinde als Straße unterhalten ist, denn dann kann jener Verkehr nur ein öffentlicher, straßenmäßiger gewesen sein.[1])

4) Der Verwaltungsrichter hat nur über die öffentlich-rechtliche Verpflichtung des Klägers, wie sie sich aus dem Ges. v. 2. VII. 75 und dem zur Ausführung erlassenen bezüglichen Ortsstatute ergiebt, zu befinden, während Verbindlichkeiten, die der Kläger vertragsmäßig übernommen hat, nur etwa vor dem Zivilrichter geltend gemacht werden könnten.

Nr. 4. Entsch. Bd. XV. S. 152 vom 17. Juni 1887. II C 36/87.

Ges. v. 2. VII. 75 (G.-S. S. 561), betreffend Anlegung und Veränderung von Straßen u. s. w., § 15. Komm.-Abg.-Ges. v. 14. VII. 93 (G.-S. S. 152) § 10.

1) Wenn in einem gemäß § 15 des Fluchtliniengeſ. v. 2. VII. 75 erlassenen Ortsstatute die Legung von Wasserleitungsröhren zu der „ersten Einrichtung der Straße" gerechnet wird, so entbehrt das der Rechts-

[1]) Zur Feststellung, daß eine Straße eine „historische" sei, ist der Nachweis erforderlich, daß sie zur Zeit des Erlasses des Ortsstatutes zur Ausführung des § 15 des Fluchtliniengeſ. v. 2. VII. 75, nach dem damals für sie geltenden Programme, bereits fertig hergestellt war. Entsch. v. 12. V. 93 (Pr. Verw.-Bl. Bd. XV S. 17). Zu den notwendigen Erfordernissen einer „historischen" Straße gehört nicht, daß auf ihr ein Wagenverkehr stattfinden kann. Ebensowenig ist notwendig, daß die sie begrenzenden Häuser mit Ausgängen nach ihr versehen sind. Das Nichtvorhandensein solcher Ausgänge ist insbesondere da nicht entscheidend, wo die anliegenden Gebäude Eckhäuser sind und für die Errichtung selbständiger Gebäude kein Raum vorhanden ist. Entsch. v. 14. III. 89, Nr. III 296.

gültigkeit. Denn die Herstellung einer Wasserleitung bezweckt im allgemeinen und der Regel nach eine Versorgung der an der Straße liegenden Häuser mit dem erforderlichen Bedarfe an Wasser. Die Ausnahme, daß eine Wasserleitung lediglich oder der Hauptsache nach für die Straße — etwa zu deren Sprengung, zur Spülung der Rinnsteine u. s. w. — bestimmt sei, müßte besonders nachgewiesen werden. Der Ausdruck „erste Einrichtung" kann schon deshalb eine so weitreichende Bedeutung nicht haben, weil er im § 15 mit der „Entwässerung und Beleuchtungseinrichtung" zusammengestellt ist. Wenn er die Herstellung von Wasserleitungen umfaßte, müßte er noch vielmehr diese beiden, mit der Einrichtung und Bestimmung der Straße weit näher in Verbindung stehenden Stücke in sich begreifen. Ihre besondere Hervorhebung wäre also nicht bloß überflüssig, sondern geradezu irreführend.

2) Nach dem Endurteile v. 12. XII. 77 (Bd. III S. 292) können Eigentümer solcher Gebäude zu den Kosten der ersten Einrichtung u. s. w. nicht herangezogen werden, die bereits vor „Anlage" der Straße errichtet wurden und infolge dieser Anlegung an die Straße zu liegen kommen. Dies Erkenntnis bezieht sich aber nur auf Fälle, wo die Fluchtlinien einer Straße erst festgesetzt werden sollen, während die demnächst an die Straße stoßenden Gebäude längst vorhanden sind. Eine nähere Äußerung darüber, mit welchem Zeitpunkte die Anlegung der Straße im Sinne des Erkenntnisses beginnt, findet sich nicht. An sich vollzieht sich aber die „Anlegung" einer Straße stets innerhalb eines gewissen, vielfach nicht zu kurz bemessenen Zeitraums. Jeder während dessen vorgenommene Neubau begründet die Verpflichtung, nach § 15 des Gesetzes zu den Kosten beizutragen. Mit Festsetzung der Fluchtlinien aber beginnt die Periode der „Anlegung". Dies folgt mit Notwendigkeit aus dem Gesetze. Nach § 15 können die Anlieger bei der Anlegung einer neuen Straße angehalten werden, die Freilegung, erste Einrichtung, Entwässerung und Beleuchtungsvorrichtung zu beschaffen. Die Gemeinde ist also befugt, nachdem sie die Anlegung einer Straße beschlossen hat, von den Anliegern deren Herstellung in natura zu fordern. In diesem Falle bedarf es von seiten der Gemeinde nur einer Festsetzung der Fluchtlinien. Alles übrige ist, sofern die Straße nicht die Breite von 26 Meter überschreitet, durch die Anlieger zu leisten. Daß aber die Verpflichtungen der Anlieger sich anders gestalteten und namentlich der Zeitpunkt, wo die Pflicht infolge eines Baues wach wird, sich veränderte, wenn die Gemeinde nur den Ersatz der Herstellungskosten in Anspruch nimmt, kann nicht anerkannt werden, da das Gesetz beide Fälle ganz gleich behandelt.

Nr. 5. Entsch. Bd. XV. S. 156 vom 1. November 1887. II C 101/87.

Ges. v. 2. VII. 75 (G.=S. S. 561), betreffend Anlegung und Veränderung von Straßen u. s. w., § 15. Komm.=Abg.=Ges. v. 14. VII. 93 (G.=S. S. 152) § 10.

1) Gemäß § 15 des Ges. v. 2. VII. 75 kann denjenigen, die an einer neuen städtischen Straße bauen, durch Ortsstatut aufgegeben werden, die Straßenstrecke entweder auf eigene Kosten herzustellen, oder zu den Herstellungs- und Regulierungskosten einen verhältnismäßigen Beitrag zu leisten. Dagegen haben die Gemeinden kein Recht, Kautionsbestellung wegen des später zu leistenden Kostenbeitrages zu fordern, und dieses Recht kann ihnen auch durch Ortsstatut nicht beigelegt werden.[1])

2) Die Befugnis, Kaution zu fordern, setzt immer einen speziellen Rechtstitel, der in diesen Fällen nicht in Frage kommen kann, oder eine ausdrückliche Rechtsnorm, die für das Gebiet der Gemeindebesteuerung

[1]) Vergl. Entsch. v. 5. I. 88 (Bochmann, Rechtsgrundsätze S. 171).

nicht besteht, voraus (A. L.-R. Teil I Tit. 14 §§ 179 ff.), kann aber nicht auf das den Gemeinden im § 15 gewährte Autonomierecht gegründet werden. Auf die bisherige, von den Aufsichtsbehörden bei Bestätigung der Ortsstatuten geübte, dem obigen Grundsatze entgegenstehende Handhabung des Gesetzes und die infolge dessen entstandene Praxis ist ein besonderes Gewicht nicht zu legen, denn es bleibt im Verwaltungsstreitverfahren immer zu untersuchen, ob auch bei diesen obrigkeitlichen Bestätigungen das bestehende Recht zutreffend angewendet worden ist.

3) Zur Erzwingung der dem Adjazenten obliegenden Leistung treten, je nach dem verschiedenen Charakter der Leistung, die allgemein gültigen Regeln ein. Hat sich die Gemeinde dafür entschieden, daß die Anlieger die Straße selbst herstellen und fünf Jahre unterhalten sollen, so handelt es sich um die Ableistung von Naturaldiensten, sollen aber die Anlieger zu den betreffenden Arbeiten einen verhältnismäßigen Beitrag und den Ersatz der erforderlichen Kosten leisten, so handelt es sich um die Einziehung von Geldbeiträgen. Die Einziehung der letzteren erfolgt gesetzlich durch Veranlagung und Ausschreibung der Abgabe, event. durch zwangsweise Beitreibung (Vd. v. 7. IX. 79). Die Herstellung der Naturalleistungen kann die Gemeinde im Zwangswege durch einen Dritten besorgen lassen oder auch selbst zur Ausführung bringen und zu dem Ende die erforderlichen Kosten von dem Verpflichteten vorschußweise einziehen. Alles dies hat aber mit einer Sicherheitsleistung der Anlieger für die demnächstige Erfüllung ihrer Verpflichtungen nichts zu thun. Für keinen jener Wege ist gesetzlich vorgesehen, daß die Gemeinde unter Umständen sich auch eine Kaution zur Sicherung ihrer Forderung bestellen lassen könne. Die Kautionsforderung läßt sich auch nicht aus dem Gesichtspunkte rechtfertigen, daß damit nur ein Geringeres, als dasjenige, was das Gesetz gestatte, beansprucht werde, daß folglich in der gesetzlichen Ermächtigung, die Verpflichtung selbst einzuführen, zugleich die Ermächtigung liege, Sicherheitsleistung dafür zu verlangen. Denn der Anspruch, daß Sicherheit für künftige Erfüllung einer Verpflichtung bestellt werde, ist etwas völlig anderes, als der Anspruch, daß die Verpflichtung selbst erfüllt werde, er charakterisiert sich als eine zu der Hauptverpflichtung hinzutretende weitere Last. Stände die Sache anders, so würde bei jeder Gemeindelast Kaution gefordert werden können.

Ebensowenig läßt sich die Kautionsforderung damit begründen, daß die Gemeinde, wenn sie selbst den Straßenausbau bewirke, die Kosten vorschußweise für die Anlieger aufwende. An sich trifft die dabei zu Grunde liegende Auffassung nicht einmal zu. Denn diejenige Gemeinde, die nach dem Ortsstatute nur Ersatz der von ihr verausgabten Kosten beansprucht, stellt die Straße nicht etwa im Namen der Anlieger, oder für sie, als ihr Geschäftsführer, her. Vielmehr bleibt auch in diesem Falle der Straßenbau eine Last der Gemeinde. Die Gemeindebehörde besorgt den Ausbau namens der Gemeinde, und die Ausgaben werden auch zunächst von der Gemeinde und für sie bestritten; erst demnächst sind sie ganz oder teilweise von den Anliegern zu erstatten, ohne daß hierbei die Grundsätze von der Geschäftsführung ohne Auftrag (negotiorum gestio) zur Anwendung kommen.

4) In manchen Ortsstatuten ist eine Kautionsbestellung dann zugelassen, wenn zur Zeit der Erteilung des Baukonsenses, wo nach dem Gesetze an sich die Zahlungspflicht eintritt, der Beitrag des Anliegers noch nicht feststeht. Auch dies ist unzulässig, denn der Umstand, daß die Gemeindebehörde ihre Abrechnung noch nicht beendet hat und deshalb nicht in der Lage ist, den illiquiden Beitrag des Anliegers einzuziehen, kann den Anspruch auf Kaution am allerwenigsten rechtfertigen.

5) Unberührt hiervon bleiben die Fälle, in denen die Kautionsbestellung den Anliegern nicht sowohl als eine Pflicht auferlegt wird, sondern vielmehr, sei es nach ausdrücklicher unmittelbarer Vorschrift des Statutes, sei es erst gemäß einer durch das Statut den Gemeindebehörden erteilten Ermächtigung als ein Recht nachgelassen wird, mittels dessen Ausübung sie die ihnen an sich entgegenstehende Verpflichtung, des Baues sich zur Zeit noch überhaupt zu enthalten oder doch gleichzeitig die Straßenbaulast definitiv zu erfüllen, bis auf weiteres abwenden können, so insbesondere die Fälle, in denen gegenüber einem auf Grund des § 12 des Fluchtliniengeſ. v. 2. VII. 75 erlassenen Bauverbote Ausnahmen unter der Bedingung gestattet werden, daß der Anbauende Sicherheit für Leistungen bestelle, die er entweder nach der Regel des Gesetzes zu erfüllen hat oder nach den besonderen für solche Dispensationen getroffenen Normen freiwillig übernimmt. Bei Anwendung dieser Bestimmung verliert die Angelegenheit ihren öffentlich-rechtlichen Charakter.

Nr. 6. Entsch. Bd. XVII. S. 164 vom 19. Februar 1889. II C 4/89.

Ges. v. 2. VII. 75 (G.-S. S. 561), betreffend Anlegung und Veränderung von Straßen u. s. w., § 15. Komm.-Abg.-Ges. v. 14. VII. 93 (G.-S. S. 152) §§ 10, 65.

1) Wenn Beiträge der an eine neue Straße angrenzenden Eigentümer zu den Kosten der Freilegung (Grunderwerbskosten) eingefordert werden sollen, so darf diese Einforderung keine provisorische sein, sie darf also nicht erfolgen unter dem Vorbehalt späterer anderweiter Normierung (Feststellung), sondern erst nach endgültiger Feststellung der Beitragshöhe.[1])

2) Jene Beiträge sind als Kommunallasten anzusehen. Eine Veranlagung zu Gemeindesteuern mit dem Vorbehalte, daß der Betrag der Steuer demnächst anderweit berechnet werden solle, giebt es nicht, ebensowenig kann in dem Streite über die Heranziehung zu den Gemeindesteuern eine Entscheidung ergehen, die zwar den Zensiten für zahlungspflichtig erklärt, aber den Betrag der Abgabe ungewiß läßt und seine endgültige Feststellung von erst künftig eintretenden Ereignissen oder Rechtsakten abhängig macht. Unentbehrliche Vorbedingung für die Ausschreibung einer Steuer ist, daß den Pflichtigen der Betrag der Steuer bekannt gemacht werde. Vergl. E.-O.-V. Bd. III S. 71, 72, 74. Ebensowenig ist es statthaft, in dem Verwaltungsstreitverfahren wegen Heranziehung zu den Gemeindelasten eine Entscheidung unter dem Vorbehalte zu treffen, daß eintretenden Falles die von dem Kläger zu entrichtende Steuer sich entsprechend ändere. Vergl. E.-O.-V. Bd. II S. 54, Bd. III S. 13, Bd. V S. 55, Bd. IX S. 11, Bd. XII S. 69, Bd. XIV S. 190.

Vergl. hierzu die Entsch. v. 15. I. 87 (Entsch. Bd. XIV S. 191) und v. 1. XI. 87 (Entsch. Bd. XV S. 156).

Nr. 7. Entsch. Bd. XVII. S. 172 vom 5. Oktober 1888. II C 56/88, 57/88.

Komm.-Abg.-Ges. v. 14. VII. 93 (G.-S. S. 152) § 10. Ges. v. 2. VII. 75 (G.-S. S. 561), betreffend Anlegung und Veränderung der Straßen, § 15.

1) Die Straßenherstellungskosten, die auf Grund von Ortsstatuten in Gemäßheit der §§ 12 und 15 des Ges. v. 2. VII. 75 von den angrenzenden Hausbesitzern erhoben werden, sind Gemeindelasten.

2) Bauten, die zu einer Zeit errichtet sind, als eine neue Straße bereits in der Anlage begriffen war, fallen schon unter das Ortsstatut, die vor Erlaß des Ortsstatutes errichteten Gebäude kommen nicht in Betracht.

---

[1]) Eine Heranziehung unter dem Vorbehalt, daß die nur vorläufig eingeforderte Summe nachträglich anderweit normiert werden solle, ist unzulässig; der geforderte Betrag muß bei der Ausschreibung definitiv und ziffermäßig angegeben werden. Entsch. v. 1. VII. 92 (Pr. Verw.-Bl. Bd. XIV S. 25).

Die Beitragspflicht der angrenzenden Eigentümer entsteht dann nicht, wenn die Straße erst nach Errichtung der Gebäude angelegt wird. Vergl. E.-O.-V. Bd. III S. 292.[1])

3) Die Kosten, zu deren Ersatz die Anlieger herangezogen werden sollen, müssen für die Anlegung der Straße aufgewendet sein. Nur solche Kosten können in Betracht kommen, die erst, nachdem zur Anlegung der Straße geschritten ist, erwachsen sind, die dazu gedient haben, um die städtische Straße als solche herzustellen. Das Gesetz bezieht sich eben nur auf die Anlegung von Straßen; infolge dessen fallen alle Aufwendungen, die für andere Wege gemacht werden, völlig aus dem Rahmen des Gesetzes heraus. Wer sie zu tragen hat, richtet sich nach den sonstigen für die Wegebaupflicht geltenden Bestimmungen. Der § 15 a. a. O. regelt diese Angelegenheit nicht, er greift erst Platz, wenn es sich um die Kosten für die Anlegung der Straße handelt. Zwar mögen je nach Lage des Falles Ausgaben, die früher für einen einfachen Feldweg oder eine Landstraße geleistet sind, bei einer späteren Umwandlung der betreffenden Strecke in eine städtische Straße die zur Herstellung der letzteren erforderlichen Aufwendungen teilweise entbehrlich machen, auch kann vielleicht die bisherige Wegeanlage selbst oder wenigstens das dazu verwendete Material bei dem Ausbau der Straße benutzt werden, allein die etwa hierdurch herbeigeführte Verringerung der Kosten für die Straßenanlage kann die Gemeinde nicht berechtigen, jene früheren Ausgaben als Aufwendungen zur Anlegung der Straße zu behandeln. Die angrenzenden Eigentümer haften lediglich für die Kosten der Umwandlung in eine städtische Straße, nicht auch für frühere Instandsetzungskosten des Feld- oder Kommunikationsweges.

4) Die „Anlage" einer städtischen Straße beginnt erst mit dem Zeitpunkte eines hierauf gerichteten Beschlusses der städtischen Behörden, mit der Aufstellung des Bebauungsplanes und der Festsetzung der Fluchtlinien. Die Errichtung einer verhältnismäßig geringfügigen Anzahl von Gebäuden an einem Wege reicht nicht aus, um einem Kommunikationswege den Charakter einer städtischen Straße aufzuprägen.

5) Ein auf Grund der §§ 12 und 15 des Ges. v. 2. VII. 75 errichtetes Ortsstatut kann die Eigentümer von Grundstücken, die zu dem Stadtbezirke nicht gehören, auch nicht verpflichten, Beiträge zu den Kosten für Anlegung von Straßen im Stadtbezirke zu leisten. Ortsstatutarische Anordnungen (§ 11 der St.-Ordn. v. 30. V. 53) regeln Rechte und

---

[1]) Der Neubau muß während oder nach der Neuanlegung der Straße, erfolgt sein. Eine Beitragspflicht besteht nicht, wenn er zwar nach Erlaß des Ortsstatutes, aber vor der Neuanlegung der Straße erfolgt war.

Eine statutarische Bestimmung, die Grundeigentümer, die an Feld- oder Kommunikationswegen Bauten errichten, für den Fall ihrer späteren Umwandlung zu städtischen Straßen für die Kosten haftpflichtig macht, ist gesetzlich unstatthaft.

Wird bei Aufstellung eines Bebauungsplanes ein bestimmter Straßenzug ins Auge gefaßt, und mit Feststellung von Fluchtlinien für ihn vorgegangen, so beginnt damit die Anlegung der Straße, und sie ist von diesem Zeitpunkte an als in der Anlegung begriffen anzusehen. Entsch. v. 14. XII. 88 (Pr. Verw.-Bl. Bd. X S. 455).

Ein Ortsstatut oder Regulativ auf Grund des § 15 darf die Personen, deren Besitz an eine im Sinne dieses Paragraphen neue Straße grenzt, nicht für andere, als die dort vorgesehenen, Zwecke belasten. Eine Beitragspflicht der Anlieger besteht nicht, wenn die Errichtung ihrer Gebäude nicht der Zeit nach Erlaß des Ortsstatutes und nach Beginn der Anlegung der Straße angehört, und wenn es sich nicht mehr um die Kosten der ersten Einrichtung handelt. Entsch. v. 12. XII. 93 (Pr. Verw.-Bl. Bd. XV S. 251). Entscheidend bleibt immer der Gesichtspunkt, daß der Akt der Errichtung eines Gebäudes erst durch das Statut zu einem, den Erbauer verpflichtenden, Titel werden kann, dieser Eigenschaft also solange ermangelt, als das Statut nicht erlassen ist. Entsch. v. 4. III. 96 (Pr. Verw.-Bl. Bd. XVII S. 353).

Pflichten für „die Mitglieder" der Stadtgemeinde; unter diese Mitglieder fallen aber an sich nicht die Eigentümer von außerhalb des Stadtbezirkes belegenen Grundstücken. Ebenso setzt § 15 voraus, daß die „angrenzenden" Grundstücke zu dem betreffenden Gemeindebezirke gehören.

Das Ges. v. 2. VII. 75 will den Gemeinden eine Erleichterung gewähren, indem es ihnen die Abwälzung der Straßen-Anlegungskosten auf die angrenzenden Eigentümer freistellt. Die Gemeinden werden damit ermächtigt, diese Kosten auf andere Weise, als die sonstigen Gemeindebedürfnisse, aufbringen zu lassen; die Straßenbaukosten sind aber an sich Gemeindelasten und bleiben dies auch dann, wenn sie gemäß § 15 denjenigen Gemeindegliedern auferlegt werden, die einen besonderen Vorteil von der Straßenanlage haben. Damit ist von selbst und ohne weiteres gegeben, daß die Grundstücke, deren Eigentümer beitragspflichtig gemacht werden sollen, Teile des Gemeindebezirkes sein müssen. Denn die Heranziehung zu einer Gemeindelast, die auf die Gemeindeglieder oder einzelne Klassen von ihnen verteilt werden soll, setzt immer eine persönliche oder dingliche Verbindung mit dem Gemeindebezirke voraus, und die hier notwendige dingliche Verbindung kann nur durch Zugehörigkeit des Grundstückes zum Gemeindebezirke hergestellt werden. Unter diesen Umständen bedurfte es einer besonderen Hervorhebung der gedachten Voraussetzung im § 15 nicht, und zwar um so weniger, als die Anlegung einer Straße unmittelbar an der Grenze des Gemeindebezirkes nicht gerade oft vorkommen wird.

Nr. 8. Entsch. Bd. XVII. S. 181 vom 16. November 1888. II C 76 88.

Komm.-Abg.-Ges. v. 14. VII. 93 (G.-S. S. 152) § 10. Ges. v. 2. VII. 75 (G.-S. S. 561), betreffend Anlegung und Veränderung von Straßen u. s. w., § 15.

1) Nach § 1 des Berliner Ortsstatutes v. 19. III. 77 beschränkt sich bei der seitens der Stadtgemeinde erfolgenden Anlage einer neuen Straße die Verpflichtung der angrenzenden Grundeigentümer darauf, der Stadtgemeinde diejenigen Kosten zu „erstatten", die ihr für die Freilegung, erste Einrichtung, Pflasterung und Entwässerung der Straße erwachsen. Danach erscheint es rechtlich unmöglich, daß eine Forderung gegen die Anlieger früher entstehe, als der Gemeinde selbst Kosten erwachsen sind.

2) Wenn ein Eckhaus die eine Vorderseite einer Straße zukehrt, so wird es dadurch allein zu einem an dieser Straße belegenen Wohnhause. Der „Ausgang" ist nur für den Thatbestand des § 12, nicht für den des § 15 des Ges. v. 2. VII. 75 wesentlich.

3) Der Beginn eines Baues vor erteilter Bauerlaubnis (Baukonsens) ist eine unerlaubte Handlung und kann nicht die Wirkung haben, dem Hauseigentümer Vorteile zu verschaffen, auf die er ohnedies keinen Anspruch hat.

4) In vorliegendem Falle hatte das 1877 errichtete Gebäude im Jahre 1879 im Wege der notwendigen Subhastation und demnächst im Jahre 1880 nochmals durch Kauf seinen Eigentümer gewechselt. Von dem letzten Erwerber forderte der Magistrat 1887 einen Beitrag zu den Straßenanlegungskosten. Dies hatte der Bezirksausschuß unter Berufung auf eine Entsch. des R.-Ger. v. 11. VII. 81 (Pr. V.-Bl. Bd. III S. 14) für unzulässig erachtet. Bei einer notwendigen Subhastation gehe die geforderte Kommunallast zwar an sich als Reallast auf den Erwerber des Grundstückes über. Dagegen höre hinsichtlich der bereits verfallenen Einzelleistungen — der Rückstände — jede Verbindung mit dem Grundstücke auf. Der Berechtigte trete in die Reihe der Realgläubiger und habe seine Befriedigung aus den Kaufgeldern zu suchen. Habe die Gemeinde die Verfolgung ihrer Rechte bei Gelegenheit der notwendigen Subhastation des

Grundstückes dem damaligen Vorbesitzer gegenüber unterlassen, so sei der Erstattungsanspruch gegen den Nachfolger im Besitze dadurch ausgeschlossen. Das O.-V.-G. bezeichnete die Auffassung des Bezirksausschusses als unzutreffend; denn jenes Erkenntnis handle lediglich von einem „Rückstande“, einer zur Hebung gestellten Abgabe, während die streitige Forderung 1879 nicht zur Hebung gestellt war und deshalb auch nicht als „Rückstand“ betrachtet werden konnte. Bezüglich der in Frage kommenden Grunderwerbskosten stellte das O.-V.-G. fest, daß noch im Jahre 1887 Streit darüber bestand, ob der Grund und Boden unentgeltlich abzutreten sei oder gegen welche Entschädigung er abgetreten werden müsse, so daß der Beitrag der Anlieger zu ihnen unmöglich bereits im Jahre 1877 fällig gewesen sein könne und hebt noch besonders hervor, daß Abgaben von der steuerberechtigten Gemeinde immer nur zu einem bestimmten Betrage ausgeschrieben werden können, eine Abgabe aber, deren Entrichtung von dem Pflichtigen noch nicht verlangt werden durfte, auch nicht im Subhastationstermine anzumelden war. Der Anteil an den übrigen Kosten war ebenfalls erst im Jahre 1887 ausgeschrieben. Steuern werden aber erst dann fällig, wenn sie zur Hebung gestellt sind und können als rückständig erst dann behandelt werden, wenn die Zahlung verlangt, aber nicht erfolgt ist. Hiernach lagen also Rückstände überhaupt nicht vor. Im übrigen ergab sich schon aus folgender Erwägung, daß der Magistrat die fragliche Forderung nicht anzumelden hatte. Den Anteil an den Grunderwerbskosten konnte die Stadtgemeinde damals überhaupt nicht fordern; den Anteil an den übrigen Kosten aber für sich und abgesondert von den Grunderwerbskosten zu berechnen und einzufordern war die Gemeinde nicht verpflichtet. Denn die Gemeinde kann rechtlich nicht genötigt werden, den ihr gegen einen Straßenanlieger zustehenden Anspruch zu spalten und jedesmal, sofern die Feststellung eines Teiles möglich ist, ihn vorab zur Hebung zu stellen.

5) Wenn die Gemeinde die Anlegung einer neuen Straße, deren Kosten von den Anliegern zu ersetzen sind, beschlossen hat, so handelt es sich bei den zur Ausführung erforderlichen Maßregeln nicht etwa um eine „Geschäftsführung“ für die Anlieger, sondern lediglich um die Verwaltung einer städtischen Angelegenheit, die von den Gemeindeorganen nach deren pflichtmäßigem Ermessen zu erledigen ist. Ob also über die für den Grunderwerb zu zahlende Entschädigung ein Prozeß geführt werden soll, hängt von der Entschließung der Gemeindeorgane ab, und die dadurch entstehenden Kosten gehören in gleicher Weise, wie alle sonstigen mit der Anlage verbundenen Aufwendungen, zu den erstattungspflichtigen Gesammtkosten.

Nr. 9. Entsch. Bd. XIX. S. 77 vom 14. März 1890. II C 147/89.

St.-Ordn. v. 30. V. 53 (G.-S. S. 261) § 11. Zust.-Ges. § 16. Komm.-Abg.-Ges. v. 14. VII. 93 (G.-S. S. 152) §§ 1, 20, 77.

Den Anliegern einer städtischen Straße kann seitens der Gemeinde weder durch ein Ortsstatut noch überhaupt die Naturalherstellung und Unterhaltung der Bürgersteige auferlegt werden. Wohl aber kann sie von ihnen angemessene Beiträge (Präzipualbeiträge) durch Einführung einer besonderen Steuer, die der Genehmigung der Minister des Innern und der Finanzen bedarf, beanspruchen.[1])

---

[1]) Heute würde sich die Gemeinde gegebenen Falles auf dem im § 20 des Komm.-Abg.-Ges. (Mehr- oder Minderbelastung einzelner Gemeindeangehöriger) vorgesehenen Wege zu helfen haben.

Vergl. auch Entsch. v. 4. III. 96 (Pr. Verw.-Bl. Bd. XVII S. 353). Bezüglich der Verpflichtung der Einwohner von Stadtbezirken zur Teilnahme an den Gemeindelasten

Nr. 10. Entsch. Bd. XIX. S. 83 vom 16. Mai 1890. II C 64/90.

Fluchtliniengeś. v. 2. VII. 75 (G.-S. S. 561) § 15.

1) Der Akt der **Aufstellung eines Bebauungsplanes oder Fluchtlinienplanes** ist nicht nach allen Richtungen wirkungslos, wenn und so lange er nicht förmlich offengelegt oder sonst publiziert worden ist. Vergl. E.-O.-V. Bd. V S. 381. Es kann dahingestellt bleiben, ob und unter welchen Umständen, zumal auf privatrechtlichem Gebiete, die Veröffentlichung eines Bebauungsplanes die Vorbedingung für gewisse rechtliche Konsequenzen bildet, und es ist andererseits gewiß, daß auch für öffentlich-rechtliche Verhältnisse ein Bebauungsplan sich schon dann wirksam erweisen kann, wenn er erst in der Entstehung begriffen ist. Vergl. E.-O.-V. Bd. VIII. S. 323. Handelt es sich um die Beitragspflicht der Anlieger zu den Kosten der Herstellung einer Straße, die durch die Thatsache der Anlegung der letzteren erzeugt wird, so bilden für das Vorhandensein dieser Thatsache die auf die Straßenherstellung gerichtete Beschlußfassung der Gemeindebehörden und die Einleitung des die Feststellung von Fluchtlinien bezweckenden Verfahrens eine ausschlaggebende Anzeige.

Nr. 11. Entsch. Bd. XXII. S. 78 vom 19. Januar 1892. II C 163/91.

Ges. v. 2. VII. 75 (G.-S. S. 561), betreffend die Anlegung und Veränderung von Straßen u. s. w., § 15.

1) Der § 15 des Fluchtliniengeś. v. 2. VII. 75 enthält den Grundsatz, daß die Straßenherstellungs- und die Straßenunterhaltungskosten den Anliegern nicht nach Maßgabe der vor ihren Grundstücken belegenen Straßenstrecken aufzuerlegen, daß nicht sozusagen die Straße zu verteilen ist, sondern daß der Kostenbetrag der ganzen Anlage den Dividendus zu bilden und jeder Adjazent den auf den laufenden Meter fallenden Betrag der Straßenbaukosten so oft zu zahlen hat, als seine die Straße berührende Grenze Meter enthält. Dieser Zweck des Gesetzes und dieses Ergebnis ist rechnungsmäßig auf die einfachste Weise zu erreichen, wenn man erst die Vollendung der ganzen Straße abwartet und dann die Teilung der Kosten vornimmt. Das Gesetz steht aber auch einer ortsstatutarischen Bestimmung nicht entgegen, wonach von den gesammten der Gemeinde erwachsenden Kosten einer Straßenanlage **solche für einzelne, bereits vollständig durchgeführte Einrichtungen vorab und gesondert zusammengerechnet und umgelegt werden** sollen, unbeschadet nachträglicher Einforderung der Kosten anderer noch rückständiger Leistungen, z. B. der kunstmäßigen Befestigung des Bürgersteiges.[1])

---

läßt die St.-Ordn. v. 30. V. 53 keinen Raum für die Entstehung solcher Verpflichtungen durch Ortsgebrauch. Ebensowenig enthält § 81 A. L.-R. Teil I Tit. 8 keinenfalls eine grundlegende Vorschrift über die Baulast der Bürgersteige, wenn er jedem Hauseigentümer das Nutzungsrecht am Bürgersteige insoweit zuerkennt, als er das Steinpflaster zu unterhalten hat.

[1]) In der Natur des nach § 15 des Fluchtliniengeś. v. 2. VII. 75 zwischen der Stadtgemeinde und den Anliegern bestehenden Rechtsverhältnisses liegt es begründet, daß die Stadtgemeinde vorzuleisten hat, somit grundsätzlich die Kosten erst gefordert werden können, nachdem die Straße fertig gestellt ist. Doch ist eine ortsstatutarische Bestimmung dahin zulässig, daß die der Gemeinde erwachsenden Kosten für einzelne Einrichtungen, unbeschadet der nachträglichen Einforderung weiterer Kosten für andere, vorab gefordert werden. Auch in solchen Fällen muß aber unbedingt daran festgehalten werden, daß diejenige Einrichtung, für die eine solche Einforderung erfolgt, in sich abgeschlossen und vollendet ist.

Findet zunächst eine vorläufige und später erst die endgültige Herstellung der Straße oder eines Straßenteils statt — Schlackentrottoir, demnächst Klinkerpflaster —, so haben die Anlieger zu der letzteren Anlage beizutragen, wenn sie von vorneherein zum programmmäßigen Ausbau der Straße gehörte, und daher mit ihr erst die erste Einrichtung der Straße abgeschlossen wurde.

2) Fehlt es an einer näheren ortsstatutarischen Bestimmuug in dieser Form, so bleibt, wenn die Kosten überhaupt zur Feststellung und Verteilung gelangen sollen, nur die Handhabung des § 15 in der durch seine allgemeine Fassung gebotenen Weise übrig, d. h. es findet nur eine einmalige definitive Verteilung statt. Es sind nach Fertigstellung der Straße die gesammten überhaupt zur Erstattung kommenden Kosten zusammenzurechnen und umzulegen, so daß jede vor Vollendung des Ganzen aufgestellte Teilforderung verfrüht und unstatthaft ist.

Nr. 12. Entsch. Bd. XXIII. S. 23 vom 2. Februar 1892. II C 240/91.

Ges. v. 2. VII. 75 (G.=S. S. 561), betreffend Anlegung und Veränderung von Straßen, §§ 12, 15. Komm.=Abg.=Ges. v. 14. VII. 93 (G.=S. S. 152) §§ 10, 69, 70.

1) Die Stadtgemeinde hat auf die im Ortsstatut vorgesehenen, den an der Straße angrenzenden Eigentümern event. obliegenden Leistungen nach § 15 des Ges. v. 2. VII. 75 vor dem Beginne des Baues keinerlei Anspruch. Dieses Forderungsrecht gelangt erst in einem der Zukunft angehörigen Zeitpunkte zur Entstehung.

2) Ebensowenig ist die Polizeibehörde befugt, die Erteilung der Bau=Erlaubnis von der vorgängigen Erfüllung der im § 15 vorgesehenen Leistungen abhängig zu machen, da sie zur Wahrnehmung der kommunalen Interessen in den Fällen des § 15 nicht berufen ist. Wird der Baukonsens von der Sicherstellung einer solchen Leistung abhängig gemacht, so stehen dem Betroffenen die in den §§ 127 ff. des L.=V.=G. gewährten Rechtsmittel offen.

3) Hat jedoch ein Anlieger, um etwaigen Einwendungen der Stadtgemeinde gegen den beabsichtigten Bau zu begegnen und sich die unverzügliche Erteilung der Bauerlaubnis zu sichern, jene Leistungen versprochen und erfüllt, so liegt in deren Annahme seitens der Stadtgemeinde keine Heranziehung zu den Gemeindelasten. Das Merkmal einer Heranziehung zu den Anliegerbeiträgen liegt vielmehr darin, daß gegen den Bauenden nach der Inangriffnahme des Baues ein Anspruch erhoben wird, dem er unter allen Umständen zu genügen hat, während es vor Inangriffnahme des Baues noch von ihm abhängt, ob er die Straßenbaukosten zahlen oder auf den Bau verzichten und sich

---

Dagegen können alsdann Beiträge zu der provisorischen Herstellung nicht gefordert werden. Ist das gleichwohl geschehen, so präjudiziert dies zwar der Forderung der Stadtgemeinde nicht, diese muß sich aber die früher zu Unrecht erforderten Beiträge kürzen lassen. Entsch. v. 1. VII. 93 (Pr. Verw.=Bl. Bd. XV S. 3).

Wenn das Ortsstatut die Anlieger nur zum Ersatz der für die Herstellung der neuen Straße erwachsenen Kosten verpflichtet, so ist es unzulässig, sie vor beendeter Fertigstellung jener zu Beiträgen heranzuziehen. Entsch. v. 26. VI. 88 (Pr. Verw.=Bl. Bd. IX S. 421) und 1. VII. 92 (das. Bd. XIV S. 25).

Um eine städtische Straße als „fertiggestellt" anzusehen — so daß die Anliegerbeiträge gemäß § 15 des Ges. v. 2. VII. 75 fällig werden — ist es nicht erforderlich, daß sie durchweg in ihrer ganzen Breite gepflastert ist. Es genügt vielmehr, wenn die Straße in der Weise hergestellt ist, die von den städtischen Behörden für ihre Herstellung in Aussicht genommen war, also die programmmäßige Herstellung der Straße. Entsch. v. 17. X. 93 (Pr. Verw.=Bl. Bd. XV S. 153).

Die Erstattungspflicht des Bauenden auf Grund des § 15 und des dazu ergangenen Ortsstatutes beschränkt sich nicht auf die bei Errichtung des Gebäudes bereits verausgabten Straßenherstellungskosten. Wann und in welcher Höhe diese Ausgaben zu leisten sind, hat zunächst die Stadtgemeinde zu bestimmen, gegen deren Entschließungen die Beteiligten die Entscheidung der Aufsichtsbehörde anrufen können. Sodann aber ist derjenige, der an einer in der Anlegung befindlichen neuen Straße ein Gebäude aufführt, verbunden, der Stadtgemeinde, die die Straße anlegt, auch die nach Aufführung des Gebäudes verausgabten Kosten zu erstatten. Entsch. v. 10. IX. 89 (Pr. Verw.=Bl. Bd. XI S. 134).

damit von jeder Leistung befreien will. Die Verpflichtung zur Sicherheitsbestellung für die den Anliegern nach § 15 obliegenden Leistungen darf ihnen als eine öffentlich-rechtliche Last ebensowenig auferlegt werden, wie eine Klage auf Rückforderung derartiger Kautionen im Verwaltungsstreitverfahren dadurch nicht zulässig wird, daß die Sicherheitsleistung im Wege eines freiwilligen Übereinkommens erfolgt. Vergl. E.-O.-V. Bd. XV S. 163.

Nr. 13. Entsch. Bd. XXIII. S. 27 vom 3. Mai 1892. II C 62/92.

Ges. v. 2. VII. 75 (G.-S. S. 561), betreffend die Anlegung und Veränderung von Straßen u. s. w., §§ 12, 15. Komm.-Abg.-Ges. v. 14. VII. 93 (G.-S. S. 152) §§ 10, 69, 70.

1) **Auch im Wege ortsstatutarischer Bestimmung darf den Anliegern, die sich an einer noch nicht fertig hergestellten Straße anbauen wollen, die Bestellung einer Sicherheit für die Kosten einer neuen Straße als eine öffentlich-rechtliche Last nicht auferlegt werden.**

2) **Macht die Stadtgemeinde von einer solchen Bestimmung in der Weise Gebrauch, daß sie die Bestellung der Sicherheit nicht als eine privatrechtliche Forderung, sondern als eine Gemeindelast einfordert, so kann ein Einspruch gegen eine solche Heranziehung auch noch nach Ablauf der im § 69 des Komm.-Abg.-Ges. festgesetzten Frist erhoben werden, weil die bezeichnete Vorschrift sich nur auf wirkliche Steuern und Abgaben steuerpflichtiger Natur beschränkt.**

Nr. 14. Entsch. Bd. XXIII. S. 50 vom 16. September 1892. II C 107/92.

Fluchtliniengeſ. v. 2. VII. 75 (G.-S. S. 561) § 15. Komm.-Abg.-Ges. v. 14. VII. 93 (G.-S. S. 152) §§ 10, 69, 70.

Den Anliegerbeiträgen auf Grund des § 15 des Fluchtliniengeſ. **wohnt eine ganz besondere, eigenartige Natur bei, indem den an eine Straße grenzenden Eigentümern ein Ersatz bestimmter, seitens einer Gemeinde für die Anlegung und zeitweise Unterhaltung der Straße ausgegebener Kosten auferlegt werden kann, falls die Gemeinde nicht vorzieht, ihnen die Herstellung und zeitweise Unterhaltung** in natura **zu überlassen. Eine solche Leistung fällt aber nicht unter die direkten Gemeindeabgaben. Denn der einzelne angrenzende Eigentümer wird erst dadurch pflichtig, daß er an der vollendeten Straße gebaut hat, womit die Aufstellung einer Heberolle regelmäßig ausgeschlossen ist. Es handelt sich um einmalige Leistungen, die nicht wegen eines vorhandenen Eigentumes oder Einkommens, sondern mit Rücksicht auf eine von dem Grundbesitzer vorgenommene oder geduldete Handlung gefordert werden. Ein Tarif fehlt, da eine Verteilung der Ausgaben nach Maßgabe der Grundstücksfronten stattfindet. Die Handlung, die die Abgabepflicht herbeiführt, bringt nicht ohne weiteres die Verbindlichkeit zur Entrichtung einer gewissen Summe mit sich; vielmehr muß noch ein besonderer Akt der Heranziehung hinzutreten. Endlich steht auch die dingliche Qualität der Verpflichtung zur Ersatzleistung, welche letztere die Stelle der Naturalleistung einzunehmen bestimmt ist, der Annahme der Existenz einer indirekten Abgabe entgegen.**[1])

Nr. 15. Entsch. Bd. XXIII. S. 52 vom 22. November 1892. II B 183/92.

Fluchtliniengeſ. v. 2. VII. 75 (G.-S. S. 561) § 15. Komm.-Abg.-Ges. v. 14. VII. 93 (G.-S. S. 152) §§ 10, 24, 34.

1) **Ein an sich gewerbliches Unternehmen, wie die Errichtung eines Bades, hört nicht darum auf, ein solches zu sein, weil es von einer**

[1]) Hieraus folgerte die Entsch. die Nichtanwendbarkeit des Ges. v. 18. VI. 40 (G.-S. S. 140) über die Verjährungsfristen bei öffentlichen Abgaben auf die Anliegerbeiträge. Heute fallen sie als „Beiträge" in den Rahmen des Komm.-Abg.-Ges., hinsichtlich der Rechtsmittel u. s. w. sind die §§ 69, 70 dieses Ges. maßgebend.

Kirchengemeinde betrieben wird, wobei es ganz unerheblich ist, zu welchem Zwecke die Erträgnisse des Gewerbebetriebes verwendet werden. Es verhält sich damit ebenso wie mit den nutzbaren Äckern der Kirchen, milden Stiftungen u. s. w., die Steuerfreiheit ebenfalls nicht genießen. In beiden Fällen fehlt es an der vom Gesetze vorausgesetzten unmittelbaren Bestimmung zu einem öffentlichen Dienste oder Gebrauche.

2) Das Fluchtlinienges. v. 2. VII. 75 trifft alle Eigentümer ohne Ausnahme, also auch Kirchen u. s. w., mögen sie im übrigen zu Gemeindelasten herangezogen werden können oder nicht. In diesem Gesetze handelt es sich nicht um direkte oder indirekte Gemeinbeabgaben, sondern um einen eigenartigen Erstattungsanspruch der Stadtgemeinde gegen die Grundeigentümer, um die Anliegerbeiträge, auf die sich die in den §§ 24 u. 34 des Komm.-Abg.-Ges. gewissen Grundstücken eingeräumte Freiheit von Kommunallasten nicht erstreckt.[1])

Nr. 16. Entsch. Bd. XXIII. S. 57 vom 2. Februar 1892. II C 251/91.
Fluchtlinienges. v. 2. VII. 75 (G.-S. S. 561) § 15.

Dadurch, daß der Beitrag zu den Kosten der Anlegung einer neuen Straße von dem angrenzenden Eigentümer zunächst nur zu einem Teile eingefordert und zur Gemeindekasse angenommen worden ist, wird die spätere Einforderung des Restbetrages nicht ausgeschlossen.

Nr. 17. Entsch. Bd. XXIV. S. 74 79 vom 3/17. März 1893. II C 41/93, 187/92.
Ges. v. 2. VII. 75 (G.-S. S. 561), betreffend die Anlegung und Veränderung von Straßen u. s. w., § 15.

1) Der § 15 des Fluchtlinienges. v. 2. VII. 75 hat den Gemeinden die Ermächtigung erteilt, durch Ortsstatut festzusetzen, daß bei der Anlegung einer neuen Straße, wenn solche zur Bebauung bestimmt ist, von den angrenzenden, zur Errichtung von Gebäuden übergehenden Eigentümern die Kosten der Herstellung der Straße eingezogen werden dürfen. Der Ausdruck „Anlegung einer neuen Straße“, steht in einem Gegensatze zu dem zweiten, im § 15 vorgesehenen Falle der „Verlängerung einer schon bestehenden Straße“ und es kann daher unter einer neuen Straße im Sinne des zu erlassenden Ortsstatutes nur eine solche verstanden werden, die z. Z. der Emanation des Statutes noch nicht bestand, deren Anlegung vielmehr erst späterhin angefangen worden ist. Der dritte im § 15 behandelte Fall ist der des Anbaues an einer „schon vorhandenen, bisher unbebauten Straße“, ein Fall, der nach dem ursprünglichen Entwurfe des Gesetzes eine Verpflichtung der Anlieger überhaupt noch nicht herbeiführen sollte. Bei den „schon vorhandenen Straßen“ ist es ohne entscheidende Bedeutung, ob die Straßen z. Z. des Erlasses des Statutes erst im Beginne der Anlegung sich befanden oder der Vollendung schon näher gebracht waren.

2) Wird seitens der Gemeinde behauptet, daß erst nach Erlaß des Ortsstatutes mit der Anlegung der Straße begonnen ist und zugleich nachgewiesen, daß Arbeiten, die an und für sich die Herstellung einer neuen Straße bilden würden, vorgenommen worden sind, so kann der Anlieger seinerseits den erhobenen Anspruch durch den Nachweis beseitigen, daß die Straße z. Z. des Erlasses des Ortsstatutes bereits vollendet gewesen, d. h. eine sogenannte

---

[1]) Hat die Gemeinde aber die Straßenpflasterung als Gemeindelast übernommen, so können Eigentümer von Grundstücken, die von Gemeindelasten befreit sind, zu den Kosten der Straßenpflasterung auch dann nicht herangezogen werden, wenn die Repartierung der Kosten auf die anliegenden Grundbesitzer durch Regulativ vorgesehen ist. Entsch. v. 7. IV. 95 (Pr. Verw.-Bl. Bd. XVII S. 54).

„historische“ Straße ist, wobei allerdings festgestellt werden müßte, daß die später vorgenommenen Arbeiten nur der Vervollkommnung, nicht mehr der „Anlegung“ einer Straße gedient haben, daß also der dem Anspruch zu Grunde gelegte Fall der Anlegung einer neuen Straße nicht vorliegt.

3) „Straße“ im Sinne des Fluchtliniengesetzes ist keineswegs jede Kommunikationsanstalt aus dem Grunde, weil sie zwei vielleicht weit auseinanderliegende Stadtteile in irgend einer Weise verbindet; „Straßen“ sind vielmehr in der Regel nur diejenigen Wege, die in dem einzelnen Stadtteile dem inneren Verkehre dienen und für den Anbau bestimmt sind.

Nr. 18. Entsch. Bd. XXV. S. 80 vom 12. Mai 1893. II C 21.93.
Ges. v. 2. VII. 75 (G.-S. S. 561), betreffend Anlegung und Veränderung von Straßen u. s. w., § 15.

1) Als sogen. „historische Straße“ kann nur eine in der projektierten Verfassung bereits vor Erlaß des Ortsstatutes fertig gestellte Straße gelten. Eine bestimmte Straße ist an sich vollendet, wenn diejenigen Arbeiten beendigt sind, die bei ihrer Projektierung beabsichtigt waren. Die spätere Vollendung einer Straße, die gemäß dem ihr zu Grunde gelegten Plane erfolgt, kann nicht als eine Verbreiterung einer angeblich früher fertig gestellten Straße angesehen werden.[1])

2) Schon der Beginn der Errichtung von Gebäuden macht den Eigentümer der Baugrundstücke im Sinne des § 15 des Baufluchtliniengeſ. v. 2. VII. 75 beitragspflichtig. Die massive Fundamentierung eines Gebäudes stellt sich als Beginn eines Baues dar. Ist einmal auf diese Weise die Beitragspflicht des Anliegers entstanden, so kann sie durch einen späteren Entschluß, den Bau nicht fortsetzen zu wollen, keineswegs wieder beseitigt werden. Trennung eines Baues durch Vorgartenland von der Straße giebt es nicht, da ein Vorgarten im engsten Zusammenhange mit dem Gebäude steht.

3) Nach § 15 a. a. O. kann durch Ortsstatut bestimmt werden, daß bei der Anlegung einer neuen Straße — nicht eines neuen „Straßenteiles“ —, wenn solche zur Bebauung bestimmt ist, von den angrenzenden Eigentümern, sobald sie Gebäude an der neuen Straße errichten, die dort vorgesehenen Leistungen verlangt werden dürfen und es sollen dann bei Berechnung der Kosten diejenigen der gesammten Straßenanlage zusammengerechnet werden. An die Stelle dessen, was das Gesetz als „die gesammte Straßenanlage bezeichnet, darf ortsstatutarisch niemals eine ganz anders geartete, überhaupt nicht mehr unter diesen Begriff zu bringende Einheit gesetzt werden. So ist unzulässig die Zerlegung der Straße in der Querrichtung in zwei selbständige Straßenteile, weil es sich um Straßenteile handle, deren Regulierung nicht zu derselben Zeit erfolgt sei.[2])

Ob eine, mit einer Mittelpromenade versehene Straßenanlage in der Längsrichtung geteilten werden kann, hängt davon ab, wie die Straße projektiert war, und ob sie planmäßig ausgeführt ist. Die Annahme zweier Straßen-

---

[1]) Vergl. Entsch. v. 17. IX. 95 (Pr. Verw.-Bl. Bd. XVII S. 83).

[2]) „Straßenteile“ können nicht willkürlich geschaffen werden, namentlich nicht allein dadurch, daß ein bestimmtes Stück der Straße gesondert von dem Überreste hergestellt wird. Hat ein Grundbesitzer die Straße vor seinem Grundstück auf eigene Kosten hergestellt, so ist das kein Grund, das Straßenstück von der nächsten Querstraße bis an dieses Grundstück als einen selbständigen Straßenteil anzusehen. Vielmehr müssen die Kosten der gesammten Straßenanlage auf alle Anlieger, einschließlich jenes Grundbesitzers repartiert werden, wenn auch dieser selbstverständlich zu Beiträgen nicht herangezogen werden darf. Entsch. v. 12. V. 93 (Pr. Verw.-Bl. Bd. XV S. 17).

reihen wäre nicht ungerechtfertigt, wenn die Mittelpromenade eine selbständige, die Trennung herbeiführende Anlage bilden sollte.

Nr. 19. Entsch. Bd. XXV. S. 91 vom 1. Juli 1893. II C 54/93.

Ges. v. 2. VII. 75 (G.-S. S. 561), betreffend die Anlegung und Veränderung von Straßen und Plätzen u. s. w., § 15.

1) Nach § 15 des Fluchtliniengeſ. v. 2. VII. 75 steht den Gemeinden die Befugnis zu, den an einer neuen Straße anbauenden Grundbesitzern die Kosten der Freilegung der Straße aufzuerlegen. Daß unter der Freilegung nicht etwa nur die Beseitigung der den Ausbau der Straße hindernden Anlagen, sondern auch der Ankauf der erforderlichen Grundflächen verstanden werden muß, steht in der Rechtsprechung fest. Nicht minder gehört aber zu ihr auch jede in anderer Weise erfolgende Beschaffung des notwendigen Grund und Bodens, so daß unter den Begriff der „Kosten der gesammten Straßenanlage" alle Aufwendungen der Gemeinde für die Bereitstellung der Straßenfläche zu subsumieren sind. Daß das Gesetz nicht allein baares Geld, das von der Gemeinde verausgabt wird, zu den „Kosten" rechnen will, geht aus seiner Tendenz hervor, wonach die Gemeinden durch die Anlegung von Straßen — abgesehen von dem notwendig wegen der nur allmählichen Bebauung der Straßen entstehenden Zinsverluste — finanziell nicht geschädigt werden, vielmehr befugt sein sollen, die völlige Herstellung der Straßen zu Lasten der angrenzenden Bauherren vorzunehmen. Demgemäß darf den Gemeinden nicht verwehrt werden, den Ersatz alles desjenigen, was sie aus ihrem Vermögen behufs der Straßenanlage hingegeben haben, herbeizuführen. Wenn dem Worte „Kosten" die vorbezeichnete beschränkte Bedeutung beizulegen wäre, so würde auch die — in anerkannter Geltung befindliche — Vorschrift vieler Ortsstatute, daß das von den Anliegern etwa unentgeltlich abgetretene Land nach seinem Werte bei der Kostenberechnung zu berücksichtigen sei, gesetzwidrig erscheinen. Vergl. E.-O.-V. Bd. XIII S. 165.

Handelt es sich um Grundstücke, die in früherer Zeit ohne Beziehung auf den schwebenden Straßenbau erworben sind, so hat die Gemeinde nicht die Wertobjekte, die sie früher für den Erwerb hergegeben hat, sondern den jetzigen Wert ihres Grundeigentumes, den sie behufs der Anlegung der Straßen verwendet, zur Erstattung zu liquidieren.

2) Der „Errichtung eines Gebäudes" steht im allgemeinen die „Erweiterung", „Vergrößerung" des räumlichen Umfanges eines solchen gleich. Wenn auch hierunter die Anbringung nur eines Balkons oder eines Erkers nicht fallen wird, so ist dies doch anders bei einer sogen. Veranda, die einen fundamendierten, von allen Seiten mit Mauern umschlossenen und überdachten Raum bildet.

3) Eine Gemeinde darf Parks und gärtnerische Anlagen nach ihrem Belieben dem Publikum öffnen und schließen, so daß ihr Grundeigentum durch eine derartige Bestimmung noch keineswegs aufhört, ein Objekt zu sein, dessen voller Wert nach Verwandlung in eine städtische Straße den Anliegern zur Last gelegt werden kann. Einer hiervon verschiedenen Beurteilung unterliegen aber öffentliche Wege oder Plätze im Sinne des § 1 des Ges. v. 2. VII. 75. Diese sind nicht der freien Disposition der Stadt überlassen, sondern unterstehen als Verkehrsanstalten, als polizeiliche Einrichtungen der Aufsicht der Wegepolizeibehörde. Wenn sie für die Anlegung einer neuen Straße benutzt werden, so vollzieht sich also eine Änderung des sie beherrschenden Rechtsverhältnisses im wesentlichen nicht; sie sind vor wie nach der Wegepolizeibehörde unterstellt, so daß die Gemeinde durch ihre Verwendung zu der neuen

Straße kein Opfer gebracht hat, also auch zu dem Verlangen eines Kostenersatzes nicht befugt ist. — Umgekehrt muß konsequenterweise, da die Stadt aus der Herstellung von Straßen keinen pekuniären Nutzen ziehen soll, der Wert von Wegeparzellen, die anderweit disponibel geworden, bei der Feststellung der Ausgaben für den Straßenbau abgezogen und den Anliegern zu Gute gerechnet werden.

Nr. 20. Entsch. Bd. XXV. S. 96 vom 1. Juli 1893. II C 28/93.

Ges. v. 2. VII. 75 (G.-S. S. 561), betreffend die Anlegung und Veränderung von Straßen und Plätzen u. s. w., § 15.

1) Grundsätzlich können die Straßenherstellungskosten von den Anliegern nur nach Fertigstellung der Straße gefordert werden. Indessen ist es auch zulässig, durch Ortsstatut zu bestimmen, daß, unbeschadet der nachträglichen Einforderung weiterer Kosten, solche für einzelne Straßeneinrichtungen, wie Trottoir, Kanalisation u. s. w., vorab gefordert werden können. Vergl. E.-O.-V. Bd. XXII S. 77. Nur müssen dann diese Einrichtungen in sich abgeschlossen und vollendet, somit die „erste Einrichtung" im Sinne des § 15 des Fluchtlinienges. thatsächlich hergestellt sein.

2) Die Frage, was zu den Kosten der ersten Einrichtung einer Straße gehört, bestimmt sich wesentlich danach, was bei der Aufstellung des Straßenprojektes nach den Intentionen der berufenen Organe als zur ersten Einrichtung gehörig angesehen werden soll, dergestalt, daß, wenn die städtischen Behörden nur die Anlegung eines Schlackentrottoirs beschlossen hätten, die Anlieger auch nur verpflichtet wären, die Kosten für ein derartiges Trottoir zu tragen. Es kommt somit lediglich auf das Programm an, das für die Straßenanlage aufgestellt ist.

Ist seitens der Stadtgemeinde nur einstweilen bis zur Herstellung der ganzen übrigen Straßenarbeiten ein provisorischer einfacher, mit Kies oder Schlacken befestigter Fußsteig hergerichtet worden, so können die Kosten hierfür nicht besonders, sondern erst mit der vollständigen Vollendung der definitiven Bürgersteigsanlage abgefordert werden.

Nr. 21. Entsch. Bd. XXVI. S. 78 vom 9. Mai 1894. II C 2/94.

Ges. v. 2. VII. 75 (G.-S. S. 561), betreffend Anlegung und Veränderung von Straßen und Plätzen, § 15.

Die Beitragspflicht der an eine Straße grenzenden Eigentümer zu den Straßenherstellungskosten kann für den Fall, daß die neue Anlage durch einen Unternehmer erfolgt, nicht statuiert werden, insbesondere etwa auf dem Wege, daß die Ausführung für des Unternehmers Rechnung im öffentlichen Interesse von der Gemeinde selbst übernommen wird.

Das Ges. v. 2. VII. 75 (§ 15) statuiert nur alternative Ansprüche, entweder gegen den Unternehmer, der ein solcher zu sein nicht darum aufhört, weil die Ausführung für seine Rechnung von der Gemeinde übernommen wurde, oder gegen die Anlieger, und zwar gegen diese keineswegs schon daraufhin, daß die Gemeinde nur im öffentlichen Interesse die Ausführung für Rechnung des Unternehmers ihrerseits übernimmt, sondern erst auf Grund der Thatsache, daß von ihr selbst die Anlegung der Straße ausgeht, solche für ihre eigene Rechnung erfolgt.[1]) Den Anliegern gegenüber fehlt es auf Seiten der

[1]) Die Gemeinde hört dadurch nicht auf, Unternehmer der gesammten Straßenanlage zu sein, daß ihr jemand behufs Anlage der Straße für die innerhalb seines Besitzes belegenen Strecken den Grund und Boden nicht bloß so, wie er steht und liegt, sondern planmäßig bis zum Oberbau fertiggestellt zu übergeben hat.

Kann die Gemeinde nun nur den Ersatz derjenigen Kosten beanspruchen, die ihr durch die Freilegung, erste Einrichtung, Befestigung, wie Entwässerungs- und Erleuchtungs-

Gemeinde, deren Ausgaben bei einer nur auf die Ausführung sich beschränkenden Übernahme effektiv solche des Unternehmers sind und bleiben, an einem Objekte der Erstattung, an einer Leistung seitens der Gemeinde, der die Beiträge sich als das, was sie nach dem Grundgedanken des Gesetzes sein sollen und sind, nämlich als Gegenleistung gegenüberstellen ließen.

Nr. 22. Entsch. Bd. XXVII. S. 50 vom 31. Oktober 1894. II C 42 94.

Ges. v. 2. VII. 75 (G.=S. S. 561), betreffend die Anlegung und Veränderung von Straßen u. s. w., § 15.

1) Eckgrundstücke liegen an beiden auf der Ecke zusammentreffenden Straßen, wenn sie auch nur eine Nummer von einer dieser beiden Straßen tragen. Ihre Eigentümer sind daher, falls die gesetzlichen, bezw. statutarischen Voraussetzungen hierzu vorliegen, hinsichtlich beider Straßen zu Anliegerbeiträgen verpflichtet.

2) Eine Straße kann im Augenblicke des Erlasses eines Ortsstatutes gemäß § 15 des Ges. v. 2. VII. 75 als eine dem inneren städtischen Verkehre und dem Anbau dienende Kommunikationsanstalt bereits „vorhanden" gewesen sein, ohne daß sie deshalb damals auch schon vollendet zu sein brauchte (Friedrichs, Kommentar zum Ges. v. 2. VII. 75, 3. Auflage, S. 117).

Nr. 23. Entsch. Bd. XXVII. S. 56 vom 24 November 1894. II C 169/94.

Ges. v. 2. VII. 75 (G.=S. S. 561), betreffend die Anlegung und Veränderung von Straßen und Plätzen u. s. w., § 15.

Auch nicht-historische, mehr oder minder noch unfertige Straßen können zu den bei Erlaß eines Ortsstatutes gemäß § 15 des Ges. v. 2. VII. 75 bereits vorhandenen, in diesem Zeitpunkt schon „bestehenden" Straßen gehören, wenigstens in dem Sinne und mit der Wirkung, daß ihre Einreihung in die Klasse der später erst „neu angelegten" nicht mehr möglich ist.

Nr. 24. Entsch. Bd. XXVII. S. 57 vom 8. Dezember 1894. II C 191/94.

Ges. v. 2. VII. 75 (G.=S. S. 561), betr. Anlegung und Veränderung von Straßen und Plätzen u. s. w., § 15.

Aus § 15 des Ges. v. 2. VII. 75 ergiebt sich, daß sobald einmal bei dem Inkrafttreten eines Ortsstatutes eine Straße bereits vorhanden war, es an der Möglichkeit fehlt, den Thatbestand der Anlegung einer neuen Straße zu konstruieren. Ob eine Straße als eine vorhandene im Gegensatz zu einer neuen anzusehen ist, muß nach den jedesmaligen Verhältnissen beurteilt werden; dabei ist jedoch zu beachten, daß die etwas weiter reichenden Erfordernisse, die an eine sogen. historische Straße gestellt werden, hier nicht erfüllt zu sein brauchen, es hierauf bei dem bloßen Gegensatze von „vorhanden" und „neu" nicht ankommt.[1])

---

anlagen erwachsen sind, nicht jedoch weiter den Ersatz des Zinsverlustes, den sie durch sofortige Verausgabung dieser Kosten und durch deren erst spätere allmähliche Erstattung seitens der Anlieger erleidet, so braucht sie auf die zu erstattenden Kosten auch eine Summe nicht anzurechnen, die ihr jemand zum Ersatze eines solchen Zinsverlustes gewährt hat, um sie in seinem Interesse zur früheren Herstellung der Straße zu veranlassen. Entsch. v. 21. V. 95 (Pr. Verw.=Bl. Bd. XVII S. 21).

[1]) Ebenso Entsch. v. 10. VI. 96 (Pr. Verw.=Bl. Bd. XVII S. 443). Daß eine Straße, selbst mit stillschweigender Genehmigung der Polizei, thatsächlich dem öffentlichen Verkehre gedient und sich in einem, diesen Verkehr ermöglichenden, Zustande befunden hat, genügt indessen nicht, um sie zu einer, wenn auch unvollendeten, städtischen Straße im Sinne des § 15 des Fluchtlinienges. zu machen. Erforderlich ist, daß die Straße von den städtischen Behörden vor dem maßgebenden Zeitpunkte für den inneren städtischen Verkehr bestimmt und ihre Fertigstellung, um sie zu einem ebenbürtigen Gliede des städtischen Straßennetzes zu machen, wenigstens in Aussicht genommen war.

Nr. 25. Entsch. Bd. XXVII. S. 58 vom 2. Februar 1895. II C 236/94.

Ges. v. 2. VII. 75 (G.-S. S. 561), betreffend die Anlegung und Veränderung von Straßen und Plätzen u. s. w., § 15.

Um einer Straße die Eigenschaft einer unbebauten zu nehmen, ist es nicht erforderlich, daß an ihr im Bau vollendete Häuser errichtet sind. Denn dann würde ja auch eine bereits auf beiden Seiten mit je einer Kette von nahezu fertigen Häusern eingefaßte Straße als bisher unbebaut zu gelten haben.

Nr. 26. Entsch. Bd. XXVII. S. 58 vom 3. November 1894. II C 64/94.

Ges. v. 2. VII. 75 (G.-S. S. 561), betreffend die Anlegung und Veränderung von Straßen und Plätzen u. s. w., § 15.

Das Straßen- und Baufluchtenges. v. 2. VII. 75 hat es unternommen, die Materie der Anlegung und der Veränderung von Straßen für den ganzen Umfang der Monarchie einheitlich zu ordnen. Hierbei ist in dessen § 15 vorgeschrieben worden, inwieweit die an neue, bezw. verlängerte, sowie an vorhandene bisher unbebaute Straßen grenzenden Grundbesitzer zu den Kosten der Anlegung und Unterhaltung jener Straßen herangezogen werden dürfen. Zugleich ist die nähere Regelung und Beitragspflicht der Bestimmung durch Ortsstatute überlassen worden, die sie indes nur innerhalb der Grenze der in dem Abs. 1 des § 15 enthaltenen Vorschrift vornehmen sollen. Schließlich hat der § 19 verfügt, daß alle den Bestimmungen des neuen Gesetzes entgegenstehenden allgemeinen und besonderen gesetzlichen Vorschriften aufgehoben seien, und dadurch zu erkennen gegeben, die hier in Frage stehende Angelegenheit sei durch das neue Gesetz erschöpfend geregelt worden und andere auf diese Angelegenheit bezüglichen Gesetze seien nicht mehr zur Anwendung zu bringen, falls sie die Grundbesitzer in erheblicherem Maße belasten sollten. Demnach besteht hinsichtlich der in § 15 bezeichneten Straßen eine Beitragspflicht der Grundeigentümer lediglich insofern, als die eine solche Verpflichtung aussprechende gesetzliche oder statutarische Vorschrift innerhalb der durch den ersten Abs. des § 15 gezogenen Schranken sich hält. Die weiter gehenden Bestimmungen des Dekrets v. 11. I. 09 (Abt. I des Großherzoglich-Bergischen Gesetzbulletins S. 232) sind daher für aufgehoben zu erachten.

Nr. 27. Entsch. Bd. XXVIII. S. 78 vom 23. März 1895. II C 29/95.

Ges. v. 2. VII. 75 (G.-S. S. 561), betreffend die Anlegung und Veränderung von Straßen und Plätzen u. s. w., § 15. Wegeordnung für die Provinz Sachsen v. 11. VII. 91 (G.-S. S. 316) §§ 19, 42.

1) Wenn der § 19 der Wegeordnung für die Provinz Sachsen vorschreibt, daß die Wegebaulast eine Gemeindelast sei, so ist hierdurch nichts anderes angeordnet worden, als daß die Gemeinde an die Stelle der bisher Pflichtigen trete. Hinsichtlich der Verteilung der Wegebaulast innerhalb der Gemeinde hat aber der § 19 nur die Bestimmung getroffen, daß eine Verteilung nach örtlich begrenzten Wegestrecken unzulässig sei.

2) Die Gemeinde kann die ihr durch die Wegebaulast entstehenden Kosten unter Berücksichtigung ihrer besonderen Verhältnisse umlegen, sei es im Wege der allgemeinen Besteuerung, sei es mittelst Auferlegung von Zwecksteuern unter spezieller Belastung hervorragend interessierter Personen oder Grundstücke, sei es durch Heranziehung der bauenden Grundbesitzer mit Anliegerbeiträgen innerhalb der durch den § 15 des Ges. v. 2. VII. 75 gezogenen Schranken, an deren ortsstatutarischer Verpflichtung die Wegeordnung nichts geändert hat.

C. Indirekte Gemeindesteuern.

1. Verbrauchssteuern.

Nr. 1. Entsch. Bd. XVI. S. 181 vom 6. April 1888. II C 252/87.

Ges. v. 3. IV. 72 (R.-G.-Bl. S. 153), wegen Erhebung der Brausteuer, § 44. Zollvereins- und Handelsvertrag v. 8. VII. 67 (B.-G.-Bl. S. 81) Art. 5 § 7. Komm.-Abg.-Ges. v. 14. VII. 93 (G.-S. S. 152) § 10 und Ausf.-Anw. v. 10. V. 94, Art. 10.

1) Wenn die in § 7 Art. V des Zollvereinsvertrages v. 8. VII. 67 den Kommunen die Erhebung von Abgaben von solchen Gegenständen nachgelassen wird, die zur örtlichen Konsumtion bestimmt sind, und demnächst verschiedene dahin zu rechnende Gegenstände — Bier, Essig, Malz u. s. w. — aufgezählt werden, so ist diese Vorschrift dahin aufzufassen, daß die hier aufgeführten Objekte generell als zur örtlichen Konsumtion bestimmt angesehen werden sollen, und die Ausübung des Besteuerungsrechtes im einzelnen Falle nicht erst von dem Nachweise dieser Voraussetzung abhängig ist. Ohne Rücksicht auf den Verwendungszweck und auf die thatsächliche Verwendung im Einzelfalle haben jene Objekte ihrer Natur nach als zur örtlichen Konsumtion bestimmte Gegenstände zu gelten, dergestalt, daß es in der Gemeinde erzeugtes Bier oder zu diesem Zwecke verbrauchtes Malz, das um der für ersteres in Aussicht genommenen oder thatsächlich erfolgten Ausführung willen der kommunalen Besteuerung entzogen ist, nach dem klaren Wortlaute des Vertrages nicht giebt.

2) Eine gesetzliche Verpflichtung zur Rückvergütung einer kommunalen Biersteuer auf dasjenige Bier, das nach einem anderen Orte des Brausteuergebietes ausgeführt wird, besteht nicht. Ob und unter welcher Bedingung ein solcher Rückvergütungsanspruch erhoben werden kann, ist lediglich nach Inhalt der betreffenden Steuer-Regulative zu beurteilen.[1])

Wenn auch die Margarine (Kunstbutter) ihrem wesentlichen Bestandteile nach aus Rindertalg besteht, so ist dieses doch durch Verarbeitung und Beimengung von anderen Bestandteilen zu einem neuen, wesentlich verschiedenen Produkt geworden, welches unter den technischen Begriff „Talg“ nicht mehr gezogen werden kann. Es ist daher unzulässig, eine für Talg bestehende städtische Eingangssteuer ohne weiteres auch von Margarine zu erheben. Entsch. v. 13. XII. 89 (Pr. Verw.-Bl. Bd. XI S. 200).

Nr. 2. Entsch. Bd. XVII. S. 187 vom 4. Januar 1889. II C 137/88.

Zoll- und Handelsvereinsvertrag v. 8. VII. 67 (B.-G.-Bl. S. 81), Art. 5 II § 7. Verf. des Deutschen Reiches (B.-G.-Bl. 1871 S. 63), Art. 40. Komm.-Abg.-Ges. v. 14. VII. 93 (G.-S. S. 152) §§ 13, 14, 77 und Ausf.-Anw. v. 10. V. 94, Art. 10.

1) Wenn die Bestimmung im Art. 5 II § 7 des Zollvereins-Vertrages v. 8. VII. 67, wonach die Erhebung (Einführung) einer Abgabe von Branntwein für Rechnung der Kommune zugelassen werden kann, durch ein Ortsstatut verletzt ist, so ermangelt das letztere der rechtlichen Gültigkeit, da jene Bestimmung durch Art. 40 der Reichsverfassung Reichsgesetz geworden ist, dem das Statut nicht widersprechen darf.

---

[1]) „Eingeführtes“ Bier ist auch solches, das eine Biergroßhandlung von auswärts bezieht und entweder in denselben Gebinden vom Bahnhofe aus an ihre Abnehmer weiter befördert oder in ihren Kellereien auf kleinere Gebinde und Flaschen umfüllt und dann am Orte selbst oder in der Umgegend vertreibt. Entsch. v. 27. V. 96 (Pr. Verw.-Bl. Bd. XVIII S. 79).

Über den Einfluß des Zollvereinsvertrages auf das Gemeindeabgabengesetz vergl. Freiherr von Stengel: Inwieweit sind die Gemeinden hinsichtlich der Einführung indirekter Gemeindesteuern durch die Vorschriften des Art. 5 II § 7 des Zollvereinsvertrages v. 8. VII. 67 beschränkt? (in der Zeitschr. „Selbstverwaltung“ Jahrg. 1885).

2) Die Gültigkeit einer durch Ortsstatut eingeführten Branntweinabgabe ist gemäß Art. 5 II § 7 a. a. O. in erster Linie dadurch bedingt, daß die Erhebung einer Abgabe von Branntwein für Rechnung der Stadtgemeinde entweder bereits stattfand oder nach der bestehenden Gesetzgebung nicht versagt werden kann.

3) Die Thatsache, daß bereits bei Abschluß des Zollvertrages irgend eine Abgabe von Branntwein, z. B. eine Accise, von einer Gemeinde erhoben wurde, genügt aber nicht, um dieser Gemeinde das Recht zur Einführung jeder beliebigen anderen, den Branntwein belastenden Abgabe zu verleihen. Wenn es in Abs. 4 a. a. O. heißt: „Soweit in einzelnen Orten die Erhebung einer Abgabe ... gegenwärtig stattfindet ..., wird es dabei ausnahmsweise bewenden", so ergiebt schon der Wortlaut, daß lediglich etwa erhobene Abgaben beibehalten werden dürfen. Damit ist es vollends unerträglich, daß eine Gemeinde, nachdem sie die bei Verkündigung des Vertrages stattgehabte Erhebung rechtlich aufgegeben hat, die letztere demnächst wieder einführe. In einem solchen Falle läßt sich nicht behaupten, es „bewende" bei der ursprünglichen Abgabe, die spätere Erhebung erscheint im Gegenteil als die Neueinführung einer Abgabe.

4) Die zweite Voraussetzung, d. h. daß die Einführung der Abgabe „nach der bestehenden Gesetzgebung nicht versagt werden konnte", ist gleichbedeutend mit: „soweit die Erhebung einer Abgabe von Branntwein nach der bestehenden Gesetzgebung zugelassen werden muß", d. h. soweit die bestehende Gesetzgebung dem Staate die rechtliche Möglichkeit zur Verhinderung der Abgabe nicht bietet. Dem Zollvertrage einen anderen Sinn unterzulegen, erscheint ausgeschlossen.

Nach der Absicht des Zollvertrages sollte die Neueinführung einer Branntweinabgabe, soweit thunlich, vermieden werden. Die Einzelstaaten zu einer Änderung ihrer Gesetzgebung zu nötigen, hielt man nicht für angemessen. Wo etwa den Gemeinden durch die bestehende Gesetzgebung die Erhebung indirekter Abgaben entweder ganz allgemein oder wenigstens in Beziehung auf den Branntwein ausdrücklich und ohne Einschränkung gestattet ist, wo also die Einführung solcher Abgaben ohne staatliche Genehmigung erfolgen kann, oder wo ein Eingreifen der Staatsbehörden nur innerhalb bestimmter, vom Gesetze selbst gezogener, fester Grenzen stattfindet, sollen diese gesetzlich gewährleisteten Rechte der Gemeinden nicht beeinträchtigt werden. Darüber hinaus sind aber den Gemeinden keine Ansprüche zugestanden. Der Zollvertrag will vielmehr, daß überall da, wo die bestehende Gesetzgebung eine Versagung der Neueinführung zuläßt, hiervon auch Gebrauch gemacht werde. Hiermit stimmt überein der Min.-Erl. v. 6. XII. 68 (M.-Bl. 1869, S. 15), der die Voraussetzung im Bereiche der Kurhess. Gem.-Ordn. v. 23. X. 34 als nicht gegeben annimmt, da § 73 das. die Einführung neuer Auflagen auf Verbrauchsgegenstände zum Besten der Gemeindekasse von der Bewilligung der Ministerien abhängig mache. In gleicher Weise ist die Einführung neuer indirekter Steuern im Bereiche der Hannov. St.-Ordn. v. 24. VI. 58 (G.-S. S. 141) und des Zust.-Ges. (vergl. § 16 Abs. 5 das.) an höhere Genehmigung[1]) gebunden.

Nr. 3. Entsch. Bd. XIX. S. 88 vom 21. Mai 1890. I C 6/90.

Kurh. Gem.-Ordn. v. 23. X. 34 (Kurh. G.-S. S. 181) § 73. Zoll- und Handelsvereinsvertrag v. 8. VII. 67 (B.-G.-Bl. S. 81), Art. 5 I, II §§ 2—5, 7. Deutsche Reichsverfassung (B.-G.-Bl. 1871 S. 63) §§ 35, 38, 40. Komm.-Abg.-Ges. v. 14. VII. 93 (G.-S. S. 152) § 13.

1) In den ehemals kurhessischen Landesteilen war in den Städten die Erhebung einer kommunalen Verbrauchsabgabe von Branntwein gestattet;

[1]) Heute allgemein, vergl. § 77 des Komm.-Abg.-Ges.

der Forterhebung dieser Abgabe von dem zu Heilzwecken verwendeten Branntwein steht auch jetzt die Reichsgesetzgebung nicht entgegen.

Die kurhessische Gem.-Ordn. v. 23. X. 34 hat in § 73 die zum Besten der Gemeinden bestehenden Verbrauchsabgaben beibehalten und auch die Einführung neuer mit ministerieller Genehmigung zugelassen; der § 40 der Reichsverfassung v. 16. IV. 71 und der Zollvereinsvertrag v. 8. VII. 67, namentlich Art. 5 zu II § 7 des letzteren, stehen jener Vorschrift nicht entgegen, und zwar auch nicht der Besteuerung des zu gewerblichen oder Heilzwecken verwendeten Spiritus. Das Branntweinsteuerges. v. 24. VI. 87 (R.-G.-Bl. S. 253) hat an diesem Rechtszustande nichts geändert. Wenn die §§ 1 und 41 dem zu Heilzwecken bestimmten Spiritus Befreiung von der staatlichen Verbrauchsabgabe gewähren, so folgt daraus noch nicht die Befreiung von Kommunalabgaben. Das den Gemeinden eingeräumte Recht zur Erhebung von Abgaben auf Branntwein ist durch das Gesetz in keiner Weise berührt und ihnen auch ferner erhalten geblieben.

2) Unter der „örtlichen Konsumtion" begreift der Vertrag v. 8. VII. 67 keineswegs ausschließlich und allein die Verwendung zum menschlichen Verzehre, sondern allgemein die Verwendung zu jedem anderen persönlichen oder gewerblichen Gebrauche, zur Erzeugung anderer wirtschaftlicher Güter.

2. Lustbarkeitssteuern.

Litteratur: Leuthold in v. Stengels Wörterbuch Bd. II S. 59, 613.

Nr. 1. Entsch. Bd. XXIX. S. 48 vom 16. November 1895. II C 285/95.

Komm.-Abg.-Ges. v. 14. VII. 93 (G.-S. S. 152) § 15 und Ausf.-Anw. v. 10. V. 94, Art. 11.

Gesangs- und deklamatorische Vorträge in Schanklokalen, die eines höheren Kunstinteresses entbehren und gewerbsmäßig veranstaltet werden, fallen nicht allgemein und ohne weiteres unter den Begriff der Tingel-Tangel, sondern erst bei dem Vorhandensein eines gewissen, vom Publikum schon bei der Namengebung empfundenen Gesammtcharakters, ohne Beschränkung auf eine besonders niedrige, etwa gerade sittlich anstößige Gattung.

Der Umstand, daß eine zu weit reichende Definition sich an einen Ministerialerlaß anlehnt, ist, wie der Erlaß überhaupt[1]), für den Verwaltungsrichter ohne jede bindende Bedeutung.

Nr. 2. Entsch. Bd. XXIX. S. 50 vom 13. Mai 1896. II C 45/96.

Komm.-Abg.-Ges. v. 14. VII. 93 (G.-S. S. 152) § 15 und Ausf.-Anw. v. 10. V. 94, Art. 11.

1) Eine Steuerordnung, die auch Theatervorstellungen höherer Art, sobald bei ihrer Veranstaltung ein Erwerbszweck verfolgt wird, mit der Lustbarkeitsabgabe belegt, ohne einen Unterschied zu machen, zwischen den Fällen, in denen jener Zweck überwiegt, und solchen, in denen er hinter anderen — gemeinnützigen — Zwecken zurücktritt, steht nicht in Widerspruch mit dem Komm.-Abg.-Ges. v. 14. VII. 93.[2]) Auch dieses sieht Theatervorstellungen besserer Gattung als Lustbarkeiten an und vermeidet absichtlich, von der Besteuerung grundsätzlich diejenigen Darbietungen auszuschließen, bei denen ein höheres wissenschaftliches oder Kunstinteresse obwaltet. Den Gemeinden ist überlassen, über deren Heranziehung je nach Lage der örtlichen Verhältnisse zu beschließen, und ihrem freien Belieben lediglich in dem Genehmigungsrechte der Aufsichtsbehörden eine Grenze gesetzt. Auch die Ausf.-Anw. v. 10. V. 94

[1]) Gemeint ist der Min.-Erl. v. 13. I. 95 (M.-Bl. S. 19).

[2]) Dasselbe gilt von einer Steuerordnung, die die Besteuerung von nicht-öffentlichen Lustbarkeiten, insbesondere von solchen vorsieht, die von geschlossenen Vereinen oder Gesellschaften veranstaltet werden. Entsch. v. 28. III. 96 (Pr. Verw.-Bl. Bd. XVIII S. 101).

ist weit entfernt davon, eine Beschränkung dieses Besteuerungsrechtes mit gesetzlicher Wirkung einführen zu wollen oder sie als vom Gesetze gewollt hinzustellen. Sie erklärt lediglich vom Standpunkte der praktischen Verwaltung die Besteuerung von Lustbarkeiten bei dem Fehlen eines Erwerbszweckes für ungerechtfertigt. Eine Unterscheidung, ob die Gewinnabsicht mehr oder weniger hervortritt, ist ihr fremd. Ist solche Absicht überhaupt vorhanden, so hat nach der Ausf.-Anw. die höchste Aufsichtsbehörde gegen die Besteuerung kein allgemeines Bedenken zu erheben. Ob trotzdem besondere Rücksichten im Einzelfalle die Besteuerung verbieten, hat die untere Instanz bei Genehmigung der Steuerordnung zu prüfen. Ist aber einmal die Genehmigung, wenn auch unter Verletzung von örtlichen Sonderinteressen und selbst unter Außerachtlassung der höheren Weisungen, erfolgt, so besteht die Neuordnung, falls sie nur nicht gegen das Gesetz verstößt, zu Recht.

2) Der Antrag, ganz allgemein für die Zukunft von Steuerforderungen entlastet zu werden, kann im Verwaltungsstreitverfahren keine Berücksichtigung finden.

3. Umsatzsteuern.

Nr. 1. Entsch. Bd. XXIX. S. 54 vom 6. Mai 1896. II C 42/96.

Gesetz wegen der Stempelsteuer v. 7. III. 22 (G.-S. S. 57) § 3.

Eine Umsatzsteuerordnung hatte, abweichend von dem ministeriell aufgestellten Muster, lediglich den Erwerber eines Grundstückes für steuerpflichtig erklärt und sodann bezüglich der sachlichen und persönlichen Steuerbefreiungen und Steuerermäßigungen den Bestimmungen der Landesgesetze über den Urkundenstempel entsprechende Anwendung zuerkannt. Aus der letzteren Vorschrift in Verbindung mit § 3 des Stempelsteuerges. v. 7. III. 22, wonach bei Verträgen zwischen dem Fiskus und Privatpersonen jedesmal die Hälfte des Stempels für den Vertrag entrichtet werden sollte, wurde gefolgert, daß auch im vorliegenden Falle die vom Fiskus erwerbende Privatperson nur die halbe Umsatzsteuer zu zahlen verpflichtet sei.

Diese Ansicht ist verfehlt. Da **lediglich** der **Erwerber** eines **Grundstückes** in der Steuerordnung für verpflichtet erklärt ist, so handelt es sich bei der Frage der Steuerbefreiung einfach darum, ob er eine **privilegierte Person** ist oder nicht. Im **ersteren Falle** besteht keine **Verbindlichkeit zur Zahlung der Erwerbsabgabe**, im **letzteren** hat er die **ganze Abgabe zu entrichten**. Es besteht kein Rechtsgrund dafür, denjenigen, der vom Fiskus kauft, anders zu behandeln, als denjenigen, dem das Eigentum von einem Privatmanne übertragen wird. Insbesondere kann eine solche Unterscheidung nicht auf den § 3 des Stempelsteuerges.[1]) gegründet werden. Diese vom Urkundenstempel handelnde Bestimmung hat zur Voraussetzung, daß **beide** Kontrahenten zur Entrichtung des Stempels verpflichtet sind, darf also hier, wo nur der Erwerber steuerpflichtig ist, um so weniger verwertet werden, als den Landesgesetzen nur eine entsprechende Anwendung gewährt ist.

4. Hundesteuer.

Nr. 1. Entsch. Bd. II. S. 167 vom 9. Mai 1877.

Kab.-Ord. v. 29. IV. 29 (M.-Bl. 1849 S. 243) und 18. X. 34 (v. Kamptz, Ann. 1834 S. 1093). Komm.-Abg.-Ges. v. 14. VII. 93 (G.-S. S. 152) §§ 16, 69, 70.

1) Wenn ein **Hundesteuerregulativ** vorschreibt, daß die Hunde **aller öffentlichen Aufsichtsbeamten**, im Falle sich deren Dienstpflichtausübung

[1]) Vergl. § 5 Abs. 5, 6 des Stempelsteuerges. v. 31. VII. 95 (G.-S. S. 413).

auch auf die Nachtzeit erstreckt, und zwar je ein Hund für jeden Beamten, steuerfrei bleiben, so dürfen auch die Hunde von Bahnwärtern zur Steuer nicht herangezogen werden. Denn diese gehören zu den öffentlichen Aufsichtsbeamten, deren Dienstzeit sich auch auf die Nachtzeit erstreckt. Ob der Hund ein wirklicher Wächterhund ist, und ob der Beamte für gut findet, sich des Hundes nur bei einzelnen nächtlichen Revisionen zu bedienen, darauf kommt es nicht an.

2) Bezüglich der Zuständigkeit zur Entscheidung von Streitigkeiten über die Verpflichtung zur Entrichtung von Hundesteuer darf das Regulativ keine von den gesetzlichen Vorschriften[1]) abweichende Bestimmungen enthalten.

Nr. 2. Entsch. Bd. VII. S. 171 vom 5. März 1881.

Kab.-Ord. v. 29. IV. 29 (v. Kamptz, Ann. 1829 S. 354) und 18. X. 34 (daselbst 1834 S. 1092). Komm.-Abg.-Ges. v. 14. VII. 93 (G.-S. S. 152) §§ 16, 69, 70, 77.

1) Die Zuständigkeit zur Entscheidung von Streitigkeiten über die Verpflichtung zur Entrichtung von Hundesteuer richtet sich nach dem für streitige Gemeindesteuersachen allgemein geordneten Instanzenzuge.

2) Wenn in einem Hundesteuerregulative die „zum Gewerbebetriebe unentbehrlichen" Hunde steuerfrei gelassen werden, so bezieht sich eine solche Bestimmung nur auf Hunde, deren Dienstleistungen zum Gewerbebetriebe unentbehrlich sind. Die zum Handel mit Hunden oder zur gewerbsmäßig betriebenen Hundezüchterei gehaltenen Hunde sind zu solchen Hunden nicht zu rechnen.[2]) Sie sind auch nicht etwa deshalb der Besteuerung entzogen, weil nur das „Halten" von Hunden besteuert werden darf, da der Gebrauch dieses Wortes sprachlich nicht ausschließt, darunter jeden Besitz des Tieres zu rechnen. Sollen solche Hunde steuerfrei bleiben, so muß das Regulativ eine ausdrücklich dahin gehende Vorschrift enthalten.[3])[4])

Nr. 3. Entsch. Bd. XVI. S. 187 vom 13. März 1888. II C 244/87.

Kab.-Ord. v. 29. IV. 29 (v. Kamptz, Ann. Bd. XIII S. 354). Komm.-Abg.-Ges. v. 14. VII. 93 (G.-S. S. 152) §§ 16, 69, 70 und Ausf.-Anw. v. 10. V. 94, Art. 12.

Soweit die Hundesteuer als eine Gemeindesteuer erhoben wird, unterliegt sie gegenwärtig hinsichtlich ihrer Veranlagung und der Rechtsmittel gegen diese den für die Gemeindesteuern geltenden gesetzlichen Vorschriften. Darüber, ob ein die Steuerfreiheit begründendes Bedürfnis zur Haltung eines Hundes für den Gewerbebetrieb oder die Bewachung des Grundstücks vorhanden ist, hat der Verwaltungsrichter zu entscheiden.

---

[1]) Heute die §§ 69, 70 des Komm.-Abg.-Ges.

[2]) Ebenso Entsch. v. 6. XI. 95 (Pr. Verw.-Bl. Bd. XVII S. 352) und v. 17. I. 96 (Pr. Verw.-Bl. Bd. XVII S. 481 — auch bezüglich der zum Zwecke der Dressur gehaltenen Hunde —).

[3]) Der Rest der Entscheidungsgründe, der von der Bestätigung von Hundesteuerregulativen handelte, ist veraltet. Heute sind hierfür lediglich § 77 des Komm.-Abg.-Ges., bezw. die in Ausführung des § 77 Abs. 3 Schlußsatz etwa ergangenen Min.-Erl. maßgebend. Vergl. Min.-Erl. v. 20. XII. 94, 30. I. und 2. V. 95 (M.-Bl. 1895 S. 13, 35, 119).

[4]) Dasselbe gilt von Hunden, die ein Forstbeamter im dienstlichen Interesse zu halten verpflichtet ist. Entsch. v. 31. X. 88 (Pr. Verw.-Bl. Bd. X S. 196). Ebenso die im übrigen veraltete Entsch. v. 20. I. 91 (Bd. XX S. 148).

D. Direkte Gemeindesteuern.

Litteratur: v. Philippowich in v. Stengels Wörterbuch S. 462 ff., 611.

1. Realsteuern.

a) Vom Grundbesitze.

Nr. 1. Entsch. Bd. II S. 89 vom 17. Januar 1877.

A. L.-R. Teil I Tit. 7 § 6, Tit. 21 §§ 2 ff., 292, 413, 414. Ges. v. 8. II. 67 (G.-S. S. 185), betreffend die definitive Unterverteilung und Erhebung der Grundsteuer, § 45. Komm.-Abg.-Ges. v. 14. VII. 93 (G.-S. S. 152) § 24.

1) Die Frage, ob die Landgemeinden berechtigt sind, die nach dem Verhältnisse der Grundsteuer umgelegten Gemeindeabgaben auch von den Pächtern — statt von den Eigentümern — der mit solchen Abgaben belasteten Grundstücke zu fordern, ist von dem Verwaltungsrichter nach den Vorschriften des öffentlichen Rechtes, nicht nach denen des Privatrechtes zu entscheiden. Die Verbindlichkeit des Pächters zur Leistung ist daher weder aus den §§ 292, 413, 414 Tit. 21 Teil I A. L.-R., noch aus dem mit dem Eigentümer geschlossenen Pachtvertrage herzuleiten, da dieser sowohl, wie jene nur das Verhältnis zwischen Pächter und Verpächter regeln, von Seiten des Gläubigers aber Rechte daraus nicht geltend gemacht werden können.

2) Nach öffentlichem Rechte nun werden die Steuern vom Grundbesitze erhoben. Im juristisch-technischen Sinne ist zwar auch der Pächter Besitzer, wenn schon nur unvollständiger. Indes erscheint es nicht zweifelhaft, daß wie im gemeinen Leben das Wort „Besitz" nicht selten zur Bezeichnung von Eigentum oder Vermögen gebraucht wird, auch bei der Erhebung der Steuern vom Grundbesitze der letztere in gleicher Weise aufzufassen ist. Hieraus folgt, daß die nach dem Verhältnisse der Grundsteuer umgelegten Gemeindeabgaben von den Eigentümern der mit Grundsteuer belasteten Grundstücke, nicht von den Pächtern gefordert werden können.

Hiergegen spricht auch nicht die Vorschrift des § 45 Abs. 3 des Gesetzes, betreffend die definitive Unterverteilung und Erhebung der Grundsteuer v. 8. II. 67, nach der allerdings der Staat berechtigt ist, sich, außer an den Eigentümer, auch an den Pächter oder Nießbraucher wegen der während der Pacht- oder Nießbrauchszeit fälligen Grundsteuer zu halten. Denn diese für die Staatsgrundsteuer erlassene exceptionelle Vorschrift gestattet keine analoge Anwendung auf die von den Gemeinden nach dem Verhältnisse der Staatsgrundsteuer umgelegten Gemeindeabgaben. Ebenso spricht nicht dagegen die Thatsache der jahrelangen unweigerlichen Zahlung der Steuer seitens eines Pächters, wenn daraus nicht das Bestehen einer besonderen Observanz in der betr. Gemeinde nachgewiesen werden kann.

Nr. 2. Entsch. Bd. II. S. 124 vom 17. März 1877.

Ges. v. 8. II. 67 (G.-S. S. 185), betreffend die definitive Unterverteilung und Erhebung der Grundsteuer, §§ 2a, 32 i.

Grundstücke können zu den Lasten der Gemeinde, zu denen sie gehören, nach dem Maßstabe der Staatsgrundsteuer nicht herangezogen werden, wenn sie zu der Staatsgrundsteuer nicht bei dieser Gemeinde, sondern bei einer Nachbargemeinde (Gutsbezirk) veranlagt sind, und zwar ungetrennt von anderen, der letzteren zugehörigen Grundstücken. Sache der Gemeinde bleibt es, das Hindernis, das der Ausübung ihres Besteuerungsrechtes aus der fehlenden Bezeichnung der Grundstücke in dem Grundsteuerkataster erwächst, für die Zukunft zu beseitigen. Dies kann geschehen entweder durch Antrag auf Berichtigung des Katasters, oder, wenn eine solche nicht zu erlangen ist, weil die fraglichen Grundstücke bei der Auseinandersetzung mit anderen Grundstücken in einem Gesammtplane ausgewiesen sind, durch Beschlußfassung der Gemeinde über eine anderweite Aufbringung der Gemeindeabgaben in der Art, daß der Erhebung der Grundsteuerzuschläge zwar durchweg die gegenwärtige Staatsgrundsteuer der zum Gemeindebezirke gehörenden Liegenschaften zu Grunde gelegt, diese Steuer aber für die im Grundsteuerkataster nach ihren örtlichen Grenzen nicht speziell nachgewiesenen Grundstücke unter Zugrundelegung der von ihnen vor und bis zum 1. Januar 1865 entrichteten alten Grundsteuer nach demjenigen Verhältnisse ermittelt würde, in dem die Grundsteuer der übrigen, im Kataster nachgewiesenen, zur Gemeinde gehörenden Liegenschaften zu der von diesen seit dem 1. Januar 1865 zu entrichtenden neuen Grundsteuer steht.[1])

Nr. 3. Entsch. Bd. II. S. 129 vom 24. März 1877.

Kab.-Ord. v. 8. VI. 31 (G.-S. S. 87), betreffend die Heranziehung derjenigen Grundstücke zu Kommunalsteuern, denen wegen ihrer Bestimmung zu öffentlichen und gemeinnützigen Zwecken die Befreiung von Staatssteuern zusteht. Komm.-Abg.-Ges. v. 14. VII. 93 (G.-S. S. 152) § 24.

Die zu den Eisenbahnen und Bahnhofsanlagen des Fiskus verwandten Grundstücke sind von den Gemeindelasten, die mit Rücksicht auf ihren Besitz zu leisten sind, nur in dem Umfange befreit, als sie zu „öffentlichen oder gemeinnützigen Zwecken“ dienen. Dies gilt nur von dem Schienenwege.[2]) **Ein gleiches ist dagegen von den Bahnhofsgebäuden, die im wesentlichen dem Transportgewerbe dienen, nicht anzunehmen, auch wenn sie in einzelnen Räumen zum Gebrauche von Behörden, bezw. Staatsbeamten bestimmt sind.**

Hieran ändert nichts, daß der Staat fortgesetzt Bahnen ohne Rücksicht auf ihre Rentabilität baut, um im allgemeinen Interesse immer neuen Landesteilen den Verkehr auf den Bahnen zu erschließen. Wo der Staat auf den von ihm erbauten oder erworbenen Eisenbahnen den Transport von Menschen und Gütern betreibt, geschieht dies regelmäßig und im wesentlichen in gleicher Weise und nach denselben Gesichtspunkten, wie seitens der Privateisenbahngesellschaften. So wenig, wie bei den letzteren, ist auf den Staatsbahnen die Erzielung des Gewinnes etwas Nebensächliches oder gar Zufälliges. Auch bei den Staatsbahnen handelt es sich vielmehr um einen auf Erwerb gerichteten Gewerbebetrieb.

Nr. 4. Entsch. Bd. II. S. 162 vom 30. April 1877.

A. L.-R. Teil II Tit. 7 §§ 18, 20, 308; Tit. 11 §§ 772, 775, 776. Ges. v. 31. XII. 42 (G.-S. 1843 S. 8), über die Verpflichtung zur Armenpflege, § 6. Ges. v. 2. III. 50 (G.-S. S. 77), betreffend die Ablösung der Reallasten, § 2. Komm.-Abg.-Ges. v. 14. VII. 93 (G.-S. S. 152) § 24.

1) Das A. L.-R. unterscheidet im Tit. 7 Teil II herrschaftliche und bäuerliche Grundstücke. Nur die Besitzer der letzteren, und zwar nur

---

[1]) Heute würde man sich auch durch Einführung besonderer Steuern vom Grundbesitze gemäß § 25 des Komm.-Abg.-Ges. v. 14. VII. 93 (G.-S. S. 152) zu helfen in der Lage sein.

[2]) D. i. der ganze Bahnkörper, einschließlich Böschungen, Gräben und Schutzstreifen. Die in der Entsch. ebenfalls noch anerkannte Steuerfreiheit der zu Dienstwohnungen der Beamten bestimmten Gebäude ist durch § 24 Abs. 2 des Komm.-Abg.-Ges. aufgehoben worden. Doch sind die den Beamten für Repräsentationszwecke überwiesenen Räume, mögen sie auch mit den Dienstwohnungen in unmittelbarer Verbindung stehen, den steuerpflichtigen

die angesessenen Wirte bilden die Dorfgemeinde. Wohin Pfarrgüter zu rechnen sind, bestimmt das A. L.-R. nicht ausdrücklich. Doch geht aus §§ 775, 776 Teil II Tit. 11 unzweifelhaft hervor, daß das A. L.-R. den Pfarrer hinsichtlich der Pfarrgüter nicht als Genossen des Gutsherrn, sondern als Gemeindeinteressenten ansieht. Diese Bestimmungen entsprechen den zur Zeit der Verkündigung des A. L.-R.'s auf dem platten Lande bestehenden Zuständen. Die Verhältnisse änderten sich völlig, nachdem das Ed. v. 9. X. 07 (G.-S. S. 170) jeden Einwohner des Staates ohne alle Einschränkung zum eigentümlichen und Pfandbesitze unbeweglicher Grundstücke für berechtigt erklärt, die Teilbarkeit aller an sich veräußerlichen Grundstücke und bisher geschlossener Güter gestattet, die Gutsunterthänigkeit aufgehoben und demnächst das Ed. v. 14. IX. 11 (G.-S. S. 281) den bäuerlichen Wirten das Eigentum ihrer Höfe verliehen hatte. Zahlreiche neue Höfe entstanden nicht nur durch Teilung bäuerlicher Höfe, sondern auch auf herrschaftlichem Grund und Boden, auf Trennstücken von Rittergütern. In Bezug auf letztere machte sich unter Billigung der Kommunalaufsichtsbehörde die Ansicht geltend, daß die von Rittergütern abveräußerten Trennstücke ohne weiteres der Gemeinde hinzuträten. Diese Rechtsanschauung erhielt insoweit die Sanktion des Gesetzgebers, als das Ges. v. 31. XII. 42 im § 6 alle diejenigen Trennstücke von Rittergütern dem Gemeindebezirke überwies, deren Vereinigung mit der Gemeinde unter ausdrücklicher Zustimmung der letzteren und mit Genehmigung der Landespolizeibehörde erfolgte, oder deren Vereinigung schon vor der Publikation des Gesetzes, zwar ohne jene Zustimmung und Genehmigung, aber doch ohne Widerspruch der Beteiligten zur Ausführung gekommen war. Seitdem hängt die Zugehörigkeit eines Grundstückes nicht mehr davon ab, ob es zur Zeit des Erscheinens des A. L.-R.'s für ein bäuerliches zu erachten war, sondern davon, ob es im Gemeindebezirke, im Gegensatze zum Gutsbezirke belegen ist. Welchem Bezirke Pfarrländereien zuzuteilen sind, bestimmt das Ges. v. 31. XII. 42 nicht. Der Gesetzgeber hat diese Frage durch §§ 775, 776 Teil II Tit. 11 A. L.-R.'s in der Regel für klargestellt erachtet und zweifelhafte Fälle nach den obwaltenden besonderen Rechtsverhältnissen und den im Gesetze aufgestellten Grundsätzen entschieden wissen wollen.

2) Gehören hiernach Pfarrländereien zum Gemeindebezirke, so sind sie an sich von Kommunalabgaben befreit, sie bleiben auch befreit, solange sie vererbpachtet sind, also sich noch im Eigentume der Pfarren befinden. Durch die Vererbpachtung verloren sie nicht die Eigenschaft von Pfarrgütern, die der Pfarre gehörten und zur Unterhaltung des Pfarrers bestimmt waren, obwohl die Pfarre nicht mehr selbst die Grundstücke nutzte, sondern statt dessen den Kanon bezog. Durch das Ges. v. 2. III. 50 aber ging das Eigentum auf die Erbpächter über, die Pfarre verlor es und behielt nur das Recht auf Erhebung des Kanons als einer auf einem fremden Grundstücke ruhenden Reallast. Da also hiernach die fraglichen Grundstücke seitdem keine Pfarrgüter mehr sind, mithin der auf der Person des vormaligen Eigentümers beruhende Rechtsgrund, aus dem sie früher von Gemeindelasten frei waren, aufgehört hat, so haben ihre Eigentümer, die in keinem anderen Verhältnisse zur Gemeinde stehen, als sonstige Besitzer von im Gemeindebezirke belegenen Grundstücken, auf Befreiung von Gemeindelasten hinsichtlich dieser Grundstücke ferner keinen Anspruch.

Dienstwohnungen nicht zuzurechnen, sondern nach § 24 Abs. 1c, wie die Geschäftsräume, als zu einem öffentlichen Dienste oder Gebrauche bestimmte steuerfreie Gebäude oder Gebäudeteile zu behandeln. Min.-Erl. v. 13. VI. 95 (Pr. Verw.-Bl. Bd. XVI S. 471).

Nr. 5. Entsch. Bd. IV. S. 105 vom 22. Juni 1878.

Kab.-Ord. v. 8. VI. 34 (G.-S. S. 87), betreffend die Heranziehung derjenigen Grundstücke zu Kommunalsteuern, denen wegen ihrer Bestimmung zu öffentlichen oder gemeinnützigen Zwecken die Befreiung von Staatssteuern zusteht. Komm.-Abg.-Ges. v. 14. VII. 93 (G.-S. S. 152) §§ 24, 69, 70.

1) **Die Klage im Verwaltungsstreitverfahren gegen die Heranziehung zu den Gemeindelasten ist nur gegen bestimmte, bereits erhobene Steuerforderungen, nicht aber über die Steuerpflichtigkeit im allgemeinen und über deren Maß gegeben.**

2) Die Kab.-Ord. v. 8. VI. 34 hat den Zweck, **die Gleichheit der Kommunalbesteuerung mit der Staatsbesteuerung bezüglich der zu öffentlichen und gemeinnützigen Zwecken bestimmten Grundstücke zu sichern.** Wo solche Grundstücke zur Zeit der Emanation jener Ordre um deswillen von Gemeindeabgaben befreit waren, weil ihnen die Befreiung von den Staatssteuern zustand, sollte es dabei bewenden. Mit dem Wegfall dieser Voraussetzung fällt auch die daran geknüpfte Folgerung weg.[1])

Nr. 6. Entsch. Bd. VII. S. 162 vom 5. Februar 1881.

Ges. v. 21. V. 61 (G.-S. S. 253), betreffend die anderweite Regelung der Grundsteuer. Ges. v. 21. V. 61 (G.-S. S. 317), betreffend die Einführung einer allgemeinen Gebäudesteuer. Kab.-Ord. v. 8. VI. 34 (G.-S. S. 87). Komm.-Abg.-Ges. v. 14. VII. 93 (G.-S. S. 152) § 24.

Baumschulen, deren Stämme zur Bepflanzung der Chausseen dienen, sind frei von Gemeindeabgaben, da sie als zu einem öffentlichen Dienste oder Gebrauche bestimmt gelten. Denn das Besteuerungsrecht der Gemeinden ist — insofern nicht besondere Gesetze Abweichungen gestatten — auf dieselben Grenzen beschränkt, wie dasjenige des Staates. Vergl. E.-O.-V. Bd. I S. 144. Baumschulen sind nach § 4c des Ges. v. 21. V. 61 (G.-S. S. 253) steuerfrei.[2]) Als ein „besonderes Gesetz" im vorstehenden Sinne kann nur die A. K.-O. v. 8. VI. 34 (G.-S. S. 87) in Betracht kommen. Diese bestimmt aber ausdrücklich, daß diejenigen Grundstücke, die bereits damals öffentlichen oder gemeinnützigen Zwecken dienten, wegen ihrer Befreiung von den Staatssteuern zu den Kommunalsteuern nicht herangezogen werden.[3])

---

[1]) Die hieraus gezogene Folgerung der Steuerpflichtigkeit der Deichanlagen, da sie nach dem Ges. v. 21. V. 61 (G.-S. S. 253) der Staatsgrundsteuer unterworfen worden seien, trifft heute nicht mehr zu, nachdem durch § 24e des Komm.-Abg.-Ges. die Deichanlagen der Deichverbände und der im öffentlichen Interesse staatlich unter Schau gestellten Privatdeiche, sowie die im öffentlichen Interesse unterhaltenen Anlagen der Ent- und Bewässerungsverbände kommunalsteuerfrei geworden sind.

[2]) Heute ist § 24³ des Komm.-Abg.-Ges. maßgebend.

[3]) Es handelte sich um eine Baumschule, die in dem Garten eines ehemals fiskalischen Chausseehauses, dessen Unterhaltung später auf den Provinzialverband überging, angelegt war. Die in der Entsch. aus gleichen Gründen anerkannte Steuerfreiheit der überwiegend oder der Hauptsache nach zu Dienstwohnungen für Chausseeaufseher benutzten früheren Chausseezollhäuser gilt heute nicht mehr, nachdem durch § 24 Abs. 2 die Befreiungen der Dienstgrundstücke und Dienstwohnungen von den Gemeindeabgaben aufgehoben sind.

Die Gemeindeabgabenfreiheit der zu einem öffentlichen Dienste oder Gebrauche bestimmten Gebäude tritt nur dann ein, wenn diese Bestimmung die unmittelbare und die Hauptbestimmung ist, und wenn ihr die wirkliche Benutzung entspricht. Entsch. v. 11. X. 89 (Pr. Verw.-Bl. Bd. XI S. 187); vergl. Entsch. v. 28. IX. 88 (Pr. Verw.-Bl. Bd. X S. 181, 417). Öffentliche Leihhäuser sind nicht gewerbliche Unternehmungen, sondern Anstalten der vorbeugenden Armenpflege; sie dienen nicht der Absicht, einen wirtschaftlichen Vorteil zu erwerben, sondern dem gemeinnützigen Zwecke, den ärmeren Volksklassen in Notfällen billigen Kredit zu beschaffen. Deshalb sind ihre Grundstücke der Regel nach als solche anzusehen, die einem öffentlichen Zwecke gewidmet sind und daher nur nach Maßgabe der Kab.-Ord. v. 8. VI. 34 zur Kommunalsteuer herangezogen werden dürfen. Entsch. v. 22. VI. 88 (Pr. Verw.-Bl. Bd. IX S. 379).

Die Freiheit von der kommunalen Grundsteuerpflicht erstreckt sich auf die Dienstwohnungen von Beamten milder Stiftungen, wenn nach dem Statut der Stiftung die als

Nr. 7. Entsch. Bd. VIII. S. 150 vom 14. Januar 1882.

Kab.=Ord. v. 8. VI. 34 (G.=S. S. 87), betreffend die Heranziehung der zu öffentlichen Zwecken bestimmten Grundstücke zu Kommunalsteuern. Ges. v. 25. V. 73 (R.=G.=Bl. S. 113), betreffend die Rechtsverhältnisse der zum dienstlichen Gebrauche einer Reichsverwaltung bestimmten Gegenstände, § 1. Ges. v. 3. I. 45 (G.=S. S. 25), betreffend die Zerteilung von Grundstücken, §§ 7 ff., 19. Ges. v. 25. VIII. 76 (G.=S. S. 405), betreffend denselben Gegenstand, §§ 7 ff.

1) Die Verwaltungsgerichte sind zwar zuständig, über Rechte und Pflichten, die den Gemeinden aus rein privatrechtlichen Verhältnissen erwachsen, zu entscheiden, doch sind Abgabenverteilungspläne kein privatrechtliches Fundament einer Steuerforderung. Die auf dem gesetzlich vorgeschriebenen Wege erfolgende Verteilung der öffentlichen Abgaben und Leistungen bei Grundstücksteilungen ist nicht Gegenstand der freien Vereinbarung durch privatrechtliche Verträge, sondern der Festsetzung durch die Verwaltungsbehörden. Die so festgestellten Abgabenverteilungspläne bilden danach keine Privatverträge, sie sind öffentlich-rechtliche Festsetzungen und stellen sich als Quelle und Teil der Gemeindeverfassung dar. Vergl. E.=O.=V. Bd. IV S. 109, Bd. VII S. 187.[1])

2) Wenn Grundstücke zur Verwendung für öffentliche, die Steuerfreiheit bedingende Zwecke (z. B. zur Anlage eines reichsfiskalischen

---

Dienstwohnung benutzten Räumlichkeiten als den Stiftungszwecken unmittelbar dienend anzusehen sind. (Wohnung des Hauswartes der Rother-Stiftung in Berlin.) Entsch. v. 29. IV. 96 (Pr. Verw.=Bl. Bd. XVII S. 414).

In öffentlichen Krankenhäusern und Unterrichtsgebäuden sind Dienstwohnungen der Beamten nicht mehr kommunalsteuerfrei. Bezüglich der nichtbeamteten Assistenzärzten, Krankenwärtern u. s. w. überwiesenen Räume ist entscheidend, ob sie für diejenigen Zwecke, denen das steuerfreie Institutsgebäude dient, in einer solchen Art benutzt werden, daß jene Zwecke ohne eine solche Benutzung entweder gar nicht, oder doch nicht in dem, nach der Sachlage gebotenen Umfange voraussichtlich würden erreicht werden können. Die thatsächlichen und rechtlichen Voraussetzungen des Steueranspruches hat der Steuergläubiger darzuthun. Entsch. v. 9. I. 97 (Pr. Verw.=Bl. Bd. XVIII S. 212.) Dementsprechend sind steuerpflichtig die Dienstwohnungen der Militärbeamten in Dienstgebäuden. Diejenigen der Militärpersonen des aktiven Dienststandes sind nur dann steuerfrei, wenn sie unmittelbar zum öffentlichen Dienste bestimmt sind. Dies trifft zu bei den zu Naturalquartier berechtigten Mannschaften, ist aber bei den Offizieren eine Thatfrage des Einzelfalles, die für die Büreau= und Repräsentationsräume, sowie für die, zum Zwecke der dauernden Beaufsichtigung von Untergebenen im Dienstgebäude eingeräumten Wohnungen zu bejahen sein wird. Entsch. v. 28. X. 96 (Pr. Verw.=Bl. Bd. XVIII S. 134).

Grundstücke werden für Zwecke der unter § 24 f, g, h des Komm.=Abg.=Ges. v. 14. VII. 93 aufgeführten Anstalten und Körperschaften nicht unmittelbar benutzt, wenn die aus ihnen erzielten Einnahmen für diese Zwecke verwendet werden. Denn in diesem Falle tritt eine Förderung der Zwecke nicht ohne weiteres, sondern erst dadurch ein, daß die erzielten Einnahmen mittelbar für die Stiftungszwecke Verwendung finden. Entsch. v. 22. IX. 96 (Pr. Verw.=Bl. Bd. XVIII S. 195). Provinzialirrenanstalten sind sowohl auf Grund des § 24 c, als auch des § 24 h, i steuerfrei, sofern ihre Gebäude oder Grundstücke einem öffentlichen Gebrauche oder den Anstaltszwecken unmittelbar dienen. Dies ist zu verneinen bei vermieteten, jedoch zu bejahen bei den landwirtschaftlich genutzten Grundstücken, sofern sie nicht vorwiegend zu Erwerbszwecken, sondern zu einer solchen Beschäftigung der Kranken bestimmt sind und benutzt werden, die zu deren Heilung oder Pflege thatsächlich zweckmäßig ist oder dafür erachtet wird. Entsch. v. 19. XII. 96 (Pr. Verw.=Bl. Bd. XVIII S. 254).

Das zu Dienstwohnungen benutzte Inspektionsgebäude einer Universitätsklinik ist nicht steuerfrei, weil Kliniken hier nicht als öffentliche Krankenhäuser, sondern nur als Universitätsgebäude in Betracht gezogen werden dürfen, letztere aber nur insoweit Steuerfreiheit genießen, als in ihnen Unterricht stattfindet. Entsch. v. 9. V. 96 (Pr. Verw.=Bl. Bd. XVIII S. 102).

Die landschaftlichen Kreditinstitute (Landschaften) gehören nicht zu den „sonstigen kommunalen Verbänden" im Sinne des § 24 c des Komm.=Abg.=Ges. Sie sind als juristische Personen, wie diese, steuerpflichtig. Entsch. v. 19. IX. 96 (Pr. Verw.=Bl. Bd. XVIII S. 107).

[1]) Oben S. 286, 287.

Exerzierplatzes) erworben worden sind und dieser Bestimmung gemäß auch thatsächlich genutzt werden, so können sie gemäß der Kab.-Ord. v. 8. VI. 34 nicht zu den Kommunalsteuern herangezogen werden. Demgegenüber begründen die Festsetzungen der Abgabenverteilungspläne keinen abweichenden Rechtszustand. Die Pläne hatten nach Maßgabe der §§ 7 ff. des Ges. v. 3. I. 45 seiner Zeit nicht den Zweck, eine neue Steuerpflicht zu begründen, sondern das Beitragsverhältnis der einzelnen Trennstücke für die vorhandene Steuerpflicht festzustellen, diese nach Maßgabe der bestehenden allgemeinen Gesetze und der in Kraft stehenden Ortsverfassung zu verteilen. Ist nun hierbei keine Rücksicht darauf genommen, ob Fiskus die erworbenen Parzellen zu einem Exerzierplatze bestimmt und die Ausführung dieser Absicht die Kommunalsteuerfreiheit nach allgemeinen gesetzlichen Vorschriften zur Folge hatte, so erscheint dieses Verfahren rechtlich durchaus zutreffend. Denn nur so konnte die anteilige Steuerpflicht des Restgutsbesitzers gegenüber dem Fiskus als Parzellenerwerber bemessen und zugleich die Norm für die Besteuerung des Fiskus, bezw. der von ihm erworbenen Grundstücke gewonnen werden, die keineswegs entbehrlich ist, da der Fiskus nach Belieben jeder Zeit die in sein Eigentum übergegangenen Parzellen ganz oder teilweise jener Bestimmung entziehen oder sie weiter veräußern kann. Keineswegs kann daraus die Verpflichtung des Fiskus, gegen die bestehenden gesetzlichen Vorschriften die auf ihn verteilten Abgaben zu leisten, hergeleitet werden, da die Frage der etwa aus der Persönlichkeit des Parzellenerwerbers oder aus der Bestimmung der Grundstücke herzuleitenden Freiheit von den Abgaben in keinerlei notwendigem rechtlichen Zusammenhange mit jenem gesetzlichen Zwecke der Aufstellung der Verteilungspläne steht.

Nr. 8. Entsch. Bd. XI. S. 58 vom 8. Dezember 1884.

Komm.-Abg.-Ges. v. 14. VII. 93 (G.-S. S. 152) § 24. Kab.-Ord. v. 8. VI. 34 (G.-S. S. 87), betreffend Gemeindebesteuerung der Grundstücke, denen wegen ihrer Bestimmung zu öffentlichen oder gemeinnützigen Zwecken Staatssteuerfreiheit zusteht.

1) Der Übergang eines Grundstückes von der einen fiskalischen Station auf eine andere kann nicht als eine „Erwerbung" behandelt werden, sie stellt vielmehr nur einen Verwaltungsakt dar, denn der Fiskus bildet nur eine juristische Person.

2) Nach § 24 des Komm.-Abg.-Ges. v. 14. VII. 93 hat eine Befreiung der fiskalischen und anderer hierher gehöriger Grundstücke von den städtischen Kommunalabgaben nur dann einzutreten, wenn die beiden Voraussetzungen zutreffen, daß

a. die Grundstücke unter die im § 24 des Komm.-Abg.-Ges. bezeichneten Grundstücke fallen, und

b. nach Maßgabe der Kab.-Ord. v. 8. VI. 34 befreit sind.

Ist ihnen hier eine Steuerfreiheit nicht zugesichert, so sind sie steuerpflichtig. Wird ein Grundstück von dem Fiskus zu gewinnbringenden Zwecken erworben und erst später zu öffentlichen und gemeinnützigen Zwecken verwendet, so liegt erst von dem letzteren Zeitpunkte ab eine Erwerbung zu Zwecken der letzteren Art vor, und es müssen daher bis zu diesem späteren Zeitpunkte Gemeindesteuern bezahlt werden. Vollzieht sich aber in der Benutzung eine derartige Wandelung, die die Befreiung von Staatssteuern zur Folge hat, so sollen nach der Kab.-Ord. die vermöge des Kommunalverbandes bisher geleisteten Realverpflichtungen weiter geleistet werden.

Der Einwand, daß die Kab.-Ord. v. 8. VI. 34 hier überhaupt nicht Anwendung finden könne, da sie solche Fälle nicht erwähne, ist unbegründet. Allerdings mag sie im Hinblick auf diejenigen Fälle, die die Regel bilden, formuliert worden sein und Erwerbungen im Auge haben, wo mit ihnen zugleich die Verwendung im öffentlichen Interesse beginne. Damit sind aber Fälle, wo Erwerbung und Benutzung zu öffentlichen Zwecken der Zeit nach auseinander liegen, nicht ausgeschlossen. Nur kann dann eben als Zeitpunkt der Erwerbung zu öffentlichen pp. Zwecken erst derjenige Augenblick angesehen werden, wo beide Bedingungen erfüllt sind.

3) Die Königliche Porzellan-Manufaktur zu Berlin ist in Hinsicht auf ihre Steuerpflicht lediglich als ein gewerbliches Etablissement des Staates zu betrachten und nicht zu öffentlichen oder gemeinnützigen Zwecken bestimmt.

Nr. 9. Entsch. Bd. XIII. S. 223 vom 28. April 1886. I C 93/85.

Kab.-Ord. v. 8. VI. 34 (G.-S. S. 87), betreffend die Heranziehung derjenigen Grundstücke zu Kommunalsteuern, denen wegen ihrer Bestimmung zu öffentlichen oder gemeinnützigen Zwecken die Befreiung von Staatssteuern zusteht. Komm.-Abg.-Ges. v. 14. VII. 93 (G.-S. S. 152) §§ 24, 69, 70.

Die Besitzer von Kirchengrundstücken, die in einer Dorfgemeinde des ehemaligen Fürstentums Erfurt belegen sind und durch Verpachtung genutzt werden, können sich wegen einer Befreiung von den Gemeindelasten auf die Kab.-Ord. v. 8. VI. 34 nicht berufen. Denn jene Grundstücke gehören nicht zu denjenigen, „denen wegen ihrer Bestimmung zu öffentlichen und gemeinnützigen Zwecken" die Befreiung von Staatssteuern zusteht, da sie jenen Zwecken nicht unmittelbar dienen. Nur diese unmittelbare Bestimmung und nicht das Eigentums- und Besitzverhältnis ist das Maßgebende, also auch nicht das Eigentum solcher Personen oder Korporationen, die „öffentliche und gemeinnützige Zwecke" verfolgen. Ist ein Grundstück zum Zwecke der wirtschaftlichen Nutzung verpachtet, so ist es zu keinem öffentlichen und gemeinnützigen Zwecke bestimmt, sondern gleich dem Besitze aller Privaten zur Erzielung von Gewinn, wobei es, wenn solche Grundstücke öffentlichen oder gemeinnützigen Anstalten gehören, ganz dahingestellt bleiben muß, ob die gewonnenen Revenüen nun auch zu öffentlichen und gemeinnützigen Zwecken verwendet werden, was keineswegs notwendig der Fall ist. Vergl. E.-O.-V. Bd. I S. 87.[1])

Nr. 10. Entsch. Bd. XV. S. 140 vom 15. November 1887. II C 120/87.

Komm.-Abg.-Ges. v. 14. VII. 93 (G.-S. S. 152) § 24. Kab.-Ord. v. 8. VI. 34 (G.-S. S. 87), betreffend die Heranziehung derjenigen Grundstücke zu Kommunalsteuern, denen wegen ihrer Bestimmung zu öffentlichen oder gemeinnützigen Zwecken die Befreiung von Staatssteuern zusteht.

Für bereits früher zu öffentlichen Zwecken erworbene Grundstücke läßt die Kab.-Ord. v. 8. VI. 34, insbesondere der Satz, daß es, wo die Grundstücke zu Kommunallasten beitragen, „bei dem Anteile verbleibt, der bisher stattgefunden hat", den ursprünglichen rechtlichen Titel und Charakter der von solchen Grundstücken fortzuerhebenden Abgaben unberührt. Erlischt später jener Titel, so fällt auch die Beitragspflicht fort, und das betreffende Grundstück wird überhaupt kommunalsteuerfrei, da es zu anderen, als den früher getragenen Lasten, nicht herangezogen werden darf.

---

[1]) Dieser Teil der Entsch. hat, soweit es sich um Dienstgrundstücke von Geistlichen oder Kirchendienern handelt, heute keine Bedeutung mehr, nachdem diese unbeschränkt kommunalsteuerfrei geworden sind. Dagegen ist er nach, wie vor zutreffend, soweit es sich darum handelt, festzustellen, ob ein Grundstück zu öffentlichen und gemeinnützigen Zwecken bestimmt ist.

Unter den Begriff der Dienstgrundstücke fallen alle diejenigen Grundstücke, die einen Teil der Dotation des bezüglichen Amtes bilden. Auf die Beziehung dieses Amtes zu der Gemeinde kommt es nicht an, Entsch. v. 5. I. 85 Nr. II 1125, desgl. nicht auf die örtliche Lage oder darauf, ob die Grundstücke von den Beamten in eigene Benutzung genommen oder verpachtet oder vermietet sind, Entsch. v. 6. V. 87 (Pr. Verw.-Bl. Bd. VIII S. 410).

Nr. 11. Entsch. Bd. XVI. S. 177 vom 3. Februar 1888. II C 202/87.

Kab.-Ord. v. 8. VI. 34 (G.-S. S. 87), betreffend die Kommunalbesteuerung der zu öffentlichen oder gemeinnützigen Zwecken neu erworbenen Grundstücke. Komm.-Abg.-Ges. v. 14. VII. 93 (G.-S. S. 152) § 24.

Die Kab.-Ord. v. 8. VI. 34 enthält, indem sie die bisher erhobenen Gemeindeabgaben ihrem Betrage nach auch für die Zukunft fixiert, nicht eine Umwandelung und Neugestaltung des Rechtsverhältnisses, wie es zur Zeit der Erwerbung eines solchen Grundstücks zwischen der Gemeinde und ihm bestand. Vergl. E.-O.-V. Bd XV S. 140.[1])

Demgemäß dürfen Steuerzuschläge von solchen Grundstücken nicht forterhoben werden, wenn die Prinzipalsteuer aus einem anderen Grunde als dem der Erwerbung des Grundstückes zu öffentlichen oder gemeinnützigen Zwecken erloschen und in Wegfall gekommen ist, z. B. wenn das betreffende Gebäude abgebrochen ist. Es liegt begrifflich in dem Wesen des Zuschlages, daß er das Vorhandensein einer Prinzipalsteuer voraussetzt, daß da, wo die Verpflichtung in Ansehung der Prinzipalsteuer rechtlich ganz ausgeschlossen ist, auch die rechtliche Möglichkeit der Forderung eines Zuschlages nicht besteht.[2])

Der Fiskus hat also von einem (nach dem Jahre 1834) seinerseits zu öffentlichen Zwecken erworbenen Gebäude den von diesem bis dahin erhobenen Gebäudesteuerzuschlag bei einem gänzlichen Wegfalle der Prinzipalsteuer durch Abbruch des Gebäudes nicht mehr zu entrichten.

Nr. 12. Entsch. Bd. XIX. S. 98 vom 27. Juni 1890. II C 60/90.

Komm.-Abg.-Ges. v. 14. VII. 93 (G.-S. S. 152) § 24. Kab.-Ord. v. 8. VI. 34 (G.-S. S. 87), betreffend die Heranziehung derjenigen Grundstücke zur Kommunalsteuer, denen wegen ihrer Bestimmung zu öffentlichen oder gemeinnützigen Zwecken die Befreiung von Staatssteuern zusteht.

1) Unter den durch § 2 d des Ges. v. 24. II. 50 (G.-S. S. 62) für grundsteuerfrei erklärten Kirchen, Kapellen und anderen dem Gottesdienste gewidmeten Gebäuden sind nur die Gebäude der evangelischen und römisch-katholischen Kirche zu verstehen, nicht aber diejenigen der sämmtlichen mit Korporationsrechten versehenen Religionsgesellschaften. Das Ges. v. 24. II. 50 hat es für geboten erachtet, von der allgemein ausgesprochenen Pflicht, Geldbeiträge zu Staatszwecken zu leisten, solche Grundstücke auszunehmen, die ihrer Bestimmung nach schon Staatszwecken dienstbar und in diesem Sinne dem öffentlichen Dienste oder Gebrauche gewidmet sind. Diesen Verbänden gehört in hervorragendem Maße auch die Kirche an, deren Mitwirkung der Staat zur Erfüllung seiner Aufgaben auf zahlreichen Gebieten einerseits als ein Recht der Kirche anerkennt und andererseits als sein Recht in Anspruch nimmt. Zu einem öffentlichen Dienste in diesem Sinne sind aber nur die evangelische und die römisch-katholische Kirche befähigt und berufen, ein Rechtszustand, der seine

---

[1]) Oben S. 331.

[2]) Den Steuerzuschlägen wohnt begrifflich die Bedeutung bei, daß sie nur da erhoben werden können, wo die Prinzipalsteuer selbst erhoben wird, oder doch in Ansehung ihrer die Verpflichtung nicht ausgeschlossen ist. Wo daher Zuschläge zur Grund- und Gebäudesteuer als Gemeindeabgaben erhoben werden, können sie nur von den zur Staatssteuer wirklich veranlagten Grundstücken gefordert werden. Um auch von anderen Grundstücken die Zuschläge zu einer fingierten Staatssteuerveranlagung erheben zu können, würde es der besonderen Einführung einer solchen Abgabe bedürfen. Entsch. v. 11. X. 89 (Pr. Verw.-Bl. Bd. XI S. 187).

Werden besondere Gemeindesteuern vom Grundbesitze gemäß § 25 des Komm.-Abg.-Ges. v. 14. VII. 93 erhoben, so ist unter dem Nutzungswerte, nach dem Gebäude besteuert werden dürfen, der Bruttonutzungswert zu verstehen. Entsch. v. 25. IV. 96 (Pr. Verw.-Bl. Bd. XVII S. 384). Die Bauplatzsteuer ist nur von Besitzern solcher Grundstücke zu entrichten, bei denen die Baufluchtlinienfestsetzung auf Grund des Ges. v. 2. VII. 75 stattgefunden hat. Unerheblich ist, ob diese Besitzer von der Werterhöhung des Grundstückes einen Vorteil gehabt haben. Entsch. v. 11. VII. 96 (Pr. Verw.-Bl. Bd. XVII S. 513).

gesetzliche Anerkennung in § 3 Nr. 4 des Gebäudesteuerges. v. 21. V. 61 (G.-S. S. 317) findet, wonach die gottesdienstlichen Gebäude der mit Korporationsrechten versehenen Religionsgesellschaften von der staatlichen Gebäudesteuer ausdrücklich erst freigestellt werden.

Die anderen Religionsgesellschaften, z. B. Baptistengemeinden, verfolgen eben nicht öffentliche oder gemeinnützige, sondern dadurch, daß sie ihren Gottesdienst jedermann zugänglich machen, nur eigene und private Zwecke. Die Verleihung der Korporationsrechte an sie hat keinen anderen Zweck, als den, mit der Gewährung der Rechts- und Geschäftsfähigkeit diejenigen Hindernisse zu beseitigen, die einer gedeihlichen Entwickelung der Gemeinden und einer Verfolgung ihrer privaten Zwecke entgegenstanden.[1])

2) Wenn in der Kab.-Ord. v. 8. VI. 34 gesagt ist, „persönliche Prästationen der bisherigen Privatbesitzer darf die Gemeinde nicht weiter fordern“, so läßt sich das nicht dahin auslegen, daß damit die Forterhebung der „persönlichen Steuern“ untersagt sei. Die Kab.-Ord. befaßt sich lediglich mit Realverpflichtungen, die sozusagen von dem Grundstücke als Schuldner zu leisten sind und denen sich nach der Natur dieser Lasten, wo nicht etwas anderes bestimmt ist, kein Erwerber des pflichtigen Grundstückes entziehen kann. Dagegen giebt es keinen Rechtssatz, wonach die persönlichen Steuern eines Grundbesitzers von seinem Besitznachfolger weiter gefordert werden können. Niemals ist mit einem Besitzwechsel, mag er sich zwischen zwei Privatpersonen oder zwischen einer Privatperson und einem nichtphysischen Rechtssubjekte vollziehen, kraft Gesetzes eine Singularsuccession des Erwerbers in die persönliche Steuerpflicht des Veräußerers verbunden, weder dem Grunde, noch dem Betrage nach. Unter den „persönlichen Prästationen des bisherigen Privatbesitzers“ sind daher lediglich Dienste, Hand- und Spanndienste oder sonstige nachbarliche, auf dem Grundstücke ruhende, übrigens aber individualisiert gedachte, bestimmte Leistungen zu verstehen, die an sich, weil realer Natur, unvermindert weiter zu leisten wären.

Nr. 13. Entsch. Bd. XXI. S. 105 vom 6. März 1891. II C 200/90.

Komm.-Abg.-Ges. v. 14. VII. 93 (G.-S. S. 152) §§ 24, 77. Kab.-Ord. v. 8. VII. 34 (G.-S. S. 87), betreffend die Heranziehung derjenigen Grundstücke zur Kommunalsteuer, denen wegen ihrer Bestimmung zu öffentlichen oder gemeinnützigen Zwecken die Befreiung von Staatssteuern zusteht.

1) Die Kab.-Ord. v. 8. VI. 34 hatte und hat noch heute die Aufgabe, den Kreis der zu Abgaben Verpflichteten zu erhalten und einer Schmälerung der kommunalen Intraden durch Erwerbungen für öffentliche Zwecke vorzubeugen. Vollzieht sich jedoch in der Steuerverfassung einer Gemeinde eine Änderung dahin, daß eine ältere Steuer, von der gewisse zu öffentlichen Zwecken verwendete Grundstücke den durch die Kab.-Ord. fixierten Betrag fortzuzahlen haben, gänzlich aufgehoben und durch eine neue Steuer ersetzt wird, so tritt Steuerfreiheit ein für jene Grundstücke, und zwar von der älteren Steuer infolge ihrer Aufhebung, von der neueren, weil ihrer Auferlegung die erwähnte Kab.-Ord. entgegensteht.

2) Ist ein Ortsstatut, wonach für die Gemeinde eine Realsteuer von den zur Entrichtung der Staats-, Grund- und Gebäudesteuer verpflichteten Grundbesitzern bis zum 1. IV. 87 erhoben wurde, durch ein von dem gedachten Tage

---

[1]) Für die Gemeindebesteuerung ist heute § 24 g des Komm.-Abg.-Ges. maßgebend. Im vorliegenden Falle handelte es sich um eine Berliner Baptistengemeinde, die mit Bezug auf ihren Grundbesitz an kirchlichen Gebäuden zur Mietssteuer herangezogen war. Das O.-V.-G. hatte dies aus den oben dargestellten Gründen für zulässig erklärt. Nach Aufhebung der Berliner Mietssteuer erscheint es zwecklos, hier auch den Einzelfall näher zu beleuchten.

an in Kraft tretendes neues Regulativ aufgehoben worden, und ordnet letzteres u. a. an, daß zur Deckung des Bedarfes eine Gemeinde-Einkommensteuer und daneben Aufschläge auf die fiskalische Grund- und Gebäudesteuer erhoben werden sollen, ferner daß in Ansehung der letzteren alle im Stadtbezirke belegenen Grundstücke, sofern nicht für einzelne von ihnen auf Grund besonderer gesetzlicher Bestimmungen Kommunalsteuerfreiheit anzuerkennen ist, beitragspflichtig sind, und endlich daß, wenn die pflichtigen Grundstücke zur Staats-, Grund- und Gebäudesteuer nicht besonders veranlagt sind, deren Einschätzung nach den für die Veranlagung zur Staatssteuer bestehenden Vorschriften durch die städtische Einschätzungs-Kommission stattfindet, so bedarf das neue Regulativ außer der Genehmigung des Kreis-, bezw. Bezirks-Ausschusses der Zustimmung der Minister des Innern und der Finanzen. Denn die in und mit dem Regulative den Grundbesitzern auferlegte Realsteuer für kommunale Zwecke ist unabhängig davon, ob sie an den Staat Grund- und Gebäudesteuer zu entrichten haben, die Grundlagen dafür werden allerdings, und gewiß in der überwiegenden Mehrzahl von Fällen, in der etwa gezahlten Staatssteuer, im übrigen aber, wo es an einer solchen fehlt, durch ein Schätzungsverfahren seitens städtischer Organe gewonnen. Die sonach einheitlich gestaltete Steuer beruht nicht auf dem Zuschlagssysteme, sondern gelangt auch da zur Entstehung, wo es an jeder Prinzipalsteuer fehlt, und muß darum gegenüber der bis zum 1. IV. 87 ausschließlich von den Staatssteuerpflichtigen in Form von Zuschlägen erhobenen als eine **neue** und **besondere** Kommunal-Realsteuer angesehen werden, zugleich aber auch als eine „besondere" im Sinne des die Zustimmung der Ressortminister fordernden § 77 des Komm.-Abg.-Ges., — dies letztere zum mindesten unter dem Gesichtspunkte, daß die Einschätzung verschiedener Gruppen entgegen einem auf steuerlichem Gebiete allgemein als Regel geltenden Satze auf verschiedener Basis erfolgen soll.[1])

Nr. 14. Entsch. Bd. XXVI. S. 57 vom 20. Juni 1894. II C 57/94.

Hann. Land-Verf.-Ges. v. 6. VIII. 40 (G.-S. S. 141) § 47 und 5. IX. 48 (G.-S. S. 261) § 13. Hann. St.-Ordn. v. 24. VI. 58 (G.-S. S. 141) §§ 1, 2, 12, 13, 25, 114. Komm.-Abg.-Ges. v. 14. VII. 93 (G.-S. S. 152) § 24.

In einer hannoverschen Stadt besteht seit 1889 ein von dem Bezirksausschusse bestätigtes Statut, demzufolge von allen im Stadtbezirke belegenen Grundstücken und Gebäuden, insoweit sie nach Maßgabe der Gesetze zu den Gemeindeabgaben herangezogen werden können, eine Grund- und Gebäudeabgabe als öffentliche auf den Grund und Boden gelegte Gemeindeabgabe erhoben wird. **Zu diesen Abgaben können auch nicht-physische Personen** herangezogen werden, z. B. **eingetragene Genossenschaften**.[2])

Nr. 15. Entsch. Bd. XXIX. S. 41 vom 20. Mai 1896. II C 69/96.

Kab.-Ord. v. 8. VI. 34 (G.-S. S. 87), betreffend die Heranziehung derjenigen Grundstücke zu Kommunalsteuern, denen wegen ihrer Bestimmung zu öffentlichen oder gemeinnützigen Zwecken die Befreiung von Staatssteuern zusteht. Komm.-Abg.-Ges. v. 14. VII. 93 (G.-S. S. 152) § 24.

1) Die K.-Ord. v. 8. VI. 34 entscheidet, wie aus ihren Eingangsworten hervorgeht, über die streitige Frage, ob ein **Grundstück**, dem wegen seiner

---

[1]) Vergl. zu Nr. 2 heute die §§ 24—26 des Komm.-Abg.-Ges. v. 14. VII. 93. Die in der Entsch. außerdem festgestellte Unterscheidung der Dienstgrundstücke der Geistlichen und Kirchendiener im Bereiche der Pomm. Kirchenordnung in Ansehung ihrer Kommunalsteuerfreiheit nach der Richtung hin, daß nur den evangelischen, nicht aber den katholischen Geistlichen und Kirchendienern die Steuerfreiheit zukommt, ist veraltet. Vergl. § 24 k a. a. O. und § 4 Abs. 6 der Östl. St.-Ordn. v. 31. V. 53, § 26 der Land-Gem.-Ordn. v. 3. VII. 91.

[2]) Dieser Rechtsgrundsatz versteht sich heute von selbst, da § 24 des Komm.-Abg.-Ges., soweit er nicht Ausnahmen vorsieht, die Grundstücke ohne Rücksicht auf die Person der Eigentümer für steuerpflichtig erklärt.

Bestimmung zu öffentlichen oder gemeinnützigen Zwecken die Befreiung von den Staatssteuern zusteht, deshalb auch den örtlichen Kommunalsteuern nicht unterworfen sei. Dagegen spricht sie nirgends aus, was sie unter öffentlichen oder gemeinnützigen Zwecken verstanden wissen will, geschweige denn, daß sie gewisse Realitäten als unter diesen Begriff fallend, besonders aufführt. Sie rechnet also mit jener Zweckbestimmung, wie mit einem gegebenen Begriffe und es ist nicht zweifelhaft, daß, wenn sich Bedenken über die Tragweite der Vorschrift ergeben, die nähere Umgrenzung des Begriffes aus dem jeweiligen Rechtszustande entnommen werden muß.

Da nun das Komm.-Abg.-Ges. v. 14. VII. 93 im § 24 Abs. 2 anordnet, daß fortan die Dienstgrundstücke und Dienstwohnungen der Beamten nicht mehr grundsteuerfrei sein sollen, so ist dieser Grundsatz nunmehr auch im Rahmen der Kab.-Ord. v. 8. VI. 34 maßgebend.[1])

2) Das Gleiche folgt aus dem inneren Zusammenhange der Abs. 1—4 des § 24 a. a. O. Danach läßt sich Abs. 4 nur dahin verstehen, daß die Grundsätze der Kab.-Ord. unbeschadet der Vorschriften in Abs. 2 und 3 bestehen bleiben, bezw. auf ein weiteres örtliches Gebiet ausgedehnt werden sollen. Eine entgegengesetzte Auslegung würde dem Gesetzgeber die befremdliche Absicht unterlegen, er habe den Gemeinden zwar in Abs. 2 und 3 weitgehende Rechte gewähren, diese aber alsbald wieder durch Abs. 4 zum großen Teile illusorisch machen wollen.

b) Vom Gewerbebetriebe.

Nr. 1. Entsch. Bd. XX. S. 143 vom 22. November 1890. I C 92/90.

Komm.-Abg.-Ges. v. 14. VII. 93 (G.-S. S. 152) § 32.

Wie die Gemeinde Personalsteuern nicht von jedem, auch nicht von einem Durchreisenden, sondern nur von demjenigen erheben darf, der der Gemeinde vermöge des Wohnsitzes oder kraft besonderer gesetzlicher Bestimmung als Forense oder kraft seines Aufenthaltes angehört, so kann sie auch die Abgabe nach dem Verhältnisse der staatlichen Objekt- (Real-) Steuern nur dann fordern, wenn das Objekt, durch das die Steuerkraft entsteht, innerhalb ihres Bezirkes sich befindet. Daraus folgt, daß ein Gewerbebetrieb, der einheitlich zur Staatsgewerbesteuer veranlagt ist, aber in mehreren Landgemeinden sich vollzieht, zwar von jeder dieser Gemeinden nach dem Verhältnisse der Gewerbesteuer, aber von keiner nach deren vollem Betrage besteuert werden darf. Denn da die Staatssteuer nach dem Umfange des Gesammtbetriebes bemessen ist, die Gemeinde aber nur den in ihr befindlichen Teil des letzteren besteuern darf, so würde sie bei Forderung der Steuer für das Ganze von dem in ihr steuerpflichtigen Teile, diesen letzteren nicht in dem Verhältnisse der Staatssteuer belasten.[2])

Nr. 2. Entsch. Bd. XXVII. S. 45 vom 5. Januar 1895. II C 334/94.

RH. St.-Ordn. v. 15. V. 56 (G.-S. S. 406) §§ 4, 49. Gew.-St.-Ges. v. 24. VI. 91 (G.-S. S. 205) §§ 10ff., 17, 18, 38 und Ausf.-Anw. v. 10. IV. 92, Art. 55.

1) Auf Zuschläge zur Staats-Gewerbesteuer hat eine Gemeinde, der gegenüber es an dem Thatbestande eines in ihr sich voll-

---

[1]) Ebenso Entsch. v. 1. VII. 96 (Pr. Verw.-Bl. Bd. XVII S. 507) und v. 30. IX. 96 (Pr. Verw.-Bl. Bd. XVIII S. 102).

[2]) Die Ausführung dieser Rechtsgrundsätze enthält heute § 32 des Komm.-Abg.-Ges., bezw. § 38 des Gew.-St.-Ges. v. 24. VI. 91 (G.-S. S. 205).

ziehenden Gewerbebetriebes fehlt, keinen Anspruch, gleichviel mit welchem den Betriebsort betreffenden Thatbestande bei der Staatssteuerveranlagung gerechnet worden und wo diese erfolgt ist.[1])

Die Veranlagung zur Staatssteuer erfolgt in Veranlagungsbezirken. Will man überhaupt neben den Veranlagungsbezirken noch mit besonderen Veranlagungsorten rechnen, so können darunter nur die Sitze der betreffenden Steuerausschüsse verstanden werden. Der Umstand aber, daß an einem bestimmten Orte sich der Sitz des Steuerausschusses befindet, beruht auf administrativen Rücksichten und erscheint daher nicht geeignet, den Gemeinden Rechte zu verschaffen oder zu nehmen. Sollte aber auch bei der staatlichen Veranlagung zur Gewerbesteuer eine bestimmte Gemeinde als Ort des Gewerbebetriebes angesehen worden sein, so würde dennoch der Verwaltungsrichter, der über die Gemeindesteuerpflicht zu entscheiden hat, dadurch der Verbindlichkeit nicht überhoben werden, selbständig zu prüfen, ob die Voraussetzungen für die Kommunalsteuerpflicht in der betreffenden Gemeinde vorliegen. Vergl. E.-O.-V. Bd. XXV S. 53.

2) Erstreckt sich ein Gewerbebetrieb über mehrere Kommunalbezirke und ist die im § 38 des Gew.-St.-Ges. v. 24. VI. 91 gedachte Zerlegung des Steuersatzes auf die einzelnen Betriebsorte zum Zwecke der kommunalen Besteuerung noch nicht erfolgt, so berechtigt dies nicht etwa die einzelnen Gemeinden, einstweilen von dem ganzen Steuersatze den Kommunalsteuerzuschlag zu erheben. Ebensowenig besteht eine Vorschrift, die einer einzelnen der beteiligten Gemeinden, etwa derjenigen, in der die Geschäftsleitung des Unternehmens ihren Sitz hat, ein Vorzugsrecht in der betreffenden Hinsicht verleiht. Vielmehr wird diejenige Gemeinde, die zuerst zur Auferlegung eines Zuschlages übergehen will, ihrerseits die Initiative durch Stellung eines bezüglichen Antrages bei dem Steuerausschusse zu ergreifen haben.

2. Gemeindeeinkommensteuer.

a) Wohnsitz und Aufenthalt.

Nr. 1. Entsch. Bd. II. S. 184 vom 23. Juni 1877.

Freizügigkeitsges. v. 1. XI. 67 (B.-G.-Bl. S. 55) § 8.

Durch das bestehende Recht wird die Möglichkeit, daß jemand einen mehrfachen Wohnsitz habe, anerkannt. Dem steht auch die Thatsache nicht entgegen, daß jemand sich in dem einen Orte abmeldet und nun abwechselnd bald in der einen, bald in der anderen eingerichteten Wirtschaft wohnt.

Der Wohnsitz, d. h. der dauernde Mittelpunkt der Lebensverhältnisse und Rechtshandlungen einer Person, wird durch bloße Willenserklärungen so wenig begründet, wie aufgehoben, hierzu ist vielmehr erforderlich, daß der Willenserklärung auch die thatsächlichen Verhältnisse, das Begründen bezw. das Aufgeben eines Wohnsitzes, entsprechen.[2]) [3])

---

[1]) Die Betriebssteuer ist eine Unterart der Gewerbesteuer. Lautet daher ein Gemeindebeschluß auf Erhebung von Zuschlägen zu den direkten Staatssteuern, so ist unter letzteren mangels Ausnahmung die Betriebssteuer inbegriffen. Entsch. v. 29. V. 95 (Pr. Verw.-Bl. Bd. XVII S. 4).

[2]) Die in den Entscheidungsgründen weiter ausgeführte Möglichkeit der gleichzeitigen Besteuerung desselben Einkommens einer Person seitens zweier Gemeinden bei doppeltem Wohnsitze, oder bei einem längeren, als dreimonatlichen Aufenthalte in einer Gemeinde, die nicht die des Wohnsitzes ist, besteht heute nicht mehr. Vergl. § 50 des Komm.-Abg.-Ges.

[3]) Zur Begründung eines Wohnsitzes gehört — auch im steuerlichen Sinne — nicht bloß Absicht und Erklärung, sondern auch entsprechende Ausführung. Der bloße Aufenthalt

Nr. 2. Entsch. Bd. XII. S. 160 vom 23. September 1885. I C 68/85.

Freizügigkeitsges. v. 1. XI. 67 (B.-G.-Bl. S. 55) § 8. Komm.-Abg.-Ges. v. 14. VII. 93 (G.-S. S. 152) § 33.

1) Der in dem § 8 des Freizügigkeitsges. v. 1. XI. 67 vorausgesetzte, **mehr als dreimonatliche Aufenthalt als Grundlage der Gemeindeabgabenpflicht** verlangt eine im wesentlichen ununterbrochene Anwesenheit am Orte und verträgt zum mindesten nicht eine mehrwöchentliche Unterbrechung.[1]) Von welcher Dauer die Entfernung sein muß, um als eine Unterbrechung des Aufenthaltes zu gelten, ist eine Frage rein thatsächlicher Natur. Ein Spaziergang über die Weichbildgrenze oder die Feldflur hinaus, ein bloßer Besuch nach außerhalb und eine kurze Geschäftsreise an einen anderen Ort mit der Absicht direkter Rückkehr sind nicht geeignet, den Aufenthalt zu unterbrechen. Wann mit Rücksicht auf etwaige zeitweilige Unterbrechungen der thatsächlichen körperlichen Anwesenheit am Orte der dreimonatliche Aufenthalt daselbst als vollendet anzunehmen ist, untersteht in jedem Falle der verständigen Beurteilung nach den obwaltenden Verhältnissen. Die Entscheidung in diesem Punkte entzieht sich dem Angriffe der Revision.

2) **Die Grundlagen der zur Erörterung stehenden Abgabenforderung dürfen seitens des Hebungsberechtigten im Laufe des Streitverfahrens nicht geändert werden.**

Nr. 3. Entsch. Bd. III. S. 102 vom 19. Januar 1878.

Freizügigkeitsges. v. 1. XI. 67 (B.-G.-Bl. S. 55) § 8. Komm.-Abg.-Ges. v. 14. VII. 93 (G.-S. S. 152) § 33.

§ 8 des Freizügigkeitsges. v. 1. XI. 67 giebt den Gemeinden mit Rücksicht auf die gewährte Freizügigkeit unmittelbar das Recht, die im Gemeindebezirke ihren Aufenthalt nehmenden Personen nach dreimonatlicher Dauer dieses Aufenthaltes gleich den Einwohnern zu den Gemeindeabgaben heranzuziehen.

„Neuanziehender“ ist nicht nur derjenige, der sich in dem betreffenden Gemeindebezirke niederlassen will, sondern jeder, der in einem Orte neu ankommt und daselbst, sei es auch nur besuchsweise, zur Kur, zur Abwickelung einzelner Geschäfte oder sonst vorübergehend, seinen Aufenthalt nimmt.

Daß die Heranziehung des Neuanziehenden schon vor Ablauf eines dreimonatlichen Aufenthaltes erfolgt ist, macht sie an sich nicht ungesetzlich. Die Gemeinde würde nur gehalten sein, die bereits erhobenen Steuern wieder herauszuzahlen, falls der Aufenthaltsort vor Ablauf des dreimonatlichen Zeitraumes bereits aufgegeben ist.[2]) [3])

---

ist weder bezüglich des Erwerbes, noch bezüglich der Aufgabe eines Wohnsitzes allein entscheidend. Ein früher begründeter Wohnsitz kann auch bei vorübergehender und selbst dauernder Abwesenheit vom Orte des Wohnsitzes beibehalten werden. Entsch. v. 25. III. 87 (Pr. Verw.-Bl. Bd. IX S. 18).

[1]) Die Gemeindesteuerpflicht solcher Personen, die sich selbst von einem Orte fern gehalten und nur den dortigen Aufenthalt ihrer Angehörigen veranlaßt oder geduldet haben, kann weder aus § 8 des Freizügigkeitsges. v. 1. XI. 67, noch aus dem Kommunalabgabenges. v. 14. VII. 93 hergeleitet werden. Entsch. v. 9. XII. 87 (Pr. Verw.-Bl. Bd. IX S. 217). Durch das Neuanziehen von Familiengliedern an einem Orte wird ein Aufenthalt für das nicht angezogene Familienhaupt nicht begründet. Entsch. v. 4. XII. 88 (Pr. Verw.-Bl. Bd. X S. 181) und 11. XI. 92 (Pr. Verw.-Bl. Bd. XIV S. 146).

[2]) Die in den Entscheidungsgründen weiter für zulässig erachtete Doppelbesteuerung desselben Einkommens einer Person seitens der Wohnsitz- und der Aufenthaltsgemeinde ist heute unzulässig. Vergl. § 50 des Komm.-Abg.-Ges.

[3]) Neuanziehende im Sinne des § 8 des Freizügigkeitsges. sind die Personen, die sich nach einem Orte in der Absicht begeben, dort dauernd oder vorübergehend ihren Aufenthalt zu nehmen. Erreicht dieser Aufenthalt die Dauer von drei Monaten, so ist die Heranziehung zu den Gemeindeabgaben zulässig. Entsch. v. 19. VI. 89 (Pr. Verw.-Bl.

Nr. 4. Entsch. Bd. XIII. S. 111 vom 29. März 1886. II C 32/86.

A. L.-R. Teil I Tit. 4 §§ 21, 22, 26; Tit. 5 § 10. Freizügigkeitsges. v. 1. XI. 67 (B.-G.-Bl. S. 55) § 8. Vormundschaftsordn. v. 5. VII. 75 (G.-S. S. 431) §§ 27, 29, 54. Komm.-Abg.-Ges. v. 14. VII. 93 (G.-S. S. 152) § 53.

Eine blödsinnige Person, die auf Anordnung des Vormundes in einer Gemeinde untergebracht ist und sich dort länger als drei Monate aufhält, kann zu den städtischen Kommunallasten herangezogen werden. Auf den Zweck des Aufenthaltes kommt es dabei nicht an.[1])

Daraus, daß gemäß A. L.-R. Teil I Tit. 4 §§ 21, 22, 26 unter Vormundschaft stehende Blödsinnige durch ihre Willenserklärungen allerdings Vorteile, aber keine Pflichten und Lasten übernehmen können und daß im vorliegenden Falle eine Willenserklärung des Blödsinnigen überhaupt nicht vorliege, darf nichts Gegenteiliges entnommen werden. Der Vormund wird durch kein Gesetz daran gehindert, den Aufenthalt seines Mündels auch ohne dessen Einwilligung oder Mitwirkung zu bestimmen. Ihm liegt nach § 29 der Vorm.-Ordn. die Sorge für die Person des Mündels ob und damit steht die Wahl des Aufenthaltsortes für den Mündel in untrennbarem Zusammenhange. Der Kommunalsteuerpflicht des letzteren steht nun auch nicht etwa entgegen, daß in dem Unterbringen des Mündels kein „Neuanziehen" im Sinne des § 33 des Komm.-Abg.-Ges. erblickt werden kann. Für die Verpflichtung zur Tragung der Gemeindelasten ist nicht das „Neuanziehen", sondern der Aufenthalt das Entscheidende. Unter dem neu Anziehenden ist daher ein jeder zu verstehen, der in einem Orte neu ankommt und daselbst — sei es auch nur besuchsweise, zur Kur, zur Abwickelung einzelner Geschäfte oder sonst vorübergehend — seinen Aufenthalt nimmt.

Nr. 5. Entsch. Bd. XIII. S. 116 vom 18. Februar 1886. II C 12/86.

Ges. v. 11. VII. 22 (G.-S. S. 184), betreffend die Heranziehung der Staatsdiener zu den Gemeindelasten. § 7. Freizügigkeitsges. v. 1. XI. 67 (B.-G.-Bl. S. 55) § 8. Ges. v. 6. VI. 70 (B.-G.-Bl. S. 360), über den Unterstützungswohnsitz, § 26. Ges. v. 13. V. 70 (B.-G.-Bl. S. 119), wegen Beseitigung der Doppelbesteuerung, § 1. Komm.-Abg.-Ges. v. 14. VII. 93 (G.-S. S. 152) § 33.

1) Wo die thatsächliche Anwesenheit an einem Orte auf „physischen Zwang" oder auf sonstige Einwirkungen zurückzuführen ist, die die freie Willensbestimmung des Individuums überhaupt ausschließen, da können rechtliche, durch das Gesetz mit dem „Neuanziehenden" verknüpfte Wirkungen nicht eintreten. Wer aber zufolge freier Entschließung Verhältnisse eingeht, die ihm, so lange er in ihnen verbleiben will, ein gewisses Verhalten auch in Ansehung des Wohnens und Verweilens an einem Orte zur Pflicht machen, der handelt, sofern er dieser bewußtermaßen übernommenen Pflicht nachkommt, nicht unter

---

Bd. X S. 563). Die Staatsangehörigkeit ist nicht entscheidend. Auch Ausländer unterliegen dem Gesetz. Entsch. v. 27. VI. 90 (Pr. Verw.-Bl. Bd. XI S. 606).

Der die Gemeindesteuerpflicht begründende Aufenthalt ist nicht etwas Momentanes, sondern ein Zustand. Vorausgesetzt ist die Begründung eines Aufenthaltsverhältnisses, das in gewisser Richtung dem Wohnsitze analog ist. Wie für diesen eine dauernde Niederlassung, so ist für den Begriff des Aufenthaltes eine zeitweilige Niederlassung erforderlich. Entsch. v. 7. VII. 87 (Pr. Verw.-Bl. Bd. IX S. 105).

[1]) Vergl. aber Entsch. v. 5. IV. 89 (Pr. Verw.-Bl. Bd. XI S. 52): Wenn ein mit Zustimmung seines Vormundes in einer Irrenanstalt untergebrachter Geisteskranker auch dort einen seine Gemeindesteuerpflicht begründenden Wohnsitz erwirbt, so folgt daraus doch keineswegs, daß er den bisherigen Wohnsitz damit aufgegeben oder verloren habe. Letzteres ist insbesondere nicht anzunehmen, wenn eine eingerichtete Wohnung bestehen bleibt, in der die Familie des Geisteskranken ihren Aufenthalt beibehält, von der aus die Leitung der Wirtschaft erfolgt, und in die er nach etwaiger Heilung voraussichtlich zurückkehren wird.

dem Drucke einer seinen freien Willen außer Funktion setzenden Nötigung, sondern thut nur, was er beim Eintritte in jene Verhältnisse gewollt hat und auch ferner will. Deshalb bestimmt auch der § 26 des Reichsges. v. 6. VI. 70, daß die Anstellung oder Versetzung eines Geistlichen, Lehrers, öffentlichen oder Privatbeamten nicht als ein die freie Selbstbestimmung bei der Wahl des Aufenthaltes ausschließender Umstand gelte. Dieser Satz findet beispielsweise volle Anwendung auf einen bei einer Provinzialregierung angestellten Rat, der behufs kommissarischer Beschäftigung bei einem Ministerium nach Berlin berufen wird und sich hier zu diesem Zwecke länger als drei Monate aufhält, so daß von einem Zwange in dem vorentwickelten Sinne, von einem ohne jeden eigenen Willen sich vollziehenden Übergange nach Berlin um deswillen, weil er einer dienstlichen Anweisung Folge leistet, nicht die Rede sein kann. Vielmehr besteht dem Wesen der Sache nach, sowie sprachlich kein Bedenken, ihn als einen „Neuanziehenden", und wenn er in Berlin bleibt, als einen solchen anzusehen, der ebendort seinen Aufenthalt hat.

2) „Neuanziehende" können nun gemäß § 33 letzter Absatz „gleich den übrigen Gemeindeeinwohnern zu den Gemeindelasten herangezogen werden." Diese Bestimmung bietet für eine Unterscheidung je nach der Persönlichkeit der neu Anziehenden und nach den Gründen und Zwecken des Anziehens keinen Raum. Ihr liegt der Gedanke zu Grunde, daß, wer thatsächlich die Benefizien eines Gemeinwesens genießt, sich auch an dessen Lasten beteiligen muß. Deshalb ist der Neuanziehende gleich den übrigen Gemeinde-Einwohnern zu den Gemeindelasten heranzuziehen, und das Gesetz macht nur die Ausnahme von der selbstverständlichen Regel, daß der Neuanziehende frei bleibt, wenn der Aufenthalt den Zeitraum von drei Monaten nicht übersteigt. Bei einem so kurzen Aufenthalte erscheint es nicht billig und in mancher Hinsicht mißlich, den Neuanziehenden den Gemeindelasten zu unterwerfen. Für andere Ausnahmen, insbesondere für eine Sonderstellung der Staatsdiener, fehlt es in dem Gesetze und seiner Entstehungsgeschichte an jedem Anhalte.

3) Im übrigen hat der betreffende Beamte zur Zeit seiner Veranlagung überhaupt schon seinen ordnungsmäßigen Wohnsitz in Berlin gehabt. Die Frage der Begründung des Wohnsitzes liegt wesentlich auf thatsächlichem Gebiete und ist in jedem einzelnen Falle, ohne daß dem gewonnenen Ergebnisse an sich eine darüber hinausreichende Bedeutung beiwohnt, nach der gesammten, gerade diesem Falle eigentümlichen Gestaltung zu beurteilen, da es an einer allgemein ein für alle Mal geltenden Begriffsbestimmung für den Wohnsitz mangelt, eine solche namentlich auch nicht in der Vorschrift des § 1 des Ges. v. 13. V. 70 zu erblicken ist.[1]) Daß ein Staatsdiener neben seinem Dienstdomizil[2]) zugleich einen zweiten Wohnsitz mit privatrechtlichen und öffentlich-rechtlichen Wirkungen an dem Orte seiner kommissarischen Beschäftigung begründen kann, steht außer Zweifel.

Ein Beamter, der seit Jahren in der Stadt, wo er kommissarisch beschäftigt wird, thatsächlich wohnt, daselbst mit seiner Familie in einer eingerichteten Wirtschaft lebt, nach Aufgabe seiner Wohnung in dem Dienstdomizil eine solche an einem andern Orte als in dem neuen Aufenthaltsorte überhaupt nicht besitzt,

---

[1]) Auch die neuen Steuergesetze enthalten eine solche Begriffsbestimmung nicht. § 33[1] des Komm.-Abg.-Ges. verweist auf § 1 des Eink.-St.-Ges. v. 24. VI. 91 (G.-S. S. 175) und dieser wieder auf § 1 Abs. 2 des Reichsges. v. 13. V. 70, nach welchem der Begriff des Wohnsitzes ein doppeltes erfordert: Das Innehaben einer Wohnung an einem Orte und Umstände, die darauf schließen lassen, daß jene dauernd beibehalten werden soll.

[2]) Aufgehoben durch § 12 des Kommunalsteuernotges. v. 27. VII. 85 (G.-S. S. 327).

hier den Mittelpunkt seiner effektiven amtlichen Thätigkeit hat, mit den Seinen die jedermann zugänglichen Einrichtungen des Gemeinwesens ausnutzt, hat sicherlich einen Wohnsitz, durch den er verpflichtet wird, städtische Abgaben zu bezahlen. Der Umstand, daß er jeden Augenblick wieder abberufen werden kann, und sein Aufenthalt also in diesem Sinne kein dauernder ist, trifft auch bei allen den zahlreichen Reichs- und Staatsbeamten zu, die nach der Natur ihres Amtes jederzeit eine Versetzung ohne oder auch wider ihren Willen zu gewärtigen haben, und bildet für sich allein kein Hindernis, einen Wohnsitz zu begründen und zu haben. Er hat es nicht in der Hand, etwa durch die einfache Erklärung, es liege nicht in seiner Absicht oder in seinem Willen, einen Wohnsitz zu begründen, seine Intentionen seien vielmehr nur auf einen Aufenthalt gerichtet, die Rechtswirkung der in die Erscheinung getretenen Thatsachen zu beseitigen.[1])

Nr. 6. Entsch. Bd. XIV. S. 153 vom 14. September 1886. II C 90/86.

Freizügigkeitsges. v. 1. XI. 67 (B.-G.-Bl. S. 55) § 8. Komm.-Abg.-Ges. v. 14. VII. 93 (G.-S. S. 152) § 33.

1) Wenn ein städtisches Gemeinde-Einkommensteuer-Regulativ die Bestimmung enthält, daß alle diejenigen, die seit drei Monaten sich im Stadtbezirke aufhalten, der Gemeinde-Einkommensteuer dergestalt unterliegen sollen, daß die Steuerpflicht mit dem ersten Hebungstermine nach dem Ablaufe des dritten Monates beginnt, jedoch auf die abgelaufenen drei Monate sich miterstreckt, so ist damit die Absicht ausgesprochen, von dem durch § 8 des Freizügigkeitsges. gewährten Besteuerungsrechte, das das Gesetz an die Thatsache des Anzuges nach einem Orte in Verbindung mit der Fortsetzung des so begonnenen Aufenthaltes während dreier Monate knüpft, in vollem Umfange Gebrauch zu machen.

2) „Aufenthalt" und „körperliche Anwesenheit" an einem Orte sind nicht gleichbedeutende Begriffe. Der Aufenthalt nach der Ausdrucksweise und der Begriffsbestimmung des gewöhnlichen Lebens, damit zugleich aber auch im Sinne des Gesetzes, ist nicht etwas rein Augenblickliches, sondern ein Zustand, in dem sich der nach einem Orte Angezogene befindet und der fortdauern kann trotz zeitweiliger körperlicher Entfernung. Eine freiwillige Entfernung aus dem Orte gilt nicht als „Unterbrechung" des Aufenthaltes, wenn aus den Umständen, unter denen sie erfolgt, die Absicht erhellt, den Aufenthalt beizubehalten. (Sommergäste, Schiffahrtsgewerbe.) Ingleichen ist eine Geschäftsreise von kurzer Dauer oder eine vorübergehende Abwesenheit bloß zu dem Zwecke, um eine sich bietende Arbeitsgelegenheit zu benutzen, der Natur der Sache nach als eine beabsichtigte Auflösung des einmal angeknüpften Aufenthaltsverhältnisses nicht anzusehen.

Nr. 7. Entsch. Bd. XXVI. S. 70 vom 6. Juni 1894. II C 44/94.

Komm.-Abg.-Ges. v. 14. VII. 93 (G.-S. S. 152) § 33 und Ausf.-Anw. v. 10. V. 94, Art. 23. Ges. v. 13. V. 70 (B.-G.-Bl. S. 119), wegen Beseitigung der Doppelbesteuerung, § 1. Ges. v. 30. VI. 84 (G.-S. S. 307), betreffend die Bestimmung des Wohnsitzes im Sinne der Rhein. Gemeindeverfassungsgesetze.

1) Die Absicht zurückzukehren (animus revertendi) spricht unter Umständen im konkreten Falle gegen die Aufgabe eines einmal begründeten Wohnsitzes, nicht aber läßt sich nach Lage des bestehenden Rechtes behaupten, daß zum Aufgeben eines einmal begründeten Wohnsitzes überall notwendig

---

[1]) Ein Beamter, der zur kommissarischen Vertretung einer erledigten Stelle an einem anderen Ort entsendet wird, an seinem bisherigen Wohnorte aber, weil seine Versetzung noch nicht endgültig ist, einstweilen seine Familie zurückläßt, giebt seinen dortigen Wohnsitz nicht auf und bleibt demnach auch gemeindesteuerpflichtig. Entsch. v. 15. V. 91 (Pr. Verw.-Bl. Bd. XII S. 507).

der positive animus non revertendi gehöre. Es ist sehr wohl möglich, und zwar nach altländischem, wie nach rheinischem Rechte, daß das Domizil aufgegeben wird, obwohl es an der Entschließung, den Ort niemals wieder als Wohnort aufzusuchen, durchaus fehlt. Der Wohnsitz kann vielmehr auch für eine absehbare und mehr oder minder bestimmte Zeit aufgegeben werden.

2) Das bloße Mieten einer Wohnung ist noch kein „Innehaben" dieser; Räume, die nur zur Aufbewahrung der Möbel dienen, sind noch keine Wohnung.

3) Nach allgemeinem älteren Rechtszustande gehört zur Begründung, zum Haben und Beibehalten eines Wohnsitzes einmal der Wille, einen bestimmten Ort zum dauernden Aufenthalte und Mittelpunkte der Lebensverhältnisse zu machen und außerdem die Verwirklichung dieses Willens durch ein entsprechendes Handeln, während zum Aufgeben eines Wohnsitzes Kriterien verlangt werden, die im direkten Gegensatze zu jenen für die Begründung eines Wohnsitzes erforderlichen Voraussetzungen stehen, d. h. also nicht nur die Erklärung, einen anderen Ort, als den bisher dazu bestimmten, zum dauernden Aufenthalte und Mittelpunkte der Lebensverhältnisse zu machen, bezw. wenn die Begründung eines neuen Wohnsitzes nicht beabsichtigt wird, neben einer entsprechenden Erklärung ein demgemäßes positives Handeln.

Das Aufgeben einer Wohnung und das zeitweilige Verlassen desjenigen Ortes, an dem jemand eine Wohnung hatte, begründet also den Verlust des Domizils dann noch nicht, wenn der Wille, das bisherige Domizil nicht aufzugeben, besteht und in den begleitenden Umständen auch zu erkennbarem Ausdrucke kommt.[1])

4) Anders aber liegt die Sache im Geltungsbereiche des Ges. v. 30. VI. 84. Dieses will nach seinem Wortlaute entscheiden nicht nur, an welchen Thatbestand sich der Akt der Begründung eines Wohnsitzes knüpft, sondern darüber hinaus, wann und unter welchen Voraussetzungen jemand einen Wohnsitz hat. In seinem Sinne ist ein Wohnsitz dann verloren, wenn die für das Haben essentiellen Voraussetzungen fortfallen. Trifft ein Merkmal des Begriffes, sei es das thatsächliche Innehaben einer Wohnung, sei es die Absicht, eine solche beizubehalten, nicht mehr zu, so kann auch von dem Fortbestehen des bisherigen Domizils nicht mehr die Rede sein.

b) Einkommen aus Grundvermögen.

Nr. 1. Entsch. Bd. XII. S. 83 vom 19. Februar 1885. II C 10 85.

Eink.-St.-Ges. v. 24. VI. 91 (G.-S. S. 175) § 13 und Ausf.-Anw. v. 5. VIII. 91, Art. 10 ff. Komm.-Abg.-Ges. v. 14. VII. 93 (G.-S. S. 152) § 33.

1) Der Grundsatz, daß der Steuerpflichtige nur dasjenige Einkommen zu versteuern habe, das er thatsächlich hat, und nicht, was er haben könnte, entspricht den für die Veranlagung zur Staats-Einkommensteuer maßgebenden Normen. Erst, wo es an zuverlässigen Unterlagen für eine genaue Ermittelung des wirklich erzielten Reinertrages fehlt, soll eine annähernde Schätzung stattfinden. Dasselbe gilt von der Kommunalbesteuerung, wo nicht positiv und in formell zulänglicher Weise Abweichendes vorgeschrieben ist. Auch dadurch, daß ein Kommunalsteuerregulativ die „Ertragsfähigkeit" von Grund-

---

[1]) Nach § 33[1] des Komm.-Abg.-Ges. in Verbindung mit § 1 des Eink.-St.-Ges. v. 24. VI. 91 gilt heute an Stelle des älteren Rechtszustandes der oben zu 4 ausgeführte, dem Ges. v. 13. V. 70 wegen Beseitigung der Doppelbesteuerung folgende Rheinische Rechtszustand. Vergl. auch Nöll, S. 31.

stücken in den Vordergrund stellt, wird die thatsächliche Ermittelung des Reineinkommens, wo sie thunlich, nicht ausgeschlossen.[1])

2) Handelt es sich um die Besteuerung eines Einkommens aus selbstbewirtschaftetem Grundbesitze (im vorliegenden Falle um den von den Häuslingen bearbeiteten Grundbesitz einer Provinzial-Korrektions- und Landarmenanstalt), so kommen bei Aufmachung der abzugsfähigen Betriebsunkosten Leistungen solcher Arbeitskräfte, die von dem Besteuerten ohnehin zu unterhalten, thatsächlich also nicht bezahlt sind, nicht in Betracht. Handelte es sich um die Besteuerung des Gesammteinkommens der Provinz, so würden wenigstens die Kosten des Unterhaltes der in der Landwirtschaft beschäftigten Häuslinge für die Dauer dieser Beschäftigung in Abrechnung gebracht werden können. Wo aber nur eine einzelne Einnahmequelle in Betracht kommt, können lediglich solche Aufwendungen Berücksichtigung finden, die ausschließlich behufs Erzielung der zu besteuernden Erträge notwendig geworden sind. Wo ein derartiger Zusammenhang zwischen Ertrag und Aufwand nicht besteht, können beide gegen einander auch nicht in Aufrechnung gebracht werden.

---

[1]) Der Besteuerung unterliegt nicht dasjenige Einkommen, das bei normaler, landesüblicher Wirtschaftsart aus dem Grundbesitz und den damit verbundenen Fabrikationszweigen erzielt werden könnte, sondern dasjenige, das der Steuerpflichtige nach seiner Wirtschaftsart thatsächlich erzielt hat. Für die Einschätzung des Einkommens aus Grundbesitz ist der rechnungsmäßig nach dem Durchschnitte der maßgebenden drei Jahre nachgewiesene, wirklich erzielte Reinertrag maßgebend, und unter der Voraussetzung des Nachweises dieses Reinertrages braucht sich der Steuerpflichtige auf eine annähernde Einschätzung nicht einzulassen. Entsch. v. 13. III. 89 (Pr. Verw.-Bl. Bd. X S. 355). Diese Vorschrift schließt indessen nicht aus, daß im einzelnen Falle auf Grund Einverständnisses der Parteien eine abweichende Ertragsermittelung — z. B. nach dem Ergebnisse eines bestimmten Jahres — zu Grunde gelegt werden kann. Entsch. v. 19. IV. 86 (Pr. Verw.-Bl. Bd. VII S. 345). Nur wenn der wirkliche Reinertrag der dreijährigen Periode nicht festzustellen ist, darf zu einer Schätzung, aber wiederum nur des Einkommens jener vergangenen Zeit geschritten werden. Auf die Verhältnisse des Steuerjahres selbst ist nur dann zurückzugehen, wenn vor Beginn ein Betrieb überhaupt nicht, oder doch nicht ein solcher von irgend bedeutsamer Dauer stattgefunden hat. Entsch. v. 25. IV. 93 (Pr. Verw.-Bl. Bd. XV S. 25).

Voraussetzung der Steuerpflicht ist, daß der Steuerpflichtige das Einkommen nicht nur bezieht, sondern auch rechtlich zu beziehen hat. Der Umstand, daß er als Eigentümer im Grundbuche eingetragen ist, genügt nicht immer. Entsch. v. 17. III. 91 (Pr. Verw.-Bl. Bd. XII S. 387). Grundbesitz im Sinne des Kommunalabgabenges. hat auch der Nießbraucher, aber nur derjenige, dem ein Nießbrauchs*recht* zusteht, nicht auch derjenige, der sich nur in thatsächlicher Ausübung des Nießbrauchsrechtes befindet. Entsch. v. 22. V. 91 (Pr. Verw.-Bl. Bd. XII S. 599). Nicht jede Einnahme, die den Besitz von Grund und Boden zur Voraussetzung hat, ist allein deshalb in steuerlicher Beziehung als Einkommen aus Grundbesitz anzusehen. So gehören dahin namentlich nicht die von einer Gemeinde erhobenen Marktstandgelder, die vielmehr den Charakter öffentlicher Gemeindeabgaben haben und daher der Kreisbesteuerung nicht unterliegen. Ebenso sind die Einnahmen, die einer Stadtgemeinde aus einer öffentlichen Schlachthausanlage gemäß § 5 des Ges. v. $\frac{\text{18. III. 68}}{\text{9. III. 81}}$ zufließen, Gebühren und nicht Einkommen aus Grundbesitz oder Gewerbebetrieb. Entsch. v. 19. XII. 90 (Pr. Verw.-Bl. Bd. XII S. 361). Dasselbe gilt von Chaussee- und Brückengeld, dessen wirtschaftliche und rechtliche Quelle die staatlich verliehene Hebeberechtigung darstellt. Entsch. v. 5. X. 89, Nr. I 1185. Ob die von einer politischen oder Kirchengemeinde für Grabstellen, Grüfte, Grabdenkmäler u. s. w. auf einem der Gemeinde gehörigen Kirchhofe vereinnahmten Beträge als ein der Gemeindebesteuerung unterliegendes Einkommen aus Grundbesitz oder als eine steuerfrei zu lassende öffentlich-rechtliche Gebühr anzusehen sind, hängt davon ab, ob deren Erhebung auf Grund bloßer vertragsmäßiger Abrede, wenn auch vielleicht nach einem veröffentlichten Tarife abgestuft und fälschlich als Gebühren bezeichnet, oder aber auf Grund einer obrigkeitlich festgestellten Taxe kraft staatlich verliehenen Hebungsrechtes erfolgt. Entsch. v. 18. X. 89 (Pr. Verw.-Bl. Bd. XI S. 109).

Für die Beurteilung der Abzugsfähigkeit der Ausgaben kommt es nicht darauf an, welche Ausgaben der Steuerpflichtige hätte leisten können, oder unter anderen Umständen hätte leisten müssen, sondern nur darauf, welche Ausgaben er thatsächlich geleistet hat.[1])

Nr. 2. Entsch. Bd. XV. S. 194 vom 17. September 1887. I C 77/87.
Komm.-Abg.-Ges. v. 14. VII. 93 (G.-S. S. 152) § 33.

1) Als Betriebsstätte im Sinne des Komm.-Abg.-Ges. ist bei landwirtschaftlich benutzten Grundstücken nicht die Stelle, von der aus die Bewirtschaftung betrieben wird (Hof, Gehöft, Vorwerk), sondern das Grundstück selbst anzusehen. Dabei macht es keinen Unterschied, ob das Grundstück verpachtet ist oder von dem Eigentümer selbst für eigene Rechnung genutzt wird. Aus der Vorschrift, daß jeder abgabenpflichtige Grundstückskomplex des Staatsfiskus, sowie jede abgabenpflichtige Unternehmung des letzteren in Beziehung auf die Abgabenpflicht als selbständige abgabenpflichtige Person gelten soll, kann für die Begriffsbestimmung des Wortes „Betriebsstätte" so wenig etwas entnommen werden, wie für die Beantwortung der sich daran knüpfenden weiteren Frage, ob ein derartiger Grundstückskomplex, auch wenn die dazu gehörigen Grundstücke in verschiedenen Gemeindebezirken belegen sind, dennoch ausschließlich dem Besteuerungsrechte derjenigen Gemeinde unterworfen sei, in deren Bezirk der Wirtschaftshof oder, wie bei einer aus einem Hauptgute und mehreren Vorwerken bestehenden Domäne, der Hauptwirtschaftshof liegt.

2) Wirtschaftliche Selbständigkeit der Betriebsstätten ist überhaupt nicht erforderlich. So werden im Abs. 1 des § 35 die Betriebsstätten mit den Werkstätten auf eine Linie gestellt; zu den letzteren gehören auch die Speicher und Magazine an den Ufern der Hafenbassins, bei denen das Kriterium der Selbständigkeit des Betriebes ebensowenig zutrifft, wie bei einem einzelnen landwirtschaftlich benutzten Grundstücke. Wenn aber im letzten Satze des Abs. 1 im § 35 „neben den Stationen die für sich bestehenden Betriebs- und Werkstätten" genannt werden, so findet die Bestimmung eben nur auf den Eisenbahnbetrieb Anwendung.

Auch mit den Bestimmungen des § 47 des Ges. würde es nicht im Einklange stehen, wenn man unter Betriebsstätten nur selbständige Betriebsstätten verstehen wollte.[2])

Nr. 3. Entsch. Bd. XX. S. 115 vom 25. November 1890. II C 158,90.
Eink.-St.-Ges. v. 24. VI. 91 (G.-S. S. 175) § 13 und Ausf.-Anw. v. 5. VIII. 91, Art. 11, 13.

1) Wenn einzelne nicht zusammenhängende Parzellen eines Grundstückes mit einem Male aufgeforstet werden und das sämmtliche auf jeder

---

[1]) Ebenso Entsch. v. 19. IV. 86 (Pr. Verw.-Bl. Bd. VII S. 330). Vergl. auch Entsch. v. 4. III. 87 (Pr. Verw.-Bl. Bd. VIII S. 266): Wenn ein Provinzialverband die in einer Korrigendenanstalt befindlichen Häuslinge zu landwirtschaftlichen Arbeiten auf einem mit ihr verbundenen, selbständig bewirtschafteten Vorwerke beschäftigt und dafür Arbeitslöhne in Rechnung stellt, so können diese — als nicht thatsächlich geleistete Ausgaben — selbst dann bei der Berechnung des steuerpflichtigen Einkommens aus dem Vorwerke nicht in Abzug gebracht werden, wenn dem Verbande dadurch die sonst mögliche, anderweite Verwertung dieser Arbeitskräfte entzogen wird.

[2]) Die Entsch. ist im übrigen ihrem Zwecke nach — Feststellung der Betriebsstätte bei landwirtschaftlich benutzten Grundstücken, insbesondere Feststellung des Pachteinkommens juristischer Personen — veraltet. Das Einkommen aus Grundvermögen (§ 13 des Eink.-St.-Ges. v. 24. VI. 91, G.-S. S. 175) erwächst in derjenigen Gemeinde, in der die Grundstücke belegen sind, die dem Steuerpflichtigen gehören oder aus denen ihm infolge von Berechtigungen irgend welcher Art ein Einkommen zufließt.

Parzelle gezogene Holz nach Ablauf eines gewissen Zeitraumes ebenfalls zu gleicher Zeit gehauen wird, so fehlt es während der ersten Jahre nach der Bepflanzung überhaupt an jedem und späterhin an einem solchen Walde, der regelmäßige zu besteuernde Einnahmen zu liefern imstande ist. Da die Aussicht auf ein künftiges Einkommen nicht besteuert werden darf, so muß die Besteuerung bis zu dem Zeitpunkte der Abholzung des gezogenen Bestandes unterbleiben, soweit nicht etwa in der Zwischenzeit Einnahmen aus Durchforstungen, Nebennutzungen und dergleichen sich ergeben sollten.

2) Im übrigen ist bei Ermittelung des Reinertrages aus Holzungen davon auszugehen, daß das mit Holzpflanzen besetzte oder mit Holzsamen besäte Grundstück die Substanz, der Baumwuchs die in längerer Zeit reifende Frucht darstellt. Schlägt der Eigentümer, der das Holz gepflanzt oder gesät hat, zu ihm passender Zeit das Holz, so bezieht er die Früchte. Er hat also, da nach der bestehenden gesetzlichen Fiktion der Reinertrag eines jeden Jahres durch den Durchschnitt der Ergebnisse der drei Vorjahre dargestellt wird, in den folgenden Jahren jedesmal $1/3$ des Erlöses, nach Abrechnung der Kosten der neuen Aufforstung zu versteuern. Verkauft er das Grundstück vor dem Fruchtbezuge, so bildet jedoch der Aufwuchs für den Käufer keine Frucht in dem hier entscheidenden Sinne, weil eine solche, um als Einkommen gelten zu können, nicht nur seitens des Eigentümers bereits bezogen werden, sondern auch ihrer Natur nach aus der Zeit des Eigentumes der die Abtrennung vornehmenden Persönlichkeit herrühren muß. Soweit der Kaufpreis nicht für die Substanz eines Grundstückes, sondern für das darauf stehende Holz entrichtet wird, bildet er lediglich die vorübergehende zinslose Anlage verfügbarer Geldbestände. Hieraus erhellt, daß nur der Zuwachs, den das aufstehende Holz von dem Ankaufe bis zum Abschlagen des Bestandes erfährt, dem neuen Erwerber gegenüber die Natur einer unter den Begriff des Einkommens fallenden Frucht hat, weshalb auch lediglich der Wert dieses Zuwachses, soweit er in dem Erlöse des Holzes enthalten ist, den Gegenstand der Besteuerung während dreier Jahre bilden kann.[1])

Nr. 4. Entsch. Bd. XXI. S. 51 vom 1. Mai 1891. II C 50/91.

Komm.-Abg.-Ges. v. 14. VII. 93 (G.-S. S. 152) § 33.

1) **Die Zinsen, die öffentliche Sparkassen den Einliegern gewähren, kommen bei der Ermittelung des Einkommens der Sparkassen aus Grundbesitz als eine in Abzug zu bringende Ausgabe nicht in Betracht.**

2) **Reineinkommen aus Grundbesitz liegt nicht erst dann vor, wenn die Zinsen des auf dessen Erwerb verwendeten, aus eigenem Vermögen bar oder durch Verrechnung getilgten, Kaufgeldes gedeckt sind. Ein Rentner, der sein Vermögen von 100 000 Mk. in 3 Prozent tragenden Hypotheken angelegt und deshalb 3000 Mk. versteuert hat, wird, wenn er die ihm verpfändeten Grundstücke erwirbt, den Kaufpreis durch Verrechnung der 100 000 Mk. tilgt und fortan durch Vermieten wiederum Nebeneinkommen erzielt, keineswegs etwa nur und erst von dem über 3000 Mk. hinausreichenden Teile dieses neuen Reineinkommens steuerpflichtig.**

---

[1]) Im übrigen ist für die Besteuerung des Einkommens aus Waldungen nur das Ergebnis des thatsächlichen Abtriebes maßgebend, nicht der Ertrag, der durch einen planmäßigen Abtrieb hätte erzielt werden können. Entsch. v. 4. VII. 94 (Pr. Verw.-Bl. Bd. XVI S. 52).

Nr. 5. Entsch. Bd. XXIV. S. 111 vom 10. Januar 1893. II C 182/92.

Eink.=St.=Ges. v. 24. VI. 91 (G.=S. S. 175) § 4. Komm.=Abg.=Ges. v. 14. VII. 93 (G.=S. S. 152) § 33.

Bei dem Einkommen aus einzelnen Objekten oder aus besonderen Vermögenskomplexen sind auch die Zinsen solcher Schulden als abzugsfähig zu erachten, die ihrer Natur und Entstehung nach zu dem Besteuerungsobjekte dergestalt in erkennbarer, unmittelbarer Beziehung stehen, daß die Zinsen von dessen Ertrage abgehen, bevor er als Reinertrag erscheint. In unmittelbarer Beziehung zu einem Fideikommißbesitze stehen aber die Fideikommißschulden und die zufolge der Stiftungsurkunde, bezw. besonderer Abmachungen den Agnaten, sowie der Witwe eines früheren Besitzers zu zahlenden Apanagen und Abfindungen. Eine Ausnahmestellung nehmen indessen wiederum diejenigen in solcher Weise den Besteuerungsobjekten anhaftenden Schulden ein, die zugleich durch hypothekarische Eintragung gesichert worden sind. Denn der Zusammenhang, der durch die Eintragung zwischen den Revenüen und den Schuldenzinsen herbeigeführt wird, ist ein stärkerer als derjenige, der auf lediglich wirtschaftlichen Gründen beruht. Diese ganzen Abzüge sind auf die verschiedenen, aus dem Fideikommißvermögen fließenden Einnahmen ratierlich zu verteilen, da sie eine Last des Gesammtfideikommisses bilden.[1][2]

[1] Der übrige Teil der Entscheidungsgründe, in denen das O.=V.=G. übereinstimmend mit der Entsch. v. 9. I. 91 (Pr. Verw.=Bl. Bd. XII S. 275) die Befreiung der Standesherren wegen ihres Einkommens aus Grundbesitz oder Gewerbebetrieb in einer Forensalgemeinde des Standesgebietes durch die Vorschriften in §§ 1 Abs. 3 und 14 des Komm.=Abg.=Ges. v. 27. VII. 85 (G.=S. S. 327) als in Fortfall gekommen ansieht, da hiernach die Gemeindeeinkommensteuerpflicht der Forensen ohne Unterschied begründet und alle entgegenstehenden älteren Bestimmungen aufgehoben seien, trifft dem § 40 Abs. 3 des Komm.=Abg.=Ges. v. 14. VII. 93 und dem Art. 26 ²c der Ausf.=Anw. v. 5. VIII. 91 gegenüber nicht mehr zu.

[2] Für die Steuerpflicht der Fideikommißbesitzer hat das O.=V.=G. im übrigen folgende Grundsätze aufgestellt:

I. Wenn durch die Stiftungsurkunde dem Fideikommißbesitzer die Berechtigung, das Fideikommiß zu seinem Vorteile zu nutzen und unter Übernahme sämmtlicher Lasten dessen Einkünfte zu beziehen, erteilt, dagegen die Befugnis zu Verfügungen über die Substanz und die künftigen Nutzungen des Fideikommisses versagt ist, so folgt daraus, daß dem Fideikommißbesitzer nicht das Eigentum an dem Fideikommisse eingeräumt werden sollte, sondern daß er lediglich ein Nießbrauchsrecht erlangt. Die dem Fideikommißbesitzer stiftungsgemäß obliegende Zahlung einer jährlichen Abgabe zum Fideikommißversorgungsfonds, die eventuell von dem Kurator im Prozeßwege beigetrieben werden soll, stellt sich rechtlich als Zahlung an einen Dritten dar, die bei Berechnung des steuerpflichtigen Einkommens in Abzug zu bringen ist. Da diese Last die gesammten, das Fideikommiß bildenden Vermögensobjekte gleichmäßig trifft und, wenn sie auch nicht hypothekarisch auf den Grundstücken haftet, doch zu diesen ihrer Natur und Entstehung nach in erkennbarer unmittelbarer Beziehung steht, so ist sie auch bei der Besteuerung des Einkommens aus dem fideikommissarischen Grundbesitz ratierlich zu berücksichtigen. Der Grundsatz, daß Ausgaben für rechtliche Verpflichtungen, zu deren Erfüllung das Einkommen seiner Zweckbestimmung nach von vorneherein dienen sollte, nicht abzugsfähig sind, gilt nur einerseits für die Haushaltungsausgaben physischer, andererseits für solche juristische Personen, die öffentlichen Zwecken dienen, und für die Dividenden der Erwerbsgesellschaften. Kapitalansammlungen sind zwar dann steuerpflichtig, wenn sie von physischen Personen oder von Erwerbsgesellschaften zu Reservefonds gemacht werden — weil sie dann keine Ausgaben sind, und der anzusammelnde Einkommensbetrag im Eigentum und zur freien Verfügung des Ansammelnden verbleibt —, nicht aber auch, wenn diese Ansammlung zu Gunsten eines anderen Rechtssubjektes erfolgt und der Verfügung des Ansammelnden entzogen ist. Daß die dem Fideikommißbesitzer auferlegte Pflicht nicht weiter geht als die ohnehin jedem guten Hausvater obliegende Verpflichtung, auch über seinen Tod hinaus für das Fortkommen seiner Descendenz Vorsorge zu treffen, schließt die Abzugsfähigkeit nicht aus. Besteht bloß eine ethische, keine rechtliche Pflicht, so bleiben die zu deren Erfüllung bestimmten Sparrücklagen Teile des Reineinkommens und steuerpflichtig. Wird jene Pflicht aber in eine rechtliche, durch Dritte erzwingbare umgewandelt, so werden die

Nr. 6. Entsch. Bd. XXV. S. 58 vom 22. September 1893. II C 101/93.

Komm.-Abg.-Ges. v. 14. VII. 93 (G.-S. S. 152) §§ 33, 36. Eink.-St.-Ges. v. 24. VI. 91 (G.-S. S. 175) §§ 2, 6, 9 (I 2), 85 und Ausf.-Anw. v. 5. VIII. 91, Art. 21 5, 6.

1) Die Zinsen nicht eingetragener Schulden sind dann abzugsfähig, wenn die letzteren ihrer Natur und Entstehung nach zu dem Besteuerungsobjekte in erkennbarer, unmittelbarer Beziehung stehen, und deren Zinsen wirtschaftlich von dem Ertrage abgehen, bevor er als Reineinkommen erscheint. Ein derartiger unmittelbarer Zusammenhang ist da anzunehmen, wo entweder die Schuld durch den Erwerb des Grundstückes entstanden ist, oder der Besitz den Grund und Anlaß zu Ausgaben bildet, die ohne ihn nicht entstanden wären. Eine Änderung dieses auf allgemeinen Prinzipien beruhenden Rechtszustandes ist durch das Eink.-St.-Ges. v. 24. VI. 91 nicht herbeigeführt worden. Dieses ordnet in § 9 I. Nr. 2 für den Fall, daß keine Besteuerung des Gesammteinkommens eintritt, den besonderen Abzug der dort näher bezeichneten Schuldenzinsen von einzelnen Einkommensquellen an und zwar in der Weise, daß die Zinsen solcher Schulden abzugsfähig sein sollen, die auf den besonderen Einnahmequellen haften. Eine derartige „Haftung" ist aber auch dann vorhanden, falls die Schuld und die Zinsen nur in einem wirtschaftlichen Zusammenhange mit der Einnahmequelle stehen, und es wird ferner ein Zusammenhang der letzteren Art nicht nur dadurch hergestellt, daß etwa geliehene Gelder zur Melioration eines Grundstückes verwendet werden, sondern auch dadurch, daß aus ihnen der beim Ankaufe zu entrichtende Preis gedeckt wird. Der Artikel 24 Nr. 5 Abs. 2 der Anw. v. 5. VIII. 91 erkennt solches ausdrücklich an.[1])

2) Bei der Besteuerung einer juristischen Person kommt jede ihrer verschiedenen Einnahmequellen für sich als Besteuerungsobjekt in Betracht, und der Schuldenzustand oder die Unergiebigkeit der einen Quelle bleibt bei der Einschätzung des Einkommens aus der anderen ohne Einfluß. (Vergl. E.-O.-V. Bd. XV S. 95.) Besitzt eine juristische Person mehrere Grundstücke, so muß also das Einkommen für ein jedes von ihnen besonders

---

bei diesen hinterlegten Rücklagen zu Ausgaben und steuerfrei. Entsch. v. 18. I. 90 (Pr. Verw.-Bl. Bd. XI S. 321).

II. Eine Einkommensteuer kann immer nur von dem gefordert werden, der das Einkommen bezieht, nicht von einem Dritten. Von dem Einkommen eines Fideikommißgutes, das dem Fideikommißinhaber zufließt, kann daher das Fideikommiß als solches — ganz abgesehen davon, ob es überhaupt als eine juristische Person angesehen und als solche zur Steuer herangezogen werden darf — nicht besteuert werden. Beim Familienfideikommiß gemäß § 23 A. L.-R. Teil II Tit. 4 ist der Fideikommißbesitzer als nutzbarer Eigentümer, die Familie als Obereigentümer anzusehen. Hat der erstere stiftungsgemäß alljährlich eine bestimmte Summe an einen Familienrat abzuführen behufs seiner Verwendung zu Gunsten des Fideikommisses — zu Meliorationen, zur Tilgung von Hypothekenschulden, zur Dotierung von Reservefonds —, so ist der Familienrath nicht als hebungsberechtigt, sondern nur als verwaltendes Organ anzusehen. Auch diese Summe kommt dem Fideikommißbesitzer als nutzbarem Eigentümer, wenn auch in einer Weise, die von seinem Willen unabhängig festgesetzt ist, wieder zu gute und ist daher bei der Feststellung seines steuerpflichtigen Einkommens als abzugsfähig nicht anzuerkennen. Entsch. v. 24. X. 93 (Pr. Verw.-Bl. Bd. XV S. 105).

[1]) Ebenso Entsch. v. 10. X. 93 (Pr. Verw.-Bl. Bd. XV S. 191). Im übrigen hat die Thatsache der Eintragung einer Schuld im Grundbuche die Abrechnungsfähigkeit der Zinsen noch nicht zur Folge, die Schuld muß auch rechtlich existieren. Ist die Verpflichtung zur Zahlung von Zinsen einer eingetragenen Forderung durch Vereinigung erloschen, z. B. weil der Ehemann als Schuldner der auf seinem Grundbesitze eingetragenen Kapitalforderung seiner Frau, den Nießbrauch der Forderung hat, so können Zinsen nicht in Abzug gebracht werden. Entsch. v. 20. VI. 90 (Pr. Verw.-Bl. Bd. XI S. 581).

ermittelt werden, und falls sich bei dem einen ein Defizit ergeben sollte, darf es auf den Ertrag der anderen Grundstücke nicht abgerechnet werden.

3) Wenn sich der Vermieter verpflichtet hat, gegen Empfang des Mietspreises, also ohne besonderen Ersatz seitens des Mieters, das Haushaltungswasser zu liefern und die Treppen zu beleuchten, so bilden die ihm hieraus erwachsenden Kosten ein Mittel, durch das er den Mietspreis erst erwirbt, so daß von einem Reineinkommen aus dem vermieteten Grundstücke erst nach Abzug dieser Kosten die Rede sein kann. Handelt es sich um ein vom Eigentümer selbst benutztes Gebäude, so fragt es sich, ob bei Feststellung des Mietswertes des Hauses von einem Mietspreise ausgegangen ist, den der Eigentümer bei einer Vermietung mit Übernahme der Treppenbeleuchtung und der Wasserlieferung voraussichtlich erhalten haben würde, oder von einem Mietspreise, der bezahlt worden wäre, falls der Vermieter sich diese Leistungen besonders vergüten läßt. Im ersteren Falle hat eine entsprechende Reduzierung des angenommenen Mietspreises stattzufinden.

Nr. 7. Entsch. Bd. XXV. S. 62 vom 14. November 1893. II C 134/93.

Eink.-St.-Ges. v. 24. VI. 91 (G.-S. S. 175) § 9 I ^{2} und Ausf.-Anw. v. 5. VIII. 91, Art. 24 $^{5, 6}$.

Die Zinsen nicht eingetragener Schulden können von dem Einkommen aus Grundbesitz dann abgerechnet werden, wenn die letzteren ihrer Natur und Entstehung nach zu dem Besteuerungsobjekte in erkennbarer, unmittelbarer Beziehung stehen, und deren Zinsen wirtschaftlich von dem Ertrage abgehen, bevor er als Reineinkommen erscheint. Ein derartiger wirtschaftlicher Zusammenhang existiert, falls der Kaufpreis eines Grundstückes kreditiert, oder falls aus ausgeliehenen Geldern der beim Ankaufe eines Grundstückes sofort zu bezahlende Preis gedeckt wird. Anders liegt jedoch die Sache hinsichtlich eines Darlehnes, das im Laufe der späteren Zeit zu dem Zwecke aufgenommen worden ist, um den anfänglich gestundeten Kaufpreis oder die behufs dessen sofortiger Tilgung früher kontrahierte Schuld abzutragen. Denn ein derartiges Darlehn ist nicht behufs des Erwerbes des betreffenden Grundstückes entstanden, weshalb hinsichtlich dessen auch nicht ein solcher Zusammenhang mit dem Grundstücke anerkannt werden kann, wie er nach dem Obigen für die erste — nicht mehr existierende — Schuld bestanden hatte.[1])

Nr. 8. Entsch. Bd. XXVIII. S. 54 vom 2. Oktober 1895. II C 69/95.

Komm.-Abg.-Ges. v. 14. VII. 93 (G.-S. S. 152) § 33. Eink.-St.-Ges. v. 24. VI. 91 (G.-S. S. 175) §§ 13, 14, 16, 33, 51 und Ausf.-Anw. v. 5. VIII. 91, Art. 27.

1) Nur das Produktionsmittel — sei es Grundbesitz, Kapital oder Arbeit — bestimmt den für die Besteuerung entscheidenden Charakter des Einkommens; auf die Verwendung des aus jenen Quellen stammenden Einkommens kommt es nicht an.

---

[1]) Die Richtigkeit dieses Rechtsgrundsatzes leuchtet nicht ein. Die zur Bezahlung des Kaufpreises aufgenommenen Darlehen sind doch ebenfalls Schulden, die zur Erhaltung des erworbenen Grundbesitzes gemacht sind, und es kann nicht eingesehen werden, weshalb bei ihnen der erforderliche wirtschaftliche Zusammenhang mit dem Grundstücke fehlen soll.

Im übrigen sind allerdings auf das steuerpflichtige Einkommen aus Grundbesitz Schuldenzinsen nur dann abzurechnen, wenn die Schuld in einem erkennbaren inneren Zusammenhange mit dem Grundstücke steht, der aber nicht notwendig gerade in der hypothekarischen Eintragug zu bestehen braucht. Wenn eine Sparkasse ein beliehenes Grundstück in der Subhastation ersteht, den Kaufpreis durch Verrechnung auf die Hypothek berichtigt, diese dann aber nicht löschen läßt, sondern lediglich aus finanztechnischen Gründen unter seiner Verpfändung ein verzinsliches Darlehn aufnimmt, so ist ein innerer Zusammenhang zwischen dieser Darlehnsschuld und dem Grundbesitz nicht anzuerkennen. Entsch. v. 5. X. 88 (Pr. Verw.-Bl. Bd. X S. 181, 554).

2) Ein Mietswert bleibt nach § 13 des Eink.-St.-Ges. v. 24. VI. 91 bei nicht vermieteten, zum gewerblichen Betriebe benutzten Gebäuden oder Gebäudeteilen für die Besteuerung des Grundbesitzes außer Ansatz. Der Nutzen, den ein Steuerpflichtiger aus solchen Räumen zieht, erscheint nur in dem Ertrage des Gewerbes, dagegen nie in dem Einkommen aus Grundvermögen.

3) Unter den verschiedenen Einkommensquellen besteht zwischen Grundbesitz einerseits und Gewerbebetrieb andererseits der weiteste Abstand. Während das Kapital mit dem Gewerbe durch ein engeres Band verknüpft erscheint, so daß das Gewerbe ohne kapitalistische Grundlage wenigstens in irgend erheblichem Umfange nicht betrieben werden kann, hat der Grundbesitz an sich, abgesehen von dem Falle einer unmittelbaren Verwertung zu gewerblichen Zwecken, keinerlei Beziehung zum Gewerbebetriebe. Der Grundbesitz dient keineswegs zur Deckung laufender gewerblicher Ausgaben, sondern ist vermöge der Schwierigkeit und Kostspieligkeit des Umsatzes fast immer dazu bestimmt, dem Besitzer mehr oder minder dauernd zu verbleiben. Eine Anlage im Grundbesitz scheidet in der Regel aus den im Gewerbe arbeitenden Aktivis völlig aus.

4) Hat daher eine Versicherungs-Aktiengesellschaft außerhalb der Sitzgemeinde Hausgrundstücke, so ist das Einkommen an Mieten daraus kein gewerbliches, sondern Einkommen aus Grundvermögen.

Bei der Verteilung des Einkommens unter die an den Quellen des Gewerbebetriebes einerseits und des Grundbesitzes andererseits beteiligten Gemeinden ist der einfache Abzug des dem auswärtigen Grundbesitze entstammenden Einkommens grundsätzlich unrichtig, da er bei einem Überwiegen auswärtiger Grundbesitzeinnahmen das Besteuerungsrecht der Sitzgemeinde nicht zu ausreichender Geltung bringen würde. Es ist vielmehr von einer gleichmäßigen Berechtigung der Gemeinden auszugehen, und es hat daher bei Kollision dieser Rechte jeder Steuergläubiger soviel nachzugeben, daß das Recht des andern zu verhältnismäßig nicht geringerer Geltung gelangt. Vgl. § 97 der Einl. zum A. L.-R., Entsch. v. 5. X. 88 und 23. I. 94 (Pr. V.-Bl. Bd. X S. 442, Bd. XV S. 409).

Nr. 9. Entsch. Bd. XXVIII. S. 123 vom 8. Mai 1895. II C 3/95.

Eink.-St.-Ges. v. 24. VI. 91 (G.-S. S. 175) § 9 [1], [4] und Ausf.-Anw. v. 5. VIII. 91, Art. 4, 11.

Kommunal-Abgaben sind von dem steuerpflichtigen Einkommen nicht abziehbar, selbst dann nicht, wenn ihre Erhebung zum Zwecke der Sicherung und Erhaltung des Einkommens erfolgt, z. B. zur Unterhaltung der Feldwege.

c) Einkommen aus Handel und Gewerbe.

Nr. 1. Entsch. Bd. XI. S. 54 vom 20. November 1884.

Komm.-Abg.-Ges. v. 14. VII. 93 (G.-S. S. 152) §§ 28 [5], 33 [3].

Den Kreissparkassen gehen die wesentlichsten Merkmale des „Gewerbes" als einer berufsmäßigen, erlaubten, auf Erzielung eines Erwerbes gerichteten Thätigkeit mehr oder minder vollständig ab. Der Gewinnzweck ist das Kriterium der Gewerblichkeit eines Unternehmens, das objektive Ergebnis von Überschüssen ist für sich allein in keiner Weise entscheidend, und es kann von einem Gewerbebetrieb überall da keine Rede sein, wo jede Gewinn-Absicht erkennbar fehlt. Wo eine derartige Absicht

aus dem Statut nicht erkennbar ist, da kann sie auch nicht als vorhanden vorausgesetzt werden. [1])

Nr. 2. Entsch. Bd. XII. S. 90 vom 16. November 1885. II C 102/85.
Eink.=St.=Ges. v. 24. VI. 91 (G.=S. S. 175) § 10 und Ausf.=Anw. v. 5. VIII. 91, Art. 5 Nr. 2.

Durch die Bestimmung, daß bei der Einschätzung zu den Gemeindelasten der Gewinn aus Handel u. s. w. nach dem Durchschnitte der letzten drei Etats=Jahre — sofern das Geschäft schon so lange betrieben wird — zu berechnen ist, wird die rechtliche Möglichkeit nicht ausgeschlossen, daß unter besonderen, dieser Berechnungsweise entgegenstehenden Umständen der Durchschnitt einer andern dreijährigen Periode zu Grunde gelegt wird. In dieser Beziehung sind Vereinbarungen der Parteien statthaft und zwar sowohl stillschweigende, als ausdrückliche. [2])

Auf „Willkür" könnte das, worüber die Parteien einverstanden sind, nur dann zurückgeführt werden, wenn zugleich Einverständnis darüber bestände oder

[1]) Diese Annahme, auf der die Kommunalsteuerfreiheit der Sparkassen der Kreise, Gemeinden u. s. w. beruhte, ist in der Folge vom O.=V.=G. nicht so streng mehr aufrecht erhalten worden. In einer Entsch. v. 21. XI. 90 Nr. II 1032 wird bezüglich der von öffentlichen Korporationen errichteten Sparkassen hervorgehoben, daß keineswegs etwa eine ohne weiteres überall durchgreifende Präsumtion wider den gewerblichen Charakter der Kassen bestehe. In Übereinstimmung hiermit geht der Entwurf zum Komm.=Abg.=Ges. davon aus, daß nur diejenigen Sparkassen, die ausschließlich oder hauptsächlich gemeinnützigen Charakters sind, gemeindeeinkommensteuerfrei bleiben sollen, weil es bei diesen Kassen an der notwendigen Voraussetzung eines Gewerbebetriebes, der Absicht einer Gewinnerzielung, fehle. Es ist also eine Prüfung von Fall zu Fall damit gegeben. Auch die gemäß § 28 Abs. 2 des Komm.=Abg.=Ges. den Sparkassen zustehende Gewerbesteuerfreiheit würde ihre Einkommensteuerfreiheit nicht notwendig bedingen. Immerhin geht aus Art. 19 Nr. 1 der Ausf.=Anw. zum Komm.=Abg.=Ges. hervor, daß das Ges. annimmt, es fehle den Kommunalsparkassen die Absicht der Gewinnerzielung und damit die Gewerblichkeit, so daß sie grundsätzlich auch von der Kommunaleinkommensteuer frei zu lassen sein werden, falls sie nicht etwa Einnahmen erzielen, die mit dem Sparkassenbetriebe in keinem oder nur losem Zusammenhange stehen.

Aus der älteren Rechtsprechung gehören noch folgende Entsch. hierher:

Entsch. v. 28. I. 87 (Pr. Verw.=Bl. Bd. VIII S. 260): Ob in der Thätigkeit einer korporativen Sparkasse ein Gewerbebetrieb zu finden ist, ist eine nach den besonderen Umständen zu beurteilende thatsächliche Frage. Die Einrichtungen und der thatsächliche Betrieb einer solchen Kasse können so beschaffen sein, daß die Annahme eines auf Gewinn gerichteten Gewerbebetriebes nicht ausgeschlossen ist. Daraus, daß aus den Überschüssen einer Sparkasse, die durch höheren Zinsertrag erzielt werden, ein Reservefonds gebildet wird, ist auf den gewerblichen Charakter des Unternehmens nicht zu schließen. Bei öffentlichen Sparkassen, deren Betrieb in der Regel kein gewerblicher ist, kommt dasjenige Einkommen, das durch den regelmäßigen Kassenbetrieb, durch den Überschuß der Aktiv- über die Passivzinsen und die Nutzung des Reservefonds erzielt wird, bei der Besteuerung nicht in Betracht, und ist nur das aus etwaigem Grundbesitze oder sonstigem Gewerbebetriebe der Kasse zufließende Einkommen steuerpflichtig. Entsch. v. 23. II. 89 (Pr. Verw.=Bl. Bd. X S. 332).

Entsch. v. 2. IV. 89 (Pr. Verw.=Bl. Bd. X S. 509): Wo es an dem Zwecke der Gewinnerzielung fehlt, liegt auch ein gewerbliches Unternehmen nicht vor, und die gewonnenen Einnahmen können nicht als gewerbliche der Kommunalbesteuerung unterworfen werden. Eine Sparkasse, die lediglich gemeinnützige Zwecke verfolgt und auch die erzielten Geschäftsüberschüsse zu gemeinnützigen Ausgaben verwendet, kann zur Kommunalsteuer nicht herangezogen werden. Eine Entsch. v. 19. X. 95 (Pr. Verw.=Bl. Bd. XVII S. 123) verneint das Vorliegen eines Gewerbebetriebes bei der Preußischen Rentenversicherungsanstalt, da die Anstalt nach ihren Statuten ein lediglich dem Gemeinwohle gewidmetes Institut und im übrigen ähnlich einer Versicherungsanstalt auf Gegenseitigkeit organisiert sei. Die Absicht, Überschüsse für die Mitglieder der Anstalt zu erzielen, involviere nicht notwendig einen Gewinnzweck, wie auch das Vorhandensein von Überschüssen nicht das Ergebnis eines Gewerbebetriebes zu sein brauche.

[2]) Vergl. Komm.=Abg.=Ges. v. 14. VII. 93 (G.=S. S. 152) § 43.

doch aus der gesammten Sachlage es klar erhellte, daß die Vorschrift des Gesetzes, obschon sie im gegebenen Falle an sich sachgemäß ausführbar, auch sonst alle Voraussetzungen ihrer Anwendbarkeit gegeben seien, gleichwohl ohne jeden anderen, als den eben im subjektiven Belieben der Parteien beruhenden Grund ausgeschlossen bleiben solle. Es muß also an inneren sachlichen Gründen für die Abweichung von den gesetzlichen Vorschriften fehlen.

Nr. 3. Entsch. Bd. XII. S. 99 vom 30. November 1885. II C 130/85.

Komm.-Abg.-Ges. v. 14. VII. 93 (G.-S. S. 152) §§ 33, 36, 70. Eink.-St.-Ges. v. 24. VI. 91 (G.-S. S. 175) §§ 10, 14.

1) Eine wegen Überbürdung mit Gemeindeabgaben angestellte Klage darf bezüglich des Umfanges der geforderten Ermäßigung nicht weiter gehen, als der voraufgegangene, sich nur gegen einen bestimmten Betrag des Steuerobjektes oder der Steuer richtende Einspruch, weil es für eine weitere Ermäßigung an einem Einspruche fehlt.

2) Bei der kommunalen Besteuerung eines Bankgeschäftes bezweckt die Berechnung des Gewinnes nach dem Durchschnitte der letzten drei Jahre die Ausgleichung der innerhalb der angenommenen Wirtschaftsperiode vorgekommenen Gewinne und Verluste und will für das Steuerjahr einen dem so gewonnenen Ergebnisse gleichkommenden Reingewinn zu Grunde gelegt wissen, hat aber vor allem zur Voraussetzung, daß der Charakter und der Umfang des Geschäftes in den beiden der Vergangenheit und der Zukunft angehörenden Zeitabschnitten nicht wesentlich ungleichartige sind. An diesen Voraussetzungen fehlt es bei einem Bankgeschäfte, dessen Betriebskapital in dem maßgebenden Triennium wesentlich erhöht worden ist. Bei einem solchen Geschäfte wird der gesammte Betrieb im ganzen und einzelnen, nach Art, Umfang und Rentabilität auf das allerwesentlichste von der Höhe des Betriebskapitals dergestalt beeinflußt, daß, nachdem z. B. in den letzten sechs Monaten des letzten Jahres des Trienniums unter schon vorangegangener fortgesetzter Umgestaltung der Einkommensquelle ein Kapital thätig gewesen und im Steuerjahre thätig geblieben war, das das ursprüngliche Betriebskapital bei weitem übersteigt, von dem durchschnittlichen Ertrage eines in dem Triennium betriebenen und nunmehr weiter zu betreibenden Gewerbes überhaupt nicht mehr die Rede sein kann, vielmehr der Fall des § 10 Abs. 2 des Eink.-St.-Ges. gegeben erscheint, daß das für das laufende Steuerjahr zu besteuernde Gewerbe so lange, als dies das Gesetz für die Anwendbarkeit der dreijährigen Durchschnittsberechnung voraussetzt, noch nicht gedauert hat.

3) Anderseits giebt es einen wirtschaftlichen Grundsatz nicht, daß, wenn ein bestimmtes Anlagekapital innerhalb einer gewissen, in der Vergangenheit liegenden Periode einen ziffernmäßig bekannten Ertrag ergeben hat, das vervielfachte Anlagekapital auch einen verhältnismäßig gesteigerten Gewinn abgeworfen haben müsse. Derartige Fiktionen sind unzulässig, weil das Ergebnis jeder solchen Thätigkeit vor allem von dem weiter reichenden Einflusse des Angebotes und der Nachfrage beherrscht wird.

4) Soweit als thunlich, ist der Reingewinn des Steuerjahres nach den Ergebnissen des ihm unmittelbar vorausgegangenen Zeitraumes, innerhalb dessen das Gewerbe unter wesentlichen gleichartigen, für seine Ergiebigkeit bestimmenden Umständen betrieben worden ist, zu bemessen.[2]

---

[1]) Für die Berechnung des steuerpflichtigen Einkommens einer Erwerbsgesellschaft kommen nur die Gewinne der drei letzten Jahre in Betracht, nicht auch solche Summen die in dieser Zeit zwar verausgabt, sei es auch zu Verbesserungen u. s. w. verausgabt, nicht aber gewonnen werden. Sind diese Beträge aus Ersparnissen früherer Jahre ent-

Nr. 4. Entsch. Bd. XII. S. 106 vom 30. November 1885. II C 132/85.
Komm.-Abg.-Ges. v. 14. VII. 93 (G.-S. S. 152) § 33.

Stille Gesellschafter einer Handelsgesellschaft sind als Gewerbetreibende im Sinne des § 33 Nr. 2 des Komm.-Abg.-Ges. nicht zu betrachten und deshalb auch nicht als Forensen zu den Gemeindelasten heranzuziehen, wenn sie außerhalb der Gemeinde, in der sich die Handelsgesellschaft befindet, ihren Wohnsitz haben. Zwar nimmt der stille Gesellschafter am Betriebe des Gewerbes in Ansehung des Gewinnes und Verlustes teil. Aber nicht jede solche Beteiligung macht den Beteiligten zu einem Gewerbetreibenden. Eine derartige Beteiligung besteht z. B. zweifellos bei den Aktionären einer Aktiengesellschaft. Deshalb kann die Stellung eines Aktionärs doch nicht als die eines Gewerbetreibenden im Sinne des Komm.-Abg.-Ges. aufgefaßt werden. Die Beteiligung kann in gewissem Umfange sogar bei einem Darlehnsgläubiger stattfinden, der doch unmöglich deshalb zu den Gewerbetreibenden gerechnet werden darf.

Maßgebend ist hiernach nicht, ob jemand an dem Betriebe eines Gewerbes teilnimmt und daraus ein Einkommen bezieht, sondern ob er ein stehendes Gewerbe betreibt, was bei einem stillen Gesellschafter nicht vorliegt. Vergl. Art. 250, 251, 252, 256, 257 Hand.-G.-B. Der eine andere Meinung vertretende Min.-Erl. v. 17. I. 84 (abgedruckt in E.-O.-V. Bd. XII S. 107) geht von unrichtigen Voraussetzungen aus.

Nr. 5. Entsch. Bd. XIV. S. 121 vom 26. Oktober 1886. II C 117/86.
Komm.-Abg.-Ges. v. 14. VII. 93 (G.-S. S. 152) §§ 33, 35.

1) Die Steuerpflicht eines in Berlin nicht wohnhaften Handel oder Gewerbe Betreibenden ist davon abhängig, daß er innerhalb der Gemeinde Berlin Handels- oder gewerbliche Anlagen betreibt und daß zugleich in Ansehung der Gemeinde Berlin eine derjenigen Voraussetzungen zutrifft, an deren Vorhandensein im § 35 des Komm.-Abg.-Ges. die Entstehung der Abgabenpflicht zu Gunsten der beteiligten Gemeinde geknüpft wird.

2) Durch eine als vereidigter Makler entwickelte Thätigkeit wird man nicht zum Kaufmann, die von einem solchen Makler bewirkte Vermittelung

---

nommen, so können sie nicht bloß deshalb, weil sie nutzbringend verwendet werden, steuerpflichtig werden. Entweder wurden sie aus statthaften, steuerfreien Abschreibungen gebildet — dann kann die Thatsache der Verwendung nicht die nachträgliche Besteuerung rechtfertigen, oder sie waren seinerzeit steuerpflichtige Überschüsse — dann spricht die Vermutung dafür, daß sie auch besteuert worden sind, und sofern dies unterblieben ist, kann die Besteuerung nicht nachgeholt werden. Entsch. v. 1. VI. 88 (Pr. Verw.-Bl. Bd. IX S. 357).

[2]) Eine wesentliche Veränderung des Gewerbebetriebes liegt jedenfalls dann vor, wenn ein bisher völlig abhängiger Teil des Betriebes zur selbständigen Betriebsstätte wird, in welchem Falle sein Einkommen für die Veranlagung des verbleibenden Restes unter allen Umständen ausscheidet. Entsch. v. 1. VI. 85 (Pr. Verw.-Bl. Bd. VII S. 33); desgl. wenn ein Geschäft in Liquidation getreten ist. Ob während dieser überhaupt noch ein Gewerbebetrieb besteht, ist Thatfrage; die Möglichkeit einer erwerbenden Geschäftsthätigkeit besteht an sich fort. Entsch. v. 20. IX. 92 (Pr. Verw.-Bl. Bd. XIV S. 37).

Im übrigen ist bei Berechnung des dreijährigen Durchschnittes eine Prüfung und Sichtung der einzelnen Einnahmeposten nach der größeren oder geringeren Wahrscheinlichkeit einer Wiederkehr unzulässig. Stände es auch völlig fest, daß ein Geschäft oder ein Vorgang, der einen Vermögenszuwachs zur Folge hatte, sich niemals wiederholen könne, wäre aber andererseits auch über seine Natur als Gewinn aus dem Gewerbebetriebe jeder Zweifel ausgeschlossen, so verstieß es doch wider das Gesetz, einen solchen Einnahmeposten bei der Anlegung der Durchschnittsberechnung auszuscheiden. Das Gesetz fingiert eben, unter Ausschließung jeden Gegenbeweises, daß jener Durchschnittsgewinn der drei Vorjahre die Einnahme des Steuerjahres darstelle. Entsch. v. 27. XI. 84 (Pr. Verw.-Bl. Bd. VI S. 185).

und Abschließung von Handelsgeschäften ist als „Handelsgeschäft" nicht anzusehen, sondern als ein „stehendes Gewerbe". Zur Begründung der Steuerpflicht in Berlin genügt aber nicht allein der Betrieb eines „stehenden Gewerbes", sondern es muß auch noch eine „Betriebsstätte" in Berlin hinzukommen. Dies ist die Stelle, an der sich dauernd und bleibend der Hauptsache nach zufolge der Willensbestimmung des Unternehmers oder nach der Natur des Gewerbes diejenigen Thätigkeiten vollziehen, die den Inhalt des Gewerbebetriebes bilden, wenn sie auch kein in sich abgeschlossenes, ausschließlich dem Gewerbebetriebe dienendes Lokal darstellt, oder wenn der benutzte Raum dem Unternehmer nicht zugehört, oder seiner alleinigen Verfügung nicht unterworfen ist, wie z. B. für einen Makler das Börsenlokal.

Nr. 6. Entsch. Bd. XIV. S. **130** vom 25. März 1887. II C 15/87.
Komm.=Abg.=Ges. v. 14. VII. 93 (G.=S. S. 152) §§ 33, 35, 36. Eink.=St.=Ges. v. 24. VI. 91 (G.=S. S. 175) §§ 10, 14—16. Ausf. Anw. v. 5. VIII. 91, Art. 18, 19, 27.

1) Handelt es sich um die Ermittelung des Durchschnittes der für die Veranlagung maßgebenden letzten drei Jahre, so hindern die früheren Feststellungen des steuerpflichtigen Einkommens hinsichtlich eines oder mehrerer dieser Vorjahre nicht an einer erneuten Feststellung. Die Entscheidung der zuständigen Behörden beschränkt sich ihrem maßgebenden Inhalte nach ausschließlich auf die Festsetzung der Höhe des in jedem Jahre zu versteuernden Einkommens. Keineswegs wird aber das gesammte Zahlenwerk, auf dem die angestellte Berechnung beruht, ein für alle Mal endgültig festgestellt.

2) Nicht richtig ist es, wenn die besteuernde Behörde gewisse „Kapitalverluste" (im Contocurrent- und Wechselgeschäft oder in Konkursen oder durch Wechselfälschungen entstandene Ausfälle) dem zu besteuernden Einkommen hinzurechnet. Rechtlich betrachtet, hat der Steuerpflichtige — im vorliegenden Falle eine Aktienbank — ihren Geschäftskunden Darlehne gegeben. Ohne Zweifel hat sie dazu einen Teil ihres Kapitales verwandt. Eine Bank kann, wenn sie ihre Gelder zum Geschäftsbetriebe benutzt, niemals etwas anderes, als ihr „Kapital" verwenden. Sie besitzt eben nur ihr Kapital, mag dies aus dem ursprünglichen Grundkapitale oder dem im Laufe der Jahre gewonnenen und im Reservefonds oder sonstwie zurückgelegten Kapitale bestehen. Es ist nicht abzusehen, woher sie die erforderlichen Mittel zur Führung ihres Betriebes sonst entnehmen sollte. In dieser Hinsicht unterscheidet sie sich nicht von anderen Gewerbetreibenden. Jeder Gewerbetreibende macht seine Geschäfte lediglich unter Verausgabung seines für das Gewerbe bestimmten Betriebskapitales. Jedes Geschäft, das zu seiner Durchführung eine Geldzahlung, sei es in bar, sei es auf anderem Wege, nötig macht, schließt notwendig eine Kapitalsaufwendung in sich. Ob die betreffenden Ausgaben sich auf größere Summen, die auch der gewöhnlichen Anschauung des Lebens sofort als Kapital erscheinen, belaufen oder sich innerhalb ganz enger Grenzen halten, begründet dabei keinen Unterschied. Verluste aber, die bei derartigen den Gewerbebetrieb selbst darstellenden und ausmachenden Geschäften eintreten, müssen behufs Ermittelung des Gewerbegewinnes von den Einnahmen des Gewerbetreibenden abgesetzt werden. Anderenfalls dürften nicht bloß Verluste des einen Jahres, die sich nur auf solche Weise ergeben, nicht gegen den Gewinn der anderen Jahre aufgerechnet werden, sondern es müßte auch bei jedem einzelnen, innerhalb der drei Durchschnittsjahre vorgekommenen Geschäfte untersucht werden, ob es Gewinn oder Verlust gebracht habe, und es wäre im letzteren Falle der Verlust unbeachtet zu lassen, so daß schließlich das steuerpflichtige Einkommen sich lediglich aus den Ergebnissen der einzelnen, mit Gewinn durchgeführten

Geschäfte zusammensetzte, die durch andere Geschäfte verursachten Verluste dagegen ganz unberücksichtigt blieben. Ein Gewerbetreibender kann eben mit einem sonstigen Steuerpflichtigen nicht auf eine Linie gestellt werden. Ein Kapitalist, der sein Vermögen in Hypotheken anlegt, giebt ebenso, wie die Bank im Conto-current- und Wechselgeschäfte, Darlehn aus dem Kapitale; geht das Geld verloren, so entsteht bei beiden ein Kapitalsverlust, die Wirkung für die Berechnung des steuerpflichtigen Einkommens ist aber eine grundsätzlich verschiedene. Der Kapitalist hat nach dem Gesetze seine Zinseinnahme, der Gewerbetreibende seinen Gewerbegewinn zu versteuern; der erstere kann deshalb von den bezogenen Zinsen den Betrag des verlorenen Kapitals nicht abziehen, der letztere dagegen erzielt einen Gewinn aus dem Geschäfte nur, wenn er sein Kapital mit Zinsen und Provision wiedererhält, anderenfalls erleidet er einen Schaden, der jedem andern Geschäftsverluste gleichsteht. Feste Kapitalanlagen zur Erweiterung des Geschäftes oder zu Verbesserungen aller Art dürfen allerdings nicht abgezogen werden. Zu diesen gehören aber die hier fraglichen Kapitalsaufwendungen nicht. Sie stellen vielmehr nur eine Verwendung des „umlaufenden oder flüssigen Betriebskapitales" dar, das begriffsmäßig bei dem Betriebe mit seiner Nutzung und dem ganzen Kapitalstocke verbraucht wird, während das dazu in Gegensatz gestellte „feste oder stehende Betriebskapital" nur mit seiner Nutzung und einem der Regel nach verhältnismäßig geringfügigen Teile des Kapitalstockes, der sog. Amortisationsquote verwendet wird.[1])[2])

Nr. 7. **Entsch. Bd. XV. S. 41** vom 1. April 1887. II C 21 87.

Komm.-Abg.-Ges. v. 14. VII. 93 (G.-S. S. 152) § 33. Reichs-Gew.-Ordn. v. 21. VI. 69 (R.-G.-Bl. 1883 S. 177) § 6. Rechtsanwalts-Ordn. v. 1. VII. 78 (R.-G.-Bl. S. 177) §§ 5, 17, 18, 28, 33, 40, 63. Gew.-St.-Ges. v. 24. VI. 91 (G.-S. S. 205) § 4. Eink.-St.-Ges. v. 24. VI. 91 (G.-S. S. 175) § 15.

1) Ein Rechtsanwalt gehört als solcher nicht zu den Gewerbetreibenden im Sinne des Komm.-Abg.-Ges. Hat ein Rechtsanwalt ein Büreau an einem andern Orte, als an dem seines Wohnsitzes, so ist er an dem

---

[1]) Soweit die Entscheidungsgründe sich auf die Ermittelung des steuerpflichtigen Einkommens der Aktiengesellschaften beziehen, sind sie veraltet. Hierfür sind heute lediglich die §§ 10, 16 des Eink.-St.-Ges. v. 24. VI. 91 und Art. 27 der Ausf.-Anw. v. 5. VIII. 91 maßgebend.

[2]) Für die Beurteilung der Frage, ob die zu einer Anlage verwendeten Kosten sich als eine bloße Betriebsausgabe oder als eine Kapitalsanlage zur Erweiterung des Geschäftes oder zu Verbesserungen darstellen, ist der der Anlage als solcher zugedachte Zweck, nicht der Umfang der in nächster Zeit thatsächlich sich vollziehenden Produktion maßgebend. Der Aufwand für eine an sich auf demnächstige, wenn auch nicht alsbaldige, Betriebserweiterung oder auf Verbesserungen des Betriebes abzielende Anlage bleibt keineswegs bis zu einer hierzu auch thatsächlich dienenden Verwendung steuerfrei. Es ist also namentlich auch der Umstand einflußlos und nicht geeignet, einer Erweiterungsanlage diesen ihren Charakter zu nehmen, daß die betreffende Fabrik durch Beitritt zu einem Syndikat die Verpflichtung eingegangen ist, für eine bestimmte Zeit ihre Produktion nicht zu erhöhen. Entsch. v. 11. X. 89 (Pr. Verw.-Bl. Bd. XI S. 168).

Bei Feststellung des Reineinkommens einer Erwerbsgesellschaft dürfen Abschreibungen nur insoweit in Abzug gebracht werden, als sie einerseits das übliche Maß nicht überschreiten, andererseits durch Abnutzung notwendig geworden sind. Dagegen sind Abschreibungen nicht zuzulassen, die lediglich bezwecken, einen Verlust an werbendem Gesellschaftsvermögen aus den Betriebseinnahmen zu decken. Ebenso wenig ist es zulässig, an sich abzugsfähige Ausgaben, die in den Jahren, in denen sie gemacht sind, nicht von den Bruttoeinnahmen abgesetzt wurden, nachträglich in der Form von Abschreibungen in Abzug zu bringen. Entsch. v. 11. VI. 85 (Pr. Verw.-Bl. Bd. VII S. 50).

Wird ein noch nicht vollkommen fertig gestelltes Unternehmen in Betrieb gesetzt, so dürfen die Kosten der späteren Vervollständigung, selbst wenn sie eine Ausdehnung über den ursprünglich aufgestellten Plan nicht bezweckt, bei Feststellung des steuerpflichtigen Einkommens nicht in Abzug gebracht werden. Entsch. v. 11. V. 88 (Pr. Verw.-Bl. Bd. X S. 3).

ersteren Orte nicht kommunalsteuerpflichtig, **sofern er nicht auch dort einen Wohnsitz oder einen die Steuerpflicht begründenden Aufenthalt hat.**

2) „**Stehendes Gewerbe**" ist in E.-O.-V. Bd. II S. 33 [1]), wo es sich um die Auslegung des § 14 der Kr.-Ordn. und die steuerliche Natur des Unternehmens einer Pachtung handelte, begrifflich als „**jede Art werbender Thätigkeit, die einen festen Sitz und Mittelpunkt hat**" bestimmt worden. Ob damit eine für alle Verhältnisse und alle steuerlichen Gebiete verwendbare Begriffsbestimmung gewonnen worden ist, mag dahingestellt bleiben. Sie reicht jedenfalls da nicht aus, wo mit dem Werben, mit der wirtschaftlichen, auf Beschaffung von Geld oder Geldeswert gerichteten Seite einer berufsmäßigen Thätigkeit deren Inhalt nicht annähernd erschöpft wird, wo es sich um eine Wirksamkeit handelt, die ihrer ganzen Gestaltung nach keineswegs lediglich dazu bestimmt ist, den Vermögensinteressen und den privaten Zwecken desjenigen zu dienen, der sie entfaltet, sondern mit deren Zulassung die Gesetzgebung ganz andere Ziele verfolgt, als der freien Erwerbsthätigkeit des einzelnen Privaten die Wege zu ebnen, Ziele, die darum auch bei der Charakterisierung jener Thätigkeit entscheidend ins Gewicht fallen. **Ein — wenn auch als Nahrungs- und Erwerbsquelle erwählter und verfolgter — Beruf, dem die Eigenschaft eines öffentlichen Amtes beiwohnt, fällt daher niemals unter den Begriff eines „Gewerbes".**

Der Beruf des Rechtsanwaltes stellt sich zwar nicht dar als ein öffentliches Amt im engeren und eigentlichen Sinne, ebensowenig aber als eine zur Verfolgung lediglich privater Zwecke und Interessen zugelassene Thätigkeit, sondern als eine Wirksamkeit, deren Vorbedingungen im öffentlichen Interesse in bestimmter Weise geregelt sind und deren Durchführung aus denselben Gründen behufs ordnungsmäßiger Handhabung der Rechtspflege einer dauerndeu staatlichen Kontrolle unterworfen ist. Auch auf anderen Gebieten wird die Stellung des Anwaltes unzweideutig in gewisser Richtung als eine amtliche anerkannt. Vergl. R.-Str.-G.-B. §§ 31, 352, 356. **Die Rechtsanwaltschaft ist also kein freies Gewerbe, sondern ein staatsseitig geordneter, wissenschaftlicher Beruf im Dienste des Rechtes und der Rechtspflege.** Der preußischen Gewerbesteuergesetzgebung und dem § 6 der Reichsgew.-Ordn. kommt eine für die Entscheidung dieser Frage wesentliche Bedeutung nicht zu. (Folgt nähere Begründung.) Die Staatseinkommensteuergesetzgebung aber betrachtet die Thätigkeit des Rechtsanwaltes nicht als Gewerbe, sondern als davon verschiedene „**gewinnbringende Beschäftigung**". Objekt der Gemeindeforensalbesteuerung endlich ist nicht jede Art gewinnbringender Beschäftigung, sondern nur das Gewerbe.[2])

3) **Für die Begründung eines Wohnsitzes im weiteren Sinne ist die Thatsache der Errichtung und Unterhaltung eines Rechtsanwalts-Büreaus für sich allein nicht ausreichend.**

Nr. 8. Entsch. Bd. XV. S. 52 vom 7. Juni 1887. II C 84/87.

Komm.-Abg.-Ges. v. 14. VII. 93 (G.-S. S. 152) § 33. Freizügigkeitsges. v. 1. XI. 67 (B.-G.-Bl. S. 55) § 8.

1) **Die Rechtsanwaltschaft ist** — wenn auch vielleicht unter den Begriff des „stehenden Gewerbes" in seinem weitesten Sinne zu subsumieren — doch im Sinne des Komm.-Abg.-Ges. **als ein Gewerbebetrieb, der die Kommunalsteuerpflicht begründet, nicht** anzusehen.[3]) — **Die Notare** sind noch **gegenwärtig Staatsbeamte** und können schon aus diesem Grunde keine Gewerbetreibenden sein.

---

[1]) Oben S. 32.
[2]) Vergl. auch Entsch. v. 6. I. 88 (Pr. Verw.-Bl. Bd. IX S. 172).
[3]) Vergl. die vorstehende Entsch. Nr. 7.

2) Der „Aufenthalt“ an einem Orte stellt sich nicht als etwas rein Momentanes, sondern als ein Zustand dar, in dem sich die betreffende Person befinden muß. Er verlangt die Begründung eines Aufenthalts-Verhältnisses und kann insofern nach einer gewissen Richtung hin dem „Wohnsitze“ an die Seite gestellt werden. Wie für die Begründung des Wohnsitzes eine dauernde Niederlassung unentbehrlich ist, so für die Begründung des Aufenthaltes eine zeitweilige Niederlassung. Zum Aufenthalte („sich aufhalten“) im Sinne des § 33 letzter Abs. des Komm.-Abg.-Ges. genügt deshalb nicht eine körperliche Anwesenheit in bestimmten Abschnitten des Tages oder auch während des ganzen Tages, es muß noch ein Mehreres hinzukommen, die Niederlassung, das Wohnen. Ein Tagelöhner, der täglich zur Arbeit in die Stadt kommt, mit seiner Familie aber in einem benachbarten Dorfe wohnt, hält sich im Sinne des Gesetzes ebensowenig in der Stadt auf, wie ein Fabrikherr, der in der Stadt wohnt, aber täglich mehrere Stunden in seiner zum Bezirke einer nahen Landgemeinde gehörenden Fabrik zubringt, seinen Aufenthalt an letzterem Orte hat. Vergl. E.-O.-V. Bd. XIV S. 153.[1])

Hat daher ein Rechtsanwalt in einer anderen, als der Wohnsitzgemeinde, sein Büreau, so reicht die der Wahrnehmung seiner Berufsgeschäfte dienende, auf einen Teil des Tages beschränkte Anwesenheit in Berlin nicht aus, um die gesetzliche Voraussetzung eines Aufenthaltes daselbst zu erfüllen.

Nr. 9. Entsch. Bd. XV. S. 89 vom 24. Mai 1887. II C 34/87.
Komm.-Abg.-Ges. v. 14. VII. 93 (G.-S. S. 152) § 33.

1) Die Mitglieder einer Kommanditgesellschaft sind ebenso wie die Mitglieder einer offenen Handelsgesellschaft als Gewerbetreibende im Sinne des § 33 des Komm.-Abg.-Ges. anzusehen und unterliegen daher der Kommunalbesteuerung am Orte des Gewerbebetriebes, d. h. am Sitze der Kommanditgesellschaft. Dieser Grundsatz greift auch Platz, wenn nicht eine physische Person, sondern eine Aktiengesellschaft als Kommanditistin auftritt. Das Gesetz will ausgesprochener Maßen die Heranziehung aller derjenigen, die ein stehendes Gewerbe betreiben, am Orte des Gewerbebetriebes ermöglichen. Da es nun die Kommanditgesellschaften ebenso wenig, wie die offenen Handelsgesellschaften unter den Steuerpflichtigen aufführt, bleibt nur die Annahme übrig, daß es die einzelnen Gesellschafter als steuerpflichtig behandelt hat. Vergl. Herrfurth und Nöll S. 52 Anm. 32, Herrfurth, Aktiengesellschaften S. 128 Nr. 2. Von der Aufnahme einer Bestimmung im Sinne des § 14 Abs. 1 der Kr.-Ordn. in das Ges. ist im wesentlichen nur um deshalb abgesehen worden, weil ein solcher selbstverständlich und deshalb überflüssig erschien. Daher sind auch die Teilhaber einer offenen Handelsgesellschaft stets als kommunalsteuerpflichtige Gewerbetreibende anzusehen. Vergl. E.-O.-V. Bd. XII S. 113 ff.[2])

Würde der persönlich haftende Gesellschafter für das ganze Einkommen der Gesellschaft herangezogen, so würde er nicht nach seinem Einkommen, sondern die Gesellschaft nach ihrem Einkommen in der Person des persönlich haftenden Gesellschafters besteuert werden.

2) Aber auch die Bestimmungen des Hand.-G.-B. ermöglichen es, in dem Kommanditisten einen Gewerbetreibenden zu erblicken. Der Kommanditist ist — im Gegensatze zum stillen Gesellschafter — wirklicher Gesellschafter und Teilhaber des Geschäftes, der nach außen hervortritt. Bei der

---

[1]) Oben S. 340.
[2] Oben S. 375.

Kommanditgesellschaft besteht eine eigene Handelsgesellschaft, während das Handelsgesetzbuch die stille Gesellschaft von den Handelsgesellschaften unterscheidet. Vergl. Hand.-G.-B. Art. 150, 151, 166, 171, 172.

Nr. 10. Entsch. Bd. XV. S. 202 vom 24. September 1887. I C 59/87.
Komm.-Abg.-Ges. v. 14. VII. 93 (G.-S. S. 152) §§ 33, 35. Hand.-G.-B. Art. 344, 360, 362.

1) Eine offene Handelsgesellschaft darf als solche nicht zu der Gemeindesteuer herangezogen werden, sondern nur ihre einzelnen Mitglieder. Dergleichen Gesellschaften sind nicht juristische Personen, insbesondere nicht im Sinne des § 33 Abs. 1 Nr. 3 des Komm.-Abg.-Ges.[1])

2) Das Geschäft der Verkaufskommission umfaßt begriffsmäßig nur den im Namen des Kommissionärs für Rechnung der Kommittenten erfolgenden Abschluß des Kaufgeschäftes mit dem Dritten. Daß der Kommissionär auch selbst seine Erfüllung, die Übergabe der Ware und die Einziehung des Preises besorge, ist kein Essentiale des Kommissionsvertrages. Vielmehr kann das vom Kommissionär erworbene Forderungsrecht auf den Kaufpreis zur eigenen Einziehung an den Kommittenten abgetreten werden, in gleicher Weise, wie dieser die Übergabe der verkauften Waare — was bei Massengütern sogar die Regel bildet — sich selbst vorbehalten kann. Über den Umfang des Geschäftsbetriebes des Kommissionärs entscheidet der diesem erteilte Auftrag. Wenn bei kommissionsweise erfolgten Kohlenverkäufen die Verladungen ausschließlich von der Grube und durch die Grubenbeamten, sowie auf Kosten der Grubenverwaltung besorgt werden, so kann hieraus das Vorhandensein einer die Kommunalsteuerpflicht begründenden Betriebsstätte des auswärts wohnenden Kommissionärs am Sitze der Grubenverwaltung nicht gefolgert werden.

3) Zum Begriffe einer Verkaufsstätte gehört nicht notwendig das Vorhandensein einer Niederlage. Denn Komtoire, in denen regelmäßig oder ausschließlich Distanzverkäufe abgeschlossen werden, sind zweifellos Verkaufsstätten. Wie aber der Gewerbebetrieb selbst eine fortgesetzte, auf Gewinn gerichtete Thätigkeit ist, die sich als das Ergebnis des Entschlusses einer Wiederholung gewinnbringender Handlungen darstellt, so kann der Ort, an dem Verkäufe nur

---

[1]) Eine offene Handelsgesellschaft kann als solche nicht zu einer Personalsteuer herangezogen werden. Dagegen unterliegen die einzelnen Gesellschaften mit ihrem aus dem Geschäftsbetriebe gezogenen Einkommen der Gemeindebesteuerung. Erfolgt gleichwohl die Veranlagung der Gesellschaft als solcher, so kann Abhilfe nur auf dem Wege der Reklamation seitens der zu Unrecht besteuerten Firma erlangt werden. Unterbleibt diese, so kann der einzelne Gesellschafter, auch wenn er sich durch die im Enderfolge ihn mit betreffende Einschätzung der Firma überbürdet erachtet, dies in dem seine eigene Steuerveranlagung betreffenden Reklamationsverfahren nicht geltend machen.

Die Zinsen, die der Gesellschafter von seiner Kapitaleinlage bezieht, sind gleichfalls als Gewinn aus dem Geschäftsbetriebe anzusehen und mit diesen zur Besteuerung heranzuziehen. Entsch. 21. IX. 86 (Pr. Verw.-Bl. Bd. VIII S. 108). Eine offene Handelsgesellschaft ist weder im privat- noch im steuerrechtlichen Sinne als eine juristische Person zu betrachten und unterliegt daher als solche der Kommunalbesteuerung nicht. Entsch. v. 18. IV. 94 (Pr. Verw.-Bl. Bd. XV S. 392). Bei Besteuerung des Gesellschafters einer offenen Handelsgesellschaft ist nicht entscheidend, welcher Betrag dem Censiten in jedem Jahre als Gewinn zugewiesen, bezw. als Verlust berechnet worden ist. Denn hier sind — im Gegensatze zu dem Verhältnisse des Aktionärs zur Aktiengesellschaft — die Gesellschafter die eigentlichen Gewerbetreibenden, die den gewerblichen Gewinn gemeinschaftlich erzielen. Es ist also zu ermitteln, wieviel die Gesellschaft verdient hat, und wieviel hiervon auf den einzelnen Gesellschafter nach Maßgabe seines Gewinnanteils bezw. der Vertragsbestimmungen entfällt. Entsch. v. 25. IX. 95 (Pr. Verw.-Bl. Bd. XVII S. 74).

gelegentlich und nicht in der Absicht der Wiederholung vorgenommen werden, nicht als eine Stätte des Verkaufes bezeichnet werden.[1])

Nr. 11. Entsch. Bd. XVI. S. 86 vom 9. Dezember 1887. II C 181/87.

Komm.-Abg.-Ges. v. 14. VII. 93 (G.-S. S. 152) §§ 33, 35, 36. Eink.-St.-Ges. v. 24. VI. 91 (G.-S. S. 175) § 13 und Ausf.-Anw. v. 5. VIII. 91, Art. 15.

1) Der Bezirksverband des Regierungsbezirks Wiesbaden hatte im Gemeindebezirk der Stadt L. einen Steinbruch gepachtet zu dem Zwecke, durch Ausbeutung dieses Steinbruches das Material zur Herstellung der von ihm auszuführenden Wegebauten zu beschaffen. Dafür wurde er zu Gemeindeeinkommensteuerlasten in L. eingeschätzt und herangezogen, seine dagegen eingelegten Rechtsmittel hatten keinen Erfolg beim O.-V.-G. aus folgenden Gründen:

2) **Der Begriff des „Gewerbes" hat in der Gesetzgebung eine für alle Fälle zutreffende Bestimmung nicht erfahren und macht eine verschiedene Beurteilung nötig, je nachdem es sich um die Anwendung gewerbepolizeilicher oder um die Handhabung steuerlicher Vorschriften handelt.**[2])

---

[1]) Unter einer Verkaufsstätte kann nur der Ort verstanden werden, wo Verkäufe stattfinden, wo zum Zwecke des Vertragsabschlusses die Willenserklärung abgegeben wird, das Eigentum einer Sache gegen Erlegung eines bestimmten Preises dem Käufer abzutreten. Sie ist also da anzunehmen, wo der Unternehmer eines Handels- oder Gewerbebetriebes die Verträge über die Veräußerung der den Gegenstand seiner Unternehmung bildenden Waaren und zwar in der erkennbaren Absicht der Wiederholung solcher Akte auf derselben Stätte abschließt, mag damit die Übergabe oder Eigentumsübertragung der verkauften Sache verbunden sein oder nicht, mag der Vertragsabschluß durch den Unternehmer in Person oder durch einen — ein für alle Mal oder für den speziellen Fall — Beauftragten in seinem Namen erfolgen. Wenn hingegen die den Kaufvertrag erst abschließende Vollziehung durch den auswärts wohnenden Verkäufer an dessen Wohnorte erfolgt, kann der Ort, an dem der Abschluß nur vermittelt und vorbereitet, die Vertragsschrift entworfen und ausgefertigt, ja selbst vom Käufer unterschrieben ist, als Verkaufsstätte nicht gelten. Entsch. v. 2. X. 89 (Pr. Verw.-Bl. Bd. XI S. 120).

Auf den näheren Inhalt der dem Beauftragten erteilten Vollmacht — ob der Verkäufer mit Prokura versehen oder nur Handlungsbevollmächtigter ist — kommt es nicht an. Entscheidend ist, daß im Auftrage und für Rechnung des Auftraggebers verkauft wird. Entsch. v. 13. IV. 88 (Pr. Verw.-Bl. Bd. X S. 45).

[2]) Vergl. die Entsch. des Obertribunals v. 17. VII. 73, 30. VI. 76 und 13. VII. 77 bei Oppenhoff, Rechtspr. Bd. XIV S. 377, Bd. XVII S. 478, Bd. XVIII S. 406.

Im allgemeinen streitet die Vermutung dafür, daß die geschäftliche Thätigkeit einer Erwerbs- und Handelsgesellschaft, welcher Art sie auch sei, sich in Ausübung eines Gewerbes vollzieht. Entsch. v. 27. XI. 84 (Pr. Verw.-Bl. Bd. VII S. 185).

Bildet das Kapitalvermögen Betriebskapital eines Gewerbebetriebes, so ist auch das Einkommen daraus ein integrierender Bestandteil des Einkommens aus Gewerbebetrieb. Entsch. v. 16. V. 90 (Pr. Verw.-Bl. Bd. XI S. 560).

Öffentliche Leihhäuser betreiben als solche kein Gewerbe, weil sie nicht des Gewinnes wegen errichtet werden, falls nicht das Gegenteil durch besondere Umstände nachgewiesen wird, die die Begründung einer Ausnahme rechtfertigen. Entsch. v. 22. VI. 88 (Pr. Verw.-Bl. Bd. IX S. 379).

Die mit juristischer Persönlichkeit ausgestatteten landschaftlichen Kreditinstitute, Verbindungen mehrerer Gutsbesitzer einer Provinz, um unter gemeinschaftlicher Bürgschaft ihrer Güter Kapitalien gegen Pfandbriefe aufzunehmen, betreiben nicht schon um deswillen ein Gewerbe; auch nicht schon aus dem Grunde, weil dabei durch die Zinsen und Nebenleistungen, die die Pfandbriefschuldner an die Landschaft abzuführen haben, objektiv Überschüsse erzielt werden. Entsch. v. 15. VI. 88 (Pr. Verw.-Bl. Bd. X S. 34).

Das Einkommen eines Provinzialverbandes aus der Beschäftigung der Insassen einer Landarmen- und Besserungsanstalt z. B. mit Dütenfabrikation, ist kein Einkommen aus Gewerbebetrieb, weil bei dieser Beschäftigung nur das erziehliche Moment, nicht der Gewinnzweck, in Frage kommt. Entsch. v. 21. VI. 88 (Pr. Verw.-Bl. Bd. IX S. 448); v. 3. II. 93 (Pr. Verw.-Bl. Bd. XIV S. 317).

Dagegen bildet die gärtnerische Pflege der Gräber eines Kirchhofes durch den Totengräber gegen eine taxmäßige, der Kirchenkasse zufließende Gebühr einen gemeindeeinkommen-

Überall erfordert er allerdings eine auf Erzielung von Gewinn gerichtete Absicht, zugleich aber, sofern die Gemeinde-Einkommensteuerpflicht aus Gewerbebetrieb die Folge sein soll, eine mit ihren Ergebnissen auf eine Beteiligung am allgemeinen wirtschaftlichen Verkehre abzielende Thätigkeit, dergestalt, daß Manipulationen, die objektiv und in ihrer äußeren Erscheinung nach zweifellos gewerblicher Natur sind, in dem Falle keinen einkommensteuerpflichtigen Betrieb darstellen, wenn sie ausschließlich darauf gerichtet sind, das persönliche Bedürfnis des Unternehmers an Gütern der erzeugten oder verarbeiteten Art zu befriedigen. Von diesem Standpunkte aus war in der Ausbeutung des Steinbruches ein einkommensteuerpflichtiger „Gewerbebetrieb" allerdings nicht zu finden.

3) Dagegen ist der Betrieb einer Pachtung neben dem Gewerbe als eine selbständige und für sich bestehende Quelle des Besteuerungsrechtes anzusehen. Sie ist als solche und nicht etwa als Unterart des Gewerbebetriebes steuerpflichtig und wird auch da nicht steuerfrei, wo die Absicht der Gewinnerzielung im gemeingewöhnlichen Sinne mangelt oder die Erträge des Pachtbetriebes in der eigenen Wirtschaft des Unternehmers ihre Verwendung finden. Für die Beantwortung der Frage, ob jemand aus einer Pachtung ein Reineinkommen bezieht, bleibt es ohne Einfluß, daß er das gewonnene Material zur Erfüllung seiner wirtschaftlichen Aufgaben verwendet.

4) Die Veranlagung der nach den Bestimmungen des örtlichen Rechtes steuerpflichtigen juristischen Personen, Gemeinden und weiteren Kommunalverbände erfolgt unter Anwendung der für die Einschätzung zur Staats-Einkommensteuer geltenden Grundsätze. Danach ist als Einnahme in Rechnung zu stellen der Geldwert aller Erzeugnisse, die von dem Pächter gewonnen und von ihm in seinem Nutzen verwendet werden, berechnet nach den Preisen zur Zeit des Verbrauches oder der Verwendung, und ebenso der Geldwert der am Schlusse der Veranlagungsperiode vorrätig gebliebenen Erzeugnisse nach den zeitigen Preisen, während andererseits als Ausgabe der Pachtzins und die Gewinnkosten in Abzug zu bringen sind.

Nr. 12. Entsch. Bd. XVII. S. 250 vom 30. März 1889. II C 146/88.
Komm.-Abg.-Ges. v. 14. VII. 93 (G.-S. S. 152) §§ 33, 35, 36, 47.

1) Ein Unternehmer betreibt ein Wasserwerk zur Versorgung der Haushaltungen in einer Stadt mit dem erforderlichen Wasser. Die Wassergewinnanlagen — Quellen-Fassungen, Brunnenstuben und Rollen mit selbstthätigen Stauvorrichtungen — befinden sich in einer der Stadt benachbarten Landgemeinde. Aus diesen Wassergewinnanlagen fließt das Wasser ohne künstliche Hebevorrichtungen in das in der Stadt befindliche Hochreservoir und wird von dort durch ein Rohrnetz auf die Verbrauchsstellen verteilt. Der Sitz und die Leitung

---

steuerpflichtigen Gewerbebetrieb der Kirchengemeinde. Entsch. v. 2. II. 95 (Pr. Verw.-Bl. Bd. XVI S. 375).

In der Lagerung und damit verbundenen Bearbeitung und Veredelung (Mischung) von Getreide kann ohne Rechtsirrtum ein die Kommunalsteuerpflicht begründender Gewerbebetrieb erblickt werden. Entsch. v. 27. V. 86 (Pr. Verw.-Bl. Bd. VII S. 412).

Wegen eine Kasino-Gesellschaft Wein in größeren Quantitäten einkauft und ihn in ihren Gesellschaftsräumen an Mitglieder und Nichtmitglieder, wenn auch mit Preisaufschlag, abgiebt, so ist hierin, da der statutarische Zweck der Beförderung geselliger Unterhaltung und nicht der Gewinnzweck als das eigentlich leitende Motiv in Betracht kommt, ein Gewerbebetrieb nicht zu finden. Ein solcher liegt dagegen vor, wenn ein Verkauf mit Nutzen außerhalb des Hauses und zwar in solchem Umfange stattfindet, daß dadurch die Annahme ausgeschlossen wird, es sei nur der für den eigenen Bedarf nicht erforderliche Rest gelegentlich an andere abgegeben worden. Entsch. v. 20. VI. 88 (Pr. Verw.-Bl. Bd. IX S. 446).

des Unternehmens befinden sich in der Stadt, während die in der Landgemeinde sich vollziehende Thätigkeit auf die Überwachung und Besichtigung der Anlagen durch den Ingenieur beschränkt ist. Das O.-V.-G. entschied, daß es sich hier um eine einheitliche, über den Bezirk beider Gemeinden (Stadt- und Landgemeinde) sich erstreckende Betriebsstätte handle.

2) Eine gewerbliche Unternehmung ist die auf Hervorbringung von Gütern (Waaren oder Leistungen) einer bestimmten Art und auf den Zweck des Gewinnes gerichtete Vereinigung von Kapital und Arbeit. Der erzielte Gewinn ist nur in den Gemeinden abgabepflichtig, in denen der Sitz, eine Zweigniederlassung, eine Verkaufsstätte oder eine Werk- oder Betriebsstätte sich befindet.

3) Eine Betriebsstätte im weiteren Sinne würde also überall da anzunehmen sein, wo eine zu dem Unternehmen erforderliche Arbeit geleistet wird. Wenn aber das Gesetz den nicht abgabepflichtigen Stätten der Unternehmung, ferner ihrem Sitze, den Zweigniederlassungen und endlich den Werk- und Verkaufsstätten noch besonders die Betriebsstätten gegenüber stellt, so können unter solchen in diesem engeren Sinne nur die Orte verstanden werden, an denen — nicht die auf die Leitung des Unternehmens oder den Absatz der Güter gerichteten, sondern nur — diejenigen Arbeiten geleistet werden, die die, den Gegenstand des Unternehmens bildenden Waaren oder Leistungen hervorbringen. Da bei der gütererzeugenden Arbeit die menschliche Thätigkeit mehr und mehr durch Geräte und Maschinen verstärkt und ergänzt wird, so wird der Begriff „Betriebsstätte" nicht aufgehoben, wenn der Faktor „Kapital" überwiegt, wenn die Gütererzeugung hauptsächlich durch Maschinen und nur zum kleinen Teile durch menschliche Arbeit bewirkt wird, ja wenn diese sich lediglich auf die Aufstellung, Leitung, Überwachung, Instandhaltung der maschinellen Arbeit beschränkt. Wo diese Grenze überschritten ist, wann insbesondere bei den sogenannten selbstthätigen Maschinen ein Betrieb und darum eine Betriebsstätte nicht mehr angenommen werden kann, ist eine Thatfrage. Wenn ferner die Betriebsstätte notwendig einen Raum bezeichnet, so braucht dieser doch nicht der alleinigen privatrechtlichen Disposition des Unternehmers zu unterstehen, nicht ausschließlich für die Zwecke gerade dieses Betriebes bestimmt, endlich auch nicht scharf gegen außen begrenzt sein, so lange nur ein fester örtlicher Mittelpunkt des Betriebes erkennbar bleibt. Vergl. E.-O.-V. Bd. XIV S. 121.[1]) Daher sind die Straßen einer Stadt

---

[1]) Oben S. 351. Für den Begriff einer „Betriebsstätte" mögen noch folgende Entsch. zum Anhalte dienen:

Eine Betriebsstätte ist als in jedem Raume vorhanden anzunehmen, der als ein fester, mehr oder minder dauernder, örtlicher Mittelpunkt einem Teile der zu dem Unternehmer erforderlichen Arbeitsleistungen zu dienen bestimmt ist. Zu solchen Leistungen kann unter Umständen auch die Bedienung eines außerhalb des Betriebs-Hauptortes stationierten Fuhrwerkes nebst Gespann — das z. B. zum Umherfahren des in der Brauerei erzeugten Bieres bei auswärtigen Kunden bestimmt ist — gerechnet werden. Entsch. v. 20. IX. 89 (Pr. Verw.-Bl. Bd. XI S. 122).

Zum Begriff einer Betriebsstätte ist das Vorhandensein einer selbständigen, d. h. an und für sich einen Ertrag abwerfenden Anlage nicht erforderlich. Auch Anstalten zur Gewinnung der Rohmaterialien für eine Fabrikation, zur Vornahme einer von mehreren getrennten Operationen, aus denen der Betrieb sich zusammensetzt, zur Ausführung der für den Betrieb erforderlichen Reparaturen sind ohne Zweifel Betriebsstätten, ohne daß jenes Merkmal auf sie zuträfe. So stellt sich ein Wasserhaltungsschacht in einer Bergbauunternehmung zweifellos als eine Betriebsstätte durch die unbestrittenen Thatsachen dar, daß dazu mehrere Gebäude gehören und daß in letzteren zwei Wasserhaltungsmaschinen von 100—200 Pferdekräften aufgestellt sind, die sich fortwährend im Betriebe befinden und ständig von 10—20 Arbeitern bedient werden. Entsch. v. 27. IV. 85 (Pr. Verw.-Bl.

möglicherweise Betriebsstätten, z. B. für die sogenannten Straßengewerbe des § 37 der Gew.-Ordn. v. 21. VI. 69 (B.-G.-Bl. S. 245). Endlich wird zu der Annahme eines Gewerbebetriebes und einer Betriebsstätte eine gewisse Stetigkeit erfordert, die erkennbare Absicht fortgesetzter Betriebsthätigkeit, vergl. E.-O.-V. Bd. XV S. 202[1]), so daß der Hausierbetrieb, die vorübergehenden Leistungen der Bauhandwerker auf den wechselnden Bauplätzen eine solche nicht begründen.

Die gewerblichen Anlagen sind dagegen Teile des zur Unternehmung vereinigten Kapitales, und zwar derjenige Teil des stehenden Betriebskapitales, der in Form von Gebäuden, Maschinen und dergleichen mit dem Boden verbunden ist. Wie Betriebsstätten ohne gewerbliche Anlagen möglich, so bestehen auch Anlagen, die nicht Betriebsstätten sind, weil in ihnen ein Betrieb nicht statt hat, z. B. unter Umständen Wetterschächte. In der „Anlage" kann die den Gegenstand des Unternehmens bildende Waare und Leistung völlig fertig gestellt werden; sie kann aber auch nur dazu dienen, Hilfsstoffe hervor-

---

Bd. VII S. 83). Dagegen ist ein noch im Bau begriffener Schacht keine Betriebsstätte. Entsch. v. 27. IV. 95, Nr. II 655.

Als eine Betriebsstätte kann ohne Rechtsverletzung auch ein bloßer Lagerraum — zumal wenn er nicht bloß zur Aufspeicherung des Rohmaterials und der Waaren, sondern auch zur Versendung der letzteren dient — angesehen werden. Entsch. v. 10. X. 90 (Pr. Verw.-Bl. Bd. XII S. 85). Dieselbe Entsch. charakterisiert den Arbeitsraum in einer Gefangenenanstalt als Betriebsstätte.

Die Ermächtigung zum selbständigen Abschluß von Rechtsgeschäften ist kein begriffliches Merkmal einer Betriebsstätte. Eine solche ist vielmehr da vorhanden, wo ein Teil der zu einem gewerblichen Unternehmen erforderlichen Arbeit auf einem als Mittelpunkt der Arbeitsthätigkeit erkennbaren Raume, nicht bloß vorübergehend, sondern in der erkennbaren Absicht fortgesetzter Thätigkeit innerhalb dieses Raumes geleistet wird. Entsch. v. 11. IX. 89 (Pr. Verw.-Bl. Bd. XI S. 124).

Die Frage, ob das Hochreservoir eines Wasserwerkes als eine selbständige Betriebsstätte oder als ein integrierender Teil der gesammten, als ein einheitlicher, zusammenhängender Betrieb zu betrachtenden Anlage anzusehen ist, ist thatsächlicher Natur. Entsch. v. 28. I. 91 (Pr. Verw.-Bl. Bd. XII S. 276); vergl. Entsch. v. 1. XII. 94 (Pr. Verw.-Bl. Bd. XVII S. 57).

Das Hochbassin einer Wasserleitung, das den Regulierungsapparat zwischen dem Quantum des geförderten und verbrauchten Wassers bildet, in dem der Wasserstand eine gewisse Höhe erreichen muß, eine andere Höhe nicht überschreiten darf, wenn der Zweck des ganzen Unternehmens, die regelmäßige und zugleich wirtschaftliche Versorgung der Konsumenten mit frischem Wasser, erfüllt werden soll, und bei dem ein Wächter oder Wärter ständig angestellt ist, um den Wasserstand zu beobachten, zu messen und das Ergebnis telegraphisch der Pumpstation zu melden, kann ohne Rechtsirrtum als eine Betriebsstätte angesehen werden. Entsch. v. 14. II. 90 (Pr. Verw.-Bl. Bd. XI S. 320).

Es kann nicht für rechtlich unzulässig erachtet werden, das gesammte Röhrennetz einer Gasanstalt als eine einheitliche Betriebsstätte anzusehen, die sich gemäß § 2 des Komm.-Abg.-Ges. v. 27. VII. 85 über diejenigen Gemeinden erstreckt, die in das Röhrennetz mit hineingezogen worden sind. Diese Annahme wird auch dadurch nicht ausgeschlossen, daß innerhalb des zu einer einzelnen Gemeinde gehörigen Teiles dieser gemeinschaftlichen Betriebsstätte eine Betriebsthätigkeit in der Form menschlicher Arbeit sich nicht vollzieht. Denn auch ein des faktischen Betriebes entbehrender Teil einer Betriebsstätte behält die Eigenschaft des Ganzen so lange, als seine Zugehörigkeit zu diesem anderweit feststeht. Entsch. v. 20. III. 91 (Pr. Verw.-Bl. Bd. XII S. 506).

Die Ausbeutung einer angepachteten Sandgrube, der Ankauf und die fortgesetzte Gewinnung des in fremden Grundstücken lagernden Sandes zum Zwecke der Wiederveräußerung und der Gewinnerzielung ist als ein Gewerbebetrieb, die Sandgrube selbst als Betriebsstätte aufzufassen. Entsch. v. 25. IX. 90 (Pr. Verw.-Bl. Bd. XI S. 158).

Ein Etablissement einer gewerblichen Unternehmung, das die Aufgabe hat, die an seinem Hauptsitze abgeschlossenen Kaufgeschäfte durch Übergabe der Waaren zu erfüllen, ferner Speditionsverträge abzuschließen und die Weiterbeförderung der Waaren zu besorgen, ist als eine Betriebsstätte des Unternehmens anzusehen. Entsch. v. 6. II. 94 (Pr. Verw.-Bl. Bd. XV S. 310).

[1]) Oben S. 356.

zubringen oder die Waare in verschiedenen Stadien zu ihrer anderswo erfolgenden völligen Fertigstellung vorzubereiten. Deshalb können zahlreiche Anlagen auf einer Betriebsstätte vereinigt sein, z. B. Förderschacht, Koke- und Hochöfen, Puddel- und Walzwerke auf demselben Hüttenplatz, und umgekehrt kann auch eine Anlage verschiedene Betriebsstätten enthalten, z. B. ein mit Dampfkraft ausgestattetes Fabrikgebäude, dessen Etagen an verschiedene Unternehmer vermietet sind. Wo jedoch eine und dieselbe Anlage einem Unternehmer gehört und einem gewerblichen Zwecke dient, darf beim Mangel besonderer entgegenstehender Umstände auch angenommen werden, daß der in jener Anlage umgehende Betrieb nur eine Stätte hat und nicht auf verschiedene für sich bestehende Betriebsstätten verteilt ist.

4) Der Zweck von Wasserwerken besteht in der „Erzeugung der Waare", hier der Okkupation des Wassers, daneben ferner, da Wasserwerke abweichend von den meisten sonstigen, auf Erzeugung von Waaren gerichteten Unternehmungen zugleich deren Wertsteigerung durch Ortsveränderung erstreben, zum Teil Transportgewerbe sind, in der Überführung des Wassers an die Stellen seines Verbrauches und endlich in dessen Verkaufe. Alle dazu gehörigen Einrichtungen[1]) hängen räumlich zusammen und sind durch die Leitung körperlich verbunden. Darum ist es jedenfalls nicht unzulässig, sie als eine einheitliche gewerbliche Anlage anzusehen. Mittels dieser Anlage wird nicht nur der Naturstoff durch Okkupation der Quellen in einen Gegenstand des Privateigentumes und des Tauschwertes verwandelt, sondern auch die so erzeugte Waare in der Leitung, dem Reservoir und dem Verteilungsnetze, wenn auch nicht durch menschliche, so doch von Menschen geleitete und geregelte Naturkraft zu dem gewerblichen Zwecke des Transportes fortbewegt. Mittels der Anlage vollzieht sich somit der Betrieb des Unternehmens, dessen technische Arbeiten, da zur Fortbewegung des Wassers besondere Kraftmaschinen nicht erfordert werden, lediglich in der fortgesetzten Überwachung und Unterhaltung jener Anlagen, sowie in der Regelung des Zu- und Abflusses an dem Hochreservoir bestehen, während die kaufmännischen Arbeiten den Abschluß der Lieferungsverträge, die Kontrolle der Wassermesser, die Buch- und Kassenführung umfassen.

5) Bei Anwendung dieser Grundsätze auf den vorliegenden Fall ist es nicht rechtsirrig, in der in Frage kommenden Landgemeinde eine Betriebsstätte um deswillen anzunehmen, weil hier durch besondere künstliche Anlagen Güter erzeugt und gewonnen werden, und deren Vorhandensein auch nicht dadurch für ausgeschlossen zu erachten, daß hierbei vorwiegend Natur- und nur gelegentlich in geringem Maße Menschenkräfte mitwirken. Sie ist aber keine für sich bestehende Betriebsstätte, sondern lediglich ein integrirender Bestandteil der das gesammte Wasserwerk in Stadt und Land umfassenden Betriebsstätte, welches Werk eine einheitliche gewerbliche Anlage bildet. Dem steht rechtlich nicht entgegen, daß der Raum, den die Anlage einnimmt, teilweise — wie die Körper der städtischen Straßen — der Disposition des Unternehmers nicht untersteht, auch für andere Zwecke mitbestimmt und insbesondere auf der Oberfläche nicht scharf abgegrenzt ist. Denn die Ausdehnung der Anlage und des Rohrnetzes läßt einen festen örtlichen Mittelpunkt des Betriebes immerhin noch mit genügender Deutlichkeit erkennen. Das Gleiche gilt bezüglich des Umstandes, daß Teile der Anlage, die Leitungen, unterirdisch sind. Auf demselben Oberflächenraume können über- und untereinander mehrere Betriebsstätten sich befinden, zu denen auch die unterirdischen, z. B. zur

---

[1]) Siehe oben unter 1.

Champagnerbereitung oder für Brauereien bestimmten Keller, unzweifelhaft zu rechnen sind.

6) Obwohl zu einer Betriebsstätte begriffsmäßig erforderlich ist, daß auf ihr irgend welcher Betrieb umgeht, so muß doch nicht notwendig ein solcher auf jedem Teile dieses Raumes stattfinden. Vielmehr behält auch der des faktischen Betriebes entbehrende Teil die Eigenschaft des Ganzen solange, als seine Zugehörigkeit zu diesem anderweit, etwa durch die Einheitlichkeit des fundus feststeht. Die noch nicht angestochene Fläche einer Ziegelthongrube, die mit Schlackenhalden bedeckte Fläche eines umschlossenen Hüttenhofes sind Teile, wie des Grundstückes, so der Betriebsstätte.

Nr. 13. Entsch. Bd. XVIII. S. 102 vom 21. Mai 1889. II C 43/89.

Komm.-Abg.-Ges. v. 14. VII. 93 (G.-S. S. 152) § 33. Hand.-G.-B. Art. 17, 24, 26, 85 ff., 91, 92, 99, 110, 112, 150, 158, 167.

Das Einkommen, das einer der Gesellschafter aus dem von der Handelsgesellschaft betriebenen Geschäfte auf Grund des geschlossenen Gesellschaftsvertrages bezieht, ist ein Einkommen aus Gewerbebetrieb ohne Rücksicht darauf, nach welchen Grundsätzen die Höhe des Einkommens sich richtet. Ob der eine oder der andere Gesellschafter keine persönliche Thätigkeit in dem gemeinschaftlichen Geschäfte ausübt, erscheint gleichgültig, denn ebenso, wie nach feststehendem Prinzip der Kommanditist, ungeachtet der in Art. 158 Abs. 2 und Art. 167 Abs. 3 des Allgemeinen Deutschen Handelsgesetzbuches v. 24. VI. 61 enthaltenen Vorschrift ein Gewerbe betreibt, geschieht dies auch seitens desjenigen persönlich haftenden Gesellschafters, der von der Vertretung der Gesellschaft (Art. 86 Nr. 4 a. a. O.) und von der Geschäftsführung (Art. 99 a. a. O.) ausgeschlossen ist.

Entscheidend bleibt immer, ob jemand als persönlich haftender Gesellschafter einer offenen Handelsgesellschaft in das Handelsregister eingetragen ist. Ein solcher treibt ein Handelsgewerbe und sein Einkommen aus diesem Betriebe ist ein gewerbliches. Hat er eine Summe zum Geschäfte eingezahlt, so bildet sie einen Teil des gemeinschaftlichen Betriebskapitales, so daß sie eine Einlage im Sinne der Art. 91 und 92 a. a. O. darstellt und nicht eine Schuld der Gesellschaft. Der Verlust der Gesellschaft trifft ihn insofern, als er den wirklichen Gesellschaftsgläubigern für deren sämmtliche Forderungen mit seinem ganzen Vermögen haftet, auch kann er seine Einlage erst dann zurückerhalten, wenn die Gesellschaftsgläubiger sich zuvor aus dem Gesellschaftsvermögen befriedigt haben.

Nr. 14. Entsch. Bd. XVIII. S. 128 vom 11. September 1889. I C 90/89.

Komm.-Abg.-Ges. v. 14. VII. 93 (G.-S. S. 152) §§ 33, 35. Hand.-G.-B. Art. 15 ff., 24.

1) Durch die auf ein Gesellschaftsverhältnis hindeutende Firmenbezeichnung wird nicht notwendig die Existenz einer Handelsgesellschaft dargethan; hat also das Recht, eine solche Firma zu führen, ein Einzelkaufmann erworben, so ist er auch allein als der zur Gemeindesteuer Verpflichtete anzusehen.

2) Eine Betriebsstätte kann überall da als vorhanden angenommen werden, wo ein Teil der zu einem gewerblichen Unternehmen erforderlichen Arbeit auf einem Raume, der, wenn auch nicht scharf gegen außen abgegrenzt, doch als ein fester, örtlicher Mittelpunkt der Arbeitsthätigkeit erkennbar bleibt, und nicht bloß vorübergehend, sondern in der erkennbaren Absicht, fortgesetzter Thätigkeit auf derselben Stelle geleistet wird. Vergl. E.-O.-V. Bd. XVII

S. 252.[1]) Bei engerer Auffassung wären Kohlenbergwerke, Eisensteingruben und Kalkbrüche keine Betriebsstätten, wenn sie lediglich die Hülfsstoffe für den in einer anderen Gemeinde liegenden Hauptbetrieb, für ein Schienenwalzwerk liefern, weil keines von jenen auch nur annähernd das liefern kann, was dieses liefert, nämlich Schienen.

3) Die Betriebsstätte eines Fuhrwerksverleihers befindet sich hiernach nicht überall dort, wo seine verliehenen Gespanne und deren Führer vorübergehend arbeiten oder während der Reise eingestellt werden, bezw. nächtigen, wohl aber dort, wo die Gespanne dauernd zum Zweck ihrer gewerblichen Verwertung untergebracht sind und von ihrem Eigentümer, bezw. den in dessen Diensten stehenden Leuten gewartet und gepflegt werden.

Die letztere Voraussetzung trifft nur in dem Falle zu, wenn das Geschäft des Verleihers nicht bloß in der ersten Beschaffung der Gespanne und deren mietweisen Überlassung an Dritte, sondern zugleich in deren dauernder Unterhaltung während der Zeit der Überlassung besteht. Hätte dagegen der Mieter der Gespannkraft auch die Unterhaltung des Materials, die Fütterung und Wartung der Pferde kontraktlich übernommen, so bildete diese nicht mehr einen Teil der Unternehmerarbeit des Fuhrwerksverleihers, und der Ort dieser Arbeit keine Betriebsstätte des letzteren.

Nr. 15. Entsch. Bd. XX. S. 106 vom 7. November 1890. II C 168/90.
Komm.-Abg.-Ges. v. 14. VII. 93 (G.-S. S. 152) § 33.

Die durch die Anlage und Unterhaltung von Arbeiterhäusern bei einem Gewerbebetriebe (z. B. beim Bergbau) entstehenden Kosten sind bei der Feststellung des Einkommens aus dem Gewerbebetriebe als abzugsfähige Ausgaben anzusehen und zu behandeln, sofern die Häuser sich als Anlagen darstellen, die zum Gewerbebetriebe gehören. Ob dies im Einzelfalle vorliegt, ist thatsächliche Frage, jedoch anzunehmen, wenn der Gewerbetreibende seine Arbeiter in ihnen wohnen läßt, sei es auch nur, um einen festen Arbeiterstamm sich heranzubilden und zu erhalten.[2])

Nr. 16. Entsch. Bd. XXIV. S. 50 vom 7. Oktober 1892. II C 129/92.
Komm.-Abg.-Ges. v. 14. VII. 93 (G.-S. S. 152) §§ 33, 86. Eink.-St.-Ges. v. 24. VI. 91 (G.-S. S. 175) § 10.

Ein einheitlicher, über mehrere Gemeinden sich erstreckender Gewerbebetrieb, der erst im Laufe eines Steuerjahres neu begonnen wird, genießt keineswegs etwa deshalb die Freiheit von der Gemeindesteuer für das erste Jahr, weil es bei ihm an erwachsenen Gehältern und Löhnen, die in einem vor der Steuerperiode liegenden Zeitraume verausgabt sind, noch fehlt. Ebenso wenig wird die Heranziehung eines derartigen Betriebes durch den Umstand gehindert, daß in den Vorjahren noch kein Gewinn erzielt werden konnte, und es ist, wenn demnach die Heranziehung überhaupt stattfinden soll, lediglich mit den Verhältnissen des Steuerjahres selbst zu rechnen. Der Unterschied besteht daher bloß darin, daß da, wo ein Betrieb vor dem Steuerjahre schon stattfand, die Einkommen der Vorjahre ermittelt werden und hierdurch ein fingierter, für das Steuerjahr unbedingt maßgebender Betrag festgestellt wird, während im anderen Falle von einer solchen

[1]) Oben S. 358. Doch müssen diese Thätigkeiten den Gewerbebetrieb des Unternehmers bilden, nicht etwa eines Dritten, wie das Zubereiten von Stämmen eines Holzhändlers auf dem Transitlager durch Holzkapitäne. Entsch. v. 9. I. 97 (Pr. Verw.-Bl. Bd. XVIII S. 231).

[2]) Dasselbe gilt bezüglich der an Betriebsbeamte vermieteten Wohnungen. Entsch. v. 29. XI. 88 (Pr. Verw.-Bl. Bd. X S. 246).

Fingierung abgesehen und auf die Ergiebigkeit des im Steuerjahre selbst sich vollziehenden Betriebes Rücksicht genommen werden muß. In beiden Fällen vermag der Steuerberechtigte, sofern ihm die Ergebnisse der maßgebenden Periode unbekannt sind, nicht füglich anders, als im Wege der Schätzung, vorzugehen, und er hat diesen Weg immer dann einzuschlagen, wenn er während des Betriebes des begonnenen Geschäftes im ersten Steuerjahre zur Heranziehung schreitet. Ebenso ist der Pflichtige, der seine Überbürdung nachweisen will, während des letztgedachten Zeitraumes nur in der Lage, seinerseits nachzuweisen, daß eine andere, niedrigere Schätzung des voraussichtlichen Endergebnisses eine größere Wahrscheinlichkeit für sich habe, als diejenige des Steuergläubigers. Ist aber jener Zeitraum verstrichen, so wird der Verwaltungsrichter durch keine gesetzliche Vorschrift verhindert, eine Ermittelung des wirklich in dem Steuerjahre erzielten Einkommens in derselben Weise vorzunehmen, wie solches bei schon länger bestehenden Betrieben hinsichtlich der Ergebnisse der Vorjahre stattzufinden pflegt. Es ist ihm unverwehrt, jenes vollkommenere Mittel zur gerechten Besteuerung des Steuerpflichtigen, statt des weniger vollkommenen der Schätzung zu wählen.[1])

Nr. 17. Entsch. Bd. XXIV. S. 103 vom 14. Januar 1893. I C 52/92.
Komm.=Abg.=Ges. v. 14. VII. 93 (G.=S. S. 152) §§ 33, 35, 47.

1) Das Haben einer gewerblichen Anlage macht zwar nach § 33 des Komm.-Abg.-Ges. an sich gemeindesteuerpflichtig; in welchen Gemeinden aber die Steuerpflicht in Wirksamkeit tritt, bestimmt sich nach § 35 a. a. O.

2) Eine gesetzliche Definition des Begriffes der „Betriebsstätte" giebt es nicht; aus der sprachlichen Bedeutung des Wortes „Betrieb" als einer fortgesetzten Thätigkeit aber ergiebt sich, daß Betriebsstätte die Stelle ist, an der sich dauernd und bleibend diejenigen Thätigkeiten vollziehen, die den Inhalt des Betriebes bilden. Vergl. E.-O.-V. Bd. XIV S. 123.

3) Ist die Quelle des Einkommens der Besitz eines Kanals und sein Betrieb und nicht etwa eine staatlich verliehene Zollgerechtigkeit (vergl. E.-O.-V. Bd. XVIII S. 28), so ist der Kanal als eine einheitliche Betriebsstätte anzusehen. Hierbei kann dahin gestellt bleiben, ob der Kanal den Charakter einer gewerblichen Anlage oder den eines mit besonderen Einrichtungen versehenen Grundeigentumes hat; das Einkommen daraus unterliegt in beiden Fällen der Heranziehung zu den Gemeindeabgaben nach § 33 Nr. 2 a. a. O. Wird der Kanal als gewerbliche Anlage betrachtet, hat zwar die Ermittelung des auf eine Gemeinde entfallenden Anteils am Gesammtgewinn nach § 47b a. a. O. zu erfolgen; aber es wird dadurch die Befugnis des betreffenden Gemeindevorstehers zur selbständigen Einschätzung nicht ausgeschlossen. Vergl. E.-O.-V. Bd. XX S. 125.

Nr. 18. Entsch. Bd. XXV. S. 141 vom 27. Juni 1893. II C 37/93.
Komm.=Abg.=Ges. v. 14. VII. 93 (G.=S. S. 152) §§ 33, 35.

1) „Gewerbebetrieb" ist diejenige fortgesetzte, auf Erreichung eines Gewinnes gerichtete Thätigkeit, die sich als das Ergebnis des

[1]) Der Schluß der Entsch., wonach die Gemeinden, soweit nicht der § 3 Abs. 3 des Komm.=Abg.=Ges. v. 27. VII. 85 (G.=S. S. 327), — vergl. § 36 des Komm.=Abg.=Ges. v. 14. VII. 93 — Platz greift, bei der Einschätzung der Forensen völlig frei sind, so daß sie sogar über das bei der staatlichen Veranlagung angenommene Gesammteinkommen hinausgehen dürfen, findet heute im § 57 des Komm.=Abg.=Ges. die Beschränkung, daß das in den verschiedenen Gemeinden steuerpflichtige Einkommen im Ganzen den Höchstbetrag derjenigen Steuerstufe nicht übersteigen darf, in der der Steuerpflichtige bei der Veranlagung zur Staatseinkommensteuer eingeschätzt worden ist.

Entschlusses, dieselben auf Gewinn abzielenden Handlungen in Zukunft zu wiederholen, zu erkennen giebt. Diese Voraussetzungen eines Gewerbebetriebes sind z. B. bei der fiskalischen Ruhrschiffahrts- und Hafenverwaltung nicht schon dadurch gegeben, daß bei ihr Einnahmen aus Gebühren- und Pachtbezügen vorliegen. Bei Erhebung von Gebühren kommt es darauf an, ob sie auf Grund einer publizistischen, einseitigen Bestimmung der Staatsgewalt oder auf Grund eines Vertrages erhoben werden. Im ersteren Falle bildet die Hebeberechtigung die Einkommensquelle, während es sich im anderen Falle, wenn die Vergütung für die Benutzung eines Platzes im oder am Hafen gezahlt wird, nur um ein Einkommen aus Grundbesitz, in keinem Falle aber um ein Einkommen aus Gewerbebetrieb handelt. Vergl. E.-O.-V. Bd. XVIII S. 28, 29, Bd. XXIV S. 103. Die Verwertung von Grundstücken und Magazinen durch Verpachtung aber stellt Einkommen aus Grundbesitz dar. Auch der Besitz der Hafenbahn macht an sich nicht steuerpflichtig, wenn der Fiskus die Bahn nicht selbst betreibt.

2) Ob ein Gewerbebetrieb dann vorliegt, wenn ein fiskalisches Unternehmen im eigentlichsten Sinne öffentlichen Zwecken dient, in diesem Sinne den Charakter einer öffentlichen Anstalt an sich trägt, ist in hohem Maße bedenklich. Es ist im Einzelfalle zu untersuchen, ob die Unternehmung ein nur mit fiskalischen Mitteln betriebenes Gewerbe oder vielmehr eine wesentlich Staatszwecken dienende, organisch mit eigentlichen Staatsaufgaben verwachsene, um dieser Aufgaben willen aufgenommene und fortbetriebene Anstalt ist. Die Verwendung der Erträge zu immer weiterer Vervollkommnung der Anlagen widerstreitet ihrem gewerblichen Charakter nicht, da die Zweckbestimmung der Überschüsse insbesondere das Bestehen einer auf Gewinn gerichteten Absicht keineswegs notwendig ausschließt. Vergl. E.-O.-V. Bd. IV S. 62, Bd. XI S. 80. Ebensowenig entscheidet, ob die auf Erwerb gerichtete Thätigkeit von einer physischen oder von einer juristischen Person, vom Staate, ausgeübt wird, da der Begriff einer gewerblichen Unternehmung, d. h. einer auf Hervorbringung von Gütern (Waaren oder Leistungen) einer bestimmten Art und auf den Zweck des Gewinnes gerichteten Vereinigung von Kapital und Arbeit mit dem Wesen des Staates und seiner Aufgaben im weitesten Sinne, nicht unvereinbar ist.

Es entscheidet vielmehr die das Unternehmen in seiner Gesammtheit beherrschende Tendenz, und diese wiederum wird erkennbar namentlich in den Motiven, die bei der Begründung als Ausgangspunkt gedient haben, andererseits aber auch in den fortdauernd verfolgten Zielen. Die Möglichkeit freilich, daß dort, wie hier Erwerbszwecke und staatliche Gesichtspunkte neben einander hervortreten, ist naturgemäß nicht ausgeschlossen, und in Fällen dieser Art bleibt für die Frage, ob im Einzelfalle eine Unternehmung als eine gewerbliche zu qualifizieren oder ihr dieser Charakter abzusprechen ist, nichts weiter übrig, als festzustellen, welche Gesichtspunkte — ob staatliche oder gewerbliche — vorherrschen und dem Unternehmen, es in seiner Gesammtheit beherrschend, den Stempel aufdrücken. So ist für die Post und Telegraphie der gewerbliche Charakter stets verneint, für die Eisenbahnen bejaht worden, letzteres aus dem Grunde, weil das Transportgeschäft der Eisenbahnen geschichtlich vom Privatgewerbe seinen Ausgang genommen hat und der Staat erst später in die Reihe der Privatgesellschaften unter den für diese gegebenen Bedingungen und Verhältnissen als Unternehmer eines Transportgewerbes eingetreten ist. Vergl. E.-O.-V. Bd. IV S. 14. Diese Erwägungen führen zu dem Ergebnisse, daß die fiskalische Hafenanlage in den Gemeinden Ruhrort und Meyderich keine gewerbliche Anlage darstellt, da sie vorwiegend zur Förderung des gemeinen Wohles bestimmt und vornehmlich diesem Zwecke fortdauernd gewidmet ist.

Nr. 19 Entsch. Bd. XXVII. S. 36 vom 9 Februar 1895. II C 260/94.
Eink.=St.=Ges. v. 24. VI. 91 (G.=S. S. 175) § 12. Komm.=Abg.=Ges. v. 14. VII. 93 (G.=S. S. 152) §§ 33, 35, 47.

Diejenigen Erträge, die einem mit Grundstücken Handel treibenden Unternehmer z. B. einer Terraingesellschaft aus der Vermietung und Verpachtung ihrer nach Inhalt des Statutes und ihrer Geschäftsberichte sich lediglich als Waare darstellenden Grundstücke zufließen, charakterisieren sich als Einkommen aus Handel und Gewerbe.[1])

Aus der längeren oder kürzeren Dauer der Mietsperiode ein rechtliches Kriterium für oder gegen die Eigenschaft dieser Erträge als Einkommen aus dem Gewerbebetrieb zu entnehmen ist nicht zulässig. Handel und Gewerbe bringen es mit sich, daß ihre Objekte nicht immer sofort umgesetzt werden, sondern daß die Konjunktur über den Zeitpunkt des Umsatzes entscheidet, und die in der Zwischenzeit vorgenommenen Verfügungen zur Verwertung des Grundstückes verlieren darum nicht den gewerblichen Charakter.

Nr. 20. Entsch. Bd. XXVIII. S. 46 vom 5. Juni 1895. II C 7/95.
Komm.=Abg.=Ges. v. 14. VII. 93 (G.=S. S. 152) § 35.

Eine Betriebsstätte einer auswärtigen Versicherungsgesellschaft im Sinne des § 35 des Komm.-Abg.-Ges. ist auch dann vorhanden, wenn ein am Orte befindliches Büreau der Gesellschaft dazu berufen ist, der Gesellschaft neue geschäftliche Beziehungen zum Publikum zu eröffnen, Kunden anzuwerben, Versicherungs- und Auszahlungsanträge vorzubereiten und Inkassi gegen Quittung der Gesellschaft selbst zu besorgen, auch alle diese Geschäfte in einem der Gesellschaft gehörigen Hause zu betreiben. Ob diese Betriebsstätte gleichzeitig eine Agentur der Gesellschaft darstellt oder nicht, ist gleichgültig. Übrigens schließen die Begriffe „Agentur“ und „Betriebsstätte“ keineswegs einander derart notwendig aus, daß nicht unter besonderen Umständen beide neben einander bestehen könnten.[2])

---

[1]) Ebenso Entsch. v. 30. I. 94 (Pr. Verw.=Bl. Bd. XV S. 601). Unerheblich ist, ob zwischen dem An= und Verkauf ein größerer Zeitraum liegt. Entsch. v. 2. X. 89 (Pr. Verw.=Bl. Bd. XI S. 120). Vergl. auch Entsch. v. 2. X. 89 (Pr. Verw.=Bl. Bd. XI S. 120): Der fortgesetzte An= und Verkauf von Grundstücken in der Absicht, aus der Preisdifferenz einen Gewinn zu erzielen, bildet einen abgabepflichtigen Gewerbebetrieb, auch wenn die An= und Verkäufe nicht gleichzeitig erfolgen, erstere vielmehr in eine frühere Zeit gefallen sind. Doch bedarf es alsdann der Feststellung, daß die Absicht der Gewinnerzielung auch schon beim Ankauf der Grundstücke vorhanden war, diese also nicht zur Selbstbewirtschaftung, sondern lediglich zum Wiederverkauf, auf Spekulation erworben worden sind.

Ein Baubureau einer Terraingesellschaft ist nicht schon eine Zweigniederlassung im Sinne des Komm.=Abg.=Ges. Entsch. v. 30. I. 94 (Pr. Verw.=Bl. Bd. XV S. 601).

[2]) Zum Begriffe einer „Agentur“ sind noch folgende Entscheidungen von Bedeutung: Voraussetzung ist eine Ermächtigung der Agentur, Rechtsgeschäfte im Namen und für Rechnung des Unternehmers selbständig abzuschließen. Diese im § 35 Abs. 1 am Schlusse der ersten Satzes vorgeschriebene Ermächtigung bezieht sich ausschließlich auf den vorausgegangenen Ausdruck „Agentur“, nicht auf die vorher erwähnten Zweigniederlassungen, Betriebsstätten u. s. w. Entsch. v. 20. IX. 89 (Pr. Verw.=Bl. Bd. XI S. 14).

Nach dem Inhalte der Vollmacht ist zu beurteilen, ob der Agent eine solche Ermächtigung besitzt. Der Inhalt wird sich im allgemeinen nicht ohne unmittelbare Klarstellung der zwischen dem Agenten und dem Geschäftsinhaber vereinbarten Beziehungen ermitteln lassen, doch sind auch andere Erkenntnisquellen, z. B. Ermittelungen darüber, wie der Beauftragte thatsächlich seine Obliegenheiten wahrnimmt, nicht gerade ausgeschlossen. Entsch. v. 20. IX. 89 (Pr. Verw.=Bl. Bd. XI S. 122).

Nr. 21. Entsch. Bd. XXVIII. S. 111 vom 26. April 1895.

Komm.=Abg.=Ges. v. 14. VII. 93 (G.=S. S. 152) § 36. Eink.=St.=Ges. v. 24. VI. 91 (G.=S. S. 175) §§ 9 I 5, 14 und Ausf.=Anw. v. 5. VIII. 91, Art. 19.

Die Ansicht, daß als regelmäßige jährliche Absetzungen im Sinne des § 9 I Nr. 5 des Eink.-St.=Ges. v. 24. VI. 91 nur diejenigen angesehen werden können, die der Steuerpflichtige thatsächlich in seinen Büchern vorgenommen habe, entspricht nicht dem bestehenden Rechte. Der Rechtsgrund für die Berücksichtigung dieser Abschreibungen ist nicht ihre Buchung, sondern die Wertverminderung, die Gebäude, Maschinen- und Betriebsgerätschaften durch die Abnutzung erleiden und die ebenso, wie die zur Erhaltung dieser Anlagen verwendeten baren Ausgaben, als ein das Reineinkommen mindernder Faktor erscheinen. Wie bei einer baren Betriebsausgabe die Anrechnung nicht durch den Nachweis der Buchung, sondern durch den der Leistung bedingt wird, so kann auch bei der einer Ausgabe gleichstehenden, der jährlichen Abnutzung entsprechenden Abschreibung die Berücksichtigung nicht von der Buchung, sondern nur von dem Eintritte der Abnutzung abhängig gemacht werden.[1]) Die Höhe der letzteren kann im Verwaltungsstreitverfahren mit jedem zulässigen Beweismittel dargethan werden.

Dagegen ist es unerheblich, wenn die Gesellschaft die ohne solche Ermächtigung von dem Agenten abgeschlossenen Verträge — wenn auch in der rechtsirrtümlichen Auffassung, durch sie verpflichtet zu sein — als rechtsverbindlich anerkennt. Entsch. v. 27. III. 88 (Pr. Verw.=Bl. Bd. IX S. 287).

Eine beim Abschlusse von Rechtsgeschäften selbständige Agentur liegt dann nicht vor, wenn die Einrichtung der Agentur darauf beschränkt ist, die einzelnen Rechtsgeschäfte, deren Inhalt durch den Inhaber des Unternehmens in allen wesentlichen Beziehungen vorgeschrieben ist, durch seine Handlungen zum förmlichen Abschlusse zu bringen, sondern nur dann, wenn der Agent befugt ist, nach eigenem Ermessen drüber zu befinden, ob, mit wem und unter welchen Bedingungen ein Rechtsgeschäft abzuschließen ist. Entsch. v. 14. III. 94 (Pr. Verw.=Bl. Bd. XV S. 428).

Doch wird die Ermächtigung nicht schon dadurch ausgeschlossen, daß der Agent, um ohne speziellen Auftrag handeln zu können, an besondere Tarifsätze gebunden ist. Entsch. v. 2. V. 94 (Pr. Verw.=Bl. Bd. XV S. 429).

Ist der Agent eines Versicherungsgeschäftes nur für einen Zweig des Geschäftes oder nur für gewisse Arten von Versicherungsverträgen zum selbständigen Abschlusse ermächtigt, so berechnet sich das steuerpflichtige Einkommen der Agentur nur nach diesen Geschäften, die er selbständig abschließen durfte. Eine solche Ermächtigung liegt nicht vor, wenn der Agent die an anderer Stelle genehmigten Verträge ledig an Stelle der Direktion oder eines Direktionsmitgliedes vollziehen und so seinerseits zum Abschlusse bringen darf. Entsch. v. 21. XII. 86 (Pr. Verw.=Bl. Bd. VIII S. 146).

Unerheblich ist hingegen, ob der Agent von seiner Vollmacht thatsächlich Gebrauch macht, oder zu den Versicherungsverträgen vor ihrem Abschlusse noch die Zustimmung des verwaltenden Gesellschaftsorganes nachsucht. Entsch. v. 11. IX. 88 (Pr. Verw.=Bl. Bd. X S. 74).

[1]) Ebenso ist unerheblich, ob die Abschreibung für Abnutzung bei einem Unternehmer gebräuchlich ist. Er verliert sein Recht darauf nicht, wenn er es durch eine Reihe von Jahren, bewußt oder unbewußt, nicht ausgeübt hat. Entsch. v. 6. XI. 85 Nr. II 1101. Desgleichen ist für die Bemessung der Abschreibung (Wertverminderung) unerheblich, daß der Betrieb nach Ablauf einer bestimmten Zeit eingestellt werden muß. Entsch. v. 11. VI. 85 (Pr. Verw.=Bl. Bd. VI S. 337). Im übrigen entscheidet bei Feststellung der Abschreibungen der wahre Werth, z. B. der Gebäude, nicht der Bauwert, auch wenn letzterer dem gezahlten Kaufpreise entsprechen sollte. Entsch. v. 16. V. 90 (Pr. Verw.=Bl. Bd. XI S. 560). Ob die Gebäude zu gewerblichen Zwecken benutzt werden, oder nicht, ist nach § 9 5 des Eink.=St.=Ges. v. 24. VI. 91 und Art. 16 I 2 der Ausf.=Anw. v. 5. VIII. 91 gleichgültig. Entsch. v. 20. X. 93 (Pr. Verw.=Bl. Bd. XV S. 241).

Erneuerungen von Gebäuden gehören in der Regel zu den Ausgaben, die in einer Kapitalanlage zur Erweiterung des Geschäftes oder zu Verbesserungen bestehen und daher nicht abzugsfähig sind. Es ist also keinesfalls zulässig, alle Erneuerungen ohne Unterschied als Betriebsausgaben zu bezeichnen und bei der Berechnung des steuerpflichtigen Reineinkommens in Abzug zu bringen. Eine Unterscheidung zwischen produktiven und un=

Nr. 22. Entsch. Bd. XXIX. S. 22 vom 30. November 1895. II C 298/95.
Komm.-Abg.-Ges. v. 14. VII. 93 (G.-S. S. 152) § 35.

Wenn ein Agent einer Gesellschaft unbeschränkte General- und Spezialvollmacht besitzt, jene Behörden, wie Privaten gegenüber zu vertreten und die Vollmacht keinerlei Hinweis auf etwa daneben bestehende einschränkende Instruktionen enthält, so besitzt er die im § 35 des Komm.-Abg.-Ges. für die Gemeindesteuerpflicht eines Betriebes erforderte Ermächtigung zum selbständigen Abschlusse von Geschäften. § 35 bezieht sich lediglich auf die Stellung des Agenten nach außen hin, wie auch das Deutsche Handelsgesetzbuch (Art. 42, 43, 47—49) bei seinen Bestimmungen über die Machtvollkommenheiten des kaufmännischen Hilfspersonals im wesentlichen die Wirkung seiner Handlungen Dritten gegenüber im Auge hat.

Darauf, wie die Gesellschaft ihr Verhältnis zu dem Agenten, Dritten unerkennbar, geregelt hat, kommt es nicht an. Insbesondere würde ein bei Erteilung gepflogener, sie einschränkender Schriftwechsel nur dann in Betracht kommen, wenn in der Vollmacht darauf in geeigneter Weise Bezug genommen wäre.

Nr. 23. Entsch. Bd. XXIX. S. 119 vom 4. Januar 1896. II C 186/95.
Eink.-St.-Ges. v. 24. VI. 91 (G.-S. S. 175) §§ 9, 10, 14 und Ausf.-Anw. v. 5. VIII. 91, Art. 4, 5, 17—19.

1) Haben ihrem Betrage nach unbestimmte oder schwankende Einnahmen noch nicht während eines vermöge seiner Dauer die Durchschnittsberechnung zulassenden Zeitraumes bestanden, so ist bei einer erst nach Ablauf des Steuerjahres selbst erfolgenden Feststellung des Einkommens der Verwaltungsrichter nicht behindert an Stelle des „mutmaßlichen", d. h. durch Schätzung zu ermittelnden Jahresertrages die wirklichen Erträge des Steuerjahres, event. der in dieses entfallenden Bruchteile mehrerer Wirtschaftsjahre zu Grunde zu legen. Vergl. E.-O.-V. Bd. XXIV S. 50.[1])

2) Wo die Einkommensermittelung auf Grund von Handelsbüchern zu erfolgen hat, ist die Beweisaufnahme in der Weise zu veranlassen, daß zunächst den klagenden Steuerpflichtigen aufgegeben wird, eine übersichtliche Zusammenstellung der Betriebseinnahmen und Ausgaben in der für die Steuerbemessung maßgebenden Periode vorzulegen. Hierüber ist der veranlagenden Gemeindebehörde Gelegenheit zur Äußerung zu geben und demnächst, soweit erforderlich, nach Anhörung von Zeugen und Sachverständigen, Einsicht der Bücher u. s. w. zu entscheiden.

d) Einkommen aus Bergbau.

Nr. 1. Entsch. Bd. XVI. S. 196 vom 18. Januar 1888. I C 57/87.
Komm.-Abg.-Ges. v. 14. VII. 93 (G.-S. S. 152) §§ 33, 35, 49.

1) Das Bergwerkseigentum umfaßt das durch die Verleihungsurkunde erteilte Bergbaurecht und in notwendiger Verbindung mit diesem

---

produktiven Ausgben findet hierbei nicht statt, weil sie praktisch undurchführbar ist und im Gesetze keine Stütze findet. Entsch. v. 23. XI. 86 (Pr. Verw.-Bl. Bd. XI S. 140). Für diejenigen Gegenstände, deren Erneuerung aus Betriebsmitteln bestritten worden ist, dürfen für dasselbe Jahr nicht nochmals Abnutzungsprozente abgezogen werden. Entsch. v. 6. XI. 85 Nr. II 1101. Nicht nur die wirklichen Ausgaben zur Unterhaltung der Gebäude und Utensilien, sondern die „üblichen" Prozentsätze sind in Abzug zu bringen. (§ 30 Abs. 2 des Ges. v. 1. V. 51). Wird die Angemessenheit dieser Abschreibungen von der einschätzenden Behörde nicht bemängelt, so liegt für den Verwaltungsrichter keine Veranlassung vor, sie von Amtswegen zu prüfen. Entsch. v. 21. IX. 85 (Pr. Verw.-Bl. Bd. VII S. 11).

[1]) Oben S. 363.

zugleich das dingliche Recht an fremden Grundstücken, die verliehenen Mineralien in diesem aufzusuchen und zu gewinnen; sein Zubehör sind die oberirdischen Anlagen zum Zwecke dieser Gewinnung.[1]) Der Besitz des Bergwerkseigentumes vollzieht sich daher in denjenigen Gemeindebezirken, unter denen das verliehene Feld liegt und in denen unbewegliche Zubehörstücke vorhanden sind. Gehören diese nicht dem Eigentümer, sind sie vielmehr von dem Pächter zum Zwecke des Pachtbetriebes in eine nicht fortwährende Verbindung mit dem Bergwerke gebracht, so bilden sie keine Pertinenz davon — §§ 42, 60, 108 A. L.-R. Teil I Tit. 2 — und können auch einen Besitz des Bergwerkseigentümers in derjenigen Gemeinde, in der sie liegen, nicht begründen. Hiernach folgt aus dem Vorhandensein der auch zum Betriebe einer Grube bestimmten, einer pachtenden Gewerkschaft gehörigen Anlagen in einer Gemeinde nicht, daß der verpachtende Bergwerkseigentümer in dieser den Besitz seiner Grube ausübt und daher der betr. Gemeinde gegenüber abgabepflichtig ist.

2) Ebensowenig folgt die Kommunalsteuerpflicht in einem solchem Falle aus § 35 des Komm.-Abg.-Ges. Nachdem dieser im ersten Absatze die Voraussetzungen festgestellt hat, unter denen ein in der Gemeinde stattfindender gewerblicher oder Bergbaubetrieb als steuerpflichtig anzunehmen ist, bestimmt er im Abs. 2, daß das Einkommen aus dem nicht mit eigenem Betriebe verbundenen Besitze von Handels- und gewerblichen Anlagen einschließlich der Bergwerke der Besteuerung in denselben Gemeinden unterliegt, in denen das Einkommen aus dem Betriebe steuerpflichtig ist. Der Absatz 2 aber enthält lediglich eine nähere Regelung der durch § 33 Abs. 2 und 3 begründeten Steuerpflicht der Forensen zwischen den aus dieser Bestimmung berechtigten Gemeinden. Er bestimmt, unter welchen näheren Umständen der Besitz der zu einem solchen dienenden Grundstücke eine Abgabepflicht begründet, dies unter dem selbstverständlichen und darum nicht besonders erwähnten Vorbehalte, daß auf diesen Besitz die übrigen, im § 33 erwähnten Voraussetzungen der Steuerpflicht zutreffen. Er handelt sonach nur von dem Falle, daß das gesammte zu einem Gewerbebetriebe gehörige sachliche Substrat einen Eigentümer hat, und daß diese zu einem Betriebe vereinigten sachlichen Güter in verschiedenen Gemeinden liegen, so daß also jede Gemeinde an sich Belegenheitsgemeinde ist. Für diesen Fall bestimmt Abs. 2, wie zu verfahren ist, wenn die gewerbliche Anlage von dem Eigentümer nicht betrieben wird, sondern verpachtet ist. Dann soll nur diejenige Gemeinde zur Steuererhebung berechtigt sein, in der ein Betrieb stattfindet. Die Gemeinde, in der der Pächter wegen

[1]) Das Bergwerkseigentum ist weder Grundbesitz, noch mit dem Bergwerke identisch, mag man als solches den Inbegriff der behufs Ausbeutung eines verliehenen Bergwerkseigentumes hergestellten Anlagen oder die Gesammtheit derjenigen Anlagen bezeichnen, die bestimmungsgemäß der Gewinnung unterirdischer Mineralien nach bergtechnischen Regeln dienen. Die Terminologie des Berggesetzes ist zwar nicht ganz konsequent; jedoch wird im wesentlichen auch hier der Unterschied festgehalten, daß unter Bergwerkseigentum die Berechtigung, unter Bergwerk der Betrieb verstanden wird. Daraus ergiebt sich, daß der der Gemeinde obliegende Nachweis der Steuerpflichtigkeit einer Zeche gemäß § 33 des Komm.-Abg.-Ges. sich nicht darauf beschränken darf, daß ihr Bergwerkseigentum im Gemeindebezirke verliehen sei, sondern daß auch dargethan werden muß, daß sie im Gemeindebezirke Anlagen besitze, die den Begriff eines Bergwerkes darstellen. Entsch. v. 20. X. 91 (Pr. Verw.-Bl. Bd. XIII S. 133).

Das „Bergwerkseigentum" allein ist nicht geeignet, die Kommunalsteuerpflicht zu begründen, da es weder unter den Begriff des Grundbesitzes noch des „Habens" eines Bergwerkes fällt. Für die Bestimmung des „in der Gemeinde zufließenden" Einkommens ist es gleichgültig, an welchem Orte die betreffende Einnahme zur Auszahlung gelangt; es kommt vielmehr lediglich darauf an, wo das Einkommen erwächst. Beim Betriebe eines Salzbergwerkes kann der Soolgraben als eine Betriebsstätte nicht aufgefaßt werden, wohl aber die Gradirwerke. Entsch. v. 16. I. 88 (Pr. Verw.-Bl. Bd. IX S. 161).

des Betriebes besteuert wird, kann also den Verpächter nur besteuern, wenn er in ihr überhaupt forensalsteuerpflichtig ist. Ist er letzteres, weil z. B. dort die verpachtete Anlage liegt, so erstreckt sich das Steuerrecht nicht bloß auf den Pachtzins für das in der Betriebsgemeinde belegene, zum Betriebe gehörige Grundstück, sondern weiter auf die Pacht für das in der Nachbargemeinde belegene Grundstück, das zwar zum Betriebe gehört, auf dem aber ein nach § 35 Abs. 1 steuerpflichtiger Betrieb nicht stattfindet.

So bewegt sich das Besteuerungsrecht und die ihm korrespondierende Pflicht genau in dem Rahmen der §§ 33, 35, die ein untrennbares Ganze bilden und in ihrer Vereinigung bestimmen, daß der Eigentümer einer Anlage nur in der Gemeinde besteuert werden kann, in der er wegen „Habens" ihrer steuerpflichtig ist, aber auch nur dann, wenn hier zugleich ein Betrieb stattfindet. Abs. 2 des § 35 geht nicht darüber hinaus, sondern konzentriert nur die Steuerpflicht des Verpächters in einzelnen Fällen von zwei Stellen auf eine.

Besteht für den Pächter eines Bergwerkes eine Steuerpflicht gegenüber einer bestimmten Gemeinde aus dem Grunde, weil er innerhalb ihres Bezirkes eine Betriebsstätte unterhält, so wird hierdurch nicht auch zugleich ein Recht dieser Gemeinde begründet, den Eigentümer des außerhalb ihres Bezirkes belegenen Bergwerkes mit dem erzielten Pachtpreise anteilig heranzuziehen.

Nr. 2. Entsch. Bd. XVII. S. 129 vom 19. Dezember 1888. I C 75/88.

Komm.-Abg.-Ges. v. 14. VII. 93 (G.-S. S. 152) §§ 33, 36. Eink.-St.-Ges. v. 24. VI. 91 (G.-S. S. 175) §§ 10, 14, 16 und Ausf.-Anw. v. 5. VIII. 91, Art. 20. Berggej. v. 24. VI. 65 (G.-S. S. 705) §§ 50, 51.

1) Es war streitig geworden, nach welchen Grundsätzen und in welcher Höhe die einer Bergwerks-Aktien-Gesellschaft im Regierungsbezirke Wiesbaden an sich zugestandenen, durch die Verringerung der Substanz bedingten Abschreibungen bei der Einschätzung zu den städtischen Kommunalabgaben in Ausgabe zu stellen seien. Es handelte sich um die Auslegung des Absatz 2 in § 3 des Komm.-Abg.-Ges. v. 27. VII. 85 (G.-S. S. 327):

> „Bezüglich des Reineinkommens aus Bergbau-Unternehmungen gelten die Einschätzungsgrundsätze der Staatseinkommensteuer mit der Maßgabe, daß die der jährlichen Verringerung der Substanz entsprechenden Abschreibungen zu den Ausgaben gerechnet werden."[1])

2) Als „Substanz", für deren Minderung das Gesetz bei Bergwerks-Unternehmungen die Abschreibung zuläßt, ist, da das Bergwerkseigentum in der ausschließlichen Befugnis besteht, das verliehene Mineral im Verleihungsfelde aufzusuchen und zu gewinnen, nur die Masse der verliehenen, unterirdisch lagernden Mineralien anzusehen. Denn diese bilden den Grundstock des Unternehmens, von dessen Reichhaltigkeit und allmählicher Erschöpfung die Höhe des Abzuges abhängt.

Die zu Tage geförderten Mineralien sind Substanzteile, und es ist in dem Erlöse für jene neben dem Ersatze der Förderkosten auch ein Surrogat für diesen Teil der Substanz enthalten, das durch Zulassung der Abschreibung auch steuerlich als „zurückfließendes Kapital" behandelt werden soll.

3) Die „Verringerung" der Substanz wird nicht schon durch die Menge des geförderten Materials allein bezeichnet, denn jene ist eine relative Größe. Wird dieselbe Maßeinheit von zwei Mengen entnommen, von denen die erstere 10, die andere 20 Einheiten enthält, so ist die Substanz bei jener

---

[1]) Der Aufnahme einer gleichen Vorschrift in das Komm.-Abg.-Ges. v. 14. VII. 93 bedurfte es nicht, da sie in Art. 20 der Ausf.-Anw. v. 5. VIII. 91 zum Eink.-St.-Ges. bereits enthalten und daher für die Kommunalbesteuerung ohnehin maßgebend war.

um $^1/_{10}$, bei dieser um $^1/_{20}$ verringert. Bei Bergwerken kann die Verringerung daher nur durch einen Bruch ausgedrückt werden, dessen Zähler das im Betriebsjahre abgebaute Quantum und dessen Nenner das Gesammtquantum der Mineralsubstanz bildet. Als Gesammtquantum kann nur die zur Zeit der Steuerveranlagung thatsächlich vorhandene, nicht aber die zu einem früheren Zeitpunkte (z. B. vor Beginn der Ausbeute, bei der erstmaligen Besteuerung u. s. w.) vorhanden gewesene Mineralmasse in Betracht kommen. Die Höhe des Abzuges ist nicht zugleich „nach der ursprünglichen Reichhaltigkeit des Grundstockes", sondern lediglich „nach dessen bereits mehr oder weniger eingetretenen Erschöpfung" zu bemessen. Vergl. E.-O.-V. Bd. X S. 71, 73, 74. Die beiden Zahlen des die jährliche Substanzverringerung ausdrückenden Bruches sind daher nach den für die Veranlagungsperiode zu ermittelnden thatsächlichen Verhältnissen festzustellen.

4) Die Abschreibung muß, um der jährlichen Substanzverringerung zu „entsprechen", in demjenigen Verhältnisse, das der diese Verringerung ausdrückende Bruch anzeigt, zu dem Gesammtwerte der Substanz stehen. Nur dadurch wird die Absicht erreicht, das in dem Jahresgewinne enthaltene Geldäquivalent für die geförderten Substanzteile als zurückfließendes Kapital steuerfrei zu stellen. Dagegen ist es unrichtig, als drittes bekanntes Glied der Proportion den jährlichen Reinertrag anzunehmen, denn es ist möglich, daß gegenüber den Förderkosten und den Absatzpreisen ein Reinertrag gar nicht erzielt wird. Steht sonach der Reinertrag nicht notwendig in gleichem Verhältnisse zu der jährlich geförderten Menge, so darf auch die Abschreibung nicht nach dem Reinertrage berechnet werden, wenn sie der Substanzverringerung entsprechen soll. Sie genügt diesem Erfordernisse nur dann, wenn sie zu dem Werte der Gesammtsubstanz sich verhält, wie die im Betriebsjahre geförderte Menge zu der in seinem Anfange vorhandenen Menge der Substanz.

5) Der Wert der Substanz des unterirdisch lagernden Minerals ist, auch abgesehen von seiner allmählichen Erschöpfung, kein im Laufe der Zeit unveränderlicher. Er wird keineswegs begrenzt durch den Betrag derjenigen Aufwendungen, die der Bergwerkseigentümer für die Schürfung, Mutung und Verleihung oder für einen etwaigen späteren Ankauf der Gruben gemacht hat. Auch die meist umfangreichen Einrichtungen an Schächten, Stollen und sonstigen Bauten unter und über Tage, die zur Gewinnung des Minerals erforderlich sind, bilden nur einen, wenn auch notwendigen Teil des zur Ausbeutung der Substanz unentbehrlichen Betriebskapitales, nicht aber einen Teil der Substanz selbst. Der Wert des Mineralschatzes wird zwar durch das Vorhandensein solcher Einrichtungen wesentlich beeinflußt, aber keineswegs durch das in ihnen steckende Kapital. Das letztere darf selbst zum Zwecke der hier fraglichen Abschreibung dem anderweit ermittelten Substanzwerte nicht hinzugezählt werden. Vergl. E.-O.-V. Bd. XIII S. 38 ff.

Der Wert der Substanz besteht vielmehr in der Brauchbarkeit, die die verliehene Lagerstätte für den Bergwerkseigentümer hat, das Mineral zu gewinnen und durch dessen Absatz sich ein Einkommen zu erwerben, und wird um den Diskont der künftig fällig werdenden Werte der Jahresförderungen vermindert. Bei einem Bergwerke, dessen Substanz in 100 Jahren alljährlich mit 2000000 Zentnern zu 5 Pf. ausgebeutet wird, entspricht demgemäß der Jetztwert der Substanz einem Kapitale, mittels dessen es bei Zugrundelegung des für Bergbauunternehmungen üblichen Zinsfußes zur Zeit möglich ist, eine 100 Jahre dauernde Rente von 100000 Mk. zu erwerben. Mit der Anwendung der Zinseszinsrechnung treten noch 3 weitere Faktoren hinzu, nämlich das Quantum und der Wert der künftigen Jahresförderungen, die Dauer der Ausbeuteperiode und endlich der Zinsfuß, die aus den Betriebsergebnissen der Vergangenheit weder festgestellt, noch auch nur mit annähernder Sicherheit geschätzt werden können. Da der Wert der Substanz mit jedem Wechsel in den Produktions- und Absatzverhältnissen sich ändert, so muß er, falls von einem Beteiligten eine solche Veränderung behauptet wird, für jede Steuerveranlagung nach Maßgabe der in dieser Periode bestehendeu Verhältnisse neu geschätzt werden.

6) Der Bergwerkseigentümer, der eine Abschreibung beansprucht, muß auch die Angemessenheit der in Rechnung gestellten Abschreibungen darthun. Ist dies, wie z. B. bei den unerschöpflichen Kalisalzlagern, unmöglich, so kann der Abzug nicht passieren; dieserhalb ist er aber nicht da auszuschließen, wo der Zensit die Substanzverringerung in quali et quanto darlegt oder ziffermäßig genau den Wert des Mineralschatzes, der in seinem Grubenfelde vorhanden ist, nachweist und ferner, welcher Teil davon jährlich absorbiert wird. Die strenge Anwendung des Grundsatzes, daß Abweisung erfolgen muß, wenn wegen der besonderen Beschaffenheit des Bergwerkes die Menge der vorhandenen Substanz und der zeitige Substanzwert einer Maßeinheit davon nicht in einer den Richter überzeugenden Weise dargelegt werden kann, auf den Nachweis der übrigen für die Ermittelung des Jetztwertes der Gesammtsubstanz, für die obige Zinsrechnung maßgebenden Faktoren würde indessen in allen Fällen ohne Ausnahme jede Abschreibung unmöglich machen. Da dies nicht beabsichtigt sein kann, so erübrigt nur als Willen des Gesetzgebers anzunehmen, daß die Mengen und die Werte der in den künftigen Jahresförderungen enthaltenen Substanzteile als solche Größen angesetzt werden, die den für die Veranlagungsperiode thatsächlich festgestellten gleich sind und dauernd gleich bleiben, und daß die Dauer der Ausbeuteperiode gefunden wird, indem man das Gesammtquantum der Substanz durch das im Veranlagunsjahre geförderte Quantum teilt. Als Zinsfuß ist dann derjenige anzuwenden, der zu dieser Zeit für die mehr oder minder unsicheren Kapitalanlagen in Bergbauunternehmungen der betreffenden Art gebräuchlich ist, nicht jedoch in allen Fällen der niedrige, allgemein landesübliche.[1])

Nr. 3. Entsch. Bd. XXVI. S. 37 vom 5. Dezember 1893. II C 159/63.

Preuß. Berggeſ. v. 24. VI. 65 (G.-S. S. 705) §§ 54, 56, 148. Komm.-Abg.-Ges. v. 14. VII. 93 (G.-S. S. 152) §§ 33, 35, 36. Eink-St.-Ges. v. 24. VI. 91 (G.-S. S. 175) §§ 1—4, 16.

1) Für die Frage der subjektiven Gemeindesteuerpflicht der Berggewerkschaften ist lediglich § 33 des Komm.-Abg.-Ges. entscheidend. Erst wenn diese Pflicht feststeht, kommen hinsichtlich der Höhe der Steuer die Vorschriften des § 36 des Komm.-Abg.-Ges. und damit diejenigen des Eink.-St.-Ges. v. 24. VI. 91 zur Anwendung. Der § 16 des letzteren Ges. bestimmt nicht einmal für die staatliche Besteuerung, vollends also nicht für diejenige der Gemeinden, wer pflichtig sei. Während hinsichtlich der Verbindlichkeit zur

---

[1]) Die gleichen Rechtsgrundsätze finden sich in der Entsch. v. 16. III. 89 (Pr. Verw.-Bl. Bd. X S. 369 und in der Entsch. v. 5. X. 95 (Pr. Verw.-Bl. Bd. XVII S. 87). Für die Abschreibung wegen jährlicher Verringerung der Substanz eines Bergwerkes kommt es weder auf den Bruchwert noch auf etwaige, im kaufmännischen Verkehre für Aufstellung der Bilanz übliche Prozentsätze, sondern auf den Nachweis der Menge der im Bergwerke vorhandenen Substanz und ihres Wertes an. Entsch. v. 16. V. 90 (Pr. Verw.-Bl. Bd. XI S. 560).

Abschreibungen für Substanzverlust sind nicht allein beim Bergbau, sondern auch bei anderen Betrieben zulässig, die in der Ausbeutung einer dem Boden entnommenen Substanz (Thon, Torf) bestehen. Entsch. v. 5. II. 95 (Pr. Verw.-Bl. Bd. XVI S. 331).

Entrichtung von staatlicher Einkommensteuer die §§ 1—4 des Eink.-St.-Ges. disponieren, beschäftigt sich dessen § 16 vielmehr lediglich mit der Art, wie das steuerpflichtige Einkommen der Aktiengesellschaften u. s. w. dem Staate und unter Umständen auch den Gemeinden gegenüber festzustellen sei.

2) Die Steuerpflicht der Berggewerkschaften hängt hiernach von der Beantwortung der Frage ab, ob sie im Bezirke der besteuernden Gemeinde Bergbau betreiben oder Bergbau haben. Dagegen kommt es nicht darauf an, daß ihr Sitz sich in jener Gemeinde befindet, denn es gilt als Voraussetzung, daß eine Steuerpflicht überhaupt schon anerkannt ist.

3) Hat eine Gewerkschaft einer anderen ihr Grubenfeld mittels Lösungs- (Pacht-) Vertrages zur Ausbeutung in der Weise überlassen, daß ihr selbst nur das Bergwerkseigentum verbleibt, so ist sie von der dafür bezogenen Vergütung weder in der Sitz- noch Belegenheitsgemeinde abgabenpflichtig. Denn das „Bergwerkseigentum" ist weder mit „Grundbesitz" zu identifizieren, noch ist es mit dem „Haben von Bergwerken" gleichbedeutend, noch ist es ein „Betreiben von Bergbau". Es fehlt also an den Voraussetzungen der subjektiven Steuerpflicht.[1])

e) Einkommen aus Gewinn bringender Beschäftigung.[2])

Nr. 1. Entsch. Bd. XIV. S. 145 i. d. Anm. vom 9. Februar 1885. II C 110/84.
Eink.-St.-Ges. v. 24. VI. 91 (G.-S. S. 175) § 15 und Ausf.-Anw. v. 5. VIII. 91, Art. 22.

Tagegelder, die etatsmäßig angestellten Beamten während einer vorübergehenden Beschäftigung außerhalb ihres Wohnortes neben der

---

[1]) Ebenso Entsch. v. 22. III. 89 (Pr. Verw.-Bl. Bd. X S. 620). Einige wichtige Grundsätze für die Berechnung des Einkommens der Bergbaugesellschaften enthalten noch folgende Entsch.:

I. Entsch. v. 16. V. 90 (Pr. Verw.-Bl. Bd. XI S. 560): Wenn auch die Möglichkeit nicht ausgeschlossen ist, daß ein einer Bergbaugesellschaft als solcher gehöriges Kapital in keinem Zusammenhange mit dem Bergbaubetriebe steht, so spricht doch bis auf weiteres die Vermutung für einen solchen Zusammenhang, und es sind demgemäß die Zinsen als Einkommen aus Gewerbebetrieb zu behandeln. Die Zurücklegung einer Summe, aus der etwaige Bergschadenersatzansprüche alsbald befriedigt werden können, bildet an sich noch keine Ausgabe, eine solche entsteht erst durch die wirklich geleistete Zahlung. Die Bergschäden-Reserve in eine Linie zu stellen mit der bei Versicherungs-Gesellschaften üblichen Schaden- und Prämien-Reserve — Min.-Erl. v. 31. I. 79. M.-Bl. S. 52. — verbietet schon der Umstand, daß es sich hier um die dem normalen Geschäftsverlaufe entsprechende regelmäßige, dort um eine, wenn überhaupt, doch nur ausnahmsweise vorkommende Ausgabe handelt. Die Vermutung spricht bis auf weiteres dafür, daß Forderungen, die eine Bergbaugesellschaft bei einem Kohlenhändler und bei ihrem Banquier ausstehen hat, zu den Betriebseinnahmen gehören, und daß die Verluste, die sie an ihnen erleidet, Betriebsverluste bilden und als solche abzugsfähig sind.

II. Entsch. v. 13. XI. 94 (Pr. Verw.-Bl. Bd. XVI S. 231): Das Einkommen aus der Verpachtung und Vermietung von Arbeiterwohnhäusern, die eine Bergwerksgesellschaft errichtet hat, ist als ein Teil des aus dem Bergbaubetriebe fließenden Einkommens anzusehen. Das bloße Vorhandensein solcher Arbeiterwohnhäuser in einer fremden Gemeinde begründet jedoch eine Kommunalsteuerpflicht für die Gesellschaft nicht.

[2]) Hierher gehören auch folgende Entsch.: Ein nur in Naturalbezügen (freie Wohnung, Kleidung und Kost) bestehendes Einkommen, das die steuerpflichtige Höhe erreicht und auf Grund rechtlichen Anspruches gefordert werden kann, unterliegt der Gemeindesteuer. Entsch. v. 18. XII. 88 (Pr. Verw.-Bl. Bd. X S. 196).

Das einem Handlungsgehilfen oder Prokuristen von dem Prinzipal gewährte Einkommen stellt sich im steuerlichen Sinne als Einkommen aus Gewinn bringender Beschäftigung dar. Diese Natur wird auch dadurch nicht vermindert, daß der Prokurist zugleich Kommanditist derjenigen Firma ist, die ihm das Gehalt gewährt. Entsch. v. 23. X. 95 (Pr. Verw.-Bl. Bd. XVII S. 224).

Besoldung gewährt werden, sind als Entschädigung für die hierdurch verursachten Mehrausgaben (Dienstaufwandsentschädigung) anzusehen und unterliegen als solche der Besteuerung nicht.

Nr. 2. **Entsch. Bd. XXIX. S. 33** vom 8. Februar 1896. II C 175/95.

Eink.=St.=Ges. v. 24. VI. 91 (G.=S. S. 175) §§ 10, 15, 57, 59, 74. Freizügigkeitsges. v. 1. XI. 67 (B.=G.=Bl. S. 57) § 8.

1) Wenn einem Assessor gemäß § 4 des Ausf.-Ges. zum Ger.-Verf.-Ges. v. 24. IV. 78 (G.-S. S. 230) die Verwaltung einer Amtsrichterstelle auf eine von vornherein festbestimmte Zeit gegen gewisse Tagegelder übertragen wird, so ist ihm dadurch eine Einkommensquelle Gewinn bringender Beschäftigung eröffnet, die die subjektive kommunale Steuerpflicht begründet.

2) Die Steuerpflicht auf Grund des Aufenthaltes gemäß § 8 des Freizügigkeitsges. beginnt erst nach Ablauf der dort vorgesehenen 3 Monate, erstreckt sich aber dann rückwärts auf diese Zeit (vergl. E.-O.-V. Bd. III S. 104[1]). Maßgebend für die Veranlagung sind alsdann die beim Eintritte der Steuerpflicht bestehenden Verhältnisse, gleichviel, ob die Gemeinde thatsächlich schon in eben diesem Zeitpunkte oder erst später zur Veranlagung schreitet. Der Besteuerung ist stets ein Jahreseinkommen zu Grunde zu legen.

f) Die Steuerpflicht der Forensen.

Nr. 1. **Entsch. Bd. I. S. 126** vom 30. Juni 1876.

Ges. v. 14. IV. 56 (G.=S. S. 359) § 5, betreffend die Landgemeindeverfassungen u. s. w.

Unter „Forensen" im Sinne des § 5 Nr. 2 des Landgemeinde-Verfassungsges. v. 14. IV. 56 (G.-S. S. 359) sind nur physische (also nicht juristische Personen) verstanden, die, ohne Einwohner des Gemeindebezirkes zu sein, in ihm Grundeigentum besitzen. Ebenso werden in Abs. 1 des von der Heranziehung der Forensen, juristischen Personen u. s. w. zu den Kreisabgaben handelnden § 14 Abs. 1 der Kr.-Ordn. diejenigen physischen Personen „Forensen" genannt, die, ohne in dem Kreise einen Wohnsitz zu haben u. s. w., in ihm Grundeigentum besitzen, während im § 14 Abs. 2 von den juristischen Personen besonders die Rede ist.

Dieselben Grundsätze wie für die Landgemeinde- und Kreisforensen gelten hinsichtlich der Stadtforensen.

Deshalb werden durch das Statut einer Landgemeinde, das die Forensen der Gemeindesteuer unterwirft, niemals juristische Personen, z. B. eine Eisenbahngesellschaft, betroffen.[2])

---

[1]) Oben S. 337.

[2]) Der Begriff der Forensen ist heute für die 7 östlichen Provinzen durch § 45 Abs. 1 der Land=Gem.=Ordn. v. 3. VII. 91 (G.=S. S. 233) festgestellt und durch § 45 Abs. 2 a. a. O. auf die juristischen Personen, Aktiengesellschaften, Kommanditgesellschaften auf Aktien, Berggewerkschaften, eingetragenen Genossenschaften und den Staatsfiskus ausgedehnt worden. Bezüglich der Heranziehung zur Gemeindeeinkommensteuer gilt heute für die physischen Forensen § 33², für die Aktiengesellschaften u. s. w. § 33³ und für den Staatsfiskus § 33⁴ des Komm.=Abg.=Ges. v. 14. VII. 93 (G.=S. S. 152). Die Entsch. v. 30. VI. 76 hat daher im wesentlichen ihre Bedeutung verloren.

Der außerhalb einer Gemeinde wohnende Haushaltungsvorstand wird in ihr nicht schon dadurch, daß eines der Mitglieder seines Haushaltes dort Forense ist, selbst zum Forensen und damit für seine Person steuerpflichtig. Entsch. v. 17. IV. 88 (Pr. Verw.=Bl. Bd. IX S. 323).

Durch das Komm.=Abg.=Ges. ist die Gemeinden=Einkommenbesteuerung der juristischen Personen u. s. w., sowie der Forensen erschöpfend und einheitlich geregelt, indem sowohl

Nr. 2. Entsch. Bd. XII. S. 113 vom 1. Juni 1885. II C 62 85.

Komm.-Abg.-Ges. v. 14. VII. 93 (G.-S. S. 152) §§ 33, 36. Hand.-G.-B. Art. 106.

1) **Zu dem der Forensalbesteuerung unterliegenden Einkommen aus Gewerbebetrieb eines auf eigener oder gepachteter Besitzung wohnenden, bei einer auswärtigen Fabrik als Gesellschafter beteiligten Unternehmers gehört nicht die Gegenleistung für die der Fabrik auf Grund des Gesellschaftsvertrages gelieferten Rohprodukte der Besitzung.** Der Preis für die gelieferten Rüben kann in steuerlicher Beziehung nur als Einkommen aus Grundvermögen angesehen werden. Die Pflicht der Rübenlieferung ist freilich von den Interessenten zugleich in ihrer Eigenschaft als Mitglieder der Gesellschaft übernommen. Die Einnahmequelle für das in dem Rübenpreise enthaltene Einkommen liegt aber nicht in dem Gewerbebetriebe, sondern in der Bebauung des Grundbesitzes, wenigstens so lange, als der Preis nicht über den bei den sog. Kaufrüben gleicher Gattung gezahlten Betrag hinausgeht. Von einem Gewinne aus dem Gewerbebetriebe könnte übrigens erst dann die Rede sein, wenn die notwendigen Betriebsausgaben gedeckt sind. Zu diesen gehört aber auch der Preis für die Rüben als das Rohmaterial. Ob sie auf Grund eingegangener besonderer Verpflichtung geliefert oder freiwillig angeboten werden, bleibt hierauf ohne Einfluß, in dem einen, wie in dem andern Falle ist der für sie zu zahlende Preis ein Teil der Produktionskosten. Demnach ist, immer vorausgesetzt, daß der Preis der Pflichtrüben den der Kaufrüben gleicher Güte nicht überschreitet, eine Verteilung von Dividenden im Wege der Bezahlung der Pflichtrüben überhaupt nicht möglich. Denn Dividenden können bei ordnungsmäßigem Verhalten der Gesellschaft nur aus dem wirklichen Reineinkommen gewährt werden, und dieses ergiebt sich erst nach Berichtigung der Betriebsausgaben.

2) Dagegen bilden die **Zinsen der ganzen Summe,** die die Teilnehmer **als wirkliches Anlage- und Betriebskapital** in die offene Handelsgesellschaft eingeschlossen haben, **einen Teil des aus dem Gewerbebetriebe bezogenen Einkommens und unterliegen deshalb der Forensalbesteuerug.** Einnahmen aus Kapitalvermögen werden freilich an sich nicht von der Forensalbesteuerung ergriffen; wird aber das Kapital in einem Gewerbe angelegt, so stellen sich die Zinsen in steuerlicher Hinsicht nicht mehr als Einnahme aus Kapitalvermögen, sondern als Einnahme aus Handel und Gewerbe dar.

3) **Wenn ein Dritter die Einlage bei der Gesellschaft für den Teilhaber bewirkt und dann seinerseits die Zinsen zu empfangen hat,** so muß auch hier der Gesellschafter die in den Dividenden enthaltene Verzinsung des für ihn eingezahlten und als seine eigene Einlage zu behandelnden

---

darüber Bestimmung getroffen ist, in welchen Fällen sie zu einer Steuer herangezogen werden können, als auch von welchen Gemeinden, und wie ihr Reineinkommen eingeschätzt werden soll. — Daraus folgt, daß ein Privilegiumr, das etwa früher in der Rheinprovinz dem die Besteuerung des Einkommens der juristischen Personen und Forensen gestattenden Art. 8 des Gemeindeverfassungsges. v. 15. V. 56 gegenüber den ehemals reichsunmittelbaren Standesherrn verliehen war, hinsichtlich der Forensalbelastung nunmehr als aufgehoben anzusehen ist. Entsch. v. 9. I. 91 (Pr. Verw.-Bl. Bd. XII S. 507).

Das der Forensalbesteuerung unterworfene Einkommen ist als ein Teil des persönlichen freien Gesammteinkommens und nicht im objektiven Sinne als der nach Abzug der Betriebskosten u. s. w. erzielte Reinertrag aus der einzelnen Einnahmequelle zu behandeln. Bei Berechnung des in der Forensalgemeinde erzielten Einkommens sind daher auch die persönlichen Schulden, soweit sie nicht mit einem einzelnen Besteuerungsobjekte in besonderer unmittelbarer Beziehung stehen, zu berücksichtigen. Denn solche Schulden lasten auf dem Gesammteinkommen und mindern daher jeden Teil dieses Einkommens verhältnismäßig. Entsch. v. 4. VII. 93 Pr. Verw.-Bl. Bd. XV S. 72).

Anlagekapitals versteuern, und es bleibt ihm nur überlassen, die Zinsen der Anleihe, die er bei dem Dritten gemacht hat, um die Einzahlung leisten zu können, als Schuld von seinen Einnahmen abzurechnen. Für die Forensalbesteuerung kann aus derartigen Verhältnissen ein von der Regel abweichendes Prinzip nicht hergeleitet werden.

Nr. 3. Entsch. Bd. XII. S. 118 vom 7. September 1885. II C 67/85.
Komm.-Abg.-Ges. v. 14. VII. 93 (G.-S. S. 152) §§ 33, 36.

Zu dem der Forensalbesteuerung unterliegenden Einkommen aus Gewerbetrieb eines auf einer gepachteten Besitzung wohnenden, bei einer auswärtigen Fabrik als Gesellschafter beteiligten Unternehmers gehört auch der zufolge besonderen Übereinkommens mit dem Verpächter von dem Pächter einem bei dem Fabrikgeschäfte nicht beteiligten Dritten gewährte Anteil an dem Gewinne der Fabrik.

Denn dieser Dritte steht in keinem Rechtsverhältnisse zu der Handelsgesellschaft. Nur der Pächter als Teilhaber der Fabrik ist zum Bezuge der auf seine Anteile fallenden Dividende berechtigt, während die Verpflichtung zur Abgabe der halben Dividende an den Dritten lediglich aus dem Pachtverhältnisse entspringt und sich rechtlich lediglich als ein erhöhter Pachtzins darstellt.

Nr. 4. Entsch. Bd. XVII. S. 244 vom 30. Januar 1889. I C 126/88.
A. L.-R. Teil II Tit. 1 §§ 205, 210, 214, 321. Komm.-Abg.-Ges. v. 14. VII. 93 (G.-S. S. 152) § 33.

1) Im Fürstentume Münster gilt provinzialrechtlich die eheliche Gütergemeinschaft. Diese kann vertragsmäßig ausgeschlossen werden. Ist letzteres geschehen, so hat nach den zur Anwendung kommenden §§ 210 und 214 Tit. 1 Teil II A. L.-R.'s das, was weder durch besondere Verträge zwischen den Ehegatten, noch vermöge des Gesetzes, noch nach Bestimmungen des Erblassers oder Geschenkgebers der Frau vorbehalten ist, die Eigenschaft des Eingebrachten, und der Ehemann gilt als Nießbraucher.

2) Der Nießbraucher muß ebenso, wie der Eigentümer von Grundstücken, als Forense sein Einkommen aus Grundbesitz in der Gemeinde versteuern. Der Nießbraucher ist also dem Eigentümer in diesem Sinne gleichgestellt. Denn die Worte „Grundvermögen haben" im § 33 des Komm.-Abg.-Ges. können sprachlich ganz ebenso auf den Besitz des Nießbrauchers am Grund und Boden, wie auf den des Eigentümers, bezogen werden. Wollte man außerdem jene Worte nur auf den Besitz von Grundeigentum beziehen, so würde damit eine der ratio legis widersprechende Einschränkung in das Besteuerungsrecht der Gemeinden eingeführt werden. Denn, da dem Eigentümer überall da und soweit, als ein Dritter den Nießbrauch an seinem Eigentum hatte, daraus kein Einkommen zufließt und da er daher nicht besteuert werden kann, so geht, falls der Nießbraucher nicht als Forense besteuert werden darf, die Gemeinde ihres Rechtes der forensalischen Einkommensbesteuerung verlustig. Es ist ja auch das Einkommen aus dem eingeschränkten Nutzungsrechte des Pächters ausdrücklich der forensalischen Besteuerung unterworfen, um so mehr muß dies der Fall sein hinsichtlich des uneingeschränkten Nutzungsrechtes des Nießbrauchers.

Nr. 5. Entsch. Bd. XXV. S. 67 vom 12. Dezember 1893. II C 164/93.
Eink.-St.-Ges. v. 24. VI. 91 (G.-S. S. 175) §§ 2, 6, 9 I², 85 und Ausf.-Anw. v. 5. VIII. 91, Art. 24⁵,⁶. Komm.-Abg.-Ges. v. 14. VII. 93 (G.-S. S. 152) § 36.

Sowohl hinsichtlich der Kreis- als auch der Gemeindebesteuerung der Forensen sind Hypothekenschulden grundsätzlich als solche nur lediglich um dieser ihrer Eigenschaft willen zu denjenigen Belastungen zu rechnen, deren Zinsen der einzelnen Einnahmequelle dergestalt anhaften, daß sie zunächst aus deren Erträgen gedeckt werden müssen, von einem Reineinkommen also immer erst nach ihrem Abzuge die Rede sein kann. Vergl. E.-O.-V. Bd. II S. 52 und 61, sowie Bd. XXIV S. 117.[1]) Hieran ist auch nach Erlaß des Eink.-St.-Ges. v. 24. VI. 91 festzuhalten. Gemäß § 36 Abs. 2 des Komm.-Abg.-Ges. soll bei Ermittelung des Reineinkommens nach den für die Einschätzung zur Staatseinkommensteuer geltenden — und zwar jeweilig geltenden — Grundsätzen verfahren werden. Unter jenen Grundsätzen sind einmal die Vorschriften des Ges. v. 24. VI. 91 selbst, sodann aber auch die auf Grund des § 85 daselbst erlassenen generellen Ausführungsanweisungen des Finanzministers zu verstehen — die letzteren, insoweit sie dem Ausbaue des Gesetzes und der Ausfüllung von seinen Lücken in einer dem bestehenden Rechte nicht widersprechenden Weise dienen. Auch können diejenigen Grundsätze der Staatssteuereinschätzung, die bezüglich spezieller, aus dem Gesammteinkommen auszuscheidender Einkommen Platz greifen, für die kommunale Heranziehung der Forensen wohl verwertet werden. In dieser Hinsicht beschäftigt sich der § 9 I[2] des Eink.-St.-Ges. mit zwei besonderen Einkommensquellen und zwar im Abs. 1 mit den gemäß § 6 Nr. 1 und 2 a. a. O. bei der Veranlagung außer Acht zu lassenden Einnahmequellen, und im Abs. 2 mit dem im § 2 a. a. O. bezeichneten Einkommen für den Fall, daß sich die Besteuerung darauf beschränkt. Nach Abs. 1 das. sind bei der Besteuerung des Gesammteinkommens die von den Steuerpflichtigen zu zahlenden Schuldenzinsen und Renten nicht abzugsfähig, soweit sie auf den außer Betracht zu lassenden Einnahmequellen „haften". Nach Abs. 2 aber sollen bei der Besteuerung eines Spezialeinkommens lediglich die Zinsen solcher Schulden angerechnet werden dürfen, die auf der inländischen Steuerquelle „haften oder für den Erwerb aufgenommen sind". Nach Art. 24[5] der Ausf.-Anw. v. 5. VIII. 91 wird ein wirtschaftlicher Zusammenhang zwischen den Zinsen und der Einnahmequelle verlangt, wobei vielleicht nicht mit völliger Sicherheit zu ersehen sein mag, ob ein solcher genügen oder aber ein hypothekarisches Band noch hinzutreten soll. Dagegen scheint es, daß das letztere allein noch nicht für ausreichend erachtet wird. Weiter ist in der Nr. 6 des

[1]) Oben S. 33, 35, 345. Vergl. auch Entsch. v. 9. X. 91 (Pr. Verw.-Bl. Bd. XIII S. 76: Bei Forensalbesteuerung haften Hypotheken und Grundschulden der einzelnen Einnahmequelle dem damit belasteten Grundstücke dergestalt an, daß ihre Zinsen das aus dieser Quelle fließende Reineinkommen schmälern und von ihm vorweg in Abzug zu bringen sind. Außerdem sind bei den einzelnen Einkommensquellen auch noch solche Schulden zu berücksichtigen, die ihrer Natur und Entstehung nach zu dem Besteuerungsobjekte in erkennbarer, unmittelbarer Beziehung stehen, und deren Zinsen wirtschaftlich von dem Ertrage abgehen, ehe er als Reinertrag erscheint. Ausgeschlossen sind jedoch solche Schulden, die anderweit hypothekarisch sichergestellt sind. Denn mit Rücksicht auf die überwiegende Bedeutung der hypothekarischen, die Erträge des Grundstückes direkt mindernden Belastung, kann anderen, bloß wirtschaftlichen Beziehungen, wenigstens für die Dauer der Eintragung, eine Wirkung nicht beigelegt werden. Das für die Berechnung der abzugsfähigen Schuldenzinsen erforderliche Material ist natürlich von demjenigen zu beschaffen, der den Abzug beansprucht.

Entsch. v. 17. IV. 88 (Pr. Verw.-Bl. Bd. IX S. 323): Das Komm.-Abg.-Ges. sieht das Gesammteinkommen einer physischen Person, wenn es in verschiedenen Gemeinden zu Tage tritt, als ein der Besteuerung der konkurrierenden Gemeinden anteilig unterworfenes Objekt an, verbietet jedoch eine mehrfache Besteuerung desselben Einkommens und legt bei der Zuweisung der einzelnen Einkommensteile deren rechtliche Natur zu Grunde. Daher muß bei einem in der Wohnsitzgemeinde steuerpflichtigen Einkommen aus Hypothekenkapitalien notwendig der Zinsenbetrag in der Belegenheitsgemeinde des Pfandgrundstückes als ein steuerfreier Abzug von dessen Ertrage erscheinen — und zwar auch dann, wenn als zinsberechtigter Hypothekengläubiger der Haushaltungsvorstand seinen Haushaltungsmitgliedern als Hypothekenschuldnern gegenübersteht.

Art. 24 der Fall des ersten Abs. des § 9 I 2 des Ges. behandelt worden, und zwar dahin, daß von dem steuerpflichtigen Einkommen derjenige Betrag an Schuldenzinsen, Renten und sonstigen Lasten nicht abgerechnet werden dürfe, der in Gemäßheit der unter Nr. 5 gegebenen Erläuterung wirtschaftlich auf jenen nichtpreußischen Quellen hafte. — Es macht daher den Eindruck, als ob in der Anw. dem Umstande, daß in dem Abs. 1 des § 9 I 2 nur vom „Haften", jedoch in dem Abs. 2 sowohl vom „Haften", als auch vom „Aufnehmen für den Erwerb der inländischen Einkommensquellen" die Rede ist, keine weitere Bedeutung beigelegt worden, vielmehr beide Fälle der Nr. 2 gleichmäßig erledigt worden sind.

Daß aber Hypothekenschulden auf dem Grundstücke „haften", kann einem Zweifel nicht unterliegen, sobald der Gläubiger befugt ist, sich behufs seiner Befriedigung an das verpfändete Grundstück zu halten und dieses dingliche Recht jedem Eigentümer des Grundstückes gegenüber ausüben kann.

Muß also der Ausdruck des Ges. ebenfalls auf den Thatbestand der hypothekarischen Eintragung bezogen werden, so stimmt diese Auslegung auch mit dem Sprachgebrauche des gewöhnlichen Lebens vollkommen überein. Gewährt demnach das Ges. selbst volle Klarheit, so kann dahingestellt bleiben, welche Verfügungen in der Anw. v. 5. VIII. 91 getroffen worden sind. Sollten sie mit den gesetzlichen Vorschriften nicht übereinstimmen, so würde ihnen eben eine Wirkung nicht zuerkannt werden können.

Nr. 6. Entsch. Bd. XXVII. S. 112 vom 7. November 1894. II C 133/94.

Eink.-St.-Ges. v. 24. VI. 91 (G.-S. S. 175) §§ 2, 11, 18.

Ein als Forense zur Kommunalsteuer herangezogener Haushaltungsvorstand hat gegenüber der Forensalgemeinde keinen Anspruch auf den im § 18 des Eink.-St.-Ges. v. 24. VI. 91 gedachten Abzug von 50 Mk. von dem steuerpflichtigen Einkommen für jedes nicht nach § 11 selbständig zu veranlagende Familienglied unter 14 Jahren. § 18 geht davon aus, daß die Steuerkraft durch das Vorhandensein von Familiengliedern unter 14 Jahren verringert werde und will dem Steuerpflichtigen dafür Erleichterung gewähren. Er setzt also eine Besteuerung voraus, bei der sowohl die Stellung des Steuerpflichtigen als Haushaltungsvorstand, wie seine gesammte wirtschaftliche Lage in Betracht kommt. Beides ist nicht der Fall bei der Besteuerung einzelner Einnahmequellen. Vergl. E.-O.-V. in St. Bd. II S. 147 ff.

g) Die Steuerpflicht der nicht physischen Personen insbesondere.

Litteratur: Siehe oben S. 277; außerdem: L. Herrfurth: Die Heranziehung der Versicherungsgesellschaften zu den Gemeindeabgaben in Preußen, 1880. — Derselbe: Die Kommunalabgabepflicht der Aktiengesellschaften, Kommanditgesellschaften auf Aktien, Berggewerkschaften und eingetragenen Genossenschaften in Preußen nach dem Ges. v. 27. VII. 85, 1886. — Simon: Staatseinkommensteuer der Aktiengesellschaften u. s. w. 1892.

α) Der Aktiengesellschaften und Kommanditgesellschaften auf Aktien.

Nr. 1. Entsch. Bd. XI. S. 77 vom 12. Februar 1885.

1) Wenn in dem staatlich genehmigten Statut einer in Gestalt einer Aktiengesellschaft begründeten Feuerversicherungsgesellschaft bestimmt ist, daß von dem verbleibenden Nettoüberschusse nur die eine Hälfte den zur Verteilung an die Aktionäre bestimmten Gewinn bildet, dagegen die andere in einen bestimmten Fonds fließt, der unter Genehmigung des Verwaltungsrates zu gemeinnützigen Zwecken innerhalb des Geschäftskreises der Gesellschaft verwandt wird, so unterliegt die letztere Hälfte der Steuerpflicht in den Gemeinden nicht.

Die Verwendung der fraglichen Gewinnhälfte zu gemeinnützigen Zwecken geschieht nicht etwa im Interesse einer Erweiterung des Geschäftsbetriebes. Noch weniger ist sie eine Ausgabe für den Haushalt der Gesellschaft, da von einem Haushalte und Unterhalte der Angehörigen im steuertechnischen Sinne bei einer Aktiengesellschaft nicht die Rede sein kann. Allerdings fällt jene Ausgabe auch unter den Begriff der „Geschäftsunkosten“ nicht. Denn Geschäftsunkosten sind solche Ausgaben, die bei dem Betriebe aufgewandt werden müssen, um einen Gewinn zu erzielen. Maßgebend ist dagegen, daß sie kein besteuerbares Reineinkommen darstellt.

2) Das Reineinkommen, das von der Einkommensteuer betroffen wird, ist dasjenige Einkommen, das nach Abzug aller zur Erzielung der Einnahmen und Erfüllung rechtlicher Verpflichtungen erforderlichen Ausgaben übrig bleibt. Von den „rechtlichen Verpflichtungen“ scheiden jedoch diejenigen aus, zu deren Erfüllung das Einkommen seiner Zweckbestimmung nach von vornherein dienen soll. Wie das Einkommen einer physischen Person in erster Linie zum Unterhalte nicht bloß der Person selbst, sondern auch ihrer Angehörigen bestimmt ist und wie deshalb die Kosten für den Unterhalt des Zensiten und seiner Angehörigen der Steuerpflicht nicht entzogen werden dürfen, so befreit auch die gesetzliche Zweckbestimmung der Einnahmen kommunaler Korporationen, milder Stiftungen und ähnlicher Anstalten ihr Einkommen von der Steuerzahlung nicht. (Vergl. E.-O.-V. Bd. I S. 86, Bd. IV S. 62.) Um eine derartige gesetzliche Verpflichtung handelt es sich aber im vorliegenden Falle nicht. Denn die Versicherungsgesellschaft ist der Hauptsache nach zu Zwecken des Erwerbes gegründet; der Betrieb wird geführt, um den Aktionären einen Gewinn zu verschaffen, und wenn auch ein sehr erheblicher Teil des Verdienstes statutenmäßig zu gemeinnützigen Zwecken verwendet werden muß, so erleidet doch dadurch der Charakter der Gesellschaft als einer Erwerbsgesellschaft keine Umgestaltung. Demnach läßt sich nicht behaupten, daß ihr Einkommen seiner Zweckbestimmung nach von vornherein gemeinnützigen Zwecken diene, vielmehr kann das Verhältnis nur dahin aufgefaßt werden, daß die Gesellschaft eine Verpflichtung übernommen hat, durch die das an sich zur Verteilung an die Aktionäre bestimmte Einkommen geschmälert wird. Eine solche Verpflichtung kann bei der Ermittelung des Reineinkommens nicht unberücksichtigt bleiben, auch wenn sie ursprünglich aus reiner Liberalität übernommen ist. An sich steht dem Pflichtigen die Verfügung über sein Vermögen frei; entäußert er sich eines Teiles freiwillig — sei es durch Kapitalzahlung, sei es durch Übernahme einer fortdauernden Leistung —, so verringert er sein Einkommen und kann nur noch von dem verbleibenden Reste herangezogen werden. Erfolgt die Verwendung eines Einkommens in einer Weise, daß das künftige Einkommen vermöge eines rechtlich wirksamen Aktes mit einer notwendigen Ausgabe belastet wird, so kann das Reineinkommen nur nach Abzug dieser Ausgabe gefunden werden. Nur mit dieser Einschränkung ist der Satz zutreffend, daß es für die Steuerpflicht ohne Einfluß bleibe, wozu der Pflichtige sein Einkommen verwende. Auf dem gleichen Grundsatze beruht es, wenn bei der Veranlagung zur Staatseinkommensteuer die Zinsen der vorhandenen Schulden überall von dem Einkommen abgesetzt werden, ohne Nachfrage, aus welchem Grunde und zu welchem Zwecke die Schuld eingegangen ist. Deshalb sind auch beim Einkommen aus Grundvermögen alle auf dem Grundbesitze ruhenden Lasten ohne Unterschied abzugsfähig. Ebenso ist von dem Einkommen aus Kapitalvermögen der Betrag der dauernden, auf rechtlicher Verpflichtung beruhenden Lasten abzurechnen.

3) Das Bestehen einer rechtlichen Verpflichtung wird auch nicht

dadurch ausgeschlossen, daß es an einem zur Klage berechtigten Gläubiger fehlt. Nicht bloß Ansprüche, die vor dem Zivilrichter verfolgbar sind, sondern ebensowohl Forderungen, die dem Gebiete des öffentlichen Rechtes entstammen, müssen in Betracht gezogen werden. Es fragt sich nur, ob die Leistung notwendig ist und ob sie das Einkommen schmälert.

4) Ingleichen ist es unrichtig, daß die Gesellschaft zur Innehaltung der statutarischen Bestimmungen nicht gezwungen werden könne. Die Gesellschaft unterliegt nach dem Statute, wie nach den allgemeinen Landesgesetzen (Reg.-Instr. v. 23. X. 17 § 2[5]) der staatlichen Beaufsichtigung und kann durch die Aufsichtsbehörde zur Erfüllung der statutarischen Pflichten angehalten werden. Vergl. § 6 L.-V.-G. Für das Konzessions-Entziehungs-Verfahren bei Gesellschaften der hier besprochenen Art wären aber nicht die Vorschriften der Reichs-Gew.-Ordn., sondern das Ges. v. 17. V. 53 (G.-S. S. 253) bezw. der § 71 der Gew.-Ordn. v. 17. I. 45 in der Fassung des Ges. v. 22. VI. 61 (G.-S. S. 441) maßgebend.

5) Zu einer beliebigen Aufhebung der fraglichen Bestimmungen des Statutes nach freier Entschließung ist die Gesellschaft nicht in der Lage. Die ministerielle Genehmigung der Statuten ist nicht lediglich als eine Konzession für den Betrieb der Gesellschaft aufzufassen. Jedenfalls ist sie nur auf Grund des vorliegenden Statutes erfolgt und dadurch die Änderung der Statuten dem freien Belieben der Gesellschaft entrückt, so daß die zur Zeit bestehende Verpflichtung der Gesellschaft als eine rechtlich bindende angesehen werden muß.

Nr. 2. Entsch. Bd. XI. S. 92 vom 26. April 1884.

Komm.-Abg.-Ges. v. 14. VII. 93 (G.-S. S. 152) § 33.

Die Landgemeinden der östlichen Provinzen sind nicht befugt, das Einkommen, das außerhalb des Gemeindebezirkes wohnende Aktionäre einer in der Gemeinde von einer Aktiengesellschaft betriebenen Zuckerfabrik als Dividende aus dem Aktienunternehmen beziehen, zu besteuern. Denn der Besitz von Aktien einer Handel oder Gewerbe betreibenden Aktiengesellschaft charakterisiert sich nicht als eine Teilnahme an deren Betriebe. Abgesehen davon, daß gerade bei den finanziell erheblichen Unternehmungen der Aktienbesitz meist derartig wechselt, daß sich die Personen der Aktionäre jeder Kenntnisnahme entziehen, haben die Aktiengesellschaften die Eigenschaften juristischer Personen. Als solche betreiben sie allein und nicht die Aktionäre Handel und Gewerbe und erzielen daraus Gewinn. Der einzelne Aktionär kommt bezüglich des Gewinnes lediglich als Forderungsberechtigter in Betracht, die Dividende, die er bezieht, ist Zins oder Rente vom Kapital, nicht Einkommen aus Handel oder Gewerbe. Hieran ändert der Umstand nichts, daß ein Aktionär statutenmäßig durch den Besitz seiner Aktien die Verpflichtung übernommen hat, jährlich auf einer bestimmten Zahl von Morgen Zuckerrüben zu bauen, die so gewonnenen Rüben für einen bestimmten Preis an die Fabrik zu liefern, und daß die Überlassung der Aktien an Dritte nur unter gleichzeitiger Übertragung dieser Verpflichtung zulässig ist. Mag es auch rechtlich möglich sein, aus dieser Verpflichtung ein Sozietätsverhältnis der Aktionäre unter sich zu konstruieren, mag der Gewinn aus dem Rübenbau lediglich im Preise der Rüben oder wenigstens teilweise auch in der Aktiendividende enthalten sein, immer stellt er sich als Gewinn aus Grundeigentum oder Pachtung dar, den der Kläger an dem Orte, wo der Grundbesitz liegt und bewirtschaftet wird, aus der Landwirtschaft erzielt und der an diesem zu besteuern ist, nicht an dem Orte, wo die Veräußerung und Weiterverarbeitung des landwirtschaftlichen Produktes an, bezw. durch einen Dritten erfolgt.

Nr. 3 Entsch. Bd. XIII. S. 144 vom 28. Juni 1886. II C 67/86.

Komm.-Abg.-Ges. v. 14. VII. 93 (G.-S. S. 152) §§ 33, 35, 36. Eink.-St.-Ges. v. 24. VI. 91 (G.-S. S. 175 §§ 10, 14, 15, 16 und Ausf.-Anw. v. 5. VIII. 91, Art. 18, 19, 21, 27.

1) Einer Pferdebahn-Aktiengesellschaft war von der betreffenden städtischen Gemeinde das Recht eingeräumt worden, die Straßen der Stadt für diese Anlage bis zum Jahre 1906 zu benutzen, dann aber die Pflicht auferlegt, die gesammte Anlage der Stadt für einen Preis zu überlassen, der um 300,000 M. hinter dem von der Gesellschaft aufgewendeten Anlagekapital zurückblieb. Um diesen Fonds bis 1906 zu sammeln, beschloß die Gesellschaft eine jährliche Rücklage von den Einnahmen im Betrage von 5567 M. festzulegen. Mit diesen Rücklagen zog der Magistrat demnächst die Gesellschaft zu den Kommunallasten heran und außerdem von der in den Bilanzen als Gratifikation für die Beamten mit durchschnittlich 5166 M. aufgeführten Summe. Wegen beider Posten wurde die Pferdebahn-Gesellschaft für kommunalsteuerpflichtig erachtet.

2) Rücklagen zur Begleichung der Differenz zwischen dem Erwerbspreise einer gewinnbringenden Anlage und derjenigen geringeren Summe, für die der Unternehmer die Anlage nach einem gewissen Zeitraume abzutreten verpflichtet ist, charakterisieren sich ihrem Wesen nach als Ansammlungen aus dem Gewinne zur Begleichung einer Debetpost, für deren Steuerfreiheit ein Rechtsgrund nicht besteht. Es handelt sich bei ihnen auch weder um Absetzung für jährliche Abnutzung von Gebäuden u. s. w., noch um Ausgaben behufs Fortführung des Gewerbes, noch um sonstige abzugsfähige Betriebskosten im Sinne der maßgebenden Vorschriften.

3) Die Gratifikationen tragen im vorliegenden Falle nicht den Charakter einer fortlaufenden Schuldverbindlichkeit an sich, die Gesellschaft ist dazu rechtlich nicht verpflichtet, und die Beamten haben keinen rechtlichen Anspruch auf sie. Die Generalversammlung, die über die Gewährung dieser Gratifikationen zu befinden hat, kann vielmehr bei ungünstiger Geschäftslage oder aus sonstigen, lediglich ihrem Ermessen anheim gegebenen Gründen von der Gewährung solcher Zulagen gänzlich absehen. Sie gehören daher nicht zu den zur Erzielung des Ertrages erforderlichen Aufwendungen mit Einschluß der Ausgaben für Löhnung u. s. w. des Betriebspersonals.[1])

---

[1]) Von gleichen Annahmen geht die Entsch. v. 13. IV. 85 (Bd. XIII S. 149, II C 27/85) aus. Indem hier richtig betont wird, daß Einnahmen, die beim Empfänger steuerfrei bleiben müssen, beim Geber nicht als abzugsfähige Ausgaben behandelt werden können, wird hervorgehoben, daß Gratifikationen, die auf keiner rechtlichen Verpflichtung beruhen, den Beamten bei Berechnung des steuerpflichtigen Einkommens nicht in Anrechnung gebracht werden könnten. Daraus folge, daß sie von dem Geber versteuert werden müßten. Anders würde sich das Verhältnis stellen, wenn die Gratifikationen in der That einen Teil des dem Beamten zukommenden Lohnes oder Gehaltes bildeten. Allein im steuerlichen Sinne könnnte dies nur dann anerkannt werden, falls die Gewährung nicht bloß von freier Entschließung der Gesellschaft abhinge. Der wirtschaftliche Gesichtspunkt, der die Gratifikationen allerdings als eine Gegenleistung für besonders eifrige Thätigkeit der Beamten und folglich als Unkosten der Gesellschaft zur Fortführung des Gewerbes in dem bisherigen Umfange erscheinen lassen möge, müsse hinter der Auffassung des Verhältnisses, wie sie durch die Steuergesetzgebung geboten werde, notwendig zurücktreten.. Wollte man an dem für die Besteuerung maßgebenden Grundsatze, wonach die rechtliche Verbindlichkeit zur Leistung der Ausgabe in solchen Fällen entscheidet, nicht festhalten, so würde es überhaupt mehr oder weniger unthunlich sein, für die Unterscheidung zwischen abzugsfähigen und nicht abzugsfähigen Ausgaben irgend eine feste Grenzlinie zu ziehen.

Auch die Entsch. v. 18. I. 86 (Bd. XIII S. 151, II C 147/85) hält in Bezug auf die Gratifikationen an dem Grundsatze fest, wonach Ausgaben, die bei den Empfängern

Nr. 4. Entsch. Bd. XIII. S. 154 vom 21. Januar 1886. II C 155/58.

Komm.-Abg.-Ges. v. 14. VII. 93 (G.-S. S. 152) §§ 33, 35, 36. Eink.-St.-Ges. v. 24. VI. 91 (G.-S. S. 175) §§ 10, 14, 16 und Ausf.-Anw. v. 5. VIII. 91, Art. 18, 19, 27. Ges. v. 18. VII. 84 (R.-G.-Bl. S. 123), Art. 185b, 239b, § 3.

1) Unter „Agiogewinn" versteht man den Überschuß des Emissionskurses über den Nominalwert von neuen (jungen) Aktien. Ein solcher Gewinn ist als kommunalsteuerpflichtige Einnahmepost einer Aktiengesellschaft anzusehen, auch wenn er in Gemäßheit des Art. 185b des Reichsges. v. 18. VII. 84 dem Reservefonds zugeführt wird.[1]) Die zum Reservefonds bezahlten Beträge stellen einen „Reingewinn" der Gesellschaft dar, selbst wenn ihre Ansammlung auf gesetzlicher Vorschrift beruht. Die Zahlung zum Reservefonds hat nicht den Charakter einer „Ausgabe" oder Vermögensverminderung, vielmehr ist der Effekt auch der gesetzlich vorgeschriebenen Einzahlung zum Reservefonds eine Kapitalansammlung und den in Gemäßheit des Art. 185b Nr. 1 zum Reservefonds geleisteten Rücklagen der Charakter steuerfreier Abzüge abzusprechen. Vergl. E.-O.-V. Bd. VIII S. 68.[2])

2) Das Gleiche gilt bezüglich desjenigen Gewinnteiles, der einem zur Erhöhung der Dividende in ungünstigen Jahren bestimmten Fonds

---

als steuerfähige Objekte in Frage kommen können, nur dann als steuerfrei zu behandeln sind, wenn sie auf rechtlicher Verpflichtung beruhen und erklärt Rücklagen in den Gratifikationsfonds für steuerpflichtig. Diese Entscheidungen widersprechen in Ansehung der Gratifikationen dem geltenden Rechte und sind auch in der Folge vom O.-V.-G. allgemein nicht aufrecht erhalten worden. Der Plenarbeschluß v. 6. II. 89 (E.-O.-V. Bd. XVII S. 37 f. weiter unten) erachtet bei Ermittelung des steuerpflichtigen Einkommens aus Handel und Gewerbe die Abzugsfähigkeit solcher Zuwendungen, die der Gewerbetreibende den zu ihm im kontraktlichen Dienst- oder Arbeitsverhältnisse stehenden Personen über die vertragsmäßig zugesicherten Gehalts- und Lohnbezüge hinaus als Remunerationen oder Gratifikationen für geleistete Dienste gewährt hat, nicht für abhängig von dem Bestehen einer rechtlichen Verbindlichkeit des Gewerbetreibenden zu deren Leistung. Ingleichen wird in E.-O.V. in St. Bd. I S. 240 die Erzwingbarkeit im Rechtswege nicht für erforderlich erklärt. Die Anrechnung der Gratifikationen als steuerpflichtiges Einkommen hat lediglich die thatsächliche, in gewisser Stetigkeit wiederholte, in Anerkennung geleisteter oder zu leistender Dienste gewährte Zuwendung zur Voraussetzung. Dem entsprechend ist auch ihre Abzugsfähigkeit zu behandeln.

Spätere Entscheidungen tragen diesem Beschlusse Rechnung. Vergl. Entsch. v. 20. III. 89 (Pr. Verw.-Bl. Bd. X S. 428):

Zuwendungen, die eine Erwerbsgesellschaft den zu ihr in einem vertragsmäßigen Dienst- und Arbeitsverhältnis stehenden Personen über die kontraktlich zugesicherten Gehalts- und Lohnbezüge hieraus als Gratifikationen oder Remunerationen der statutarischen Bestimmungen zufolge bewilligt haben, sind als zur Fortführung des Gewerbebetriebes in dem bisherigen Umfange gemacht anzusehen und daher bei Feststellung des gemeindesteuerpflichtigen Reineinkommens in Abzug zu bringen. Wenn aber auch die Abzugsfähigkeit von Gratifikationen und Remunerationen, die eine Aktiengesellschaft ihren Angestellten gewährt, von dem Bestehen einer Rechtspflicht nicht abhängig ist, so wird doch jedenfalls eine wirkliche Ausgabe, eine Ausscheidung aus dem Vermögen der Gesellschaft, vorausgesetzt. Deshalb sind Beträge, die zu einem Unterstützungs- und Pensionsfonds zurückgestellt werden, ohne doch schon thatsächlich verausgabt zu sein, und ohne aufzuhören, einen Bestandteil des Vermögens der Gesellschaft zu bilden, bei Ermittelung des steuerpflichtigen Reineinkommens nicht in Abzug zu bringen. (Entsch. v. 3. XII. 89 (Pr. Verw.-Bl. Bd. XI S. 200).

[1]) Ebenso Entsch. v. 27. XI. 84 (Pr. Verw.-Bl. Bd. VI S. 185); v. 10. II. 91 (Pr. Verw.-Bl. Bd. XIII S. 386 — Agiogewinn durch Ausgeben neuer Kommanditanteile —); v. 23. IX. 92 (Pr. Verw.-Bl Bd. XV S. 108 — Agiogewinn bei Umwandlung von Stammaktien in Stammprioritätsaktien —). Anderer Meinung Entsch. d. Reichsger. v. 29. XI. 93 (Pr. Verw.-Bl Bd. XV S. 180).

[2]) Oben S. 60.

(Sparfonds) zugeführt wird. Insbesondere verliert die zugeführte Summe durch die Zuführung nicht etwa die Natur eines Gewinnes. Ist es zum Begriffe des „Gewinnes" in steuerlichem Sinne auch an sich nicht erforderlich, daß die als solcher zu behandelnden Erträge zur Verteilung an die Aktionäre gelangen, so ist doch umgekehrt alles, was bei ordnungsmäßiger Geschäftsführung während des Bestehens der Gesellschaft (in diesem Falle eine Versicherungs-Aktien-Gesellschaft), die regelmäßig etwas anderes, als „Gewinn" überhaupt nicht verteilen kann, thatsächlich zur Verteilung kommt oder dazu jeden Augenblick bereit liegt, zweifellos als „Gewinn" im Sinne der Steuergesetze in Anspruch zu nehmen und nicht als „Betriebsmittel" oder als „Vermehrung des Kapitals".

3) Diese Beträge stellen auch keine „Schuld" dar, denn die Schaffung neuer Anteilsscheine (junger Aktien) belastet die Gesellschaft als solche buchmäßig und thatsächlich mit einem Passivum nur in Höhe des Nominalbetrages. Die Anteilsrechte der neuen Aktionäre sind schon deshalb nicht als korrespondierendes Passivum anzusehen, weil Inhalt und Umfang dieser Anteilsrechte des einzelnen neuen Aktionärs in keiner Weise davon abhängen, was über den Nominalbetrag der Aktie hinaus von ihm gezahlt und in Gestalt des Agiogewinnes der Gesellschaft zugeflossen ist.

4) Ingleichen ist unzweifelhaft, daß der Agiogewinn einen Gewinn aus Gewerbebetrieb bildet. Stellt sich die Emission neuer Aktien wirtschaftlich als eine Finanzmaßregel behufs Vermehrung der Betriebsmittel dar, so hat sie nicht etwa rechtlich zur Folge, daß die nach der Emission neuer Aktien vorhandene Gesellschaft eine andere, von der früheren durchaus verschiedene sei, weshalb der diese Umgestaltung erzeugende Akt nicht als ein sich in Ausübung des Gewerbebetriebes vollziehender Vorgang angesehen werden könne. Die wirtschaftliche Natur der Maßregel ist keine andere, wie die rechtliche. Die Gesellschaft hat vor, wie nach der Neuemission bestanden; es ist die alte Gesellschaft, die die neuen Anteile zur Emission in ihrem Tresor bereit gehalten und demnächst zur Verausgabung gebracht hat. Die Vermutung streitet von vorneherein dafür, daß die geschäftliche Thätigkeit einer Erwerbs- und Handelsgesellschaft sich in Ausübung eines Gewerbes vollzieht. Insonderheit bildet die Beschaffung der zum Fortbetriebe oder zur Erweiterung des Geschäftes zu verwendenden Geldmittel (Anleihen, junge Aktien) einen wesentlichen Teil des Geschäftsbetriebes und ebenso das finanzielle Ergebnis ein solches des Betriebes. Gewiß unterliegt es keinem Bedenken, eine zu diesem Zwecke kontrahierte Schuld als eine lediglich den Gewerbebetrieb belastende und daraus zu verzinsende anzusehen. Die vorliegende Finanzoperation anders aufzufassen und ihr den Zusammenhang mit dem Gewerbebetriebe abzusprechen, fehlt es an jedem Grunde.

Nr. 5. Entsch. Bd. XIV. S. 124 vom 30. November 1886. II C 128/86.

Komm.-Abg.-Ges. v. 14. VII. 93 (G.-S. S. 152) §§ 33, 35. Eink.-St.-Ges. v. 24. VI. 91 (G.-S. S. 175) §§ 1, 10, 16.

Eine im Zustande der Liquidation befindliche Aktiengesellschaft betreibt regelmäßig kein Gewerbe mehr. Dazu bedarf es der Entwicklung einer Thätigkeit, die sich auf Erwerb, auf Erzielung von Gewinn in berufsmäßiger Thätigkeit richtet und eine solche liegt in dem Rahmen eines liquidierenden Unternehmens regelmäßig nicht mehr. Diejenigen Handlungen, zu denen Art. 137 des Hand.-G.-B. die Liquidatoren beruft, sind zweifellos Geschäfte. Allein sie stellen nach dem Zwecke, zu dessen Erreichung sie im Gesetze vorgesehen sind, einen Gewerbebetrieb zunächst und an sich nicht dar, weder einzeln, noch in ihrer Gesammtheit.[1]) Sie kann daher, mangels eines Gewerbebetriebes, auch zur Gemeindeeinkommensteuer nicht mehr herangezogen werden.[2])

Nr. 6. Entsch. Bd. XV. S. 85 vom 24. Mai 1887. II C 63/87.
Komm.=Abg.=Ges. v. 14. VII. 93 (G.=S. S. 152) § 33.

Nachdem durch die neue Kommunalabgabengesetzgebung die Aktiengesellschaften und Kommanditgesellschaften auf Aktien steuerrechtlich zu besonderen Rechtssubjekten[3]) erhoben und der Gemeindebesteuerung bezüglich ihres Einkommens aus dem Gewerbebetriebe unterworfen sind, können die Aktieninhaber, die auch handelsrechtlich das Gewerbe der Gesellschaft nicht betreiben, steuerrechtlich als Gewerbetreibende nicht behandelt werden. Dagegen können die Kommanditisten einer einfachen Kommanditgesellschaft als ein Gewerbe betreibend der Besteuerung des aus dieser Quelle fließenden Einkommens unterworfen werden. Grund dieser Unterscheidung ist der Umstand, daß die Inhaber von Aktien einer Kommanditgesellschaft auf Aktien als solche das den Gegenstand des Gesellschaftsunternehmens bildende Gewerbe für ihre Person nicht betreiben.

Nr. 7. Entsch. Bd. XV. S. 109 vom 28. Oktober 1887. II C 142 87.
Komm.=Abg.=Ges. v. 14. VII. 93 (G.=S. S. 152) §§ 33, 36. Eink.=St.=Ges. v. 24. VI. 91 (G.=S. S. 175) §§ 10, 14, 16.

1) Rücklagen in den Erneuerungsfonds sind bei Berechnung des steuerpflichtigen Einkommens einer Erwerbsgesellschaft in Abzug zu bringen — und zwar nicht nur einstweilen und bis zu ihrer Ver-

---

[1]) Die produktive Thätigkeit, der Gewerbebetrieb als Quelle neuen Erwerbes, hat mit der Liquidation aufgehört und folgt auch nicht daraus, daß nach der eingetretenen Liquidation Grundstücke (es handelte sich um eine in Liquidation getretene Aktiengesellschaft zum An= und Verkaufe von Immobilien) verkauft sind, da dieser Verkauf eintreten muß und ohne ihn eine Liquidation nicht dankbar ist. Entsch. v. 10. V. 92 (Pr. Verw.=Bl. Bd. XIII S. 171). Hiermit ist jedoch nicht ausgeschlossen, daß eine Aktiengesellschaft wegen weiterer Verfolgung von Gewinnzwecken auch während der Liquidation als Gewerbetreibende erscheint, vergl. Min.=Erl. v. 16. VIII. 76 (Mitt. H. 10 S. 25). Vergl. Entsch. v. 20. III. 88 (Pr. Verw.=Bl. Bd. IX S. 265).

[2]) Dies dürfte für die Kommunalsteuer noch heute zutreffen, obwohl auch die in Liquidation befindlichen Gesellschaften zur Staatseinkommensteuer nach dem Durchschnitte der Vorjahre uneingeschränkt heranzuziehen sind, vergl. Entsch. v. 16. XI. 94 (E.=O.=V. in St. Bd. III S. 117). Hier wird davon ausgegangen, wie es garnicht notwendig sei, daß die Aktiengesellschaft überhaupt ein Gewerbe treibe, und wie es deshalb auch nicht ins Gewicht falle, wenn etwa infolge eines Liquidationsbeschlusses eine Veränderung des Gewerbebetriebes eintrete. Für die Kommunalbesteuerung erscheint die gleiche Folgerung insofern nicht möglich, als im § 33 Nr. 2 ausdrücklich ein Betreiben von Handel und Gewerbe zur Begründung der Steuerpflicht verlangt wird. Zweifelhaft könnte höchstens sein, ob die Steuerpflicht nicht wenigstens bei denjenigen in Liquidation befindlichen Aktiengesellschaften vorliegt, die Handels= oder gewerbliche Anlagen in der Gemeinde haben, indessen wäre auch hier Vorbedingung ein Zufließen von Einkommen daraus.

[3]) Neben den juristischen Personen, während sie vor Erlaß des Komm.=Abg.=Ges v. v. 27. VII. 85 steuerrechtlich zu den juristischen Personen gerechnet wurden. Die veränderte Auffassung hat keine rückwirkende Kraft. Auch nach Erlaß des Ges. v 27. VII. 85 sind die Aktiengesellschaften als zu den juristischen Personen der älteren Gemeindeeinkommensteuerregulative gehörig zu erachten. Entsch. v. 4. XI 90 (Pr. Verw.=Bl. Bd. XII S. 167) und v 4. X. 92 (Pr. Verw.=Bl. Bd. XIV S. 135).

Ist eine Aktiengesellschaft aus einer offenen Handelsgesellschaft hervorgegangen und der letzteren Geschäft nach dem Überlassungsvertrage schon vor der Umwandlung für Rechnung jener geführt worden, so beginnt die Kommunalsteuerpflicht der Aktiengesellschaft doch erst vom Tage ihrer Eintragung in das Firmenregister an. Entsch. v. 16. IX. 87 (Pr. Verw.=Bl. Bd. IX S. 41).

wendung. Vergl. E.-O.-V. Bd. VIII S. 68.[1]) Ihre Steuerfreiheit beruht auf der Natur der zunächst noch in der Zukunft liegenden Ausgaben, die daraus bestritten werden sollen, auf dem Verwendungszwecke der Kapitalsansammlung und kann daher füglich nicht deshalb in Fortfall kommen, wenn und sobald davon ein ihrer Bestimmung entsprechender und gerade die Steuerfreiheit begründender Gebrauch gemacht wird.

2) Tantiemen, welche an den Aufsichtsrat einer Aktiengesellschaft vertrags- bezw. statutenmäßig zu zahlen sind, gehören zu den abzugsfähigen Ausgaben. Sie sind keine Dividende, worunter begrifflich ein sich nach Grund und Betrag lediglich an den Aktienbesitz knüpfender Anteil am Gewinne zu verstehen ist, sondern vielmehr eine einklagbare Leistung der Gesellschaft an den Aufsichtsrat.

Nr. 8. Entsch. Bd. XV. S. 120 vom 24. Juni 1887. II C 92/87.

Komm.-Abg.-Ges. v. 14. VII. 93 (G.-S. S. 152) §§ 33, 35, 47. Ziv.-Proz.-Ordn. §§ 272, 273, 276.

1) Die Bestimmung in § 276 der Reichs-Ziv.-Proz.-Ordn., wonach, wenn ein Anspruch nach Betrag und Grund streitig ist, vorab über den Grund entschieden werden kann, ist auf das Verwaltungsstreitverfahren nicht anwendbar. Der Erlaß von Teilurteilen oder Zwischenurteilen ist im Verwaltungsstreitverfahren nicht zulässig, weil in dem L.-V.-G. v. 30. VII. 83 eine derartige Vorabentscheidung über den „Grund" nicht vorgesehen ist und demgemäß auch die unentbehrlichen weiteren Anordnungen über das Verfahren und die Kostenlast, wie sie im § 276 Abs. 2 und dem Gerichtskostenges. v. 18. VI. 78 enthalten sind, für den Verwaltungsrichter fehlen. Namentlich in Streitigkeiten, die die Heranziehung zu den Gemeindeabgaben zum Gegenstande haben, ist die ganze Streitfrage ungeteilt in einem Urteil zum endgültigen Austrage zu bringen. Vergl. E.-O.-V. Bd. II S. 54, Bd. III S. 13, Bd. V S. 55, Bd. IX S. 11, Bd. XII S. 69, Bd. XIV S. 285.

2) Eine Gas-Aktiengesellschaft hat ihren Sitz in A., ist Eigentümerin und Unternehmerin einer in der Landgemeinde C. — unmittelbar vor den Thoren der Stadt B. — belegenen Gas-Anstalt und besorgt von dieser aus vertragsmäßig unter Benutzung eines eigenen Röhrennetzes die gesammte Gasbeleuchtung dieser Stadt B. Diese Gesellschaft ist in A. wegen ihres dort befindlichen Sitzes, in C. wegen der dort vorhandenen Betriebsstätte, der Gasanstalt, steuerpflichtig, dagegen würde sie in B. nur dann steuerpflichtig sein, wenn nachgewiesen würde, daß sie daselbst eine Zweigniederlassung, eine Betriebs-, Werk- oder Verkaufsstätte oder eine selbständige Agentur hätte.[2])

Nr. 9. Entsch. Bd. XVI. S. 90 vom 17. Februar 1888. II C 236/87.

Komm.-Abg.-Ges. v. 14. VII. 93 (G.-S. S. 152) §§ 33, 36.

1) Das der Kommunalbesteuerung unterliegende Einkommen einer Immobilien-Aktienbank wird nicht nur durch den Ertrag ihrer Liegenschaften dargestellt, sondern als weiteres Steuerobjekt ist auch der Durchschnittsbetrag der aus den Grundstücksverkäufen nach den Geschäftsberichten der Gesellschaft erzielten Gewinne hinzuzurechnen. Die letztgedachten Gewinne sind nicht als Einkommen aus Grundvermögen anzusehen, sondern die Gesellschaft betreibt mit dem Grundstückshandel ein Gewerbe und hat den daraus erzielten

---

[1]) Oben S. 60.

[2]) Die Richtigkeit dieses Rechtsgrundsatzes ist nicht unbestritten, vergl. Nöll, S. 168 Anm. 15, der seine Ansicht auf die Entsch. v. 30. III. 89 (Bd. XVII S. 249 — weiter unten abgedruckt —) stützt.

Gewinn in Gemäßheit des § 33 des Komm.-Abg.-Ges. und des örtlichen Regulatives zu versteuern.

2) Verträge über unbewegliche Sachen sind zwar nach Art. 275 des Hand.-G.-B. v. 5. VI. 69 (B.-G.-Bl. S. 379) keine Handelsgeschäfte, dagegen sind die Thätigkeit der Gesellschaft und die wirtschaftlichen und geschäftlichen Vorgänge, aus denen jene Einnahmen resultieren, als Gewerbebetrieb im steuerlichen Sinne anzusehen, d. h. der geschäftsmäßige An- und Verkauf von Immobilien stellt einen Gewerbebetrieb dar. Der Grund und Boden ist zur Waare geworden. Der Handel mit Grundstücken unterscheidet sich in dieser Form in nichts von anderen Unternehmen, bei denen etwa eine große Masse von Baumaterialien, Getreide, Petroleum oder sonstiger Verkaufsgegenstände zusammengekauft und das Bedürfnis des Publikums zum Vorteil der Unternehmer ausgenutzt wird.

3) Das Charakteristische des Gewerbebetriebes besteht nicht darin, daß Anschaffung und Veräußerung einer Waare fortlaufend nebeneinander hergehen, vielmehr ist es durchaus unzulässig, ein einheitliches, auf den An- und Verkauf von Waaren basiertes Unternehmen dergestalt auseinanderzureißen, daß man die Zeit des Ankaufes und die Periode des Verkaufes unter gesonderten rechtlichen Gesichtspunkten betrachtet und demnach für beide Zeitabschnitte die Existenz eines Gewerbebetriebes verneint, sobald die eine oder die andere der beiden Thätigkeiten fehlt. Hält ein kapitalkräftiger Unternehmer es bei niedrigem Preisstande seines, unter der Aufbewahrung nicht leidenden Spekulationsobjektes für vorteilhaft, nur einzukaufen, und andererseits bei vermehrter Nachfrage und gesteigerten Preisen für geraten, die Anschaffung einzustellen und nunmehr seine Waare an den Markt zu bringen, so bleibt das Geschäft trotz der zeitlichen Trennung jener beiden, sein Wesen ausmachenden Manipulationen im ganzen ein gewerbliches und der Gewinn ein gewerblicher.

Nr. 10. Entsch. Bd. XVI. S. 95 vom 1. Mai 1888. II C 15 88.

Komm.-Abg.-Ges. v. 14. VII. 93 (G.-S. S. 152) §§ 33, 35, 36. Eink.-St.-Ges. v. 24. VI. 91 (G.-S. S. 175) §§ 10, 16 und Ausf.-Anw. v. 5. VIII. 91, Art. 5, 27. Hand.-G.-B. Art. 28, 31, 315.

1) Für die Berechnung des gemeindesteuerpflichtigen Reineinkommens der Aktiengesellschaften und Kommanditgesellschaften auf Aktien sind nicht die Bestimmungen des Hand.-G.-B. und der Aktiengesetz-Novelle, sondern lediglich die steuergesetzlichen Vorschriften maßgebend.

2) Abschreibungen auf Kursverlust an eigenen Effekten sind als Kapitalverluste anzusehen und als solche bei der Feststellung des Reineinkommens nicht abzugsfähig.

3) Die durch die Handelsbilanz (§ 28 des Hand.-G.-B.'s) geführten Nachweise eines Gewerbetreibenden über seine Vermögenslage sind für steuerliche Zwecke gewiß nicht ohne jeden Wert, allein es beruht auf Irrtum, daß das steuerpflichtige Einkommen nur aus der Bilanz entnommen werden könne. Denn es ist dabei vollständig verkannt, daß die Bilanz einmal ein Verzeichnis der Aktiva enthält, die grundverschieden sind von den Einnahmen der für die Besteuerung wesentlichen Geschäftsperiode, und daß weiter ihnen gegenübersteht ein Verzeichnis des Kapitalbetrages der Passiva, die sich wieder mit den Jahresausgaben nicht decken, woraus folgt, daß die in der Bilanz schließlich ersichtlich gemachte Differenz der Aktiva und Passiva vielleicht für eine Vermögensbesteuerung erheblich wäre, aber für eine Einkommensbesteuerung völlig bedeutungslos erscheint, weil die letztere nur mit Jahres-Einnahmen und -Ausgaben zu rechnen hat, für die in der Bilanz absolut kein Raum ist. Der durch die Bilanz kenntlich zu machende Gewinn — dargestellt

durch den Überschuß der Aktiva über die Passiva — unterliegt nicht der Einkommensbesteuerung, und der von der letzteren erhoffte Gewinn — dargestellt durch den Überschuß der Jahreseinnahmen über die Ausgaben — ist aus der Bilanz nicht ersichtlich. Für seine Ermittelung kann die Gewinn- nnd Verlustrechnung, sofern sie hinreichend spezifiziert und vollständig ist, einen Anhalt gewähren; in welchem Umfange, wird sich in jedem einzelnen Falle danach bestimmen, ob sie die für die Veranlagung zur Einkommensteuer erforderliche Übersicht über die gesammten Einnahmen und Ausgaben bietet.[1])

4) Bestände an eigenen Wertpapieren sind als Kapitalbestand anzusehen, dessen Wert allerdings vom Kurse abhängig ist und insofern gewiß das Ergebnis der Bilanz beeinflußt, das steuerpflichtige Jahreseinkommen aber, so lange mit dem Sinken des Kurses nicht zugleich die Erträge an Zinsen oder Dividenden sich ändern, unberührt läßt. Für Rücklagen (Spezialreserven) für

---

[1]) Ähnlich E.-O.-V. in St. Bd. II S. 197, 224, 240; Bd. III S. 31. Bilanzen und Jahresabschlüsse sind Ausgangspunkt, „Erkenntnisquelle", nicht Norm für die Veranlagung. Vergl. auch noch folgende Entscheidungen:

Entsch. v. 4. V. 88 (Pr. Verw.-Bl. Bd. IX S. 432). Der Gewinn einer Erwerbsgesellschaft, wie er sich aus der nach den handelsgesetzlichen Vorschriften aufgestellten Gewinn- und Verlustberechnung ergiebt, ist nicht unter allen Umständen auch als das der Gemeindebesteuerung zu Grunde zu legende Reineinkommen anzusehen. Für dessen Feststellung sind vielmehr die Vorschriften der Steuergesetze, insbesondere des Komm.-Abg.-Ges. maßgebend.

Entsch. v. 14. IX. 86 (Pr. Verw.-Bl. Bd. VIII S. 28). Eine Benutzung kaufmännischer Bilanzen zur Ermittelung des steuerpflichtigen Reineinkommens einer Erwerbsgesellschaft ist durch das Gesetz nicht ausgeschlossen, an sich unbedenklich und daher auch allgemein üblich. Jedenfalls kann der Verwaltungsrichter solche Benutzung nicht deshalb ablehnen, weil ihm einzelne Positionen der Bilanz (Abschreibungen) zu Bedenken Anlaß geben; vielmehr könnte aus diesem Grunde nur die Verweigerung der Absetzung dieser beanstandeten Posten von dem Bruttoeinkommen hergeleitet werden.

Entsch. v. 18. V. 88 (Pr. Verw.-Bl. Bd. X S. 3). Aus der Bilanz einer Aktiengesellschaft ist nach ihrer Bestimmung und der Art ihrer Aufstellung zwar der Vermögensstand im Moment der Bilanzaufnahme, nicht aber der Gesammtbetrag der Einnahmen und Ausgaben in der maßgebenden Geschäftsperiode ersichtlich. Deshalb kann sie für die Feststellung des zu besteuernden Einkommens überhaupt nicht maßgebend sein. Wenn ordentliche oder außerordentliche Einnahmen zur Vornahme von Erweiterungen und Verbesserungen oder zur Abtragung von Schulden verwendet worden sind, müssen sie nach dem geltenden Rechte unzweifelhaft versteuert werden. Wenn Beträge, die zur Erhöhung des Reservefonds oder als übliche Abschreibung von den Jahreseinnahmen abgesetzt worden sind, demnächst zu einem anderen Zwecke, also etwa zu Erweiterungen und Verbesserungen oder zur Schuldentilgung verwendet werden, so begründet diese Verwendung kein neues Besteuerungsrecht. Angeliehene Gelder unterliegen der Besteuerung selbstverständlich nicht, da ihnen die Eigenschaft des Einkommens abgeht.

Entsch. v. 14. VI. 90 (Pr. Verw.-Bl. Bd. XI S. 558). Die Bilanz einer Aktiengesellschaft ist dazu bestimmt, durch Vergleichung sämmtlicher Aktiva und Passiva den Gewinn und Verlust darzulegen. (H.-G.-B. Art. 239, 239b, 185a.) Eine solche den Vermögensstand darlegende Bilanz ist an und für sich und allein nicht geeignet, den der Einkommensbesteuerung unterliegenden Reingewinn, den Überschuß der Betriebseinnahmen über die Ausgaben nachzuweisen. Zu dessen Ermittelung kann die Gewinn- und Verlustrechnung einen Anhalt bieten, wenn sie genügend spezialisiert, vollständig und übersichtlich ist. Sind die Parteien einig, daß der Ermittelung des steuerpflichtigen Einkommens der handelsrechtliche (bilanzmäßige) Gewinn zu Grunde gelegt wird, so ist es ihre und des Richters Aufgabe, die einzelnen Posten, die nicht steuerpflichtige Einnahmen oder nicht abzugsfähige Ausgaben bilden, auszuscheiden. In den gewerblichen Betrieben wechselt die Form, unter der das verwendete Kapital in die Erscheinung tritt, unaufhörlich. Bleibend ist nur der Wert des gesammten verwendeten Kapitales. Ist im Wechsel des Betriebes ein Teil der vorhandenen Kapitalswerte zur Verbesserung des Betriebes verwendet, so muß diese Ausgabe bei der Ziehung des bilanzmäßigen Gewinnes berücksichtigt sein, so daß letzterer größer sein würde, wenn die Kapitalverwendung nicht stattgefunden hätte. Deshalb muß diese Post, da sie nicht steuerfrei ist, dem bilanzmäßigen Gewinne zugesetzt werden, um das Steuereinkommen zu finden.

noch nicht eingetretene, sondern nur befürchtete Verluste, besteht ein gesetzlicher Anspruch auf Steuerfreiheit nicht, wie denn auch Einlagen in den Delkrederefonds[1]) nicht in Abzug zu bringen sind.

Nr. 11. Entsch. Bd. XVI. S. 103 vom 11. Mai 1888. II C 51/88.

Komm.-Abg.-Ges. v. 14. VII. 93 (G.-S. S. 152) §§ 33, 36. Eink.-St.-Ges. v. 24. VI. 91 (G.-S. S. 175) §§ 10, 14, 16 und Ausf.-Anw. v. 5. VIII. 91, Art. 5, 27.

1) Die Ermittelung des Reineinkommens der Aktien- und sonstigen Erwerbsgesellschaften erfolgt nach den für die Veranlagung zur Staatssteuer maßgebenden Grundsätzen, unter denen als Fundamentalsatz obenan steht, daß das steuerpflichtige Einkommen gebildet wird durch den Überschuß der Einnahmen über die Ausgaben während eines gewissen Zeitraumes, wobei, sofern Einkommen aus Handel und Gewerbe in Frage steht, die Einnahmen durch den gesammten Ertrag der in Betracht zu ziehenden Periode dargestellt worden und nur solche Abzüge statthaft sind, die sich nach jenen Grundsätzen als abzugsfähig ergeben. Als Rechnungsfaktoren können hiernach, wenn der in Rede stehende Betrieb schon drei Jahre vor dem Steuerjahre[2]) angedauert hat, nur die in jenen drei Jahren erzielten Einnahmen und

---

[1]) Delkredere ist die Vergütung, die ein Kommissionär, der eine Waare verkauft hat, dafür berechnet, daß er die Gefahr des Kreditgebers auf sich nimmt, auch erfolgt die Berechnung des Delkredere bei Einkäufen auf spätere Lieferung, wenn die Gefahr nahe liegt, daß die Waare auf dem Lager bleibt oder daß die Vorschüsse verloren gehen, die in der Regel geleistet werden. Die Vergütigung wird nach Prozenten von dem Betrage der Waare berechnet, die Höhe schwankt je nach den Umständen zwischen $^1/_2$—3%. Im weiteren Sinne versteht man unter Delkredere die Übernahme jener Gefahr selbst, d. h. das betr. Verhältnis der Verbürgung des Kommissionärs für den richtigen Eingang des Kaufpreises. Report heißt der beim Prolongieren der Zeitgeschäfte festgesetzte Aufschlag zum Kurse der hereingenommenen Papiere.

Ein Geschäftsgewinn — Überschuß der Einnahmen über die Ausgaben – einer Erwerbsgesellschaft, der nicht als Reinertrag an die Aktionäre verteilt, sondern zur Deckung älterer Verluste am Aktienkapital verwendet wird, verliert dadurch nicht seinen Charakter als steuerpflichtiges Einkommen. Entsch. v.4. IX. 91 (Pr. Verw.-Bl. Bd. XIII S. 75).

[2]) Heute gemäß § 10 des Eink.-St.-Ges. drei Jahre vor dem Veranlagungsjahre. Die Erträge dieser drei Jahre sind nach den damals bestehenden thatsächlichen und rechtlichen Verhältnissen zu ermitteln und festzustellen. Entsch. v. 11. IX. 88 (Pr. Verw.-Bl. Bd. X S. 74).

Beim Zusammentreffen mehrerer Einkommensquellen (Grundbesitz, Gewerbebetrieb) auf seiten einer steuerpflichtigen Aktiengesellschaft ist nicht das Gesammteinkommen, sondern für jede Quelle das aus dieser erzielte Einkommen zu versteuern, so daß von mehreren steuerberechtigten Gemeinden eine jede die bei ihr steuerpflichtige Einkommensquelle einzuschätzen befugt ist.

In der Regel bildet der Grundbesitz eine selbständige, in der Belegenheitsgemeinde steuerpflichtige Einkommensquelle. Eine Ausnahme findet statt, wenn der Grundbesitz für den Gewerbe- oder Bergbaubetrieb verwandt wird, diesem dient, mit ihm wirtschaftlich verbunden ist, weil er wegen dieser Verbindung kein selbständiges, sondern ein in jenem Betriebe aufgehendes Einkommen gewährt. Ob er auch rechtlich ein Zubehör davon bildet, ist unerheblich.

Wohngebäude für Beamte und Arbeiter eines Betriebes können als zu ihm gehörig angesehen werden. Daß sie für den Betrieb notwendig und unentbehrlich seien, ist hierfür nicht erforderlich. Denn der Betrieb, wie er thatsächlich stattfindet, nicht wie er vielleicht stattfinden sollte, ist das Objekt der Besteuerung. — Werden solche Gebäude aber zeitweilig, als für den Betrieb nicht verwendbar, durch Vermieten an Fremde genutzt, so können sie jedenfalls für die Zeit dieser Benutzung nicht als zum Betriebe gehörig angesehen werden: das Einkommen aus ihnen unterliegt daher der Gemeindebesteuerung in der Belegenheitsgemeinde. Entsch. v. 1. VI. 88 (Pr. Verw.-Bl. Bd. IX S. 357).

Abschreibungen zur Amortisation des Grundkapitales bei einem nur auf bestimmte Zeitdauer konzessionierten gewerblichen Unternehmen (Straßenbahn-Gesellschaft) gehören nicht zu den bei Feststellung des steuerpflichtigen Reineinkommens abzugsfähigen Ausgaben. Entsch. v. 17. XI. 88 (Pr. Verw.-Bl. Bd. X S. 245). Namentlich kann eine auf Zeit

die in eben jener Periode vorgekommenen abzugsfähigen Ausgaben erscheinen. Die in Gemäßheit des Art. 31 des Hand.-G.-B. v. 5. VI. 69 und Art. 239, 185e des Aktiengesellschafts-Ges. v. 18. VII. 84 (R.-G.-Bl. S. 123) aufgemachten Bilanzen sind, jene Rechnungsfaktoren zu liefern, weder bestimmt, noch geeignet.

2) Daß zum Zwecke der Ermittelung des Steuerobjektes auf die von dem Steuerpflichtigen vorzulegende Gewinn- und Verlustrechnung zurückgegangen wird, ist indessen durchaus zutreffend. Sie bindet zwar weder die Steuerbehörde, noch den Verwaltungsrichter in der Weise, daß ihre Ergebnisse zu Grunde gelegt werden müßten, auch nicht soweit, daß die Steuerbehörde gehalten wäre, den Inhalt etwa ihrerseits durch Gegenbeweis zu entkräften. Immerhin aber bildet sie in ihrem thatsächlichen Teile einen nicht zu unterschätzenden Ausgangspunkt, an den sich die weiteren Erörterungen zu knüpfen haben.

konzessionierte Straßenbahngesellschaft nicht die mit Ablauf der Konzession eintretende Entwertung der Bahnanlage durch Abschreibungen ausgleichen und damit den zu versteuernden Betrag ihres Einkommens herabsetzen. Entsch. v. 22. IV. 87 (Pr. Verw.-Bl. Bd. VIII S. 273).

Organisations- und Gründungskosten, die bei Konstituierung einer Aktiengesellschaft entstanden sind, dürfen bei Ermittelung des steuerpflichtigen Einkommens des ersten Geschäftsjahres nicht in Abzug gebracht werden.

Von unbebauten Grundstücken dürfen Amortisationsquoten als übliche Abschreibung nicht in Anrechnung gebracht werden.

Einkommensteuern gehören ihrer Natur nach, weil sie ein bereits feststehendes Einkommen, von dem sie erhoben werden, voraussetzen, nicht zu den abzugsfähigen Ausgaben. (Vergl. Entsch. v. 3. V. 87, Pr. Verw. Bl. Bd. VIII S. 290). Entsch. v. 9. X. 88 (Pr. Verw.-Bl. Bd. X S. 207).

Wenn in dem Statut einer Aktien-Zuckerfabrik vorgeschrieben ist:

1. Daß jeder Aktionär ein bestimmtes Quantum Rüben pro Aktie an die Fabrik zu liefern hat;
2. Daß für diese Rüben ein bestimmter Preis nicht vereinbart, vielmehr pro Centner der durch Repartition des Gesammtüberschusses der Campagne sich ergebende Betrag bezahlt wird — so daß also thatsächlich nicht eine Bezahlung der Rüben, sondern eine Repartition des Gewinns nach Maßgabe des gelieferten Quantums erfolgt;
3. Daß die Generalversammlung darüber beschließt, ob und in welcher Höhe diese Beträge den Aktionären ausgezahlt oder anderweit verwendet werden sollen) womit also den Aktionären ein Rechtsanspruch auf sie entzogen ist,

so können die den Aktionären für die gelieferten Rüben gezahlten Baarbeträge, sowie der Wert der ihnen dafür in natura unentgeltlich gewährten Rübenschnitzel bei Ermittelung des gemeindesteuerpflichtigen Einkommens der Aktiengesellschaft nicht in Abzug gebracht werden. Entsch. v. 6. XI. 88 (Pr. Verw.-Bl. Bd. X S. 220).

Wenn eine Aktien-Zuckerfabrik ihren Aktionären die Verpflichtung zum Rübenbau auferlegt und, unter Verzicht auf eine Dividendenverteilung, den Geschäftsgewinn dadurch ausschüttet, daß der Preis für diese Pflichtrüben alljährlich von der Generalversammlung nach Maßgabe des Gesammtertrügnisses festgesetzt wird, so kann der Kaufpreis für diese Pflicht-, sowie für etwaige Überrüben insoweit nicht zu den bei Ermittelung des steuerpflichtigen Einkommens abzugsfähigen Ausgaben gerechnet werden, als er den Kaufwert der Rüben übersteigt.

Daß dieser Kaufwert der Rüben höher sei, als von der besteuernden Behörde zugegeben wird, ist von der besteuerten Gesellschaft nachzuweisen. Der Nachweis kann durch eine Darlegung, daß die Produktionskosten der Rüben höher seien, nicht ersetzt werden. Entsch. v. 22. IX. 91 (Pr. Verw.-Bl. Bd. XIII S. 74). Vergl. E.-O.-V. Bd. XVIII S. 33 oben S. 75.

Wenn eine Erwerbsgesellschaft die ihr gehörigen Objekte (Schiffe) nicht zum vollen Betrage versichert, sondern zum Teil in Selbstversicherung nimmt und die dadurch ersparten Versicherungsprämien zu einem „Assekuranzfonds" sammelt, so hat dieser den Charakter eines gewöhnlichen Reservefonds, und die Rücklagen in ihn gehören nicht zu denjenigen Ausgaben, welche bei Ermittelung des steuerpflichtigen Reineinkommens in Abzug gebracht werden dürfen. Entsch. v. 15. V. 88 (Pr. Verw.-Bl. Bd. IX S. 371).

3) Es ist nicht Sache des Besteuerungsberechtigten, die Richtigkeit seiner Veranlagung im ganzen oder im einzelnen zu beweisen, vielmehr hat der Steuerpflichtige darzuthun, daß und aus welchen Gründen sein Einkommen den angenommenen Betrag nicht erreicht und event., daß er in der Lage war, erhebliche Ausgaben zu leisten und der Schluß auf entsprechende Einnahmen gleichwohl ein unrichtiger ist.

Nr. 12. Entsch. Bd. XVI. S. 111 vom 2. Dezember 1887. II C 178/87.
Komm.=Abg.=Ges. v. 14. VII. 93 (G.=S. S. 152) § 33. Hand.=G.=B. Art. 263, 324, 342.

1) Vereinigungen von Fabrikanten zu dem Zwecke, das gesammte Fabrikat gewisser Qualität nur durch ein gemeinsames Organ verkaufen und die so abgesetzte Waare den einzelnen Teilnehmern zur Lieferung überweisen zu lassen, werden als Verkaufssyndikate bezeichnet.

2) Ein derartiges Syndikat erwirbt „als solches" nichts; insbesondere können die Gewinne der einzelnen Mitglieder nicht als Gewinn oder Vermögen „des Syndikates als Institut" angesehen werden. Das Syndikat als solches ist auch keine Erwerbsgesellschaft, die als selbständiger Steuerträger zur Zahlung von Kommunalsteuern schuldig und vermögend erscheint.

3) Dagegen erscheint es wohl zulässig, eine Aktiengesellschaft als Mitglied eines solchen Syndikates zu Kommunalabgaben heranzuziehen. Ebenso, wie die Besteuerungsunfähigkeit der offenen Handelsgesellschaften als solcher trotz ihrer handelsrechtlich anerkannten Rechtsfähigkeit kein Hindernis, sondern gerade der Grund und die Rechtfertigung dafür ist, daß ihre Mitglieder die allein verantwortlichen Steuerträger sind, gilt das Gleiche noch zweifelloser von den Syndikaten, zumal sie nicht einmal in der besonders organisierten Form einer unter gemeinschaftlicher Firma auftretenden offenen Handelsgesellschaft auftreten, sondern vermöge eines einfachen Vertrages ihre Mittel und Kräfte zur Erreichung wirtschaftlicher Zwecke vereinigen. Solche Personenvereinigungen sind nur dann geschäfts= und prozeßfähig, wenn und soweit ihnen dies Vorrecht ausdrücklich beigelegt ist. Im übrigen erscheinen im Geschäftsverkehre und vor Gericht als Träger von Rechten und Pflichten immer nur die einzelnen Teilnehmer, und zwar der Regel nach mit solidarischer Berechtigung und Verpflichtung.

4) Aktiengesellschaften unterliegen den auf das Einkommen gelegten Gemeindeabgaben in denjenigen Gemeinden, in denen sie ein stehendes Gewerbe betreiben. Ein die Abgabenpflicht begründender Gewerbebetrieb ist in denjenigen Gemeinden anzunehmen, in denen die betreffende Aktiengesellschaft eine „Verkaufsstätte" hat. Für den Begriff der letzteren ist es gleichgültig, wo die Waare lagert und wo der Preis bezahlt wird. Eine Aktiengesellschaft als Mitglied eines Syndikates ist also in derjenigen Gemeinde einkommensteuerpflichtig, wo bei Durchführung des gemeinsamen Unternehmens die objektiven Merkmale eines abgabepflichtigen Gewerbebetriebes zu Tage treten, also da, wo der zur Ausübung der Verkaufsthätigkeit allein berufene Syndikatsvertreter wohnt und sein Geschäftslokal hat.

Nr. 13. Entsch. Bd. XVII. S. 153 vom 19. Oktober 1888. II C 89/88.
Komm.=Abg.=Ges. v. 14. VII. 93 (G.=S. S. 152) §§ 33, 36. Eink.=St.=Ges. v. 24. VI. 91 (G.=S. S. 175) §§ 10, 14, 16 und Ausf.=Anw. v. 5. VIII. 91, Art. 5, 27.

1) Bei einem Streite über die Frage, ob bei einer Veränderung der Höhe des Grundkapitales einer Aktiengesellschaft (in diesem Falle einer Straßenbahn-Aktiengesellschaft) im Laufe der drei Jahre vor dem Veranlagungs=

jahre die Berechnung des Steuerobjektes nach dem dreijährigen Durchschnitte zulässig oder unter gewissen Voraussetzungen und Umständen ausgeschlossen erscheint, ist nicht schon die Thatsache der Veränderung allein, sondern erst der in jedem Falle zu prüfende Einfluß, den die Erhöhung oder Herabsetzung des Grundkapitales auf die Gestaltung des Betriebes ausübt, entscheidend. Im vorliegenden Falle wurde die Frage, ob in der That mit dem Durchschnittssatze der maßgebenden drei Jahre zu rechnen sei oder lediglich mit dem Gewinne des letzten Geschäftsjahres mit Rücksicht auf die vorgenommene Reduktion des Aktienkapitals von 750000 M. auf 250000 M., im ersteren Sinne entschieden.[1])

2) Die Vorschrift des § 10 des Eink.-St.-Ges. v. 24. VI. 91 hat allerdings zur Voraussetzung, daß der Charakter und der Umfang des Geschäftes in den beiden der Vergangenheit und der Zukunft angehörigen Zeitabschnitten nicht wesentlich ungleichartige sind, wie z. B. bei einem Bankgeschäfte, bei dem das Betriebskapital im letzten Jahre eine Verdoppelung erfahren hatte. Vergl. E.-O.-V. Bd. XII S. 99.[2]) Während jedoch bei einem Bankgeschäfte das die Betriebsergebnisse ermöglichende und bedingende Kapital zweifellos in den für den Umlauf bestimmten und verfügbaren Fonds zu erblicken ist, wird es bei einem Straßenbahn-Unternehmen nicht schon durch das gezeichnete und eingezahlte Aktienkapital, sondern zum wesentlichen Teile durch den Bestand der für den Betrieb erforderlichen, beschafften und genutzten Immobilien, Mobilien und Moventien dargestellt. Dieses Kapital hat während der entscheidenden drei Jahre eine ins Gewicht fallende Veränderung an Umfang oder Gebrauchsfähigkeit nicht erfahren, woraus folgt, daß auch der Geldwert der das Kapital bildenden und nutzbar erhaltenden Objekte unverändert geblieben ist. Da auch die Art der Nutzbarmachung dieses Kapitales, die räumliche Ausdehnung und die Intensivität des Betriebes keinerlei Einschränkung oder Abschwächung erlitten haben, so fehlen hier alle diejenigen Momente, die jenes Bankgeschäft mit dem doppelten Betriebskapitale als ein neues und anderes erscheinen ließen.

---

[1]) Die Veranlagung des Einkommens aus dem Gewerbebetriebe zur Gemeindesteuer nach dem Durchschnittseinkommen der letzten drei Jahre bezweckt, eine Ausgleichung zwischen Gewinn und Verlust der verschiedenen Jahre herbeizuführen. Sie ist nur unter der Voraussetzung zulässig, daß Charakter und Umfang des Geschäftes in diesem dreijährigen Zeitraum einerseits und den Zeitraum, für den die Veranlagung erfolgt, andererseits, nicht wesentlich ungleichartig sind. Solche Gleichartigkeit fehlt, wenn das Betriebskapital einer Aktienbank erhöht wird. Es liegt hier vielmehr der Fall vor, daß der zu besteuernde Gewerbebetrieb während eines die Durchschnittsberechnung zulassenden Zeitraumes überhaupt noch nicht bestanden hat. Einen wirtschaftlichen Grundsatz, daß, wenn ein gewisses Anlagekapital einen bestimmten Ertrag ergeben hat, das verdoppelte Kapital auch den doppelten Ertrag abgeworfen haben würde, giebt es nicht. Entsch. v. 30. XI. 85 (Pr. Verw.-Bl. Bd. VII S. 153).

Die Frage, ob im Einzelfalle eine wesentliche Veränderung des Geschäfts stattgefunden hat, und demgemäß von der Regel der Einkommensberechnung nach dem dreijährigen Durchschnitt abzugehen ist, ist zunächst eine solche des freien Ermessens, keine Rechtsfrage; sie unterliegt sonach, wenn der Vorderrichter sich dabei eine Rechtsverletzung oder einen wesentlichen Mangel des Verfahrens nicht hat zu Schulden kommen lassen, der Nachprüfung in der Revisionsinstanz nicht.

Nicht jede Veränderung des Wertes der dem Gewerbe dienenden Einrichtungen u. s. w., der Art ihrer Nutzbarmachung, der räumlichen Ausdehnung und Intensivität des Betriebes verleiht diesem schon einen anderen Charakter. Es kommt auf die Art der Veränderung, nämlich darauf an, ob sie im Hinblick auf die Gestaltung des gerade vorliegenden Gewerbebetriebes als eine wesentliche anzusehen ist. Entsch. v. 4. II. 90 (Pr. Verw.-Bl. Bd. XI S. 608).

[2]) Oben S. 350.

Nr. 14. Entsch. Bd. XVII. S. 255 i. d. Anm. vom 23. November 1888. II C 139/88.
Komm.-Abg.-Ges. v. 14. VII. 93 (G.-S. S. 152) §§ 33, 35, 36, 47.

Eine Gas-Aktiengesellschaft hat ihren Sitz in A., sie betreibt aber ihre Gasanstalt in der dicht angrenzenden Landgemeinde B. Durch Kontrakt hat sie die Verpflichtung übernommen, alle zur Beleuchtung der Stadt C. erforderlichen Anstalten herzustellen und zu unterhalten, insbesondere auch die Straßenlaternen anzuzünden, auszulöschen und zu reinigen. Mittels eines fast ganz auf städtischem Gebiete belegenen Rohrnetzes wird die Stadt mit Gaslicht versehen, auch wird an Privatkonsumenten Gas abgegeben. Das O.-V.-G. entschied, daß in der Landgemeinde B. sich weder eine Betriebs-, noch eine Verkaufsstätte befinde, weil das Rohrnetz selbst als Betriebsstätte nicht zu behandeln sei und dasselbe von denjenigen Stellen gelte, an denen unter Zuhilfenahme von Feldschmieden und ähnlichen Vorrichtungen die erforderlichen Ausbesserungen an dem schadhaften Rohrnetze vorgenommen werden.

Ein Gleiches gelte von den einzelnen Straßenlaternen, mögen sie von den betreffenden Privatpersonen oder von Beamten der Gesellschaft bedient werden.

Der Gasometer endlich bilde keine Verkaufsstätte, ebensowenig der Raum, in dem sich das Abrechnungs- und Zahlungsgeschäft abwickele.[1])

Nr. 15. Entsch. Bd. XVIII. S. 66 vom 26. April 1889. II C 23/89.
Komm.-Abg.-Ges. v. 14. VII. 93 (G.-S. S. 152) §§ 33, 36.

1) Wenn eine Lebens-Versicherungs-Aktien-Gesellschaft nach ihren Statuten und den darauf abgeschlossenen Versicherungsverträgen verpflichtet ist, an die Versicherten eine gewisse Quote des Reingewinnes (Dividende) herauszuzahlen, so nimmt die Gesellschaft bei ihrer Veranlagung zur städtischen Gemeinde-Einkommensteuer mit Recht für jene Beträge die Steuerfreiheit in Anspruch. Denn da die Versicherten nach den Versicherungsverträgen in Verbindung mit dem Statute einen rechtsgültigen Anspruch auf den ihnen zugesicherten Gewinnanteil haben, so ergiebt sich das von der allein steuerpflichtigen Aktiengesellschaft zu versteuernde Einkommen erst nach Absetzung jenes Gewinnanteiles von dem Gesammt-Reineinkommen.[2]) In gleicher Weise hat, wenn bei

---

[1]) Wie diese Entsch. gegenüber der Entsch. in E.-O.-V. Bd. XVII S. 250 (oben S. 358 ff.) abgedruckten aufrecht erhalten werden soll, ist schwer zu begründen. Das Ob.-Verw.-Ger. sucht allerdings den zweifelsohne bestehenden Widerspruch in E.-O.-V. Bd. XVII S. 255 f. zu beseitigen; in der Entsch. v. 23. XI. 88 werde zwar eine Betriebsstätte ohne jede menschliche Thätigkeit als undenkbar bezeichnet, jedoch die Art und das Maß der letzteren nicht näher bestimmt. Wenn ferner ausgeführt sei, daß diejenigen einzelnen und wechselnden Stellen, an denen gelegentlich, aber ohne regelmäßige Folge Reparaturen am Rohrnetz bewirkt seien, dadurch die Eigenschaft von Betriebsstätten nicht erhalten hätten, so entspreche dies dem für letztere aufgestellten Erfordernisse der Stetigkeit in Bezug auf diese einzelnen Stellen, schließe aber eine thatsächliche Beurteilung dahin nicht aus, daß die gesammte, auf die Erhaltung des Rohrnetzes gerichtete Thätigkeit als eine fortgesetzte, und daß der gesammte von diesem eingenommene Raum als eine Betriebsstätte aufgefaßt wird.

Diese Auseinandersetzung leuchtet nicht ein. Hier, wie dort, ist der Fall der nämliche und es ist zweifelsohne der Auffassung in E.-O.-V. Bd. XVII S. 250 als der zutreffenden der Vorzug zu geben.

[2]) Die mit Gewinnanteil Versicherten sind auf Grund ihrer Versicherungsverträge Gläubiger der Gesellschaft, selbst wenn ihr Forderungsrecht bedingt oder quantitativ von gewissen Ereignissen abhängig gemacht ist. Die Auszahlung des Gewinnanteiles seitens der Gesellschaft hat daher den Charakter einer kontraktlichen Zahlung an einen Dritten, und nur den danach verbleibenden Überschuß hat die Gesellschaft zu versteuern. Entsch. v. 3. X. 93 (Pr. Verw.-Bl. Bd. XV S. 61).

einer offenen Handelsgesellschaft vertragsmäßig die Geschäftsleitung nur einem Teilhaber, jedem aber ein Kopfteil vom Reingewinn gebührt, jeder nur seinen Anteil und keiner die Gewinnquote des anderen zu versteuern. Und wenn sich jemand an dem Betriebe des Handelsgewerbes eines anderen mit einer Vermögenseinlage gegen Anteil am Gewinne und Verluste beteiligt (Art. 250 des Hand.-G.-B. v. 24. VI. 61), so bleibt zweifellos derjenige Gewinnanteil, auf den diesem Dritten ein Rechtsanspruch zusteht, auch wenn man dem Dritten der Unsicherheit seines Anspruches halber die Eigenschaft eines Gläubigers versagen wollte, dann steuerfrei, wenn es sich um die Besteuerung des Empfängers der Einlage handelt; für diesen ergiebt sich als Steuerobjekt das Gesammt-Reineinkommen erst nach Abzug des Gewinnanteiles eines Dritten.

2) Es besteht auf diese Weise zwischen der Gesellschaft und den Versicherten ein sozietätsähnliches Verhältnis, das, hergestellt durch die Eingehung des Versicherungsvertrages, für die Gesellschaft die Verpflichtung zur Folge hat, den Versicherten den bedungenen Gewinnanteil auszuantworten, womit eine gleichzeitige Verbindlichkeit, eben diesen auszukehrenden Gewinnanteil als eigenes Reineinkommen zu versteuern, nicht wohl verträglich erscheint.

Nr. 16. Entsch. Bd. XVIII. S. 70 vom 21. Juni 1889. II C 64 89.

Komm.-Abg.-Ges. v. 14. VII. 93 (G.-S. S. 152) §§ 33, 36.

Das Rechtsverhältnis zwischen den mit Gewinnanteil Versicherten und einer Lebensversicherungs-Aktiengesellschaft stellt eine Art Sozietätsverhältnis, eine vertragliche Geschäftsgemeinschaft dar, der zufolge diesen Versicherten ein Anrecht auf Teilnahme an dem Geschäftsgewinne zugesichert ist.

Wie nun bei offenen Handelsgesellschaften kein Teilnehmer den Gewinnanteil seiner Genossen, sondern immer nur seinen Anteil an dem gemeinsamen Gewinn zu versteuern hat, so kann auch hier von der Gesellschaft nur die Versteuerung ihres eigenen Gewinnanteiles gefordert werden, nicht aber des Gesammteinkommens, das sie zwar vereinnahmt, das ihr aber nur zu einer Quote verbleibt.

Nr. 17. Entsch. Bd. XVIII. S. 92 vom 2. April 1889. II C 20/89.

Komm.-Abg.-Ges. v. 14. VII. 93 (G.-S. S. 152) §§ 47, 48.

1) Eine Versicherungsgesellschaft, die mit ihrem Sitze in S. zugleich in der Gemeinde Berlin einkommensteuerpflichtig war, hatte bei der Berechnung ihres in Berlin zu versteuernden Reineinkommens die gesammten Eingänge aus den von ihr abgeschlossenen Rückversicherungsverträgen der Bruttoeinnahme der Sitzgemeinde zugezählt. Der Gemeindevorstand hielt dies für unzulässig, allein der Bezirksausschuß war der Ansicht, die von den Rückversicherern gezahlten Summen wären als Einnahmen, und, da ihr Zusammenhang mit den in B. abgeschlossenen Geschäften nicht erhelle, zugleich als nur in der Sitzgemeinde zu berücksichtigende Teile der Bruttoeinnahme anzu-

---

Dagegen sind die Dividenden, die eine Versicherungs-Aktiengesellschaft an die mit Anspruch auf Gewinnanteil Versicherten verteilt, insoweit dem Geschäftsgewinne hinzuzurechnen, als sie nicht auf einer vertragsmäßigen Verpflichtung der Gesellschaft beruhen, sondern die Verteilung dem Ermessen der Gesellschaftsorgane überlassen ist. Entsch. v. 27. V. 87 (Pr. Verw.-Bl. Bd. IX S. 43).

Gewinnanteile (Dividenden), die eine Lebensversicherungs-Aktiengesellschaft den bei ihr Versicherten oder gewissen Kategorien von ihnen gewährt, ohne hierzu durch Statut oder Vertrag rechtlich verpflichtet zu sein, können bei der Berechnung des steuerpflichtigen Reineinkommens nicht in Abzug gebracht werden. Dabei ist es gleichgültig, ob diese Gewinnantheile baar zurückbezahlt oder durch Verrechnung auf die nächstfällige Prämie berichtigt werden. Entsch. v. 11. IX. 88 (Pr. Verw.-Bl. Bd. X S. 74).

sehen, und bestimmte demgemäß nach der von ihm aufgestellten, in ihrem Zahlenmaterial unstreitigen Verhältnisrechnung die zu zahlende städtische Gemeindeabgabe. Die hiergegen eingelegte Revision wurde verworfen.

2) Die Geldbeträge aus Rückversicherungsgeschäften gehen thatsächlich über in das Vermögen der Gesellschaft, sie haben also als „Einnahmen" zu gelten; sie bilden ein „gewerbliches Einkommen". Sie sind auch nicht etwa deshalb der Bruttoeinnahme nicht zuzurechnen, weil sie niemals die Bedeutung eines Zuwachses der gewerblichen Einnahmen der Gesellschaft, sondern immer nur die einer Verminderung der von dem Geschäfte zu tragenden Kosten und Ausgaben hätten. Denn eine Einnahme hört deshalb nicht auf, eine solche zu sein, weil sie zur Deckung einer speziellen Ausgabe bestimmt ist, auch dann nicht, wenn ihr Eingang von vornherein zu dem Zwecke sichergestellt ist, jene Ausgabe daraus zu bestreiten.

3) Die Einnahmen aus Rückversicherungen werden nicht schon durch den Gewerbebetrieb des Versicherers an sich, sondern erst dadurch „erzielt", daß er Rückversicherungen nimmt und die bezüglichen Verträge abschließt. Geschieht dies nur in der Sitzgemeinde, so sind die Einnahmen daraus auch lediglich den in dieser Gemeinde erwachsenden Bruttoeinnahmen zuzurechnen.[1])

Nr. 18. Entsch. Bd. XXIV. S. 40 vom **14.** März 1893. II C 218 92.

Ges. v. 18. VII. 84 (R.-G.-Bl. S. 123), betreffend die Kommanditgesellschaften auf Aktien und die Aktiengesellschaften. Komm.-Abg.-Ges. v. 14. VII. 93 (G.-S. S. 152) § 33.

1) Die Kommanditgesellschaft auf Aktien ist eine Unterart der Kommanditgesellschaft; ihr wohnt der Charakter der Sozietät und nicht der der juristischen Person bei.

2) In kommunalsteuerlicher Hinsicht werden jedoch die Kommanditgesellschaften aus der Zahl der Erwerbsgesellschaften herausgehoben und für die Zwecke der Besteuerung personifiziert. Der § 33 Nr. 3 erklärt positiv, daß es diese Gesellschaft selbst ist, die in derjenigen Gemeinde, in der sie das stehende Gewerbe betreibt, hinsichtlich des ihr aus dieser Spezialquelle in der Gemeinde zufließenden Einkommens den auf das Einkommen gelegten Gemeindeabgaben unterliegt. Wo das Gesetz selbst so klar disponiert, liegt kein Grund vor mit Hilfe wissenschaftlicher Untersuchungen noch erst zu ermitteln, wer im zivilistischen Sinne konstruktionsgemäß der Gewerbetreibende sein möchte. Da das steuerpflichtige Subjekt hinsichtlich des Einkommens aus dem Gewerbebetriebe die Kommanditgesellschaft auf Aktien selbst ist, unterliegt der dem persönlich haftenden Gesellschafter aus dem Unternehmen zufließende Präzipual-Gewinnanteil der Besteuerung seitens der Wohnsitzgemeinde, nicht der Betriebsgemeinde.

Nr. 19. Entsch. Bd. XXIV. S. 47 vom **17.** Februar **1893.** II C 226/92.

Komm.-Abg.-Ges. v. 14. VII. 93 (G.-S. S. 152) §§ 33, 36. Eink.-St.-Ges. v. 24. VI. 91 (G.-S. S. 175) § 16.

Nach § 33 Nr. 3 des Komm.-Abg.-Ges. erfaßt die Gemeindeeinkommensteuer, falls eine Veranlagung zur Staatseinkommensteuer stattgefunden hat, das

---

[1]) Die Einnahmen einer Feuerversicherungs-Aktiengesellschaft aus Rückversicherungsverträgen gehören zu den Bruttoeinnahmen und zwar zu den am Sitze der Direktion erzielten Bruttoeinnahmen. Ob ihr Gesammtbetrag hinter den gezahlten Rückversicherungsprämien zurückbleibt, ist unerheblich, da daraus nur folgen würde, daß das Rückversicherungsgeschäft für die Gesellschaft als Versicherten einen Reinertrag nicht ergeben hat. Ob sich die Vereinnahmung in baarem Gelde oder durch Kompensation vollzieht, kommt gleichfalls nicht in Betracht. Entsch. v. 3. XII. 89 (Pr. Verw.-Bl. Bd. XI S. 200).

hierbei veranlagte Einkommen, vorbehaltlich der Bestimmung im § 16 Abs. 3 des Eink.-St.-Ges., wonach der Kommunalbesteuerung das „ermittelte Einkommen" ohne den Abzug von 3½ Prozent zu Grunde zu legen ist. Unter dem „ermittelten Einkommen" ist nicht das seitens der Gemeinde geschätzte, sondern lediglich das bei der Staatsbesteuerung festgestellte Einkommen zu verstehen, das von keinem Kommunalverbande nochmals eingeschätzt werden darf.[1]) Dies gilt sowohl für den Fall, daß die Aktiengesellschaft nur in einer einzigen Gemeinde thätig ist, als auch für denjenigen, daß das Unternehmen sich über verschiedene Gemeinden erstreckt. Im ersteren Falle ist das ganze festgestellte Einkommen (ohne den Abzug von 3½ Prozent) der Besteuerung zu Grunde zu legen, im letzteren nur der auf die betreffende Gemeinde entfallende Teil dieses Einkommens der Besteuerung zu Grunde zu legen, sodaß immer noch für die Gemeinden die Veranlagung des Einkommensbetrages zu einem bestimmten Steuersatze (§ 17 des Ges. v. 24. VI. 91) erforderlich bleibt.

[1]) Zu dem gleichen Ergebnisse kommen die Entsch. v. 20. X. 93 (Pr. Verw.-Bl. Bd. XV S. 118) und v. 23. I. 94 (das. Bd. XV S. 309), die letztere mit der Begründung, daß durch den § 16 Abs. 3 des Eink.-St.-Ges. ein Ausbau des bestehenden Kommunalabgabenrechtes bewirkt worden sei, während nach der ersteren und einer Entsch. v. 6. IV. 95 (das. Bd. XVI S. 501) § 16 Abs. 3 nur in denjenigen Fällen Anwendung finden soll, in denen das der Staats- und Gemeindeeinkommensteuer unterliegende Einkommen sich decken. Diese Voraussetzung ist jedenfalls da gegeben, wo der Gewerbebetrieb sich lediglich in Preußen, sei es in einer, sei es in mehreren Gemeinden vollzieht. Irrtümliche Angaben, die bei der Deklaration zur Staatssteuer gemacht sind, können nur dann Berücksichtigung finden, wenn eine selbständige Veranlagung zur Gemeindeeinkommensteuer stattzufinden hat. Entsch. v. 22. VI. 95 (Pr. Verw.-Bl. Bd. XVII S. 18). Doch beziehen sich diese Entsch. noch nicht auf die Anwendung des Komm.-Abg.-Ges. v. 14. VII. 93. Dem Wortlaute des § 33 Nr. 3 am Schlusse gegenüber, der gerade das staatlich veranlagte Einkommen für bindend erklärt, ist nicht mehr daran festzuhalten, daß das Ergebnis der staatlichen Veranlagung für die Gemeindebesteuerung nur dann maßgebend ist, wenn staats- und kommunalsteuerpflichtiges Einkommen sich decken. Heute bildet der staatlich veranlagte Einkommensbetrag in allen Fällen (ohne Abzug der 3½ Prozent) das Steuerobjekt. Entsch. v. 19. XII. 96 (Pr. Verw.-Bl. Bd. XVIII S. 184). Eine Ausnahme ist infolge nicht völlig korrekten Verfahrens der staatlichen Veranlagungsbehörde möglich. Wenn nämlich bei geringen Überschüssen und hohem Aktienkapital das Vorhandensein eines staatssteuerpflichtigen Überschusses ohne weiteres ersichtlich ist, so erfolgt zwar eine staatliche und zwar steuerfreie Veranlagung. Aber es unterbleibt die ziffermäßige Feststellung des staatssteuerfreien Einkommenbetrages, so daß das von der Gemeindebesteuerung zu erfassende Objekt nicht feststeht, sondern von den Gemeinden selbst festgestellt werden muß. Entsch. v. 11. XI. 96, II C 190/96.

Ist eine Gewerkschaft staatssteuerfrei gestellt worden, weil nach Abzug von 3½ Prozent des Grundkapitales ein einkommensteuerpflichtiges Objekt als nicht vorhanden angenommen wurde, so ist das von der staatlichen Einschätzungsbehörde festgestellte Einkommen für die Gemeindeeinkommensteuer nicht maßgebend. Bei Gewerkschaften sind, abweichend von den bei Aktiengesellschaften maßgebenden Grundsätzen, für die Feststellung des steuerpflichtigen Einkommens die Jahresabschlüsse nicht ohne weiteres entscheidend, da in ihnen auch Substanzteile enthalten sind, die keine Überschüsse im steuertechnischen Sinne darstellen. Entsch. v. 5. X. 95 (Pr. Verw.-Bl. Bd. XVII S. 87).

Wenn neben preußischen noch deutsche Betriebsorte konkurrieren, so sind dem staatlich veranlagten Einkommen die abgezogenen 3½ Prozent des Aktienkapitals nicht voll, sondern nur in anteiligem Betrage wieder zuzusetzen. Entsch. v. 19. XII. 96 (Pr. Verw.-Bl. Bd. XVIII S. 184).

Bei Ermittelung des staatssteuerpflichtigen Einkommens einer Aktiengesellschaft werden von den verteilten Überschüssen der Vorjahre die 3½% des Aktienkapitales für dieselben Jahre, nicht von den Durchschnittsbetrage der verteilten Überschüsse 3½% des Aktienkapitales für das Steuerjahr abgesetzt. Bei der Veranlagung zu Gemeinde-Einkommensteuern sind die 3½% in derselben Weise wieder zuzusetzen, wie sie bei der staatlichen Veranlagung abgezogen sind. Entsch. v. 3. X. 94 (Pr. Verw.-Bl. Bd. XVI S. 133).

Nr. 20. Entsch. Bd. XXVII. S. 32 vom 31. Oktober 1894. II C 127/94.
Komm.-Abg.-Ges. v. 14. VII. 93 (G.-S. S. 152) §§ 33, 35. Hand.-G.-B. Art. 209.

Aktiengesellschaften sind am „Sitze des Unternehmens" zu Kommunalabgaben heranziehbar, nicht aber an dem handelsregistermäßigen „Sitze der Gesellschaft", wenn dieser von dem wirtschaftlichen „Sitze des Unternehmens" verschieden ist.[1])

β) Der eingetragenen Genossenschaften.

Nr. 1. Entsch. Bd. XIV. S. 159 vom 14. Dezember 1886. II C 130 86.
Komm.-Abg.-Ges. v. 14. VII. 93 (G.-S. S. 152) § 33.

1) **Nur solche eingetragene**[2]) **Genossenschaften sind kommunalsteuerpflichtig, deren Geschäftsbetrieb „über den Kreis ihrer Mitglieder hinausgeht".** Wenn nun ein Verein, der nach seinem Statute behufs gegenseitiger Beschaffung der in Gewerbe und Wirtschaft nötigen Geldmittel ein Bankgeschäft auf gemeinschaftlichen Kredit betreibt und laut Statut Kredit nur an seine Mitglieder gewähren darf, so kann er zur Kommunalsteuer nur dann herangezogen werden, wenn ihm die besteuernde Behörde nachweist, daß er seinen Geschäftsbetrieb auf Nichtmitglieder ausgedehnt habe. Die Beweislast liegt also nicht dem Vereine, sondern der besteuernden Behörde ob.[3])

---

[1]) Vergl. auch Entsch. v. 26. IX. 94 (Pr. Verw.-Bl. Bd. XVI S. 39) und 30. X. 95 (Pr. Verw.-Bl. Bd. XVII S. 372). Die Staatssteuerveranlagung ist für Fragen, die lediglich die Kommunalbesteuerung interessieren (Wohnsitz oder Aufenthalt eines Steuerpflichtigen, Lokalisierung des Gewerbebetriebes) nicht maßgebend. Bei einer Mehrheit von Unternehmungen einer Aktiengesellschaft spricht die Vermutung dafür, daß die unter den statutarischen Zweck fallenden mehreren Unternehmungen nur als Glieder eines zusammenhängenden Ganzen aufzufassen sind Entsch. v. 14. XI. 94 (Pr. Verw.-Bl. Bd. XVI S 39).

Wird ein Unternehmen nur an seinem Sitze betrieben, z. B. eine Versicherungsgesellschaft ohne Zweigniederlassungen oder Agenturen im Inlande oder im Auslande, so kommt auch das gesammte Einkommen nur in der Sitzgemeinde zur Versteuerung. Entsch. v. 13. IX. 87 (Pr. Verw.-Bl. Bd. IX S. 50).

Solange nicht das Gegenteil speziell nachgewiesen wird, ist bei der Gemeindesteuerveranlagung jedes Einkommen einer gewerbtreibenden Aktiengesellschaft als aus ihrem Gewerbebetriebe hervorgegangen anzusehen. Das Gesammteinkommen einer Erwerbsgesellschaft, deren Gewerbebetrieb sich über mehrere Gemeinden erstreckt, kommt nicht stückweise in einzelnen Gemeinden, sondern als ein Ganzes in allen vereinigt auf. Zu besteuern ist daher in jeder Gemeinde nicht das dort erzielte Einkommen, sondern eine Quote des Gesammteinkommens. Wird eine Steuermäßigungsklage darauf gestützt, daß gewisse Ausgaben von der Bruttoeinnahme abgehen müßten, so ist es Sache des Klägers, diese Ausgaben nach ihrem Grunde und Betrage speziell anzugeben und im Falle des Bestreitens nachzuweisen. Entsch. v. 17. V. 87 (Pr. Verw.-Bl. Bd. VIII S. 403). Eine zum Betriebe von Handelsgeschäften gegründete Aktiengesellschaft kann an und für sich anderes, als gewerbliches Einkommen überhaupt nicht haben. Entsch. v. 18. V. 88 (Pr. Verw.-Bl. Bd. X S. 3).

[2]) Die „Eintragung" ist also wesentlich; nicht eingetragene Genossenschaften sind daher an sich nicht steuerpflichtig (falls sie es nicht etwa als Aktiengesellschaften, juristische Personen u. s. w. sind). Entsch. v. 29. V. 88 (Pr. Verw.-Bl. Bd. IX S. 451).

Eingetragene Genossenschaften mit unbeschränkter und mit beschränkter Haftpflicht sind zu den juristischen Personen nicht zu rechnen. Es kann daher ihre Heranziehung zur Gemeindesteuer auf Grund eines Gemeindebeschlusses, der „alle physischen und juristischen Personen" für steuerpflichtig erklärt, nicht erfolgen; vielmehr bedarf es einer ausdrücklichen Ausdehnung der Gemeindesteuerpflicht auch auf eingetragene Genossenschaften, die ihren Geschäftsbetrieb über den Kreis der Mitglieder hinaus ausdehnen. Entsch. v. 16. IX. 92 (Pr. Verw.-Bl. Bd. XIV S. 74).

[3]) Früheres Verhalten einer Genossenschaft kann zur Unterstützung eines nicht ausreichenden Beweises mit herangezogen werden, ist aber nicht geeignet, eine ausreichende

2) Die oben hervorgehobenen Worte „über — hinausgeht“ können nicht in dem Sinne gemeint sein, daß alle eingetragenen Genossenschaften, die überhaupt mit Nichtmitgliedern in Geschäftsverkehr treten, der Steuerpflicht unterworfen sein sollen. Denn ohne jede Geschäftsverbindung mit Dritten kann eine Genossenschaft niemals bestehen und ihre Zwecke erfüllen. Vielmehr ist der Sinn jener Worte nur der, daß Dritte nicht an denjenigen Zwecken teilnehmen dürfen, zu deren Erreichung die Genossenschaft gebildet ist.

3) Die vorübergehende Anlage müßig in der Kasse von Vorschußvereinen befindlicher Gelder, um Zinsverluste zu vermeiden, ist kein Geschäftsbetrieb über den Kreis der Mitglieder hinaus. Denn sie vollzieht sich nicht zu Zwecken, die der Verein als solcher verfolgt, zur Gewährung von Vorschüssen oder Kredit.

Die Geldannahme von Nichtmitgliedern macht nicht steuerpflichtig, wenn sie nur in der Absicht geschieht, die erforderlichen Mittel für den Betrieb, für die Kreditgewährung an die Vereinsmitglieder zu beschaffen. Der Verein bedarf zur Erfüllung seines Zweckes fortlaufend baarer Gelder. Wenn er sich diese z. B. durch Entleihen aus der Reichsbank oder durch Diskontierung von Wechseln seiner Mitglieder seitens der Reichsbank beschafft, so handelt er nicht statutenwidrig.[1])

Vermutung zu begründen und den fehlenden Beweis zu ersetzen. Entsch. v. 6. XI. 94, Nr. I 1284.

Die von den staatlichen Veranlagungsbehörden in Ansehung der (subjektiven) Steuerpflicht getroffenen Entscheidungen sind für die Heranziehung der Genossenschaften zur Kommunaleinkommensteuer nicht bindend. Entsch. v. 3. X. 93 (Pr. Verw.-Bl. Bd. XV S. 109); v. 12. XII. 94 (Pr. Verw.-Bl. Bd. XVI S. 283).

[1]) Vergl. auch Entsch. v. 13. IX. 87 (Pr. Verw.-Bl. Bd. IX S. 581); v. 9. III. 94 (Pr. Verw.-Bl. Bd. XV S. 344) und folgende Entsch.:

I. Entsch. v. 15. XI. 87 (Pr. Verw.-Bl. Bd. IX S. 115): Die Behauptung, daß ein eingetragener Vorschuß- und Kreditverein aus der Annahme von fremden Spareinlagen Gewinn erzielt habe, reicht nicht aus, um auf das Vorhandensein eines der Gemeindesteuerpflicht unterliegenden Gewerbebetriebes schließen zu lassen. Denn es liegt in der Natur der Sache, daß ein solcher Verein — selbst bei noch so strenger Beschränkung des Geschäftsbetriebes auf den Mitgliederkreis — sich die zur Erfüllung seiner Zwecke erforderlichen Geldmittel so billig als möglich zu beschaffen sucht. Wenn aus den statutarischen Bestimmungen der Genossenschaft sich ergiebt, daß die Annahme von Spareinlagen Dritter beschränkt werden soll auf das zur Erfüllung der Vereinszwecke erforderliche Maß, so liegt der Beweis, daß gleichwohl der Geschäftsbetrieb über den Kreis der Mitglieder hinausgegangen sei, der veranlagenden Behörde ob. Selbst dann, wenn die Summe der Spareinlagen auffallend hoch erscheint, kann dem Verein der Beweis der Negative nicht zugemutet werden.

II. Entsch. v. 2. XII. 87 (Pr. Verw.-Bl. Bd. IX S. 114): Solange der Spareinlagenverkehr einer eingetragenen Kreditgenossenschaft Mittel zum Zwecke bleibt und nicht über das Kreditbedürfnis der Mitglieder hinausgeht, kann in seiner Benutzung auch kein Hinausgehen des Geschäftsbetriebes der Genossenschaft über den Kreis der Mitglieder gefunden werden, und dies selbst dann nicht, wenn der Verein, um sich dieses Mittel zu wahren und zu sichern, den Sparern mindestens dieselben Vorteile bieten muß, die sie auch bei anderen Sparkassen würden erreichen können. Die den Einlegern gewährten Zinsen sind der Anschaffungspreis, den der Verein für das zur Erfüllung seiner Zwecke erforderliche Kapital aufwendet. Durch die Empfangnahme dieses Preises werden die Darleiher nicht an den Vereinszwecken beteiligt.

III. Entsch. v. 29. V. 88 (Pr. Verw.-Bl. Bd. IX S. 457): Wenn eine eingetragene Genossenschaft — Vorschußverein — ein Grundstück, das sie zur Sicherung einer Forderung hat annehmen müssen, durch Vermieten an Nichtmitglieder nutzt, so ist hierin ein Hinausgehen des Geschäftsbetriebes über den Kreis der Mitglieder nicht zu erblicken. Die wirtschaftliche Ausnutzung des im ordnungsmäßigen Betriebe in das Vermögen des Vereines gelangten und für den Vereinszweck — Bankgeschäft mit den Mitgliedern — unmittelbar nicht verwertbaren Objektes stellt lediglich eine für die Vereinszwecke erforderliche Maßregel

Nr. 2. **Entsch. Bd. XIV. S. 163** vom 4. Januar 1887. II C 109/86.[1])

Nr. 3. **Entsch. Bd. XV. S. 112** vom 8. November 1887. II C 133/87.
Komm.=Abg.=Ges. v. 14. VII. 93 (G.=S. S. 152) § 33.

1) Ein Hinausgehen des Geschäftsbetriebes einer Genossenschaft über den Kreis ihrer Mitglieder ist vorhanden, wenn sie auch Nichtmitglieder an denjenigen Zwecken teilnehmen läßt, zu deren Erreichung sie gebildet ist. Vergl. E.-O.=V. Bd. XIV S. 159.[2]) Es setzt also immer eine Mitwirkung, sei es auch nur ein Mitwissen und stillschweigendes Geschehenlassen seitens der Genossenschaft, oder vielmehr der beteiligten Genossenschaftsorgane, voraus. Hat insbesondere der Vorstand seinerseits nichts versäumt, um den Ablaß von Waaren an Nichtmitglieder zu verhindern, und lassen sich Mitglieder gleichwohl herbei, die Abgabe von Waaren an Nichtmitglieder zu vermitteln — ohne Vorwissen und gegen die ausgesprochene Absicht der Vereinsorgane —, so kann von einer Beteiligung Dritter an den Vereinszwecken im Sinne des Gesetzes nicht die Rede sein.

dar, die die Unthätigkeit des in dem Grundstücke notgedrungen festgelegten Kapitales verhindern soll, aber keineswegs darauf abzielt, die Mieter an den eigentlichen Vereinszwecken teilnehmen zu lassen.

IV. Entsch. v. 22. VI. 88 (Pr. Verw.=Bl. Bd. IX S. 386): Ein Hinausgehen des Geschäftsbetriebes einer eingetragenen Genossenschaft über den Kreis der Mitglieder liegt dann nicht vor, wenn es an einer erkennbaren Beziehung zwischen dem Faktum des Geschäftsverkehres mit Fremden und dem Verhalten derjenigen Organe fehlt, durch die die Genossenschaft ihren Willen äußert und bethätigt. Das den Begriff dieses Hinausgehens ausmachende Teilnehmenlassen Fremder an den Genossenschaftszwecken ist ausgeschlossen, wenn die Genossenschaft selbst, vertreten durch ihre Organe, dem Verkehr mit jenen Dritten in ihrem Handeln oder Unterlassen gänzlich ferngestanden hat.

V. Entsch. v. 30. X. 95 (Pr. Verw.=Bl. Bd. XVII S. 330): In der Annahme eines von einem Nichtmitgliede acceptierten Geschäftswechsels seitens eines Vorschußvereines (eingetragene Genossenschaft) zur Diskontierung liegt keine Ausdehnung des Geschäftsbetriebes über den Kreis der Mitglieder. Vergl. auch E.=O.=V. in St. Bd. I S. 324, Bd. II S. 368.

[1]) In dieser Entsch. wird der Rechtsgrundsatz aufgestellt, daß eingetragene Genossenschaften im Geltungsbereiche der Städteordnung v. 30. V. 53 an denjenigen Lasten nicht teilzunehmen haben, die auf den Grundbesitz oder auf das Gewerbe gelegt sind, da ihnen die Eigenschaft juristischer Personen im Sinne des § 4 der St.=Ordn. v. 30. V. 53 nicht beiwohne, neben den physischen Personen des § 4 Abs. 3 a. a. O. (Forensen) aber nur juristische Personen, sofern sie Grundeigentum besitzen oder ein Gewerbe betreiben, zu den auf jenes oder dieses gelegten Lasten beizutragen haben.

Ob der Grundsatz gegenüber dem § 24 des Komm.=Abg.=Ges. v. 24. VII. 93 (G.=S. S. 152) bestehen kann, ist zweifelhaft. Dafür v. Brauchitsch, Bd. III S. 408 Anm. 19 ohne Angabe von Gründen; dagegen Nöll, S. 53 Anm. 2. Der Ansicht des letzteren ist beizupflichten. Denn die § 24 und 28 des Komm.=Abg.=Ges. begründen, soweit nicht Ausnahmen vorgesehen sind, die Kommunalsteuerpflicht vom Grundbesitze, bezw. Gewerbebetriebe ohne Rücksicht darauf, wer der Eigentümer des Grundbesitzes oder der Gewerbetreibende ist, und ob sie im übrigen zu den Kommunallasten, z. B. zur Gemeindeeinkommensteuer beizutragen haben.

[2]) Oben S. 396. Der Geschäftsbetrieb einer eingetragenen Genossenschaft geht nur dann über den Kreis der Mitglieder hinaus, wenn sie auch Nichtmitglieder zur Teilnahme an den Vereinszwecken zuläßt — so der einer Magazingenossenschaft, die auch Produkte von Nichtmitgliedern zum Verkaufe annimmt, eines Konsumvereines, der auch an Nichtmitglieder Waaren abgiebt, dagegen nicht der Geschäftsbetrieb einer Magazingenossenschaft, die die gesammelten Produkte ihrer Mitglieder an Nichtmitglieder verkauft, und eines Konsumvereines, der die zum Verkaufe an Mitglieder bestimmten Waaren bei Fremden einkauft. Entsch. v. 6. V. 87 (Pr. Verw.=Bl. Bd. VIII S. 411).

Ein Hinausgehen des Geschäftsbetriebes einer Molkereigenossenschaft über den Kreis der Mitglieder kann weder darin gefunden werden, daß sie disponible Räume in ihrem Hause an Fremde vermietet, noch darin, daß sie die Abgänge aus dem Molkereibetriebe an Fremde verkauft. Entsch. v. 27. III. 88 (Pr. Verw.=Bl. Bd. IX S. 331).

2) Der Beweis, daß den statutarischen Bestimmungen zuwider der Geschäftsbetrieb der Genossenschaft über den Kreis der Mitglieder hinausgehe, liegt dem Steuerberechtigten ob.

3) Der Lagerhalter hat nicht nötig, sich bei der Entnahme von Waaren durch Mitglieder zu erkundigen und Erklärungen darüber entgegen zu nehmen, für wen die Waare bestimmt sei.

Nr. 4. Entsch. Bd. XV. S. 162 vom 8. November 1887. II C 144/87.

Komm.-Abg.-Ges. v. 14. VII. 93 (G.-S. S. 152) § 33. Komm.-St.-Notges. v. 27. VII. 85 (G.-S. S. 327) § 1.

1) Für die Beurteilung der Frage, ob der Geschäftsbetrieb einer eingetragenen Genossenschaft über den Kreis ihrer Mitglieder hinausgehe, kommt es zunächst auf denjenigen Verkehr an, wie er sich seit dem Inkrafttreten des Komm.-Abg.-Ges. v. 27. VII. 85 (1. IV. 86) entwickelt hat. Es ist hierbei zwar nicht ausgeschlossen, auch ältere Vorgänge als stützende Momente heranzuziehen; doch ist bei Folgerungen hieraus mit Vorsicht zu verfahren, da die Annahme nahe liegt, die Genossenschaft könne mit Rücksicht auf das neue Gesetz eine Änderung ihres Geschäftsgebahrens haben eintreten lassen. Unzulässig ist es hingegen, auch für die Beantwortung dieser Frage lediglich den dreijährigen Zeitraum in Betracht zu ziehen, der für die Feststellung des zu besteuernden Durchschnittseinkommens maßgebend ist. Denn die Frage der Steuerberechnung ist eine ganz andere als die der Steuerpflicht.

2) Wenn das Genossenschaftsstatut die Ausdehnung des Geschäftsbetriebes auf Nichtmitglieder ausschließt, so liegt der Gegenbeweis, daß statutenwidrig verfahren worden sei, der die Steuer beanspruchenden Behörde ob.

3) Wenn einzelne Genossenschaftsmitglieder Fremden die Teilnahme an den Vereinszwecken dadurch ermöglichen, daß sie dem Statute zuwider die Geschäftsabschlüsse auf ihren Namen für Fremde vermitteln oder diesen in betrügerischer Weise ihre Legitimationskarten überlassen, so kann hieraus die Kommunalsteuerpflicht der Genossenschaft nur auf Grund der ausdrücklichen Feststellung hergeleitet werden, daß diese den unzulässigen Vermittelungsverkehr begünstigt oder doch wissentlich geduldet habe. Hat sie nichts versäumt, um eine Entnahme von Waaren seitens Dritter zu verhindern, so liegt letzteres nicht vor.

Nr. 5. Entsch. Bd. XVIII. S. 73 vom 7. Mai 1889. II C 50/89.

Komm.-Abg.-Ges. v. 14. VII. 93 (G.-S. S. 152) §§ 33. Ges. v. 4. VII. 68 (B.-G.-Bl. S. 415), betreffend die privatrechtliche Stellung der Erwerbs- und Wirtschaftsgenossenschaften, §§ 2, 4, 10, 12, 17, 25, 30.[1])

1) In einer Stadt bestand eine Molkereigenossenschaft, deren Mitglied ein außerhalb der Stadt auf seinem Gute wohnender Besitzer war. Er wurde in dieser Eigenschaft seitens des Magistrates nach einem fingierten, seinem Anteile an dem Genossenschaftseinkommen entsprechenden Steuersatze zur städtischen Einkommensteuer herangezogen, jedoch auf entsprechende Klage für nicht steuerpflichtig erachtet. Die Genossenschaft war eine eingetragene und beschränkte sich in ihrem Betriebe auf den Mitgliederkreis. Die Gründe waren folgende:

2) Die Genossenschaften müssen mit den Aktiengesellschaften zu denjenigen Erwerbsgesellschaften gezählt werden, bei denen das Gewerbe — vorausgesetzt, daß der Geschäftsbetrieb der Genossenschaft im Gewerbebetriebe besteht — nicht durch die einzelnen Teilnehmer, sondern durch die Gesellschaft selbst betrieben wird. Denn der Umstand, daß eine Person

---

[1]) Vergl. heute Ges. v. 1. V. 89 (R.-G.-Bl. S. 55) desselben Inhaltes.

an dem Gewinne und dem Verluste eines Gewerbebetriebes beteiligt ist und daß der Betrieb zum Teile auf deren Rechnung geführt wird, macht sie noch nicht zu einem Gewerbetreibenden. Allerdings ist die letztere Eigenschaft nicht davon abhängig, daß derjenige, der das Gewerbe betreibt, persönlich in ihm thätig ist, weshalb der Betrieb auch durch einen Vertreter erfolgen kann und seitens eines Unmündigen in dieser Weise erfolgen muß. Dagegen erscheint die Konstruktion, daß der einzelne Genossenschafter selbst das Gewerbe betreibe, schon deshalb unannehmbar, weil das Gesetz grundsätzlich sämmtliche Genossenschafter als solche von der Geschäftsführung ausschließt.

Wenn ferner die nur mit einer Vermögenseinlage beteiligten Mitglieder einer Kommanditgesellschaft für gemeindeeinkommensteuerpflichtig erklärt sind, so ist zu beachten, daß die Mitteilhaber des Handelsgeschäftes und des Handelsnamens ebenso, wie die Mitglieder einer offenen Handelsgesellschaft, für die Besteuerung seitens der Kreise durch den § 14 der Kreis-Ordn. den Forensen gleichgestellt worden sind und daß eine Wiederholung dieser Bestimmung in dem Komm.-Abg.-Ges. nur deshalb unterblieben ist, weil eine solche selbstverständlich und überflüssig erschien. Die hieraus folgende Steuerpflicht der genannten Personen darf hinsichtlich anderer Kategorien von Gesellschaftern, deren bei den bezüglichen legislatorischen Vorgängen nicht in der bezeichneten Art gedacht ist, keineswegs verwertet werden.

Nr. 6. Entsch. Bd. XXV. S. 52 vom 3. Oktober 1893. II C 82 93.

Komm.-Abg.-Ges. v. 14. VII. 93 (G.-S. S. 152) §§ 33, 36. Ges. v. 1. V. 89 (R.-G.-Bl. S. 55), betreffend die Erwerbs- und Wirtschaftsgenossenschaften, §§ 1, 17. Eink.-St.-Ges. v. 24. VI. 91 (G.-S. S. 175) § 1[4], [5].

1) Es besteht keine Vorschrift, die die von den staatlichen Veranlagungsbehörden in Ansehung der (subjektiven) Steuerpflicht der eingetragenen Genossenschaften getroffenen Entscheidungen für maßgebend und bindend erklärt für deren Heranziehung zur Gemeinde-Einkommensteuer. Insbesondere ist eine solche in § 36 Abs. 1 des Kom.-Abg.-Ges. nicht enthalten. Ingleichen schließt eine Bestimmung im Steuerregulative, wonach die Veranlagungssätze für diejenigen „Steuerpflichtigen", die zur Staats-Einkommensteuer herangezogen sind, aus der Staatssteuerrolle unmittelbar übernommen werden, den Einwand nicht aus, eine Kommunalabgabepflicht des Herangezogenen bestehe überhaupt nicht. Vergl. E.-O.-V. Bd. IX S. 20, ferner Entsch. v. 23. VI. 91 (Pr. V.-Bl. Bd. XIII S. 14) und v. 23. IX. 92 (das. Bd. XIV S. 73). Über die Frage, ob die thatsächlichen Voraussetzungen der (subjektiven) Steuerpflicht gegeben oder nicht gegeben sind, hat der Verwaltungsrichter selbständig und unabhängig von den hinsichtlich der staatlichen Heranziehung ergangenen Entscheidungen zu befinden.

2) Zweck jeden Konsumvereines ist die Förderung der Wirtschaft des Genossen durch Konsumersparnis, die Möglichkeit des Bezuges billiger Lebensmittel und Wirtschaftsbedürfnisse seitens des Genossen nicht nur für seine Person, sondern auch für seine ganze Familie, seinen Haushalt.

Jede durch Entnahme der Vereinswaare, sei es zum späteren Verbrauche, sei es zum Genusse auf der Stelle, erzielte Ersparnis kommt der Wirtschaft der Genossen, dem Haushalte zu statten, gleichviel, ob sie durch den Haushaltungsvorstand für einen Haushaltungsangehörigen oder durch diesen selbst erfolgt. Die Verabfolgung von Waaren an Haushaltungsangehörige von Mitgliedern stellt daher ein Hinausgehen des Geschäftsbetriebes über den Mitgliederkreis nicht dar.

γ) Der juristischen Personen.

Nr. 1. Entsch. Bd. XVIII. S. 80 vom 22. März 1889. II C 16/89.[1])

Komm.-Abg.-Ges. v. 14. VII. 93 (G.-S. S. 152) §§ 33, 35, 45, 46, 48, 96. Ges. v. 13. V. 70 (B.-G.-Bl. S. 119), wegen Beseitigung der Doppelbesteuerung.

1) Den Vorschriften des Komm.-Abg.-Ges. gegenüber entbehrt der Art. 14 des Preußisch-Oldenburgischen Staatsvertrages wegen Ausführung einer Eisenbahn von Leer nach Oldenburg v. 17. I. 67 (G.-S. S. 441), selbst wenn durch ihn einer Eisenbahnstation Steuerfreiheit zugestanden sein sollte, der Bedeutung. Der Oldenburger Staat ist in diesem Falle als eine juristische Person anzusehen, die in Preußen eine Privateisenbahnunternehmung — im Gegensatz zu der einen Eisenbahnunternehmung des Preußischen Staatsfiskus — betreibt.

2) Falls mehrere Eisenbahnverwaltungen auf dem nämlichen Bahnhofe Transportgeschäfte abschließen, so hat jede von ihnen eine „Station" an dem

[1]) Bei der Kommunalbesteuerung juristischer Personen ist nicht von einem persönlichen Gesammtreineinkommen auszugehen; nicht der auf die abgabepflichtige Einnahmequelle entfallende Anteil des letzteren, sondern das objektive Einkommen, der Reinertrag dieser Quelle ist der Besteuerung zu Grunde zu legen. Entsch. v. 23. II. 89 (Pr. Verw.-Bl. Bd. X S. 332); vergl. Entsch. v. 13. III. 88 (Pr. Verw.-Bl. Bd. X S. 378), v. 20. VI. 88 (Pr. Verw.-Bl. Bd. IX S. 446). Ein Abzug an Zinsen bei Berechnung des Reinertrages ist daher nur dann statthaft, wenn sie für Schulden entrichtet werden, die zu einer bestimmten Einkommensquelle in erkennbarer, unmittelbarer Beziehung stehen. Eine solche wird zwischen einer Schuld und einem Grundstücke durch die hypothekarische Eintragung hergestellt. Entsch. v. 18. VI. 89 (Pr. Verw.-Bl. Bd. XI S. 37).

Juristische Personen unterliegen in den Gemeinden, in denen sie Grundbesitz haben, der Besteuerung mit dem aus dieser Quelle fließenden Einkommen. Dabei ist für nicht vermietete, sondern von dem Eigentümer selbst benutzte Räume das Einkommen nach den ortsüblichen Mietspreisen zu bemessen. Als selbst benutzte sind auch die für Verwaltungs- und Büreauzwecke verwendeten Räume in den Dienstgebäuden der landschaftlichen Kreditinstitute anzusehen. Entsch. v. 15. VI. 88 (Pr. Verw.-Bl. Bd. X S. 24); vergl. Entsch. v. 20. VI. 88 (Pr. Verw.-Bl. Bd. IX S. 446), v. 25. V. 88 (Pr. Verw.-Bl. Bd. X S. 339), v. 15. V. 91 (Pr. Verw.-Bl. Bd. XII S. 552).

Einnahmen einer juristischen Person, die ihrer Natur nach abgabepflichtig sind — es handelte sich um Einnahmen einer Diakonissenanstalt aus Grundbesitz (landwirtschaftlich benutzten Grundstücken und vermieteten Räume) und Gewerbebetrieb (Buchhandel) — können der Besteuerung durch die Forensalgemeinde nicht deshalb entzogen werden, weil sie zur Förderung der wohlthätigen Bestrebungen des Vereines mit verwendet werden. Ebenso wenig kann der Umstand, daß diese Einnahmen zur Erfüllung der Vereinszwecke nicht hinreichen, sondern noch kollektiert wird, den Verein von der Entrichtung der Einkommensteuer entbinden. Entsch. v. 6. VI. 90 (Pr. Verw.-Bl. Bd. XI S. 468).

Ist eine unrichtige Person zur Steuer herangezogen — beispielsweise an Stelle einer fiskalischen Station eine vermeintliche selbständige, unter Staatsverwaltung stehende juristische Person —, so kann die Besteuerung nicht deshalb aufrecht erhalten werden, weil die als Vertreterin dieser juristischen Person bezeichnete Behörde zugleich die eventuell steuerpflichtige fiskalische Station betrifft, und weil der geforderte Steuerbetrag nicht höher ist, als ihn die letztere zu entrichten haben würde. Vielmehr muß in solchem Falle die Veranlagung als ein in Wirklichkeit garnicht vorhandenes Steuersubjekt betreffend aufgehoben werden, soweit sie nicht unangefochten geblieben oder ausdrücklich anerkannt ist. Aus der Säkularisation eines Klosters unter gleichzeitiger Bestimmung seines Vermögens für wohlthätige, kirchliche und Erziehungszwecke kann nicht gefolgert werden, daß dieses Vermögen mit selbständiger juristischer Persönlichkeit habe ausgestattet werden sollen. Entsch. v. 1. XII. 91 (Pr. Verw.-Bl. Bd. XIII S. 253).

Ob ein bestimmtes Vermögen eine eigene juristische Person oder einen Bestandteil des Vermögens einer anderen Korporation, z. B. des Staates, bildet, ist eine thatsächliche Frage. Wenn der Landesherr einzelne Teile des Staatsvermögens für einen bestimmten Zweck aussondert, so spricht die Vermutung nicht ohne weiteres für die Gründung einer eigenen Stiftung. Entsch. v. 8. I. 89 (Pr. Verw.-Bl. Bd. X S. 333).

Die Konkursmasse als solche ist kein Steuersubjekt und kann daher auch zu einer Personalsteuer nicht veranlagt werden. Entsch. v. 21. XI. 93 (Pr. Verw.-Bl. Bd. XV S. 190); vergl. Entsch. v. 25. V. 88 (Pr. Verw.-Bl. Bd. IX S. 402, 456). Dagegen

betreffenden Orte, auch dann, wenn eine der Verwaltungen keinen eigenen Beamten auf dem Bahnhofe anstellt, sondern für Ausführung des Stations- und Expeditionsdienstes an die andere Verwaltung, deren Beamte den gedachten Dienst auch für sie besorgen, eine Pauschalvergütung zahlt.

3) Das Reichsges. wegen Beseitigung der Doppelbesteuerung v. 13. VI. 70 handelt nur von der Heranziehung zu den direkten Staatssteuern seitens der Bundesstaaten, seine Ausdehnung auf die Gemeindebesteuerung ist unzulässig. Vergl. E.-O.-V. Bd. XV S. 98.

Nr. 2. Entsch. Bd. XIX. S. 29 vom 23. Mai 1890. II C 70/90.

Komm.-Abg.-Ges. v. 14. VII. 93 (G.-S. S. 152) § 33. A. L.-R. Teil II Tit. 6 §§ 22, 25 ff.

1) Das „Haben der juristischen Persönlichkeit" ist im gewissen Sinne zwar etwas Thatsächliches, doch handelt es sich dabei nicht um einen Zustand, der von selbst oder lediglich zufolge des Willens der Beteiligten in die Erscheinung tritt. Vielmehr läßt er sich nur auf dem gesetzlich vorgeschriebenen Wege schaffen.

2) Eine von der Großen National-Mutterloge „Zu den drei Weltkugeln" in Berlin nach dem Jahre 1798 gegründete mit der Mutterloge in Verbindung stehende Tochterloge kann als juristische Person nicht gelten und auch zu städtischen Kommunalabgaben nicht herangezogen werden, wenn ihr jene Eigenschaft nicht besonders verliehen worden ist.

3) Die gedachte Mutterloge ist begründet durch die Konfirmation und das Protektorium v. 9. II. 1796 (Rabe, Bd. III S. 265). Ihr sind in dieser Konfirmation alle Rechte einer moralischen Person beigelegt unter der Zusicherung, daß sie selbst und die von ihr abhängenden und mit ihr vereinigten gesetzmäßigen und guten Logen in ihren hergebrachten Rechten, Vorrechten und Freiheiten geschützt werden sollen. Auf demselben Standpunkte steht ein Min.-Erl. v. 9. X. 1797 (Rabe, Bd. IV S. 302), während nach dem Ed. v. 20. X. 1798 (Rabe, Bd. V S. 226) die gedachte Mutterloge jährlich ein Verzeichnis der von ihr abhängigen Tochterlogen und der Mitglieder einzureichen, dem Edikte zuwiderhandelnden Tochterlogen die Konstitution ungesäumt zu entziehen und der Polizeibehörde davon Anzeige zu erstatten hat. Nach den Statuten der Mutterloge bilden ihre Tochterlogen zwar selbständige Körperschaften, werden aber von der Mutterloge beaufsichtigt und geleitet, haben letzterer Abgaben zu entrichten, Jahresberichte vorzulegen, ihre Auflösung kann in gewissen Fällen von der Großloge beschlossen werden, in welchem Falle ihr Vermögen an die Mutterloge fällt u. s. w.

Bei dieser Rechts- und Sachlage ist es nicht unzutreffend, die juristische Persönlichkeit von Gesetz oder besonderer Verleihung durch die Staatsgewalt

---

gehören nach gemeinem Recht die milden Stiftungen zu den juristischen Personen, z. B. der Nassauische Zentralstudienfonds. Entsch. v. 27. VI. 88 (Pr. Verw.-Bl. Bd. IX S. 445).

Die Zinsen vom Stiftungsfonds, die ein mit juristischer Persönlichkeit ausgestatteter Verein überwiegend erhalten hat, sind als abzugsfähige Ausgaben — gegenüber einer Besteuerung nach dem Einkommen aus Grundbesitz — nicht anzusehen, wenn auch die Stiftungskapitalien zur Bezahlung des Restkaufgeldes für ein Grundstück verwendet worden sind — es sei denn, daß die Stiftungen selbständige juristische Persönlichkeit besitzen und daher dem Vereine als Gläubiger gegenüberstehen. Dagegen sind die Zinsen einer auf dem Grundstück haftenden Kautionshypothek, die als Sicherheit für ein von dem Vereine bei einem Bankhause aufgenommenes Darlehn, über das Hypotheken-Obligationen ausgestellt sind, eingetragen ist, als abzugsfähig anzuerkennen. Die Obligationen bleiben gültige Schuldverschreibungen, auch wenn sie mit einer unwirksamen Ordreklausel versehen sind, und die Zinsschuld bleibt bestehen, auch wenn die Zinskoupons der Obligationen unklagbar sind, weil sie ohne landesherrliche Ermächtigung auf den Inhaber gestellt sind. Entsch. v. 28. II. 93 (Pr. Verw.-Bl. Bd. XV S. 14).

abhängig zu machen. Zwar gehen die Statuten der Mutterloge davon aus, daß die Tochterlogen unter gewissen Beschränkungen Vermögen besitzen und verwalten können. Diese autonome Gesetzgebung berührt aber nur die inneren Verhältnisse des Bundes, während sich die Stellung der Tochterlogen nach außen lediglich unter der geordneten Mitwirkung des Staates gestalten kann. Eine stillschweigende Genehmigung des Staates mit rechtlicher Wirksamkeit wäre möglich, jedoch nur dann, wenn das Verhalten des Staates gegenüber der bestehenden Gesellschaft es in konkludenter Weise zum Ausdrucke bringt, daß damit die in Frage stehende Verbindung als ein selbständiges Rechtssubjekt hat anerkannt werden sollen.

Der Erlaß v. 11. IV. 36 (Jahrbücher, Bd. XLVII S. 595) unterscheidet zwischen solchen Tochterlogen, die bereits 1798 bestanden und solchen, die erst später gegründet sind. Jene werden dort als privilegierte Gesellschaften angesehen, bei den letzteren ist aber in jedem einzelnen Falle zu untersuchen, ob sie als Korporationen zu gelten haben, wobei als Grundsatz ausgesprochen ist, daß den jüngeren Tochterlogen als solchen Korporationsrechte nicht zustehen. Nach einem späteren Erlasse v. 20. V. 49 (M.-Bl. S. 94) verliert eine Tochterloge, da sie mit der Mutterloge ein Ganzes ausmacht, die Korporationsrechte, sobald sie sich von der Mutterloge trennt, womit nicht ausgesprochen ist, daß sie auch innerhalb des „Ganzen" und während der Dauer ihrer Verbindung mit der Mutterloge als eine mit selbständiger Rechtsfähigkeit ausgestattete Person anzusehen ist. In diesen Erlassen liegt also nicht nur kein stillschweigendes Anerkenntnis, sondern gerade eine Verneinung der Rechtspersönlichkeit.

Nr. 3. Entsch. Bd. XXI. S. 43 vom 8. Mai 1891. II C 71/91.

Komm.-Abg.-Ges. v. 14. VII. 93 (G.-S. S. 152) §§ 33, 36.

1) Bei einer juristischen Person gilt von mehreren selbständigen Einnahmequellen eine jede für sich als ein der Besteuerung unterliegendes Objekt. Vergl. E.-O.-V. Bd. XV S. 93. Der Grundbesitz einer mit der Eigenschaft einer juristischen Person ausgestatteten Versicherungsgesellschaft auf Gegenseitigkeit (in diesem Falle die Ostpreußische Land-Feuersozietät) ist also als eine Einkommensquelle anzusehen und das der Gesellschaft daraus zufließende Einkommen kann zur Gemeinde-Einkommensteuer herangezogen werden.

2) Bei zahlreichen juristischen Personen, insbesondere bei Stadt- und Landgemeinden kommen die Erträge des in Grundbesitz bestehenden Gemeindevermögens deren Angehörigen zu Gute, daß ihre Beitragslast für die Verbandsbedürfnisse sich um die zu den laufenden Ausgaben verwendeten Erträge des Korporationsvermögens ermäßigt; daraus folgt aber keineswegs die Steuerfreiheit der Gemeinden bezüglich ihres Einkommens aus auswärtigem Grundbesitze. — Die Zweckbestimmung des Einkommens und seine Verwendung sind im allgemeinen bedeutungslos für die Frage der Versteuerungspflicht.

3) Hieran ändert nichts, daß es es sich im vorliegenden Falle um eine Versicherungsgesellschaft auf Gegenseitigkeit handelt. Der rechtliche Charakter der Versicherungsgesellschaften auf Gegenseitigkeit beruht im wesentlichen darin, daß die Mitglieder sich untereinander zur gemeinschaftlichen Tragung der von einzelnen Mitgliedern erlittenen Schäden verpflichten, so daß jeder Versicherte als Mitglied der Gesellschaft zugleich Versicherer ist. Die Beiträge haben, auch wenn sie vor dem Eintritte des Schadens erhoben werden, nicht die Natur von (festen) Prämien, sondern von Einlagen oder Vorschüssen zur Deckung künftiger Kosten, und werden je nach Bedarf erstattet oder gesteigert, wenn die

Unkosten festgestellt sind. Dieser Betrieb bezweckt nicht einen Erwerb, liefert auch kein Einkommen im Sinne des Komm.-Abg.-Ges., und es ist insoweit richtig, daß solche Versicherungsgesellschaften von dem Komm.-Ab.-Ges. nicht betroffen werden. Doch unterliegen „Gesellschaften" im allgemeinen, gleichviel welche Zwecke sie verfolgen, überhaupt als solche der Gemeindebesteuerung nicht. Die Möglichkeit einer Besteuerung tritt erst dann ein, wenn die Gesellschaft eine der in § 33 des Komm.-Abg.-Ges. gedachten Organisationen erhalten hat. Damit wird freilich der Charakter einer Gesellschaft auf Gegenseitigkeit einigermaßen verwischt; es trifft nicht zu, daß sich im Geschäftsbetriebe einer mit juristischer Persönlichkeit ausgestatteten Versicherungsgesellschaft auf Gegenseitigkeit formell Versicherer und Versicherter so gegenüberstehen, daß jedem Kontrahenten beide Eigenschaften beiwohnen. Versicherer ist die juristische, nicht versicherte Person, und nicht der Einzelne. Es bleibt aber dabei, daß auch bei einer als juristische Person erscheinenden Gesellschaft, wenn und soweit die Versicherung nach den Prinzipien der Gegenseitigkeit betrieben wird, ein Einkommen als Ergebnis des Versicherungsgeschäftes nicht erzielt werden soll und nicht erzielt wird. Hingegen folgt hieraus keineswegs, daß eine Gesellschaft mit juristischer Persönlichkeit, auch wenn sie den umfassendsten Grundbesitz erwirbt und daraus die erheblichsten Miets- und Pachterträge erzielt, abgabenfrei sei, weil sie kein Einkommen habe, sobald ihre Mitglieder vertragsmäßig zum gemeinschaftlichen Ersatz von Brandschäden verpflichtet sind.[1][2])

Nr. 4. Entsch. Bd. XXII. S. 21 vom 17. Mai 1892. II C 148/91.

A. L.-R. Teil II Tit. 11 § 18.

Eine im Gebiete des A. L.-R. belegene Kirche einer evangelischen Kirchengemeinde, so lange sie der Ausübung des Gottesdienstes gewidmet ist, steht außer Verkehr, sei es auch nur in dem Sinne und mit der Wirkung, daß in Ansehung des Kirchengebäudes ein allgemeiner Nutzungswert, ein der Kirchengemeinde steuerlich als Einkommen anzurechnender Mietspreis oder Mietswert sich nicht konstruieren läßt.[3])

---

[1]) Ebenso Entsch. v. 28. III. 96 (Pr. Verw.-Bl. Bd. XVIII S. 101).

[2]) Gesellschaften mit beschränkter Haftung sind keine juristischen Personen. Sie gehören zu einer von der modernen Rechtsentwickelung geschaffenen Gattung von Rechtsträgern, die neben den physischen und juristischen Personen bestehen. Entsch. v. 27. VI. 95 (Pr Verw.-Bl. Bd. XVII S. 462). Das den Gesellschaftern zufließende Einkommen aus dem Anteil am Reingewinne der Gesellschaften mit beschränkter Haftung ist rücksichtlich der Veranlagung zur Staatseinkommensteuer nicht Einkommen aus Gewerbebetrieb, sondern Einkommen aus Kapitalvermögen. Entsch. v. 3. VII. 95 (Pr. Verw.-Bl. Bd. XVII S. 6). Dies schließt aber nicht aus, daß bei der Gemeindeeinkommensbesteuerung die einzelnen Gesellschafter, als diejenigen, denen das Gesellschaftsvermögen eigentümlich gehört und die das Gewerbe betreiben, ebenso behandelt werden, wie die Mitglieder einer offenen Handelsgesellschaft — vergl. § 33³ des Komm.-Abg.-Ges.

[3]) Das O.-V.-G. hatte aus diesem Grunde angenommen, daß die Kirchengemeinde im vorliegenden Falle zur Gemeindeeinkommensteuer nicht herangezogen werden könne, während es allgemein die Ansicht vertrat, daß nach der (früher) maßgebenden Gesetzgebung (§ 28 Abs. 5 des Eink.-St.-Ges. v. 21. V. 51 G.-S. S. 193, § 3 des Ges. v. 27 VII. 85 G.-S. S. 327) juristische Personen auch wegen der einem öffentlichen Dienste oder Gebrauche gewidmeten, ihnen gehörenden, von ihnen selbst benutzten Gebäude mit einem dem Mietswerte dieser Gebäude gleichzuschätzenden Einkommen zu der Gemeindeeinkommensteuer heranzuziehen sein. So wurde in der Entsch. Bd. XXII S. 21 v. 26. IV. 92, II C 148/91 bezüglich eines zu Unterrichtszwecken und zu Dienstwohnungen genutzten Kgl. Gymnasiums entschieden.

Diese Auffassung ist heute insofern nicht mehr maßgebend, als durch § 34 des Komm.-Abg.-Ges. v. 24. VII. 93 das Einkommen aus bebauten und unbebauten Grundstücken, die ganz oder zum Teil nach § 24 a. a. O. der Steuer vom Grundbesitze nicht unterworfen sind, insoweit auch nicht der Gemeindeeinkommensteuer unterliegen. Über die Steuer-

Nr. 5. Entsch. Bd. XXVIII. S. 49 vom 10. Juli 1895. II C 110/95.
Komm.-Abg.-Ges. v. 14. VII. 93 (G.-S. S. 152) §§ 24, 33, 34. Eink.-St.-Ges. v. 24. VI. 91 (G.-S. S. 175) § 13.

Benutzt eine juristische Person ein ihr gehöriges Gebäude als Wohnung für ihre eigenen Angestellten, ohne diesen ein dingliches Wohnungsrecht einzuräumen, so findet, solange die Angestellten die Wohnung in Anrechnung auf ihr Diensteinkommen oder anstatt eines sonst zu gewährenden Wohnungsgeldes innehaben, eine steuerpflichtige Selbstnutzung des Gebäudes seitens des Eigentümers statt.[1])

δ) Insbesondere des Fiskus.

Nr. 1. Entsch. Bd. XVI. S. 167 vom 9. Dezember 1887. II C 169/87.
Komm.-Abg.-Ges. v. 14. VII. 93 (G.-S. S. 152) §§ 33, 44.

Zu den „Domänen und Forsten" im Sinne des § 33 Nr. 4 des Komm.-Abg.-Ges. gehören keineswegs nur größere Domänen- und Forstkomplexe, nur Domänenvorwerke und arrondierte Forstreviere, sondern auch kleinere Parzellen, z. B. die durch zeitweise Verpachtung genutzten Streuparzellen.

Geht dies schon daraus hervor, daß die maßgebende Verwaltungsgesetzgebung (Geschäftsanw. v. 31. XII. 25 zum Abschn. II der Kab.-Ord. v. 31. XII. 25 — v. Kamptz, Ann. S. 821) zwischen ganzen Güterkomplexen und Vorwerken und einzelnen Grundstücken nicht unterscheidet, daß die Streuparzellen von der zur Verwaltung der Domänen und Forsten berufenen Regierungsabteilung verwaltet werden und daß die Einnahmen daraus auf dem Staatshaushalte unter den „Domänen-Einnahmen" erscheinen, so bietet auch die Entstehungsgeschichte des Komm.-Abg.-Ges. v. 27. VII. 85 (G.-S. S. 327) zu einer solchen Unterscheidung keinerlei Anlaß.

Nr. 2. Entsch. Bd. XVI. S. 172 vom 13. April 1888. II C 255/87.
Komm.-Abg.-Ges. v. 14. VII. 93 (G.-S. S. 152) §§ 33, 44.

Wenn unter „Domänen" nur dasjenige besondere Staatseigentum verstanden werden kann, das die Sonderbestimmung hat, zur Tilgung und Verzinsung der Staatsschulden zu dienen und daher unter besonderer Verwaltung steht, im Gegensatze zu demjenigen besonderen Staatseigentume, das diese Sonderbestimmung nicht hat, deshalb unter anderer Verwaltung steht und hinsichtlich der Veräußerung anderen Bedingungen, als die Domänen, unterliegt, wenn ferner zur Verwaltung des erstgedachten besonderen Staatseigentumes der Minister für Landwirtschaft, Domänen und Forsten und unter ihm die Regierungsabteilungen für direkte Steuern, Domänen und Forsten berufen sind, — so ist für die Frage, ob ein Grundstück einen Bestandteil der Domänen bilde, gerade das von wesentlicher Bedeutung, daß es im Interesse und zu Zwecken der Domänenverwaltung erworben sei und von der zur Verwaltung der Domänen und Forsten gesetzlich berufenen Behörde verwaltet werde.[2])

---

pflicht der Kirchengemeinden als juristischer Personen vergl. auch E.-O.-V. Bd. XVIII S. 24, oben S. 72, und Entsch. v. 11. V. 94 (Pr. Verw.-Bl. Bd. XVI S. 499), in welcher letzteren bezüglich der kurhessischen Gemeinden die Befreiung der Kirchen bezüglich der Einkommens- oder bezüglich der Realbesteuerung ihrer Liegenschaften nur insoweit anerkannt wird, als sie sich durch das Steuerrecht begründen läßt.

[1]) Dieser Teil der Entsch. ist noch heute in voller Geltung, da durch § 24 Abs. 2 des Komm.-Abg.-Ges. die Steuerfreiheit der Dienstwohnungen der Beamten aufgehoben ist.

[2]) Dieselben Grundsätze gelangen sinnentsprechend bei Bestimmung der Forsten im Sinne des § 33 zur Anwendung, zu denen also nicht schon jedes zur Forstnutzung

Ein vom Fiskus, und zwar von der vom Minister der öffentlichen Arbeiten ressortierenden Bauverwaltung lediglich zu dem Zwecke angekauftes Mühlengrundstück, um im Interesse eines Kanals über die Wasserab- und Zuführungen frei verfügen zu können, ist keine Domäne im Sinne des Komm.-Abg.-Ges. Dasselbe gilt von Grundstücken, die z. B. zur Anlegung eines Hafens erworben und verwertet werden.

Nr. 3. Entsch. Bd. XVIII. S. 124 vom 16. März 1889. I C 192/88.
Komm.-Abg.-Ges. v. 14. VII. 93 (G.-S. S. 152) §§ 33, 35, 45, 47.

1) Die Feststellung der zuständigen oberen Verwaltungsbehörde, kraft der eine gewerbliche Unternehmung des Staatsfiskus in Beziehung auf die Kommunalabgabenpflicht nicht als selbständig, sondern als zu einem größeren, über mehrere Gemeinden sich erstreckenden Gesammtunternehmen gehörig zu gelten hat, greift der verwaltungsrichterlichen Entscheidung darüber, ob nicht jener Teil des Ganzen gleichwohl eine in der Weise für sich bestehende Anlage bildet, daß die Belegenheitsgemeinde eine dem Aufwande an Gehältern u. s. w. entsprechende Quote des Gesammteinkommens besteuern darf, nicht vor.

2) Die im Eigentume des Eisenbahnfiskus stehenden, an Kaufleute verpachteten Lagerschuppen, die den Pächtern als Zwischen- und Übergangsstation für durchgehende, zu Wasser eintreffende und erst später auf der Eisenbahn weiter beförderte Waren (oder umgekehrt) dienen, haben nicht die Eigenschaft selbständiger, gewerblicher Unternehmungen des Staatsfiskus im Sinne des Komm.-Abg.-Ges.[1])

3) Die zu einer solchen Feststellung zuständige „obere Verwaltungsbehörde" ist in diesem Falle die Königliche Eisenbahndirektion, selbst wenn diese Behörde zugleich die den Fiskus als Prozeßpartei vertretende Instanz bildet.

4) Hiernach lassen sich diese Lagerschuppen nur zu dem einheitlichen, staatlichen Eisenbahnunternehmen im Sinne des § 33 Abs. 3 des Komm.-Abg.-Ges. rechnen. Ob sie aber innerhalb dieses Unternehmens eine für sich bestehende gewerbliche Anlage darstellen, wie solche der Abs. 1 des § 35 a. a. O. als Bedingung für die Besteuerung des fiskalischen Einkommens durch die Belegenheitsgemeinde voraussetzt, ist eine Frage, die der völlig freien Beurteilung des Verwaltungsrichters unterstellt ist.

5) Bildet auch der dem Eisenbahnfiskus zufließende Pachtzins einen Teil der Einnahme der einheitlichen abgabenpflichtigen Eisenbahnunternehmung des Staates, so würde doch die Belegenheitsgemeinde an der Besteuerung dieses Einkommens nur dann teilnehmen, wenn dem Eisenbahnfiskus innerhalb des Gemeindebezirkes aus dem hier fraglichen Besitze Ausgaben an Gehältern und Löhnen erwüchsen. Selbst wenn aber der Pachtzins nicht schon in dem Reinertrage des fiskalischen Eisenbahnunternehmens zur Besteuerung zu bringen wäre, so würde die Belegenheitsgemeinde ihn schon deshalb nicht als Einkommen aus Besitz selbständig zur Besteuerung bringen können, weil die Lagerschuppen nicht zu den von dem Fiskus betriebenen Gewerbe-, Eisenbahn- oder Bergbau-Unternehmungen oder zu den Domänen und Forsten gehören.

---

dienende Grundstück des Staates gehört. Entsch. v. 23. V. 90, Nr. II 495. Die zum Zwecke der Ansiedelung nach dem Ges. v. 26. IV. 86 gekauften Güter sind aus den angegebenen Gründen keine Domänen; ebensowenig stellt ihre Bewirtschaftung einen Gewerbebetrieb dar. Entsch. v. 25. XI. 91, Nr. I 1274.

[1]) Vergl. Entsch. v. 24. VI. 87, Nr. II 619 und 31. V. 89, Nr. II 528.

Nr. 4. Entsch. Bd. XVIII. S. 126 i. d. Anm. vom 24. Juni 1887 und 31. Mai 1889. II C 24/87 und 71/89.

Komm.-Abg.-Ges. v. 14. VII. 93 (G.-S. S. 152) §§ 33, 35.

Fiskus ist von dem Einkommen (Pachtzinse) aus einer verpachteten, seitens des Pächters betriebenen fiskalischen Fähranstalt und aus einer mit einem Eisenbahnhofe zusammenhängenden, gleichfalls verpachteten und dem Pächter zum Schankwirtschaftsbetriebe dienenden Halle nicht kommunalabgabenpflichtig, da er ausschließlich das Einkommen aus den von ihm betriebenen Gewerbe- u. s. w. Unternehmungen zu versteuern hat.

Nr. 5. Entsch. Bd. XX. S. 29 vom 25. November 1890. II C 171/90.

Komm.-Abg.-Ges. v. 14. VII. 93 (G.-S. S. 152) §§ 33, 35, 36, 45, 47.

1) Begriff und Wesen einer Steuer vom Einkommen bringen es mit sich, daß die für eine bestimmte Periode veranlagte Steuer nur dasjenige Einkommen treffen kann und darf, das dem Zensiten in eben jener Periode zufließt. Dieser Grundsatz erleidet auch da keine Ausnahme, wo das Gesetz, um eine Ermittelung der Reineinnahmen des Steuerjahres selbst unnötig zu machen, das effektive Einkommen aus einem vor dem Steuerjahre liegenden Zeitabschnitte für maßgebend erklärt. In diesen Fällen hat man rechnerisch zwar dem Steuerjahre nicht angehörige Einnahmen und Ausgaben vor sich. Gleichwohl stellt zufolge einer vom Gesetze angeordneten Fiktion der Überschuß der ersteren über die letzteren das Einkommen des Steuerpflichtigen im Steuerjahre dar, so daß für den Fall des § 45 des Komm.-Abg.-Ges. der Satz gilt: Der rechnungsmäßige Überschuß der Einnahmen einer fiskalischen Eisenbahn über die Ausgaben des einen Jahres ist das Reineinkommen des Fiskus in dem jenem nachfolgenden Jahre.

2) Aus den für die Besteuerung des staatlichen Einkommens aus Eisenbahnbetrieb bestehenden Vorschriften der §§ 45 ff. des Komm.-Abg.-Ges. ergiebt sich kein Hindernis, solche Gemeinden an dem steuerpflichtigen, durch Resolut bekannt gemachten Gesammtbetrage zu beteiligen, in denen eine Station erst im Laufe des Steuerjahres, aber vor Erlaß jener Bekanntmachung thatsächlich eröffnet worden ist. Das Gesetz trifft nur für solche Fälle Bestimmung, in denen vor der Steuerperiode ein Zeitraum liegt, in dem Ausgaben für Gehälter und Löhne erwachsen sind. Wird eine Betriebsstätte bei einem über mehrere Gemeinden sich erstreckenden Gewerbebetriebe in einer Gemeinde erst im Steuerjahre eröffnet oder wird der Gewerbebetrieb in allen Gemeinden erst im Steuerjahre begonnen, so muß der der Verteilung zu Grunde zu legende Betrag der erwachsenen Ausgaben, soweit erforderlich, durch Schätzung ermittelt werden.

Nr. 6. Entsch. Bd. XXI. S. 17 vom 12. Juni 1891. II C 34/91.

Allg. Berggeſ. v. 24. VI. 65 (G.-S. S. 705) § 56. Komm.-Abg.-Ges. v. 14. VII. 93 (G.-S. S. 152) § 33.

1) Wenn ein dem Fiskus zum eigenen Bergbaubetriebe vorbehaltenes Silber- und Bleierz-Bergwerk in Schlesien nur in einigen Teilen vom Fiskus selbst betrieben wird, während im übrigen andere zur Gewinnung sonstiger Materalien in dem Grubenfelde berechtigte Bergwerkseigentümer die von ihnen mitgewonnenen Bleierze gemäß § 56 des Allg. Berggesetzes an den Fiskus abliefern, so fehlt es in letzterer Hinsicht für den Fiskus an einem kommunalabgabenpflichtigen Einkommen und es handelt sich für ihn nicht um eine Bergbau- oder Gewerbe-Unternehmung im Sinne des § 33 [4] des Komm.-Abg.-Ges. Vergl. E.-O.-V. Bd. IV S. 47.

Fiskus erhält die in Rede stehenden Erze kraft seines Bergwerkseigentumes, aber nicht auf Grund seines Bergwerksbetriebes.

2) Eine Gewerkschaft, die einen Teil ihres Bergwerkseigentumes einem anderen zur Ausbeutung gegen Entgelt überläßt, betreibt damit keinenfalls „Bergbau". Vergl. Entsch. v. 22. III. 79 (Pr. V.-Bl. Bd. X S. 620). Der Begriff des „Betreibens" setzt eine werbende Thätigkeit — sei es des Betreibenden, sei es des von ihm Beauftragten — voraus.

3) Der stille Teilnehmer hat nicht die Eigenschaft eines Gewerbetreibenden. Vergl. E.-O.-V. Bd. XII S. 106.

Nr. 7. Entsch. Bd. XXI. S. 60 vom 22. September 1891. II C 136/91.
Komm.-Abg.-Ges. v. 14. VII. 93 (G.-S. S. 152) §§ 33, 36, 44.

1) Fiskus kann zur Gemeinde-Einkommensteuer nicht herangezogen werden von Domänengrundstücken, für die, wie z. B. für Hausgrundstücke, ein Grundsteuer-Reinertrag nicht ermittelt worden ist.

2) Die Bestimmungen, die in dem Komm.-Abg.-Ges. über die Heranziehung des Staatsfiskus zu den auf das Einkommen gelegten Gemeindeabgaben getroffen sind, bilden ein Ganzes in dem Sinne, daß die in § 33 Nr. 4 grundsätzlich ausgesprochene Steuerpflicht des Fiskus in Ansehung des Einkommens aus den daselbst genannten Steuerobjekten nicht getrennt von der in den §§ 44 und 45 praktisch umgrenzten Steuerpflicht zu denken ist. Die Gemeindeabgabepflicht des Fiskus bezüglich des Einkommens aus Domänen und Forsten ist nicht allein durch § 33 Nr. 4, sondern auch noch durch § 44 begrenzt. Da nun der § 44 bestimmt: das Reineinkommen aus fiskalischen Domänen und Forsten ist für die einzelnen Liegenschaften aus dem Grundsteuerreinertrage .... zu berechnen ...", so ist steuerpflichtiges Einkommen des Fiskus nur da vorhanden, wo solche Liegenschaften des Domänen- oder Forstfiskus sich befinden, für die Grundsteuerreinertrag ermittelt ist. Mit anderen Worten: wo Einkommen aus einem nicht zu den Liegenschaften mit Grundsteuerreinertrag gehörenden Objekt des staatlichen Domänen- und Forstbesitzes fließt, fehlt es an den gesetzlichen Bedingungen der Steuerpflicht.

Nr. 8. Entsch. Bd. XXII. S. 117 vom 26. Januar 1892. II C 249/91.
Komm.-Abg.-Ges. v. 14. VII. 93 (G.-S. S. 152) § 33.

Der in einer preußischen Gemeinde der Rheinprovinz sich vollziehende Eisenbahnbetrieb des Reichsfiskus unterliegt einer daselbst auf das Einkommen aus jener Quelle gelegten Abgabe nicht.

Einer Veranlagung des Reichseisenbahnfiskus zur Gemeindeeinkommensteuer wegen des aus einer Station fließenden Einkommens ist die Berechtigung schon deshalb abzusprechen, weil ein dahin gehendes Besteuerungsrecht der Gemeinden in dem Komm.-Abg.-Ges. die vermeinte Grundlage nicht findet. Die Verpflichtung der juristischen Personen und des Fiskus zur Zahlung von Gemeindeeinkommensteuer ist erschöpfend und einheitlich geregelt. Entscheidend ist daher, ob jenes Gesetz eine Heranziehung des Reichseisenbahnfiskus zur Gemeindeeinkommensteuer angeordnet oder zugelassen hat. Dies ist nicht der Fall. Daß das Gesetz, das vom Staatsfiskus ausdrücklich und unter Beschränkung auf ganz bestimmte fiskalische werbende Vermögensbeziehungen handelt, den Reichsfiskus in irgend einer oder jeder Beziehung stillschweigend unter die juristischen Personen eingereiht und damit abgabepflichtig zu machen beabsichtigt hätte, erscheint nach dem Wortlaute und dem hieraus unmittelbar sich ergebenden Sinne ausgeschlossen. Ist es doch (im § 33 Nr. 3) für erforderlich gehalten, sogar die Gemeinden und weitern Kommunalverbände nicht lediglich unter die juristischen Personen stillschweigend einzubeziehen, sondern auch ausdrücklich zu erwähnen.

Nr. 9. Entsch. Bd. XXIX. S. 35 vom 11. Dezember 1895. II C 354/95.

Komm.-Abg.-Ges. v. 14. VII. 93 (G.-S. S. 152) §§ 20, 24, 33, 34, 55. Komm.-Abg.-Ges. v. 27. VII. 85 (G.-S. S. 327) §§ 1, 3, 4. Eink.-St.-Ges. v. 24. VI. 91 (G.-S. S. 175) § 13.

1) Die im § 55 des Komm.-Abg.-Ges. v. 14. VII. 93 vorgeschriebene Genehmigung eines Zuschläge über den vollen Satz der Staatseinkommensteuer hinaus anordnenden oder Abweichungen von § 54 a. a. O. enthaltenden Gemeindebeschlusses ist eine unerläßliche Voraussetzung für die Rechtswirksamkeit der erhobenen Steuerforderung und muß daher schon zur Zeit der Heranziehung erteilt sein.

2) Das Einkommen des Fiskus als Eigentümer von Hausgrundstücken, die z. B. als Dienstwohnungen Verwendung finden, ist nicht steuerpflichtig. Das Komm.-Abg.-Ges. v. 14. VII. 93 unterwirft im § 33 Nr. 4 den Fiskus der Gemeindeeinkommensteuer lediglich bezüglich des Einkommens aus den von ihm betriebenen Eisenbahn-, Bergbau- und sonstigen gewerblichen Unternehmungen, sowie aus Domänen und Forsten. Diese Bestimmung schließt sich an § 1 Abs. 2 des Komm.-Abg.-Ges. v. 27. VII. 95 an, der die gleiche Vorschrift „bis zur anderweiten Regelung der Heranziehung des Staatsfiskus zu den auf das Einkommen gelegten Gemeindeabgaben in Verbindung mit der Überweisung der Grund- und Gebäudesteuer" enthält. Da diese anderweite Regelung bisher nicht erfolgt ist, so hat das neue Komm.-Abg.-Ges. in der hier entscheidenden Richtung den bisherigen Rechtszustand nicht geändert.

3) Das Gegenteil geht auch aus §§ 20, 24, 34 a. a. O. nicht hervor. § 20 spricht nur den Grundsatz aus, daß die direkten Gemeindesteuern innerhalb des Kreises der Pflichtigen nach festen und gleichmäßigen Grundsätzen verteilt werden sollen, läßt also die Frage, wer der Gemeindeeinkommensteuerpflicht unterliegt, bezw. von ihr befreit ist, unberührt. § 34 aber hat lediglich zu dem Zwecke Aufnahme gefunden, um die aus § 13 Abs. 3 des Eink.-St.-Ges. v. 24. VI. 91 in Verbindung mit § 3 des Komm.-Abg.-Ges. v. 27. VII. 85 sich ergebenden Folgerungen (vergl. E.-O.-V. Bd. XXII S. 21 ff.[1]) zu beseitigen. Mit der Frage, wie weit die Einkommensteuerpflicht des Fiskus reicht, befaßt er sich nicht.

Nr. 10. Entsch. Bd. XXIX. S. 39 vom 29. Februar 1896. II C 394/95.

Komm.-Abg.-Ges. v. 14. VII. 93 (G.-S. S. 152) §§ 24, 33, 34, 44.

1) Gegenüber solchen Liegenschaften des Domänen- und Forstfiskus, für die ein Grundsteuerreinertrag nicht ermittelt ist, fehlt es an der gesetzlichen Handhabe für die Verwertung des Steuerrechtes. Vergl. E.-O.-V. Bd. XXI S. 60.[2])

2) Aus § 24 des Komm.-Abg.-Ges. v. 14. VII. 93 ist Gegenteiliges nicht zu entnehmen, weil die dort gegebenen Bestimmungen sich auf Realsteuern beziehen. Ebensowenig kann aus § 34 a. a. O. abgeleitet werden, daß, soweit nicht Realsteuern in Ansehung gewisser Grundstücke und damit auch die Besteuerung des daraus erwachsenden Einkommens ausgeschlossen sind, die Gemeindeeinkommensteuerpflicht keiner Beschränkung unterworfen sei.

---

[1]) Oben S. 404.
[2]) Oben S. 408.

g) Die Steuerpflicht der Beamten.[1])

Litteratur: Siehe oben S. 277. Ferner: G. W. Neumann: Die preußische Gesetzgebung über die Heranziehung der Staatsdiener zu den Gemeindelasten, 1840. — Kommentare zur Vd. v. 23. IX. 67, betreffend die Heranziehung der Staatsdiener zu den Gemeindeauflagen in v. Brauchitsch, Bd. III, 12. Aufl. S. 558. — Illing-Kautz, Bd. I, 7. Aufl. S. 234. — Nöll: Kommunalabgabenges. v. 14. VII. 93, S. 269. — Winkelmann, 1894.

Materialien: Ges. v. 11. VII. 22 (G.-S. S. 184), die Heranziehung der Staatsdiener zu den Gemeindelasten betreffend. — Kab.-Ord. v. 14. V. 32 (G.-S. S. 145), betreffend die Anwendung des vorbezeichneten Gesetzes auf städtische, landschaftliche und andere, nach der Bezeichnung des Landrechtes § 69 Tit. 10 Teil II als mittelbare Staatsdiener zu betrachtende Beamte.

Vd. v. 23. IX. 67 (G.-S. S. 1648), betreffend die Heranziehung der Staatsdiener zu den Kommunalauflagen in den neu erworbenen Landesteilen.

Nr. 1. Entsch. Bd. II. S. 175 vom 6. Juni 1877.

Ges. v. 11. VII. 22 (G.-S. S. 184) §§ 1—4, 8 und Kab.-Ord. v. 14. V. 32 (G.-S. S. 145), betreffend die Heranziehung der Staatsdiener zu den Gemeindelasten. Vd. v. 23. IX. 67 (G.-S. S. 1648), desgl. für die neu erworbenen Landesteile, § 2. Betriebsordn. für die Haupteisenbahnen Deutschlands v. 5. VII. 92 (R.-G.-Bl. S. 691) §§ 66 ff. A. L.-R. Teil II Tit. 10 § 69. Komm.-Abg.-Ges. v. 14. VII. 93 (G.-S. S. 152) § 41.

Den Beamten der Privateisenbahngesellschaften, insbesondere auch denjenigen, die die Bahnpolizei auszuüben haben, stehen bezüglich der Kommunalsteuerpflichtigkeit die Rechte der mittelbaren Staatsbeamten nicht zu. Die Kab.-Ord. v. 14. V. 32 hat das Vorzugsrecht der unmittelbaren Staatsbeamten aus dem Ges. v. 11. VI. 22 zwar keineswegs nur auf gewisse Kategorien der mittelbaren Staatsdiener, insbesondere die Gemeinde- und landschaftlichen Beamten, sondern auf alle Beamte der dem Staate untergeordneten Korporationen ausgedehnt. Zu den letzteren gehören aber die Privateisenbahngesellschaften, obwohl sie Korporationsrechte haben und in mehrfachen Beziehungen der staatlichen Aufsicht unterstehen, als solche nicht. Sie sind gleich anderen Aktiengesellschaften für gewerbliche und Handelsunternehmungen Privatgesellschaften, deren Thätigkeit auf den wirtschaftlichen Erwerb durch den Betrieb des Transportgewerbes gerichtet ist, und deren Beamte mithin nicht als mittelbare Staatsbeamte, sondern als Privatbeamte anzusehen sind.

Insoweit diese Beamten mit der Ausübung der Bahnpolizei betraut sind, treten sie dem Publikum gegenüber in die rechtliche Stellung der staatlichen Polizeibeamten und stehen in geordneter dienstlicher Beziehung zu den sonstigen Organen der Polizei; mit Rücksicht auf ihre polizeilichen Funktionen ist für sie eine bestimmte persönliche Qualifikation vorgeschrieben, sie werden vereidigt, haben die vorgeschriebene Uniform zu tragen, sind der Disziplin der staatlichen Aufsichtsbehörde unterworfen und gehören zu den Beamten im Sinne des Strafgesetzbuches. Diese rechtliche Stellung nehmen jene Beamten jedoch nur insoweit und nicht weiter ein, als sie Funktionen der Bahnpolizei ausüben. Sie ist aber immer nur eine Nebenstellung, und im wesentlichen und an erster Stelle gilt ihre Thätigkeit dem gewerblichen Unternehmen der Gesellschaft, dem Transportgewerbe. Obwohl sie daher in und neben dieser ihrer dem Transportgewerbe der Gesellschaft gewidmeten Wirksamkeit die Funktionen der Bahnpolizei wahrzunehmen haben, und ihnen auch bezüglich dieser Seite ihrer Thätigkeit zweifellos die Rechte der mittelbaren Staatsbeamten zustehen, so erscheinen sie doch nach dem Gesammtcharakter ihrer dienstlichen Stellung nicht als mittelbare Staatsbeamte, sondern als Angestellte einer Privatgesell-

[1]) Die den preußischen und Reichsbeamten zustehenden Vorrechte stehen den Beamten anderer Bundesstaaten in Preußen nicht zu. Entsch. v. 19. XII. 93 (Pr. Verw.-Bl. Bd. XV S. 602).

schaft, die als solche das Kommunalsteuerprivilegium der Staatsbeamten für sich nicht in Anspruch nehmen können.

Nr 2. Entsch. Bd. VI. S. 119 vom 2. Juni 1880.

A. L.-R. Teil II Tit. 6 § 160; Tit. 10 § 69. Ges. v. 11. VII. 22 (G.-S. S. 184), betreffend die Heranziehung der Staatsdiener zu den Gemeindelasten, §§ 1—3. Kab.-Ord. v. 14. V. 32 (G.-S. S. 145), betreffend Anwendung des Ges. v. 11. VII. 22 auf mittelbare Staatsdiener. Land-Gem.-Ordn. v. 3. VII. 91 (G.-S. S. 233) §§ 122 ff.

1) Anträge auf Befreiung von Gemeindeabgaben im allgemeinen, ohne Beziehung auf den einzelnen Fall der Hebung, sind unzulässig. (Vergl. E.-O.-V. Bd. III S. 82; Bd. IV S. 109.)[1]

2) Bezüge für die Stellvertretung eines Gutsvorstehers können ein Diensteinkommen im Sinne des Ges. v. 11. VII. 22 nicht darstellen. Mag der Gutsvorsteher immerhin in vielfachen Beziehungen als Beamter anzusehen sein, so mangelt ihm doch die Besoldung. Der Besitzer des Gutes hat die ihm zustehenden obrigkeitlichen Befugnisse und Pflichten entweder in Person oder durch einen von ihm zu bestellenden Stellvertreter unentgeltlich auszuüben. Wird dem stellvertretenden Gutsvorsteher eine Entschädigung gewährt, so erhält er sie doch nicht als Beamter, sondern als Vertreter des Besitzers des Gutes von dem letzteren. Dies Verhältnis gehört dem Privat-, nicht dem öffentlichen Rechte an und es wird hierin auch durch die Bestimmungen des § 126 der Land-Gem.-Ordn. v. 3. VII. 91 nichts geändert. Der Kläger ist daher von den Bezügen, die er als stellvertretender Gutsvorsteher empfängt, nach ihrem ganzen Betrage kommunalsteuerpflichtig.[2]

3) Der sogenannte Amtssekretär wird einfach von dem Amtsvorsteher auf Grund eines Privatvertrages angenommen und erhält für seine Dienstleistungen aus der Amtsunkostenentschädigung des letzteren Bezahlung. Er ist in einem solchen Falle Privatbediensteter des Amtsvorstehers, worin selbstverständlich nichts dadurch geändert wird, daß die Zahlung der dem Sekretär vom Amtsvorsteher verheißenen Remunerationen zwar direkt aus der Amtskasse, aber aus der Amtsunkostenentschädigung des letzteren erfolgt. Das Einkommen eines derartigen Privatsekretärs unterliegt voll der Kommunalbesteuerung.

Anders verhält es sich, wenn der Amtsausschuß die Schaffung der Stelle des Amtssekretärs beschlossen und die zu seiner Besoldung erforderlichen Mittel im Etat bewilligt hat. Daß der Amtsausschuß dies zu thun berechtigt ist, unterliegt keinem Zweifel (Min.-Reskr. v. 20. III. 74 — M.-Bl. S. 99). Eine Berufung zu der Beamtenstelle bedarf jedoch nach § 160 Tit. 6 Teil II A. L.-R.'s der Genehmigung der Aufsichtsbehörde. Erst durch die von dieser erteilte Genehmigung erhält die Anstellung Rechtsgültigkeit und der Angestellte — dessen Sache es ist, die etwa aus Gründen, die in seiner Person liegen, erforderliche Erlaubnis zur Übernahme des Amtes sich zu beschaffen — nach § 69 Tit. 10 Teil II A. L.-R.'s die Eigenschaft eines mittelbaren Staatsbeamten und damit für sein Diensteinkommen in Gemäßheit der Kab.-Ord. v. 14. V. 32 die den Staatsdienern durch das Ges. v. 11. VII. 22 zugestandenen Vorrechte.[3]

---

[1]) Oben S. 285, 286.

[2]) Ingleichen sind sogen. Privat-Rentmeister keine Beamte im Sinne der Kommunalsteuergesetzgebung; wohl aber standes- und grundherrliche Beamte, die öffentlich-rechtliche Funktionen auszuüben haben; Entsch. v. 31. III. 94, Nr. II 300; desgl. die Beamten eines Prinzlichen, zugleich im Kronfideikommißinteresse eingerichteten Hofmarschallamtes, und zwar sind diese als unmittelbare Staatsbeamte anzusehen. Entsch. v. 17. VI. 92 (Pr. Verw.-Bl. Bd. XIV S. 15).

[3]) Das in dem Ges. v. 11. VII. 22, der Dekl. v. 21. I. 29 (G.-S. S. 9) und der Kab.-Ord. v. 14. V. 32 enthaltene Recht ist heute in der für die neuen Landesteile er-

Nr. 3. Entsch. Bd. VI. S. 132 vom 9. Februar 1880.

Ges. v. 11. VII. 22 (G.=S. S. 184), betreffend die Heranziehung der Staatsdiener zu den Gemeindelasten, §§ 8, 11 und Kab.=Ord. v. 14. V. 32 (G.=S. S. 145).[1])

1) **Lehrer, die etatsmäßige Lehrerstellen an der Landwirtschaftsschule einer Stadtgemeinde kommissarisch verwalten, sind als Staatsdiener im Sinne der die Kommunalbesteuerung der letzteren betreffenden Gesetzgebung anzusehen.**[2])

2) **Ist eine Abgabe zur Ungebühr eingefordert und zwangsweise eingezogen, so muß der Empfangsberechtigte sie zurückzahlen, nicht aber auch die Exekutionskosten, weil die Zahlung und Betreibung veranlagter Abgaben durch die Reklamation und die Klage nicht aufgehalten werden.** Dieser Grundsatz ist für eine geordnete Führung des Kommunalhaushaltes von besonderer Wichtigkeit, und der Abgabepflichtige muß die von ihm geforderten Abgaben unter Vorbehalt der Rückzahlung entrichten, darf es auch nicht auf die Exekutionskosten ankommen lassen, so begründet auch seine Einwendungen gegen die erfolgte Heranziehung sein mochten. Hat er es dennoch gethan und dadurch Kosten verursacht, so hat er dies seiner eigenen Verschuldung beizumessen; die Erstattung dieser Kosten kann er nicht verlangen.

Nr. 4. Entsch. Bd. IX. S. 34 vom 20. Mai 1882.

Ges. v. 11. VII. 22 (G.=S. S. 184), betreffend die Heranziehung der Staatsdiener zu den Gemeindelasten, §§ 1—3, 7, 8, 10, 11.[3])

1) **Ein Vertrag, den der Staat mit einer Eisenbahn=Aktien-Gesellschaft behufs weiterer Ausführung des Baues und Übernahme der Verwaltung und des Betriebes für Rechnung der Gesellschaft abgeschlossen hat, verleiht ihm die Möglichkeit, zum Betriebe des Unternehmens Beamte der Gesellschaft, für die er verwaltet, anzustellen. Keinesfalls folgt aber aus den vertragsmäßig geschaffenen Verhältnissen, daß der Betrieb nur durch solche Beamte erfolgen solle oder könne. Der Staat ist durch den Vertrag nicht etwa lediglich in die Stellung eines Mandatars der Gesellschaft getreten. Vielmehr ist der Staat als solcher bei der fraglichen Verwaltung unmittelbar und nicht nur für die Gesellschaft beteiligt, sowohl in verkehrspolitischer Beziehung durch die seiner Obhut unterstellten Interessen des öffentlichen Verkehres, als auch**

---

lassenen Verordn. v. 23. IX. 67 (G.=S. S. 1648) niedergelegt. Das Komm.=Abg.=Ges. v. 14. VII. 93 (G.=S. S. 152) verweist im § 41 nur auf letztere, da diese nicht nur eine äußerliche Kodifikation des in den alten Landesteilen bestehenden Rechtes, sondern eine Zusammenfassung dieses darstellt, wie es sich im Laufe der Jahre in der als zutreffend erachteten Ausführung der älteren Bestimmungen gestaltet hat.

Die in den Entscheidungsgründen noch ausgeführte Unzulässigkeit des ordentlichen Rechtsweges über Ansprüche der Staatsdiener aus dem Ges. v. 11. VII. 22, weil dieses für die Beamten zwar Sonderrechte begründe, aber keine Privilegien im Sinne des A. L.=R.'s Teil II Tit. 14 §§ 4, 79, kann heute auf sich beruhen, nachdem durch § 160 Zust.=Ges. auch da das Verwaltungsstreitverfahren eingeführt hat, wo früher (in den Fällen der §§ 18, 34 des Zust.=Ges.) der ordentliche Rechtsweg zulässig war.

[1]) Vergl. Anm. 3 zu Nr. 2 oben S. 411. § 8 des Ges. v. 11. VII. 22 (notwendiges Steuerdomizil der Beamten am Sitze ihrer Behörde hinsichtlich ihres Diensteinkommens) ist bereits durch § 12 des Komm.=Steuer=Notges. v. 27. VII. 85 (G.=S. S. 331) aufgegeben worden, weshalb die diesbezüglichen Ausführungen obiger Entsch. gegenstandslos sind.

[2]) Dagegen ist der vom Schlesischen landwirtschaftlichen Verein angestellte Lehrer einer landwirtschaftlichen Winterschule nicht für einen mittelbaren Staatsbeamten im Sinne der Kommunalbesteuerung erachtet worden, Entsch. v. 24. IV. 95 (Pr. Verw.=Bl. Bd. XVI S. 621); ingleichen nicht die an einer unter der Verwaltung einer Privatkorporation, wenn auch unter staatlicher Aufsicht stehenden Unterrichtsanstalt (Blindenanstalt) angestellten Lehrer. Entsch. v. 11. I. 89 (Pr. Verw.=Bl. Bd. X S. 248).

[3]) Vergl. Anm. 3 zu Nr. 2 oben S. 411.

finanziell — wie im vorliegenden Falle — durch Gewährung von Zinsgarantieen und das Recht auf Superdividende. Ein solcher Vertrag begründet daher für den Staat eigene, selbständige, von der Bestimmung der Gesellschaft unabhängige Rechte und Aufgaben, deren Wahrnehmung als Staatsdienst Staatsbeamten anvertraut werden kann. Diese vom Staate angestellten Beamten haben hinsichtlich der Kommunalsteuerpflicht die Rechte der Königl. Beamten. Eine Unterscheidung hinsichtlich der letzteren in Aufsichts- und Betriebsbeamte ist ohne rechtliche Grundlage und bei der Organisation der Eisenbahnverwaltung auch thatsächlich nicht durchführbar.

2) **Diensteinkommen der Beamten im Sinne des Ges. v. 11. VII. 22 ist keineswegs nur das aus Staatskassen zahlbare Einkommen. Weder folgt dies aus der rechtlichen Natur des Staatsdienerverhältnisses überhaupt, noch aus positiven, gesetzlichen Bestimmungen.**

Entscheidend ist nicht, ob die Zahlung aus der Staatskasse erfolgt, sondern ob das Entgelt für den Staatsdienst seitens der das Staatsamt übertragenden staatlichen Instanz derartig geregelt ist, daß das Staatsdienerverhältnis sich nach seiner öffentlich-rechtlichen Seite auch auf den Gehaltsbezug erstrecken soll und erstreckt.

Nr. 5. Entsch. Bd. XI. S. 67 vom 5. Februar 1885.

Ges. v. 11. VII. 22 (G.-S. S. 184), betreffend die Heranziehung der Staatsdiener zu den Gemeindelasten, §§ 2, 3, 7. Vd. v. 23. IX. 67 (G.-S. S. 1648), gleichen Inhaltes für die neuen Landesteile, §§ 3, 4.

1) **Wo ein an sich unter das Ges. v. 11. VII. 22[1]) fallender Staatsbeamter neben seinem Diensteinkommen noch ein Privateinkommen bezieht, und wo die städtische Gemeindesteuer nach Prozentsätzen der in verschiedene Klassen einzureihenden Einkommensbeträge erhoben wird, da sind nicht für jede der beiden genannten Einkommensquellen eine besondere Klasse der ferneren Berechnung zu Grunde zu legen, sondern es sind das Privateinkommen und die zu besteuernde Quote des Diensteinkommens zusammenzurechnen, und es wird dann die Steuerklasse durch dieses so gefundene Gesammteinkommen bestimmt.**

2) **Ist die Steuerstufe auf diese Weise ermittelt worden, so ist die so festgestellte Abgabe auf das halbe Diensteinkommen und auf das Privateinkommen nach Verhältnis beider Beträge zu verteilen[2]) und der auf das Diensteinkommen entfallende Abgabenteil entsprechend herabzusetzen, sofern der für direkte Beiträge gesetzlich zugelassene höchste Prozentsatz des vollen Diensteinkommens überschritten wird.[3])**

---

[1]) Das Komm.-Abg.-Ges. v. 14. VII. 93 (G.-S. S. 152) erwähnt dieses Ges. nicht mehr, sondern knüpft direkt an die Verordn. v. 23. IX. 67 an. Dies ist gerechtfertigt, da die Verordn. das gesammte in den alten Landesteilen bisher bestandene Recht (außer dem Ges. v. 11. VII. 22 die Dekl. v. 21. I. 29 G.-S. S. 9 und die A. O. v. 14. V. 32 G.-S. S. 145) nicht nur äußerlich kodifiziert, sonder auch so zusammengefaßt hat, wie es im Laufe der Jahre in der als zutreffend erachteten Ausführung der älteren Bestimmungen sich entwickelt hat. Die älteren Bestimmungen sind insofern heute gegenstandslos.

[2]) Das Diensteinkommen — nicht etwa die Steuer — des Beamten wird halbiert, ein etwaiges Privateinkommen hinzugerechnet, und von dieser Summe der Steuersatz ermittelt. Entsch. v. 13. XII. 90 (Pr. Verw.-Bl. Bd. XI S. 435).

[3]) Vergl. Entsch. v. 10. IX. 85 (Pr. Verw.-Bl. Bd. VII S. 4). Diese Berechnung greift bei jeder Besteuerung von Diensteinkommen Platz, gleichviel ob es allein oder in Verbindung mit anderem Einkommen herangezogen wird. Entsch. v. 6. VI. 88 (Pr. Verw.-Bl. Bd. X S. 20).

Das Gehalt des Beamten, von dem der zulässige Maximalbetrag der von ihm zu erhebenden Gemeinde- und Kreisabgaben zu berechnen ist, ist das effektive Gehalt, nicht derjenige Minderbetrag, mit dem der Beamte etwa in Berücksichtigung besonderer wirtschaftlicher Verhältnisse zur Staatssteuer veranlagt ist. Entsch. v. 28. II. 90 (Pr. Verw.-

Nr. 6. Entsch. Bd. XI. S. 71 vom 5. Februar 1885.

A. L.-R. Teil II Tit. 10 § 69. Ges. v. 11. VII. 22 (G.-S. S. 184), betreffend die Heranziehung der Staatsdiener zu den Gemeindelasten und Kab.-Ord. v. 14. V. 32 (G.-S. S. 145). Vd. v. 23. IX. 67 (G.-S. S. 1648), gleichen Inhaltes für die neuen Landesteile.

1) **Geschäftsführer (Betriebskommissarien) der öffentlichen Provinzial-Feuersozietäten sind im Sinne des Ges. v. 11. VII. 22 und der Kab.-Ord. v. 14. V. 32[1]) als mittelbare Beamte anzusehen und als solche zu den städtischen Gemeinde-Einkommensteuern heranzuziehen, sofern sie nach dem Reglement der betreffenden Sozietät als Organe des Provinzialverbandes, also als dessen Beamte, zu fungieren haben.** Vergl. Min.-Erl. v. 31. VII. 40 (M.-Bl. S. 306) und 7. V. 73 (M.-Bl. S. 123), sowie Erk. des vorm. O.-Trib. v. 24. X. 61 (Oppenhoff, Rechtspr. Bd. II S. 14).

2) **Die Entscheidung der Frage wegen der Beamtenqualität der Geschäftsführer liegt auf rechtlichem Gebiete, sie kann also auch in der Revisionsinstanz geprüft werden.**[2])

Nr. 7. Entsch. Bd. XIII. S. 123 vom 28. Januar 1886. II C 128 85.

Ges. v. 11. VII. 22 (G.-S. S. 184), betreffend die Heranziehung der Staatsdiener zu den Gemeindelasten.[3])

1) **Zwischen den etatsmäßig angestellten Beamten und den außerordentlichen und einstweiligen Gehilfen im Sinne des § 11 des Ges. v. 11. VII. 22 giebt es eine zahlreiche Klasse von im Staatsdienste beschäftigten Personen, denen die Staatsdienereigenschaft zweifellos zukommt, und die in den Staatsdienst eben dadurch eintreten, daß ihnen die Verwaltung eines Staats-**

Bl. Bd. XI S. 367); vergl. Entsch. v. 15. XII. 94, Nr. II 1726 und v. 26. VI. 96 (Pr. Verw.-Bl. Bd. XVIII S. 149).

Aus der Vorschrift des § 2 Ges. v. 11. VII. 22, daß die Beamten nur von der Hälfte ihres Diensteinkommens besteuert, im übrigen aber ihr Einkommen wie das der Bürger behandelt werden soll, folgt, daß der steuerpflichtige Teil eines Beamteneinkommens sowohl in Bezug auf die Anwendung der Tarifstufe, als auch in der Befreiungsfrage dem ebenso hohen Gesammteinkommen eines Nichtbeamten gleichsteht. Fällt also der in einer Gemeinde steuerpflichtige Teil des Diensteinkommens noch innerhalb der Grenze, bis zu der das Einkommen der Bürger steuerfrei gelassen wird, so kann auch von diesem Beamten eine Steuer nicht gefordert werden. Entsch. v. 15. V. 91 (Pr. Verw.-Bl. Bd. XII S. 507). Vergl. Entsch. v. 13. V. 90 Nr. II 469.

Im übrigen darf auf das Diensteinkommen von Beamten eine Gemeindesteuer nur dann gelegt werden, wenn eine solche auch auf das Einkommen der übrigen Abgabepflichtigen gelegt wird (§ 3 der Verordn. v. 23. IX. 67). Diese Vorschrift bezieht sich nur auf solche Steuern, die auf das Einkommen gelegt, d. h. nach dem Maßstabe des Einkommens abgestuft sind. Dagegen hat eine Befreiung der Beamten von allen auf sonstige Besteuerungsobjekte, z. B. Grund- oder Hausbesitz, Gewerbe- oder Pachtbetrieb, Halten von Luxusgegenständen (Hunden) u. s. w. gelegten direkten Abgaben damit nicht ausgesprochen werden sollen. Entsch. v. 23. V. 91 (Pr. Verw.-Bl. Bd. XIII S. 146). Vergl. auch Entsch. v. 25. III. 86 (Pr. Verw.-Bl. Bd. VII S. 330) und v. 6. VI. 88 (Pr. Verw.-Bl. Bd. X S. 20).

[1]) Vergl. Anm. 3 zu Nr. 2 oben S. 411.

[2]) Eine landschaftliche Darlehnskasse, die von einer Landschaft, in erster Reihe zur Beförderung landschaftlicher Zwecke, begründet und mit Fonds ausgestattet, deren Verwaltung unter dauernder Kontrolle des Generallandtages geführt wird, deren Überschüsse zum größten Teil an die Landschaft abgeführt werden, und deren Vermögen im Falle künftiger Auflösung nach Deckung aller Verpflichtungen an die Landschaft zurückfallen soll, ist ein landschaftliches Institut. Die Beamten einer solchen Darlehnskasse sind Landschaftsbeamte, sie genießen das Steuerprivileg auf Grund der Kab.-Ord. v. 14. V. 32.

Mit dem Wesen einer juristischen Person (Darlehnskasse) steht es nicht in Widerspruch, daß sie unbeschadet ihrer Selbständigkeit in der Ausübung gewisser Vermögensrechte, sonst als Glied eines größeren Organismus (Landschaft) erscheint. Die mit selbständiger Rechtspersönlichkeit ausgestattete Kasse kann dann auch nach außen hin Vermögen erworben haben und von ihm auch zur Gemeindesteuer herangezogen werden. Entsch. v. 23. I. 91 (Pr. Verw.-Bl. Bd. XII S. 422).

[3]) Vergl. Anm. 3 zu Nr. 2 oben S. 411.

amtes, wenngleich ohne etatsmäßige Anstellung, übertragen wird. Ob nun im einzelnen Falle eine Aufnahme in den Staatsdienst erfolgt ist, oder ob der Betreffende von den Staatsbehörden lediglich in einer privaten Stellung beschäftigt wird, das entscheidet sich, sofern darüber keine gesetzlichen Bestimmungen ergangen sind, entweder nach der bei der Annahme speziell getroffenen Regelung oder nach der Dienstpragmatik, d. h. nach den etwa von zuständiger Seite für die einzelnen Zweige der Staatsverwaltung ausdrücklich vorgeschriebenen Normen oder in deren Ermangelung nach dem bestehenden Herkommen. Allgemein gültige feste Merkmale, aus denen auf die Eigenschaft eines preußischen Staatsbeamten geschlossen werden könnte, giebt es nicht.[1])

2) Die in der Staats-Eisenbahn-Verwaltung beschäftigten Regierungsbaumeister und Regierungsbauführer erlangen, falls ihnen nicht schon nach den allgemeinen für sie erlassenen Anordnungen — sei es auch nur ihre thatsächlich erfolgende Verwendung im Staatsdienste vorausgesetzt — die Staatsdienereigenschaft überhaupt beizulegen sein sollte, was hier dahingestellt gelassen wird, jedenfalls diese Eigenschaft mit dem Eintritt in die Staats-Eisenbahn-Verwaltung. Daran wird durch den Umstand nichts geändert, daß sie weder unter das Pensionsges. v. 27. III. 72 (G.-S. S. 268), noch unter das Ges. v. 20. V. 82 (G.-S. S. 298), betreffend die Fürsorge für die Witwen und Waisen der unmittelbaren Staatsbeamten fallen. Es giebt eine erhebliche Anzahl von Staatsdienern, welche nach § 2 des Ges. v. 27. III. 72 nicht pensionsfähig sind und die auch keine Witwen- und Waisenbeiträge bezahlen, es können also diese Gesetze Kriterien für die Beamtenqualität nicht abgeben.

Nr. 8. Entsch. Bd. XIII. S. 128 vom 12. Oktober 1886. II C 105/86.

Ges. v. 11. VII. 22 (G.-S. S. 184), betreffend die Heranziehung der Staatsdiener zu den Gemeindelasten.[2])

1) Ein bei einem Eisenbahn-Betriebsamte im technischen Büreau gegen monatliche fixierte Remuneration beschäftigter Regierungsbauführer ist ein Staatsbeamter im Sinne des Ges. v. 11. VII. 22, auch wenn ihm diese Stelle nicht von dem Minister der öffentlichen Arbeiten, sondern von dem Eisenbahn-Betriebsamte angeboten und übertragen worden ist. Die Nichteinberufung durch den Minister beruht lediglich darauf, daß die Heranziehung der Regierungsbauführer den Eisenbahnbehörden überlassen ist. Im übrigen besteht in Betreff der innerhalb der Staats-Eisenbahn-Verwaltung verwendeten, staatlich geprüften Regierungsbauführer ein festes, auch in mehrfachen Erlassen zum Ausdrucke gelangtes Herkommen, wonach sie stets als Staatsdiener anzusehen sind. (Folgt Aufzählung der Erlasse.) Ein solches Herkommen genügt jedenfalls, da eine nähere Regelung dieser Verhältnisse dem Ressortchef für das Gebiet der

---

[1]) Der § 11 des Ges. v. 11. VII. 22, der „außerordentliche und einstweilige Gehilfen in den Büreaus der Staatsbehörden" von dem Gemeindesteuervorzugsrecht ausschließt, bezieht sich nicht auf eigentliche Staatsdiener, sondern auf solche Personen, die ohne diese Eigenschaft im Staatsdienste beschäftigt werden. Der Ressortchef ist berechtigt, im Rahmen des bestehenden öffentlichen Rechtes für das ihm unterstellte Verwaltungsgebiet nähere Anordnungen darüber zu treffen, unter welchen Voraussetzungen die Übernahme in den Staatsdienst als erfolgt angesehen werden soll. Daher kann die streitige Staatsdienereigenschaft auf Grund einer amtlichen Auskunft des Ressortministers festgestellt werden. Entsch. v. 17. V. 87 (Pr. Verw.-Bl. Bd. VIII S. 401).

Die Möglichkeit der jederzeitigen Entlassung eines Beamten wegen pflichtwidrigen Verhaltens in oder außer dem Dienste, oder einer Beendigung des Dienstverhältnisses durch Kündigung und der Vorbehalt der Regelung der Pensionsverhältnisse durch Entschließung der anstellenden Behörde unter Ausschluß des Rechtsweges können der an sich auf die Dauer berechneten festen Anstellung diesen Charakter nicht entziehen. Entsch. v. 23. I. 91 (Pr. Verw.-Bl. Bd. XII S. 422).

[2]) Vergl. Anm. 3 zu Nr. 2 oben S. 411.

ihm anvertrauten Verwaltung zusteht und dahin erfolgen kann, daß der für den Eintritt in den Staatsdienst unentbehrliche Akt der Staatsgewalt eben in der Annahme des Baubeamten zur Beschäftigung liegen soll.

Ebenso unwesentlich ist, daß der Name des Beamten in dem Verzeichnisse der angestellten Beamten fehlt, das nach einer Anweisung des Ministers des Innern periodisch der Steuerbehörde mitgeteilt wird. Es mag das entweder auf ein Versehen oder auf eine irrtümliche Anschauung der Eisenbahnbehörde zurückzuführen sein.

Ingleichen ändert der Umstand nichts, daß der Beamte weder unter das Pensionsges. v. 27. III. 72 (G.=S. S. 268), betreffend die Fürsorge für die Witwen und Waisen der unmittelbaren Staatsbeamten fällt.

2) Der Umstand, daß ein Amt nur vorübergehend angenommen wird, schließt an sich den Begriff eines Staatsdienstes nicht aus, desgleichen nicht, daß die Annahme freiwillig geschieht, da jeder Eintritt in den Staatsdienst regelmäßig auf freiem Entschlusse beruht.

Nr. 9. Entsch. Bd. XIII. S. 135 vom 26. Februar 1885. II C 90/84 und **Bd. XIII S. 139** vom 26. Oktober 1885. II C 94/85.[1])

Ges. v. 11. VII. 22 (G.=S. S. 184), betreffend die Heranziehung der Staatsdiener zu den Gemeindelasten, §§ 2, 8.[2])

1) Wenn auch niemand Staatsbeamter werden kann, ohne das Vorhandensein einer hierauf gerichteten Willensäußerung des Staates, so folgt doch weder aus positiven landesgesetzlichen Vorschriften, noch aus allgemeinen gesetzlichen Grundsätzen, daß jener Wille sich notwendig in der Gestalt eines besonderen „Anstellungsdekretes" der Staatsregierung zu äußern habe, es überall und ausnahmslos eines solchen besonderen Dekretes als der einzigen unerläßlichen Form für die Anstellung der Staatsbeamten bedürfte.

2) Im Staats-Eisenbahndienste ist ausdrücklich die Anstellung der Beamten mittels Dienstvertrages (Engagementsvertrages) im Gegensatze zu der Anstellung mittels Verleihung einer etatsmäßigen Beamtenstelle (Anstellungsverfügung) vorgesehen. Deshalb kommt den bei der Ausführung von Staats-Eisenbahnbauten zufolge eines Engagementsvertrages in dem bautechnischen Büreau einer Eisenbahn-Direktion dauernd gegen fixierte Diäten beschäftigten, durch einen besonderen Akt als Staatsbeamte angestellten Bau=Assistenten die Eigenschaft als Staatsdiener zu, wobei es nicht ins Gewicht fällt, daß diese Angestellten bei Dienstvernachlässigungen u. s. w. sofort entlassen oder mit Geldstrafen belegt werden können. Die Anstellung als Staatsbeamter ist aber notwendig. Der Min.=Erl. v. 16. X. 77 (Eisenbahn-Verordn.=Bl. 1878 S. 9) ist nicht dahin auszulegen, daß ein dauernd angenommener Hilfsarbeiter schon unmittelbar mit der Bewilligung einer periodisch bemessenen, fixierten Remuneration die Staatsdiener-Eigenschaft erwerbe, vielmehr muß die Beamten-Eigenschaft auch noch in irgend einer, gesetzlich nicht feststehenden Form durch einen besonderen Akt „verliehen" werden. Dazu genügt nicht der Abschluß eines Dienst- oder Engagementsvertrages, denn mittels derartiger Verträge wird bei der Staatseisenbahn=Verwaltung ein zahlreiches Beamtenpersonal angenommen, das lediglich in einem privatrechtlichen Kontraktsverhältnisse steht. Bei dem Worte „beilegen" in dem Erl. v. 16. X. 77 ist offenbar auf irgend einen Akt der Behörde hingewiesen, wie denn auch schon nach allgemeinen Grundsätzen die Verleihung der Beamteneigenschaft sich niemals von selbst und ohne einen nach außen hervortretenden Akt der Behörde, der

[1]) Vergl. Anm. 3 zu Nr. 2 oben S. 411.
[2]) Beide Entsch. betreffen denselben Fall.

die Absicht der Aufnahme in den Staatsdienst „zum Ausdruck bringt", vollzieht. Als ein solcher „Akt" kann insbesondere die Vereidigung als Beamter[1]) angesehen werden, die Vollziehung der behördlichen Anstellungsabsichten kann aber auch in irgend einer anderen Form in die Erscheinung treten.

Nr. 10. Entsch. Bd. XVI. S. 137 vom 24. Mai 1888. II C 250/87.

Die Tagegelder eines ständigen Posthilfsboten sind als eine feste Besoldung im Sinne der §§ 8 und 11 des Ges. v. 11. VII. 22 (G.-S. S. 184) und § 2 der Bd. v. 23. IX. 67 (G.-S. S. 1648) anzusehen.

Unter Besoldung begreift der gemeine Sprachgebrauch, wie der der Gesetze, schlechthin das Diensteinkommen eines Beamten, und zwar nicht das Diensteinkommen einer etatsmäßigen Stelle, sondern jedes fixierte, nicht lediglich nach dem Umfange der Dienstleistung bemessene Diensteinkommen. Der Ausdruck „feste" Besoldung ist zwar nicht bloß auf jedes nur den Bezügen der außerordentlichen und einstweiligen Gehilfen gegenüberstehende Einkommen anwendbar; jedoch steht er — mag er auf den Gegensatz zu einer ihrem Betrage nach schwankenden oder auf den zu einer in Ansehung ihres Bezuges, ihrer Fortdauer unsicheren Besoldung bezogen werden — dem Einkommen des Posthilfsboten, bei dem weder das eine noch das andere dieser Merkmale zutrifft, nach seiner amtlichen Stellung nicht entgegen.[2])

Nr. 11. Entsch. Bd. XVI. S. 144 vom 6. Januar 1888. II C 170/87.

Komm.-Abg.-Ges. v. 14. VII. 93 (G.-S. S. 152) §§ 33, 41, 49, 50. Ges. v. 11. VII. 22 (G.-S. S. 184), betreffend die Heranziehung der Staatsdiener zu den Gemeindelasten, §§ 2, 3. Bd. v. 23. IX. 67 (G.-S. S. 1648), desgl. für die neuen Provinzen, §§ 4, 5.

Wenn ein Beamter neben dem dienstlichen auch nichtdienstliches Einkommen bezieht und zwar zum Teil aus außerhalb des Bezirkes der Wohnsitzgemeinde belegenem Grundeigentume u. s. w., so kommen bei der Berechnung seiner Kommunaleinkommensteuer die §§ 49 und 50 des Komm.-Abg.-Ges. zur Anwendung. Die hierbei entstehende Frage, ob die hiernach vorzunehmende Herabsetzung des „so ermittelten Steuerbetrages" auf der Grundlage des zur Wahrung der Beamtenvorrechte bereits herabgeminderten oder auf der des noch nicht voll herabgeminderten Steuerbetrages zu erfolgen hat, ist im ersteren Sinne zu entscheiden, d. h. erst, nachdem die Beamten-

[1]) Die vereidigten Feldmesser gehören zur Kategorie der unmittelbaren Staatsbeamten: sie erwerben diese Eigenschaft durch die Ableistung des Diensteides und verlieren sie auch nicht oder doch nur zeitweise, wenn sie demnächst vorübergehend eine Privatbeschäftigung annehmen. Ein vereidigter Feldmesser, der in einer bestimmten Stelle dauernd verwendet wird und dafür ein fixiertes Gehalt aus der Staatskasse bezieht, ist zu den besoldeten Staatsbeamten zu rechnen und genießt die ihnen zustehenden Steuervorzüge, auch wenn seine Beschäftigung auf Grund eines Vertragsverhältnisses und auf Kündigung erfolgt. Entsch. v. 14. IX. 85 (Pr. Verw.-Bl. Bd. VII S. 57), vergl. S. 323, 324, 325 d. II. Bd.

[2]) Die Postgehilfen sind ebenfalls Beamte im Sinne des Ges. v. 11. VII. 22 und dürfen daher nur von der Hälfte ihres Diensteinkommens zur Gemeindesteuer herangezogen werden. Entsch. v. 2. XI. 88 (Pr. Verw.-Bl. Bd. X S. 73); desgl. sind die Postillone einer reichseigenen Posthalterei, die den Diensteid geleistet haben und ein festes Gehalt aus der Reichskasse beziehen, besoldete unmittelbare Reichsbeamte. Die etatsmäßige Anstellung und der Anspruch auf Ruhegehalt bilden nicht die notwendige Voraussetzung der Beamteneigenschaft. Entsch. v. 19. XI. 85 (Pr. Verw.-Bl. Bd. VII S. 89).

Zu den Reichsbeamten in diesem Sinne gehören auch: die Reichsbankvorsteher (Bankagenten), Entsch. v. 28. XI. 94 (Pr. Verw.-Bl. Bd. XVI S. 312), die Werkmeister bei den Kaiserlichen Werften, Entsch. v. 28. X. 91 (Pr. Verw.-Bl. Bd. XIII S. 421); ein von dem Direktor der Reichsdruckerei zum Faktor ernannter früherer Betriebsgehilfe in der Druckerei, Entsch. v. 25. IX. 95 (Pr. Verw.-Bl. Bd. XVII S. 67); dagegen nicht die Werkführer bei diesen Werften (ebenda), und die vom Kaiser angestellten Landesbeamten in Elsaß-Lothringen, Entsch. v. 14. XII. 94, Nr. I 1905.

vorrechte voll zur Geltung gelangt sind, kann die Verteilung des das Gesammteinkommen treffenden Steuerbetrages auf Wohnsitz- und Forensalgemeinde erfolgen. Es ist also zunächst von der Thatsache, daß eine ganze Forensalgemeinde konkurriert, ganz abzusehen. **Beispiel:** Ein Beamter bezieht an Diensteinkommen 5472 Mk. an Forensaleinkommen 4771 Mk. und an sonstigem Privateinkommen 21400 Mk. = 28907 Mk. Der einfache Steuersatz hiervon beträgt 864 Mk.; 180 Prozent Zuschläge = 1555,20 Mk., die sich, da von dem Diensteinkommen nicht mehr als 2 Prozent gefordert werden dürfen, auf 1555,20—37,74 = 1517,46 Mk. ermäßigen. Dieser Betrag stellt den Faktor dar, der in der nach § 49 aufzumachenden Proportion Anwendung zu finden hat. Die Wohnsitzgemeinde hat demgemäß 1517,46—(28907:4771 = 1517,46:X) = 250, 45 = 1266,99 Mk. zu fordern.

Nr. 12. Entsch. Bd. XVI. S. 154 vom 18. Mai 1888. II C 12 88.

A. L.-R. Teil II Tit. 10 § 69. Ges. v. 11. VII. 22 (G.-S. S. 184). Kab.-Ord. v. 14. V. 32 (G.-S. S. 145) und Vd. v. 23. IX. 67 (G.-S. S. 1648), betreffend die Heranziehung der Staatsdiener zu den Gemeindelasten.

Die Beamten der kaufmännischen Korporationen gehören als Bedienstete von „dem Staate untergeordneten Korporationen" im Sinne des § 69 A. L.-R. Teil II Tit. 10 zu den mittelbaren Staatsbeamten und genießen als solche das Kommunalsteuerprivileg nach Maßgabe des Ges. v. 11. VII. 22 und der Kab.-Ord. v. 14. V. 32.

Sind die kaufmännischen Korporationen auch in erster Reihe Selbstverwaltungskörper zur Wahrnehmung und Förderung der Gesammtinteressen des durch den Verband vertretenen Handelsstandes, so ist ihnen andererseits in dieser und ihrer gleichzeitigen Eigenschaft als konsultative Organe der Staatsbehörden eine Reihe von Funktionen übertragen, die zu den Aufgaben des Staates in naher Beziehung stehen. (Folgt nähere Begründung.)[1])

Nr. 13 Entsch. Bd. XVII. S. 260 vom 12. Dezember 1888. I C 54 88.

Ges. v. 11. VII. 22 (G.-S. S. 184), betreffend die Heranziehung der Staatsdiener zu den Gemeindelasten, §§ 2, 5, 8. Vd. v. 23. IX. 67 (G.-S. S. 1648), desgl. für die neuen Landesteile, §§ 2—4.

1) Bei der Auslegung der nach ihrer Wortfassung nicht jeden Zweifel ausschließenden Vd. v. 23. IX. 67 ist auf das Ges. v. 11. VII. 22 und auf die auf ihm beruhende, zur Zeit des Erlasses der Vd. herrschende Rechtsauffassung als Norm der Auslegung zurückzugehen. Das Ges. v. 11. VII. 22 enthält nun keinen Anhalt dafür, daß nur solche Besoldungen der in ihm geregelten besonderen Steuerveranlagung unterworfen wären, deren Bezug den Staatsbeamten dauernd zugesichert ist.

Hiernach ist unter „fester Besoldung" der, wenn auch vielleicht seinem Betrage nach schwankende und bei einem nicht dauernden Dienstverhältnisse künftig vielleicht wieder wegfallende, so doch mit Rücksicht auf das gesammte Dienstverhältnis und für dessen Dauer zugesicherte, in diesem Sinne feste Gehalt im Gegensatze zu dem reinen Stücklohne, z. B. der Rechtsanwälte, Notarien u. s. w., verstanden.[2])

---

[1]) Mittelbare Staatsbeamte in diesem Sinne sind nicht die Kornmeister der Königsberger Kaufmannschaft, Entsch. v. 19. IV. 91 (Pr. Verw.-Bl. Bd. XII S. 437).

[2]) Unter „Besoldung" ist schlechthin das Diensteinkommen eines Beamten zu verstehen. Als mit „fester Besoldung" angestellt anzusehen sind diejenigen Beamten, die für ihre gesammte amtliche Thätigkeit eine regelmäßige, im voraus bestimmte, von der einzelnen jeweiligen Leistung unabhängige Vergütung — sei es in der Form von Gehalt oder fixierter Remuneration oder von Tagegeldern — aus öffentlichen Mitteln beziehen. Entsch. v. 24. V. 88 (Selbstverw. 1888 S. 323).

Die Tantiemen, die ein Versicherungskommissar einer vereinigten landschaftlichen Brandkasse nach Maßgabe seiner Anstellungsbedingungen zu beziehen hat, stellen Stücklohn

2) Die in der Staatsbauverwaltung gegen feste monatliche Remuneration beschäftigten **Königlichen Regierungsbaumeister** sind **unmittelbare** Staatsbeamte; in dieser Beziehung besteht kein Unterschied zwischen der Hochbau- und der Wasserbauverwaltung. Ihre monatliche Remuneration trägt daher den Charakter der festen Besoldung.

Nr. 14. Entsch. Bd. XVIII. S. 106 vom 24. September 1889. II C 128/89.

Ges. v. 11. VII. 22 (G.-S. S. 184), betreffend die Heranziehung der Staatsdiener zu den Gemeindelasten, §§ 2, 3, 8.[1]) Gerichtsvollzieherordn. v. 23. II. 85 (J.-M.-Bl. S. 55, 68ff.) § 29. Gebührenordn. für Gerichtsvollzieher v. 24. VI. 78 (R.-G.-Bl. S. 166) § 19.

1) Die **Gerichtsvollzieher** gehören zu den **Subalternbeamten** mit dem **Range der Gerichtsschreibergehilfen** und haben nach Landrecht die Eigenschaft öffentlicher Beamter und zwar unmittelbarer Staatsdiener. Vergl. Beschl. d. Reichsger. v. 10. VI. 86 (E.-Civ. Bd. XVI S. 396).

2) Die **Gerichtsvollzieher** gehören zu den „**besoldeten**" Beamten im Sinne des Ges. v. 11. VII. 22. Die Gesammtheit der den Gerichtsvollziehern von der zur Regelung ihrer Dienstverhältnisse nach allen Richtungen berufenen Stelle aus überwiesenen Bezüge stellt dasjenige dar, was der Staat diesen in seinem Dienste stehenden Beamten als Entgelt dafür zu einem standesgemäßen Lebensunterhalt gewährt, daß sie sich ihm mit ihrer Person und Arbeitskraft zur Verfügung stellen. Diese Gesammtheit bildet die „Besoldung" oder das Diensteinkommen. Es besteht also nicht bloß aus dem vom Staate gewährleisteten Mindesteinkommen von 1800 Mk., sondern auch aus den nicht aus der Staatskasse fließenden Parteigebühren.

Das Bezugsrecht aus der Staatskasse bildet keine unerläßliche Voraussetzung für die Anwendung des Ges. v. 11. VII. 22, vergl. E.-O.-V. Bd. IX S. 34.

Nr. 15. Entsch. Bd. XVIII. S. 110 vom 11. Oktober 1889. II C 103/89.

Ges. v. 11. VII. 22 (G.-S. S. 184), betreffend die Heranziehung der Staatsdiener zu den Gemeindelasten, § 10c. Vd. v. 23. IX. 67 (G.-S. S. 1648), desgl. für die neuen Landesteile, § 1[1].

Ein von seinem **Truppenteile** mit **Zivilversorgungsschein** entlassener **Militäranwärter**, der bei einer **Zivilbehörde** zur **Probedienstleistung** angenommen ist, hat von seinem **Diensteinkommen Kommunalabgaben nicht** zu entrichten. Er gehört zu den „**servisberechtigten Militärpersonen des aktiven Dienststandes**", denn er ist zum Zivildienst nur „kommandiert" oder „beurlaubt"; fortdauernd besteht die Möglichkeit seiner Zurückberufung zum Heere, auch bezog er im vorliegenden Falle einen Teil seiner Besoldung noch von dem Truppenteile, wie es eben nach den maßgebenden Vorschriften die Regel bildet, daß der Militärfiskus sich auf die dem Militäranwärter zustehenden Gebührnisse in Anrechnung bringt, was ihm von der Zivilbehörde gezahlt wird. Darnach würde, wenn es auf die Feststellung ankäme, ob das fragliche Einkommen Militär- oder privates Einkommen darstellt, im Sinne der ersteren Alternative entschieden werden müssen.

In dem Einkommen, auf das der Militäranwärter dem Militärfiskus gegenüber einen Anspruch hat, ist nun zweifelsohne die Entschädigung für das nicht gewährte Naturalquartier, der Servis, eingeschlossen; daraus folgt der Fortbestand der Servisberechtigung.

---

dar. Entsch. v. 20. VI. 94 (Pr. Verw.-Bl. Bd. XV S. 557). Anders, wenn dem auf Tantieme gestellten Beamten ein Mindestbetrag an Tantieme garantiert ist. Vergl. die nächstfolgende Entsch. im Texte und Entsch. v. 28. XI. 94 (Pr. Verw.-Bl. Bd. XVI S. 312).

[1]) Vergl. Anm. 3 zu Nr. 2 oben S. 411.

Nr. 16. Entsch. Bd. XIX. S. 51 vom 10. Januar 1889. II C 155/89.

Vd. v. 25. IV. 22 (G.=S. S. 109), für die Notarien in den niederrheinischen Provinzen. Ges. v. 11. VII. 22 (G.=S. S. 184), betreffend die Heranziehung der Staatsdiener zu den Gemeindelasten, §§ 2, 3, 8.[1])

Im Geltungsbereiche des Rheinischen Rechtes unterliegt das durch die Berufsthätigkeit eines Notars erworbene Einkommen der Heranziehung zu der Gemeinde-Einkommensteuer in vollem Umfange und keineswegs nur in dem für die Besteuerung des Diensteinkommens der besoldeten Staatsdiener bestehenden Grenzen. Dies Einkommen ist nicht als eine Besoldung im Sinne des § 8 des Ges. v. 11. VII. 22 anzusehen, wenn auch die Thätigkeit der Notare unleugbar — wenigstens im weitesten Sinne des Wortes — als eine staatlichen Zwecken dienende zu bezeichnen ist.[2])

Nr. 17. Entsch. Bd. XIX. S. 56 vom 18. April 1890. II C 21/90.

Ges. v. 11. VII. 22 (G.=S. S. 184), betreffend die Heranziehung der Staatsdiener zu den Gemeindelasten.[3])

Die Vergütung, die einem Post-Privat-Gehilfen für seine Dienste von seiten des vorgesetzten Post-Amts-Vorstehers gewährt wird, ist als ein „Diensteinkommen" im Sinne des Ges. v. 11. VII. 22 anzusehen. Denn auch diese sogenannten Privatgehilfen sind Beamte und können deshalb auch nicht mit ihrem vollen Diensteinkommen zu den städtischen Gemeindelasten herangezogen werden, ebenso wie die schon weiter vorgerückten Postgehilfen, die ihr Diensteinkommen nicht durch die Vermittelung des Ober-Postdirektors, sondern direkt aus der Reichskasse beziehen. Der Ausdruck „Privatgehilfe" ist nicht glücklich gewählt und wird voraussichtlich demnächst durch einen passenden ersetzt werden.

Nr. 18. Entsch. Bd. XIX. S. 63 vom 21. März 1890. II C 31/90.

A. L.=R. Teil II Tit. 10 § 69. Ges. v. 11. VII. 22 (G.=S. S. 184) und Kab.=Ord. v. 14. V. 32 (G.=S. S. 145), betreffend die Heranziehung der Staatsdiener zu den Gemeindelasten.[3]) Vd. v. 11. II. 48 (G.=S. S. 63), über Errichtung von Handelskammern. Handelskammerges. v. 24. II. 70 (G.=S. S. 134) 1, 20, 29 ff.

Die Handelskammer-Sekretäre (Syndici) gehören zu denjenigen mittelbaren Staatsdienern, denen hinsichtlich der städtischen Gemeindelasten die Vorrechte aus dem Ges. v. 11. VII. 22 zustehen. Aus dem § 15 der Vd. v. 11. II. 48, deren grundsätzliche Feststellungen durch den § 20 des Handelskammer-Ges. v. 24. II. 70 nicht beseitigt worden sind und aus dem § 30 des letztgedachten Ges. folgt, daß die Handelskammern in der Lage sind, solche Stellen zu schaffen, die sich, unbeschadet der Möglichkeit ihrer Wiedereinziehung, in die geschäftliche Einrichtung der Handelskammer organisch einreihen, und ihre Inhaber als Beamte anzustellen. Die Handelskammern sind aber den im § 69 Tit. 10 Teil II A. L.-R. erwähnten, dem Staate untergeordneten Kollegien oder Korporationen beizuzählen, mithin kommt dem bei einer Handelskammer mit fester Besoldung angestellten Handelskammersekretär die Eigenschaft eines mittelbaren Staatsdieners zu, auch wenn er selbst nicht unmittelbar mit staatshoheitlichen, insbesondere obrigkeitlichen Funktionen betraut sein sollte.

Nr. 19. Entsch. Bd. XX. S. 38 vom 9. Januar 1891. II C 201/90.

A. L.=R. Teil II Tit. 10 § 69. Ges. v. 11. VII. 22 (G.=S. S. 184) und Kab.=Ord. v. 14. V. 32 (G.=S. S. 145), betreffend die Heranziehung der Staatsdiener zu den Gemeindelasten. Vd. v. 23. IX. 67 (G.=S. S. 1648), desgl. für die neuen Landesteile. Unfallversicherungsges. v. 6. VII. 84 (R.=G.=Bl. S. 69) §§ 9, 59, 74, 78, 88, 101.

1) Nicht alle Korporationsbeamte, sondern nur die „gewisser, dem Staate untergeordneten Kollegien, Korporationen und Gemeinen"

---

[1]) Vergl. Anm. 3 zu Nr. 2 oben S. 411.

[2]) Die Notare gehören überhaupt nicht zu den durch die Vd. v. 23. IX. 67 privilegierten Beamten und sind daher auch von Naturaldiensten nicht frei. Entsch. v. 17. VI. 96 (Pr. Verw.=Bl. Bd. XVIII S. 21).

[3]) Vergl. Anm. 3 zu Nr. 2 oben S. 411.

sind gemäß A. L.-R. Teil II Tit. 10 § 69 mittelbare Staatsbeamte. Zu diesen Korporationen gehören nur solche, die organisch in die Verfassung des Staates eingreifen, Zwecke zu erfüllen haben, die in direkter Beziehung zu den Aufgaben des Staates stehen, oder die mit den sie vertretenden Organen sich als in die Verfassung organisch eingreifende, staatlichen Aufgaben näher stehende Behörden darstellen. Vergl. E.-O.-V. Bd. XVI S. 154.[1])

2) Die Berufsgenossenschaften des Unfallversicherungsgesetzes sind solche Korporationen nicht.[2]) Denn sie erfüllen keineswegs eine ursprünglich dem Staate obliegende und von ihm etwa auf sie abgewälzte Entschädigungspflicht, sondern sie verfolgen ihre eigenen Zwecke durch die Gewährung der ihnen obliegenden Unterstützungen, zu welcher Wirksamkeit sie allerdings dem Staate gegenüber verbunden sind. Die Gewährung der Unterstützungen ist durch keinen Akt der Gesetzgebung zu einer staatlichen Aufgabe gemacht worden und es besteht kein Rechtssatz, nach dem jede Aufgabe, die der Staat im Wege der Gesetzgebung zu ordnen für notwendig befunden hat, deshalb als eine solche des Staates selbst angesehen werden müßte.

3) Das Vorrecht der Staatsdiener aus den Ges. v. 11. VII. 22 (G.-S. S. 184), bezw. v. 23. IX. 67 (G.-S. S. 1648) kommt daher den Beamten der Berufsgenossenschaften des Unfallversicherungsgesetzes nicht zu.

Nr. 20. Entsch. Bd. XX. S. 43 vom 6. Februar 1891. II C 213/90.

Ges. v. 11. VII. 22 (G.-S. S. 184), betreffend die Heranziehung der Staatsdiener zu den Gemeindelasten, §§ 5, 7. Vd. v. 23. IX. 67 (G.-S. S. 1648), desgl. für die neuen Landesteile, § 4.

Das Einkommen, das einem Seminardirektor aus der ihm staatlich mittels Vertrages übertragenen Leitung einer Privat-Präparandenanstalt erwächst, fällt nicht unter den Begriff des Diensteinkommens, insbesondere der zufälligen Emolumente im Sinne der Vd. v. 23. IX. 67.

Nr. 21. Entsch. Bd. XX. S. 126 vom 3. Januar 1891. I C 106/90.

Ges. v. 11. VII. 22 (G.-S. S. 184), betreffend die Heranziehung der Staatsdiener zu den Gemeindelasten. Bergges. v. 24. VI. 65 (G.-S. S. 675) §§ 73—77.

1) Der Begriff eines Staatsdieners setzt ein Amt nicht voraus. Auch die zur Disposition Gestellten oder einstweilen in den Ruhestand Versetzten bleiben Beamte.

2) Diese Eigenschaft kommt auch nicht ausschließlich solchen Funktionären des Staates zu, die staatshoheitliche Befugnisse ausüben. Doch darf aus der Möglichkeit, daß dem Staate wissenschaftliche, technische, mechanische Dienste von Beamten geleistet werden, nicht der Schluß gezogen werden, daß alle diejenigen, die mit solchen Diensten innerhalb eines abgegrenzten Geschäftsbereiches dauernd von einer Staatsbehörde beauftragt sind, lediglich deshalb Beamte seien. Ihre Beschäftigung kann lediglich als eine privatrechtliche Verpflichtung ihnen durch Vertrag übertragen sein. Soll sie aus einer privaten zur öffentlichen, zur Amtsthätigkeit werden, so muß auch dem für staatliche Zwecke Beschäftigten durch einseitigen Akt der Staatsgewalt ein Staatsamt übertragen, die Eigenschaft eines Beamten besonders beigelegt werden, indem ihm bei der Berufung eine Bestallung erteilt, oder doch mindestens deutlich erkennbar gemacht wird, daß er über die privatrechtliche Pflicht zur Erfüllung der im Dienstvertrage

---

[1]) Oben S. 418.

[2]) Dasselbe gilt von den Ortskrankenkassen. Entsch. v. 16. X. 91, Nr. II 1037; desgl. von den Wassergenossenschaften des Ges. v. 1. IV. 79. Diese verfolgen privatwirtschaftliche Zwecke, wenngleich sie wegen des damit verbundenen gemeinwirtschaftlichen Interesses einer besonderen Fürsorge und Aufsicht des Staates teilhaftig sind. Entsch. v. 23. I. 97 (Pr. Verw.-Bl. Bd. XVIII S. 231).

bestimmten Leistungen hinaus die allgemeinen öffentlich-rechtlichen Pflichten eines Beamten übernehmen solle. Ob dies bei einem staatsseitig Beschäftigten der Fall, ist nur im Einzelfalle aus den Umständen, bezw. Verabredungen bei seiner Annahme zu beurteilen. Vergl. E.-O.-V. Bd. XIII S. 137, 144.

3) Im vorliegenden Falle könnte eine solche Prüfung erübrigen, falls durch eine positive Norm des bestehenden Rechtes ausgesprochen wäre, daß die Thätigkeit der auf Kgl. Bergwerken beschäftigten Steiger unter allen Umständen als Staatsbeamte zu erachten seien. Aus den maßgebenden Vorschriften geht aber gerade gegenteilig hervor, daß die niederen technischen, sogen. Werksbeamten nur in einem vertragsmäßigen, jederzeit kündbaren Dienstverhältnisse stehen, ihr Einkommen aus dem Lohnfonds beziehen und keinen Anspruch auf Pension, sondern nur auf staatlichen Zuschuß zu der Knappschaftsrente haben. Da nun auch aus ihren Dienstverträgen die Übertragung eines Staatsamtes nicht hervorgeht, so gehören die niederen technischen Beamten fiskalischer Gruben (Werksbeamte), insbesondere die Grubensteiger nicht zu den kommunalsteuerlich bevorrechteten Staatsdienern im Sinne des Ges. v. 11. VII. 22.

Nr. 22. Entsch. Bd. XXII. S. 36 vom 1. April 1892. II C 10 92.

Ges. v. 11. VII. 22 (G.-S. S. 184) §§ 1 ff. und Kab.-Ord. v. 14. V. 32 (G.-S. S. 145), betreffend die Heranziehung der Staatsdiener zu den Gemeindelasten.[1]) A. L.-R. Teil II Tit. 10 §§ 68, 69; Tit. 11 §§ 143—145. Ges. v. 3. VI. 76 (G.-S. S. 125), betreffend die evang. Kirchenverfassung in den acht älteren Provinzen, Art. 21, 23[7].

1) Die Mitglieder der kirchenregimentlichen Behörden (des evangelischen Ober-Kirchenrats und der Konsistorien) sind unmittelbare Staatsdiener und auch nur als solche zu den städtischen Gemeinde-Einkommensteuern von ihrem Diensteinkommen heranzuziehen. Die in dieser Beziehung für die unmittelbaren Staatsdiener bestehenden Grenzen sind auch maßgebend für die kirchenregimentlichen Beamten.

2) Die Ansicht, daß das O.-V.-G. in seinen Entsch. v. 7. XII. 89 und 27. IX. 90 (Bd. XIX S. 420 und Bd. XX S. 451) den Beamten der Konsistorien und des Oberkirchenrates die Eigenschaft unmittelbarer Staatsbeamten abgesprochen, und ebenso anderweit mehrfach deren Eigenschaft als mittelbare Staatsbeamte verneint habe, ist eine irrige. Für die Beamteneigenschaft kommt es nicht sowohl auf die allgemeinen Beziehungen zwischen Kirche und Staat, nicht auf das materielle Verhältnis der Staats- und Kirchengewalt zu einander, sondern überwiegend auf diejenigen Grundsätze und Normen an, die den äußeren Rahmen, in dem sich beide Gewalten bewegen, darstellen, die die Organisation derjenigen Behörden und desjenigen Personenbestandes zum Gegenstande haben, die der Staat ins Leben gerufen hat und noch in Wirksamkeit erhält, um die Aufgaben zu erfüllen, die er sich der Kirche gegenüber vor den siebziger Jahren dieses Jahrhunderts und bis auf die Gegenwart gestellt hat. Weiter ist darauf besonderes Gewicht zu legen, daß seit Anfang der fünfziger Jahre, zumal aber seit dem vorletzten Jahrzehnte der den Staat und die Kirche in ihrem gegenseitigen Rechtsverhältnisse betreffende Rechtszustand in einem umfassenden Umbau und Ausbau begriffen, er auch gerade nach der organisatorischen Seite hin ein durchaus unfertiger ist und daß dabei mit den vor diesem Umbau in Übung gewesenen Einrichtungen nicht hat gebrochen werden sollen, sondern so vorgegangen ist, daß auf eine allmähliche Überleitung von dem älteren zu dem künftigen Zustande Bedacht genommen worden ist, über dessen schließliche Gestaltung allerdings noch nicht volle Klarheit herrscht. Von diesen allgemeinen Erwägungen aus ist zu fragen, ob die Beamten der jetzt als kirchenregimentliche Behörden

[1]) Vergl. Anm. 3 zu Nr. 2 oben S. 411.

bezeichneten Körperschaften, wenn sie nach der historischen Entwickelung des Staatsrechtes und Kirchenrechtes in Preußen ehedem die Eigenschaft unmittelbarer Staatsbeamten besaßen, diese Eigenschaft nach dem Stadium, bis zu dem die Reformgesetzgebung seither gelangt ist, schon verloren haben, und welcher Akt oder Vorgang den Verlust herbeigeführt haben möchte. Mangels eines solchen folgt mit Notwendigkeit, daß es zur Zeit bei dem bestehenden Zustande verblieben ist.

Die betr. Beamten waren nun jedenfalls bis zum Inkrafttreten des Ges. v. 3. VI. 76 unmittelbare Staatsbeamte. (Folgt nähere Begründung.) Dieses Gesetz hat aber, wie aus seiner Entstehungsgeschichte hervorgeht, an dem früheren Zustande nichts geändert und auch nichts ändern wollen, wenn auch den kirchenregimentlichen Behörden selbst, an denen sie angestellt sind, die Eigenschaft von Staatsbehörden nicht mehr beiwohnt.

Allerdings hat die Eigenschaft eines besoldeten unmittelbaren Staatsdieners zur Voraussetzung, daß er berufsmäßig dem Staate unmittelbar Dienste leistet. Doch ist die vorübergehende oder auch dauernde Ausführung nicht staatlicher Geschäfte mit der Eigenschaft des Ausführenden als eines unmittelbaren Staatsdieners dann nicht unvereinbar, wenn jene Ausführung im Auftrage des Staates in Erfüllung einer Aufgabe, die der Staat bis auf weiteres zu seiner eigenen machte, erfolgt. Gerade dieser Fall liegt hier vor. Die Auseinandersetzung zwischen dem Staate und der evangelischen Kirche ist nach der sehr bedeutsamen finanziellen und personalen beamtlichen Seite noch der Zukunft vorbehalten. Die Kirche ist zur Zeit außer stande, die auf sie übergegangene Verwaltung ihrer Angelegenheiten mit eigenen Mitteln und Kräften zur Durchführung zu bringen, weshalb der Staat es als seine Aufgabe angesehen hat und ansieht, ihr für diese Übergangsperiode die erforderlichen Kräfte zur Verfügung zu stellen, und dem in der Weise gerecht wird, daß es einstweilen bei der bisherigen Beamtenorganisation verblieben ist.

Aus der Gesammtheit dieser Erwägungen ergiebt sich, daß **die Beamten des evangelischen Oberkirchenrates und der Konsistorien** auch heute noch **alle Eigenschaften unmittelbarer Staatsbeamten besitzen oder — was damit zusammenfällt — auch heute noch besoldete unmittelbare Staatsdiener sind.** Deshalb ist es auch nichts Abnormes, daß sie den allgemeinen Staatsdienereid leisten, aus der Staatskasse besoldet werden und zum Ruhegehalt wie zu anderen Bezügen der Staatsbeamten berechtigt sind, sondern es vollziehen sich alle diese Vorgänge in Anwendung der für sämmtliche unmittelbaren Staatsdiener geltenden Vorschriften auf eine Gruppe von Beamten, die ebenfalls dem Kreise der unmittelbaren Staatsdiener angehören.[1])

Nr. 23. Entsch. Bd. XXII. S. 53 vom 5. April 1892. II C 179/91.

Ges. v. 11. VII. 22 (G.-S. S. 184), betreffend die Heranziehung der Staatsdiener zu den Gemeindelasten, §§ 8, 11.

Hinsichtlich der Frage, ob das **Kanzleipersonal der ordentlichen Gerichte** zu dem Kreise der bevorrechtigten Staatsdiener inbezug auf Kommunal-

---

[1]) Die hier für maßgebend erklärten Grundsätze sind wiederholt zur Anwendung gebracht, wo es sich um die Gemeindebesteuerung aktiver Mitglieder, ferner eines in den Ruhestand versetzten Mitgliedes des Konsistoriums und endlich eines bei dieser Behörde definitiv angestellten Subalternbeamten handelte. Bezüglich des letzteren führt eine Entsch. Bd. XXII S. 53; i. d. Anm. v. 1. IV. 92 folgendes aus:

Es ist nebensächlich, daß der Beamte nicht Mitglied des Konsistoriums im engeren Sinne ist, sondern nur die Stellung eines Subalternbeamten einnimmt. Gelangt man dahin, daß die Mitglieder des Konsistoriums, einschließlich des Präsidenten, unmittelbare Staatsbeamte sind, so kommt die gleiche Eigenschaft auch den Hilfskräften, den beim Konsistorium etatsmäßig angestellten Subalternbeamten, zu.

abgaben gehört, ist nach § 3 des Kanzlei-Reglements v. 23. III. 85 (Justiz-Min.-Bl. Nr. 13, Beilage) zu unterscheiden zwischen zwei Kategorien von Kanzleigehilfen, nämlich zwischen den „nach Bedürfnis", zur „Bestreitung der regelmäßig vorkommenden Kanzleiarbeiten" und mit Aussicht auf „dauernde Beschäftigung" angenommenen Kanzleigehilfen, die nach den für Staatsbeamte bestehenden Vorschriften vereidigt werden und deren Entlassung in der Regel eine einmonatliche Kündigung vorausgeht, und den „nur vorübergehend zur Aushilfe angenommenen" Kanzleigehilfen, die durch Handschlag an Eidesstatt zur Amtsverschwiegenheit verpflichtet werden und zu jeder Zeit ohne Kündigung entlassen werden können. Ähnlich unterschied schon die Allgemeine Gerichts-Ordnung zwischen: „ordinairen Kanzleiverwandten" — Kanzlisten, Kopisten — und „extraordinairen Assistenten". Die Funktion der letzteren ist „kein eigentliches Amt" und dauert nur so lange, als die Umstände ihre Beibehaltung notwendig machen.

Dagegen wird der zur Befriedigung eines dauernden Bedürfnisses angenommene ständige Kanzleigehilfe durch seine Vereidigung als Beamter zum Beamten und es ersetzt dieser Akt zugleich die bei den Kanzleibeamten übliche, aber nicht ausdrücklich vorgeschriebene Erteilung einer Bestallung oder eines Anstellungsdekretes. Vergl. E.-O.-V. Bd. XIII S. 138. Hierin wird auch durch die Möglichkeit der jederzeitigen Lösung des Dienstverhältnisses mittels Kündigung seitens der anstellenden Behörde nichts geändert.[1])

Nr. 24. Entsch. Bd. XXII. S. 68 vom 20. November 1891. II C **174/91.**

Ges. v. 11. VII. 22 (G.-S. S. 184) und Kab.-Ord. v. 14. V. 32 (G.-S. S. 145), betreffend die Heranziehung der Staatsdiener zu den Gemeindelasten. St.-Ordn. v. 30. V. 53 (G.-S. S. 261) § 56[6].

1) Die Beantwortung der Frage, ob das Personal, auch das technische eines städtischen wirtschaftlichen Unternehmens, z. B. einer Gasanstalt, zu dem Kreise der steuerlich bevorrechtigten Gemeindebeamten gehört, ist davon abhängig, ob es im Wege der förmlichen Anstellung als Gemeinde-Beamte nach Maßgabe der St.-Ordn. berufen oder im Wege der Annahme von Gewerbegehilfen durch privaten Dienstvertrag beschafft worden ist.

2) Die Eigenschaft von Gemeindebeamten und mittelbaren Staatsbeamten kann auch solchen im Dienste der Stadt stehenden Personen zukommen, die keinerlei obrigkeitliche Befugnisse ausüben, sondern lediglich in industriellen oder sonstigen rein wirtschaftlichen Betrieben der Stadtgemeinde thätig sind. Aus der Möglichkeit, daß der Gemeinde wissenschaftliche, technische, mechanische Dienste von Beamten geleistet werden können, und aus der Thatsache, daß Beamte in diesen Richtungen thätig sind, folgt aber in keiner Weise, daß nun auch alle diejenigen, die die Gemeindebehörde zu solchen Diensten innerhalb eines abgegrenzten Geschäftsbereichs dauernd beruft, allein dieserhalb Gemeindebeamte im Sinne der St.-Ordn. oder der K.-Ord. v. 14. V. 32 wären. Eine derartige, auf keinerlei obrigkeitliche Funktionen sich erstreckende Beschäftigung ist nicht notwendig für die Ausübung eines öffentlichen Amtes; sie kann, wie von jedem Privaten, so auch vom Staate und dessen Behörden (vergl. E.-O.-V. Bd. XX S. 126)[2]) und ebenso von öffentlichen Korporationen und deren Organen den Beschäftigten lediglich als eine privatrechtliche Verpflichtung durch Vertrag übertragen werden. Soll die Berufsthätigkeit aus einer privaten zu einer öffentlichen Amtsthätigkeit werden, so muß auch dem immerhin für

---

[1]) Die den Kanzlisten gewährten Vergütungen für Mehrarbeit stehen als zufällige Emolumente dem festen Gehalte gleich. Entsch. v. 28. I. 91, Nr. II 104 und v. 10. II. 91, Nr. II 165.

[2]) Oben S. 421.

Gemeindezwecke Beschäftigten die Eigenschaft eines Beamten besonders beigelegt werden, sei es durch Bestallung, sei es durch einen sonstigen Akt, der deutlich erkennbar macht, daß der Beteiligte über die privatrechtlichen Pflichten zur Erfüllung seines Dienstvertrages hinaus die allgemeinen öffentlich-rechtlichen Pflichten eines Beamten habe übernehmen sollen und wollen.

Fehlt es also für Stadtgemeinden keineswegs an der rechtlichen Möglichkeit, zur Durchführung solcher Unternehmungen, bei denen die Ausübung obrigkeitlicher Befugnisse nach keiner Richtung stattfindet, sich die erforderlichen Hilfskräfte entweder in der Stellung von Beamten, die nach Maßgabe der St.-Ordn. zu berufen, oder durch Eingehung rein vertragsmäßiger Verhältnisse zu beschaffen, beruht es vielmehr allein in der Entschließung der Gemeindeorgane und derer, die sich ihnen für die nötigen Verrichtungen zur Verfügung stellen, ob das Dienstverhältnis in der einen oder anderen Weise gestaltet werden soll, so ist es in einem jeden Falle eine Thatfrage, welcher von beiden an sich gangbaren Wegen eingeschlagen ist — eine Frage, bei deren Beantwortung in erster Linie der Wille und die Absicht der Interessenten und diejenigen Momente in Betracht zu ziehen sind, in denen jener Wille einen erkennbaren Ausdruck gefunden hat, und wobei ohne weiteres davon ausgegangen werden muß, daß die Beteiligten sich der rechtlichen Bedeutung und Tragweite ihrer Vereinbarungen voll bewußt gewesen sind und diese in der Absicht getroffen haben, ihren Inhalt nach allen Richtungen als maßgebend anzuerkennen. Fehlt es bei der Eingehung des Dienstverhältnisses an einer ausdrücklichen Bestimmung über dessen Charakter, sind aber dabei immerhin gewisse einzelne Abreden und Festsetzungen getroffen, die zwar mit der gesetzlichen Gestaltung des Gemeindebeamtenverhältnisses unverträglich erscheinen, wohl aber jeder Zeit durch Vertrag vereinbart werden können, so wird für die Regel schon damit allein die Entscheidung in dem Sinne gegeben sein, daß die Kontrahenten eben lediglich ein Vertragsverhältnis, nicht aber ein Beamtenverhältnis im engeren und eigentlichen Sinne haben ins Leben rufen wollen.

3) Der von der Stadtgemeinde ins Werk gesetzte Betrieb der Gasanstalt, die Fabrikation von Gas für den eigenen Bedarf und zum Zwecke des Verkaufes des Gases und der Nebenprodukte, stellt sich der Hauptsache nach als ein gewerbliches Unternehmen mit erheblichen Reineinnahmen für den Unternehmer dar. Unter diesem Gesichtspunkte sind die dem Betriebe dienenden Grundstücke von zuständiger Seite nicht als solche anzusehen, die dem öffentlichen Dienste oder Gebrauche gewidmet sind, sondern mit der Grund- und Gebäudesteuer belastet, während der Betrieb selbst der Gewerbesteuer unterliegt. Obrigkeitliche Funktionen irgend einer Art sind dabei nicht zu üben; für den kaufmännischen Teil, insbesondere für die Buchführung, die nicht lediglich als eine mechanische Dienstleistung anzusehen, mögen immerhin technisch geübte und durchgebildete Personen nötig sein; allein diese Funktionen sind keineswegs so geartet, daß sie eben nur durch Gemeindebeamte als solche wahrgenommen werden könnten. Aus der Natur der Stellung eines Buchhalters bei der Gasanstalt also folgt die Notwendigkeit, sie gerade durch einen Gemeindebeamten zu besetzen, in keiner Weise.

4) Bei einer Behörde, die nebeneinander Gemeindebeamte im Sinne der St.-Ordn. anstellt und andere Personen durch Dienstvertrag für Gemeindezwecke annimmt, erscheint es zweckmäßig und geboten, daß schon bei der Eingehung der bezüglichen Verhältnisse eine Ausdrucksweise gewählt wird, die es ganz offenkundig klarstellt, ob es sich um ein Beamtenverhältnis oder um einen Privatdienstvertrag handelt. Auch den in städtische Dienste Tretenden wird im eigenen und allgemeinen Interesse die Aufgabe

zufallen, für eine Klarstellung ihres Dienstverhältnisses dadurch zu sorgen, daß schon bei der Eingehung dafür eine möglichst präzise Ausdrucksweise Anwendung finde.

Diejenigen insbesondere, die auf eine förmliche Anstellung als Gemeindebeamte Anspruch zu haben glauben, mögen eine Berufung ablehnen, die das nicht in unzweideutiger Weise zur Anerkennung bringt.[1])

Nr. 25. Entsch. Bd. XXIV. S. 54 vom 13. Januar 1893. II C 216/92.

Ges. v. 11. VII. 22 (G.=S. S. 184), betreffend die Heranziehung der Staatsdiener zu den Gemeindelasten. Eink.=St.=Ges. v. 24. VI. 91 (G.=S. S. 175).

1) Wird die Gemeindesteuer unter Anwendung der für die Einschätzung zur Staatseinkommensteuer geltenden Grundsätze erhoben, so kommen den Beamten nicht bloß die Vorrechte des neben dem Eink.-St.=Ges. fortbestehenden Ges. v. 11. VII. 22, sondern auch diejenigen jenes Eink.-St.-Ges. v. 24. VI. 91 zu gute, soweit sie sich als Einschätzungsgrundsätze der Staatseinkommensteuer darstellen. Solche Grundsätze sind die Bestimmungen der §§ 9 und 13 dieses Ges.[2])

2) Im Ges. v. 22, das sich mit der Anrechnung von Schuldenzinsen 2c. überhaupt nicht beschäftigt, ist nirgends vorgeschrieben, daß die steuerfreie Hälfte des Diensteinkommens völlig außer Betracht zu bleiben hätte, als nicht vorhanden anzusehen, Schulden und Lasten demnach nicht auch auf diese, sondern nur allein auf die steuerpflichtige Hälfte zu verrechnen wären. Abgesehen von denjenigen Lasten und Ausgaben, deren Anlaß im Vorhandensein einer besonderen Einkommensquelle begründet liegt, haften alle sonstigen Passiva wirtschaftlich auf dem Gesammtvermögen in allen seinen Teilen, also ebenso auf dem besteuerungsfähigen, wie auf dem steuerfreien Teile. Analog dieser Auffassung schreibt Art. 24[7] der Ausf.-Anw. v. 5. VIII. 91 vor, daß da, wo eine Schuld oder Last ungeteilt zugleich auf steuerpflichtigen und nichtsteuerpflichtigen Einkommensquellen ruht, ohne daß die besondere wirtschaftliche Beziehung zu der einen oder der anderen Quelle nachgewiesen werden kann, der Gesammtbetrag der Schuldenzinsen nach Verhältnis des Einkommens einerseits aus der steuerpflichtigen, andererseits aus der nicht steuerpflichtigen Quelle zu

---

[1]) Denn es folgt daraus, daß nach § 56 b der St.=Ordn. v. 30. V. 53 die Anstellung der Gemeindebeamten, sofern es sich nicht bloß um vorübergehende Dienstleistungen handelt, auf Lebenszeit erfolgen soll, doch keineswegs, daß alle in solchen Stellungen befindlichen Personen thatsächlich angestellte Gemeindebeamte sind. Diese Frage ist vielmehr in jedem Einzelfalle nach dem Inhalte des Engagementsvertrages zu prüfen und zu beantworten.

Für die Entscheidung, ob jemand als städtischer Beamter anzusehen ist und die Steuerprivilegien eines solchen genießt, kommt es nicht darauf an, ob er als solcher hätte angestellt werden sollen, sondern nur ob er wirklich angestellt oder nur — wenn auch dem Sinne der gesetzlichen Bestimmungen entgegen — als „außerordentlicher und einstweiliger Gehilfe" angenommen ist. Entsch. v. 10. I. 90 (Pr. Verw.=Bl. Bd. XI S. 182). Vergl. Entsch. v. 9. V. 96 (Pr. Verw.=Bl. Bd. XVII S. 442), wo die Beamteneigenschaft eines städtischen Markthalleninspektors anerkannt worden ist.

In der Entsch. v. 26. IX. 94, Nr. II 1279 ist dagegen der Direktor der städtischen Webeschule zu Berlin nicht als Beamter im Sinne der Kommunalsteuergesetzgebung erachtet worden.

[2]) Vergl. Entsch. v. 10. VI. 96 (Pr. Verw.=Bl. Bd. XVIII S. 29). Das steuerpflichtige Einkommen ist durch die Gemeindebehörden selbständig zu veranlagen, da das der Gemeindebesteuerung zu Grunde liegende Einkommen sich nicht mit dem der staatlichen Besteuerung zu Grunde liegenden deckt.

Eine regulativische Bestimmung, daß die Veranlagungssätze derjenigen Zensiten, die zur Staatssteuer herangezogen sind und mit ihrem Einkommen zur Gemeindesteuer vollständig herangezogen werden, unmittelbar aus der Staatssteuerrolle übernommen werden sollen, findet auf die Staatsbeamten keine Anwendung, weil diese nicht „vollständig" mit ihrem Diensteinkommen zur Gemeindesteuer heranzuziehen sind. Entsch. v. 5. IV. 87 (Pr. Verw.=Bl. Bd. IX S. 58).

teilen und der dem steuerpflichtigen Einkommen entsprechende Teilbetrag der Schuldenzinsen in Abzug zu bringen ist. Vergl. E.-O.-V. Bd. XXIII S. 30. Grundsätzlich sind also, wie die Schuldenzinsen und Lasten, auch alle abzugsfähigen Ausgaben, z. B. Lebensversicherungsprämien oder Abzüge für Kinder unter 14 Jahren, auf die steuerfreie und auf die steuerpflichtige Einkommensquelle anzurechnen und, sofern neben dem Diensteinkommen ein Privateinkommen vorhanden ist, folgerichtig auf beide zu verteilen.[1])

3) Nach diesem Grundsatze stellt sich das gemeindesteuerliche Einkommen eines Beamten mit einem Diensteinkommen von 2900 M. neben 31,50 M. Privateinkommen nach Berücksichtigung von 261,74 M. Abzüge wie folgt:

Diensteinkommen zus.	2900,— M.
Privateinkommen	31,50 „
Auf der Gesammtsumme von	2931,50 M.
haften Abzüge von insgesammt . . .	261,74 „

Diese sind zunächst nach dem Verhältnis von 31,50 : 2900 M. zu teilen und es ergiebt sich daraus, daß

das Diensteinkommen mit	258,93 M.
das Privateinkommen „	2,81 „

belastet ist. Um diese Beträge sind die beiden Positionen zu reduzieren. Es kommt daher das

Privateinkommen zum Ansatz nur mit .	28,69 M.
das Diensteinkommen nur mit $\frac{2641,07}{2}$ M. =	1320,53 „
das Steuerobjekt beträgt mithin . . .	1349,22 M.

Nr. 26. Entsch. Bd. XXIV. S. 63 vom 24. Januar 1893. II C 215/92.

Ges. v. 11. VII. 22 (G.-S. S. 184), betreffend die Heranziehung der Staatsdiener zu den Gemeindelasten. Eink.-St.-Ges. v. 24. VI. 91 (G.-S. S. 175) § 19.

Der § 19 des Eink.-St.-Ges. v. 24. VI. 91 bestimmt, daß es bei der Veranlagung gestattet ist, besondere, die Leistungsfähigkeit der Steuerpflichtigen wesentlich beeinträchtigende, wirtschaftliche Verhältnisse in der Art zu berücksichtigen, daß bei einem steuerpflichtigen Einkommen von nicht mehr als 9500 Mk. eine Ermäßigung der im § 17 vorgeschriebenen Steuersätze von höchstens drei Stufen gewährt wird. Diese Bestimmung findet auch Anwendung auf die Gemeindebesteuerung, sobald sie unter Zugrundelegung der Staatssteuer erfolgt, und zwar ist ihre Beachtung nicht fakultativ, sondern obligatorisch. Liegen jene Verhältnisse thatsächlich vor, so ist die notwendige Folge ihre Berücksichtigung. Hat eine besondere Einschätzung zur Gemeindeeinkommensteuer, wie dies bei Beamten geschieht, stattgefunden, dann ist der Verwaltungsrichter an die von der staatlichen Veranlagungskommission festgesetzte Ermäßigung nicht gebunden, er kann vielmehr über ihre Höhe selbständig befinden.

Nr. 27. Entsch. Bd. XXIV. S. 70 vom 3. März 1893. II C 239/92.

Ges. v. 11. VII. 22 (G.-S. S. 184), betreffend die Heranziehung der Staatsdiener zu den Gemeindelasten. Ges. v. 22. VI. 89 (R.-G.-Bl. S. 97), betreffend die Invaliditäts- und Altersversicherung, §§ 19, 41, 44, 47, 75, 131. A. L.-R. Teil II Tit. 10 § 69.

Ebensowenig wie die durch die neueren sozialpolitischen Gesetze geschaffenen Berufs-Genossenschaften nicht etwa schon deshalb den Korporationen des § 69

---

[1]) Witwenkassenbeiträge sind eine auf dem Diensteinkommen ruhende Last und von diesem in Abzug zu bringen, sodaß einem etwaigen Privateinkommen das Diensteinkommen abzüglich des Beitrages zur Hälfte zugerechnet wird. Min.-Erl. v. 2. VI. 56 (M.-Bl. S. 167). Zum mindesten würde er auf die drei Faktoren Privateinkommen, steuerpflichtige und steuerfreie Diensteinkommenshälfte zu erteilen sein. Entsch. v. 20. XII. 92 (Pr. Verw.-Bl. Bd. XIV S. 499).

Tit. 10 Teil II A. L.-R. hinzuzuzählen sind, weil sie des staatlichen Schutzes und der staatlichen Fürsorge teilhaftig werden sollen (vergl. E.-O.-V. Bd. XX S. 38 ff.)[1]), ist dies auch bei den durch Ges. v. 22. VI. 89 geschaffenen Versicherungsanstalten der Fall.[2]) Auch diese Anstalten verfolgen, obwohl im öffentlichen Interesse und in Ausübung einer ihnen dem Staate gegenüber obliegenden Pflicht, eigene Zwecke, und zwar durch Gewährung der gesetzlich festgesetzten Renten. Hieran ändert weder die finanzielle Beteiligung des Reiches etwas, noch die den Anstaltsvorständen übertragene Feststellung der Renten, noch die Verleihung der Eigenschaft einer öffentlichen Behörde im § 47 des Ges., da nicht jede öffentliche Behörde eine Staatsbehörde ist. Vergl. E.-O.-V. Bd. XX S. 460. Deshalb genießen die an solchen Anstalten angestellten Beamten nicht das Steuerprivilegium der Beamten aus dem Ges. v. 11. VII. 22.[3])

Nr. 28. Entsch. Bd. XXIV. S. 82 vom 3. Februar 1893. II C 204/92.

Ges. v. 11. VII. 22 (G.-S. S. 184), betreffend die Heranziehung der Staatsdiener zu den Gemeindelasten, §§ 1, 2, 3, 7.

Die in Berlin eingeführte Mietssteuer ist eine Art Einkommensteuer, lastet auf dem Einkommen, und zwar auf demjenigen Teile des Einkommens, der zur Befriedigung des Wohnungsbedürfnisses verwendet wird, und giebt den Beamten kein Vorrecht, soweit es sich um Privateinkommen handelt. Das Gesammteinkommen ist die Quelle, aus der alle Bedürfnisse des Lebens befriedigt werden, und jede notwendige Ausgabe lastet in diesem Sinne auf dem Gesammteinkommen, da es an jeder gesetzlichen oder auch nur

---

[1]) Oben S. 420.

[2]) Dagegen ist in einer Entsch. v. 9. III. 95, Nr. II 365 bezüglich eines Provinzialbeamten der Provinz Posen entschieden worden, daß er die Steuerprivilegien auch dann genießt, wenn er zufolge eines zwischen dem Provinzialverbande und der Invaliditäts- und Altersversicherungsanstalt für die Provinz Posen getroffenen Abkommens auf Anordnung der Organe des Verbandes Geschäfte der letzteren erledigt.

[3]) Zu den, dem Staate untergeordneten Korporationen im Sinne des § 69 A. L.-R. II 10, deren Beamte als mittelbare Staatsbeamte anzusehen sind, gehören nur diejenigen, die organisch in die Verfassung des Staates eingreifen, Zwecke zu erfüllen haben, die in direkter Beziehung zu den Aufgaben des Staates stehen, oder die mit den sie vertretenden Organen sich als in die Verfassung des Staates organisch eingreifenden, staatlichen Aufgaben näherstehende Behörden darstellen. Der Umstand, daß einer Korporation das Recht beigelegt ist, daß die von ihren Organen ausgestellten Urkunden den öffentlichen Urkunden gleichstehen, also einer Beglaubigung nicht bedürfen, beweist noch nicht, daß diese Organe den Charakter einer öffentlichen Behörde, d. h. einer mit öffentlicher Autorität versehenen Stelle, der gewisse obrigkeitliche Befugnisse und Pflichten in einem bestimmten Geschäftskreise dauernd beigelegt sind, haben. Der Begriff einer öffentlichen Versicherungsanstalt deckt sich nicht mit dem einer dem Staate untergeordneten Korporation. — Zu den letzteren gehört die Preußische Rentenversicherungsanstalt nicht. Entsch. v. 17. X. 90 (Pr. Verw.-Bl. Bd. XII. S. 215).

Die gemäß § 171 Allg. Bergges. v. 24. VI. 65 errichteten Knappschaftsvereine gehören nicht zu den „dem Staate untergeordneten Kollegien u. s. w." im Sinne des § 69 A. L.-R. II 10, deren Beamte als mitelbare Staatsbeamte anzusehen sind, wiewohl sie im Wege der Gesetzgebung ins Leben gerufen sind und teilweise dem öffentlichen Rechte angehören. Nicht jede Aufgabe, deren Erfüllung der Staat im Wege der Gesetzgebung zu ordnen für notwendig befunden hat, ist deshalb als eine solche des Staates selbst anzusehen. Die Knappschaftsvereine als korporative, mit Selbstverwaltung ausgestattete Verbände, im öffentlichen Interesse thätige Zwangskassen erfüllen nicht eine ursprünglich dem Staate obliegende und von diesem auf sie abgewälzte Verpflichtung, sondern sie verfolgen durch die Gewährung der ihnen obliegenden Verpflichtungen ihre eigenen Zwecke, wenn sie auch zu dieser Wirksamkeit dem Staate gegenüber verpflichtet sind. Entsch. v. 4. XI. 90 (Pr. Verw.-Bl. Bd. XII S. 229). Dasselbe gilt von dem Pommerschen Verein zur Überwachung der Dampfkessel, dessen Angestellte daher auf die Steuerprivilegien keinen Anspruch haben. Entsch. v. 9. V. 94, II 703.

wirtschaftlichen Regel dafür fehlt, aus welchem Einkommensteile dies oder jenes Lebensbedürfnis seine Deckung finden soll. Die Mietssteuer haftet ähnlich also, wie die Schuldenzinsen, auf dem Gesammtvermögen in allen seinen Teilen, also auch auf dem steuerfreien und ist demgemäß bei Einkommen aus Pension und Privatvermögen über beide verhältnismäßig zu verteilen. Hierdurch kann allerdings der seltsame Fall eintreten, daß z. B. zwei Beamte, die dasselbe Diensteinkommen beziehen und dieselbe Miete bezahlen, gleichwohl eine sehr verschiedene Mietssteuer entrichten, je nachdem der eine von ihnen Privatvermögen besitzt oder nicht.[1])

Nr. 29. Entsch. Bd. XXVI. S. 129 vom 2. Juni 1894. II C 126/94.
Komm.=Abg.=Ges. v. 14. VII. 93 (G.=S. S. 152) § 33.

Im Sinne der Vorschriften über die Heranziehung zur Gemeinde-Einkommensteuer sind die Einnehmer bei der Königl. Lotterie nicht Staatsbeamte. Sie sind aber als solche auch nicht Gewerbetreibende. Der Betrieb eines stehenden Gewerbes im Sinne des Komm.-Abg.-Ges. setzt auf seiten des Betreibenden eine Selbständigkeit voraus, die den Lotterieeinnehmern nach der Geschäftsanweisung versagt ist. Sie stehen zu der General-Lotterie-Direktion lediglich im Verhältnis eines Bevollmächtigten. Das Dienstverhältnis zum Unternehmer, die Gewinn bringende Beschäftigung ist die Quelle des Einkommens.

Nr. 30. Entsch. Bd. XXVI. S. 131 vom 10. April 1894. I C 111/93.
Reichsimpfges. v. 8. IV. 74 (R.=G.=Bl. S. 31) §§ 2, 3, 6, 7, 9, 10 und Pr. Ausf.=Ges. v. 12. IV. 75 (G.=S. S. 191) § 1.

1) Die verschiedenartigen Obliegenheiten der Impfärzte nach dem Ges. v. 8. IV. 74 erfordern keine amtliche Stellung. Die Vornahme der Impfungen ist ein Akt der Heilkunde, auch wenn sie auf besonderes Ersuchen der zuständigen Behörde vorgenommen wird. § 3 Abs. 2 a. a. O. giebt dem Impfarzt kein Recht auf Vorführung solcher Personen, die wiederholt vergeblich geimpft sind, sondern begründet nur die Befugnis der zuständigen Behörde, die impfpflichtigen Personen und ihre Vertreter in der Auswahl des impfenden Arztes zu beschränken.

2) Auch die Vorschrift des § 1 des Ges. v. 12. IV. 75, wonach die Kreise Impfärzte anzustellen haben, ist, wie aus seiner Entstehungsgeschichte hervorgeht, nicht notwendig dahin auszulegen, daß die Kreise die Impfärzte als Beamte[2]) anzustellen haben, wiewohl sie zweifelsohne dazu in der Lage sind. Es ist daher im Einzelfalle zu prüfen, ob ein Vertragsverhältnis vorliegt, oder ob der Kreis thatsächlich den Impfarzt als Kreisbeamten angestellt hat.

Nr. 31. Entsch. Bd. XXVIII. S. 62 vom 26. November 1895. II C 129/95.
Eink.=St.=Ges. v. 24. VI. 91 (G.=S. S. 175) §§ 2, 6[1], [2], 9 I[2].

Einem Beamten gegenüber, der neben dem Diensteinkommen nur Zinsen von als Kaution hinterlegten Wertpapieren bezieht, sind die

[1]) Nach Aufhebung der Mietssteuer in Berlin — seit dem 1. IV. 95 — hat die Entsch. insoweit keinen praktischen Wert mehr.

[2]) Auf Kreisbeamte findet, nachdem deren Ernennung durch § 134 Nr. 3 Kr.=Ordn. dem Kreisausschusse übertragen ist, die Vorschrift des § 160 A. L.=R. II 6, der für die Wahl von Korporationsbeamten die Genehmigung der Aufsichtsbehörde vorschreibt, nicht mehr Anwendung. Es können daher einem Kreisbeamten die Eigenschaft und die Steuerrechte eines mittelbaren Staatsbeamten nicht deshalb bestritten werden, weil zur Errichtung der Amtsstelle die Genehmigung der Aufsichtsbehörde nicht eingeholt worden ist. Entsch. v. 30. IV. 89 (Pr. Verw.=Bl. Bd. X S. 452, 544).

höheren Zinsen, die er für ein zur Anschaffung dieser Papiere aufgenommenes Darlehn zu entrichten hat, zunächst als auf dem Zinseinkommen haftend von diesem und erst mit dem Überreste von dem Diensteinkommen abzusetzen.

i) Die Steuerpflicht der Geistlichen, Kirchendiener und Elementarschullehrer.

Nr. 1. Entsch. Bd. XII. S. 134 vom 30. November 1885. II C 121 85.

Komm.-Abg.-Ges. v. 14. VII. 93 (G.-S. S. 152) § 41. Ges. v. 11. VII. 22 (G.-S. S. 184), betreffend die Heranziehung der Staatsdiener zu den Gemeindelasten, § 10.[1])

1) Wenn ein Geistlicher von dem Vorstande eines Evangelischen Vereinshauses berufen und diese Berufung von dem Provinzialkonsistorium bestätigt worden ist, so sind ihm seine Amtsbefugnisse durch einen Akt übertragen, der nur unter Mitwirkung der kirchlichen Behörde zustande gekommen ist. Deshalb ermangelt er auch nicht, „der Vozierung durch die Kirche“, eine solche liegt eben in der Bestätigung der Vokation. Es steht mit ihm rechtlich nicht anders, als mit der Vokation eines jeden, durch einen Privatpatron oder eine Gemeinde gewählten, Pfarrgeistlichen, denn auch hier wirkt die Kirche bei der Berufung in das Amt nur durch die Bestätigung der Vokation mit. Wenn der Geistliche außerdem die Nachweise führt, daß er Mitglied des Gemeindekirchenrates und der Kreissynode ist, daß ihm einzelne Amtshandlungen an einer Kirche eingeräumt sind, daß er vorschriftsmäßig in sein Amt eingeführt, seine Dienst-Instruktion durch den städtischen Kircheninspektor genehmigt und er der Aufsicht der regelmäßig zuständigen Kirchenbehörden unterstellt ist, so kann ihm ein Anspruch auf Kommunalsteuerfreiheit nicht versagt werden. Denn es folgt aus allen diesen Thatsachen, daß der Stellung des Klägers als Vereinsgeistlicher ein solcher öffentlicher Charakter zukommt, daß das aus dieser Stellung bezogene Diensteinkommen die rechtliche Natur eines Diensteinkommens im Sinne des Min.-Erl. v. 22. I. 64 (Min.-Bl. S. 121) annimmt.

2) Im übrigen ist es überhaupt nicht richtig, den Min.-Erl. v. 22. I. 64 zur Beurteilung der Kommunalsteuerpflicht der Geistlichen heranzuziehen und danach als maßgebend zu betrachten, ob das Amt des Klägers als ein öffentliches Amt und seine Besoldung als ein Diensteinkommen anzusehen sei. Für die Abgrenzung des Begriffes „Geistlicher“ ist auf die St.-Ordn. v. 30. V. 53 und das Ges. v. 11. VII. 22 nicht zurückzugreifen. Deshalb fehlt es auch an einem genügenden Anhalte, um die Definition des § 59 Tit. 11 Teil II A. L.-R.'s herüberzunehmen. Eine anderweite Festsetzung hat der Begriff in der neueren Gesetzgebung nicht gefunden. Somit bleibt nur übrig, denjenigen Begriff zu Grunde zu legen, den das einschlagende Kirchenrecht bezw. die Verfassung derjenigen Kirche, der der Betreffende angehört, mit dem Worte „Geistlicher“ verbindet. Sofern also im vorliegenden Falle die evangelische Landeskirche anerkennt, daß jemand in ihr ein geistliches Amt bekleidet, wird ihm die Steuerfreiheit zugestanden werden müssen. Ob das Einkommen aus Privatmitteln fließt, ist gleichgültig; es fließt aus der Fundation der Stelle. Woher aber die Mittel zur Fundierung einer geistlichen Stelle stammen, ist für die rechtliche Natur des Stelleneinkommens völlig unerheblich.[2])

---

[1]) Vergl. Anm. 3 zu Nr. 2 oben 411.

[2]) Nicht zu den Geistlichen gehören die Prediger der Mennonitengemeinden, auch in Schleswig-Holstein. Entsch. v. 27. VI. 93 (Pr. Verw.-Bl. Bd. XIV S. 546).

Nr. 2. Entsch. Bd. XII. S. 142 vom 14. September 1885. II C 52/85.

Komm.-Abg.-Ges. v. 14. VII. 93 (G.-S. S. 152) § 41. A. L.-R. Teil II Tit. 11 §§ 528, 529. Ges. v. 11. VII. 22 (G.-S. S. 184), betreffend die Heranziehung der Staatsdiener zu den Gemeindelasten, §§ 9, 10 und Vd. v. 23. IX. 67 (G.-S. S. 1648), desgl. für die neuen Landesteile, § 1.

Unter den „Geistlichen“ im Sinne des Ges. v. 11. VII. 22 sind auch die „emeritierten Geistlichen“ zu verstehen, und unter dem „Diensteinkommen“ auch das Ruhegehalt dieser.[1])

Nr. 3. Entsch. Bd. XVI. S. 149 vom 11. Januar 1888. II C 177/87.

Ges. v. 11. VII. 22 (G.-S. S. 184), betreffend die Heranziehung der Staatsdiener zu den Gemeindelasten, § 10.[2]) Ges. v. 21. V. 74 (G.-S. S. 139), wegen Deklaration und Ergänzung des Ges. über Vorbildung und Anstellung von Geistlichen, Art. 4.

1) Zur Niederlegung eines in Gemäßheit des Art. IV des Ges. v. 21. V. 74 übertragenen Kirchenamtes ist die Genehmigung der kirchlichen Oberen nicht erforderlich.

2) Zu dem von den direkten persönlichen Gemeinde-Abgaben befreiten Diensteinkommen der Geistlichen gehört auch das den emeritierten Geistlichen gewährte Ruhegehalt. Wird einem Geistlichen bei seinem Ausscheiden aus dem Amte ein Teil seines Diensteinkommens belassen, bezw. aus den Pfarreinkünften weiter gezahlt, so ist er als Ruhegehalt anzusehen. Auf die Gründe der Amtsniederlegung kommt es dabei nicht an. Als Ruhegehalt gilt daher auch die Abfindung, gegen die ein von dem Patron ohne Mitwirkung der geistlichen Oberen berufener katholischer Pfarrer sein Amt freiwillig niederlegt.

Nr. 4. Entsch. Bd. XVIII. S. 115 vom 8. Oktober 1889. II C 86/89.

Vd. v. 23. IX. 67 (G.-S. S. 1648), betreffend die Heranziehung der Staatsdiener zu den Kommunalauflagen, § 1[3]. A. L.-R. Teil II Tit. 11 §§ 11, 58, 59, 108, 111, 157, 159, 170, 177, 189, 192, 237, 318, 548, 549.

1) Zu den Geistlichen, die hinsichtlich ihres Diensteinkommens von den direkten Kommunalauflagen befreit sind, gehören auch diejenigen, die als Seelsorger bei den Gefangenenanstalten ein Amt bekleiden. Im vorliegenden Falle handelte es sich um einen evangelischen Anstaltsgeistlichen bei einer Königlichen Strafanstalt.

2) In dem Endurteile v. 30. XI. 85 (Bd. XII S. 138[1]) ist darauf hingewiesen worden, daß bei Prüfung der Frage, was die St.-Ordn. v. 30. V. 53 und das Ges. v. 11. VII. 22 (G.-S. S. 184) unter einem Geistlichen verstanden wissen wollen, es nahe liege, auf die Begriffsbestimmung im § 59 Teil II Tit. 11 A. L.-R.'s zurückzugehen, die dahin zu führen scheine, daß, neben den Geistlichen der nicht aufgenommenen Kirchengesellschaften, auch trotz erhaltener Ordination diejenigen als Geistliche nicht gelten könnten, die nicht bei einer christlichen Kirchengemeinde angestellt seien.

Bei eingehender näherer Prüfung der landrechtlichen Vorschriften erhellt, daß die christlichen Kirchengemeinden den Kirchengesellschaften beizuzählen, und

---

[1]) Die Richtigkeit dieses Rechtsgrundsatzes wird in den Entscheidungsgründen im Anschlusse an § 4 Abs. 12 der St.-Ordn. v. 30. V. 53 und §§ 9, 10 des Ges. v. 11. VII. 22 eingehend erörtert und daraus die Kommunalsteuerfreiheit des Ruhegehaltes der emeritierten Geistlichen entwickelt. Heute besteht ein Zweifel in dieser Beziehung überhaupt nicht mehr, nachdem § 1[3] der Verordn. v. 23. IX. 67 (vergl. Anm. 3 zu Nr. 2 oben S. 411) die Ruhegehälter der Geistlichen ausdrücklich für steuerfrei erklärt hat.

Ruhegehälter haben aber ebenso, wie Besoldungen und sonstige Emolumente bei Berechnung des Steuerobjektes nicht etwa völlig außer Betracht zu bleiben. Sie kommen vielmehr insofern in Betracht, als auf sie ein Teil der bei Feststellung des zu besteuernden Einkommens zu berücksichtigenden Schulden und Lasten anzurechnen ist. Vergl. E.-O.-V. Bd. XXIII S. 30. Entsch. v. 23. IX. 96 (Pr. Verw.-Bl. Bd. XVIII S 127).

[2]) Siehe Anm. 3 zu Nr. 2 oben S. 411.

daß als Geistliche diejenigen anzusehen sind, die innerhalb einer privilegierten Kirchengesellschaft oder einer Kirchengemeinde, deren Mitglieder sich zu einer der anerkannten oder privilegierten Kirchen, zur evangelischen oder römisch-katholischen Kirche bekennen, berufen sind.

Es mag dahingestellt bleiben, ob den Kirchen der Gefangenenanstalten schon kraft Gesetzes die Eigenschaft von Parochialkirchen und den bei ihnen angesetzten Pfarrern die in § 318 A. L.-R. Teil II Tit. 11 angegebene Stellung zukommt. Feststeht, daß es sich hier um eine Mehrheit von Personen handelt, die sich zu einer ausdrücklich aufgenommenen Kirche bekennen, und daß das von den weltlichen und kirchlichen Behörden eingerichtete Amt des Geistlichen der kirchlichen Organisation eingegliedert ist und den Inhalt und Zweck hat, dem kirchlichen Bedürfnisse eines bestimmten, hinreichend erkennbar abgegrenzten Kreises zu dienen. Mit der so bewirkten Vereinigung dieser Einwohner des Staates zur öffentlichen Feier des Gottesdienstes ist eine christliche Kirchengemeinde entstanden, bei der der Anstaltsgeistliche zum Unterrichte in der Religion, zur Besorgung des Gottesdienstes und zur Verwaltung der Sakramente bestellt ist.

Nr. 5. Entsch. Bd. XV. S. 79 vom 22. April 1887. II C 146/86.

Vd. v. 23. IX. 67 (G.-S. S. 1648), betreffend die Heranziehung der Staatsdiener zu den Kommunallasten u. s. w., § 1. Komm.-Abg.-Ges. v. 14. VII. 93 (G.-S. S. 152) §§ 41, 69, 70. A. L.-R. Teil II Tit. 11 §§ 550, 556, 772. Pommersche Kirchenordn. von 1563, S. 135.

1) Kirchendiener im Sinne der St.-Ordn. v. 30. V. 53[1]) sind die weltlichen Kirchenbedienten des § 550 A. L.-R. Teil II Tit. 11, d. h. alle Personen, die zum Dienste der Kirche in mechanischen Verrichtungen oder weltlichen Angelegenheiten bestimmt sind. Zu ihnen gehört auch ein ordnungsmäßig bei einer evangelischen Kirche gegen festes Gehalt angestellter Kirchenkassenrendant, da er mit Wahrnehmung eines wesentlichen Teiles der kirchlichen Vermögensverwaltung betraut und der Botmäßigkeit und Aufsicht der zur Kontrolle dieser Verwaltung berufenen Organe unterstellt ist. Vergl. Vd. v. 27. VI. 45 (G.-S. S. 440), betr. die Ressortverhältnisse der Provinzialbehörden für das evangelische Kirchenwesen, § 3[6] und Min.-Erl. v. 1. X. 47 (M.-Bl. S. 278) Abschn. II[6]. Hierin ist auch durch die Kirchengemeinde- und Synodalordn. v. 10. IX. 73 (G.-S. S. 417) § 24 und durch Ges. v. 25. V. 74 (G.-S. S. 147) dazu Art. 2 nichts geändert worden. Insbesondere sind unter Kirchendienern nicht etwa bloß „niedere" Kirchendiener im Sinne des § 556 A. L.-R.'s Teil II Tit. 11 zu verstehen.

2) Die Freiheit des Diensteinkommens der Kirchendiener von Gemeindeabgaben ist davon abhängig, ob ihnen bei Erlaß der Gem.-Ordn. v. 11. III. 50 ein solches Recht zustand. Die St.-Ordn. behandelt Geistliche, Kirchendiener und Elementarlehrer ohne jede Unterscheidung. War nun die Freiheit der Geistlichen und Elementarlehrer von Gemeindeabgaben damals zweifellos, so wird bezüglich der Kirchendiener im Min.-Erl. v. 9. IV. 42 (M.-Bl. S. 109) der damals bestehende Rechtszustand dahin entwickelt, daß sie im allgemeinen an den Rechten der Geistlichen nicht teilnehmen, den Kirchendienern also eine Steuerfreiheit gleich den Geistlichen nur dann zuerkannt werden könne, wenn sie durch Spezialgesetz, insonderheit durch eine noch in Geltung stehende legale Kirchenordnung den Geistlichen hinsichtlich ihrer Vorrechte ausdrücklich gleichgestellt seien. Diese Voraussetzung ist im Geltungsbereich der pommerschen Kirchenordnung von 1536 zu bejahen.[2])

[1]) Bezw. allgemeiner im Sinne des § 1 der Verordn. v. 23. IX. 67.

[2]) In Berlin zu verneinen. Seit Erlaß der Verfassung stehen die evangelischen Kirchengemeinden mit Rücksicht auf ihre Zwecke nicht in einer solchen Beziehung zu den

Nr. 6. Entsch. Bd. XIX. S. 45 vom 7. Februar 1890. II C 1/90.

Ges. v. 11. VII. 22 (G.-S. S. 184) §§ 1, 2, 3 und Kab.-Ord. v. 14. V. 32 (G.-S. S. 145), betreffend die Heranziehung der Staatsdiener zu den Gemeindelasten. Rh. Westf. Kirchenordn. v. 5. III. 36 (von Kamptz, Ann. Bd. XIX S. 104 ff.). A. L.-R. Teil II Tit. 6 §§ 25, 30, 34, 35, 66, 77, 85, 111, 160, 189 ff.; Tit. 10 § 69.

1) In der Provinz Westfalen sind die Rendanten der evangelischen Kirche in Bezug auf die städtische Einkommenbesteuerung nach neuerem Rechte zwar als Kirchendiener, aber nicht als mittelbare Staatsbeamte anzusehen. Da nun den Kirchendienern als solchen, ohne Rücksicht auf ihre etwaige Eigenschaft als Staatsbeamte, in Westfalen zur Zeit der Verkündigung der Gem.-Ordn. v. 11. III. 50 eine Befreiung von direkten persönlichen Gemeindeabgaben hinsichtlich ihres Diensteinkommens nicht gebührte, so sind die Rendanten, denen die Eigenschaft mittelbarer Staatsbeamten nicht zukommt, überhaupt nicht in der Lage, eine solche Befreiung in Anspruch zu nehmen.

2) Ließen sich auch auf Grund des älteren Rechtszustandes die Beziehungen zwischen dem Staate einerseits und der Kirche in der Eigenschaft eines vermögensrechtlichen Subjektes andererseits als so enge, eigenartig gestaltete qualifizieren, daß den mit der kirchlichen Vermögensverwaltung betrauten Personen die Eigenschaft mittelbarer Staatsbeamten damals füglich nicht abzusprechen gewesen wäre (E.-O.-V. Bd. XVI S. 156), so haben jene Beziehungen durch das Ges. v. 3. VI. 76 (G.-S. S. 125), betr. die Kirchenverfassung in den 8 älteren Provinzen, und die Vd. v. 9. IX. 76 (G.-S. S. 395) und 5. IX. 77 (G.-S. S. 215) eine völlige Umgestaltung erfahren. Seit dieser Umgestaltung dürfen die evangelischen Kirchengemeinden auch insoweit, als ihre Vermögensverwaltung in Betracht kommt, nicht zu denjenigen Korporationen gerechnet werden, die mit Rücksicht auf ihre Zwecke in solcher Beziehung zu den Aufgaben des Staates stehen, daß sie deshalb als in seine Verfassung eingegliedert bezeichnet werden könnten.

3) Wenn endlich Kirchenbediente, die mit Funktionen der Vermögensverwaltung betraut sind, zu den Beamten im Sinne des § 359 R.-Str.-G.-B.'s gerechnet werden, weil die evangelischen Kirchengemeinden hinsichtlich ihrer Vermögensverwaltung auch jetzt noch unter der Oberaufsicht des Staates stehen, so ist darauf hinzuweisen, daß eine ähnliche Aufsichtsbefugnis dem Staate allen im § 25 Teil II Tit. 6 A. L.-R.'s genannten Korporationen gegenüber zusteht, und daß dennoch nur „gewisse" dieser Korporationen zu denen des § 69 Teil II Tit. 10 A. L.-R.'s gehören.

Aufgaben des Staates, daß sie als in seine Verfassung organisch eingegliedert bezeichnet und demgemäß zu den dem Staate untergeordneten Korporationen im Sinne des § 69 A. L.-R's., Teil II Tit. 10 angesehen werden könnten. Die mit der kirchlichen Vermögensverwaltung befaßten Kirchenbeamten haben jedenfalls durch das Ges. v. 3. VI. 76 in Verbindung mit den zu dessen Ausführung ergangenen Erlassen die Eigenschaft mittelbarer Staatsbeamten, soweit sie ihnen bis dahin zugestanden hat, verloren. Auch der Königl. Domgemeinde in Berlin ist, soweit es sich um das Verhältnis der Kirchengemeinden zum Staate im Allgemeinen und bezüglich der Vermögensverwaltung im Besonderen handelt, durch die Gesetzgebung eine Ausnahmestellung nicht verliehen worden. Ihre Beamten, einschließlich der mit der Vermögensverwaltung befaßten, sind daher als mittelbare Staatsbeamte nicht anzusehen. Entsch. v. 19. VI. 91 (Pr. Verw.-Bl. Bd. XII S. 215).

Der Kantor einer jüdischen Gemeinde gehört nicht zu den Kirchendienern, die von persönlichen Gemeindeabgaben befreit sind. Ebenso wenig ist er ein mittelbarer Staatsbeamter, da die Synagogengemeinden zu den dem Staate untergeordneten Korporationen im Sinne des § 69 A. L.-R. Teil II Tit. 10 nicht gehören. Entsch. v. 7. V. 89 (Pr. Verw.-Bl. Bd. X S. 452). Ebenso bezüglich der jüdischen Kultusbeamten Entsch. v. 29. V. 96 (Pr. Verw.-Bl. Bd. XVIII S. 156).

[1]) Vergl. Anm. 3 zu Nr. 2 oben S. 411.

Nr. 7. Entsch. Bd. XVII. S. 157 vom 15. Februar 1889. II C 2/89.

Komm.-Abg.-Ges. v. 14. VII. 93 (G.-S. S. 152) § 41. Vd. v. 23. IX. 67 (G.-S. S. 1648), betreffend die Heranziehung der Staatsdiener zu den Kommunalauflagen u. s. w., § 1.

1) Die Voraussetzung für die Kommunalsteuerfreiheit der Elementarlehrer bildet nicht ihr Bildungsgang, sondern der Charakter der betreffenden Schulanstalt, an der sie angestellt sind. Als Volksschulen im Sinne der Kommunalabgabengesetzgebung sind nur solche Schulen anzusehen, zu deren Errichtung und Unterhaltung für die Schulgemeinden, Schulverbände, bürgerlichen Gemeinden u. s. w. eine allgemeine, durch die Schulaufsichtsbehörde erzwingbare, gesetzliche Verpflichtung vorhanden ist und deren Benutzung zugleich den Eltern oder deren Stellvertretern, sofern sie nicht anderweit für die Erteilung von Unterricht an ihre Pflegebefohlenen sorgen, als eine gesetzliche Pflicht obliegt. (§ 43 Tit. 12 Teil II A. L.-R.'s, Art. 21 Abs. 2 der Verf. v. 31. I. 50.) Sobald es an einem, insbesondere aber an dem letztgedachten dieser Kriterien fehlt, haben die an der Anstalt angestellten Lehrer auf vollständige Freiheit von der Gemeinde-Einkommensteuer keinen Anspruch.[1])

2) Im vorliegenden Falle handelte es sich um die Vorschule eines städtischen Realgymnasiums, deren Besuch kein obligatorischer ist, sondern von dem Belieben der Eltern abhängt. Dies ist ausreichend, um der Schule den Charakter einer solchen, die der „allgemeinen Schulpflicht" dient und deren Lehrerpersonal allein auf die streitige Vergünstigung Anspruch hat, zu versagen, so daß es auf die weiteren thatsächlichen Annahmen, es bilde die Schule, indem sie die Vorbildung für eine höhere Anstalt bezwecke, zugleich mit dieser ein organisches Ganze, nicht ankommt.

Nr. 8. Entsch. Bd. XVII. S. 162 vom 22. März 1899. II C 18/89.

Komm.-Abg.-Ges. v. 14. VII. 93 (G.-S. S. 152) § 41. Vd. v. 23. IX. 67 (G.-S. S. 1648), betreffend die Heranziehung der Staatsdiener zu den Kommunalauflagen, § 1.

1) Unter den von den direkten Kommunalauflagen befreiten „Elementarschullehrern" sind nur die an eigentlichen Volksschulen beschäftigten Lehrer zu verstehen. Zu den Volksschulen in diesem Sinne gehören ausschließlich solche Schulen, zu deren Errichtung und Unterhaltung einerseits die Schulgemeinden, Schulverbände, bürgerlichen Gemeinden u. s. w. durch die Schulaufsichtsbehörde angehalten werden können und deren Benutzung andererseits den Eltern und deren Stellvertretern, soweit sie nicht anderweit für den Unterricht ihrer Pflegebefohlenen sorgen, als eine gesetzliche Pflicht obliegt.[2])

---

[1]) Jüdische Schulen, die lediglich der Erteilung des jüdischen Religionsunterrichtes dienen, gehören nicht zu den öffentlichen Volksschulen. Denn der jüdische Religionsunterricht ist kein Teil des schulplanmäßigen Unterrichtes in der Volksschule, sondern hat lediglich den Charakter gemeinsamer Religionsübung und der Unterweisung und Vorbereitung für diese, ebenso wie der Beichtunterricht in der katholischen und der Konfirmandenunterricht in der evangelischen Kirche. Wollte man ihn aber auch als Teil des regelmäßigen Unterrichtes der Volksschule ansehen, so würde dennoch eine Einrichtung, die sich lediglich auf die Erteilung dieses Unterrichtes beschränkt, nicht als eine der allgemeinen Schulpflicht dienende aufgefaßt werden können, da sie nur einen einzelnen Gegenstand aus dem Unterrichte der Volksschule herausgreifen und im Übrigen hinsichtlich der Erfüllung der Schulpflicht auf andere Einrichtungen verweisen würde. Entsch. v. 29. V. 96 (Pr. Verw.-Bl. XVIII S. 156).

[2]) Die Gemeindesteuerfreiheit der Elementarlehrer nach der Verordn. v. 23. IX. 67 § 1 Nr. 3 deckt sich vollständig mit dem in den älteren Landesteilen bestehenden Rechtszustande. Danach kommt die Steuerfreiheit denjenigen Lehrern zu, die an den eigentlichen Volksschulen, d. h. an solchen Schulen angestellt sind, zu deren Errichtung und Unterhaltung für die Schulverbände, Gemeinden u. s. w. eine gesetzliche, erzwingbare Verpflichtung

2) Ob eine bestimmte Schule den vorstehend gekennzeichneten Charakter an sich trägt, ist überwiegend eine nach den thatsächlichen Verhältnissen des einzelnen Falles zu beantwortende Frage. Eine Schule, an deren Spitze ein Rektor steht und die eine organische Verbindung von vier Mittelschulklassen mit fünf Elementarklassen darstellt, kann in ihrer Gesammtheit, als ein Ganzes betrachtet, als eine eigentliche Volksschule nicht angesehen werden, zumal wenn mit der Anstalt eine zweiklassige Selekta für Knaben und eine eben solche für Mädchen verbunden ist, deren Ziele über die einer Volksschule erheblich hinausgehen.

3) Nicht zutreffend ist die Annahme, daß eine Schule, wenn sie nicht „neben einer Volksschule" besteht, nach den allgemeinen Bestimmungen v. 15. X. 72 auch nicht als Mittelschule angesehen werden dürfe und folglich eine Volksschule sein müsse, denn die von der Schulverwaltung angewendeten Bezeichnungen sind auf dem steuerlichen Gebiete nicht unbedingt maßgebend.

Nr. 9. Entsch. Bd. XVIII. S. 132 vom 26. Oktober 1889. I C 116/89.

Ges. v. 11. VII. 22 (G.-S. S. 184), betreffend die Heranziehung der Staatsdiener zu den Gemeindelasten, §§ 8, 10 f. [1]). Komm.-Abg.-Ges. v. 27. VII. 85 (G.-S. S. 327) § 12.

Volksschullehrer bleiben nach §§ 8 und 10 lit. f. des Ges. v. 11. VII. 22 hinsichtlich ihres Diensteinkommens in ihrer Wohnsitzgemeinde auch dann von den direkten Beiträgen zu den Gemeindelasten befreit, wenn sie an einer außerhalb jener Gemeinde bestehenden Volksschule thätig und angestellt sind. Der § 12 des Ges. v. 27. VII. 85 hat den Schlußsatz des § 8 des Ges. von 1822 zwar aufgehoben, jedoch nur den Steuergläubiger und nicht den Umfang der Steuerpflicht geändert.

Nr. 10. Entsch. Bd. XX. S. 48 vom 6. Dezember 1890. I C 50/90.

Bd. v. 23. IX. 67 (G.-S. S. 1648), betreffend die Heranziehung der Staatsdiener zu den Kommunalauflagen in den neu erworbenen Landesteilen, §§ 1, 8, 11, 12.

Nach der Bd. v. 23. IX. 67 sind die Elementarlehrer in den neuen Landesteilen, mithin auch in dem ehemals Kurhessischen Gebiete hinsichtlich ihrer Besoldungen von Kommunalabgaben befreit, nicht aber von der Hundesteuer.[2])

Nr. 11. Entsch. Bd. XX. S. 121 vom 10. Januar 1891. I C 105/90.

Ges. v. 11. VII. 22 (G.-S. S. 184) §§ 3, 10 f. Kab.-Ord. v. 14. V. 32 (G.-S. S. 145) und Bd. v. 23. IX. 67 (G.-S. S. 1648) § 1, betreffend die Heranziehung der Staatsdiener zu den Kommunalauflagen. Komm.-Abg.-Ges. v. 14. VII. 93 (G.-S. S. 152) § 41. A. L.-R. Teil II Tit. 12 §§ 12 ff., 23 ff., 29, 30, 34, 39, 40, 42, 44, 47, 49, 51, 54 ff., 66 ff., 73. Ges. v. 26. V. 87 (G.-S. S. 175), betreffend die Feststellung von Anforderungen für Volksschulen.

1) Nach der Terminologie des A. L.-R.'s, mit der die Sprache des täglichen Lebens noch heute insofern im Einklange steht, als sie unter einem Schul-

---

vorhanden ist, und deren Benutzung den Eltern oder deren Vertretern als eine gesetzliche Pflicht obliegt. Dabei ist daran festzuhalten, daß aus den verschiedenen, auf die Verhältnisse der Elementarlehrer bezüglichen Verfügungen der Schulverwaltungsbehörden ein sicherer Anhalt dafür nicht zu entnehmen ist, ob eine der verschieden gearteten Schulanstalten betreffs der Kommunalsteuerpflicht ihrer Lehrer unter die Verordn. v. 23. IX. 67 fällt oder nicht. Entsch. v. 17. XII. 89 (Pr. Verw.-Bl. Bd. XI S. 214).

Um einer Schule den Charakter einer Mittelschule zu verleihen, bedarf es keines formellen Aktes; es genügt dazu, daß mit ausdrücklicher oder stillschweigender Genehmigung der Aufsichtsbehörde der Lehrplan für Mittelschulen eingeführt und dem Unterrichte zu Grunde gelegt wird. Entsch. v. 5. II. 89 (Pr. Verw.-Bl. Bd. X S. 345).

[1]) Vergl. Anm. 3 zu Nr. 2 oben S. 411.

[2]) Der Begründung bedarf es im Hinblicke auf § 11 der Verordn. v. 23. IX. 67 nicht weiter, nachdem § 16 des Komm.-Abg.-Ges. v. 14. VII. 93 die Hundesteuer den indirekten Gemeindesteuern zugerechnet hat.

lehrer keinen anderen, als den Lehrer an einer öffentlichen Volksschule zu verstehen pflegt, kann es keinem Zweifel unterliegen, daß nach der Absicht des Ges. v. 11. VII. 22 das im § 10f begründete Steuervorrecht nur den Lehrern an gemeinen Schulen zu statten kommen sollte. An diesem Standpunkte hat auch die spätere Gemeindegesetzgebung festgehalten.

2) Für die Eigenschaft als Elementarlehrer im Sinne der Kommunalsteuergesetzgebung ist nicht deren Bildungsgang, sondern der Charakter der Schule entscheidend. Elementarschulen, Volksschulen in diesem Sinne sind aber nur die der allgemeinen Schulpflicht dienenden, gegenüber den öffentlich-rechtlichen Trägern der Schullast im Aufsichtswege, bzw. in den Formen des Ges. v. 26. V. 87 erzwingbaren Schulen, deren Besuch obligatorisch ist und die keinem im Schulbezirke regelmäßig sich aufhaltenden schulpflichtigen Kinde verschlossen werden dürfen. Ein lediglich für elternlose und ortsarme Kinder eines Gemeindebezirkes bestimmtes, weder von der bürgerlichen Gemeinde, noch von den Hausvätern des Schulortes errichtetes und gerade den hier einheimischen Kindern nicht zugängliches Waisenhaus gehört zu jenen Schulen nicht, obwohl in ihm nur Elementarunterricht gegeben wird.

k) Die Steuerpflicht der Militärpersonen.

Litteratur: Brüning: Die Heranziehung der Beamten und Offiziere zu Gemeindesteuern, in Schmollers Jahrbüchern Bd. VII, 1883. — L. Herrfurth: Gemeindeabgabepflicht der Militärpersonen, 1887. — L. Herrfurth und Schanz: Die Heranziehung der Militärpersonen zu den Gemeindeabgaben in den Deutschen Staaten, in Schanz' Finanzarchiv Bd. V, 1888.

Kommentare von v. Brauchitsch, Bd. III, 12. Aufl., S. 571; Kautz in Illing-Kautz, 7. Aufl., Bd. I S. 240; Nöll, S. 289.

Materialien: Reichsges. vom 28. März 1886 (R.-G.-Bl. S. 65). Drucks. Bd. V Nr. 192 S. 943; Nr. 210 S. 1027—1029; Sten.-Ber. Bd. II S. 1449, 1450, Bd. III S. 1593, 1601, 1602. Ges. vom 29. Juni 1886 (G.-S. S. 181). Drucks. Bd. III Nr. 154, Bd. IV Nr. 221, 227; Sten.-Ber. S. 1757—1768, 2397, 2439. Ges. vom 22. April 1892 (G.-S. S. 101). Drucks. Bd. II Nr. 44; Sten.-Ber. Bd. II S. 696, 698.

Nr. 1. Entsch. Bd. XVI. S. 161 vom 10. Februar 1888. II C 208/87.

Ges. v. 28. III. 86 (R.-G.-Bl. S. 65) und 29. VI. 86 (G.-S. S. 181), betreffend die Heranziehung der Militärpersonen zu Abgaben für Gemeindezwecke.

1) Ein Anspruch auf Kommunalsteuerfreiheit des Heiratsgutes steht nur den im Offiziersrange stehenden Militärpersonen des Friedensstandes zu. Zu diesen sind die zur Disposition gestellten Offiziere nicht zu rechnen, solange sie nicht etwa zum aktiven Dienste wieder herangezogen sind.

2) **Wenn der** § 9 **des Ges. v.** 29. VI. 86 **bezüglich der vor dem** 1. **April** 1886 **zur Disposition gestellten Offiziere vorschreibt, daß diese nur dann den verabschiedeten Offizieren gleichgestellt sein sollen, wenn ihre Militärpension auf Grund des Ges. v.** 21. IV. 86 **(R.-G.-Bl. S. 78) entsprechend erhöht worden sei, so bedeutet das Wort „entsprechend" nur, daß ein zur Disposition gestellter Offizier, wenn er eine höhere Pension erhält, von der Pension nur mit der Maßgabe zu den Gemeindeabgaben herangezogen werden kann, daß der von der Pension zu entrichtende Steuerbetrag den Mehrbetrag der Pension, d. h. den Betrag der Pensionserhöhung, nicht übersteigen darf. Er darf nicht schlechter, als früher gestellt werden.**[1])

[1]) Ebenso Entsch. v. 10. II. 88 (Bd. XVI S. 165 i. d. Anm.), die Erhöhung eines Pensionsteiles steht der Erhöhung der ganzen Pension gleich; desgl. Entsch. v. 20. XI. 88 (Pr. Verw.-Bl. Bd. X S. 232).

Die Exemption der servisberechtigten Militärpersonen des aktiven Dienststandes erstreckt sich nicht nur auf die auf das Einkommen gelegten Kommunalsteuern, sondern auf alle

Nr. 2. Entsch. Bd. XIX. S. 37 vom 13. Mai 1890. II C 53/90.

Komm.=Abg.=Ges. v. 14. VII. 93 (G.=S. S. 152) §§ 41, 42. Ges. v. 11. VII. 22 (G.=S. S. 184), betreffend die Heranziehung der Staatsdiener zu den Gemeindelasten, § 10c. Vd. v. 23. IX. 67 (G.=S. S. 1648), desgl. für die neuen Landesteile, § 1^{1}.

Es ist begrifflich nicht ausgeschlossen, daß dem Kreise der in einer preußischen Stadt von der Besteuerung des Diensteinkommens freizulassenden, servisberechtigten Militärpersonen des aktiven Dienststandes auch nichtpreußische Offiziere des deutschen Heeres angehören. Wie zur Zeit kein Mitglied der preußischen Armee den Servis noch aus preußischen Staatsmitteln bezieht, ohne daß dadurch eine Schmälerung seines Rechtes „als servisberechtigte Militärperson des aktiven Dienststandes“ eingetreten wäre, so ist auch in Ansehung dieses Rechtes kein Unterschied zwischen ihm und den Offizieren anderer deutscher Kontingente zu machen, sofern sie zu dem preußischen Kontingente in Beziehungen getreten sind. Letzteres liegt z. B. bei württembergischen Offizieren, die zur Kriegsakademie nach Berlin kommandiert sind, vor. Der Besuch der Akademie ist eine dienstliche Thätigkeit. Die Militärbildungsanstalten sind nun allerdings insofern gemeinschaftliche Einrichtungen des Gesammtheeres, als auch die Angehörigen anderer Kontingente unter gewissen Voraussetzungen an ihnen teilhaben können. Immerhin ist aber die Kriegsakademie in erster Reihe eine speziell der preußischen Heeresverwaltung angehörende, ihr unterstellte und in Berlin lokalisierte Anstalt, und wer an ihr zur Dienstleistung als aktive Militärperson berufen ist, gehört vermöge dieser Beziehungen zu dem preußischen Kontingente zugleich auch dem Verbande der „servisberechtigten Militärpersonen des aktiven Dienststandes“ in dem hier maßgebenden Sinne an.[1])

Nr. 3. Entsch. Bd. XXII. S. 61 vom 5. April 1892. II C 35/92.

Vd. v. 23. IX. 67 (G.=S. S. 1648), betreffend die Heranziehung der Staatsdiener zu den Kommunalauflagen, § 1; desgl. v. 22. XII. 68 (G.=S. S. 571). Ges. v. 28. III. 86 (G.=S. S. 65) und 29. VI. 86 (G.=S. S. 181) §§ 1, 4, 5, betreffend die Heranziehung von Militärpersonen zu den Gemeindeabgaben. Komm.=Abg.=Ges. v. 14. VII. 93 (G.=S. S. 152) §§ 42, 69, 70.

Besteht darüber Streit, ob ein Zensit dem Kreise der durch die Vd. v. $\frac{22.\ XII.\ 68}{23.\ IX.\ 67}$ begünstigten und durch das Ges. v. 29. VI. 86 zu

---

direkten Gemeindelasten, soweit nicht durch das Gesetz ausdrücklich Ausnahmen gemacht sind — wie bezüglich der auf Grundbesitz und Gewerbebetrieb sowie das aus diesen Quellen herrührende Einkommen gelegten Abgaben. Entsch. v. 25. VI. 90 (Pr. Verw.=Bl. Bd. XI S. 583). Auch die Feldjäger gehören zu den servisberechtigten Militärpersonen des aktiven Dienststandes. Entsch. v. 13. VI. 80. Nr. II 537.

Der Wohnsitzgemeinde steht ein Recht zur Heranziehung des Einkommens eines Offiziers aus auswärtigem Grundbesitz mit ¼ gemäß § 9 Abs. 2 Komm.=Abg.=Ges. v. 27. VII. 85 (jetzt § 49 Abs. 2 des Komm.=Abg.=Ges. v. 14. VII. 93) nicht zu. — Bis zum Erlaß dieses Ges. war die Kommunalabgabepflicht der Offiziere bundesgesetzlich durch die Vd. v. 22. XII. 68 geregelt; nach dieser kann ihr Einkommen aus Grundbesitz nur in der Belegenheitsgemeinde besteuert werde. Durch das Landesgesetz v. 27. VII 85 konnte dieser Rechtszustand nicht geändert werden, auch hat § 9 a. a. O. offenbar ein bereits bestehendes Besteuerungsrecht der Wohnsitzgemeinde im Auge und beabsichtigt keineswegs, ein solches neu einzuführen. Ebensowenig ist durch die spätere Gesetzgebung — Reichsges. v. 28 III. 86; Preuß. Ges. v. 29. VI. 86 — eine Änderung eingetreten. § 2 des letzteren Ges. beläßt es vielmehr hinsichtlich des bereits der Besteuerung unterliegenden Einkommens, wozu auch das aus Grundbesitz gehört, bei den bestehenden Bestimmungen. Entsch. v. 9. XI. 88 (Pr. Verw.=Bl. Bd. X S. 230).

Militär=Invalidenpensionen unterliegen, soweit sie den Betrag von 750 Mark nicht übersteigen, der Gemeindebesteuerung nicht. Entsch. v. 21. VI. 84 (Pr. Verw.=Bl. Bd. V S. 343).

Das Steuerprivileg der servisberechtigten Militärpersonen des aktiven Dienststandes gilt für einen jeden ihrer Wohnorte, nicht nur für den Garnisonort. Entsch. v. 27. XI. 95 (Pr. Verw.=Bl. Bd. XVII S. 429).

[1]) Ebenso Entsch. v. 12. VI. 88 (Pr. Verw.=Bl. Bd. IX S. 411).

Gunsten der Gemeinden belasteten Personen angehört, und muß vorab über die Frage entschieden werden, ob er nur in den für eine servisberechtigte Militärperson des aktiven Dienststandes bestehenden Grenzen oder wie jeder andere Einwohner — sei es auch unter gewissen Modifikationen — zu kontribuieren hat, so sind zur Entscheidung darüber diejenigen Behörden berufen, die über die Beitragspflicht zu den Gemeindelasten überhaupt zu befinden haben. Behauptet also die Gemeinde für sich ein selbständiges Besteuerungsrecht und giebt sie dem durch die Thatsache und die Art der Heranziehung Ausdruck, so eröffnen die §§ 69, 70 des Komm.-Abg.-Ges. den einzig möglichen Weg des Einspruches und der Klage, um jene Vorfrage für die Anwendung des § 4 des Ges. v. 29. VI. 86 — Feststellung des der Abgabe unterliegenden Einkommensbetrages der im Offiziersrange stehenden Militärpersonen des Friedensstandes und Ermittelung der Steuerstufe durch den Vorsitzenden der Einkommensteuer-Einschätzungs-Kommission — zur Erledigung zu bringen. Ist von den zuständigen Stellen entschieden, daß der Zensit der allgemeinen Abgabenpflicht der Beamten mit seinem Dienst- und Privateinkommen unterliegt, so verliert die gedachte Feststellung als gegenstandlos von selbst ihre Bedeutung.[1])

Nr. 4. Entsch. Bd. XXIII. S. 31 vom 5. Juli 1892. II C 113 92.

Ges. v. 11. VII. 22 (G.-S. S. 184), betreffend die Heranziehung der Staatsdiener zu den Gemeindelasten. Ges. v. 29. VI. 86 (G.-S. S. 181), betreffend die Heranziehung von Militärpersonen zu Abgaben für Gemeindezwecke. Eink.-St.-Ges. v. 24. VI. 91 (G.-S. S. 175) § 9[4] und Ausf.-Anw. v. 5. VIII. 91, Art. 4[5], 23[3], 24[7].

1) Wo eine Schuld oder Last ungeteilt zugleich auf steuerpflichtigen und nicht steuerpflichtigen Einkommensquellen ruht, ohne daß die besondere wirtschaftliche Beziehung zu der einen oder der anderen Quelle nachgewiesen werden kann, ist der Gesammtbetrag der Schuldenzinsen nach Verhältnis des Einkommens einerseits aus der steuerpflichtigen, andererseits aus der nicht steuerpflichtigen Quelle zu teilen und der dem steuerpflichtigen Einkommen entsprechende Teilbetrag der Schuldenzinsen in Abzug zu bringen. Darin liegt keine neue positive Vorschrift, sondern nur eine Anwendung des allgemeinen von jeher in Geltung gewesenen Satzes, daß bei einem Nebeneinander von Aktivis und Passivis in einer Person an sich jedem Teile der ersteren ein entsprechender Teil der letzteren anhaftet, und daß, wo mehrere Aktivposten zusammen auszusondern sind, ihnen auch nur ein entsprechender Teil der Passiva und nicht mehr folgt, es sei denn, daß die Passiva, wie z. B. beim Grundvermögen, wirtschaftlich in besonderer Beziehung zu einer einzelnen pflichtigen Quelle stehen und in dem Einkommen aus ihr Deckung finden.

2) Nach allgemeinen steuerlichen Grundsätzen kommen an öffentlichen Abgaben nur solche in Abzug, die auf der Einkommensquelle unmittelbar ruhen, also die vom Grundeigentume, dem Bergbau, dem Gewerbebetriebe zu entrichtenden direkten Abgaben, während die Staats-Einkommensteuer, sowie die Abgaben an kommunale und andere öffentliche Verbände bei Bestimmung der Staats-Einkommensteuer nicht abzugsfähig sind. Die Gemeinden sind in dieser Beziehung nicht ungünstiger gestellt. Wie die Gemeinde-Einkommensteuer das Staatssteuerobjekt nicht verringert, so kann auch die Staatssteuer zum Nachteile der Gemeinde nicht abgesetzt werden.

3) Dagegen sind die elterlichen Zulagen an die im Heere als Offiziere stehenden Söhne abzugsfähig, da die den Militärbehörden gegenüber

---

[1]) Der übrige Teil der Entscheidungsgründe ist veraltet, nachdem die Mitglieder der Gendarmerie hinsichtlich der Heranziehung zu den auf das Einkommen gelegten Gemeindeabgaben durch § 42 des Komm.-Abg.-Ges. den Militärpersonen gleichgestellt sind.

eingegangenen Verpflichtungen rechtsverbindlicher Natur sind, also Ausgaben, die auf besonderen Titeln beruhen. Ob die Söhne von den Zulagen zur Steuer herangezogen sind, oder nicht, ist ohne Belang. Besteuerungsrecht und Steuerpflicht erfahren dadurch keine Einschränkung oder Erweiterung, daß andere Steuerberechtigte von ihren Befugnissen Gebrauch machen oder solches bisher unterlassen haben.

4) Die Ausgaben für den Grundbesitz sind von dem Einkommen daraus abzurechnen, indessen nur insoweit, als das Aktiveinkommen aus dem Grundvermögen reicht. Übersteigt die Schuld das Einkommen, so muß der Mehrbetrag der Schuld den persönlichen Schulden hinzutreten.

5) Nach diesen Grundsätzen berechnet sich das steuerpflichtige Gemeindeeinkommen z. B. eines pensionierten Offiziers wie folgt:

Es werden eingenommen	a) aus Pension	5945 M.
	b) aus Hausbesitz	480 „
	c) aus anderen Quellen . .	5440 „
	zus.	11865 M.
Da die Militärpension nicht gemeindesteuerpflichtig ist, gehen hiervon ab obige		5945 „
	verbleiben	5920 M.

Dieser Einnahme stehen gegenüber als abzugsfähige Ausgabe:

a) Zulagen an 2 dem Offizierstande angeh. Söhne	1980 M.
b) Zinsen von Privatschulden	36 „
und c) Hypothekenzinsen vom Hausbesitz	654 „
	2670 M.
Da den Hypothekenzinsen aber nur 480 M. Einnahmen gegenüberstehen, mithin 174 M. weniger als Ausgaben, kann auch nur dieser Betrag hier in Abzug kommen; folglich gehen von obigen 2670 M. ab 654—174 = . .	480 „
verbleiben abzugsfähig	2190 M.

Hiernach beträgt das steuerpflichtige Einkommen 5920 M. und nach Abzug des darin enthaltenen Bruttoeinkommens aus Hausbesitz mit 480 M. noch 5440 M. Auf diese Summe und auf das Pensionseinkommen von 5945 M. verteilen sich nunmehr die persönlichen Lasten von 2190 M. nach Verhältnis. Der auf das Resteinkommen mit 5440 M. fallende Ausgabebetrag ergiebt sich deshalb aus einer Proportion:

(5440 + 5945 =) 11385 : 5440 = 2190 : X und beträgt 1046,40 M. Zieht man diese Summe von jenem Restprivateinkommen (5440 M.) ab, so erhält man das steuerpflichtige Einkommen von 4393,60 M., welches zur Steuerstufe von 4200—4800 M. gehört.

l) Vermeidung der Doppelbesteuerung.

Litteratur: Siehe oben S. 277. Ferner: Laband in v. Stengels Wörterbuch Bd. I S. 287 § 4. — Wagner in Schönbergs Handbuch Bd. III S. 313.

Nr. 1. Entsch. Bd. XIV. S. 138 vom 4. März 1887. II C 8/87.

Komm.-Abg.-Ges. v. 14. VII. 93 (G.-S. S. 152) §§ 47, 48.

Erstreckt sich ein Gewerbebetrieb über mehrere Gemeinden, z. B. derjenige der Stromschiffer, so erfolgt die Ermittelung der Brutto-Einnahmen und der Ausgaben an Löhnen und Gehältern behufs Verteilung des gemeinde-

steuerpflichtigen Einkommens nach Einsicht eines den steuerberechtigten Gemeinden von dem Unternehmer jährlich mitzuteilenden Verteilungsplanes. Hält es der Steuerpflichtige nicht für angemessen, der Steuerbehörde auf diesem ihm eröffneten Wege entgegenzukommen, so hat letztere von der Veranlagung nicht etwa Abstand zu nehmen, sondern es erfolgt[1]) der dem örtlichen Regulative entsprechenden Regel gemäß die Schätzung, bei deren Ergebnis — sofern die Steuerpflicht an sich feststeht oder erweislich ist — es so lange sein Bewenden behält, als nicht der Steuerschuldner auf den geordneten Wegen den Mangel jeden besteuerungsfähigen Einkommens oder eine Überbürdung seinerseits nachweist.[2])

---

[1]) Falls nicht im Wege der §§ 63, 82 des Komm.=Abg.=Ges. andere Mittel zur Verfügung stehen, um den Unternehmer zur Einreichung des Verteilungsplanes anzuhalten.

[2]) Ebenso Entsch. v. 5. III. 90 (Pr. Verw.=Bl. Bd. XI S. 368). Hat der Gemeindevorstand, mangels der erforderlichen Unterlagen für eine Veranlagung gemäß § 47 des Komm.=Abg.=Ges. v. 14. VII. 93, den aus dem Gewerbebetriebe in der Gemeinde sich ergebenden Einkommensteil direkt zur Steuer herangezogen, so wird dadurch die Einschätzung noch nicht rechtlich unwirksam. Vielmehr bleibt es, wenn seine Steuerpflicht an sich feststeht, Sache des Herangezogenen, im Streitverfahren das erforderliche Material zur Rechtfertigung seines auf Ermäßigung der Steuer gerichteten Anspruches zu beschaffen, also zu behaupten und zu beweisen, wie hoch der Reingewinn des gesammten Unternehmens sich stellt, wie hohe Ausgaben an Gehältern und Löhnen an allen Orten, in denen ein abgabepflichtiger Betrieb, und an dem Orte, an dem die Besteuerung stattgefunden hat, erwachsen sind. Bei Verteilung des gewerblichen Einkommens zur Besteuerung auf mehrere Betriebsgemeinden sind nur die an Gehältern u. s. w. thatsächlich erwachsenen Ausgaben in den Verteilungsplan aufzunehmen und im dreijährigen Durchschnitte zu ermitteln. Löhne, die von dem Schiffspersonale auf der Fahrt verdient werden, sind in keiner der abgabeberechtigten Gemeinden erwachsen, auch in der nicht, wo sie zur Zahlung angewiesen und gebucht werden. Sie sind aber auch bei der Ermittelung der Gesammtausgabe an Löhnen u. s. w. nicht mit einzurechnen. Entsch. v. 21. VI. 87 (Pr. Verw.=Bl. Bd. VIII S. 379).

Die Gehälter und Löhne sind derjenigen Gemeinde zuzurechnen, in der die betreffende Arbeit geleistet worden ist. Entsch. v. 25. XI. 87 (Pr. Verw.=Bl. Bd. IX S. 147). Ob sie im Wege der Einzelzahlung oder in Pausch und Bogen gezahlt werden, ist gleichgültig, sofern die Leistung in Pausch und Bogen sachliche Kosten nicht in sich schließt. Entsch. v. 19. X. 88 (Pr. Verw.=Bl. Bd. X S. 222). Vergl. auch Entsch. v. 9. IX. 87 (Pr. Verw.=Bl. Bd. IX S. 50) und v. 5. XII. 93 (Pr. Verw.=Bl. Bd. XVI S. 27).

Wenn ein Gewerbebetrieb über mehrere Gemeinden sich erstreckt, so kann in jeder einzelnen dieser Gemeinden immer nur eine Quote des Gesammteinkommens, nicht das Einkommen aus dem in ihr sich vollziehenden Teile des Gewerbebetriebes besteuert werden. Ist im Gesammtergebnis ein steuerpflichtiges Einkommen nicht vorhanden, so kann auch diejenige Gemeinde eine Steuer nicht fordern, die im stande wäre nachzuweisen, daß der Gewerbebetrieb in ihrem Bezirke ein Reineinkommen abgeworfen hat. Entsch. v. 14. VII. 88 (Pr. Verw.=Bl. Bd. X S. 180).

Außerpreußische Korporationen und Gemeinden, die in Preußen Eigentum oder Besitz haben oder Gewerbe betreiben, unterliegen insoweit auch den landesgesetzlichen Normen über die Besteuerung des aus diesen Quellen fließenden Einkommens. Erstreckt sich eine gewerbliche Unternehmung (Wasserwerk einer Gemeinde) über mehrere außerpreußische und preußische Gemeinden, so sind bei der Verteilung auch die in den ausländischen Gemeinden erwachsenen Ausgaben an Löhnen, Gehältern u. s. w. zu berücksichtigen, und die entsprechenden Einkommensanteile von der inländischen Kommunalbesteuerung freizulassen. Entsch. v. 20. XII. 93 (Pr. Verw.=Bl. Bd. XV S. 241). Vergl § 48a des Komm.=Abg.=Ges. v. 14. VII. 93, eingefügt durch Ges. v. 30. VII. 95 (G.=S. S 409).

Zinseneinnahmen aus Fonds, die zum Zwecke des Gewerbebetriebes beschafft und diesem fortgesetzt dienstbar sind — Grundkapital, Reservefonds und Reserve=Prämienfonds bei Versicherungs=Aktiengesellschaften — sind als gewerbliches Einkommen und nicht als Einkommen aus Kapitalvermögen anzusehen. Solche Zinseneinnahmen sind daher nicht in der Gemeinde, in der sie aufkommen, zu besteuern, sondern in das Gesammteinkommen einzurechnen und mit diesem auf sämmtliche steuerberechtigten Gemeinden zu verteilen. Entsch. v. 13. V. 87 (Pr. Verw.=Bl. Bd. VIII S. 307).

Nr. 2. Entsch. Bd. XVI. S. 120 vom 21. Februar 1888. II C 229/87.
Komm.-Abg.-Ges. v. 14. VII. 93 (G.-S. S. 152) § 47.

1) **Eine gewerbliche Unternehmung mit beispielsweise zwei selbständigen Betriebsstätten** kann sich über mehrere Gemeinden erstrecken, ohne daß zugleich eine sich auf mehrere Gemeinden ausdehnende Betriebsstätte vorliegt, wenn nämlich jede der beiden Betriebsstätten ganz in einer der beteiligten Gemeinden belegen ist. Wenn aber eine der vorhandenen mehreren, selbständigen, der einheitlichen Unternehmung angehörigen Betriebsstätten von einer Gemeindegrenze durchschnitten wird, ist sowohl der generelle Thatbestand **einer über mehrere Gemeinden sich erstreckenden gewerblichen Unternehmung,** als **auch der besondere Fall einer auf den Bezirk mehrerer Gemeinden sich erstreckenden Betriebsstätte** vorhanden, was übrigens immer zutreffen wird, sobald eine ganze Unternehmung in einem, alle Geschäftszweige umfassenden und von einer Gemeindegrenze durchschnittenen Fabrikgebäude konzentriert ist. In einem solchen Falle müssen bei der Ermittelung und Verteilung des in den einzelnen Gemeinden der Besteuerung unterliegenden Einkommens die rechtlichen Konsequenzen dieses Zusammentreffens gezogen werden.[1])

2) Ob **Liegenschaften Zubehörungen eines gewerblichen Unternehmens** sind, **oder ob ihnen eine wirtschaftliche Selbständigkeit innewohnt,** dergestalt, daß sie als für sich bestehende Vermögensobjekte und Einkommensquellen zu gelten haben, während im ersteren Falle die daraus gewonnenen Einnahmen nur als Teil des gewerblichen Einkommens anzusehen wären, ist eine thatsächliche Frage und nach Lage der örtlichen Verhältnisse u. s. w. zu entscheiden.

Nr. 3. Entsch. Bd. XXI. S. 64 vom 9. Juni 1891. II C 108/91.
Komm.-Abg.-Ges. v. 14. VII. 93 (G.-S. S. 152) §§ 33, 35, 47, 48.

1) Ein die Abgabenpflicht nach § 33 des Komm.-Abg.-Ges. und demgemäß auch ein die Abgabenberechtigung begründender Gewerbebetrieb ist nur in denjenigen Gemeinden anzunehmen, in denen sich der Sitz, eine Zweigniederlassung, eine Betriebs-, Werk- oder Verkaufsstätte oder eine solche Agentur des Unternehmens befindet, die ermächtigt ist, Rechtsgeschäfte im Namen und für Rechnung des Inhabers selbständig abzuschließen, so **daß der Anspruch, einen Verteilungsplan gemäß § 48 a. a. O. zu erhalten, nur denjenigen Gemeinden zusteht, die eines der nach § 35 die Abgabenberechtigung erzeugenden Momente für sich geltend machen können. Nur die abgabenberechtigten Gemeinden sollen den Verteilungsplan erhalten; nur sie haben nach näherer Bestimmung des Gesetzes auf eine Quote der Erträge des sich über mehrere Gemeinden erstreckenden Gewerbebetriebes Anspruch.**

Behufs Vermeidung der Doppelbesteuerung ist außerhalb der besteuernden Gemeinde entstehendes Einkommen unbedingt steuerfrei zu lassen, und diese Befreiung nicht davon abhängig zu machen, ob und inwieweit eine andere Gemeinde von dem ihr zustehenden Besteuerungsrechte Gebrauch macht. Dieser Grundsatz ist auch bei Anwendung des § 47 des Komm.-Abg.-Ges. zu Grunde zu legen. Unter den „beteiligten" Gemeinden im Sinne dieser Bestimmung sind daher alle diejenigen zu verstehen, die zur Erhebung der Abgabe berechtigt sind, nicht nur diejenigen, die eine Abgabe thatsächlich erheben. Entsch. v. 14. VI. 90 (Pr. Verw.-Bl. Bd. XI S. 38).

Die Höhe der in einer Betriebsgemeinde zu entrichtenden Steuer ist auf das Besteuerungsrecht der übrigen Betriebsgemeinden an sich ohne Einfluß. Entsch. v. 15. IV. 96 (Pr. Verw.-Bl. Bd. XVII S 390).

[1]) Die hier folgenden Ausführungen über Anwendung des im § 7 b des Komm.-St.-Notges. v. 27. VII. 85 (G.-S. S. 327) vorgeschriebenen Beschlußverfahrens sind veraltet, nachdem dieses Verfahren in § 47 des Komm.-Abg.-Ges. v. 14. VII. 93 nicht übernommen worden ist. Vergl. aber §§ 71 ff. dieses Ges.

2) Unter einer „Zweigniederlassung“ im Sinne des § 35 des Komm.-Abg.-Ges. ist nichts anderes zu verstehen, als das, was nach dem Handelsgesetzbuche unter diesen Begriff fällt. Damit wird jedoch die Annahme eines sich über mehrere Gemeinden erstreckenden Gewerbebetriebes nicht ausgeschlossen.

Die Ausdehnung eines an der Sitzstelle einer offenen Handelsgesellschaft betriebenen Gewerbes über deren räumlichen Bezirk kann sich allerdings so vollziehen, daß immerhin außerhalb dieses Bezirkes einzelne, eine Bethätigung des Betriebes darstellende Handlungen vorgenommen werden, aber doch nur vereinzelt oder so wenig mit dem Orte ihrer Erscheinung verbunden, daß sie auch in ihrer Gesammtheit es nicht thunlich erscheinen lassen, außerhalb des Bezirkes der Sitzstelle einen dem § 35 des Komm.-Abg.-Ges. entsprechenden Thatbestand festzustellen. In einem solchen Falle besteht außerhalb der Sitzstelle keine Abgabenberechtigung und darum auch keine Notwendigkeit einer Verteilung der Erträge und der Aufstellung eines diese Verteilung vorbereitenden Planes. Für die Anwendung der §§ 47 und 48 a. a. O. ist kein Raum.

Die Ausdehnung eines an der Sitzstelle einer offenen Handelsgesellschaft betriebenen Gewerbes über deren räumlichen Bezirk kann aber weiter sich auch so vollziehen, daß an einem anderen Orte wesentliche und selbständige Geschäfte dauernd durch dazu bestellte Vertreter des Inhabers der Unternehmung vorgenommen werden unter Umständen, die einen mit der Lokalität verbundenen Betrieb erkennen lassen, der aber doch mit dem Hauptbetriebe in augenfälligem Zusammenhange steht und sich so als ein „Zweig“ dieses Hauptbetriebes darstellt. Er erzeugt nach positiver Vorschrift des § 35 a. a. O. eine Steuerpflicht nur dann, wenn die Vorgänge und Einrichtungen den Thatbestand des § 35, also eine Zweigniederlassung, Werk-, Verkaufsstätte u. s. w. ergeben; andererseits liegt es nach dem gewöhnlichen Sprachgebrauche gerade in dem Begriffe der Zweigniederlassung, daß es sich um einen zu dem Geschäftsganzen der Hauptniederlassung gehörenden Betrieb handelt. Für eine Konkurrenz anderer Gemeinden auf der Basis der §§ 47, 48 a. a. O. ist nur da Raum, wo neben der Hauptniederlassung Gemeinden vorhanden sind, die sich im Falle des § 35 a. a. O. befinden, aber doch immerhin noch Zweige des in der Hauptniederlassung vorhandenen Stammes sind.

Daneben mag endlich, wenigstens vom steuerlichen Gesichtspunkte aus, ein dritter Fall denkbar sein, daß nämlich außerhalb der Sitzstelle der Hauptniederlassung ein besonderer, dort überhaupt nicht betriebener Geschäftszweig kultiviert wird, der mit ihm nichts als die Person des Unternehmers gemein hat, so daß gewissermaßen mit dieser gemeinsamen Wurzel zwei dem Gegenstande nach völlig von einander unabhängige Betriebe bestehen, die man aber sprachlich bezüglich ihres Verhältnisses zu einander nicht als Haupt- oder Zweigniederlassung, sondern als zwei Hauptniederlassungen zu bezeichnen haben würde. Auch in einem solchen Falle mag, wenn seine Voraussetzungen gegeben sind, ein Zusammenwerfen der Erträge beider und die Einforderung eines Verteilungsplanes nicht am Platze sein.

3) Besteht aber eine Hauptniederlassung an dem Hauptsitze einer offenen Handelsgesellschaft und an einem andern Orte eine Zweigniederlassung zum Einkaufe und Verkaufe von Kohlen durch denselben Unternehmer und ist die Geschäftsabwickelung zwischen beiden Niederlassungen dergestalt geteilt, daß die Hauptniederlassung im Großen den Einkauf, die Anschaffung der Waare, die Zweigniederlassung dagegen den Verkauf, den Absatz besorgt, daß diese, falls ihre Bestände nicht ausreichen, deren Ergänzung bei der Hauptniederlassung beantragt, letztere solche für Rechnung des Gesammtgeschäftes bewirkt und die

baaren Erlöse oder ein Verzeichnis der mit der Zahlung im Rückstande gebliebenen Abnehmer der Zweigniederlassung empfängt, und jene vereinnahmt und diese unmittelbar zur Zahlung anhält, und mag auch immerhin der in der Zweigniederlassung fungierende Handlungsbevollmächtigte mit umfassender Vollmacht ausgestattet und berechtigt sein, selbständig Kunden aufzusuchen, mit ihnen die Lieferungen zu verabreden, Verkaufsgeschäfte abzuschließen, das Hilfspersonal zu engagieren, und die lokalen Ausgaben zu bestreiten und endlich auch, wie das nicht anders sein kann, die Pflicht haben, Bücher zu führen, so beweist dieser gesammte Thatbestand, daß in dem andern Orte eine Zweigniederlassung im Sinne des § 35 a. a. O., ein die Steuerpflicht an diesem Orte begründender Betrieb, aber zugleich ein solcher besteht, der mit dem Kohlengeschäfte an dem Hauptsitze ein Geschäftsganzes bildet dergestalt, daß sich an beiden Orten wesentliche in einander greifende Teile des Geschäftsbetriebes vollziehen und also ein sich von dem Hauptsitze aus über die andere Gemeinde mit erstreckender Gewerbebetrieb vorliegt.[1]) Wenn Inhaber der offenen Handelsgesellschaft es gleichwohl ablehnen, ihrer daraus resultierenden Pflicht zur Vorlegung eines Verteilungsplanes ihres der Einkommensteuer unterliegenden Einkommens zu genügen, so folgt daraus, daß die Gemeinde an dem Orte der Zweigniederlassung zur Schätzung des Einkommens schreiten darf und es dabei so lange sein Bewenden behält, bis der Steuerschuldner auf dem geordneten — hier eben in der Beibringung der Teilungsfaktoren bestehenden — Wege seine Überbürdung darthut.

[1]) Das Gesammterträgnis einer Aktiengesellschaft ist der Regel nach in Bezug auf die Kommunalbesteuerung als ein einheitliches Einkommen anzusehen. Erstreckt sich ihr Geschäftsbetrieb über mehrere Gemeinden, so ist für jede Gemeinde die zu besteuernde Einkommensquote gemäß §§ 1, 7 Komm.-Abg.-Ges. v. 27. VII. 85 nach dem Verhältnis der gezahlten Gehälter und Löhne zu ermitteln. Das Besteuerungsrecht einer Gemeinde wird dadurch nicht ausgeschlossen, daß eine für den Geschäftsbetrieb in dieser einzelnen Gemeinde aufgestellte besondere Bilanz einen Reinertrag nicht ergeben würde. Ebensowenig steht es der Anwendung der gesetzlichen Grundsätze entgegen, wenn eine oder die andere der in Betracht kommenden Gemeinden außerhalb des preußischen Staates belegen ist. Entsch. v. 25. IX. 88 (Pr. Verw.-Bl. Bd. X S. 129).

Einem einzelnen Unternehmen, sofern es auf einem in sich abgeschlossenen, in Einnahmen und Ausgaben wie in seiner Produktion von anderen Unternehmungen unabhängigen Betriebe beruht, ist allein, weil es mit anderen, im wesentlichen ebenso gestellten Unternehmungen in der Hand eines und desselben Unternehmers zusammentrifft, auch nicht notwendig die Eigenschaft einer für sich bestehenden, selbständigen Einkommensquelle abzusprechen. Weder eine gewisse Centralisation in dem Verwaltungsorganismus, noch ein Zusammenfließen der von den einzelnen Betrieben erzielten Einnahmen in einer Centralkasse und eine einheitliche Verwendung der Überschüsse reichen schon aus, um in allen Fällen die verschiedenen Betriebe desselben Unternehmers zu einer Unternehmung im Sinne des Komm.-Abg.-Ges. zu machen. Für Aktien- und ähnliche Erwerbsgesellschaften gilt jedoch die Präsumtion, daß die von ihnen betriebenen Unternehmungen, sofern nicht eigenartige, diese Annahme ausschließende Umstände vorliegen, ein Ganzes bilden, so daß sie auch steuerlich bis zum Beweise des Gegenteiles als solches zu behandeln sind, und das aus dem ähnlichen Betriebe resultierende Einkommen der Regel nach als einheitliche Steuerquelle in Betracht kommt. Entsch. v. 2. V. 90 (Pr. Verw.-Bl. Bd. XI S. 557). In demselben Sinne Entsch. v. 14. XI. 94 (Pr. Verw.-Bl. Bd. XVI S. 248).

Die Verteilung des steuerpflichtigen Gesammteinkommens auf mehrere Gemeinden nach dem Verhälnis der Ausgaben an Löhnen, Gehältern u. s. w. findet auch dann statt, wenn der Gewerbebetrieb zwischen den Gemeinden so geteilt ist, daß in der einen die Fabrikation, in der anderen der Verkauf stattfindet. Ebensowenig wird die Vornahme einer solchen Verteilung dadurch gehindert, daß die eine der beteiligten Gemeinden eine außerpreußische ist. Entsch. v. 4. XII. 88 (Pr. Verw.-Bl. Bd. X S. 196, 229).

Für die Verteilung unter die berechtigten Gemeinden nach dem Verhältnisse der Lohnausgaben kommt nur die Summe der an solchen Betriebsorten erwachsenen Löhne in Betracht, aus denen das zu verteilende Einkommen zugeflossen ist. Daher scheiden die in außerpreußischen Gemeinden entstandenen Löhne ebenso aus, wie diejenigen, die an Orten

Nr. 4. Entsch. Bd. XXVIII. S. 41 vom 8. Mai 1895. II C 351/94.

Komm.-Abg.-Ges. v. 14. VII. 93 (G.-S. S. 152) § 47. Ausf.-Anw. zum Eink.-St.-Ges. v. 5. VIII. 91, Art. 57 I. L.-V.-G. §§ 71, 94.

1) Zensiten, die eine Herabsetzung ihrer Kommunalsteuer beanspruchen, sind zwar verpflichtet, ihre Bücher dem Verwaltungsgerichte erforderlichenfalls auch in wiederholten fortgesetzten Terminen vorzulegen; dagegen kann ihnen die Überlassung an einen Sachverständigen nicht angesonnen werden. Vergl. E.-O.-V. in St. Bd. I S. 191.

2) Erstreckt sich ein Gewerbebetrieb über mehrere Gemeinden, so reicht das bloße Überwiegen der Bankgeschäfte in dem Gewerbebetriebe nicht aus, die Regel des § 47b des Komm.-Abg.-Ges. zu verlassen und nur mit dem § 47a zu rechnen.

Nr. 5. Entsch. Bd. XV. S. 98 vom 13. September 1887. II C 102/87.

Ges. v. 13. V. 70 (B.-G.-Bl. S. 119), wegen Beseitigung der Doppelbesteuerung. Komm.-Abg.-Ges. v. 14. VII. 93 (G.-S. S. 152) §§ 33, 47 ff.

1) Das Gesetz über die Doppelbesteuerung v. 13. V. 70 findet lediglich auf die Veranlagung zu den direkten Staatssteuern Anwendung und ist auf den Umfang des den preußischen Gemeinden zustehenden Besteuerungsrechtes ohne Einfluß.[1])

2) Der Gewerbebetrieb einer Versicherungsgesellschaft findet da statt, wo die Versicherungsverträge für sie bindend abgeschlossen werden. Findet dieser Abschluß ausschließlich durch die Direktion statt, so konzentriert sich am Sitze der letzteren der ganze Gewerbebetrieb und unterliegt auch dort der Kommunalbesteuerung.[2])

3) Versicherungs-Aktiengesellschaften, die einzelne Zweige ihres Gewerbes von ihrem im Inlande belegenen Sitze aus nur mit Hilfe unselbständiger Agenten betreiben, haben das gesammte, auf diese Weise erzielte Einkommen in der Sitzgemeinde zu versteuern, selbst wenn die Agenten auch im Auslande Geschäfte machen.

---

ohne lokalisierten Betrieb entstanden sind. Entsch. v. 19. XII. 96 (Pr. Verw.-Bl. Bd. XVIII S. 184).

Der Steueranspruch einer Gemeinde, in der im Laufe des Steuerjahres von einer auswärts domizilierten Aktiengesellschaft eine Zweigniederlassung errichtet wird, ist von der Thatsache unabhängig, daß eine Verteilung des Gesammteinkommens der Aktiengesellschaft nach § 47 a des Komm.-Abg.-Ges. v. 14. VII. 93 unter die bis zur Errichtung der neuen Zweigniederlassung steuerberechtigt gewesenen Gemeinden bereits stattgefunden hat. Entsch. v. 18. III. 96 (Pr. Verw.-Bl. Bd. XVII S. 297).

[1]) Heute erleidet die Anwendung dieses an sich noch vollkommen gültigen Rechtsgrundsatzes durch den Schlußsatz des § 33 Abs. 1 Nr. 3 eine Einschränkung, wonach bei einer Veranlagung der in Nr. 3 genannten Erwerbsgesellschaften und juristischen Personen zur Staatseinkommensteuer das hierbei veranlagte Einkommen, vorbehaltlich der Bestimmung in § 16 Abs. 3 des Eink.-St.-Ges. v. 24. VI. 91 von der Gemeindeeinkommensteuer erfaßt wird. Gemäß §§ 2, 6[1] dieses Ges. ist bei der Veranlagung der Aktiengesellschaften u. s. w. zur Staatseinkommensteuer in Preußen ihr Einkommen aus Grundbesitz oder Gewerbebetrieb in anderen deutschen Bundesstaaten freizulassen. Hieraus folgt, daß das Ges. v. 13. V. 70 überall da mittelbar auf die Heranziehung zur Gemeindeeinkommensteuer von Einfluß ist, wo eine Aktiengesellschaft zur Staatseinkommensteuer veranlagt ist, die Einkommen aus Grundbesitz oder Gewerbebetrieb in anderen deutschen Bundesstaaten bezieht.

[2]) Wenn eine Versicherungsgesellschaft die Steuerbefreiung des im Auslande durch selbständige Agenturen erzielten Einkommens beansprucht, so hat sie einerseits durch Vorlegung der betreffenden Vollmachten und Instruktionen den Beweis zu führen, daß und wo sie im Auslande zum selbständigen Abschlusse von Rechtsgeschäften ermächtigte Agenturen besitzt, und andererseits die von diesen Agenturen erzielten Einnahmen anzugeben und nachzuweisen. Dieses Material ist vom Verwaltungsrichter zu beurteilen, und auf Grund dessen eventuell die Verteilung des Reineinkommens gemäß § 47 des Komm.-Abg.-Ges. v. 14. VII. 93 vorzunehmen. Entsch. v. 21. VI. 89 (Pr. Verw.-Bl. Bd. X S. 609).

Nr. 6. Entsch. Bd. XV. S. 103 vom 3. Mai 1887. II C 27/87.

Komm.-Abg.-Ges. v. 14. VII 93 (G.-S. S. 152) §§ 33, 47, 48. Ges. v. 18. VII. 84 (R.-G.-Bl. S. 123), betreffend die Kommanditgesellschaften auf Aktien und die Aktiengesellschaften, Art. 185 b, 239 b.

Zu den Bruttoeinnahmen einer Versicherungsgesellschaft[1]), nach deren Höhe die Verteilung des steuerpflichtigen Einkommens auf mehrere berechtigte Gemeinden zu erfolgen hat, gehören nicht nur die Prämieneinnahmen, sondern auch alle übrigen Einnahmen, z. B. an Zinsen, die in einer bestimmten Gemeinde entstehen, daher auch die Zinsen des Reservefonds. Der Reservefonds einer Gesellschaft bildet einen mit dem ganzen gewerblichen Unternehmen organisch verknüpften, ihm gesetzlich und untrennbar zugehörigen Teil der finanziellen Unterlagen der Gesellschaft und in diesem Sinne einen, für gewisse Eventualitäten disponibel zu haltenden Bestand des Betriebskapitales, dessen Erträge dem Gesammteinkommen der nur gewerbliche Zwecke verfolgenden Gesellschaft ebenso angehören, wie jede andere Einnahme. Es ist unstatthaft, diesen Reservefonds als gesonderte, mit dem Gewerbebetriebe außer Zusammenhang stehende Einnahmequelle zu behandeln. Die Zinsen des Reservefonds gehören daher dem auf sämmtliche steuerberechtigten Gemeinden zu verteilenden gewerblichen Reinertrage an und kommen als Sondereinnahmen der Gemeinde, in der sie eingehen, nur dadurch zur Geltung, daß sie bei Ermittelung der dortigen Bruttoeinnahme in Rechnung zu bringen sind.

Nr. 7. Entsch. Bd. XXVII. S. 25 vom 12. Dezember 1894. II C 154/94.

Komm.-Abg.-Ges. v. 14. VII. 93 (G.-S. S. 152) §§ 33, 45, 46, 47, 48. Eink.-St.-Ges. v. 24. VI. 91 (G.-S. S. 175) § 10 und Ausf.-Anw. v. 5. VIII. 91, Art. 5.

1) § 48 des Komm.-Abg.-Ges. bestimmt, daß die Ermittelung der in den einzelnen Gemeinden erzielten, für die Verteilung des der Einkommenbesteuerung unterliegenden Einkommens maßgebenden, Bruttoeinnahmen der Bankgeschäfte in dreijährigem Durchschnitte zu erfolgen habe. Bezüglich der Art der Durchschnittsberechnung deklariert Art. 5 der Ausf.-Anw. v. 5. VIII. 91 den § 10 des Eink.-St.-Ges. v. 24. VI. 91 dahin, daß der maßgebende Zeitabschnitt sich bei jedem einzelnen Steuerpflichtigen nach dem von diesem angenommenen Wirtschaftsjahre richte, und daß als das der Veranlagung unmittelbar vorangegangene Wirtschaftsjahr das letzte gelte, dessen Ergebnisse zur Zeit der Veranlagung festgestellt werden können. Weil nun eine Steuererklärung der Gemeinde gegenüber nicht abgegeben wird, so bildet bei der selbständigen Einschätzung zur Kommunalsteuer den kritischen Moment der Tag der Veranlagung, vorausgesetzt freilich, daß diese vor dem 1. April — dem Beginne des Steuerjahres — stattgefunden hat. Ist aber die Einschätzung erst später erfolgt, so kommt es auf diejenigen Verhältnisse an, die am 1. April obgewaltet haben. Denn abgesehen davon, ob eine erst nach Beginn des Steuerjahres eintretende Heranziehung als eine völlig korrekte angesehen werden kann, ist auf Veränderungen, die im Laufe des Steuerjahres vorkommen der Regel nach nicht zu rücksichtigen. Hierbei erscheint es übrigens unerheblich, ob an den kritischen Tagen die Ergebnisse gerade festgestellt sind; es soll vielmehr, um jede Willkürlichkeit zu vermeiden, nur das entscheidend sein, ob sie haben festgestellt werden können.[2])

---

[1]) Die nicht „effektive" gewesen zu sein brauchen, Entsch. v. 8. XI. 67 (Pr. Verw.-Bl. Bd. IX S. 450).

[2]) Vergl. Entsch. v. 29. II. 96 (Pr. Verw.-Bl. Bd. XVII S. 372). Es ist nicht notwendig, daß die durch § 47 Abs. 1 a des Komm.-Abg.-Ges. v. 14. VII. 93 vorgeschriebene Verteilung des steuerpflichtigen Einkommens eines sich über mehrere Gemeinden erstreckenden Bankgeschäftes nach dem Verhältnisse der in den einzelnen Gemeinden erzielten Bruttoeinnahmen auf denselben Grundlagen, insbesondere auf Grund desselben Trienniums erfolge, auf Grund deren die Feststellung des Einkommens erfolgt ist.

2) Die für die Feststellung des Einkommens einer sich über mehrere Gemeinden erstreckenden Gewerbeunternehmung maßgebend gewesene Zeitperiode ist für die Berechnung der Bruttoeinnahme behufs Repartierung des Einkommens den steuerberechtigten Gemeinden gegenüber nicht entscheidend.

3) Die Durchschnittsberechnung nach den Verhältnissen der drei Vorjahre ist dann nicht maßgebend, wenn das Geschäft, dessen Einkommen besteuert werden soll, noch nicht so lange bestanden hat, oder wenn im Laufe der bezeichneten Jahre eine wesentliche Veränderung im Gewerbebetriebe eingetreten ist. Ist letzteres geschehen, so kann die der Veränderung vorhergegangene Zeit nicht in Betracht kommen.

Nr. 8. Entsch. Bd. XVI. S. 127 vom 27. April 1888. II C 228/87.

Komm.-Abg.-Ges. v. 14. VII. 93 (G.-S. S. 152) §§ 33, 35, 47. Ges. v. 28. III. 82 (G.-S. S. 21), betreffend den weiteren Erwerb von Privateisenbahnen für den Staat, § 10.

Unter „abgabeberechtigten Gemeinden" im Sinne des § 47 Abs. 2 des Komm.-Abg.-Ges. sind alle diejenigen Gemeinden zu verstehen, die im Prinzip zur Abgabenerhebung von Eisenbahnunternehmungen vor dem 1. April 1880 berechtigt waren, also alle unter die St.-Ordn. v. 30. V. 53 fallenden Gemeinden, weil ihnen § 4 das Recht zur Heranziehung der Eisenbahnunternehmungen schon vor dem 1. April 1880 zusprach. Darauf daß diese Gemeinden einen die Heranziehung des Eisenbahnfiskus zu auf das Einkommen gelegten Gemeindeabgaben ermöglichenden Beschluß gefaßt haben, oder daß er von Aufsichtswegen genehmigt ist, kommt es nicht an, wenn die Gemeinden nur von ihrer prinzipiellen Befugnis thatsächlich Gebrauch gemacht, ihr Recht thatsächlich ausgeübt, die Eisenbahnunternehmungen thatsächlich zur Steuer herangezogen haben.

Nr. 9. Entsch. Bd. XVI. S. 132 vom 6. März 1888. II C 237/87.

Komm.-Abg.-Ges. v. 14. VII. 93 (G.-S. S. 152) § 47.

Die durch § 47 Abs. 2 des Komm.-Abg.-Ges. den Gemeinden hinsichtlich derjenigen Eisenbahnunternehmungen, die von ihnen vor dem 1. April 1880 besteuert worden sind, eingeräumte Präzipualbesteuerung erstreckt sich nur auf diejenigen Reinerträge, die in den drei letzten, dem 1. April 1880 vorangegangenen Jahren, thatsächlich besteuert worden sind.[1]) Ein Gegenbeweis, daß die versteuerten Reinerträge auch nach den damals geltenden gesetzlichen Bestimmungen zu niedrig angenommen waren, ist nicht zulässig.

Nr. 10. Entsch. Bd. XX. S. 25 vom 24. Oktober 1890. II C 129/90.

Komm.-Abg.-Ges. v. 14. VII. 93 (G.-S. S. 152) §§ 33, 35, 45, 47, 48a, 52.

Die den Gemeinden zur Besteuerung zufallende Quote des Einkommens einer an sich besteuerungsfähigen nicht physischen Person (in diesem Falle des Eisenbahnfiskus), deren unter § 47b des Komm.-Abg.-Ges. fallender Gewerbebetrieb sich außer in preußischen Gemeinden auch in solchen, die Zahlung von Gehältern und Löhnen bedingenden Betriebsstätten vollzieht, die teils in preußischen Gutsbezirken, teils im Auslande belegen sind, wird nach dem Grundsatze festgestellt, daß nur das in den betreffenden Gemeinden selbst gewonnene Einkommen der Besteuerung unterliegt.

---

[1]) Einer solchen Heranziehung steht es nicht gleich, wenn behufs Feststellung des Reinertrages Ermittelungen — durch Anfrage bei der Eisenbahnverwaltung — angestellt wurden, demnächst aber, da nach der erhaltenen Auskunft ein steuerpflichtiger Reinertrag nicht vorhanden war, von der Besteuerung Abstand genommen ist. Entsch. v. 23. III. 88 (Pr. Verw.-Bl. Bd. IX S. 303).

Nr. 11. Entsch. Bd. XX. S. 112 vom 28. November 1890. II C 191/90.
Komm.-Abg.-Ges. v. 14. VII. 93 (G.-S. S. 152) §§ 35, 47.

Der Eisenbahnfiskus kann zwar verlangen, daß die Gehälter seiner Beamten als Ausgabe im Sinne des § 47 b des Komm.-Abg.-Ges. von derjenigen Gemeinde in Betracht gezogen werden, in der sie ihren Wohnsitz haben. Dabei kommt es nicht darauf an, ob und inwieweit diese Gehälter sich an Einrichtungen oder Anstalten knüpfen, die für dies Besteuerungsrecht der Gemeinde maßgebend sind. Die Gemeinde hat aber einen Anspruch auf die Besteuerung des ganzen Diensteinkommens eines solchen Beamten und nicht bloß auf die eines Teiles davon.

Nr. 12. Entsch. Bd. XXI. S. 71 vom 29. Juni 1891. II C 109 91.
Komm.-Abg.-Ges. v. 14. VII. 93 (G.-S. S. 152) §§ 45, 47, 48.

Handelt es sich um die Feststellung der einer Gemeinde zur Besteuerung zufallenden Quote des Einkommens des Staatsfiskus aus Eisenbahnbetrieb, der sich über mehrere Gemeinden erstreckt, so sind nach § 47 b des Komm.-Abg.-Ges. zwei Fälle zu unterscheiden:

a. In jeder der beteiligten Gemeinden ist eine besondere Betriebsstätte oder eine der im § 35 a. a. O. gedachten, die Steuerberechtigung begründenden Anlagen vorhanden, ohne daß diese Betriebsstätte sich zugleich auf eine andere Gemeinde erstreckt. Ist diesem Falle sind die in der einzelnen Gemeinde erwachsenden Ausgaben an Gehältern, Löhnen u. s. w. zu ermitteln, und zwar so, daß nicht bloß diejenigen Ausgaben in Betracht kommen, die sich unmittelbar an die für die Steuerberechtigung entscheidende Anstalt knüpfen, sondern alle in der Gemeinde erwachsenden Ausgaben der im § 47 b gedachten Art in dem gesetzlich fixierten Umfange. Vergl. E.-O.-V. Bd. XX S. 112.[1])

b. Eine Station oder Betriebsstätte, innerhalb deren Gehälter und Löhne erwachsen, erstreckt sich über den Bezirk mehrerer Gemeinden. Dieser Thatbestand kann so vorkommen, daß sich neben der von einer Station erfaßten Gruppe von Gemeinden noch andere Betriebsstätten finden, die selbständig in anderen Gemeinden belegen sind. Er kann sich aber auch so vollziehen, daß eben nur eine Betriebsstätte vorhanden ist, die sich auf mehrere Gemeinden erstreckt. In beiden Fällen gilt, wenn es sich um die Ermittelung des Einkommens in den jener Gruppe angehörigen Gemeinden handelt, die im Falle a. aufgestellte Rechtsregel zwar insoweit, daß wiederum alle Ausgaben in Betracht kommen und nicht bloß die sich speziell an die eine oder andere Anlage knüpfenden, allein nicht insoweit, als die in jeder beteiligten Gemeinde örtlich erwachsenden Ausgaben zu ermitteln sind. Eine solche Untersuchung ist, weil die Betriebsstätte oder Station u. s. w. ein einheitlicher Produktions-Faktor und unteilbar ist, von dem Gesetze als unstatthaft erachtet, und vielmehr die ebendort vorgesehene Verteilung geboten, die notwendig eine ziffermäßige Feststellung der auf die ganze Gruppe fallenden Ausgaben und Einnahmen zur Voraussetzung hat. Ein Verfahren, das die für den Fall a. gefundene Regel da anwenden wollte, wo der Fall b. gegeben ist, wäre wider das Gesetz und dessen Grundgedanken — nicht bloß dann, wenn es sich um eine direkte, sondern auch dann, wenn es sich um eine analoge Anwendung des Gesetzes handelt. Ist erstere nicht möglich, weil, den Fall a. anlangend, nicht bloß Gemeinden, sondern neben ihnen auch Gutsbezirke, jeder Bezirk mit einer selbständigen Betriebsstätte vorkommen, so bleibt es doch bei der Regel, daß die lokalen Ausgaben innerhalb

---

[1]) Vorstehend unter Nr. 11 abgedruckt.

jedes Bezirkes für sich ermittelt werden und dann auf jeden Bezirk diejenige Quote des Gesammteinkommens fällt, die seine Ausgaben von der Gesammtausgabe bilden. [1])

Nr. 13. Entsch. Bd. XXI. S. 81 vom 7. April 1891. II C 3/91.

Komm.=Abg.=Ges. v. 14. VII. 93 (G.=S. S. 152) §§ 45, 47, 48.

1) Nach § 45 des Komm.-Abg.-Ges. ist der steuerpflichtige Gesammtbetrag des fiskalischen Einkommens aus Eisenbahnbetrieb durch den zuständigen Minister alljährlich endgültig festzustellen und öffentlich bekannt zu machen. Dieses Einkommen gelangt nach § 47b zur Verteilung und zwar immer zum vollen Betrage. Erhält dabei nach dem aufgestellten Plane eine Gemeinde vermeintlich oder wirklich zu wenig zugeteilt, so ist einer oder mehreren anderen zu viel gegeben, so daß die etwaige Verkürzung einer Gemeinde niemals dahin führt, daß der ihr fehlende Betrag zu Gunsten des Fiskus der Versteuerung entzogen bleibt, sondern nur darin ihren Grund hat, daß an anderer Stelle zu viel versteuert wird. Ein Interesse des Fiskus, von dem für alle Beteiligten unabänderlich feststehenden steuerpflichtigen Gesammtbetrage der einen Gemeinde mehr, der anderen weniger zuzuwenden, besteht nicht.

2) Für die Bestimmung des Steuerobjektes der einzelnen Gemeinden ist das Einkommen, das innerhalb der einzelnen Gemeinden erzielt wird, ohne Bedeutung. Das Steuerobjekt besteht in der Quote des durch den Minister festgestellten Betrages. Letzterer muß feststehen, um jene ermitteln zu können. Eine frühere „Schätzung" des Einkommens des Fiskus ist rein willkürlich und ohne die dem Gesetze entsprechende Unterlage von deren Beachtung aus wirtschaftlichen Gründen (aus Rücksichten auf den Gemeindehaushalt u. s. w.) niemals abgesehen werden darf, weil sich die Wirtschaftsführung stets dem Gesetze anzupassen hat.

3) Was die in den einzelnen Gemeinden erwachsenen Ausgaben anlangt, so ist davon auszugehen, daß eine Behörde als solche im Streitverfahren des Beweises der von ihr aufgestellten wesentlichen und bestrittenen Behauptungen nicht überhoben ist. Andererseits ist die Richtigkeit einer Thatsache nicht dem Gegner, sondern dem Richter glaubhaft zu machen und der letztere ist im Rahmen des § 79 des L.-V.-G. rechtlich nicht behindert, aus sachlichen Gründen den Vortrag einer Partei so lange für richtig anzunehmen, als nicht von der Gegenseite die Unrichtigkeit irgendwie wahrscheinlich gemacht wird.

4) Bezüglich der Berechnung der in den einzelnen Gemeinden erwachsenen Ausgaben stellt die Entsch. folgende Rechtsgrundsätze auf:

---

[1]) Heute ist diese „analoge" Anwendung des Gesetzes nicht mehr erforderlich, nachdem durch § 52 des Komm.=Abg.=Ges. für die Fälle der §§ 47ff. behufs Ermittelung des gemeindesteuerpflichtigen Einkommens die selbständigen Gutsbezirke den Gemeinden gleichzuachten sind.

Unter der „Station" eines Eisenbahnunternehmers wird eine Haltestelle verstanden, an der durch Annahme von Personen oder Gütern oder von Personen und Gütern Transportgeschäfte abgeschlossen werden. Ob das durch eigene Beamte des Unternehmers oder unter Benutzung fremder Beamten geschieht, ist gleichgiltig. Der einer Eisenbahnverwaltung gehörige Bahnhof kann gleichzeitig als eine die Gemeindepflicht begründende Station einer anderen Eisenbahn angesehen werden, welche ihn mitbenutzt. Das ist auch dann zutreffend, wenn diese Eisenbahn auf dem Bahnhofe keine eigenen Beamten hält, sondern an die Eigentümerin des Bahnhofes für die Ausführung des Stations= und Expeditionsdienstes eine Pauschalvergütung zahlt. Die letztere ist als eine Ausgabe für Löhne und Gehälter im Sinne des Komm.=Abg.=Ges. anzusehen. Entsch. v. 19. X. 88 (Pr. Verw.=Bl. Bd. X S. 222).

a) Reisekosten und Tagegelder sind kein Äquivalent für die von den Beamten zu leistende physische und geistige Arbeit, in diesem Sinne also nicht Gehalt, sondern nur ein Ersatz von Aufwendungen aus eigenen Mitteln aus Anlaß des Dienstes, eine Deckung barer Auslagen, die den in der Gemeinde erwachsenden Ausgaben an Gehältern daher nicht zuzurechnen sind.

b) Wenn § 47 b von „Gehältern und Löhnen einschließlich der Tantièmen des Verwaltungs- und Betriebspersonals“ spricht, so ist dies so zu verstehen, daß Gehälter und Löhne ohne Beziehung auf die Person des Empfangenden maßgebend sind und daneben die Tantièmen des Verwaltungs- und Betriebspersonals in Betracht kommen. Was sich objektiv als Lohn darstellt, kommt als Abzug von den Reinerträgen in Ansatz. Die Person des Empfängers (z. B. die mit der Reinigung der Dienstlokale beauftragten Scheuerfrauen) ist unwesentlich.

c) Unter den Begriff der abzugsfähigen „Ausgaben“ fallen nur solche, die innerhalb der Gemeinde erwachsen sind. Vergl. E.-O.-V. Bd. XX S. 112.[1]) Als in der Gemeinde erwachsen sind alle Gehälter anzusehen, die an Beamte gezahlt werden, die innerhalb der Gemeinde ihr amtliches Domizil haben und ferner alle Löhne, die für innerhalb des Bezirkes der steuerberechtigten Gemeinde ausgeführte Arbeiten zu zahlen sind.

d) Unter dem in der „Werkstättenverwaltung“ beschäftigten Personal sind nicht bloß die an leitender Stelle fungierenden, sondern alle Personen zu verstehen, die überhaupt in diesem Betriebe thätig sind.

e) Wohnungsentschädigungen sind Teile des Gehaltes, mögen sie in baarem Gelde oder in natura gewährt werden. Bei den mit Dienstwohnungen ausgestatteten Beamten ist daher die Ersparnis an Wohnungsgeldzuschüssen als Gehalt in Anrechnung zu bringen.

f) Die von Arbeitern und Beamten geschuldeten, von dem Arbeitgeber aus dem Lohne und Gehalte gedeckten Kranken- und Pensionskassenbeiträge können bei der Aufstellung der nach § 47b maßgebenden Löhne und Gehälter nicht außer Ansatz gelassen werden.

Nr. 14. Entsch. Bd. XXI. S. 97 vom 26. Mai 1891. II C 67/91.

Komm.-Abg.-Ges. v. 14. VII. 93 (G.-S. S. 152) §§ 45, 47, 48.

1) Der § 48 des Komm.-Abg.-Ges. bezieht sich nicht lediglich auf den Eisenbahnbetrieb, sondern auf alle über mehrere Gemeinden sich erstreckenden gewerblichen Unternehmungen. Der dort gedachte Verteilungsplan (Aufstellung) kann zwar, er muß aber nicht eine Verteilung des Reineinkommens enthalten, sondern soll nur die Angabe des Unternehmers über die Ausgaben an Gehältern und Löhnen bringen, nach denen der Steuergläubiger die Rechnungsfaktoren des § 47 seinerseits ermittelt, ohne an die Angaben des Unternehmers gebunden zu sein. Solche überhaupt zu liefern, besteht nach dem Gesetze kein Zwang. Ebensowenig ist den Gemeinden ein Mittel an die Hand gegeben, sich den Plan zu verschaffen. Darnach ist nicht anzuerkennen, daß eine Veranlagung, die ohne materielle Berücksichtigung des Inhaltes des Planes gültig vorgenommen werden kann, lediglich deshalb ungültig sein sollte, weil der Plan nicht „eingesehen“ worden. Auch ist nicht abzusehen, weshalb bei sonst freier Bewegung der Veranlagungsbehörde der unerzwingbaren und nicht zu kontrollierenden thatsächlichen Einsicht die Bedeutung beizulegen wäre, daß bei ihrem Mangel die Veranlagung als nichtig zu erachten wäre.

[1]) Oben S. 447.

2) Der von dem Unternehmer, bezw. Gesellschaftsvorstande jährlich mitzuteilende Verteilungsplan ist für die steuerberechtigten Gemeinden keineswegs bindend. Die letzteren haben ihrerseits nach Einsicht, nicht aber nach Maßgabe dieses Planes die bezüglichen Beträge selbstständig zu ermitteln und behufs Einschätzung des Abgabepflichtigen in Rechnung zu stellen.[1])

3) Der von dem zuständigen Minister publizierte steuerpflichtige Gesammtbetrag des Reineinkommens stellt das (fiktive) Einkommen des Fiskus im Steuerjahre dar. Vergl. E.-O.-V. Bd. XX S. 29. Hat der Fiskus während des ganzen Steuerjahres 1890/91 in einer Gemeinde den Eisenbahnbetrieb ausgeübt, so muß er das Einkommen dieser Periode auch voll versteuern; der Umfang der Steuerpflicht für 1890/91 ist unabhängig von der Dauer des Betriebes im Vorjahre. Deshalb kommen die Ausgaben, wie sonst mit dem einjährigen Betrage nach dem Durchschnitte von drei Jahren, so bei kürzerer Dauer des Betriebes vor dem Steuerjahre, ebenfalls mit dem einjährigen Betrage, dieser nach Maßgabe der effektiven Dauer berechnet, zum Ansatze.

Nr. 15. Entsch. Bd. XXII. S. 121 vom 13. Mai 1891. I C 41 91.
Komm.-Abg.-Ges. v. 14. VII. 93 (G.-S. S. 152) §§ 33, 35, 36, 46, 47, 48.

1) Die Pferdebahnen sind, da sie der Unterhaltung des Verkehrs innerhalb der Orte dienen, nach § 37 der Reichs-Gew.-Ordn. in ihren öffentlichen Beziehungen nicht der Aufsicht der Eisenbahnverwaltung, sondern der Ortspolizeibehörde unterstellt. Ihr Betrieb bildet im Sinne des Komm.-Abg.-Ges. lediglich einen Gewerbebetrieb.

2) Der Betrieb der Pferdebahn ist dort abgabepflichtig, wo sich eine Betriebsstätte befindet. Die mit deren Schienennetzen bedeckten Straßen bilden eine einheitliche Betriebsstätte des Unternehmens (vergl. E.-O.-V. Bd. XVII S. 250) dergestalt, daß mehrere dabei beteiligte Gemeinden Ansprüche auf einen entsprechenden Anteil des Gesammt-Reineinkommens haben. Das letztere hat jede der beteiligten Gemeinden zu ermitteln; der der einzelnen Gemeinde abgabepflichtige Teil des Einkommens wird, mangels einer Vereinbarung zwischen ihr und dem Unternehmer, nach § 47b des Komm.-Abg.-Ges. bestimmt, d. i. nach dem Verhältnisse des dreijährigen Durchschnittes der in den einzelnen Gemeinden erwachsenden Lohnausgaben, die der Unternehmer zufolge § 48 jeder der Gemeinden alljährlich in einem Verteilungsplane mitzuteilen hat. Unterläßt er dieses, so steht es jeder der Gemeinden frei, ihrerseits, wie das Gesammteinkommen, so auch dessen abgabepflichtige Quote überschläglich zu schätzen und von letzterer den Unternehmer selbständig zur Steuer heranzuziehen (vergl. E.-O.-V. Bd. XIV S. 137), während es diesem überlassen bleibt, durch Einspruch und Klage seine Überbürdung darzuthun, d. h. ziffermäßig nachzuweisen, wie hoch sein Gesammteinkommen, seine gesammten Lohnausgaben und die in den betreffenden Gemeinden erwachsenen sind, welche Quote des Gesammteinkommens daher von den letzteren nur besteuert werden darf. Machen mehrere der beteiligten Gemeinden gleichzeitig von der selbständigen Heranziehung Gebrauch und schätzen sein Gesammt- oder das ihnen abgabepflichtige Teileinkommen verschieden, so bleibt dem Steuerpflichtigen zur Vermeidung von Doppelbesteuerungen und sonstigen Überbürdungen nur übrig, gegen jede von ihnen seinen Ermäßigungsanspruch im Wege des Einspruches und der Klage geltend zu machen. Eine Pflicht der steuerberechtigten Gemeinde, vor der Heranziehung

---

[1]) Ebenso Entsch. v. 19. X. 88 (Pr. Verw.-Bl. Bd. X S. 222).

eines Zensiten, der auch in anderen Gemeinden abgabenpflichtig ist, mit diesen sich über das Maß der Heranziehung zu einigen, besteht nicht.

Die Anfertigung des im § 48 vorgesehenen Verteilungsplanes ist dem Unternehmer allerdings nur dann jederzeit möglich, wenn in jeder von diesen Gemeinden eine für sich bestehende, von den anderen getrennte Betriebsstätte des Unternehmers vorhanden ist, nicht aber auch dann, wenn eine und dieselbe Betriebsstätte sich über den Bezirk mehrerer Gemeinden erstreckt. In einem solchen Falle findet auch bei Pferdebahnen die Verteilung nicht nach der Länge der Geleise, sondern lediglich nach § 47b statt. Mangels einer gütlichen Vereinbarung hat die Verteilung also „nach Lage der örtlichen Verhältnisse unter Berücksichtigung des Flächenverhältnisses und der den beteiligten Gemeinden aus der Betriebsstätte erwachsenen Kommunallasten stattzufinden.[1])

Nr. 16. Entsch. Bd. XV. S. 58 vom 5. Mai 1887. II C 35/87.

Deutsche Ziv.-Proz.-Ordn. § 13. Ges. v. 13. V. 70 (B.-G.-Bl. S. 119), wegen Beseitigung der Doppelbesteuerung, § 1. Kommunalsteuernotges. v. 27. VII. 85 (G.-S. S. 327) §§ 9, 11. Komm.-Abg.-Ges. v. 14. VII. 93 (G.-S. S. 152) §§ 33, 49 ff.

Zur Begründung, zum Haben und Beibehalten eines Wohnsitzes gehört einmal der Wille, einen bestimmten Ort zum dauernden Aufenthalte und Mittelpunkte der Lebensverhältnisse zu machen und außerdem die Verwirklichung dieses Willens durch entsprechende That. Überall kommt sonach vor allem das subjektive Moment, der Wille, die Absicht des Beteiligten und weiter eine Reihe äußerlicher, objektiver Vorgänge in Frage, die eine Ausführung jenes ausdrücklich erklärten Willens enthalten oder doch einen Rückschluß auf sein Vorhandensein gestatten. Geht die Absicht bei Beschaffung einer Wohnung nur auf das Bereithalten eines bei gelegentlicher Anwesenheit zu benutzenden Absteigequartiers, so ist dies für sich allein nicht genügend, um das Bestehen eines Wohnsitzes anzunehmen. Hat dagegen jemand in dem einen Orte ein Geschäft nebst vollständig eingerichteter Wohnung und Wirtschaft und ebenso in einer benachbarten Gemeinde eine ebenfalls vollständig eingerichtete Wohnung und Wirtschaft, um daselbst jährlich einen drei- oder mehrmonatlichen Sommeraufenthalt zu nehmen, so hat er zwei Wohnsitze im Sinne der Kommunalsteuergesetzgebung und die Sommerwohnsitzgemeinde ist berechtigt, durch Gemeindebeschluß das Einkommen des Steuerpflichtigen in der im § 49 Abs. 2 des Komm.-Abg.-Ges. näher geordneten Weise für sich zur Besteuerung in Anspruch zu nehmen. Der Steuerpflichtige ist denjenigen Personen beizuzählen, die wegen eines mehrfachen Wohnsitzes in mehreren Gemeinden zu Einkommensteuern beizutragen verpflichtet sind.[2])

---

[1]) Nicht mehr im Beschlußverfahren, wie nach § 7 des Ges. v. 27. VII. 85 (G.-S. S. 327). Vergl. jedoch §§ 71 ff. des Komm.-Abg.-Ges. v. 14. VII. 93.

[2]) Bei der Verteilung des Gesammteinkommens auf die beiden Wohnsitzgemeinden legte das O.-V.-G. die §§ 9, 11 des Komm.-St.-Notges. v. 27. VII. 85 folgendermaßen aus: Der Gesetzgeber sei in § 9 von dem Gedanken ausgegangen, daß nach der Verweisung der im § 9 Abs. 1 erwähnten Einkommen (aus Pacht-, Gewerbe-, Eisenbahn-, Bergbaubetrieb u. s. w.) an den Ursprungsort eine Wohnsitzgemeinde völlig leer ausgehen könne, weshalb im Abs. 2 ein Weg zur Sicherstellung eines Steuerminimums eröffnet sei mit der Bestimmung, daß der mit einem eigenen Steuerobjekte gar nicht oder nicht bis zur Höhe des Minimalobjektes ausgestatteten Wohnsitzgemeinde eine Beihilfe bis zur Erreichung jenes Minimums, aber niemals darüber hinaus zu gewähren sei. Dieses Minimum sei unter Zugrundelegung des einfachsten und nächstliegenden Falles nur einer so bedürftigen Wohnsitzgemeinde auf ein Viertel bemessen. Habe der Abgabepflichtige einen mehrfachen Wohnsitz, so sei diese Quote nach § 11 zu verteilen, so daß diese Quote in soviele Bruchteile zerfallen, als Wohnsitzgemeinden vorhanden seien. Das Minimalsteuerobjekt betrage also bei zwei Wohnsitzgemeinden $^1/_8$, bei drei $^1/_2$ u. s. f. Unter den mehreren Wohnsitzen des § 9 Abs. 2 etwa nur solche Wohnsitze zu verstehen, in denen das daselbst

Nr. 17. Entsch. Bd. XVI. S. 211 vom 14. April 1888. I C 2/88.

Komm.=Abg.=Ges. v. 14. VII. 93 (G.=S. S. 152) §§ 36, 37, 47, 49, 51.

1) Nach § 36 Abs. 2 des Komm.-Abg.-Ges. sind die Gemeinden bei Ermittelung des ihnen steuerpflichtigen, ganz oder zum Teile zur Staatseinkommensteuer nicht veranlagten Einkommens an die staatlichen Einschätzungsgrundsätze gebunden, und nach Abs. 1 dürfen Gemeindesteuern vom Einkommen unbeschadet

---

steuerpflichtige Einkommen weniger als ein Vierteil betrage, ließen die entscheidenden Worte nicht zu, die allgemein und ohne jede Beschränkung nur von mehrfachem Wohnsitze des Abgabepflichtigen sprächen. Das Viertel sei also, um das Minimalsteuerobjekt zu finden, durch die Zahl der Wohnsitzgemeinden ohne Beschränkung zu teilen. Diejenigen Gemeinden, in denen sich das hiernach maßgebende Steuerobjekt schon vorfinde, hätten auf eine Erhöhung des in ihnen schon steuerpflichtigen Einkommens überhaupt keinen Anspruch. Wo es aber an dem Bruchteile des Vierteiles fehle, müsse eine Ergänzung durch eine entsprechende Verkürzung derjenigen Gemeinden erfolgen, in denen ein die normale Quote übersteigender Betrag des Gesammteinkommens sich vorfinde.

An dieser Auslegung des § 9 Abs. 2 hält die Entsch. Bd. XV S. 66 vom 15. November 1887, II C 167/87 in vollem Umfange fest. (Vergl. auch Entsch. v. 21. VI. 87 (Pr. Verw.=Bl. Bd. VIII S. 340.) Die bezügliche Quote könne auf ein Viertel ausschließlich nur dann bemessen werden, wenn es sich nur um eine Wohnsitzgemeinde handele. Es sei dagegen in allen Fällen, in denen der Abgabepflichtige einen mehrfachen Wohnsitz habe (§ 9 Abs. 2 letzter Satz), diese Quote von einem Viertel nach Maßgabe des § 11 Abs. 1 daselbst zu verteilen, der Mindestbetrag des der einzelnen Wohnsitzgemeinde auszuwerfenden Einkommensteiles also auf denjenigen Bruchteil zu bemessen, der sich aus einer Division des einen Viertels durch die Zahl der überhaupt vorhandenen Wohnsitzgemeinden ergebe. Wo reine Wohnsitzgemeinden und reine Ursprungs=(Forensal=)Gemeinden sich gegenüberstehen, da möge es zutreffen, daß die letzteren ihrer Pflicht und dem korrespondierenden Rechte der Wohnsitzgemeinde erst dann Genüge geleistet hätten, nachdem von ihnen ein volles Viertel an die Wohnsitzgemeinde herausgegeben worden sei. Wenn aber jede der beteiligten Gemeinden zugleich Wohnsitz= und Ursprungsgemeinde sei und die Berechtigung schon aus der Eigenschaft als Wohnsitzgemeinde und die Verpflichtung aus dem Charakter als Ursprungsgemeinde folge, so sei der Fall, daß Berechtigung und Verpflichtung zusammenfallen, an und für sich ohne weiteres gegeben. Der Kreis der Berechtigten decke sich dann absolut und vollkommen mit dem Kreise der Verpflichteten.

Es mag dahingestellt bleiben, ob diese Auslegung des § 9 Abs. 2 zutreffend war. In der Wissenschaft ist sie nicht unwidersprochen geblieben, vergl. z. B. Nöll, S. 177/181. Keinesfalls läßt sie sich gegenüber den entsprechenden Bestimmungen des Komm.=Abg.=Ges. v. 14. VII. 93 aufrecht erhalten. Gemäß § 49 Abs. 2 a. a. O. ist die Wohnsitzgemeinde, wenn das steuerpflichtige Einkommen weniger als ein Viertel des Gesammteinkommens beträgt, berechtigt, durch Gemeindebeschluß ein volles Viertel des Gesammteinkommens für sich zur Besteuerung in Anspruch zu nehmen. Steht dieser Anspruch mehreren Wohnsitzgemeinden zu, so ist dieser Bruchteil nach Maßgabe des § 50 zu verteilen. Hiernach sollen bei der Verteilung des einen Viertels nur solche Gemeinden zugezogen werden, die weniger als ein Viertel des Gesammteinkommens zu besteuern haben und aus diesem Grunde einen Anspruch erheben können. § 50 Abs. 1 knüpft an den Fall an, daß in einer Wohnsitzgemeinde dem Steuerpflichtigen aus Grundvermögen u. s. w. mehr als $^3/_4$ des Gesammteinkommens zufließt. Die sinngemäße Anwendung des § 50 Abs. 1 hat in der Weise zu geschehen, daß die Belegenheits=, bezw. Betriebsgemeinde um das Mehr als $^3/_4$ verkürzt und daß dieser Mehrbetrag unter die übrigen Wohnsitzgemeinden gleichheitlich verteilt, bzw. wenn nur noch eine Wohnsitzgemeinde außer der Ursprungsgemeinde vorhanden ist, dieser zweiten Gemeinde unverkürzt zugeteilt wird. Nöll, S. 181. In diesem Sinne ist nunmehr auch in der Entsch. v. 19. XII. 96. (Pr. Verw.=Bl. Bd. XVIII S. 22) ausgeführt worden, daß bei der Konkurrenz mehrerer Wohnsitzgemeinden das ihnen mindestens verbleibende Viertel des Gesammteinkommens nicht mehr unter alle Beteiligten, sondern nur unter diejenigen verteilt wird, deren steuerpflichtiges Einkommen weniger als ein Viertel beträgt.

Einer Aufenthaltsgemeinde gebühren hinsichtlich der Kommunalbesteuerung keinenfalls bessere Rechte als der Wohnsitzgemeinde. Steht daher fest, daß eine Gemeinde als Wohnsitzgemeinde nur Anspruch auf die gesetzliche Minimalquote hat, so würde sie auch als Aufenthaltsgemeinde nicht mehr als diese Quote für die Dauer des Aufenthaltes fordern können. Entsch. v. 21. VI. 87 (Pr. Verw.=Bl. Bd. VIII S. 393).

der Vorschriften in §§ 23 Abs. 2, 49—51, nur auf Grund der Veranlagung zur Staatseinkommensteuer erhoben werden. Hieraus ist zu entnehmen, daß die Forensalgemeinde bei Ermittelung des in ihr zufließenden Teileinkommens eines Forensen, dessen Gesammteinkommen zur Staatssteuer geschätzt ist, an dieses Ergebnis gebunden ist. Dabei fragt es sich aber doch, ob der Maximalsatz der Staatssteuerstufe für alle beteiligten (Forensal- und Wohnsitz-) Gemeinden, oder ob für die einzelne Forensal-Gemeinde der von der Staats-Einschätzungs-Kommission ermittelte Ertrag der einzelnen Unternehmungen, Grundbesitzungen u. s. w. des Zensiten maßgebend bleiben soll. In dieser Beziehung enthält eine Entsch. v. 3. V. 87 (Pr. V.-Bl. Bd. VIII S. 353) den Grundsatz: „Soweit das Gesammteinkommen als zu berücksichtigender Faktor in Frage kommt und eine staatliche Feststellung des letzteren stattgefunden hat, wird der Regel nach von diesem auch für die Gemeindebesteuerung auszugehen sein." Dies bezieht sich jedoch nur auf die Anwendung der §§ 9 und 10 des Ges. v. 27. VII. 85[1]), mithin auf die Besteuerung durch die Wohnsitzgemeinden, die nach positiver Vorschrift des § 10[2]) zu diesem Zwecke zuerst das Gesammteinkommen des Zensiten, dann dessen aus auswärtigen Quellen fließendes Einkommen zu ermitteln und nach Verhältnis beider die besteuerungsfähige Quote des Prinzipalsteuersatzes zu ermitteln haben. Dagegen müssen die Forensal-Gemeinden das ihrer Besteuerung unterliegende Reineinkommen des Forensen unmittelbar — nicht in Form einer Quote seines Gesammteinkommens — schätzen und von dem so geschätzten Betrage nach ihrem Tarife die Steuerstufe und den Prinzipalsatz feststellen. Für die Besteuerung durch die Forensalgemeinde ist der Betrag des Gesammteinkommens des Zensiten in der Regel und abgesehen von den seltenen Fällen, wo Forensal- und Gesammteinkommen zusammenfallen, gleichgültig. Nur der Betrag des letzteren wird jedoch durch staatliche Schätzung bestimmt. Wenn die staatlichen Behörden zu diesem Zwecke auch die Erträge aus auswärtigem Grundbesitze oder Gewerbebetriebe im Einzelnen oder getrennt veranschlagen, so bilden diese Einzelpositionen zwar die Unterlagen, aber nicht das Ergebnis der staatlichen Schätzung. Sie werden dem Zensiten nicht bekannt gemacht und können somit von ihm weder geprüft, noch angegriffen werden, so daß sie weder gegen, noch aber auch für ihn bindend sind. Wo das in diesen Positionen veranschlagte Teileinkommen aus auswärtigen Unternehmungen das Objekt der Forensalbesteuerung bildet, und somit durch staatliche Schätzung nicht festgestellt ist, können die Forensalgemeinden den Betrag des ihnen steuerpflichtigen Teileinkommens — zwar nur unter Anwendung der staatlichen Grundsätze, im Übrigen aber — frei und unabhängig sowohl von der staatlichen Ermittelung des Gesammteinkommens und dessen einzelner Teile, als auch von der selbstständigen Schätzung der neben ihnen beteiligten Forensalgemeinden schätzen.[3])

Wer, während er selbst an dem einen Orte dienstlich oder geschäftlich den Tag über beschäftigt ist, seine Familie an einem anderen Orte wohnen läßt, dort regelmäßig besucht und auch wöchentlich ein bis zweimal über Nacht bleibt, hat auch an diesem zweiten Orte einen Wohnsitz, weil er dort eine Wohnung unter Umständen inne hat, die auf die Absicht ihrer dauernden Beibehaltung schließen lassen. Wenn bei Konkurrenz zweier Wohnsitzgemeinden ein an einem dritten Orte erzieltes eigentliches Forensaleinkommen nicht vorhanden ist, so fällt einer jeden Wohnsitzgemeinde die Hälfte des Kapitaleinkommens und das in ihr aus Grundbesitz, bezw. Gewerbebetrieb fließende Einkommen zur Besteuerung zu. Entsch. v. 29. V. 91 ((Pr. Verw.-Bl. Bd. XII S. 551).

[1]) § 49 des Komm.-Abg.-Ges. v. 14. VII. 85.

[2]) Jetzt § 49 Abs. 1 Schlußsatz.

[3]) Vorbehaltlich einer etwaigen Reduktion gemäß § 51 des Komm.-Abg.-Ges. Vergl. Entsch. v. 14. XII. 89 (Pr. Verw.-Bl. Bd. XI S. 397).

2) **Der § 47 des Komm.-Abg.-Ges. kann nur auf einheitliche Unternehmungen, deren Betriebsstätten in verschiedenen Gemeinden liegen, nicht auf das gesammte gewerbliche Einkommen eines Zensiten Anwendung finden, wenn letzteres aus mehreren selbständigen Unternehmungen fließt, und noch weniger auf das Einkommen aus einem gewerblich nicht genutzten Grundbesitze.**

3) **Sache des Herangezogenen ist es, wenn seine Steuerpflicht an sich feststeht, das erforderliche Material zur Rechtfertigung seines auf Ermäßigung der Steuer gerichteten Anspruches zu beschaffen, die hierauf bezüglichen Verhältnisse klar zu legen und die dafür notwendigen Beweise zu erbringen.** Vergl. E.-O.-V. Bd. XV S. 129.[1])

Nr. 18. Entsch. Bd. XVII. S. 140 vom 4. September 1888. II C 30/88.

Ges. v. 13. V. 70 (B.-G.-Bl. S. 119), wegen Beseitigung der Doppelbesteuerung. Komm.-Abg.-Ges. v. 14. VII. 93 (G.-S. S. 152) § 49 und Ges. v. 30. VII. 95 (G.-S. S. 409).

1) **Durch das Ges. wegen Beseitigung der Doppelbesteuerung v. 13. V. 70 wird die Gemeindebesteuerung nicht berührt.** (Vergl. E.-O.-V. Bd. XV S. 98 ff.).[2]) **Die Auffassung, daß die Steuerberechtigung der Gemeinde nur ein vom Staate der Gemeinde abgetretenes Stück des staatlichen Steuerrechtes sei, kann als zutreffend nicht ohne Weiteres angesehen werden. Aber, wenn dies auch der Fall wäre, so würde die Anwendbarkeit des Gesetzes auf**

---

[1]) Unten S. 491. Soweit die Entscheidungsgründe das Recht der Gemeinden auf Nachforderung direkter Steuern behandeln, sind sie durch §§ 83 ff. des Komm.-Abg.-Ges. veraltet. Im Übrigen sind sie, wie üblich, dem heutigen Rechte angepaßt worden.

Wenn das Forensaleinkommen des Zensiten identisch ist mit seinem gesammten staatlich besteuerten Einkommen, er also anderes Einkommen, als das aus in einer Forensalgemeinde belegenem Grundbesitze oder Gewerbebetriebe überhaupt nicht hat, so ist für die Gemeindeabgabenveranlagung auch in der Forensalgemeinde die staatliche Einschätzung maßgebend. Das maßgebende Ergebnis der staatlichen Einschätzung ist aber lediglich die festgestellte Steuerstufe. Die Forensalgemeinde ist wohl befugt, beim Abzuge des für die Wohnsitzgemeinde freizulassenden 1/4 von der Maximalgrenze dieser Steuerstufe auszugehen. Doch ist es dem Zensiten überlassen, innerhalb der Steuerstufe ein Mindereinkommen nachzuweisen. Zu diesem Nachweise genügt indessen die Behauptung nicht, daß bei der Staatssteuerveranlagung ein niedrigeres Einkommen als der Maximalbetrag der Steuerstufe angenommen sei, wofern nicht zugleich dargethan wird, weshalb dieser Veranlagung vor der seitens der Gemeinde bewirkten der Vorzug einzuräumen sei. Entsch. v. 4. II. 90 (Pr. Verw.-Bl. Bd. XI S. 398). Die Wohnsitzgemeinden sind ferner an die staatliche Schätzung der einzelnen Einkommensquellen nicht gebunden, und es bleibt ihnen unbenommen, Einkommensquellen, die bei der staatlichen Veranlagung übergangen sind, ihrerseits zu berücksichtigen. Entsch. v. 23. X. 89 (Pr. Verw.-Bl. Bd. XI S. 167).

Ein Steuerpflichtiger, der in mehreren Gemeinden der Gemeindebesteuerung unterliegt, kann nicht verlangen, daß er in der Forensalgemeinde nach einer Quote der Staatseinkommensteuer oder des bei der staatlichen Einschätzung ermittelten Einkommensbetrages veranlagt werde, muß sich vielmehr die selbständige Einschätzung des dort zur Besteuerung heranzuziehenden Einkommens gefallen lassen. Zum Nachweise einer Steuerüberbürdung ist in solchem Falle Angabe und Nachweis sowohl des Besteuerungsobjektes an sich, als auch der für seine Verteilung unter die beteiligten Gemeinden entscheidenden Thatsachen erforderlich. Schon der Umstand, daß der Kläger den in § 48 des Komm.-Abg.-Ges. v. 14. VII. 93 vorgesehenen Verteilungsplan oder doch das zu dessen Aufstellung erforderliche thatsächliche Material weder im Veranlagungs- und Reklamationsverfahren, noch während des Streitverfahrens beigebracht hat, muß daher zur Abweisung des Klageanspruches, soweit er auf Anerkennung einer Überbürdung gerichtet ist, führen. Entsch. v. 20. X. 89 (Pr. Verw.-Bl. Bd. XI S. 14).

Aus der Verpflichtung einer Wohnsitzgemeinde, Einkommen aus auswärtigem Grundbesitze unbesteuert zu lassen, ergiebt sich nicht das Recht, bei der Einkommenbesteuerung der Steuerpflichtigen die auf jenem Grundbesitze ruhenden Lasten unberücksichtigt zu lassen. Entsch. v. 22. V. 95 (Pr. Verw.-Bl. Bd. XVII S. 46).

[2]) Oben S. 444.

Gemeindesteuern nach seinem klaren Wortlaute und seiner Entstehungsgeschichte ausgeschlossen erscheinen müssen.[1])

Nr. 19. Entsch. Bd. XX. S. 101 vom 23. Januar 1891. II C 223 90.

Freizügigkeitsges. v. 1. XI. 67 (B.-G.-Bl. S. 55) § 8. Komm.-Abg.-Ges. v. 14. VII. 93 (G.-S. S. 152) §§ 33, 50.

§ 50 Abs. 3 des Komm.-Abg.-Ges. schreibt bezüglich der Verteilung des Einkommens eines Steuerpflichtigen unter mehrere Wohnsitzgemeinden vor, daß Wohnsitzgemeinden, in denen der Steuerpflichtige sich im Laufe des dem Steuerjahre voraufgegangenen Rechnungsjahres überhaupt nicht oder kürzere Zeit als drei Monate aufgehalten hat, dabei nicht mitgezählt werden.

Während der in dem § 8 des Freizügigkeitsges. behandelte, ein Besteuerungsrecht erzeugende Aufenthalt des Steuerpflichtigen selbst in seiner drei Monate übersteigenden Dauer ein im Wesentlichen ununterbrochener sein muß, vergl. E.-O.-V. Bd. XII. S. 160, Bd XIV S. 153, unter diesen Voraussetzungen aber eine Steuerpflicht selbst dann entsteht, wenn der Aufenthalt sich auf Steuerjahr und Vorjahr verteilt, ist für den Fall des § 50 Abs. 3 eine Kontinuität nicht erforderlich. Unter dem Sich-Aufhalten ist freilich auch hier nicht etwas rein Augenblickliches, sondern ein Zustand, ein Aufenthaltsverhältnis zu verstehen. Vergl. E.-O.-V. Bd. XV S. 56. Dem Gesetze geschieht aber Genüge, wenn der persönliche und wirtschaftliche Zusammenhang des Abgabepflichtigen mit der Wohnsitzgemeinde sich durch ein zwar in mehrere getrennte Abschnitte zerfallendes, aber doch im Ganzen drei Monate erfüllendes Verweilen des Steuerpflichtigen selbst oder seiner Familie in der Wohnsitzgemeinde bethätigt.

Nr. 20. Entsch. Bd. XXI. S. 168 vom 21. März 1891. I C 132, 90.

Komm.-Abg.-Ges. v. 14. VII. 93 (G.-S. S. 152) §§ 49, 50 und Ges. v. 30. VII. 95 (G.-S. S. 409).

1) **Bei der Anwendung des § 50 des Komm.-Abg.-Ges. stehen die Aufenthaltsgemeinden den Wohnsitzgemeinden gleich. Hiernach sind sie in der Besteuerung des Gesammteinkommens des in ihnen sich Aufhaltenden zwiefach beschränkt, indem sie zuerst den aus auswärtigem Grundbesitze oder Gewerbebetriebe fließenden Teil frei lassen müssen und dann von dem Reste**

[1]) Die Entsch. geht nunmehr über zur Auslegung des § 9 des Komm.-Abg.-Ges. v. 27. VII. 85 (G.-S. S. 327) und kommt zu der Folgerung, daß er in seiner Anwendbarkeit beschränkt sei auf die Einschätzung derjenigen physischen Personen, die als Forensen in einer preußischen Gemeinde besteuert werden könnten. Wenn der § 9 daher bestimmte, daß bei der Einkommenbesteuerung der Forensen (§ 1 Abs. 3 a. a. O.) in ihren Wohnsitzgemeinden der aus außerhalb des Gemeindebezirkes stattfindenden Gewerbe- u. s. w. Betriebe fließende Teil des Gesammt-Einkommens außer Berechnung zu lassen sei, so stehe diese Bestimmung denjenigen preußischen Gewerbetreibenden, deren Betrieb nur im Auslande stattfinde, nicht zur Seite. Andererseits aber lasse § 9 ältere, eine Doppelbesteuerung verhindernde Vorschriften unberührt. Dahin gehört: § 49 der rheinischen St.-Ordn. v. 15. V. 56 (G.-S S. 406) und § 69 des Gemeinde-Verfassungsges. f. Frankfurt a. M. v. 25. III. 67 (G.-S. S. 401).

Diese Folgerungen können auf die Ausführung des § 49 des Komm.-Abg.-Ges. v. 14. VII. 93 nicht übertragen werden. § 49 bezieht sich zwar ebenfalls nur auf physische Personen, da nur solche einen Wohnsitz haben können, jedoch auf Steuerpflichtige überhaupt, nicht etwa bloß auf Personen, die in einer inländischen Gemeinde als Forensen Einkommen aus Grundbesitz u. s. w. beziehen. Nach § 49 in der Fassung des Ges. v. 30. VII. 95 ist sodann bei Berechnung des Gesammteinkommens, entgegen der ursprünglichen Fassung, die auf „andere preußische Gemeinden" beschränkt war, sämmtliches Einkommen „außerhalb des Gemeindebezirkes" außer Ansatz zu lassen. Hieraus und aus der klaren Fassung des § 49 Abs. 2, der von preußischen und außerpreußischen Forensalgemeinden spricht, ergiebt sich, daß das „außerhalb des Gemeindebezirkes" im Abs. 1 sich ganz allgemein auch auf außerpreußische Forensalgemeinden bezieht.

nur einen Bruchteil besteuern dürfen. Die gleiche Behandlung der Aufenthaltsgemeinde mit der Wohnsitzgemeinde findet aber auch bei der Anwendung des § 49a a. a. O. statt. Wenn daher das in ihnen steuerpflichtige Einkommen weniger als ein Viertel des Gesammteinkommens beträgt, so können sie ein volles Viertel des Gesammteinkommens für sich in Anspruch nehmen. Der Anspruch verteilt sich entstehendenfalls verhältnismäßig auf die übrigen Teile des außerhalb des Gemeindebezirkes zufließenden Einkommens und, soweit preußische Forensalgemeinden in Betracht kommen, unter entsprechender Verkürzung des diesen Gemeinden zur Besteuerung zufallenden Einkommens. Steht der Anspruch mehreren Wohnsitz-, bezw. Aufenthaltsgemeinden zu, so ist dieser Bruchteil gemäß § 50 zu verteilen.

2) Die Präzipualquote des § 49 Abs. 2 gebührt der Aufenthaltsgemeinde selbst dann, wenn die konkurrierende Gemeinde keine preußische ist. Die Verkürzung der einen Gemeinde bildet nicht die Vorbedingung für die Entstehung des Anspruches der anderen auf die Viertelsquote, sondern lediglich deren rechtliche Folge. Der Anspruch der Wohnsitzgemeinde auf das Viertel bleibt auch dann noch rechtsbeständig, wenn die Forensalgemeinde durch unanfechtbar gewordene Heranziehung bereits das volle Forensaleinkommen aus Besitz oder Betrieb besteuert hat. Zwischen den mehreren, so am Gesammteinkommen der physischen Person beteiligten Gemeinden besteht ein völlig analoges Verhältnis, wie zwischen denjenigen, deren Besteuerung das Einkommen aus dem Betriebe eines über mehrere Gemeinden sich erstreckenden Bank- oder Versicherungs-Unternehmens unterliegt; hier erhält die inländische Gemeinde des Ortes, wo dessen Leitung sich befindet, ein Präzipuum von 10% aus dem gesammten Reineinkommen, somit auch von seinen in ausländischen Gemeinden zufließenden Teilen, und zwar selbst dann, wenn die letzteren dies voll besteuert haben.[1])

Nr. 21. Entsch. Bd. XXII. S. 30 vom 2. Oktober 1891. II C 135/91.

Freizügigkeitsges. v. 1. XI. 67 (B.-G.-Bl. S. 55) §§ 1, 8. Komm.-Abg.-Ges v. 14. VII. 93 (G.-S. S. 152) §§ 49, 50. Komm.-Abg.-Ges. v. 27. VII. 85 (G.-S. S. 327) § 11.

1) Wenn jemand sich im Steuerjahre länger als 3 Monate in einer anderen, als seiner Wohnungsgemeinde aufgehalten hat, in dem vorhergehenden Jahre aber nur in der Wohnsitzgemeinde, so kann jener Aufenthaltsgemeinde die konkurrierende Besteuerung der Hälfte des Kapital-Einkommens nicht versagt werden.[2])

2) Der Abs. 1 des § 11 des Komm.-Abg.-Ges. v. 27. VII. 85, der nicht selbständig über die — auf den Gemeindeverfassungsgesetzen und dem § 8 des Bundesges. über die Freizügigkeit v. 1. XI. 67 beruhende — Verpflichtung der Einwohner und der neu Anziehenden an sich disponiert, regelt die Rechte, die den verschiedenen nach jenen Vorschriften beteiligten Gemeinden hinsichtlich der

---

[1]) Die vorstehenden Rechtsgrundsätze sind dem Komm.-Abg.-Ges. v. 14. VII. 93, nach dem sie sich eigentlich von selbst verstehen, angepaßt worden. Der Rest der Entscheidungsgründe ist veraltet.

[2]) Ob dieser Grundsatz dem § 50 des Komm.-Abg.-Ges. v. 14. VII. 93 gegenüber aufrecht erhalten werden kann, ist zweifelhaft. Nöll, S. 183 Anm. 17 verneint die Frage, während Brauchitsch, Bd. III S. 434 Anm. 6 und Strutz, S. 141 Anm. 11 sie bejahen. Die Ansicht von Nöll dürfte den Vorzug verdienen. Stellt Abs. 2 des § 50 steuerpflichtige Neuanziehende denjenigen gleich, die in der Gemeinde ihren Wohnsitz haben, so folgt hieraus, daß die Aufenthaltsgemeinden den ersteren gegenüber unmöglich mehr Rechte haben können, als den letzteren gegenüber als Wohnsitzgemeinden. Der Schlußsatz im § 50 Abs. 3 bezieht sich daher auf Aufenthalts- und Wohnsitzgemeinden in gleicher Weise.

In der oben folgenden Begründung ist angesichts dieser Zweifel ausnahmsweise eine Umänderung der früher geltenden Bestimmungen des Komm.-Abg.-Ges. v. 27. VII. 85 in die des Komm.-Abg.-Ges. v. 14. VII. 93 unterlassen worden.

steuerpflichtigen Einkommen zustehen, mit Rücksicht auf deren Konkurrenz. Da er in seinem ersten Satze den Wohnsitz und Aufenthalt getrennt aufführt, so ist es ausgeschlossen, in dem zweiten, sich an den ersten Satz eng anschließenden Satze unter der „Wohnsitzgemeinde“ auch die „Aufenthaltsgemeinde“ mitzuverstehen. Der bezeichnete klare Ausdruck läßt für eine Interpretation überhaupt keinen Raum und könnte seinem Wortlaute entgegen höchstens dann gedeutet werden, wenn mehr oder minder zwingende Momente an der entsprechenden Intention des Gesetzgebers kaum Zweifel ließen, während es an solchen Intentionen hier schlechthin fehlt, auch die Annahme nicht einmal fern liegt, es habe der Preußische Gesetzgeber sich zu Gunsten der Aufenthaltsgemeinden durch die Bundesgesetzgebung gebunden angesehen. — Das Gesetz verlangt also hinsichtlich der Aufenthaltsgemeinden, wenn sie mit qualifizierten Wohnsitzgemeinden konkurrieren, behufs ihrer Zulassung zur Besteuerung keineswegs den Thatbestand eines Aufenthaltes des Zensiten im Vorjahre. Eine derartige Forderung würde auch in den meisten Fällen den Aufenthaltsgemeinden die Abgabeberechtigung entziehen, da wohl selten ein bloßer Aufenthalt sich in zwei aufeinander folgenden Jahren wiederholt, dagegen Aufenthaltsgemeinden vielfach mit Wohnsitzgemeinden, die einen Aufenthalt im Vorjahre aufzuweisen haben, zusammentreffen werden. Gemäß § 11 Abs. 1 wird also das nicht radizierte Einkommen den qualifizierten Wohnsitzgemeinden und jeder Aufenthaltsgemeinde (für die Dauer des in dieser bestehenden Aufenthaltsverhältnisses) mit je einem der Zahl der Gemeinden entsprechenden Bruchteile behufs der Besteuerung überlassen. Die nicht qualifizierte Wohnsitzgemeinde ist aber nicht unter allen Umständen von der Heranziehung jenes Einkommens ausgeschlossen; sie verliert nämlich, wenn sie im Steuerjahre auch Aufenthaltsgemeinde wird, ihre desfallsige Befugnis nicht deshalb, weil sie zugleich Wohnsitzgemeinde ist; das Band des Aufenthaltes wird keineswegs durch das Vorhandensein eines zweiten, wenn auch unwirksamen Bandes beseitigt. Läßt sich also der Zensit in einer Gemeinde, in der er sich früher nicht aufgehalten hat, so nieder, daß er dort sowohl Wohnsitz als auch längeren Aufenthalt nimmt, so kann diese Gemeinde, obgleich eine zweite und zwar qualifizierte Wohnsitzgemeinde existiert, die Rechte der Aufenthaltsgemeinde für die Zeit des in ihr sich vollziehenden Aufenthaltes durch anteilige Besteuerung geltend machen. Demnach liegt im Falle des § 11 Abs. 1 die Sache anders, wie in demjenigen des vermöge seiner Fassung weiteren Raum zur Auslegung bietenden § 11 Abs. 2, zufolgedessen nur die auch mit einem Aufenthalte im Vorjahre versehene Aufenthaltsgemeinde verlangen kann, daß eine andere (Wohnsitz-) Gemeinde, in der ein erheblicher Teil des Einkommens erzielt wird, ihr ein Mitbesteuerungsrecht in einem gewissen Umfange einräume. In dem Abs. 2 wird eben nicht, wie in dem zweiten Satze des Abs. 1, die Wohnsitzgemeinde für sich allein behandelt, sondern es wird dort — allerdings mit einem wenig verständlichen Ausdrucke — neben dem in seinem Wohnsitze Abgabepflichtigen noch ein anderer Pflichtiger hingestellt. Ferner ist nicht anzuerkennen, daß jene Vorschrift des § 11, wonach eine Aufenthaltsgemeinde ohne vorjährigen Aufenthalt einer Wohnsitzgemeinde mit einem solchen Aufenthalte gleichberechtigt ist, etwa mit dem Bundesges. v. 1. XI. 67 sich im Widerspruche befinde. Der § 8 dieses Ges. deutet mit den Worten: „gleich den übrigen Gemeindeeinwohnern“ allerdings darauf hin, daß der neu Anziehende nicht unter allen Umständen und mit seinem ganzen Einkommen in der Aufenthaltsgemeinde abgabepflichtig sei, so daß die Landesgesetzgebung berechtigt erscheint, eine Teilung zwischen den Aufenthaltsgemeinden einerseits und den Wohnsitz- bezw. Forensalgemeinden andererseits anzuordnen, und sogar der nicht qualifizierten Aufenthaltsgemeinde, wie im § 11 Abs. 2 des Ges. v. 27. VII. 85 geschehen, die Steuerbefugnis dann ganz zu entziehen, wenn sie mit einer solchen Wohnsitzgemeinde zusammentrifft, in der das gesammte Einkommen aus Grundbesitz oder Gewerbebetrieb entsteht, jedoch folgt aus dem Passus noch nicht, daß eine Aufenthaltsgemeinde, die des Aufenthaltes im Vorjahre entbehrt, gerade so zu behandeln sei, wie eine Wohnsitzgemeinde, die weder für das Vorjahr, noch für das Steuerjahr einen Aufenthalt nachzuweisen hat, und daß jene daher — gleich dieser — einer qualifizierten Wohnsitzgemeinde gegenüber ganz ausscheiden müsse. Es steht vielmehr eine nicht qualifizierte Aufenthaltsgemeinde derjenigen nicht qualifizierten Wohnsitzgemeinde gleich, in der der Einwohner während des Steuerjahres sich länger als drei Monate aufhält und die nach dem Obigen diesen Einwohner für die Dauer seines Aufenthaltes besteuern darf. Beide der letztbezeichneten Gemeinden sind für die Dauer des in jeder sich vollziehenden Aufenthaltes zur Besteuerung befugt, so daß die Aufenthaltsgemeinde die neu Anziehenden in der That „gleich den Einwohnern" heranzieht. Beispiel: Vorausgesetzt 1., die Wohnsitzgemeinde A. habe einen dreimonatlichen Aufenthalt im Vorjahre und gar keinen Aufenthalt im Steuerjahre aufzuweisen; 2. die Wohnsitzgemeinde B. sei dagegen zwar nicht mit einem Aufenthalte im Vorjahre, wohl aber mit einem über das erste Drittel des Steuerjahres sich erstreckenden Aufenthalte versehen, und 3. in der Aufenthaltsgemeinde C. habe der Zensit sich während des zweiten Drittels des Steuerjahres aufgehalten, so teilen in dem ersten Drittel des Steuerjahres A. und B., sowie in dem zweiten Drittel A. und C. das Kapitaleinkommen behufs der Besteuerung, während im letzten Drittel A. allein zur Heranziehung befugt ist.

Nr. 22. Entsch. Bd. XXIII. S. 40 vom 25. November 1892. II C 142/92.

Eink.-St.-Ges. v. 24. VI. 91 (G.-S. S. 175) §§ 14, 15 und Ausf.-Anw. v. 5. VIII. 91, Art. 21. Komm.-Abg.-Ges. v. 14. VII. 93 (G.-S. S. 152) § 50.

1) Das Eink.-St.-Ges. v. 24. VI. 91 trennt das Einkommen aus Handel und Gewerbe (§ 14) von demjenigen aus gewinnbringender Beschäftigung, wozu es den Gewinn aus wissenschaftlicher Thätigkeit rechnet (§ 15), und der Art. 21 der Ausf.-Anw. v. 5. VIII. 91 erklärt infolgedessen unter lit. c den Gewinn aus der Thätigkeit als Arzt zu einem Teile des Einkommens aus gewinnbringender Beschäftigung. Die Staatseinkommensteuergesetzgebung, der sich in dieser Beziehung die Gemeindesteuergesetzgebung anzuschließen hat, stimmt also mit der allgemeinen Anschauung überein, wonach die ars liberalis des Arztes, mit deren Ausübung keineswegs überall wesentlich gerade Vermögensinteressen verfolgt werden, einen gewöhnlichen Gewerbebetrieb ohne weiteres, d. h. ohne das Vorhandensein besonderer, die konkrete Sachlage in einer anderen Richtung beherrschender Verhältnisse nicht darstellt. Hat das Erk. des O.-V.-G. Bd. XV S. 47 v. 1. IV. 87 einen Vorbehalt für den Fall des Bestehens eigenartiger Verhältnisse dahin gemacht, daß eine gewinnbringende Beschäftigung unter Umständen auch als Gewerbebetrieb im Sinne der Kommunalabgabengesetzgebung erachtet werden könne, so ist dabei nicht an irgend welche einen ganzen Stand betreffende Gesetzgebung, sondern nur an die auf besonderen Thatsachen beruhende Ausnahmestellung einer einzelnen Persönlichkeit gedacht worden.

2) Bei der Verteilung des Einkommens eines Arztes mit mehrfachem Wohnsitze aus seiner ärztlichen Thätigkeit gemäß § 50 des Komm.-Abg.-Ges. ist also davon auszugehen, daß das Einkommen kein solches ist, das für die Besteuerung seitens der Belegenheitsgemeinde vorbehalten werden müßte. Handelt es sich um Bruchteile des Gesammteinkommens des Steuerpflichtigen, so ist seine Einschätzung zur Staatssteuer zu Grunde zu legen.

3) Das Erbieten zur Eidesleistung hat im Verwaltungsstreitverfahren keine Berücksichtigung zu finden, der wegen Steuerüberbürdung vorgehende Kläger muß anderweitig sein Einkommen beweisen, falls er nicht beweisfällig bleiben will.

Nr. 23. Entsch. Bd. XXV. S. 72 vom 7. März 1893. II C 25/93.
Komm.-Abg.-Ges. v. 14. VII. 93 (G.-S. S. 152) §§ 33, 47, 48, 49.

1) Die Vorschriften wegen Verteilung des der Einkommenbesteuerung unterliegenden Einkommens aus dem Betriebe einer sich über mehrere Gemeinden erstreckenden Gewerbeunternehmung binden auch die zu diesen Gemeinden gehörende Wohnsitzgemeinde bei der ihr obliegenden Ausscheidung desjenigen Teiles des Gesammteinkommens, das aus außerhalb des Gemeindebezirkes stattfindendem Gewerbebetriebe fließt.

2) Die §§ 47 und 48 des Komm.-Abg.-Ges. stehen nicht im Gegensatze zum § 49 a. a. O., sondern sind mit dem letzteren zu beachten. Der § 49 bestimmt, daß das außerhalb des Bezirkes der Wohnsitzgemeinde entstehende Einkommen außer Berechnung zu lassen sei. Vollzieht sich nun ein Gewerbebetrieb lediglich in fremden Gemeinden, so bedarf es nur der Feststellung der Höhe des aus ihm fließenden Einkommens, um dessen Abrechnung vornehmen zu können. Erstreckt sich dagegen der Gewerbebetrieb auch auf die Wohnortgemeinde, so muß das betreffende Einkommen zunächst auf die Wohnsitzgemeinde einerseits und auf die fremden Gemeinden andererseits verteilt werden; denn erst dadurch wird die Höhe des auswärtigen Einkommens festgestellt. Dabei ist gemäß §§ 47, 48 zu verfahren. Wenn auch § 47 seinem Wortlaute nach allein über die Verteilung desjenigen Einkommens disponiert, das der Einkommensbesteuerung gemäß § 33 unterliegt, so muß doch diese Vorschrift, da eine Verteilung erforderlich ist und der Gesetzgeber die im § 47 gegebene Norm als zur Vermeidung von Doppelbesteuerungen dienlich bezeichnet hat, analog auch auf den Fall angewendet werden, wenn die Wohnsitzgemeinde mit fremden Gemeinden in der Besteuerung konkurriert. Vergl. E.-O.-V. Bd. XVIII S. 90 und Bd. XX S. 28.

Nr. 24. Entsch. Bd. XXVI. S. 33 vom 20. Juni 1894. II C 67/94.
Komm.-Abg.-Ges. v. 14. VII. 93 (G.-S. S. 152) § 50.

1) Die Wirkung einer Bezirksveränderung, z. B. einer Eingemeindung, ist die Rechtsnachfolge. Jede Bezirksveränderung bezweckt einen Wechsel in den Trägern der bestehenden Rechte und Pflichten, nicht aber liegt es a priori im Begriffe und im Zwecke der Bezirksveränderung, neue Rechte und Pflichten zu schaffen. Zwischen dem alten vor der Bezirksveränderung vorhanden gewesenen öffentlich-rechtlichen Zustande und dem neuen Zustande, der durch die Bezirksveränderung geschaffen wird, findet das Rechtsverhältnis der Rechtsnachfolge statt. So wird auch ein Besteuerungsrecht durch eine Eingemeindung von der alten Gemeinde auf die neue übertragen, gleichviel ob es schon ausgeübt worden ist und kann, sofern nicht besondere Umstände entgegenstehen, von der neuen Gemeinde im vollen Umfange geltend gemacht werden.

2) Hat daher ein Steuerpflichtiger mit mehrfachem Wohnsitze sich in der früher selbständigen, nunmehr einverleibten Ortschaft im Laufe des Vorjahres mindestens drei Monate lang aufgehalten, so gehört die Rechtsnachfolgerin jener Ortschaft (der früheren Wohnsitzgemeinde) nunmehr ihrerseits zu den im § 50 des Komm.-Abg.-Ges. näher bezeichneten Wohnsitzgemeinden, wenn der Ort des Aufenthaltes auch erst nach Ablauf des Vorjahres mit ihr durch Eingemeindung verbunden ist.

Beispiel: Jemand hat in den Gemeinden A und B einen Wohnsitz und sich in jeder von ihnen während des Jahres 1892/93 mindestens 3 Monate lang aufgehalten. Am 1. April 1893 wird die Gemeinde B der Gemeinde C einverleibt. C hat als Rechtsnachfolgerin von B, da der Steuerpflichtige beide Wohnsitze beibehalten, an der Verteilung des Gesammteinkommens für 1893/94 teilzunehmen.

Nr. 25. Entsch. Bd. XXVI. S. 67 vom 2. Juni 1894. II C 71 94.

Berggeś. v. 24. VI. 65 (G.-S. S. 705) §§ 228, 231. Komm.-Abg.-Ges. v. 14. VII. 93 (G.-S. S. 152) §§ 33, 49, 50. Eink.-St.-Ges. v. 24. VI. 91 (G.-S. S. 175) §§ 1^4, 12, 14 und Ausf.-Anw. v. 5. VIII. 91, Art. 20^2. Erg.-St.-Ges. v. 14. VII. 93 (G.-S. S. 134) § 7a und Ausf.-Anw. v. 3. IV. 94, Art. 13 (Anm. 14).

Zu dem bei der Einkommenbesteuerung in der Wohnsitzgemeinde zu Gunsten der Forensalgemeinde außer Berechnung zu lassenden Einkommen aus Grundeigentum oder Bergbaubetrieb gehört nicht das Einkommen aus Kuxen älteren Rechtes.

Daß diese nicht zum Grundeigentume gehören, wird entgegen dem Art. 20^2 der Ausf.-Anw. v. 5. VIII. 91 und in Übereinstimmung mit E.-O.-V. Bd. XVIII S. 16 in der Anm. 14 zu Art. 13 der Ausf.-Anw. v. 3. IV. 94 ausdrücklich anerkannt.

Ebensowenig sind die Gewerken (als ihre Inhaber) Gewerbetreibende, da das Gewerbe von der steuerrechtlich zu einem besonderen Rechtssubjekte erhobenen Berggewerkschaft betrieben wird. Vergl. E.-O.-V. Bd. XXIV S. 45. Die den Gewerken aus ihnen zufließende Ausbeute ist vielmehr Einkommen aus Kapitalvermögen.

m) Verpflichtung der Betriebsgemeinden zur Leistung von Zuschüssen.

Nr. 1. Entsch. vom 9. Dezember 1896 (Pr. Verw.-Bl. Bd. XVIII S. 211). II Nr. 2437.

Komm.-Abg.-Ges. v. 14. VII. 93 (G.-S. S. 152) § 53.

Nach § 53 Abs. 1 des Komm.-Abg.-Ges. sind Arbeiterwohnsitzgemeinden nur dann berechtigt, einen angemessenen Zuschuß zu den ihnen für Zwecke des öffentlichen Volksschulwesens und der öffentlichen Armenpflege erwachsenden Ausgaben von Betriebsgemeinden zu verlangen, wenn ihnen durch den in der Betriebsgemeinde stattfindenden Betrieb von Berg-, Hütten- oder Salzwerken, Fabriken oder Eisenbahnen nachweisbar Mehrausgaben für die erwähnten Zwecke erwachsen, die im Verhältnisse zu den ohne diese Betriebe für jene Zwecke notwendigen Ausgaben einen erheblichen Umfang erreichen und eine Überbürdung der Steuerpflichtigen herbeizuführen geeignet sind. Voraussetzung ist also der Nachweis eines ursächlichen Zusammenhanges zwischen Betrieb und Mehrausgaben und der Nachweis der letzteren selbst. Hierzu genügt keinesfalls die Feststellung, wie hoch die Gesammtlast der Betriebsgemeinde an Schul- und Armenlasten für den Kopf der Bevölkerung sich stellt und die Multiplizierung dieses Betrages mit der Kopfzahl der Betriebsangehörigen, gleich als ob die so gefundene Summe schon die Mehrausgabe darstellte. Ein Zuwachs an Kindern veranlaßt, besonders bei mehrklassigen Schulen, nicht unter allen Umständen Mehrausgaben, sondern in der Regel nur dann, wenn er die Anstellung neuer Lehrkräfte oder die Beschaffung neuer Schulräume nötig macht. Auch aus der Gesammtbelastung für Zwecke der öffentlichen Armenpflege läßt sich kein Anhalt gewinnen, welcher Teil davon der Arbeiterwohnsitzgemeinde durch einen in der Betriebsgemeinde stattfindenden Betrieb erwachsen ist; denn es können ja sämmtliche Ausgaben für andere, als dem Betriebe angehörige Personen erwachsen sein. Endlich kann auch die Gesammtzahl der Familienglieder der Betriebsbeamten und Arbeiter nicht ohne weiteres zur Grundlage des erforderlichen Nachweises gemacht werden. Denn offensichtlich fehlt ein ursächlicher Zusammenhang zwischen Betrieb und Mehrausgaben bei allen den Ausgaben, die die Arbeiterwohnsitzgemeinde im Interesse solcher Betriebsangehöriger gemacht hat, die in der Gemeinde wohnen würden, auch wenn sie nicht in dem Betriebe beschäftigt wären.

Die erste Grundlage des Nachweises bildet die Aufzählung derjenigen Beamten und Arbeiter, die nicht aus anderen Ursachen, sondern deshalb, weil sie in dem Betriebe beschäftigt werden, in der Arbeiterwohnsitzgemeinde wohnen. Bei welchen dies der Fall, ist, da ein strikter Nachweis nur selten möglich sein dürfte, unter pflichtmäßiger Erwägung der in Betracht kommenden Umstände festzustellen. Dabei werden in der Regel alle diejenigen Beamten und Arbeiter hierher zu rechnen sein, die bereits in dem Betriebe beschäftigt waren, als sie in die Arbeiterwohnsitzgemeinde zuzogen, oder die zuzogen, um in dem Betriebe Beschäftigung zu finden.

Sodann bleibt an der Hand von Thatsachen nachzuweisen, welche Mehrausgaben für Zwecke des öffentlichen Volksschulwesens und der öffentlichen Armenpflege durch das Vorhandensein jenes Personenkreises der Arbeiterwohnsitzgemeinde erwachsen. Hierzu ist bezüglich der Schullasten zunächst die Zahl der schulpflichtigen Kinder, die jenem Kreise angehören, und deren Verteilung auf die einzelnen Schulen und Schulklassen festzustellen, damit ersichtlich wird, in welchem Verhältnisse in den einzelnen Klassen die Zahl dieser Kinder zur Zahl der übrigen Kinder steht, und damit beurteilt werden kann, ob diese Kinder die Ursache zu Mehrausgaben für die Schule geworden sind, insbesondere ob sie die Anstellung neuer Lehrkräfte oder die Beschaffung neuer Schulräume erforderlich machen. Bezüglich der Armenlasten sind die erwachsenden Mehrausgaben nötigenfalls auf Grund der Ausgaben zu schätzen, die die Gemeinde in den Vorjahren für Arme, die jenem Personenkreise angehören, auf eigene Rechnung thatsächlich hat machen müssen.

Von der Gesammtausgabe für öffentliches Schulwesen und öffentliche Armenpflege wird die so ermittelte Mehrausgabe abzuziehen und sodann zu prüfen sein, ob die Mehrausgabe im Verhältnisse zu der Restsumme als erheblich zu betrachten ist. Schließlich hat die Arbeiterwohnsitzgemeinde auch noch nachzuweisen, daß die Mehrausgabe geeignet ist, eine Überbürdung der Steuerpflichtigen herbeizuführen. Sache der Betriebsgemeinde ist es dann, eventuell im Wege der Einrede die Vorteile nachzuweisen, die der Arbeiterwohnsitzgemeinde durch den Betrieb erwachsen und die Höhe der von dem Betriebe zu erhebenden direkten Gemeindesteuern anzugeben.

E. Naturaldienste.

Nr. 1. Entsch. Bd. IV. S. 135 vom 14. Dezember 1878.

Ges. v. 13. II. 75 (R.-G.-Bl. S. 52), über die Naturalleistungen für die bewaffnete Macht im Frieden, §§ 3, 7. Komm.-Abg.-Ges. v. 14. VII. 93 (G.-S. S. 152) §§ 3, 7. Zust.-Ges. § 50.

1) Die in dem Reichsges. über die Naturalleistungen für die bewaffnete Macht im Frieden v. 13. II. 75 bezeichneten Leistungen sind keine Gemeindelasten. Wenn nach § 7 a. a. O. die örtliche Verteilung der hier in Rede stehenden Leistungen auf die Gemeinden im Ganzen durch die zuständige Zivilbehörde erfolgen soll, so ist damit keine Last der bürgerlichen Gemeinde, sondern nur ein Verteilungsbezirk geschaffen, in dem die Gemeindevorstände kraft des Gesetzes und nach Maßgabe der Bestimmungen des Gesetzes

die Leistungen auf die einzelnen Pflichtigen zu verteilen haben. Die Pflichtigen sind aber weder die Gemeinden, noch die nach der Gemeindeverfassung Spanndienstpflichtigen, noch die Mitglieder der Gemeinden, sondern alle Besitzer von Zugtieren und Wagen. Wenn also jemand, der von dem Schulzen zur Vorspannleistung herangezogen wird, sich dadurch beschwert fühlt, so kann er deshalb nicht aus § 70 des Komm.-Abg.-Ges. wegen Überbürdung mit Gemeindelasten klagen, auch kann er überhaupt im Verwaltungsstreitverfahren seine Ansprüche auf Ermäßigung nicht verfolgen.

2) **Ein Abkommen unter den Gemeindegliedern genügt nicht, um der Vorspannleistung den Charakter einer Gemeindelast zu geben.** Zur Übernahme neuer Lasten auf die Gemeinde bedarf es stets eines förmlichen, von der zuständigen Behörde zu bestätigenden Gemeindebeschlusses, wie denn auch § 50 des Zust.-Ges. namentlich für die auf Grund des § 7 Abs. 2 des Ges. v. 13. II. 75 gefaßten Gemeindebeschlüsse die Zustimmung des Kreis-, bezw. Bezirksausschusses erfordert. Ob der Inhalt eines solchen Gemeindebeschlusses auch die Übernahme der Vorspannleistung als einer „Gemeindelast" mit der Wirkung sein kann, daß die Spanndienstpflichtigen der Gemeinde verpflichtet werden, den Vorspann allein nach dem für die Gemeindedienste bestehenden Maßstabe zu leisten, erscheint zweifelhaft, und die Instruktion zur Ausführung des Ges. v. 13. II. 75 v. 2. IX. 75 (R.-G.-Bl. S. 261) zu § 7 läßt in dieser Beziehung eine zwiefache Auslegung zu.[1])

Nr. 2. Entsch. Bd. V. S. 108 vom 26. März 1879.

Ges. v. 25. VI. 68 (B.-G.-Bl. S. 523), betreffend die Quartierleistungen für die bewaffnete Macht während des Friedenszustandes, §§ 1, 4, 5. Komm. Abg.-Ges. v. 14. VII. 93 (G.-S. S. 152) §§ 69, 70.

Nach § 1 des Ges. v. 25. VI. 68 **ist die Fürsorge für die Unterbringung der bewaffneten Macht in Friedenszeiten eine Last des Reiches, deren Naturalleistung nur gegen Entschädigung gefordert werden kann.** Nach § 4 a. a. O. ist das Reich berechtigt, gegen die im Tarife bestimmte Entschädigung mit einer im Gesetze bestimmten Einschränkung **alle** benutzbaren Baulichkeiten in Anspruch zu nehmen, und wenn im § 5 die örtliche Verteilung der Quartierleistung auf die Gemeinde- bezw. selbständigen Gutsbezirke im ganzen, die Unterverteilung aber durch die Gemeindevorstände und die Besitzer der selbständigen Gutsbezirke erfolgen soll, so folgt daraus **nicht, daß die Quartierleistung eine Last der Gemeinden und der Gutsbezirke ist,** vielmehr ist dadurch nur ein Verteilungsbezirk geschaffen, in dem die Gemeinde- beziehungsweise Gutsvorsteher kraft und nach den Bestimmungen des Gesetzes die Leistungen auf die einzelnen Pflichten zu verteilen haben. Hieraus folgt (wie dies schon in E.-O.-V. Bd. IV S. 135[2]) ausgeführt war), daß einzelne Hausbesitzer, die sich durch ihre Heranziehung zu den Quartierleistungen seitens des Gemeinde- oder Gutsvorstehers beschwert fühlen, nicht auf Grund des § 69 des Komm.-Abg.-Ges. wegen Überbürdung mit Gemeindelasten klagen können, und daß derartige Ansprüche auf Befreiung oder Ermäßigung im Verwaltungsstreitverfahren überhaupt nicht verfolgt werden können.

Nr. 3. Entsch. Bd. VII. S. 137 vom 20. Oktober 1880.

Komm.-Abg.-Ges. v. 14. VII. 93 (G.-S. S. 152) §§ 21, 69, 70.

1) **Durch die Bestätigung der Aufsichtsbehörde werden die Bestimmungen der Gemeinheitsteilungs-Rezesse Teile der Ortsverfassung, des örtlichen Rechtes.**

---

[1]) Auf die Klarstellung dieser Frage geht das O.-V.-G. nicht näher ein.
[2]) Oben S. 461.

Wenn ein Gemeinheitsteilungs-Rezeß für eine Landgemeinde hinsichtlich des dem Schullehrer zu gewährenden Holzes bestimmt, daß der zu dessen Ankauf erforderliche Geldbetrag von der Schulgemeinde aufzubringen, die Anfuhr aber von den Bauern, dem Schulzen, dem Hauptparzellenbesitzer und von den Kossäten in der Art zu besorgen sei, daß der Kossät den vierten Teil dessen leiste, was einem Bauern obliegt, so ist die Annahme des Gemeindevorstehers, es müsse als Einheit bei den fraglichen Spanndiensten eine zwei Raummeter umfassende Holzfuhre angesehen werden, und das Verlangen einer solchen Leistung von den Kossäten gerechtfertigt, denn die Anfuhr des Schulholzes war nach dem örtlichen Rechte jener Dorfschaft eine Last der politischen Gemeinde. Der Gemeinheitsteilungs-Rezeß stellte den Mitgliedern der Schulgemeinde einerseits die Mitglieder der politischen Gemeinde andererseits gegenüber. Die ersteren sollten das Schulholz ankaufen, die letzteren es anfahren. Der Streit über die in Abrede gestellte Verpflichtung der Kossäten ist die Bestreitung einer Gemeindelast und in dem hierfür geordneten Verfahren zu verfolgen. Der Gemeindevorsteher, und nicht der Schulvorstand, war berechtigt und verpflichtet, die Anfuhr zu ordnen und die Leistung auf die Pflichtigen zu verteilen.

2) Wenn bei dieser Verteilung als Einheit die Fuhre angenommen wurde, so entsprach dies vollkommen der Übung in den Landgemeinden und wirtschaftlichen Grundsätzen. Bei Transportierung von Gegenständen durch die Gemeindespannpflichtigen ist eine andere Einheit, als die Fuhre, nicht wohl denkbar. Jede Teilung der Fuhre müßte zu einer ungerechten Mehrbelastung der Gemeindemitglieder führen. Wenn die Bauern 4 Fuhren zu leisten hatten, so mußte der Kossät, der regelmäßig den vierten Teil eines Bauern zu leisten hatte, deren eine leisten.

Nr. 4. Entsch. Bd. VII. S. 140 vom 6. November 1880.

Komm.-Abg.-Ges. v. 14. VII. 93 (G.-S. S. 152) §§ 68, 69, 70. A. L.-R. Einl. § 4; Teil II Tit. 7 §§ 31, 41, 46, 56; Tit. 15 § 15. Ed. v. 14. VII. 1742 (v. Rönne, Wegepolizei S. 547), wegen Verrichtung der Fuhren u. s. w. bei Reparierung der Wege im Herzogtum Magdeburg. Publikandum v. 13. XI. 1787 (ebenda S. 217) und Vd. v. 3. I. 1688 (ebenda S. 546).

1) Wenn ein Gemeindevorsteher die Verpflichteten auffordert, die zur Unterhaltung der Kommunalwege ortsüblichen, erforderlichen Fuhren zu leisten, und wenn dabei über die Verteilung dieser Leistungen Streit entsteht, so ist der letztere als ein Streit über Gemeindelasten zu beurteilen, sobald es feststeht, daß die Unterhaltung des betreffenden Weges nach Separationsrezessen oder anderen Festsetzungen als eine Gemeindelast angesehen werden muß. Sache des Schulzen ist es, das bestehende Recht zur Geltung zu bringen, und es kann ihm nicht der Einwand entgegengestellt werden, daß er als Landbesitzer im Dorfe oder als Mitverpflichteter bei der Wegebesserung zur Sache interessiert sei, weil er bei der Wahrnehmung des öffentlichen Interesses nicht seinen eigenen Vorteil, sondern den der Korporation, der Gemeinde, im Auge hat und auch nur haben kann. Die Berufspflichten des Schulzen bestehen hier nicht in der Ausübung eines sich in weitgezogenen Grenzen bewegenden administrativen Ermessens, wie z. B. bei dem gutachtlichen Befinden über Erteilung gewerblicher Konzessionen, sondern vorwiegend in Wahrnehmung korporativer Interessen, die die amtliche Thätigkeit auf gewisse, im voraus bestimmte Normen verweisen, bei denen ein ganz willkürliches Abweichen der Natur der Sache nach ausgeschlossen ist und ev. sofort zu Tage treten würde.[1]) Anderenfalls müßten die amtlichen Funktionen des Gemeindevorstehers, der als Mitglied seiner Gemeinde an jeder vermögensrechtlichen Leistung innerhalb dieser wenigstens mittelbar ein persönliches Interesse hat, bei Gelegenheit

[1]) Vergl. hierzu auch E.-O.-V. Bd. V S. 87, unten S. 468.

fast jeder ihm obliegenden Steuerforderung an Mitglieder der Gemeinde zum Stillstande kommen, während jedesmal die Tauglichkeit seiner gesetzlich berufenen Stellvertreter zur Wahrnehmung derselben Verrichtung den gleichen Bedenken unterläge.

2) Die Bildung von Observanzen bezüglich des Verhältnisses, wonach die Pflichtigen zu Spanndiensten bei der Unterhaltung von Vizinalwegen im ehemaligen Herzogtume Magdeburg (Provinz Sachsen) heranzuziehen sind, ist rechtlich zulässig, soweit ihr nicht gesetzliche oder vertragsmäßige Bestimmungen entgegenstehen. Erstere sind weder in A. L.-R. Teil II Tit. 15 § 15, der sich auf die Landstraßen beschränkt, enthalten, noch im Ed. v. 14. VII. 1742, das die Unterhaltung der Land-, Heer- und Poststraßen, noch im Publ. v. 13. XI. 1787, das den Chausseebau behandelt, während die Vd. v. 3. I. 1688 den Verteilungsmaßstab unter den Pflichtigen offen läßt.[1])

3) Das Recht des Gemeindevorstehers, zur Erfüllung der aus der Kommunalzubehörigkeit herrührenden Verpflichtungen gegen die Mitglieder der Gemeinde Zwang zu üben, ist ein in der Verwaltungspraxis stets anerkannter natürlicher Ausfluß derjenigen Stellung, die ihm als Ortsobrigkeit und Verwalter des Kommunalvermögens zugewiesen ist.[2])

Nr. 5. Entsch. Bd. VIII. S. 161 vom 20. Mai 1882.

A. L.-R. Teil II Tit. 7 §§ 38—41. Komm.-Abg.-Ges. v. 14. VII. 93 (G.-S. S. 152) § 68 und Ausf.-Anw. v. 10. V. 94, Art. 44.

1) Zu den mit Gespann zu verrichtenden Gemeindediensten, die ortsverfassungsmäßig oder gesetzlich den mit Gespann versehenen Mitgliedern einer Landgemeinde obliegen, sind solche Gemeindeangehörige nicht heranzuziehen, die ihr Gespann ausschließlich zu gewerblichen Zwecken halten.[3])

2) Wenn der § 41 Tit. 7 Teil II A. L.-R.'s die Leistung der gemeinen Spanndienste nach Verhältnis der „Klassen", in die die bespannten Ackerbesitzer als Vier-, Drei- und Zweispänner u. s. w. an

---

[1]) Vergl. über den event. Fortbestand der Observanzen dem Komm.-Ab.-Ges. v. 14. VII. 93 (G.-S. S. 152) gegenüber § 96 Abs. 2, 4, das.

[2]) Gemäß § 90 Abs. 2 des Komm.-Abg.-Ges. kann der Gemeindevorstand bei Säumnis der Pflichtigen die Naturaldienste durch Dritte leisten und die entstehenden Kosten von den Ersteren im Verwaltungszwangsverfahren beitreiben lassen.

[3]) Gemäß § 68 Abs. 2 Schlußsatz des Komm.-Abg.-Ges. ist heute auch die Heranziehung solcher Gemeindeangehörigen mit Genehmigung der Aufsichtsbehörde gestattet, die ihr Gespann ganz oder größtenteils zu gewerblichen Zwecken halten.

Ist durch genehmigten Gemeindebeschluß festgesetzt, daß die Hüfner die Spann-, die Kossäten und Büdner die Handdienste zu leisten haben, so kann ein Kossät, auch wenn er Gespann hält, nur zu Handdiensten herangezogen werden. Maßgebend für die Einteilung ist lediglich der Besitz innerhalb der Gemeinde, nicht auch auswärtiger Besitz. Die gesetzlich begründete Befugnis der Gemeinden, unter Genehmigung der Aufsichtsbehörde die gesammte Dienstpflicht nach ihrem Ermessen zu regeln, darf durch Polizeiverordnung nicht beseitigt werden. Aus §§ 3 und 4 des Ges. über die Polizeiverw. v. 11. III. 50 ergiebt sich die Verpflichtung der Gemeinden zur Stellung des Gespannes behufs Fortschaffung der Feuerspritze an die Brandstätte und zurück, sowie der Bedienungsmannschaft. In Notfällen kann, wenn die Bespannung der Spritze von den nach Ortsrecht Verpflichteten nicht oder doch nicht sofort beschafft werden kann, jeder Gespannhalter polizeilich angehalten werden, zur Abwendung der gemeinsamen Gefahr sein Gespann herzugeben. Entsch. v. 24. VI. 91 (Pr. Verw.-Bl. Bd. XII S. 566).

Auf die öffentlich-rechtliche Verpflichtung zur Leistung von Spanndiensten in einer Landgemeinde findet, selbst wenn sie den Charakter einer Reallast hat, § 12 des Ges. v. 5. V. 72, der für auf privatrechtlichem Titel beruhende dingliche Rechte vorschreibt, daß sie gegen Dritte nur durch Eintragung Wirksamkeit erlangen, keine Anwendung. Vielmehr gehört diese Verpflichtung zu den in § 49 der Konkursordn. v. 8. V. 55 erwähnten, aus dem Kommunalverbande entspringenden Leistungen, die gemäß § 11 der Grundbuch-Ordn. v. 5. V. 72 der Eintragung nicht bedürfen. Entsch. v. 30. I. 84 (Pr. Verw.-Bl. Bd. V S. 165).

jedem Orte eingeteilt werden, für die Unterverteilung grundsätzlich vorschreibt, so sind für diese Klassifikation augenscheinlich die Abstufungen des Grundbesitzes, wie sie sich zur Zeit der Entstehung des Allgemeinen Landrechtes auf dem platten Lande regelmäßig vorfanden, bestimmend gewesen. Auf keinen Fall kann etwa die Verschiedenheit, die eine ganz außerhalb der ländlichen Lebensordnung liegende Beschäftigung und Berufsthätigkeit zu begründen geeignet ist, ein kritisches Kennzeichen für jene den eigentümlichen Verhältnissen des platten Landes angepaßte Klasseneinteilung abgeben. Eine solche mit dem Begriffe der „Bevölkerungsklassen" im üblichen modernen Sprachgebrauche sonst wohl verbundene Auffassung war der Anschauung von dem ländlichen Leben, wie es die Gesetzgeber jener Zeit vor Augen hatten, sicherlich ganz und gar fremd. Das gemeinsame Merkmal für eine Klasse ländlicher Gemeindeglieder lag vielmehr ausschließlich in der Gleichheit ihrer Berufsstellung zu den Aufgaben des damaligen ländlichen Gemeindelebens.[1])

Nr. 6. Entsch. Bd. IX. S. 58 vom 14. Oktober 1882.
Komm.-Abg.-Ges. v. 14. VII. 93 (G.-S. S. 152) § 68.

Wenn auch die Fürsorge für die Unterhaltung der öffentlichen Wege zu den Aufgaben der Polizei gehört, so trägt die letztere doch nicht die Wegebaulast, diese liegt vielmehr Gemeinden und Privaten ob. Trägt sie die Gemeinde und betreiben demgemäß ihre Organe den Wegebau, legen die dazu nötigen Gemeindedienste um und sorgen für deren Leistung, so handelt es sich überall um Akte der Kommunal-, nicht der Polizeiverwaltung. Die ganze Thätigkeit kann sich vollziehen, ohne daß die Polizei thatsächlich beteiligt ist. Muß sie aber zwangsweise einschreiten, so hat sie sich nur an die Gemeinde als Wegebauverpflichtete zu halten. Das einzelne Gemeindeglied, das bei einem von der Gemeinde ausgeführten Wegebau Dienste leistet, erfüllt keine Polizei-, sondern eine Gemeindelast.[2])

Nr. 7. Entsch. Bd. IX. S. 78 vom 14. Februar 1883.
Wegereglement im Herzogtum Pommern und den Herrschaften Lauenburg und Bütow v. 25. VI. 1752 (Rabe, Bd. I, Abt. 2, S. 310). A. L.-R. Teil II Tit. 6 §§ 64, 65, 66. Land-Gem.-Ordn. v. 3. VII. 91 (G.-S. S. 233) § 114.

1) Die Verpflichtung zur Unterhaltung der öffentlichen Wege bildet im Herzogtum Pommern keine den Landgemeinden als solchen gesetzlich obliegende Last, vielmehr ist sie allen Grundbesitzern als solchen auferlegt und namentlich auch dem Gutsherrn, der nicht Mitglied der Dorfgemeinde ist. Sie entspringt allein aus dem Grundbesitze und ist allen Grundbesitzern in der Feldmark (dem Gemeindebezirke und dem Gutsbezirke) gemeinsam. Sie ist unabhängig von dem Gemeindeverbande und der Organisation der Gemeinde.

2) Es ist zulässig, daß die Gemeinde eine Last, die nicht ihr, sondern einzelnen ihrer Mitglieder obliegt, übernimmt, es müssen jedoch in diesem Falle die Voraussetzungen des § 64 bezw. des § 65 Tit. 6 Teil II A. L.-R.'s vorliegen, und der desfallsige Beschluß bedarf zu seiner Gültigkeit nach § 66 a. a. O. der staatlichen Aufsichtsbehörde.

---

[1]) Dieser Rechtsgrundsatz ist für die Auslegung des § 68 des Komm.-Abg.-Ges. auch heute von Bedeutung.

[2]) Der Rest der Entscheidungsgründe ist veraltet, nachdem der § 68 letzter Abs. des Komm.-Abg.-Ges. bezüglich der Erzwingung der Naturaldienste die positive Vorschrift enthält, daß der Gemeindevorstand bei Säumnis der Pflichtigen befugt ist, die Dienste durch Dritte leisten und die entstehenden Kosten von den Pflichtigen im Verwaltungszwangsverfahren beitreiben zu lassen.

Nr. 8. Entsch. Bd. XX. S. 156 vom 3. Februar 1891. I C 110/90.
Komm.-Abg.-Ges. v. 14. VII. 93 (G.-S. S. 152) § 68.

Aus der rechtlichen Natur der Hand- und Spanndienste folgt, daß der Pflichtige sie normaler Weise mit eigener Kraft leisten soll, und nicht verbunden ist, über dasjenige Maß von Arbeits- und Gespannkräften hinaus, über das er thatsächlich verfügt, oder das doch nach der Ortsverfassung bei ihm vorhanden sein soll, weitere Leistungen durch gemietete Arbeiter oder Gespanne zu übernehmen. Vergl. E.-O.-V. Bd. XV S. 310, Bd. XVII S. 311. Diesem Satze hat die Gemeinde bei gleichzeitiger Heranziehung zu mehreren Gemeindediensten auch dann Rechnung zu tragen, wenn der Pflichtige die Dienste nicht in Person zu leisten pflegt und deshalb doch einen Vertreter annehmen muß.[1])

Nr. 9. Entsch. Bd. XX. S. 158 vom 24. Oktober 1890. II C 110/90.
Komm.-Abg.-Ges. v. 14. VII. 93 (G.-S. S. 152) § 68 und Ausf.-Anw. v. 10. V. 94, Nr. 44. Rh. Gem.-Ordn. v. 23. VII. 45 (G.-S. S. 523) §§ 22, 23, 24, 87, 98 und Gem.-Verf.-Ges. v. 15. V. 56 (G.-S. S. 435), Art. 7, 8. Zust.-Ges. § 31.

Im Geltungsbereiche der Rh. Gem.-Ordn. v. 23. VII. 45 gehört zu einem Beschlusse des Gemeinderates, wonach die für das Bedürfnis der Gemeinde erforderlichen Dienste nach dem Maßstabe allein der Grundsteuer zu verteilen sind, die Genehmigung des Kreisausschusses.

Nr. 10 Entsch. Bd. XXI. S. 176 vom 21. April 1891. II C 25/91.
Nass. Gem.-Ordn. v. 26. VII. 54 (Bd.-Bl. S. 166) §§ 38, 39, 68, 70ff., 88. Nass. Gewerbeges. v. 9. VI. 60 (Bd.-Bl. S. 99) § 8.

1) Im Rechtsgebiete der Nassauischen Gesetzgebung sind auch die Nichtbürger auf Grund selbständiger Gewerbe-Niederlassung zu Gemeindediensten verpflichtet. Zwar verpflichtet § 38 der Gem.-Ordn. v. 26. VII. 54 nur den Gemeindebürger zu Gemeindediensten. Hinsichtlich dieses Rechtszustandes ist aber durch § 8 Abs. 1 des Nass. Gewerbeges. v. 9. VI. 60 eine Änderung eingetreten. Dieser lautet:

> „Jede selbständige Gewerbeniederlassung in einer Gemeinde begründet für den betreffenden Gewerbetreibenden, gleichviel ob er Bürger dieser Gemeinde ist oder nicht, die Verpflichtung zur Tragung sämmtlicher Gemeindesteuern und Lasten"

und ist, da er eine Bestimmung über das Gemeindeverfassungsrecht getroffen hat, durch die die gewerblichen Verhältnisse ordnende Reichsgew.-Ordn. an sich nicht aufgehoben worden. Ebensowenig ist er etwa von anderen Gesichtspunkten aus als inhaltlich unvereinbar mit irgend einer Vorschrift des späteren Reichsgesetzes anzusehen — so insbesondere auch nicht mit dem Satze der Reichsgew.-Ordn. (§ 7 Nr. 6) unvereinbar, daß alle Abgaben, die für den Betrieb eines Gewerbes entrichtet wurden, aufgehoben worden sind. Denn die Anwendung der letzteren Vorschrift setzt voraus, daß die Befugnis zum Betriebe des Gewerbes lediglich unter der Verpflichtung zur Leistung der Abgabe besteht, und

[1]) Das Gleiche gilt, wenn an Stelle des Naturaldienstes ein angemessener Geldbeitrag zu leisten ist. Dieser darf nicht frei bemessen, kann auch nicht willkürlich verschieden, z. B. nach dem Einkommen des Verpflichteten normiert werden, sondern muß dem Naturaldienste entsprechen. Als angemessen läßt sich nur derjenige Betrag bezeichnen, der, wie der Preis einer Waare, für die Beschaffung der Stellvertretung aufgewendet werden muß. Dieser Wert des Geleisteten entscheidet, nicht die wirtschaftliche Leistungsfähigkeit desjenigen, der den Preis zu entrichten hat. Entsch. v. 17. VI. 96 (Pr. Verw.-Bl. Bd. XVIII S. 21).

diese Verpflichtung den Preis für die dadurch erlangte Befugnis zum Gewerbebetriebe bildet.[1])

2) Die Geschäfte eines Rechtskonsulenten (gewerbsmäßige Besorgung fremder Rechtsangelegenheiten) sind als „selbständiger Betrieb eines stehenden Gewerbes" aufzufassen.

Nr. 11. Entsch. Bd. XXIX. S. 123 vom 6. März 1896. I C 83/95.

Land-Gem.-Ordn. v. 3. VII. 91 (G.-S. S. 233) § 18 und Ausf.-Anw. III v. 29. XII. 91, Abschn. VII Nr. 1, Komm.-Abg.-Ges. v. 14. VII. 93 (G.-S. S. 152) § 68.

Ein die Gemeindeabgabepflichtigen zur Leistung von Naturaldiensten verpflichtender Gemeindebeschluß braucht im Geltungsbereiche der Landgemeindeordnung für die östlichen Provinzen nicht als statutarische Anordnung zu ergehen und unterliegt auch nicht für den einzelnen Fall der Genehmigung des Kreisausschusses. Die gegenteilige Ansicht kann aus § 18 Abs. 1 der Land-Gem.-Ordn. v. 3. VII. 91 nicht gefolgert werden, obwohl sie in der Ausf.-Anw. III dazu — Nr. VIII 1 Abs. 1 — eine Stütze findet. Die Bestimmung, ob die Gemeindeabgabepflichtigen zur Leistung von Diensten zu verpflichten sind, fällt wesentlich mit der zusammen, ob die Gemeindearbeiten durch Naturaldienste auszuführen oder auf Kosten der Gemeinde zu verrichten und in Gelde zu bezahlen sind. Der Beschluß hierüber aber braucht nicht notwendig durch Feststellung einer dauernden, für alle Fälle giltigen Regel getroffen zu werden, sondern kann je nach der Beschaffenheit und Lage des einzelnen Falles für diesen besonders gefaßt werden, wie aus § 18 Abs. 2 a. a. O. und aus der Entstehungsgeschichte des an die früheren Vorschriften in den §§ 37 bis 42 Tit. 7 Teil II A. L.-R.'s anknüpfenden § 18 hervorgeht. Ingleichen ergiebt sich daraus, daß dieser Beschluß einer Genehmigung des Kreisausschusses nicht bedarf. Eine solche ist nur erfordert, wenn eine Umwandlung in Geld nicht für den einzelnen Fall, sondern allgemein beschlossen wird, also dann nicht, wenn Naturaldienste gefordert werden. Die (angezogene) Bestimmung der Ausf.-Anw. widerspricht daher dem Gesetze.

F. Veranlagung und Erhebung.

Nr. 1. Entsch. Bd. III. S. 70 vom 10. März 1877 und 30. Januar 1878.

Ges. v. 18. VI. 40 (G.-S. S. 140), betreffend die Verjährungsfristen bei öffentlichen Abgaben, §§ 1, 14.

1) § 1 des Ges. v. 18. VI. 40 bezieht sich auch auf solche Personen, die zu Unrecht zur Steuer herangezogen sind, also nicht zu den Steuerpflichtigen gehören, so daß auch diese Personen des Rechtes auf Rückerstattung verlustig gehen, wenn sie nicht rechtzeitig reklamieren.

2) Dagegen ist der Akt der Exekutionsvollstreckung keine dem Ges. entsprechende Art der Bekanntmachung des veranlagten Steuerbetrages. Das Ges. erfordert ausdrücklich: „Bekanntmachung der Heberolle[2])

[1]) Vergl. § 68 des Komm.-Abg.-Ges. v. 14. VII. 93 und Art. 44 der Ausf.-Anw., wonach heute alle Steuerpflichtigen durch Gemeindebeschluß zu Naturaldiensten herangezogen werden können.

[2]) Erst wenn die Heberolle aufgestellt und vorschriftsmäßig bekannt gemacht worden, ist die Verteilung (Ausschreibung, Umlegung) der Abgabe erfolgt, und erst von diesem Zeitpunkte ab kann die Abgabe gefordert werden, tritt somit die Verpflichtung zu ihrer Zahlung ein. Durch einen Korporationsbeschluß, der die Erhebung einer bestimmten Abgabe — sei es in einem Termine zum vollen Betrage oder ratenweise in mehreren Terminen — anordnet, wird als Zahlungspflicht des einzelnen Abgabepflichtigen unmittelbar ebensowenig begründet wie durch ein Gesetz, das eine jährlich zu veranlagende und monatlich zu erhebende Steuer einführt. Diese Verbindlichkeit entsteht vielmehr erst dann,

oder Benachrichtigung von dem Steuerbetrage" und sieht von diesen Erfordernissen nur für den Fall ab, daß eine periodische Veranlagung und Anfertigung von Heberollen nicht stattfindet. Der Zensit kann verlangen, daß die Bekanntmachung — in welcher Form sie auch erfolge — ihm über den Jahresbetrag der Leistung Auskunft gewähre, so daß er in den Stand gesetzt wird, den Umfang der ihm angesonnenen Leistung genau zu übersehen und über den dagegen etwa zu erhebenden Einspruch innerhalb der ihm offenstehenden Reklamationsfrist sich schlüssig zu machen. Die Annahme, daß eine stattgehabte Exekution zum Nachweise der Bekanntmachung genüge, erscheint in dieser Allgemeinheit nicht zutreffend, wenn nicht feststeht, in welchen Formen die Zwangseinziehung angedroht und vollstreckt worden ist, bezw. ob aus dem Mahnzettel oder Pfändungsbefehle der veranlagte Jahresbetrag der fraglichen Gemeindeabgabe erhellte. Doch genügt es für die Kenntnisgabe (Bekanntmachung) vollkommen, wenn etwa in dem dem Steuerpflichtigen im Januar behändigten Quittungsbuche die auf den Monat Januar fallende Steuerquote verzeichnet ist, da hiernach der Jahresbetrag der Steuer leicht entnommen werden kann. Der Jahresbetrag braucht nicht notwendig in dem Buche als Soll vorgetragen zu sein.[1])

Nr. 2. Entsch. Bd. V. S. 88 vom 1. Februar 1879.

Komm.-Abg.-Ges. v. 14. VII. 93 (G.-S. S. 152) §§ 68, 69, 70.

Unter „Veranlagung zu den Gemeindelasten" fällt nicht nur die Bestimmung des Maßes, sondern auch die Art und Weise, wie die Last

wenn in Ausführung des Gesetzes oder Korporationsbeschlusses die Ausschreibung auf die nach Gesetz und Korporationsverfassung Verpflichteten wirklich geschehen ist. Entsch. v. 25. II. 88 (Pr. Verw.-Bl. Bd. IX S. 293).

[1]) Heute ist für den Fristenlauf bei Einsprüchen gegen die Heranziehung zu den Gemeindelasten § 69 Abs. 2 des Komm.-Abg.-Ges. v. 14. VII 93 (G.-S. S. 152) und für die Form der Kenntnisgabe des veranlagten Betrages Art. 43 der Ausf.-Anw. v. 10. V. 94 maßgebend. Die ortsübliche Benachrichtigung der Abgabepflichtigen von den zu erhebenden Abgabenbeträgen durch von Hand zu Hand gehende Umlaufszettel, die die Monatsbeträge der zu entrichtenden Steuerzuschläge enthalten, ist als eine ausreichende Bekanntmachung anzusehen. Es ist alsdann Sache des Abgabepflichtigen nachzuweisen, daß er infolge vorgekommener Unregelmäßigkeiten von der Ausschreibung keine Kenntnis erlangt habe. Entsch. v. 30. VI. 86 (Pr. Verw.-Bl. Bd. VI S. 413).

Jedes Ausschreiben einer Steuer, mag es auch von der ausschreibenden Behörde als ein provisorisches gemeint und bezeichnet sein, ist im Sinne des Gesetzes eine Veranlagung und zwar eine definitive, da es zwischen den Beteiligten das Rechtsverhältnis einer Steuerschuld begründet, von dem der Zensit nur durch Erhebung von Einspruch und Klage ganz oder teilweise befreit, und das von der Veranlagungsbehörde durch Erhebung von Nachforderungen nicht verändert werden kann. Nur wenn das Ansuchen um freiwillige Vorschußzahlungen auf eine noch gar nicht veranlagte Steuer gestellt wird, treten diese Wirkungen nicht ein. Entsch. v. 8. I. 90 (Pr. Verw.-Bl. Bd. XI S. 357).

Als eine korrekte Form der Heranziehung zu Gemeindeabgaben kann der Regel nach nur die *schriftliche* Veranlagung angesehen werden. Bei bloß mündlichen Aufforderungen ist es kaum vermeidlich, daß die spätere Feststellung des entscheidenden Thatbestandes, wenn überhaupt noch in vollem Umfange möglich, doch die größten Schwierigkeiten bereitet, und damit dem ganzen weiteren Verfahren der Boden entzogen werden kann. Entsch. v. 19. IX. 93 (Pr. Verw.-Bl. Bd. XV S. 73).

Soweit nicht eine gesetzliche Bestimmung oder ein ausdrücklicher Beschluß der steuerberechtigten Korporation entgegensteht oder Ratenzahlungen bei der Ausschreibung, in der Heberolle u. s. w. angeordnet oder zugelassen sind, ist davon auszugehen, daß sie die Zahlung der Abgaben in einer Summe fordert und zu fordern befugt ist. In Ermangelung besonderer Festsetzung über die Zeit, zu der eine Abgabe zu entrichten ist, muß sie als am Tage nach geschehener Ausschreibung, also an dem dem letzten Tage der Auslegung der Heberolle folgenden Tage, fällig angesehen werden. Entsch. v. 21. VI. 89 (Pr. Verw.-Bl. Bd. XI S. 13).

Die Zurücknahme der Heranziehungsverfügung mit dem Vorbehalte, auf die Heranziehung zurückzukommen, steht einer erneuten Heranziehungsverfügung nicht entgegen. Entsch. v. 30. III. 95 (Pr. Verw.-Bl. Bd. XVI S. 524).

zu tragen ist, und namentlich die Zeit, wann die Leistung zu erfolgen hat. Die §§ 69, 70 des Komm.-Abg.-Ges. sind daher auch auf Fälle anwendbar, wo der zur Tragung der Gemeindelasten Verpflichtete bestreitet, die Gemeindelast zu der ihm aufgegebenen Zeit leisten zu müssen. Handelt es sich jedoch lediglich darum, daß der Gemeindevorsteher mangels entgegenstehender Gemeindebeschlüsse die Zeit für die Ausführung der der Gemeinde obliegenden Arbeiten bestimmt hat, so sind die hiergegen eingelegten Rechtsmittel nicht begründet. Dem Gemeindevorsteher liegt es ob, wenn die Gemeinde über den Beginn einer Gemeindearbeit nicht einen förmlichen Beschluß gefaßt hat, seinerseits zu bestimmen, wann die Verpflichteten mit der betreffenden Leistung beginnen sollen [1]); er kann auch unter Umständen den vorher festgesetzten Zeitpunkt ändern. Dem Verpflichteten steht ein im Verwaltungsstreitverfahren zu verfolgendes Widerspruchsrecht hiergegen nicht zu, höchstens kann er seine Einwendungen der Aufsichtsbehörde zur Prüfung vorlegen, und die letztere, nicht das Verwaltungsgericht, hätte über die Zweckmäßigkeit der getroffenen Anordnung zu befinden.

Nr. 3. Entsch. Bd. X. S. 79 vom 6. Juni 1883.

Komm.-Abg.-Ges. v. 14. VII. 93 (G.-S. S. 152) §§ 65, 69.

1) Die Benachrichtigung von dem Betrage der an eine Landgemeinde zu zahlenden Abgabe kann, sofern der Beginn der Reklamationsfrist davon abhängig gemacht wird, mit Rechtswirkung für den Steuerpflichtigen an einen Dritten, der mit dem Auftrage versehen ist, die zur Hebung gelangenden Gemeindeabgaben für den Pflichtigen zu bezahlen, nur in dem Falle erfolgen, wenn jener Auftrag nicht bloß mündlich, sondern in der Form einer schriftlichen Vollmacht erfolgt ist, sofern nicht nachgewiesen wird, daß für die mündliche Form eine Observanz spricht. [2])

[1]) Wenn eine bestimmte Reihenfolge für die Heranziehung zu den Gemeinde-Spanndiensten nicht feststeht, so ist der Gemeindevorsteher kraft seiner amtlichen Obliegenheit, die Gemeindelasten zu veranlagen, so berechtigt als verpflichtet, in jedem Falle unter Beobachtung etwaiger statutarischer oder observanzmäßiger Bestimmungen den Pflichtigen zu bezeichnen. Dieser kann einen Einspruch dann nur auf die seinerseits zu erweisende Behauptung stützen, daß er entweder schon geleistet habe, und ein anderer Pflichtiger noch im Rückstande sei, oder daß er nach Ortsrecht mit der ihm angesonnenen Leistung nach Maßgabe seines spannfähigen Besitztums überbürdet sei. Entsch. v. 2. IX. 85 (Pr. Verw.-Bl. Bd. VII S. 69).

Dagegen ist der Gemeindevorsteher, selbst wenn es sich um die Erfüllung einer rechtlichen Verpflichtung der Gemeinde handelt, nicht befugt, Steuern auf die Gemeindemitglieder auszuschreiben, ohne hierzu durch einen Gemeindebeschluß ermächtigt zu sein. Entsch. v. 15. XI. 84 (Pr. Verw.-Bl. Bd. VI S. 90).

Ist durch Gemeindestatut die Aufstellung der Rolle der Steuerpflichtigen und die Aufnahme der (veranlagten oder fingierten) Staatssteuersätze in die einer besonderen Einschätzungs-Kommission, die Fertigung der eigentlichen Heberolle nach Festsetzung des Steuerbetrages durch die Gemeindevertretung, die Veranlagung der einzelnen Zensiten nach Maßgabe ihrer Prinzipalsteuersätze und die Mitteilung des Veranlagungsergebnisses dagegen dem Gemeindevorsteher übertragen, so kann der letztere zwar auch bei diesen Funktionen sich der Mitwirkung der Kommission bedienen. Eine wirksame Veranlagung liegt jedoch dann nicht vor, wenn sie ausschließlich und selbständig seitens der Einschätzungs-Kommission ohne den Gemeindevorsteher vorgenommen ist. Als eine ausreichende Mitwirkung des letzteren ist es aber anzusehen, wenn die Veranlagungsschreiben von ihm in seiner Eigenschaft als Vorsitzender der Kommission unterschrieben sind. Ist ortsstatutarisch die Auslegung der Hebeliste und die besondere Benachrichtigung jedes Steuerpflichtigen von seiner Veranlagung vorgeschrieben, so ist aus dem Unterlassen der ersteren nicht etwa zu folgern, daß die Einspruchsfrist gar nicht zu laufen beginnt, sondern nur, daß sie erst von dem Tage der Benachrichtigung zu berechnen ist. Entsch. v. 26. XI. 90 (Pr. Verw.-Bl. Bd. XII. S. 361).

[2]) Vergl. Ausf.-Anw. v. 10. V. 94 zum Komm.-Abg.-Ges. Art. 43.

2) Eine bloße Ortsobservanz wird aber dann nicht genügen, wenn der Herangezogene weder in der Gemeinde wohnt, noch dort seinen Grundbesitz oder Gewerbebetrieb hat. Denn das Gemeinderecht bindet nur die Gemeinde und diejenigen, die ihr vermöge ihres Wohnsitzes, Grundbesitzes oder Erwerbes angehören. Über Dritte hat die Gemeinde keine Macht; für diese ist nur das gemeine Recht maßgebend.

Nr. 4. Entsch. Bd. X. S. 80 i. d. Anm. vom 25. Oktober 1882.
Komm.=Abg.=Ges. v. 14. VII. 93 (G.=S. S. 152) §§ 65, 69.

Die Benachrichtigung eines nicht in der Gemeinde Wohnenden von seiner Veranlagung zu Kommunalabgaben kann durch Zustellung des betreffenden Veranlagungsschreibens, sowie auch dadurch geschehen, daß der Steuererheber den Vermerk im Quittungsbuche über den zu zahlenden Betrag vorlegt und diesen einfordert. Wenn sich aber an diese Vorlegung die Rechtsfolge knüpfen soll, daß jede Rückforderung ausgeschlossen ist, falls nicht die gesetzliche Reklamationsfrist innegehalten wird, so muß entweder mit dem Steuerpflichtigen selbst, oder mit demjenigen verhandelt werden, der ihn vermögensrechtlich vertritt. Nach § 10 Tit 13 Teil I, § 43 Tit. 16 Teil I A. L.-R.'s können zwar auch ohne schriftliche Vollmacht durch Handlungen Dritter Rechte erworben werden. Insbesondere wird durch jede Zahlung seitens eines Dritten die betreffende Verbindlichkeit getilgt. Wenn dagegen Verpflichtungen des Machtgebers eintreten sollen, so ist hierzu — abgesehen von einer nachträglichen Genehmigung (§§ 142 ff. Tit. 13 Teil I A. L.-R.'s) — eine schriftliche Vollmacht erforderlich (§ 8 a. a. O.).[1])

Nr. 5. Entsch. Bd. XII. S. 120 vom 28. Mai 1885. II C 56/85.
Komm.=Abg.=Ges. v. 14. VII. 93 (G.=S. S. 152) §§ 36, 43, 83 ff.

1) Bei einer Veranlagung während des Steuerjahres hat sich die veranlagende Behörde nach dem damals geltenden Rechte zu richten, denn die Veranlagung kann im allgemeinen und soweit nicht besondere Normen eine Abweichung begründen, nur in Gemäßheit des zur Zeit der Veranlagung geltenden Rechtes bewirkt werden. Dies bezieht sich namentlich auf die im Laufe des Steuerjahres abgeänderten Gemeinde-Steuer-Regulative. Ist also z. B. ein Regulativ im Monate Juli 1884 abgeändert worden, so muß es bei einer im August 1884 stattfindenden Veranlagung für das Etatsjahr 1884, und zwar auch für die Zeit vom 1. April 1884 bis zum Eintritte des neuen Rechtes berücksichtigt werden.[2])

2) Die auf dem öffentlichen Rechte beruhende Verpflichtung zur Teilnahme an den Gemeindelasten kann nur durch einen öffentlich rechtlichen Akt, niemals dagegen durch privatrechtliche Verträge mit einzelnen Steuerpflichtigen abgeändert werden. Dergleichen Verträge, soweit dadurch Befreiungen von der allgemeinen Steuerpflicht begründet werden sollen, sind in öffentlich rechtlicher Beziehung nichtig. Die Entscheidung über die Frage, ob ein derartiger Vergleich oder oneroser Vertrag durch einseitigen Rücktritt eines Kontrahenten gelöst werden könne, gebührt den Zivilgerichten.[3])

---

[1]) Vergl. Entsch. v. 17. XII. 92, Nr. I 1217.
[2]) Vergl. Entsch. v. 21. XI. 88 (Pr. Verw.=Bl. Bd. X S. 415).
[3]) Vergl. hierzu § 43 des Komm.=Abg.=Ges., wonach den Gemeinden mit Genehmigung der zuständigen Behörde Vereinbarungen der Steuerpflichtigen dahin gestattet sind, daß von fabrikmäßigen Betrieben und von Bergwerken an Stelle der Gemeindesteuer vom Einkommen und vom Gewerbebetriebe ein für mehrere Jahre im Voraus zu bestimmender fester jährlicher Steuerbetrag zu entrichten ist. Der obige Rechtsgrundsatz hat insoweit eine gesetzliche Einschränkung erfahren.

Nr. 6. Entsch. Bd. XIV. S. 114 vom 7. September 1886. II C 51/86.

Wenn in einem städtischen Einkommensteuer-Regulative die Bestimmung enthalten ist, daß der Gemeinde-Einkommensteuer alle Einwohner des Stadtbezirkes unterworfen seien, die selbständig, beziehungsweise unter Hinzurechnung des besonderen Einkommens der zu ihrem Haushalte gehörigen Familienmitglieder ein Einkommen beziehen, so kann gleichwohl unter Umständen eine hinterbliebene Wittwe beanspruchen, daß sowohl sie, als jedes Kind besonders veranlagt werden. Dieser Fall muß namentlich dann eintreten, wenn die Kinder nach testamentarischer Bestimmung wirtschaftlich selbständig und unabhängig gestellte Glieder des Haushaltes sind, die Mutter also von dem Genusse des Vermögens der Kinder ausgeschlossen ist, indem sie z. B. lediglich in ihrer Eigenschaft als Vormund und demzufolge Verwalterin des Vermögens ihrer Mündel für diese unter der Verpflichtung die Zinsen bezieht und verwendet, sich jeglicher Verwendung in eigenem Nutzen zu enthalten. [1])

Nr. 7. Entsch. Bd. XV. S. 37 vom 26. April 1887. II C 31/87.

Komm.-Abg.-Ges. v. 14. VII. 93 (G.-S. S. 152) § 91. Komm. St.-Notges. v. 27. VII. 85 (G.-S. S. 237) § 13.

Zweck und Absicht des § 91⁴ des Komm.-Abg.-Ges. sind darauf gerichtet, diejenigen Veranlagungsgrundsätze, die für die Besteuerung des Einkommens der juristischen Personen, Gesellschaften u. s. w. in den Gemeinden bestehen, auch auf die in den Kreisen und Provinzen vom Einkommen zur Hebung gelangenden Abgaben zu übertragen. § 91⁴ hat also Kreise und Provinzen — Kommunalverbände höherer Ordnung — im Gegensatze zu Gemeinden, Kreisabgaben und Provinzialabgaben im Gegensatze zu Gemeindeabgaben im Auge und bezieht sich somit nur auf Landkreise. Denn Kreisabgaben gelangen nach § 169 Abs. 2 der Kr.-Ordn. v. 13. XII. 72 in Stadtkreisen überhaupt nicht zur Erhebung. Die in den letzteren zur Erhebung gelangenden Abgaben sind lediglich Gemeindeabgaben. [2])

Nr. 8. Entsch. Bd. XV. S. 39 vom 16. September 1887. II C 80/87.

Komm.-St.-Notges. v. 27. VII. 85 (G.-S. S. 237) §§ 9, 13. Kr.-Ordn. v. 13. XII. 72 / 19. III. 81 (G.-S. 1881 S. 179) § 16. Komm.-Abg.-Ges. v. 14. VII. 93 (G.-S. S. 152) § 91.

1) Der § 91⁴ des Komm. Abg.-Ges. hat Kommunalverbände höherer Ordnung (Kreise und Provinzen) im Gegensatze zu den Gemeinden, Kreis- und Provinzialabgaben im Gegensatze zu den Gemeindeabgaben im Auge und findet daher auf Stadtkreise, da in diesen Kreisabgaben nicht erhoben werden, überhaupt keine Anwendung. [3])

2) Der § 16 der Kr.-Ordn. bringt in seinem allein entscheidenden dispositiven Teile zum klaren und bestimmten Ausdrucke, daß das ganze Einkommen, das dem Abgabepflichtigen aus seinem außerhalb des

---

[1]) Diese Entscheidung entspricht auch dem heutigen Rechtszustande, vergl. § 11² des Eink.-St.-Ges. v. 24. VI. 91 (G.-S. S. 175). — Wenn die Ehefrau unter völligem Ausschlusse jeder Gemeinschaft an dem Vermögen und an dessen Nutzung auch örtlich getrennt von ihrem Manne wohnt, selbständig für eigene Rechnung ein Gewerbe betreibt und in ihm ihren Mann als Gehilfen beschäftigt und lohnt, so kann in diesem Falle auch in steuerlicher Beziehung nicht der Mann als der Vorstand, und die Frau als Mitglied eines gemeinsamen Haushaltes angesehen werden. Entsch. v. 25. IX. 89 (Pr. Verw.-Bl. Bd. XI. S. 158).

[2]) Der Rest der Entscheidungsgründe — Gutsbezirk keine Wohnsitzgemeinde im Sinne der Kommunalsteuergesetzgebung — ist infolge der Gleichstellung der Gemeinden und Gutsbezirke in diesem Sinne durch § 52 des Komm.-Abg.-Ges. veraltet.

[3]) Vergl. die vorstehende Entsch. Nr. 7.

Domizilkreises belegenen Grundeigentume oder stattfindenden Gewerbe- und Bergbaubetriebe zufließt, bei Feststellung des im Domizilkreise zu veranlagenden Einkommens außer Berechnung gelassen werden muß, was durch Absetzung der bezüglichen Einkommensquote von dem zur Staatssteuer veranlagten Gesammteinkommen und durch verhältnismäßige Herabsetzung des festgestellten Steuersatzes zu geschehen hat. Er schließt damit die Heranziehung von Einkommen aus außerhalb des Domizilkreises belegenem Grundeigentume und stattfindenden Gewerbebetriebe schlechthin aus — mögen nun diese Einkommensquellen sich in einem Landkreise, in einem Stadtkreise oder im Auslande befinden, und mag das aus ihnen fließende Einkommen dort rechtlich der Besteuerung unterliegen oder nicht, thatsächlich besteuert sein oder nicht. Vergl. E.-O.-V. Bd. X S. 52.[1]) Dieser Auffassung steht auch § 169 Abs. 2 a. a. O. nicht entgegen. Durch ihn hat nur ausgesprochen werden sollen, daß die Stadtkreise Steuern, die etwa als „Kreisabgaben" betrachtet werden könnten, weil sie zur Deckung von Kosten, die gesetzlich den Kreisen obliegen, bestimmt sind, nicht nach den Bestimmungen des zweiten Abschnittes ersten Titels der Kr.-Ordn., sondern lediglich nach Maßgabe der für die Gemeindebesteuerung bestehenden Vorschriften erheben dürfen. Der demgemäß durch § 16 der Kr.-Ordn. geschaffene Rechtszustand hat auch durch die neue Kommunalsteuergesetzgebung eine Änderung nicht erfahren. Ein Besteuerungsrecht, das bisher durch den § 16 der Kr.-Ordn. positiv ausgeschlossen war, hat durch jene (§§ 9, 3 des Ges. v. 27. VII. 85) nicht neu — gewissermaßen stillschweigend — eingeführt werden sollen.

Nr. 9. Entsch. Bd. XX. S. 148 vom 20. Januar 1891. II C 124/90.

Ges. v. 29. VI. 76 (G.-S. S. 177), betreffend Verlegung des Etatsjahres, § 1. Ges. v. 12. VII. 76 (G.-S. S. 288), betreffend Veranlagung und Erhebung der direkten Staatssteuern nach dem Etatsjahre, § 1. Komm.-Abg.-Ges. v. 14. VII. 93 (G.-S. S. 152) § 95.

Mit der Verlegung des kommunalen Etatsjahres ist die Verlegung des Steuerjahres von selbst verbunden, wenn es auch den Kommunen nicht verwehrt sein mag, für einzelne Abgaben Ausnahmen besonders festzusetzen.[2])[3])

Nr. 10. Entsch. Bd. XXV. S. 77 vom 19. September 1893. II C 111/93.

Eink.-St.-Ges. v. 24. VI. 91 (G.-S. S. 175) §§ 17, 30.

Nach der Entstehungsgeschichte des § 30 des Eink.-St.-Ges. v. 24. VI. 91 kann es keinem Zweifel unterliegen, daß diese Vorschrift den Zweck verfolgt, nicht etwa eine erhöhte Steuerveranlagung herbeizuführen, sondern zu der eigentlichen Veranlagung einen Strafzuschlag nur deshalb hinzuzufügen, weil der Steuerpflichtige die ihm bei der Ermittelung seines Einkommens obliegenden Verpflichtungen nicht erfüllt hat. Daraus ergiebt sich ohne weiteres, daß der Gemeindezuschlag nur von der eigentlichen Steuerveranlagung, nicht auch von dieser Strafe zu berechnen ist. Es ist deshalb unthunlich, in dem Zuschlage von 25% eine Erhöhung des Prinzipalsatzes zu erblicken, so daß als der der Kommunalbesteuerung zu Grunde zu legende Prinzipalsteuersatz der Staatssteuersatz, vermehrt um den Zuschlag, zu gelten hätte. Mag auch zuzugeben sein, daß der Wortlaut des

---

[1]) Vergl. oben S. 62.

[2]) Vergl. Entsch. v. 22. VI. 88 (Pr. Verw. Bl. Bd. IX S. 379).

[3]) Die Entsch. ist im übrigen — Zulässigkeit der Erhöhung von Hundesteuersätzen im Rahmen der Höchstgrenze der Kab.-Ord. v. 29. IV. 29 (M.-Bl. 1849 S. 243) ohne Genehmigung — heute veraltet; vergl. §§ 16, 18 des Komm.-Abg.-Ges.

Ges. an und für sich eine andere Deutung nicht geradezu ausschließt, so führen doch die Vorgänge aus der Entstehungsgeschichte nahezu zwingend zu der gegenteiligen Auffassung.

Nr 11. Entsch. Bd. XXIX. S. 25 vom 21. September 1895. II C 87/95.
Eink.-St.-Ges. v. 24. VI. 91 (G.-S. S. 175) §§ 7, 10, 56, 57, 59, 74 und Ausf.-Anw. v. 5. VIII. 91, Art. 5.

1) Für die Veranlagung zur Gemeindeeinkommensteuer sind der Berechnung des „Jahreseinkommens" als feststehende Einnahmen, auch wenn die Veranlagung erst im späteren Verlaufe des Rechnungsjahres erfolgt, diejenigen Bezüge zu Grunde zu legen, die bei Beginn des Steuerjahres oder der etwa erst später eintretenden Steuerpflicht für die Folgezeit gesichert sind. Ein hiervon verschiedenes, erst im Laufe des vom 1. April bis 31. März jeden Jahres dauernden Steuerjahres in die Erscheinung tretendes Einkommen begründet, abgesehen von dem Zugang durch Erbanfall (§ 57 des Eink.-St.-Ges.), eine Veränderung in der Veranlagung nicht.[1])

2) Wenn daher ein Gerichtsassessor am 1. April für $5\frac{1}{2}$ Monate zum Hilfsrichter bestellt ist, so kann er, ohne Rücksicht darauf, daß sein Kommissorium im Laufe des Steuerjahres eine Verlängerung über das Steuerjahr hinaus erfährt, von den im Übrigen zweifellos steuerlich als feststehende Einnahmen zu behandelnden Tagegeldern nur für jene $5\frac{1}{2}$ Monate besteuert werden. Vergl. E.-O.-V. in St. Bd. I S. 269; Bd. II S. 408.

Nr. 12. Entsch. Bd. XXIX. S. 30 vom 14. Dezember 1895. II C 144/95.
Eink.-St.-Ges. v. 24. VI. 91 (G.-S. S. 175) §§ 7, 10, 74 und Ausf.-Anw. v. 5. VIII. 91, Art. 5.

Wenn Jemand erst im Laufe des Steuerjahres gemeindesteuerpflichtig wird, so sind für seine Einschätzung die beim Eintritte der Steuerpflicht bestehenden Einkommensverhältnisse maßgebend. Allerdings ist der Besteuerung auch in diesem Falle ein Jahreseinkommen zu Grunde zu legen. Bei seiner Berechnung können aber nur die Einnahmen berücksichtigt werden, die als die dem Zensiten vom Beginne der Steuerpflicht bis zum Schlusse des Steuerjahres zufließenden anzusehen sind. Es ist unzulässig, das Einkommen, das in die frühere Zeit, in die Vergangenheit, fällt, mit heranzuziehen. Denn ein solches Zusammenwerfen der Einkünfte des ganzen Steuerjahres würde, wenn sie nicht zufällig sich auf die beiden Abschnitte gleichmäßig verteilen, zur Folge haben, daß entweder die Gemeinde Einkommen besteuert, das der Zensit vor Begründung seiner Steuerpflicht bezogen hat, oder daß Einkommen, das er nach diesem Zeitpunkte bezogen hat, von der Besteuerung ausgeschlossen wird.

---

[1]) Vergl. Entsch. v. 10. X. 93 (Pr. Verw.-Bl. Bd. XV S. 141). Es besteht keine gesetzliche Vorschrift, die eine Gemeinde nötigte, die Veranlagung gleich bei Beginn des Rechnungsjahres und nicht zu einem späteren Zeitpunkte vorzunehmen. — Für die Einschätzung zur Gemeindesteuer können nur die zur Zeit der Heranziehung vorhandenen Einkommensverhältnisse maßgebend sein. Wechselt also ein Beamter im Laufe des Steuerjahres nach erfolgter Pensionierung seinen Wohnsitz, so hat die an seinem neuen Wohnorte stattfindende Veranlagung nicht unter Zugrundelegung der am Anfange des Steuerjahres vorgenommenen Staatssteuerveranlagung, sondern nach dem zur Zeit vorhandenen steuerpflichtigen Einkommen (Privateinkommen und halbe Pension) zu geschehen. Wenn das örtliche Steuerrecht den Grundsatz enthält, daß Ab- und Zugänge vom Einkommen während des Steuerjahres an der einmal veranlagten Gemeindesteuer nichts ändern sollen, so ist dieser Grundsatz auf die infolge Neuanzuges während des Steuerjahres erfolgende Einschätzung eines Zensiten nicht anwendbar, weil hier die Voraussetzung einer bereits veranlagten Gemeindesteuer fehlt. Entsch. v. 22. V. 91 (Pr. Verw.-Bl. Bd. XII S. 493).

Nr. 13. Entsch. Bd. XXIX. S. 19 vom 22. Februar 1896. II C 286/95.
Ges. über die Freizügigkeit v. 1. XI. 67 (B.=G.=Bl. S. 57) § 8.

Wer zur Zeit der Ausschreibung einer bestimmten Abgabe bereits aufgehört hat, der an sich steuerberechtigten Korporation anzugehören, kann auch zu dieser Abgabe nicht mehr herangezogen werden. Vergl. E.=O.=V. Bd. V S. 54; Bd. XVI S. 38.[1])

Hieraus folgt, daß Gemeindeeinkommensteuer=Forderungen wider die auf Grund längeren Aufenthaltes Pflichtigen nur, solange das Band des Aufenthaltes noch fortbesteht, geltend gemacht werden können. Der Einwand, daß hierdurch das Besteuerungsrecht der betr. Gemeinde gefährdet, ja vereitelt werden könne, ist verfehlt. Bei einiger Sorgfalt wird es der Gemeinde möglich sein, die Veranlagung alsbald nach Ablauf des dreimonatlichen Zeitraumes zu bewirken.

G. Rechtsmittel.

1. Frist und Form.

Nr. 1. Entsch. Bd. V. S. 99 vom 1. März 1879.
Komm.=Abg.=Ges. v. 14. VII. 93 (G.=S. S. 152) §§ 69, 70.

1) **Die Wahrung der Reklamationsfrist ist vom Verwaltungsrichter bei Entscheidung der Klage über die Verpflichtung oder Veranlagung zu den Gemeindeabgaben von Amts wegen zu prüfen.**[2])

2) **Für die Verbindlichkeit, zu den Gemeindelasten beizutragen, ist es gleichgültig, ob der Beitragspflichtige von der zur Beförderung der Wohlfahrt der ganzen Gemeinde dienenden Einrichtung, für die eine allgemeine Abgabe erhoben**

---

[1]) Andererseits sind die zu jenem Zeitpunkte Abgabepflichtigen im Falle einer ratenweisen Erhebung der ausgeschriebenen Abgabe zur Zahlung nicht nur der fortan fällig werdenden, sondern auch der während ihrer Angehörigkeit zur Korporation bereits fällig gewordenen Raten verbunden. Entsch. v. 25. II. 88 (Pr. Verw.=Bl. Bd. IX S. 293).

[2]) Eine verspätet angebrachte Klage kann von dem Verwaltungsrichter nicht aus Billigkeitsgründen zugelassen werden, auch dann nicht, wenn der Beklagte nicht die Abweisung wegen Fristversäumnis beantragt hat. Die Bezeichnung eines Schriftsatzes als Rekursbeschwerde hindert nicht ihn, sofern er rechtzeitig an die zuständige Behörde gelangt, als Klage anzusehen und zu behandeln, wenn er die wesentlichen Bestandteile einer solchen — Klageantrag, Bezeichnung der Gegenpartei, des Streitgegenstandes und der den Antrag begründenden Thatsachen — enthält. Entsch. v. 15. VI. 85 (Pr. Verw.=Bl. Bd. VI S. 297).

Die Reklamationsfrist beginnt mit der Bekanntmachung des von dem Steuerpflichtigen zu entrichtenden Abgabebetrages. Die bloße Mitteilung des Prinzipalsteuersatzes, von dem die Veranlagung erfolgen soll, ist nicht ausreichend. Entsch. v. 13. IV. 82 (Pr. Verw.=Bl. Bd. III S. 282). Sie ist keine Verjährungs=, sondern eine Präklusivfrist, und ist nicht nach Monaten zu 30 Tagen, sondern nach Kalendermonaten zu berechnen. Entsch. v. 28. XI. 88 (Pr. Verw.=Bl. Bd. X S. 246).

Die erforderte Gemeindesteuer muß trotz Reklamation und Klage zunächst jedenfalls bezahlt werden. Daher hat der Veranlagte, selbst wenn er im Streitverfahren obsiegt und von der Steuerpflicht ganz freigesprochen wird, niemals einen Anspruch auf Ersatz der durch die zwangsweise Einziehung der streitigen Steuer entstandenen Kosten. Entsch. v. 9. VI. 88 (Pr. Verw=Bl. Bd. IX S 385).

Die Veröffentlichung der Steuerprozente auf Grund des § 65 des Komm.=Abg.=Ges. genügt nicht, um die Ausschlußfrist in Lauf zu setzen. Hierzu bedarf es vielmehr einer der drei im § 69 a. a. O. erwähnten Formen der Benachrichtigung des Pflichtigen über den verlangten Steuerbetrag, wobei insbesondere die Zahlungsaufforderung sich an ein bestimmtes Individuum richten muß und durch eine allgemeine öffentliche Aufforderung allein nicht ersetzt werden kann. Entsch. v. 19. XII. 96 und 6. I 27 (Pr. Verw.=Bl. Bd. XVIII S. 254, 255). Vergl. Entsch. v. 24. VI. 96 (Pr. Verw.=Bl. Bd. XVIII S. 90).

wird, z. B. von einer Dorfstraße, persönlichen Vorteil hat oder nicht. Vergl. E.-O.-V. Bd. III S. 78.[1][2])

Nr. 2. Entsch. Bd. VI. S. 129 vom 7. Februar 1880.
Komm.-Abg.-Ges. v. 14. VII. 93 (G.-S. S. 152) §§ 69, 70.

Bei Streitigkeiten über Gemeindelasten sind die Beschwerde bei dem Gemeinde- (Guts-) Vorsteher und dessen abweisender Bescheid als die unerläßlichen Voraussetzungen der Klage im Verwaltungsstreitverfahren anzusehen, selbst wenn der beklagte Gemeinde- (Guts-) Vorstand diesen Formmangel nicht gerügt hat. Ohne Einspruch und Bescheid tritt das klagbare Recht auf Steuerbefreiung oder Ermäßigung gar nicht in die Erscheinung.[3])

Nr. 3. Entsch. Bd. VII. S. 148 vom 20. November 1880.
Komm.-Abg.-Ges. v. 14. VII. 93 (G.-S. S. 152) §§ 69, 70. Ges. v. 18. VI. 40 (G.-S. S. 140), über die Verjährungsfristen bei öffentlichen Abgaben, §§ 1, 3, 14.

1) Das Ges. v. 18. VI. 40 bestimmt in § 3:

„Wendet sich der Reklamant an eine inkompetente Behörde, so hat diese das Rekursgesuch an die kompetente Behörde abzugeben, ohne daß dem Reklamanten die Zwischenzeit auf die Frist anzurechnen ist."

Diese Bestimmung findet nur Anwendung auf die in dieser Weise verspäteten Rekursgesuche, nicht aber auf die Klage- oder Reklamationsfristen.[4])

---

[1]) Oben S. 278.

[2]) Der Rest der Entscheidungsgründe ist veraltet, nachdem durch § 69 des Komm.-Abg.-Ges. auch gegen die Heranziehung zu den Naturaldiensten der Einspruch zugelassen ist.

[3]) Die rechtzeitige Erhebung des Einspruches und die Erteilung eines abweisenden Bescheides sind stets, auch dann, wenn der Mangel der Steuerpflicht daraus hergeleitet wird, daß der Wohnort des Klägers rechtlich nicht zum Gemeindebezirke gehört, unerläßliche Voraussetzungen der Klage. Entsch. v. 16. XI. 94 (Pr. Verw.-Bl. Bd. XVI S. 246). Vergl. aber E. O.-V. Bd. X S. 82. Ein Unterschied zwischen Einspruch und Beschwerde besteht nach dem Komm.-Abg.-Ges. nicht mehr. Die letztere ist vielmehr unter dem Einspruche des § 69 das. einbegriffen.

Unterzieht die veranlagende Behörde den auf den Einspruch erteilten Bescheid einer nochmaligen Prüfung und macht sie sich auf Grund dieser Prüfung in der Sache anderweit schlüssig, erteilt sie auch einen neuen Bescheid, so sind gegen diesen von seiner Zustellung ab — ohne Rücksicht auf Zeit und Zustellung des ersten Bescheides — die gesetzlichen Rechtsmittel zulässig. Entsch. v. 6. III. 94, Nr. II 236.

Einspruch und Bescheid im Steuerermäßigungsverfahren gehören zu denjenigen Vorbedingungen, von denen das den Klagegrund bildende Rechtsverhältnis der Parteien abhängt, zu dem eigentlichen Klagefundamente. Sie sind Voraussetzungen, ohne die das klagbare Recht auf Steuerbefreiung oder Ermäßigung gar nicht in die Erscheinung tritt. Daher kann die Klage niemals durch einen vor dem Bescheide erhobenen Einspruch ersetzt werden. Als notwendige Bedingungen des bestehenden Klagerechtes unterliegen der Bescheid und die Klage der richterlichen Prüfung von Amtswegen und unabhängig von den Anträgen der Parteien. Entsch. v. 22. IX. 83 (Pr. Verw.-Bl. Bd. IV S. 11).

Bei Behörden genügt die Zustellung einer Verfügung oder Entscheidung an den Vorsteher, selbst wenn dieser überhaupt oder im gegebenen Falle zur Vertretung der Behörde nicht berechtigt ist. Dem Gemeindevorsteher kann, wenngleich er wegen persönlicher Beteiligung die sonstigen Funktionen eines solchen wahrzunehmen behindert ist, das im Streitverfahren ergangene Urteil rechtswirksam zugestellt werden. Die Wirkung einer solchen Zustellung wird durch nachträgliche Wiederabnahme des Erkenntnisses nicht aufgehoben. Eine und dieselbe physische Person darf aber nicht zugleich die Funktionen des Klägers und des Beklagten wahrnehmen. Die eine Partei darf deshalb auch nicht an sich selbst in ihrer Eigenschaft als gleichzeitiger gesetzlicher Vertretung der Gegenpartei mit verbindlicher Wirkung zustellen lassen. Ist der Gemeindevorsteher im Prozesse gegen die Gemeinde Mitkläger, so hat die an ihn für die Gemeinde bewirkte Zustellung ihm als Kläger gegenüber keine rechtliche Wirkung. Entsch. v. 15. XI. 84 (Pr. Verw.-Bl. Bd. VI S. 90).

[4]) Bezw. auf die Anbringung des Einspruches gemäß § 69 des Komm.-Abg.-Ges.

2) Mündliche Reklamationen sind an sich nicht unstatthaft, da die schriftliche Form ausdrücklich nicht vorgeschrieben ist. Läßt sich also der Gemeindevorsteher auf eine mündliche Reklamation ein und erteilt er hierauf einen sachlichen Bescheid[1]), so wird er gegen die rechtzeitig angestellte Klage nicht den Einwand erheben können, daß es an einer schriftlichen Reklamation fehle. Andererseits ist der Gemeindevorsteher nicht verpflichtet, mündliche Reklamationen anzunehmen; lehnt er die Annahme ab, so ist der gesetzlichen Vorschrift nicht genügt.

3) Aus der Benachrichtigung über zu entrichtende Steuerbeträge muß der Jahresbetrag der auferlegten Steuer zu entnehmen sein, um dem Steuerpflichtigen die Möglichkeit zu geben, seine Steuerpflicht zu prüfen. Doch genügen hierzu Monats-Steuerquittungen, aus denen der Jahresbetrag mit Leichtigkeit zu ersehen ist.[2])

Nr. 4. Entsch. Bd. VIII. S. 154 vom 21. Januar 1882.

Komm.-Abg.-Ges. v. 14. VII. 93 (G.-S. S. 152) §§ 69, 70.

1) Eine besondere Form ist für den im § 69 des Komm.-Abg.-Ges. v. 14. VII. 93 gedachten Bescheid nicht vorgeschrieben. Es kommt vielmehr nur auf den Nachweis an, daß der Beweis wirklich von zuständiger Stelle, d. h. vom Gemeindevorsteher erteilt worden ist.[3]) Selbst die fehlende Unterschrift involviert bei diesem Nachweise keinen Mangel.

2) Eine Partei kann die Abänderung eines ihr teilweise ungünstigen, in der Berufungsinstanz nicht angefochtenen erstinstanzlichen Endurteiles nicht noch dadurch erlangen, daß sie sich, nachdem die Gegenpartei die Berufung und demnächst die Revision eingelegt hat, in der Revisionsinstanz beiden Rechtsmitteln anschließt. Das Anschließungsrecht findet darin seine Begründung, daß von der Einlegung eines Rechtsmittels in der Erwartung, der Gegner werde sich ebenfalls bei dem ergangenen Erkenntnisse beruhigen, oft kein Gebrauch gemacht wird, und daß deshalb, wenn diese Erwartung getäuscht wird, die nachträgliche Zulassung des Rechtsmittels der Billigkeit entspricht. Diese Rechtswohlthat kann aber der betreffenden Partei nur im Laufe der Instruktion des Rechtsmittels zu statten kommen; zögert sie bis zum nächsten Endurteil, so ist das gedachte Neurecht definitiv erloschen.

Da die Anschließung an ein Rechtsmittel nichts anderes ist, als die ausnahmsweise gestattete Einlegung des Rechtsmittels nach Ablauf der gesetzlichen Frist, so kann eine Partei durch die Anschließung nicht mehr Rechte erlangen, als wenn sie von vornherein innerhalb der gesetzlichen Frist das Rechtsmittel eingelegt hätte.

---

[1]) Vergl. Entsch. v. 21. VI. 84 (Pr. Verw.-Bl. Bd. V S. 343). Der in der Entsch. zugelassene mündliche Bescheid wird heute nicht mehr für zulässig zu erachten sein, nachdem durch Art. 45 Nr. 2 der Ausf.-Anw. v. 10. V. 94 zum Komm.-Abg.-Ges. schriftliche Abfassung des Beschlusses vorgeschrieben ist.

Eine positive gesetzliche Vorschrift, die die ziffermäßige Darlegung des Ermäßigungsanspruches als unerläßliches Erfordernis einer Einspruchsschrift aufstellt, besteht nicht. Es genügt vielmehr jede Eingabe an die veranlagende Behörde, in der der Veranlagte seine Unzufriedenheit mit der Veranlagung zu erkennen giebt und eine Ermäßigung oder Befreiung beantragt. Dabei lassen sich Ermäßigungsansprüche allerdings nur insoweit zur Geltung bringen, als die ihnen zu Grunde liegenden Thatsachen bereits gegeben sind und in dem Reklamations- oder doch in dem sich anschließenden Streitverfahren eine zahlenmäßige Feststellung des Abgabenbetrages gestatten. Entsch. v. 4. X. 89 (Pr. Verw.-Bl. Bd. XI S. 213).

Die Erwiderung des Gemeindevorstandes, die einen Antrag auf Rückerstattung erhobener Steuerbeträge ablehnt, bildet einen den Klageweg eröffnenden Bescheid. Entsch. v. 8. VI. 96 (Pr. Verw.-Bl. Bd. XVIII S. 64).

[2]) Vergl. Bd. III S. 70, oben S. 467.

[3]) Vergl. E.-O.-V. Bd. VII S. 148, oben S. 475 und die vorstehende Anm. 1.

Nr. 5. Entsch. Bd. IX. S. 82 vom 20. Mai 1882.

L.=V.=G. §§ 63, 71. Komm.=Abg.=Ges. v. 14. VII. 93 (G.=S. S. 152) §§ 69, 70.

1) Klagen im Verwaltungsstreitverfahren wegen Heranziehung zu den Gemeindelasten dürfen bei Beurteilung der Frage, ob die Frist gewahrt ist, nicht etwa bloß dann in Betracht kommen, wenn sie der Vervollständigung nicht bedürfen und zur Einleitung des Verfahrens geeignet sind. Dies würde der Vorschrift des § 71 L.-V.=G. widerstreiten, wonach die Parteien noch in der mündlichen Verhandlung ihre thatsächlichen oder rechtlichen Anführungen ergänzen oder berichtigen können. Insbesondere kann in denjenigen Fällen, in denen eine Klage nicht etwa aus materiellen Gründen zurückgewiesen, sondern wegen ihrer Unvollständigkeit, bzw. Unklarheit dem Kläger offenbar zur Vervollständigung zurückgegeben worden ist, nicht angenommen werden, daß eine solche Klage bei Berechnung der gesetzlichen Frist außer Betracht bleiben müsse. Vergl. E.-O.=V. Bd. VII S. 283.

2) Parteien-Eide sind kein zulässiges Beweismittel im Verwaltungsstreitverfahren.

3) Die Zurückweisung der Klage ist um deswillen allein nicht gerechtfertigt, weil der erhobene Anspruch zu hoch gegriffen ist. Wenn der Verwaltungsrichter findet, daß eine Steuer=Überbürdung zwar nicht um den behaupteten, sondern um einen gewissen minderen Betrag vorliegt, so ist es seine Aufgabe, diesen letzteren, soweit hierfür die Erklärungen der Parteien und der event. nach deren Maßgabe erhobene Beweis die erforderlichen Grundlagen gewähren, festzustellen und demgemäß über den erhobenen Anspruch auf Herabsetzung der veranlagten Gemeinde-Abgaben Entscheidung zu treffen. [1])

Nr. 6. Entsch. Bd. XVII. S. 233 vom 28. November 1888. I C 125/88.

Ges. v. 18. VI. 40 (G.=S. S. 140), über die Verjährungsfristen bei öffentlichen Abgaben, §§ 1 ff. Komm.=Abg.=Ges. v. 14. VII. 93 (G.=S. S. 152) §§ 69, 94. A. L.=R. Teil I Tit. 9 § 550.

Der Unterschied zwischen „Verjährung" und „Frist" besteht darin, daß durch die Verjährung ein zeitlich an sich unbeschränktes Recht infolge Nichtausübung innerhalb der Verjährungszeit aufgehoben wird, während die Frist die Entstehung eines Rechtes einer zeitlich bestimmten Schranke unterwirft, dergestalt, daß es nur durch Ausübung innerhalb der Frist zur Entstehung gelangt. [2])

---

[1]) Der Rest der Entscheidungsgründe — Freilassung des Forensaleinkommens in der Wohnsitzgemeinde — ist veraltet, nachdem § 49 des Komm.=Abg.=Ges. bestimmte Vorschriften hierfür gegeben hat.

[2]) Die Entsch. folgerte hieraus, daß demgemäß die in dem Ges. v. 18. VI. 40 §§ 1 ff. (G.=S. S. 140) für den Einspruch gegen die Heranziehung zu den Gemeindeabgaben gesetzte Frist von drei Monaten keine Verjährungsfrist, sondern eine Ausschlußfrist sei. Diese Ausschlußfrist endige nicht in Gemäßheit des § 550 Tit. 9 Teil I A. L.=R. mit dem Ablaufe von 90 Tagen, sondern mit dem Ablaufe desjenigen Tages des letzten der drei Monate, der durch seine Zahl dem Tage entspreche, an dem die Frist begonnen habe. Fehle in dem letzten Monate ein Tag mit jener Zahl, so endige die Frist mit Ablauf des letzten Tages dieses Monates. Werde die Heberolle durch Auslegung bekannt gemacht, so beginne die Frist mit dem Tage der beendigten Auslegung. Gemäß § 94 des Komm.=Abg.=Ges. sind alle in diesem Ges. vorgeschriebenen Fristen Ausschlußfristen, die, soweit das Ges. nicht etwas anderes bestimmt, — so beginnt bei Bekanntmachung der Abgaben durch Auslegung von Heberollen gemäß § 69 Nr. 1 der Lauf der Frist mit dem ersten Tage nach Ablauf der Auslegungsfrist — mit der Zustellung des Beschlusses oder der sonstigen Anordnung beginnen. Der Tag der Zustellung wird nicht mitgerechnet, im übrigen sind für Beginn und Berechnung die bürgerlichen Prozeßgesetze maßgebend.

Nr. 7. Entsch. Bd. XVII. S. 237 vom 17. November 1888. I B 44/88.

Westf. Kr.-Ordn. v. 31. VII. 86 (G.-S. S. 217) § 29. Westf. Land-Gem.-Ordn. v. 19. III. 56 (G.-S. S. 265) §§ 23, 41, 49. Komm.-Abg.-Ges. v. 14. VII. 93 (G.-S. S. 152) §§ 69, 70.

In den Landgemeinden der Provinz Westfalen können die Einsprüche gegen die Heranziehung zu den Kommunalabgaben, sofern dies durch Ortsstatut festgestellt wird, neben dem Gemeindevorstande auch bei dem Amtmanne eingereicht werden. Es ist jedoch dem Amtmanne nicht gestattet, an Stelle des Gemeindevorstehers den Beschuß auf den Einspruch zu erlassen, so daß ein gleichwohl erlassener Beschluß des Amtmannes nicht zur Grundlage des Verwaltungsstreitverfahrens über die angefochtene Steuerforderung gemacht werden kann.

Nr. 8. Entsch. Bd. XXIII. S. 18 vom 4. November 1892. II C 178/92.

Ges. v. 24. V. 61 (G.-S. S. 241), betreffend die Erweiterung des Rechtsweges, § 9. Zust.-Ges. §§ 18, 160. Ges. v. 19. V. 91 (G.-S. S. 108), über die allgemeine Landesverwaltung u. s. w. in der Provinz Posen, Art. VI. Komm.-Abg.-Ges. v. 14. VII. 93 (G.-S. S. 152) §§ 69, 70.

1) Auch gegenüber einer, bereits bei den nach älterem Rechte zuständigen Verwaltungsbehörden als an sich unbegründet angefochtenen Abgabenforderung können, nachdem auf diesem Gebiete im Allgemeinen die Verwaltungsgerichte zuständig geworden sind, die letzteren angerufen werden, insoweit es einen erst nach diesem Zeitpunkte auf Grund der Verjährung erhobenen und auf Beschwerde von dem Gemeindevorstande abgewiesenen Erstattungsanspruch gilt — und zwar selbst dann, wenn jenes ältere Verfahren noch schwebt.

2) Durch § 160 des Zust.-Ges. ist in Steuersachen die Zuständigkeit der Verwaltungsgerichte auch in solchen Streitsachen begründet, wo bisher nach § 9 des Ges. v. 24. V. 61 der ordentliche Rechtsweg über die beiden privatrechtlichen Fragen der früheren Tilgung und der Verjährung für zulässig erklärt war. Das Verwaltungsgericht kann sich aber nur innerhalb derjenigen Grenzen mit einem Streitgegenstande befassen, die ihm durch die Verwaltungsprozeßvorschriften angewiesen sind. Bei Steuerklagen gelten im Verwaltungsstreitverfahren als unerläßliche Vorbedingungen: der rechtzeitige Einspruch und die auf den Einspruchsbescheid eingereichte Klage innerhalb der vorgeschriebenen Ausschlußfrist von 2 Wochen. Der Fall des § 160 des Zust.-Ges., für den die Verwaltungsgerichte an Stelle der Zivilgerichte berufen worden sind, ist in keiner Weise von diesen allgemeinen Verfahrenssatzungen ausgenommen, sondern führt gerade auch den Rechtsweg aus § 9 des Ges. v. 24. V. 61 fortan in den Rahmen des § 18 des Zust.-Ges. ein. Das Einspruchsverfahren fällt daher hier nicht deshalb fort, weil es eines solchen bei dem früheren Zivilprozesse nicht bedurft haben würde.

Nr. 9. Entsch. Bd. XXIX. S. 108 vom 25. April 1897. II C 389/95.

Komm.-Abg.-Ges. v. 14. VII. 93 (G.-S. S. 152) §§ 69, 70, 94.

Die im § 70 des Komm.-Abg.-Ges. v. 14. VII. 93 gegebene Frist von zwei Wochen zur Anbringung der Klage im Verwaltungsstreitverfahren wider den auf Einspruch des Steuerpflichtigen gefaßten Beschluß des Gemeindevorstandes ist dieselbe Normalfrist, die schon der § 51 L.-V.-G. angeordnet hatte. Sie beläuft sich, da die Woche sieben Tage umfaßt, auf vierzehn Tage im Ganzen und beginnt mit dem ersten Tage nach erfolgter Zustellung, da der Zustellungstag selbst, als kein voller Tag, nicht mitgerechnet wird.

Ein Anderes kann auch aus §§ 198—200 der Ziv.-Pr.-Ordn. nicht gefolgert werden.

2. Rechtsgrundsätze für das Verfahren.

Nr. 1. Entsch. Bd. III. S. 96 vom 21. November 1877.
Komm.=Abg.=Ges. v. 14. VII. 93 (G.=S. S. 152) §§ 69, 70, 77.

Wenn ein Gemeindebeschluß über die Erhebung einer Gemeindesteuer auch die Bestätigung der zuständigen Behörde gefunden hat, so unterliegt er doch hinsichtlich seiner rechtlichen Zulässigkeit und Verbindlichkeit der Prüfung des Verwaltungsrichters, sobald eine ihm zufolge geforderte Abgabe im Verwaltungsstreitverfahren durch den Herangezogenen angefochten wird. Vergl. E.=O.=V. Bd. II S. 108.[1][2]

Nr. 2. Entsch. Bd. IV. S. 115 vom 12. Oktober 1878.
Komm. Abg.=Ges. v. 14. VII. 93 (G.=S. S. 152) §§ 69, 70, 77.

1) Das Verwaltungsstreitverfahren wegen Heranziehung zu den Gemeindeabgaben findet nur in Betreff thatsächlich erhobener und rechtzeitig bestrittener Abgabenforderungen statt. Vergl. E.=O.=V. Bd. III S. 82.[3]

---

[1]) Der Nachprüfung durch die Verwaltungsgerichte unterliegen die Beschlüsse der zur Schaffung des örtlichen Steuerrechtes berufenen Beschlußbehörden nur, insofern in Frage steht, ob sie in den gesetzlich vorgeschriebenen Formen zu Stande gekommen sind und ob sie sich inhaltlich innerhalb der Grenzen halten, die der Autonomie jener Behörden gesetzt sind. Entsch. v. 30. V. 96 (Pr. Verw.=Bl. Bd. XVII S. 483) und v. 6. I. 97 (Pr. Verw.=Bl. Bd. XVIII S. 255). Es ist nicht gesetzwidrig, wenn die Gesammtbelastung der Grundbesitzer durch Gebühren, Beiträge und Realsteuern die Summe der ihnen zum besonderen Vorteile gereichenden Gemeindeausgaben übersteigt. Die Rechtmäßigkeit der Gebührenordnungen hängt nicht von dem Maße der Vorteile, die den Grundbesitzern aus der Benutzung der Anstalt erwachsen, oder von dem Maße ihrer Belastung mit Realsteuern ab. Entsch. v. 6. I. 97 (Pr. Verw.=Bl. Bd. XVIII S. 256).

[2]) Der Rest der Entscheidungsgründe, in denen die Unzulässigkeit der sog. Vermietungs= oder Stubensteuer als Kommunalsteuer für die Landgemeinden der sieben östlichen Provinzen ausgeführt wurde, da sie sich nicht innerhalb der Grenzen ihres Besteuerungsrechtes hielten, ist heute veraltet.

[3]) Eine besondere Veranlagung braucht der Heranziehung nicht vorangegangen zu sein. Die Einforderung eines bestimmten Steuerbetrages, gleichviel in welcher Form, genügt. Entsch. v. 6. XI. 94 (Pr. Verw.=Bl. Bd. XVI S. 256). Doch muß die Heranziehung erfolgt sein; der Einspruch kann nicht etwa im Voraus gegen eine erst in der Zukunft erwartete Heranziehung gerichtet werden. Entsch. v. 16. XI. 94 (Pr. Verw.=Bl. Bd. XVI S. 246). Zwischen „Heranziehung“ und „Veranlagung“ zur Steuer besteht ein sachlicher, praktischer Unterschied nicht. Entsch. v. 9. X. 95 (Pr. Verw.=Bl. Bd. XVII S. 200). Der Akt der Heranziehung zu städtischen Steuern kann rechtswirksam durch eine städtische Polizeibehörde auch dann nicht vorgenommen werden, wenn sie innerhalb gewisser Grenzen dem Magistrate untersteht. Ist im Verwaltungsstreitverfahren ein abweisender Einspruchsbescheid deshalb aufrecht erhalten worden, weil eine rechtswirksame Heranziehung dem Einspruche überhaupt nicht vorangegangen war, so involviert diese Entscheidung noch kein Anerkenntnis dahin, daß die von unzuständiger Stelle aus eingeforderte Steuer nunmehr im Verwaltungszwangsverfahren eingezogen werden darf. Der Herangezogene wird vielmehr hiergegen die Aufsichtsbehörde anrufen können. Entsch. v. 27. V. 96 (Pr. Verw.=Bl. Bd. XVII S. 482).

Streitsachen, in denen eine Heranziehung oder Veranlagung zu Abgaben bekämpft wird, werden in dem Zeitpunkte anhängig, in denen der Pflichtige seinen Anspruch auf Befreiung oder Ermäßigung bei derjenigen Behörde, der das Gesetz die erste Thätigkeit in der Sache zuweist, d. h. bei der Kommunalbehörde, die über die Reklamation zu befinden hat, geltend macht. Entsch. v. 20. X. 84 (Pr. Verw.=Bl. Bd. VI S. 42).

Die Erweiterung eines auf Steuerüberbürdung gerichteten Klageantrages in der Berufungsinstanz dahin, daß völlige Freilassung von der Steuer gefordert wird, ist unzulässig, und ein diesem erweiterten Antrage stattgebendes Erkenntnis unterliegt der Aufhebung. Entsch. v. 30. V. 85 (Pr. Verw.=Bl. Bd. VI S. 298).

Wird ein Mitglied einer offenen Handelsgesellschaft von dem Einkommen der letzteren ur Gemeindesteuer herangezogen, so steht der Handelsgesellschaft als solcher ein Recht,

2) **Die Bestätigung eines Gemeindebeschlusses über die Erhebung von Abgaben durch die zuständigen Behörden beschränkt den Verwaltungsrichter nicht in der Prüfung seiner Gesetzmäßigkeit.** Vergl. E.-O.-V. Bd. II S. 108.[1][2])

Nr. 3. Entsch. Bd. V. S. 102 vom 25. März 1879.

Komm.-Abg.-Ges. v. 14. VII. 93 (G.-S. S. 152) §§ 69, 70.

1) **Bei einer Klage gegen den nach § 69 des Komm.-Abg.-Ges. von dem Gemeindevorstande zu erteilenden Bescheid**[3]) **hat der Verwaltungsrichter nicht nur dessen Inhalt und Begründung, sondern auch die Rechtmäßigkeit der**

---

diese Veranlagung mit Klage anzufechten, nicht zu. Entsch. v. 12. XI. 86 (Pr. Verw.-Bl. Bd. VIII S. 83). Der Einwand, daß ein vom Gemeindevorstande geforderter Steuerbetrag zur Erfüllung des Etats nicht notwendig sei, ist nicht aus dem Steuerrechte der Gemeinde entnommen und bildet kein zur Begründung der Steuerklage geeignetes Fundament. Entsch. v. 23. V. 88 (Pr. Verw.-Bl. Bd. IX S. 335).

Die Klage ist ausschließlich dem zu den Gemeindeabgaben Herangezogenen bezw. Veranlagten und nur in Bezug auf die spezielle zur Hebung stehende Steuerforderung gegeben, nicht aber der Gemeinde oder dem Gemeindevorstande. Eine Klage der letzteren, mag sie nun auf die einzelne Steuerforderung oder auf die Feststellung der Steuerpflicht an sich gerichtet sein, muß als unzulässig abgewiesen werden. Entsch. v. 20. II. 89 (Pr. Verw.-Bl. Bd. X S. 345). Sie ist nicht gegen die Gemeinde, sondern gegen den Gemeindevorstand zu richten, der veranlagt, auf den Einspruch Beschluß gefaßt und diesen im Streitverfahren zu vertreten hat. Steuerschuldner ist nicht die kaufmännische Firma, sondern deren Inhaber, der daher auch im eigenen Namen, nicht Namens der Firma die Klage anzustellen hat. Entsch. v. 11. IX. 89 (Pr. Verw.-Bl. Bd. XI S. 124).

Wenn mehrere Kläger in einer Klage Befreiung von ihnen nach ihrer Ansicht rechtswidrig auferlegten Beiträgen zu den Gemeindelasten fordern, so liegt nicht eine notwendige, sondern eine zufällige Streitgenossenschaft vor. Denn jeder dieser Ansprüche ist ein selbstständiger, von dem der übrigen völlig unabhängiger; sie entspringen nicht aus demselben, allen Klägern in Gemeinschaft zustehendem Rechte, sondern beruhen nur auf mehr oder minder gleichartigen thatsächlichen und rechtlichen Voraussetzungen. Ein Rechtsmittel hat daher nur für diejenigen Kläger Geltung, von denen oder gegen die es eingelegt wird. Entsch. v. 7. III. 88 (Pr. Verw.-Bl. Bd. IX S. 257).

[1]) Ebenso Entsch. v. 5. IV. 87 (Pr. Verw.-Bl. Bd. IX S. 58). Dagegen unterliegt die Frage, ob der für eine durch Ortsstatut eingeführte Gemeindeabgabe gewählte Verteilungsmaßstab ein gerechter und zweckmäßiger ist, lediglich der Prüfung derjenigen Instanz, die für die Bestätigung des Ortsstatutes zuständig ist. Ihre Nachprüfung in dem Verwaltungsstreitverfahren gegen die Heranziehung zu der Abgabe kann nicht stattfinden. Entsch. v. 8. XI. 89 (Pr. Verw.-Bl. Bd. XI S. 168).

[2]) Der Rest der Entscheidungsgründe betraf die Kommunalsteuerpflicht der Forensen und ist veraltet, nachdem diese durch § 33² des Komm.-Abg.-Ges. allgemein geregelt ist.

[3]) Wenn ein Einspruch wegen zu hoher Gemeindebesteuerung erhoben wird, so hat der darauf zu fassende Beschluß des Gemeindevorstandes entweder auf vollständige Abweisung des von dem Steuerpflichtigen erhobenen Anspruches oder auf Freilassung von der Steuer oder auf Herabsetzung des ursprünglich geforderten Steuerbetrages zu lauten. Dadurch, daß der Gemeindevorstand nach nochmaliger Prüfung der Verhältnisse des Einsprechenden ihm seinen Entschluß mitteilt, wird die Sache für ihn dahin beendet, daß er eine Abänderung dieses Beschlusses zum Nachteile des Herangezogenen nicht mehr vornehmen darf. Das gilt auch dann, wenn dem Beschlusse etwa ein unverschuldeter Irrtum des Gemeindevorstandes zu Grunde liegen sollte — abgesehen von offenbaren Schreib- oder Rechenfehlern, deren Berichtigung zulässig bleibt. Entsch. v. 24. V. 89 (Pr. Verw.-Bl. Bd. X S. 541).

Die Frage, ob eine Kundgebung der veranlagenden Behörde als Einspruchsbescheid, als ein endgiltiger Ausspruch über die Forderungen des Zensiten anzusehen sei, liegt wesentlich auf thatsächlichem Gebiete. Sie ist jedenfalls zu bejahen, wenn der Bescheid den Anspruch seinem ganzen Umfange nach zurückweist und die Klage anheimstellt, auch wenn bezüglich einzelner Punkte eventuell, nämlich für den Fall der Beibringung bestimmter Nachweise, die Bereitwilligkeit ausgesprochen wird, in eine neue Erörterung einzutreten. Entsch. v. 18. VI. 89 (Pr. Verw.-Bl. Bd. XI S. 37).

Heranziehung und der Veranlagung seinerseits zu prüfen und darüber zu entscheiden.[1])

2) **Ein Gemeindebeschluß, wonach die Leistung der öffentlichen Armenpflege durch Gewährung von Wohnung und Verpflegung an den Hilfsbedürftigen seitens der einzelnen abgabepflichtigen Gemeindemitglieder im Reihenzuge zu erfolgen hat, ist nicht gesetzwidrig. Nach § 1 des Ausf.-Ges. zum**

---

[1]) Ist die Abgabefreiheit eines zur Steuer Herangezogenen durch ein rechtskräftiges zivilgerichtliches Erkenntnis festgestellt, so bleibt dieses maßgebend, und es ist eine nachträgliche verwaltungsrichterliche Prüfung sowohl der Frage, ob der Zivilrichter in der Sache zu Unrecht erkannt, als auch, ob er den Rechtsweg zu Unrecht für zulässig erachtet hat, ausgeschlossen. Entsch. v. 24. VI. 85 (Pr. Verw.-Bl. Bd. VI S. 327).

Die thatsächliche Feststellung, daß der gewerbliche Betrieb einer Rübenzuckerfabrik bereits mit dem 1. April eines Jahres begonnen habe, wiewohl die eigentliche Fabrikationsthätigkeit erst im Herbst ihren Anfang genommen hat, und im voraufgegangenen Sommerhalbjahre nur vorbereitende Handlungen vorgenommen sind, kann als rechtsirrig nicht angesehen werden. Entsch. v. 15. IV. 86 (Pr. Verw.-Bl. Bd. VII. S. 307).

Bei Prüfung der Veranlagung zu den Gemeindesteuern hat der Verwaltungsrichter über die Abzugsfähigkeit der einzelnen als Betriebskosten liquidirten Positionen selbständig Entscheidung zu treffen, auch wenn sie unter den Parteien nur in quanto streitig sind. Entsch. v. 19. IV. 86 (Pr. Verw.-Bl. Bd. VII S. 330).

Der Einwand des Zensiten, daß es ihm an jeder Baareinnahme zur Bezahlung der Steuer fehle, kann nicht im Veranlagungs-, sondern erst im Beitreibungsverfahren erörtert werden. Entsch. v. 18. XII. 88 (Pr. Verw.-Bl. Bd. X S. 196).

Wenn zwei Instanzen, die für die Vornahme einer rechtlich erheblichen Handlung (Bestätigung eines Ortsstatutes) in Frage kommen können, übereinstimmend ihre Ansicht dahin kundgegeben haben, daß die eine von ihnen dafür zuständig sei, so wird dadurch der selbständigen Prüfung dieser Zuständigkeit seitens des Verwaltungsrichters, der demnächst die so zu stande gekommene Norm anzuwenden hat, nicht vorgegriffen. Entsch. v. 17. V. 89 (Pr. Verw.-Bl. Bd. XI S. 15).

Während die Zivilprozeßordnung, auch hinsichtlich der Beweiserhebung, von der Verhandlungsmaxime beherrscht wird, beruht das Streitverfahren, das die öffentlichen und darum zum Teil der Parteiwillkür entzogenen Rechtsverhältnisse regelt, auf der Untersuchungsmaxime. Auf dieses sind daher die Vorschriften der Zivilprozeßordnung nicht ohne weiteres anwendbar. Der Verwaltungsrichter ist befugt, dem ein niedrigeres, als das eingeschätzte Einkommen, behauptenden Steuerpflichtigen die Vorlegung seiner Geschäftsbücher aufzugeben und im Weigerungsfalle die von der einschätzenden Behörde unter Berufung auf diese Bücher behaupteten Thatsachen als zugestanden zu erachten. Entsch. v. 25. IX. 89 (Pr. Verw.-Bl. Bd. XI S. 158).

In Steuerprozessen steht dem Verwaltungsrichter nicht selbständig eine arbiträre anderweite Schätzung des steuerpflichtigen Einkommens zu, sondern die Herabsetzung der von der Veranlagungsbehörde geforderten Steuer darf nur dann ausgesprochen werden, wenn die Unrichtigkeit der Schätzung vom Kläger nachgewiesen ist. Entsch. v. 14. XII. 89 (Pr. Verw.-Bl. Bd. XI S. 397).

Der zu einer Gemeindelast Herangezogene ist nicht auf solche Einwendungen oder Angriffe beschränkt, die gerade in öffentlich-rechtlichem Boden wurzeln. Zumal das neuere Recht (§ 160 Zust.-Ges.) hat auch insoweit, als bisher (§ 79 Teil II Tit. 14 A. L.-R. — §§ 9, 10 Ges. über die Erweiterung des Rechtsweges v. 24. V. 61) der ordentliche Rechtsweg für zulässig erklärt war, in der Absicht und mit dem Effekte die Zuständigkeit der Verwaltungsgerichte eröffnet, daß jener Weg nunmehr sogar ausgeschlossen bleibt. Ein sachliches Eingehen auf dem Privatrecht entnommene Einwendungen darf der Verwaltungsrichter daher nicht ablehnen. Ein Abkommen, wonach die Stadtgemeinde die zum Ausbau einer Straße erforderlichen Leistungen übernommen hat, kann der Forderung von Kanalanschlußgebühren schon deshalb nicht entgegengesetzt werden, weil es sich hierbei gar nicht um den Ausbau der Straße, sondern um die davon ganz verschiedene Entwässerung der an der Straße gelegenen Grundstücke handelt. Entsch. v. 24. X. 90 (Pr. Verw.-Bl. Bd. XII S. 182).

Die Feststellung, daß ein mit einer kommissarischen Vertretung beauftragter Beamter seinen früheren Wohnsitz gleichwohl beibehalten habe, ist thatsächlicher Natur und somit der Nachprüfung in der Revisionsinstanz entzogen. Entsch. v. 13. XII. 89 (Pr. Verw.-Bl. Bd. XI S. 435).

Reichsges. über den Unterstützungswohnsitz v. 8. III. 71 (G.-S. S. 130) ist dem Hilfsbedürftigen von dem zu seiner Unterstützung verpflichteten Armenverbande Obdach zu gewähren. In welcher Weise das Obdach zu beschaffen sei, ist im Gesetze nicht gesagt. Es richtet sich dies nach der Verfassung des Armenverbandes der Gemeinde. Giebt die Gemeindeverfassung hierfür keinen Anhalt, liegt auch im gegebenen Falle weder ein Gemeindebeschluß, noch eine Anordnung der Aufsichtsbehörde vor, die der Gemeindevorsteher zur Richtschnur zu nehmen hat, so kann der Letztere die der Gemeinde obliegende Verpflichtung zur Gewährung des Obdaches nicht anders zur Erfüllung bringen, als daß er den einzelnen Gemeindesteuerpflichtigen die Beschaffung des Obdaches nach dem Maßstabe ihrer Steuerpflicht aufgiebt, d. h. daß er die Gewährung des Obdaches im Reihenzuge anordnet.

Nr. 4. Entsch. Bd. V. S. 126 vom 9. Mai 1879.

Komm.-Abg.-Ges. v. 14. VII. 93 (G.-S. S. 152) §§ 24, 69, 70.

Kreisabgabepflichtig sind nicht die Gemeinden, sondern die Kreisangehörigen. Den Gemeinden steht nur die Unterverteilung und Einziehung der Kreissteuern zu. Sind der Gemeinde Steuerpflichtige zu Unrecht oder mit einem zu hohen Betrage in Rechnung gestellt und erlangen diese auf Reklamation oder Klage Freilassung oder Minderung des Betrages, so mindert sich dementsprechend auch das Soll der Gemeinde. Den Ausfall trägt nicht die Gemeinde, sondern die Kreiskorporation. Einspruch und Klage eines Gemeindemitgliedes gegen die Heranziehung zu den Kreisabgaben können daher nicht an, bezw. gegen den Gemeindevorstand gerichtet werden[1]), da er im Streitverfahren wegen der Veranlagung zu den Kreisabgaben passiv nicht legitimiert ist.[2])

---

[1]) Vorausgesetzt, daß die Gemeinden nicht etwa gemäß § 91[1] des Komm.-Abg.-Ges. ihren Kreisabgabenanteil auf den Gemeindehaushalt übernommen haben, in welchem Falle die von den abgabepflichtigen Gemeindegliedern aufzubringenden Beiträge die Natur der gewöhnlichen Gemeindeabgaben haben.

[2]) Die weiteren Ausführungen der Entsch. sind insofern veraltet, als sich heute die Kommunal-Realsteuerpflicht der Kirchen-, Pfarrgüter und Begräbnisplätze nach dem § 24 des Komm.-Abg.-Ges. v. 14. VII. 93 (G.-S. S. 152) bestimmt. Danach sind Kirchengüter (Grundstücke) steuerfrei, soweit sie für die Zwecke der Kirchen, bezw. der betreffenden Religionsgesellschaften unmittelbar benutzt werden. Steuerpflichtig ist der sogen. werbende Grundbesitz, z. B. derjenige des Hannoverschen Klosterfonds. Pfarrgüter (Dienstgrundstücke der Geistlichen) sind steuerfrei, soweit ihnen vor Inkrafttreten des Komm.-Abg.-Ges. Steuerfreiheit zugestanden hat, was in den östlichen Provinzen, Rheinland und Westfalen und Schleswig-Holstein, sowie bezw. der Städte im Reg.-Bez. Wiesbaden und Frankfurt a/M. unbeschränkt, in Hannover soweit der Fall war, als die Grundstücke nicht schon vor dem Verfassungsges. v. 5. IX. 48 pflichtig waren, und im Umfange eines Spezialges. v. 5. VII. 48 (Hann. G.-S. S. 193). Vergl. Östl. St.-Ordn. v. 30. V. 53 § 4 Abs. 6; Westf. St.-Ordn. v. 19. III. 56 § 4 Abs. 6; Rh. St.-Ordn. v. 15. V. 56 § 4 Abs. 9; Hann. St.-Ordn. v. 24. VI. 58 §§ 13, 16; St.-Ordn. für Frankfurt a. M. v. 25. III. 67 § 12; für Schleswig-Holstein v. 14. IV. 69 § 24; für den Reg.-Bez. Wiesbaden v. 8. VI. 91 § 4 Abs. 6; Westf. Land-Gem.-Ordn. v. 19. III. 56 § 64; Rh. Gem.-Verf.-Ges. v. 15. V. 56 Art. 10; Hann. Land-Gem.-Ordn. v. 28. IV. 59 §§ 64, 66; Östl. Land-Gem.-Ordn. v. 3. VII. 91 § 26; Schl.-Holst. Land-Gem.-Ordn. v. 4. VII. 92 § 26.

Begräbnisplätze (Kirchhöfe, Friedhöfe, auch die der Juden, sind steuerfrei, weil sie zu einem öffentlichen Dienste oder Gebrauche bestimmt sind. Daß mit den Worten „öffentlicher Dienst oder Gebrauch" derselbe Sinn zu verbinden ist, den das Grundsteuerges. v. 24. V. 61 (G.-S. S. 253) im § 4c damit verbindet und daß das letztere die Kirchhöfe u. s. w. als zu einem öffentlichen Dienste oder Gebrauche bestimmte Grundstücke anerkennt, auch wenn sie nicht Eigentum von politischen Gemeinden, sondern von Kirchengemeinden, Synagogen u. s. w. sind, wird in der Entsch. näher ausgeführt und aus der Entstehungsgeschichte der gesetzlichen Vorschriften bewiesen.

Nr. 5. Entsch. Bd. V. S. 141 vom 17. September 1879.
Komm.-Abg.-Ges. v. 14. VII. 93 (G.-S. S. 152) §§ 69, 70.

Im Verwaltungsstreitverfahren wegen Heranziehung zu den Gemeindeabgaben kann nur über die einzelne Abgabenforderung, die erhoben und gegen die rechtzeitig Einspruch erhoben worden ist, entschieden werden. Vergl. E.-O.-V. Bd. IV S. 105.[1])

Nr. 6. Entsch. Bd. V. S. 156 vom 29. Januar 1879.
A. L.-R. Einl. §§ 3, 4; Teil II Tit. 7 §§ 31, 44, 313. Ges. v. 14. IV. 56 (G.-S. S. 359), betreffend die Verfassung der Landgemeinden, § 11. Komm.-Abg.-Ges. v. 14. VII. 93 (G.-S. S. 152) §§ 69, 70.

1) Die Klage gegen den Bescheid des Gemeindevorstandes, durch den ein Einspruch gegen die Heranziehung zu den Gemeindelasten abgewiesen worden ist, ist gegen den Gemeindevorstand zu richten. Doch ist ein wesentlicher Mangel des Verfahrens darin nicht zu erblicken, daß die Klage statt dessen gegen die Gemeinde, vertreten durch den Gemeindevorsteher und die beiden Schöffen gerichtet wurde. Denn der Gemeindevorsteher handelt, wie bei Erteilung des Bescheides, so auch bei Führung des Prozesses in Vertretung der Gemeinde, und die Substituierung des „aus dem Gemeindevorsteher und den beiden Schöffen" bestehenden Gemeindevorstandes an Stelle des Gemeindevorstehers ist von keiner Erheblichkeit, die Hinzufügung der zum Gemeindevorstande nicht gehörigen Schöffen nur etwas Überflüssiges.

2) Nach der Emanation des A. L.-R.'s können sich in Gemäßheit der Vorschriften in §§ 3 und 4 der Einleitung daselbst Gewohnheitsrechte und Observanzen, sofern sie nicht den Provinzialgesetzbüchern einverleibt sind, niemals contra legem, sondern nur praeter legem bilden, mithin können durch Observanzen nur solche Gegenstände geregelt werden, die die Gesetze entweder unentschieden gelassen, oder für die sie selbst auf Gewohnheit und Observanz hingewiesen haben.

Der Nachweis einer bestimmten Reihe von Jahren ist für das Bestehen einer Observanz nicht erforderlich, vielmehr hängt die Frage, welcher Zeitraum zur Begründung einer Gewohnheit oder Observanz notwendig sei, von dem durch die Einzelheiten des konkreten Falles bestimmten richterlichen Ermessen ab, wobei namentlich von Bedeutung erscheint, daß eine Reihe gleichmäßiger Handlungen während eines längeren Zeitraums vorgenommen worden ist, und daß die betreffenden Handlungen ein Ausfluß des Bewußtseins der rechtlichen Notwendigkeit gewesen sind.[2])

---

[1]) Der Rest der Entscheidungsgründe ist veraltet, nachdem durch §§ 33², 35 des Komm.-Abg.-Ges. die Steuerpflicht der Forensen geregelt ist.

[2]) Im vorliegenden Falle bestand in einer Landgemeinde etwa zehn Jahre hindurch die Einrichtung, daß alljährlich drei bis vier Monate im Winter der angestellte Nachtwächter durch Naturaldienste der Gemeindeglieder in der Weise unterstützt wurde, daß ihn in jeder Nacht ein Gemeindeglied auf seinem Gange begleiten mußte, um auch „hintenherum zu wachten". Das O.-V.-G. anerkannte, daß sich hierdurch auch für die nicht angesessenen Mieter observanzmäßig eine solche Pflicht gebildet hatte und bilden konnte, da § 31 A. L.-R. Teil II Tit. 7 bezüglich der Teilnahme der nicht mit Grundbesitz angesessenen Einwohner von Landgemeinden an den Gemeindelasten ausdrücklich auf hergebrachte Gewohnheiten verweise und auch **§ 44** a. a. O. dem nicht im Wege stehe, da der außergewöhnliche Nachtwachtdienst keineswegs nur den angesessenen Gemeindegliedern, sondern auch den Mietern zum Vorteile gereiche.

Wegen der heutigen Gültigkeit solcher Observanzen vergl. § 96 des Komm.-Abg.-Ges.; wegen der Bildung von Observanzen die im Übrigen veraltete Entsch. v. 19. I. **81** (Bd. VII S. 152).

Nr. 7. Entsch. Bd. VI. S. 111 vom 7. Februar 1880.
A. L.=R. Teil II Tit. 6 §§ 51 ff. Komm.=Abg.=Ges. v. 14. VII. 93 (G.=S. S. 152) §§ 69, 70.

1) In dem Verwaltungsstreitverfahren wegen Heranziehung zu den Kommunallasten ist ein Klageantrag auf Verurteilung des Gemeindevorstehers, sich fernerer Exekutionsmaßregeln zur Berichtigung seines angeblichen Vorschusses zu enthalten, unstatthaft.

2) Im Übrigen ist die Klage statthaft, wenn die Verpflichtung zu den Gemeindelasten bestritten wird, ohne daß im Gesetze über die Grenzen für die Begründung einer diese Verpflichtung bestreitenden Klage etwas bestimmt wird. Ergeben sich solche nun auch aus der Erwägung, daß mit der Klage keine Anforderungen geltend gemacht werden können, über die die Aufsichtsbehörde zu entscheiden hat, oder die nicht sowohl der einzelne Steuerzahler, als vielmehr nur die Gemeinde als solche, wie bei Defekten, verfolgen kann, so unterliegt es doch andererseits keinem Zweifel, daß die Klage zulässig ist, wenn sie die rechtlichen Voraussetzungen für die Zulässigkeit einer Umlage und ihrer Vollstreckung bestreitet, wenn somit ihr Fundament dem Steuerrechte der Gemeinde entnommen wird. Daß dieser Einwand die ganze Umlage betrifft, erscheint bedeutungslos, indem es nur darauf ankommt, ob von der streitigen Frage die Steuerpflicht des Einzelnen abhängig ist.

3) Ein solches Klagefundament ist vorhanden, wenn das Vorhandensein eines Gemeindebeschlusses — als Voraussetzung der Zulässigkeit einer Gemeindesteuerumlage — bestritten wird. Der Beschluß kann nicht etwa durch selbständige Anordnungen des Gemeindevorstehers ersetzt werden. Es folgt dies, wo entsprechende Bestimmungen in den Gemeindeordnungen fehlen, aus der rechtlichen Natur der Gemeinden als Korporationen, auf die die subsidiären Bestimmungen des A. L.-R.'s Teil II Tit. 6 §§ 51, 52 Anwendung finden. Bei dieser Lage der Gesetzgebung darf man sich auch nicht auf ein abweichendes Herkommen berufen. Wo der Haushalt der Gemeinden nicht nach jährlich festzustellenden Etats geführt wird, mag der Umstand, daß thatsächlich in einer Gemeinde namentlich die laufenden regelmäßigen Ausgaben durch die Erhebung von Kommunalsteuern in entsprechender Höhe ohne jährlich wiederkehrenden ausdrücklichen Gemeindebeschluß aufgebracht werden, ein Beweismoment dafür sein, daß dies auf einem ein für allemal gefaßten Beschlusse der Gemeinde beruht. Hieraus ergiebt sich aber keine Erweiterung der Befugnisse des Gemeindevorstehers gegenüber der Gemeinde; es ist dies ein Teil der Gemeindeverfassung, für den die Observanz überhaupt nicht Rechtsquelle, der vielmehr ausschließlich durch die bestehenden Gesetze geregelt ist.

Nr. 8. Entsch. Bd. X. S. 83 vom 20. Juni 1883.
Komm.=Abg.=Ges. v. 14. VII. 93 (G.=S. S. 152) §§ 69, 70.

1) Die Verteilung und Ausschreibung der Gemeindelasten ist ein ortsobrigkeitlicher Akt, dessen Vertretung im Streitverfahren dem entsprechend ausschließlich der Gemeindebehörde, dem Gemeindevorstande übertragen ist. Neben dem Gemeindevorsteher dürfen nicht noch einzelne Gemeindemitglieder zu gleichem Zwecke beigeladen werden, auch wenn die ortsobrigkeitliche Verfügung, die Gegenstand des Streites ist, ihr Interesse berührt. Ist dies dennoch geschehen, so folgt daraus nicht ihre Berechtigung, an Stelle des beklagten Gemeindevorstehers Rechtsmittel einzulegen. Andererseits unterliegt es aber keinem Zweifel, daß, wenn die Beigeladenen demnächst mit den fraglichen Beiträgen herangezogen werden, ihrer etwaigen Klage auf Be-

freiung nicht der Einwand entgegengesetzt werden kann, daß über ihre eigene Verpflichtung bereits rechtskräftig entschieden sei.[1])

2) **Privatverträge über die Übernahme öffentlicher Lasten, sofern sie nicht durch Gutheißung der Landespolizei- und Kommunalaufsichtsbehörde in die Verfassung der Gemeinden eingereiht sind, kommen bei der Verteilung der Kommunallasten nach öffentlichem Rechte entscheidend nicht in Betracht.**

Nr. 9. Entsch. Bd. XII. S. 63 vom 7. September 1885. II C 73/85.
L.-V.-G. §§ 67, 76, 77, 79.

1) Die durch § 67 L.-V.-G. dem Verwaltungsrichter eingeräumte Befugnis, in Ermangelung eines ausdrücklichen Antrages auf Anberaumung der mündlichen Verhandlung auch ohne eine derartige Verhandlung schon auf Grund der Erklärung der Parteien mittels eines Vorbescheides zu entscheiden, entbindet den Richter nicht von der Pflicht, die Parteien über seinerseits beschafftes vorliegendes thatsächliches Material zu hören. Den Parteien muß Gelegenheit gegeben werden, sich über die in der Entscheidung zu verwertenden Beweismittel zu erklären. Es ist ein fundamentaler, aus dem Verteidigungsrechte der Partei folgender Prozeßgrundsatz, daß sie nicht auf einer Grundlage verurteilt werden darf, zu deren Anfechtung sie überhaupt nicht in der Lage gewesen ist.[2])

2) **Bei Reklamationen gegen Gemeindelasten darf der Verwaltungsrichter die streitige Höhe des steuerpflichtigen Einkommens, entgegen den Ergebnissen der selbständigen Schätzung seitens der berufenen Gemeindeorgane, lediglich und allein aus dem Grunde, weil bei der Veranlagung zur Staatssteuer andere Ergebnisse gewonnen sind, nicht nach diesen bemessen. Es fehlt an jedem ausreichenden Anhalte dafür, der staatsseitig erfolgten Veranlagung gegenüber der durch die städtischen Organe bewirkten von vornherein einen Vorzug einzuräumen. Die Vermutung der Zuverlässigkeit spricht für die eine, wie für die andere und es bleibt daher, wenn überhaupt in der bezüglichen Entscheidung mit der Staatssteuerveranlagung gerechnet werden soll, nur übrig, in eine vergleichende und abwägende Prüfung beider Veranlagungen einzutreten.**[3])

---

[1]) An diesem Rechtsgrundsatze wird durch das in der neueren Gesetzgebung (§§ 18, 34 des Zust.-Ges., § 70 des Komm.-Abg.-Ges.) zugelassene Verwaltungsstreitverfahren zur Entscheidung von Streitigkeiten zwischen Beteiligten über ihre in dem öffentlichen Rechte begründete Verpflichtung zu Kommunallasten nichts geändert. Denn dadurch wird nicht etwa ihre Assistenz zur Verteidigung der obrigkeitlichen Umlagen für zulässig erklärt, sondern lediglich das ermöglicht, daß Streitigkeiten der einzelnen Gemeindeglieder unter sich zur Ausgleichung der Folgen jener Umlagen vor die Verwaltungsgerichte gelangen.

Der Satz, daß nur öffentlich-rechtliche Titel in Betracht kommen, wenn es sich um das Besteuerungsrecht der Gemeinden handelt, betrifft aber nicht die Frage der Zuständigkeit, sondern das materielle Recht. Wird in einem Streite über die Heranziehung und Veranlagung zu den Gemeindeabgaben solche auf Grund eines Vertrages bekämpft, so mag der Verwaltungsrichter den Klagegrund verwerfen; die Entscheidung darüber wegen Unzuständigkeit abzulehnen, ist er jedoch nicht befugt. Entsch. v. 17. XII. 89 (Pr. Verw.-Bl. Bd. XI S. 214).

[2]) Ebenso Entsch. v. 9. III. 95 (Pr. Verw.-Bl. Bd. XVII S. 2) und v. 14. III. 96 (Pr. Verw.-Bl. Bd. XVII S. 296). Zur Prüfung der Bücher des Steuerpflichtigen ist daher die beklagte Veranlagungsbehörde auf ihren Antrag zuzuziehen. Entsch. v. 25. XI. 87 (Pr. Verw.-Bl. Bd. IX S. 148).

[3]) Die in einem Gemeindesteuer-Regulativ enthaltene Bestimmung, daß die Gemeinde-Einkommensteuer als Zuschlag zur Staatssteuer erhoben werden, und daß die zur Staatssteuer veranlagten Personen einfach aus der Staatssteuerrolle übernommen werden sollen, schließt den Einwand nicht aus, eine Kommunalsteuerpflicht des Herangezogenen bestehe überhaupt nicht oder sei ihm gegenüber nicht rechtzeitig geltend gemacht worden. Ein über

Nr. 10. Entsch. Bd. XII. S. 66 vom 11. Juni 1885. II C 31/85.

Zust.-Ges. § 18. Komm.-Abg.-Ges. v. 14. VII. 93 (G.-S. S. 152) §§ 69ff.

1) Bei Streitigkeiten über die Heranziehung oder die Veranlagung zu den Gemeindelasten muß der Grundsatz Anwendung finden, daß die vor den Verwaltungsrichter gebrachte Angelegenheit durch ein Streitverfahren zum Austrage zu bringen ist, daß mithin ein Ausspruch zu erfolgen hat, der den vorliegenden Streit endgültig abschließt. Vergl. E.-O.-V. Bd. II S. 54, Bd. III S. 13, Bd. V S. 55, Bd. IX S. 11. Demnach kann eine zum Streitverfahren gelangte Sache der fraglichen Art nicht an den Gemeindevorstand zu nochmaliger Beschlußfassung verwiesen werden. Für letzteren besteht auch keine Verpflichtung, auf einen bereits abgelehnten Einspruch von neuem Bescheid zu erteilen. Deshalb muß ein Reklamant, der mit seinem Einspruche wegen Fristversäumnis oder aus sonstigen formellen Gründen endgültig abgewiesen ist, in der anzustellenden Klage den Nachweis führen, daß sowohl die Begründung des Einspruchbescheides unzutreffend, als auch sachlich die Heranziehung zur Steuer ungerechtfertigt ist. Er darf sich aber nicht allein auf den ersteren Nachweis beschränken.[1])

---

die Dauer des thatsächlichen Aufenthaltes des neu Angezogenen hinausgehendes Besteuerungsrecht der Aufenthaltsgemeinde steht mit § 8 des Freizügigkeitsges. v. 1. XI. 67 in Widerspruch und kann daher durch Steuerordnung nicht eingeführt werden. Entsch. v. 23. IX. 92 (Pr. Verw.-Bl. Bd. XIV S. 73).

Der Grundsatz, daß ein Angriff gegen den Prinzipalsteuersatz der Staatssteuer in dem Einspruchs- und Klageverfahren gegen die Veranlagung zu einem Gemeindezuschlage nicht mehr erhoben werden darf, findet nur Anwendung, soweit es sich um die Höhe der geforderten Steuer handelt. Er schließt dagegen nicht aus, daß die Steuerpflicht, die Verpflichtung, überhaupt zur Gemeindesteuer beizutragen, in dem für die letztere eingeleiteten Veranlagungsverfahren bestritten wird. Entsch. v. 3. X. 93 (Pr. Verw.-Bl. Bd. XV S. 109). Er berührt das formelle Beschwerde- und Klagerecht überhaupt nicht, sondern spricht nur aus, daß unter der angegebenen Voraussetzung dem Einspruche, bezw. der Klage der Erfolg versagt werden muß. Entsch. v. 9. III. 95 (Pr. Verw.-Bl. Bd. XVII S. 2).

[1]) Für das Verfahren, insbesondere für die Frage der Beweisführung sind noch folgende Entsch. von Bedeutung:

I. Beweisführung durch den Herangezogenen:

Der Steuerpflichtige kann mit seiner Klage nicht deshalb abgewiesen werden, weil er es unterlassen hat, den Einspruch ausreichend zu begründen; er ist vielmehr berechtigt, dies im Streitverfahren nachzuholen. Er muß aber mindestens im Streitverfahren die Verhältnisse soweit klarstellen, daß der Richter im stande ist, die Höhe des steuerpflichtigen Einkommens und demgemäß die Höhe der Steuersumme zu bemessen. Entsch. v. 19. III. 85 (Pr. Verw.-Bl. Bd. VI S. 217).

Den Beweis eines die Steuerexemtion begründenden Zustandes hat derjenige zu führen, der die Exemtion für sich in Anspruch nimmt. Dagegen liegt die Feststellung einer für die Entscheidung erheblichen Rechtsnorm dem Richter von Amts wegen und ohne Rücksicht auf die Anführungen der Parteien ob. Entsch. v. 25. III. 86 (Pr. Verw.-Bl. Bd. VII S. 330).

Dem eine Überbürdung behauptenden Abgabepflichtigen liegt, sofern die Abgabepflichtigkeit an sich feststeht, der Beweis eines geringeren, als der der Heranziehung zu Grunde gelegten Einkommens ob. Mindestens ist er zur ausführlichen und erschöpfenden Angabe seines Einkommens verpflichtet. Entsch. v. 24. VI. 86 (Pr. Verw.-Bl. Bd. VII S. 397).

Die Veranlagung zu der Gemeindesteuer kann durch die Behauptung allein, daß das gesammte steuerpflichtige Einkommen des Zensiten bereits anderwärts zur Gemeindebesteuerung herangezogen sei, mit Erfolg nicht angegriffen werden. Es bedarf vielmehr des Nachweises, daß das steuerpflichtige Einkommen oder ein Teil davon — sofern der Zensit an sich der Kommunalbesteuerung an dem betreffenden Orte unterliegt — von diesem Besteuerungsrechte ausgenommen sei. Entsch. v. 28. IX. 86 (Pr. Verw.-Bl. Bd. VIII S. 83).

Wenn der Steuerpflichtige in erster Instanz nur die Steuerpflicht bestritten, die Höhe der Abgabenforderung aber nicht angefochten hat, so kann in der Revisionsinstanz

2) **Die Klage ist nicht allein gegen solche Beschlüsse des Gemeindevorstandes zulässig, die auf die nach der ursprünglichen Veranlagung erhobenen Einsprüche erteilt werden, sondern auch gegen Bescheide auf Einsprüche Steuerpflichtiger gegen eine erst im Laufe des Steuerjahres erfolgte Berichtigung der ersten Veranlagung, desgleichen bei lediglich wegen Verspätung erfolgter Zurückweisung der Beschwerde, immer aber nur dahin, daß eine erschöpfende sachliche Entscheidung über den Anspruch selbst ergehe.**

---

die neue Behauptung, daß die Steuer zu hoch veranlagt sei, nicht mehr berücksichtigt werden. Entsch. v. 24. V. 87 (Pr. Verw.-Bl. Bd. IX S. 17).

Die Klage auf Steuerermäßigung muß als unsubstantiiert abgewiesen werden, wenn der Kläger es unterlassen hat, genau anzugeben und zu belegen, um wieviel er überbürdet zu sein behauptet, bezw. den Einkommensbetrag zu bezeichnen, den er für der Besteuerung unterliegend erachtet. Eine Ergänzung dieses thatsächlichen Vorbringens ist in der Revisionsinstanz nicht mehr zulässig. Entsch. v. 11. IX. 88 (Pr. Verw.-Bl. Bd. X S. 74).

Ist in dem Einspruche die Überbürdung nicht lediglich in dem Hinausgehen über einen bestimmten, unbemängelt gebliebenen Betrag gefunden und damit auch für die Klage eine feste Grenze gezogen, sondern der Antrag allgemein auf Freilassung event. Ermäßigung gerichtet, so steht es dem Zensiten frei, nicht nur in der Klageschrift, sondern auch, soweit das Prozeßrecht das zuläßt, in späteren Ergänzungen den Ermäßigungsanspruch ziffermäßig zu substantiieren mit der Maßgabe jedoch, daß über die Grenze des ursprünglichen Petitums nicht hinausgegangen werden darf (was auch für die Entscheidung des Verwaltungsrichters gilt). Entsch. v. 25. V. 89 (Pr. Verw.-Bl. Bd. X S. 469).

Eine Verzögerung des Verfahrens, die die Zurückweisung einer Abänderung der Klage rechtfertigt — § 71 L.-V.-G. — kann in der Notwendigkeit einer Beweisaufnahme an sich niemals gefunden werden. Entsch. v. 15. VI. 88 (Pr. Verw.-Bl. Bd. X S. 24).

Die steuerberechtigte Gemeinde ist nicht verpflichtet, die Richtigkeit ihrer Veranlagung, im Ganzen oder in den einzelnen Positionen zu beweisen. Vielmehr hat der Zensit den Nachweis, daß sein Einkommen hinter der angenommenen Höhe um den behaupteten Betrag zurückbleibt, zu liefern, und wenn er sich darauf stützt, daß gewisse als steuerpflichtige Einnahmen behandelte Beträge als solche nicht anzusehen seien, dies darzuthun und die zu ihrer Ausscheidung erforderlichen Grundlagen zu liefern. Entsch. v. 18. V. 88 (Pr. Verw.-Bl. Bd. X S. 3).

Um eine Steuerermäßigungsklage zu begründen, muß der Veranlagte, wenn es sich um einen über mehrere Gemeindebezirke sich erstreckenden Gewerbebetrieb handelt, nicht nur die Gehälter und Löhne, nach denen die Verteilung vorzunehmen ist, sondern auch sein Gesammteinkommen angeben und den Nachweis führen, daß bei dem Gesetze entsprechender Verteilung ein minderer Betrag der Steuer sich ergebe. Entsch. v. 13. IV. 88 (Pr. Verw.-Bl. Bd. X S. 45).

Dem Zensiten, der sich über Steuerüberbürdung beschwert, liegt der Nachweis ob, daß sein Reineinkommen dem von ihm als angemessen bezeichneten Steuersatze wirklich entspricht. Handelt es sich um Einkommen aus landwirtschaftlich benutztem Grundbesitze, so ist dieser Beweis durch Vorlegung der Wirtschaftsrechnungen, eventuell durch Sachverständige zu führen. Entsch. v. 16. II. 89 (Pr. Verw.-Bl. Bd. X S. 372).

Wenn der Kläger in einem Steuerprozesse zum Erweise des behaupteten Mindereinkommens auf die Handlungsbücher einer offenen Handelsgesellschaft, deren Teilhaber er ist, Bezug nimmt, und die Handelsgesellschaft demnächst die Vorlegung ihrer Bücher verweigert, so ist er — gleichviel ob die Weigerung mit seinem Willen oder gegen ihn erfolgt ist — als beweisfällig zu erachten. Entsch. v. 8. X. 89 (Pr. Verw.-Bl. Bd. XI S. 189).

Wenn ein zu den Gemeindeabgaben Herangezogener nicht nur seine Steuerpflicht bestreiten, sondern event. auch eine Überbürdung behaupten will, neben gänzlicher Befreiung von der Steuer event. wenigstens ihre Ermäßigung beansprucht, so muß er zum Mindesten dem Betrage, zu dem er herangezogen ist, denjenigen Betrag gegenüberstellen, auf den nach seiner Meinung die Ermäßigung erfolgen sollte. Entsch. v. 14. II. 90 (Pr. Verw.-Bl. Bd. XI S. 320).

Wenn die Steuerpflicht des Herangezogenen an sich feststeht, so ist er gehalten, in dem Streitverfahren das erforderliche Material zur Rechtfertigung seines auf Ermäßigung der Steuer gerichteten Antrages zu beschaffen, die hierauf bezüglichen Verhältnisse klar zu legen und die dafür notwendigen Beweise zu erbringen. Entsch. v. 10. IX. 90 (Pr. Verw.-Bl. Bd. XII S. 48); nicht aber liegt es dem Steuergläubiger ob, seinerseits darzuthun, daß der Steuerschuldner dasjenige Einkommen auch wirklich besitzt, zu dem er

Nr. 11. Entsch. Bd. XII. S. 70 vom 30. April 1885. II C 43 85.

Ges. v. 11. VII. 22 (G.=S. S. 184), betreffend die Heranziehung der Staatsdiener zu den Gemeindelasten, § 6. Vd. v. 23. IX. 67 (G.=S. S. 1650), desgl. für die neu erworbenen Landesteile, § 7. Komm.=Abg.=Ges. v. 14. VII. 93 (G.=S. S. 152) § 70. Zust.=Ges. § 18. Ges. v. 18. VI. 40 (G.=S. S. 140), über die Verjährungsfristen bei öffentlichen Abgaben, § 1.

1) **Bei Streitigkeiten über die Heranziehung oder die Veranlagung zu den Gemeindeabgaben dürfen in der Entscheidung nicht bloß die Grundsätze für die Veranlagung, über deren Anwendung demnächst von neuem Streit unter den Parteien entstehen könnte, festgestellt werden, sondern es muß ein Ausspruch erfolgen, der den vorliegenden Streit endgültig abschließt.**[1] **Soweit daher auf eine Ermäßigung der Steuerpflicht erkannt wird, muß der Betrag der von den Pflichtigen zu zahlenden Steuer entweder unmittelbar aus dem Urteile hervorgehen oder sich wenigstens aus den richterlich festgesetzten Zahlen ohne weiteres vermöge einer bloßen Rechenoperation ermitteln lassen.** Vergl. E.=O.=V. Bd. II S. 54, Bd. III S. 13, Bd. V S. 55, Bd. IX S. 11.

---

herangezogen ist. Soll der Richter aus einem sachverständigen Gutachten die Grundlagen für die Feststellung eines streitigen Einkommens gewinnen, so genügt es nicht, daß der Sachverständige die Bruttoeinnahmen und Ausgaben aus den Geschäftsbüchern einfach aufrechnet, sondern es müssen zum Mindesten die Ausgaben mit Rücksicht auf ihre Abzugsfähigkeit spezialisiert werden. Entsch. v. 5. X. 95 (Pr. Verw.=Bl. Bd. XVII S. 167).

Im Verw.=Streit=Verf. über die Heranziehung zu Forensalabgaben vom Einkommen aus selbstbewirtschaftetem Grundbesitz ist, in Ermangelung ziffermäßiger Nachweise über das steuerpflichtige Einkommen, jedes an sich zulässige Beweismittel, insbesondere also auch die Schätzung des Einkommens durch Sachverständige anwendbar. Entsch. v. 20. IX. 93 (Pr. Verw.=Bl. Bd. XV S. 48).

II. Beweisführung durch den Heranziehenden:

Dadurch, daß der Steuerveranlagung eine bestimmte Einkommensberechnung zu Grunde gelegt ist, wird der einschätzenden Behörde der spätere Nachweis eines thatsächlich höheren Einkommens nicht abgeschnitten. Sie darf freilich im Streitverfahren ihre Veranlagung nicht auf neue, bei der Einschätzung unberücksichtigt gebliebene Steuerquellen stützen, und sie darf auch beim Nachweise eines höheren Einkommens nicht mehr, als den veranlagten Betrag fordern. Innerhalb dieser Grenzen aber darf sie bei der Veranlagung vorgekommene Irrtümer berichtigen, und namentlich, um den geforderten Gesammtsteuerbetrag aufrecht zu erhalten, den Nachweis führen, daß der Steuerpflichtige aus einer der besteuerten Einnahmequellen ein höheres Einkommen beziehe, als bei der Einschätzung angenommen ist. Entsch. v. 10. IX. 85 (Pr. Verw.=Bl. Bd. VII S. 4).

Die Steuerbehörde darf im Laufe des Streitverfahrens nicht die Grundlage der Einschätzung ändern, namentlich nicht ihre Forderung durch Hereinziehen eines neuen Steuerobjektes, einer neuen Einnahmequelle rechtfertigen. Zulässig ist hingegen die nachträgliche Berichtigung einer unzutreffend aufgestellten Berechnung des Steuerobjektes, z. B. des Geschäftsgewinnes einer Erwerbsgesellschaft. Entsch. v. 27. V. 87 (Pr. Verw.=Bl. Bd. IX S. 43).

Im Gemeindesteuer=Prozesse muß der Herangezogene, der sich nicht für steuerpflichtig erachtet, klagen, aber dessen Steuerpflicht zu beweisen bleibt Sache des beklagten Gemeindevorstandes. Insbesondere hat er auch, sofern eine Besteuerung öffentlicher Lustbarkeiten in Frage kommt, das die Steuerpflicht begründende Moment der Öffentlichkeit zu beweisen. Entsch. v. 18. II. 88 (Pr. Verw.=Bl. Bd. IX S. 297).

Ist ein Steuerpflichtiger die Ermäßigung der ihm aufgelegten Kommunalsteuer deshalb zu fordern berechtigt, weil er in gewisser Hinsicht der Besteuerung der Kommune nicht unterliegt, so hat der beklagte Steuergläubiger die ziffermäßige Berichtigung des Steuerbetrages vorzunehmen, denn hier ist jenem die ziffermäßige Berechnung der Steuerermäßigung nicht möglich. Entsch. v. 2. X. 96 (Pr. Verw.=Bl. Bd. XVIII S. 89).

[1]) Es kann deshalb nicht vorab über die Steuerpflicht entschieden werden; denn in diesem Falle würde Raum für einen zweiten Streit de quanto bleiben. Der Gegenstand des Streites kann vielmehr nur eine bestimmte Steuerforderung sein und ebenso ist jede Heranziehung unvollkommen und unvollständig, die nicht erkennen läßt, welcher bestimmte Steueranspruch gegen einen Steuerschuldner geltend gemacht werden soll. Gegen eine unvollkommene Heranziehung ist das Verw.=Streit=Verf. nicht unzulässig. Entsch. v. 9. X. 95 (Pr. Verw.=Bl. Bd. XVII S. 200).

2) Der § 6 des Ges. v. 11. VII. 22 (§ 7 der Vd. v. 23. IX. 67) **bezieht sich lediglich auf diejenigen Fälle, wo ein Beamter seinen Wohnsitz verlegt, in eine Stadt neu einzieht oder eine Stadt verläßt.** Die Bestimmung hierüber kann nicht analog auf den Fall angewendet werden, wo ein Steuerpflichtiger während des Steuerjahres Staatsbeamter wird (z. B. gelegentlich der Verstaatlichung von Eisenbahnen). In diesem Falle bewendet es bei der stattgehabten Veranlagung, bei der es gleichfalls bewendet, wenn ein Staatsdiener im Laufe des Steuerjahres aufhört ein solcher zu sein. Der § 6 handelt ausschließlich davon, welche Bedürfnisse der Stadtgemeinde von den Staatsdienern nicht zu decken sind und zu welchen Gemeindesteuern sie demgemäß beizutragen haben; dafür soll der Augenblick der Verteilung und Fälligkeit der Steuern maßgebend sein.

3) Der § 1 Abs. 4 des Ges. v. 18. VI. 40[1]) regelt nicht die Fälle, wo der Steuerbetrag herabgesetzt wird, sondern Fälle, wo die Steuerzahlung wegen Aufhörens der Steuerpflicht überhaupt hinwegfällt. Es wird die Aufhebung der Steuerverpflichtung vorausgesetzt und dahin Anordnung getroffen, daß infolgedessen die Steuer von einem näher bezeichneten Zeitpunkte ab nicht mehr entrichtet zu werden braucht. Von einer bloßen Ermäßigung der Steuer findet sich keine Andeutung; damit ist aber von selbst gegeben, daß nicht an Fälle gedacht sein kann, wo die Steuerpflicht nur teilweise erlischt, die Steuer also zu einem geringeren Betrage weitergezahlt werden müßte (z. B. wenn eine Eisenbahn während des Steuerjahres verstaatlicht wird, so daß die Beamten mitten im Jahre Staatsbeamte werden und dadurch einen Anspruch auf die Vorteile aus dem Ges. v. 11. VII. 22 erhalten).

Nr. 12. Entsch. Bd. XIV. S. 191 vom 15. Januar 1887. I C 131/86.
Komm.=Abg.=Ges. v. 14. VII. 93 (G.=S. S. 152) §§ 69, 70.

1) **Gegenstand des Einspruches und der Klage gegen die Gemeindesteuerveranlagung sind nur die einzelnen zur Hebung gestellten und ausgeschriebenen Abgabenbeträge, niemals die Abgabepflicht an sich.** Ein Antrag, dem Kläger die Vorrechte der Staatsbeamten hinsichtlich der Beitragspflicht zu den Gemeindelasten zuzuerkennen, ist demnach im Verwaltungsstreitverfahren unzulässig. Vergl. E.=O.=V. Bd. III S. 88, Bd. IV S. 107, Bd. V S. 145, Bd. VI S. 126, Bd. XXIX S. 50.[2])

2) **Die gesetzlichen Klagefristen sind im Interesse der öffentlichen Ordnung gesetzlich bestimmt, die es erheischt, daß das Steuerwesen der Gemeinden und sonstigen öffentlichen Körperschaften nicht zum Schaden des Gemeinwesens durch den an keine festen Fristen geknüpften Gebrauch von Rechtsmitteln in Unsicherheit und Unordnung gebracht werde; sie können deshalb durch Einverständnis der Parteien nicht abgeändert werden. Die Wahrung der Frist ist von dem Verwaltungsrichter von Amtswegen zu kontrollieren. Die Nichtbeobachtung der Frist ist ein wesentlicher Mangel des Verfahrens, da das Gesetz die Frist ausdrücklich als eine präklusivische, und so die Fristversäumnis als das ganze Klagerecht zerstörend bezeichnet.** (§ 52 Abs. 1 L.=V.=G.)

3) **Die Möglichkeit der Wiedereinsetzung in den vorigen Stand gegen die stattgehabte Fristversäumnis ist nicht um deswillen gegeben,**

---

[1]) Vergl. § 60 Nr. 2 b des Komm.=Abg.=Ges. v. 14. VII. 93 (G.=S. S. 152).

[2]) Ebenso Entsch. v. 16. und 30. XII. 82 (Pr. Verw.=Bl. Bd. V S. 147, 148), v. 27. V. 86 (Pr. Verw.=Bl. Bd. VII S. 410), v. 15. IV. 96 (Pr. Verw.=Bl. Bd. XVII S. 390) und v. 1. II. 96 (Pr. Verw.=Bl. Bd. XVII S. 481). Dasselbe gilt von Gemeindediensten. Entsch. v. 6. IV. 88 (Pr. Verw.=Bl. Bd. IX S. 297).

weil der Steuerpflichtige (Kläger) in dem auf seinen Einspruch ergangenen Beschlusse des Gemeindevorstandes über das ihm dagegen zustehende Rechtsmittel irrtümlich belehrt ist. Der Irrtum über die Lage der Gesetzgebung, mag er von dem Kläger allein verschuldet, oder bei ihm durch den Beklagten hervorgerufen sein, fällt keinesfall unter den Begriff des unabwendbaren Zufalles im Sinne des § 112 L.-V.-G. Vergl. E.-O.-V. Bd. IX S. 432.

Nr. 13. Entsch. Bd. XIV. S. 194 i. d. Anm. vom 1. Oktober 1886. II C 104/86.

Komm.-Abg.-Ges. v. 14. VII. 93 (G.-S. S. 152) §§ 69, 70.

In dem Verwaltungsstreitverfahren über Heranziehung zu den Gemeindeabgaben ist nur über bestimmte, bereits geltend gemachte und rechtzeitig von dem Verpflichteten durch Einspruch bestrittene Abgabenforderungen zu entscheiden. Die Verpflichtung zur Leistung von Abgaben im Allgemeinen kann dabei zwar zur Erörterung gelangen, um darnach zu bestimmen, ob die einzelne geforderte Hebung berechtigt ist. Unmittelbarer und zur Vollstreckung gelangender Gegenstand ist aber immer nur die Einzelnhebung, niemals die Verpflichtung an sich. Innerhalb dieser für die Verwaltungsgerichte gegenständlich gezogenen Grenzen ist nun freilich zufolge § 160 des Zust.-Ges. die Zuständigkeit der Verwaltungsgerichte auch insoweit begründet, als früher gemäß § 79 A. L.-R.'s Teil II Tit. 14 gegenüber dem dort erwähnten Klagefundamente der ordentliche Rechtsweg zulässig war. Weiter reicht indessen die Bedeutung des § 160 nicht.

Nr. 14. Entsch. Bd. XV. S. 72 vom 17. Mai 1887. II C 50/87.

L.-V.-G. § 70. Freizügigkeitsges. v. 1. XI. 67 (B.-G.-Bl. S. 55) § 8. Komm.-Abg.-Ges. v. 14. VII. 93 (G.-S. S. 152) §§ 33, 50, 69, 70.

1) Der Beigeladene ist nur dann befugt, seinerseits ein Rechtsmittel einzulegen, wenn er durch die ergangene Entscheidung in seinen eigenen Rechten verletzt ist. Vergl. E.-O.-V. Bd. V S. 463, Bd X S. 83, Bd. XI S. 190. Wenn daher von zwei an sich steuerberechtigten Gemeinden die eine als Beklagte in Anspruch genommen, die andere aber beigeladen ist, weil der Steuerpflichtige in ihr einen zweiten Wohnsitz hat, so ist die Einlegung eines Rechtsmittels durch die beigeladene Gemeinde materiell unstatthaft. Gegenstand des Streitverfahrens bilden ausschließlich Rechte der beklagten Gemeinde gegen den Kläger, während die Rechte der beigeladenen Gemeinde ihm gegenüber in keiner Weise berührt werden. Ihr Besteuerungsrecht ist durchaus unabhängig davon, in welcher Weise andere Gemeinden von ihrem ebenfalls selbständig dastehenden Rechte Gebrauch machen können und wollen und es kann Gegenstand einer richterlichen Entscheidung nur dann werden, wenn der Steuerpflichtige an zuständiger Stelle ihr gegenüber von den Rechtsmitteln des Einspruches und der Klage Gebrauch macht. Es ist ein anscheinend weit verbreiteter Irrtum, daß die im Streitverfahren gegen einen der Steuergläubiger (bei mehrfachem Wohnsitze), wenn auch unter Beiladung der Übrigen erstrebte und erreichte Feststellung des jenem zufallenden Steuerobjektes, für die Übrigen ohne Weiteres die Nötigung mit sich bringe, sich mit dem Restobjekte zu begnügen. Nach dem bestehenden Rechte bildet vielmehr die in dem so anhängig gemachten Streitverfahren ergehende Entscheidung eine Norm nur für die Rechtsverhältnisse zwischen dem klagenden Zensiten und dem einzelnen beklagten Steuergläubiger, und es bleibt die seitens der Übrigen erfolgte Veranlagung in Kraft, wenn und soweit gegen sie nicht selbständig mit den Rechtsmitteln des Einspruches und der Klage vorgegangen wird.[1])

---

[1]) Die Unzuträglichkeiten, die für den Steuerpflichtigen aus diesem Rechtszustande seither erwachsen sind, finden in dem durch die §§ 71—74 des Komm.-Abg.-Ges. geordneten Verfahren ihre Beseitigung.

2) Ein den Zeitraum von drei Monaten übersteigender Aufenthalt, der nicht im Steuerjahre, sondern nur im Vorjahre stattgefunden hat, begründet für sich allein keine Steuerpflicht am Orte des Aufenthaltes. Die Gemeindeabgabepflicht physischer Personen trifft Einwohner, Forensen und neu Anziehende gleich den Einwohnern, sofern sie sich im Steuerjahre länger als drei Monate in der Gemeinde aufgehalten haben. Durch § 1 Abs. 3 des Komm.-Abg.-Ges. v. 27. VII. 85 (§ 50 Abs. 2 des Komm.-Abg.-Ges. v. 14. VII. 93) hat die Abgabepflicht der Forensen einen weiteren Ausbau erfahren. Abgesehen hiervon ist dadurch aber eine neue Gemeindeabgabepflicht physischer Personen an sich überhaupt nicht geschaffen, am wenigsten in dem Sinne, daß physische Personen in Gemeinden, in denen sie im Steuerjahre weder gewohnt, noch sich über drei Monate aufgehalten haben, lediglich deshalb steuerpflichtig sein sollen, weil sie oder ihre Familien im Jahre vorher dort länger als drei Monate ihren Aufenthalt genommen hatten.

Nr 15. Entsch. Bd. XV. S. 125 vom 26. Oktober 1887. II C 118/87.
Komm.-Abg.-Ges. v. 14. VII. 93 (G.-S. S. 152) §§ 47, 69, 70.

1) Ein Urteil im Steuerermäßigungsverfahren darf nicht dahin lauten, daß Kläger „zur Zeit" steuerfrei zu lassen sei. Der Streit muß in einem Verfahren endgültig zu Ende gebracht und es darf daher nur auf Abweisung oder Freilassung oder Herabsetzung der Steuer auf einen bestimmten ziffernmäßig ausgedrückten oder doch durch einfache Rechnung zu ermittelnden Betrag erkannt werden. Es ist unstatthaft, nur die Grundsätze für die Veranlagung festzustellen, über deren Anwendung dann wieder ein neuer Streit entstehen könnte. Vergl. E.-O.-V. Bd. II S. 54, Bd. III S. 13, Bd. V S. 55, Bd. IX S. 11, Bd. XII S. 69.[1])

2) Zur Anwendung des § 47b des Komm.-Abg.-Ges. ist nur erforderlich, daß eine Station innerhalb deren Ausgaben an Gehältern und Löhnen erwachsen, sich über den Bezirk mehrerer Gemeinden erstreckt, nicht aber, daß in jedem dieser Bezirke sich eine selbständige Betriebsstätte befindet.[2])

Nr. 16. Entsch. Bd. XV. S. 165 vom 4. November 1887. II C 136/87.
Komm.-Abg.-Ges. v. 14. VII. 93 (G.-S. S. 152) §§ 36, 69, 70.

1) Der Anspruch eines Zensiten, wegen eingetretener Änderungen in den Vorbedingungen der Steuerpflicht — z. B. Verlegung des Wohn-

---

Die Beiladung in einem Steuerprozesse hat lediglich den Zweck, dem Verwaltungsrichter eine erschöpfende Erörterung und Entscheidung des Streitfalles zu ermöglichen. Die Entscheidung selbst ergeht nur zwischen den Parteien, berührt die Rechte der etwa Beigeladenen nicht, kann diesen gegenüber keine Rechtskraft erlangen und gewährt ihnen daher auch kein Recht zur selbständigen Einlegung von Rechtsmitteln. Entsch. v. 11. IV. 85 (Pr. Verw.-Bl. Bd. VI S. 257).

Ist in einem Verwaltungsstreitverfahren betreffend die Veranlagung eines Zensiten zur Gemeindeeinkommensteuer der Vorstand einer anderen, gleichfalls die Steuerberechtigung in Anspruch nehmenden Gemeinde beigeladen, so steht ihm allerdings formell auch das Recht zur Einlegung von Rechtsmitteln zu. Materiell werden sie aber zurückzuweisen sein, weil durch die zwischen den Parteien ergehende Entscheidung das Steuerrecht einer anderen Gemeinde nicht berührt wird. Entsch. v. 17. X. 93 (Pr. Verw.-Bl. Bd. XV S. 110).

[1]) Ebenso Entsch. v. 4. XI. 87 (Pr. Verw.-Bl. Bd. IX S. 247).

[2]) Der Rest der Entscheidungsgründe betraf die im § 7b des Komm.-St.-Notges. v. 27. VII. 85 (G.-S. S. 327) vorgesehene Beschlußfassung der Verwaltungsbehörden über die Verteilung des Einkommens aus einer sich über den Bezirk mehrerer Gemeinden erstreckenden Station und ihre Einfügung in die Rahmen des Veranlagungs- und des Verw.-Streit-Verf. u. s. w. Diese Beschlußfassung besteht heute nicht mehr, die Gemeinden beschließen vielmehr selbständig vorbehaltlich der Anfechtung nach §§ 69 ff. des Komm.-Abg.-Ges. v. 14. VII. 93. Vergl. jedoch §§ 71 ff. das.

sitzes — von einem bestimmten Zeitpunkte ab von der veranlagten Gemeindesteuer ganz oder teilweise freigelassen zu werden, kann zum Gegenstande einer Klage im Verwaltungsstreitverfahren nach voraufgegangenem Einspruche beim Gemeindevorstande gemacht werden, obwohl die ursprünglich erfolgte Veranlagung an sich nicht bemängelt worden ist und nicht bemängelt wird. Der Kläger hat alsdann aber anzugeben und nachzuweisen, um welchen Betrag er in der Steuer ermäßigt zu werden verlangt. Derartige Anträge auf Steuerherabsetzung können nicht auf die in § 69 des Komm.-Abg.-Ges. festgesetze Frist von vier Wochen beschränkt sein und folgeweise ebensowenig in dieser Weise durch örtliche Steuerordnungen beschränkt werden, weil die Veranlassung zu ihrer Anbringung erst durch Ereignisse gegeben ist, deren Eintritt sich jeder Fristbestimmung entzieht.

2) Die Ermäßigungsklage darf sich nur auf einen bestimmten Steuerbetrag richten, und die Entscheidung — falls der Antrag begründet — kann nur zur Festsetzung eines ebenso bestimmten Minderbetrages führen, der, wenn er nicht unmittelbar in Ziffern ausgedrückt ist, sich doch sofort durch die gegebenen Rechnungsfaktoren ermitteln lassen muß. Die Unterlagen für einen Ausspruch dieses Inhaltes zu erbringen, ist Sache des Reklamanten.

3) Der Wert des Streitgegenstandes kann in derartigen Fällen niemals höher festgesetzt werden, als die thatsächlich erhobene Jahressteuer ausmacht, wohl aber muß er in Fällen der vorliegenden Art niedriger sein, als jener Maximalsatz.

Nr. 17. Entsch. Bd. XVII. S. 217 vom 8. Februar 1889. II C 165/88.

Zust.-Ges. §§ 18, 160. Komm.-Abg.-Ges. v. 14. VII. 93 (G.-S. S. 152) § 70. Ges. v. 24. V. 61 (G.-S. S. 241), betr. die Erweiterung des Rechtsweges, § 9.

1) Unter „Währschaftsgeld" versteht man eine von der Stadtgemeinde Frankfurt a. M. beanspruchte, sich an die Veräußerung von Immobilien knüpfende Abgabe.

Eine solche Abgabe hatte eine Aktiengesellschaft bezahlen müssen, sie forderte aber den Betrag demnächst zurück, weil die Abgabe, als ihre Einforderung erfolgte, in Gemäßheit des § 2 des Ges. v. 18. VI. 40 bereits verjährt gewesen sei.

2) Das Klagefundament der erlöschenden Verjährung konnte nur in dem durch § 18 des Zust.-Ges. geordneten Verfahren und folglich nur mittels einer Klage geltend gemacht werden, die innerhalb zwei Wochen nach Zustellung desjenigen Bescheides angebracht worden, der auf den sich gegen die Heranziehung richtenden Einspruch ergangen war. Seit dem Inkrafttreten des Zust.-Ges. sind die Verwaltungsgerichte zuständig, in dem für sie maßgebenden Verfahren über eine Klage auf Rückerstattung angeblich verjährter, aber gleichwohl bezahlter städtischer Gemeindeabgaben zu befinden und die erhobene Klage abzuweisen, wenn sie nicht innerhalb zwei Wochen nach Zustellung desjenigen Bescheides angebracht wird, der den Einspruch gegen die Heranziehung ablehnt.

Die Zuständigkeit der Verwaltungsgerichte ist, wie aus § 160 des Zust.-Ges. hervorgeht, eine ausschließliche und damit ihre Entscheidung eine endgültige. Es kam bei der Entstehung jenes § 160 nur darauf an, in Hinblick auf § 13 des deutschen Gerichtsverfassungsges. v. 27. I. 77 die ausschließliche Zuständigkeit der Verwaltungsgerichte auch für diejenigen Fälle außer Frage zu stellen, in denen gewisse Streitpunkte nach der bisherigen Gesetzgebung speziell dem Rechtswege vorbehalten waren, wobei insbesondere auch der § 9 des Ges. v. 24. V. 61 in Betracht kam. § 160 hat also für die Verwaltungsgerichte weder auf prozessualem, noch auf materiellem Gebiete irgend eine neue Aufgabe geschaffen. Es ist nur das Nebeneinander eines Verfahrens vor den Verwaltungs- und vor den ordentlichen Gerichten in Fortfall gebracht. Insbesondere ist den Verwaltungsgerichten nichts übertragen, was sie nicht schon hatten, der § 160 hat in gewissem Sinne nur einen negativen Charakter; er beseitigt, indem er die ausschließliche Zuständigkeit der Verwaltungsgerichte etabliert, das im § 9 des Ges. v. 24. V. 61 behandelte Klagerecht vollständig, dergestalt, daß es außerhalb des durch § 18 des Zust.-Ges. geregelten Verfahrens zur Zeit an der rechtlichen Möglichkeit fehlt, im Wege der Klage die Rückerstattung einer bezahlten, angeblich verjährten Abgabe vor den Verwaltungsgerichten zur Geltung zu bringen.

Nr. 18. Entsch. Bd. XXI. S. 153 vom 9. Mai 1891. I C 24 91.
Komm.-Abg.-Ges. v. 14. VII. 93 (G.-S. S. 152) §§ 69, 70. Zust.-Ges. § 160.

1) Durch § 160 des Zust.-Ges. ist die sachliche Zuständigkeit der Verwaltungsgerichte auf Streitfälle, für die sie durch anderweite gesetzliche Bestimmungen nicht bereits begründet war, nicht ausgedehnt, vielmehr ist für das, dem Streitverfahren eröffnete Gebiet lediglich die konkurrierende Zuständigkeit der ordentlichen Gerichte ausgeschlossen. Vergl. E.-O.-V. Bd. XVII S. 217.

2) Die Klage auf Erstattung einer bereits früher getilgten und dann nochmals gezahlten Steuerschuld, sofern sie überhaupt im Streitverfahren zulässig erscheint, ist für dieses nicht erst infolge des § 160 durch Übertragung der durch § 9 des Ges. über den Rechtsweg v. 24. V. 61 (G.-S. S. 241) eingeführten Zivilklage zulässig geworden, und es kann somit auch die für die Zivilklage vorgeschriebene Präklusivfrist von sechs Monaten nicht maßgebend sein für die aus gleichem Rechtsgrunde erhobene Klage im Streitverfahren.

Die Zulässigkeit des Verwaltungs-Streitverfahrens bei einer Klage auf Erstattung einer bereits früher getilgten und dann nochmals gezahlten Steuerschuld ergiebt sich aus §§ 69, 70 des Komm.-Abg.-Ges. Darnach steht gegen die Heranziehung (Veranlagung) zu den Gemeindelasten der Einspruch an den Gemeindevorstand und gegen dessen Beschluß die Klage im Verwaltungsstreitverfahren offen. Dadurch sind nicht ausschließlich diejenigen Ansprüche bezeichnet, die lediglich die Rechtmäßigkeit der ursprünglichen Konstituierung einer konkreten Steuerschuld, die erstmalige Veranlagung und Ausschreibung der Steuer betreffen. Vielmehr erscheinen als „Einsprüche gegen die Heranziehung" daneben noch mancherlei andere Anträge, die — die ursprüngliche Veranlagung als rechtsbeständig anerkennend — die Rechtmäßigkeit der Erhebung der veranlagten Abgabe anfechten, z. B. mit der Behauptung, daß eine einzelne Rate der Abgabe vor dem Fälligkeitstermine erfordert werde, daß die damals bestehende Steuerpflicht inzwischen infolge veränderter Umstände völlig oder auch nur teilweise oder bei Begründung eines zweiten Wohnsitzes oder Aufenthaltes im Steuerjahre nach § 50 des Komm.-Abg.-Ges. erloschen sei. Dem steht es gleich, wenn der Pflichtige zur Zahlung früher veranlagter und zur Hebung gestellter Steuerforderungen noch herangezogen wird, obwohl sie nach seiner Ansicht entweder verjährt oder aber durch Zahlung getilgt sind. Über alle diese, auch über die im gedachten Gesetze nicht besonders erwähnten Beschwerden wegen Ausübung der Kommunalbesteuerung haben früher die Verwaltungsbehörden selbständig entschieden, und zwar auch in solchen Fällen, in denen es dem Pflichtigen ausnahmsweise freistand, gleichzeitig oder nachträglich gemäß § 79 Tit. 14 Teil II A. L.-R.'s oder des Ges. v. 24. V. 61 die bürgerlichen Gerichte anzugehen. An Stelle der früheren Zuständigkeit dieser und der Verwaltungsbehörden ist — nach vorhergegangenem fruchtlosen Einspruch — nunmehr diejenige der Verwaltungsgerichte getreten. Vergl. E.-O.-V. Bd. XV S. 166. Doch findet auf solche Fälle die Fristbestimmung, die für Einsprüche gegen die erstmalige Veranlagung und Ausschreibung gilt, keine Anwendung.[1])

Nr. 19. Entsch. Bd. XXIII. S. 10 vom 26. April 1892.

Hess.-Nass. Kr.-Ordn. v. 7. VI. 85 (G.-S. S. 193) § 119. Zust.-Ges. § 154. Komm.-Abg.-Ges. v. 14. VII. 93 (G.-S. S. 152) §§ 69, 70.

1) Der § 119 der Kr.-Ordn. für die Provinz Hessen-Nassau v. 7. VI. 85 und die ebenso oder ähnlich lautenden Bestimmungen der nach und nach emanierten Kreisordnungen (vergl. auch § 154 Zust.-Ges.) verfolgen den Zweck, den Weg zu eröffnen und darüber Bestimmung zu treffen, wie solche Angelegenheiten, die den bis dahin vorhandenen Behörden bereits vorlagen und zu ihrer Zuständigkeit gehörten, zu erledigen sind, wenn die Behörden überhaupt in Fortfall kommen oder wenn ihre Zuständigkeit eine Änderung erfuhr. Die Notwendigkeit solcher Übergangsbestimmungen tritt überall da hervor, wo sich Veränderungen in der Organisation der Behörden oder im Verfahren vollziehen; sie besteht aber eben nur in Ansehung der schwebenden, noch der Erledigung harrenden Angelegenheiten, denen solche gegenüberstehen, mit denen die Behörden überhaupt noch gar nicht befaßt sind, oder die sie bereits erledigt haben; trifft das eine oder das andere zu, so liegt eine anhängige Angelegenheit im Sinne der gedachten Übergangsbestimmungen überhaupt nicht vor. Ähnliche Vorschriften auf anderen Gebieten enthält das Ges. v. 31. III. 79, betreffend die Übergangsbestimmungen zur deutschen Zivilprozeßordnung rc. (G.-S. S. 332). Auch hier besagt § 1, daß die vor dem Inkrafttreten der deutschen Zivilprozeßordnung anhängig gewordenen Rechtsstreitigkeiten nach den bisherigen Vorschriften erledigt werden. Ganz ebenso disponiert dem Sinne nach § 119 der Kr.-Ordn. dahin, daß behufs Erledigung der vor dem 1. Juli 1886 bereits anhängigen und noch unerledigten Sachen in Beziehung auf die Zuständigkeit

---

[1]) Die Entsch. begründete diesen Rechtsgrundsatz damit, daß durch das Zust.-Ges. eine Frist zwar für die Klage (vergl. § 37 Abs. 1 das.), nicht aber auch für Einspruch oder Beschwerde eingeführt sei. Deren Erhebung sei daher nur soweit von der Innehaltung einer Frist abhängig, als eine solche durch anderweite gesetzliche Bestimmungen vorgeschrieben. Dies sei in den §§ 1 und 2 des Ges. v. 18. VI. 40 (G.-S. S. 140 für die, gegen die Rechtmäßigkeit der erstmaligen Veranlagung der Steuer gerichteten Reklamationen (Einsprüche) geschehen, nicht jedoch für die vorerwähnten sonstigen Beschwerden gegen die Entrichtung der veranlagten Steuer. Selbst beim Erlöschen der Steuerpflicht infolge veränderter Umstände sei im Absatz 4 des § 1 nicht eine Präklusivfrist für die Anmeldung des Anspruches, sondern umgekehrt bestimmt, daß diese nicht für die Vergangenheit, sondern auch für die Zukunft materielle Wirkung erzeugen solle. Ähnlich beschränkte der § 4 die Wirkung der Zivilklage gegen die Rechtmäßigkeit der Veranlagung rückwärts auf das Jahr der Anmeldung des Anspruches. Auch eine Befristung der Beschwerde darüber, daß bereits verjährte Rückstände (§ 8ff.) beigetrieben worden, enthalte das Ges. nicht, wie es den Fall der nochmaligen Einziehung bereits bezahlter Steuern überhaupt nicht erwähnt habe. Die Geltendmachung, Erhebung desfallsiger Ersatzansprüche im Wege der Beschwerde sei daher durch das Gesetz an keine Frist gebunden. Die Mahnung zur Zahlung einer früher erforderten und nur vermeintlich rückständigen Steuer sei nicht als die erstmalige Veranlagung (Bekanntmachung) der Steuer im Sinne des § 1 des Ges. v. 18. VI. 40, gegen die binnen drei Monaten zu reklamieren sei, anzusehen, und der Einspruch auf Erstattung des trotz früherer Zahlung nochmals beigetriebenen Steuerbetrages sei nicht an die dreimonatliche Frist geknüpft. Diese Begründung wird gegenüber dem § 69 Nr. 3 des Komm.-Abg.-Ges. v. 14. VII. 93, wonach, abgesehen von der Bekanntmachung durch Hebelisten oder von besonders vorgeschriebener Mitteilung, der Lauf der vierwöchigen Frist mit dem ersten Tage nach der Aufforderung zur Zahlung beginnt, nicht aufrecht zu erhalten sein. Die Mahnung von zuständiger Stelle ist eine Aufforderung zur Zahlung. Zur Wahrung seiner vermeintlichen Rechte wird daher der Gemahnte von der Mahnung ab die vierwöchige Frist inne zu halten haben.

der Behörden, das Verfahren und die Zulässigkeit der Rechtsmittel die Bestimmungen der früheren Gesetze Anwendung finden. Das Gesetz handelt nur von Angelegenheiten, die vor dem 1. Juli 1886 an die damals zuständigen Behörden gebracht und zugleich an diesem Tage bei ihnen noch in der Schwebe waren; sie sollten nicht auf die neuen Behörden übergehen, sondern an den alten Stellen durch alle Instanzen zu Ende geführt werden.

2) Ob die vor der Geltung des Zust.-Ges. von den Verwaltungsbehörden getroffenen Entscheidungen, wenn sie demnächst im Verwaltungsstreitverfahren als Grundlage eines Angriffes oder Einwandes erscheinen, für die Verwaltungsgerichte das Gewicht und die Bedeutung endgültiger, einer Nachprüfung und Abänderung entzogener Aussprüche haben, ob sie res judicata machen, ist je nach der Materie, um die es sich handelt, verschieden zu beantworten. Handelt es sich um das Recht des Gemeindeverbandes gegen seine Mitglieder auf Zahlung von Beiträgen zu Korporationszwecken für eine bestimmte Periode nach Grund und Umfang, so erscheint die vor dem Zust.-Ges. auf diesem Gebiete von den Verwaltungsbehörden geübte Thätigkeit als keine reine Verwaltungsthätigkeit, die nach Rücksichten der Zweckmäßigkeit oder Billigkeit oder sonstigen administrativen Gesichtspunkten von Fall zu Fall das Angemessene anzuordnen hatte, sondern sie erscheint als Rechtsprechung, die unter den streitenden Teilen nach Maßgabe der Korporationsverfassung objektives Recht zu schaffen hatte.

Die Natur des Gegenstandes bringt es mit sich, daß zu irgend einer Zeit unabänderlich feststehen muß, was die Korporation zu fordern und was ihre Mitglieder zu leisten haben.

War also die Verpflichtung eines Korporationsmitgliedes auf Zahlung eines Gemeindebeitrages für eine bestimmte Periode nach Grund und Umfang einmal festgestellt, sei es dadurch, daß von den statthaften Rechtsmitteln kein Gebrauch gemacht ist, oder daß letztere zu einer Bestimmung der zuständigen Stelle geführt haben, so bestand vor dem Zust.-Ges. für die Verwaltungsbehörde keine Befugnis, daran für den entschiedenen Fall etwas zu ändern, und ebensowenig sind die Verwaltungsgerichte in der Lage, sich mit einer erneuten Prüfung zu befassen. Für jene, wie für diese, besteht res iudicata. Auch ein Wechsel der Rechtsansichten in der Zentralinstanz läßt es nach einem Min.-Erl. v. 22. IX. 85 nicht zu, bereits entschiedene Fälle anderweitig zu ordnen. Für die Vergangenheit muß es, sofern es sich um solche Verhältnisse des öffentlichen Rechtes handelt, Inhalts deren, wie namentlich auf dem Gebiete der Kommunalbesteuerung, dem Forderungsrechte einer Gemeinde die Zahlungspflicht eines anderen Rechtssubjektes gegenübersteht, bei den endgültigen Entscheidungen sein Bewenden behalten, auch wenn sie mit den neuerlichen Rechtsansichten nicht übereinstimmen. Eine endgültige Entscheidung aber liegt überall da vor, wo entweder die höchste Instanz im konkreten Falle entschieden hat oder die Entscheidung einer nachgeordneten Instanz durch die gesetzlich zulässigen Rechtsbehelfe nicht angefochten worden ist.

Nr. 20. Entsch. Bd. XXVI. S. 60 vom 16. Juni 1894. II C 36/94.

Komm.-Abg.-Ges. v. 14. VII. 93 (G.-S. S. 152) §§ 60, 69, 70.

1) Eine Reklamation bleibt ohne Wirkung für die Zeit, die hinter demjenigen Jahre zurückliegt, in Ansehung dessen sie erhoben worden ist. Dagegen ist die Ansicht nicht zutreffend, daß dem Zensiten, wie zeitig auch immer er Einspruch erhoben und dessen Anerkennung durchgesetzt hätte, gleichwohl die Rückzahlung schon dann überhaupt versagt werden müßte, wenn sie einmal thatsächlich sich über das Steuerjahr hinaus hinzog.

Die dem Zensiten günstige Entscheidung äußert nicht eine weitere in die Vergangenheit zurückreichende Wirkung, es erfolgt also die Ermäßigung oder Befreiung — selbst wenn in früheren Jahren die Verhältnisse nicht wesentlich anders gelegen haben sollten — doch nur für das laufende Jahr.

2) Ob eine Steuer als „zu Recht gezahlt" anzusehen ist, bestimmt sich keineswegs lediglich nach den Verhältnissen der Zeit, wo die Zahlung erfolgte.[1]) Da die Rechtsmittel gegen die Heranziehung zu den Gemeindelasten keine aufschiebende Wirkung haben und daher auch diejenige Steuer, für deren Einforderung es an jedem thatsächlichen und rechtlichen Grunde fehlt, vorläufig gleichwohl entrichtet werden muß, so wird auch diese Steuer in gewissem Sinne zu Recht gezahlt. Hierzu kommt, daß eine Heranziehung zunächst thatsächlich den Verhältnissen entsprechen kann, daß aber das unveränderte Fortbestehen der veranlagten Steuer mit gewissen Veränderungen in den persönlichen Verhältnissen des Steuerpflichtigen unvereinbar ist. Die Geltendmachung des hieran geknüpften Anspruches ist an die Einspruchsfrist nicht gebunden.[2])

3) Das Besteuerungsrecht der Wohnsitzgemeinde erfährt nicht etwa schon durch den nackten, thatsächlichen Vorgang, daß noch eine andere Gemeinde mit einem konkurrierenden Steueranspruche hervortritt, eine Schmälerung, sondern erst damit, daß der Anspruch dieser zweiten Gemeinde sich als ein rechtlich begründeter erweist. Bestreitet der Steuerpflichtige dessen Richtigkeit, so muß er ihm entgegentreten; unterläßt er dies, so hat er die Folgen zu tragen.

Nr. 21. Entsch. Bd. XXVIII. S. 116 vom 14. Mai 1895. I C 9/95.

Einem Zensiten, der gegen seine Steuerveranlagung mit Erfolg die gegebenen Rechtsmittel eingelegt hat, steht kein Anspruch auf Zinsen von dem ihm zurückzuzahlenden Steuerbetrage zu.[3])

Bei direkten Steuern und ihnen gleichstehenden Abgaben entsteht (vergl. E.-O.-V. Bd. XXIII S. 149) die Verpflichtung zur Entrichtung eines bestimmten Steuersatzes nicht schon dann, wenn die rechtlichen Voraussetzungen der Steuerpflicht begründet sind, sondern erst dadurch, daß die Anforderung zur Zahlung einer bestimmten Steuer gestellt wird. Durch die Veranlagung aber entsteht eine formale Zahlungsverbindlichkeit, die nicht durch Einlegung von Rechtsmitteln, sondern erst durch die Aufhebung der Veranlagung beseitigt werden. Auch wenn letztere hinterher erfolgt, kann die Beitreibung der veranlagten Steuer nicht als widerrechtliche Abnötigung angesehen werden.

---

[1]) Bestimmt aber eine mit einem bestimmten Tage, z. B. dem 3. April 1895, in Kraft tretende Baupolizeigebührenordnung, daß die Gebühren bei Aushändigung der Genehmigung fällig werden, so entsteht die Abgabepflicht mit Aushändigung der Bauerlaubnis (hier am 5. April 1895). Es genügt also, daß letztere in die Zeit nach dem Inkrafttreten der neuen Ordnung fällt, wenn die Behörde auch schon früher angerufen war und ihre Entschließung vorbereitet hatte, und es scheidet deshalb nicht etwa der Anspruch auf einen Teil der Gebühr aus. Denn sie ist eine einheitliche, nicht ein aus einer Mehrheit von Gegenleistungen sich zusammensetzendes Entgelt für einzelne Handlungen. Entsch. v. 27. XI. 95 (Pr. Verw.-Bl. Bd. XVII S. 422).

Durch § 14 der Einl. zum A. L.-R. ist nicht ausgeschlossen, daß in Steuerordnungen Bestimmungen getroffen werden, wonach die Vornahme gewisser Handlungen von einem bestimmten, dem Inkrafttreten der Steuerordnungen vorausliegenden Zeitpunkte ab, die Verpflichtung zur Steuerzahlung begründet. Steuerregulative sind Ortsgesetze und innerhalb ihres beschränkten Geltungsgebietes den Staatsgesetzen gleichgestellt. Zwar dürfen sie mit Staatsgesetzen nicht in Widerspruch treten, aber ein Verbot der Beilegung rückwirkender Kraft besteht ebensowenig für das Gebiet der kommunalen, wie für das der staatlichen Gesetzgebung. Entsch. v. 13. VI. 96 (Pr. Verw.-Bl. Bd. XVII S. 444).

[2]) Vergl. aber § 60 des Komm.-Abg.-Ges.

[3]) Ebenso Entsch. v. 1. II. 96 (Pr. Verw.-Bl. Bd. XVII S. 278).

H. Aufsicht.

Nr. 1. Entsch. Bd. II. S. 108 vom 3. März 1877.

Zust.-Ges. §§ 27[1], 31, 34. Komm.-Abg.-Ges. v. 14. VII. 93 (G.-S. S. 152) §§ 69, 70, 77.

Die Bedeutung der gesetzlich vorgeschriebenen Bestätigung von Gemeindebeschlüssen über anderweite Aufbringung der Gemeindeabgaben und Dienste ist eine zwiefache. Es handelt sich dabei einmal darum, ob der Beschluß dem bestehenden Rechte, vor allem in materieller wie formeller Beziehung dem Gesetze entspricht, und andererseits darum, ob in den hiervon unabhängigen Fragen des Bedürfnisses, der Billigkeit, Angemessenheit und Zweckmäßigkeit das Richtige getroffen ist. Das Gesetz zeichnet nur in allgemeinen Umrissen die äußersten Grenzen vor, innerhalb derer die Gemeinden von dem Besteuerungsrechte Gebrauch machen dürfen. Daneben gilt es, die hiernach an sich zulässigen Modalitäten der Ausübung den besonderen Verhältnissen des einzelnen Falles anzupassen. In letzterer Beziehung verleiht die Bestätigung dem Beschlusse allerdings die Kraft einer für alle Beteiligten dergestalt bindenden Satzung, daß sie insbesondere auch spätere Beschwerden des Einzelnen gegenüber einer nach Maßgabe des bestehenden Beschlusses erfolgenden Heranziehung ausschließt. Aber auch insoweit es sich um das Verhältnis zum Gesetze handelt, ist die Bestätigung nicht bedeutungslos. Die dem bestätigten Beschlusse entsprechende Hebung bleibt unbeschränkt zulässig und gilt als eine gesetzliche, insoweit nicht auf Einsprüche wegen Heranziehung eine rechtskräftige Entscheidung in dem Sinne ergeht, daß dennoch das Gesetz dieser Entscheidung entgegensteht. Dem bestätigten Beschlusse darüber hinaus die Bedeutung beizulegen, daß er ein durch ungesetzliche Heranziehung begründetes Rechtsmittelverfahren überhaupt ausschließe, enthält eine Verkennung der Tragweite des letzteren und der dem Verwaltungsrichter zustehenden Rechtskontrolle. Will man ihn als Rechtsquelle gelten lassen, so ist er dies doch nur in ähnlicher Art, wie etwa eine Polizeiverordnung. Beide finden, vorausgesetzt, daß sie formell vorschriftsmäßig ergangen sind, unbeschränkte Anwendung gegen jeden Beteiligten und stehen insoweit dem Gesetze nicht nach. Findet aber im einzelnen Falle — gleichviel zu welcher Zeit und bei welcher Gelegenheit — der Richter, daß sie mit den Gesetzen im Widerspruch stehen, so hat er lediglich nach diesen zu entscheiden und den abweichenden besonderen Satzungen ohne Rücksicht auf die ihnen sonst an sich zukommende Bedeutung die Anerkennung zu versagen.

Die Bestätigung der Gemeindebeschlüsse erfolgt, wo sie vorgeschrieben ist, im Aufsichtswege, als ein Ausfluß des allgemein begründeten Aufsichtsrechtes, und dieses Recht kann nicht so weit reichen und reicht nicht so weit, daß, wo in seiner Ausübung ein dem Gesetze zuwiderlaufendes Vorgehen formell sanktioniert wird, damit auch neues materielles Recht an die Stelle des Gesetzes träte und dem davon Betroffenen versagt wäre, seine Einwendungen im geordneten Wege anderweit zu verfolgen.[1])

[1]) Wird die Genehmigung eines auf die Gemeindebesteuerung bezüglichen Gemeindebeschlusses in einer von dem Vorsitzenden des Kreisausschusses gezeichneten Verfügung bestätigt, so kann es — da dieser aus eigenem Rechte zu solcher Bestätigung nicht befugt, und etwas Ungesetzliches nicht zu vermuten ist — keinem Bedenken unterliegen, daß er die Genehmigung Namens des von ihm vertretenen und allein zuständigen Kreisausschusses erteilt hat, wenn dies auch in der Form nicht korrekt zum Ausdrucke gelangt ist. Entsch. v. 23. V. 88 (Pr. Verw.-Bl. Bd. IX S. 335).

Hat die an sich zur Bestätigung eines Beschlusses zuständige Behörde diese Bestätigung unter Bezugnahme auf eine unzutreffende gesetzliche Bestimmung ausgesprochen, während

Nr. 2. Entsch. Bd. XVI. S. 78 vom 20. Dezember 1887. II C 98/87.

Komm.=Abg.=Ges. v. 14. VII. 93 (G.=S. S. 152) § 77.

Die Genehmigung von Gemeindebeschlüssen, durch die besondere direkte oder indirekte Gemeindesteuern[1]) neu eingeführt oder in ihren Grundsätzen verändert werden, bedarf der Zustimmung der Minister des Innern und der Finanzen. Dies findet Anwendung auf solche städtische Gemeinde-Einkommensteuer-Regulative, nach denen eine Gemeinde-Einkommensteuer in Gestalt von Prozentsätzen des durch freie Schätzung zu findenden thatsächlichen Einkommens zur Hebung gelangen soll. Dieser Grundsatz trifft ganz besonders zu, wenn das vorhandene Regulativ die Veranlagung nach den Staatssteuerstufen vorschreibt. Fehlt es an einer derartigen ministeriellen Zustimmung, so ermangelt die Heranziehung der Gemeindemitglieder der gesetzlichen Grundlage und kann zu ihrer gänzlichen Freistellung führen, sofern nicht im Klageantrage eines Reklamanten eine teilweise Anerkennung des Anspruches des Steuergläubigers zu finden ist.

Nr. 3. Entsch. Bd. XVI. S. 193 vom 7. April 1888. I C 40/88.

Komm.=Abg.=Ges. v. 14. VII. 93 (G.=S. S. 152) §§ 37, 77.

Ein Gemeindebeschluß, nach dem eine einzelne Steuer für einen einzelnen bestimmten kommunalen Zweck mit einem besonderen höheren, für die in Frage kommenden Steuerzahler nicht durchweg gleichmäßigen Zuschlage als die übrigen Steuern herangezogen werden soll, ist ein solcher, der von der Einführung einer besonderen Kommunalsteuer handelt und daher der ministeriellen Genehmigung bedarf.

Im vorliegenden Falle hatte die Gemeindevertretung beschlossen, daß ein Zuschlag zur Gebäudesteuer nicht gleichmäßig von sämmtlichen Hausbesitzern des Gemeindebezirkes erhoben werden sollte, von ihm vielmehr die Hausbesitzer in vier zum Gemeindebezirke gehörigen Wohnplätzen, in Anbetracht, daß sie von der Wasserleitung, deren Kosten durch den Zuschlag gedeckt werden sollten, keinen Vorteil hatten, freizulassen seien.

---

eine solche Bezugnahme überhaupt nicht erforderlich war, so wird durch diese unrichtige Bezeichnung der Gesetzesnorm die Rechtsgültigkeit der Bestätigung nicht berührt. Ob eine einzuführende Gemeindesteuer den Grundsätzen der Billigkeit und Gerechtigkeit entspricht, ist von der Aufsichtsbehörde vor Genehmigung des bezüglichen Ortsstatutes, nicht aber von dem Verwaltungsrichter bei dessen Anwendung zu prüfen. Entsch. v. 17. V. 89 (Pr. Verw.=Bl. Bd. XI S. 15).

[1]) Besondere Gemeindeeinkommensteuern liegen schon dann vor, wenn über die einfache Ausschreibung von Zuschlägen zur Staats=Einkommensteuer hinausgegangen wird. Sie dürfen mit allen beliebigen Modalitäten neu eingeführt werden und werden rechtswirksam, sofern der Neueinführung die erforderliche Genehmigung erteilt wird. Ist also im Regulative eine Steuer von bestimmter Höhe festgesetzt, so bedarf eine demnächst beschlossene Erhöhung der Genehmigung. Ist aber der Inhalt des Regulatives in den entscheidenden Sätzen dahin zu verstehen, daß die Gemeindebehörden nach Maßgabe des jeweiligen Bedürfnisses alljährlich darüber zu beschließen haben, wieviel Prozent Zuschlag zu den Staatssteuersätzen zu erheben seien, so behält es hierbei sein Bewenden, wenn das Regulativ ohne Beanstandung der Vorschrift genehmigt ist. Entsch. v. 11. IV. 96 (Pr. Verw.=Bl. Bd. XVII S. 382).

Die statutarische Regelung der Straßenreinigung ist Sache der Gemeindebehörden. Bestimmungen des Statutes, wodurch die Kosten der Straßenreinigung ganz oder teilweise auf die Anlieger umgelegt werden, bedürfen zu ihrer Gültigkeit der ministeriellen Zustimmung. Entsch. v. 22. I. 96 (Pr. Verw.=Bl. Bd. XVII S. 449).

Bei den auf Grund älterer Statuten erforderten Abgaben ist deren Rechtmäßigkeit nach § 96 Abs. 4 des Komm.=Abg.=Ges. nach den zur Zeit des Statuterlasses gültig gewesenen, nicht nach den jetzt geltenden dieses Gesetzes zu beurteilen. Daher bedarf der Betrag der Gebühr, auch wenn das Statut deren jährliche Festsetzung den städtischen Kollegien überlassen hat, nicht der sonst nach § 8 a. a. O. erforderlichen Aufsichtsgenehmigung. Entsch. v. 11. XI. 96 (Pr. Verw.=Bl. Bd. XVIII S. 135).

Nr. 4. Entsch. Bd. XXIX. S. 64 vom 29. April 1896. II A 1/96.
Komm.-Abg.-Ges. v. 14. VII. 93 (G.-S. S. 152) §§ 8, 12, 77, 78, 90 und Ausf.-Anw. v. 10. V. 94, Art. 58. L.-V.-G. § 126.

1) Ein gemäß § 77 Abs. 2 des Komm.-Abg.-Ges. gefaßter Beschluß des Provinzialrates ist kein endgültiger im Sinne des § 126 L.-V.-G., da dem Vorsitzenden dieser Behörde aus Gründen des öffentlichen Interesses die Einlegung der weiteren Beschwerde an die Minister des Inneren und der Finanzen zusteht. Seine Anfechtung durch den Oberpräsidenten ist daher unzulässig.

2) Übrigens können (vergl. E.-O.-V. Bd. VI S. 66) nur solche Beschlüsse angefochten werden, die, wenn sie unangefochten blieben, rechtliche Wirkungen äußern würden, derart, daß die Wirkungen durch die Aufhebung der Beschlüsse beseitigt werden. Hat daher z. B. ein Bezirksausschuß sich zur Feststellung eines städtischen Kurtaxtarifes für unzuständig erklärt, da hierzu gemäß § 90 des Komm.-Abg.-Ges. die Aufsichtsbehörde berufen sei, so unterliegt ein diesen Beschluß bestätigender Beschluß des Provinzialausschusses nicht der Anfechtung gemäß § 126 L.-V.-G.

J. Nachforderung. Verjährung.

Nr. 1. Entsch Bd. II. S. 92 vom 20. Januar 1877.
(Ges. v. 18. VI. 40 (G.-S. S. 140), betreffend die Verjährungsfristen bei öffentlichen Abgaben.

Das Ges. v. 18. VI. 40 unterscheidet einerseits Steuern, bei denen die Zahlungsverbindlichkeit des einzelnen Pflichtigen mit dem Eintritte einer Thatsache entsteht, an die, als an ihre Voraussetzung, die Besteuerung sich knüpft, andererseits allgemeine Umlagen, deren Erhebung von den Steuerpflichtigen nach Jahresrollen erfolgt. Von den ersteren handeln die §§ 2 und 7 des Ges., auf die letzteren bezieht sich der § 6. Bei den Umlagen entsteht die Zahlungsverbindlichkeit des Steuerpflichtigen erst mit der Bekanntmachung der erforderlichen Veranlagung. Eine früher eintretende Verpflichtung ist nicht vorhanden, auch überhaupt nicht denkbar. Wann aber die etwaigen Zahlungsverbindlichkeiten der die Steuer erhebenden Kommune oder des sonstigen Hebungsberechtigten entstanden sind, und ob insbesondere die Steuer zur Erfüllung bereits im Vorjahre entstandener oder gar fällig gewordener Verbindlichkeiten oder vielmehr erst zur Deckung laufender Bedürfnisse bestimmt ist, berührt den Pflichtigen und dessen Verbindlichkeit überall nicht. Demnach kann, wenn im § 6 von einer „Nachforderung" derartiger Steuern gesprochen wird, dies nur dahin verstanden werden, daß in dem betreffenden Kalenderjahre eine Forderung überhaupt bereits geltend gemacht, eine Ausschreibung erfolgt ist, und hierbei einzelne Steuerpflichtige ganz übergangen oder doch zu niedrig angesetzt worden sind.

Ist die Ausschreibung der Steuern in dem eigentlichen Rechnungsjahre unterblieben und wird sie erst in einem späteren Rechnungsjahre allgemein nachgeholt, so kann um deswillen die Zahlung der Steuern von den Pflichtigen nicht verweigert werden.[1])

---

[1]) Der Rest der Entscheidungsgründe, der von der Kommunalsteuerpflicht der juristischen Personen handelte, ist veraltet. Wegen der Nachforderungen siehe auch § 84 des Komm.-Abg.-Ges. v. 14. VII. 93 (G.-S. S. 152).

Ist die Festsetzung einer staatlichen Nachsteuer nicht wegen Übergehung oder steuerfreier Veranlagung, sondern wegen zu geringer Veranlagung erfolgt, so findet die Nachforderung von Zuschlägen seitens der Gemeinde nicht statt. Entsch. v. 9. I. 97 (Pr. Verw.-Bl. Bd. XVIII S. 245).

Nr. 2. Entsch. Bd. X. S. 112 vom 23. April 1884.

Ges. v. 18. VI. 40 (G.-S. S. 140), betreffend die Verjährungsfristen bei öffentlichen Abgaben, §§ 5, 6, 14. Komm.-Abg.-Ges. v. 14. VII. 93 (G.-S. S. 152) §§ 68, 83 ff.

1) Den Mitgliedern der Landgemeinden liegt die allgemeine Verpflichtung ob, die zur Erhaltung der Wirtschaftsordnung in dem Gemeindeverbande erforderlichen Mittel zu beschaffen, soweit sie nicht dem etwa vorhandenen eigenen Vermögen des Verbandes entnommen werden können. — Verschieden hiervon ist die Verbindlichkeit zu denjenigen einzelnen Leistungen, die der Erfüllung jener Verbindlichkeit dienen. Erstere Pflicht besteht für den Einzelnen fortdauernd, solange seine Gemeindemitgliedschaft währt, letztere tritt nur ins Leben, falls und soweit Aufwendungen für öffentliche Zwecke erfordert werden.

2) Das Ges. v. 18. VI. 40 enthält keine Bestimmung über die allgemeine Verbindlichkeit zur Tragung der Staats- und Gemeindelasten, sowie der Kosten der Unterhaltung öffentlicher Anstalten, es spricht in den §§ 5 und 6 von einigen der zur Deckung der Staatsbedürfnisse dienenden Steuern und in § 14 von den „Abgaben", die als Gemeindelasten oder zur Unterhaltung öffentlicher Anstalten aufzubringen sind. Der Zweck der Vorschriften in den §§ 5 und 6 geht lediglich dahin, für den Fall der bereits bewirkten Ausschreibung einer der hier bezeichneten Steuern die nachträgliche Korrektur der Individualrepartition nach Ablauf des Kalenderjahres zu verbieten und damit dem Steuerpflichtigen die Sicherung gegen fortgesetzte Beunruhigung zu gewähren. Das Gesetz findet also keine Anwendung, wenn es sich z. B. um die Beschaffung der zum Bau eines neuen Schulhauses und demnächst zur Befriedigung des Bauunternehmers erforderlichen Geldmittel handelt und wenn mit der Ausschreibung von Beiträgen die endgültige Verrechnung und Ausgleichung bereits früher ausgeschriebener Beträge bezweckt wird. Hier liegt keine Nachforderung einer veranlagten Abgabe oder Einforderung von Rückständen einer bereits zur Hebung gestellten Steuer vor, sondern eine neue Ausschreibung einer zur Deckung eines Defizits in der Gemeindekasse bestimmten Abgabe. Vergl. E.-O.-V. Bd. II S. 107. Die Substituierung eines Geldäquivalentes kann die rechtliche Natur einer schuldigen Leistung nicht derart ändern, daß die bisherige Verbindlichkeit der eigentlich Verpflichteten erlischt und auf die Gemeinde übergeht, z. B. wenndie Handdienstpflichtigen die ihnen zukommende Leistung gegen Übernahme der hierdurch erwachsenen Kosten durch einen Dritten verrichten lassen und die Gemeinde ein solches Erbieten angenommen hat.[1])

Nr. 3. Entsch. Bd. I. S. 131 vom 29. September 1876.

A. L.-R. Teil I Tit. 9 §§ 509, 576, 577. Komm.-Abg.-Ges. v. 14. VII. 93 (G.-S., S. 152) § 21.

Der § 509 Tit. 9 Teil I A. L.-R.'s bezieht sich nur auf die Verjährung von Privatlasten. Die Freiheit von Gemeindeabgaben kann überhaupt,

---

Da die einzelnen Einnahmequellen einer juristischen Person für sich besondere Besteuerungsobjekte bilden, so kann grundsätzlich auch ihre Besteuerung zu verschiedenen Zeiten vorgenommen werden. In dem Umstande allein, daß eine juristische Person nach erfolgter Veranlagung des Einkommens aus der einen Erwerbsquelle nachträglich auch wegen des Einkommens, das ihr aus einer anderen Quelle zufließt, zu derselben Steuer herangezogen wird, ist daher eine unstatthafte Nachforderung nicht zu finden. Zur Prüfung, ob eine solche oder eine zulässige Neubesteuerung des Einkommens aus einer selbständigen Erwerbsquelle vorliegt, bedarf es vielmehr der Feststellung, ob es sich um ein Einkommen aus verschiedenen oder aus einer einheitlichen Einnahmequelle handelt. Entsch. v. 11. IV. 90 (Pr. Verw.-Bl. Bd. XI S. 357).

[1]) Diese allgemeinen Rechtsgrundsätze haben auch heute noch volle Bedeutung, obwohl die Nachforderung von Gemeindelasten in den §§ 83 ff. des Komm.-Abg.-Ges. eine gänzlich neue Regelung gefunden hat.

abgesehen von den im Komm.-Abg.-Ges. v. 14. VII. 93 vorgesehenen Fällen, **nicht durch erlöschende, sondern nur durch erwerbende Verjährung** erlangt werden. Es muß behufs Erlangung dieser Befreiung der Beweis geführt werden, daß inbetreff jedes einzelnen zur Gemeindesteuer Herangezogenen diejenigen thatsächlichen Voraussetzungen vorliegen, von denen das Gesetz die Erwerbung des Rechtes der Freiheit von Gemeindeabgaben abhängig macht.[1][2]

[1] Vergl. Entsch. v. 27. V. 86 (Pr. Verw.-Bl. Bd. VII S. 410).

[2] Der Rest der Entscheidung ist veraltet.

Zweite Abteilung.

Kultus, Schule, Zwangserziehung, Personenstand und Staatsangehörigkeit.

I.

Die evangelische Kirche.

Litteratur: Bethge: Die Vermögensverwaltung in den evang. Kirchengemeinden Preußens, 2. Aufl. 1882. — Kletke: Rechtsverhältnisse bei Kirchen-, Pfarr- und Küsterschulbauten, 1865. — Illing-Kautz: Handbuch für Preußische Verwaltungsbeamte, 6. Aufl., Berlin 1895, Bd. II S. 1202 ff. — Koch: Allgemeines Landrecht, 8. Aufl., Berlin 1884 ff., Bd. IV. — Kries: Preuß. Kirchengesetzgebung, 1887. — E. Nitze: Die Verfassungs- und Verwaltungsgesetze der evangelischen Landeskirche in Preußen, mit besonderer Berücksichtigung der sieben östlichen Provinzen, 2. Aufl., Berlin 1895. — Hinschius in Freiherrn v. Stengels Wörterbuch der Staatswissenschaften. — Derselbe: Das preuß. Kirchenrecht im Gebiete des allgemeinen Landrechtes, 1884. — Trusen: Das preußische Kirchenrecht im Bereiche der evangelischen Landeskirche, 2. Aufl., Berlin 1894.

Materialien: Gesetz betr. die evangelische Kirchenverfassung in den acht älteren Provinzen der Monarchie vom 3. Juni 1876. Verhandl. des Abg.-Hauses, Session 1876. Drucks. Nr. 31. 153. 191. 288. 322. Sten.-Ber. S. 285 ff., 311 ff., 1177—1242. 1280—1307. 1888—1893. — Verhandl. des Herrenhauses 1876. Drucks. Nr. 52. 67. 74. 80. Sten.-Ber. S. 180—227. — Rheinisch-Westfälische Kirchen-Ordnung vom 5. März 1835 — v. Kamptz, Annalen Bd. XIX S. 104 und Novelle dazu vom 27. April 1891 — Kirchl. Verordn.-Blatt, 1891, S. 18. — Allerh. Erlaß betr. die Einführung einer evangelischen Kirchengemeinde- und Synodal-Ordnung u. s. w. vom 10. September 1873, G.-S. 1873 S. 417 — nebst den dazu ergangenen Gesetzen vom 25. Mai 1874, G.-S. S. 147 — vom 7. April 1891, G.-S. S. 43 — vom 3. Juli 1893, G.-S. S. 191 und vom 28. Mai 1894, G.-S. S. 87, für die sieben östlichen Provinzen; vom 6. Mai 1885, G.-S. S. 135, für Hannover — vom 6. April 1878, G.-S. S. 145, für Schleswig-Holstein und Wiesbaden. — Kirchengemeinde- und Synodal-Ordnung für Schleswig-Holstein mit Lauenburg vom 4. November 1876, vergl. Allerh. Erlaß von demselben Tage, G.-S. 1876 S. 415 — für den Konsistorialbezirk Wiesbaden vom 4. Juli 1877, Erlaß vom gleichen Tage, G.-S. 1877 S. 181 und Gesetz vom 6. April 1878, G.-S. S. 145 — für die evangelisch-reformierte Kirche der Provinz Hannover vom 12. April 1882, vergl. Allerh. Erlaß vom gleichen Tage, G.-S. S. 224. — Presbyterial- und Synodalordnung für den Regierungsbezirk Kassel vom 16. Dezember 1885, vergl. Allerh. Erlaß vom gleichen Tage, G.-S. 1886 S. 1. — Kirchengemeindeordnung für die Gemeinden Bornheim, Oberrad, Niederrad, Bonames, Niederursel und Hausen vom 2. Juni 1890, vergl. Gesetz vom gleichen Tage, G.-S. S. 183. — Allerh. Erlaß vom 20. Januar 1876 betr. die Einführung einer General-Synodalordnung für die evangelische Landeskirche der acht älteren Provinzen der Monarchie, G.-S. 1876 S. 7, 125 ff. — Dazu: Allerh. Erlaß vom 7. März 1887, G.-S. S. 195. — Gesetz vom 21. Mai 1887, G.-S. S. 194. — Kirchengesetze vom 26. Mai 1886 und vom 18. Juli 1892, vergl. Gesetz vom 30. August 1892, G.-S. S. 273.

A. In den neun älteren Provinzen der Monarchie.

(Geltungsbereich des Ges. v. 3. VI. 76).

Nr. 1. Entsch. Bd. VI. S. 157 vom 1. März 1880.

A. L.=R. Teil II Tit. 11 §§ 163, 165. Rh. Westf. Kirchen=Ordn. v. 5. III. 35 (v. Kamptz, Ann. Bd. II S. 105) § 131. Vd. v. 27. VI. 45 (G.=S. S. 440), betreffend Ressortverhältnisse der Provinzialbehörden für das evang. Kirchenwesen, § 3. Ges. v. 3. VI. 76 (G.=S. S. 125), betreffend die evang. Kirchenverfassung in den acht älteren Provinzen der Monarchie, Art. 21, 22, 23, 27.

1) Dem Pfarrer einer Kirchengemeinde lagen nach einer von den geistlichen Oberen genehmigten Einrichtung besondere pfarramtliche Funktionen in einer zur Parochie gehörigen Privatirrenheilanstalt ob. Bei einer Vakanz der Pfarrstelle hob das Konsistorium dieses Verhältnis auf, da es die Kräfte des Geistlichen seinem Hauptamte übermäßig entziehe und forderte von der Kirchengemeinde eine Erhöhung des Pfarrgehaltes um jährlich 1200 Mark, weil dies nach Wegfall der mit jener Thätigkeit verbunden gewesenen Einkünfte unauskömmlich werden würde. Da die Gemeindevertretung sich weigerte, dem zu entsprechen, wurde der geforderte Gehaltszuschuß durch Beschluß des Konsistoriums und des beteiligten Regierungspräsidenten zwangsweise in den Etat eingesetzt. Das O.=V.-G. erkannte aus folgenden Gründen auf Aufhebung des Beschlusses:

2) Es handelt sich nicht um die Veränderung eines bestehenden Pfarrbezirkes, bei der den Staatsbehörden nach Art. 23 des Ges. v. 3. VI. 76 die Mitwirkung zusteht, sondern um Regelung der pfarramtlichen Thätigkeit in einer unverändert bleibenden Parochie, um die Untersagung einer vom Pfarrer bisher geübten Nebenthätigkeit durch die kirchliche Aufsichtsbehörde allein. Es kann also dahingestellt bleiben, ob etwa da, wo die Veränderung bestehender oder die Bildung neuer Pfarrbezirke die Regulierung von Pfarrgehältern notwendig macht, die kirchlichen und Staatsbehörden gemeinschaftlich befugt sind, die Gehälter mit der Wirkung festzustellen, daß die Gemeinden, wenn nötig, zwangsweise zu ihrer Aufbringung angehalten werden können. Im vorliegenden Falle ist eine solche Befugnis zu verneinen. Sie ergiebt sich weder aus § 164 Teil II Tit. 11 A. L.-R.'s, noch aus Art. 21, 27 des Ges. v. 3. VI. 76 (folgt eingehende Begründung aus der Entstehungsgeschichte dieses Ges.).

Art. 27 gestattet, gesetzliche Leistungen der Kirchengemeinden zu erzwingen. Er setzt also Leistungen voraus, die nach Inhalt und Umfang nach Maßgabe der Staatsgesetze bestimmt werden können und nach eben diesen Gesetzen den Kirchengemeinden obliegen. § 164 erkennt die Verpflichtung der Kirchengemeinden im Prinzip an, den für ihre Geistlichen erforderlichen Unterhalt zu beschaffen. Auf wie hoch ein entsprechendes Pfarrgehalt und demgemäß der von der Gemeinde etwa zu den Einkünften der Pfarrdotation zu gewährende Geldzuschuß zu bemessen sei, dafür giebt weder § 164, noch sonst eine Bestimmung der Staatsgesetze einen Anhalt.

An sich steht die Bemessung des auskömmlichen Gehaltes und die Beschaffung der zu seiner Gewährung erforderlichen Geldmittel der Beschlußfassung der Gemeindeorgane unter Mitwirkung der geordneten kirchlichen und staatlichen Aufsicht zu. Insbesondere bedürfen so beschlossene Umlagen zu ihrer Vollstreckbarkeit der Genehmigung des Regierungspräsidenten. Kommen solche Beschlüsse aber überhaupt nicht, oder nicht angemessen zustande, so ist die Aufsichtsinstanz staatsgesetzlich nicht befugt, ihre Anordnungen an deren Stelle mit einer die Gemeinden vermögensrechtlich verpflichtenden Wirkung zu setzen.[1])

[1]) Die Begründung dieser Entscheidung ist in der Folge von dem O.=V.=G. nicht aufrecht erhalten, vielmehr für Fälle, wo Parochialveränderungen in Frage kommen, die

Nr. 2. Entsch. Bd. XXVI. S. 147 vom 24. Januar 1894. I A 73 93.

A. L.=R. Teil II Tit. 11 §§ 110, 164, 418, 515—519, 539—541. Bd. v. 27. VI. 45 (G.=S. S. 440), betreffend die Ressortverhältnisse der Provinzialbehörden für das evang. Kirchenwesen, § 3 und Min.=Erl. v. 1. X. 47 (M.=Bl. S. 278) I Nr. 18, II Nr. 5a. Ges. v. 3. VI. 76 (G.=S. S. 125), betreffend die evang. Kirchenverfassung in den acht älteren Provinzen der Monarchie, Art. 21, 22, 23, 27.

1) Die Festsetzung neuer oder erhöhter Gehälter der evangelischen Geistlichen kann im Geltungsbereiche des Kirchen=Verfassungsges. v. 3. VI. 76 (G.=S. S. 125) durch die Konsistorien erfolgen und zwar von diesen allein, sofern sie nicht bei Parochialveränderungen eintritt. Diese Festsetzungen sind für die Kirchengemeinden verbindlich und können von den Konsistorien im Einvernehmen mit dem Regierungspräsidenten im Wege der Zwangsetatisierung durchgeführt werden.

2) Im Gegensatze hierzu hatte das O.=V.=G. bei seiner bisherigen Rechtsprechung den Rechtsgrundsatz aufgestellt, daß die frühere Befugnis der Staatsbehörde, allein oder im Einvernehmen mit der Kirchenbehörde, in einer die Kirchengemeinden verbindenden Weise die Gehälter der Geistlichen festzustellen und zu erzwingen, nach Erlaß des Ges. v. 3. VI. 76 in der Regel nicht mehr fortbestehe (vergl. E.=O.=V. Bd. VI S. 157), sondern nur da ausnahmsweise als fortbestehend anzuerkennen sei, wo es sich um die Neudotierung von Stellen infolge von Parochialänderungen handele. Als eine solche sei aber nicht bloß die Änderung in den bisherigen Grenzen der Pfarreien, sondern auch — bei unveränderten Grenzen — jede Änderung in den zum Pfarrzwange berechtigenden Kirchenämtern anzusehen. Der bestehende Pfarrzwang werde indes nicht durch jede Vermehrung der geistlichen Stellen, gewiß nicht durch die Annahme eines Pfarrgehilfen, und auch nicht notwendig durch die von Nebengeistlichen im Sinne der §§ 539 ff. A. L.=R.'s geändert, so daß im Einzelfalle zu prüfen bleibe, ob der Inhaber der neuen Stelle schon durch deren Errichtung ein von dem Willen des ersten Pfarrers unabhängiges, selbständiges Recht erhalten habe, neben diesem gleichberechtigt den Pfarrzwang zu üben. Vergl. für das Gebiet des gemeinen Rechts E.=O.=V. Bd. XII S. 184 und für das Gebiet des A. L.=R.'s Entsch. v. 20. II. 92 (Pr. V.=Bl. Bd. XIII S. 515).

An dieser Auffassung hat das O.=V.=G. nicht festzuhalten vermocht aus folgenden Gründen:

a) Indem das A. L.=R. durch § 110 Tit. 11 Teil II die Mitglieder einer Kirchengesellschaft zu Beiträgen für die Unterhaltung der Kirchenanstalten verpflichtet und im § 164 das. bestimmt: „Für den Unterhalt der bei einer Kirchengesellschaft angesetzten Beamten muß die Gesellschaft selbst sorgen," hat es nur die allgemeine Doktrin des evang. Kirchenrechtes ausgesprochen, wonach die Kirchengemeinden in Ermangelung anderweiter Deckungsmittel, für alle kirchlichen Bedürfnisse, also auch den auskömmlichen Unterhalt der Geistlichen in bereits bestehenden oder durch das Bedürfnis erforderten neuen Stellen, auf=

Festsetzungsbefugnis der Regierungen und Konsistorien gemeinsam, für Fälle, wo es sich um Regulierung von Pfarrgehältern ohne gleichzeitige Parochialveränderungen handelt, der Konsistorien allein zur Festsetzung, verbindlich gegen die Kirchengemeinde, für berechtigt anerkannt. Vergl. E.=O.=V. Bd. XII S. 184 und Bd. XXVI S. 147, ferner Entsch. v. 20. II. 92 (Pr. Verw.=Bl. Bd. XIII S. 515), wo der in E.=O.=V. Bd. XII S. 184 für das gemeinrechtliche Gebiet anerkannte Rechtsgrundsatz bezüglich der Festsetzungsbefugnis der Regierungen und Konsistorien bei Parochialveränderungen auch für das Gebiet des A. L.=R.'s festgehalten wurde. Sie haben aber die Zwangseintragung nur zu üben, um weigerliche Kirchengemeinden zur Erfüllung von Leistungen zu nötigen, die für sie als gesetzliche bereits vor der Zwangseintragung bestanden haben. Sie sind nicht etwa ermächtigt, selbständig durch die Zwangseintragung Verpflichtungen für die Kirchengemeinden zu begründen oder zu erweitern.

zukommen haben. Wenn das A. L.-R. lediglich von dem „Unterhalt“ ohne Beifügung des Prädikates „angemessenen“, „standesgemäßen“ redet, so ist dies unwesentlich. Und wenn ferner das Gesetz selbst eine Bestimmung des im Einzelfalle erforderlichen Gehaltes nicht getroffen, vielmehr dem Ermessen der zuständigen Behörde überlassen hat, so ist gleichwohl die Gewährung des so bestimmten Unterhaltsbetrages ebenso eine „gesetzliche“ Leistung der Gemeinde, wie die privatrechtlich begründeten Pflichten zur Gewährung von Alimenten, zum Ersatze des Schadens oder des Interesses allgemein als gesetzliche anerkannt werden, und wie die Leistungen der Schulsozietäten, der bürgerlichen Gemeinden zur Bestreitung der nicht durch das Gesetz, sondern durch die zuständige Behörde festgesetzten Kosten für Schul- oder polizeiliche Bedürfnisse gleichfalls als „gesetzliche“ anerkannt sind. Es kann sich vielmehr nur fragen:

b) welche Behörde bis 1876 zuständig war, um den durch das Gesetz nicht bestimmten Betrag des im Einzelfalle zureichenden Unterhaltes in Streitfällen für die verpflichtete Kirchengemeinde verbindlich festzusetzen. Daß dies nach dem A. L.-R. die „kirchlichen Oberen“ waren (vergl. §§ 238, 294 ff., 704 ff., 764, 771 Teil II Tit. 11), ist nicht zweifelhaft. Im Laufe des Jahrhunderts hat sich dann (folgt eingehende Darstellung) durch Gesetzgebung und Verwaltungspraxis (vergl. auch die Entsch. des Komp.-G.-H. v. 18. III. 65, J.-M.-Bl. S. 141 und v. 19. IV. 73 M.-Bl. S. 172) die Zuständigkeit der Konsistorien und Regierungen zur gemeinsamen Entscheidung in Streitfällen herausgebildet, welche geistliche Stelle und was zum Unterhalte des Stelleninhabers notwendig und von der Gemeinde aufzubringen sei. Die Regierung war dann befugt, die von ihr getroffene Entscheidung im Wege des Verwaltungszwanges zur Durchführung zu bringen.

Während nun die Begründung in E.-O.-V. Bd. VI S. 167 diese beiden Befugnisse der kirchlichen und staatlichen Behörden als bis zum Erlasse des Ges. v. 3. VI. 76 fortbestehend anerkannt, hat sie

c) die rechtliche Natur der Festsetzungs- und der Zwangsbefugnis nicht ausreichend von einander unterschieden. Die letztere ist lediglich ein Ausfluß der Staatshoheit, somit ein Recht, das den Organen der Kirche als solchen niemals zustehen kann. Dagegen ist die Festsetzungsbefugnis ein Bestandteil der Konsistorialrechte, der „Verwaltung der kirchlichen Externen“. Dieser Umstand ist von entscheidender Bedeutung für

d) die Auslegung und Handhabung des Ges. v. 3. VI. 76. Nach dessen Art. 21 soll die Verwaltung der Angelegenheiten der evang. Landeskirche, soweit solche bisher von dem Minister oder den Regierungen geübt worden war, auf den Oberkirchenrat und die Konsistorien übergehen, vorbehaltlich der in den folgenden Artikeln bestimmten Ausnahmen. Da diese die Änderung oder Neubildung von Pfarrbezirken, aber nicht die Gehaltsnormierung geistlicher Stellen erwähnen, so sind jedenfalls zu der ohne Parochialveränderung stattfindenden Festsetzung von Gehältern die Regierungen nicht mehr zuständig. Da ihre Befugnis ferner aus den ihnen übertragenen Konsistorialrechten, aus der Verwaltung der kirchlichen Externen entsprang, so ist sie nicht einfach erloschen, sondern in dem Umfange, in dem sie bestand, auf die Konsistorien übergegangen und zur ausschließlichen Befugnis dieser geworden.

Umgekehrt ist die Zwangsbefugnis der Regierung, weil sie ihr kraft der Staatshoheit zustand, nicht auf die Konsistorien übergegangen. Um die staatliche Exekution kirchlicher Festsetzungen zu ermöglichen, ist daher im Abs. 2

des Art. 27 a. a. O. die Zwangsetatisierung vorgesehen und in dieser Form die frühere Zwangsbefugnis aufrecht erhalten worden.[1])

3) **Handelt es sich nicht um die Errichtung einer zweiten selbständigen Stelle eines Geistlichen, sondern um die Errichtung einer bleibenden Hilfspredigerstelle, also um keine Parochialänderung, so wird durch die nicht erforderliche Mitwirkung der Regierung die Anordnung des Konsistoriums nicht zu einer ungültigen, rechtsunwirksamen.**

Eine Observanz wegen Tragung der Baukosten und Gewährung gewisser Gehaltsbezüge an die Kirchenbeamten berührt die Kosten neuer Einrichtungen nicht (z. B. einer Gehaltszulage an den Küster für neu eingeführtes Glockenläuten zum Nachmittags-Gottesdienste. Entsch. v. 15. III. 82 (Pr. Verw.-Bl. Bd. III S. 228).

Nach pommerschem Provinzialrechte (Kirchenordnung von 1563) erbringt eine unter Zuziehung aller Interessenten aufgenommene Kirchenmatrikel vollen Beweis, und ihr Inhalt kann nur wegen Irrtumes angefochten werden. Ist daher in einer solchen Matrikel eine Observanz über die Verteilung der Kirchenlasten bezeugt, so liegt nunmehr demjenigen, der sie bestreitet, der Beweis ihres Nichtbestehens ob. Entsch. v. 19. II. 87 (Pr. Verw.-Bl. Bd. VII S. 278).

Das A. L.-R. enthält weder Bestimmungen wegen der Umzugskosten für die niederen Kirchenbedienten — die §§ 407—409 A. L.-R. Teil II Tit. 11 gelten nur für Pfarrer und sind auf die niederen Kirchenbedienten nicht anwendbar — noch über die Zahlung der sogen. Ephoralgebühren, d. h. der Gebühren des Superintendenten bezw. Kreisschulinspektors bei Einführung eines niederen Kirchenbedienten bezw. eines Lehrers. Wer zur Tragung dieser Kosten verpflichtet ist, richtet sich daher nach Lokalrecht, nach Observanz. Das Landrecht hat in dem bei seiner Einführung vorgefundenen Zustande nichts geändert. Bei der Beurteilung der Frage, ob eine Observanz als nachgewiesen zu erachten, sind sonach die Fälle, die vor Einführung des A. L.-R.'s liegen, von gleicher Bedeutung wie die, die sich nach seinem Inkrafttreten ereignet haben. Entsch. v. 20. XI. 89 (Pr. Verw.-Bl. Bd. XI S. 204).

Die Vorschrift des ostpreuß. Provinzialrechtes Zus. 179, wonach dem neuordinierten Geistlichen bei der ersten Anstellung das bis dahin üblich gewesene Mantelgeld gezahlt werden soll, und zwar von derjenigen Kirchengemeinde, „bei der und durch die die Vakanz entstanden ist", ist dahin zu verstehen, daß, wenn infolge der Erledigung einer Pfarrstelle durch Tod, Amtsniederlegung, Emeritierung oder anderweites Ausscheiden des Inhabers eine Versetzung, und infolgedessen an einer anderen Kirche eine Neuanstellung stattfindet, zahlungspflichtig nicht die Gemeinde sein soll, von der, sondern die, an die die Versetzung erfolgt ist. Zweck der Bestimmung ist, daß nicht gerade die ärmeren Kirchengemeinden, bei denen die Geistlichen meist ihre erste Anstellung erhalten, mit dem Mantelgelde belastet werden sollten. Der Beweis, daß die Zahlung üblich ist, bezw. bei Einführung des Provinzialrechtes üblich war, liegt dem Geistlichen ob, der das Mantelgeld fordert. Er kann durch einfache Verweisung auf das Reglement v. 5. XI. 1737, das die Zahlung von Mantelgeld allgemein vorschrieb, nicht ersetzt werden, da die Möglichkeit vorliegt, daß gleichwohl in der Zeit von 1737—1802 an der betreffenden Kirche die Zahlung niemals praktisch und daher üblich geworden ist. Auch im Zwangsetatisierungsverfahren liegt dieser Nachweis der Behörde, die die Zwangsetatisierung verfügt hat, ob. Entsch. v. 17. X. 91 (Pr. Verw.-Bl. Bd. XIII S. 126).

Nr. 3. Entsch. Bd. VI. S. 171 vom 1. März 1880.

Ges. v. 3. VI. 76 (G.-S. S. 125), betreffend die evang. Kirchenverfassung in den acht älteren Provinzen der Monarchie, Art. 27. Deichges. v. 28. I. 48 (G.-S. S. 54) § 19.

Konsistorium und Regierungspräsident können auf Grund des Art. 27 Abs. 2 des Ges. v. 3. VI. 76 eine Kirchengemeinde nur unter der Voraussetzung durch Zwangetatisierung anhalten, Deichbeiträge für Pfarrländereien zu bezahlen, daß die Deichbehörde nach dem betreffenden Deich-

[1]) Das Konsistorium ist also befugt, die dem Bedürfnisse im Einzelfalle entsprechende Gehaltserhöhung festzusetzen, und im Einverständnisse mit dem Regierungspräsidenten die so festgesetzte Erhöhung in den Kirchenetat zwangsweise einzustellen. Selbst eine privatrechtliche Abrede zwischen der anstellungsberechtigten Korporation und dem Anzustellenden würde die öffentlich-rechtliche Befugnis der Aufsichtsbehörde, die im öffentlichen Interesse notwendige Erhöhung des Gehaltes zu fordern, nicht ausschließen können. Entsch. v. 19. IV. 95 (Pr. Verw.-Bl. Bd. XVI S. 631).

statute jene Beiträge von der Kirchengemeinde fordern durfte und thatsächlich gefordert hatte. In dem betreffenden Falle hatte die Deichbehörde die Wahl, ob sie sich an den Pfarrer oder an die Kirchengemeinde halten wollte; sie hatte den ersten Weg gewählt und der Anspruch gegen die Kirchengemeinde war nicht von ihr, sondern von den kirchlichen Aufsichtsbehörden ausgegangen. Dies war aber unzulässig, denn der Pfarrer konnte seinen Erstattungsanspruch nur im Rechtswege geltend machen. Kein Gesetz giebt dem Regierungspräsidenten und dem Konsistorium das Recht, über derartige Streitigkeiten zwischen Pfarrer und Kirchengemeinde zu erkennen.

Nr. 4. Entsch. Bd. XI. S. 139 vom 30. April 1884.

A. L.-R. Teil II Tit. 11 §§ 523—538, 550, 567. Regierungsinstruktion v. 23. X. 17 (G.-S. S. 248) § 18. Ges. v. 27. III. 72 (G.-S. S. 268), betreffend die Pensionierung der unmittelbaren Staatsbeamten, §§ 1, 3. Ges. v. 3. VI. 76 (G.-S. S. 125), betreffend die evang. Kirchenverfassung u. s. w., Art. 21, 27.

1) Den lebenslänglich angestellten weltlichen Kirchenbedienten (Rechnungsführern, Kassenrendanten u. s. w.), insbesondere den Küstern der Kirchengemeinden der evangelischen Landeskirche steht für den Fall ihrer Versetzung in den Ruhestand wegen körperlicher oder geistiger Gebrechen nach allgemeinen gesetzlichen Bestimmungen ein Anspruch auf Ruhegehalt nicht zu. Denn sie bekleiden keine Stelle, mit der nach dem Gesetze oder nach der Verfassung der Korporation die Pensionsberechtigung verbunden ist.

Wenn die Regierungen früher gemäß § 18 der Reg.-Instr. berechtigt waren, die Einkommensverhältnisse selbständig und ohne Zustimmung der Kirchengemeinden zu regeln und hierin auch das Recht zur Bewilligung von Pensionen an dienstunfähig gewordene Kirchendiener enthalten war, so ist dieses Recht, zu dessen Übung sie sich gemäß § 3 der Verordn. v. 27. VI. 45 (G.-S. S. 440), betr. die Ressortverhältnisse der Provinzialbehörden für das evang. Kirchenwesen, mit den Konsistorien in näheres Einvernehmen zu setzen hatten, durch Art. 21 des Ges. v. 3. VI. 76 den Konsistorien nicht übertragen worden. Vergl. E.-O.-V. Bd. VI S. 157.[1]) Letzteren fehlt also die Befugnis, wider den Willen der Kirchengemeinden Besoldungen und Pensionen zu Lasten der Gemeinden neu zu bewilligen und festzusetzen.

2) Irrig ist es, daß nur von den Kirchenorganen anerkannte oder völlig unzweifelhafte, den Kirchengemeinden obliegende Leistungen der Zwangsetatisierung unterliegen. Die Beurteilung der Frage, ob eine gesetzliche Leistung vorliegt, steht den mit der Zwangsetatisierung betrauten Behörden zu und gerade für Fälle, wo dies zweifelhaft ist oder doch von den Kirchenorganen bestritten wird, ist durch Art. 27 des Ges. v. 3. VI. 76 den letzteren die Klage bei dem O.-V.-G. gegeben, das alsdann seinerseits darüber zu befinden hat, ob die geforderte Leistung als eine gesetzliche sich darstellt.

3) Die Nebenintervention des § 63 der Zivilprozeß-Ordn. v. 30. I. 77 kennt das L.-V.-G. nicht. Es gestattet jedoch im § 40 auf Antrag die Beiladung Dritter, deren Interesse durch die zu erlassende Entscheidung berührt wird.

Nr. 5. Entsch. Bd. X. S. 120 vom 16. Februar 1884.

Ostpr. Provinzialrecht Zusatz 212 §§ 1, 6, 12, 13; Zusatz 204, 205 § 15; Zusatz 208 §§ 1, 45. A. L.-R. Teil II Tit. 11 §§ 772, 778, 318, 404, 407, 408, 410, 432, 500, 539; Tit. 12 § 49. Ges. v. 3. VI. 76 (G.-S. S. 125), betreffend die evang. Kirchenverfassung in den acht älteren Provinzen der Monarchie, Art. 27.

Unter den „protestantischen Predigern“, deren Witwen durch das Ostpreußische Provinzialrecht, Zusatz 212 § 1, zum Genusse der dort angegebenen

---

[1]) Oben S. 503. Dieser auf den Gründen in E.-O.-V. Bd. VI S. 157 beruhende Rechtsgrundsatz dürfte heute nicht mehr zutreffen. Vergl. Anm. 1 oben S. 503, E.-O.-V. Bd. XXVI S. 146, oben S. 504, und Trusen, Pr. Kirchenrecht, 2. Aufl., S. 374, Anm. 218.

Benefizien berufen werden, sind nicht nur die eigentlichen Pfarrer (ersten Geistlichen), sondern auch die Nebengeistlichen (zweiten Prediger, Diakonen u. s. w.) zu verstehen.

Nr. 6. Entsch. Bd. XIII. S. 235 vom 27. März 1886. I A 52/85.

Ostpr. Provinzialrecht v. 4. VIII. 01 und v. 6. III. 02 Zusatz 212. Ges. v. 25. V. 74 (G.=S. S. 147), betreffend die evang. Kirchengemeinde= und Synodal=Ordn., Art. 3. Ges. v. 3. VI. 76 (G.=S. S. 125), betreffend die evang. Kirchenverfassung u. s. w., Art. 27 und Vd. v. 9. IX. 76 (G.=S. S. 395), Art. III.

Nach dem § 1 des Zusatzes 212 des Ostpreußischen Provinzialrechtes (zu § 856 Tit. 11 Teil II A. L.-R.'s) gebührt den Witwen protestantischer Prediger da, wo Witwenhaus und Garten vorhanden und besondere Predigerwitwenhufen zur Pfarre geschlagen sind, deren Genuß, event. der Genuß der Zinsen von dem durch die Veräußerung des Witwenhauses gewonnenen Kapitales. Außerdem hat die Witwe einen Anspruch auf ein von der Gemeinde auszusetzendes Gehalt, das in der Regel 100 altpreußische Gulden (jetzt Mark) betragen soll, aber auch nach Lage der Verhältnisse ein geringeres sein kann (§§ 6—8 a. a. O.). Die Aussetzung dieses Gehaltes ist eine gesetzliche Leistung der Pfarrgemeinde. Die im § 8 gestattete Minderung des Betrages beruht auf einer aus dem Staatshoheitsrechte abgeleiteten Befugnis der Aufsichtsbehörden, nach vorheriger Untersuchung der Sache, der Gemeinde die Aussetzung eines geringeren Witwengehaltes zu gestatten. Die in dieser Hinsicht getroffene Entscheidung unterliegt aber nicht der Nachprüfung des O.-V.=G.'s. Auch kann das letztere nicht in eine Erörterung der Leistungsfähigkeit der Gemeinde und ihrer Mitglieder eintreten. Die Feststellung der Leistungsfähigkeit ist lediglich Sache der Aufsichtsbehörden.

Nr. 7. Entsch. Bd. VII. S. 208 vom 27. November 1880.

Ges. v. 3. VI. 76 (G.=S. S. 125), betreffend die evang. Kirchenverfassung in den acht älteren Provinzen der preußischen Monarchie, Art. 2, 3, 12, 20, 27 und Vd. v. 9. IX. 76 (G.=S. S. 395), über die Ausübung der Rechte des Staates, Art. III.

1) Die Grenzen der Rechtskontrolle über die Verfügungen der Konsistorien und der Staatsbehörde, durch die zwangsweise Leistungen in die Etats der evangelischen Kirchengemeinden in den acht älteren Provinzen der Monarchie eingetragen werden, sind zu entnehmen aus Art. 27 des Ges. v. 3. VI. 76 und aus der Verordn. v. 9. IX. 76. Durch Art. 27 Abs. 3 des Ges. v. 3. VI. 76 ist den Konsistorien und der Staatsbehörde lediglich die Befugnis zur Zwangsvollstreckung gesetzlicher Leistungen der Kirchen und Kirchengemeinden beigelegt worden. Von wem und in welchem Verfahren diese Leistungen als Gegenstand der demnächst etwa erforderlichen Zwangsvollstreckung festzustellen sind, darüber bestimmt dieses Gesetz nichts. Die Zwangsetatisierung selbst aber ist durch Abs. 3 des Art. 27 unter eine Rechtskontrolle gestellt worden, indem daselbst verordnet ist, daß, wenn die Gemeindeorgane die Verpflichtung zu der zwangsweise etatisierten Leistung bestreiten, auf Klage der Gemeindeorgane im Verw.-Streit=Verf. entschieden werden soll. Die Fassung des Abs. 3 des Art. 27 ist eine derartig unbestimmte, daß, wenn ausschließlich der Wortlaut in Betracht käme, darans die Befugnis des O.-V.-G. hergeleitet werden könnte, unter der Voraussetzung der Zwangsvollstreckung auf Klage der Gemeindeorgane jede Verpflichtung der Kirchen und Kirchengemeinden völlig frei zu bestimmen. Eine solche Auffassung des Gesetzes ist aber unstatthaft.

Der Rechtskontrolle sind die in dem Abs. 2 des Art. 27 genannten Aufsichtsbehörden in der Übung der ihnen anvertrauten Zwangsbefugnis unterstellt worden, um eine dem Gesetze entsprechende Handhabung der letzteren zu sichern, insbesondere um die Gewähr dafür zu verstärken, daß der Kreis der Verpflichtungen der Kirchen und Kirchengemeinden nicht im Wege der Zwangsvollstreckung gegen das Gesetz erweitert werde. Ist nun auch nach dieser Absicht der gesetzgebenden Faktoren die Rechtskontrolle unbedenklich auf die Prüfung bestrittener Verpflichtungen nach Rechtsgrund und Inhalt auszudehnen, soweit die Entscheidung hierüber von den mit der Zwangsvollstreckung betrauten Aufsichtsbehörden selbst zum Zwecke der letzteren auszugehen hat, so muß sie sich doch andererseits bei denjenigen Leistungen, die gesetzlich von anderen Organen und Behörden in besonders geregeltem Verfahren festgestellt werden, entsprechend der Kognition der die Zwangsvollstreckung verfügenden Behörden auf diejenigen Rechtsfragen beschränken, die für die Zwangsvollstreckung allein im Gegensatze zur Feststellung der Verpflichtung maßgebend sind. Dies ergiebt sich mit Notwendigkeit aus der Organisation der Rechtskontrolle, die nach Art. 27 lediglich gegen die mit der Zwangsvollstreckung betrauten Aufsichtsbehörden gerichtet ist, in Verbindung mit der Erwägung, daß ohne jene Beschränkung der Abs. 3 des Art. 27 mit den fundamentalsten Rechtsnormen, namentlich denen über die Rechtskraft der Entscheidungen und die Vollstreckbarkeit obrigkeitlicher Festsetzungen, in einen unlösbaren Widerspruch gesetzt werden würde.

Es ist klar, daß, wenn eine Geldsumme nach Abs. 2 des Art. 27 in den Etat eingeschrieben wird, um die Vollstreckung eines zivilgerichtlichen Erkenntnisses mit den etatsmäßig durch Gemeindeumlagen zu beschaffenden Mitteln zu ermöglichen, über die durch jenes Erkenntnis festgestellte Leistung nicht nochmals im Streitverfahren zu entscheiden ist. Dasselbe muß nach Lage der einschlagenden Gesetzgebung von der Vollstreckung polizeilicher Auflagen, die einer Kirchengemeinde gemacht und vollstreckbar sind, dasselbe von der Einziehung öffentlicher Abgaben (Deichbeiträgen u. s. w.), sowie von Vollstreckung interimistischer Entscheidungen in Kirchen-, Pfarr- und Küsterbausachen, die nach Art. 23 Nr. 2 des Ges. ergehen, gelten.

2) Synodalkosten sind unbestritten gesetzliche Leistungen der Kirchengemeinden. Sie werden gesetzlich durch Beschluß der Kreissynode auf die Gemeinden repartiert und so deren Beiträge bestimmt. Gegen diese Beschlüsse steht den Gemeinden das Recht der Beschwerde an die Staatsbehörde zu, aber nur innerhalb einer Frist von 21 Tagen. In diesem Beschwerdeverfahren können alle Fragen rechtlicher oder thatsächlicher Natur, soweit sie auf die bestrittene Verpflichtung von Einfluß sind, zur Beschlußfassung gestellt werden, und es wird in ihnen endgültig entschieden. Der Schlußsatz in dem Art. III der Verordn. v. 9. IX. 76 lautet:

> „Gegen die Verf. des Regierungspräsidenten geht, sofern nicht die Klage bei dem O.-V.-G. nach Art. 27 Abs. 3 des Ges. v. 3. VI. 76 stattfindet, die Beschwerde an den Oberpräsidenten. Derselbe beschließt auf die Beschwerde endgültig."

Die hier durch den Hinweis auf die Klage aus Art. 27 Abs. 3 bezeichnete Beschränkung der Beschwerdeinstanzen erklärt sich daraus, daß unmittelbar vorausgehend unter Pos. 4 des Art. III der Verordn. auch die Zuständigkeit der Staatsbehörden für das Recht der Zwangsvollstreckung geregelt ist. Für die nach dieser letzteren Bestimmung ergehenden Zwangsverfügungen war das Rechtsmittel der Beschwerde auszuschließen, da das Gesetz das Rechtsmittel der Klage gegeben hat. Ein mehreres ist mit dem Zusatze „sofern u. s. w." nicht zum Ausdrucke gekommen, insbesondere die Beschwerde keineswegs überall insoweit ausgeschlossen, als sie etwa an Verfügungen der Staatsbehörde, die nicht auf Grund des Abs. 2 des Art. 27, sondern auf Grund anderer gesetzlicher Bestimmungen ergehen, einmal die Möglichkeit einer Zwangsvollstreckung nach

Art. 27 knüpfen und daraus die Zulässigkeit der Klage im Streitverfahren ergeben kann.

Wie den übrigen Korporationen, so liegt auch den Kirchengemeinden die gesetzliche Pflicht ob, die zur Bestreitung der kirchlichen Bedürfnisse erforderlichen Geldmittel, soweit diese nicht aus dem Kirchenvermögen oder durch Beiträge der sonst hierzu speziell Verpflichteten gedeckt werden können, durch Umlagen auf die Eingepfarrten aufzubringen. Diese Steuerpflicht besteht auch, wenn und solange die Drittverpflichteten zahlungsunfähig sind, oder — falls sie die Verpflichtung bestreiten — solange deren Bestehen nicht in dem geordneten Verfahren dergestalt festgestellt worden ist, daß die Erfüllung nötigenfalls erzwungen werden kann. — Nur den kirchlichen Anstalten als solchen steht die Kostenfreiheit zu, dagegen den Kirchengemeinden mindestens da nicht, wo — wie nach kurmärkischem Kirchenrechte — der Kirche eine von der Gemeinde getrennte, besondere Rechtspersönlichkeit beiwohnt. Entsch. v. 9. IV. 90 (Pr. Verw.-Bl. Bd. XI S. 408).

Nr. 8. Entsch. Bd. IX. S. 94 vom 11. November 1882.

Evang. Kirchengemeinde- und Synodal-Ordn. v. 10. IX. 73 (G.-S. 1874 S. 151), §§ 53[7], 72, 73. General-Synodal-Ordn. v. 20. I. 76 (G.-S. S. 133) § 14. Ges. v. 3. VI. 76 (G.-S. S. 125), betreffend die evang. Kirchenverfassung in den acht älteren Provinzen der Monarchie, Art. 2, 3, 11, 15, 16, 27 und Vd. v. 9. IX. 76 (G.-S. S. 395), über die Ausübung der Rechte des Staates u. s. w., Art. III.

1) **Die Verpflichtung einer Kirchengemeinde, zu den Kreissynodalkosten Beiträge zu leisten, kann, nachdem die Beschwerde an den letztinstanzlich entscheidenden Oberpräsidenten unterblieben, die vorausgehende Verfügung des Regierungspräsidenten also endgültig geworden ist, nicht nochmals Gegenstand eines Streitverfahrens, das sich an die Exekution anknüpft, werden. Vergl. E.-O.-V. Bd. VII. S. 208. Hat der Gemeindekirchenrat eine Abänderung des Repartitionsbeschlusses der Kreissynode auf dem geordneten Wege nicht erlangt, so ist dieser Beschluß die unanfechtbare Grundlage der seitens des O.-V.-G. allein zu prüfenden Exekutionsmaßregel.**

2) **Dasselbe würde in betreff eines Beitrages zum Pensionsfonds der evang. Landeskirche zu gelten haben, wenn im Sinne des Art. 3 des Ges. v. 3. VI. 76 den Beschlüssen der Kreissynode wegen Repartition der Beiträge deren Einforderung durch das Konsistorium gleichzuachten wäre.**

Die Entscheidung dieser Frage hat das O.-V.-G. im vorliegenden Falle indessen unterlassen, da die von dem klagenden Gemeindekirchenrate gegen die Zahlungsverpflichtung erhobenen Einwände überhaupt nicht begründet waren.

3) **Wenn zunächst behauptet wird, daß nach § 16 des Kirchenges. über das Ruhegehalt der Geistlichen v. 26. I. 80 in Verbindung mit Art. 16 des Staatsges. v. 3. VI. 76 jede Kirchengemeinde lediglich $1^{1}/_{2}\%$ der von ihren Mitgliedern aufzubringenden Einkommensteuer beizutragen hat, so ist dies unrichtig. Es ist vielmehr damit nur die Höhe der Gesammtsumme, die durch Umlage für das gesammte Emeritenwesen der evang. Landeskirche aufgebracht werden darf, bestimmt worden, nicht aber ein Maßstab zur Unterverteilung bis zu der einzelnen steuerpflichtigen Gemeinde oder den einzelnen steuerpflichtigen Parochianen herab.**

Der bewilligte, durch Umlage aufzubringende Betrag wird gemäß § 14 der Gen.-Syn.-Ordn. über die Provinzen der Landeskirche nach einem gesetzlich (Kirchenges. v. 2. IX. 80) festgestellten Maßstabe verteilt; für die Unterverteilung auf die Kreissynoden kommt Art. 11 des Ges. v. 3. VI. 76 und für die Unterverteilung der Kreissynodalanteile auf die Gemeinden Art. 3 a. a. O. zur Anwendung. Die gesetzlichen Bestimmungen ergeben also, daß eine Umlage für landeskirchliche Zwecke bis zu ihrer Erhebung von den einzelnen Gemeinden mehrfachen Repartitionen unterliegt. Jede einzelne dieser Repartitionen kann je nach dem Maßstabe, der ihr zu Grunde gelegt wird, zur Folge haben, daß der Prozentsatz an Staatssteuern, die die Einzelgemeinde oder der einzelne Zensit zu leisten hat, abweicht von dem Prozentsatze derselben Steuern, die für die

Berechnung der von der Gesammtheit der Zensiten in der Landeskirche aufzubringenden Gesammtsumme maßgebend ist. Denn der Maßstab der Einkommensteuer, wie er im Art. 16 des Staatsges. v. 3. VI. 76 für die Maximalgrenze der Gesammtbesteuerung für landeskirchliche und provinzielle Zwecke vorgeschrieben worden, ist eben nicht auch für die Repartition auf die Provinzen und Kreise maßgebend.

4) Ebensowenig muß für jede einzelne, verschiedenen Zwecken dienende Umlage ein besonderer Repartitionsmaßstab matrikelmäßig festgestellt werden.

5) Selbstverständlich haben die einzelnen Kirchengemeinden das Recht, die Höhe der auf sie repartierten Steuerbeträge mit dem Nachweise anzufechten, daß der Gesammtbetrag der landesherrlichen Umlagen auf die einzelnen Provinzen unrichtig verteilt sei. Es ist nicht zutreffend, daß lediglich die Provinzialsynode befugt und in der Lage sein soll, die Repartition des evang. Oberkirchenrates anzufechten und daß der von ihr übernommene Betrag, bezw. die von ihr festgestellte und vom Oberpräsidenten bestätigte Matrikel für die Beitragspflichtigen rechtsverbindlich seien. Nicht die Provinzialsynodal- und Kreissynodalbezirke, die sich lediglich als Verwaltungsbezirke darstellen, denen juristische Persönlichkeit nicht beigelegt ist, sondern die Kirchengemeinden sind vom Gesetze als die steuerpflichtigen Glieder bezeichnet und haben das Recht, die Entscheidung der Staatsbehörden anzurufen. Die einzelnen synodalen Stufen sind lediglich mit der Durchführung der landeskirchlichen Umlagen befaßt. Erst wenn die Forderung an die einzelne Kirchengemeinde herantritt, ist die Möglichkeit für die Staatsbehörde gegeben, ihrerseits, sei es im Verfahren des Art. 3, sei es im Exekutionsverfahren nach Art. 27 des Ges. v. 3. VI. 76, die an die Gemeinde gestellte Forderung auf ihre Rechtmäßigkeit zu prüfen. Hierin kann sie nicht durch Akte beschränkt werden, die sich auf rein kirchlichem Gebiete bewegt haben.

6) Die Aufsichtsbehörde hat das Recht zur Einziehung der auf die Gemeinden entfallenden Steuerbeträge im Falle der Weigerung einer Kreissynode, den auf ihren Bezirk repartierten Betrag in ihren Etat aufzunehmen. Wenn sie (das Konsistorium) zu diesem Zwecke selbst den Beitrag jeder Gemeinde berechnet und einfordert, so war sie dazu kraft ihres Aufsichtsrechtes wohl befugt.

Nr. 9. Entsch. Bd. IX. S. 107 vom 16. Dezember 1882.

A. L.-R. Teil II Tit. 11 §§ 161, 162, 168. Ges. v. 3. VI. 76 (G.-S. S. 125), betreffend die evang. Kirchenverfassung in den acht älteren Provinzen der Monarchie, Art. 27.

1) Die Staatsbehörden und die geistlichen Oberen haben das Recht, über die stiftungsmäßige Verwendung des Vermögens der Kirchengemeinden zu wachen. Finden sie, daß der Gemeindekirchenrat verfassungs- oder stiftungswidrig z. B. Pfarrvermögen als Kirchenvermögen im engeren Sinne anspricht und seiner Zweckbestimmung entzieht, so haben sie die Berechtigung, dem entgegenzutreten und unter Anwendung der gesetzlichen Zwangsmittel auf Abstellung zu dringen.

2) Wenn jemand in seinem Testamente bestimmt: „die Kirche erbt zur Wohnung für den Prediger mein Wohnhaus", so hat damit das Haus zum Pfarrhause gewidmet werden sollen. Mit dem Antritte der Erbschaft seitens der Kirchengemeinde wurde das vermachte Haus Pfarrhaus und konnte diese Eigenschaft auch nicht dadurch verlieren, daß der zeitige Pfarrer es zu beziehen ablehnte. Der Erlös für das Haus im Falle eines Verkaufes fließt deshalb in das Pfarrvermögen und nicht in das Kirchenvermögen und die Zinsen müssen dazu dienen, das Wohnbedürfnis des Pfarrers zu befriedigen.

Nr. 10. Entsch. Bd. IX. S. 118 vom 21. März 1883.
A. L.-R. Teil II Tit. 11 §§ 659, 660.

1) **Die geistlichen Oberen haben das Recht, Prozesse für Kirchen durch die von ihnen bestellten Bevollmächtigten im Falle der Weigerung der zur Vertretung der Kirchengemeinden gesetzlich berufenen Organe führen zu lassen.**[1])

Durch das Wort „wirkliche" im § 659 A. L.-R.'s Teil II Tit. 11 vor „Rechte" kann das Gesetz unmöglich die Rechtsverbindlichkeit der Bevollmächtigung durch die Aufsichtsbehörde für die Kirchengemeinde von der Bedingung abhängig machen wollen, daß die ausgeführten Rechte demnächst im Prozesse rechtskräftig durch Endurteil als bestehende, begründete und in diesem Sinne „wirkliche" anerkannt werden. Ebensowenig ist das Wort „wirkliche" gleichbedeutend mit „klar und unzweifelhaft". Durch die Worte „wirkliche Rechte" hat im Gesetz nichts weiter gesagt werden sollen, als die Geltendmachung von Ansprüchen aus bestehenden Rechtsverhältnissen, die als erworbene Rechte zum Gegenstande des Zivilprozesses gemacht werden können, im Gegensatze zu Rechtshandlungen und Geschäften zum Zwecke der Erwerbung von vermögensrechtlichen Vorteilen und Rechten. Nach diesem seinen Inhalte stellt aber das Gesetz die Frage, ob in einem für die Kirchengemeinde zur Erhaltung ihres Vermögensstandes anzustrengenden Prozesse ein günstiger Erfolg zu erwarten sei, in das durch keine besondere Normen eingeschränkte pflichtgemäße Ermessen der geistlichen Oberen. Die gleichfalls nach freiem Ermessen zu übende Kontrolle dessen steht deren Vorgesetzten zu, die zu diesem Zwecke im Beschwerdewege angegangen werden können, nicht aber dem Richter im Verwaltungsstreitverfahren.

2) **Mit den Worten in § 660 Tit. 11 Teil II A. L.-R.'s: „die durch die ungegründete Weigerung — ersetzen" ist nur ein Regreßanspruch der Gemeinde an „Vorsteher, Patron und Kirchenkollegia" geregelt, der zur Voraussetzung hat, daß zunächst der Gemeinde die Kosten der Prozeßführung zur Last fallen, soweit sie ihr nicht etwa im Falle des Obsiegens vom Gegner zu erstatten sind.**

3) **Das Zwangsverfahren gegen die Kirchengemeinden, um sie zur Bestreitung der aus solcher Prozeßführung erwachsenden Ausgaben anzuhalten, ist daher gerechtfertigt. Denn wenn das Gesetz den kirchlichen Oberen die Machtbefugnis beilegt, Prozesse namens der Gemeinde gegen den Willen ihrer Verwaltungsorgane führen zu lassen, so ist damit eben jenen Oberen auch die Befugnis eingeräumt, über die Mittel der Kirche und Kirchengemeinde insoweit zu verfügen, als dies zur Führung des Prozesses nötig ist.**

Nr. 11. Entsch. Bd. XIX. S. 332 vom 13. November 1889. I C 120/89.
Kirchengemeinde- und Synodal-Ordn. v. 10. IX. 73 (G.-S. S. 418) §§ 6, 22, 23, 27 und Ges. v. 25. V. 74 (G.-S. S. 147) Art. 2.

1) **Die vom Pfarrer und zwei Kirchenältesten unter Beidrückung des Kirchensiegels ausgefertigte Vollmacht genügt zur Vertretung der Kirchengemeinde im Streitverfahren.**[2]) **Denn nach § 22 der Kirchen-**

[1]) Nach Art. 2 Ziffer 3 des Ges. v. 25. V. 74 und § 22 der Synodalordn. v. 10. IX. 73 vertritt der Gemeindekirchenrat die Gemeinde in vermögensrechtlicher Beziehung und verwaltet das Kirchenvermögen einschließlich des Pfarr- und des Pfarrwitwentumsvermögens. In Verwaltungsstreitsachen, die von dem Pfarrvermögen geforderte Leistungen betreffen, hat daher der Gemeindekirchenrat als Partei aufzutreten. Weigert er sich, dieser Pflicht nachzukommen, so ist ihm vom Konsistorium gemäß § 659 A. L.-R. Teil II Tit. 11 von Amts wegen ein Bevollmächtigter zu bestellen. Entsch. v. 8. I. 91 (Pr. Verw.-Bl. Bd. XII S. 278).

[2]) Des Nachweises der erfolgten Zustimmung der Gemeindevertretung wo sie erforderlich ist, bedarf es gemäß § 22 Abs. 2 der Kirchengemeinde- und Synodal-Ordn. v. 10. IX. 73 nicht. Entsch. v. 10. VII. 78 (Bd. IV S. 405).

gemeinde- und Synodal-Ordn. in Verbindung mit Art. 2 des Ges. v. 25. V. 74 hat der zur Vertretung der Kirchengemeinde in vermögensrechtlicher Beziehung berufene Gemeindekirchenrat seine nach außen hin Dritten gegenüber die Gemeinde verpflichtenden Willenserklärungen in dieser Form abzugeben, ohne daß es eines Nachweises über die Ordnungsmäßigkeit des gefaßten Beschlusses oder über die Zustimmung der Gemeindevertretung, soweit solche erforderlich ist, bedarf. Ist hiermit auch an der Pflicht der Aussteller der Willenserklärung, diese nicht anders, als auf Grund eines gültigen Beschlusses der Gemeindevertretung abzugeben, nichts geändert, so sind sie insoweit zwar der Kirchengemeinde und der Aufsichtsbehörde verantwortlich, ihr Verfahren jedoch der Nachprüfung von anderer Seite nicht unterworfen.

2) Die Mitunterschrift des Lasten tragenden Patrones ist jedenfalls dann nicht erforderlich, wenn es sich um Verteidigung der Gerechtsame der Kirche gegen ihn selbst handelt.

Nr. 12. Entsch. Bd. XXI. S. 202 vom 24. Januar 1891. I C 125/90.

Kursächsische Generalartikel v. 8. V. 1577 (Cod. Augusteus S. 435 ff.), betreffend die 1555 und 1556 stattgehabten Kirchenvisitationen. Kursächsische Kirchenordn. v. 1. I. 1580 (das. S. 476). Kursächsisches Synodales Generaldekret v. 6. VIII. 1624 (das. S. 786). A. L.-R. Teil II Tit. 11 §§ 710 ff., 787 ff.; Tit. 12 § 37. Patent wegen Einführung des A. L.-R.'s in den ehemals sächsischen Provinzen v. 15. XI. 16 (G.-S. S. 293) §§ 2, 3, 16.

1) Das in den ehemals kursächsischen Landesteilen der Provinz Sachsen (z. B. in dem Kreise Weißenfels) für die Kirchenbaulast der Kirchenpatrone geltende Recht ist durch das Allgemeine Landrecht dahin abgeändert worden, daß die in der Parochie weder angesessenen, noch wohnenden Patrone zu dem Bau der Kirchen, Pfarr- und Küsterhäuser nach den Vorschriten des Allgemeinen Landrechtes beizutragen haben. Ein abweichendes Provinzialgesetz, daß gemäß § 3 des Pat. v. 15. XI. 16 den landrechtlichen Bestimmungen vorgehen würde, giebt es nicht. Als solches kommt insbesondere die Vd. v. 11. XI. 44 (G.-S. S. 698), betr. die Beitragspflicht der Rittergutsbesitzer und anderen Grundbesitzer in den vormals Kgl. Sächsischen Landesteilen der Provinz Sachsen zur Unterhaltung von Kirchen, Pfarren und Schulen nicht in Betracht, da dort hinsichtlich der Personalpatronate von den landrechtlichen abweichende Vorschriften nicht getroffen sind. Vergl. E.-O.-V. Bd. XVIII S. 189.

Eine abweichende Observanz müßte bewiesen werden (folgt ausführliche Begründung, weshalb im vorliegenden Falle dieser Beweis mißglückt ist, unter Hervorhebung folgender Rechtsgrundsätze):

2) a. Unter Gewohnheitsrecht ist immer nur ein Zustand zu verstehen, der sich wider das gemeine Recht oder neben ihm her gebildet hat, niemals aber ein solcher, der gerade auf diesem Rechte beruht.

b. In dem Wesen der Observanz ist es begründet, daß sie nur soweit und in dem Umfange die maßgebende Rechtsnorm bildet, als sie durch die gleichmäßige Übung bei jeder sich darbietenden Gelegenheit in der bei allen Beteiligten bestehenden Überzeugung von deren rechtlicher Notwendigkeit kundgegeben wird. Weder ist aus einer für die Kirchen- und Pfarrgemeinde bestehenden Observanz notwendig zu folgern, daß sie für das Küsterhaus besteht, noch aus der für Reparaturbauten beobachteten Übung notwendig ein Gleiches für Neubauten. Vielmehr ist sie je nach den besonderen Umständen, unter denen sich die Übung in dem einzelnen Falle bethätigt hat, die Observanz ihrem Umfange nach von dem Richter zu bestimmen.

c. Die Übung, in der ein Gewohnheitsrecht zu Tage tritt, setzt sich aus Handlungen bezw. Unterlassungen sowohl desjenigen, dem Rechte, als desjenigen, dem Verbindlichkeiten daraus erwachsen sein sollen, zusammen. In

Fällen, wo nur einer der beiden sich gegenüberstehenden Teile in vermeintlicher Erfüllung des von ihm unrichtig verstandenen Gesetzes gehandelt hat, kann durch eine derartige Übung ein Gewohnheitsrecht nicht erzeugt werden. Denn die Entstehung eines Gewohnheitsrechtes beruht auf der gemeinsamen Überzeugung der Beteiligten, daß dasjenige, was sie gleichmäßig üben, für das gegebene Rechtsverhältnis nicht das aus den geschriebenen Quellen, sondern das aus den Umständen geschöpfte, notwendige Recht ist. Wo daher dieser Überzeugung, einerlei, ob auf Seiten beider Teile, oder bei einem von ihnen, ein rechtlicher Irrtum über die Tragweite des geschriebenen Rechtes zu Grunde liegt, kann die bloße Übung für sich allein ein Gewohnheitsrecht nicht begründen, da alsdann die Annahme gerechtfertigt erscheint, daß diese von den Übenden bezw. dem in dem Irrtum befangenen Teile bei Erkennung des Irrtumes nicht so, wie es geschehen ist, vorgenommen sein würde. Vergl. E.-O.-V. Bd. XV S. 222 und Bd. XVI S. 290.

B. In Rheinland und Westfalen.

Litteratur und **Materialien** siehe oben S. 502.

Nr. 1. Entsch. Bd. XXII. S. 127 vom 16. Januar 1892. I B 30 91.

Ges. v. 8. IV. 02 (v. Daniels Handbuch Bd. IV S. 292). Arreté v. 8. IV. 03 (das. S. 446). Dekret v. 26. XII. 04 (das. S. 567); v. 5. V. 06 (das. Bd. V S. 75); v. 30. XII. 09 (das. S. 430) Art. 39, 93 ff. Ges. v. 14. II. 10 (das. S. 455). Dekret v. 6. XI. 13 (das. S. 897) Art. 13, 24. Ges. v. 14. III. 45 (G.-S. S. 163), betreffend die Verpflichtung zur Aufbringung der Kosten für die kirchlichen Bedürfnisse der Pfarrgemeinden in den Landesteilen des linken Rheinufers, §§ 1, 2. Ges. v. 14. III. 80 (G.-S. S. 225), betreffend die Bestreitung der vorgenannten Kosten, §§ 1, 12.

1) Nach § 1 Abs. 3 des Ges. v. 14. III. 80 (G.-S. S. 225) bleiben die aus privatrechtlichen Titeln entspringenden Verpflichtungen der bürgerlichen Gemeinden, zu den Kosten für die Bedürfnisse der Kirchengemeinden in den Landesteilen des linken Rheinufers gewisse Zuschüsse zu gewähren, von den Bestimmungen des Gesetzes unberührt, also auch von der Vorschrift des § 12 Nr. 2, wonach Streitigkeiten darüber, ob einer der im § 1 des Ges. v. 14. III. 45 (G.-S. S. 163) erwähnten Zuschüsse „durch veränderte Umstände entbehrlich geworden sei“, im Verwaltungsstreitverfahren auszutragen sind. Das O.-V.-G. würde also in einem Streitverfahren wegen Gewährung eines Zuschusses zum Pfarrgehalte nicht zuständig sein, wenn es sich um solchen privatrechtlichen Titel handelte.

Nach französischem Rechte steht es jedoch fest, daß den bürgerlichen Gemeinden die öffentlich-rechtliche Verpflichtung oblag, bezw. die Befugnis zustand, neben der Wohnung auch „bei Unzulänglichkeit der kirchlichen Fonds, falls die Umstände dies erfordern“, die zum Unterhalte der Hilfspfarrer in den staatlich nicht dotierten Sukkursalen nötigen Zahlungen und Zuschüsse zum staatlichen Gehalte der Pfarrer und Hilfspfarrer aus ihren Kommunaleinkünften und in deren Ermangelung selbst durch Umlegen aufzubringen.

2) In der Folge wird näher ausgeführt, weshalb bei dem zur Entscheidung stehenden Falle „veränderte Umstände“ anzunehmen waren.

C. In den im Jahre 1866 einverleibten Gebietsteilen.

Litteratur: Böckler: Ges. in Kirchensachen für Hannover, 1884. — Lohmann: Kirchengesetze der evang.-luth. Kirche der Provinz Hannover, 1886. — Stegemann: Gesetze der evang.-luth. Kirche für Hannover, 2. Aufl. 1889. — Büff: Kurhessisches Kirchenrecht, 1861. — Wilhelmi: Kirchenrecht im Amtsbezirke des Konsistoriums zu Wiesbaden, 1887.

Materialien: Siehe oben S. 502.

Nr. 1. Entsch. Bd. IX. S. 110 vom 10. März 1883.

Reskr. v. 16. VII. 1695 (Chalybäus, Samml. der Vorschr. und Entsch., betreffend das Schl.-Holst. Kirchenrecht, S. 103).

1) **Die Kirchengemeinden in der evangelisch-lutherischen Kirche der Herzogtümer Schleswig-Holstein** sind nach dem dort geltenden Kirchenrechte der Regel nach **verpflichtet, den Propsten freie Fuhren zu den Kirchenvisitationen zu stellen.**

Ausgenommen sind die Distrikte, in denen dänisches Kirchenrecht gilt, und die Bezirke des Privatpatronates.

2) Gegenüber der Auffassung einer Gemeinde, daß die Visitationen außer denen durch die Generalsuperintendenten überflüssig seien, ist darauf hinzuweisen, daß die in dieser Hinsicht zu Recht bestehende kirchliche Ordnung von dem Belieben der einzelnen Gemeinden nicht abhängt. Ebenso unberechtigt ist der Einwand, daß sie der Trennung einer Propstei nicht zugestimmt habe, da es einer solchen Zustimmung nicht bedarf.

Nr. 2. Entsch. Bd. XII. S. 184 vom 14. November 1885. I A 17/85.

Kirchengemeinde- und Synodal-Ordn. für die evang.-luth. Kirche der Provinz Schl.-Holst. v. 4. XI. 76 (G.-S. 1878 S. 155) §§ 49, 52, 54. Ges. v. 6. IV. 78 (G.-S. S. 145), betreffend die evang. Kirchenverfassung in der Provinz Schl.-Holst., Art. 29, 31, 35. Reg.-Instr. v. 23. X. 17 (G.-S. S. 248). Kab.-Ord. v. 31. XII. 25 (G.-S. 1826 S. 5). Vd. v. 27. VI. 45 (G.-S. S. 440), betreffend die Ressortverhältnisse der Provinzialbehörden für das evang. Kirchenwesen, § 5. Vd. v. 24. IX. 67 (G.-S. S. 1669), betreffend die Errichtung eines evang.-luth. Konsistoriums in Kiel. A.-E. v. 20. VI. 68 (G.-S. S. 620), betreffend Einrichtung einer Regierung in Schl.-Holst.

1) Bei einer evangelisch-lutherischen Kirche in der Provinz Schleswig-Holstein war durch Anordnung des Ministers der geistlichen Angelegenheiten ein Kompastorat errichtet worden. Die Gemeindeorgane erachteten diese Anordnung nicht für rechtsverbindlich und weigerten sich, die nötigen Mittel zur Dotation der Stelle in den Etat einzustellen, worauf deren Zwangsetatisierung durch den Regierungsvizepräsidenten und das Konsistorium erfolgte. In dem hiergegen angestrengten Streitverfahren vor dem O.-V.-G. wurde zunächst unter Berufung auf E.-O.-V. Bd. VII S. 208[1]) **die Zuständigkeit des O.-V.-G. zur Nachprüfung des im Auftrage des Ministers ergangenen Erektionsdekretes** bestritten, vom O.-V.-G. aber **bejaht**, weil die Anordnung des Ministers nicht ergangen sei in einem besonders geregelten, dem gerichtlichen nachgebildeten Verfahren, sondern sich lediglich **als ein Akt der Aufsichtsbehörde** darstelle, der der Nachprüfung nach Rechtsgrund und Inhalt unterliege. In der Sache selbst wurde jedoch auf Abweisung der Klage erkannt.

2) **Die Anordnung des Ministers** stellt sich **als eine Parochialveränderung** dar. Die katholische Kirche kennt nur **einen** Pfarrer an der Pfarrkirche. Eine Parochialveränderung kann sich daher nur durch eine Änderung der Grenzen der Pfarrbezirke vollziehen. Anders in der evangelischen Kirche. In dieser kann eine Gemeinde mehr als einen Pfarrer haben. Die Pfarrer teilen sich in die pfarramtliche Thätigkeit nach bestimmten Regeln. Die Parochie behält ihre äußeren Grenzen, aber durch die Teilung der pfarramtlichen Thätigkeit tritt eine Parochialveränderung ein. Die Fälle, wo es sich um die Errichtung neuer Pfarrstellen in einer bereits bestehenden Gemeinde oder um die Kombinierung mehrerer Pfarrstellen in einer und derselben Gemeinde handelt, sind hiernach gleichwertig und nach denselben Grundsätzen zu beurteilen, wie die Fälle, in denen eine Veränderung der Grenzen der Pfarrbezirke, die Bildung neuer Pfarrbezirke in Frage steht.

Das Endurteil v. 1. III. 80[2]) beantwortet nur die Frage, ob die kirchlichen Behörden berechtigt sind, gegen den Willen der Gemeinde die Dotation

---

[1]) Oben S. 508.

[2]) Oben S. 503. Vergl. Anm. dazu und E.-O.-V. Bd. XXVI S. 147, oben S. 504.

bereits bestehender Pfarrstellen zu erhöhen, und zwar nur für den Geltungsbereich des Ges. v. 3. VI. 76 (G.-S. S. 125), nicht aber die Frage, ob etwa da, wo Parochialveränderungen die Regulierung von Pfarrgehältern nötig machen, die kirchlichen und Staatsbehörden gemeinschaftlich befugt sind, die Gehälter mit der Wirkung festzustellen, daß die Gemeinden, wenn nötig, zwangsweise zu ihrer Aufbringung angehalten werden können. Würde das Urteil also selbst dann nicht präjudizieren, wenn es sich um eine Pfarrveränderung im Geltungsgebiete des Ges. v. 3. VI. 76 handelte, so ist dies um so weniger der Fall, als für die Provinz Schleswig-Holstein die rechtlichen Zuständigkeiten der Kirchen- und Staatsbehörden in völlig anderer Weise, als in den acht älteren Provinzen der Monarchie geordnet sind. Hier steht die Beschlußfassung über Parochialveränderungen, mögen die Gemeinden oder Patrone darein einwilligen oder nicht, ausschließlich dem Minister der geistlichen Angelegenheiten zu. Ihm liegt die Prüfung der Zweckmäßigkeit, des Bedürfnisses ob, da eine jede Parochialveränderung nur unter dieser Voraussetzung thunlich erscheint. Ein absolutes Recht der Verneinung steht auch nach gemeinem Kirchenrechte den Gemeinden nicht zu, jedoch ist ihnen Gelegenheit zu geben, sich zu äußern.

3) Ist hiernach den gesetzlichen Vorschriften Genüge geschehen und die Anordnung des Ministers gerechtfertigt und unangreifbar, so ist auch die event. Zwangsetatisierung berechtigt. Jede öffentlich-rechtliche Korporation hat die Pflicht, für die Deckung ihrer Bedürfnisse aufzukommen und die für die Erfüllung ihrer Zwecke erforderlichen Beamten zu bestellen und zu besolden. Eine Ausnahme hiervon kann nur durch besondere Satzungen, Privilegien oder Gesetze für einzelne Korporationen oder Kategorien von ihnen geschaffen werden. Solche sind für die Kirchengemeinden der Provinz Schleswig-Holstein nicht vorhanden. Diese Gemeinden sind mit dem Steuerrechte (Besteuerungsrechte) ausgestattet, um für die kirchlichen Bedürfnisse zu sorgen und die zur Erreichung der kirchlichen Zwecke erforderlichen Einrichtungen herzustellen und zu erhalten. Es liegt ihnen also die rechtliche Verpflichtung ob, die Pfarrgeistlichen, deren Anstellung durch das kirchliche Bedürfnis geboten ist, aus Gemeindemitteln zu besolden.[1])

---

[1]) Auch nach kurhessischem Rechte sind die Eingepfarrten, und nicht die bürgerlichen Gemeinden, zur Unterhaltung der Kirchen mangels anderweiter Mittel verpflichtet. Erstere sind auch nach dem Konsistorialausschreiben v. 28. II. 1766 persönlich für pflichtig erklärt, und zwar, soweit am Orte nicht verschiedene Kirchen für die verschiedenen Religionsparteien vorhanden sind, nach dem damals die Kirche beherrschenden Prinzip der Katholicität in ihrer Gesammtheit ohne Unterschied des Glaubens. Auch insoweit ist eine Änderung nicht bloß für die Israeliten auf Grund des § 3 Abs. 2 des Ges. v. 29. X. 33, sondern zufolge § 5 des Ges. v. 29. X. 48 allgemein dahin eingetreten, daß geistliche Gebäude — von der vorbehaltenen Ausnahme für die protestantischen Konfessionen abgesehen — lediglich von den Glaubensgenossen zu unterhalten sind. Dasselbe gilt von den übrigen kirchlichen Bedürfnissen.

Die persönliche Beitragspflicht der Eingepfarrten schließt indessen nicht aus, daß die bürgerliche Gemeinde zufolge Patronates oder eines anderen Rechtstitels zu bestimmten Leistungen an die Kirche verpflichtet ist. Die insoweit der bürgerlichen Gemeinde obliegenden Aufwendungen sind als Gemeindelast im Bedarfsfalle unter Umlegung auf die Mitglieder der Gemeinde ohne Unterschied des Glaubens aufzubringen. Auch die Freiheit der Israeliten von solchen Umlagen kann aus § 3 Abs. 2 des Ges. v. 29. X. 33 nicht gefolgert werden. Denn deren Befreiung von den durch die kirchliche Verfassung der Ortsgemeinde bedingten Lasten hat nur den Sinn, daß sie von der für die Eingepfarrten in den bürgerlichen Gemeinden — die als solche eine kirchliche Verfassung überhaupt nicht haben — begründeten Beitragspflicht an die Kirchen entbunden sind. Entsch. v. 16. X. 89 (Pr. Verw.-Bl. Bd. XI S. 241).

Nr. 3. Entsch. Bd. XXV. S. 168 vom 18. November 1893. I A 36/93.

Hann. Ges. über Kirchen- und Schulvorstände v. 14. X. 48 § 18 und Bekanntmachung dazu v. 14. X. 48, Art. 24 (G.-S. I S. 301, 307). Hann. Kirchenvorstands- und Synodal-Ordn. v. 9. X. 64 (G.-S. I S. 413) § 35. Ges. v. 6. V. 85 (G.-S. S. 135), betreffend Änderungen der Kirchenverfassung der evang.-luth. Kirche in der Provinz Hannover, §§ 2, 5. A. L.-R. Teil II Tit. 11 §§ 707—709.

1) Der § 5 Abs. 2 und 3 des Ges. über die Änderung der Kirchenverfassung der evangel.-luth. Kirche in Hannover v. 6. V. 85 hat bei Zwangsetatisierungen dem Verwaltungsgerichte die Entscheidung über die „Verpflichtung zu der etatisierten Leistung" übertragen. Diese Nachprüfung der Rechtmäßigkeit der Leistung cessiert zwar da, wo die Verpflichtung zu ihr bereits in einem gesetzlich geordneten Verfahren und für jeden, somit auch für den Verwaltungsrichter, formell maßgebend festgestellt ist. Anderenfalls hat sie nicht allein auf Rechtsgrund und Inhalt der Feststellung, sondern zugleich darauf sich zu erstrecken, ob diese von der verfügenden Behörde innerhalb der Grenzen ihrer Zuständigkeit überhaupt getroffen werden konnte. Vergl. E.-O.-V. Bd. VII S. 212.

2) Anlangend die Baupflicht der Interessenten bei kirchlichen Baustreitigkeiten sind zwar die geistlichen Oberen im Geltungsbereiche des A. L.-R.'s nach §§ 707 bis 709 Tit. 11 Teil II zuständig, vorläufige Festsetzungen derart verbindlich zu treffen, daß diese bis zu einer etwaigen abweichenden Entscheidung durch den Zivilrichter für alle Beteiligten und daher auch für den Verwaltungsrichter maßgebend bleiben. Da aber dieses Verfahren in Hannover nicht besteht, so kann mangels einer anderweiten positiven Gesetzesvorschrift das Konsistorium nur kraft seiner „Oberaufsicht" und der „oberen Leitung der Kirchenvorstände" (§ 35 der Hannoverschen Kirchenvorstands- und Synodalordnung v. 9. X. 64 in Verbindung mit § 18 des Kirchenvorstandsges. v. 14. X. 48) „zur einstweiligen Entscheidung in kirchlichen Bausachen" berufen sein, deren Vollstreckung dann nach § 2 zu § 2 des Ges. v. 6. V. 85 der Staatsbehörde obliegt. Derartige Entscheidungen unterliegen daher, falls sie die Grundlage einer angefochtenen Zwangsetatisierung bilden, zwar nicht im Geltungsbereiche des A. L.-R.'s, wohl aber in den sonstigen Rechtsgebieten der Provinz Hannover der Nachprüfung des Verwaltungsrichters auch bezüglich der Zuständigkeit der feststellenden Behörde.

3) Ist nicht die Ausführung eines Kirchenbaues oder eine kirchliche Bausache streitig und zu regeln, sondern nur die durch die Bauausführung aus der in rem versio oder negotiorum gestio entstandene vermögensrechtliche Forderung des einen Rechtssubjektes gegen das andere, wobei es für den privatrechtlichen Charakter dieser Forderung gleichgültig ist, ob beide Beteiligte Kirchengemeinden sind und ob der veranlassende Bau ein Kirchbau ist, so steht die vorläufige Entscheidung über einen solchen Streit im Geltungsbereiche des A. L.-R.'s nach den §§ 707 bis 709 Tit. 11 Teil II A. L.-R.'s, und nach feststehender Praxis auch sonst nicht den geistlichen Oberen, sondern nur dem ordentlichen Gerichte zu.

Stellt das Konsistorium dessenungeachtet eine solche Erstattungsverbindlichkeit an Stelle des ordentlichen Richters fest und macht sie sie durch Zwangsetatisierung geltend, so muß letztere außer Kraft gesetzt werden.

Nr. 4. Entsch. Bd. XXVII. S. 127 vom 12. Juni 1894. I A 20/94.

A. L.-R. Teil II Tit. 11 §§ 707 ff. Vd. v. 27. VI. 45 (G.-S. S. 440), betreffend die Ressortverhältnisse der Provinzialbehörden für das evang. Kirchenwesen, § 5. Ges. v. 3. VI. 76 (G.-S. S. 125), betreffend die evang. Kirchenverfassung in den acht älteren Provinzen, Art. 23, 27. Ges. v. 6. V. 85 (G.-S. S. 135), betreffend Änderungen der Kirchenverfassung der evang.-luth. Kirche der Provinz Hannover, §§ 2, 5 und Vd. v. 24. VI. 85 (G.-S. S. 274) Art. III, IV.

1) Im Geltungsbereiche des A. L.-R.'s und des Ges. v. 3. VI. 76 ist nach Art. 23 Nr. 2 den Staatsbehörden die Regelung der streitigen Kirchen-,

Pfarr- und Küstereibausachen und deren Vollstreckung dergestalt verblieben, daß die interimistische Entscheidung der Regierung darüber, ob, was und in welcher Art zur Befriedigung eines kirchlichen Bedürfnisses gebaut werden muß, und von wem und in welchem Verhältnisse die Baukosten zu bestreiten sind, bis zur Abänderung durch die Aufsichtsinstanz oder bezüglich des zweiten Punktes durch den Zivilrichter für alle Beteiligten, somit auch für Verwaltungsbehörden und -Gerichte formell maßgebend bleibt. Dagegen steht im Geltungsbereiche des Hann. Ges. v. 6. V. 85 die einstweilige Entscheidung in streitigen Bausachen den kirchlichen Behörden und lediglich deren Vollstreckung den Staatsbehörden zu. Dabei ist jene weder für den Verwaltungsrichter, dessen Nachprüfung indes sich nicht auf die Zweckmäßigkeit oder Notwendigkeit der festgestellten Anforderung erstreckt, formell verbindlich und maßgebend, noch auch für die anderweit bei der Vollstreckung beteiligten Staatsverwaltungsbehörden.

2) Das zur Zwangsetatisierung kirchlicher Leistungen seitens der Kirchenbehörde erforderliche Einvernehmen der Staatsbehörde setzt daher eine selbständige vorherige causae cognitio voraus. Es kann nur in der ausdrücklichen, der Etatisierung vorausgehenden Erklärung des Einverständnisses mit dieser bestehen, und es hat eine solche Erklärung zu unterbleiben, wenn die kirchliche Anforderung bei der Prüfung als dem Rechte oder den konkurrierenden staatlichen Interessen, insbesondere der Erhaltung der Leistungsfähigkeit der Gemeinde widersprechend erscheint.

Wenn die eine von beiden berufenen Behörden eine bestimmte Ausgabe zwangsetatisiert, ehe und bevor die andere ihr Einverständnis dazu ausdrücklich erklärt hat, so ist diese Verfügung mangels einer unerläßlichen formellen Voraussetzung rechtswidrig und als solche auf erhobene Klage auch dann außer Kraft zu setzen, wenn im Laufe des Prozesses die nachträgliche Zustimmung der anderen dargethan werden sollte.

3) Bezüglich der Rechtmäßigkeit einer geforderten Leistung ist zwar nach der Doktrin des evangelischen Kirchenrechtes jede Kirchengemeinde verpflichtet, in Ermangelung anderweiter Deckungsmittel für alle kirchlichen Bedürfnisse der betreffenden Gemeinde aufzukommen. Aber von einem Bedürfnisse und der Rechtspflicht einer Kirchengemeinde zum Bau eines weiteren, als der bereits vorhandenen Pfarrhäuser kann erst dann die Rede sein, nachdem rechtsverbindlich feststeht, daß ein weiterer Pfarrer existiert, daß eine weitere Pfarrstelle rechtswirksam errichtet ist. Steht die räumliche Trennung einer Kirchengemeinde in zwei Gemeinden in sicherer Aussicht, und handelt es sich um das Wohnbedürfnis eines neuen Geistlichen, der in dem künftig abzutretenden Teile angesetzt wird, so besteht für die alte Kirchengemeinde auch nur das Bedürfnis und daher nur die Pflicht, dem Wohnbedarfe durch zeitweilige, vorübergehende Anstalten, etwa durch Vorhaltung einer Mietswohnung abzuhelfen, nicht aber die Pflicht zum Bau und zur dauernden Bereitstellung eines Pfarrhauses.

4) Wenn auch der Zwangsetatisierung gegen Kirchengemeinden nicht ebenso, wie derjenigen gegen bürgerliche Gemeinden, die Festsetzung der Leistungspflicht in allen Fällen und unbedingt zeitlich vorausgehen muß, so läßt sich doch gerade bezüglich der Bauleistungen nicht ohne Grund behaupten, daß, da das Ges. v. 6. V. 85 die „einstweilige Entscheidung in streitigen Bausachen“ der Kirchenbehörde und deren „Vollstreckung“ der Staatsbehörde zuweist, auch die im Wege der Zwangsetatisierung zu bewirkende Vollstreckung notwendig eine vorgängige Entscheidung (Feststellung) der Kirchenbehörde voraussetzt.

5) Zu jeder, und darum auch zur zwangsweisen Eintragung in den Etat sind die voraussichtlich innerhalb der Etatsperiode, nicht aber die ganz oder teilweise erst in späteren Perioden zu leistenden Ausgaben geeignet. Daher ist es unzulässig, eine auf Jahre hinaus abzutragende Schuldverbindlichkeit anstatt einer in dem betreffenden Jahre zu leistenden, konkret zu beziffernden Ausgabe in den Jahresetat der Kirchengemeinde freiwillig einzutragen oder zwangsweise einstellen zu lassen, während allerdings nichts entgegensteht, daß bei dauernden oder doch über mehrere Jahre sich erstreckenden Leistungen (z. B. den Zins- und Tilgungsrenten einer Anleihe), deren jedesmalige Eintragung in jeden der zukünftigen Jahresetats von vornherein und ein für allemal verfügt wird.

II.

Die katholische Kirche.

Litteratur: Siehe oben S. 502; ferner: Förster: Die Vermögensverwaltung in den katholischen Kirchengemeinden, Berlin 1895. — Heinrich: Die Verwaltung des Kirchenvermögens, 1876. — Hermes: Verwaltung des Kirchenvermögens in den katholischen Kirchengemeinden, 2. Aufl. 1891. — Dr. P. Hinschius: Die Preußischen Kirchengesetze, Berlin 1885. — F. v. Schilgen: Das kirchliche Vermögensrecht und die Vermögensverwaltung in den katholischen Kirchengemeinden der preußischen Monarchie, 2. Aufl., Paderborn 1891/94. — Schuppe: Die Vermögensverwaltung in den katholischen Kirchengemeinden Preußens, 1883. — Vandenesch: Handbuch der gesammten Vermögensverwaltung in den katholischen Kirchengemeinden, 2. Aufl. 1876.

Materialien: Gesetz über die Vermögensverwaltung in den katholischen Kirchengemeinden vom 20. Juni 1875. Verhandl. des Abg.-Hauses, Session 1875. Drucks. Nr. 16. 250. 291. 352. 386. Sten.-Ber. S. 266—318. 1436—1523. 1611—1621. 1635. 1983—1993. Herrenhaus, Drucks. Nr. 85—91. 100. 104. 106. 147. 148. Sten.-Ber. S. 341. 404. 607. 614.

Nr. 1. Entsch. Bd. IV. S. 166 vom 18. Dezember 1878.

A. L.-R. Teil II Tit. 11 §§ 611, 712, 720. Ges. v. 20. VI. 75 (G.-S. S. 241), über die Vermögensverwaltung in den katholischen Kirchengemeinden, §§ 39, 40.

Die Kirchenvorstände der katholischen Kirchengemeinden sind verpflichtet, ihre und der Gemeindevertretung Beschlüsse den Kirchenpatronen gemäß § 40 des Ges. v. 20. VI. 75 dann mitzuteilen, wenn diese Patronatslasten für die kirchlichen Bedürfnisse tragen und wenn sie das Recht der Aufsicht über die Verwaltung der Kirchenkasse und der Zustimmung zu einzelnen Akten der Vermögensverwaltung nach dem früheren Rechte bereits hatten. Letzteres folgt für das Geltungsgebiet des A. L.-R.'s aus Teil II Tit 11, §§ 568, 621, 626, 629, 630, 637, 645 ff., 650 ff., 668 ff., 680, 689, 699 ff., 754, 782, 803, 804, 824. Zu den Patronatslasten für kirchliche Bedürfnisse gehört auch die Patronatsbaulast.[1])

---

[1]) Die Entscheidung erging auf Klage eines Kirchenvorstandes gegen den Kommissar für die bischöfliche Vermögensverwaltung, der auf Grund des Ges. v. 13. II. 78 (G.-S. S. 87) Zwangsmittel gegen den Kirchenvorstand angewendet hatte. Dieses Gesetz ist mit L.-V.-G. § 135 veraltet, nachdem die es veranlassenden Bestimmungen des Ges. v. 20. V. 74 (G.-S. S. 135) über die Verwaltung erledigter katholischer Bistümer durch Art. 6 des Ges. v. 29. IV. 87 (G.-S. S. 127) aufgehoben worden sind. Der Rest der Entscheidung ist daher heute ohne Interesse, ebenso, wie die Entsch. v. 11. X. 78 (Bd. IV S. 147), betreffend das Recht der Kommissarien zur Führung der bischöflichen Aufsicht über die Vermögensverwaltung der einzelnen Kirchengemeinden, die Verpflichtung der Kirchen-

Nr. 2. Entsch. Bd. V. S. 168 vom 18. Januar 1879.

Dekret v. 30. XII. 09, betreffend die Kirchenfabriken, Art. 47. Ges. v. 20. VI. 75 (G.-S. S. 241), über die Vermögensverwaltung in den katholischen Kirchengemeinden, §§ 42, 47, 52, 54, 58, 59.

1) Das in dem linksrheinischen Teile der Rheinprovinz dem Bischofe gemäß § 47 des Dekretes v. 30. XII. 09 zustehende Recht zur Einforderung und Genehmigung der Voranschläge für die Vermögensverwaltung der katholischen Kirchengemeinden ist durch das Ges. v. 20. VI. 75 unberührt geblieben. Dagegen stehen diese aufrecht erhaltenen „gesetzlichen Verwaltungsnormen" nicht entgegen, daß die Bischöfe und Oberpräsidenten im gegenseitigen Einvernehmen „Anweisungen über die Geschäftsführung" der Kirchenvorstände und Gemeindevertretungen erlassen, die Abweichungen von den früheren Vorschriften über die Geschäftsbehandlung enthalten.[1])

2) Eine Straffestsetzungsverfügung verliert ihre Wirksamkeit, wenn der davon Betroffene vor ihrer Zustellung der ihm gemachten Auflage nachgekommen und der Zweck der Strafverfügung damit erreicht ist.

Nr. 3. Entsch. Bd. V. S. 174 vom 1. März 1879.

A. L.-R. Teil II Tit. 11 §§ 167, 168, 618, 695—697. Ges. v. 20. VI. 75 (G.-S. S. 241), über die Vermögensverwaltung in den katholischen Kirchengemeinden, §§ 57, 58.

Der bischöflichen Behörde, als den geistlichen Oberen, steht die Aufsicht über das Kirchenvermögen und demgemäß das Recht zu, zur bestimmten Zeit von dem Kirchenkollegium oder den sonstigen Vertretern der Kirchengemeinde Rechnungslegung zu verlangen. Dieses Recht hat sie nach § 47 des Ges. v. 20. VI. 75 auch gegenüber den an Stelle der früheren Kirchenvorstände oder -Kollegien getretenen neuen Kirchenvorständen und zwar auch bezüglich der Vermögensverwaltung aus der Zeit vor ihrem Amtsantritte. Denn wie die Vermögensverwaltung selbst, so muß auch, wenn sie ihren Zweck erfüllen soll, ihre Beaufsichtigung und die daraus folgende Rechnungslegung des verwaltenden Organes eine kontinuierliche sein. Um diese Kontinuität aufrecht zu erhalten, muß die beaufsichtigende Behörde, wenn sie nicht mehr in der Lage ist, sich an das frühere Organ, dem eigentlich die Rechnungslegung obgelegen hätte, zu halten, von dem neuen Organe die Rechnungslegung wenigstens insoweit verlangen können, als sie thatsächlich noch ausführbar ist.

---

vorstände und deren Vorsitzenden, unfrankiert durch die Post ihnen zugehende dienstliche Sendungen der Kommissarien anzunehmen und das Verfahren zur Anfechtung von Zwangsverfügungen der letzteren im Streitverfahren, und die Entsch. v. 25. X. 78 (Bd. IV S. 161), betreffend die Verpflichtung der katholischen Kirchenvorstände im rechtsrheinischen Teile der Diözese Köln, dem Kgl. Kommissarius für die erzbischöfliche Vermögensverwaltung in dieser Diözese das Inventar des Kirchengemeindevermögens und den jährlichen Voranschlag für ihre Verwaltung einzureichen. Diese Verpflichtung besteht indessen nach wie vor, der vorgesetzten Kirchenbehörde gegenüber. Sie folgt mangels besonderer gesetzlicher Bestimmungen aus dem gemeinen Rechte, auf das gemäß § 47 des Ges. v. 20. VI. 75 bezüglich der Aufsichtsrechte der vorgesetzten Kirchenbehörden zurückgegangen werden muß.

[1]) Der Rest der Entscheidung ist ohne Interesse, vergl. die vorstehende Anm.

III.

Die Synagogengemeinden.

Litteratur: Höinghaus: Das neue preußische Gesetz, betreffend den Austritt aus den Synagogengemeinden, 1876. — Jolowicz: Das Gesetz vom 23. Juli 1847 über die Verhältnisse der Juden im preußischen Staate. — Makower: Über die Gemeindeverhältnisse der Juden, 1873. — v. Rönne und Simon: Die Verhältnisse der Juden in Preußen, 1843. — Zander: Sämmtliche Bestimmungen über die Verhältnisse der Juden im preußischen Staate, 2. Aufl. 1885.

Materialien: Gesetz vom 23. Juli 1847 (G.-S. S. 263), über die Verhältnisse der Juden, §§ 49, 50, 58. Zust.-Ges. § 54. Gesetz vom 28. Juli 1876 (G.-S. S. 353), betreffend den Austritt aus den jüdischen Synagogengemeinden.

Nr. 1. Entsch. Bd. III. S. 324 vom 8. September 1877.

Ges. v. 18. VI. 40 (G.-S. S. 140), betreffend die Verjährungsfristen bei öffentlichen Abgaben, § 14. Judengef. v. 23. VII. 47 (G.-S. S. 263) § 58. Zust.-Ges. § 54.

1) Das Ges. v. 18. VI. 40 findet nach § 14 auch auf solche Abgaben Anwendung, die an Synagogengemeinden zu entrichten sind.

2) Die Festsetzung darüber, ob und inwieweit einzelne, zerstreut von dem Mittelpunkte des Synagogenbezirkes entfernt wohnende Juden zu den von der Synagogengemeinde aufzubringenden Kosten, insbesondere zu den Kultusbedürfnissen beizutragen haben, ist kein Akt der Judikatur im Steuerbeschwerdeverfahren, sondern ein Aufsichtsakt zur Organisation des Gemeindewesens. Sie gebührt auch jetzt noch dem Regierungspräsidenten als Aufsichtsbehörde. Hat letzterer eine solche Festsetzung nicht getroffen, so kann eine Heranziehung der nicht im Mittelpunkte des Synagogenbezirkes wohnenden Juden zu den Gemeindebedürfnissen überhaupt nicht stattfinden.[1]) Ist sie aber getroffen, so ist sie hinsichtlich der Normen für die Beitragspflicht und die Beitragsquoten auch für die Entscheidung des Verwaltungsrichters maßgebend.

Nr. 2. Entsch. Bd. III. S. 330 vom 3. Oktober 1877.

Judengef. v. 23. VII. 47 (G.-S. S. 263) §§ 37, 58. Ges. v. 28. VII. 76 (G.-S. S. 353), betreffend den Austritt aus den jüdischen Synagogengemeinden, § 6. Zust.-Ges. § 54.

Unter dem Ausdrucke im § 6b des Ges. v. 28. VII. 76 „Mitbenutzung des Begräbnisplatzes“ kann der Besuch der Gräber der Angehörigen nicht verstanden werden; es ist vielmehr darunter nur das Recht zur Beerdigung von Leichen zu verstehen. Das Recht zum Betreten des (öffentlichen) Friedhofes einer Synagogengemeinde kann daher gegen diese von einem früheren Mitgliede nach seinem Austritte aus ihr im Verw.-Streit-Verf. nicht geltend gemacht werden. Vielmehr muß ihm überlassen bleiben, polizeilichen Schutz in Anspruch zu nehmen. Gegen die betreffende polizeiliche Verfügung kann der Synagogenvorstand demnächst Widerspruch erheben, und es kann dann allerdings ein Streitverfahren stattfinden.

Nr. 3. Entsch. Bd. VI. S. 341 vom 8. Dezember 1879.

Ges. v. 18. VI. 40 (G.-S. S. 140), betreffend die Verjährungsfristen bei öffentlichen Abgaben, §§ 1, 3, 14. Judengef. v. 23. VII. 47 (G.-S. S. 263) § 58. Zust.-Ges. § 54.

In dem Statute einer Synagogengemeinde war die Bestimmung enthalten, daß Reklamationen wegen Überbürdung mit Synagogen-Gemeindeabgaben zunächst

[1]) Ebenso Entsch. v. 11. I. 87 (Pr. Verw.-Bl. Bd. VIII S. 374).

binnen 14 Tagen an den Vorsitzenden der Kommission für Klassifizierung und Festsetzung der Synagogengemeindebeiträge zu richten seien. Gegen deren Entscheidung war binnen 4 Wochen der Rekurs an die Königliche Regierung zu richten. Diesem im Jahre 1856 von dem Oberpräsidium bestätigten Statute konnte, da die Bestimmungen über das Reklamationsverfahren und die dabei zu beobachtenden Fristen nach § 58 des Ges. v. 23. VII. 47 der statutarischen Regelung nicht vorbehalten sind, rechtliche Wirksamkeit nicht beigelegt werden. Vielmehr sind für das Reklamationsverfahren auch in Angelegenheiten der Synagogen-Gemeindeabgaben lediglich die Vorschriften des Ges. v. 18. VI. 40 maßgebend.[1][2]

Nr. 4. Entsch. Bd. VI. S. 346 vom 8. Januar 1880.

Judengeſ. v. 23. VII. 47 (G.-S. S. 263) §§ 49³, 51. Zust.-Ges. § 54.

Unter den in § 49 Nr. 3 des Ges. v. 23. VII. 47 erwähnten Rechten der Einzelnen sind überhaupt nur eigentliche Gemeindenutzungsrechte zu verstehen, Nutzungsrechte, wie sie jedem einzelnen Gemeindemitgliede als solchem und ohne Rücksicht auf dessen zufälligen Beruf oder Gewerbebetrieb — z. B. an dem gemeinsamen Begräbnisplatze —[3] zustehen und der Gemeinde als solcher gegenüber geltend gemacht werden können.

Ein Anspruch auf Ausführung von Schlachtungen durch den Schächter (Kantor) würde, da das Schächten und, damit zusammenhängend, die Anstellung, Dienstanweisung und Beaufsichtigung der Schächter auf den Kultus bezügliche, mangels anderweitiger statutarischer Festsetzung der Vereinbarung des Vorstandes und der Repräsentanten überlassene, auf den Kultus bezügliche innere Einrichtungen sind, von einem Gemeindemitgliede, selbst wenn darin ein ihm als solches zustehendes Recht zu erblicken wäre, nur dann verfolgt werden können, wenn jene Einrichtungen und die damit zusammenhängenden Rechte und Pflichten durch statutarische Bestimmungen besonders geregelt wären.

---

¹) Bezüglich des § 3 des Ges. v. 18. VI. 40 führte die Entscheidung Folgendes aus: Wenn Satz 2 des § 3 laute: „Wendet sich der Reklamant an eine inkompetente Behörde, so hat diese das Rekursgesuch an die kompetente Behörde abzugeben, ohne daß dem Reklamanten die Zwischenzeit auf die Frist anzurechnen ist", so sei diese Bestimmung dahin zu verstehen, daß, wenn die unrichtig angegangene Behörde das Rekursgesuch an die kompetente Behörde nicht abgebe, sondern den Reklamanten dahin bescheide, daß er sich direkt an die kompetente Behörde wenden möge, die dem Reklamanten zugestandene Vergünstigung ihm wenigstens so weit gewährt werden möge, daß die zwischen dem Eingange der Beschwerde bei der unrichtig angerufenen Behörde und dem darauf ergangenen Bescheide der letzteren liegende Zeit auf die Klagefrist nicht anzurechnen sei. Diese unter der Herrschaft des Zust.-Ges. v. 26. VII. 76 zutreffende Entscheidung ist heute nicht mehr anwendbar. Vergl. E.-O.-V. Bd. XII S. 235 unten S. 524.

²) Die notwendige Voraussetzung der Klage aus § 54 des Zust.-Ges. wegen Überbürdung mit Synagogenbeiträgen ist der auf die Reklamation ergangene Bescheid der zuständigen Organe, so daß erst gegen diesen Bescheid die Klage überhaupt stattfindet. Die Anwendbarkeit des § 1 des Ges. v. 18. VI. 40 ist nicht von der Berechtigung der veranlagenden Behörde, die Abgabe zu erheben abhängig. Auch der Nichtabgabepflichtige, der herangezogen wird, muß reklamieren, wenn er sein Rückforderungsrecht wahren will. Entsch. v. 3. XI. 84 (Pr. Verw.-Bl. Bd. VI S. 75).

³) Der statutenmäßige Anspruch der Mitglieder einer Synagogengemeinde auf Gewährung eines unentgeltlichen Begräbnisplatzes gehört zu den Einzelrechten, über die im Streitfalle gemäß § 54 des Zust.-Ges. der Bezirksausschuß zu entscheiden hat. — Ist im Statut einer Synagogengemeinde die Selbständigkeit als Voraussetzung der Mitgliedschaft aufgestellt, so ist darunter im Zweifel nicht die wirtschaftliche, sondern die rechtliche Selbstständigkeit zu verstehen. Entsch. v. 7. XII. 86 (Pr. Verw.-Bl. Bd. VIII S. 176).

Nr. 5. Entsch. Bd. VII. S. 336 vom 6. Dezember 1880.

Judenges. v. 23. VII. 47 (G.=S. S. 263) § 58. Zust.=Ges. § 54.

1) Wenn mehrere Judenschaften statutenmäßig zu einer Synagogengemeinde vereinigt sind dergestalt, daß ein Etats- und Besteuerungsrecht nur der vereinigten Synagogengemeinde, nicht aber den einzelnen Judenschaften zusteht und jenes Recht nur durch die geordneten Organe der Gesammtgemeinde, nicht aber durch einzelne Mitglieder der Repräsentantenversammlung ausgeübt werden kann, wenn ferner die Heberollen der angeschlossenen Judenschaften, der sogen. „Filialgemeinden", weder die Unterschrift des Vorstandes, noch die der Repräsentantenversammlung, noch die der Einschätzungskommission tragen, sondern nur von einigen in der angeschlossenen Judenschaft wohnhaften Repräsentanten (dem statutenmäßigen Kommissarius) aufgestellt sind, so erscheint es, ungeachtet der unter den Heberollen befindlichen Vollstreckbarkeitserklärung, im hohen Grade zweifelhaft, ob die von einem Mitgliede der angeschlossenen Judenschaft geforderten und verweigerten Beträge als Synagogenbeiträge im Sinne des § 58 des Judengesetzes zu qualifizieren sind. Fehlt ihnen aber diese Eigenschaft, so fehlt es damit auch an jeder Voraussetzung für das Verw.=Streit=Verf. überhaupt. Wenn die in der angeschlossenen Judenschaft wohnhaften Repräsentanten der Gesammtgemeinde ein Hebungsrecht ausgeübt haben, während ein solches ihnen überall nicht zustand, und wenn weiter auf ihr Ersuchen von dem Magistrate des Wohnortes der angeschlossenen Judenschaft ein Zwangsverfahren eingeleitet worden ist, dem es an der rechtlichen Grundlage gebrach, so wird der dadurch Betroffene unzweifelhaft gegen ein solches Vorgehen den Schutz der Aufsichtsbehörde anrufen können, wie ihm auch, um seine Befreiung von den geforderten Beträgen herbeizuführen, der ordentliche Rechtsweg offen stehen mag. Eine Klage im Verw.-Streit=Verf. würde aber für einen solchen Fall nicht gegeben sein.

2) Angenommen aber auch, die Repräsentanten der angeschlossenen Judenschaft hätten im Einverständnisse mit dem Vorstande der Gesammtgemeinde gehandelt und es könnte auf Grund dessen den von ihnen eingeforderten Beträgen die Eigenschaft von Gemeindebeiträgen im Sinne des Statutes zuerkannt werden, so müßte als Vorbedingung einer Klage doch immer ein Reklamationsverfahren vorausgehen. Auch könnte nicht gegen die betreffenden Repräsentanten, sondern nur gegen den Vorstand der Synagogengemeinde geklagt werden.

Nr. 6. Entsch. Bd. X. S. 332 vom 20. September 1883.

Zust.=Ges. § 54.

1) Der Grundsatz, daß es zunächst der eine Überbürdung behauptende Abgabenpflichtige sei, dem der Beweis der thatsächlichen Unterlagen des auf jene Behauptung gegründeten Anspruches, d. i. der Beweis eines geringeren als des der Heranziehung zu Grunde gelegten Einkommens obliege, kann nur insofern Bedenken unterliegen, wenn in und mit diesem Satze zugleich ausgesprochen wäre, es gäbe für die statuierte Beweislast der klagenden Partei überall keine Grenze, und es bleibe insbesondere die Gegenpartei der Verpflichtung, ihrerseits wieder die Annahme eines Mehreinkommens näher darzulegen, ohne Unterschied der Fälle selbst da enthoben, wo der Kläger zweifellos alle denkbaren, alle ihm zur Verfügung stehenden Mittel, den Richter zu überzeugen, erschöpft habe. Denn einer vollständigen Beweisführung in diesem Sinne entzieht sich die Thatsache des Nichtbesitzes eines Mehreinkommens ihrer Natur nach überhaupt.

2) Der Verwaltungsrichter bewegt sich in den Bahnen des § 79 des L.-V.-G. und verstößt nicht gegen die §§ 153—163 des R.-Str.-G.=B. v. 15. V. 71

oder § 12 des Pr. Str.-G.-B. v. 14. IV. 51, wenn er die eidliche Versicherung eines früher wegen wissentlichen Meineides bestraften Reklamanten für „unthunlich“ erachtet.

3) Anträge des Reklamanten, Personen nur im Allgemeinen über ihre Einkommens- und Vermögensverhältnisse zu vernehmen, können seitens des Verwaltungsrichters auf Grund des vorgedachten § 79 des L.-V.-G. in Ermangelung jeder näheren Angabe bestimmter einzelner Thatsachen, auf die die Vernehmung zu richten wäre, als unsubstantiiert wohl zurückgewiesen werden.

Nr. 7. Entsch. Bd. XII. S. 235 vom 15. Juni 1885. II B 31/85.

Ges. v. 18. VI. 40 (G.-S. S. 140), über Verjährungsfristen bei öffentlichen Abgaben, § 3. Zust.-Ges. § 54. L.-V.-G. § 51.

Klagen gegen Heranziehung zu Synagogengemeindeabgaben, die nicht binnen 2 Wochen nach Zustellung des Reklamationsbescheides bei dem Bezirksausschusse angebracht werden, sind wegen Versäumung der Rechtsmittelfrist abzuweisen.

Die Bestimmung des Satz 2 in § 3 des Ges. v. 18. VI. 40, wonach für den Fall, daß der Reklamant sich an eine inkompetente Behörde wende, diese das Rekursgesuch an die kompetente Behörde abzugeben habe, ohne daß dem Reklamanten die Zwischenzeit auf die Frist anzurechnen sei, besteht heute nicht mehr zu Recht.

§ 3 bildet ein unmittelbar in sich zusammenhängendes und untrennbares Ganzes. Die Bestimmung in Satz 2 ist keine selbständige, sondern dient zur Ergänzung der im ersten Satze enthaltenen, die Rechtsmittelfrist regelnden Bestimmung, so daß mit dem Wegfalle des ersten Satzes der zweite von selbst hinfällig wird. Der erste Satz ist aber durch die Gesetzgebung (vergl. § 51 L.-V.-G.) beseitigt. Vergl. auch E.-O.-V. Bd. IX S. 141, 142.

Nr. 8. Entsch. Bd. XII. S. 238 vom 14. September 1885. II B 39/85.

Ges. v. 28. VII. 76 (G.-S. S. 353), betreffend den Austritt aus den jüdischen Synagogengemeinden, §§ 1, 2, 3, 6.

Die Vorschrift im § 3 des Ges. v. 28. VII. 76, wonach die Aufnahme der Austrittserklärung nicht vor Ablauf von 4 und spätestens innerhalb 6 Wochen nach Eingang des bezüglichen Antrages zu gerichtlichem Protokolle stattfinden muß, ist nicht bloß eine für den Richter gegebene Richtschnur, sondern eine positive, unbedingt bindende Vorschrift, dergestalt, daß eine ohne vorgängigen Antrag, nicht innerhalb der Fristen, nicht persönlich, nicht vor dem zuständigen Richter abgegebene Erklärung überall der im Gesetze vorgesehenen Wirkungen entbehrt. Ist z. B. die vorgesehene Frist — infolge welchen Umstandes immer — versäumt, so fehlt es eben an einer wesentlichen Vorbedingung für eine wirksame Austrittserklärung.

Nr. 9. Entsch. Bd. XXI. S. 221 vom 5. Mai 1891. II B 6/91.

Kurh. Vd. v. 30. XII. 23 (Kurh. G.-S. S. 87), betreffend die gemeinheitlichen Verhältnisse der Israeliten, §§ 4, 14, 15, 24, 25, 29, 38 ff., 45—47. Kurh. Ges. v. 29. X. 33 (daselbst S. 144) zur gleichförmigen Ordnung der besonderen Verhältnisse der Israeliten, §§ 17, 21. Ges. v. 18. VI. 40 (G.-S. S. 140) §§ 1. 14 und v. 12. IV. 82 (G.-S. S. 297), über die Verjährungsfristen bei öffentlichen Abgaben.

In dem Gebiete des kurhessischen Rechtes sind die Einsprüche (Reklamationen) gegen die Heranziehung zu den Synagogen-Gemeindelasten, z. B. zu den Kosten eines Synagogen-Umbaues, nicht bei dem Landrate, sondern bei den „Gemeinde-Ältesten“ binnen drei Monaten anzubringen.

IV.

Schulangelegenheiten.

Litteratur: Die Gesetzgebung auf dem Gebiete des Unterrichtswesens in Preußen von 1817—1868, Berlin 1869. — Backhaus: Schulgesetzgebung der Gegenwart, Osnabrück 1874. — Bierling: Die konfessionelle Schule in Preußen und ihr Recht, Gotha 1885. — Clausnitzer: Geschichte des preußischen Unterrichtsgesetzes, 3. Aufl., Berlin 1892. — Danneil: Geschichte des evang. Volksschulwesens im Herzogtum Magdeburg, Halle 1876. — Dirksen in Freiherrn v. Stengels Wörterbuch des Verwaltungsrechtes, Artikel: „Lehrer" und „Schullasten". — Elsner von Gronow: Die Volksschullasten in Preußen, Aachen 1890. — Ebmeyer: Die Rechtsverhältnisse der preußischen Elementarschule und ihres Lehrers, Frankfurt a. O. 1861. — Giebe: Die Verordnungen, betreffend das gesammte Volksschulwesen in Preußen, 4. Aufl., Düsseldorf 1882. I. Nachtrag 1884, II. Nachtrag 1887, III. Nachtrag 1891. — Grattenauer: Preußisches Schulrecht, Berlin 1875. — Heppe: Geschichte des deutschen Volksschulwesens, Gotha 1858—60. — Jolly in Schönbergs Handbuch Bd. III S. 259 ff. — Keller: Geschichte des preußischen Volksschulwesens, Berlin 1873. — Laacke: Die Schulaufsicht in ihrer rechtlichen Stellung, 2. Aufl., Leipzig 1887—90. — Müller: Preußische Schulgesetzgebung, Berlin 1854. — Neigebaur: Das Volksschulwesen in den preußischen Staaten, Berlin 1834. — Preußisches Schulrecht, Leipzig 1890. — v. Rönne: Das Unterrichtswesen des preußischen Staates, Bd. I Teil 2, Berlin 1855. — Schmid (Schrader): Encyklopädie des Unterrichtswesens, 2. Aufl., Leipzig 1885. — Schneider: Volksschulwesen und Lehrerbildung in Preußen, Berlin 1875. — Schneider und v. Bremen: Das Volksschulwesen im preußischen Staate, 3 Bde., Berlin 1886/87. — Schneider und Petersilie: Das gesammte Volksschulwesen im preußischen Staate im Jahre 1886 (Heft 101 der preuß. Statistik 1889). — Steffenhagen: Handbuch der Organisation u. s. w. der städtischen Schuldeputation, Berlin 1888. — Zentralblatt für die gesammte Unterrichtsverwaltung in Preußen, Berlin seit 1859.

Materialien: Generallandschulreglement vom 12. August 1763 (Mylius N. C. C. Tom. III S. 265). — Generallandschulreglement für Schlesien vom 3. November 1765 (Kornsche Ed.-Samml. Bd. VIII S. 180. — Allgemeines Landrecht Teil I Tit. 13 §§ 262 ff., Teil II Tit. 12. — Schulreglement für die niederen katholischen Schulen Schlesiens u. s. w. vom 18. Mai 1801 (Neue Kornsche Ed.-Samml. Bd. VII S. 226). — Publikandum, betreffend die veränderte Verfassung der obersten Staatsbehörden, vom 16. Dezember 1808, Abschn. 10 b (G.-S. 1806—10 S. 361). — Instruktion für die städtischen Schuldeputationen vom 26. Juni 1811 (v. Kamptz, Ann. Bd. XVII S. 659). — Dienstinstruktion für die Provinzialkonsistorien vom 23. Oktober 1817 § 6 (G.-S. S. 237). — Regierungs-Instruktion vom 23. Oktober 1817 (G.-S. S. 248). — Kabinetts-Ordre vom 3. November 1817 (G.-S. S. 289). — Kabinetts-Ordre vom 14. Mai 1825 (G.-S. S. 149). — Kabinetts-Ordre vom 31. Dezember 1825 (G.-S. 1826 S. 6). — Kabinetts-Ordre vom 19. Juni 1836 (G.-S. S. 198). — Verfassungs-Urkunde vom 31. I. 1850, Art. 21 ff., 112. — Gesetz, betreffend die Beaufsichtigung des Unterrichts- und Erziehungswesens vom 11. März 1872. Abg.-Haus, Session 1871/72. Drucks. Nr. 52. 164. 167. 169. 174. 175. Sten.-Ber. S. 114. 655—732. Herrenhaus, Sten.-Ber. S. 255.

Min.-Verf. vom 15. Oktober 1872 (M.-Bl. S. 273), die Aufgabe und das Ziel der Volksschule betreffend (erläutert von Förster, 2. Aufl., Berlin 1885).

A. Allgemeines.

1. Der Begriff „Volksschule".

Nr. 1. Entsch. Bd. XII. S. 197 vom 11. März 1885. I B 42/84.

A. L.-R. Teil II Tit. 12 §§ 7, 12, 29, 43, 48. Zust.-Ges. § 46.

1) **„Schulen, die der allgemeinen Schulpflicht dienen" im Sinne des § 46 des Zust.-Ges., sind nicht solche, in denen der Jugend diejenigen Kenntnisse beigebracht werden, deren Erlangung die allgemeine Verfügung des Unterrichtsministers v. 15. X. 72 (M.-Bl. S. 243) als das Ziel der Volksschulen bezeichnet, vielmehr sind darunter nur diejenigen Schulen zu verstehen, zu**

deren Benutzung einerseits für Eltern und deren Vertreter, die nicht anderweit für den Unterricht der Kinder gesorgt haben, ein gesetzlicher Zwang besteht und deren Unterhaltung andererseits Schulverbänden, Schulgemeinden, bürgerlichen Gemeinden u. s. w., je nach der Verschiedenheit der gesetzlichen Vorschriften in den einzelnen Landesteilen, durch das Gesetz zur Pflicht gemacht ist.

2) Der Schulzwang beruht auf den Vorschriften des § 75 Tit. 2, der §§ 7, 43 und 48 Tit. 12 Teil II A. L.-R.'s, der Kab.-Ord. v. 14. V. 25 sub I (G.-S. S. 149) und des Art. 21 Abs. 2 der Verfassungs-Urkunde v. 31. I. 50.

3) Die Unterrichtsanstalten, die die Aufgaben der Verfügung v. 15. X. 72 erfüllen, nennt das A. L.-R. Teil II Tit. 12 § 12 „gemeine Schulen", die spätere Gesetzgebung „Elementar- und Volksschulen" (Publikandum v. 16. XII. 08, Abschn. 10b — N. C. C. XII. S. 534 —; Instruktion für die städtischen Schuldeputationen v. 26. VI. 11, Abschn. 10 Abs. 2 — v. Kamptz, Ann. Bd. XVII S. 659 —; § 6 der Dienst-Instruktion für die Konsistorien v. 23. X. 17 — G.-S. S. 237 —; Art. 21 und 24 der Verfassungs-Urkunde v. 31. I. 50; § 2 Abs. 2 des Ges. v. 11. III. 72 — G.-S. S. 183 —).

Die Verpflichtung zur Errichtung und Unterhaltung dieser Elementar- und Volksschulen weist § 29 Tit. 12 Teil II A. L.-R.'s den zur Schule gehörenden Hausvätern, der Schulsozietät, zu.

4) Die politischen Gemeinden sind befugt, mit Zustimmung der Kommunalaufsichtsbehörde, die Schullasten den Schulsozietäten abzunehmen und in Kommunallasten zu verwandeln. Vergl. E.-O.-V. Bd. III S. 124.[1]) Diese Übernahme einer fremden Verbindlichkeit kann indes deren bisherigen Umfang nicht ändern und insbesondere nicht ihre Erweiterung zur Folge haben. Mittelschulen oder höhere Töchterschulen einzurichten, darf eine Kommune nicht gezwungen werden. Schulen der letzteren Art dienen auch dann nicht der allgemeinen Schulpflicht, wenn in ihnen teilweise, in ihren unteren Klassen, dieselben Gegenstände gelehrt werden, wie in den außerdem bestehenden obligatorischen Volksschulen.

Ohne jeden Einfluß auf den Charakter der Schule ist auch die Qualifikation der an ihr beschäftigten Lehrer, sowie der Umstand, daß sie eine Berechtigung zur Erteilung gültiger Abgangszeugnisse nicht besitzt.

---

[1]) Zu den von der bürgerlichen Gemeinde aufzubringenden Kosten für die öffentliche Volksschule haben die Israeliten gleich den christlichen Mitgliedern beizutragen, ohne daß hierfür zu unterscheiden ist, ob die Volksschule entsprechend dem Glaubensstande der Bewohner als eine christliche ausgestattet ist. Entsch. v. 16. X. 89 (Pr. Verw.-Bl. Bd. XI S. 241).

Dagegen ist eine jüdische Schule, die lediglich der Erteilung des israelitischen Religionsunterrichtes dient, keine öffentliche Volksschule. Entsch. v. 29. V. 96 (Pr. Verw.-Bl. Bd. XVIII S. 156). Dasselbe gilt regelmäßig von einer „höheren Töchterschule", bei der schon die Bezeichnung als solche die entschiedenste Vermutung dafür begründet, daß sie den obligatorischen Volksschulen nicht beizuzählen ist; Entsch. v. 26. I. 85 (Pr. Verw.-Bl. Bd. VI S. 235); ingleichen von der Vorschule einer höheren Lehranstalt, E.-O.-V. Bd. XVII S. 157. Im Übrigen kommt es auf den Charakter der Schule, auf die in ihr verfolgten Unterrichtsziele an, Entsch. v. 7. I. 86 (Pr. Verw.-Bl. Bd. VII S. 154). Wenn in einer an sich der allgemeinen Schulpflicht dienenden Schule Verbesserungen eingeführt werden, die über das Ziel der Volksschule hinausgehen, so können nicht schon dieserhalb die Hausväter die Teilnahme an den hierdurch verursachten Mehrkosten ablehnen. Das würde vielmehr nur dann zutreffen, wenn festgestellt ist, daß die eingeführte Verbesserung gegen die Grundverfassung der Korporation (§ 28 in Verbindung mit §§ 26, 27 A. L.-R. Teil II Tit. 6) verstößt. Entsch. v. 23. IX. 93 (Pr. Verw.-Bl. Bd. XV S. 167).

Nr. 2. Entsch. Bd. XXIII. S. 88 vom 27. April 1892. I A 106/91.

A. L.-R. Teil II Tit. 6 §§ 180; Tit. 12 §§ 3, 4, 5, 9. 21 ff., 29—38, 46, 54 ff. Reg.-Instr. v. 23. X. 17 (G.-S. S. 248) § 18. Ges. v. 26. V. 87 (G.-S. S. 175), betreffend die Feststellung von Anforderungen für Volksschulen.

1) Wenn das Allgemeine Landrecht den gelehrten Schulen nur die „gemeinen" gegenüberstellt, die dem ersten Unterrichte der Jugend dienen, dieser die jedem vernünftigen Menschen notwendigen Kenntnisse vermitteln sollen, diejenigen Anstalten dagegen, die zwar eine höhere, als die staatlich zu erzwingende, aber doch noch keine gelehrte Bildung erstreben und die als Bürger-, Rektorat-, höhere Töchter- oder jetzt allgemein als „Mittelschulen" bezeichnet werden, unerwähnt läßt, so sind diese nach Wesen und Bestimmung mehr den gemeinen, als den gelehrten Schulen gleichzustellen und entsprechend zu behandeln. Die Zuständigkeit der Schulabteilungen, für eine Unterrichtsanstalt das im öffentlichen Interesse erforderliche zu bestimmen und festzustellen, was der Unternehmer, um diesem zu genügen, zu unterlassen oder zu leisten hat, ist hiernach auch bei solchen Mittelschulen ebensowenig in Zweifel zu ziehen, wie ihre fernere Befugnis, ihren bezüglichen Anordnungen insoweit Nachdruck zu geben, als sie „schädliche Anordnungen oder Mißbräuche", die Bildung, Sittlichkeit oder Religiosität der Jugend gefährden (§ 5 Tit. 12 Teil II A. L.-R.'s; § 7 der Minist.-Instrukt. v. 31. XII. 39 — M.-Bl. 1840 S. 94 —), dadurch verhindern kann, daß sie ihre Genehmigung zu der mangelhaft gewordenen, ihren Anforderungen nicht mehr entsprechenden Anstalt zurückzieht und dadurch deren Fortbetrieb unmöglich macht. Aber daraus folgt noch nicht unmittelbar und nicht unbedingt, von dem Unternehmer durch Zwang zu fordern, daß er die im öffentlichen Interesse zum Fortbetriebe der Anstalt unentbehrlichen Leistungen auch positiv aufwendet. Bezüglich der Mittelschulen fehlt es an einer ausdrücklichen Gesetzesnorm, die die Gemeinden oder sonstigen Institute des öffentlichen Rechts zu deren Errichtung oder Erhaltung verpflichtet. Ein gesetzlicher Zwang zum Besuche der Mittelschule, weil sie ein Mehr als die notwendige Bildung erstrebt, und darum auch ferner eine durch das Gesetz begründete Notwendigkeit, daß Mittelschulen überhaupt vorhanden sind oder bleiben, besteht nicht, und es fehlt mithin für diese der gesetzgeberische Grund, der dazu genötigt hat, die — in Gemeinden oder Sozietäten vereinigten — Einwohner des Staates zur Errichtung und Erhaltung der Volksschulen durch die §§ 29 bis 38 Tit. 12 Teil II A. L.-R.'s zu verpflichten. Vergl. E.-O.-V. Bd. XIX S. 176, Bd. XVI S. 222. Deren analoge Anwendung auf die Mittelschulen ist daher als zulässig nicht zu erachten. (Folgt eingehende Begründung). Es ist weder eine gesetzliche Vorschrift, noch eine ungeschriebene Norm, die aus dem Zusammenhange der auf die Schul- und Kommunalverhältnisse bezüglichen staatsrechtlichen Grundsätze abgeleitet werden könnte, erkennbar, die die Gemeinde verpflichtet, freiwillig errichtete Mittelschulen wider ihren Willen nach den im öffentlichen Unterrichts-Interesse gestellten Anforderungen der Aufsichtsbehörde zu erhalten. Vergl. E.-O.-V. Bd. XII S. 200, Bd. XXI S. 39. Dies schließt selbstverständlich nicht aus, daß aus besonderen Umständen eine Rechtspflicht, sei es für die gesammte Unterhaltung der Anstalt, sei es für einzelne bestimmte, unter diese fallende Leistungen anderweit entstehen kann. In ersterer Beziehung können besondere Stiftungen in Betracht kommen, wenn z. B. bei der Mittelschule ein zu deren Unterhaltung ausreichendes, selbständiges Schulvermögen besteht, dessen stiftungsgemäße Verwendung die Regierung verlangen kann. Daneben aber sind die Gemeinden infolge der Errichtung und durch die Verwaltung einer Mittelschule genötigt, diesbezügliche Verpflichtungen gegen Dritte, insbesondere den Lehrern gegenüber

zu übernehmen. Da jede geordnete Verwaltung und das öffentliche Interesse die pünktliche Zahlung der Gehälter und sonstigen Dienstemolumente erfordert, so unterliegt die Befugnis der Aufsichtsbehörde keinem Zweifel, vorläufig und vorbehaltlich des Rechtsweges festzustellen, welcher Gehaltsbetrag den Mittelschullehrern zugesichert ist, sowie event. durch Zwangsetatisierung u. s. w. die rechtzeitige Leistung des Betrages zu erzwingen. Hieraus kann aber nicht die weitere Befugnis abgeleitet werden, für die Mittelschullehrer über ihre rechtlich bereits bestehenden Ansprüche hinaus neue oder erhöhte Ansprüche zu begründen, selbst wenn sie im Unterrichtsinteresse erforderlich sein sollten, da es an einer rechtlichen Verpflichtung der Gemeinde hierzu fehlt.[1])

Nr. 3. Entsch. Bd. XXIII. S. 108 vom 27. April 1892. I A 93 91.

A. L.-R. Teil II Tit. 12 §§ 28 ff. Reg.-Instr. v. 23. X. 17. (G.-S. S. 248) § 18.

Die Entsch. wiederholt die Gründe der vorstehend unter Nr. 2 wiedergegebenen Entsch., die das Recht der Schulaufsichtsbehörde anerkennt, die Zahlung der den Mittelschullehrern rechtlich zustehenden Gehälter nötigenfalls zu erzwingen, und folgert weiter, daß die Aufsichtsbehörde ebenso befugt ist, den durch objektive oder vertragsmäßige Normen nicht bestimmten Betrag einer Lehrerpension gegenüber der zur Gewährung der Pension verpflichteten Kommune rechtsverbindlich festzusetzen und zur Zwangsetatisierung zu schreiten.

2. Unterrichtsgegenstände. Schulzwang.

Nr. 1. Entsch. Bd. I. S. 174 vom 29. September 1876.

A. L.-R. Teil II Tit. 12 §§ 1, 9, 29. Reg.-Instr. v. 23. X. 17 (G.-S. S. 248) §§ 8, 18 und Kab.-Ordn. v. 3. XI. 17 (G.-S. S. 289) und 31. XII. 25 (G.-S. 1826 S. 6) D II 2.

1) Die Schulaufsichtsbehörden können mit Genehmigung des Ministers neue Lehr- und Schulpläne einführen oder die bestehenden verändern und sind dabei zur Aufnahme besonderer Unterrichtsgegenstände in den Lehrplan der öffentlichen Volksschule befugt, soweit sie sich innerhalb der Grenzen des § 1 Tit. 12 Teil II A. L.-R.'s halten, daß Schulen den Unterricht der Jugend in nützlichen Kenntnissen und Wissenschaften zur Absicht haben. Der Unterricht in weiblichen Handarbeiten überschreitet diese Grenzen nicht. Die Verwaltungsgerichte haben im Abgabenstreitverfahren zu prüfen, ob die von der Schulbehörde getroffene Anordnung gesetzlich eine befugte war. Ist dies der Fall, wie z. B. bei der Einführung des Unterrichtes in weiblichen Handarbeiten als obligatorischen Lehrgegenstand, so muß auch gemäß § 29 Tit. 12 Teil II A. L.-R.'s die Besoldung der zur Erteilung des Unterrichtes in neu eingeführten Lehrgegenständen berufenen Lehrer von der betreffenden Schulgemeinde aufgebracht werden.

2) Unter „Verwaltungsnormen" im Sinne der Vd. v. 27. X. 10 (G.-S. S. 3) ist nicht eine jede von einem Minister erlassene allgemeine Verwaltungsvorschrift zu verstehen. Vergl. Vd. v. 3. XI. 17 (G.-S. S. 289) und Kab.-Ord. v. 4. VII. 32 (G.-S. S. 181). Die Verf. v. 15. X. 72 wegen Einführung des Unterrichtes in weiblichen Handarbeiten gehört nicht zu jenen Verwaltungsnormen und bedarf daher zu ihrer Anwend-

---

[1]) In demselben Sinne ist in der Entsch. v. 27. IV. 92, I A. 16/92 (Bd. XXIII S. 107 i. d. Anm.) entschieden und unter Bezugnahme auf vorstehende Gründe ausgeführt worden, daß diese aus dem A. L.-R. und dem Preußischen Staatsrechte entwickelten Grundsätze auch für die Städte des Kreises Herzogtum Lauenburg als maßgebend zu erachten seien.

barkeit nicht Kgl. Sanktion. Denn sie ändert kein bestehendes Gesetz ab, sondern dient zur Ausführung des A. L.-R.'s Teil II Tit. 12 § 1.

Nr. 2. Entsch. Bd. VII. S. 215 vom 12. Februar 1881.

A. L.-R. Teil II Tit. 12 § 48.

Das Schulwesen ist den Ortspolizeibehörden nicht unterstellt. Sie können in Bezug auf dieses polizeiliche Verfügungen nur erlassen, insoweit das Gesetz sie dazu ausdrücklich beruft.[1])

3. Rechtliche Bedeutung der Schulmatrikeln und Vokationen.

Nr. 1. Entsch. Bd. XI. S. 166 vom 10. Dezember 1884.

A. L.-R. Teil II Tit. 12 §§ 33 ff. Min.-Erl. v. 28. X. 12 (v. Rönne, Unterrichtswesen S. 321 ff.).

Die nach dem Reskr. v. 28. X. 12 der Vokation beizufügende oder in sie aufzunehmende genaue Spezifikation der mit der Stelle verbundenen Einkünfte (Matrikel) schafft an und für sich kein neues Recht. Sie soll nur die bis dahin maßgebend gewesenen Rechtsverhältnisse konstatieren. Sie dient also in der Regel nicht sowohl zur Begründung neuer, als vielmehr zum Nachweise schon bestehender Verbindlichkeiten der zur Unterhaltung des Lehrers Verpflichteten.[2])

---

[1]) Der Rest der Entscheidung ist veraltet, nachdem § 4 der Pr. Schulordn. v. 11. XII. 45 durch Ges. v. 6. V. 86 (G.-S. S. 144), betreffend die Bestrafung der Schulversäumnisse aufgehoben worden ist. Auch in Preußen gilt jetzt § 48 A. L.-R.'s Teil II Tit. 12.

Wegen der Befugnis der Regierungen zur Beaufsichtigung des Privatunterrichtes vergl. E.-O.-V. Bd. XI S. 398, Bd. XXIII S. 87. Die Polizeibehörden besitzen die Befugnis, im Interesse der öffentlichen Ordnung des Privatunterrichtes selbständig Anordnungen zu treffen nicht, Entsch. v. 14. XII. 89 (Pr. Verw.-Bl. Bd. XI S. 208) und E. O.-V. Bd. XXVI S. 409.

[2]) Vergl. E.-O.-V. Bd. XII S. 216, XV S. 225. Gleichen Inhaltes sind: Entsch. v. 16. IX. 91 (Pr. Verw.-Bl. Bd. XIII S. 27): Die von der Regierung bestätigten Schulmatrikeln sind zwar dazu bestimmt, die Rechtsverhältnisse für die einzelne Schule übersichtlich wiederzugeben; ob dies aber zutreffend geschehen, ist von dem Verwaltungsrichter im einzelnen Streitfalle selbständig nach Maßgabe des Gesetzes, der von den Behörden innerhalb ihrer Zuständigkeit getroffenen Anordnungen und der Willenserklärungen der Beteiligten zu prüfen.

Entsch. v. 16. X. 94 (Pr. Verw.-Bl. Bd. XVI S. 124): Die nach § 66 der Pr. Schulordn. v. 11. XII. 45 von den Landräten aufzunehmenden und von den Regierungen zu bestätigenden Schulmatrikeln schaffen kein neues, sondern konstatieren nur das bestehende Recht. Sie haben an sich nicht den Charakter von Verträgen und erhalten ihn auch durch die Bestätigung der Regierung nicht. Nur wenn ihre Festsetzungen auf vertragsmäßigen Abreden beruhen, sind sie ebenso maßgebend und rechtsverbindlich, wie die Verträge selbst.

Ebenso Entsch. v. 19. VI. 94 (Pr. Verw.-Bl. Bd. XVI S. 1). Vergl. auch E.-O.-V. Bd. XXIX S. 181 und Entsch. v. 3. XI. 96 (Pr. Verw.-Bl. Bd. XVIII S. 149).

Eine Abänderung der ursprünglichen Ortsschulverfassung kann nicht anders als im Wege der ausdrücklichen Vereinbarung seitens der Interessenten erfolgen. Daß die Regierung trotz des Widerspruches eines Interessenten die Schul-Einkommensnachweisung genehmigt und für vollstreckbar erklärt hat, ist dem Widersprechenden gegenüber von keiner rechtlichen Bedeutung; denn die Schulaufsichtsbehörde kann ihm nicht eine Verpflichtung auferlegen, die ihm nicht gesetzlich schon obliegt. Entsch. v. 27. XI. 89 (Pr. Verw.-Bl. Bd. XI S. 143).

Neben den öffentlich-rechtlichen erzeugt die Berufungsurkunde auch private Rechtswirkungen zwischen Schulgemeinde und Lehrer, Entsch. v. 3. III. 94 (Pr. Verw.-Bl. Bd. XV S. 594). Vokationen, die die Bestätigung der Kirchen- und Schulaufsichtsinstanzen gefunden haben, können eine rechtsverbindliche Feststellung von Normen als Bestandteil der örtlichen Kirchen- und Schulverfassung und eine Trennung des kirchlichen vom Schulamt mit Vermögensauseinandersetzung zwischen dem kirchlichen und dem Schulverbande bewirken, Entsch. v. 9. X. 94 (Pr. Verw.-Bl. Bd. XVI S. 122).

Nr. 2. Entsch. Bd. IV. S. 211 vom 18. Dezember 1878.

Pr. Schulordn. v. 11. XII. 45 (G.-S. 1846 S. 1) § 66. Zust.-Ges. §§ 46, 47. L.-V.-G. § 7.

Nach § 7 des L.-V.-G. wird die sachliche Zuständigkeit der Verwaltungsgerichte durch besondere gesetzliche Bestimmungen geregelt. (Vergl. jetzt § 7 des L.-V.-G. v. 30. VII. 83). Zur Entscheidung der Differenzen, die bei Aufnahme der Schulmatrikeln seitens der Landräte nach Maßgabe des § 66 der preußischen Schulordn. v. 11. XII. 45 unter den Interessenten hervortreten, hat kein Gesetz die Verwaltungsgerichte berufen. Die Beschlußfassung darüber ist daher der bestätigenden Regierung verblieben, gegen deren Entscheidung den Beteiligten der Weg der Beschwerde an den Unterrichtsminister offen steht. Anders würde die Sache liegen, wenn auf Grund der Matrikel von dem Kläger die Leistung eines bestimmten Schulbeitrages gefordert worden wäre, und er in Gemäßheit der §§ 46, 47 des Zust.-Ges. bei den Verwaltungsgerichten auf Freilassung von den geforderten Schulbeiträgen geklagt hätte. Die Verwaltungsgerichte würden alsdann ihrerseits behufs Entscheidung des Spezialfalles zu prüfen haben, ob die entsprechende Festsetzung der Matrikel, die kein neues Recht schafft, sondern nur die bestehenden Rechtsverhältnisse zu konstatieren hat, dem geltenden Rechte gemäß ist.[1])

B. Feststellung des Geldwertes der Naturalien und des Ertrages der Ländereien bei amtlicher Festsetzung des Lehrereinkommens.

Nr. 1. Entsch. Bd. I. S. 161 vom 6. Juni 1876.

Pr. Schulordn. v. 11. XII. 45 (G.-S. 1846 S. 1) §§ 13, 45[4]. Zust.-Ges. §§ 45, 46 (früher Kr.-Ordn. v. 13. XII. 72 § 135 X 1, 2).

1) Nach § 45 Nr. 4 der nur für die Provinzen Ost- und Westpreußen geltenden Schulordn. v. 11. XII. 45 erhält der erste Lehrer an der Schule in den Domänendörfern einen kulmischen Morgen Ackerland steuerfrei zu seiner Benutzung oder statt dessen eine seinem Ertrage entsprechende Geld- oder Naturalrente aus Königlicher Forst- und Domänenkasse. Diese Rente war in einem Spezialfalle auf 54,90 Mark festgesetzt, die Schulgemeinde war jedoch der Ansicht, daß sie mindestens 135 Mark betragen müsse, und verklagte den Fiskus auf Bewilligung der Differenz. Fiskus erhob jedoch den Einwand der Unzuständigkeit, und das O.-V.-G. entschied, daß die Verwaltungsgerichte zur Entscheidung über den Klagepunkt nicht zuständig seien.

2) Die Kr.-Ordn. v. 72 hatte den Kreisausschüssen die Aufsicht über die ländlichen Elementarschulen und Schulgemeinden in vermögensrechtlicher Beziehung keineswegs so allgemein wie über die Amtsbezirke, die politischen Gemeinden und Gutsbezirke übertragen; vielmehr war die Schulaufsicht im wesentlichen bei den bisherigen Organen geblieben, und es waren nur ganz bestimmt abgegrenzte Funktionen den Kreisausschüssen zugewiesen worden. Diese waren, abgesehen von der Schulbaulast:

a. Die Entscheidung von Beschwerden über die Heranziehung zu Schulbeiträgen, die Beschwerde mag auf gänzliche Befreiung oder Ermäßigung gerichtet sein, mit Vorbehalt des Rechtsweges in den gesetzlich zulässigen Fällen (§ 135 Teil II Nr. 1).

---

[1]) Ebenso Entsch. v. 22. I. 95 (Z.-Bl. U.-V. S. 382).
Eine Matrikel kann nur auf demselben Wege geändert werden, auf dem sie entstanden ist, also nicht durch Beschluß des Schulvorstandes allein. Dieser muß sich nach ihr bei der Veranlagung der Schulbeiträge richten. Er kann von ihr abweichen, wenn es das bestehende Recht verlangt, schafft aber dadurch kein Recht für den Schulunterhaltungspflichtigen. Entsch. v. 9. X. 86 (Z.-Bl. U.-V. 1887 S. 400).

b. **Die Feststellung des Geldwertes der Naturalien und des Ertrages der Ländereien bei Regulierung des Einkommens der Elementarlehrer im Falle eines Streites unter den Beteiligten** (Nr. 2 a. a. O.).

Die Übung dieser letzteren Befugnis durch die Kreisausschüsse ist nicht von einem besonderen Antrage der Schulaufsichtsbehörde abhängig, vielmehr steht es bei Regulierung des Einkommens der Elementarlehrer den Beteiligten, d. h. denen, deren vermögensrechtliche Interessen davon berührt werden, zu, im Falle eines Streites die Feststellung des Geldwertes der Naturalien und des Ertrages der Dienstländereien durch eine hierauf gerichtete Klage im Verwaltungsstreitverfahren herbeizuführen.[1])

3) Die Neuregulierung des Einkommens einer Elementarlehrerstelle erfordert regelmäßig zunächst die Feststellung des thatsächlich mit der Stelle verbundenen Einkommens, um ihre Auskömmlichkeit zu prüfen, und hierzu ist eine Schätzung der außer den Geldbezügen mit der Stelle verbundenen Einkünfte erforderlich. Lediglich mit dieser Schätzung sind die Kreisausschüsse für Streitfälle betraut, dagegen ist nicht nur die Normierung der Höhe des künftig dem Lehrer zu gewährenden Gehaltes, sondern auch beim Mangel einer anderweiten gesetzlichen Vorschrift die Bestimmung, von wem und in welchem Umfange das Fehlende nach der Verfassung des einzelnen Schulinstitutes zu leisten sei, die Regelung der Schulunterhaltungslast, der Schulaufsichtsbehörde verblieben.[2])

4) Handelt es sich um die Gewährung einer Rente an Stelle des in natura zu gewährenden preußischen fiskalischen Schulmorgens, so kann die Frage, ob der Kreisausschuß zu einer solchen Schätzung zuständig sei, erst dann entstehen, wenn die Verpflichtung des Fiskus, die Rente über die früher bestimmte Höhe hinaus nach dem jeweiligen Ertragswerte zu zahlen, durch Anerkenntnis oder Entscheidung der dazu berufenen Behörde festgestellt wäre. Liegt keines von beiden vor, so ist zu letzterer der Kreisausschuß auf Anrufen der Schulgemeinde nicht zuständig.

Nr. 2. Entsch. Bd. I. S. 166 vom 19. September 1876.

A. L.-R. Teil II Tit. 6 §§ 25, 81, 88, 114 ff., 137 ff.; Tit. 12 §§ 1 ff., 12 ff., 29 ff. Zust.-Ges. § 45 (früher Kr.-Ordn. v. 13. XII. 72 § 135 X 2).

1) **Bei Streitigkeiten über die Feststellung des Wertes der Naturalien und des Ertrages der Ländereien sind, wo nicht Provinzialgesetze Abweichungen statuieren, als legitimiert zur Stellung von Anträgen auf Beschlußfassung gemäß § 45 des Zust.-Ges. einerseits die durch besonders zu**

---

[1]) An Stelle des Verwaltungsstreitverfahrens ist heute das Beschlußverfahren getreten.

[2]) Mit der Maßgabe des Ges. v. 26. V. 87 (G.-S. S. 175) betreffend die Feststellung von Anordnungen für Volksschulen. Ist durch dieses Gesetz § 45 des Zust.-Ges. auch materiell nicht berührt worden, so hat er doch insofern an Bedeutung verloren, als gemäß § 2 das. über die von den Schulaufsichtsbehörden für Volksschulen gestellten Anforderungen mangels Einverständnisses der Verpflichteten der Kreis- bezw. Bezirksausschuß zu beschließen und dabei auf das Bedürfnis der Schule, also auch des Lehrers Rücksicht zu nehmen hat. Zu diesem Zwecke wird er auch die nicht in Geld bestehenden Einkünfte des Lehrers genau zu prüfen haben.

Bei Feststellung des Ertragswertes der Dienstländereien einer Schulstelle ist der Verwaltungsrichter an die Vorschriften des Ges. v. 15. VI. 40 für die gerichtliche Abschätzung der Grundstücke von geringem Werte nicht gebunden, sondern hat nach seiner freien, aus dem ganzen Inbegriffe der Verhandlungen und Beweise geschöpften Überzeugung zu entscheiden. Entsch. v. 12. X. 78 (Z.-Bl. U.-V. 1878. S. 689). Über die Verwertung der Gutachten Sachverständiger bei Feststellung der Geldrente an Stelle des nicht ausgeworfenen Schulmorgens, vergl. Entsch. v. 28. X. 82 (Pr. Verw.-Bl. Bd. IV S. 69).

wählende Repräsentanten vertretene Gesammtheit der Hausväter der Schulgemeinde, andererseits der Lehrer und die Schulvorsteher, bezw. ein an Stelle der als Hausväter persönlich interessierten Schulvorsteher von der Schulaufsichtsbehörde zu bestellender Vertreter der Schule anzusehen.

2) Die Aufbesserung der Lehrergehälter erfolgt von seiten der Schulaufsichtsbehörde der Regel nach nicht nur für den gegenwärtigen Inhaber der betreffenden Lehrerstelle und auf die Dauer seiner Dienstzeit, sondern über die Dauer der letzteren hinaus auch für die späteren Inhaber der Stelle. Hieraus ergiebt sich, daß bei der Feststellung des Geldwertes der Naturalien und des Ertrages der betreffenden Stelle, von der die Höhe des von der Schulgemeinde zu gewährenden Gehaltszuschusses abhängt, sowohl der gegenwärtige Inhaber der Stelle persönlich, als auch die Schulstelle als solche interessiert ist. Der erstere ist daher auch legitimiert, ganz unabhängig von der Vertretung der Stelle Anträge zu stellen. Ebenso ist er aber auch als „Beteiligter" verpflichtet, sich auf eine Beschwerde einzulassen. Es bleibt ihm unbenommen, darauf hinzuwirken, daß neben ihm und in erster Reihe die Schulstelle selbst vertreten werde. Geschieht dies aber nicht, so kann er sich von der Einlassung auf die Beschwerde nicht anders befreien, als daß er von der Bestreitung des Antrages absieht.

3) Zur Vertretung der Schulstelle sind durch das Gesetz allerdings zunächst die Schulvorsteher berufen. Denn wenn auch die Schulstelle, die Schule, keine für sich bestehende Rechtspersönlichkeit ist, als Subjekt der Rechtsverhältnisse der Schule vielmehr die Gesammtheit der zu einer öffentlichen Elementarschule vom Staate gewiesenen Einwohner, die Schulgemeinde oder Schulsozietät anzusehen ist, die als solche die Eigenschaft einer Korporation oder folgeweise auch die einer juristischen Person hat, so sind doch die Schulvorsteher das gesetzliche Organ der Schulgemeinde für Ausübung der äußeren Rechte der Schule als eines Institutes der Gemeinde. Die Schulvorsteher sind daher bezüglich der Rechtsangelegenheiten der Schule die Repräsentanten und gesetzlich beauftragten Beamten der Schulgemeinde und haben als solche sowohl die Schulgemeinde als korporatives Rechtssubjekt, wie die Schule als Anstalt der Gemeinde in Prozessen als Klägerin oder Beklagte vor Gericht zu vertreten. Wo jedoch eine Kollision zwischen dem Interesse der Schule und dem persönlichen Interesse der einzelnen Schulvorsteher in ihrer Eigenschaft als Hausväter der Schulgemeinde stattfindet, da wird selbstverständlich der Schulvorstand die Vertretung des Schulinstitutes nicht wahrnehmen können; es wird vielmehr in solchen Fällen dem Schulinstitute von der Schulaufsichtsbehörde ein Bevollmächtigter von Amts wegen bestellt werden müssen.

Nr. 3. Entsch. Bd. V. S. 181 vom 26. März 1879.

Zust.-Ges. § 45.

Um die Zuständigkeit der Beschlußbehörden im Sinne des § 45 des Zust.-Ges. zu begründen, muß die Regulierung des Einkommens eines Elementarlehrers eingeleitet sein, und bei den hierüber stattfindenden Verhandlungen muß ein Streit zwischen den Beteiligten über die Feststellung des Geldwertes des Ertrages der dem Lehrer überwiesenen Ländereien entstehen. Außerhalb der Regulierung seines Einkommens steht einem Lehrer nicht das Recht zu, die Behörden um Festsetzung des Geldwertes der Naturalien u. s. w. anzugehen. Lehnt die Regierung einen Antrag auf Neuregulierung ab, so hat der Lehrer nur das Recht, bei dem Unterrichtsminister Beschwerde zu führen.

C. Heranziehung zu Abgaben und Leistungen für Schulen, die der allgemeinen Schulpflicht dienen.

Litteratur: Vergl. oben S. 525.

Materialien: Wie vor. Ferner: Gesetz betreffend die Verjährungsfristen bei öffentlichen Abgaben vom 18. Juni 1840 (G.=S. S. 140). — Gesetz betreffend die Verteilung der öffentlichen Lasten bei Grundstücksteilungen vom 25. August 1876. Abg.=Haus, Drucks. Nr. 47. 143. 198. 229. 351. Sten.=Ber. S. 453—457. 792. 1250—1280. 1343—1375. 1970. Herrenhaus, Drucks. Nr. 55. 76. 78. 106. Sten.=Ber. S. 279—285. — Gesetz betreffend den Austritt aus der Kirche vom 14. Mai 1873. Abg.=Haus 1872/73. Drucks. Nr. 94. 247. 336. Sten.=Ber. S. 696—698. 1741—1758. 1803—1804. Herrenhaus, Sten.=Ber. S. 575. 586. — Gesetz betreffend den Austritt aus den jüdischen Synagogengemeinden vom 28. Juli 1876. Abg.=Haus, Drucks. Nr. 157. 291. 373. Sten.=Ber. S. 1599—1610. 1710—1730. 2169. Herrenhaus, Drucks. Nr. 89. 120. 125. Sten.=Ber. S. 321—323. 325. 425. 426.

1. Allgemeine Rechtsgrundsätze, insbesondere für das Verwaltungsstreitverfahren. Begriff der Schulbeiträge, der Beteiligten. Ein- und Ausschulungen.

Nr. 1. Entsch. Bd. IV. S. 180 vom 29. Juni 1878.

Reg.=Instr. v. 23. X. 17 (G.=S. S. 248) § 18.

Die Festsetzung der Höhe des einem neu anzustellenden Lehrer zu gewährenden Gehaltes durch die Schulaufsichtsbehörde ist die Voraussetzung der Heranziehung der Schulunterhaltungspflichtigen zur Aufbringung des Gehaltes. Über die Festsetzung selbst findet ein Verwaltungsstreitverfahren nicht statt. Sie ist an Anträge oder Beschlüsse des Gutsherrn und der Schulgemeinde, bezw. des Schulvorstandes nicht gebunden. Sie kann aber mangels Einverständnisses unter den Beteiligten nicht dadurch ersetzt werden, daß die Regierung auf eine Anzeige, daß der Schulvorstand das Lehrergehalt in einer bestimmten Weise bemessen habe, schweigt.

Nr. 2. Entsch. Bd. V. S. 183 vom 19. April 1878.

Ges. v. 18. VI. 40 (G.=S. S. 140), über die Verjährungsfristen bei öffentlichen Abgaben, §§ 1, 14.

Gegen die Klage auf Rückzahlung eines Schulbeitrages ist der Einwand nicht statthaft, daß der Kläger zur Leistung eines gleich hohen Schulbeitrages nach anderen gesetzlichen Bestimmungen als denjenigen verpflichtet sei, auf Grund deren die Veranlagung und Erhebung erfolgt war.

Gegenstand der Entscheidung im Verwaltungsstreitverfahren in Schulsteuersachen kann stets nur eine bestimmte Steuerforderung sein, die gestellt worden ist. Über diese allein ist zu erkennen, und zwar darüber, ob sie ihrem Grunde nach gerechtfertigt und ihrem Betrage nach richtig bemessen ist. Die Steuerpflicht in abstracto kann niemals zum Gegenstande des Streites gemacht werden. Vergl. E.=O.=V. Bd. III S. 155.[1])

---

[1]) Ebenso Entsch. v. 16 XII. 82 (Pr. Verw.=Bl. Bd IV S. 148); v. 2. V. 91 (Z.=Bl. U.=V. S. 643); v. 13. XII. 93 (Z.=Bl. U.=V. 1894 S. 384); v. 22. VI. 94 (Pr. Verw.=Bl. Bd. XVI S. 16); v. 10. I. 96 (Z.=Bl. U.=V. S. 305). Vergl. auch Entsch. v. 3. III. 88 (Pr. Verw.=Bl. Bd. IX S. 241): Gegenstand des Einspruchs- und Streitverfahrens wegen Steuerüberbürdung bildet nicht die Steuerpflicht an sich, sondern nur die einzelne Steuerforderung. Nur über diese, nicht über die Grundsätze der Veranlagung kann erkannt werden. Der Streit über die Höhe der Steuer muß aber in dem Verfahren sofort vollständig zum Austrage gebracht werden. Es ist daher Sache des Klägers, den

Dem Verwaltungsrichter steht nicht zu, wenn er findet, daß die Grundlage der erfolgten Veranlagung eine unrichtige sei, daß aber nach einem anderen Gesetze eine Beitragspflicht des Klägers für die Schule bestehe, seinerseits die Schulunterhaltungslast nach dem maßgebenden Gesetze auf die Pflichtigen zu verteilen. Dies ist lediglich Sache des Schulvorstandes, bzw. der Aufsichtsbehörde.

Nr. 3. Entsch. Bd. VII. S. 227 vom 12. Februar 1881.

Ges. v. 18. VI. 40 (G.=S. S. 140) über die Verjährungsfristen bei öffentlichen Abgaben, §§ 1, 14. Zust.=Ges. § 46.

Zum Wesen der Reklamation gegen Schulbeiträge gehört es, daß der Zweck der Eingabe dahin gerichtet ist, den im Gesetze vorgeschriebenen Bescheid der veranlagenden Behörde herbeizuführen und nicht etwa Klage anzustellen. [1])

Betrag, um den er in der Steuer ermäßigt sein will, genau anzugeben oder doch die ziffernmäßigen Unterlagen beizubringen, aus denen sich seine Berechnung ergiebt.

Im Verwaltungsstreitverfahren kann der Anspruch nur in den durch den Einspruch und den hierauf ergangenen Beschluß gezogenen Grenzen geltend gemacht werden. Eine nachträgliche Erweiterung des Klageantrages über diese Grenzen hinaus enthält eine unzulässige Klageänderung. Entsch. v. 23. VI. 86 (Pr. Verw.=Bl. Bd. VII S. 379).

Die Klage auf Feststellung der Nichtverpflichtung zur Leistung einer Schulabgabe kann nur gegen den Schulvorstand als Vertreter der Schulgemeinde, nicht gegen einen anderen angeblich Verpflichteten gerichtet werden. Entsch. v. 8. V. 86 (Pr. Verw.=Bl. Bd. VI S. 292). Das Klagerecht steht nur dem Besteuerten gegen die besteuernde Behörde zu, nicht umgekehrt. Es ist unzulässig, daß der Schulvorstand ein Schulsozietätsmitglied auf Zahlung eines Beitrages verklagt, anstatt es heranzuziehen und ihm die Reklamation bezw. Klage zu überlassen. Entsch. v. 17. III. 80 (Z.=Bl. U.=V. S. 675).

Die Reklamation und Klage gegen die Heranziehung zu Schullasten haben keine aufschiebende Wirkung. Der Kläger muß die geforderte Leistung unter Vorbehalt der Rückforderung entrichten und darf es auf die Exekutionsvollstreckung nicht ankommen lassen. Er kann daher, auch wenn er in der Hauptsache obsiegt, die Exekutionskosten niemals erstattet verlangen. Entsch. v. 14. I. 91 (Pr. Verw.=Bl. Bd. XII S. 348).

Der Gutsvorsteher ist zur Ausschreibung von Schulsteuern nicht berechtigt. Thut er das auf Anordnung der Regierung und in ihrem Namen, so hat er deren Handlungen im Verwaltungsstreitverfahren nicht zu vertreten. Nimmt die Regierung — wozu sie befugt ist — die Obliegenheiten des Schulvorstandes bei einer Steuerveranlagung selbst wahr, so tritt sie dadurch in die Stelle der veranlagenden Behörde. Alsdann ist bei ihr Reklamation zu erheben, und sie hat die Veranlagung im Streitverfahren zu vertreten. Entsch. v. 18 X. 81 (Pr. Verw.=Bl. Bd. III S. 340). Vergl. E.=O.=V. Bd. IX S. 139 unten S. 535. Denn die Reklamationen gegen die Veranlagung zu Schulabgaben sind bei der Behörde anzubringen, die die Abgaben ausgeschrieben hat, gegen dieselbe Behörde ist demnächst auch die Klage zu richten. War diese Behörde zur Ausschreibung nicht befugt, so ist nicht etwa die Klage wegen mangelnder Passivlegitimation abzuweisen, sondern der von einer unzuständigen Behörde vorgenommenen Ausschreibung die Anerkennung zu versagen, bezw. dem Klageantrage, wenn er ein Geringeres fordert, stattzugeben. Die Verwaltung der Schulangelegenheiten einschließlich der Ausschreibung der Schulabgaben soll nach der allg. Verf. v. 26. VI. 11 in den Städten besonderen Schuldeputationen übertragen werden. Wo und solange solche nicht eingerichtet sind, verbleibt diese Verwaltung derjenigen Behörde, die sie bisher geführt hat. Entsch. v. 3. IV. 86 (Pr. Verw.=Bl. Bd. VII S. 313).

Wo es sich nicht um die Feststellung des Bedürfnisses und das Maß der Leistung für eine Schule, sondern lediglich darum handelt, die Last auf die nach öffentlichem Rechte der Schule Pflichtigen zu verteilen, steht die Festsetzung gemäß § 46 des Zust.=Ges. der örtlichen Behörde, vorbehaltlich Einspruches und Klage zu. Die Schulaufsichtsbehörde überschreitet ihre Zuständigkeit und greift in diejenige des Schulvorstandes über, wenn sie ihrerseits eine solche Feststellung trifft. Entsch. v. 7. VI. 95 (Pr. Verw.=Bl. Bd. XVII S. 93).

[1]) Vergl. Entsch. v. 29. IV. 91 (Pr. Verw.=Bl. Bd. XII S. 529). Eine Reklamation bei der zuständigen Behörde liegt nicht vor, wenn ein Lehrer sein um den Betrag der Schulsteuer vermindertes Gehalt von dem Schulkassenrendanten unter Protest in Empfang nimmt. Entsch. v. 16. XII. 82 (Pr. Verw.=Bl. Bd. IV S. 148).

Ein Bescheid der Ortsschulbehörde, worin sie die Reklamation als unbegründet bezeichnet, aber hinzufügt, daß sie die Aufsichtsbehörde angerufen habe und deren Entscheidung

Nr. 4. Entsch. Bd. IX. S. 139 vom 4. April 1883.

Ges. v. 18. VI. 40 (G.-S. S. 140) über die Verjährungsfristen bei öffentlichen Abgaben §§ 3, 14. Reg.-Instr. v. 23. X. 17 (G.-S. S. 248) § 18. L.-V.-G. § 51.

1) **Auch für diejenigen Klagen, die an die Stelle des nach § 3 des Ges. v. 18. VI. 40 statthaften Rekurses getreten sind, besteht gemäß § 51 des L.-V.-G. eine Klagefrist von 2 Wochen.**

2) **Die Veranlagung zu den Schulsteuern, die Bekanntmachung der Heberollen u. s. w. liegt dem Schulvorstande ob.**[1] **Kann oder will dieser seinen desfallsigen Verpflichtungen nicht genügen, so ist die Regierung nach § 18 der Regierungsinstruktion v. 23. X. 17 für wohl berechtigt zu erachten, entweder die Obliegenheiten des Schulvorstandes selbst wahrzunehmen oder dem Schulvorstande einen Vertreter zu bestellen und diesem die officia des Schulvorstandes zu übertragen. Bei diesem Vertreter ist event. auch zu reklamieren.**

3) **Eine bestimmte Form schreibt das Gesetz für Reklamationen nicht vor. Jede Eingabe an die veranlagende Behörde, in der der Veranlagte seine Unzufriedenheit über die Veranlagung zu erkennen giebt und Ermäßigung oder gänzliche Befreiung beantragt, genügt. Es ist unerheblich, ob die Eingabe sich „Reklamation" oder „Protest" nennt.**[2]

Nr. 5. Entsch. Bd. XV. S. 214 vom 7. Mai 1887. I B 12/87.

Hann. Ges. v. 26. X. 45 (Hann. G.-S. S. 465), betreffend das christliche Volksschulwesen, § 40. Hann. Ges., über Schulvorstände v. 14. X. 48 (G.-S. S. 301) §§ 19, 26, 27. Komm.-Abg.-Ges. v. 14. VII. 93 (G.-S. S. 152) §§ 47 ff. Zust.-Ges. § 46. Ges. v. 18. VI. 40 (G.-S. S. 140) § 1 und 12. IV. 82 (G.-S. S. 297) über Verjährungsfristen bei öffentlichen Abgaben.

1) **Die zur Vermeidung der Doppelbesteuerung getroffenen Vorschriften des Komm.-Abg.-Ges. sind auf die von den Schulgemeinden und Schulsozietäten erhobenen Abgaben nicht ohne Weiteres übertragbar. Vielmehr entscheiden hier die für die einzelnen Schulgemeinden bestehenden sonderrechtlichen, im Wege der Autonomie erlassenen und abzuändernden Bestimmungen.**[3]

---

abwarten wolle, ist kein formeller, den Lauf der Klagefrist regelnder Beschluß. Entsch. v. 12. III. 95 (Pr. Verw.-Bl. Bd. XVI S. 558). Im übrigen läuft die Klagefrist vom Tage der Zustellung des Bescheides an denjenigen, der Einspruch erhoben hatte. War es ein Rechtsanwalt, so ist es bedeutungslos, daß er dem Schulvorstande keine Vollmacht überreicht hatte. Entsch. v. 1. V. 96 (Pr. Verw.-Bl. Bd. XVII S. 390).

[1] Überschreitet der zur Veranlagung an sich zuständige Schulvorstand im Einzelfalle seine Befugnisse, so enthebt dies den Herangezogenen nicht der Erhebung des Einspruches. Die Heranziehung kann im Streitfalle nur durch Einspruch und Klage beseitigt werden. Entsch. v. 20. XII. 95 (Z.-Bl. U.-V. 1896 S. 271).

[2] Der Einspruch kann auch ein mündlicher sein, Entsch. v. 10. VI. 93 (Pr. Verw.-Bl. Bd. XV S. 26); er muß aber rechtzeitig geschehen, Entsch. v. 9. VI. 86 (Z.-Bl. U.-V. S. 677). Ist weder eine Heberolle aufgestellt, noch eine besondere neue Veranlagung bewirkt, sondern angenommen, daß eine früher (1876) gemachte und stets befolgte Mitteilung über die Veranlagung in Kraft bleibe, so muß die Reklamation gemäß § 1 Abs. 1 des Ges. v. 18. VI. 40 in den drei ersten Monaten des Etatsjahres angebracht werden. Entsch. v. 21. VI. 84 (Pr. Verw.-Bl. Bd. V S. 391) und v. 20. XII. 95 (Z.-Bl. U.-V. 1896 S. 271). Für nicht steuerartige Leistungen besteht eine Einspruchsfrist überhaupt nicht. Entsch. v. 12. III. 95 (Pr. Verw.-Bl. Bd. XVI S. 558).

[3] Das Steuerrecht der Schulgemeinde ist einerseits auf deren Bezirk, andererseits auf ihre Mitglieder beschränkt. Es kann durch Zuschläge zu den Staatssteuern und zwar sowohl zu den Personal- (Einkommen-) als zu den Real- (Grund-, Gebäude- und Gewerbe-) Steuern ausgeübt werden. Während aber die ersteren das ganze Einkommen des Abgabepflichtigen ohne Rücksicht darauf, woher es ist, treffen, dürfen letztere nur auf solche Objekte gelegt werden, die zugleich einem Hausvater des Schulbezirkes gehören und innerhalb dieses belegen sind. Zuschläge zur Grund- oder Gewerbesteuer aus auswärtigem Grundbesitze oder Gewerbebetriebe sind unzulässig. Eine Doppelbesteuerung kann hinsichtlich der Schulabgaben nur in dem Falle des mehrfachen Wohnsitzes eines Hausvaters in verschiedenen Schulorten vorkommen. Dagegen ist auf diesem Gebiete eine Konkurrenz

2) **Unstatthaft sind Klageanträge**, nach denen dem Verwaltungsrichter zugemutet wird, **über die Grundsätze der Veranlagung zu entscheiden**, nicht aber eine Entscheidung über den Betrag der von dem Kläger für das Veranlagungsjahr zu entrichtenden Schulsteuer, da in den Reklamationsverfahren nicht über die Steuerpflicht an sich, sondern nur über die einzelne Steuerforderung entschieden werden kann und da ferner in diesem Streitverfahren der streitige Anspruch sofort vollständig zum Austrage gebracht werden muß. Vergl. E.-O.-V. Bd. XII S. 72.

Nr. 6. Entsch. Bd. XXIII. S. 147 vom 19. Oktober 1892. I C 58/92.

A. L.-R. Teil II Tit. 14 §§ 79, 80. Ges. v. 18. VI. 40 (G.-S.), betreffend die Verjährungsfristen bei öffentlichen Abgaben, §§ 1, 5, 6, 14. Zust.-Ges. §§ 46, 160.

1) Das objektive Recht, die Abgabenverfassung, bestimmt nur, unter welchen thatsächlichen Voraussetzungen der einzelne Steuerpflichtige dem berechtigten Verbande zu steuerlichen Leistungen und in welchem Maße verpflichtet werden kann. Es setzt aber nicht zugleich fest, daß und wozu er bereits verpflichtet ist. Denn das **Bestehen der objektiven Norm und das Eintreten der eine Steuerleistung veranlassenden Thatsachen allein begründen an und für sich noch keine konkrete, subjektive Steuerschuld des Einzelnen.** Eine solche entsteht nach der positiven Vorschrift des Ges. v. 18. VI. 40 § 1 Abs. 1 **erst durch die Thatsache der „Heranziehung"** im Gegensatz zu den privatrechtlichen Verbindlichkeiten, die bereits durch den Vertragsabschluß begründet werden. Daraus folgt, daß der zu Unrecht zur Steuer Herangezogene gegenüber dem eigentlich Verpflichteten einer wesentlich anderen rechtlichen Beurteilung bedarf, als es bei privatrechtlichen Ansprüchen ähnlicher Art erforderlich ist. Ist Jemand zu Unrecht zu Steuern herangezogen, so erlangt er Befreiung erst durch eine förmliche Außerkraftsetzung der Heranziehung, sei es von Amtswegen oder durch Einspruchsbescheid oder Urteil. Bis dahin besteht für ihn eine formale, wenn auch vielleicht dem materiellen Recht widersprechende Verbindlichkeit, die veranlagte Steuer zu zahlen. Wird z. B. eine Steuer statt von B. von A. gefordert, so besteht zunächst für A. die Verpflichtung, die veranlagte Steuer zu zahlen, so lange die Veranlagung nicht außer Kraft gesetzt ist. A. hat seine eigene Verbindlichkeit zu tilgen, während eine Schuld dem steuerberechtigten Verbande gegenüber für B. noch nicht entstanden ist. Da aber A. an Stelle des B. eine öffentlich-rechtliche Verbindlichkeit erfüllt hat, ist auch sein Erstattungsanspruch gegen den wirklich Verpflichteten B. kein lediglich privatrechtlicher nach den Regeln des Mandates, der negotiorum gestio, der in rem versio u. s. w., sondern öffentlich-rechtlicher Natur. Mit Rücksicht hierauf hat das Zust.-Ges. auch in den §§ 46, 160 die Entscheidungen solcher im öffentlichen Rechte begründeten Verbindlichkeiten ohne Einschränkungen den Verwaltungsgerichten übertragen.

2) Entsteht aber der streitige Erstattungsanspruch aus den beiden rechtserzeugenden Thatsachen, daß der Kläger eine von ihm zu Unrecht erforderte Steuerforderung bezahlt hat, und daß der Beklagte nach der bestehenden Abgabenverfassung diesen Betrag dann hätte zahlen müssen, wenn er zu ihm seiner

---

zwischen Wohnsitz- und Forensalgemeinden oder zwischen mehreren Forensalgemeinden nicht möglich, weil nur die im Schulbezirk wohnenden Hausväter abgabepflichtig sind. Deshalb sind die Vorschriften des Komm.-Abg.-Ges. auf die Schulbesteuerung weder direkt, noch analog anwendbar. Entsch. v. 3. III. 88 (Pr. Verw.-Bl. Bd. IX S. 241).

Es fehlt eine positive Norm, durch die die Zulässigkeit der Doppelbesteuerung in ähnlicher Weise ausgeschlossen ist, wie es für andere Gebiete des Abgabewesens durch Gesetz geschehen ist. Die Vorschrift im § 31 Teil II Tit. 12 A. L.-R.'s hat nicht diese Bedeutung. Entsch. v. 26. IX. 91 (Z.-Bl. U.-V. 1892 S. 429).

Zeit herangezogen worden wäre, so macht der Kläger nicht etwa eine Steuerforderung des abgabeberechtigten Schulverbandes geltend, die durch dessen Befriedigung auf ihn übergegangen wäre. Der Beklagte ist deshalb nicht in der Lage, dem Erstattungsanspruche diejenige Verjährungseinrede entgegensetzen zu können, die ihm dem abgabeberechtigten Verbande gegenüber wegen Unzulässigkeit von Nachforderungen zugestanden hätte. Das Ges. v. 18. VI. 40 findet auf Streitigkeiten der Steuerkontribuenten unter einander überhaupt keine Anwendung.

Nr. 7. Entsch. Bd. V. S. 178 vom 8. Januar 1879.

Kab.-Ordn. v. 19. VI. 36 (G.-S. S. 198), betreffend Einziehung von Kirchen-, Pfarr- und Schulabgaben u. s. w. Zust.-Ges. § 46.

1) Unter „Schulbeiträgen" sind nicht nur Geldbeiträge, sondern auch Naturalbeiträge zu verstehen.[1]) Die dem Küster zustehenden kirchlichen Abgaben können nicht als Schulbeiträge behandelt werden.

2) Ob in einem gegebenen Falle die Voraussetzungen der Kab.-Ord. v. 19. VI. 36 zutreffen und die Administrativexekution zulässig ist, darüber haben die staatlichen Aufsichtsbehörden zu entscheiden. Die Klage im Verwaltungsstreitverfahren gegen Verfügungen der Schulaufsichtsbehörde, durch die die exekutivische Einziehung von Schulbeiträgen angeordnet worden ist, ist unzulässig.

Nr. 8. Entsch. Bd. X. S. 153 vom 2. Februar 1884.

A. L.-R. Teil II Tit. 12 § 31. Ges. v. 18. VI. 40 (G.-S. S. 140), über die Verjährungsfristen bei öffentlichen Abgaben, §§ 1, 14.

Der Begriff der „Steuer" beschränkt sich nicht nur auf Geldabgaben; es wird vielmehr darunter jeder Beitrag, bestehe er in Geld oder in anderen fungibeln Sachen (z. B. in einer Körnerabgabe) verstanden, die die Mitglieder einer öffentlich-rechtlichen Sozietät in dieser ihrer Eigenschaft behufs Erfüllung des Zweckes der Korporation zu entrichten haben und der auf sie nach den in dem Gesetze oder in der Grundverfassung bestimmten allgemeinen Grundsätzen und Maßstäben umgelegt worden ist. Auch das Ges. v. 18. VI. 40 hat keineswegs nur Geldsteuern ins Auge gefaßt, die ratio legis hat in gleicher Weise bei Natural-, wie bei Geldabgaben statt. Überdies spricht § 14 dieses Ges. allgemein von „öffentlichen Abgaben", die an Gemeinden u. s. w. zu entrichten sind. Der Ausdruck „Abgabe" aber begreift auch Beiträge in anderen fungibeln Sachen als in Gelde in sich. Vergl. E.-O.-V. Bd. V S. 100. Was insbesondere die Schulbeiträge anlangt, so kennt das A. L.-R. Hausväterbeiträge nicht nur in Geld, sondern auch in Naturalien, z. B. Getreidedeputaten, und stellt beide Arten von Beiträgen völlig gleich.

Nr. 9. Entsch. Bd. XXIX. S. 181 vom 17. Januar 1896. I C 78/95.

Ges. v. 25. VIII. 1876 (G.-S. S. 405), betreffend die Verteilung öffentlicher Lasten bei Grundstücksteilungen u. s. w. § 11. Ges. v. 3. I. 45 (G.-S. S. 25), betreffend Zerteilung von Grundstücken, §§ 20, 22, 23. A. G.-O. Teil I Tit. 10 § 126. A. L.-R. Teil II Tit. 12 §§ 29—34.

1) Abgabenregulierungspläne bilden deshalb noch kein den Vorschriften der §§ 29—34 Tit. 12 Teil II A. L.-R.'s vorgehendes Partikular-

[1]) „Abgaben" im Sinne des § 46 des Zust.-Ges. sind die in abgeleiteter Staatshoheit befohlenen, einseitig durch allgemeine Norm auferlegten Leistungen an Geld oder fungibeln Sachen ohne oder für spezielle Gegenleistungen. „Leistungen für Schulen" umfassen nicht-fungibele Sachen und Handlungen, können auch auf besonderen Rechtstiteln (Judikat, Vertrag) beruhen. Entsch. v. 25. IV. 91 (Pr. Verw.-Bl. Bd. XIII S. 40).

Der öffentlich-rechtliche Charakter der Schulsteuern erfährt dadurch keinen Eintrag, daß der Rechtstitel der von einer Schulgemeinde zu befriedigenden Geldansprüche auf dem Gebiete des Privatrechtes liegt. Entsch. v. 12. XII. 85 (Pr. Verw.-Bl. Bd. VII S. 156).

recht, weil sie nicht privatrechtliche Vereinbarungen, sondern öffentlich-rechtliche Festsetzungen der Verwaltungsbehörden sind und sich als Teil und Quelle der Ortsverfassung darstellen. Die Ortsverfassung kann zwar etwas von subsidiarischen Regeln der Gesetze Abweichendes bestimmen, aber sie darf mit dem Gesetze nicht in Widerspruch treten, und zwar selbst dann nicht, wenn sie auf bestätigten Gemeindebeschlüssen oder Festsetzungen der Aufsichtsbehörden beruht. Vergl. E.-O.-V. Bd. II S. 110. Eine Prüfung der Regulierungspläne, ob ihre Festsetzungen dem Gesetze entsprechen, wird also dadurch nicht ausgeschlossen, daß sie als ein Teil der Ortsverfassung anzusehen sind. Ebenso wenig folgt dies aus ihrer rechtlichen Natur. Gegenstand und Ziel der Regulierung ist nicht die Schaffung neuer Verbindlichkeiten, sondern nur die Verteilung der bestehenden, die daher vorher zu ermitteln sind. Die hinsichtlich ihres Bestehens, Umfanges und ihrer rechtlichen Natur von den Verteilungsbehörden getroffenen Feststellungen sind aber für die Beteiligten nicht etwa gesetzlich unanfechtbar. Dies folgt für die Regulierungspläne auf Grund des Ges. v. 25. VIII. 76 aus § 11 das., wonach die Entscheidung etwaiger Streitigkeiten den Gerichten verblieben ist und es hat daher ein endgültig festgesetzter Verteilungsplan nur insofern Kraft, als es sich um die Verteilung selbst, den Verteilungsmaßstab handelt, während der Trennstücksbesitzer nicht behindert ist, darzuthun, daß die verteilende Behörde von irrtümlichen Voraussetzungen ausgegangen ist.

Ingleichen stellen die nach dem Ges. v. 3. I. 45 aufgestellten Regulierungspläne keine unanfechtbaren Festsetzungen dar, insofern als gemäß § 20 das. die „Regierung" Streitigkeiten über öffentliche Abgaben und Leistungen, die sich „bei" der Regulierung ergeben und zur Feststellung im Verwaltungswege eignen, selbst zu entscheiden hat. Denn der Plan hat gemäß § 23 das. nur die Wirkung einer gerichtlich bestätigten und vollstreckbaren Urkunde. Solche Urkunden aber unterliegen der Anfechtung sowohl wegen eines bei der Aufnahme vorgefallenen Irrtumes (A. G.-O. Teil I Tit. 10 § 126), als auch wegen innerer Mängel des beurkundeten Rechtsgeschäftes (A. L.-R. Teil I Tit. 5 §§ 200—204). Die Anfechtbarkeit wird auch durch die Vollstreckbarkeitserklärung nicht beseitigt, da letztere lediglich die Bedeutung hat, daß Einwendungen die Vollstreckung nicht aufhalten. Vergl. hierzu Min.-Erl. v. 31. V. 63 (M.-Bl. S. 168), 22. April 1873 (M.-Bl. 1874 S. 123) und E.-O.-V. Bd. XII S. 174.

2) Mangels einer von den gesetzlichen Bestimmungen abweichenden örtlichen Schulverfassung haben die zur Unterhaltung der Schulgebäude bei landrechtlichen Sozietätsschulen zu leistenden Dienste, Naturalleistungen und Geldbeiträge die Eigenschaft von Hausväterbeiträgen, von denen der Gutsherr des Schulortes, der zu den Hausvätern nicht gehört, befreit ist. Die gegenteilige Bestimmung eines Abgabenregulierungsplanes widerspricht dem bestehenden Rechte.

3) „Genußzettel" einer Lehrerstelle, aus denen eine rechtliche Verpflichtung zu einer Leistung abgeleitet wird, sind an sich nicht dazu bestimmt, neues Recht zu schaffen, sondern nur dazu, die bis dahin bestehenden Rechtsverhältnisse festzustellen. Doch müssen sie mindestens so lange als ein ausreichendes Beweismittel für das Bestehen der beurkundeten Rechtsverhältnisse angesehen werden, als nicht dargethan ist, daß die Beurkundung auf eine unrichtige Beurteilung der in Betracht kommenden Rechtsverhältnisse oder auf unrichtige thatsächliche Annahmen gestützt ist, und ganz besonders muß dies dann gelten, wenn sie von dem in Anspruch Genommenen oder seinem Rechtsvorgänger unterschriftlich vollzogen sind.

Nr. 10. Entsch. Bd. VI. S. 175 vom 21. Februar 1878.

Schulregl. für die niederen katholischen Schulen in den Städten und auf dem platten Lande von Schlesien u. s. w. v. 18. V. 01 (Neue Kornsche Ed.-Samml. Bd. VII S. 266) §§ 18, 19. Reg.-Instr. v. 23. X. 17 (G.-S. S. 248) § 18. Pr. Schulordn. v. 11. XII. 45 (G.-S. 1846 S. 1) §§ 28, 32.

1) Wenn die Regierung auf Grund des § 18 k. der Regierungsinstruktion v. 23. X. 17 eine Schulsozietät einrichtet, d. h. die Hausväter eines bestimmten Bezirkes zu einer Sozietät vereinigt und die Schule mit einem Vorstande versieht, so steht dem zur Unterhaltung der Schule verpflichteten Verbande die Eigenschaft einer Korporation zu, deren Vorstand die Schule, das Schulinstitut, nach außen zu vertreten hat. In diesen Fällen liegt die Unterhaltung der Schule „Personen-Gemeinden" ob.

Ist sie durch Provinzialgesetze politischen Körperschaften auferlegt, oder ist die Fürsorge für das Elementarschulbedürfnis von den politischen Gemeinden für ihren Bezirk freiwillig übernommen, so besteht weder in dem einen, noch in dem anderen Falle eine besondere Schulsozietät, und es hängt die Frage, wer die Schule nach außen zu vertreten hat, und ob der Schule Korporationsrechte zustehen, von der Art der Entstehung solcher Schulen, sowie davon ab, in welcher Weise die Staatsgewalt auf ihre Einrichtung und Verfassung eingewirkt hat. Im allgemeinen wird man annehmen können, daß einer öffentlichen Schule, die sich nicht als die Einrichtung einer politischen Gemeinde darstellt und deren Unterhaltung weder einer Personen-Gemeinde, noch einer vertragsmäßig konstituierten Gesellschaft obliegt, die juristische Persönlichkeit zusteht, sofern ihr von der Aufsichtsbehörde ein besonderer Vorstand (Schulvorstand) bestellt worden ist. Dieser Vorstand vertritt die Schule als solche, und ihm liegt es ob, die Beiträge für sie auf die gesetzlich Verpflichteten nach Maßgabe des Gesetzes auszuschreiben und einzuziehen. Von dieser Auffassung geht auch die auf dem Kommunalprinzipe beruhende preußische Schulordnung v. 11. XII. 45 in den §§ 28, 32 aus. Hiernach ist die Annahme irrig, daß ein Schulvorstand nur für eine mit Korporationsrechten ausgestattete Schulsozietät bestellt werden könne und daß nur ein derartiger Schulvorstand zur Ausschreibung und Einziehung von Schulbeiträgen berechtigt sei.[1])

---

[1]) Über die Steuerpflicht können die Parteien nicht paciscieren; sie gehört dem öffentlichen Rechte an, und die veranlagende Behörde hat im Prozesse ihr Recht zur Steuerausschreibung darzuthun. Der Gutsvorsteher, der vom Schulvorstande requiriert wird, die auf den Gutsbezirk vermeintlich entfallenden Schulabgaben unterzuverteilen, einzuziehen und abzuliefern, erlangt dadurch kein Klagerecht, wenn er den Gutsbezirk für nicht verpflichtet zur Entrichtung dieser Abgaben hält. Denn in einem solchen Ersuchen ist eine Veranlagung überhaupt nicht, und insbesondere nicht eine solche gegenüber dem Gutsvorsteher zu finden. Entsch. v. 3. X. 88 (Pr. Verw.-Bl. Bd. X S. 584).

Im Geltungsbereiche des A. L.-R.'s sind in den über mehrere Kommunalbezirke sich erstreckenden Schulsozietäten Träger der Schullast nicht die Kommunalverbände, sondern deren einzelne Einwohner, die Hausväter. Deren konkrete Abgabepflicht wird erst durch die Veranlagung und Benachrichtigung des Einzelnen konstituiert. Berechnet der Schulvorstand statt dessen die von sämmtlichen Hausvätern eines Kommunalverbandes zu entrichtende Summe und überläßt die Unterverteilung und Benachrichtigung dem Gemeinde- oder Gutsvorsteher, so handelt der letztere hierbei lediglich als Organ des Schulvorstandes. Für ihn wird durch das Ersuchen des Schulvorstandes eine Heranziehung zu der Abgabe nicht begründet, und es ist daher auch deren Beitreibung im Verwaltungszwangsverfahren von ihm persönlich rechtswidrig. Verweigert er die Erledigung der Requisition, so kann er dazu von der vorgesetzten Dienstaufsichtsbehörde im Aufsichts- oder Disciplinarwege, nicht aber von der Vollstreckungsbehörde angehalten werden. Eine Heranziehung zur Steuer kann auch ohne vorangegangene Benachrichtigung durch Mahnung, Pfändung u. s. w. bewirkt werden. Die exekutorische Beitreibung des Schulbeitrages von dem um Unterverteilung ersuchten Gutsvorsteher kann aber als dessen persönliche Heranziehung erst dann und von da ab angesehen werden, wenn sie von dem Schulvorstande entweder beantragt

2) **Die Besitzer von Wohngebäuden in schlesischen Gutsbezirken haben nicht als „Stellenbesitzer" zur Unterhaltung der katholischen Elementarschulen beizutragen. Für das zur Schule geschlagene Gut ist von der Herrschaft das Dominial-Drittel beizutragen. Neben dieser gutsherrlichen Beitragspflicht besteht eine besondere Beitragspflicht der Bewohner des etwa vorhandenen gutsherrlichen Vorwerkslandes nicht.**

Nr. 11. Entsch. Bd. VII. S. 219 vom 16. Februar 1881.

Ges. v. 18. VI. 40 (G.-S. S. 140), betreffend die Verjährungsfristen bei öffentlichen Abgaben. Zust.-Ges. § 46.

1) **Wenn ein Streit zwischen dem Schulvorstande und einem Schulunterhaltungspflichtigen entsteht, so kann er entweder eine steuerartige oder eine nicht steuerartige Schullast betreffen. Im ersteren Falle ist das Ges. v. 18. VI. 40 maßgebend nicht nur für die Formen, sondern auch für den Umfang des Streites und der Entscheidung. Der Schulvorstand veranlagt, bei ihm ist zu reklamieren; gegen seinen Bescheid ist fristzeitig zu klagen. Gegenstand des Streites ist nur die veranlagte Steuer, nicht die Steuerpflicht. Als Kläger kann nur der Steuerpflichtige, nicht der Schulvorstand auftreten.** Vergl. E.-O.-V. Bd. III S. 155, IV S. 209, VI S. 186.[1])

2) **Streit ist ferner möglich zwischen den Schulunterhaltungspflichtigen selbst und zwar kann er steuerartige und nicht steuerartige Leistungen betreffen. Bei solchen Streitigkeiten findet das Ges. v. 18. VI. 40 keine Anwendung und es kann hier nicht nur ein einzelner bestimmter Betrag, sondern auch die Beitragspflicht im allgemeinen Gegenstand der Klage sein.**

---

oder durch konkludente Handlungen nachträglich genehmigt ist. Entsch. v. 17. IX. 92 (Pr. Verw.-Bl. Bd. XIV S. 64).

Ein Anspruch dahin, daß eine Stadtgemeinde nicht berechtigt sei, von der Schulgemeinde für die Benutzung der Schulgebäude einen Mietzins zu fordern, kann nicht von einzelnen Hausvätern, sondern nur von der gesetzlichen Vertretung der Schulgemeinde geltend gemacht werden. Entsch. v. 3. IV. 86 (Pr. Verw.-Bl. Bd. VII S. 313).

Wenn einer städtischen Schule auch die Hausväter aus benachbarten Gemeinde- und Gutsbezirken zugewiesen sind, ist die Stadtschuldeputation als das zur Vertretung der Schule berufene Organ derart zu bilden, daß ihr auch Vertreter dieser Hausväter als stimmberechtigte Mitglieder hinzutreten. Die Art dieser Vertretung ist von der Schulaufsichtsbehörde zu regeln. Keinenfalls haben die Besitzer der Schule zugewiesener Güter einen Anspruch auf persönliche Zulassung zur Mitgliedschaft in der Schuldeputation, sondern gleich den übrigen Hausvätern nur darauf, daß ihrer Gesammtheit eine angemessene Vertretung gewährt werde. Die Schuldeputation in ihrer von der Aufsichtsbehörde gebilligten Zusammensetzung ist zur Vertretung der Schule und deshalb auch zur Veranlagung der Hausväter zu den Schullasten ermächtigt. Das durch die Umlage zu deckende Schulbedürfnis ist weder von dem Magistrate, noch von der Schuldeputation, sondern von der Gesammtheit der Hausväter oder deren zu diesem Zwecke erwählten Vertretern festzustellen, soweit es sich nicht um bereits durch das Gesetz oder durch Anordnung der zuständigen Behörde auch dem Betrage nach festgestellte Leistungen handelt. Entsch. v. 5. XI. 90 (Pr. Verw.-Bl. Bd. XII S. 167).

[1]) Das Gleiche trifft heute zu, wenn es sich um zwar wiederkehrend zu erfüllende, aber nicht steuerartige Lasten handelt. Wenn die obige Entscheidung für diesen Fall das Ges. v. 18. VI. 40 nicht zur Anwendung bringen wollte und den Grundsatz aufstellte, daß nicht sowohl über eine einzelne Leistung, als auch „über die Verpflichtung zur Leistung von Schulbeiträgen", d. h. über die Leistungspflicht gestritten und entschieden werden könne, und nichts im Wege stehe, daß auch der Schulvorstand bei derartigen Streitigkeiten als Kläger auftrete, so beruht diese Entscheidung auf § 77 des Zust.-Ges. v. 26. VII. 76. Nach § 46 des Zust.-Ges. v. 1. VIII. 83 sind für die Formen des Streitverfahrens, wie für den Umfang des Streites und der Entscheidung bei steuerartigen und nicht steuerartigen Leistungen dieselben Bestimmungen (siehe oben zu 1) maßgebend. Vergl. E.-O.-V. Bd. XXV S. 174.

Nr. 12. Entsch. Bd. XI. S. 190 vom 17. Januar 1885.
L.=V.=G. §§ 70, 71.

1) **Der Landrat, der von der Schulaufsichtsbehörde mit der Ausschreibung von Steuern zur Unterhaltung einer öffentlichen Elementarschule an Stelle des Schulvorstandes betraut ist, ist auch zur Vertretung der Umlage im Streitverfahren auf die Klage der einzelnen Kontribuenten legitimiert.**

2) **Beigeladene dritte, deren Interesse durch die im Streitverfahren zu erlassende Entscheidung berührt wird, sind nicht berechtigt, selbständig gegen die in der Sache ergehenden Entscheidungen Rechtsmittel einzulegen.** Vergl. E.-O.-V. Bd. V S. 463, X S. 83.

Nr. 13. Entsch. Bd. XII. S. 209 vom 18. Februar 1885. I C 173/84.
Ges. v. 25. VIII. 76 (G.=S. S. 405), betreffend Verteilung öffentlicher Lasten bei Grundstücksteilungen u. s. w., §§ 2, 7, 11.

1) Das Ges. v. 25. VIII. 76 bezeichnet im § 7 den Schulvorstand als diejenige Behörde, die bei Grundstücksteilungen die aus dem Schulverbande entspringenden Lasten, sofern solche auf dem Grundbesitze haften oder mit Rücksicht auf den Grundbesitz zu entrichten sind, auf die Trennstücke zu verteilen hat. Eine Entscheidung darüber, welche Lasten als auf dem Grundbesitze haftende oder mit Rücksicht auf den Grundbesitz zu entrichtende anzusehen sind, weist das Gesetz dem Schulvorstande nicht zu. Aus dem § 11 a. a. O. geht hervor, daß die Behörde, die die Verteilung vornimmt, nicht über die Existenz, den Umfang und die rechtliche Natur der zu verteilenden Abgaben und Leistungen zu befinden hat.

2) Der endgültig festgesetzte Verteilungsplan hat daher nur Kraft, insoweit es sich um die Verteilung selbst, den Verteilungsmaßstab, handelt. Er hindert jedoch keinen Trennstücksbesitzer darzuthun, daß die Voraussetzung, von der die verteilende Behörde ausgegangen ist, daß nämlich die verteilte Last eine der im § 2 a. a. O. gekennzeichneten ist, auf einem Irrtume beruht.

Demnach ist der Erwerber eines Trennstückes, nachdem er den Verteilungsplan unangefochten gelassen hat, gegenüber einer darauf gestützten Abgabenforderung noch mit dem Einwande zu hören, die Abgabe sei eine persönliche und unterliege deshalb gesetzlich nicht der Verteilung.

Nr. 14. Entsch. Bd. XV. S. 217 vom 7. September 1887. I C 51/87.
Zust.=Ges. §§ 46, 47. Ges. v. 18. VI. 40 (G.=S. S. 140), über die Verjährungsfristen bei öffentlichen Abgaben.

Wenn nach der durch einen Regulierungsprozeß begründeten lokalen ländlichen Schulverfassung alle Lasten des Schulverbandes (auch Schulbaukosten) zu gleichen Teilen von den Besitzern der im Schulbezirke belegenen Höfe zu tragen sind, und wenn sich dann ein in der Nachbarschaft wohnender Gutsbesitzer als Eigentümer eines oder mehrerer Höfe weigert, seinen Beitrag zu entrichten, so ist davon auszugehen, daß diese Beträge den Charakter einer Steuer im Sinne des Ges. v. 18. VI. 40 an sich tragen und daß somit der Schulvorstand den Säumigen zu ihnen zu veranlagen und von der geschehenen Veranlagung zu benachrichtigen, sodann dessen Reklamation und event. dessen Klage zu erwarten hat, keinesfalls aber berechtigt ist, selbst die Klage auf Entrichtung der Beiträge oder auf Anerkennung der Verpflichtung zu dieser Entrichtung zu erheben. Der Gegenstand des Streites kann nur der einzelne geforderte und verweigerte Steuerbeitrag, nicht aber die Steuerpflicht selbst sein.

Nr. 15. Entsch. Bd. XIX. S. 193 vom 11. Juni 1890. I B 3 90.

A. L.-R. Teil II Tit. 11 § 410, Tit. 12 §§ 39–42. Pr. Schulordnung v. 11. XII. 45 (G.-S. 1846 S. 1) §§ 19. Zust.-Ges. §§ 19, 35, 47, 48.

1) Eine Schulgemeinde muß dann, wenn sie eine Zwangsetatisierungs- und die betreffende Feststellungs-Verfügung um deswillen, weil an ihrer Stelle ein Dritter verpflichtet sei, angreifen will, nicht allein gegen den feststellenden Beamten (Landrat, Regierungspräsidenten) auf Aufhebung der Zwangsetatisierung, sondern auch gegen jenen Dritten auf Übernahme der Verpflichtung, somit auf mittelbare Änderung der Feststellungs-Verfügung klagen, um mit ihrem Antrage gegen die Etatisierung durchzudringen.

2) Da die Feststellungs-Verfügung die rechtliche Grundlage der nachfolgenden Zwangsetatisierung bildet, so hat der Verwaltungsrichter zwar nicht ihre Notwendigkeit und Zweckmäßigkeit, wohl aber das zu prüfen, ob sie von der Behörde innerhalb ihrer Zuständigkeit erlassen ist und ob sie den bestehenden Normen des öffentlichen Rechtes nicht widerstreitet. Vergl. E.-O.-V. Bd. XIII S. 68, XIV S. 107.

3) Ist die Zuständigkeit der Regierung nach § 18 der Reg.-Instr. v. 23. X. 17 zu bejahen, so war die Verfügung materiell im vorliegenden Falle nicht begründet. Die Schulgemeinden sind im Geltungsbereiche des allgemeinen Landrechtes beim Mangel abweichender prinzipieller oder lokaler Rechtsnormen verpflichtet, auch die von ihnen nicht gewählten Lehrer nebst Familie und Hausrat auf die Entfernung von zwei Tagereisen herbeizuholen.[1]

Allein die Pflicht der Gemeinde und das Recht des Lehrers ist auf dessen „Herbeiholung" beschränkt, insbesondere hat der Lehrer nicht das Recht, an Stelle der Gewährung freier Transportmittel nach seiner Wahl eine Entschädigung für die bei anderer Art des Anzuges aufgewendeten Reisekosten zu verlangen (vergl. dagegen § 19 der preußischen Schulordn. v. 11. XII. 45, der ein solches Wahlrecht der Gemeinde einräumt). Eine solche Entschädigung würde an Stelle der Herbeiholung entweder auf Grund einer vorgängigen Vereinbarung mit der Gemeinde, oder in dem Falle, daß die Gemeinde auf geschehene Aufforderung die Transportmittel nicht rechtzeitig gestellt hat, von dem Lehrer rechtlich beansprucht und von der Aufsichtsbehörde als eine der Gemeinde gesetzlich obliegende Leistung festgestellt werden können. Im übrigen müßte selbst eine weitergehende Verpflichtung immer auf denjenigen Betrag der dem Lehrer thatsächlich erwachsenen Reisekosten beschränkt werden, der anderen Falles von der Gemeinde zum Zwecke der Herbeiholung hätte aufgewendet werden müssen.

Nr. 16. Entsch. Bd. XXIII. S. 139 vom 21. September 1892. I C 36/92.

A. L.-R. Teil II Tit. 14 §§ 4–9, 79, 80. Zust.-Ges. §§ 46, 47, 160.

1) Gemäß §§ 46 [5], 160 des Zust.-Ges. erfolgt die Entscheidung über streitige Abgaben und sonstige nach öffentlichem Rechte zu fordernde Leistungen für Schulen, die der allgemeinen Schulpflicht dienen, auch da im Verw.-Streit.-Verf., wo bisher der ordentliche Rechtsweg für zulässig erklärt war. Nach § 79 Tit. 14 Teil II A. L.-R. soll aber rechtlich gehört werden, wer aus besonderen persönlichen Gründen die Befreiung von einer öffentlichen Abgabe, oder wer in der Bestimmung seines Anteiles über die Gebühr belastet zu sein behauptet. Daraus geht hervor, daß auch der

---

[1] Die Bildung einer diese Verpflichtung ausschließenden Observanz ist zulässig. Liegt eine solche Observanz nicht vor, so wird die Verbindlichkeit der Gemeinden dadurch nicht ausgeschlossen, daß sie den Lehrer nicht gewählt haben. Entsch. v. 3. XI. 96 (Pr. Verw.-Bl. Bd. XVIII S. 183).

rechtlich völlig Befreite, aber thatsächlich Herangezogene gegen die nach seiner Ansicht entweder zu niedrig oder gar nicht Herangezogenen aus § 9 a. a. O. ebenso zur Klage im Verwaltungsstreitverfahren berechtigt ist, wie derjenige Kontribuent, der nicht eine völlige Freistellung, sondern nur eine Ermäßigung beansprucht. Es ist dabei gleichgültig, ob der Klageanspruch gleich nach der Verteilung oder erst später geltend gemacht wird; denn für ihn besteht keine andere Schranke, als die allgemeine Verjährungsfrist.

2) Zu den durch § 46 Abs. 3 des Zust.-Ges. der Entscheidung im Verwaltungsstreitverfahren überwiesenen **Streitigkeiten der Beteiligten** über ihre im öffentlichen Rechte begründeten Schulabgaben **gehören auch Ersatzansprüche**, da für die Streitigkeiten irgend welche Einschränkungen nicht gemacht sind.[1]) **Entscheidend hierbei ist es nicht, in welchen Zeitraum diejenigen Begebenheiten entfallen, aus denen der Streit erwachsen ist, sondern allein der Zeitpunkt, in dem letzterer anhängig gemacht wurde.**

Nr. 17. Entsch. Bd. XXV. S. 174 vom 24. Mai 1893. I C 100/92.
Zust.-Ges. §§ 46, 47.

1) Im Geltungsbereich der Preußischen Schulordnung v. 11. XII. 45 bilden die Einwohner des Schulbezirkes keinen korporativen Verband (Entsch. Bd. XXI S. 194).

2) **Ein Streit zwischen dem Leistungsberechtigten und den Beitragspflichtigen kann sich nur in den Formen und in dem Umfange des Abs. 1 und 2, aber nicht in dem Verfahren nach Abs. 3 des § 46 des Zust.-Ges. bewegen.** Die entgegengesetzte Auffassung in E.-O.-V. Bd. VII S. 219 (betreffend nicht steuerartige Schullasten) und Bd. XII S. 215 (Klage des Schulvorstandes gegen den Fiskus auf Brennholz) beruht auf dem nicht mehr gültigen § 77 des Zust.-Ges. v. 26. VII. 76 und findet in der gegenwärtigen Gesetzgebung keinen Boden.[2])

Abs. 3 greift nur Platz bei Streitigkeiten über die Frage, wer von den Parteien zu einer Leistung für die Schule verpflichtet ist.

---

[1]) Der Erstattungsanspruch desjenigen, der für den aus Gründen des öffentlichen Rechtes eigentlich Verpflichteten geleistet haben will, ist in der Hauptsache öffentlich-rechtlich, mag er aus der Bereicherung, der nützlichen Verwendung oder sonst abgeleitet werden. Entsch. v. 18. XII. 94 (Pr. Verw.-Bl. Bd. XVI S. 345).

Als „Beteiligte", deren Streitigkeiten über ihre im öffentlichen Rechte begründete Verpflichtung zu Abgaben und Leistungen für Volksschulen gemäß § 46 Abs. 3 des Zust.-Ges. im Verwaltungsstreitverfahren zu entscheiden ist, gelten nur die nach öffentlichem Rechte zur Unterhaltung der Schule in erster Reihe oder subsidiär Verpflichteten, im Geltungsbereiche des A. L.-R.'s also die Hausväter und der Gutsherr des Schulortes. Die Klage eines Hausvaters auf Grund dieser Bestimmung kann nur gegen einzelne oder alle übrigen Beitragspflichtigen, nicht aber gegen den Schulverband als solchen gerichtet werden. Die Lokal-Schulverfassung, die in erster Reihe für die Schulunterhaltungspflicht maßgebend ist, kann sich auf Vereinbarungen der Beteiligten gründen, insofern diese von der Schulaufsichtsbehörde ausdrücklich oder stillschweigend genehmigt worden sind. Entsch. v. 5. IX. 91 (Pr. Verw.-Bl. Bd. XIII S. 5).

[2]) Ähnlich Entsch. v. 26. IX. 91 (Pr. Verw.-Bl. Bd. XIII S. 113) und v. 9. VI. 96 (Z.-Bl. U.-V. S. 677).

Ein obsiegendes Urteil des zur Steuer Veranlagten hat lediglich der Behörde gegenüber Geltung. Seine Vollstreckung kann, wenn die Steuer bereits eingehoben ist, nur gegen die Kasse erfolgen, in die die Steuer geflossen ist. Die Entscheidung berührt die Rechte Dritter nicht, sie erlangt auch etwa Beigeladenen gegenüber keine materielle Gültigkeit. Entsch. v. 11. IV. 85. (Pr. Verw.-Bl. Bd. VI S. 257). Vergl. E.-O.-V. Bd. XIII S. 244.

Die Reklamationsklage gegen den veranlagenden Schulvorstand aus § 46 Abs. 2 des Zust.-Ges. und die Klage auf Anerkennung der Abgabenfreiheit im Prinzip können nicht in einem Verfahren verbunden werden; die letztere ist nicht gegen die Schulgemeinde, sondern gegen alle oder einzelne für beitragspflichtig erachtete Hausväter zu richten. Entsch. v. 5. XII. 91 (Pr. Verw.-Bl. Bd. XIII S. 219).

Es kann also hier als Kläger nur derjenige auftreten, der die Verpflichtung zu einer Schullast von sich ab- und einem anderen zuweisen will. Hiermit ist aber eine Klage des Schulvorstandes oder der Schulstelle, deren Verpflichtung nie in Frage kommen kann, ausgeschlossen.[1])

Nr. 18. Entsch. Bd. XXV. S. 180 vom 18. November 1893. I C 67/93.

Zust.-Ges. §§ 46, 47. L.-V.-G. § 7.

Nach § 7 L.-V.-G. ist das Verwaltungsstreitverfahren nur in den vom Gesetze besonders vorgeschriebenen Fällen zulässig. Es fehlt an einer solchen Vorschrift in Betreff der Feststellungsklage des Kontribuenten gegen den abgabenberechtigten Schulverband. Nur wenn jener zu Abgaben und sonstigen nach öffentlichem Rechte zu fordernden Leistungen herangezogen wird, kann er Einspruch und bei dessen Zurückweisung Klage auf gänzliche oder teilweise Befreiung von der Einzelforderung gegen das den Schulverband vertretende Organ (Schulvorstand) erheben. Durch die dieserhalb in Abs. 1, 2 und 5 § 46 Zust.-Ges. gegebenen Bestimmungen sind die Rechtsbehelfe des Kontribuenten gegen den Schulverband, bezw. das ihn vertretende Organ derartig geregelt, daß es für diese Verhältnisse weitere Rechtsmittel nicht giebt. — Abs. 3 läßt das Verhältnis zwischen dem Kontribuenten und dem abgabenberechtigten Verbande um deswillen völlig unberührt, weil unter den hier bezeichneten „Beteiligten“ nur die Kontribuenten zu verstehen sind, Abs. 3 also im Gegensatze zu der im Abs. 2 erwähnten, gegen den Verbandsvorstand zulässigen Klage nur die Streitigkeiten der Kontribuenten unter sich im Auge hat.

Die Bestimmung im Abs. 3 § 47 des Zust.-Ges. kann für die Auslegung des Begriffes der Beteiligten im Sinne des Abs. 3 § 46 nicht in Betracht kommen. Denn § 47 regelt im Abs. 1 das bei Schulbauten erforderliche Einschreiten der Aufsichtsbehörde, die sich zwar dabei der Unterverteilung der Schulbaukosten auf die pflichtigen Individuen zu enthalten, dagegen im öffentlichen Interesse als Interimistikum festzusetzen hat, wie die Baukosten auf Gemeinden (Gutsbezirke), Schulverbände und Dritte zu verteilen sind. Diesen Pflichtigen, nicht den innerhalb der Gemeinden stehenden pflichtigen Einzelkontribuenten, wird im Abs. 3 § 47 das Verwaltungsstreitverfahren für die Entscheidung ihrer Streitigkeiten unter sich gegeben.

Nr. 19. Entsch. Bd. XXVIII. S. 163 vom 26. April 1895. I B 59/94.

Ges. v. 26. V. 87 (G.-S. S. 175), betreffend Feststellung von Anforderungen für Volksschulen. Hann.-Ges. v. 26. V. 45 (G.-S. S. 465), betreffend das christliche Volksschulwesen, §§ 20, 21, 22. Hann.-Ges. betreffend Kirchen- und Schulvorstände v. 14. X. 48 (G.-S. S. 301) §§ 18, 19.

Eine öffentliche Korporation bezw. ihr gesetzlicher Vertreter, insbesondere der Vorstand einer hannoverschen Schulgemeinde kann ihre Willenserklärung, durch die Rechte für einen Dritten begründet werden sollten, so lange, als dies noch nicht geschehen ist, auch dann zurücknehmen, wenn der Korporationswille nicht lediglich durch ihr Organ, sondern durch dieses und die staatliche Aufsichtsbehörde bestimmt war. Der Beschluß stellt an sich keinen Vertrag, insbesondere keinen zweiseitigen lästigen Vertrag dar. Durch die bloße einseitige Willenserklärung, eine gewisse Verpflichtung übernehmen zu wollen, entsteht in der Regel noch kein Rechtsverhältnis, noch nicht das entsprechende Recht des Dritten, zu dessen Gunsten die Pflicht übernommen werden sollte. Dazu bedarf es vielmehr regelmäßig seitens des Dritten

---

[1]) Ebenso Entsch. v. 13. XII. 95 (Pr. Verw.-Bl. Bd. XVII S. 328) und v. 1. V. 96 (Pr. Verw.-Bl. Bd. XVII S. 390).

der ausdrücklichen oder stillschweigenden Annahme der Erklärung, bis zu der deren Widerruf dem Erklärenden vorbehalten bleibt. Hieran wird dadurch nichts geändert, daß in vielen Fällen der Erklärung des Organes einer Korporation, damit sie im Rechtsleben als ihr Wille gilt, noch die Zustimmung des Staates hinzutreten muß. Diese ergänzt lediglich die Erklärung des Organes. Erst durch das Zusammentreffen beider entsteht die einseitige Willenserklärung der Korporation, es entsteht nicht etwa ein zweiseitiges Rechtsverhältnis zwischen der Korporation und dem Staate, das die Korporation an der Zurücknahme ihrer Erklärung, solange, als dadurch Rechte Dritter nicht begründet sind, hindern könnte.

Enthält daher der genehmigte Beschluß des Organes eine Änderung der Korporationsverfassung, des objektiven Rechtes, der durch die Bekanntmachung beider Akte in Geltung tritt, so werden durch diese Bekanntmachung die Rechte und Pflichten der Mitglieder gegenüber der Korporation bereits geändert; daher ist dann das Korporationsorgan zum einseitigen Widerrufe der bereits verwirklichten Verfassungsänderung dort nicht mehr berechtigt, wo es zu einer solchen der Staatsgenehmigung bedarf. Ging jedoch der genehmigte Beschluß, z. B. einer Landgemeinde dahin, daß ein sowohl von A. als von B. angebotenes Darlehn von dem A. und nicht von dem B. angenommen werden sollte, so kann — vor der Benachrichtigung der Darlehnsgeber — der Widerruf des Beschlusses dahin, daß überhaupt kein Darlehn aufgenommen werden soll, von den Korporationsorganen allein, jedoch dahin, daß es von B. aufgenommen werden soll, von diesen nur unter Staatsgenehmigung beschlossen werden. Das Gleiche gilt, wenn ein Schulvorstand mit Genehmigung der Regierung beschlossen hat, zur Aufbesserung des Lehrergehaltes von den Gemeindegliedern eine nicht schon feststehende Leistung zu erfordern, und diesen Beschluß widerruft, ehe ein Dritter — der Lehrer oder die Stelle — durch thatsächliche Leistung oder durch Zusicherung und Annahme ein Recht darauf erworben hat.

Nr. 20. Entsch. Bd. XII. S. 206 i. d. Anm. vom 4. November 1885. I B 73/85.

Um das Bestehen eines Schulgemeindeverbandes zu erweisen, bedarf es nicht der Beibringung einer förmlichen Einschulungsverfügung. Bei von Alters her bestehenden Verbindungen ist deren stillschweigendes Anerkenntnis seitens der Aufsichtsbehörde der nach § 18 R der Reg.-Instr. v. 23. X. 17 (G.-S. S. 248) den Regierungen überwiesenen „Einrichtung der Schulsozietät" gleichzuachten.[1])

[1]) Vergl. Entsch. v. 4. I. 90 (Pr. Verw.-Bl. Bd. XI S. 307), v. 24. IX. 90 (Pr. Verw.-Bl. Bd. XII S. 156) und v. 9. XII. 91 (Pr. Verw.-Bl. Bd. XIII S. 254).

In der Thatsache, daß die Kinder aus bestimmten, bis dahin einer Stadtschule zugehörigen Guts- und Gemeindebezirken seit Jahrzehnten eine andere Schule besucht haben, kann unter Umständen eine mit stillschweigender Genehmigung der Schulaufsichtsbehörde erfolgte Ausschulung gefunden werden. Diese Annahme ist jedoch dann ausgeschlossen, wenn sich aus den thatsächlichen Verhältnissen ergiebt, daß nur in früherer Zeit eine ausreichende Kontrolle des Schulbesuchs gefehlt, und er daher teilweise nach anderen Schulen sich gelenkt hat. Entsch. v. 5. XI. 90 (Pr. Verw.-Bl. Bd. XII S. 167).

Die Errichtung einer neuen Schule innerhalb einer Gemeinde, deren Bezirk bisher anderen Schulen zugeschlagen war, ist in Ermangelung einer ausdrücklichen anderweiten Festsetzung — sowohl im Bereich des allgemeinen Landrechtes als des schlesischen Schulreglements — zugleich als eine Ausschulungsverfügung anzusehen. Entsch. v. 13. V. 93 (Pr. Verw.-Bl. Bd. XV S. 170).

Im Verwaltungsstreitverfahren — insbesondere im Steuer-Reklamations-Prozesse — kann über die Zugehörigkeit eines Kommunalbezirkes zu einem Schulverbande nur als Incidentpunkt, nicht aber ausdrücklich im dispositiven Teile des Urteiles erkannt werden. Entsch. v. 3. III. 88 (Pr. Verw.-Bl. Bd. IX S. 241).

Nr. 21. Entsch. Bd. XXVI. S. 167 vom 1. Mai 1894. I C 15/94.

A. L.=R. Teil II Tit. 12 §§ 29ff. Reg.=Instr. v. 23. X. 17 (G.=S. S. 248) § 18. Zust.=Ges. §§ 46, 47.

1) Wenn aus einer landrechtlichen Schulsozietät, nach deren Ortsverfassung an Stelle der Hausväter Landgemeinden und Gutsherrschaften die Schullast ganz oder teilweise tragen, einzelne Einwohner einer Landgemeinde ausgeschult und zu einer neuen Schule, die die Anstalt nicht jenes, sondern eines anderen Schulverbandes ist, eingeschult werden, so wird diese Landgemeinde durch jene Sozietätsverfassung nicht an Stelle der ausgeschulten Hausväter dem neuen Schulverbande beitragspflichtig. Sie kann wider ihren Willen unter keinen Umständen gezwungen werden, Schulen, die für andere politische oder Schulgemeinden bestimmt sind, zu bauen oder zu unterhalten oder zu diesem Zwecke mit anderen Gemeinden einen Zweckverband einzugehen.

Die neue Sozietätsschule ist weder eine Kommunalanstalt dieser Gemeinde, noch eine Sozietätsanstalt ihrer Schulsozietät. Zur neuen Schulsozietät ist sie als Gemeinde in keinerlei rechtliche Beziehungen getreten. Wäre selbst eine Verpflichtung für sie begründet, ihren ausgeschulten Hausvätern die Hausväterlast abzunehmen, so würde dies ein lediglich in dem Kommunalverbande wurzelndes und ausschließlich auf diesen beschränktes Verhältnis zwischen ihr und den Hausvätern geblieben sein, aus dem die neue Schulsozietät gegen sie keine Rechte geltend machen könnte. Eine Einschulungsverfügung der Regierung anderen Inhaltes würde dem materiellen Rechte widersprechen.

2) Hat die Gemeinde der neuen Schulsozietät ohne Verpflichtung bereits etwas geleistet, so steht ihr die Erstattungsklage gegen letztere zu, insoweit aus ihrem Vermögen etwas ohne Rechtsgrund in das Vermögen der Schulsozietät verwendet und diese hierdurch ohne Rechtsgrund bereichert ist (vergl. E.=O.=V. Bd. XVIII S. 169). Beide Erfordernisse treffen zu, wenn die Gemeinde die Baukosten eines Schulhauses auf Grund irrigen Resolutes der Regierung gezahlt hat und die Schulsozietät in den Besitz und Genuß des eigentlich auf ihre eigenen Kosten zu errichtenden Schulhauses getreten ist.

Stehen Unterhaltungskosten in Frage, so ist zu beachten, daß für diese § 46 des Zust.=Ges. maßgebend ist, zu den Beteiligten im Rahmen des § 46 Abs. 3 aber der Schulverband, die Schulsozietät und der sie vertretende Schulvorstand nicht gehören, die dort eröffnete Klage vielmehr nur den wirklichen oder vermeintlichen Kontribuenten unter einander zusteht. Vergl. E.=O.=V. Bd. XXV S. 184, 174 ff.

Nr. 22. Entsch. Bd. XXIX. S. 139 vom 10. Dezember 1895. I C 36/95.

A. L.=R. Teil I Tit. 4 §§ 59, 60; Tit. 13 §§ 267, 268. Westf. Land=Gem.=Ordn. v. 19. III. 56 (G.=S. S. 265) § 53. Zust.=Ges. § 46. Ges. betreffend die Erleichterung der Volksschullasten v. 14. VII. 88 (G.=S. S. 240) § 4.

1) Die Errichtung oder Übernahme von Volksschulen als Kommunalanstalten, sowie das Eintreten bürgerlicher Gemeinden für die Beitragspflicht ihrer Mitglieder gegenüber einer fortbestehenden Schulsozietät kann sich ohne förmliche Beschlüsse und ausdrückliche Willenserklärungen durch konkludente Handlungen der Gemeinden mit Hinzutreten der in gleicher Weise erkennbar gewordenen Genehmigung der Schul-, bezw. der Kommunalaufsichtsbehörde, soweit es einer Genehmigung der letzteren überhaupt bedarf, vollziehen. In der Provinz Westfalen ist dazu die Genehmigung der Kommunalaufsichtsbehörde auch bei Landgemeinden nicht erforderlich.

2) Zu den Beteiligten im Sinne des § 46 Abs. 3 des Zust.=Ges. gehört die bürgerliche Gemeinde als Trägerin der Schulunterhaltungslast jedenfalls in Ansehung solcher Leistungen, betreffs derer ihren Organen ein Heranziehungsrecht nicht zusteht. Vergl. E.=O.=V. Bd. XXV S. 174.

3) Wo bei der Trennung von Schulverbänden die auszuschulenden Kinder einstweilen noch bis zur Herstellung der neuen Schule oder Klassenräume die alte Schule weiter besuchen müssen, empfiehlt es sich, in der Ausschulungsverfügung gleichzeitig zu bestimmen, daß die auszuschulenden Hausväter (Gemeinde) so lange anteilsweise zur laufenden Unterhaltung der alten Schule, abgesehen von etwaigen Beiträgen zu auszuführenden Bauten beizusteuern haben, als die ausgeschulten Kinder noch die alte Schule besuchen müssen. Ordnet aber die Aufsichtsbehörde die schulgeldfreie Benutzung der alten Schule durch die ausgeschulten Kinder bis zur Herstellung der neuen an oder legt sie gar aus vermeintlichen Billigkeitsrücksichten einer von zweien, bisher eine Schulsozietät bildenden Gemeinden einstweilen die gesammte Schullast auf, so liegt eine solche Entscheidung außerhalb ihrer Zuständigkeit und widerspricht dem bestehenden Rechte. Jedem Schulverbande liegt, vorbehaltlich der Befugnis der Schulaufsichtsbehörde zur Regelung des Fremdenschulgeldes, nur die Fürsorge für die Beschulung der ihm selbst, nicht auch der einem anderen Schulverbande angehörigen Kinder ob. Die Kosten der Beschulung fremder Kinder kann er gemäß §§ 267, 268 A. L.-R. Teil I Tit. 13 erstattet verlangen, wobei es für die Zulässigkeit der Verwaltungsklage belanglos ist, daß der Begründung des Anspruches aus dem öffentlichen Rechte das privatrechtliche Moment der nützlichen Verwendung, bezw. der Bereicherung ohne Rechtsgrund hinzutritt. Vergl. E.-O.-V. Bd. XVIII S. 169.

2. Das Geltungsgebiet des Allgemeinen Landrechtes.

Litteratur: Vergl. oben S. 525; ferner: Altmann: Praxis der Preußischen Gerichte in Kirchen-, Schul- und Ehesachen, Leipzig 1862. — Ballien: Gesetze und Verordnungen betreffend das preußische evangelische Volksschulwesen für die Provinz Brandenburg, Berlin 1859. — Ebmeyer: Provinzial-, Kirchen- und Schulrecht der Mark Brandenburg, Brandenburg 1853. — v. Houwald: Zusammenstellung der Bestimmungen des neumärkischen und kurmärkischen Provinzialrechts über Kirchen-, Pfarr- und Küsterbauten mit den betreffenden Vorschriften des Allgemeinen Landrechtes, Frankfurt a/O. 1883. — Klaunig: Das Preußische Volksschulwesen im Geltungsbereiche des Allgemeinen Landrechtes, Wittenberg 1882. Nachtrag 1885. — v. Schmieden: Das Elementar- und Bürgerschulwesen in der Provinz Brandenburg, Leipzig 1840. — Vogel: Die Schulordnung des Hochstiftes Münster von 1776, Leipzig 1837.

Verordnungen das Schulwesen betreffend für die Regierungsbezirke Cöslin, v. Kahle, Breslau 1884; Arnsberg, v. Sachse, Breslau 1889; Magdeburg, Breslau 1884; Potsdam und Frankfurt a O., v. Wolter, Potsdam 1887.

Materialien: Siehe oben S. 525.

Nr. 1. Entsch. Bd. II. S. 197 vom 17. Januar 1877.

A. L.-R. Teil II Tit. 11 § 96; 12, §§ 29 ff. 49. Ges. v. 11. VII. 22 (G.-S. S. 184), betreffend die Heranziehung der Staatsdiener zu den Gemeindelasten, §§ 10 ff.

1) Prediger und Lokal-Schul-Inspektoren, sowie die Lehrer sind verpflichtet, als „Hausväter" zu den Schullasten beizutragen, wenn nicht etwa die Unterhaltung der Schule durch einen förmlichen, von der Aufsichtsbehörde bestätigten Gemeindebeschluß als eine Last der bürgerlichen (politischen) Gemeinde übernommen worden ist. Hausväter sind, mit Ausnahme des Gutsherrn des Schulortes, alle Einwohner des Schulbezirkes, die in ihm ihren beständigen Wohnsitz und ein eigenes Einkommen haben.[1])

[1]) Die Befreiung der Beamten, Geistlichen und Lehrer von den Schullasten kann durch die örtliche Schulverfassung eingeführt werden und steht insbesondere mit dem § 31 A. L.-R.'s Teil II Tit. 12 nicht in Widerspruch. Wo aber ein bezüglicher Beschluß nicht gefaßt ist, und nur die gesetzlichen Vorschriften gelten, steht den Beamten, Geistlichen und Lehrern ein Anspruch auf Befreiung nicht zu. Entsch. v. 23. IX. 93 (Pr. Verw.-Bl. Bd. XV S. 167).

2) Auf die Hausväterschulbeiträge findet das Ges. betreffend die Heranziehung der Staatsdiener zu den Gemeindelasten v. 11. VII. 22 keine Anwendung, weil es sich hier um Schulsozietätslasten handelt.

Nr. 2. Entsch. Bd. II. S. 208 vom 28. März 1877.

A. L.-R. Teil II Tit. 12 § 31.

1) Bei Umlegung der Schulsteuer nach dem Maßstabe der Grund- und Einkommensteuer auf die zur Schule gewiesenen Hausväter darf nur die Grundsteuer von den im Schulbezirke belegenen Grundstücken in Rechnung gestellt werden.[1])

2) Wenn in der Klage die Person des Beklagten nicht genau bezeichnet ist, so kann dies als ein wesentlicher Mangel des Verfahrens nicht gelten, da nach § 71 des L.-V. G. der Kläger noch in der mündlichen Verhandlung die Klage ergänzen und abändern kann, und es Aufgabe des Vorsitzenden des Gerichtes ist, dahin zu wirken, daß sachdienliche Anträge gestellt werden.

3) Handelt es sich um die Heranziehung zum Lehrergehalte oder zu den Kosten der Beschaffung des Brennholzes, so ist die Klage mit Recht gegen den die Ausschreibung der Beiträge bewirkenden Schulvorstand als den Vertreter des korporativen Rechtssubjektes der Schulgemeinde zu richten.

Nr. 3. Entsch. Bd. III. S. 125 vom 28. November 1877.

1) Das A. L.-R. giebt keine Definition des Begriffes der „Gemeinde" und ihrer Aufgaben. Nach gemeinem deutschen Rechte gehören aber zu den Aufgaben der Gemeinde nicht allein die rein ökonomischen Angelegenheiten, sondern namentlich auch das Schulwesen. Auf diesem Gebiete wird die Autonomie der Gemeinde nur durch das staatliche Aufsichtsrecht begrenzt.

2) Nach der feststehenden Annahme der Aufsichtsbehörden sind die politischen Gemeinden befugt, vermöge jener Autonomie und mit Zustimmung der Kommunalaufsichtsbehörde die Schullasten den Schulsozietäten abzunehmen und in Kommunallasten zu verwandeln.

Macht eine Gemeinde von der Befugnis, die Schule als Kommunalanstalt zu übernehmen, unter Zustimmung der Aufsichtsbehörde Gebrauch, so werden damit die Schullasten Kommunallasten, und alle diejenigen, die zu den Kommunallasten beizutragen haben (event. auch die Forensen), sind verpflichtet, nach dem Kommunalsteuerfuße auch zu den Kosten der Schule beizutragen.

Nr. 4. Entsch. Bd. III. S. 137 vom 23. Februar 1878.

A. L.-R. Teil II Tit. 12 §§ 29, 31, 34.

1) Das A. L.-R. giebt durch die §§ 29 und 34 Tit. 12 Teil II klar zu erkennen, daß die Schullast von allen im Schulbezirke Wohnenden „ohne Unterschied" und ohne jegliche Exemtion getragen werden soll. Nur derjenige, der überhaupt unvermögend ist, Abgaben zu zahlen, kann auch zur Leistung von Schulbeiträgen nicht herangezogen werden. Darauf weisen die Worte in dem § 31 a. a. O. hin, daß die Verteilung nach Verhältnis der Besitzungen und Nahrungen erfolgen soll.

2) Wer eine Nahrung hat, d. h. wer aus eigenem Vermögen oder eigenem Erwerbe seinen Unterhalt gewinnt, ist als Hausvater, als zur Schule gewiesener Einwohner schulsteuerpflichtig (Erk. des Ob.-Trib. v. 7. IX. 48. Rechtsf. Bd. IV S. 355). Es begreift die Bezeichnung „Hausvater" alle wirtschaftlich (ökonomisch) selbständigen, physischen Per-

[1]) Ebenso Entsch. v. 4. XII. 94 (Z.-Bl. U.-V. 1895 S. 319).

sonen in sich, die im Schulbezirke ihren Wohnsitz haben.[1]) Es kommt nicht darauf an, ob sie verheiratet sind oder nicht, ob sie einen eigenen Hausstand führen oder Wohnung und Kost, sei es gegen Bezahlung, sei es als Entgelt für ihre Dienstleistung, von einem dritten erhalten; entscheidend ist, allein das eigene Einkommen, die wirtschaftliche Selbständigkeit.

(Erk. des Ob.-Trib. v. 8. IX. 51, 13. IV. 66. — Striethorst, Archiv Bd. III S. 269, Bd. LXII S. 285, Bd. LXV S. 49. — Erk. des Ob.-V.-G. v. 17. I. 77. — Bd. II S. 197 ff. —.)

Nr. 5. Entsch. Bd. VII. S. 224 vom 16. Februar 1881.

A. L.-R. Teil II Tit. 12 §§ 29 ff. Ges. v. 18. VI. 40 (G.-S. S. 140), über die Verjährungsfristen bei öffentlichen Abgaben, §§ 1, 3, 14. Zust.-Ges. § 46.

1) Wenn in einem Schulverbande, der aus einer Stadt und umliegenden ländlichen Ortschaften gebildet wird, die städtische Schuldeputation die Veranlagung bewirkt hat, so muß auch die Reklamation fristgemäß bei ihr angebracht werden, nicht etwa bei dem Magistrate.

2) Dem § 29 A. L.-R.'s Teil II Tit. 12 entspricht die Umlage der Schullasten auf alle Hausväter des Schulbezirkes nach dem Maßstabe der direkten Staatssteuern. Vergl. E.-O.-V. Bd. I S. 186, Bd. II S. 211. Der Stadtgemeinde ist dabei unbenommen, den auf die Stadtbewohner treffenden Beitrag aus dem Stadtsäckel zu zahlen, ohne daß die ländlichen Hausväter deshalb eine Minderung ihrer Steuer beanspruchen könnten. Die letzteren können nur verlangen, daß die Beiträge nach einem und demselben, dem Gesetze entsprechenden Maßstabe auf sämmtliche Hausväter, die städtischen wie die ländlichen, verteilt und die beiderlei Beiträge an die Schulkasse abgeführt werden. Ein Anspruch der ländlichen Schulgemeindemitglieder auf Teilnahme an den Benefizien, die die Stadt ihren Einwohnern gewährt, ist nicht anzuerkennen.

3) Anders läge die Sache, wenn in einer bei der veranlagenden Behörde (hier der städtischen Schuldeputation) rechtzeitig angebrachten Reklamation behauptet würde, daß die städtischen Hausväter nicht zur vollen Schulsteuer veranlagt seien, oder daß gewisse Klassen von städtischen Ein-

---

[1]) Juristische Personen gehören nicht zu den Hausvätern, Entsch. v. 3. X. 88 (Pr. Verw.-Bl. Bd. X S. 584).

Die Hausvatereigenschaft ist nicht davon abhängig, daß der Ort des Wohnsitzes für den Hausvater den Mittelpunkt aller Lebensverhältnisse ohne Ausnahme, insbesondere auch des Schulunterrichtes seiner Kinder bilden müsse. Denn sonst würde der Inhaber eines doppelten Wohnsitzes, der seine Kinder nicht in eine Schule an einem der beiden Orte schickte, überhaupt nicht Hausvater und schulbeitragspflichtig sein können. Entsch. v. 13. XII. 93 (Z.-Bl. U.-V. 1894 S. 384). Vergl. Entsch. v. 22. III. 95 (Pr. Verw.-Bl. Bd. XVI S. 570) und v. 19. V. 96 (Z.-Bl. U.-V. S. 608).

Schulgemeinden, die die steuerpflichtigen Personen nach der Leistungsfähigkeit, also zu einer Subjektsteuer heranziehen, sind im Gebiete des A. L.-R.'s nicht behindert, mit dieser Steuer das gesammte, also auch das aus auswärtigem Grundbesitze erzielte Einkommen zu belasten. Entsch. v. 13. V. 93 (Pr. Verw.-Bl. Bd. XV S. 169). Denn die Hausväterbeiträge sind rein persönliche Abgaben, für die der Wohnsitz im Schulbezirke demgemäß Voraussetzung ist. An diesem ihrem Charakter wird dadurch nichts geändert, daß gemäß § 31 Teil II Tit. 12 A. L.-R.'s als Verteilungsmaßstab außer der Einkommensteuer die Grund- und Gebäudesteuer in Anwendung gebracht wird. Entsch. v. 6. XII. 95 (Z.-Bl. U.-V. 1896 S. 269).

Wenn in einem aus mehreren Gemeinden bestehenden Schulverbande beschlossen wird, die Schulbeiträge in einer Gemeinde, in der Hausväter mit Grundbesitz thatsächlich nicht vorhanden sind, lediglich nach Maßgabe der Einkommensteuer, in den übrigen Gemeinden hingegen nach der Einkommen-, Grund- und Gebäudesteuer zu erheben, so kann hierin ein Verstoß gegen den Grundsatz, daß auf sämmtliche Hausväter des Schulverbandes derselbe Verteilungsmaßstab Anwendung zu finden hat, nicht gefunden werden. Entsch. v. 21. IX. 94 (Pr. Verw.-Bl. Bd. XVI S. 62).

wohnern zu Unrecht von der Schulsteuer freigelassen seien, z. B. die katholischen Einsassen, die in der Stadt keine gemeine Schule haben, Beamte, Lehrer, Prediger u. s. w., deren Kommunalsteuerprivilegien sich auf die Schulsozietätslasten nicht erstrecken. Denn schulsteuerpflichtig ist jede wirtschaftlich selbständige, physische Person, die im Schulbezirke ihren Wohnsitz hat, also auch Gesellen und Dienstboten, die aus eigenem Gewerbe ihren Unterhalt gewinnen, dagegen sind Forensen und Korporationen von dieser Steuer befreit.

Nr. 6. Entsch. Bd. VIII. S. 174 vom 15. April 1882.

A. L.-R. Teil II Tit. 12 §§ 29, 30. Zust.-Ges. § 46[3].

1) Wenn an einem Orte mit Einwohnern verschiedenen Glaubensbekenntnisses sich nur die Schule für eine Religionsgesellschaft befindet, während die Mitglieder der anderen einer auswärtigen Konfessionsschule zugewiesen sind, so sind die letzteren zur Ortsschule nicht beitragspflichtig.

2) Die Grenzen des Rechtsstreites der Mitglieder einer Schulgemeinde untereinander über die Verpflichtung zur Leistung von Schulbeiträgen bestimmen sich dahin, daß der Kläger nur berechtigt ist, von dem Beklagten Erstattung bezw. Übernahme desjenigen Betrages zu verlangen, um den er durch Freilassung des Beklagten überbürdet worden, den er infolgedessen mehr zu leisten hatte. Zu einem Antrage, den Beklagten zur Zahlung seines Beitrages an die Orts- und Schulkasse zu verurteilen, fehlt dem Kläger die Berechtigung.

Nr. 7. Entsch. Bd. IX. S. 123 vom 30. September 1882.

A. L.-R. Teil II Tit. 12 §§ 29—31. Regulativ für die neuvorpommerschen Landschulen v. 29. VIII. 31 Art. 5.

1) „Hausvater" im Sinne des § 31 Tit. 12 Teil II A. L.-R.'s ist jeder Einwohner des Schulbezirkes, der eine Besitzung und Nahrung hat, also jede wirtschaftlich (ökonomisch) selbständige physische Person, die im Schulbezirke ihren Wohnsitz hat.

2) Bei den heutigen sozialen Verhältnissen, wo das „Gesinde" seinen Erwerb in dem Dienen freiwillig sucht und findet, auch einen eigenen Wohnsitz zu begründen vermag, muß angenommen werden, daß der Dienstbote (in diesem Falle Erzieherinnen, Kammerjungfern, Köchinnen) in gleicher Weise eine Nahrung hat, wie der Tagelöhner, Dienstmann (im eigentlichen Sinne), kurz jeder, der aus eigenem Gewerbe seinen Unterhalt findet. Da das Landrecht als Maßstab für die Aufbringung der Schulbeiträge ganz allgemein die „Besitzungen und Nahrungen" aufstellt und davon die „Nahrungen" des Gesindes nicht ausnimmt, so sind auch letztere als schulsteuerpflichtig anzusprechen.

3) Art. 5 des Regulativs v. 29. VIII. 31 für die neuvorpommerschen Landschulen kann zur Interpretation des A. L.-R.'s nicht benutzt werden.

Nr. 8. Entsch. Bd. XII. S. 202 vom 15. April 1884. I C 17/85.

A. L.-R. Teil II Tit. 12 § 31.

1) Aus dem § 31 Tit. 12 Teil II A. L.-R.'s, der die Verteilung der Schulbeiträge auf die Hausväter „nach Verhältnis ihrer Besitzungen und Nahrungen" vorschreibt, ist unmittelbar die Bestimmung des Besteuerungsfußes nicht zu entnehmen. Er stellt vielmehr nur die Grundsätze auf, nach denen der Besteuerungsfuß zu bestimmen ist und verlangt nur, daß bei Feststellung des modus collectandi Besitzungen und Nahrungen berücksichtigt werden. Vergl. E.-O.-V. Bd. X S. 148[1]). Der Maßstab der Einkommensteuer entspricht jenem

[1]) Ebenso Entsch. v. 27. III. 96 (Pr. Verw.-Bl. Bd. XVII S. 345). — Doppelbesteuerung ist nicht ausgeschlossen.

§ 31 ebenso, wie der der Grund-, Gebäude- und Einkommensteuer. In dem letzteren findet nur der Grundbesitz eine stärkere Belastung. Wenn der Schulvorstand die erforderlichen Beiträge nur nach der Einkommensteuer ausschreibt, so können diejenigen, die sich dadurch für benachteiligt halten, bei der Regierung die Festsetzung eines anderen Maßstabes beantragen, dagegen sind die Verwaltungsgerichte nicht befugt, den Schulgemeinden einen bestimmten Maßstab vorzuschreiben.

2) Das Ges. v. 11. VII. 22 (G.-S. S. 184), betr. Heranziehung der Staatsdiener zu den Gemeindelasten, findet auf Schulsozietätslasten keine Anwendung. Vergl. E.-O.-V. Bd. II S. 199.

Nr. 9. Entsch. Bd. XVIII. S. 155 vom 13. April 1889. I B 63/88.

A. L.-R. Teil II Tit. 2 § 75; Tit. 10 §§ 17, 18; Tit. 12 §§ 7, 29 ff., 43, 48. Kab.-Ordn. v. 14. V. 25 (G.-S. S. 149), betreffend die Schulzucht. Militärkirchenordnung v. 12. II. 32 (G.-S. S. 69) §§ 86, 87. Ges. v. 29. VI. 86 (G.-S. S. 181), betreffend Heranziehung der Militärpersonen zu Abgaben für Gemeindezwecke, §§ 2, 6. R. G. über den Unterstützungswohnsitz v. 6. VI. 70 (B.-G.-Bl. S. 360) § 26.

1) Aktive Militärpersonen (Offiziere) haben ihren Wohnsitz im gesetzlichen Sinne in ihrem Garnisonorte, wenn dieser Wohnsitz auch eine Zugehörigkeit zur politischen Gemeinde nicht zur Folge hat. Sie gehören deshalb auch zur Ortsschule (öffentlichen Volksschule), sofern sie nicht einer anderen öffentlichen Schule zugewiesen sind. Ist dies nicht der Fall, so liegt ihnen auch die Unterhaltung der Ortsschule mit ob, sie müssen Hausväterbeiträge bezahlen, wie jedes andere Gemeindemitglied.

2) Früher bestanden für Soldatenkinder (damals auch für Offiziere) besondere Garnisonschulen. Diese bestehen (abgesehen von einigen besonderen Stiftungen) nicht mehr. Heute ist der Schulbesuch der Kinder von aktiven Soldaten und Unteroffizieren geregelt durch §§ 86, 87 der Militärkirchenordnung v. 12. II. 32 und die Instruktion dazu v. 27. IX. 34. Für die Offiziere und höheren Militärbeamten sind weder in der Militärkirchenordnung, noch sonst wegen Erfüllung der Schulpflicht Bestimmungen getroffen. Für sie ist jetzt die Ortsschule die Pflichtschule, zu deren Unterhaltung sie, wie die sonst zur Schule gewiesenen Einwohner, beizutragen haben. [1])

Ein Abkommen, wonach Jemand einer Schulgemeinde ein Grundstück zu Schulzwecken mit dem Vorbehalte unentgeltlichen Schulbesuches für seine und seiner Descendenz Kinder zum Geschenke übereignet, kann nur dann als ein öffentlich-rechtliches, einen Teil der Schulverfassung bildendes Rechtsverhältnis angesehen werden, wenn es die erforderliche Genehmigung der Aufsichtsbehörde erhalten hat. Entsch. v. 8. X. 90 (Pr. Verw.-Bl. Bd. XII S. 85).

Die Bildung einer Observanz dahin, daß Leistungen, die an sich zur Unterhaltung der Schule gehören (z. B. Reinigung des Schulzimmers) durch Dienste der Hausväter bestritten, und diese von den Kindern in Vertretung der Eltern geleistet werden, ist zulässig. Entsch. v. 3. V. 93 (Pr. Verw.-Bl. Bd. XV S. 169).

[1]) § 17 A. L.-R. Teil II Tit. 10, der die Militärpersonen von der Teilnahme an den gemeinen persönlichen Lasten der übrigen Staatsbürger befreit, kann — selbst angenommen, was mindestens sehr zweifelhaft ist, daß er der modernen Gesetzgebung gegenüber noch in Geltung ist — jedenfalls auf Beiträge zu den Schulsozietäten nicht angewendet werden, da diese im Sinne des Landrechtes zu den bürgerlichen, d. h. zu den auf der Zugehörigkeit zum Staate oder zu einem politischen Kommunalverbande beruhenden, Lasten nicht gehören. Aktive Offiziere sind sonach gleich den übrigen Hausvätern zu Beiträgen an die Schulsozietäten verpflichtet, wenn sie Einwohner des Schulbezirkes und zur Schule gewiesen sind. In Ermangelung von Sonderbestimmungen, wie sie für gemeine Soldaten und Unteroffiziere in der Kabinettsordre v. 12. XI. 29 gegeben sind, gehören auch Offiziere der Schulsozietät an, in deren Bezirke sie wohnen. Der in dem Staatsministerialbeschluß v. $\frac{17.\ \text{VIII}.\ 50}{21.\ \text{XI}.\ 50}$ ausgesprochene Grundsatz, daß der Garnisonort als Wohnsitz der Offiziere im gesetzlichen Sinne nicht anzusehen sei, beruhte auf Voraussetzungen, die heute, zumal nach Erlaß des Unterstützungswohnsitzgesetzes, nicht mehr zutreffen. Die Frage, ob ein Offizier an seinem Dienstorte Wohnsitz oder nur vorübergehenden

3) Das Reskript v. 4. VII. 26 (v. Rönne, Schulwesen Bd. I S. 798), das die Hausväterbeiträge zu den Kommunallasten rechnet, ist bereits durch das Reskript v. 17. IX. 38 (das. S. 788) reprobiert worden.

Nr. 10. Entsch. Bd. XXIV. S. 124 vom 4. Februar 1893. I B 35/92.

A. L.-R. Teil II Tit. 12 §§ 1, 29, 30, 34, 37. Ges. v. 14. V. 73 (G.-S. S. 207), betreffend den Austritt aus der Kirche § 3.

Nach § 3 des Ges. v. 14. V. 73 bewirkt die Erklärung des Austrittes aus der Kirche, daß der Austretende zu Leistungen, die auf der persönlichen Kirchen- oder Kirchengemeindeangehörigkeit beruhen, nicht mehr verpflichtet ist. Zu diesen Leistungen gehören aber nicht solche an die Volksschule: denn diese ist auch dann, wenn sie nur für eine einzelne Religionspartei bestimmt ist, kein kirchliches Institut, sondern gemäß A. L.-R.'s Teil II Tit. 12 § 1 eine Staatsanstalt, ihre Unterhaltung liegt auch — abgesehen von der auf der Mitbenutzung des Schulhauses zu kirchlichen Zwecken begründeten Ausnahme des § 37 das. a. a. O. — nicht den Kirchengemeinden oder Kirchengemeindeangehörigen, sondern den zur Schule gewiesenen Hausvätern ob (§§ 29, 30, 34 a. a. O.) Hiernach kann der Austritt aus einer bestimmten Glaubensgemeinschaft auch die Freiheit von der Verpflichtung, zur Unterhaltung der für ihr Bekenntnis bestimmten Schule beizutragen, nicht zur unmittelbaren rechtlichen Folge haben; er kann vielmehr nur mittelbar ein Ausscheiden aus der Hausvätersozietät herbeiführen, wenn durch ihn sich die Bedingungen ändern, die die Zuweisung zu einer bestimmten Schule bewirken. Dies ist zweifellos der Fall, wenn mit dem Austritte zugleich der Übertritt zu einer Religionspartei verbunden ist, für die eine andere Schule bestimmt ist; denn hier greift die Bestimmung im § 30 a. a. O., daß beim Bestehen mehrerer gemeiner Schulen Jeder nur zur Unterhaltung der Schule seiner Religionspartei verpflichtet ist, unmittelbar Platz. Ganz anders aber stellt sich die Frage, wenn der Ausgetretene keiner anderen oder doch nur einer solchen Religionsgemeinschaft beitritt, über deren Zuweisung zu einer von mehreren bestehenden Schulen nichts bestimmt ist. In diesem Falle bleibt der Ausgetretene in seinem bisherigen Schulverbande, bis über seine Zuweisung zu einer anderen seitens der Regierung, als der zuständigen Schulaufsichtsbehörde, verfügt ist; denn die entgegengesetzte Annahme würde zu einer völlig unannehmbaren Folgerung führen, daß der Ausgetretene von dem allgemeinen Schulzwange und von der Pflicht, an der Unterhaltung der Volksschulen teilzunehmen, gänzlich frei wird.

Nr. 11. Entsch. Bd. XXIV. S. 139 vom 8. April 1893. I B 37/92.

A. L.-R. Teil II Tit. 11 §§ 294 ff., 723, Tit. 12. §§ 29, 31—36.

1) Eine Unterscheidung der Hausväter, je nachdem sie in oder außerhalb des Schulortes wohnen, kennt das Gesetz nicht; entscheidend allein ist der Wohnsitz innerhalb des Schulbezirkes.

Aufenthalt genommen hat, ist jetzt vielmehr nach allgemeinen Grundsätzen zu entscheiden. Entsch. v. 16. XII. 91 (Pr. Verw.-Bl. Bd. XIII S. 199).

Ähnlichen Inhaltes (für Hannover — Schulbeitragspflicht auf Grund der Zugehörigkeit zum Schulverbande —) Entsch. v. 16. XII. 93 (Z.-Bl. U.-V. 1894 S. 630) und v. 10. I. 96 (Z.-Bl. U.-V. S. 305).

Schulbeiträge durch Zuschläge zur Staatseinkommensteuer können von einem nur Diensteinkommen besitzenden Gendarmen nicht erhoben werden, da diese zu jener mangels Privateinkommens nicht veranlagt werden und der Schulvorstand zur selbständigen Festsetzung eines fingierten Steuersatzes nicht ohne Weiteres befugt ist. Entsch. v. 19. VI. 96 (Pr. Verw.-Bl. Bd. XVIII S. 336).

Gemäß §§ 29, 34 Tit. 12 Teil II A. L.-R.'s sind **auch die Rittergutsbesitzer** und speziell in der Provinz Posen die sogen. „assoziirten Rittergutsbesitzer" zur Schulsteuer verpflichtet, weil diese in den Hausvätern des Schulbezirkes inbegriffen sind und eine Ausnahme hiervon einzig und allein diejenigen Gutsherren machen, die im § 36 a. a. O. besondere Verpflichtungen bei Schulbauten haben. Vergl. E.-O.-V. Bd. I S. 185, Bd. IV S. 178, Bd. XII S. 204.

2) Der früher für zulässig erachteten Verwaltungspraxis, bei Verteilung der Schulunterhaltungskosten die Einkommensteuer der Rittergutsbesitzer, die nicht Gutsherren des Schulortes sind, mit einem geringeren Prozentsatze zu berücksichtigen, als die Einkommensteuer der anderen Hausväter, fehlt der gesetzliche Boden. Die Schulunterhaltungspflicht ist eine allen Hausvätern gemeinsame und gleiche, ohne Rücksicht darauf, ob der eine Hausvater für sich einen größeren Vorteil von der Schuleinrichtung hat, als der andere. Der § 31 a. a. O. **kann nur dahin gedeutet werden, daß das Beitragsverhältnis sämmtlicher Hausväter nach billigen Grundsätzen bemessen werden soll.** Nach Billigkeit ist der für alle gemeinsame Besteuerungsfuß festzustellen, nicht aber die Beitragsquote des einzelnen gegenüber der Gesammtheit. Vergl. E.-O.-V. Bd. X S. 152, Bd. XII S. 203.

Die im § 35 a. a. O. vorgesehene Bestimmung aber, wonach das Mitglied einer fremden zugeschlagenen Gemeinde zur Unterhaltung der Schulgebäude nur halb so viel beizutragen hat, als ein Einwohner von gleicher Klasse an dem Schulorte, greift nicht schon bei Zuweisung einzelner Einwohner, **sondern nur dann Platz, wenn eine ganz fremde Schulgemeinde einem bestehenden Schulverbande zugeschlagen wird.** Vergl. E.-O.-V. Bd. XIV S. 229.

Nr. 12. Entsch. Bd. XXIX. S. 147 vom 14. April 1896. I C 77/95.

A. L.-R. Teil II Tit. 12 § 29 ff. Kab.-Ordn. v. 14. VII. 88 (Mar.-Vd.-Bl. S. 145) wegen Genehmigung der organisatorischen Bestimmungen für die Kaiserliche Marine.

1) Gemäß A. L.-R.'s Teil II Tit. 12 §§ 29 ff. liegt die **Unterhaltung der Volksschulen** in Ermangelung abweichender ortsrechtlicher Normen den **„Hausvätern"** jedes Ortes, d. h. den physischen, wirtschaftlich selbständigen Personen ob, die im Schulbezirke ihren Wohnsitz haben. Von dieser Verpflichtung sind, sofern das Letztere zutrifft, weder die **Offiziere des Landheeres** (vergl. E.-O.-V. Bd. XVIII S. 155[1]), noch die der kaiserlichen Marine befreit.

2) **Seeoffiziere der Kaiserlichen Marine** werden aber weder kraft ihrer Zugehörigkeit zu einer Garnison der für den Garnisonort, noch im Falle ihrer Kommandierung an Bord eines Schiffes oder Fahrzeuges der Flotte lediglich dadurch, daß dieses in einem Hafen liegt, der für den Hafen errichteten gemeinen (Sozietäts-)Schule beitragspflichtig. Allerdings ergeben sich aus der **Zugehörigkeit zur Garnison** eine Reihe von öffentlich-rechtlichen Wirkungen, so die Zugehörigkeit zur Militär-Kirchengemeinde (A. L.-R. Teil II Tit. 11 § 279), der Gerichtsstand (§ 14 Ziv.-Proz.-Ordn.), die Kommunalsteuerpflicht (§§ 1, 3 Ges. v. 29. VI. 86 G.-S. S. 181).

Ein solcher fingierter dienstlicher Wohnsitz genügt aber zur Teilnahme an der Unterhaltungslast einer Sozietätsschule nicht; es ist dazu ein wirklicher **Wohnsitz** erforderlich, der nur an **demjenigen Orte** vorliegt, den Jemand durch Willensbestimmung und entsprechendes Handeln zum Mittelpunkte seiner Lebensverhältnisse und Geschäfte macht.

3) Es ist nun rechtlich zwar möglich, durch Wohnungnehmen an Bord **eines** registrierten **Seeschiffes** oder eines dem Registrierungszwange landes-

[1]) Oben S. 551.

gesetzlich nicht unterworfenen kleineren Fahrzeuges Wohnsitz in dem Hafenorte zu begründen. Schiffe sind, obwohl bewegliche Sachen, Teile ihres Heimatsstaates, deren Rechtsboden derselbe ist, wie derjenige ihres Heimatsstaates überhaupt. Auf dieser Annahme beruht die Jurisdiktionsgewalt des Heimatsstaates über die auf freiem Meere befindlichen Schiffe (§ 10 d. R.-Str.-G.-B., § 102 d. Seemannsordn. v. 27. XII. 72, R.-G.-Bl. S. 409), sowie die Bestimmung (Art. 435, 448, 455, 495 ff. d. Hand.-G.-B.), daß der Heimatshafen eines zum Erwerbe durch Seefahrt bestimmten Schiffes als das Domizil des Schiffes und als der Mittelpunkt der Geschäftsführung des Rheders gilt u. s. w. Schiffe sind ferner an sich zur Wohnung von Menschen durchaus geeignet. Wer also durch Wohnen auf einem Schiffe gegebenenfalls Wohnsitz im Hafenorte aufschlägt, wird dadurch von selbst beitragspflichtiges Mitglied der Schulgemeinde des Ortes.

Diese Ausführungen treffen indessen auf Kriegsschiffe und ihre Besatzung nicht zu. Zwar sind sie auf offener See ebenfalls Teile ihres Heimatsstaates, doch fehlt dem Seekriegswesen der Begriff des Heimatshafens, der als solcher mit dem am Hafenorte geltenden gesetzlichen oder Partikularrechte hinsichtlich der an Bord kommandierten Seeoffiziere bestimmend wäre. Es ist insbesondere nicht etwa in demjenigen Hafen zu erblicken, wo ein Kriegsfahrzeug in den Dienst gestellt, „stationiert" ist und es kann deshalb eine solche Stationierung den Seeoffizieren des betr. Schiffes die Eigenschaft eines Hausvaters der Ortsschule mangels entsprechender gesetzlicher Bestimmung nicht aufprägen.

4) Diese Ansicht entspricht durchaus den Grundgedanken des landrechtlichen Schulunterhaltungssystemes. Der gesetzgeberische Grund für die Schulunterhaltungspflicht der „Hausväter jedes Ortes" liegt einmal in dem Interesse an dem Unterricht und der Erziehung der Jugend, das bei den Einwohnern des Schulbezirkes ohne Unterschied, ob sie Kinder haben oder nicht, vorausgesetzt werden muß, und ferner darin, daß jedem Hausvater mit Kindern in schulpflichtigem Alter ein Anspruch auf die Dienste der Schule als Gegenleistung für die von ihm zu entrichtenden Beiträge zusteht. Solche Gesichtspunkte treffen auf seiten eines eingeschifften Seeoffiziers ohne selbstgewählten Wohnsitz an Land im Bezirke der Schulgemeinde offenbar nicht zu, da er sich weder in örtliche Gemeinschaft mit den Schulbezirkseinwohnern begeben hat, noch wegen der Unstatthaftigkeit des Mitwohnens von Frauen und Kindern an Bord jemals und selbst nicht während des Aufenthaltes des Schiffes im Hafen des Schulortes in die Lage kommen kann, von den Diensten der Schule Gebrauch zu machen.

Nr. 13. Entsch. Bd. I. S. 183 vom 10. Oktober 1876.

A. L.-R. Teil II Tit. 12 §§ 29, 34—36.

1) Die Ausdehnung einer etwa für die Schulbaulast bestehenden Observanz auf die Regelung der Verpflichtung zur Unterhaltung des Lehrers ist unzulässig, da die Gesetzgebung, A. L.-R. Teil II Tit. 12 §§ 31, 36, die Baulast von den Beiträgen zur Unterhaltung des Lehrers ausdrücklich trennt und beide nach erheblich verschiedenen Grundsätzen behandelt und da auch die provinziellen und örtlichen Observanzen für die Schulbaulast sich in der Regel als solche besonders herausgebildet haben.

2) Der Sinn der §§ 29, 31 a. a. O. ist der, daß jeder Inhaber eines Hausstandes innerhalb der Schulgemeinde, also auch der Besitzer eines Rittergutes, grundsätzlich als Hausvater zur Unterhaltung des Lehrers beitragspflichtig ist, falls er nicht an dem Orte der Schule selbst ein Rittergut besitzt, also in Gemäßheit des § 36 a. a. O. als „Schulobrigkeit" anzusehen ist und als solche besondere Lasten für den Schulbau zu tragen hat.

Erfolgt die Verteilung der Beiträge unter die Hausväter nach Verhältnis ihrer Besitzungen und Nahrungen nicht durch einen verbindlichen Gemeindebeschluß, fällt sie also der Aufsichtsbehörde anheim, so kann sie nicht wohl nach einem anderen Maßstabe, als dem der direkten Staatssteuern geschehen.[1])

Nr. 14. Entsch. Bd. IV. S. 174 vom 19. Juni 1878.

A. L.-R. Teil II Tit. 12 §§ 29, 31, 33, 34—36. L.-V.-G. §§ 70, 92. Zust.-Ges. §§ 46, 160.

1) Nach §§ 70 u. 92 des L.-V. G. kann das Gericht auf Antrag oder von Amts wegen die Beiladung dritter, deren Interesse durch die zu erlassende Entscheidung berührt wird, verfügen. Die Beiladung hängt hiernach lediglich von dem Ermessen des erkennenden Gerichtes ab, und ihre Unterlassung stellt daher niemals einen wesentlichen Mangel des Verfahrens dar. Sie hat nur die Folge, daß die Entscheidung dem Nichtbeigeladenen gegenüber keine Geltung erlangt.

2) Jeder Inhaber eines Hausstandes innerhalb der Schulgemeinde, also auch die Rittergutsbesitzer und Gutsherren, ist grundsätzlich im Sinne der §§ 29, 31 Teil II Tit. 12 A. L.-R.'s schulbeitragspflichtig. Eine Ausnahme besteht nur für den Gutsherrn derjenigen Gemeinde, wo sich die Schule befindet, da ihm als Schulobrigkeit besondere Pflichten obliegen.[2])

[1]) Vergl. Entsch. v. 3. III. 96 (Z.-Bl. U.-V. S. 535).

Jeder selbständige Einsasse innerhalb der Schulgemeinde, also auch der Rittergutsbesitzer, ist nach §§ 29, 31, A. L.-R.'s Teil II Tit. 12 grundsätzlich beitragspflichtig. Eine Ausnahme besteht nur für den Besitzer des Gutes, auf dem sich die Schule befindet, da ihm durch die §§ 33, 36 a. a. O. besondere Verpflichtungen auferlegt sind. Ist an dem Orte, wo die Schule sich befindet, nur eine Gutsherrschaft vorhanden, so ist diese eximiert, die sonst noch im Schulbezirk vorhandenen Rittergutsbesitzer sind als Hausväter beitragspflichtig. Bestehen jedoch am Schulorte mehrere selbständige Güter, zu deren jedem unterthänige bäuerliche, zusammen nur eine Gemeinde bildende Besitzungen gehören, so ist nur derjenige Gutsbesitzer Gutsherr des Schulortes und als solcher eximiert, zu dessen Gutsherrlichkeit der Teil des Ortes gehört, wo die Schule sich befindet. Entsch. v. 22. XII. 88 (Pr. Verw.-Bl. Bd. X S. 255). Ebenso Entsch. v. 5. XI. 90 (Pr. Verw.-Bl. Bd. XII S. 167). Wenn auch der Gutsherr des Schulortes wegen der ihm obliegenden besonderen Bauleistungen zu den Hausväterbeiträgen nicht verpflichtet ist, so besteht doch diese Verpflichtung für andere zum Schulverbande gehörige Gutsherren, die zu solchen Bauleistungen nicht verbunden sind. Gegenüber den §§ 30 ff. A. L.-R.'s Teil II Tit. 12, wonach jeder Einwohner zu den Schullasten beizutragen verbunden ist, hat sich ein abweichendes Gewohnheitsrecht nicht bilden können. Zu gleichem Ergebnisse kommt die Entsch. v. 9. I. 92 (Pr. Verw.-Bl. Bd. XIII S. 269). Von dieser persönlichen Last kann ein Hausvater nur durch erwerbende Verjährung (in der Zeit seiner Zugehörigkeit zum Schulverbande) frei werden. Vergl. Entsch. v. 17. III. 94 (Pr. Verw.-Bl. Bd. XV S. 593).

[2]) Die im Bezirke einer städtischen Schule wohnenden Rittergutsbesitzer sind Hausväter. Entsch. v. 4. XII. 94 (Z.-Bl. U.-V. 1895 S. 319).

Die Rechte, die man gemeinhin als Schulpatronat bezeichnet, und die in §§ 12, 22, 31 A. L.-R.'s Teil II Tit. 12 der Gerichtsobrigkeit zugewiesen sind, begründen einen Anspruch auf Befreiung von den Hausväterbeiträgen nicht, weil der Gerichtsobrigkeit nicht — wie dem Gutsherrn des Schulortes — gesetzlich besondere Verpflichtungen der Schule gegenüber auferlegt sind. Ein davon verschiedenes Schulpatronat besteht überhaupt nicht. Nur von bestimmten Verpflichtungen kann durch eine besondere Norm des örtlichen öffentlichen Rechtes für den Besitzer eines im Schulbezirk belegenen Gutes, der nicht Gutsherr des Schulortes ist, eine Befreiung begründet werden. Aus dem Rechte zur Berufung des Lehrers oder zur Teilnahme daran folgt die Freiheit von den Hausväterbeiträgen oder die Beschränkung der Beitragspflicht auf die gutsherrlichen Leistungen nicht. Entsch. v. 5. XII. 90 (Pr. Verw.-Bl. Bd. XIII S. 219). Ebenso Entsch. v. 7. V. 95 (Z. Bl. U.-V. S. 648).

Das A. L.-R. kennt eine dem Kirchenpatronate ähnliche Einrichtung nicht. Es kann unter Schulpatronat daher nur die dem Gutsherrn des Schulortes gebührende exemte Stellung verstanden werden. Mit dieser ist (in Westpreußen und Posen bis zum Ges. v. 15. VII. 86) das Lehrerberufungsrecht verbunden, ausgenommen, wenn die Gerichts-

Nr. 15. Entsch. Bd. VII. S. 229 vom 9 März 1881.

A. L.=R. Teil II Tit. 7 §§ 122, 125: Tit. 12 §§ 12 ff., 22, 29, 33. Zust.=Ges. § 46.

1) **Die auf Anordnung der Schulaufsichtsbehörde seitens der Ortspolizeibehörde veranlaßte Zwangsbeitreibung von Schulbeiträgen ist keine selbständige Aktion der Polizeibehörde, gegen die im Verwaltungsstreitverfahren vorgegangen werden könnte. Ebensowenig kann die Klage wegen Heranziehung zu Schulbeiträgen gegen die Aufsichtsbehörde gerichtet werden, da diese zu den Beteiligten im Sinne des § 46 des Zust.=Ges. nicht gehört.** Vergl. E.=O.=V. Bd. V S. 178.

2) Der § 33 Teil II Tit. 12 A. L.=R.'s steht in einem engen Zusammenhange mit den §§ 122 und 125 Tit. 7 Teil II A. L.=R.'s, wonach eine jede Gutsherrschaft schuldig ist, sich ihrer Unterthanen in vorkommenden Notfällen werkthätig anzunehmen und besonders für eine gute und christliche Erziehung der Kinder ihrer Unterthanen zu sorgen. Auf diese allgemeine Verpflichtung der Gutsherrschaft ihrer Unterthanen gegenüber hat der Gesetzgeber die besondere, im § 33 l. c. vorgesehene Verpflichtung basiert. Indem der Gesetzgeber den § 33 unter die von der Unterhaltung der Schullehrer handelnden Vorschriften des 12. Tit. aufgenommen, hat er unzweideutig zu erkennen gegeben, daß durch die Vorschrift des § 33 nicht nur ein Rechtsverhältnis zwischen der Gutsherrschaft und ihren Unterthanen, sondern zugleich ein solches zwischen der Gutsherrschaft und der Schule, bezw. Schulgemeinde, geschaffen werden sollte, und zwar dergestalt, daß letztere unmittelbar gegen erstere Rechte daraus geltend machen können. Die Leistung der Gutsherrschaft aus dem § 33 stellt sich hiernach, soweit sie der Schule, bezw. der Schulgemeinde, gegenüber in Betracht kommt, als eine öffentlich=rechtliche Verbindlichkeit dar, über die im Verwaltungsstreitverfahren zu erkennen ist.[1])

3) Die Reklamation gegen Schulbeiträge bei dem Schulvorstande als der der Schulkorporation vorstehenden Behörde ist die unerläßliche Voraussetzung des Verwaltungsstreitverfahrens.

Nr. 16. Entsch. Bd. IX. S. 132 vom 11. Oktober 1882.

A. L.=R. Teil II Tit. 12 §§ 29—36.

1) **Als Besitzer bäuerlicher Grundstücke ist der Gutsherr des Schulortes, der zu den zur Schule gewiesenen Hausvätern nicht gehört, nicht verpflichtet, zur Unterhaltung der Schule beizutragen.**[2])

---

obrigkeit einem anderen, als dem Gutsherrn zustand. Hat jemand sich behufs Einrichtung einer Schule zu besonderen Zuwendungen unter Vorbehalt des Lehrerberufungsrechtes verpflichtet, so wird er durch Wegfall des letzteren von seiner Verpflichtung nicht ohne Weiteres frei. Alleiniger und ausdrücklicher Endzweck der Stiftung war die Einrichtung der Schule; dieser war erfüllt. Wollte man ihn aber selbst durch jenen Wegfall als vereitelt ansehen, so wäre die Einstellung der stiftungsmäßigen Leistungen dennoch nicht berechtigt. Der § 154 Teil I Tit. 4 A. L.=R.'s hat auf dem Gebiete des öffentlichen Rechtes nicht uneingeschränkte Geltung. Nach den auf Schulstiftungen ohne eigene Rechtspersönlichkeit anzuwendenden §§ 74, 193 Teil II Tit 6 A. L.=R.'s kann nur der Stifter selbst wegen veränderter Umstände über die zu der Stiftung verwendeten Vermögensstücke anderweitig verfügen, nach seinem Ableben aber nur der Staat der Stiftung eine andere Richtung geben. Entsch. v. 13. XII. 95 (Pr. Verw.=Bl. Bd. XVII S. 328).

Der Schulsteuer unterliegen auch die Rittergutsbesitzer, auch wenn sie früher Inhaber der Gerichtsobrigkeit waren. Besondere Verpflichtungen konstituieren die §§ 33, 36 A. L.=R.'s Teil II Tit. 12 nur für die Gutsherrschaften des Schulortes, die daher von den Hausväterbeiträgen ausgenommen sind. Entsch. v. 9. XII. 91 (Pr. Verw.=Bl. Bd. XIII S. 254).

[1]) Der Rest der Entscheidungsgründe ist veraltet, nachdem durch § 46[5] des Zust.=Ges. das Verwaltungsstreitverfahren auch da eingeführt ist, wo früher gemäß § 15 des Ges. v. 24. V. 61 (G.=S. S. 241) der Rechtsweg zulässig war.

[2]) Ebenso Entschl. v. 4. IV. 77 (Z.=Bl. U.=V. S. 237) und v. 3. VII. 86 (Pr. Verw.=Bl. Bd. VII S. 378).

2) Die Deklaration des Ed. v. 14. IX. 11, betr. die Regulierung der gutsherrlichen und bäuerlichen Verhältnisse v. 29. V. 16 (G.-S. S. 154), ist durch § 1 Nr. 3 des Ges. v. 2. III. 50 (G.-S. S. 77) aufgehoben. Damit hat auch der Min.-Erl. v. 24. IV. 42 (v. Rönne, Unterrichtswesen Bd. I S. 799), der aus dem § 78 der Deklaration eine Verpflichtung des Gutsherrn des Schulortes zur Entrichtung von Schulsteuern für von ihm angekaufte bäuerliche Grundstücke herleitete, jede Bedeutung verloren.

Nr. 17. Entsch. Bd. XVI. S. 247 vom 21. April 1888. I C 33/88.

A. L.-R. Teil II Tit. 12 §§ 34, 36. Ges. v. 31. XII. 42 (G.-S. 1843 S. 8), über die Verpflichtung zur Armenpflege, § 6. Ges. v. 14. IV. 56 (G.-S. S. 354), betreffend die ländlichen Obrigkeiten, §§ 2, 6. Ausf.-Ges. v. 8. III. 71 (G.-S. S. 130) § 8. Kr.-Ordn. v. 13. XII. 72 § 31. Zust.-Ges. § 46.

1) Wenn ein Rittergut in zwei Güter geteilt worden ist (A. und B.) und wenn dann später der Besitzer von B. gegen den Schulvorstand Klage erhebt auf Anerkennung der Eigenschaft als Gutsherr, so ist eine solche Klage unzulässig. In dem gemäß § 46 Abs. 1, 2 des Zust.-Ges. anhängig gemachten Streitverfahren kann nur über die bestimmte, gegen den Kläger geltend gemachte Abgabenforderung, nicht auch zugleich über das Bestehen oder Nichtbestehen des von ihm behaupteten Rechtsverhältnisses, daß er Gutsherr des Schulortes und als solcher überhaupt von Hausväterbeiträgen befreit sei, entschieden werden. Zwar wird dieses Rechtsverhältnis hier zur Erörterung gelangen müssen, um zu bestimmen, ob die einzelne geforderte Hebung gerechtfertigt ist. Unmittelbarer und zur Vollstreckung gelangender Gegenstand der Entscheidung kann aber nur die Einzelhebung, nicht die Verpflichtung an sich sein. Vergl. E.-O.-V. Bd. XIV S. 193, 194, Bd. XV S. 220.

2) Die Rechte und Pflichten des Gutsherrn in Ansehung der Schule sind nicht dinglicher, sondern persönlicher Natur. Die gutsherrlichen Verbindlichkeiten, so weit sie vermögensrechtlicher Natur sind, haften nicht an dem Fundus des Gutes derartig, daß sie bei Abverkäufen von dem letzteren oder bei dessen gänzlicher Zerstückelung die einzelnen veräußerten Teile belasteten, auf diesen nach den für Reallasten bestehenden Rechtsgrundsätzen ruhten. Lediglich der Besitzer des Stamm- oder Restgutes ist, falls nicht ortsverfassungsmäßig etwas Abweichendes bestimmt wird, als das mit allen Rechten und Pflichten der Gutsherrschaft ausgestattete und belastete Rechtssubjekt anzusehen, die Parzellenerwerber (hier B.) treten in das Verhältnis der Hausväter zur Schule.

Auf diesem Prinzipe beruht die moderne Gesetzgebung in dem § 6 des Ges. über die Verpflichtung zur Armenpflege v. 31. XII. 42, dem § 8 des Ausf.-Ges. v. 8. III. 71 und dem § 30 der Kr.-Ordn. Wenn in dem § 6 des Gesetzes, betreffend die ländlichen Obrigkeiten, v. 14. IV. 56 (G.-S. S. 354) hiervon für den Fall des § 2 Nr. 1 daselbst abgewichen ist, so ist das eben eine Ausnahme.

Nr. 18. Entsch. Bd. XVI. S. 250 i. d. Anm. vom 24. März 1888. I C 32/88.

Gesetzliche Bestimmungen wie zu Nr. 17.

So wenig die einem Gute zustehenden Gerechtigkeiten den Erwerbern von Trennstücken allein schon dieses Parzellenbesitzes wegen anteilsweise zufallen, so wenig kann die Teilung eines Gutes, mit dem die obrigkeitliche Gewalt verbunden ist, den anteilsweisen Übergang der aus letzterer fließenden Rechte auf die Besitzer der abgetrennten Teile zur Folge haben. Diese Rechte verbleiben vielmehr ausschließlich dem Besitzer desjenigen Teiles, der als der Stamm des zerteilten Gutes zu betrachten ist.

Nr. 19. Entsch. Bd. XVI. S. 252 vom 7. Januar 1888. I C 67/87.

Gesetzliche Bestimmungen wie zu Nr. 17.

1) Haben mehrere zu einer Schulgemeinde gehörige Güter stets selbstständige Güter gebildet, zu deren jedem unterthänige bäuerliche Besitzungen gehörten, die aber zusammen nur eine Gemeinde ausmachten, so kommen nur demjenigen die Rechte und Pflichten des Gutsherrn der Schule zu, dem dasjenige Gut gehört, unter dessen Gutsherrlichkeit der Ort liegt, an dem sich die Hauptschule befindet. Auf Nebenschulen kann nicht gerücksichtigt werden, da nur dem Gutsherrn des Ortes, wo die Hauptschule sich befindet, die Direktion der Schule gebührt. Vergl. E.-O.-V. Bd. I S. 186, Bd. IV S. 178, Bd. VII S. 223.

2) Haben die mehreren Güter hingegen früher nur ein, demnächst in mehrere Teile zerlegtes Gut gebildet, so sind nicht die Besitzer der Teilgüter Gutsherren des Schulortes, sondern nur derjenige, der das Stammgut erhalten hat.

Nr. 20. Entsch. Bd. X. S. 127 vom 21. Mai 1883.

A. L.-R. Teil II Tit. 12 § 33, Tit. 17 §§ 113—125.

1) Die Verpflichtung der Gutsherrschaften auf dem Lande, ihre Unterthanen, die zur Aufbringung ihres schuldigen Beitrages zum Unterhalte des Lehrers an der öffentlichen Elementarschule ganz oder zum Teil auf eine Zeitlang unvermögend sind, dabei nach Notdurft zu unterstützen, ist nicht aufgehoben. § 33 A. L.-R.'s Teil II Tit. 12 konstituiert eine öffentlich-rechtliche Verbindlichkeit des Gutsherrn der Schule gegenüber. Vergl. E.-O.-V. Bd. VII S. 228. Hauptzweck ist offenbar der, den Unterhalt des Lehrers unter allen Umständen zu sichern, ihn nicht wegen angeblicher oder wirklicher Prästationsfähigkeit der Unterthanen — d. s. nach richtiger Ansicht die sämmtlichen, der Gutsobrigkeit, dem Dominium, unterstellten Anwohner auf gutsherrlichem und bäuerlichem Lande — darben zu lassen. Als Nebenzweck mag gelten, die Unterthanen nicht durch die Schullast zu erdrücken. Aus der Beseitigung der Unterstützungspflicht der Gutsherrschaft ihren Unterthanen gegenüber in anderen Fällen kann nicht auch der Fortfall der dem Gutsherrn der Schule gegenüber besonders auferlegten Verpflichtung gefolgert werden. (Folgt nähere Begründung aus der Gesetzgebung.)[1]

2) Die Feststellung der Leistungsfähigkeit der Unterthanen und folglich die Festsetzung der Höhe der von der Gutsherrschaft zu gewährenden Beiträge steht der Regierung als der staatlichen Aufsichtsbehörde zu und nicht etwa dem Schulvorstande. Der Schulvorstand hat diese Akte der Aufsichtsbehörde im Streitverfahren nicht zu vertreten, da er lediglich ihrer Anweisung nachgekommen ist. Aber auch die Regierung ist dazu nicht verpflichtet, da derartige, aus dem Staatshoheitsrechte herzuleitende Entscheidungen der Nachprüfung des Verwaltungsrichters nicht unterliegen.

[1] In der Entsch. v. 6. II. 84 (Bd. X S. 139) wird der gleiche Rechtsgrundsatz vertreten und insbesondere die Ansicht zurückgewiesen, als ob durch Art. 42 der Verf.-Urk. v. 21. I. 50 das ältere Recht aufgehoben wäre. Art. 42 hat kein aktuelles Recht geschaffen, sondern nur Grundsätze aufgestellt, nach denen die Gesetzgebung die in Art. 42 erwähnten Gegenstände anderweit regeln solle. Jedem Zweifel begegnet der Schlußsatz des Art. 42, wonach seine weitere Ausführung besonderen Gesetzen vorbehalten bleibt. Solche sind bis zum Erlaß des Ges. v. 14. IV. 56, das den Art. 42 aufhebt, nicht ergangen und es bestehen daher die gutsherrlichen Rechte und Pflichten in Ansehung der Schulen noch heute.

Ähnlichen Inhaltes, wie E.-O.-V. Bd. X S. 127, sind die Entsch. v. 6. X. 83 Nr. I 1023 (Bd. X S. 131 i. d. Anm. und v. 21. V. 83 Nr. I 593 (Bd. X S. 138 i. d. Anm.).

Nr. 21. Entsch. Bd. X. S. 148 vom 23. Januar 1884.

A. L.-R. Teil II Tit. 12 §§ 31, 33. Ges. v. 18. VI. 40 (G.-S. S. 140), über die Verjährungsfristen bei öffentlichen Abgaben, §§ 1, 14.

1) Wenn in der Entsch. v. 21. V. 83 (Bd. X S. 127) ausgesprochen worden ist, daß die Schulaufsichtsbehörde bei der von ihr auf Grund von § 33 Tit. 12 Teil II A. L.-R.'s zu treffenden Entscheidung von Streitigkeiten zwischen Gutsherren und unvermögenden Unterthanen, die Leistungsfähigkeit der Unterthanen festzustellen und demgemäß die Höhe der von der Gutsherrschaft zu gewährenden Beiträge festzusetzen habe, so duldet diese singuläre Vorschrift keine analoge Anwendung auf das Verhältnis der Mitglieder der Schulsozietät unter sich und auf die Verteilung von Schulbeiträgen auf die Mitglieder der Schulsozietät.

Jenes Verhältnis ist zu beurteilen nach den Bestimmungen, die überhaupt für die Mitglieder aller öffentlich-rechtlichen Sozietäten (politische Gemeinden, Kirchengemeinden, Deichverbände u. s. w.) gelten.

Demnach sind die Ausgaben, die die Erfüllung der Zwecke der Korporation erfordert, nach dem festgesetzten bezw. gesetzlichen Maßstabe auf die Mitglieder umzulegen. Jedes Mitglied hat den ihn so treffenden schuldigen Beitrag zu entrichten. Ein Ausfall entsteht erst, wenn sich herausstellt, daß dieser Beitrag ganz oder zum Teil von einzelnen Zensiten nicht beizutreiben ist, wenn sich in dieser Beziehung die gesetzlichen Zwangsmittel als erfolglos erwiesen haben. Dieser Ausfall ist dann von neuem zu verteilen.

Die Befugnis der Regierung, für einzelne Zensiten den Beitrag ganz oder zum Teil aus Staatsmitteln zu zahlen, wird hierdurch nicht berührt, doch kann sie so wenig, wie ein dritter, der für den Schuldner Zahlung leistet, hieraus ein Recht herleiten, die aus dem Sozietätsverhältnisse sich ergebenden Rechte der nicht bedachten Mitglieder zu schmälern.

2) Aus § 31 Tit. 12 Teil II A. L.-R.'s ist nun zwar unmittelbar die Bestimmung des Besteuerungsfußes, des modus collectandi, nicht zu entnehmen. Er beschränkt sich, indem er die billige Verteilung nach Verhältnis der Besitzungen und Nahrungen vorschreibt, vielmehr darauf, die Grundsätze, nach denen der Besteuerungsfuß zu bestimmen ist, aufzustellen. Der Schulsteuerfuß braucht sich daher weder mit dem Staatssteuerfuße, noch mit dem Gemeindesteuerfuße zu decken; andererseits hat aber auch der § 31 keineswegs an die Stelle des Steuerfußes das freie Ermessen der Beteiligten oder der Aufsichtsbehörde gesetzt. Bei der Bestimmung des Steuerfußes sind die letzteren durch die obige Vorschrift gebunden, d. h. sie dürfen keinen modus collectandi einführen, der nicht Besitzungen und Nahrungen berücksichtigt. Aber ein modus collectandi muß, wie in jeder öffentlich-rechtlichen Korporation, so auch in der Schulsozietät, bestehen, da ohne diesen ein Ausschreiben von Beiträgen der gesetzlichen Unterlage entbehren würde.

3) Bei Schulsteuern so wenig, wie bei anderen Steuern, befreit die Reklamation von der Verpflichtung zur Zahlung, und in fast allen Steuerprozessen handelt es sich daher nicht sowohl darum, nicht zu zahlen, als vielmehr, das Gezahlte zurückempfangen zu wollen. Die Zahlung der Steuer hebt weder das Recht noch die Pflicht auf, nach Maßgabe des Ges. v. 18. VI. 40 zu reklamieren.

Nr. 22. Entsch. Bd. XIV. S. 197 vom 29. Dezember 1886. I C 101/86.

A. L.-R. Teil II Tit. 12 § 33. Ges. v. 18. VI. 40 (G.-S. S. 140), über die Verjährungsfristen bei öffentlichen Abgaben, §§ 1 ff. Zust.-Ges. § 46.

1) Der Thatbestand einer zur Erhebung des Einspruches beim Schulvorstande berechtigenden Veranlagung seitens dieser Behörde

zu Beiträgen für den Unterhalt des Lehrers ist auch dann gegeben, wenn der Schulvorstand eine hierauf bezügliche Festsetzung der Regierung durch konkludentes Verhalten thatsächlich zu der seinigen macht. Im vorliegenden Falle hatte nicht der Schulvorstand die Ausschreibung bewirkt, sondern es war der die Gutsherrschaft vertretende Magistrat durch den Landrat auf Grund einer Festsetzung der Regierung von seiner Veranlagung benachrichtigt worden. Der betr. Betrag — Beitrag für die leistungsunfähigen Hintersassen — wurde auch in die Vokation aufgenommen und diese vom Schulvorstande vorbehaltlos unterschrieben. Der Einspruch des Magistrates wurde vom Schulvorstande zurückgewiesen.

Die Benachrichtigung durch den Landrat steht der formellen Berechtigung, zu klagen, nicht entgegen. Denn das Ges. v. 18. VI. 40 schreibt nicht vor, daß nur die Benachrichtigung durch die Veranlagungsbehörde die Befugnis zur Reklamation u. s. w. begründe. Vielmehr ist in der Rechtsprechung (vergl. E.-O.-V. Bd. VII S. 225, 237) stets angenommen worden, daß Reklamationen nicht bei der benachrichtigenden, sondern bei der gesetzlich zur Veranlagung berufenen Behörde angebracht werden können und müssen. Wenn der Schulvorstand nun eine derartige gegen die Benachrichtigung des Landrates gerichtete Reklamation zurückgewiesen und wenn er ferner die Lehrer-Vokation mit vollzogen hat, so ist daraus zu folgern, daß er die landrätliche Benachrichtigung ausdrücklich gutgeheißen hat.

2) Die Verpflichtung der Gutsherren zu Schulbeiträgen ist eine subsidiäre, sie umfaßt nur die Beiträge derjenigen im Gutsbezirke wohnenden Hausväter, die jene aufzubringen unvermögend sind. Der Schulvorstand hat zunächst die Beiträge auf alle zur Schule gewiesenen Hausväter in den Gemeinden, wie in den Gutsbezirken, umzulegen. Sodann entscheidet die Regierung, welche von den Gutseingesessenen zur Aufbringung ihrer Beiträge ganz oder teilweise unfähig sind, und auf Grund dieser Entscheidung veranlagt dann wiederum der Schulvorstand die auf die Leistungsunfähigen entfallenden Beitragsquoten auf den Gutsherrn. Vergl. E.-O.-V. Bd. X S. 137. Macht der Gutsherr seine Befreiung von der erforderten Leistung im Klagewege geltend, so hat der Schulvorstand im Streitverfahren sowohl die prinzipale Verpflichtung der einzelnen Hausväter zur Entrichtung der geforderten Beiträge und deren gesetzmäßige Verteilung, als auch die rechtlichen und thatsächlichen Voraussetzungen für die subsidäre Verpflichtung des Gutsherrn zu vertreten. Nur die eine thatsächliche Voraussetzung der gutsherrlichen Beitragspflicht, die Frage nach der Leistungsfähigkeit der Gutseingesessenen ist der Entscheidung der Regierung vorbehalten und sowohl der Beschlußfassung des Schulvorstandes, als dem Verwaltungsstreitverfahren entzogen.

3) Der § 33 Tit. 12 Teil II A. L.-R.'s bildet noch jetzt geltendes Recht. Als Unterthanen, für die der Gutsherr in deren Unvermögensfalle einzutreten verpflichtet ist, sind sämmtliche, der Gutsobrigkeit, dem Dominium, unterstellte Anwohner auf gutsherrlichem Lande anzusehen. Vergl. E.-O.-V. Bd. X S. 217. Doch ist die Verpflichtung der Gutsherren aus § 33 immer nur eine subsidiäre und reicht nicht weiter, als die prinzipale Verpflichtung der leistungsunfähigen Hausbesitzer des Gutsbezirkes. Die Gutsherren können deshalb auch nicht zu solchen Beiträgen herangezogen werden, für die eine prinzipale Verpflichtung der Gutseinsassen nicht bestanden hat oder inzwischen erloschen ist.

3. Die Provinzialrechte.

a) Geltungsbereich der Preußischen Schulordnung vom 11. Dezember 1845.

Litteratur: Siehe oben S. 525; ferner: Ohlert: Sammlung der in Bezug auf das preußische Elementarschulwesen vorhandenen Gesetze und Verordnungen für den Danziger Regierungsbezirk, Danzig 1839. — Kießner: Verordnungen betreffend Volksschulen im Regierungsbezirk Gumbinnen, Tilsit 1888. — Dr. Schulz: Die Schulordnung für die Elementarschulen der Provinzen Ost- und Westpreußen vom 11. Dezember 1845, Danzig 1882.

Materialien: Principia regulativa vom 30. Juli 1736 (v. Rönne, Unterrichtswesen, Bd. I S. 94, 100). — Reskript vom 29. Oktober 1741 (a. a. O. S. 96). — Notifikationspatent vom 28. September 1772 (a. a. O.). — Verordnung betreffend die Anwendung der Principia Regulativa vom 30. November 1840 (G.-S. 1841 S. 11). — Preußische Schulordnung vom 11. Dezember 1845 (G.-S. 1846 S. 1).

Nr. 1. Entsch. Bd. III. S. 110 vom 31. Oktober 1877.

Pr. Schulordn. v. 11. XII. 45 (G.-S. 1846 S. 1) §§ 39, 42.

1) Nach § 39 der nur für die Provinzen Ost- und Westpreußen geltenden Schulordnung vom 11. XII. 45 hat die Gemeinde die Mittel zur Unterhaltung der Schule in derselben Weise, wie die übrigen Kommunalbedürfnisse aufzubringen. Demnach sind in diesen Provinzen alle Grundstücke, die kommunalsteuerpflichtig sind, auch schulsteuerpflichtig. Daß aber die zum Gemeindeverbande gehörigen Grundstücke, auch wenn sie im Eigentume des Fiskus oder einer anderen juristischen Person stehen, zu den Kommunallasten beitragspflichtig sind, ist in dem Erkenntnisse des Oberverwaltungsgerichts v. 20. I. 77 (E.-O.-V. Bd. II S. 92) des Näheren nachgewiesen worden.

2) Nach § 42 Abs. 1 jener Schulordnung müssen zu Abgaben und Leistungen, die nach Verhältnis des Grundbesitzes in der Gemeinde verteilt werden, auch die Gutsherrschaften und auswärts wohnenden Eigentümer von den in ihrem Besitze befindlichen bäuerlichen Grundstücken beitragen. Ob unter „bäuerlichen Grundstücken“ die dem Gemeindeverbande angehörenden im Gegensatze zu den den Gutsbezirk bildenden Grundstücken oder die ehemaligen Rustikalhufen im Gegensatze zu dem gutsherrlichen Vorwerkslande zu verstehen sind, kann dahingestellt bleiben. In keinem Falle ist in § 42 ein Schulsteuerprivilegium für gutsherrliches, einer Gemeinde einverleibtes Vorwerksland zu finden. Im ersteren Falle folgt die Beitragspflicht der Gutsherrschaft nicht nur aus der allgemeinen Regel des § 39, sondern auch aus § 42. Werden unter den bäuerlichen Grundstücken aber die ehemaligen Rustikalhufen verstanden, so ist anzuerkennen, daß aus § 42 die Beitragspflicht für ehemaliges ritterfreies, dem Gemeindeverbande einverleibtes Land nicht herzuleiten ist. Doch folgt daraus nicht, daß solche Grundstücke von der Schulsteuer befreit, sondern nur, daß sie nach der Regel des § 39 zu beurteilen sind.

Auch eine Doppelbelastung des Gutsherrn ist in ihrer Heranziehung nicht zu finden. Die Leistungen der Gutsherren bilden ein Korrelat des Lehrerberufungsrechtes und der Patronatsrechte. Sie werden durch Lösung der Frage, wie für das Schulbedürfnis der außerhalb des Gemeindebezirkes auf gutsherrlichem Lande Wohnenden zu sorgen ist, nicht berührt. Mag dies durch eine eigene Schule oder durch Anschluß an eine benachbarte befriedigt werden, mag der Besitzer des Vorwerkslandes deren Gutsherr sein, oder nicht, in jedem Falle hat er als Grundherr für die Schullasten, soweit die Anwohner zu deren Tragung nicht im stande sind, aufzukommen. Dagegen hört mit der Inkommunalisierung derartigen Vorwerkslandes die grundherrliche Last auf.

Trägerin der Schullast ist dann nur die Gemeinde, und zwar die Gemeinde als solche. Gehört sie zu mehreren Schulen, so hat sie für alle diese Schulen ihre nach der Schulordnung bestimmten Beiträge zu leisten. Es macht in dieser Beziehung keinen Unterschied, ob den Schulen bestimmte Grenzen gezogen sind oder die Benutzung der Schule seitens der Gemeindeangehörigen durch die Konfession der letzteren bedingt wird. Die Gemeindeschullast für verschiedene Schulen bleibt für die Gemeinde stets eine einheitliche.

Nr. 2. Entsch. Bd. III. S. 127 vom 8. Dezember 1877.

Pr. Schulordn. v. 11. XII. 45 (G.-S. 1846 S. 1) §§ 12, 13, 38—46. Kab.-Ord. v. 19. VI. 36 G.-S. S. 198), betreffend Einziehung der Kirchen-, Pfarr- und Schulabgaben, Nr. 1. Zust.-Ges. § 46.

1) Unter „Schulbeiträgen"[1]) sind nicht solche Leistungen zu verstehen, die aus besonderen Privatrechtstiteln entspringen, vorausgesetzt, daß Rechtsgeschäfte privatrechtlicher Natur, wie namentlich derartige Verträge, nicht etwa zur Grundlage der Verfassung des Schulinstitutes, beziehungsweise der Schulsozietät gemacht worden sind, sondern die der Schule zu gewährenden Beiträge der Unterhaltungspflichtigen. Zu diesen gehören sowohl nach dem A. L.-R., als nach den verschiedenen Provinzialrechten insbesondere die Gutsherrschaften.

2) In den Provinzen Ost- und Westpreußen wird die Unterhaltung der Elementarschulen durch Abschnitt IV der Schulordnung v. 11. XII. 45 dahin geregelt, daß zunächst im § 38 die Verbindlichkeiten, die auf besonderen Stiftungen oder sonstigen besonderen Rechtstiteln beruhen, aufrecht erhalten werden. Sodann werden mangels solcher Leistungen die Gemeinden als die unterhaltungspflichtigen Rechtssubjekte bezeichnet (§§ 39—42) und diesen die Gutsherrschaften mit gleicher bestimmt begrenzter Verbindlichkeit entgegengestellt (§§ 44—47). Hierbei sind die Leistungen des Fiskus in Betreff der Schulen in den Domänendörfern in dem § 45 nach dem Vorgange der principia regulativa v. 30. VII. 1736 und nachdem ihre Vorschriften schon vorher durch ein besonderes Gesetz, die Kgl. Vd. v. 30. XI. 40 (G.-S. S. 1841 S. 11), von neuem als rechtsverbindliche Normen außer Zweifel gestellt waren, besonders umgrenzt worden. Endlich bestimmt der § 46, daß da, wo die im § 45 erwähnten Leistungen ganz oder teilweise herkömmlich auch von anderen Gutsherren gewährt werden, es dabei sowohl in Betreff der bestehenden, als auch der neu zu errichtenden Schulen sein Bewenden behalte, eine Vorschrift, die für die Provinzen Ost- und Westpreußen thatsächlich von großer praktischer Bedeutung ist, nachdem durch den Erlaß der principia regulativa, demnächst durch besondere Verfügungen, wie namentlich die auf Kgl. Spezialbefehl erlassene Vd. an die preußischen Regierungen v. 29. X. 1741 (v. Rönne, Schulwesen Bd. I S. 96) und sodann durch die bei der Einverleibung der westpreußischen Landesteile ergangenen Notifikationspatente, betreffend die Einrichtung des Justizwesens u. s. w., darauf hingewirkt worden ist, daß die adligen Gutsherren die Schulen für ihre Hintersassen entsprechend denen in den Domänendörfern fundierten.

3) Soweit demgemäß den Gutsherren nach der besonderen Verfassung der einzelnen Schulen die gleichen Verbindlichkeiten, wie dem Fiskus in den Domänendörfern obliegen, sind die Verwaltungsbehörden unzweifelhaft ebenso befugt wie verpflichtet, deren Erfüllung nach pos. 1 der Kab.-Ord. v. 19. VI. 36 zu überwachen. Das Gleiche findet statt, wenn durch Verträge und Herkommen von den im § 45 vorgesehenen abweichende gutsherrliche Leistungen in Frage stehen.

---

[1]) Jetzt „Abgaben und Leistungen" im Sinne des § 46 des Zust.-Ges.

4) Soweit der **Fiskus** gemäß § 45 der Schulordnung **gutsherrliche Beiträge für die Schule oder deren Beamte** zu leisten hat, **gehören sie zu den Schulbeiträgen** der gesetzlich zur Unterhaltung der Schule Verpflichteten. Hiernach ist eine im Verwaltungsstreitverfahren gegen den Fiskus erhobene Klage, die darauf gerichtet ist, daß er für die Schulstelle in einem Domänendorfe der Provinz Preußen den kulmischen Schulmorgen, bezw. eine entsprechende Ertragsrente, gewähre, zulässig. Dem kann namentlich nicht entgegengehalten werden, daß die Verpflichtung des Fiskus auf einem speziellen Rechtstitel, einem privilegium odiosum, beruhe und deshalb ausschließlich der Rechtsweg im Zivilprozesse zulässig sei. Insofern der § 45 die Rechtsverhältnisse der für Domänendörfer gegründeten oder noch zu gründenden Schulen gegenüber dem Fiskus als Gutsherrn abweichend von denjenigen anderer Schulen regelt, stellt er sich allerdings als jus singulare im Sinne des gemeinen Rechtes dar. Letzteres, das Sonderrecht, ist aber auch nach preußischem Rechte mit dem Rechtsbegriffe des Privilegiums keineswegs identisch.[1]

Nr. 3. Entsch. Bd. XI. S. 186 vom 28. Januar 1885.

Pr. Schulordn. v. 11. XII. 45 (G.-S. 46 S. 1) §§ 45, 46.

Im Geltungsbereiche der Preußischen Schulordnung v. 11. XII. 45 haben die Gutsherren, sofern sie zur Lieferung des Brennmaterials für die Schule verpflichtet sind, bei gesteigertem Bedürfnisse **auch den erforderlichen Mehrbedarf in den gesetzlich bestimmten Grenzen aufzubringen.**

Der § 46 a. a. O. beschränkt die Verpflichtung des Gutsherrn nicht auf das Maß des bis zur Einführung der Schulordnung Gegebenen. Der Gutsherr, der das Brennmaterial bis dahin ganz, ohne Konkurrenz der Gemeinde hergegeben hat, behält diese Verpflichtung auch hinsichtlich des später Erforderlichen, ja selbst in Betreff der neu zu errichtenden Schulen.

Nr. 4. Entsch. Bd. XII. S. 212 vom 4. Februar 1885. I C 153/84.

Pr. Schulordn. v. 11. XII. 45 (G.-S. 46 S. 1) §§ 38, 39, 40, 45[5].

1) Der § 45 der Preußischen Schulordnung v. 11. XII. 45 legt dem Fiskus für die Schulen in den Domänendörfern besondere Verbindlichkeiten auf. Dabei ist vorausgesetzt, daß **zur Schule nur ein oder mehrere Domänendörfer** gehören. Sind zu einer Schule außer Domänendörfern noch **andere** Gemeinden und Ortschaften gelegt, so tritt die Regel der §§ 39 und 40 ein, wonach den **sämmtlichen** Gemeinden und Ortschaften die Unterhaltung der Schule obliegt[2]) und der Anteil einer jeden, wenn nicht Verträge oder andere besondere Rechtstitel ein anderes bestimmen, nach der Zahl der Haushaltungen sich bemißt. Fiskus hat alsdann **nur den auf seine Domänendörfer fallenden Teil des Brennmateriales** zu leisten.

---

[1]) Der übrige Teil der Entscheidungsgründe ist veraltet, nachdem die Vorschriften des § 46 Abs. 1 und 2 des Zust.-Ges. ebenso, wie früher § 135 X[1] der Kr.-Ordn. und abweichend von der Fassung des § 77[1] des Zust.-Ges. v. 26. VII. 76 eine Heranziehung voraussetzen und dem Verwaltungsstreitverfahren ein Einspruchsverfahren mit Beschluß der veranlagenden Behörde voranschicken.

§ 45[4] der Schulordn. greift nur unter der Voraussetzung Platz, daß die Schule sich nicht bereits im Besitze einer ausreichenden Landdotation befindet. Dem ersten Lehrer in einem Domänendorfe wird nicht etwa außer der ihm nach § 12[3] zukommenden Ackernutzung noch außerdem ein Anspruch auf den fiskalischen Schulmorgen eingeräumt. Entsch. v. 25. X. 90 (Z.-Bl. U.-V. 1891 S. 300).

[2]) Die Gemeinden haften nicht solidarisch zum vollen Kostenbeitrage für Unterhaltung der Schulanstalt, sondern nur mit dem der Zahl ihrer Haushaltungen entsprechenden Anteile. Entsch. v. 12. XII. 85 (Pr. Verw.-Bl. Bd. VII S. 156).

2) Nach § 38 a. a. O. behält es bei Leistungen, die auf besonderen Stiftungen oder **besonderen Rechtstiteln** beruhen, sein Bewenden.[1]) Das **Herkommen ist aber kein besonderer Rechtstitel.** — Der Schlußsatz des § 38 spricht nicht von dem **Schulpatrone**, sondern von dem „Kirchenpatrone und den Eingepfarrten".

3) „**Gutsherr**" und „**Grundherr**" sind in der Schulordnung **zwei von einander streng geschiedene Begriffe.** Von dem **Gutsherrn** handeln die §§ 44—48. Ihre Leistungen sind, weil sie auf der obrigkeitlichen Stellung der Gutsherrschaft beruhen, von dem Vermögen oder Unvermögen der Hintersassen durchaus unabhängig. Sie treffen den Gutsherrn persönlich. Er kann sie nicht auf andere abwälzen. Dagegen sind die Verpflichtungen des **Grundherrn** nach §§ 55 und 65 stets nur subsidiäre. Er hat nur einzutreten, wenn und soweit die Prinzipalverpflichteten, die Anwohner, zur Tragung der Schullast nicht fähig sind. Er hat die desfallsigen Kosten, wie der § 56 ausdrücklich besagt, zu tragen, „wie die Kosten der Armenpflege". Wie die Gemeinde, der gegenüber der Gutsherr die Leistungen aus §§ 44—48 zu erfüllen hat, selbst aufkommen muß für die Gemeindeglieder, die ihren schuldigen Gemeindebeitrag nicht aufbringen können, so hat der Grundherr für die Anwohner auf seinem Vorwerkslande einzutreten.

Nr. 5. Entsch. Bd. XII. S. 216 vom 1. Mai 1885. I C 19/85.

A. L.=R. Teil II Tit. 7 §§ 18ff. Principia Regulativa v. 30. VII. 1736 (v. Rönne Unterrichtswesen Teil I S. 94, 100). Notifikationspatent v. 28. IX. 1772 (daselbst S. 94, 100). Vd. v. 30. XI. 40 (G.=S. 1841 S. 11). Pr. Schulordn. v. 11. XII. 45 (G.=S. 46 S. 1) §§ 39, 44—47.

1) Die in der preußischen Schulordnung v. 11. XII. 45 in § 45 Nr. 5 und 6 ausgesprochene **Verpflichtung des Fiskus zur Hergabe des Schul**=

---

[1]) Durch diese Bestimmung des § 38 sind privatrechtliche Verpflichtungen nicht in öffentlich=rechtliche umgewandelt worden. Bei Leistungen, die nur auf einem privatrechtlichen Titel beruhen, gebührt die Entscheidung im Streitfalle den Zivilgerichten. Das Versprechen der Übernahme einer **einmaligen** Leistung für Schulzwecke von seiten eines Dritten, der nicht zu den nach öffentlichem Rechte zur Unterhaltung einer Schule Verpflichteten gehört, schafft nur einen privatrechtlichen Titel, der weder durch die Annahme des Versprechens seitens der Schulunterhaltungspflichtigen, noch durch die Genehmigung seitens der Schulaufsichtsbehörde zu einem öffentlich=rechtlichen wird. Wenn dagegen ein Dritter sich rechtsverbindlich zu **dauernden** Leistungen für die Schule unter Zustimmung der Schulunterhaltungspflichtigen verpflichtet, und eine dem entsprechende besondere Ortsschulverfassung unter Mitwirkung der Aufsichtsbehörde begründet wird, so ist Rechtsquelle nicht mehr der privatrechtliche Vertrag, sondern die unter öffentlicher Autorität geschaffene Schulverfassung, die öffentlich=rechtliche Verpflichtungen erzeugt. Entsch. v. 5. V. 88 (Pr. Verw.=Bl. Bd. XV S. 36).

Im Gebiet der Pr. Schulordn. kann eine Verpflichtung des Gutsherrn zur Lieferung von Schulbrennholz über das gesetzlich ihm obliegende Maß hinaus auch durch eine Observanz, und zwar auch durch eine nach Erlaß der Schulordn. entstandene Observanz, begründet werden. Eine ursprünglich in irriger Anwendung des geschriebenen Rechtes vorgenommene Übung kann, wenn sie nach Erkenntnis dieses Irrtumes fortgesetzt wird, sehr wohl ein neues Gewohnheitsrecht begründen. Auch eine Unklarheit des Verpflichteten über den Rechtsgrund der über das gesetzliche Maß hinaus erfolgenden Leistung hindert die Bildung einer Observanz nicht, wenn nur die Leistung in der Rechtsüberzeugung einer über das geschriebene Recht hinausgehenden Verpflichtung gegeben und angenommen wird. Die Feststellung, ob und aus welchen Motiven eine gleichmäßige Übung stattgefunden hat, unterliegt, wiewohl wesentlich thatsächlicher Natur, der freien Nachprüfung des Revisionsrichters, weil es sich dabei um die Erkennung einer Norm des objektiven Rechtes handelt. Entsch. v. 15. VI. 89 (Pr. Verw.=Bl. Bd. X S. 588, 621). Vergl. Entsch. v. 29. V. 96 (Z.=Bl. U.=V. S. 610).

Leistungen der Gutsherrschaft zur Lehrerunterhaltung, die auf besonderen Rechtstiteln beruhen, sind gemäß § 38 bestehen geblieben. Insoweit gehört die Gutsherrschaft zu den nach öffentlichem Rechte zur Schulunterhaltung Verpflichteten im Sinne des § 1 des Ges. v. 14. VI. 88. Entsch. v. 15. III. 93 (Pr. Verw.=Bl. Bd. XV S. 170).

Brennmateriales erstreckt sich auf sämmtliche innerhalb des Domaniums belegene Ortschaften und nicht lediglich auf solche mit ländlichen Gemeindeverfassungen. Das Wort „Dorf" ist nicht gleichbedeutend mit „Gemeinde". „Dorf" bedeutet sprachlich einen ländlichen Wohnplatz, einen Komplex von Wohnhäusern auf dem platten Lande, im engeren Sinne die zusammengebauten Gehöfte im Gegensatze zu den bewohnten Außenteilen einer und derselben Ortschaft. In Ostpreußen wird nicht nur der Teil einer Ortschaft, in dem die ehemaligen unterthänigen Bauern wohnen, sondern auch derjenige Teil eines Gutes, in dem dessen Instleute und Arbeiter wohnen, „Dorf" genannt. Das A. L.-R. handelt in Teil II Tit. 7 Abschn. 2 „Von Dorfgemeinen" und spricht im § 18 von den Besitzern der im Dorfe oder dessen Feldmark belegenen bäuerlichen Grundstücken, die die Dorfgemeine ausmachen, es hat auch nicht den „Dörfern", sondern den „Dorfgemeinen", die bei seinem Erscheinen bereits ein Gemeindeleben führten, Korporationsrechte verliehen. Ebensowenig werden die Ausdrücke „Dorf" und „Gemeinde" in anderen Gesetzen gleichbedeutend gebraucht, noch ist aus der Schulordnung selbst zu entnehmen, daß als „Domänendorf" im § 45 lediglich eine Ortschaft mit ländlicher Gemeindeverfassung, deren Gutsherr der Fiskus ist, gelten kann, noch entspricht dies dem Rechtszustande vor Erlaß der Schulordnung, der event. für deren Auslegung maßgebend wäre. (Folgt ausführliche Begründung.)[1])

2) Der § 46 a. a. O. findet auf den Domänenfiskus keine Anwendung, sondern bezieht sich lediglich auf die Verpflichtungen der „anderen" Gutsherren, also der Gutsherren der sog. adligen Dörfer.

3) Schulmatrikeln schaffen kein neues Recht, sondern sie sind nur dazu bestimmt, bestehende Rechtsverhältnisse zu konstatieren. Vergl. E.-O.-V. Bd. IV S. 191, 210.[2]) Sie haben daher an sich nicht den Charakter von Verträgen, noch erhalten sie ihn für den Fiskus durch Bestätigung der Schulaufsichtsbehörde; wohl aber können die Festsetzungen der Matrikeln auf Verträgen beruhen, und diese Festsetzungen sind dann maßgebend, soweit die Verträge maßgebend und rechtsverbindlich sind.

Nr. 6 Entsch. Bd. XIII. S. 238 vom 27. Januar 1886. I C 62/85.

Domänen-Veräußerungs-Instruktion v. 25. X. 10. Pr. Schulordnung v. 11. XII. 45 (G.-S. 1846 S. 1) §§ 39, 40, 45, 47, 54—62. Ges. v. 14. IV. 56 (G.-S. S. 359) betreffend Landgemeindeverfassungen u. s. w.

1) Nach § 38 der Preußischen Schulordnung v. 11. XII. 45 behält es, wo einzelne Personen oder Korporationen durch besondere Rechtstitel zu ge-

---

Kirchschulen im Sinne des § 38 sind nicht rein kirchlich gebliebene Privatschulen, sondern die aus kirchlichen in staatliche Anstalten übergeleiteten Volksschulen. Entsch. v. 9. X. 94 (Pr. Verw.-Bl. Bd. XVI S. 122).

[1]) Um die gutsherrliche Qualität eines Gutsbesitzers in Bezug auf Schulunterhaltungslasten festzustellen, ist der Nachweis erforderlich, daß das Gut entweder seinerseits zu herrschaftlichen Rechten ausgethan oder später zu einem selbständigen Gutsbezirke erhoben worden ist. Unter Domänendörfern im Sinne des § 45 der Schulordn. sind nicht nur solche Ortschaften zu verstehen, die eine Landgemeinde-Verfassung besitzen. Die §§ 55 ff. finden auf die Lieferung von Brennholz keine Anwendung. Liegt diese nach Gesetz oder Herkommen der Gutsherrschaft ob, so vermindern sich dem entsprechend die von den Anwohnern, bezw. subsidiär von dem Gutsherrn zu tragenden Schulunterhaltungslasten. Entsch. v. 31. X. 85 (Pr. Verw.-Bl. Bd. VII S. 101).

Auch die Köllmer und die von ihnen angesiedelten Einsassen gehören, obwohl freie Leute an sich, zu den Anwohnern auf gutsherrlichem Lande im Sinne des § 45[5]. Entscheidend ist, daß sie für ihre Person und mit ihrem Besitze der obrigkeitlichen Gewalt des Domaniums unterworfen blieben. Entsch. v. 22. II. 90 (Pr. Verw.-Bl. Bd. XI S. 445).

[2]) Die Bezeichnung eines Gutes als Domänendorf in der Matrikel ist daher für sich allein nicht beweiskräftig, ebensowenig ist das Anerkenntnis einer Prozeßpartei wesentlich; vielmehr ist die Frage vom Verwaltungsrichter zu prüfen, falls von ihrer Beantwortung die Entscheidung abhängt. Entsch. v. 21. X. 91 (Z.-Bl. U.-V. 1893 S. 255).

wissen Leistungen für die Elementarschule verpflichtet sind, dabei sein Bewenden. Ist demgemäß Fiskus verpflichtet, an eine Schule ein bestimmtes Quantum Brennholz zu liefern, so folgt daraus doch nicht, daß er den Mehrbedarf über das seit rechtsverjährter Zeit Gegebene zu liefern habe, wenn die Ortsschule infolge Anwachsens der Schulgemeinde erweitert werden muß und wenn dieser Schule neben Domänen, fiskalischen Dörfern auch Gemeinden, Ortschaften und Güter zugewiesen sind, die nicht zum Domanium gehören.[1])

Der Rechtszustand ist bezüglich der Lieferung von Brennmaterial vielmehr folgender:

A) In Betreff der Schulen in Domänendörfern bestimmt § 45[5,6] der Pr. Schulordnung, daß Fiskus bis zu einem gewissen Maximum das Brennholz für die Schule zu gewähren habe. Unter den Schulen in Domänendörfern sind solche für die Domänenhintersassen zu verstehen; für diese hat Fiskus bezüglich des Brennmaterials einzutreten, sofern nicht Verträge oder Herkommen ein Anderes bestimmen. Tritt bei einer solchen Schule, zu der nur Domänen-Hintersassen gehören, die Notwendigkeit ein, wegen wachsender Zahl der Einwohner die Schule zu erweitern, so hat für das erweiterte Bedürfnis rücksichtlich des Brennmaterials nach § 54 der Fiskus aufzukommen. In der Verpflichtung zur Lieferung des bis dahin notwendig gewesenen Brennmaterials ändert sich dadurch nichts. Eine etwa hinsichtlich des letzteren bestehende mindere Verpflichtung, als der § 45[5] bestimmt, bleibt unberührt.

B) Gehören zur Schule keine Domäneninsassen, so läßt es § 46 zunächst bei der Regel der §§ 39, 40, d. h. die zur Schule gehörigen Gemeinden, Ortschaften, Anwohner auf gutsherrlichem Vorwerkslande haben das Schulbrennholz zu gewähren. Nur für den Fall, daß der Privatgutsherr das Brennholz bisher herkömmlich gewährt hat, behält es hierbei, und zwar nicht nur in Betreff der bestehenden, sondern auch der neu zu errichtenden Schulen

---

[1]) Wenn die Erweiterung einer Schule, zu der domänenfiskalische und adelige Ortschaften gehören, notwendig wird, so ist der Mehrbedarf an Brennholz zu beschaffen einerseits vom Fiskus für die Domänenhintersassen (§ 45 der Schulordn.), andererseits von den nicht zum Domanium gehörigen Gemeinden und Ortschaften gemäß §§ 39, 40 ebendas. Für letztere hat der Gutsherr nur dann einzutreten, wenn ihm die Lieferung des Schulbrennholzes nach Herkommen obliegt. Entsch. v. 16. II. 87 (Pr. Verw.-Bl. Bd. VIII. S. 278).

Das Bestehen einer herkömmlichen Verpflichtung des Gutsherrn zur Leistung von Schulbrennholz hat nach §§ 46, 54 der Pr. Schulordn. zur Folge, daß der verpflichtete Gutsherr auch für das erweiterte Bedürfnis Sorge zu tragen hat. Die Bestimmungen der Schulordnung stehen jedoch der Fortentwickelung einmal bestehender oder dem Erwachsen neuer Observanzen in Fällen, wo das Gesetz solche überhaupt zuläßt, nicht entgegen. So kann auch das die Verpflichtung der Gutsherrschaft zur alleinigen Hergabe des Schulbrennholzes bedingende Herkommen eine Umbildung in dem Sinne erfahren, daß diese Verpflichtung und damit auch die Verpflichtung zur Hergabe des durch das erweiterte Bedürfnis erforderten Brennbedarfes in Wegfall kommt. Entsch. v. 25. VI. 90 (Pr. Verw.-Bl. Bd. XI S. 569).

Aus den §§ 45, 46 in Verbindung mit § 54 der Pr. Schulordn. ergiebt sich, daß der Gutsherr in demselben Verhältnisse, in dem er bisher das Holz für die Schule herkömmlich hergegeben hat, auch an dem erweiterten Bedürfnisse und also auch an demjenigen für die neu eingerichtete zweite Schulstelle und Schulklasse teilzunehmen hat. Da jedoch § 46 allgemein auf das Herkommen als zulässige Rechtsquelle verweist, so ist auch die Bildung eines besonderen, abweichenden Herkommens bezüglich der Lieferung des Holzes für die zweite Schulklasse zwischen Gemeinde und Gutsherrn zulässig. Entsch. v. 16. IX. 91 (Pr. Verw.-Bl. Bd. XIII S. 27).

Verpflichtungen, die der Gutsherr vertragsmäßig ausdrücklich nur für eine einklassige Schule übernommen hat, können nicht ohne Weiteres auf eine spätere Erweiterung der Schule bezogen werden. — Eine vertragliche Verpflichtung kann nicht zugleich auf Herkommen beruhen. Eines schließt das Andere begrifflich aus. Entsch. v. 8. XI. 95 (Pr. Verw.-Bl. Bd. XVII S. 247). Vergl. auch Entsch. v. 19. III. 92 (Z.-Bl. U.-V. 1893 S. 260) und v. 22. I. 95 (Z.-Bl. U.-V. S. 382).

sein Bewenden. Zu den **Privatgutsherren** in den beiden Provinzen Preußen gehören **nicht nur** die **Besitzer der adligen, der vom Landesherrn zu adligen Rechten ausgethanen Güter, sondern auch die Besitzer der ehemaligen Domänenvorwerke**, die auf Grund der Domänen-Veräußerungs-Instruktion v. 25. X. 10 veräußert worden sind und denen die **Rittergutsqualität beigelegt** worden ist. Vergl. E.-O.-V. Bd. X S. 93. Ferner gehören dazu die **Besitzer derjenigen Güter**, die nach Maßgabe des Landgemeinde-Verf.-Ges. v. 14. IV. 56 zu selbständigen Gutsbezirken erhoben sind. Vergl. E.-O.-V. Bd. XI S. 64. Haben derartige Güter früher zum Domanium gehört, so sind sie aus ihm durch die Erhebung zu selbständigen Gutsbezirken ausgeschieden, und damit ist die Verpflichtung des Fiskus, für sie aus § 45 einzutreten, erloschen.

Besitzungen, die bis zum Erlasse der Kreisordnung der fiskalischen Gutsherrlichkeit unterworfen waren und seitdem nicht in den Formen des Gesetzes zu selbständigen Gutsbezirken erhoben sind, haben ihre frühere Eigenschaft nicht verloren. Namentlich ist ihre Aufnahme in die Liste der Gutsbezirke und ihre demgemäße Behandlung vom Kreisausschusse ohne rechtliche Bedeutung. Gehörten derartige Güter zu den domänenfiskalischen Ortschaften, so ist dies auch jetzt noch der Fall.

Tritt nun in einem Gutsbezirke, zu dem nur adlige Gemeinden, Ortschaften und Güter gehören, die Notwendigkeit ein, wegen wachsender Einwohnerzahl eine neue Schule anzulegen oder die bestehende zu erweitern, so haben die Gutsherren, wenn sie bisher Schulbrennmaterial nicht lieferten, keine Verpflichtung, Brennholz zur Deckung des erweiterten Bedürfnisses herzugeben, vielmehr greift die Regel der §§ 39, 40 Platz. Haben sie bisher auf Grund des Herkommens das Brennmaterial geliefert, so sind sie nach § 54 verpflichtet, **auch für das erweiterte Bedürfnis** einzutreten.

C) **Sind zu einer Schule domänenfiskalische und adlige Ortschaften gewiesen**, so richten sich die Leistungen des Domänenfiskus, soweit seine Hintersassen zur Schule gehören, nach den Bestimmungen unter A, die Leistungen der adligen Gutsherren, Gemeinden und Ortschaften und der Anwohner auf gutsherrlichem Vorwerkslande nach den Bestimmungen unter B.

Nr. 7. Entsch. Bd. XIII. S. 244 vom 10. März 1886. I C 101/85.

Pr. Schulordn. v. 11. XII. 45 (G.-S. 1846 S. 1) §§ 44—47, 54. L.-V.-G. §§ 70, 95. Zust.-Ges. § 46.

1) Im Geltungsbereiche der Schulordnung für die Provinzen Ost- und Westpreußen v. 11. XII. 45 liegt es dem Schulvorstande, der die Abgaben und Leistungen für die Schule nach Maßgabe des Gesetzes auf die Pflichtigen zu verteilen und auszuschreiben hat, ob, die „Schule“ in Prozessen zu vertreten. Dagegen ist der **Schulvorstand zur Vertretung des Schulverbandes**, d. h. der zur Schule gehörenden Gemeinden und Ortschaften, **nicht** berufen.

2) Wenn das Gesetz in der herkömmlichen Leistung des Brennmaterials für die Schule von seiten des Gutsherrn den Verpflichtungsgrund findet, **auch für das erweiterte Bedürfnis** einzutreten, so ist diese **Verpflichtung nicht durch Ablösung der beständigen Leistung an Holz beseitigt**. Denn es wird die nach der Pr. Schulordnung in dem gutsherrlichen Verhältnisse wurzelnde Verbindlichkeit zur Lieferung des Brennmaterials auch für die erweiterten Bedürfnisse der Schule dadurch nicht beeinflußt, daß die Pflicht zur Hergabe des der nicht erweiterten Schule gewährten bestimmten Quantums durch Ablösung in Fortfall gekommen ist.

3) Ein **Antrag auf Beiladung** eines Dritten, aus Gründen des öffentlichen Rechtes Verpflichteten ist **in der Revisionsinstanz nicht mehr zulässig**.

Nr. 8. Entsch. Bd. XIV. S. 203 vom 9. Oktober 1886. I C 44 86.

Principia regulativa v. 30. VII. 1736 (v. Rönne, Schulwesen, Teil I S. 94) §§ 3, 19. Reskript v. 29. X. 1741 (daselbst S. 96); Vd. v. 30. XI. 40 (G.-S. 1841 S. 11) §§ 5, 7. Pr. Schulordn. v. 11. XII. 45 (G.-S. 1846 S. 1) §§ 38—40, 44—48, 55 ff.

1) Zu den „Hintersassen" der Gutsherren gehören nicht nur die Einwohner der ihrer Gutsherrlichkeit unterworfenen Gemeinden, sondern alle ihrer Gutsherrlichkeit unterworfenen Insassen, mögen sie in Gemeinden wohnen, oder in Ortschaften, die keine Gemeinden bilden. Vergl. E.-O.-V. Bd. XII S. 117. Auch sind die Anwohner auf gutsherrlichem Vorwerkslande hinsichtlich ihrer Rechte dem Gutsherrn gegenüber durch die preußische Schulordnung nicht anders gestellt, als die Anwohner auf dem Rustikallande, die Mitglieder der Landgemeinde. Die §§ 55 ff. treffen nur Bestimmungen, wie in dem Gutsbezirke die Schullasten aufzubringen sind, da sonst der Gutsherr die gesammte Schullast für seinen Bezirk hätte tragen müssen. Über die sog. Patronatslasten — Bauholz und Brennmaterialien — besagen sie so wenig etwas, wie § 39, der hinsichtlich der Schulunterhaltung Gemeinden und sonstige Ortschaften (Gutsbezirke) völlig gleichstellt. Sind demnach Bauholz oder Brennmaterial nach Gesetz, Vertrag oder Herkommen von dem Gutsherrn herzugeben, so gilt dies auch für die Hintersassen auf gutsherrlichem Vorwerkslande. Es mindern sich dann für den Gutsbezirk, wie für die unterhaltungspflichtige Gemeinde, die Schulunterhaltungskosten, die die Anwohner und in subsidio der Grundherr, bezw. die Gemeinde, aufbringen müssen, um den Wert des Bauholzes, bezw. Brennmateriales, das der Gutsherr herzugeben hat. Vergl. E.-O.-V. Bd. XII S. 222.

2) Nach den nur für das Domanium erlassenen Principia regulativa war Fiskus nur für die Einsassen des Domaniums zur freien Hergabe des Brennholzes verpflichtet. Für die Schulen in adligen Dörfern bestand eine solche Verpflichtung nicht. Ebensowenig war Fiskus verpflichtet, das Brennmaterial für aus Domänen und adligen Dörfern gemischte Schulbezirke allein herzugeben. That er es, so war das eine Handlung außerhalb des Gesetzes. Die Bildung eines Herkommens, das den Fiskus in diesen Fällen zur alleinigen Hergabe des Brennmaterials verpflichtete, war demnach unter der Herrschaft der Principia regulativa und des Reskr. v. 29. X. 1741 zulässig. Diesen Rechtszustand sanktionierte § 5 der Vd. v. 30. XI. 40 ausdrücklich und es ist auch durch die Schulordnung v. 45 eine Änderung einer so entstandenen Verpflichtung nicht herbeigeführt worden. Allerdings gehört das „Herkommen" nicht zu den besonderen Rechtstiteln im Sinne der §§ 38, 40 der Schulordnung.[1]) Es handelt sich hier jedoch um Lieferung von Brennmaterial — eine sog. Patronatslast —, hinsichtlich derer die §§ 44—48 besondere Bestimmungen enthalten. Hat sich also ein Herkommen hinsichtlich der sogenannten Schul-Patronatslasten (Hergabe von Brenn- und Bauholz) in einem Schulbezirke gebildet, so ist das für die bestehende Schuleinrichtung unbedingt und allein maßgebend, so daß, wenn die Hintersassen mehrerer Gutsherren zu einem Schulbezirke gehören und nur einer die Patronatslasten getragen, dieser sie auch fernerhin allein in dem bisherigen Umfange

---

[1]) Vergl. Entsch. v. 9. V. 91 (Z.-Bl. U.-V. S. 644).

Herkommen ist auch kein besonderer Rechtstitel im Sinne des § 39. Zwar spricht § 39 von „besonderen Rechtsgründen". Nach dem Zusammenhange kann aber darüber kein Zweifel bestehen, daß hiermit nichts anderes gemeint ist, als mit dem Ausdrucke „Rechtstitel" in den §§ 38—40. Behaupten aber Außenortschaften der Schule gegenüber durch erwerbende Verjährung Freiheit von der Pflicht zur Entschädigung der Ortschaft, wo die Schule liegt, für Gewährung der Sommerweide erlangt zu haben, so kommt ein auch im Verwaltungsstreitverfahren zu erörternder Rechtstitel in Frage. Entsch. v. 19. V. 96 (Z.-Bl. U.-V. S. 673).

zu gewähren hat, während für das erweiterte Bedürfnis Fiskus für seine Hintersassen, der Privatgutsherr, falls er herkömmlich dazu verpflichtet ist, ebenfalls für seine Hintersassen einzutreten hat und die Gemeinden, deren Gutsherren eine herkömmliche Verpflichtung nicht obliegt, Bau- und Brennholz selbst zu beschaffen haben.

Nr. 9. Entsch. Bd. XV. S. 222 vom 29. Oktober 1887. I C 75/87.

Pr. Schulordn. v. 11. XII. 45 (G.-S. 1846 S. 1) §§ 38, 44—47, 54.

1) Eine Verpflichtung des Fiskus, in einem aus Domänen- und anderen Dörfern zusammengesetzten Schulbezirke den Brennholzanteil eines der letzteren zu liefern, kann sowohl aus dem § 38, wie aus den §§ 44—47 der Schulordnung von 1845 entspringen.

a) Bei Prüfung der Frage, ob die Pflicht aus § 38 hergeleitet werden könne, ist zu beachten, daß das Herkommen dazu nicht ausreichend ist, da dieses nicht zu den „besonderen Rechtstiteln" im Sinne jenes Paragraphen gehört. Vergl. E.-O.-V. Bd. XII S. 214, Bd. XIV S. 207. Die bloße Thatsache der fortgesetzten Leistung genügt zum Ersatze des Titels nicht. Es muß vielmehr der Abschluß einer jene Leistung begründenden Vereinbarung unter den Beteiligten bewiesen werden. Eine solche in der Matrikel zu finden, ist nicht immer rechtsirrig. Wenn sie auch in der Regel (vergl. E.-O.-V. Bd. IV S. 213, Bd. XII S. 217) kein neues Recht schafft, sondern nur das bestehende feststellt, so ist damit doch nicht ausgeschlossen, daß eine solche vermöge der Art ihres Zustandekommens, der Abmachung der Beteiligten in den Verhandlungen, die der Aufstellung der Matrikel vorausgingen, als ein wirklicher Vertrag oder als das Anerkenntnis eines, das bestehende Rechtsverhältnis begründenden Titels sich darstellt, und somit von wesentlich rechtlicher Bedeutung ist.

b) Bei Prüfung der Frage, ob die fiskalische Pflicht aus den §§ 44—47 herzuleiten ist, ist Folgendes zu beachten:

Die Preußische Schulordnung stellt den Leistungen der Gemeinden aus den §§ 39—42 diejenigen der Gutsherren aus den §§ 44—47 gegenüber. Letztere regeln die Verhältnisse der Gutsherren zum Schulinstitute. Der § 44 verpflichtet die „Gutsherren des Schulbezirkes", nicht die Gutsherren der zum Schulbezirke gehörenden Gemeinden. Vergl. E.-O.-V. Bd. XII S. 219. Hinsichtlich der gutsherrlichen Leistungen ist dem Herkommen eine maßgebende Bedeutung beigelegt, jedoch eine verschiedene für den Fiskus und für die anderen Gutsherren. Der erstere ist gemäß § 45 in Verbindung mit § 44 zur Holzlieferung für seine Dominial-Hintersassen verpflichtet, falls er nicht seine herkömmliche Befreiung nachweist; die anderen Gutsherren sind dagegen kraft der gesetzlichen Regel frei, so daß ihnen gemäß des § 46 die Holzlieferung für ihre Hintersassen nur dann obliegt, wenn diese ganz oder teilweise herkömmlich gewährt war. Der § 47 endlich bestimmt für Schulverbände, zu denen die Hintersassen verschiedener Gutsherren gehören, daß die diesen mehreren Gutsherren obliegende Verpflichtung, sofern nicht durch Herkommen oder besondere Rechtstitel ein anderes bestimmt ist, nach der Zahl der Haushaltungen gemeinschaftlich getragen werden soll. Das Herkommen ist also nicht bloß entscheidend für den Verteilungsmaßstab unter mehreren verpflichteten Gutsherren, sondern auch für die fortgesetzte Aufbringung der Patronatslast selbst dann, wenn unter den mehreren, im Schulbezirke vorhandenen Gutsherren nur einer herkömmlich verpflichtet ist. § 47 begründet demnach keineswegs bloß Rechte und Pflichten zwischen den mehreren, zum Schulbezirke gehörigen Gutherren, sondern ebenso wie die §§ 44 und 46, auch solche zwischen dem verpflichteten

Gutsherrn einerseits und dem berechtigten Schulinstitute, bezw. den zu ihm gewiesenen Gemeinden und Gutsbezirken andererseits.

2) Im Geltungsbereich der Preußischen Schulordnung v. 11. XII. 45 kann sich auch nach deren Erlasse ein Herkommen dahin bilden, daß von mehreren Gutsherren, deren Hintersassen einem Schulbezirke angehören, nur einer die Patronatslasten (Lieferung des Schulbau- und Brennholzes) zu tragen hat.

Beabsichtigte die Schulordnung auch, den bei ihrem Erlasse bestehenden, auf Gewohnheit beruhenden Rechtszustand zu erhalten, so schließt sie die Fortentwickelung der bestehenden und das Erwachsen neuer Observanzen bezüglich der Beziehungen zwischen Gutsherrschaft und Gemeinde für die Zukunft nicht aus. Insbesondere ist dies auch in § 54 nicht zu finden.

3) Wurde die das Herkommen begründende Leistung ursprünglich durch eine irrige Auslegung des § 45 hervorgerufen, so ist folgender Rechtsgrundsatz zu beachten: Eine Übung, die lediglich durch das bestehende Gesetz und nicht durch eine, vom geschriebenen Rechte unabhängige Rechtsüberzeugung hervorgerufen wird, bleibt stets die richtige oder unrichtige Anwendung des Gesetzes, die beim Eintritte einer abweichenden wissenschaftlichen Auffassung des letzteren jederzeit geändert werden kann, aber nicht ein Gewohnheitsrecht erzeugt, dessen Entstehung eben auf der Überzeugung des Übenden beruht, daß dasjenige, was sie gleichmäßig ausüben, für das gegebene Rechtsverhältnis nicht das aus den geschriebenen Quellen, sondern das aus den Umständen geschöpfte — notwendige — Recht ist. Beruht diese Überzeugung auf einem thatsächlichen Irrtume oder auf einem rechtlichen Irren über die Tragweite des geschriebenen Rechtes, so kann die bloße Übung — in gleicher Weise, als wenn ihr die Überzeugung der Rechtsnotwendigkeit überhaupt gefehlt hätte — für sich allein zu einem Gewohnheitsrechte nicht führen, da in diesem Falle die Annahme gerechtfertigt erscheint, daß die Übenden, wenn sie ihren Irrtum erkannt hätten, die Übung des vermeintlichen Rechtes nicht so, wie sie gethan, vorgenommen haben würden. Sobald aber diese Annahme durch anderweite Umstände ausgeschlossen wird, wenn z. B. die Übung, auch nachdem der rechtliche Irrtum, der ihren Anfang veranlaßt hatte, den Beteiligten bekannt geworden war, dennoch von ihnen gleichmäßig durch längere Zeit fortgesetzt ist und dadurch als der Ausdruck der gemeinsamen Rechtsüberzeugung der Beteiligten sich zu erkennen giebt, oder wenn die Übung auch ohne nachweisbare Erkenntnis jenes Irrtumes durch langjährige, Generationen umfassende Befolgung allmählich zu einer derartigen Rechtsüberzeugung geführt hat, so kann eine in ihrem Beginne durch Rechtsirrtum hervorgerufene Übung dennoch die Annahme eines ihr entsprechenden wirklichen Gewohnheitsrechtes rechtfertigen.

Nr. 10. Entsch. Bd. XVII. S. 268 vom 19. Dezember 1888. I C 91/88.

Ges. v. 3. I. 45 (G.-S. S. 25), betreffend Zerteilung von Grundstücken u. s. w., § 31. Ges. v. 25. VIII. 76 (G.-S. S. 405), betreffend Verteilung der öffentlichen Lasten bei Grundstücksteilungen u. s. w. §§ 18, 19. Pr. Schulordn. v. 11. XII. 45 (G.-S. 1846 S. 1) § 65.

1) Wenn ein bis dahin selbständiger Gutsbezirk aufgelöst wird und wenn die dadurch kommunalfrei gewordenen Grundstücke als Landgemeinde konstituiert werden, so hört der Besitzer des früheren Gutes auf, „Gutsherr" des Schulortes zu sein und sein Besitz wird Gemeindeland, gehört dem Gemeindebezirke an.

2) War der Gutsherr Gründer einer neuen Kolonie, so war er als solcher verpflichtet, für eine gute und bequeme Beschulung der Kolonisten zu sorgen, der § 65 der Preußischen Schulordn. v. 11. XII. 45 legt dementsprechend nicht dem Gutsherrn, sondern dem „Grundherrn", auf dessen

Grund und Boden die Kolonie entrichtet ist, die Verpflichtung auf, den Ausfall zu decken, den die Kolonisten zur Errichtung einer eigenen Schule aufzubringen außer stande sind. Ist daher die Last (Lieferung des Brennholzes) keine gutsherrliche, so ist sie durch Aufhebung des Gutsbezirkes und damit der Gutsherrschaft nicht in Fortfall gekommen.

3) Öffentlich-rechtliche Lasten, die nach der Verfassung der Schule, der von der Schulaufsichtsbehörde bestätigten Schuleinrichtungsverhandlung, auf dem Grundbesitz haften, bedürfen nicht der Eintragung in das Grundbuch (§ 11 Nr. 1 der Grundbuchordn. v. 5. V. 72 — G.-S. S. 446 —, § 49 der Konkursordn. v. 8. V. 55 — G.-S. S. 321 —).

Nr. 11. Entsch. Bd. XX. S. 169 vom 25. Februar 1891.

Pr. Schulordn. v. 11. XII. 45 (G.-S. 1846 S. 1) §§ 45, 47. Just.-Ges. §§ 9, 26.

Die Beschlüsse, die der Kreisausschuß (Bezirksausschuß) zur Feststellung der Grenzen eines ländlichen Gemeinde- und Gutsbezirkes (Stadtbezirkes), sowie über die Eigenschaft einer Ortschaft als Gemeinde oder eines Gutes als Gutsbezirk vorläufig, d. h. vorbehaltlich der Entscheidung im Verwaltungsstreitverfahren, gefaßt hat, gelten als Grundlage der sich aus der Eigenschaft als Gemeinde oder Gutsbezirk und aus der Zugehörigkeit zu diesem Kommunalkörper ergebenden Rechte und Pflichten.

Hat z. B. ein Gut vor der Fassung eines Beschlusses, der es zum selbstständigen Gutsbezirke erklärte, einen Bestandteil des Domaniums gebildet, auf Grund dessen der Fiskus zur Lieferung des Schulbrennholzes für das Gut verpflichtet war, so geht diese Verpflichtung durch den Beschluß bis auf Weiteres auf den Gutsherrn des neuen Gutsbezirkes, als den Träger der ihm eigentümlichen Rechte und Pflichten über.[1]) Es ist nicht zu verkennen, daß eine solche vorläufige Regelung insofern zu Unzuträglichkeiten führen kann, als es nicht unzweifelhaft ist, ob die beteiligten Besitzer und Bewohner nach rechtskräftiger Aufhebung des Beschlusses Ersatz für die inzwischen ihnen auferlegten öffentlichen Lasten in Anspruch nehmen können. Das sind indessen Bedenken, die die Beschlußbehörde bei Erörterung der Frage, ob das öffentliche Interesse den Beschluß erforderte, zu berücksichtigen hat.

Nr. 12. Entsch. Bd. XXVII. S. 154 vom 30. Oktober 1894. I C 44 94.

Pr. Schulordn. v. 11. XII. 45 (G.-S. 1846 S. 1) §§ 38—40, 45, 47.

1) In einer Gemeinde können mehrere Gutsherren vorhanden sein. Vergl. E.-O.-V. Bd. XVI S. 246, Bd. XX S. 208.

Wenn z. B. die Gemeinde A unter der Gutsherrlichkeit des X in die Gemeinde B unter der Gutsherrlichkeit des Y eingemeindet wird, so behalten die zu einer Gemeinde vereinigten Territorien je nach ihrer bisherigen Begrenzung ihre bisherigen Gutsherren.

2) Was von der Eingemeindung zweier Gemeinden mit verschiedenen Gutsherren gilt, ist auch analog anzuwenden auf den Fall, wo es sich um die Eingemeindung eines Territoriums ohne Gutsherrn in eine der Gutsherrlichkeit (z. B. des Fiskus) unterstehende Gemeinde handelt.

---

[1]) Hört Fiskus auf, Gutsherr zu sein, so kommen die fiskalischen Leistungen eben in Wegfall. Fiskus steht der Schule, wie jeder Dritte, gegenüber und kann insbesondere nicht auf Grund eines „Herkommens“ zur Fortsetzung der bisherigen Leistungen verpflichtet werden, da das Herkommen keinen besonderen Rechtstitel bildet. Entsch. v. 10. IX. 87 (Pr. Verw.-Bl. Bd. IX S. 74). Ähnlich Entsch. v. 8. IV. 93 (Pr. Verw.-Bl. Bd. XIV S. 477) v. 7. V. 95 (Z.-Bl. U.-V. S. 649) und v. 29. V. 96 (Z.-Bl. U.-V. S. 610).

Jenes Territorium tritt nicht unter die Gutsherrlichkeit des Fiskus; die auf ihm wohnenden Personen werden nicht Hintersassen des Fiskus.

Die Verpflichtung des Fiskus zur Lieferung des Brennholzbedarfes der Schulen in Domänendörfern beruht nun, wie die Überschrift in den §§ 44—48 der Pr. Schulordn. v. 11. XII. 45 außer Zweifel stellt, lediglich auf dem gutsherrlichen Verhältnisse. Für andere als seine Hintersassen hat der Fiskus Brennmaterial nicht zu liefern. Vergl. E.-O.-V. Bd. XII S. 214. Sind die auf jenem Territorium vorhandenen Haushaltungen zu diesen nicht zu rechnen, so läßt ihre Eingemeindung den Umfang seiner Lieferungspflicht unberührt.

Nr. 13. Entsch. Bd. IV. S. 192 vom 28. September 1878.

Pr. Schulordn. v. 11. XII. 45 (G.-S. 1846 S. 1) §§ 39, 40, 60, 61, 66. Zust.-Ges. §§ 46, 160.

1) In den Provinzen Ost- und Westpreußen haben nicht die Anwohner eines Gutsbezirkes, die einer benachbarten Schule angeschlossen sind, die auf den Gutsbezirk entfallende Schullast zu tragen und in sich aufzubringen, sondern Anwohner und Grundherr haben ihre Beiträge nach dem von der Schulaufsichtsbehörde (Regierung) gemäß § 60 der Schulordnung festgesetzten Maßstabe zu leisten. So lange eine derartige Festsetzung nicht erfolgt, bleibt es mangels einer ausdrücklichen Bestimmung in der Schulordnung über die Beitragspflicht der Anwohner bei dem vor ihrer Einführung maßgebenden Beitragsverhältnisse.

2) Schulmatrikeln haben nach § 66 der Schulordn. die bestehenden Rechtsverhältnisse zu konstatieren, schaffen aber nicht neues Recht.

Nr. 14. Entsch. Bd. VI. S. 182 vom 18. Februar 1880.

Pr. Schulordn. v. 11. XII. 45 (G.-S. 1846 S. 1) §§ 32, 39, 42, 55, 56. Zust.-Ges. § 46.

1) Daraus, daß die Pr. Schulordn. v. 11. XII. 45 das Kommunalprinzip anerkannt hat und daß die Gutsbezirke den Gemeinden koordinierte Körper sind, folgt nicht, daß auch die innere Organisation dieser Körper kongruent oder einander nur ähnlich sei und daß, was von Gemeinden gilt, auch ohne weiteres und analog auf Gutsbezirke angewendet werden dürfe. Namentlich ist dies hinsichtlich der Kommunallasten nicht der Fall; selbst im Wege der Vereinbarung kann eine Unterverteilung der Ortskommunallasten eines selbständigen Gutsbezirkes mit öffentlich-rechtlicher Wirkung nicht stattfinden.

2) Daraus, daß die Unterhaltung der Elementarschulen in den Provinzen Ost- und Westpreußen eine Kommunallast ist, würde als allgemeine Regel nur folgen, daß ein Gutsbesitzer sich ihretwegen nicht an einen im Gutsbezirke vorhandenen Parzellenbesitzer regressieren dürfe und daß selbstverständlich der für die Landgemeinden vorgeschriebene Repartitionsmodus nicht zur Anwendung kommen könnte, weil eine Repartition überhaupt unstatthaft ist. Der § 56 der Schulordnung enthält indes hinsichtlich der Schulbeiträge eine hiervon abweichende singuläre Bestimmung: es können im Gutsbezirke auch Dritte, die Anwohner, zu Schulleistungen herangezogen werden. Dies darf aber nicht nach den für die Aufbringung der Kommunalsteuern in Landgemeinden geltenden Vorschriften geschehen, sondern nur nach derjenigen des § 60 der Schulordnung. Die Voraussetzung einer jeden von dem Anwohner eines Gutsbezirkes zu beanspruchenden Schulsteuer ist mithin die „Bestimmung" der Regierung.

3) Das im § 46 des Zust.-Ges. vorgesehene Verwaltungsstreitverfahren kann nur von einem zur Steuer Herangezogenen — nicht auch gegen-

über dem Zensiten von der zur Steuerveranlagung berechtigten Behörde — anhängig gemacht werden. Ein Klagerecht zwecks Einziehung der Steuern ist der Behörde nicht gegeben; vielmehr bewendet es bei ihrer Berechtigung, die von ihr für steuerpflichtig Erachteten zu veranlagen und event. die Steuerforderung im Wege der Exekution beizutreiben oder beitreiben zu lassen. Lehnt die mit den Befugnissen der Vollstreckung der Exekution versehene Behörde die Gewährung der Beihilfe ab, so bleibt dem Schulvorstande die Beschwerde an die höheren Instanzen überlassen.

4) Unter den im § 32 der Schulordn. gedachten Klagen, zu deren Anstellung die Autorisation der Regierung erforderlich ist, sind lediglich diejenigen gemeint, die nach Lage der damaligen Gesetzgebung zur Verfolgung von Rechtsansprüchen vor den ordentlichen Gerichten bestimmt waren.

Nr. 15. Entsch. Bd. VIII. S. 166 vom 10. September 1881.

Pr. Schulordn. v. 11. XII. 45 (G.-S. 1846 S. 1) §§ 39, 55—60. Kr.-Ordn. v. 13. XII. 72 § 31.

1) In den Provinzen Ost- und Westpreußen liegt die Unterhaltung der Volksschule den zur Schule gehörigen Ortschaften, d. h. den Gemeinden und Gutsbezirken, ob. Den Anteil der Gemeinde haben ihre Mitglieder nach dem Kommunalsteuerfuße aufzubringen, den Anteil des Gutsbezirkes tragen der Grundherr und die Anwohner. Der Gemeindevorsteher hat den Anteil der Gemeinde auf die pflichtigen Gemeindemitglieder zu verteilen, einzuziehen und an den Schulvorstand abzuführen. Die gleiche Verpflichtung liegt nach § 31 der Kr.-Ordn. dem Gutsvorsteher ob. Der Guts- und Gemeindevorsteher haben daher ihre Veranlagungen im Verwaltungsstreitverfahren zu vertreten.

2) Die Ausschreibung des von dem Gutsbezirke aufzubringenden Schulbeitrages kann aber nicht von dem Gutsvorsteher nach Belieben erfolgen. Denn nach § 60 der Pr. Schulordn. v. 11. XII. 45 ist für sie bei Bestimmung der Beiträge der Anwohner allein die von der Regierung getroffene Festsetzung maßgebend.

3) Wenn ein Schulverband von der ihm durch § 1 des Ges. v. 29. VI. 76 (G.-S. S. 177) erteilten Berechtigung, für seinen Haushalt als Etatsjahr statt des Kalenderjahres das Jahr vom 1. April bis 31. März anzurechnen, Gebrauch gemacht hat, so gilt auch für die von ihm ausgeschriebenen Steuern und Abgaben die Bestimmung des Abs. 3 des § 1 des Ges. v. 12. VII. 76 (G.-S. S. 228), wonach die Berechnung der im Ges. v. 18. VI. 40 (G.-S. S. 140) vorgeschriebenen Verjährungsfristen nach dem neuen Etatsjahre zu erfolgen hat.

Nr. 16 Entsch. Bd. IX. S. 135 vom 28. Februar 1883.

Zust.-Ges. § 46. Pr. Schulordn. v. 11. XII. 45 (G.-S. 1846 S. 1) §§ 55—60.

1) Wenn eine Gemeinde gegen andere früher eingeschulte und später ausgeschulte Gemeinden nachträglich Ansprüche erhebt wegen angeblich zur Zeit der bestandenen Gemeinschaft geleisteter Vorschüsse, so fällt der daraus sich ergebende Streit nicht unter den Begriff der Verwaltungsstreitsachen, sondern der Anspruch nimmt einen privatrechtlichen Titel, sei es die nützliche Verwendung (§§ 268, 269 Tit. 13 Teil I A. L.-R.'s), sei es ein anderes, dem Privatrechte angehöriges Rechtsverhältnis, zum Ausgange und gehört vor die ordentlichen Gerichte.[1])

[1]) Dieser, unter der Herrschaft des § 77 des Zust.-Ges. v. 26. VII. 66 richtige, Grundsatz wird sich mit § 46 Abs. 3 Zust.-Ges. v. 1. VIII. 83 allgemein nicht vereinen lassen. Nach dem dieses Gesetz beherrschenden Grundgedanken kann die Zuständigkeit des

2) Im Geltungsbereiche der Pr. Schulordn. v. 11. XII. 45 ist der Gutsvorsteher bei Streitigkeiten über die Schulunterhaltungslast nicht der gesetzliche Vertreter der Vermögensrechte der Grundherren und der Anwohner, vielmehr ist der Erstattungsanspruch des Klägers ein rein persönlicher und allein gegen diejenigen Anwohner und den Gutsherrn zu richten, denen die Erleichterung von Schulbeiträgen zu statten gekommen ist.

Nr. 17. Entsch. Bd. XVIII. S. 170 vom 14. September 1889. I B 3/89.
Pr. Schulordn. v. 11. XII. 45 (G.=S. 1846 S. 1) §§ 55—60. Zust.=Ges. §§ 46. 47, 56, 66, 160.

1) Im Geltungsbereiche der Pr. Schulordn. v. 11. XII. 45 war eine Domäne in einen Stadtbezirk eingeschult worden. Die Bedingungen dazu waren von der städtischen Schuldeputation entworfen und von Magistrat und Stadtverordneten namens der Stadt, von der Domänenabteilung der Regierung namens des Fiskus, von dem derzeitigen Domänenpächter und endlich von der Schulaufsichtsbehörde (Schulabteilung der Regierung) genehmigt worden. Es lag hier also eine Vereinbarung vor zwischen der Stadt als Schulpatron und dem Fiskus als Grundherrn in Vertretung der Anwohner auf seinem Grund und Boden. Durch die Bestätigung der Schulaufsichtsbehörde in Gemäßheit des § 57 der gedachten Schulordnung war die maßgebende öffentlich-rechtliche Norm geschaffen, sowohl für die Einschulung als auch für die Beitragspflicht der Gutsanwohner zu der gemeinsamen Schule.[1]) Infolge eines Irrtumes hinsichtlich der Zahl der Haushaltungen im Gutsbezirke waren aus dem letzteren seit Jahren zu wenig Beiträge erhoben, weshalb die Stadt Anspruch auf eine Nachzahlung erhob und ihn im Verwaltungsstreitverfahren geltend machte. Dagegen wurde der Einwand der Unzuständigkeit des Verwaltungsrichters erhoben, weil es sich lediglich um einen, von dem ordentlichen Richter zu entscheidenden Streit handelte. Dies ist nach § 46 Abs. 3 des Zust.=Ges. nicht vollständig zutreffend. Selbst wenn zur Begründung des Anspruches, neben den öffentlich-rechtlichen Momenten, ein privatrechtliches (z. B. das der nützlichen Verwendung) hinzutritt, so wird dadurch die Entscheidung dem Verwaltungsrichter nicht entzogen, wenn die nützliche Verwendung nach Maßgabe der Erklärungen der Parteien allein davon abhängig ist, ob die Stadtgemeinde für den Fiskus eine ihm nach öffentlichem Rechte obliegende Ausgabe geleistet hat. Vergl. auch § 160 des Zust.-Ges.

2) Andererseits kann ein solcher Anspruch nicht gegen die Gesammtheit der gutsherrlichen Anwohner als eines korporativen Verbandes erhoben werden, sondern nur gegen die dadurch bereicherten einzelnen Anwohner, auch ist in solchen Streitigkeiten der Grundherr, der ja nur das zu leisten hat, was die Anwohner selbst zu leisten außer stande sind, nicht als der gesetzliche Vertreter der gutsherrlichen Anwohner anzusehen.[2]) Wenn § 57 der

---

Verwaltungsstreitverfahrens dann keinem Bedenken unterliegen, wenn z. B. die nützliche Verwendung nach Maßgabe der Erklärungen der Parteien allein davon abhängig ist, ob Kläger für den Beklagten eine diesem nach öffentlichem Rechte obliegende Ausgabe geleistet hat. Vergl. E.=O.=V. Bd. XVIII S. 170.

[1]) Verträge über den Anschluß an eine Schule und die zu ihr zu leistenden Beiträge, die zwischen der Gemeinde und dem Schulpatron einerseits und dem Grundherrn als Vertreter der auf seinem Grund und Boden befindlichen Anwohner andererseits geschlossen und von der Schulaufsichtsbehörde bestätigt sind, bilden einen Teil der örtlichen Schulverfassung. Entsch. v. 25. III. 93 (Pr. Verw.=Bl. Bd. XV S. 170). Vergl. Entsch. v. 26. II. 95 (Z.=Bl. U.=V. S. 416).

[2]) Die Anwohner stehen in einer nur zufälligen, nicht rechtlichen Verbindung. Deshalb sind Ausfälle bei ihren Schulbeiträgen nicht von den übrigen Anwohnern, sondern von dem Gutsherrn zu übertragen. Entsch. v. 5. XII. 91 (Pr. Verw.=Bl. Bd. XIII S. 278).

Schulordn. den Grundherrn für den Vertrag über den Anschluß an eine benachbarte Schule und über die erforderlichen Leistungen als Vertreter der Gutsanwohner bezeichnet, so bezieht sich dies doch nur auf die Grundsätze, nach denen die Beitragspflicht zu regeln ist. Soweit in Ausführung dieser Grundsätze Streit darüber entsteht, ob die veranlagende Behörde den auf die gesammten Anwohner entfallenden Beitrag richtig berechnet hat, ist der Grundherr zwar schon wegen seiner durch die subsidiäre Verbindlichkeit bedingten Beteiligung zu Einspruch und Klage ermächtigt. Für die Unterverteilung des auf die Anwohner im ganzen berechneten Anteiles ist er indessen weder zuständig, noch eine von dem allgemeinen Grundsatze, wonach jeder seine vermögensrechtlichen Angelegenheiten selbst wahrnimmt, abweichende gesetzliche Vorschrift gegeben, so daß jeder einzelne Gutsanwohner unmittelbar heranzuziehen ist. Vergl. E.-O.-V. Bd. VIII S. 167.

3) Die Vorschriften der Preußischen Schulordnung über die Einschulung gutsherrlicher Anwohner an benachbarte Schulen beziehen sich ausschließlich auf Schulen, die der allgemeinen Schulpflicht dienen, mithin nur auf Elementarschulen, zu deren Benutzung für die Eltern und sonstigen Vertreter, die nicht anderweit für den Unterricht der Kinder gesorgt haben, ein gesetzlicher Zwang besteht und deren Unterhaltung zu diesem Zweck den Gemeinden, Schulverbänden u. s. w. obliegt. Vergl. E.-O.-V. Bd. XII S. 197.

Nr. 18. Entsch. Bd. XXI. S. 194 vom 4. April 1891. I C 12/91.
Pr. Schulordn. v. 11. XII. 45 (G.-S. 1846 S. 1) §§ 32, 39 ff., 54 ff. Zust.-Ges. § 46.

1) Die zu einer Schule in den Provinzen Ost- und Westpreußen gewiesenen Gemeinden und Anwohner auf gutsherrlichem Lande bilden nach der Schulordnung v. 11. XII. 45 keinen korporativen Verband, der durch den Schulvorstand zu vertreten wäre. (Vergl. E.-O.-V. Bd. VI S. 178, Bd. XVII S. 276.) Die Schulordnung hat im § 32 dem Schulvorstande die Verwaltung des Schulvermögens und der Schulkasse, sowie die Vertretung der Schule in Prozessen und sonstigen Rechtsangelegenheiten übertragen. Damit ist zwar die Schule als eine vom Schulvorstande vertretene Rechtspersönlichkeit anerkannt, hieraus indessen nicht abzuleiten, daß die Einzelgemeinde, für deren Bezirk eine besondere Schule besteht, oder die eine gemeinsame Schule unterhaltenden mehreren Gemeinden u. s. w. einen korporativen Verband ausmachen.

2) Entstehen in einem solchen Schulbezirke Streitigkeiten über das Teilnahmeverhältnis an den auf die Gemeinden und Gutsbezirke umgelegten Schullasten, so sind nur diese Gemeinden als solche und der Grundherr für die Gutsangehörigen zur Teilnahme an dem Prozesse legitimiert, nicht aber ein einzelnes Gemeindemitglied oder ein einzelner Anwohner auf gutsherrlichem Lande.

Nr. 19. Entsch. Bd. XXIII. S. 162 vom 9. Juli 1892. I C 38/92.
Pr. Schulordn. v. 11. XII. 45 (G.-S. 1846 S. 1) §§ 32, 39, 40, 55—60. Zust.-Ges. § 46.

Im Geltungsbereiche der Schulordnung für die Provinzen Ost- und Westpreußen v. 11. XII. 45 hat der Schulvorstand, wenn mehrere Gemeinden und Gutsbezirke zu derselben Schule gehören, die Verteilung der Schulunterhaltungskosten auf die einzelnen Kommunalbezirke (§ 40 a. a. O.) zu bewirken. Hieraus folgt notwendig, daß der Schulvorstand sich auf die Veranlagung desjenigen zu beschränken hat, was auf den Bezirk im ganzen entfällt. Die untere Veranlagung in den einzelnen Bezirken gebührt deren Vorsteher, also im Gutsbezirke dem Gutsvorsteher. Im Gutsbezirke sind nun nicht nur die Gutsanwohner, sondern auch der an ihrer Statt subsidiär verpflichtete Grundherr die Träger der Schullast. Beide unterliegen also in gleicher Weise der sich in der Unterverteilung der Schullasten darstellenden obrigkeitlichen Gewalt des Gutsvorstehers. Ihr ist jeder unterworfen, der nach Maßgabe des Gesetzes im Gutsbezirke eine öffentliche Last zu erfüllen hat, also auch z. B. der Fiskus. Daß der Pflichtige im Bezirke weder wohnhaft, noch angesessen ist, kann höchstens die Wirkung haben, daß der Gutsvorsteher für Durchführung seiner Zwangsbefugnis die Mitwirkung der Wohnbehörde in Anspruch zu nehmen hat. Soweit also Gutsvorsteher und Grundherr nicht identisch sind, hat die Veranlagung des letzteren allein von ersterem auszugehen. Sind beide identisch, so hat, sofern nicht für diesen Zweck ein stellvertretender Gutsvorsteher bestellt ist, die Schulaufsichtsbehörde denjenigen zu bestimmen, der den Gutsvorsteher in seiner Eigenschaft als Grundherr zu veranlagen hat. Dabei bleibt indessen zu berücksichtigen, daß der Gutsvorsteher schon aus der Veranlagung des Schulvorstandes übersehen kann, was er als Grundherr nach bewirkter Heranziehung der Gutsanwohner zu leisten hat. Es wird deshalb einer besonderen Veranlagung des Gutsvorstehers für seinen grundherrlichen Beitrag erst dann bedürfen, wenn der Gutsvorsteher gleichwohl die Erfüllung seiner grundherrlichen Pflicht verweigern sollte.

Nr. 20. Entsch. Bd. XXIV. S. 158 vom 5. April 1893. I C 97/92.

A. L.-R. Teil I Tit. 21 §§ 626ff; Teil II Tit. 7 §§ 88, 150, 247ff., 263, 314; Tit. 12 §§ 29, 33, 36. Anh. § 106. Ostpr. Prov.-Recht Zusatz 221. Ges. v. 31. XII. 42 (G.-S. 1843 S. 8), betreffend die Verpflichtung zur Armenpflege, § 6. Ges. v. 3. I. 45 (G.-S. S. 25) betreffend die Zerteilung von Grundstücken, § 31. Pr. Schulordn. v. 11. XII. 45 (G.-S. 1846 S. 1) §§ 39, 40, 44—47, 55—65. Zust.-Ges. § 47.

1) Die Pr. Schulordn. v. 11. XII. 45 unterscheidet in dem „von der Unterhaltung der Elementarschulen handelnden Abschnitte IV die beiden Fälle, je nachdem es sich um das Schulbedürfnis der zu Gemeinden vereinigten Einwohner — oder aber der außerhalb der Gemeinden auf Vorwerken oder sonst Wohnenden handelt. Im ersteren Falle legt das Gesetz, abgesehen von dem Vorhandensein besonderer Stiftungen oder Rechtstitel, den Ortsgemeinden (§§ 39, 40), im letzteren Falle den Anwohnern, und, soweit sie dazu nicht im stande sind, den „Grundherren" (§§ 40, 55 ff.) die Schulunterhaltungslast auf. Neben dieser Regelung und unabhängig von ihr bestehen die „Leistungen der Gutsherren" (§§ 44—47).

2) Im Sinne der Preußischen Schulordnung ist „Grundherr" im Gegensatze zum „Gutsherrn" derjenige privatrechtliche Eigentümer auf gutsherrlichem Vorwerkslande, auf dessen Grund und Boden die Anwohner entweder von ihm selbst oder von seinem Rechtsnachfolger im Besitze angesiedelt worden sind.

Wenn auch das Allgemeine Landrecht den Ausdruck „Grundherr", „Grundherrschaft", „Herrschaft" mehrfach gleichbedeutend mit „Gutsherr", „Gutsherrschaft" braucht (vergl. §§ 88, 150, 247 ff., 263, 314, Anhang § 106 im Tit. 7 Teil II), so folgt hieraus noch nichts gegen die Zulässigkeit einer Auslegung, die dem Ausdrucke „Grundherr" in der Schulordnung auf sachlichen, in dem Wortlaute und Zusammenhange des Gesetzes gefundenen Gründen, eine dem gemeinen Sprachgebrauche mehr entsprechende, übrigens auch sonst in der Gesetzgebung zur Geltung gelangte Bedeutung beilegt (vergl. §§ 626 ff. Tit. 21 Teil I A. L.-R.'s). (Folgt eingehende Begründung aus der Entstehungsgeschichte der Preußischen Schulordnung.)

Der Grund für die Bestimmungen der §§ 55—65 der Schulordnung ist folgender: Nicht der Gutsherr als solcher hat mit der subsidiären Schulunterhaltungspflicht belastet werden sollen. Sie ist nicht, wie bei den gutsherrlichen Leistungen ein Ausfluß der obrigkeitlichen Stellung, sondern darauf gegründet, daß der Berechtigung des Grundeigentümers, in seinem wirtschaftlichen Interesse sich dauernd das Vorhandensein von Arbeitskräften zu sichern, die Verpflichtung entsprechen müsse, den Arbeitern die Mittel zur Befriedigung ihrer leiblichen und geistigen Bedürfnisse soweit zu beschaffen, als sie selbst dazu nicht im stande sind. Dieser Absicht ist durch die Bezeichnung des Subsidiarverpflichteten als Grundherrn im Gegensatze zum Gutsherrn deutlicher Ausdruck gegeben.

Ob es sich um „Anwohner auf gutsherrlichem Lande" handelt, ist im wesentlichen eine Thatfrage. Hat der Gutsherr solche Anwohner auf seinem Grund und Boden angesetzt, so hat er als deren Grundherr für ihr Schulbedürfnis „ebenso, wie für die Kosten der Armenpflege" zu sorgen.

Nr. 21. Entsch. Bd. XXVII. S. 158 vom 22. Juni 1894. I C 20/94.

Pr. Schulordnung v. 11. XII. 45 (G.-S. 1846 S. 1) §§ 56, 60, 65.

Nach der Schulordn. für die Provinzen Ost- und Westpreußen v. 11. XII. 45 besteht für jeden „Anwohner auf gutsherrlichem Lande" eine Beitragspflicht nur gegenüber derjenigen Schule, zu der er eingeschult ist, nicht jedoch eine gemeinsame Beitragspflicht aller Anwohner eines Gutsbezirkes gegenüber sämmtlichen Schulen, zu denen die einzelnen Teile des Gutsbezirkes gewiesen sind. Denn die Anwohner auf gutsherrlichem Lande bilden keinen korporativen Verband. Vergl. E.-O.-V. Bd. XXI S. 199.

b) Provinz Schlesien.

α) Katholische Volksschulen.

Litteratur: Siehe oben S. 525; ferner: Elsner von Gronow: Die Unterhaltung der Volksschule nach den schlesischen Schulreglements und den allgemeinen landrechtlichen Bestimmungen, Berlin 1886. — Simon: Das Schulrecht und die Unterrichtsverfassung von Schlesien, Breslau 1848. — Verordnungen betreffend das Schulwesen im Regierungsbezirk Breslau, von Seidel, Breslau 1881; Sperber, Breslau 1887. — Wilde: Reform des katholischen Schulwesens in Preuß.-Schlesien, Breslau 1803. — Die gesetzlichen und administrativen Bestimmungen betreffend Unterhaltung der Elementarschulen in der preußischen Oberlausitz, Görlitz 1876. — Zusammenstellung der in Schlesien gültigen gesetzlichen und administrativen Bestimmungen bezüglich der Unterhaltung der Elementarschulen, Löwenberg 1874.

Materialien: Edikt de gravaminibus vom 8. August 1750 (Nachtrag zur Schles. Ed.-Samml. S. 415). — General-Landschulreglement für Schlesien vom 3. November 1765 (Kornsche Edikten-Sammlung Bd. VIII S. 780). — Edikt d. d. Günthersblum vom 14. Juli 1793 (Neue Kornsche Ed.-Samml. Bd. IV S. 416). — Schulreglement für die niederen katholischen Schulen in Schlesien vom 18. Mai 1801 (Neue Kornsche Edikten-Sammlung Bd. VII S. 266).

Nr. 1. Entsch. Bd. I. S. 196 vom 29. November 1876.

A. L.-R. Teil II Tit. 12 § 33. General-Landschulreglement für Schlesien v. 3. XI. 1765 (Kornsche Ed.-Samml. Bd. VIII S. 780 ff.) § 13. Kath. Schles. Schulreglement v. 18. V. 01 (Neue Kornsche Ed.-Samml. Bd. VII S. 266) § 18. Kr.-Ordn. v. 13. XII. 72 §§ 23, 31, 46 ff.

1) **Das Schulreglement für die niederen katholischen Schulen in den Städten und auf dem platten Lande von Schlesien und der Grafschaft Glatz v. 18. V. 01 gilt noch heute für die auf dem platten Lande in Schlesien bestehenden Volksschulen. An Stelle der dort vorgesehenen Beitragspflicht zum Unterhalte der Lehrer der Stellenbesitzer und Einlieger ist daher nicht etwa die der Hausväter nach landrechtlichen Bestimmungen getreten.**[1])

[1]) Die Unterhaltung einer katholischen Schule in Schlesien bestimmt sich auch dann nach Provinzialrecht, wenn sie, sei es allein, sei es neben einer evangelischen Schule, am

2) **Ebenso besteht die im § 19 das. vorgesehene Verpflichtung der Gutsherrschaft fort und ist nicht etwa deshalb fortgefallen, weil ihre Voraussetzungen, die Erbunterthänigkeit und die gutsherrliche Gewalt, durch das Ed. v. 9. X. 07 und die Kab.-Ord. v. 13. XII. 72 aufgehoben sind.**

Die Institution der Gutsherrschaften und ihre Stellung in kommunalrechtlicher Beziehung sind durch die Kab.-Ord. nicht nur innerhalb, sondern auch außerhalb des Gebietes der Gutsbezirke unberührt geblieben.

Nr. 2. Entsch. Bd. I. S. 205 vom 2. Dezember 1876.

General-Landschulreglement v. 3. 11. XI. 1765 (Kornsche Ed.-Samml. Bd. VIII S. 780) §§ 13, 14. Schulreglement für die niederen kath. Schulen Schlesiens u. s. w. (Neue Kornsche Ed.-Samml. Bd. VII S. 266) §§ 12, 18, 19, 23, 29, 58.

1) **Die Bestimmungen in § 58 des Schulreglements für die niederen katholischen Schulen in Schlesien v. 18 V. 01, wonach die Einführung des Industrieunterrichtes (Unterricht in weiblichen Handarbeiten) nur**

Normaltage (10. VII. 01) in einem ganz protestantischen Dorfe oder für eine Mehrzahl solcher Dörfer bereits vorhanden war. Sie bestimmt sich nach A. L.-R. nur unter der Voraussetzung, daß sie erst nach dem Normaltage und ferner als Sonderschule im Sinne der §§ 6, 22 des Regl. von 1801 errichtet ist. Entsch. v. 19. VI. 96 (Z.-Bl. U.-V. S. 681). Die gutsherrliche Beitragspflicht nach § 13 des Regl. von 1765 hängt nicht etwa von dem Besitze von Grundstücken im Schulbezirke, und zwar solchen Grundstücken ab, die einen dauernden Nutzen abwerfen. Entsch. v. 20. VI. 91 (Z.-Bl. U.-V. S. 646).

Beitragspflichtig in der Gemeinde sind nur die Stellenbesitzer; nicht persönliche Eigenschaften des Besitzers, sondern der Besitz einer Stelle ist maßgebend. Entsch. v. 1. XI. 79 (Z.-Bl. U.-V. 1880 S. 682) und v. 13. V. 93 (Pr. Verw.-Bl. Bd. XV S. 70). Vergl. E.-O.-V. Bd. VI S. 174.

Den Besitzern von Stellen im Gutsbezirke liegt eine Beitragspflicht zu den Schullasten nicht ob. Entsch. v. 20. II. 80 (Z.-Bl. U.-V. S. 686).

Nach §§ 18, 19 des Schles. Schulregl. v. 18. V. 01 sind zur Beschaffung des Brennmaterials und zur Aufbringung des baaren Geldes für die Schule Gutsherrschaft und Gemeinde verpflichtet. Für den Gemeindeanteil sind nur die Stellenbesitzer im Gemeindebezirk beitragspflichtig. Neben der gutsherrlichen Beitragspflicht von $^1/_3$ der erforderlichen Leistungen besteht eine besondere Beitragspflicht der Einwohner des etwa vorhandenen gutsherrlichen Vorwerkslandes nicht. Pächter- und Einliegerhäuser innerhalb der gutsherrlichen Grenzen können von der Schule nicht besonders besteuert werden. Der Gutsherr ist nicht berechtigt, wegen seines Dominial-Drittels sich an die auf dem herrschaftlichen Vorwerkslande vorhandenen Dienstboten, Tagelöhner, Pächter und Ansiedler zu halten, da die Gesetze ihm ein Recht der Unterverteilung und Einziehung nicht geben. Entsch. v. 17. II. 79 (Z.-Bl. U.-V. 1880 S. 682).

Auf die niederen katholischen Schulen in den Städten und auf dem platten Lande von Schlesien und der Grafschaft Glatz finden die Bestimmungen des A. L.-R.'s §§ 29 ff. Teil II Tit. 12 keine Anwendung, sind vielmehr durch die Schulregl. v. 3. XI. 1765 und 18. V. 01 ersetzt Nach diesen Reglements ist auch die Observanz als Rechtsquelle für die Höhe der Besoldung der Lehrer und die Aufbringung ihrer Emolumente zugelassen. Entsch. v. 3. III. 86 (Pr. Verw.-Bl. Bd. VII S. 209).

Durch Übereinkommen, die hinsichtlich der Schulunterhaltungslast zwischen dem Gutsherrn und den zum Schulverbande gehörigen Gemeinden mit Genehmigung der Schulaufsichtsbehörde geschlossen werden, kann eine Schulverfassung begründet werden, die Dominium und Gemeinden gleichmäßig bindet und auch für die Nachfolger im Eigentum des Gutes verpflichtend ist. Entsch. v. 18. VI. 90 (Pr. Verw.-Bl. Bd. XI S. 489).

Eine rechtswirksame Observanz bezüglich der Verteilung der Schulbeitragspflicht kann sich im Geltungsbereiche der Schlesischen Schulreglements nicht bilden, wenn sie auf der irrigen Annahme beruht, daß auch hier die Vorschrift des § 36 A. L.-R.'s Teil II Tit. 12 über die gutsherrliche Beitragspflicht Geltung habe. Entsch. v. 24. V. 93 (Pr. Verw.-Bl. Bd. XV S. 170).

Unter einem observanzmäßigen Zustande ist immer nur ein solcher, der sich wider das geschriebene (gemeine oder örtliche) Recht oder neben ihm her gebildet hat, niemals aber ein solcher zu verstehen, der auf diesem gerade beruht. Hat z. B. eine Gemeinde die Kosten der Heizung und Reinigung der 1. und 2. Klasse einer Schule dauernd übernommen und geleistet, so folgt daraus keine observanzmäßige gleiche Pflicht für eine neue 3. Schulklasse. Entsch. v. 2. XII. 91 (Z.-Bl. U.-V. 1893 S. 256).

„empfohlen" wird, ist durch die allgemeine Verfügung des Unterrichtsministers v. 15. X. 72 beseitigt, indem jener Unterrichtszweig nach dieser Verfügung als ein obligatorischer erklärt worden ist.

2) Die Gutsherrschaften in Schlesien müssen, insoweit es sich nicht um Deputat an Getreide und Anfuhr des Brennmateriales handelt, wofür die lokalen Verhältnisse maßgebend sind, stets ein Drittel zum Unterhalte der Lehrer, also auch einer Industrielehrerin, beitragen.[1])

Nr. 3. Entsch. Bd. III. S. 117 vom 24. November 1877.

Schulreglement für die niederen katholischen Schulen in den Städten und auf dem platten Lande von Schlesien und der Grafschaft Glatz v. 18. V. 01 (Neue Kornsche Ed.-Samml. Bd. VII S. 266) §§ 4—7, 10—29.

1) Zur Unterhaltung der Lehrer an solchen Elementarschulen Schlesiens, an denen bei eintretendem Bedürfnisse auch evangelische Lehrkräfte angestellt werden können (paritätische oder Simultanschulen), sind die Gutsherrschaften nicht beitragspflichtig. Die §§ 10—29 des Schulreglements v. 18. V. 01 beziehen sich nur auf die im Sinne des Reglements errichteten katholischen Gemeindeschulen und berühren in den §§ 22—24 die Sonderschulen der evangelischen und katholischen Religionspartei in einem Dorfe nur insoweit, als solche bereits bei Publikation des Reglements vorhanden waren. Schulen, an denen verfassungsmäßig Lehrer verschiedenen Glaubensbekenntnisses angestellt werden können, kennt es nicht. Es handelt nur von Schulen, an denen katholische und evangelische Lehrer angestellt werden müssen, und gestattet nur derjenigen Religionspartei, der der Lehrer an der Schule nicht angehört, die Errichtung einer besonderen Schule auf eigene Kosten. Die Befriedigung ihres konfessionellen Unterrichtsbedürfnisses auf Kosten der Gemeinde und der Gutsherrschaft kann nicht verlangt werden, auch nicht in der Form, daß ein Lehrer der nicht maßgebenden Religionspartei an die Gemeindeschule mitberufen wird.

2) Wenn der Gegenstand des Streitverfahrens ein anderer ist, als der des Vorverfahrens, so ist der Einwand der rechtskräftig entschiedenen Sache zu verwerfen.

Nr. 4. Entsch. Bd. III. S. 143 vom 5. April 1878.

A. L.-R. Teil II Tit. 12 §§ 9, 33. General-Landschulreglement für Schlesien v. 3. XI. 1765 (Kornsche Ed.-Samml. Bd. XIII S. 780 ff.) § 14. Schulreglement für die niederen katholischen Schulen in den Städten und auf dem platten Lande von Schlesien u. s. w. v. 18. V. 01 (Neue Kornsche Ed.-Samml. Bd. VII S. 266) §§ 11, 12, 19, 60.

1) Die Reglements von 1765 und 1801 enthalten die allgemeinen Grundsätze für die Unterhaltung der katholischen Gemeindeschulen in Schlesien und verpflichten alle Beteiligten, keineswegs nur einzelne Personen. Sie sind leges generales im Gebiete der Provinz Schlesien, nicht speciales und sind wie alle anderen „allgemeinen Gesetze" auszulegen. Für das Verhältnis des Reglements von 1801 zu dem von 1765 kommt demnach auch die Regel zur Anwendung, wonach abändernde Gesetze so auszulegen sind, daß das frühere Gesetz nicht weiter geändert ist, als es aus dem späteren deutlich erhellt, so daß also im Zweifel die geringste Abweichung von dem bisherigen Rechte und im Übrigen derjenige Sinn anzunehmen sind, der aus dem nächsten unzweifelhaften Grunde und der Absicht des Gesetzes sich ergiebt.

2) Das Reglement von 1765 legt den Herrschaften und Gemeinden im § 14 die Pflicht auf, den Lehrern einen auskömmlichen Unterhalt zu gewähren. Die „Kriegs- und Domänenkammern" haben diesen zu bemessen, die Anteile der

---

[1]) Ebenso Entsch. v. 13. III. 78 (Z.-Bl. U.-V. S. 308). Vergl. aber E.-O.-V. Bd. XV S. 232.

Herrschaft und der Gemeinde in streitigen Fällen zu bestimmen und die Beteiligten zur Erfüllung ihrer Pflicht event. zwangsweise anzuhalten. Das Regl. von 1801 (insbesondere die §§ 11 und 12) ändern hieran nichts. Sie setzen nur den Mindestbetrag dessen fest, was zum Unterhalte eines Lehrers für notwendig zu erachten, und haben der Natur der Sache nach lediglich reglementaren Charakter. Sie stehen der Befugnis der Regierungen also, denen im Verlaufe der Gesetzgebung das Recht zugewiesen worden ist, das Gehalt der Lehrer selbstständig festzusetzen, bezw. zu erhöhen, nicht entgegen, das Gehalt des Lehrers an einer katholischen Elementarschule Schlesiens auf ein mehreres als die im § 12 des Reglements v. 18. V. 01 bestimmten Minimalsätze festzustellen, mit der Wirkung, daß Gemeinde und Gutsherrschaft („Herrschaft") zu dem erhöhten Gesammtgehalte nach dem im § 19 a. a. O. bestimmten Verhältnisse beizutragen haben.

3) Die dem Lehrer erteilte Vokation steht einer Erhöhung des darin zugesicherten Einkommens seitens der Aufsichtsbehörde nicht entgegen, da sie nur einen Vertrag zwischen Lehrer und Schulunterhaltungspflichtigen darstellt, die öffentlich-rechtliche Befugnis der Staatsbehörde zur Bemessung des Lehrergehaltes aber durch einen Privatvertrag nicht beschränkt werden kann.

Nr. 5. Entsch. Bd. IV. S. 186 vom 18. September 1878.

General-Landschulreglement v. 3. XI. 1765 (Kornsche Ed.-Samml. Bd. VII S. 780) §§ 13, 14. Schulreglement für die niederen katholischen Schulen in den Städten und auf dem platten Lande von Schlesien u. s. w. v. 18. V. 01 (Neue Kornsche Ed.-Samml. Bd. VII S. 266) §§ 12, 13, 18, 19, 22, 23, 28.

Bei der Erhöhung der Gehälter der Lehrer an den schlesischen katholischen Elementarschulen sind die Gutsherrschaften verpflichtet, über den in den §§ 12, 28 des Schulreglements v. 18. V. 01 bestimmten Mindestbetrag hinaus nach dem im § 19 a. a. O. bestimmten Verhältnisse ein Drittel zu den baaren Gehaltszulagen beizutragen. Vergl. E.-O.-V. Bd. III S. 143.[1])

Nr. 6. Entsch. Bd. IV. S. 205 vom 4. Dezember 1878.

Schulreglement für die niederen katholischen Schulen u. s. w. v. 18. V. 01 (Neue Kornsche Ed.-Samml. Bd. VII S. 266) §§ 18, 19. Landtagsabschied für Schlesien v. 22. II. 29. Ges. v. 18. VI. 40 (G.-S. S. 140) über die Verjährungsfristen bei öffentlichen Abgaben, §§ 1, 14.

Die Beiträge, die zur Unterhaltung der öffentlichen Volksschule in Schlesien innerhalb der unterhaltungspflichtigen Korporation umgelegt werden, haben den Charakter öffentlicher Abgaben. Ebenso sind die Beiträge, zu denen in dem § 19 des schlesischen Reglements von 1801 und des Landtagsabschiedes v. 22. II. 29 die Herrschaften verpflichtet sind, als „öffentliche Abgaben" anzusprechen. Denn auch die gutsherrlichen Beiträge sind für den Unterhalt des Schulinstitutes bestimmt und beruhen auf einer allgemeinen gesetzlichen Verbindlichkeit. Daß das A. L.-R. die Stellung des Gutsherrn zur Schule, bzw. zur bäuerlichen Gemeinde anders auffaßt und danach die gutsherrliche Beitragspflicht in erster Reihe die Erleichterung, bezw. Unterstützung der Unterthanen bezweckt und nur in zweiter Reihe dem Schulinstitute zu gute kommt[2]), ist unerheblich, da das Regl. von 1801 hierüber besondere Grundsätze enthält und nicht (wie das Landrecht) eine subsidiäre Pflicht des Guts-

---

[1]) Oben S. 579.

[2]) Auf dieser Annahme beruhte die zu dem entgegengesetzten Ergebnisse kommende Entsch. v. 27. XII. 76 (Bd. I S. 211, unten S. 591), der zufolge das Ges. v. 18. VI. 40 auf die in Rede stehenden Beiträge der Gutsherrschaften nicht Anwendung finden sollte, da sie nicht zu den „öffentlichen Abgaben" gehörten. Es war deshalb damals nicht nur über das Prinzip, über die Steuerpflicht in abstracto, sondern auch über die Beiträge der Vorjahre erkannt worden.

herrn, für die unvermögenden Unterthanen einzutreten, kennt, sondern den Gutsherrn zum **unmittelbaren anteiligen Träger** der betreffenden Schullast macht.

Das Reglement stellt die Beiträge der Gutsherren mit denen der Stellenbesitzer auf völlig gleiche Linie und schreibt für jede dieser Klassen nur einen besonderen Repartitionsmodus vor. Beide Klassen gelten aber als öffentliche Abgaben, und sie unterliegen deshalb den Bestimmungen des Ges. v. 18. VI. 40. Dieses Ges. kennt ein Erkennen über das **Prinzip** der Steuerfreiheit nicht.

Nr. 7. Entsch. Bd. VIII. S. 170 vom 7. Dezember 1881.

General-Landschulreglement v. 3. XI. 1765 (Kornsche Ed.-Samml. Bd. VIII S. 780) §§ 13, 14 ff. Schulreglement für die niederen katholischen Schulen in den Städten und auf dem platten Lande Schlesiens u. s. w. v. 18. V. 01 (Neue Kornsche Ed.-Samml. Bd. VII S. 266) §§ 19 b, 22—24.

Die **Aufbringung von Abgaben und Leistungen zum Unterhalte der Lehrer** an solchen katholischen Elementarschulen, die lediglich für einen Gutsbezirk oder für Teile davon bestimmt sind — an **Gutsschulen** —, liegt im Geltungsbereiche der schlesischen Reglements von 1765 und 1801 **allein den Gutsherrschaften** ob.

Denn unter „Gemeine" im Sinne der Reglements ist die politische Gemeinde, nicht die Gesammtheit der zur Ortschule gewiesenen Einwohner des Gutsbezirkes zu verstehen. Vergl. E.-O.-V. Bd. VI S. 174.[1])

---

[1]) Ebenso Entsch. v. 18. X. 81 (Pr. Verw.-Bl. Bd. III S. 340) und v. 23. VI. 86 (Pr. Verw.-Bl. Bd. VII S. 379).

Im Geltungsbereiche der Schlesischen Schulreglements v. 3. XI. 1765 und 18. V. 01 besteht eine besondere, die Gesammtheit der zu einem Schulverbande vereinigten Hausväter umfassende Gemeinde nicht. Wenn hier als Träger der Schullast die Gemeinden mit Konkurrenz der Dominien, der Herrschaften genannt sind, so folgt schon aus der Stellung der Dominien zu den Gemeinden, daß unter den letzteren die bürgerlichen Gemeinden zu verstehen sind. Die Funktionen des Schulvorstandes beschränken sich hier auf die Vertretung der Schule als Rechtssubjekt, und nur, wo, wie im Geltungsbereiche des A. L.-R.'s Teil II Tit. 12, die Unterhaltung der Schule der zu einer Schulgemeinde vereinigten Gesammtheit der Hausväter obliegt, steht ihm auch die Vertretung dieser Schulgemeinde zu. Wenn ein Gut durch thatsächliche Vereinigung und grundbuchliche Zuschreibung Zubehör eines anderen wird, so hört es darum nicht auf, für die öffentlich-rechtlichen Beziehungen ein selbständiges Gut zu sein. Die auf dem Besitze oder auf einem anderweiten Rechtsverhältnisse beruhenden gutsherrlichen Rechte sind an sich hiervon unzertrennlich und können nicht anders untergehen als durch einen Akt der Staatshoheit, sei es daß der Gutsbezirk als solcher aufgelöst wird, sei es daß die Übertragung auf ein anderes Gut ausdrücklich stattgefunden hat. Entsch. v. 14. XII. 89 (Pr. Verw.-Bl. Bd. XI S. 444).

Vergl. auch Entsch. v. 24. I. 91 (Pr. Verw.-Bl. Bd. XII S. 242) und v. 24. VI. 91 (Z.-Bl. U.-V. S. 647).

Der Gutsherr persönlich steht auch im Geltungsbereiche der Schlesischen Schulreglements außerhalb des Schulverbandes und kann vermöge seiner Pflicht zur Unterstützung der Unterthanen bei Befriedigung des Schulbedürfnisses nur dann einer Schule beitragspflichtig sein, wenn zu dieser Anwohner auf dem vormals seiner gutsherrlichen Gewalt unterworfen gewesenen Gebiete gewiesen sind. Daß er selbst im Schulbezirke Dominialgrundstücke eigentümlich besitze, ist aber nicht erforderlich. Abweichend von den landrechtlichen Grundsätzen ist indessen die anteilige Beitragspflicht der zu einer Schlesischen Reglementsschule geschlagenen Dominien nicht davon abhängig, ob einem oder einzelnen von ihnen, wenn die Schule im Bezirke einer Gemeinde sich befindet, oder errichtet wird, gerade über diese bäuerliche Gemeinde gutsherrliche Rechte einstmals zugestanden haben oder nicht. Wohl aber bleibt (mangels besonderer Vereinbarungen) die Unterhaltungspflicht der Herrschaften gegenüber solchen Schulen ausgeschlossen, deren Bezirk weder ganz noch teilweise die gutsherrliche (Guts- oder Gemeinde-) Feldmark in sich begreift. Durch Einschulung des gutsherrlichen Territoriums oder räumlicher Teile davon wird zugleich die Herrschaft zur Schule geschlagen und damit ihre Beitragspflicht begründet. Entsch. v. 5. IX. 91 (Z.-Bl. U.-V. 1892 S. 427).

Nr. 8. Entsch. Bd. XI. S. 164 vom 8. November 1884.

Schulreglement für die niederen katholischen Schulen in den Städten und auf dem platten Lande Schlesiens u. s. w. v. 18. V. 01 (Neue Kornsche Ed.=Samml. Bd. VII S. 266) §§ 18ff. Kr.=Ordn. v. 13. XII. 72 § 31.

Im Geltungsbereiche des schlesischen Schulreglements v. 18. V. 01 sind die nach neuerem Rechte entstandenen selbständigen Gutsbezirke den „Herrschaften und Dominien" jenes Reglements in betreff der Schulunterhaltungskosten gleich zu achten.

Der § 31 der Kr.-Ordn. beabsichtigt nicht, den Gutsbezirken neue Lasten aufzuerlegen, die öffentlich-rechtlichen Verpflichtungen der Inhaber selbständiger Güter neu zu regeln, sondern nur den bisherigen Rechtszustand zum Ausdrucke zu bringen. Nach diesem Rechtszustande sind die Besitzer der privilegierten Güter, die das Regl. v. 18. V. 01 „Herrschaften" nennt, zu dem dort näher bezeichneten Leistungen für die Schule verpflichtet und diese Leistungen sind (vergl. E.-O.-V. Bd. I S. 196) durch Aufhebung der Erbunterthänigkeit und die neuere Gesetzgebung nicht in Wegfall gekommen. Diesen alten privilegierten Gütern stehen die Gutsbezirke des neueren Rechtes gleich. Die Besitzer dieser Gutsbezirke sind innerhalb ihrer Grenzen Gutsherren und ihre Rechte im Gutsbezirke sind gleichwertig denen, die zur Zeit die Besitzer der alten adligen Güter in ihren Gutsbezirken zu üben berechtigt sind. Das Gesetz unterscheidet zwischen alten und neuen Gutsbezirken nicht.

Nr. 9. Entsch. Bd. XIII. S. 254 vom 27. Februar 1886. I C 150/85.

General=Landschulreglement v. 3. XI. 1765 (Kornsche Ed.=Samml. Bd. VIII S. 780). Schulreglement für die niederen katholischen Schulen in den Städten und auf dem platten Lande Schlesiens u. s. w. v. 18. V. 01 (Neue Kornsche Ed.=Samml. Bd. VII S. 266) § 19. Zust.=Ges. § 46.

1) Die Reglements für die katholischen Schulen in Schlesien kennen keine Schulgemeinde mit selbständiger juristischer Persönlichkeit. Die zu einer Schule geschlagenen Gemeinden und Herrschaften haben die Schule zu unterhalten. Sie werden nicht durch den Schulvorstand vertreten. Die einzelnen Gemeinden und Dominien sind die „Beteiligten" im Sinne des § 46 Abs. 3 des Zust.-Ges. Gegen diese müssen also Klagen aus § 46 Abs. 3 gerichtet werden und nicht gegen den Schulvorstand.

2) Handelt es sich um die Zurückzahlung zwangsweise eingezogener bestimmter Schulbeiträge, so ist der Klageantrag gegen den Schulvorstand zu richten, der den Betrag ausgeschrieben und eingezogen und auf vorhergegangene Reklamation einen abweisenden Bescheid erteilt hat.

3) Nicht nur von dem Gutsherrn des Schulortes, sondern von sämmtlichen zum Schulbezirke gehörenden Dominien sind in Schlesien die für den Lehrerunterhalt seitens der Dominien aufzubringenden Beiträge für katholische Schulen zu leisten. Denn die Schulreglements von 1765 u. 1801 machen die Beitragspflicht der Dominien nicht davon abhängig, daß der Besitzer des Dominiums im Verhältnisse zur Schule als Gutsherr anzusehen sei. Auch beschränkt sich die Beitragspflicht der Dominien nicht auf die Mindestsätze des Reglements von 1801, sondern erstreckt sich auf den vollen Betrag, den die Schulaufsichtsbehörde zum Unterhalte des Lehrers als notwendig erkannt und festgesetzt hat. Vergl. E.-O.-V. Bd. I S. 205, Bd. III S. 143, Bd. IV S. 186.

Nr. 10. Entsch. Bd. XIV. S. 215 vom 13. Oktober 1886. I C 60/86.

Schulreglement für die niederen katholischen Schulen Schlesiens u. s. w. v. 18. V. 01 (Neue Kornsche Ed.=Samml. Bd. VII S. 266) § 19b.

Nach § 19b des Reglements für die katholisch. Schulen in Schlesien ist das Deputatgetreide von den wirklichen Ackerbesitzern aufzubringen.

Zwischen dem Acker im Dominium und dem in der Gemeinde wird ein Unterschied nicht statuiert. Wenn daher der Acker im Dominium nicht dem Gutsherrn, sondern einem Dritten gehört, so kann nur dieser Dritte als wirklicher Ackerbesitzer zur Schüttung des Getreides für verpflichtet erachtet werden.

Nr. 11. Entsch. Bd. XV. S. 232 vom 22. Juni 1887. I C 32/87.

General-Landschulreglement für Schlesien v. 3. XI. 1765 (Kornsche Ed.-Samml. Bd. VIII S. 780) § 14. Schulreglement für die niederen katholischen Schulen Schlesiens u. s. w. v. 18. V. 01 (Neue Kornsche Ed.-Samml. Bd. VII S. 266) §§ 12, 19, 20, 26, 27, 29.

1) Nach schlesischem Provinzialrechte (Gen.-Land-Schul-Regl. v. 3. XI. 65, Schul-Regl. v. 18. V. 01) muß unter gewissen Voraussetzungen (Vermehrung der schulpflichtigen Kinder oder Entfernung der Dörfer von der Schule) dem „alten Schullehrer" ein Adjuvant (Gehilfe) beigegeben werden. Die Besoldung dieses Adjuvanten erfolgt neben der halben Besoldung an Gelde bald in der Weise, daß ihm der alte Lehrer Wohnung und Kost gewährt, bald dadurch, daß der Adjuvant einen Beköstigungszuschuß dafür empfängt, daß er Wohnung und Kost nicht vom Lehrer erhält. Für die Aufbringung der baaren Besoldung ist, wie in E.-O.-V. Bd. I S. 205, Bd. III S. 143, Bd. IV S. 186 nachgewiesen, der Verteilungsmaßstab des § 19a des Regl. von 1801 maßgebend. Wenn aber in diesem Sinne in E.-O.-V. Bd. I S. 205 gesagt ist, nach § 19 des Reglements habe die Herrschaft — insoweit es sich nicht um Deputat an Getreide und Anfuhr des Brennmaterials handle — stets ein Drittel zum Unterhalte des Lehrers beizutragen, so erscheint dieser Satz nicht anwendbar, wenn dem Lehrer Entschädigungen für ihm nicht gewährte Emolumente, für Aufwendungen, die er für die Schulinteressenten macht, für Dienste, zu denen ihm eine Verpflichtung nicht obliegt (Reinigen und Heizen der Schulstube) in baarem Gelde zu gewähren sind.[1]) Diese Entschädigungen sind nicht von der Gutsherrschaft und der Gemeinde zu $1/_3$ und zu $2/_3$ zu leisten, sondern von denen, denen die Prinzipalverpflichtung obliegt. Holzschlagen, das der Lehrer übernimmt, würde ihm beispielsweise nach § 19d des Reglements von den Einliegern zu vergütigen sein. Hier handelt es sich aber um eine derartige Entschädigung. Die Kosten der Anstellung des Adjuvanten sind eine Last der interessierten Herrschaften und Gemeinden. Das Entgelt für „Wohnung und Kost", das dem alten Lehrer gewährt werden muß, ist weder für ihn, noch für den Adjuvanten ein Teil des Baargehaltes. Wie und womit und von wem die Schadloshaltung des alten Lehrers erfolgen soll, ist im Reglement unentschieden gelassen. Und nur wenn durch das letztere diesem Entgelte der Charakter als Baargehalt beigelegt wäre, würde seine Verteilung nach dem Maßstabe des § 19a gerechtfertigt erscheinen. Ebensowenig hat der Beköstigungszuschuß des Adjuvanten die Natur des Getreidedeputates als dessen Surrogat und ist daher auch nicht nach § 19b des Reglements zu beurteilen. Worin die Schadloshaltung des alten Lehrers zu bestehen hat, darüber müssen sich Herrschaften und Gemeinden mit dem alten Schullehrer einigen, und im Falle eine Einigung nicht zu erreichen ist, hat die Aufsichtsbehörde das Nähere zu bestimmen. Sollte die Schadloshaltung in Getreide oder in Gelde bestimmt sein, so nimmt sie dadurch weder den Charakter eines Getreidedeputates, noch den des Baargehaltes an.

2) Hiernach ist in dem Regl. von 1801 ein Maßstab für die Verteilung des Beköstigungszuschusses auf die Herrschaft einerseits und die Gemeinde anderer-

---

[1]) Dieselben Grundsätze wendet die Entsch. v. 3. XI. 96 (Pr. Verw.-Bl. Bd. XVIII S. 149, 367) auf Mietsentschädigungen an, die Lehrer an Stelle von Dienstwohnungen erhalten.

seits nicht vorgesehen. Giebt aber das Gesetz den Maßstab nicht an, so sind für diese Verteilung (vergl. E.-O.-V. Bd. XI S. 176, Bd. XII S. 234, Bd. XIII S. 282) maßgebend die von den Beteiligten unter Genehmigung der Aufsichtsbehörde geschlossenen Verträge, rechtsbeständige Gewohnheiten und Übungen, fehlt es aber an solchen Normen, die von der Regierung als Aufsichtsbehörde getroffenen Festsetzungen, deren Nachprüfung dem Verwaltungsrichter nicht zusteht.

3) Ist hiernach der Beköstigungszuschuß nach § 19b des Reglements aufzubringen, so muß die Gemeinde, wenn die Herrschaft keinen Acker besitzt, den Zuschuß allein aufbringen. Besitzt die Herrschaft Acker im Gemeindebezirke, aber nicht als Gutsherrschaft, so ist sie für diesen vom Gemeindevorsteher zu veranlagen; die Gemeinde kann aber nicht auf Zahlung des „Steuerbetrages" gegen den „Steuerpflichtigen" klagen, wenn dieser die Zahlung weigert. Nur wenn die Herrschaft als solche Acker im Gemeindebezirke besäße, könnte die Gemeinde gegen sie auf anteilige Gewährung des Zuschusses klagen.

Nr. 12. Entsch. Bd. XIX. S. 170 vom 17. Mai 1890. I C 11/90.
A. L.-R. Teil II Tit. 6 §§ 66, 67.

1) Der Beschluß einer schlesischen Landgemeinde, die Unterhaltung der Ortsschule, soweit sie den Hausvätern in der Gemeinde obliegt, als eine Last der politischen Gemeinde zu übernehmen, bedarf weder des Einverständnisses sämmtlicher stimmberechtigter Gemeindemitglieder, noch der Zustimmung der nicht berechtigten Forensen, vielmehr genügt für das Zustandekommen und die Giltigkeit des Beschlusses die Mehrheit der Stimmen der ersteren. Vergl. E.-O.-V. Bd. II S. 186, Bd. III S. 215, Bd. XII S. 155.

2) Ist zur Deckung der aus einem solchen Beschlusse für die politische Gemeinde entstehenden Ausgaben die Ausschreibung von Gemeindeabgaben notwendig, so haben zu diesen auch die Forensen beizutragen. Zur Wahrung der von dem Beschlusse berührten Interessen der nicht schulbeitragspflichtigen Forensen ist allein die Kommunalaufsichtsbehörde berufen, ohne daß dem Verwaltungsrichter eine Nachprüfung zusteht, ob letztere bei Erteilung der Genehmigung von zutreffenden Gründen ausgegangen ist. Vergl. E.-O.-V. Bd. IV S. 145.

3) Die Kommunalaufsichtsbehörde[1]) hat den Beschluß zu genehmigen; daneben würde eine Genehmigung der Schulaufsichtsbehörde nur dann erforderlich sein, wenn unter Auflösung der Schulsozietät die Schule als eine Anstalt der Gemeinde und ihre Unterhaltung als Gemeindelast übernommen werden soll, nicht aber dann, wenn die bürgerliche Gemeinde lediglich diejenigen Verpflichtungen auf sich nimmt, die bisher den Hausvätern gegenüber dem Schulinstitute, bezw. der Schulgemeinde, oblagen. Erfüllt die Gemeinde diese Verpflichtungen nicht, so ist der Schulvorstand jederzeit in der Lage, sich wiederum an die einzelnen Hausväter zu halten.

Nr. 13. Entsch. Bd. XIX. S. 173 vom 26. März 1890. I B 29/89.
Östl. St.-Ordn. v. 30. V. 53 §§ 11, 50—54, 64, 65.

Der Beschluß einer städtischen Behörde in Schlesien wegen Übernahme einer katholischen Schule (Volksschule oder höhere Schule) als eine Anstalt der Gemeinde entbehrt nicht um deswillen der Rechtswirksamkeit, weil er nicht die Genehmigung der Kommunalaufsichtsbehörde erhalten hat. Dieser

---

[1]) In Landgemeinden; in Stadtgemeinden der östlichen Provinzen ist eine solche Genehmigung überhaupt nicht erforderlich. Vergl. die nächstfolgende Entsch. Bd. XIX S. 173.

Rechtsgrundsatz gilt zwar nicht für die Landgemeinden (vergl. E.-O.-V. Bd. III S. 125, Bd. XII S. 155, Bd. XIX S. 170), wohl aber für Stadtgemeinden in den östlichen Provinzen, die in der St.-Ordn. v. 30. V. 53 ein vollständig kodifiziertes Gemeinderecht besitzen.

Ob und inwieweit Beschlüsse der städtischen Behörden der Genehmigung der Kommunalaufsichtsbehörde bedürfen, ergiebt sich aus den §§ 11, 50, 51, 52, 53, 54, 63 und 65 jener St.-Ordn. Eine Änderung dieser Vorschriften ist durch den § 16 des Zust.-Ges. nur insoweit herbeigeführt, als die Erteilung der Genehmigung einer anderen Instanz übertragen worden ist. Durch keine jener Bestimmungen ist jedoch für Fälle der vorliegenden Art eine Genehmigung der Kommunalaufsichtsbehörde vorgeschrieben, wenn es dieser auch unbenommen ist, als solche innerhalb ihrer gesetzlichen Zuständigkeit eine entsprechende Einwirkung zu üben. Dagegen bedürfen Beschlüsse städtischer Behörden, die die Übernahme einer städtischen Schule als Anstalt der bürgerlichen Gemeinde bezielen, auf Grund des § 18 der Reg.-Instr. v. 23. X. 17 der Genehmigung der Schulaufsichtsbehörde.[1])

Nr. 14. Entsch. Bd. XX. S. 176 vom 7. Januar 1891. I C 46/90.

General-Landschulreglement für Schlesien v. 3. XI. 65 (Kornsche Ed.-Samml. Bd. VIII S. 780) Nr. 12—14, 17, 27, 34. Schulreglement für die niederen katholischen Schulen Schlesiens u. s. w. v. 18. V. 01 (Neue Kornsche Ed.-Samml. Bd. VII S. 266). Zust.-Ges. §§ 46, 47.

1) Die in Schlesien den Gemeinden mit Konkurrenz der Gutsherrschaften obliegende Schulbaupflicht umfaßt nicht nur die Herstellung eigener Gebäude, sondern auch die mietsweise oder anderweite Beschaffung der Räume für die Zeit, während der es an einem eigenen Gebäude fehlt. Die Kosten der mietsweisen Beschaffung der für die Schulen notwendigen Räume gehören daher zu den Schulbaulasten.

2) Dagegen bilden die Kosten der Heizung der Klassenzimmer, da das dem Lehrer im § 12c des Regl. von 1801 als Minimum zugesicherte Holzdeputat lediglich zu seinem Unterhalte und nicht zugleich zur Heizung des Schullokales mit bestimmt war, einen Teil der sächlichen Schulunterhaltungslast.

Die schlesischen Schulreglements enthalten eine ausdrückliche Vorschrift über Aufbringung der Schulbeheizung nicht. Daraus folgt aber keineswegs die Notwendigkeit oder auch nur Zulässigkeit des Zurückgehens auf das A. L.-R., da dieses im Geltungsbereiche jener Reglements nicht einmal die Bedeutung einer

---

[1]) Ist eine bisher von Gemeinden und Dominien unterhaltene katholische Schule eine kommunale städtische Einrichtung geworden, so entfällt damit die Beitragspflicht der Gutsherrschaft. Entsch. v. 2. XI. 92 (Z.-Bl. U.-V. 1893 S. 376). Schulunterhaltungspflichtig sind die Dominien nur auf dem Lande, während in den Städten, abgesehen vom Schulgeld, die Leistung sonstiger Beiträge lediglich auf den bürgerlichen Gemeinden lastet. Ebensowenig besteht eine gesetzliche Bestimmung, die für katholische Stadtpfarrschulen Schlesiens die Herrschaften zur Unterstützung ihrer Unterthanen verpflichtet, noch liegt dem Kirchenpatrone eine Pflicht zu persönlichen Unterhaltungsbeiträgen ob. Entsch. v. 18. XII. 94 (Pr. Verw.-Bl. Bd. XVI S. 345).

Aus der Natur einer Schule als einer katholischen Pfarrschule kann für das Schlesische Provinzialrecht nur dreierlei gefolgert werden: Mitwirkung des Kirchenpatronates bei der Lehrerberufung, Anwendung des Reglements de gravaminibus bei Bauten, Anrechnung der fixierten Einnahmen aus dem Kirchenamte auf das Lehrerdiensteinkommen. (Abschn. 13 des Regl. v. 01) Im Übrigen unterscheiden sich die auf kirchlichem Boden erwachsenen Schulen, sofern sie der allgemeinen Schulpflicht dienen, nicht von den sonstigen Volksschulen. Die Bezeichnung einer Schule als Pfarrschule knüpft lediglich an ihren Ursprung und insbesondere an die von der Kirche erhaltene Dotation an. Im Übrigen schließt aber dieser ursprüngliche Charakter der Schule nicht aus, daß an ihr allerlei Veränderungen eintreten können, sei es nach Gesetzesrecht, sei es nach Observanz, sei es nach Übereinkommen der Beteiligten. Entsch. v. 2. X. 96 (Pr. Verw.-Bl. Bd. XVIII S. 167).

subsidiären Rechtsquelle hat. Vergl. E.-O.-V. Bd. XII S. 229, Bd. XIII S. 253, Bd. VI S. 174, Bd. XIV S. 214.

Für die Entscheidung der Frage bieten vielmehr die Nr. 12—14 des Regl. von 1765 ausreichenden Anhalt. Da hiernach die Dominien gleich den Gemeinden Träger der Schulunterhaltungslast sind, so müssen sie beide für sämmtliche persönlichen und sächlichen Kosten der Schulunterhaltung, also auch für die Schulbeheizung aufkommen.

3) Über das Beitragsverhältnis der beteiligten Herrschaften und Gemeinden an der Baulast und der Last der sonstigen sächlichen Unterhaltung ist in den Reglements nichts gesagt. Es ist daher bei dem früheren Rechtszustande geblieben, daß sich das Beitragsverhältnis zwischen Gemeinden und Dominien oder zwischen mehreren zu einem Schulverbande gehörigen Dominien in erster Linie nach gültigen Vereinbarungen oder rechtsbeständiger Gewohnheit richtet. Fehlt es an dieser Voraussetzung, so hat die Regierung als Schulaufsichtsbehörde das Recht, das Beitragsverhältnis festzustellen oder nach Bedürfnis abzuändern. Vergl. E.-O.-V. Bd. XII S. 229, Bd. XIV S. 282, Bd. XV S. 232, 274.

4) Bezüglich der Teilnahme der Herrschaften an den Schulbau- und sonstigen sächlichen Unterhaltungskosten kann sich eine Observanz dahin bilden, daß sie auf einen geringen Beitrag beschränkt wird, oder daß sie ganz wegfällt. Festgehaltene Anschauungen der Verwaltungsbehörden bei der Auslegung der Gesetze können aber, wenn sie auf Irrtum beruhen, niemals eine Quelle des Gewohnheitsrechtes werden. Es kann sich daraus ebenfalls in einzelnen Schulverbänden ein besonderes Herkommen herleiten lassen, sofern noch nach dem Erkennen des Rechtsirrtumes die frühere Übung fortgesetzt wird. Vergl. E.-O.-V. Bd. XV S. 222.

5) Entsteht zwischen den Gemeinden und Dominien ein Streit über die öffentlich-rechtliche Verpflichtung zur Aufbringung der Mietskosten, so hat darüber ebenso, wie bei den Schulbaukosten, die Schulaufsichtsbehörde, vorbehaltlich der Entscheidung im Verwaltungsstreitverfahren, zu beschließen. Ein solcher Beschluß ist die unerläßliche Voraussetzung des Ausschreibens der Schulvorstände betreffend die auf die Dominien fallenden Beiträge.

Nr. 15. Entsch. Bd. XX. S. 200 vom 10. September 1890. I C 34/90.

General-Landschulreglement für Schlesien v. 3. XI. 1765 (Kornsche Ed.-Samml. Bd. VIII S. 780) § 13. Schulreglement für die niederen katholischen Schulen Schlesiens u. s. w. v. 18. V. 01 (Neue Kornsche Ed.-Samml. Bd. VII S. 266) §§ 6, 19, 22, 60. Reg.-Instr. v. 23. X. 17 (G.-S. S. 266) § 18. Zust.-Ges. § 49.

1) Auch in denjenigen Landesteilen, wo die Unterhaltung der öffentlichen Elementarschulen nicht besonderen, im Falle ihrer Versehung mit einem Vorstande Korporationen darstellenden Personengemeinden, sondern nach dem Provinzialgesetze politischen Körperschaften obliegt oder von solchen für ihren Bezirk freiwillig übernommen ist, muß die Schulaufsichtsbehörde für zuständig erachtet werden, Schulverbände in der als notwendig oder zweckmäßig befundenen räumlichen Zusammensetzung mit der Wirkung anzuordnen, daß den darin errichteten Schulen die juristische Persönlichkeit zukommt, sofern für sie ein beso nder Vorstand bestellt wird. Vergl. E.-O.-V. Bd. VI S. 174.

2) Wenn in Schlesien katholische Schulverbände aus räumlichen Teilen mehrerer Guts- und Gemeindebezirke gebildet und diese Teile zu besonderen Landgemeinden umgestaltet werden, so werden die bis dahin zu dem Schulverbande bestehenden gutsherrlichen Verhältnisse und die aus diesem entspringenden gutsherrlichen Verbindlichkeiten zur Schulunterhaltung von jenem Vorgange nicht berührt. Der Grund der gutsherrlichen Beitragspflicht liegt in der Pflicht der Herrschaften, ihre Unterthanen bei Befriedigung

des Schulbedürfnisses zu unterstützen. Der Begriff des Gutsherrn ist nicht gegenüber der Schule oder dem Schulbezirke gegeben, sondern auf Grund des Rechtsverhältnisses bestimmt, wie solches ehedem zwischen der Gutsherrschaft und ihren Unterthanen, d. h. den Anwohnern auf herrschaftlichem Grund und Boden bestanden hat. Nach Aufhebung der Gutsunterthänigkeit durch Ed. v. 9. X. 07 (G.-S. S. 255) und Erlangung des Eigentumes an ihren Ackerstellen durch die Anwohner durch Ed. v. 14. IX. 11 (G.-S. S. 281) ist der Besitzer des Restgutes Gutsherr der freien Anwohner geblieben. Vergl. E.-O.-V. Bd. II S. 119, Bd. VII S. 180, Bd. VIII S. 90. Demzufolge greift die in den Schlesischen Schulreglements vorgesehene Beitragspflicht allen Schulen gegenüber Platz, deren Bezirk sich auf vormals seiner Herrschaft unterworfen gewesene Bestandteile der gutsherrlichen (Guts- oder Gemeinde-) Feldmark erstreckt. Werden aus diesen Teilen neue Landgemeinden gebildet, so ändert das an der Gutsherrlichkeit, an der gutsherrlichen Beitragspflicht ebenfalls nichts. Vergl. E.-O.-V. Bd. IV S. 208, Bd. XI S. 164, Bd. XIII S. 253.

Was die Verteilung des nach dem Schulreglement v. 18. V. 01 von der Herrschaft zu dem Baargehalte und dem Brennmaterial des Lehrers zu gewährenden Drittels unter mehrere Herrschaften, wenn entweder der Schulbezirk nur eine Gemeinde enthält, deren einzelne Teile unter verschiedenen Gutsherrschaften stehen, oder wenn zu einer Schule mehrere Guts- oder Gemeinde-Bezirke gehören, anlangt, so ist die Beitragspflicht der mehreren beteiligten Dominien unter analoger Anwendung des im § 19a des Schulreglements v. 18. V. 01 aufgestellten Verteilungsmaßstabes zu regeln.

Nr. 16. Entsch. Bd. XXIV. S. 174 vom 8. März 1893. I B 39,92.

General-Landschulreglement für Schlesien v. 3. XI. 1765 (Kornsche Ed.-Samml. Bd. VIII S. 780) Nr. 13, 14. Schulreglement für die niederen katholischen Schulen Schlesiens u. s. w. v. 18. V. 01 (Neue Kornsche Ed.-Samml. Bd. VII S. 266) Einl. und §§ 11—18, 26 ff.

1) Das Schulreglement für die niederen katholischen Schulen in den Städten und auf dem platten Lande in Schlesien v. 18. V. 01 bestätigt und wiederholt alle nicht aufgehobenen und erläuterten Vorschriften des Reglements von 1765, so auch den unter diesen Vorbehalt nicht fallenden Grundsatz, daß die Pflicht, baare Beiträge zur Unterhaltung der katholischen Schulen zu leisten, auch bei Stadtschulen eine Pflicht der bürgerlichen Gemeinde ist, wenn ihre Mitglieder ganz oder größtenteils katholisch sind. Deshalb stehen lokale Normen über Stadtschulen mit dem Gesetzesrechte im Widerspruche, wenn sie als Träger der Schullast an Stelle der Stadtgemeinden irgend ein anderes Rechtssubjekt, wie z. B. die katholischen Hausväter, setzen, wobei es gleichgültig ist, ob das Statut von der Aufsichtsbehörde bestätigt ist oder nicht. Ordnen sie dagegen nur Verteilung der Schullast auf die Gemeindeangehörigen, so sind sie Ausflüsse der städtischen Autonomie und können zwar der Städteordnung, aber nicht den mit diesem Gegenstande nicht befaßten Schulreglements widersprechen.

2) Nach Einführung des A. L.-R.'s konnte sich eine solche festgesetzte Norm im Widerspruche mit den Schulreglements von 1765 und 1801 auch nicht durch Observanz bilden. Nach den Grundsätzen des A. L.-R.'s (vergl. E.-O.-V. Bd. I S. 227) gelten in denjenigen Provinzen, in denen noch keine Provinzialgesetzbücher bestehen, unbedingt nur Gewohnheiten, auf die das A. L.-R. an einzelnen Stellen verweist, oder die etwas bestimmen, was die Gesetze unentschieden gelassen haben, — dem Gesetze zuwiderlaufende Gewohnheiten aber nur dann, wenn sie vor der Publikation des A. L.-R.'s entstanden sind. Hier handelt es sich nun zwar nicht um Bestimmungen des A. L.-R.'s, sondern

um solche der Schlesischen Schulreglements. Derartige Provinzialgesetze können indessen in nachlandrechtlicher Zeit ebenfalls durch Observanz nicht abgeändert werden. Vergl. E.-O.-V. Bd. VIII S. 355, Bd. XV S. 222, Bd. XX S. 183.

Nr. 17. Entsch. Bd. XXIV. S. 182 vom 18. Januar 1893. I C 70/92.

General-Landreglement für Schlesien v. 3. XI. 1765 (Kornsche Ed.-Samml. Bd. VIII S. 780). Schulreglement für die niederen katholischen Schulen Schlesiens u. s. w v. 18. V. 01 (Neue Kornsche Ed.-Samml. Bd. VII S. 266) §§ 26, 29. Reg.-Instr. v. 23. X. 17 (G.-S. S. 248) § 18.

1) Von der Regierung sind gemäß der ihr durch § 18 der Reg.-Instr. v. 23. X. 17 übertragenen Verwaltung des gesammten Elementarschulwesens die im Interesse der Volksschule notwendigen Einrichtungen selbstständig zu treffen. Sie hat zu bestimmen, ob ein Schulbezirk zu teilen ist oder nicht, ob in einem Schulbezirke die Erweiterung der bestehenden oder die Einrichtung einer neuen Schule, sog. Filiale, erfolgen soll.[1]) Sie ist im letzteren Falle berechtigt anzuordnen, in welchem Teile des Schulbezirkes, ohne daß dessen Änderung erfolgt, die neue Schule einzurichten ist. Vergl. E.-O.-V. Bd. III. S 141. Es ist nicht richtig, daß bei einer solchen Errichtung einer neuen Schule immer ein neuer Träger der Schulunterhaltungslast einzutreten habe.

Die Bestimmung im § 12 des Regl. von 1765, wonach an Orten mit größerer Entfernung als einer halben bezw. viertel Meile „Schulmeister von Neuem" angesetzt, derartige Außenorte also regelmäßig von dem bestehenden Schulbezirke abgezweigt werden sollen, ist im § 26 des Regl. von 1801 dahin modifiziert, daß, wenn die Gemeinde des Außenortes einen eigenen Schullehrer verlangt, aber zu arm ist, eine eigene Schule für sich anzulegen, bei der alten Schule auf ihre Kosten ein Adjuvant mit halber Besoldung und der Verpflichtung angestellt werden soll, in dem Außenorte an einem von dessen Gemeinde auszumittelnden, schicklichen Orte die Schule zu halten. In diesem Falle besteht also thatsächlich neben der ursprünglichen Schule, ohne Teilung des Bezirkes mit rechtsverbindlichen Folgen, eine zweite Schule, wenn auch die Kosten für den Adjuvanten und das Unterrichtslokal von der dessen Ansetzung verlangenden Gemeinde getragen werden müssen.

2) Setzt die Schulaufsichtsbehörde nicht wegen Entfernung der Außendörfer, sondern im allgemeinen Schulinteresse einen Adjuvanten für eine neue Schule im Bezirke an, so sind die dadurch hervorgerufenen Kosten von den Dominien und Gemeinden des Schulbezirkes zu tragen. Stellt sie nicht einen Adjuvanten, sondern einen Lehrer an, so ist zuzugeben, daß eine Einrichtung dieser Art in dem Regl. von 1801 dem Wortlaute nach nicht besonders vorgesehen ist. Andererseits ist aber auch die Unzulässigkeit einer derartigen Organisation in dem Reglement nirgends vorgesehen. Es handelt sich nur um eine durch die wirtschaftliche Entwickelung herbeigeführte, aber gegen keine Gesetzesnorm verstoßende Anwendung des bestehenden Rechtes, nicht aber um die Schaf-

[1]) Erfolgt die Neuerrichtung einer Schule aus den Gründen, die die Reglements von 1765 und 1801 als zwingende bezeichnen, d. h. wegen zu weiter Wege, so muß eine Trennung des bisherigen Schulverbandes mit der Wirkung erfolgen, daß einerseits die zu der neuen Schule gewiesenen Ortschaften aus ihren Verpflichtungen gegenüber der alten Schule ausscheiden und dafür in die Verpflichtung zur Unterhaltung der neuen Schule eintreten, andererseits aber die Unterhaltung der alten Schule nur noch den bei dieser verbleibenden Ortschaften obliegt. Die der Schulaufsichtsbehörde an und für sich zustehende Befugnis, bei Neugründung einer Schule zu bestimmen, ob deren Unterhaltung von dem bisherigen Schulverbande zu übernehmen sei, oder ob zwei neue Lastenträger geschaffen werden sollen, der eine für die alte, der andere für die neue Schule, ist hiernach für Volksschulen in Schlesien gesetzlich eingeschränkt. Entsch. v. 13. XI. 96 (Z.-Bl. U.-V. 1897 S. 270).

fung eines neuen Rechtes unter Verletzung des bestehenden. Eine solche Maßregel der Aufsichtsbehörde ist daher statthaft und verpflichtet die eingeschulten Dominien und Gemeinden zur Kostentragung.

β) Evangelische Volksschulen.

Nr. 1. Entsch. Bd. XI. S. 170 vom 22. Dezember 1884.

General-Landschulreglement v. 12. VIII. 63 (Mylius N. L. L. Tom III S. 265) und (für Schlesien) v. 3. XI. 65 (Kornsche Ed.-Samml. Bd. VIII S. 780). Schulreglement für die niederen katholischen Schulen in den Städten und auf dem platten Lande Schlesiens u. s. w. v. 18. V. 01 (Neue Kornsche Ed.-Samml. Bd. VII. S. 266.) Landtagsabschied für Schlesien v. 22. II. 29. A. L.-R. Teil II Tit. 12 §§ 12ff., 29, 33.

In Schlesien besteht kein bereits beim Erscheinen des A. L.-R.s in Geltung gewesenes Gewohnheitsrecht, das die Aufbringung des Unterhaltes der Lehrer an evangelischen Landschulen regelt und insbesondere die unmittelbare Heranziehung der Gutsherren zu diesen Leistungen gestattet.

Für die evangelischen Schulen Schlesiens ist vielmehr A. L.-R. Teil II Tit. 12 § 33 in dieser Beziehung geltendes Recht.[1])

Nr. 2. Entsch. Bd. XII. S. 204 vom 16. Mai 1885. I B 6 85.

A. L.-R. Teil II Tit. 12 §§ 29, 33, 34, 36.

Handelt es sich um die Unterhaltung einer städtischen Elementarschule und um die bezügliche Beitragspflicht der Gutsherren in Schlesien (Mediatherren), so bleiben die Vorschriften §§ 33 und 36 Tit. 12 Teil II A. L.-R.'s außer Anwendung. Für den Gutsherrn einer Stadtschule sind diese Vorschriften nicht gegeben. Ebensowenig macht das A. L.-R. einen Unterschied zwischen Mediat- und Immediatstädten.

Ein dem Kirchenpatronate analoges Schulpatronat kennt das A. L.-R. nicht. Die Rechte, die gemeinhin als „Patronat" bezeichnet werden, weist das A. L.-R. in den §§ 22 und 31 a. a. O. der Gerichtsobrigkeit zu. Dem Inhaber der Gerichtsobrigkeit, dem Patrone, sind keine besonderen Verpflichtungen für die Unterhaltung der Schule auferlegt. Er ist daher inbegriffen in den sämmtlichen Hausvätern im Sinne der §§ 29, 34 a. a. O.

Nr. 3. Entsch. Bd. XIV. S. 212 vom 12. Februar 1887. I C 98/86.

A. L.-R. Teil II Tit. 12 §§ 29ff. Schulreglement für die niederen katholischen Schulen Schlesiens u. s. w. v. 18. V. 01 (Neue Kornsche Ed.-Samml. Bd. II S. 266). Landtagsabschied für Schlesien v. 22. II. 29.

1) Das Reglement für die katholischen Schulen in Schlesien v. 18. V. 01 findet auf die dortigen evangelischen Schulen keine Anwendung. Die Kab.-Ord. v. 5. XII. 16 hat keine Gesetzeskraft, weil sie nicht in der Gesetzsammlung publiziert ist. Sie ist lediglich ein Verwaltungsakt, der die Regierungen Schlesiens ermächtigt, den evang. Schulen in den alten Domänendörfern dieselben Benefizien zu gewähren, auf die die kath. Schulen nach dem Regl. von 1801 Anspruch haben. Vergl. E.-O.-V. Bd. XI S. 180. Auch der in betreff der evang. Landschulen Schlesiens ergangene Landtagsabschied v. 22. II. 29 ist (vergl. E.-O.-V. Bd. I S. 295) nicht Gesetz geworden. Für die Unterhaltung der evang. Schulen Schlesiens fehlt es an einer provinzialrechtlichen Norm; auf sie finden daher die §§ 29 ff. Tit. 12 Teil II A. L.-R.'s Anwendung.

---

[1]) Die Entscheidung enthält eine sehr eingehende wissenschaftliche Erörterung über die Handhabung der Schullast bis zum Generallandschulregl. v. 12. VIII. 63 einerseits und über die Entwickelung des Rechtszustandes seit dieser Zeit, insonderheit in Schlesien, andererseits, auf die hier verwiesen werden muß.

2) Übernimmt Fiskus die Gewährung des sogen. Dominialdrittels auf Grund der Kab.-Ord. v. 5. XII. 16, oder übernehmen die Dominien die Leistung des Viertels an Brennmaterial und Baargehalt auf Grund des Landtagsabschiedes v. 22. II. 29, so mindert sich (thatsächlich) die Last der Schulgemeinde um diese Beträge; aber in den Rechtsverhältnissen der Schulgemeinde, in der Verbindlichkeit sämmtlicher Hausväter, das Fehlende aufzubringen, wird dadurch nichts geändert. Die Übernahme eines Teiles der Schullast von seiten des Domänenfiskus, bezw. der Dominien, hat nicht die rechtliche Folge, daß die Verpflichtung zur Tragung des verbleibenden Teiles der Schullast von den Hausvätern auf die politischen Gemeinden übergeht. Dieser Übergang kann nur bewirkt werden durch einen förmlichen, von den Aufsichtsbehörden bestätigten Gemeindebeschluß.[1])

3) Die Regierung als Schulaufsichtsbehörde kann nichts verfügen und anordnen, was dem Gesetze entgegenläuft.

Nr. 4. Entsch. Bd. XXVI. S. 161 vom 17. Januar 1894. I C 82/93.

A. L.-R. Teil II Tit. 12 §§ 29 ff. Reg.-Instr. v. 23. X. 17 (G.-S. S. 248) § 18 ff. Zust.-Ges. §§ 46, 47, 49.

1) Für die Unterhaltung der evang. Schulen in Schlesien bildet, soweit die kath. Schulreglements v. 3. XI. 1765 und 18. V. 01 nicht anderweitige Bestimmungen enthalten, das A. L.-R. die unmittelbar maßgebende gesetzliche Norm. Dies legt in den §§ 29 ff. Tit. 12 Teil II die Aufbringung der Dienstbezüge des Lehrers, wie die erforderlichen Bauleistungen, beim Nichtvorhandensein von Stiftungen, den sämmtlichen Hausvätern jedes Ortes, allen zur Schule gewiesenen Einwohnern auf und neben diesen lediglich dem Gutsherrn des Schulortes nur noch die Verpflichtung, Beiträge unvermögender Hintersassen zu übertragen, sowie erforderliche und verfügbare Baumaterialien unentgeltlich zu verabfolgen. Wer keinen Wohnsitz im Schulbezirke hat, gehört auch nicht zu den Hausvätern.

2) Die Aufsichtsbehörde ist im Geltungsbereiche des A. L.-R.'s befugt, Schulsozietäten einzurichten und zu erteilen, jedoch erstreckt sich dies nur auf die Zuweisung von Hausvätern aus gewissen Distrikten, nicht auf die von Landgemeinden oder Gutsherrschaften; beide können nur durch besondere Ortsverfassung (praeter legem) Mitglieder des Schulverbandes oder diesem, vom „Gutsherrn des Schulortes" abgesehen, beitragspflichtig werden. Solche Einschulungsverfügungen der Schulaufsichtsbehörden sind zwar an sich und soweit sie organisatorische Akte darstellen, einer Nachprüfung durch den Verwaltungsrichter nicht unterworfen, allein die Frage nach dem Träger der Unterhaltungslast innerhalb eines neugebildeten oder anders abgegrenzten Schulverbandes bleibt, ganz unabhängig von etwaigen Festsetzungen der Regierung hierüber, einzig und allein aus dem materiellen Rechte zu beantworten.

Wie nun die Regierungen im Geltungsbereiche des Schlesischen Schulreglements keine landrechtlichen Hausvätersozietäten ins Leben rufen können, so ist es ihn umgekehrt nicht gestattet, im Gebiete des A. L.-R. Schulverbände, sei es

[1]) Ähnlichen Inhaltes — von der Schulaufsichtsbehörde genehmigte Vereinbarungen zwischen Dominien und Gemeinden über Höhe und Aufbringung des Lehrereinkommens gelten nicht ohne Weiteres für dessen Aufbesserungen — Entsch. v. 27. XI. 89 (Pr. Verw.-Bl. Bd. XI S. 143); Entsch. v. 18. VI. 90 (Pr. Verw.-Bl. Bd. XI S. 489) — Begründung einer Dominium und Gemeinde gleichmäßig bindenden Schulverfassung —; Entsch. v. 14. III. 91 (Pr. Verw.-Bl. Bd. XII S. 388), v. 5. IX. 91 (Pr. Verw.-Bl. Bd. XIII S. 5), v. 19. XII. 91 (Pr. Verw.-Bl. Bd. XIII S. 280), v. 15. II. 93 (Z.-Bl. U.-V. S. 540) und v. 10. V. 93 (Pr. Verw.-Bl. Bd. XIV S. 449) — rechtliche Möglichkeit des Überganges der Schulunterhaltungspflicht von den Hausvätern des Schulverbandes auf Dominium und Gemeinde.

ausschließlich aus politischen Gemeinden und Gutsbezirken, zusammenzusetzen, oder einer bereits vorhandenen korporativen, aus den Hausvätern gebildeten Schulgemeinde, in deren Bezirke verfassungsmäßig die Schullast teilweise oder selbst ganz von den gesetzlich nicht verpflichteten Gemeinden und Dominien freiwillig übernommen ist, andere Gemeinden und Dominien mit der Bestimmung zuzuweisen, daß nun gleich jenen auch diese als Verbandsgenossen entsprechend den Normen der Schulverfassung Beiträge zu leisten schuldig seien. Werden daher in eine solche Sozietät die Hintersassen eines anderen Gutsherrn neu eingeschult, so wird dieser als solcher nicht Mitglied der Sozietät, deren Verfassung nicht unterworfen und daher auch durch die Einschulung allein nicht beitragspflichtig.

3) Dem steht der Grundsatz nicht entgegen, daß die auf Vertrag oder Observanz beruhende Verfassung eines Gemeinde-, Schul- oder sonstigen kommunalen Verbandes nicht auf die zur Zeit ihrer Entstehung dem Verbande angehörig gewesenen Personen und Grundstücke beschränkt ist, sondern als eine Norm des öffentlichen Rechtes auch alle dem Verbande später zugewiesenen Personen und Grundstücke umfaßt. Denn es sind im vorliegenden Falle eben nur die evangelischen Einwohner des Gutsbezirkes eingeschult, der „Gutsherr" ist dem Schulverbande gar nicht beigetreten und kann daher als solcher weder an den Lasten, noch an den Vorteilen des Verbandes teilnehmen.

γ) Insbesondere die Dörfer gemischter Religion.

Nr. 1. Entsch. Bd. I. S. 211 vom 27. Januar 1876.[1])

General-Landschulreglement für Schlesien v. 3. XI. 1765 (Kornsche Ed.-Samml. Bd. VIII S. 780ff. Schulreglement für die niederen katholischen Schulen in Schlesien u. s. w. v. 18. V. 01 (Neue Kornsche Samml. Bd. VII S. 266). A. L.-R. Einl. §§ 3, 4, 60; Teil II Tit. 12 §§ 29, 33. Publ.-Pat. v. 5. II. 1794, III—VIII.

1) Das Schulreglement von 1801 betrifft vorzugsweise die katholischen Elementarschulen in Schlesien und berührt die evangelischen Schulen in Schlesien nur insofern, als es gleichzeitig die auf das Schulwesen bezüglichen Rechtsverhältnisse in den „Dörfern gemischter Religion", d. h. in solchen Dörfern ordnete, in denen zu den beiden Konfessionen sich je mehr als der sechste Teil der Stellenbesitzer im Jahre 1801 bekannte. Insbesondere beziehen sich die §§ 22—24 das. nur auf die im § 6 bezeichneten Dörfer gemischter Religion. In den Dörfern, in denen die Stellenbesitzer 1801 entweder sämmtlich oder doch wenigstens zu $^5/_6$ evangelisch waren, werden die Rechtsverhältnisse der Schule durch das A. L.-R. geregelt, das an Stelle des General-Land-Schulreglements v. 12. VIII. 1763 getreten ist.

2) Der Landtagsabschied für Schlesien v. 22. II. 29 hat nicht die Kraft eines geschriebenen Gesetzes, kann auch hinsichtlich der Beitragspflicht der Gutsherren zur Unterhaltung der Lehrer von evangelischen Elementarschulen in ganz evangelischen Dörfern Schlesiens nicht so aufgefaßt werden. Denn er ist weder in der Gesetzsammlung noch in den Amtsblättern veröffentlicht worden. Es bleiben deshalb für diese Fälle die §§ 29 und 33 Tit. 12 Teil II A. L.-R.'s maßgebend.

3) Bezüglich der Frage, ob und in welchen Schranken sich nach Publikation des A. L.-R.'s Observanzen mit rechtsverbindlicher Kraft haben bilden können, besteht folgender Rechtszustand: Der § III des Publikations-Patentes des A. L.-R.'s v. 5. II. 1794 verordnet, daß die in den verschiedenen Pro-

---

[1]) Vergl. hierzu Entsch. v. 4. XII. 78 (Bd. IV S. 205) oben S. 580.

vinzen bisher, d. h. also bis zur Publikation des A. L.-R.'s, bestandenen Provinzialgesetze und Statuten vor der Hand noch ihre gesetzliche Kraft und Gültigkeit haben. Diese bisherigen Provinzialgesetze und Statuten sollten innerhalb zweijähriger Frist gesammelt, revidiert und in ordentliche Provinzialgesetzbücher (§§ IV—VI a. a. O.) aufgenommen werden. Bei Entwerfung dieser Provinzialgesetzbücher sollte nach § VII auch auf die Gewohnheitsrechte und Observanzen, die in einer Provinz oder an einzelnen Orten bisher stattgefunden haben, die erforderliche Rücksicht genommen werden, und sollten diejenigen, deren Beibehaltung nach erfolgter Prüfung notwendig befunden worden, in das Provinzialgesetzbuch eingerückt werden. Nach Emanation der Provinzialgesetzbücher soll auf Observanzen, die von den Vorschriften des A. L.-R.'s abweichen, nur insofern Rücksicht genommen werden, als sie entweder den Provinzialgesetzbüchern einverleibt sind oder das A. L.-R. selbst auf sie ausdrücklich verweist.

Obige Vorschriften sprechen unzweifelhaft von solchen Observanzen, die bei Publikation des A. L.-R.'s bereits vorhanden waren und schon damals in der betreffenden Provinz als ungeschriebene Rechte sich vorfanden. Hieraus folgt, daß seit dem 1. VI. 1794 die Bildung einer von den Vorschriften des A. L.-R.'s abweichenden Observanz gar nicht mehr stattfinden konnte, sofern nicht der im § VII a. a. O. gedachte Ausnahmefall eintritt, daß das A. L.-R. selbst bei der betreffenden Materie auf das Gewohnheitsrecht ausdrücklich verwiesen hat. Hiermit in Übereinstimmung steht der § 59 der Einleitung zum A. L.-R., wonach Gesetze so lange ihre Kraft behalten, bis sie von dem Gesetzgeber ausdrücklich wieder aufgehoben sind, und § 60, wonach vorhandene Gesetze durch Gewohnheiten nicht wieder aufgehoben werden können. Nur hinsichtlich derjenigen Observanzen, die nicht wider die Gesetze sind, sondern nur etwas bestimmen, was in den Gesetzen unentschieden gelassen worden, soll es — wie der angezogene § VII und der daselbst in Bezug genommene § 4 der Einleitung besagt — bis zum Ergehen einer gesetzlichen Bestimmung sein Bewenden haben.

4) Für diejenigen Provinzen, in denen, wie in Schlesien, noch keine Provinzialgesetzbücher existieren, gilt hiernach folgendes:

a) Unbedingt gelten alle Gewohnheiten, auf die das A. L.-R. an einzelnen Stellen verweist, oder die etwas bestimmen, was die Gesetze unentschieden gelassen haben.

b) Gewohnheiten, die gegen das Gesetz sind, gelten nur dann, wenn sie vor der Publikation des A. L.-R.'s entstanden sind.

5) Da nun die §§ 29 ff. Teil II Tit. 12 A. L.-R.'s auf Gewohnheiten und Observanzen nicht ausdrücklich verweisen, so bleiben sie allein bezüglich der Verpflichtung der Hausväter einerseits und der Gutsherren andererseits zur Unterhaltung der Lehrer an evangelischen Elementarschulen in evangelischen Dörfern Schlesiens maßgebend. Der Gutsherr als solcher ist also zum Beitrage einer Quote des Lehrergehaltes nicht verpflichtet.

Nr. 2. Entsch. Bd. XVIII. S. 184 vom 22. Mai 1889. I B 58/88.

Schulreglement für die niederen katholischen Schulen Schlesiens v. 18.V. 01 (Neue Kornsche Ed.-Samml. Bd. VII S. 266) § 7.

Nach § 7 des schlesischen Schulreglements v. 18. V. 01 haben die zur Unterhaltung der Schule verpflichteten Gutsherren und Gemeinden in den Dörfern „vermischter Religion" für die Kosten des Religionsunterrichtes derjenigen Kinder, deren Konfession der der Schule nicht entspricht, nicht aufzukommen.[1])

---

[1]) Während das Schlesische Schulreglement v. 3. XI. 1765 sich nur mit den ganz oder größtenteils katholischen Gemeinden beschäftigt, berührt das Reglement v. 18. V. 01

Die Endurteile v. 24. XI. 77 (Bd. III S. 177) und v. 2. XII. 76 (Bd. I S. 205) stehen diesem Grundsatze nicht entgegen.

c) Neuvorpommern.

Materialien: Pommersche Kirchenordnung von 1535—1563, Abschn.: Visitatio up den Dörpern. — Regulativ für die neuvorpommerschen Landschulen vom 29. August 1831 (v. Kamptz Annalen Bd. XV S. 564). — Kabinets-Ordre vom 15. August 1833 (Amtsbl. der Regierung zu Stralsund 1833 S. 314).

Nr. 1. Entsch. Bd. II. S. 203 vom 7. Februar 1877.

Pomm. Kirchenordn. von 1535 (Ausg. von 1731) S. 110. Regulativ für die Neuvorpommerschen Landschulen v. 29. VIII. 31 Art. 5.

1) Vor dem Erlaß des Regulatives v. 29. VIII. 31 (für die neuvorpommerschen Landschulen) hatten die Geistlichen in Neuvorpommern das Vorrecht einer allgemeinen Steuerfreiheit. Denn die Pommersche Kirchenordnung (Ausgabe von 1731) von 1535 Tit. 6 S. 110 ist nicht dahin auszulegen, daß die Geistlichen nur rücksichtlich ihrer Amtshäuser abgabenfrei sein sollten, sondern daß ihnen sowohl für ihre Person als auch inbetreff ihrer Amtswohnungen Abgabenfreiheit bewilligt war. Unter dem hierin enthaltenen Ausdrucke „Güter" sind die Grundstücke der Geistlichen gemeint, nicht deren bewegliches Vermögen.

2) Dieser Rechtszustand ist durch Artikel 5 des vorgedachten Regulatives geändert. Aus seiner Fassung ergiebt sich die Schulbeitragspflicht (Zahlung vor Beiträgen zu den Lehrerbesoldungen) der Geistlichen in Neuvorpommern.

Nr. 2. Entsch. Bd. III. S. 155 vom 1. Mai 1878.

Neuvorpommersches Landschul-Regulativ v. 29. VIII. 31 Art. 5. A. L.-R. Teil II Tit. 12 § 29. Zust.-Ges. § 46.

1) Unter „Familienvorstand" ist im Sinne des für Neuvorpommern unter dem 29. VIII. 31 über die Unterhaltung der Landschulen ergangenen Regulatives dasselbe, wie unter „Hausvater" (§ 29 Tit. 12 Teil II A. L.-R.'s), zu verstehen. In dem Art. 5 des Regulatives ist die fixe Besoldung des Lehrers sämmtlichen Familienvorständen des Schulbezirkes auferlegt, und zwar „mit Einschluß der Wittwen, die eine Wirtschaft selbständig führen, ohne Unterschied, ob sie Kinder haben oder nicht, ohne Unterschied ferner des Standes und des Glaubens, als persönliche Last nach dem Klassensteuerfuße, ungehindert

---

zugleich das Schulwesen in den Gemeinden gemischter Konfession, d. h. derjenigen Gemeinden, in denen sich am 10. Juli 1801 als dem Tage der Publikation zu jeder der beiden Konfessionen mindestens 1/6 der Stellenbesitzer bekannte. (§§ 6, 7, 22, 23.) Für diese Gemeinden verpflichten sie den Gutsherrn, dem Lehrer derjenigen Konfession, der der dort am Normaltage befindliche Lehrer angehörte, ihren Beitrag zu gewähren, und sofern damals bereits in dem Dorfe oder in den mehreren zu einem Schulverbande vereinigten Dörfern zwei Schulen mit Lehrern verschiedener Konfession bestanden, zum Unterhalte beider beizutragen mit der Maßgabe, daß beim Vorhandensein von mehr als 50 Rustikalstellen jeder den vollen Beitrag erhält, anderenfalls der einfache Beitrag zwischen beiden Lehrern zu teilen ist.

Eine Verwertung des Rechtssatzes, daß Veränderungen nicht vermutet werden, ist nur in dem Sinne gestattet, daß aus einem festgestellten Zustande auf sein Weiterbestehen in der Zukunft geschlossen wird, nicht aber in der Form eines Rückschlusses von der Gegenwart auf die Vergangenheit oder von Zuständen einer näheren auf solche einer entfernteren Vergangenheit. Entsch. v. 26. IX. 91 (Pr. Verw.-Bl. Bd. XIII S. 113.)

Für die Frage nach dem die Unterhaltungspflicht regelnden Gesetzesrechte kommt es nur bei den evangelischen Schulen darauf an, ob das betreffende Dorf am 10. Juli 1801 ein solches vermischter Religion gewesen ist. Entsch. v. 19. VI 96 (Z.-Bl. U.-V. S. 681).

jedoch, dies nach anderem Maßstabe zu thun, wenn sie darüber sich verständigen können".

Hiernach sind also auch die Altenteilsbesitzer (Auszügler), die eine eigne Wirtschaft nicht mehr führen, als Familienvorstände anzusehen. Hausväter sind alle wirtschaftlich (ökonomisch) selbständigen physischen Personen, die im Schulbezirke ihren Wohnsitz haben, und dazu gehören auch Altenteilsbesitzer, wenn sie eigene Wohnungsräume innehaben und darin selbständig einen Haushalt führen, für den der Hofbesitzer vertragsmäßig gewisse Leistungen übernommen hat.[1])

2) Das Ges. v. 18. VI. 40 (G.-S. S. 140) findet nach § 14 auch auf die Steuern Anwendung, die von den Schulgemeinden zur Unterhaltung der öffentlichen Schule umgelegt werden. Die Entscheidung im Streitverfahren tritt jetzt bei diesen Steuern an die Stelle des Rekursbescheides im früheren Reklamationsverfahren. Gegenstand der Klage kann daher nur das sein, was früher Gegenstand der Reklamation war, d. h. eine bestimmte Steuerforderung, die gestellt worden ist. Über diese Steuerforderung allein ist zu erkennen, und die Entscheidung kann sich nicht auf künftige Steuerforderungen erstrecken. Nur eine bestimmte Steuerforderung, nicht die Steuerpflicht in abstracto kann zum Gegenstande des Streites gemacht werden.

Nr. 3. Entsch. Bd. XI. S. 153 vom 21. Juni 1884.

Regulativ für die Neuvorpommerschen Landschulen v. 29. VIII. 31 (v. Kamptz, Ann. Bd. XV. S. 564) Art. 1, 3, 5, 7.

1) Dem Richter steht es zwar zu, ein unzweifelhaft irrig gefaßtes Gesetz nach dem klar erkennbaren Gedanken des Gesetzgebers berichtigend zu interpretieren, er darf aber den Gesetzgeber nicht korrigieren.

2) Bezüglich der Voraussetzungen, unter welchen, und des Umfanges in welchem in Neuvorpommern die über sechzig Jahre alten Hausväter von Beiträgen zum Unterhalte der Elementarlehrer befreit sind, besteht folgender Rechtszustand:

a) Bezüglich der auf Grund des Reg. v. 29. VIII. 31 neu errichteten Schulen, bei denen die Besoldung des Lehrers nicht durch Schulgeld beschafft, sondern von den Hausvätern nach dem Klassensteuerfuße aufgebracht werden soll, besteht eine solche Befreiung überhaupt nicht.

b) Bezüglich der schon früher bestehenden Küster- und anderen Schulen des platten Landes mit Ausnahme des Ortes Putbus ordnet die Kab.-Ord. v. 15. VIII. 33 (Amtsbl. der Reg. zu Stralsund 1833 S. 14) in Aufhebung des Art. 7 des vorbezeichneten Regulatives an, daß das Schulgeld ebenfalls abgeschafft und eine nach den Bestimmungen des Art. 3 des Reg. — die Bezugnahme auf den Art. 5 ist ein Schreibfehler — abzumessende feste Besoldung gewährt werden soll. Die Ausführung dieser Maßregel wird zwei Jahre lang dem freien Übereinkommen der Beteiligten überlassen, denen dabei unbenommen war, einen beliebigen Aufbringungsmaßstab zu wählen und auch den über 60 Jahre alten Hausvätern eine Befreiung zuzugestehen. Nach fruchtlosem Ablaufe dieser Frist sollte die Regierung die beschlossene Maßregel von Amtswegen durchführen, wobei sie die Grundsätze des Art. 5 des Reg. mit der Maßgabe zu befolgen hatte, daß Hausväter, die das 60. Lebensjahr zurück-

---

[1]) Auch die juristischen Personen gehören zu denen, die nach dem Reg. v. 29. VIII. 31 zur Schulunterhaltung verpflichtet sind. Im Übrigen hat das Reglement nur subsidiäres Recht statuiert und nicht ausgeschlossen, daß zwischen den Schulunterhaltungspflichtigen abweichende Normen durch Observanz oder Vertrag entstehen. Entsch. v. 26. III. 92 (Z.-Bl. U.-V. 1893 S. 260).

gelegt haben, von Beiträgen befreit bleiben, insofern sie nicht selbst noch schulpflichtige Kinder zu erziehen haben. Diese Ausnahme, die für die neuen Schulen nicht gilt, ist für die alten Schulen also nur statuiert bezüglich derjenigen Beiträge, die dazu bestimmt sind, dem Lehrer das frühere Schulgeld zu ersetzen. Sie bezieht sich ausschließlich auf den Betrag, der dem Lehrer bei Aufhebung des Schulgeldes zugesprochen worden und kann nicht bezogen werden auf Gehaltszuschüsse, die den Lehrern in der Folgezeit zugebilligt worden sind, auf Aufwendungen, die eine etwa nötig werdende Vermehrung der Zahl der Lehrer erforderlich macht. Bei Aufbringung solcher Mehrbeträge können die über 60 Jahre alten Hausväter eine Freilassung von den desfallsigen Beiträgen nicht beanspruchen.

3) Im Übrigen hat die Kab.-Ord. v. 33 nicht etwa nur den damals lebenden Hausvätern über 60 Jahre eine Erleichterung gewähren, sondern einen bleibenden Zustand schaffen wollen.

Nr. 4. Entsch. Bd. XIII. S. 248 vom 30. Juni 1886. I C 25/86.

Regulativ für die Neuvorpommerschen Landschulen v. 29. VIII. 31 (v. Kamptz, Ann. Bd. XV S. 564), Art. 3, 5, 7. Kab.-Ordn. v. 15. VIII. 33 (Amtsbl. d. Reg. zu Stralsund 1833 S. 314).

1) Über die Schulbeitragspflicht der Geistlichen nach Neuvorpommerschem Provinzialrechte, vergl. E.-O.-V. Bd. II S. 203, Bd. XI S. 153.

2) Über den Maßstab und die Aufbringungsweise der den Elementarlehrern in Neuvorpommern an Stelle des Schulgeldes zu gewährenden festen Besoldung könnten die Beteiligten gemäß Art. 5 des Reg. von 1831 eine freie Vereinbarung mit der Maßgabe treffen, daß ein Teil der Verpflichteten von Beiträgen gänzlich frei bleibe. Eine solche ist rechtsgültig und bildet einen Teil der Schulverfassung, wenn dazu die Genehmigung der Schulaufsichtsbehörde erteilt worden ist. Der Schulvorstand kann diese „Schulverfassung" nicht ändern, es kann dies vielmehr nur durch die Interessenten mit Genehmigung der Regierung geschehen.

3) Eine solche, bezüglich der ersten Lehrerstelle an einer Schule zu Recht bestehende, Vereinbarung, nach der z. B. der Pfarrer von Beiträgen zum Lehrergehalte frei war, ist nicht maßgebend für später eingerichtete Lehrerstellen. Beschließen die Interessenten die Aufbringung der Gehälter dieser Stellen durch Verteilung auf alle Familienhäupter nach der Einkommensteuer, so ist dadurch nicht ein Sonderrecht für die Schule geschaffen, sondern der gemeinrechtliche, in Ermangelung einer Vereinbarung ipso jure eintretende Verteilungsmaßstab des Reg. von 1831 in Kraft gesetzt worden. Selbst wenn die Interessenten zur Zeit der Fassung des Beschlusses geglaubt hätten, der Pfarrer gehöre nicht zu den beitragspflichtigen Familienvorständen, so ist dies unerheblich. Denn eine derartige, auf Irrtum beruhende Überzeugung begründet kein Gewohnheitsrecht. Und wenn der Pfarrer demnächst 13 Jahre lang nicht veranlagt worden ist, so ist das keine Übung eines Gewohnheitsrechtes, sondern die Befolgung eines irrtümlich als bestehend angenommenen Gesetzes. Es ist nicht ausgeschlossen, daß ein beim Beginne der Übung bestehender faktischer Irrtum in seiner Wirkung abgeschwächt und selbst beseitigt wird durch eine langjährige, Generationen umfassende Übung. Der vorliegende Fall ist aber dazu ungeeignet.

Nr. 5. Entsch. Bd. XVI. S. 256 vom 10. März 1888. I C 120/87.

A. L.-R. Teil II Tit. 6 §§ 51 ff., 141. Regulativ für die Neuvorpommerschen Landschulen v. 29. VIII. 31 (v. Kamptz, Ann. Bd. XV S. 564) Art. 4, 5.

1) Kein Gesetz verpflichtet die Schulgemeinden in Neu-Vorpommern, einen neuen Schullehrer herbeizuholen bezw. ihm die

Umzugskosten zu erstatten. Sie sind daher nur dann dazu verpflichtet, wenn ein entsprechendes Herkommen besteht, oder wenn im einzelnen Falle ein Beschluß der Schulgemeinde vorläge, wonach die Umzugskosten und die Umlegung auf die Mitglieder der Schulgemeinde bewilligt wären. Zu einer solchen Beschlußfassung an Stelle der Schulgemeinde sind die Schulvorstände nicht befugt. Über Bewilligung außerordentlicher Aufwendungen und über jede neue Umlage haben die Korporationen als ihre inneren Angelegenheiten zu beschließen und den Korporationsvorständen liegt nur ob, die Beschlüsse der Korporationsmitglieder auszuführen. Diese Rechte der Korporationen können die Aufsichtsbehörden weder schmälern noch beschränken, weshalb auch die Instruktion der Regierung zu Stralsund v. 1. VIII. 81 (Amtsbl. Beil. zu Stück 34) solche Rechte der Schulgemeinden den Schulvorständen nicht hat übertragen können, übrigens es auch gar nicht beabsichtigt hat.

2) Die Umzugskosten sind weder in den Kosten für die Beschaffung der Wohnung, noch in denen der Besoldung enthalten.

d) Vormals Kgl. Sächsische Landesteile.

Materialien: Kursächsische Generalartikel vom 8. Mai 1577 (Cod. Augusteus S. 435 ff.), die 1555 und 1556 stattgehabten Kirchenvisitationen betreffend. — Kurs. Kirchenordnung vom 1. Januar 1580 (das. S. 476). — Synodalisches Generaldekret vom 6. August 1624 (das. S. 786). — Verordnung betreffend die Beitragspflicht der Rittergutsbesitzer in den vormals kgl. sächsischen Landesteilen zur Unterhaltung der Kirchen, Pfarren und Schulen vom 11. November 1844 (G.=S. S. 698).

Nr. 1. Entsch. Bd. X. S. 143 vom 26. September 1883.

A. L.=R. Teil II Tit. 12 §§ 1, 9, 15, 54. Ges. v. 11. III. 72 G.=S. S. 183), betreffend Beaufsichtigung des Unterrichts= und Erziehungswesens. Gebührentaxe für die Superintendenten der Provinz Sachsen v. 21. IV. 32 (G.=S. S. 138). Vd. v. 11. XI. 44 (G.=S. S. 698), betreffend die Beitragspflicht der Rittergutsbesitzer in den vormals Kgl. Sächsischen Landesteilen der Provinz Sachsen zur Unterhaltung von Kirchen, Pfarren und Schulen.

1) Aus dem Inhalt des Ges., betreffend die Beaufsichtigung des Unterrichts- und Erziehungswesens, v. 11. III. 72 kann nicht gefolgert werden, daß die Kosten der Visitation der Volksschulen durch den Kreisschulinspektor an die Stelle der bis dahin dazu Verpflichteten vom Staate zu tragen sind.

2) In den vormals Königlich Sächsischen Landesteilen der Provinz Sachsen sind diese Kosten von den Schulunterhaltungspflichtigen aufzubringen. Die Feststellung des Verteilungsmaßstabes durch Vereinbarung der Beteiligten kann eine öffentlich-rechtliche Bedeutung nur dadurch gewinnen, daß die Aufsichtsbehörde diese Vereinbarung genehmigt.

Nr. 2. Entsch. Bd. XI. S. 184 vom 3. Januar 1885.

Ges. v. 3. I. 45 (G.=S. S. 25), betreffend Zerteilung von Grundstücken u. s. w. Ges. v. 25. VIII. 76 (G.=S. S. 405), betreffend Gründung neuer Ansiedelungen u. s. w. Kursächsische Generalverordnung v. 30. XI. 1789 Secunda. Continuatio codicis Augustei tom II pag. 1623.

1) Die in den ehemals Kurfürstlich (Königl.) Sächsischen Landesteilen der Provinz Sachsen noch bestehende, auch auf die Aufbringung der Schullasten angewandte Quatembersteuer war früher eine Personal- und Gewerbesteuer, wurde aber durch die Kursächsische Generalordnung v. 30. XI. 1789 in eine Grundsteuer umgewandelt, die auf den Häusern, Grundstücken und unveränderlichen Gerechtsamen ruhte. Sie war seitdem, so lange sie bestand, eine dingliche Steuer, und die Zuschlagssteuer hat denselben Charakter, wie die Prinzipalsteuer. Die nach dem Maßstabe der Quatembersteuer ausgeschriebene Schulsteuer ist deshalb keine Personalsteuer.

2) Die Ges. v. 3. I. 45 und 25. VIII. 76 finden nur bei Zerstückelungen von Grundstücken Anwendung. In einem derartigen Falle bleibt das steuerpflichtige Grundstück bestehen; es treten nur an die Stelle des einen Eigentümers mehrere. Die Behörde kann dann vor erfolgter Verteilung der auf dem Grundbesitze haftenden oder mit Rücksicht auf den Grundbesitz zu entrichtenden Abgaben und Leistungen sich an jeden Teilbesitzer für das Ganze halten; der in Anspruch genommene Teilbesitzer aber hat einen Regreß an die übrigen Teilbesitzer. Völlig verschieden hiervon ist der Fall, wenn das steuerpflichtige Objekt ganz oder zum Teil untergeht. Mit dem Untergange des Objektes erlischt jede Steuerpflicht. Ein nicht mehr vorhandenes Objekt kann nicht besteuert werden.

3) War die Quatembersteuer bemessen nach einem Mühlengrundstücke, einer Mühlengerechtigkeit, einem Mühlwerke mit Wasserkraft, so kann die Besteuerung nach dem Fortfalle der Mühle und nach dem Verkaufe der Wasserkraft nur noch nach Maßgabe des Grundstückes ohne die Mühle erfolgen.

Nr. 3. Entsch. Bd. XI. S. 147 vom 26. März 1884.

Patent v. 9. IX. 14 (G.=S. S. 89) wegen Wiedereinführung des A. L.=R. u. s. w. § 1. Ges. v. 25. IX. 20 (G.=S. S. 169) die gutsherrlichen und bäuerlichen Verhältnisse in den vormals zum Königreiche Westfalen u. s. w. gehörenden Landesteilen betreffend, § 6. Ges. v. 21. IV. 15 (G.=S. S. 74) über die den Grundbesitz betreffenden Rechtsverhältnisse in denselben Landesteilen, § 7. Bd. v. 31. III. 33 (G.=S. S. 61, 62) und Kab.=Ord. v. 24. II. 35 (G.=S. S. 39.)

Die öffentlich-rechtliche Stellung der Gutsherren zu den Schulgemeinden in denjenigen Teilen der Provinz Sachsen, die zu dem ehemaligen Königreiche Westfalen gehört haben, ist dieselbe, wie in den übrigen altpreußischen Landesteilen.

Denn durch die Wiedereinführung des A. L.-R.'s sind mit dem 1. I. 15 nicht nur seine privatrechtlichen, sondern auch seine öffentlich-rechtlichen Bestimmungen wieder in Kraft getreten und damit die Gutsherrschaften als solche wiederhergestellt worden und in den Besitz aller Rechte und Pflichten getreten, die den Gutsherren in den alten, der Fremdherrschaft nicht unterworfen gewesenen Landesteilen am 1. I. 15 zustanden. Der Gutsherr des Schulortes gehört also auch dort nicht zu den Hausvätern der Schulgemeinde. Vergl. E.-O.-V. Bd. I S. 183, Bd. IV S. 178, Bd. VII S. 233, Bd. IX S. 132.

Nr. 4. Entsch. Bd. XVIII. S. 200 vom 12. Juni 1889. I C 78/89.

Bd. v. 11. XI. 44 (G.=S. S. 698), betreffend die Beitragspflicht der Rittergutsbesitzer und anderer Grundbesitzer in den vormals Kgl. sächsischen Landesteilen der Provinz zur Unterhaltung von Kirchen, Pfarren und Schulen.

Die Anwendung der Bd. v. 11. XI. 44 ist ausgeschlossen, wenn vor ihrer Publikation Erkenntnisse ergangen sind, durch die eine Befreiung von den Schullasten oder ein anderes Beitragsverhältnis festgestellt ist.

Im vorliegenden Falle war jedoch die Befreiung eines Rittergutes nicht von allen Leistungen für die Schule durch rechtskräftiges Erkenntnis schon vor der Publikation jener Verordnung festgestellt worden, vielmehr handelte es sich bei jenem Prozesse nur um Beiträge des Rittergutes für den Bau und die Unterhaltung des früher errichteten Schul- und Küsterhauses und um die Kosten zur Herbeiholung eines neuen Lehrers, nicht aber um die Aufbringung sonstiger Schulbedürfnisse, z. B. um Aufbringung des Lehrergehaltes und des Heizungsgeldes für eine zweite Schulstelle.

Nr. 5. Entsch. Bd. XXVI. S. 181 vom 18. Mai 1894. I C 17/94.

Bd. v. 11. XI. 44 (G.=S. S. 698), betreffend die Beitragspflicht der Rittergutsbesitzer u. s. w. in den vormals Kgl. Sächsischen Landesteilen der Provinz Sachsen zur Unterhaltung der Kirchen, Pfarren und Schulen. A. L.=R. Teil I Tit. 1 §§ 3, 4.

In den vormals Königlich Sächsischen Landesteilen werden durch den Beitrag des Besitzers eines Rittergutes zu den auf dem Parochialverbande beruhenden Schulleistungen nicht auch das auf dem Gute wohnende Hausgesinde, die Wirtschaftsbeamten und sonstige Gutseinwohner von den Schullasten befreit.

Die Vd. v. 11. XI. 44 gewährt den Rittergutsbesitzern u. s. w. als Kirchenpatronen Befreiung von der landrechtlichen Patronatslast, verpflichtet sie aber, als Eingepfarrte an den auf dem Parochialverbande beruhenden Leistungen für Kirchen, Pfarren und Schulen und zwar, in Ermangelung einer von den geistlichen Oberen zunächst zu versuchenden gütlichen Vereinbarung, nach dem in §§ 4 ff. vorgesehenen Maßstabe des Grundbesitzes, sowie außerdem, wenn sie im Kirchspiele wohnen, betreffs des halben Gesammtbedarfes nach Verhältnis der Personenzahl „für sich und ihre Familie" teilzunehmen. Daß mit ihrem Beitrage zugleich diejenigen Leistungen ausgeglichen werden sollen, die auf Grund des Parochial- oder Schulverbandes den Gutsanwohnern gesetzlich auferlegt werden, besagt die Verordnung nicht, da sie eben lediglich die den Gutsbesitzern für sich und ihre Familie obliegenden Parochialverpflichtungen im Auge hat. Unter der Familie des Gutsbesitzers aber versteht die Verordnung, wie aus § 5 hervorgeht, augenscheinlich die Familie im engeren Sinne, d. i. die unter der Herrschaft des Hausvaters stehende Gesellschaft, deren Zusammenhang durch Ehe und väterliche Gewalt hergestellt wird, keineswegs die weitere, auch das Gesinde umfassende „häusliche Gemeinschaft", geschweige dem Hausoffizianten u. s. w.

e) Linksrheinische Gebietsteile.

Litteratur: Sammlung der für das Elementarschulwesen des Regierungsbezirks Aachen geltenden Bestimmungen, Aachen 1859. Nachtrag 1878. — Hansen: Gesetze und Verordnungen über das vaterländische Elementarschulwesen mit besonderer Rücksicht auf den Regierungsbezirk Trier, Saarlouis 1853. — Hildebrandt: Sammlung der für das Elementarschulwesen des Regierungsbezirks Düsseldorf gültigen Bestimmungen, Düsseldorf 1886. — Liese: Schulverordnung des Regierungsbezirks Koblenz-Simmern, Neuwied 1884. — Bailer: Sammlung der Gesetze und Verordnungen über das Elementarschulwesen in den Hohenzollernschen Landen, Sigmaringen 1864.

Nr. 1. Entsch. Bd. XXIII. S. 82 vom 3. Juni 1892. II C 32/92.

Rh. Gem.-Ordn. v. 23. VII. 45 (G.-S. S. 523) §§ 11, 15, 30, 44, 119. Gem.-Ordn. v. 11. III. 50 (G.-S. S. 213) §§ 3, 7, 8, 47, 156 und Ges. v. 24. V. 53 (G.-S. S. 238), betreffend ihre Aufhebung. Rh. Gem.-Verf.-Ges. v. 15. V. 56 (G.-S. S. 435) Art. 4, 7, 29.

Auf der linken Rheinseite liegt im allgemeinen die Unterhaltung der Volksschulen den bürgerlichen Gemeinden ob. Vergl. E.-O.-V. Bd. XIX S. 192. Die Gem.-Ordn. v. 11. III. 50 ließ indes auch eine hiervon abweichende Norm zu, indem die Auferlegung von Zwecksteuern auf einzelne Pflichtige statthaft war (vergl. E.-O.-V. Bd. XVI S. 52), wie dies ähnlich in anderen Gebietsteilen z. B. durch Heranziehung der Hauseigentümer zu Bürgersteigskosten zulässig ist. Ein von der Regierung genehmigter Gemeindebeschluß, wonach die Schulbaukosten von den Steuerpflichtigen der einzelnen, durch Einschulung der Kinder gebildeten Schulbezirke innerhalb derselben Gemeinde besonders aufgebracht werden sollen, während die sonstigen Schullasten durch allgemeine Gemeindesteuern gedeckt werden, ist daher nicht gesetzwidrig.

Durch die spätere Aufhebung der Gem.-Ordn. von 1850 und Wiedereinführung der Gem.-Ordn. v. 23. VII. 45 ist in diesem Rechtszustande nichts geändert worden, da Art. 7 des Ges. v. 15. V. 56 den Gemeinden hinsichtlich der Abgabenerhebung auch mit geographischer Abgrenzung die nämliche Autonomie verliehen hat, wie sie den Stadtgemeinden gewährt worden ist. Vergl. auch E.-O.-V. Bd. XX S. 98.

f) Provinz Hannover.

Litteratur: Die Volksschulverwaltung in der Provinz Hannover und ihr Verhältnis zur Staatsregierung, Hannover 1869. — Brandi: Gesetze und Verfügungen betreffend das Volksschulwesen in der Provinz Hannover, Osnabrück 1888. — Leverkühn: Die Volksschulen im Konsistorialbezirk Hannover, Hannover 1878. — Derselbe: Die Volksschulen des Fürstentums Lüneburg, Hannover 1875. — Derselbe: Gesetze in Schulsachen des Kgl. Konsistoriums zu Hannover, Hannover 1885. — Stegemann: Gesetze und Verordnungen für die christliche Volksschule der Provinz Hannover, 2. Ausgabe, Hannover 1890.

Materialien: Verordnung, die Religionsverhältnisse der christlichen Religionsparteien betreffend, vom 28. September 1824 (G.=S. III S. 287). — Verfassungsgesetz vom 6. August 1840 (G.=S. I Abt. S. 141) §§ 53, 78. — Gesetz vom 30. September 1842 (G.=S. S. 211) über die Rechtsverhältnisse der Juden. — Bekanntmachung vom 19. Januar 1844 (G.=S. S. 43) betreffend das jüdische Synagogen=, Schul= und Armenwesen. — Hannoversches Gesetz das christliche Volksschulwesen betreffend vom 26. Mai 1845 (Hann. G.=S. S. 465). — Hannoversche Schulordnung für die jüdischen Schulen vom 5. Februar 1854 (Hann. G.=S. S. 49). — Hannoversche Gesetze über Kirchen= und Schulvorstände vom 14. Oktober 1848 (Hann. G.=S. S. 301) und 9. Oktober 1864 (Hann. G.=S. S. 439). — Verordnung vom 5. Februar 1851 (G.=S. S. 19) über die Zuständigkeit in evangel. Volksschulsachen. — Gesetz vom 2. August 1856 (G.=S. S. 257) Verbesserungen der Volksschulstellen betreffend. — Entwurf zu einer Bekanntmachung des Hannoverschen Kultusministeriums vom 25. Juni 1866 (Leverkühn, Gesetze u. s. w., Bd. I S. 578), betreffend Veranlagung und Erhebung von Schulabgaben u. s. w. — Verordnung vom 13. Mai 1867 (G.=S. S. 667), betreffend die Kompetenz des Ministers der geistlichen Angelegenheiten zur Verfügung über Gegenstände der Unterrichts= u. s. w. Verwaltung in den neu erworbenen Landesteilen.

Nr. 1. Entsch. Bd. XIV. S. 216 vom 5. Februar 1887. I B 58/86.

Hann. Ges. v. 26. V. 45 (Hann. G.=S. S. 465), das christliche Volksschulwesen betreffend, §§ 3, 6, 7, 8, 30, 44.

Nach dem Hann. Ges. v. 26. V. 45 befreit nicht nur der Besuch öffentlicher, sondern auch der privater höherer Unterrichtsanstalten von der Bezahlung des ganzen Schulgeldes, das nach der Verfassung des betreffenden Schulbezirkes zur Erhaltung der öffentlichen Volksschule zu erlegen ist. (Folgt eingehende Begründung aus der Entstehungsgeschichte des Gesetzes.)

Nr. 2. Entsch. Bd. XV. S. 240 vom 7. September 1887. I B 9/87.

Hann. Ges. über die Rechtsverhältnisse der Juden v. 30. IX. 42 (G.=S. S. 211) §§ 6—8, 19, 28, 38—47 und Bd. v. 19. I. 44 (G.=S. S. 43) §§ 17, 18. Hann. Ges. v. 26. V. 45 (G.=S. S. 465), das christliche Volksschulwesen betreffend, §§ 12, 13, 30, 35, 36. Hann. Schulordnung für die jüdischen Schulen v. 5. II. 54 (G.=S. S. 46) §§ 3, 11 ff.

1) **Die Bestimmung des § 45 des Hann. Judenges. v. 30. IX. 42, daß von Juden, deren Kinder die christliche Ortsschule besuchen, das Schulgeld und die sonstigen Beiträge, unter denen insbesondere auch die Schulsteuern zu verstehen sind, behufs des christlichen Schulwesens ebenso wie von Christen zu entrichten sind, bezieht sich sowohl auf den Fall, daß jüdische Eltern, wiewohl eine jüdische Schule am Orte besteht, ihre Kinder in der christlichen Schule unterrichten lassen, als auf den Fall, daß sie dies thun, weil eine jüdische Schule nicht vorhanden ist. Die Beitragspflicht bezieht sich auf alle diejenigen Juden, die schulpflichtige Kinder haben und diese — falls sie nicht anderweit für einen dem Gesetze entsprechenden Unterricht sorgen — in die christliche Ortsschule schicken müssen. Dagegen gestattet das Ges. v. 30. IX. 42 die Heranziehung der Juden, die keine schulpflichtigen Kinder haben, zu den Lasten der christlichen Ortsschule nicht. Denn die Juden sind nicht Mitglieder der christlichen Schulkorporation. Der § 45 a. a. O. geht vielmehr von dem Grundsatze aus, daß sie als Nichtmitglieder zu den Korporations-**

lasten soweit beitragen sollen, als sie an den Vorteilen der Korporation teilnehmen.

2) Bestehen an einem Orte mehrere christliche Schulverbände, so ist zunächst von der Schulaufsichtsbehörde derjenige Verband zu bestimmen, dessen Schule die jüdischen Mitbürger sich anzuschließen haben, soweit nicht diesen das Wahlrecht gemäß § 18 der Vd. v. 19. I. 44 zugestanden werden sollte. So lange solche Wahl bezw. Bestimmung nicht stattgefunden hat, ist keiner der Verbände befugt, die Juden zu Schulbeiträgen heranzuziehen.

Nr. 3. Entsch. Bd. XVI. S. 278 vom 12. Mai 1888. I C 150/87.

Hann. Ges. v. 26. V. 45 (G.-S. S. 465), das christliche Volksschulwesen betreffend, § 15. Hann. Ges. über Schulvorstände v. 14. X. 48 (G.-S. S. 301) §§ 19[6]. Hann. Ges. über Kirchen- und Schulvorstände v. 9. X. 64 (G.-S. S. 439).

1) In der Provinz Hannover kann sich ein Gewohnheitsrecht dahin bilden, daß die Lasten des Schulverbandes ganz oder zum Teil nicht von den Mitgliedern des Schulverbandes, sondern von den Besitzern der im Schulbezirke belegenen Grundstücke getragen werden.[1])

Die auf Gewohnheitsrecht beruhende Verfassung eines Schulverbandes ist nicht beschränkt auf die zur Zeit der Bildung dieser Verfassung dem Schulverbande angehörigen Personen und Grundstücke, sie umfaßt vielmehr als Lokalrecht, als eine Norm des öffentlichen Rechtes alle Personen und Grundstücke, die dem Verbande später beitreten oder ihm zugewiesen werden. Die neu Eintretenden nehmen an allen öffentlich-rechtlichen Vorteilen und Lasten des Schulverbandes teil. Vergl. E.-O.-V. Bd. VI S. 218. Dieser Grundsatz gilt nicht nur für Hannover und für Schulverbände, sondern für Korporationen überhaupt.

Das Gewohnheitsrecht schafft nun nicht privatrechtliche Verhältnisse durch Verjährung, sondern bildet durch Rechtsübung eine objektive, öffentlich-rechtliche Norm. Die Beitragsfreiheit kann ihm gegenüber daher nur auf einen speziellen Rechtstitel oder auf erwerbende Verjährung gestützt werden.

2) Nach dem Hann. Ges. v. 14. X. 48 ist die Genehmigung der vorgesetzten Behörde erforderlich, wenn von den Gemeindemitgliedern seitens des Schulvorstandes eine nicht schon feststehende Leistung gefordert oder der Beitragsfuß geändert werden soll. Es ist hier nicht unterschieden zwischen dem Beitragsfuß für die rein persönlichen Schulsteuern und dem für Steuern, die nach der Ortsverfassung einen dinglichen Charakter haben; die Bestimmung muß daher für beide Fälle gelten. Deshalb kann auch ein Schulvorstand mit Zustimmung der Schulaufsichtsbehörde den bisher bestandenen „Höfefuß" aufheben und die Verteilung nach dem Steuerfuße beschließen, selbst wenn es sich dabei um Abänderung des Steuerfußes für dinglich Verpflichtete handelte. Wenn hierdurch einzelne der letzteren neu oder höher belastet werden als früher, so haben sie dem zu widersprechen ebensowenig ein Recht, wie unter gleichen Verhältnissen die lediglich persönlich Verpflichteten.[2])

---

[1]) Abweichend von § 15 des Ges. v. 26. V. 45 — ebenso Entsch. v. 15. XI. 90 (Pr. Verw.-Bl. Bd. XII S. 336.

[2]) Das Hann. Volksschulges. v. 26. V. 45 legt die Verpflichtung zur Bestreitung der Schulbedürfnisse der Regel nach den zum Schulverbande gehörigen Einsassen persönlich auf, beläßt es aber bei den vordem abweichend begründeten Verpflichtungen und schließt auch deren Entstehung für die Folge nicht aus. Doch ist das Bestehen einer von der gesetzlichen Regel abweichenden Observanz im Streitfalle von demjenigen, der sich auf sie beruft, zu beweisen. Die Umlegung der Schulabgabe nach dem Höfefuße beweist an sich nichts für ihren dinglichen Charakter, kann vielmehr sehr wohl als nur den Maßstab für die Aufbringung innerhalb des Kreises der persönlich verpflichteten Mitglieder

3) **Die Frage, welcher Zeitraum zur Begründung eines Gewohnheitsrechtes notwendig ist, hängt von dem durch die Einzelheiten des konkreten Falles bestimmten richterlichen Ermessen ab. Vergl. E.-O.-V. Bd. V S. 159, Bd. VII S. 146, 158. Gleichmäßige Übung durch 25 Jahre und mehr in einer großen Mehrzahl von Fällen dürfte zu seinem Erweise völlig hinreichen.**

4) **Für die Dinglichkeit der Schullasten spricht es, wenn zu ihnen ausnahmslos alle Mündel nach Maßgabe des Grundbesitzes herangezogen werden.**

5) **Nach hannoverschem geltenden Rechte können Katholiken nicht Mitglieder eines evangelisch-lutherischen Schulverbandes sein und dürfen zu persönlichen Lasten der letzteren nicht herangezogen werden. Ist es dessenungeachtet geschehen, so ist dies nur möglich auf Grund der Rechtsüberzeugung, daß die Schulsteuern in dem betreffenden Bezirke dinglich auf den Grundstücken des Bezirkes lasten.**

---

des Schulverbandes darstellend angesehen werden. Etwas Anderes ist es aber, wenn feststeht, daß Hofbesitzer nur mit Rücksicht auf diesen Besitz und ungeachtet persönlicher Nichtverpflichtung zu der Abgabe herangezogen worden sind.

Eine Rechtsbildung, wonach Nichtmitglieder des Schulverbandes diesem durch Grundbesitz steuerpflichtig sind, muß nicht notwendig dahin gehen, daß die Verpflichtung alle im Schulbezirke belegenen Grundstücke gleichmäßig ergreift, ist vielmehr auch in der Weise möglich, daß sie z. B. auf bebaute Grundstücke bezw. Hofstellen im Gegensatz zu unbebauten beschränkt bleibt. Entsch. v. 2. V. 91 (Pr. Verw.-Bl. Bd. XII S. 439). Ebenso Entsch. v. 3. XII. 90 (Z.-Bl. U.-V. 1891 S. 301).

Zur Bildung eines die Forensen, oder die nach ihrem Glaubensstande dem Schulverbande nicht angehörenden Grundbesitzer oder die juristischen Personen verpflichtenden Herkommens würde es überall da, wo nur die Möglichkeit zur Heranziehung eines Forensen vorgelegen hat, genügen, daß diesem gegenüber in allen Fällen während der zur Ausbildung des Gewohnheitsrechtes erforderlichen Zeit der vermeintliche Rechtssatz durch thatsächliche Übung ohne Widerspruch zum Ausdrucke gelangt ist.

Eine Observanz dahin, daß die Schullasten ganz oder zum Teil von den Eigentümern der im Schulverbande belegenen Grundstücke getragen werden, braucht nicht notwendig die letzteren gleichmäßig zu erfassen, kann sich vielmehr auch auf die bebauten Grundstücke, die Hofesstellen beschränken. Wird eine solche Hofesstelle parzelliert, so werden, da die Last nicht etwa ausschließlich die den Hof im engeren Sinne ausmachende Sitzstelle in der Hoflage, sondern in gleicher Weise alle mit ihr zu einem Ganzen verbundenen nutzbaren Flächen in der Gemeindeflur ergreift, von selbst auch solche Ausmärker beitragspflichtig, die zwar nicht den Hof, wohl aber eine vom Hofe herstammende Parzelle besitzen. In dem Wesen der dinglichen Last ist es begründet, daß für sie im Falle der Dismembrirung des pflichtigen Grundstückes dessen sämmtliche Bestandteile und Zubehörstücke verhaftet bleiben. Diese rechtlichen Wirkungen hat das Ges. v. 4. VII. 87 (G.-S. S. 324) im Auge. Demgemäß würde dem Schulvorstande ev. die Befugnis zustehen, die Schullasten, für die einstmals der Besitzer des zerschlagenen Hofes einzutreten hatte, auf die jeweiligen Besitzer der Trennstücke, ganz unabhängig von ihrer persönlichen Zugehörigkeit zum Schulverbande, noch nachträglich zu verteilen. Wo aber die Schullast nach Verhältnis der Staatssteuer aufgebracht wird, bedarf es nicht des förmlichen Verteilungsverfahrens, um die sonst gemeinhin eintretende Folge, daß bis zur endgültigen Verteilung die Trennstücke für die bisherigen Lasten des ungeteilten Grundstückes solidarisch verhaftet bleiben, auszuschließen. Entsch. v. 3. I. 94 (Z.-Bl. U.-V. S. 632).

Wo das partikulare Ortsrecht mit der Verteilung der Lasten nach dem Maßstabe der Staatssteuern lediglich das System der Zuschläge zu den vollen Staatssteuern eingeführt hat, ist die veranlagende Behörde nicht befugt, an Stelle solcher Zuschläge den Steuerpflichtigen zu einem fingierten Steuersatze einzuschätzen und dann von diesem einen Zuschlag zu fordern. Anders verhält es sich bei den auf dem Grundbesitz haftenden oder mit Rücksicht auf Grundbesitz zu entrichtenden kommunalen Abgaben und Leistungen. Diesen sind auch die fiskalischen, nicht zu einem öffentlichen Dienste bestimmten Liegenschaften unterworfen, sie können daher auch dem Fiskus gegenüber in Gestalt von Zuschlägen zu fingiert zu veranlagenden Prinzipalsteuersätzen geltend gemacht werden. Die Ausübung dieses Rechtes kann durch Ausschreibung dinglicher Verbandlasten nachbargleich, nach dem Flächenmaße u. s. w., nach dem Ertrage und unter fingierter Veranlagung der Grund- und Gebäudesteuer in Gestalt prozentualer Zuschläge geschehen. Entsch. v. 4. II. 96 (Z.-Bl. U.-V. S. 532).

Nr. 4. Entsch. Bd. XVIII. S. 205 vom 22. Juni 1889. I C 13/89.

A. L.-R. Teil II Tit. 12 §§ 29, 33, 34, 36. Hann. Ges. v. 26. V. 45 (G.-S. S. 465), das christliche Volksschulwesen betreffend, §§ 15, 18, 19, 42.

1) **Nach den Vorschriften des A. L.-R.'s Teil II Tit. 12 § 33 sind die Gutsherren des Schulortes von den Hausväterbeiträgen befreit. Dies stellt sich in der Provinz Hannover dar als eine „Exemtion von Schullasten" im Sinne des Hann. Ges., betreffend das christliche Volksschulwesen, v. 26. V. 45. Die Befreiung ist deshalb, soweit in der Provinz Hannover das A. L.-R. gilt, bezüglich der nach dem Erlasse des Ges. von 1845 erhöhten Schullasten beseitigt. Dagegen besteht sie nach wie vor in dem Maße, wie sie zur Zeit des Erlasses des Ges. bestanden hat, zu Recht.**

2) Exemtion bedeutet jede Ausnahme von der Regel, von der allgemeinen Verpflichtung, von der gemeinen Last, von der den übrigen Beteiligten obliegenden gemeinen Steuerpflicht. Die Annahme, die Exemtionen würden durch ein allgemeines Gesetz ausgeschlossen, wird veranlaßt durch die unterbliebene Scheidung dieses mehrdeutigen Ausdruckes in jus generale und commune. Jene können wie aus einer les specialis (privilegium), so auch aus einer lex generalis entstehen, vorausgesetzt, daß diese nicht jus commune, sondern jus singulare statuiert. Zum letzteren gehört auch die Steuerfreiheit der Rittergüter, deren „Exemtionsprivileg" vielfach „durch Vorschützung der als Äquivalent geltend gemachten Verpflichtung zum Kriegsdienst" begründet wurde. Der Begriff „Exemtion" schließt daher nicht eine auf die verminderte gemeine Leistung bezügliche anderweite besondere Leistung aus, setzt jedoch voraus, daß diese Ausgleichung zwischen Minderung und Gegenleistung eine Abweichung vom allgemeinen Grundsatze des Rechtes, ein „regelwidriges Recht" enthält. Ein solches liegt aber in den §§ 33, 36 gegenüber §§ 29, 34 Tit. 12 Teil II A. L.-R.'s vor.

Nr. 5. Entsch. Bd. XIX. S. 175 vom 25. Juni 1890. I C 44/90.

Hann. Verf. Ges. v. 6. VIII. 40 (G.-S. S. 141) § 53 und 5. IX. 48 (G.-S. S. 261) § 13. Hann. Ges. v. 26. V. 45 (G.-S. S. 465), das christliche Volksschulwesen betreffend, §§ 9, 15, 42. Hann. St.-Ordn. v. 24. VI. 58 (G.-S. S. 141) §§ 1, 96, 97, 110. Hann. Land-Gem.-Verf.-Ges. v. 28. IV. 59 (G.-S. S. 393) §§ 1, 18, 42.

1) **Städte sowohl als Landgemeinden sind nach hannoverschem Gemeinderecht befugt, die Schullasten der Schulverbände als Kommunallasten zu übernehmen; die Landgemeinden mit Genehmigung der Kommunalaufsichtsbehörde.**

Nach gemeinem deutschen Rechte verfolgt die Gemeinde ihrer geschichtlichen Entstehung gemäß (vergl. E.-O.-V. Bd. II S. 186, Bd. XII S. 155) nicht einen mehr oder weniger vereinzelten Zweck, sondern hat die Bestimmung, alle Beziehungen des öffentlichen Lebens in sich aufzunehmen. Die Gemeinde kann alles in den Bereich ihrer Wirksamkeit ziehen, was die Wohlfahrt des Ganzen, die materiellen Interessen und die geistige Entwickelung des Einzelnen fördert, und gemeinnützige Anstalten, die hierzu dienen, einrichten, übernehmen und unterstützen. Die Autonomie der Gemeinde wird auf allen diesen Gebieten nur durch das staatliche Aufsichtsrecht begrenzt. Aus diesem Grundsatze folgt die Befugnis der Gemeinden, Schulen zu errichten, zu übernehmen, zu unterstützen und Lasten ihrer Angehörigen für die Schule auf sich zu nehmen. Denn die Schule, der als einer Hilfsanstalt der Familie derjenige Teil der Erziehung übertragen ist, den die Familie selbst nicht gewähren kann, berührt in hervorragendem Maße das lokale Interesse der zu gemeinsamer Wohlfahrt in der Gemeinde vereinigten Familien. (Nunmehr folgt nähere Erörterung der einschlägigen Hann. Gesetzgebung.)

Nr. 6. **Entsch. Bd. XIX. S. 211** vom 14. Mai 1890. I B 6/90.

Hann. Ges. v. 26. V. 45 (G.-S. S. 465), das christliche Volksschulwesen betreffend, §§ 12—14, 30, 40. Ges. v. 4. VII. 75 (G.-S. S. 333), betreffend die Rechte der altkatholischen Kirchengemeinschaften am kirchlichen Vermögen.

1) Nach dem Hann. Schulrechte hat die Schulaufsichtsbehörde das Recht, die Angehörigen einer Kirchengemeinschaft innerhalb eines Stadtbezirkes, in denen die Volksschulen als städtische Anstalten bestehen, zu einem besonderen Schulverbande behufs Unterhaltung einer öffentlichen konfessionellen Volksschule mit der Wirkung zu vereinigen, daß die einzelnen Glieder dieses Schulverbandes die Kosten ihrer besonderen Schule bestreiten müssen, gleichviel, ob sie der neuen Einrichtung zugestimmt haben oder nicht und ob sie außerdem in den städtischen Kommunalabgaben indirekt zu den Kosten der städtischen Schulen etwas beizutragen haben.

2) Alt-Katholiken müssen so lange zu den Kosten der öffentlichen katholischen Konfessionsschulen beitragen, bis sie den Nachweis führen, daß sie aus der katholischen Kirche förmlich ausgetreten sind.

Nr. 7. **Entsch. Bd. XXII. S. 169** vom 28. Januar 1892. I C 122/91.

Hann. Ges. v. 26. V. 45 (G.-S. S. 465), das christliche Volksschulwesen betreffend, §§ 15 ff.

1) Nach Hann. Schulrechte können, wo die Schullasten gemäß örtlichen Gewohnheitsrechtes von den Besitzern der im Schulgemeindebezirke belegenen Grundstücke ohne Rücksicht auf deren persönliche Zugehörigkeit zur Schulgemeinde zu tragen sind, diese Lasten auch auf die dem Schulverbande persönlich nicht angehörigen Grundbesitzer umgelegt werden, und zwar nicht nur nach der Grund- und Gebäudesteuer, sondern auch nach der Einkommensteuer. Dabei ist jedoch zu beachten, daß für die letztere Steuer ausschließlich das aus dem Grundbesitze im Bezirke der Schulgemeinde fließende Einkommen veranlagt werden darf.

2) Daß sich in der Provinz Hannover ein Gewohnheitsrecht dahin bilden kann, daß die Lasten des Schulverbandes ganz oder zum Teile nicht ausschließlich von seinen Mitgliedern, sondern von den Besitzern der im Schulbezirke gelegenen Grundstücke getragen werden, und daß bei einem solchen dinglichen Charakter der Schullast der Schulvorstand berechtigt bleibt, unter Zustimmung der Aufsichtsbehörde den früher bestandenen Beitragsfuß — den Höfefuß — aufzuheben und die Verteilung nach einem anderen, z. B. nach dem Staatssteuerfuße zu beschließen, selbst wenn es sich dabei um eine Änderung des Steuerfußes für die dinglich Verpflichteten handelt, ist bereits in E.-O.-V. Bd. XVI S. 280 ausgeführt worden. Doch liegt den dinglich Verpflichteten die Beitragspflicht auch rücksichtlich ihres Einkommens nur nach Maßgabe ihres Grundbesitzes im Schulbezirke ob. Die lediglich auf dem Grundbesitze beruhende Schulbeitragspflicht ist als eine gemeine (Real-) Last des öffentlichen Rechtes zu charakterisieren. Nun sind schon auf dem Gebiete des Privatrechtes die Meinungen über die dingliche oder persönliche Natur der als „Reallasten" bezeichneten Rechtsverhältnisse keineswegs völlig geklärt, und es bestehen insbesondere erhebliche Zweifel darüber, ob dem Anspruche auf die fällig gewordene Einzelleistung nur eine persönliche Pflicht desjenigen, der das belastete Grundstück zur Zeit der Fälligkeit besaß, gegenübersteht, oder ob jener auch dinglich gegen alle späteren Erwerber geltend gemacht werden kann. Das öffentliche Recht hat ferner bezüglich der gemeinen Lasten dieser Art stets unterschieden zwischen solchen Abgaben, die „auf dem Grundbesitze haften", aus dem Grundstücke selbst, wie Grund- und Gebäudesteuer, ohne jede Rücksicht auf den zeitigen Besitzer erhoben und beigetrieben werden können, und zwischen solchen, „die mit Rücksicht auf den Grundbesitz zu entrichten sind", bei denen die Ab-

gabepflicht zwar für die Person, aber für diese nur durch den Besitz bestimmter Grundstücke begründet und begrenzt wird. Dem gegenüber kann der Umstand allein, daß die staatliche Einkommensteuer im Gegensatze zu den eigentlichen Real- (Grund- und Gebäude-) Steuern als eine Personalsteuer bezeichnet wird, noch nicht die Annahme rechtfertigen, daß diese unter keinen Umständen einen zulässigen Maßstab für die Verteilung einer auf dem Grundbesitze beruhenden und insofern dinglichen Beitragspflicht soll abgeben können. Wird die Verteilung einer gemeinen Last nach der Leistungsfähigkeit der Pflichtigen bewirkt, so darf für diejenigen, deren Pflicht lediglich auf einem bestimmten Grundbesitze beruht, auch nur diejenige Leistungsfähigkeit berücksichtigt werden, die für sie aus eben diesem Besitze entspringt.

3) Wo also das von dem Staatssteuersatze betroffene Gesammteinkommen eines nur durch seinen Grundbesitz Schulbeitragspflichtigen nicht lediglich aus dem beitragspflichtigen Grundbesitze, sondern auch aus anderen Quellen zufließt, **ist die erstere Quote des Gesammteinkommens besonders zu ermitteln und zur Staatssteuer einzuschätzen.** Sodann sind nach dem fingierten Prinzipalsatze die Beiträge zu der mit Rücksicht auf den Grundbesitz zu entrichtenden Schullast ebenso zu erheben, wie es bezüglich der entsprechenden Beiträge der Forensen (Ausmärker) zu den Lasten der bürgerlichen Gemeinden geschieht. Daß Jemand als Mitglied eines anderen Schulverbandes von demselben Einkommen Schulbeiträge leistet, steht seiner Heranziehung nicht entgegen, da eine derartige **Doppelbesteuerung auf dem Gebiete des Schulrechtes durch keine gesetzliche Norm ausgeschlossen ist.** Vergl. E.-O.-V. Bd. XV S. 216.

Nr. 8. Entsch. Bd. XXVI. S. 184 vom 27. März 1894. I C 114/93.

Hann. Ges. v. 26. V. 45 (G.-S. S. 465), das christliche Volksschulwesen betreffend, §§ 1, 9, 10, 12, 15, 35, 37, 42. Hann. Ges. über Kirchen- und Schulvorstände v. 14. X. 48 (G.-S. S. 301) § 26. Hann. Ges. über die Rechtsverhältnisse der Juden v. 30. IX. 42 (G.-S. S. 211) § 42.

Der konfessionelle Charakter der hannoverschen Volksschule schließt nicht aus, dem Schulverbande die Angehörigen anderer christlichen Konfessionen als Mitglieder zuzuweisen. (Folgt eingehende Beweisführung aus der Entwickelung des hannoverschen Volksschulwesens.)

Ein solcher Ausschluß der Schulgemeindemitgliedschaft Andersgläubiger würde, da letztere mit dem konfessionellen Charakter einer Volksschule an sich keineswegs unvereinbar ist, einer positiven Vorschrift bedurft haben, an der es fehlt.

Nr. 9. Entsch. Bd. XXVI. S. 193 vom 13. Dezember 1893. I C 54/93.

Hann. Ges. über die Rechtsverhältnisse der Juden v. 30. IX. 42 (G.-S. S. 211) §§ 28—31.

In der Provinz Hannover sind die **Juden, die eine eigene Schule halten, nicht verpflichtet, zu den Kosten des christlichen Schulwesens,** die neuerdings von der politischen Gemeinde übernommen sind und aus den Einkünften des Gemeindevermögens nicht bestritten werden können, **durch andere Gemeindesteuern, als durch die auf den Grundbesitz gelegten,** beizutragen. Denn es ist eine politische Gemeinde zwar auch in Hannover durchaus befugt, die Kosten des christlichen Schulwesens auf die Gemeindekasse zu übernehmen (vergl. E.-O.-V. Bd. III S. 124, Bd. XII S. 159, 199, Bd. XIX S. 171, 179); die gleichmäßige Heranziehung der Juden zu diesen Lasten verstößt aber gegen die §§ 29 ff. des Ges. v. 30. IX. 42.[1])

---

[1]) Anders, wenn es sich um Schullasten handelt, die bereits vor Erlaß des Ges. v. 30. IX. 42 nicht besonders aufgebracht, sondern aus einer Gemeindekasse bestritten sind, zu der alle Einwohner der Gemeinde beizutragen verpflichtet waren. Zu solchen kommu-

Nr. 10. Entsch. Bd. XXIX. S. 193 vom 18. Januar 1896. I B 29/95.

Ges. v. 14. V. 73 (G.=S. S. 207), betreffend den Austritt aus der Kirche, § 3. Ges. v. 28. VII. 76 G.=S. S. 353), betreffend den Austritt aus den jüdischen Synagogengemeinden, § 6. Hann. Ges. v. 30. IX. 42 (G.=S. S. 211) über die Rechtsverhältnisse der Juden, § 40. Hann. Min.=Bek. v. 19. I. 44 (G.=S. S. 43), betreffend das jüdische Synagogen=, Schul= und Armenwesen, § 19. Hann. Schulordnung für die jüdischen Schulen v. 5. II. 54 (G.=S. S. 49) § 10.

Der Austritt aus der jüdischen Religionsgemeinschaft (dem Judentum) befreit in der Provinz Hannover zwar von Leistungen für Religionsschulen der Synagogengemeinden, dagegen von Leistungen für Zwecke der öffentlichen jüdischen Schulen nur unter der Voraussetzung, daß der Ausgetretene von der Schulaufsichtsbehörde einer öffentlichen nicht jüdischen Schule zugewiesen ist.

g) Provinz Schleswig=Holstein.

Litteratur: Kuntze: Volksschulwesen der Provinz Schleswig=Holstein, Schleswig 1872. Nachtrag 1878, 2. Aufl. 1887—1889.

Materialien: Schulverordnung für die Herzogtümer Schleswig und Holstein vom 11. Januar 1745 (Chron.=Samml. 1773 S. 893). — Schleswig=Holsteinsche Schulordnung vom 24. August 1814 (Chron.=Samml. 1814 S. 112). — Holsteinsches Patent wegen Errichtung von Schulkollegien vom 26. Juli 1864 (Ges.= und Verordn.=Bl. S. 221). — Landschulordnung für das Herzogtum Lauenburg vom 10. Oktober 1868 (Off. Woch.=Bl. S. 44).

Nr. 1. Entsch. Bd. XXII. S. 160 vom 23. September 1891. I C 75/91.

Schulverordnung für die Herzogtümer Schleswig und Holstein v. 11. I. 1745 (chron. Samml. v. 1773 S. 893) §§ 1, 2. Vd. v. 19. XII. 04 (das. 1804 S. 441) wegen Aufhebung der Leibeigenschaft, § 21. Patent wegen Veräußerung der Meyerhöfe u. s. w. von adligen Gütern v. 19. XII. 06 (das. 1806/07 S. 46). Schl.=Holst. Schulordnung v. 24. VIII. 14 (das. 1814 S. 112) §§ 59, 64. Holst. Patent wegen Errichtung von Schulkollegien v. 16. VII. 64 (Ges.= u. Vd.=Bl. 221).

1) Nach Schleswig=Holsteinischem Schulrechte ist der Schulvorstand das zur Veranlagung der Pflichtigen zu den Schullasten und zur Vertretung der Schule und des Schulverbandes nach außen berufene Organ. Hierüber hinaus geht die Befugnis der Schulvorsteher nicht, insbesondere haben sie Mangels eines sie hierzu ermächtigenden Gesetzes nicht selbständig die inneren Angelegenheiten des Schulverbandes zu regeln, wie solches in dem Patent v. 16. VII. 64 für Holstein den Schulkollegien zugestanden ist; vielmehr sind sie als Organ zur Vertretung der Schule und des Schulverbandes und zur Verwaltung der Schulangelegenheiten an die Beschlüsse des Schulverbandes gebunden.

2) Die Schulordn. v. 24. VIII. 14 zählt alle Einwohner des Schulbezirkes zu den Mitgliedern des Schulverbandes und verpflichtet sie nach der Art der Leistung zu den Kosten der Schulunterhaltung, unter Ausschluß allein der nicht der Schulpflichtigkeit unterliegenden adligen Gutsbesitzer und der Besitzer adliger Stammparzellen.

Zu den „adligen Gütern" in Schleswig=Holstein gehören nur diejenigen, die in der Landesmatrikel von 1652 als solche aufgeführt oder durch landesherrliche Entschließung demnächst zu adligen Gütern erhoben sind. Ihr Vorrecht bestand darin, daß mit deren Besitze die Polizeigewalt und die Jurisdiktion verbunden war, daß die Anwohner des Gutes zum Besitzer des Gutes in der Regel im Verhältnis von Untergehörigen zum Gutsherrn standen und seiner obrigkeitlichen Herrschaft unterworfen waren. Die Jurisdiktion im weiteren, die gutsherrliche Gewalt umfassenden Sinne konnte bei Abzweignngen vom Gute

---

nalen Schullasten haben jüdische Bürger beizutragen, — selbst wenn die Judenschaft eine besondere Schule aus eigenen Mitteln unterhält, — und sie können einen Anspruch auf Ermäßigung der Gemeindesteuer nicht darauf gründen, daß in ihnen ein Beitrag für das christliche Schulwesen enthalten sei. Entsch. v. 10. V. 95 (Pr. Verw.=Bl. Bd. XVI S. 620).

auf die Erwerber von dem Besitzer des adligen Gutes ohne landesherrliche Genehmigung nicht übertragen werden. Hinsichtlich der abgezweigten Bauerstellen ist dies bereits durch Vd. v. 28. IV. 1779 untersagt worden, hinsichtlich der abveräußerten Meierhöfe sind die Zweifel hierüber durch das Patent v. 19. XII. 1806 im verneinenden Sinne entschieden worden. Diese Meierhöfe, Parzellen und sonstigen Grundstücke bleiben stets der unteilbaren Jurisdiktion des Hauptgutes unterworfen, so lange nicht durch landesherrliche Entschließung etwas anderes bestimmt wird. Ebensowenig, wie die Meierhöfe durch Abveräußerung vom adligen Gute adlige Güter geworden sind, gehören sie zu den adligen Stammparzellen im Sinne des § 59 der Schulordnung. Unter letzteren sind die adligen Stammhöfe zu verstehen, die neben den adligen Gutsbesitzern noch besonders aufgeführt sind, um klar zu stellen, daß als adlige Besitzer sowohl diejenigen der nicht aufgeteilten Güter, wie bei aufgeteilten Gütern die Besitzer der Stammhöfe die Freiheit genießen sollen.

h) Kurhessen.

Litteratur (für das ehemalige Herzogtum Nassau): Firnhaber: Das nassauische Schulwesen in seiner geschichtlichen Entwickelung, 1864. — Otto: Die Lehre von den Volksschulen, mit Gesetzen und Verordnungen für Nassau, Dillenburg 1845.

Münzenberger: Die Entwickelung des Frankfurter Schulwesens, Frankfurt a/M. 1880.

Materialien: Kurhessisches Konsistorialausschreiben und Regulativ vom 28. Februar 1766 (Neue Samml. der Landesverordn. Bd. III S. 175). — Verordnung über das Diensteinkommen der Volksschullehrer im Regierungsbezirk Kassel vom 29. Juli 1867 (G.=S. S. 1245).

Nr. 1. Entsch. Bd. XVIII. S. 216 vom 4. Mai 1889. I C 48/88.

Konsistorialausschreiben und Regulativ v. 28. II. 1766 (Neue Samml. der Landesordn. Bd. III S. 175), betreffend Beiträge zur Unterhaltung der Mutterkirchen. Kurh. Gem.=Ordn. v. 23. X. 34 (G.=S. S. 181) § 5. Hess.=Nass. Kr.=Ordn. v. 7. VI. 85 (G.=S. S. 193) §§ 37—39; Zust.=Ges. § 46.

1) Nach §§ 37—39 der Hessen-Nassauischen Kr.-Ordn. v. 7. VI. 85 liegt die Vertretung des fiskalischen Gutsbezirkes nicht dem Fiskus, sondern dem von ihm ernannten, vom Landrate bestätigten stellvertretenden Gutsvorsteher ob, jedoch nur soweit, als dies aus der obrigkeitlichen Stellung des Gutsvorstehers folgt, also in Ansehung solcher Rechte und Pflichten, die der Gutsvorsteher als die Ortsobrigkeit gegenüber dem Gutsbezirke und für ihn wahrzunehmen, berufen ist. Dagegen ist es für rein vermögensrechtliche Ansprüche an den Besitzer des Gutes und dessen Bewohner auch dann bei deren ausschließlichen Befugnis zur eigenen Vertretung ihrer Gerechtsamen verblieben, wenn sie auf Grund öffentlichen Rechtes geltend gemacht werden. Vergl. E.=O.-V. Bd. VI S. 206, Bd. IX S. 135. Für einen Streit über eine auf den Besitz des Fiskus (in diesem Falle der Forstfiskus) umgelegte Schullast ist sonach der Fiskus als Besitzer des mit einer Stadt einen Kirchen- und Schulverband bildenden Gutes, nicht aber als Vertreter des Gutsbezirkes legitimiert. Als Beklagter ist dann der Stadtrat als die örtliche Behörde des Schulverbandes, die nach der bestehenden Schulverfassung die Abgaben und Leistungen für die Schule ausschreibt, und nicht die Stadt einzustellen.

2) Dem auf höheren Befehl erlassenen Ausschreiben und Regulativ des Fürstlich-Hessischen Konsistoriums v. 28. II. 1766 ist die Bedeutung einer landesherrlichen Verordnung zuzuerkennen, weil zu jener Zeit die Verkündigung des landesherrlichen Willens in solcher Form seitens der Oberbehörden üblich war. Dieses Ausschreiben regelt indessen ausschließlich die bauliche Unterhaltung der Kirchen=, Pfarr- und Schulgebäude, und auch dies nur

soweit, als die Voraussetzungen bestimmt werden, unter denen solche am Orte der Mutterkirche befindlichen Gebäude von den Filialen, Vikariaten und Gemeinden mit eigenen derartigen Gebäuden mit zu unterhalten sind. Obschon hier als baupflichtig sowohl die Parochianen, als auch die Kirchen-, Filial- und sonstigen Gemeinden bezeichnet sind, so bezieht sich letzteres, entsprechend der gemeinrechtlichen Lehre, nicht auf die bürgerlichen Gemeinden, sondern auf die Eingepfarrten in den Gemeinden ohne Unterschied des Glaubens.

3) Die außer der Baulast erforderlichen Aufwendungen für die Schule am Orte der Mutterkirche und die Kosten für die übrigen Schulen überhaupt müssen als eine Last der bürgerlichen Gemeinde angesehen werden, entsprechend der früher allgemein herrschenden Anschauung, daß die bürgerlichen Gemeinden und die Güter, wie für die eigentlichen polizeilichen Aufgaben, so auch für die gemeinnützigen Anstalten, für die öffentliche Armenpflege, die Volksschule, den Wegebau u. s. w., als diejenigen Organe angesehen wurden, auf die die Staatsbehörden zur Erfüllung derartiger Aufgaben zurückzugehen hatten. Vergl. E.-O.-V. Bd. XI S. 170.

4) Bezüglich der Mühlen, Vorwerke und Höfe außerhalb der Gemeindebezirke hat § 1 des Ausschreibens vom 28. II. 1766 ein Mehreres, als die persönliche Beitragspflicht der Bewohner, nicht einführen sollen. Im Übrigen haben sie die den bürgerlichen Gemeinden obliegenden öffentlichen Aufgaben, soweit diese nicht auf den besonderen Zwecken der Gemeinde beruhen, ebenfalls zu erfüllen. Die Schulhaltung insbesondere war für sie nicht minder Bedürfnis. Mußten nun die Gemeinden für die Kosten der Schulhaltung mit der Steuerkraft ihrer Bewohner und des ihnen angehörenden Grundbesitzes eintreten, so konnte dies auf die hierfür grundsätzlich ebenfalls pflichtigen Höfe und Güter nur in der Weise übertragen werden, daß die Beitragspflicht sich auf den Besitz und die sonstige Steuerkraft ihrer Bewohner erstreckte. Dies bezüglich des Grundbesitzes juristischer Personen jedenfalls solange, als das Gesetz die der Kirchengemeinde nicht mehr obliegende Schulunterhaltung für eine persönliche Last der physischen Personen nicht erklärt hat. Für die Gegenwart ist dies im Hinblick auf § 37 der Kr.-Ordn. für die als selbständige Gutsbezirke anerkannten Höfe außer Zweifel; danach hat der Gutsbesitzer, gleichviel ob physische oder juristische Person, für den Gutsbezirk die den Gemeinden für ihren Bezirk im öffentlichen Interesse gesetzlich obliegenden Leistungen zu übernehmen, zu welchen letzteren gemeinrechtlich auch die ihnen nach anerkanntem öffentlichen Rechte allgemein obliegenden gehören, also auch die im öffentlichen Interesse des Staates von ihnen geforderte Unterhaltung der Volksschulen.[1]) Außer Zweifel ist dies für die als selbständige Gutsbezirke anerkannten Höfe. (§ 37 der H.-N. Kr.-Ordn.)

---

[1]) Ebenso Entsch. v. 13. XII. 90 (Pr. Verw.-Bl. Bd. XII S. 230) und v. 3. X. 91 (Z.-Bl. U.-V. 1892 S. 430).

Den Besitzern von Gütern, die vormals reichsritterliches Territorium waren, steht kraft allgemeinen Gesetzes ein Recht auf Befreiung von Schullasten nicht zu. Entsch. v. 9. VI. 96 (Z.-Bl U.-V. S. 514).

In Kurhessen liegt nach dem Edikt von 1832 die Schullast den bürgerlichen Gemeinden ob. In welchem Verhältnis mehrere zu einer Schule gehörige Gemeinden zu ihrer Unterhaltung beizutragen haben, wird von der Schulaufsichtsbehörde bestimmt, gegen deren Entscheidung nur die Beschwerde bei der hohen Aufsichtsinstanz stattfindet. Entsch. v. 17. V. 93 (Pr. Verw.-Bl. Bd. XV S. 170).

Liegen die Ausgaben für die öffentliche christliche Volksschule der bürgerlichen Gemeinde ob oder sind sie von ihr mit Genehmigung der Aufsichtsbehörde übernommen, so sind auch die Israeliten beitragspflichtig, selbst wenn sie eine eigene, öffentliche Schule unterhalten. Entsch. v. 16. X. 89 (Pr. Verw.-Bl. Bd. XI S. 241).

5) Als Maßstab für die Verteilung der Schullasten zwischen den im Schulverbande stehenden Gemeinden und Gutsbezirken erscheinen bis zur gesetzlichen Regelung die direkten Staatssteuern (ausschließlich der Steuer für den Gewerbebetrieb im Umherziehen) gerechtfertigt, sofern nicht abweichende Observanzen oder Verträge vorhanden sind, sowohl weil sie eine billige Verteilung nach dem Vermögen und Einkommen ermöglichen, als auch weil für Schulzwecke öfters, z. B. im § 4 des Ges. v. 22. XII. 69 (G.-S. 1870 S. 1), betr. die Wittwen- und Waisenkassen der Elementarschullehrer, auf diesen Maßstab verwiesen ist.

D. Verfahren bei Feststellung von Anforderungen für Volksschulen auf Grund des Gesetzes vom 26. Mai 1887.

Litteratur: Pogge: Volksschulgesetze, 1893. Nachtrag 1895. — Velten: Gesetz vom 26. Mai 1887, betreffend die Feststellung von Anforderungen für Volksschulen, Essen 1887.

Materialien: Gesetz betreffend die Feststellung von Anforderungen für Volksschulen vom 26. Mai 1887. Abg.-Haus, Drucks. Nr. 51. 120. 148. Sten.-Ber. S. 502—503. 757—758. 849—877. 895—910. Herrenhaus, Drucks. Nr. 10. 25. 31. 89. 99. Sten.-Ber. S. 37. 214.

Nr. 1. Entsch. Bd. XVII. S. 265 vom 23. März 1889.

Ges. v. 26. V. 87 (G.-S. S. 175), betreffend Feststell. v. Anf. für Volksschulen, § 2. Zust.-Ges. § 35.

Wenn die Schulunterhaltungspflichtigen zur Erfüllung einer bereits vor Erlaß des Ges. v. 26. V. 87 festgestellten Anforderung um deswillen genötigt werden, weil von Dritten bisher freiwillig und widerruflich übernommene Leistungen (Staatszuschüsse) eingestellt werden, so handelt es sich nicht um Anforderungen für Volksschulen im Sinne jenes Ges. In diesem Falle handelt es sich auch nicht um eine „neue Anforderung", eine neue Belastung, sondern um Erfüllung einer Verpflichtung, die bereits vor Erlaß des Ges. vorhanden war, deshalb darf auch der Verfügung wegen der Einstellung der Zahlung des Zuschusses nicht der Einwand entgegen gestellt werden, daß sie nicht hätte erlassen werden dürfen, bevor nicht die gegen sie erhobene Anforderung vom Kreisausschusse festgestellt wäre.

Nr. 2. Entsch. Bd. XXII. S. 147 vom 6. Januar 1892. I A 66/91.

Ges. v. 26. V. 87 (G.-S. S. 175), betreffend die Feststell. v. Anf. für Volksschulen, § 2.

1) Hat die Schulaufsichtsbehörde die Vertretung eines erkrankten Volksschullehrers für erforderlich erachtet und werden dadurch neue oder erhöhte Leistungen der Schulunterhaltungspflichtigen notwendig, während die Bemessung und Beschaffung der Vertretungskosten allgemein nicht geregelt ist, und fehlt es ferner an einem Einverständnis der Verpflichteten über jene Bemessung und Beschaffung, so hat der Kreis- bezw. der Bezirksausschuß darüber zu beschließen, ob, auf wie lange und gegen welche Entschädigung die Vertretung einzurichten ist.[1])

[1]) Ebenso sind die Beschlußbehörden zuständig, wenn es sich um Geldbeträge handelt, die für Lehrpersonen als Entschädigung wegen Nichtgewährung von Dienstwohnung in Anspruch genommen werden. Solche zu den „Wohnungsgeldzuschüssen" gehörende Mietsentschädigungen bilden einen Teil der persönlichen Unterhaltungskosten. Entsch. v. 5. III. 92 (Pr. Verw.-Bl. Bd. XIII S. 323). Vergl. aber Entsch. v. 3. XI. 96 (Pr. Verw.-Bl. Bd. XVIII S. 149), wo ausgesprochen wird, daß die als Ersatz für eine fehlende Wohnung dem Lehrer gewährte Mietsentschädigung dieselbe rechtliche Natur hat, wie Ausgaben, die zur Herstellung der Wohnung im Wege des Baues erforderlich sind, und Entsch. v. 18. X. 93 (Pr. Verw.-Bl. Bd. XV S. 154), wonach Mietsbeträge als eine gesetzliche

Der § 2 des Ges. v. 26. V. 87 bestimmt: „Anforderungen, welche durch neue oder erhöhte Leistungen von den Schulunterhaltungspflichtigen zu gewähren sind, werden, soweit sie nach dem Ermessen der Verwaltungsbehörden zu bestimmen sind, von der Beschlußbehörde festgestellt.“ Vorweg sind damit von der Geltung des Gesetzes ausgeschlossen und in der Zuständigkeit der Aufsichtsbehörden verblieben alle die Leistungen, die durch eine positive zwingende Vorschrift des Gesetzes nicht nur bezüglich ihres Umfanges, sondern auch des Eintrittes der Verpflichtung fest bestimmt, jedem behördlichen Ermessen entzogen sind. Das Gesetz trifft nur diejenigen Leistungen, bei denen die Verpflichtung zwar aus einer abstrakten, aber von dem Ermessen der Behörde abhängigen Rechtsnorm (z. B. derjenigen, daß alles im Schulinteresse Erforderliche aufzubringen ist), entspringt, aber im Einzelfalle bei der Weigerung erst unter Anwendung dieser Norm und des behördlichen Ermessens durch eine konkrete Anordnung noch begründet oder festgestellt werden muß. Für die Feststellung von Leistungen dieser Art sind ferner die Beschlußbehörden auch nur dann berufen, wenn jene als „neue oder erhöhte“ sich darstellen.

2) Für die Schulverbände besteht nun zwar die abstrakte, öffentlich-rechtliche Pflicht, bei Behinderung des Lehrers, soweit das Schulbedürfnis beides erfordert, einen Stellvertreter anzunehmen und angemessen zu remunerieren. Aber, ob und wie lange ein solches Bedürfnis obwaltet, ob und welche Remuneration dem Vertreter zu gewähren, ist durch keine positive Vorschrift des Gesetzes entschieden, vielmehr durch behördliches Ermessen zu bestimmen, und zwar für den Einzelfall, da eine vorgängige Regelung kaum angänglich sein dürfte.

Die von seiten der Aufsichtsbehörde von einer Stadtgemeinde geforderte Leistung, dem Vertreter eines erkrankten Lehrers auch für den Ferienmonat eine Remuneration zu zahlen, bildet daher nicht einen Teil des vom Schulverbande bisher aufgebrachten, sondern ein, über das bisherige Maß hinausgehendes, Neues oder Mehr, zu dessen Feststellung in Ermangelung des Einverständnisses des Pflichtigen die Aufsichtsbehörde nicht mehr zuständig war. Die auf diese Feststellung gestützte Zwangsetatisierung ist außer Kraft zu setzen.

Nr. 3. Entsch. Bd. XXVIII. S. 117 vom 4. Mai 1892. I A 1/92.

A. L.-R. Teil II Tit. 12 § 29. Ges. v. 26. V. 87 (G.-S. S. 175), betreffend die Feststell. v. Anf. für Volksschulen, §§ 1—3. Zust.-Ges. §§ 19, 35, 45—49.

1) **Der § 2 des Ges. v. 26. V. 87 hat die Beschlußbehörde ausdrücklich zur Bestimmung über Anforderungen gegen „die zur Unterhaltung der Schule Verpflichteten (Gemeinden, Schulgemeinden, -sozietäten u. s. w. und Dritte statt ihrer oder neben ihnen Verpflichtete)“ berufen, ohne hierbei irgendwie zu unterscheiden, ob deren Pflicht aus einer landes- oder provinzialrechtlichen Norm oder aus einem besonderen, dem öffentlichen Rechte und der ört-**

Last der Schulunterhaltungspflichtigen nur seitens der Aufsichtsbehörde im Wege des Resolutes (gemäß § 47 des Zust.-Ges.) festgestellt werden können. Auch die Forderung einer Familienwohnung für einen Lehrer an Stelle einer „unverheirateten“ Wohnung stellt eine neue oder erhöhte Leistung dar, Entsch. v. 17. XII. 92 (Z.-Bl. U.-V. 1893 S. 377); desgl. die Forderung von Turngeräten, mangels einer Vorschrift darüber, was an solchen bei jeder Volksschule vorhanden sein müsse, Entsch. v. 15. IV. 93 (Z.-Bl. U.-V. 1894 S. 312).

Die Beschlußbehörden sind nicht zuständig, wenn es sich lediglich darum handelt, die bisherige Leistung einem neuen Träger der Schulunterhaltungslast aufzuerlegen, Entsch. v. 18. XII. 94 (Pr. Verw.-Bl. Bd. XVI S. 345), oder wenn es sich um Leistungen handelt, die — wie Lehrerpension und Reliktenbeiträge — durch Spezialgesetz oder rechtsbeständige Normen der örtlichen Schulverfassung geregelt oder bereits vor Erlaß des Ges. von 1887 von zuständiger Seite ihrem Betrage nach festgestellt und daher jedem behördlichen Ermessen entzogen sind, Entsch. v. 7. VI. 95 (Pr. Verw.-Bl. Bd. XVII S. 93).

lichen Schulverfassung angehörigen Rechtstitel entspringt. Deshalb sind auch die Beschlußbehörden nicht darauf beschränkt, das Vorhandensein eines Bedürfnisses für die Schule und das Maß der Leistung mit Rücksicht auf die Leistungsfähigkeit der Pflichtigen objektiv festzustellen, sondern auch befugt, zu untersuchen, ob im Einzelfalle an Stelle des landesgesetzlich (subsidiär) pflichtigen Subjekts ein Dritter kraft des öffentlichen Lokalrechtes unterhaltungspflichtig ist. Sie sind eben ganz in die früheren Funktionen der Aufsichtsbehörde eingetreten.

2) Der Feststellungsbeschluß der Beschlußbehörde hat aber keine weiteren rechtlichen Wirkungen, als die bisherigen der Schulaufsichtsbehörde. Wird demnächst die festgestellte Leistung erzwungen entweder durch Einziehung gemäß § 46 des Zust.-Ges. oder gemäß §§ 19, 35 bezw. 48 a. a. O. durch Zwangsetatisierung, so können die Beteiligten ihre Klage aus dem § 46 bezw. aus den §§ 19, 35 und 48 immer noch damit begründen, daß sie zur Zahlung rechtlich nicht verpflichtet seien, sei es, weil die geforderte Leistung einem Dritten obliege, sei es, weil sie entweder nach dem geltenden materiellen Rechte oder innerhalb der Zuständigkeit der feststellenden Behörde von dieser überhaupt rechtmäßig nicht hätte festgestellt werden können. Obwohl daher die Feststellung in dem formell und durch Instanzenzug geregelten Beschlußverfahren erfolgt ist, und zwar abweichend von den sonst für Zwangsetatisierung angewendeten Grundsätzen (vergl. E.-O.-V. Bd. XIII S. 61, Bd. XIV S. 107), so ist sie doch nur bezüglich der Notwendigkeit und Zweckmäßigkeit, nicht jedoch bezüglich der Rechtmäßigkeit der festgestellten Leistung für den Verwaltungsrichter bindend.

Nr. 4. Entsch. Bd. XXIII. S. 125 vom 18. Mai 1892. I A 10 92.

Ges. v. 26. V. 87 (G.-S. S. 175), betreffend die Feststellung von Anforderungen für Volksschulen §§ 1—3. Reg.-Instr. v. 23. X. 17 (G.-S. S. 248) § 18.

1) Die auf Grund des Ges. v. 26. V. 87 getroffenen Feststellungen sind nur bezüglich der Notwendigkeit und Zweckmäßigkeit, nicht aber bezüglich der Gesetz- und Rechtmäßigkeit der festgestellten Leistung für den Verwaltungsrichter bindend. (Vergl. die vorst. Entsch.)

2) Solange ein Gehaltsregulativ für Lehrer besteht, bildet es sowohl für diese, als auch für die zur Gewährung ihrer Besoldung verpflichtete Stadt und für die Aufsichtsbehörde die allein maßgebende Norm. Über diese allgemeine Norm im Einzelfalle hinauszugehen und ein Mehreres, als die normalmäßigen Bezüge zu fordern, ist die Aufsichtsbehörde gegen den Willen der Stadt so lange nicht befugt, bis das Normalregulativ — was die Regierung bis zum Erlaß des Ges. v. 26. V. 87 durfte — entsprechend abgeändert ist. Da auf die durch das Ges. von 1887 berufenen Beschlußbehörden eine weitergehende Zuständigkeit, als sie für die Regierung begründet war, nicht übergegangen ist, ist für sie die vor Erlaß des Gesetzes rechtsgültig zu stande gekommene Norm ebenfalls verbindlich.

Nr. 5. Entsch. Bd. XXVI. S. 129 vom 5. November 1892. I A 45/92.

A. L.-R. Teil II Tit. 12 §§ 29, 34 ff. Reg.-Instr. v. 23. X. 17 (G.-S. S. 248) § 18. Ges. v. 26. V. 87 (G.-S. S. 175), betreffend die Feststellung von Anforderungen für Volksschulen, § 2. Zust.-Ges. §§ 46, 48.

1) Wenn im Gebiete des A. L.-R.'s die bürgerlichen Gemeinden die regelmäßig den Hausvätern obliegende Schulunterhaltung freiwillig durch einen von der Aufsichtsbehörde bestätigten Beschluß übernommen haben, so liegt ihnen kraft des geltenden Rechtes die Schullast als eine gesetzliche Leistung ob. Vergl. E.-O.-V. Bd. XVI S. 222.

Der Schulunterhaltungspflichtige hat alles im öffentlichen Unterrichtsbedürfnisse Erforderliche zu gewähren (§§ 29 und 34 ff. Tit. 12 Teil II A. L.-R.'s), und es ist der Umfang des so Erforderlichen von der Schulaufsichtsbehörde nach pflichtmäßigem Ermessen zu bestimmen (§ 18 der Reg.-Instr. v. 23. X. 17), soweit jenes nicht ausnahmsweise im einzelnen durch Spezialgesetze (z. B. Lehrerpensionen, Reliktenbeiträge) oder durch rechtsbeständige Normen der örtlichen Schulverfassung bereits geregelt ist.

2) Die Anforderung, daß das Diensteinkommen der Lehrer an einer Schule durch Alterszulagen mit Rücksicht auf deren auswärtige Dienstzeit zu erhöhen ist, betrifft eine erhöhte Leistung, über die lediglich nach dem Bedürfnisse der Schule, somit nach dem Ermessen der Behörde zu entscheiden und zwar nach § 2 des Ges. v. 26. V. 87 durch die Beschlußbehörde zu befinden ist. Vergl. E.-O.-V. Bd. XXII S. 147.[1])

Wenn die Beschlußbehörde das Bedürfnis aus Rücksichten für die Ordnung des Schul- und Gehaltswesens bejaht und dementsprechend die Gehaltserhöhung festgesetzt hat, so ist diese Festsetzung zwar nicht mehr auf ihre Notwendigkeit und Angemessenheit, wohl aber auf ihre Rechtmäßigkeit vom Verwaltungsrichter nachzuprüfen. Die letztere wird aber durch einen in den Anstellungsverträgen etwa enthaltenen Verzicht der Lehrer auf Anrechnung der auswärtigen Dienstzeit nicht ausgeschlossen. Denn er behindert nur den einen Kontrahenten (den Lehrer), einen Rechtsanspruch auf Gewährung der bezüglichen Zulage gegen den anderen Kontrahenten (den Schulverband) geltend zu machen, nicht jedoch die Aufsichtsbehörde, eine im öffentlichen Schulinteresse notwendige Gehaltserhöhung selbst in Form einer Zulage zu erfordern, zumal auch die Ausübung der Staatshoheitsrechte durch Abreden und Verträge der Privaten nicht beschränkt werden kann. Andererseits ist jedoch der Beschlußbehörde durch § 2 a. a. O. nichts Weiteres übertragen, als die Feststellung einer „Anforderung der Aufsichtsbehörde, die durch neue oder erhöhte Leistungen zu gewähren" ist. Nur diese, eine konkrete Leistung betreffende Anforderung kann

---

[1]) Vergl. auch die ähnliche Entsch. v. 12. V. 96 (Z.-Bl. U.-V. S. 608), betreffend die Einführung beweglicher Gehaltsskalen mit erhöhten Sätzen unter Anrechnung der gesammten auswärtigen Dienstzeit im Preußischen Schuldienste.

Ob und welche Neben- und Naturalbezüge auf das in einem Besoldungsplane ausgeworfene Lehrergehalt anzurechnen, ob und zu welchen Gehaltsbeiträgen Andere anstatt oder neben der schulunterhaltungspflichtigen Stadt verpflichtet sind, ist nicht nach dem Besoldungsplane allein, sondern aus den für die einzelnen Schulstellen und bei Anstellung der einzelnen Lehrer begründeten Rechtsverhältnissen zu beurteilen. Aus dem Besoldungsplane geht unmittelbar nur die Verpflichtung der Stadt hervor, das bisherige Diensteinkommen des Lehrers auf den planmäßigen Betrag zu erhöhen, die Differenz zwischen beiden zu zahlen. Entsch. v. 9. XII. 93 (Pr. Verw.-Bl. Bd. XV S. 165).

In der Entsch. v. 4. II. 96 (Pr. Verw.-Bl. Bd. XVIII S. 52) wird eine Festsetzung der Beschlußbehörden, wonach das Gehalt einer Lehrerstelle bei endgültiger Anstellung 1000 Mk. betragen und in 4 um je 3 Jahre Dienstzeit von einander getrennten Altersstufen um je 80 Mk. bis 1320 Mk. steigen soll, für eine ausreichende rechtliche Grundlage für eine Zwangsetatisierung erachtet. Obschon es nicht unzweifelhaft erscheint, ob den Beschlußbehörden die Befugnis zur verbindlichen Anordnung beweglicher Gehaltsskalen für größere Schulsysteme zuzugestehen sein möchte, so erhellt doch im vorliegenden Falle aus der Skala zugleich die Höhe des dem Lehrer in Anbetracht seines unstreitigen Dienstalters zustehenden Gehaltes, so daß dabei von einer erst vorzunehmenden, dem Ermessen der Behörde Spielraum lassenden Anwendung allgemeiner Besoldungsgrundsätze nicht die Rede sein kann. — Über die Anforderung neuer oder erhöhter Leistungen kann die Regierung zu Wiesbaden gemäß des Nass. Ges. v. 10. III. 62 (Verw.-Bl. S. 81), bezw. der zugehörigen Ausf.-Vd. in Verbindung mit § 116 Abs. 1 der Kr.-Ordn. v. 7. VI. 85 erst nach Anhörung des Kreis-, bezw. Bezirksausschusses und nur im Rahmen der auseinandergehenden Vorschläge dieser Rechtsnachfolger der alten Amtsbezirksräte einerseits und der unterhaltungspflichtigen Gemeinden andererseits befinden und auf Grund des Ges. v. 26. V. 87 nur mit jener Einschränkung Anträge an die Beschlußbehörden stellen.

daher durch Beschluß festgestellt werden, nicht eine abstrakte Norm, nach der künftighin Leistungen zu fordern oder zu gewähren sind. Ein Beschluß, daß 1. die auswärtige Dienstzeit anzurechnen ist und daß 2. demnach die Gehälter der Lehrer festzusetzen sind, enthält in Nr. 2 nur die Feststellung einer konkreten Leistung, in Nr. 1 einen abstrakten Grundsatz. Falls die Nr. 1 nicht etwa bloß eine Begründung der Nr. 2 enthalten, sondern eine für alle Beteiligte verbindliche Norm der örtlichen Schulverfassung feststellen soll, würde die Beschlußbehörde in die Zuständigkeit der Aufsichtsbehörde übergreifen, der die Feststellung der örtlichen Schulverfassung, die regelmäßig durch Bestätigung von Sozietätsbeschlüssen erfolgt, verblieben ist.

3) Dem landrechtlichen Schulverbande, der Hausvätersozietät, stehen als Beitragspflichtige gegenüber die selbständigen Einwohner des Schulbezirkes, nicht die politischen Gemeinden. Letztere können die Schule als eine Kommunalanstalt übernehmen, in welchem Falle die Sozietät erlischt. Sie können jedoch auch beim Fortbestehen der Sozietät als eines selbständigen Rechtssubjektes nur die von dieser den Hausvätern der Gemeinde aufzuerlegenden Beiträge übernehmen. Geschieht dies lediglich durch einen zwischen den Hausvätern und der Gemeinde sich vollziehenden Akt, z. B. durch einseitigen Gemeindebeschluß, so erhalten die Hausväter nur einen Befreiungsanspruch gegen die Gemeinde, bleiben indessen der Sozietät verpflichtet, die auch ihrerseits keinen Anspruch gegen die Gemeinde hat. Vergl. E.-O.-V. Bd. XIX S. 172. Wenn jedoch diesem so gethätigten Schuldübernahmevertrage noch der bisherige Gläubiger, die Schulsozietät, hinzutritt, indem sie ihrerseits durch Beschluß die Hausväter als bisher beitragspflichtige Schuldner entläßt und an deren Stelle die Gemeinde als solchen annimmt (Expromission), so tritt unter Ausscheiden der bisherigen ein neuer Träger der Schullast ein; der bezügliche, die örtliche Schulverfassung wesentlich ändernde Beschluß der Sozietät bedarf daher der Genehmigung der Schulaufsichtsbehörde. — Gehören nun einer Sozietät die Hausväter zweier politischen Gemeinden an, und hat die eine Gemeinde mittelst Schuldübernahme und Expromission die Hausväterlast als Selbstschuld übernommen, so stehen der Sozietät, dem Schulvorstande, als Beitragspflichtige gegenüber die Hausväter aus der einen und dann die andere Gemeinde, und — wenn in jener demnächst gleichartig verfahren wird — lediglich zwei Gemeinden, als korporative Rechtssubjekte. Obwohl Hausväter der Sozietät nicht mehr pflichtig sind, bleibt diese (der Schulverband) dennoch als selbständiges Rechtssubjekt bestehen. Es ist daher durchaus richtig, wenn die Feststellungsverfolgung bezüglich der Mehrleistung sich gegen den Schulverband richtet. Die einer Zwangsetatisierung vorhergehende Feststellung der Mehrleistung muß sich gegen die unmittelbar Unterhaltungspflichtigen, nicht gegen diejenigen physischen oder juristischen Personen richten, die nur Mitglieder der Korporation und somit nur mittelbar beitragspflichtig sind. Denn der Schulaufsichtsbehörde gegenüber schulunterhaltungspflichtig ist eben nur der Schulverband, nicht aber die Kommunalverbände, die der Schulsozietät an Stelle der durch sie befreiten Hausväter zu steuern haben. Nachdem demnach die Mehrleistungen durch die Beschlußbehörde für jede zur Sozietät gehörende Gemeinde besonders festgestellt sind, können sie im Weigerungsfalle gegen den Schulverband auf Grund des § 48 Zust.-Ges. zwangsetatisiert werden. Damit ist für die Schulaufsichtsbehörde die rechtliche Unterlage gewonnen, die Ausgabe aus den bereiten Mitteln der Schulkasse zahlen oder aber in Ermangelung solcher auf die Beitragspflichtigen gemäß § 46 a. a. O. ausschreiben und dann von diesen beitreiben zu lassen.

Nr. 6. Entsch. Bd. XXVII. S. 137 vom 19. Oktober 1894.

Ges. v. 26. V. 87 (G.-S. S. 175), betreffend Feststellung von Anforderungen für Volksschulen, § 2.

1) Die Schulsozietäten haben das zur Schulunterhaltung Notwendige, darunter auch die Lehrerbesoldungen, aufzubringen. Bei deren Weigerung war die Aufsichtsbehörde (§ 18 der Reg.-Instr. v. 23. X. 17) früher ausschließlich zuständig, die Rechtspflicht zu der bestrittenen Einzelleistung für die Sozietät verbindlich festzustellen, durch konstitutive Verfügung zu begründen. Diese Befugnis ist durch das Ges. v. 26. V. 87 nicht allgemein, sondern nur bei denjenigen „Anforderungen, die durch neue oder erhöhte Leistungen der Unterhaltungspflichtigen zu gewähren und nach dem Ermessen der Behörde zu bestimmen sind", auf die Beschlußbehörden (Kreis- bezw. Bezirksausschuß) mit dem Hinzufügen übertragen, daß die Feststellung „insbesondere mit Rücksicht auf das Schulbedürfnis und auf die Leistungsfähigkeit der Verpflichteten" zu erfolgen hat. Offenbar ist durch jenen ersten Satz die sachliche Zuständigkeit der Beschlußbehörden umschrieben und durch diesen Zusatz lediglich bestimmt, wie sie innerhalb dieser ihrer Zuständigkeit zu handeln haben. Die letztere kann daher nicht verneint werden wegen der Unmöglichkeit, die Leistungsfähigkeit zu prüfen, die übrigens nicht schon dadurch entsteht, daß die Leistung nicht sofort, sondern erst in einem späteren Zeitpunkte thatsächlich bewirkt werden muß. Die Feststellung zur Leistungsfähigkeit dauernder, periodisch wiederkehrender Ausgaben kann immer nur unter der stillschweigenden Voraussetzung erfolgen, daß die zur Zeit obwaltenden Verhältnisse auch für die Zukunft fortbestehen. Erscheinen schon die gegenwärtigen Verhältnisse nicht ausreichend, oder berechtigen thatsächliche Umstände nach verständigem Ermessen zu der Annahme, daß jene in Zukunft nicht mehr ausreichend sein werden, so wird die Leistungsfähigkeit zu verneinen sein. — Für die Zuständigkeit der Beschlußbehörden ist vielmehr lediglich maßgebend, daß es sich um „neue oder erhöhte Leistungen" handelt.

2) Wenn nun eine nach ihrem Betrage feststehende und der Schulsozietät rechtlich bereits obliegende Leistung bisher freiwillig und ohne Rechtsverbindlichkeit von einem Dritten ganz oder teilweise gezahlt wurde, und wenn dann infolge Einstellung dieser Zahlungen die Sozietät das Ganze auch thatsächlich zu zahlen hat, so kann die Anforderung dieses bisher von einem Dritten ganz oder teilweise befriedigten Aufwandes zu Lasten der Sozietät für diese weder eine „neue" noch eine „erhöhte" Leistung im Sinne des Gesetzes bilden. Vergl. E.-O.-V. Bd. XVII S. 266. Wenn dagegen die bisherige, der Sozietät rechtlich obliegende Leistung über den bis dahin festgestellten und — von der Schulsozietät oder freiwillig durch Dritte — aufgebrachten Betrag hinaus gesteigert werden soll, dann bildet der gesammte, der Schulsozietät rechtlich zur Last fallende Mehrbetrag — einerlei ob er von der Schulsozietät oder einem nicht pflichtigen Dritten thatsächlich aufgebracht wird — für die Sozietät die Anforderung einer „erhöhten" Leistung.

Nr. 7. Entsch. Bd. XXVII. S. 141 vom 19. Oktober 1894. I A 50/94.

Ges. v. 26. V. 87 (G.-S. S. 175), betreffend Feststellung von Anforderungen für Volksschulen, § 2.

Das Ges. v. 26. V. 87, betreffend die Feststellung von Anforderungen für Volksschulen, bietet keinen Anhalt dafür, daß die Zuständigkeit der Beschlußbehörden auf sofort fällige Leistungen hätte beschränkt werden sollen. Eine solche Annahme wird vielmehr dadurch ausgeschlossen, daß die dauernde Unterhaltung von Anstalten und daher regelmäßig nur periodisch fällig werdende Leistungen in Frage stehen. Dagegen ist ihre Zuständigkeit auf Feststellung konkreter Leistungen beschränkt, nicht aber auf den Erlaß abstrakter Normen, nach denen andere, als die bereits erforderten Leistungen in Zukunft festzustellen sein würden, ausgedehnt.

Nr. 8. Entsch. Bd. XXVII. S. 142 vom 14. Dezember 1884. I A 83/94.

Ges. v. 26. V. 87 (G.-S. S. 175), betreffend Feststellung von Anforderungen für Volksschulen, § 2.

In der Provinz Hannover liegt nach § 15 des Ges. über das christliche Volksschulwesen v. 26. V. 45 (G.-S. S. 465) die Unterhaltung der Schulen den Schulverbänden (Sozietäten der zur Schule gewiesenen Einwohner) ob, insoweit nicht einzelne Personen, Korporationen oder Fonds dazu rechtlich verbunden sind. Dies können auch die bürgerlichen Gemeinden sein, falls sie die Beiträge zur Schulunterhaltung oder auch die Schule selbst als eine Kommunalanstalt übernommen haben. E.-O.-V. Bd. XIX S. 176. Während früher die Aufsichtsbehörde das zur Schulunterhaltung Erforderliche maßgebend bestimmte, ist deren Zuständigkeit durch Ges. v. 26. V. 87 teilweise auf die Beschlußbehörden übertragen. Diese haben nunmehr — mangels des Einverständnisses des Verbandes und der Drittverpflichteten — die von der Schulaufsichtsbehörde erhobenen Anforderungen dann festzustellen, wenn sie durch neue oder erhöhte Leistungen der Verpflichteten zu gewähren sind, und wenn sie früher nach dem Ermessen der Verwaltungsbehörde zu bestimmen waren. Die Feststellung einer Anforderung umfaßt zwar neben der Bestimmung über das zulässige Maß der erforderten Leistung in Zweifelsfällen notwendig auch die über das verpflichtete Rechtssubjekt (E.-O.-V. Bd. XXIII S. 121); dagegen hat das Gesetz die Beschlußbehörden nicht zu einer Feststellung berufen darüber, ob eine der konkreten Schule bereits gewährte, weder neue, noch erhöhte Leistung in Zukunft von dem einen oder dem anderen der vermeintlich Schulunterhaltungspflichtigen aufzubringen ist.

Nr. 9. Entsch. Bd. XXVIII. S. 147 vom 12. März 1895. I A 114/94.

A. L.-R. Teil II Tit. 12 §§ 29, 34 ff. Reg.-Instr. v. 23. X. 17 (G.-S. S. 248) § 18. Ges. v. 26. V. 87 (G.-S. S. 175), betreffend Feststellung von Anforderungen für Volksschulen, § 2

1) Nach dem Ges. v. 26. V. 87 darf die Anforderung und die Feststellung einer neuen oder erhöhten Leistung, die nicht vorliegt, sofern es sich lediglich um die Rechtspflicht der Unterhaltungspflichtigen bezüglich der zeitweilig von Dritten freiwillig übernommenen und thatsächlich befriedigten Leistung handelt (vergl. E.-O.-V. Bd. XXVII S. 137, 141), nur gegen den Schulunterhaltungspflichtigen, d. i. die Schulsozietät, den korporativen Verband, nicht aber gegen die diesem beitragspflichtigen Mitglieder gerichtet werden. Vergl. E.-O.-V. Bd. XXIV S. 137.

2) Für das Gebiet des A. L.-R.'s ist unbedenklich einzuräumen, daß eine Gemeinde, nachdem mit Genehmigung der Schulaufsichtsbehörde die bisherige Sozietätsschule von jener freiwillig als eine Kommunalanstalt übernommen und damit die Sozietätsschule erloschen ist (E.-O.-V. Bd. XXIV S. 135), auch außerhalb eines Zweck- oder Sozietätsverbandes schulunterhaltungspflichtig sein kann, sowie ferner, daß das Gleiche auch für eine Gemeinde gilt, die eine bisher nicht vorhandene Volksschule mit gleicher Genehmigung freiwillig als eine Kommunalanstalt neu errichtet. Aber andererseits bleibt die Schulsozietät bestehen, und es tritt die einzelne oder es treten die mehreren Gemeinden nur an Stelle der ihr angehörigen Hausväter als beitragspflichtige Mitglieder in die Sozietät ein, wenn die Gemeinden nur an Stelle jener die Schullasten übernehmen.

3) Die Übernahme der Schulunterhaltung seitens der politischen Gemeinden — sei es durch Errichtung von Kommunalanstalten, sei es durch Eintritt in die Sozietätspflicht der Hausväter — erfolgt jedoch lediglich praeter legem und kann daher nur durch freiwilligen Entschluß bewirkt werden (E.-O.-V. Bd. XXIII S. 97). Die durch § 18k der Reg.-Instr. v. 23. X. 17 der Schulaufsichtsbehörde eingeräumte Befugnis, „Schulsozietäten einzurichten oder zu verteilen", erstreckt sich demgemäß nur auf die Zuweisung von Hausvätern, nicht auf die von Gemeinden.

Abgesehen von solchen freiwilligen Entschließungen, nach denen eine Volksschule als Kommunalanstalt übernommen wird, kennt das A. L.-R. als Träger der öffentlichen Schullast nur die Sozietäten, mögen ihre Mitglieder noch die ursprünglichen Hausväter, oder die für sie eingetretenen Gemeinden sein.

Nr. 10. Entsch. Bd. XXVIII. S. 169 vom 18. Juni 1895. I A 17/95.

A. L.-R. Teil II Tit. 12 §§ 1, 9—17, 25, 27, 29, 30, 46. Ges. v. 26. V. 87 (G.-S. S. 175), betreffend Feststellung von Anforderungen für Volksschulen.

1) Nach feststehenden Grundsätzen des Schulrechtes hat der Schulunterhaltungspfichtige, mag dies der Regel entsprechend eine Schulsozietät oder ausnahmsweise die bürgerliche Gemeinde sein, alles zur Befriedigung des öffentlichen Unterrichtsbedürfnisses Erforderliche zu leisten. Das Maß des Notwendigen und den Umfang der Pflicht im Einzelnen verbindlich zu bestimmen, war früher Aufgabe allein der Aufsichtsbehörde und ist durch Ges. v. 26. V. 87 teilweise auf die Beschlußbehörden übertragen. E.-O.-V. Bd. XVI S. 222, Bd. XXIII S. 97, Bd. XXIV S. 133. Haben diese festgestellt, daß in einer Stadt neben den evangelischen Stadtschulen die Errichtung einer katholischen Schule nach den besonderen örtlichen Verhältnissen für das Unterrichsbedürfnis erforderlich und daß daher zu jener die Stadt verpflichtet sei, so ist die Frage der Angemessenheit und Zweckmäßigkeit der ersten Feststellung vom Verwaltungsrichter nicht nachzuprüfen, wohl aber die Frage der Rechtmäßigkeit der zweiten Feststellung, und zwar, ob sie an sich gesetzlich statthaft war und ob sie von der Gemeinde als ihr gesetzlich obliegend erfordert werden konnte.

2) Zu Unrecht wird die Statthaftigkeit der Leistung damit bestritten, daß das Gesetz, insbesondere das A. L.-R. nur paritätische, nicht konfessionelle Schulen kenne. Es unterliegt keinem Zweifel, daß die religions- oder konfessionslose Schule in Preußen nicht zugelassen ist. Dagegen ist im Geltungsgebiete des A. L.-R.'s weder die konfessionelle, noch die paritätische Schule für obligatorisch erklärt, so daß die Verwaltung freie Hand hat, die eine oder die andere Art von Schulen einzurichten. Eine Konfessionsschule für die Minderheit darf also in Bezirken, wo solche Schulen für die Mehrheit bestehen, an sich gefordert werden, sofern das öffentliche Unterrichtsbedürfnis es erheischt.

3) Was die Unterhaltung einer solchen Schule anlangt, so hat allerdings regelmäßig das A. L.-R. die Schulunterhaltung den Hausvätern des Bezirkes, die zu der Schule gewiesen sind, ohne Unterschied, ob sie Kinder haben oder nicht, und ohne Unterschied der Religion auferlegt, und daher einer aus eben jenen Hausvätern bestehenden Sozietät, nicht aber den Kommunalverbänden, den bürgerlichen Gemeinden. Die Pflicht der Hausväter ist jedoch durch § 30 Teil II Tit. 12 des A. L.-R.'s positiv dahin beschränkt, daß bei dem Bestehen mehrerer Schulen in demselben Bezirke für die Einwohner verschiedenen Glaubens jeder nur zur Unterhaltung der Schule seines Glaubens beizutragen hat. Daher kann eine Sozietät, zu der Hausväter verschiedener Konfession ge-

hören und die eine Konfessionsschule unterhält, nicht verpflichtet werden, neben dieser noch eine zweite für die andere Konfession zu errichten. Wird eine solche erforderlich, so muß die bestehende Sozietät geteilt und aus den Auszuschulenden eine neue Sozietät errichtet werden.

Die landrechtliche Pflicht der Hausvätersozietäten ist aber nur eine subsidiäre, wenn und soweit ein anderweit Pflichtiger nicht vorhanden ist. Daher kann für einen bestimmten Bezirk auch freiwillig die Gemeinde die gesammte öffentliche Schullast anstatt der Sozietät (nicht durch bloße Übernahme der Hausväterbeiträge an die Sozietät, vergl. E.-O.-V. Bd. XXIV S. 135) tragen, das gesammte öffentliche Schulwesen als eine Kommunalanstalt übernehmen und dadurch die Schullast aus einer Sozietätslast zu einer aus Gemeindemitteln und durch Gemeindesteuern aufzubringenden Gemeindelast machen, auf die auch § 30 a. a. O. nicht Anwendung findet. Ist dies geschehen, hat eine Gemeinde die Schullast nicht nur für die Angehörigen einer bestimmten Konfession, sondern für alle Einwohner ohne Unterschied des Glaubens übernommen, so muß sie auch die Kosten einer — neben den evangelisch-konfessionellen Stadtschulen — neu zu errichtenden katholischen Schule tragen.

Nr. 11. Entsch. Bd. XXVIII. S. 184 vom 24. Mai 1895. I B 3 95.

Ges. v. 26. V. 87 (G.-S. S. 175), betreffend Feststellung von Anforderungen für Volksschulen. Reg.-Instr. v. 23. X. 17 (G.-S. S. 248).

1) Bei der seitens der Behörden erfolgenden Feststellung von Beamtengehältern sind zwei Akte zu unterscheiden, nämlich die Feststellung,

a. welcher Rechtsanspruch dem angestellten Beamten aus dem Dienstverhältnisse gegen die anstellende Korporation bereits zusteht (dezisiver Akt),

b. welchen Rechtsanspruch die anstellende Korporation dem anzustellenden oder angestellten Beamten von vornherein oder über die ihm bereits zustehenden Ansprüche hinaus noch weiter zu gewähren verpflichtet ist (konstitutiver Akt).

Zu b) ist die Zuständigkeit der Verwaltungsbehörden — der Aufsichts- oder bei Lehrern in den Fällen des Ges. v. 26. V. 87 der Beschluß-Behörden — begründet. Aber sie stellt sich lediglich als Ausfluß des Aufsichtsrechtes dar und hat gegen die verschiedenen Korporationen verschiedenen, z. B. gegen Städte nur sehr beschränkten Umfang. Der Rechtsgrund der materiellen Befugnis und daher auch deren Grenze liegt in der staatlichen Aufgabe der Vorsorge dafür, daß die Verwaltung durch unzulängliche Besoldung der Beamten nicht gestört werde. Daraus folgt, daß die Korporation zur Erhöhung des ihrem Beamten rechtlich zustehenden Gehaltes nur solange verpflichtet werden kann und darf, als dieser eben ein Beamter der zu verpflichtenden Korporation ist. Nach seinem Ausscheiden aus diesem Verhältnisse, nach seinem Übertritte in den Dienst einer anderen Korporation fehlt es der Aufsichtsbehörde an jedem Anlasse und damit an jedem Rechtsgrunde, die erste Korporation zur Gewährung weiterer Rechtsansprüche für die Zeit, in der er deren Beamter war, noch nachträglich zu verpflichten.

Zu a handelt es sich um vermögensrechtliche Ansprüche der Beamten gegen die anstellende Korporation. Zu deren Feststellung sind daher die Gerichte zuständig, soweit nicht durch positive Gesetze der Rechtsweg ausgeschlossen oder beschränkt ist. Letzteres ist für die Gehälter und Pensionen der unmittelbaren Staatsbeamten und für die Pensionen der Kommunalbeamten und Elementarlehrer geschehen. Im Verwaltungswege bewirkte Feststellungen hierher gehöriger

Leistungen können daher zwangsetatisiert werden, weil das öffentliche Interesse es erheischt, daß Korporationen, wie Privatpersonen ihren rechtsgültig festgestellten Verpflichtungen nachkommen. Vergl. E.-O.-V. Bd. XIII S. 61. Für die Gehälter der mittelbaren Staatsbeamten sind die Gerichte dagegen unbeschränkt zuständig. Eine konkurrierende Zuständigkeit der Verwaltungsbehörden zur vorläufigen Feststellung kann hier nur aus dem oben zu b erwähnten Gesichtspunkten des Aufsichtsrechtes abgeleitet werden. Voraussetzung ist aber, daß der Berechtigte zur Zeit der Feststellung noch Beamter ist.

2) Die Vorherbestimmung von Gehaltsstufen oder Dienstalterszulagen hat — gleichviel, ob sie durch ein Regulativ allgemein oder durch die Einkommensnachweisung dem Lehrer speziell bekannt gemacht worden ist — grundsätzlich nicht die Wirkung, für diesen selbst einen durch die Thatsache des Ablaufes einer entsprechenden Dienstzeit bedingten Rechtsanspruch gegen die anstellende Korporation auf Gehaltserhöhung zu begründen. Eine Vorherbestimmung dieses Inhaltes hat vielmehr nur die Wirkung, daß der Schulvorstand ohne Anhörung der Gemeinde und ohne erneuerte Genehmigung der Aufsichtsbehörde, oder daß diese (an Stelle der Beschlußbehörde) selbst wider den Willen der Schulgemeinde bei Eintritt der Bedingung im Einzelfalle dem Lehrer die Gehaltserhöhung gewähren und zusichern kann.

E. Schulgeld. Beiträge auf Grund der Gesetze vom 14. Juni 1888 und 31. März 1889.

Litteratur: Siehe oben S. 525; ferner: Pogge: Volksschulgesetze 1893. Nachtrag 1895.

Materialien: Gesetz betreffend die Erleichterung der Volksschullasten vom 14. Juni 1888. Abg.-Haus, Drucks. Nr. 15. 81. 121. 157. 224. Sten.-Ber. S. 102—129. 1121—1182. 1226—1249. 1564—1565. 1600—1627. 1643. Herrenhaus, Drucks. Nr. 87. 88. 100. Sten.-Ber. S. 109. — Gesetz betreffend die Ergänzung des Gesetzes über die Erleichterung der Volksschullasten vom 31. März 1889. Abg.-Haus, Drucks. Nr. 19. 57. 83. 91. Sten.-Ber. S. 76—78. 694—711. 892—912. Herrenhaus, Drucks. Nr. 39. 45. Sten.-Ber. S. 57.

Nr. 1. Entsch. Bd. II. S. 212 vom 12. Mai 1877.

A. L.-R. Teil II Tit. 12 § 32. Zust.-Ges. § 46.

Unter „Schulbeiträgen"[1]) sind die der Schule zu gewährenden Beiträge der Unterhaltungspflichtigen zu verstehen. Dazu gehören die Hausväterbeiträge, Gemeindebeiträge, gutsherrlichen Beiträge u. s. w. In der außeramtlichen Sprache wird auch wohl der vom Staate einer Schule bewilligte Zuschuß als Schulbeitrag bezeichnet. Diesen Beiträgen gegenüber steht das Schulgeld, d. i. das an die Schule oder den Lehrer zu entrichtende Entgelt für den Schulunterricht.[2]) Es wird nur gezahlt für die die Schule besuchenden

---

[1]) Nach § 46 des Zust.-Ges. „Abgaben und Leistungen für Schulen."

[2]) Gemäß § 4 des Ges. v. 14. VI. 88 (G.-S. S. 240), betreffend die Erleichterung der Volksschullasten darf Schulgeld bei Volksschulen nur noch in den daselbst vorgesehenen Ausnahmefällen erhoben werden. — Nur das Schulgeld, nicht die Schulsteuer, ist ein Entgelt für den Schulunterricht. Ersteres stellt eine Gebühr dar, die für die Dienste der Schule von dem diese in Anspruch Nehmenden zu entrichten ist, letztere einen hiervon völlig unabhängigen, lediglich auf der Zugehörigkeit zu der unterhaltungspflichtigen Körperschaft beruhenden Zwangsbeitrag zu den persönlichen oder sächlichen Schulbedürfnissen. Entsch. v. 8. X. 90 (Pr. Verw.-Bl. Bd. XII S. 85).

Leistungen, die eine Kirchenkasse bisher, wenn auch in fixiertem Betrage, der Schule gewährt hat, um damit das Schulgeld für die armen Kinder zu decken, kommen in Wegfall, sobald die Erhebung von Schulgeld in der Schule aufgehört hat. Es handelt sich dabei

Kinder, und zwar nicht von den Schulunterhaltungspflichtigen, sondern von denjenigen, denen die Fürsorge für die Kinder, ihren Unterhalt, obliegt. Über die Leistung von Schulgeld hat daher die Schulaufsichtsbehörde zu befinden. Hält sich aber jemand zur Zahlung des Schulgeldes nicht für verpflichtet, so steht ihm das Verwaltungsstreitverfahren offen.[1])

Nr. 2. Entsch. Bd. XIX. S. 198 vom 23. April 1890. I C 167/89.

Ges. v. 14. VI. 88 (G.-S. S. 240), betreffend Erleichterung der Volksschullasten, § 4. Code civile Art. 364, 865. L.-V.-G. § 7.

1) Nach § 4 Ziffer 1 des Ges. betr. die Erleichterung der Volksschullasten v. 14. VI. 88 findet eine Erhebung von Schulgeld bei Volksschulen u. a. nur für solche Kinder statt, die innerhalb des Bezirkes der von ihnen besuchten Schule „nicht einheimisch" sind. Zu den vom Schulgelde befreiten „einheimischen" Kindern gehören auch diejenigen, die von auswärts im Schulorte unentgeltlich, dauernd oder vorübergehend, in Pflege oder Erziehung genommen sind, z. B. in einem mit den Rechten einer juristischen Person ausgestatteten Waisenhause, sofern nicht etwa in dem Statute einer solchen Anstalt die Erhebung eines Schulgeldes vorgesehen ist.[2]) Die Pflicht zur Erziehung eines Kindes deckt sich nicht ohne Weiteres mit der Verbindlichkeit, aus eigenen Mitteln diejenigen Ausgaben zu bestreiten, die durch die Erziehung erwachsen.

2) Im Geltungsgebiete des rheinischen Zivilgesetzbuches liegt die gesetzliche Verpflichtung, Schulgeld zu zahlen, den Eltern, Pflegeeltern oder dem Vormunde aus dem Vermögen des Mündels ob.

3) Wenn auch die Verwaltungsgerichte zuständig sind, über streitige Schulgeldforderungen zu entscheiden, so ergiebt sich daraus nicht die weitere Zuständigkeit, über die Aufhebung der zur Vollstreckung solcher Forderungen im Verwaltungszwangsverfahren verhängten Maßnahmen, z. B. Pfändungen, zu erkennen (vergl. § 2 Abs. 2 der Vd. v. 7. IX. 79 — G.-S. S. 591 —).

---

um Zuwendungen für einen bestimmten Zweck, die nach § 153 Teil I Tit. 4, §§ 73 ff. Teil II Tit. 6 A. L.-R.'s erlöschen, sobald dieser Zweck nicht mehr erfüllt wird. Entsch. v. 16. I. 92 (Pr. Verw.-Bl. Bd. XIII S. 221).

[1]) Gemäß § 46⁵ des Zust.-Ges, wodurch die Entscheidung im Wesentlichen ihre Bedeutung verliert. Früher stand nur der ordentliche Rechtsweg offen, weil eben das Schulgeld nicht zu den „Schulbeiträgen" gehörte.

Bei Landschulen entscheidet der Kreisausschuß auch dann über streitiges Schulgeld, wenn der zur Zahlung des Schulgeldes in Anspruch Genommene in einem Stadtkreise wohnt. Entsch. v. 10. VI. 93 (Pr. Verw.-Bl. Bd. XV S. 169).

[2]) Es ist nicht von Belang, ob die in der Gemeindeschule unterrichteten Zöglinge eines Waiseninstitutes von auswärts stammen, sondernd entscheidend ist, daß sie in ihm unentgeltlich unterhalten werden. Entsch. v. 10. I. 91 (Z.-Bl. U.-V. S. 371).

Durch einen Angehörigen des Schulverbandes in unentgeltliche Verpflegung genommene Kinder sind für „einheimische" zu erachten, gleichviel, ob sie aus einem Orte innerhalb oder außerhalb Preußens hergekommen sind. Beschl. v. 28. IX. 94 (Z.-Bl. U.-V. S. 791).

Über streitiges Schulgeld ist das Verwaltungsstreitverfahren erst durch § 46 Abs. 5 des Zust.-Ges. zugelassen. Aber auch hier ist das Schulgeld den Abgaben und sonstigen nach öffentlichem Rechte zu fordernden Leistungen ausdrücklich gegenübergestellt und damit anerkannt, daß es nach anderen Grundsätzen zu beurteilen ist. Die Klage in Schulgeldstreitsachen ist von der vorherigen Erhebung eines Einspruches bei der örtlichen Behörde nicht abhängig. — Für die Zulässigkeit der Erhebung von Fremden-Schulgeld ist die Zugehörigkeit zum Schulbezirke und nicht zum Gemeindebezirke des Schulortes das Entscheidende. Entsch. v. 28. X. 93 (Pr. Verw.-Bl. Bd. XV S. 168).

Nr. 3. Entsch. Bd. XXIII. S. 111 vom 2. April 1892. I B 46/91.

Ges. v. 18. VI. 40 (G.-S. S. 140) § 14 und v. 12. IV. 82 (G.-S. S. 297) § 1 über die Verjährungsfristen bei öffentlichen Abgaben. Zust.-Ges. § 46. Ges. v. 14. VI. 88 (G.-S. S. 240) §§ 4, 6 und 31. III. 89 (G.-S. S. 64), betreffend Erleichterung der Volksschullasten.

1) Schulgeld — auch im Sinne der Ges. v. 14. VI. 88 und 31. III. 89 — ist das an die Schule oder den Lehrer zu entrichtende Entgelt für den Schulunterricht. Es wird gezahlt für die die Schule besuchenden Kinder und zwar nicht von den Schulunterhaltungspflichtigen, sondern von denjenigen, denen die Fürsorge für die Kinder, der Unterhalt dieser, obliegt. Auf die Bestimmung des Schulgeldsatzes sind die Verhältnisse der zur Schulgeldzahlung Verpflichteten ohne Einfluß. Entscheidend ist der Verpflichtungsgrund und nicht der Verwendungszweck. Hierdurch unterscheidet sich das Schulgeld grundsätzlich von den Schulunterhaltungsbeiträgen, die von den zur Schule gewiesenen Hausvätern oder den dazu gehörigen Ortschaften, Herrschaften und Gemeinden oder sonstigen Trägern aufzubringen sind. Seinen Charakter als „Schulgeld" verliert es nicht um deswillen, weil es — als Schulholzgeld — zur Bestreitung der Kosten des Schulbrennholzes bestimmt ist.

2) Das Schulgeld ist keine Abgabe im Sinne des § 46 des Zust.-Ges. und des § 14 des Ges. über die Verjährungsfristen bei öffentlichen Abgaben v. 18. VI. 40. Demgemäß besteht zur Innehaltung einer Reklamationsfrist oder zur Anstellung der Klage gegen den ablehnenden Beschluß der örtlichen Behörde keine Pflicht; auch bedarf es nicht der vorgängigen Herbeiführung eines solchen Beschlusses, damit gegenüber einer zur Ungebühr erfolgten Einziehung von Schulgeld das Klagerecht auf Zurückforderung zur Entstehung gelange. Doch unterliegt das Schulgeld nach dem bestehenden Rechte der Beitreibung durch die Verwaltungsbehörde. Selbst bei Nichtanerkennung der Zahlungsverpflichtung hat der Pflichtige daher die geforderte Zahlung vorläufig zu leisten. Die Erstattung der durch eigenes Verschulden verursachten Zwangsvollstreckungskosten kann er nicht verlangen. Vergl. E.-O.-V. Bd. VI S. 135, Bd. XVI S. 245.

3) Im Verwaltungsstreitverfahren ist die Vorabentscheidung über den Grund einer auch dem Betrage nach streitigen Forderung nicht statthaft. Vergl. E.-O.-V. Bd. XV S. 120.

Nr. 4. Entsch. Bd. XXVI. S. 173 vom 3. März 1894. I B 33/93.

Ges. v. 14. VI. 88 (G.-S. S. 240), betreffend Erleichterung der Volksschullasten, § 4. Zust.-Ges. §§ 46, 49.

Zu den „einheimischen" Kindern im Sinne des § 4 des Ges., betr. die Erleichterung der Volksschullasten v. 14. VI. 88 gehören außer den Kindern von physischen Personen auch die Zöglinge der Waisen- u. s. w. Anstalten, die unentgeltlich Pflege und Erziehung erhalten. Für diese Kinder kann Volksschulgeld nicht erhoben werden.

Nr. 5. Entsch. Bd. XXII. S. 151 vom 17. Oktober 1891. I C 64/91.

Ges. v. 14. VI. 88 (G.-S. S. 240) §§ 1, 2, 4, 5 und 31. III 89 (G.-S. S. 64) Art. II, betreffend Erleichterung der Volksschullasten. General-Landschulreglement für Schlesien v. 3. XI. 1765 (Kornsche Ed.-Samml. Bd. VIII S. 180). Schulreglement für die niederen katholischen Schulen Schlesiens u. s. w. v. 18. V. 01 (Neue Kornsche Ed.-Samml. Bd. VII S. 266).

1) Nach den Ges. v. 14. VI. 88 und vom 31. III. 89, Art. II können zur Erleichterung der Schulunterhaltungspflichtigen Staatszuschüsse gewährt werden. Das Gesetz gewährt den Staatsbeitrag zur Entlastung der der Schule Beitragspflichtigen, und das sind nach den schlesischen Schulreglements die Gemeinden und Dominien, nicht aber die Angehörigen oder Einwohner der Gemeinde- und Gutsbezirke. Wenn der hierfür zuständige Gemeindevorsteher das von dem Schulvorstande nur für die Gemeinde

zu ermittelnde Soll an Schullasten auf die Stellenbesitzer unterverteilt, so legt er den letzteren damit nicht eine Schullast auf, sondern eine Gemeindelast. Für die Frage, ob eine Leistung an die Schule auf Umlagen im Sinne des Ges. v. 14. VI. 88 beruhe, ist aber einzig und allein das Verhältnis der Schulanstalt zu den ihr Beitragspflichtigen, nicht das Verhältnis der letzteren zu denjenigen Mitgliedern oder Hintersassen entscheidend, denen sie ihrerseits wiederum im Wege der Subrepartition eine Auflage zu machen, etwa berechtigt sind. Unter keinen Umständen kann eine Leistung, die zur Deckung eines und desselben Schulbedürfnisses, hier des baaren Teiles des Diensteinkommens des Lehrers und der Industrielehrerin, von dem Schulvorstande aus dem Rechte der Schulanstalt auf die ihr Beitragspflichtigen ausgeschrieben ist, eben dieser Anstalt gegenüber sich in dem einen so ausgeschriebenen Anteilsbeitrage als auf Umlagen, in dem anderen als nicht auf Umlagen beruhend darstellen. Mag daher die Frage, ob die Verteilung einer einzelnen bestimmten Leistung zwischen Gemeinden oder Dominien als Umlage in dem mit diesem Ausdrucke in dem Entlastungsgesetze von 1888 verbundenen Sinne anzusehen ist, bejaht oder verneint werden, so gilt dies jedenfalls gleichmäßig für beide Gruppen von Pflichtigen, für die Dominien nicht minder, wie für die Gemeinden, und es ist unbedingt ausgeschlossen, daß je nach der Beantwortung der Frage ein Vorzugsrecht des einen Beitragspflichtigen vor dem andern zur Anerkennung gelangt.[1])

2) In Höhe des Staatsbeitrages darf Schulgeld für die im Schulbezirke einheimischen Kinder unter keinen Umständen mehr erhoben werden, und bei denjenigen Schulen, deren Lehrer seither das Schulgeld als ein seiner Natur nach steigendes und fallendes Dienstemolument bezogen hatte, ist der Staatsbeitrag in erster Linie zur Deckung eines ihm statt dessen nach dreijährigem Durchschnitte als Teil seines baaren Gehaltes zu gewährenden Fixums bestimmt. Soweit der Staatsbeitrag hierzu nicht verbraucht wird, sind aus ihm die sonstigen persönlichen Unterhaltungskosten zu bestreiten. Dabei macht es keinen Unterschied, ob je nach dem in den verschiedenen Landesteilen geltenden Schulrechte bürgerliche Gemeinden und Gutsherren oder korporative Schulgemeinden als Träger der Last in Betracht kommen. Die Wohlthaten des Ges. von 1888 sollen allen nach öffentlichem Rechte Schulunterhaltungspflichtigen gleichmäßig je nach dem Verhältnisse der von ihnen zu tragenden Last — vorbehaltlich nur der vorzugsweisen Berücksichtigung der Beiträge zu dem baaren Teile des Diensteinkommens, sowie der auf Umlagen beruhenden Leistungen — zu statten kommen.

Ob z. B. eine unterhaltungspflichtige Gemeinde schon bisher wegen Unzulänglichkeit ihrer Leistungsfähigkeit einen Staatszuschuß erhalten hat, ist unabhängig von dem gesetzlichen Teilnehmerrechte an den Zuschüssen des Ges. von 1888 und kann insbesondere das Teilnahmerecht der Dominien nicht schmälern. Sollte die Gemeinde bei dieser Verrechnung des Staatsbeitrages etwa schlechter stehen, als früher, so wird sie eben ein Gesuch um Wiedergewährung der früheren

---

[1]) Die Vorschrift des § 2 Abs. 3 des Ges. v. 14. VI. 88 dahin zu verstehen, daß Umlagen nur bei den Leistungen zum sonstigen, nicht zum baaren Lehrer-Diensteinkommen vorgehen sollten, liegt kein Grund vor. Abs. 3 ist völlig gleichberechtigt neben Abs. 2 gestellt und auf dessen Nr. 1 und 2 gleichmäßig anwendbar. Entsch. v. 26. III. 92 (Z.-Bl. U.-V. 1893 S. 540).

Besondere vertragsmäßige Leistungen, die durch Aufnahme in das Lehrer-Einkommensverzeichnis und durch Bestätigung der Schulaufsichtsbehörde als Inhalt der Ortsverfassung öffentlich-rechtlichen Charakter erhalten haben, sind bei Verteilung der Staatsbeiträge zu berücksichtigen. Entsch. v. 15. II. 93 (Z.-Bl. U.-V. S. 540).

Staatsbeihülfe oder Erhöhung des ihr davon belassenen Teiles an die zuständige Behörde richten müssen.

Nr. 6. Entsch. Bd. XXVII. S. 147 vom 27. November 1894. I C 29/94.
Ges. v. 14. VI. 88 (G.=S. S. 240) und 31. III. 89 (G.=S. S. 64), betreffend Erleichterung der Volksschullasten.

Die in Gemäßheit der Ges., betr. die **Erleichterung** der **Volksschullasten** v. 14. VI. 88 und 31. III. 89, an eine **Schule** mit **mehreren Lehrerstellen** gewährte Staatsbeiträge sind **nicht** für jede Stelle besonders, sondern in ihrer Gesammtsumme zur Erleichterung der Schulunterhaltungspflichtigen nach der gesetzlichen Reihenfolge zu verwenden, somit zur Deckung der Leistungen zunächst für das weggefallene Schulgeld und dann erst für das baare oder anderweite Diensteinkommen der Lehrkräfte.[1]) Sie sind bei der Berechnung auf die durch sie zu deckenden Leistungen zu einer Summe zusammenzuziehen und als einheitliche Masse zu behandeln. Die Verwendung des Einzelbeitrages für eine bestimmte Stelle behufs ausschließlicher Entlastung der zu dieser Beitragspflichtigen ist unzulässig.

F. Aufbringung der Pensionen, Gemeindebeiträge, Ruhegehaltskassenbeiträge des Gesetzes vom 23. Juli 1893. Berechnung der Dienstzeit bei Dienstalterszulagen.

Litteratur: Siehe oben S. 525; ferner: Bohlmann: Pensionierung der Lehrer und Lehrerinnen an preußischen Volksschulen, Hannover 1887. — Dangschat: Rechtsverhältnisse der preußischen Elementarlehrer, 2. Aufl., Berlin 1886. — Giebe: Das preußische Volksschullehrer=Pensionsgesetz vom 6. Juli 1885, Osnabrück 1885. — Pogge: Neuere preußische Volksschulgesetze 1893. Nachtrag 1895.

Materialien: Gesetz betreffend die Pensionierung der Lehrer und Lehrerinnen an öffentlichen Volksschulen vom 6. Juli 1885. Abg.=Haus, Drucks. Nr. 111. 181. 188. 246. Sten.=Ber. S. 279—295. 1298—1355. 1391—1421. 1809—1820. Herrenhaus, Drucks. Nr. 86. 110. 113. Sten.=Ber. S. 244, nebst Novelle vom 24. April 1890 (G.=S. S. 89) und Gesetz vom 1. März 1891 (G.=S. S. 19). — Gesetz betreffend die Ruhegehaltskassen für Lehrer und Lehrerinnen an öffentlichen Volksschulen vom 23. Juli 1893. Abg.=Haus, Drucks. Nr. 219. 256. Sten.=Ber. S. 2337. 2346. 2452—2456. 2490. Herrenhaus, Drucks. Nr. 24. 50. 57. 68. Sten.=Ber. S. 65. 202.

Nr. 1. Entsch. Bd. XXII. S. 140 vom 16. Januar 1892. I B 31/91.
A. L.=R. Teil II Tit. 12 §§ 29ff. Ges. v. 6. VII. 85 (G.=S. S. 298), betreffend Pensionierung der Lehrer und Lehrerinnen an öffentlichen Volksschulen, §§ 4, 12, 14, 26. Zust.=Ges. § 48.

Die Pension der Lehrer, mit deren Schulamte ein kirchliches Amt vereinigt ist, muß, soweit sie nicht durch den gesetzlichen Staatszuschuß, sowie aus dem Stelleneinkommen und durch die Pension, die die Inhaber vereinigter Schul- und Kirchenämter etwa aus kirchlichen Mitteln zu beanspruchen haben oder endlich auf Grund besonderer Rechtstitel von Dritten zu bestreiten ist, stets von den Schulunterhaltungspflichtigen allein, nicht aber von der Kirchengemeinde aufgebracht werden.

Vor Erlaß des Ges. v. 6. VII. 85 bestand im Gebiete des A. L.-R.'s keine gesetzliche Verpflichtung der Kirchengemeinden, dienstunfähigen Inhabern eines vereinigten Schul- und Kirchenamtes in ihrer Eigenschaft als weltlichen

---

[1]) Einschließlich der Aufwendungen für nicht vollbeschäftigte Lehrkräfte. Zu anderen Zwecken, z. B. zu Ruhegehaltskassenbeiträgen, dürfen die Staatsbeiträge nicht Verwendung finden. Entsch. v. 19. VI. 96 (Z.=Bl. U.=V. S. 681).

An jeder Volksschule ist nur ein erster ordentlicher Lehrer im Sinne des § 1 des Ges. v. 14. VI. 88 vorhanden. Der Begriff „Hauptlehrer" ist dem Gesetze fremd. Entsch. v. 11. II. 96 (Pr. Verw.=Bl. Bd. XVIII S. 19).

Kirchenbeamten eine Pension zu gewähren, oder zur Aufbringung einer ihnen mit Rücksicht auf das Schulamt von der zuständigen Unterrichtsbehörde bewilligten Pension anteilig beizutragen. Ihnen eine solche Verpflichtung neu aufzuerlegen, hat das Gesetz nicht beabsichtigt. Eine Ausnahme statuiert § 12 lediglich für solche Fälle, wo Geistliche, mit deren Amt ein Schulamt verbunden ist, Küster und andere Kirchenbeamte zufolge örtlicher, öffentlich-rechtlicher Normen einen, im Gesetze nicht begründeten, Anspruch auf Pension aus kirchlichen Mitteln haben.

Nr. 2. Entsch. Bd. XXIV. S. 189 vom 25. März 1893. I B 38/92.

A. L.-R. Teil II Tit. 14 §§ 78, 79 ff. Ges. v. 24. V. 61 (G.-S. S. 241) wegen Erweiterung des Rechtsweges, §§ 9 ff. Zust.-Ges. §§ 46, 160.

Die Leistungen der Gemeinden für die Schulen sind öffentliche Abgaben, die auf Grund einer allgemeinen gesetzlichen Verpflichtung erhoben werden. Über die Verbindlichkeit zu ihrer Entrichtung ist der Rechtsweg ausgeschlossen, sofern nicht die Ausnahmen zutreffen, die die §§ 79 ff. Tit. 14 Teil II A. L.-R.'s oder die §§ 9 ff. des Ges. v. 24. V. 61 erwähnen. In den im § 160 Zust.-Ges. genannten Fällen ist an Stelle des Rechtsweges das Verwaltungsstreitverfahren getreten. Insbesondere ist diesem zugewiesen die Entscheidung über streitige Abgaben und sonstige nach öffentlichem Rechte zu fordernde Leistungen für Volksschulen und für deren Beamte nach § 15 des Ges. v. 24. V. 61.

Zu diesen Abgaben und Leistungen sind die Gemeindebeiträge zu der für die Provinz Schlesien bestehenden evangelischen Elementarlehrer-Witwen- und Waisen-Pensionsanstalt nicht zu rechnen. Denn sie sind nicht von den Schulunterhaltungspflichtigen zu leisten, sondern, wenn mehrere Gemeinden oder selbständige Gutsbezirke zu einem Schulverbande vereinigt sind, nach Maßgabe des gesammten, in den Gemeinde- und Gutsbezirken aufkommenden Staatssteuerbetrages auf sie zu verteilen. Sie sind ferner nicht an eine individuell bestimmte Volksschule oder an deren Lehrer, sondern an eine Versicherungsanstalt zu entrichten, die eine von den einzelnen Schulen völlig unabhängige selbstständige Rechtspersönlichkeit hat. Die Entscheidung der Streitigkeiten über derartige Beiträge ist dem Verwaltungsstreitverfahren nicht überwiesen.[1])

Nr. 3. Entsch. Bd. XXIX. S. 158 vom 24. Januar 1896. I B 44/95.

Ges. v. 23. VII. 93 (G.-S. S. 194), betreffend Ruhegehaltskassen für die Lehrer und Lehrerinnen an öffentlichen Volksschulen, §§ 1, 3, 5, 11, 12, 15.

Die Ruhegehaltskassen im Bereiche des Ges. v. 23. VII. 93 umfassen nur Schulverbände (Schulsozietäten, Gemeinden, Gutsbezirke). Ausgeschlossen sind Schulen, bei denen die Pensionslast nicht einem Schulverbande obliegt. Vergl. Drucks. Herrenhaus 1892/93 Nr. 24.

Nr. 4. Entsch. Bd. XXIX. S. 162 vom 24. Mai 1895. I B 5/95.

Ges. v. 23. VII. 93 (G.-S. S. 194), betreffend Ruhegehaltskassen für die Lehrer und Lehrerinnen an öffentlichen Volksschulen. Ges. v. 6. VII. 85 (G.-S. S. 298), betreffend Pensionierung der Lehrer und Lehrerinnen an öffentlichen Volksschulen, Art. I §§ 4, 15, 26.

Die Beiträge der Schulverbände zur Ruhegehaltskasse des Regierungsbezirkes bestimmen sich in Fällen der Verbindung eines Schulamtes mit einem kirchlichen Amte nach dem gesammten, als ein einheitliches zu behandelnden, ruhegehaltsberechtigten Diensteinkommen der Stelle. Durch das Ges. v.

---

[1]) Dagegen ist die Zuständigkeit des Verwaltungsrichters aus § 46 Abs. 5 auch in einem Streite über Fremdenschulgeld für den Besuch einer Schule, die eine Gemeindeanstalt ist, gegeben. Entsch. v. 10. I. 91 (Z.-Bl. U.-V. S. 371).

23. VII. 93 sind die Bestimmungen des Art. I §§ 4, 15, 26 des Ges. v. 6. VII. 85 nicht aufgehoben, sondern nur unter Hinzufügung der die Bildung von Ruhegehaltskassen regelnden Bestimmungen ergänzt worden. § 4 Abs. 5 dieses Ges. ist also in Kraft geblieben und es gilt der darin vorgeschriebene Grundsatz auch für die Berechnung des Ruhegehaltskassenbeitrages.

Nr. 5. Entsch. Bd. XXIX. S. 165 vom 12. November 1895. I C 66/95.

Ges. v. 23. VII. 93 (G.=S. S. 194), betreffend Ruhegehaltskassen für die Lehrer und Lehrerinnen an öffentlichen Volksschulen, §§ 1, 3, 5, 11, 12, 15. Ges. v. 6. VII. 85 (G.=S. S. 298), betreffend Pensionierung der Lehrer und Lehrerinnen an öffentlichen Volksschulen, Art. I §§ 4, 15, 26.

1) Gemäß § 15 des Ges. v. 23. VII. 93 in Verbindung mit Art. I § 26 des Ges. v. 6. VII. 85 sind die Beiträge zu den Ruhegehaltskassen innerhalb der Schulverbände von den Trägern der Pensionslast, und in Ermangelung solcher — vorbehaltlich der auf besonderen Rechtstiteln beruhenden Verpflichtungen Dritter — von den zur Unterhaltung des Lehrers während der Dienstzeit Verpflichteten aufzubringen. Bei der Unterverteilung auf die letzteren gehen den gesetzlichen etwaige schulverfassungsmäßige Normen über die Regelung der Lehrerunterhaltungslast vor, und zwar auch dann, wenn sie auf an sich zulässigen Observanzen beruhen und eine Verbindlichkeit zu dinglichen Leistungen begründen.[1]) Vergl. A. L.=R. Teil II Tit. 12 § 29, § 38 der Pr. Schulordn. v. 11. XII. 45 (G.=S. 1846 S. 11), §§ 12, 19 des Schles. Schulreglements v. 18. V. 01 (Korn, Neue Ed.=Samml. Bd. VII S. 266). § 26 des Pensionsges. knüpft in dieser Beziehung an die thatsächlich bestehenden Verhältnisse, sofern sie rechtlich überhaupt nur zulässig sind, an und hat keineswegs diejenigen Normen im Auge, die das Gesetzesrecht subsidiär für solche Fälle vorsieht, wo es an schulverfassungsmäßigen Lokalsatzungen fehlt. Auch in einem Min.-Erl. v. 23. XI. 86 (Schneider und v. Bremen, Volksschulwesen Bd. III S. 897) wird ausdrücklich hervorgehoben, daß sich die Verpflichtung zur Aufbringung des durch den Staatsbeitrag nicht gedeckten Pensionsteiles nicht nur nach Gesetz, sondern auch nach der Ortsschulverfassung regelt.

2) Zum Ansatze kommen jedoch nur Leistungen zu dem Diensteinkommen von Stellen mit Pensionsberechtigung, und ferner nur Leistungen der Pflichtigen einschließlich der durch freiwillige Beihilfen Dritter gedeckten — daher nicht der gesetzliche Staatsbeitrag zum Diensteinkommen des Lehrers und dessen staatliche Dienstalterszulage und nicht Emolumente, die der Lehrer aus einem kirchlichen Amte oder aus dem Schuldotalgute bezieht.

Nr. 6. Entsch. Bd. XXIX. S. 171 vom 10. Januar 1896. I A 49/95.

Ges. v. 6. VII. 85 (G.=S. S. 298), betreffend Pensionierung der Lehrer und Lehrerinnen an öffentlichen Volksschulen, Art. I §§ 5, 6, 8, Art. IV. Ges. v. 14. VI. 88 (G.=S. S. 240) und 31. III. 89 (G.=S. S. 64), betreffend Erleichterung der Volksschullasten.

Die Dienstzeit der Lehrer und Lehrerinnen an öffentlichen Volksschulen ist in Fällen, wo die Gewährung von Dienstalterszulagen seitens des unterhaltungspflichtigen Schulverbandes sich ortsrechtlich nach den für die

---

[1]) Siehe auch Entsch. v. 24. I. 96 (Bd. XXIX S. 168 i. d. Anm.). Hier hatte der Kläger gegen seine Heranziehung zu dem Ruhegehaltskassenbeitrage des Schulverbandes nach dem Jahreswerte eines von ihm kraft Observanz dem Lehrer zu liefernden Naturaldeputates dessen angebliche dingliche Natur, sowie ferner geltend gemacht, daß er unter keinen Umständen über den Rahmen der Observanz belastet werden könne.

Das O.=V.=G. wies ihn ab, indem es die Ansicht, daß nur persönliche Verpflichtungen zur Lehrerunterhaltung, nicht Verpflichtungen mit dem Charakter der Reallasten, in Betracht kommen könnten, für unrichtig erklärte. Der streitige Beitrag sei zu leisten, weil Kläger durch Lieferung des Naturaldeputates zu den Lehrerunterhaltungspflichtigen gehöre, denen die Aufbringung der Beiträge zur Kasse obliege. Bei einer etwaigen Ablösung des Deputates würde diese neue, aus dem Gesetze sich ergebende Last mit zu berücksichtigen sein.

staatlichen Dienstalterszulagen geltenden Grundsätzen regelt, analog der pensionsfähigen Dienstzeit nach dem Ges. v. 6. VII. 85 zu berechnen, soweit nicht Abweichungen von den Grundsätzen des Pensionsgesetzes ausdrücklich für die Alterszulagen verordnet sind. Vergl. Min.-Erl. v. 28. VI. 90 (Z.-Bl. U.-V. S. 614), 13. IV. 91 (das. S. 377), 31. XII. 91 (das. 1892 S. 411) und 29. VI. 95 (das. S. 637). Danach kommt in Anrechnung die gesammte Dienstzeit, während der ein Lehrer im öffentlichen Schuldienste in Preußen sich befunden hat, einschließlich der Zeit der Adjuvantur und der provisorischen Anstellung, sowie derjenigen Zeit, während der einem „anstellungsfähigen" Schulamtskandidaten seitens der Schulaufsichtsbehörde auch nur die kommissarische Verwaltung einer vakanten Schulstelle, oder die Vertretung eines beurlaubten oder sonst behinderten Lehrers übertragen war. Ob die unterrichtliche Thätigkeit im Rahmen einer dauernd eingerichteten Schulstelle stattgefunden hat, für die der Träger der Unterhaltungslast den gesetzlichen Staatsbeitrag empfängt, oder ohne solche zur Befriedigung sonstiger Unterrichtsbedürfnisse, ist gleichgültig. Ausgeschlossen ist lediglich diejenige Dienstzeit, während der die Zeit und Kräfte eines Lehrers durch die ihm übertragenen Geschäfte „nur nebenbei" in Anspruch genommen gewesen sind.[1])

G. Die Schulbaulast.

Litteratur und **Materialien** siehe oben S. 525.

1. Zuständigkeit der Aufsichtsbehörden und Verwaltungsgerichte bei Schulbaustreitigkeiten. Begriff der Beteiligten.

Nr. 1. Entsch. Bd. II. S. 216 vom 30. Mai 1877.

Zust.-Ges. §§ 47, 49 Absatz 1.

Für die Zuständigkeit der Verwaltungsgerichte zur Entscheidung streitiger Bausachen gemäß § 47 des Zust.-Ges. ist lediglich entscheidend, daß die Schule mit der Küsterei verbunden ist. Wo diese Verbindung besteht, haben die Verwaltungsgerichte bei jedem Baue für die kombinierte Stelle im Streitfalle Entscheidung zu treffen.[2])

---

[1]) Vergl. E.-O.-V. Bd. XXIV S. 128.

[2]) Für Streitigkeiten über die Unterverteilung kirchlicher Beiträge zu Küsterschulbauten auf die verpflichteten einzelnen Personen sind die Verwaltungsgerichte nicht zuständig. Entsch. v. 13. V. 91 (Z.-Bl. U.-V. S. 645) und v. 3. X. 91 (Z.-Bl. U.-V. S. 430).

Die Veranlagung der für einen Schul- und Küsterhausbau aufzubringenden Kosten hat einerseits seitens des Gemeindekirchenrates auf die Mitglieder der Kirchengemeinde, anderseits seitens des Schulvorstandes auf die Hausväter zu erfolgen. Gehört ein Zahlungspflichtiger beiden Kategorieen an, so kann seine Heranziehung zu beiden Abgaben in einem Schreiben erfolgen, doch müssen die Beträge getrennt angegeben werden. Eine Klage gegen den Kirchenvorstand wegen Heranziehung zu Beiträgen für Küstereibauten ist dem Eingepfarrten durch §§ 47, 49 des Zust.-Ges. nicht gegeben. Entsch. v. 29. IV. 91 (Pr. Verw.-Bl. Bd. XII S. 529).

Für Beschwerden der Kirchengemeindemitglieder über ihre Heranziehung zu kirchlichen Beiträgen ist das Verwaltungsstreitverfahren nicht gegeben.

Die Behauptung, daß zur Ausführung eines Baues an einem Schul- und Küsterhause, nicht die Kirchengemeinde, sondern ausschließlich die Schulgemeinde verpflichtet sei, kann seitens der Kirchengemeinde, nicht aber seitens ihres einzelnen Mitgliedes zum Gegenstande eines Rechtsstreites mit der Schulgemeinde gemacht werden. Die einzelnen Parochianen können insoweit als „Beteiligte" im Sinne des § 47 Abs. 3 Zust.-Ges. nicht angesehen werden. Entsch. v. 9. IX. 91 (Pr. Verw.-Bl. Bd. XIII S. 64).

Nr. 2. Entsch. Bd. III. S. 139 vom 2. März 1878.

Reg.-Instr. v. 23. X. 17 (G.-S. S. 248) § 18. Zust.-Ges. § 47, 49.

In der Zuständigkeit der Verwaltungsgerichte zur Entscheidung über die Notwendigkeit und Art der Ausführung von Schulbauten ist nicht zugleich die Befugnis enthalten, über die Organisation der Schulgemeinden und insbesondere über die Frage zu entscheiden, ob und an welchem Orte innerhalb einer Schulsozietät eine zweite Schule neben der bereits bestehenden einzurichten sei. Hierüber hat allein die Schulaufsichtsbehörde zu befinden. Vergl. E.-O.-V. Bd. I S. 192.[1])

Nr. 3. Entsch. Bd. IV. S. 198 vom 30. Oktober 1878.

Zust.-Ges. §§ 47, 49 Absatz 1.

Die in dem § 49 Abs. 1 des Zust.-Ges. enthaltene, die Küstereien betreffende Bestimmung erklärt die Verwaltungsgerichte für zuständig zur Entscheidung von streitigen Bausachen in allen Fällen, in denen die Schule mit der Küsterei verbunden ist. Die Annahme ist daher unrichtig, daß die Verwaltungsgerichte nicht zuständig seien, sobald es sich lediglich um einen Bau in der Küsterei handelt, denn allein die Verbindung der Schule mit der Küsterei ist das Entscheidende.[2])

Nr. 4. Entsch. Bd. XII. S. 223 vom 25. November 1885. I C 74/85.

Reg.-Instr. v. 23. X. 17 (G.-S. S. 248) § 18. Zust.-Ges. §§ 47, 49.

1) Über die Anordnung von Neu- und Reparaturbauten bei Schulen, die der allgemeinen Schulpflicht dienen, haben die Verwaltungsgerichte in demselben Umfange und in demselben Maße zu befinden, wie dies den Regierungen vor Einführung der Verwaltungsgerichtsbarkeit nach § 18 der Reg.-Instr. v. 23. X. 17 zustand. Sie können daher sowohl auf ein minus, wie auf ein majus dessen erkennen, was der Beschluß der Schulaufsichtsbehörde bestimmt.[3])

Beschränkt sind die Verwaltungsgerichte nur durch die Bestimmungen in Abs. 2 und 3 des § 49 des Zust.-Ges.

2) Auch der Verwaltungsrichter hat den Kostenaufwand und die Verhältnisse der Beteiligten zu erwägen und zu berücksichtigen.[4])

Nr. 5. Entsch. Bd. XII. S. 226 vom 4. November 1885. I A 39/85.

Zust.-Ges. § 47.

Dadurch, daß ein Schulhausbau bereits ausgeführt ist, wird die im § 47 des Zust.-Ges. angeordnete Beschlußfassung der Schulaufsichtsbehörde, wenn über die Notwendigkeit eines Neubaues und die Verteilung der Kosten Streit entsteht, weder ausgeschlossen, noch entbehrlich.[5])[6])

---

[1]) Der Rest der Entscheidung, wonach die in der Berufungsinstanz ergangenen Entscheidungen der Verwaltungsgerichte in Schulbausachen endgültig und mit der Revision nicht anfechtbar seien, ist veraltet.

[2]) Die Verwaltungsgerichte haben auch einen Streit über das Bestehen des Kirchenpatronates ausschließlich zu entscheiden, soweit davon die Baupflicht abhängt, da jenes öffentlich-rechtlicher Natur ist. Vorbehalten bleibt dem Kirchenpatrone natürlich eine etwaige Anrufung des ordentlichen Richters gegen die Kirchengemeinde. Entsch. v. 19. XII. 88 (Pr. Verw.-Bl. Bd. X S. 267).

[3]) Vergl. Entsch. v. 24. XI. 96 (Pr. Verw.-Bl. Bd. XVIII S. 243); ferner v. 30. X. 94 (Pr. Verw.-Bl. Bd. XVI S. 229).

[4]) Ebenso Entsch. v. 8. I. 95 (Z.-Bl. U.-V. S. 320).

[5]) Wegen der Beteiligung des öffentlichen Interesses bei Volksschulbauten findet zunächst die Festsetzung eines Interimistikums durch die Aufsichtsbehörde, vorbehaltlich der endgültigen Entscheidung im Verwaltungsstreitverfahren statt. Die Klage gegen diese Fest-

Nr. 6. Entsch. Bd. XIII. S. 257 vom 13. Februar 1886. I B 76/85.

Zust.-Ges. §§ 46, 47.

Nach dem § 47 des Zust.-Ges. beschließt die Schulaufsichtsbehörde über die Verteilung von Schulbaukosten auf Gemeinden, Gutsbezirke, Schulverbände und dritte anstatt ihrer oder neben ihnen Verpflichtete. Die einzelnen Hausväter des Schulverbandes haben ebensowenig, wie die einzelnen Mitglieder einer schulbaupflichtigen Gemeinde (Pr. Schulordnung)

setzung muß, sofern sie nicht gerade die Zuständigkeit der Aufsichtsbehörde überhaupt bestreitet, zugleich gegen denjenigen mit gerichtet sein, den der Kläger für an seiner Stelle aus öffentlichem Rechte zu der geforderten Leistung für verpflichtet hält. Nur wenn dieser zu der Leistung verurteilt wird, kann der Kläger von ihr freigesprochen werden. Ist nicht der richtige Bauverpflichtete bezeichnet, so muß also der Klage der Erfolg versagt werden. Bei Teilung eines Gutes, auf dem die Gutsherrschaft über eine Schule haftet, verbleiben, sofern nicht etwas anderes vereinbart ist, die gutsherrlichen Rechte und Pflichten ungeteilt bei dem Rest- oder Stammgute, und sie gehen nicht solidarisch auf alle Trennstücke über. Entsch. v. 25. XI. 93 (Pr. Verw.-Bl. Bd. XV S. 142).

Die rechtzeitige und ordnungsmäßige Ausführung der Schulbauten berührt das öffentliche Interesse in dem Grade, daß darüber ohne Zustimmung der Schulaufsichtsbehörde weder mit verbindlicher Kraft für diese unter den Beteiligten paziscirt, noch ohne deren Zuziehung als Partei mit dem Rechte zur Einlegung von Rechtsmitteln vor dem Verwaltungsrichter gestritten werden kann. Anders liegt die Sache, wenn nur die öffentlich-rechtliche Verpflichtung zur Aufbringung der Baukosten und deren Verteilung auf die Träger der Baulast streitig ist. Auch hierauf hat sich zwar die Beschlußfassung der Aufsichtsbehörde zu erstrecken, und die Klage gegen deren Beschluß muß zugleich gegen den Dritten, den der in Anspruch Genommene statt seiner für verpflichtet erachtet, gerichtet werden. Daraus folgt aber nicht, daß die Klage nicht auf Grund des § 47 Abs. 3 Zust.-Ges. allein gegen den angeblich Verpflichteten und nicht zugleich gegen die Schulaufsichtsbehörde gerichtet werden könnte. Die Folge eines solchen Vorgehens würde nur sein, daß der nicht angefochtene Beschluß dem Kläger gegenüber vollstreckbar wird. Die Klage aus § 47 Abs. 3 a. a. O. kann jedenfalls dann auf den Verpflichtungsgrund beschränkt werden, wenn die Erstattung einer bereits aufgewendeten Leistung noch nicht gefordert werden kann. — Die Voraussetzung, daß das zu liefernde Bauholz auf dem Gute des Schulortes „hinreichend“ vorhanden ist, trifft dann zu, wenn der Gutswald bei forstwirtschaftlicher Benutzung über die nachhaltige Deckung des regelmäßigen Gutsbedarfes hinaus Erträge giebt, die für das Baubedürfnis der Schule in Anspruch genommen werden können. Entsch. v. 20. XII. 90 (Pr. Verw.-Bl. Bd. XII S. 337).

Die Verbindung der Klage aus § 47 Abs. 2 Satz 1 und der aus Abs. 3 ist aber unstatthaft. Entsch. v. 24. VI. 93 (Pr. Verw.-Bl. Bd. XV S. 170).

Im Verwaltungsstreitverfahren ist nur über die öffentlich-rechtliche Schulbaupflicht zu entscheiden; ein im Einzelfalle getroffenes privates Abkommen zwischen dem Gutsherrn und der Gemeinde kann darin keine Berücksichtigung finden. Entsch. v. 2. I. 89 (Pr. Verw.-Bl. Bd. X S. 588).

Wenn gegen ein den Beschluß der Schulaufsichtsbehörde aufhebendes Erkenntnis seitens des mitbeklagten Domänenfiskus Berufung eingelegt wird, so scheidet damit die Schulaufsichtsbehörde nicht aus der Rolle des Hauptbeklagten. Sind es verschiedene Kollegien, die als Schulaufsichtsbehörde und als Vertreter des Fiskus fungieren, so sind die Schriftsätze des Berufungsklägers der Schulaufsichtsbehörde zur Erklärung mitzuteilen. — Auf die Unterverteilung in der Schulgemeinde findet § 47 Zust.-Ges. keine Anwendung. Entsch. v. 16. XI. 89 (Pr. Verw.-Bl. Bd. XI S. 443).

Zwischen der Schulaufsichtsbehörde, deren Beschluß angegriffen ist und dem vermeintlich pflichtigen Mitbeklagten findet eine notwendige Streitgenossenschaft statt. Der Berufungsrichter kann ohne Zuziehung beider Beklagten weder nach der positiven, noch nach der negativen Seite entscheiden. Entsch. v. 2. X. 96 (Pr. Verw.-Bl. Bd. XVIII S. 250).

[6]) Die Beschlußfassung der Schulaufsichtsbehörde ist unzulässig, wenn nach Ausführung des Baues die Beiträge der eigentlich Verpflichteten bereits von ihnen, bzw. einem Dritten bezahlt sind, Min.-Erl. v. 9. VI. 87 (Z.-Bl. U.-V. S. 683), ebenso, wenn es sich um eine auf einem privatrechtlichen Titel beruhende Leistung handelt. In diesem Falle braucht die Klage nicht gegen diejenigen mit gerichtet zu werden, die aus Gründen des öffentlichen Rechtes zu der aufgegebenen Leistung verpflichtet sind. Entsch. v. 5. V. 88 (Pr. Verw.-Bl. Bd. X S. 36) und v. 19. XII. 88 (Pr. Verw.-Bl. Bd. X S. 267). Der Klage aus § 47 Abs. 2 des Zust.-Ges. muß ein Beschluß der Aufsichtsbehörde vorhergegangen sein. Entsch. v. 9. IX. 91 (Pr. Verw.-Bl. Bd. XIII S. 64). Die Befreiung

ein **Klagerecht in Schulbausachen.** **Die Beiträge, die von dem Vorstande des Schulverbandes zur Deckung der Schulbaukosten auf die Hausväter ausgeschrieben werden, stellen sich nach jetziger Lage der Gesetzgebung völlig gleich denen, die zur Bestreitung anderer Schulbedürfnisse: des Lehrergehaltes, der Beschaffung von Lehr- und Lernmitteln von den Hausvätern gefordert werden. Alle derartigen Ausgaben und Lasten fallen unter den § 46 des Zust.-Ges., der den einzelnen Herangezogenen die Klage gegen die veranlagende Behörde gewährt,** nachdem sie zunächst bei dieser ohne Erfolg Einspruch erhoben haben, oder auch ohne solchen Einspruch gegen diejenigen, denen anstatt ihrer nach öffentlichem Rechte die Schulunterhaltung thatsächlich oder vermeintlich obliegt.

Nr. 7. Entsch. Bd. XIV. S. 255 vom 27. Oktober 1886. I C 53/86.

Ges. v. 21. VII. 46 (G.-S. S. 392), betreffend Bau und Unterhaltung der Schul- und Küsterhäuser, § 2. Pr. Schulordn. v. 11. XII. 45 (G.-S. 1846 S. 1) § 48. A. L.-R. Teil II Tit. 12 § 37. Zust.-Ges. §§ 47, 49, 56.

1) Das Verfahren in streitigen Schulbausachen und in Wegebausachen ist durch §§ 47 und 56 des Zust.-Ges. im Wesentlichen übereinstimmend geregelt. Deshalb paßt auch auf die ersteren der Rechtsgrundsatz in E.-O.-V. Bd. IX S. 233, wonach in einem gegen den Beschluß der nach § 47 Abs. 1 des Zust.-Ges. zuständigen Aufsichtsbehörde anhängig gemachten Streitverfahren die Klage zugleich gegen denjenigen anderen gerichtet werden muß, den man statt seiner zu der angesonnenen Leistung aus Gründen des öffentlichen Rechtes für verpflichtet erachtet, **widrigenfalls der in Anspruch Genommene in dem Klageverfahren gegen die Behörde letzterer gegenüber dieses Einwandes verlustig geht.**

2) Nach § 2 des Ges. v. 21. VII. 46 sind einzelne Ortschaften, Gemeinden, Teile von Gemeinden oder Einwohnerklassen, die innerhalb der Parochie, zu der die Küsterei gehört, mit Genehmigung der Behörden eine öffentliche Schule haben, von Beiträgen zu denjenigen Bauten und Reparaturen an dem Schul- und Küsterhause frei, **die allein durch das Bedürfnis der Schulanstalt veranlaßt werden.** Nicht also die nach § 37 Tit. 12 Teil II A. L.-R.'s **zur Unterhaltung des Küsterhauses Verpflichteten,** die Kirchenkasse bezw. der Patron und die Kirchengemeinde, die Eingepfarrten, sollen frei von Beiträgen der fraglichen Art sein, **sondern die innerhalb des Bezirkes der Kirchengemeinde belegenen einzelnen Gemeinden u. s. w., die eine eigene öffentliche Schule haben.** **Die Kirchengemeinde als solche kann irgend welche Ansprüche für sich aus dem § 2 weder der Schulaufsichtsbehörde, noch auch den sogenannten Schulinteressenten gegenüber geltend machen.**

3) **Die Unterverteilung der Baukosten in den einzelnen Gemeinden und sonstigen Verbänden unterliegt nicht der Beschlußfassung der**

---

des Klägers von dem ihm durch Resolut auferlegten Beitrage darf nur insoweit ausgesprochen werden, als dazu gleichzeitig der mitbeklagte Dritte verurteilt wird, ausgenommen, wenn die Aufsichtsbehörde in dem Resolute ihre Zuständigkeit überschritten hat. Erfolgt die Abweisung der Klage gegen die Aufsichtsbehörde, weil die Verurteilung eines Dritten, z. B. mangels Verklagung des wirklich Verpflichteten, nicht erfolgen konnte, so steht dem Kläger immer noch die Klage aus § 47 Abs. 3 oder 4 zu. Entsch. v. 14. XII. 89 (Pr. Verw.-Bl. Bd. XI S. 444). Vergl. auch E.-O.-V. Bd. XIV S. 254, Bd. XV S. 238; ferner Entsch. v. 3. X. 91 (Z.-Bl. U.-V. S. 725), v. 4. II. 93 (Z.-Bl. U.-V. S. 540), v. 2. X. 96 (Pr. Verw.-Bl. Bd. XVIII S. 250), v. 19. XII. 88 (Pr. Verw.-Bl. Bd. X S. 267) und v. 27. IX. 95 (Pr. Verw.-Bl. Bd. XVII S. 215).

Die Bestimmung der Baustelle, auf der der Neubau ausgeführt werden soll, gehört zu den unentbehrlichen Bestandteilen jedes Schulbauresolutes. Eine hierauf gerichtete Verfügung der Schulaufsichtsbehörde ist daher mit der Klage aus § 47 Abs. 2 des Zust.-Ges. anfechtbar. Über die Zweckmäßigkeit der Anordnung ist im Verwaltungsstreitverfahren nach richterlichem Ermessen frei zu befinden. Entsch. v. 30. X. 94 (Pr. Verw.-Bl. Bd. XVI S. 229).

Schulaufsichtsbehörden. Die Aufsichtsbehörde geht daher richtig vor, wenn sie in ihrem Resolute die streitigen Baukosten lediglich der ihrer Ansicht nach verpflichteten Kirchengemeinde auferlegt. Den verfassungsmäßigen Organen der Kirchengemeinde bleibt es überlassen, falls sie im gegebenen Falle den § 2 des Ges. v. 21. VII. 46 für anwendbar erachten, dessen Bestimmungen bei der Unterverteilung jener Kosten auf die Pflichtigen innerhalb der Parochie entsprechend zu berücksichtigen.

Nr. 8. Entsch. Bd. XV. S. 260 vom 14. September 1887. I A 16/87.

Zust.-Ges. § 47.

Wird über die Notwendigkeit und die Art der Ausführung von Schulbauten gestritten, so kann darüber nur unter Beteiligung der Schulaufsichtsbehörde befunden werden. Wenn aber bei dem Bau eines neuen Schulhauses zwischen der Gemeinde und der Gutsherrschaft lediglich über den Umfang ihrer Beitragspflicht, bezw. wegen Erstattung des von einem Beteiligten über seine Verpflichtung hinaus zum Schulbau Geleisteten, z. B. darüber ein Streit entsteht, ob die letztere nur die Rohmaterialien oder darüber hinaus das ganze Baumaterial zu liefern habe, so entscheidet darüber der Verwaltungsrichter im Verwaltungsstreitverfahren, ohne daß ein Beschluß der Schulaufsichtsbehörde vorauszugehen hätte oder diese im Verfahren zuzuziehen wäre. Vergl. E.-O.-V. Bd. XIII S. 265.[1][2]

Nr. 9. Entsch. Bd. XV. S. 262 vom 19. November 1887. I C 123/87.

A. L.-R. Teil II Tit. 11 §§ 707—709, Tit. 12 § 35. Zust.-Ges. §§ 46, 47.

1) Die Schulaufsichtsbehörde beschließt gemäß § 47 Abs. 1 des Zust.-Ges., sofern Streit entsteht, nur über die öffentlich-rechtliche Verpflichtung

[1]) Ebenso Entsch. v. 6. X. 96 (Pr. Verw.-Bl. Bd. XVIII S. 356. — Zu den „Beteiligten“ im Sinne des § 47 Abs. 3 des Zust.-Ges. gehört im Bereiche des A. L.-R.'s auch der Gutsherr, da er nicht Mitglied der Schulgemeinde ist, sondern neben ihr die ihm in § 36 Teil II Tit. 12 A. L.-R.'s auferlegten besonderen Bauleistungen übernehmen muß. Hat der Gutsherr zufolge Irrtumes über die Rechtslage etwas geleistet, wozu er nicht verpflichtet war, so steht ihm gegen den Verpflichteten die Klage aus der nützlichen Verwendung zu. Entsch. v. 3. III. 96 (Z.-Bl. U.-V. S. 535).

Die sich durch die Ausschreibung von Kirchensteuern seitens des Gemeindekirchenrates zur Deckung von Baukosten an einem Küsterschulhause beschwert fühlenden Parochianen gehören nicht zu den Beteiligten im Sinne des § 47 Abs. 3. Entsch. v. 9. IX. 91 (Pr. Verw.-Bl. Bd. XIII S. 64).

[2]) Ebensowenig wird aber durch einen solchen Beschluß die Klage ausgeschlossen oder hinsichtlich der in ihr verfolgbaren Anträge eingeengt. Letztere können nicht allein den Grundsatz der Beitragspflicht, ihre Feststellung im Prinzipe, sondern auch die einmalige Leistung betreffen. Entsch. v. 20. XII. 90 (Pr. Verw.-Bl. Bd. XII S. 337).

Der Beschluß einer bürgerlichen Gemeinde, die Beiträge der Gemeindemitglieder, die letztere für Kirche und Schule zu entrichten haben, aus Gemeindemitteln zu bestreiten, bedarf zwar weder der Zustimmung der Kirchen- und Schulgemeinde noch der Genehmigung durch die Kirchen- und Schulaufsichtsbehörde, wohl aber der Genehmigung der Kommunalaufsichtsbehörde. — Wenn die Schulgemeinde durch rechtskräftige, verwaltungsgerichtliche Entscheidung zur Ausführung eines Baues verurteilt ist, so wird sie dadurch nicht behindert, von der bürgerlichen Gemeinde die Erstattung der Baukosten zu verlangen, falls dieser nach öffentlichem Rechte die Baupflicht obliegt. Übernimmt in solchem Falle die bürgerliche Gemeinde direkt die Bezahlung der Kosten des der Schulgemeinde auferlegten Baues, so thut sie das nicht freiwillig, sondern behufs Erfüllung einer Rechtspflicht. Entsch. v. 22. II. 90 (Pr. Verw.-Bl. Bd. XI S. 358).

Die Erstattungsklage aus § 47 Abs. 4 Satz 3 des Zust.-Ges. ist von einer vergeblich gebliebenen Aufforderung zur Leistung an den nach öffentlichem Rechte Leistungspflichtigen nicht unbedingt, z. B. dann nicht abhängig, wenn der Kläger durch Beschluß der Aufsichtsbehörde mit der Leistung belastet war oder von dem Vorhandensein der zur Leistung anstatt oder neben ihm öffentlich-rechtlich Verpflichteten keine Kenntnis besaß. Entsch. v. 4. X. 95 (Z.-Bl. U.-V. 1896 S. 268).

zur Aufbringung der Schulbaukosten und **über deren Verteilung auf Gemeinde (Gutsbezirke), Schulverbände und dritte,** an deren Stelle oder neben ihnen **Verpflichtete** nicht aber bei Streitigkeiten über die Unterverteilung innerhalb der Gemeinden und Schulverbände.

Diese Unterverteilung auf die Pflichtigen hat vielmehr da, wo — wie im Geltungsbereiche der Pr. Schulordn. v. 11. XII. 45 — die zum Schulbezirke gehörigen politischen Gemeinden und Gutsbezirke die Träger der Schullast sind, innerhalb der Gemeinden der Gemeindevorstand, und da, wo — wie im Geltungsbereiche des A. L.-R.'s — neben der Gutsherrschaft des Schulortes die aus sämmtlichen zur Schule gewiesenen Einwohnern bestehende Schulgemeinde die Trägerin der Schullast ist, innerhalb der Schulgemeinde der Schulvorstand vorzunehmen, und gegen sie findet das im ersteren Falle bei Heranziehung zu den Gemeindeabgaben, im letzteren Falle bei Heranziehung zu Schulbeiträgen gewöhnliche Einspruchs- und Klageverfahren statt.[1])

2) Wiewohl aber ein Klagerecht gegen den Festsetzungsbeschluß in § 47 a. a. O. nur den Gemeinden, Schulverbänden u. s. w. beigelegt ist, so sind, wenn

---

[1]) Vergl. Entsch. v. 16. XI. 89 (Pr. Verw.-Bl. Bd. XI S. 443), v. 3. X. 91 (Z.-Bl. U.-V. 1892 S. 430) und v. 20. VI. 91 (Z.-Bl. U.-V. S. 646).

Hat die Schulaufsichtsbebehörde von ihrer Befugnis, das Beitragsverhältnis mehrerer zu einem Schulverbande gehörigen Ortschaften nach billigem Ermessen festzusetzen, keinen Gebrauch gemacht, weil sie sich an einen observanzmäßigen Beitragsfuß gebunden glaubt, und stellt sich in dem Streitverfahren demnächst heraus, daß die vorausgesetzte Observanz in Wirklichkeit nicht besteht, so ist der Beschluß als auf einer irrigen Voraussetzung beruhend aufzuheben, um so die Aufsichtsbehörde in den Stand zu setzen, ihrerseits eine neue Verteilung der Last vorzunehmen. Entsch. v. 24. IX. 90 (Pr. Verw.-Bl. Bd. XII S. 156).

Über die Oberverteilung der Schulbaukosten auf bürgerliche oder Schulgemeinden und Gutsbezirke hat, sofern Streit entsteht, nach § 47 des Zust.-Ges. die Schulaufsichtsbehörde, und nicht der Schulvorstand, zu beschließen. Ein gleichwohl von dem letzteren gefaßter Beschluß muß auf erhobene Klage außer Kraft gesetzt werden. (Vergl. auch Entsch. v. 10. VI. 93 (Pr. Verw.-Bl. Bd. XV S. 25). Von dieser Beschlußfassung im einzelnen Streitfalle ist die in der Regierungsinstruktion begründete Befugnis der Schulaufsichtsbehörde, die Norm für die Baukostenverteilung (nach den leitenden Prinzipien des schlesischen katholischen Schulreglements) von Staatshoheitswegen festzusetzen, grundsätzlich verschieden und macht sie nicht entbehrlich. Entsch. v. 15. X. 91 (Pr. Verw.-Bl. Bd. XIII S. 63).

Auch im Geltungsgebiete des französischen Rechtes haben die Schulaufsichtsbehörden kraft der ihnen durch § 18c der Reg.-Instr. übertragenen Aufsicht und Verwaltung des gesammten Elementarschulwesens im Streit- oder Bedarfsfalle beim Mangel rechtsgültiger lokaler Normen den Anteil jedes Kontribuenten, bzw. einen Maßstab für dessen Berechnung zu bestimmen. Die dieserhalb getroffenen Maßnahmen sind der Nachprüfung des Verwaltungsrichters entzogen. Behufs Vermeidung von Irrungen der Betroffenen bei Anbringung von Rechtsmitteln (hier nur Beschwerde, gegen das Resolut selbst Klage) empfiehlt es sich daher, daß die Anordnung der Verteilungsnorm der resolutorischen Entscheidung jedesmal unter Einhaltung eines sachgemäßen zeitlichen Zwischenraumes vorangeht. Entsch. v. 4. II. 93 Nr. I 129. Vergl. Entsch. v. 17. 93 (Pr. Verw.-Bl. Bd. XV S. 170).

Nimmt die Aufsichtsbehörde eine Verteilung von Schulbaukosten auf die ihres Erachtens Pflichtigen vor, so kann sie sich über rechtskräftige Urteile, durch die öffentlich-rechtliche Verteilungsnormen zur Feststellung gelangt sind, nicht hinwegsetzen, mag das Urteil nur unter den streitenden Beteiligten oder auch mit Zuziehung der Behörde zu dem Verfahren ergangen sein. Ein solches maßgebendes Urteil liegt aber nicht vor, wenn der Entscheidungsgrund ein irriger ist; dieser ist der Rechtskraft nicht fähig. Entsch. v. 15. X. 95 (Pr. Verw.-Bl. Bd. XVII S. 217).

Den Gutsherrn des Schulortes zu den ihm nach § 36 Teil II Tit. 12 A. L.-R.'s obliegenden Bauleistungen heranzuziehen, ist der Schulvorstand an sich befugt, da § 46 des Zust.-Ges. keine Einschränkung auf bestimmte Gattungen von Leistungspflichtigen oder auf bestimmte Leistungspflichtige kennt. Beruhigt sich der Gutsherr bei der Heranziehung, so schafft sie gegen ihn einen exekutiven Titel. Anderenfalls ist eine Rechtslage geschaffen, die das Verfahren nach § 47 erforderlich macht. Entsch. v. 11. XII. 96 (Z.-Bl. U.-V. 1897 S. 288).

die Schulaufsichtsbehörde in Überschreitung ihrer Zuständigkeit eine Verteilung der Schulbaukosten auf einzelne Pflichtige vorgenommen hat, auch diese für befugt zu erachten, die Aufhebung dieses Beschlusses im Klagewege zu verlangen.

Nr. 10 Entsch. Bd. XVI. S. 259 vom 3. Dezember 1887. I C 119/87.

A. L.-R Teil II Tit. 6 §§ 51 ff., 141. Zust.-Ges. 46, 47.

1) Ein Schulvorstand hatte eine Schulscheune reparieren lassen und legte die Kosten auf die Mitglieder der Schulgemeinde um. Von letzteren klagten mehrere hiergegen und weil sie behaupteten, die Kosten müßten observanzmäßig von der Kirchengemeinde getragen werden, so richteten sie die Klage auch gegen diese. Hiermit wurden sie abgewiesen, weil die Klage aus § 47 des Zust.-Ges. nur der Schulgemeinde gegeben ist und nicht den einzelnen Hausvätern.[1])

2) Dagegen war die Klage, soweit sie gegen den Schulvorstand gerichtet war und die Veranlagung der Kläger zu den streitigen Kosten betrifft, aus § 46 a. a. O. wohl zulässig. War auch der Schulvorstand gemäß § 141 des A. L.-R.'s Teil II Tit. 6 berechtigt, dringende und nicht aufschiebbare Reparaturen an Schulgebäuden ohne Befragung der Schulgemeinde ausführen zu lassen, so hat er doch nicht das Recht, zur Deckung der erforderlichen Kosten selbständig Gemeindeumlagen zu beschließen. Letzteres steht in der Regel nur der Korporation selbst zu. (A. L.-R. Teil II Tit. 6, §§ 51 ff.). Vergl. E.-O.-V. Bd. VI S. 111, Bd. XIV S. 174. Lehnt die Schulgemeinde die Beschlußfassung ab, so ist der Fall des § 47 a. a. O. gegeben und der Schulvorstand muß sich an die Schulaufsichtsbehörde wenden.

Nr. 11. Entsch. Bd. XVII. S. 276 vom 20. März 1889. I C 164/88.

Zust.-Ges. §§ 47, 49. Pr. Schulordn. v. 11. XII. 45 (G.-S. 1846 S. 1) §§ 32, 34, 36, 37.

Im Geltungsbereiche der Pr. Schulordn. v. 11. XII. 45 ist der Schulvorstand zur Vertretung der zur Unterhaltung der Elementarschulen verpflichteten bürgerlichen Gemeinden in ihren auf diese Pflicht bezüglichen Angelegenheiten nicht berufen. Seine Stellung ist in § 32 a. a. O. auf die Vertretung der Schule in ihren Rechtsangelegenheiten und die Verwaltung ihres Vermögens beschränkt, wodurch die Befugnis der Gemeinden zur Wahrnehmung ihrer Gerechtsame nicht berührt wird.

Die Klage aus § 47 Abs. 1 des Zust.-Ges. ist aber nicht etwa allein denjenigen gegeben, die die Kosten für diese Bauten zu übernehmen haben. Die Beschlüsse der Schulaufsichtsbehörde haben sich sowohl auf die Art und den Umfang des für erforderlich erachteten Schulbaues[2]), als auch auf die

---

[1]) Vergl. Entsch. v. 3. III. 96 (Z.-Bl. U.-V. S. 535) und v. 5. XII. 91 (Pr. Verw.-Bl. Bd. XIII S. 219). — Das Verwaltungsstreitverfahren gemäß § 47 Abs. 3 Zust.-Ges. ist nur zwischen den im Absatz 1 genannten Beteiligten, also nur zwischen Gemeinden oder Gutsbezirken, Schulverbänden und dritten statt ihrer oder neben ihnen Verpflichteten zulässig. Entsch. v. 1. V. 96 (Pr. Verw.-Bl. Bd. XVII S. 390).

[2]) Die Regierungen haben nach § 18 der Reg.-Instr. zu bestimmen, ob ein Schulbezirk zu teilen oder nicht, ob in einem Schulbezirke, falls die Vermehrung der Lehrkräfte für notwendig erachtet wird, die Erweiterung der bestehenden Schule oder die Errichtung einer neuen Schule erfolgen solle. Keine dieser Befugnisse untersteht der Rechtskontrolle des Verwaltungsrichters. Doch kann von der Notwendigkeit eines zweiten Klassenzimmers nicht früher die Rede sein, als bis eine zweite Lehrkraft vorhanden ist. Die Frage, ob eine neue Lehrerstelle einzurichten sei, muß daher zunächst gesondert zum Austrage gebracht werden. Entsch. v. 18. I. 93 (Z.-Bl. U.-V. S. 377); vergl. Entsch. v. 9. VI. 96 (Z.-Bl. U.-V. S. 678) und v. 12. VI. 96 (Z.-Bl. U.-V. S. 694).

Verteilung der Kosten unter die Verpflichteten zu erstrecken. Sofern nur die Verteilung und Aufbringung der Kosten streitig ist, ergiebt sich als selbstverständlich, daß zur Klage nur die von der Schulaufsichtsbehörde für die Kosten in Anspruch Genommenen legitimiert sind, also nicht der Schulvorstand. Soweit indessen der angeordnete Schulbau als unzweckmäßig veranschlagt oder dem Bedürfnisse sonst nicht entsprechend angefochten wird, ist die Klage nicht nur den für die Kosten verpflichteten Gemeinden, sondern auch dem Schulvorstande gegeben. Daraus, daß er der Aufsicht der Regierung unterstellt und daß dieser die Prüfung der Notwendigkeit und der Art der Ausführung von Schulbauten übertragen ist, läßt sich nicht folgern, daß der Schulvorstand sich unbedingt der Anordnung der Schulaufsichtsbehörde zu unterwerfen hat.

Nr. 12. Entsch. Bd. XVII. S. 277 vom 8. Dezember 1888. I C 120/88.

Zust.-Ges. §§ 47, 49. Ges. v. 21. VII. 46 (G.-S. S. 392), betreffend Bau und Unterhaltung der Schul- und Küsterhäuser.

1) Handelt es sich um den Neubau eines Schul- und Küsterhauses in Gemäßheit des Ges. v. 21. VII. 46 und ist die Notwendigkeit von dem Kirchen- und Schulvorstande anerkannt und von der kirchlichen und Schulaufsichtsbehörde genehmigt, so liegt nicht etwa ein Privatabkommen der beteiligten Korporationen vor, sondern es handelt sich um die Erfüllung der den letzteren obliegenden öffentlich-rechtlichen Verpflichtung.

2) Bei Streitigkeiten über die Verteilung der Baulast ist der Beschluß der Schulaufsichtsbehörde keineswegs erst dann zulässig, nachdem Riß und Bauplan genehmigt worden, vielmehr ist es Aufgabe der Aufsichtsbehörde bezw. des Verwaltungsrichters, die Grundsätze für die Verteilung der Baukosten bereits vor dem Beginne des Baues festzustellen und so klarzulegen, was jeder der Verpflichteten zum Baue und während des Baues zu leisten und herzugeben hat. Doch ist die Schulaufsichtsbehörde nicht berechtigt, Bestimmungen über die künftigen Unterhaltungskosten zu treffen, vielmehr hat sich der Beschluß lediglich auf den vorliegenden Baufall zu beschränken.

Nr. 13. Entsch. Bd. XX. S. 190 vom 21. Januar 1891. I B 123/90.

A. L.-R. Teil II Tit. 12 § 36. General-Landschulreglement für Schlesien v. 3. XI. 1765 (Kornsche Ed.-Samml. Bd. VIII. S. 180) Nr. 13. Schulreglement für die niederen katholischen Schulen Schlesiens u. s. w. v. 18. V. 01 (Neue Kornsche Ed.-Samml. Bd. VII S. 266). Zust.-Ges. § 47.

Nach schlesischem Elementarschulrechte ist die Zulässigkeit der Klage einer Gemeinde im Verwaltungsstreitverfahren auf Erstattung der von ihr verausgabten, nach öffentlichem Rechte auf das Dominium entfallenden Baukostenbeiträge nicht abhängig von einer vorausgehenden interimi-

---

Die Bestimmung des Grundstückes, das einem Schulneubau als Baustelle dienen soll, bildet einen unentbehrlichen Bestandteil jedes Schulbauresolutes. Die Anerkennung eines Bedürfnisses für Beschaffung neuer Schulräume hängt lediglich von dem Ermessen der Schulaufsichtsbehörde ab. Entsch. v. 10. XI. 86 (Pr. Verw.-Bl. Bd. VIII S. 133). Aus dem Resolut muß auch zweifelfrei erkennbar sein, ob ein Neubau oder ein Reparaturbau am Schulsaale oder an der Lehrerwohnung gemeint ist. Entsch. v. 20. XI. 94 (Z.-Bl. U.-V. 1895 S. 221)

Ein Schulbauresolut, dessen Zurücknahme die Behörde verweigert, behält verbindliche Kraft solange, bis es durch richterliches Urteil außer Kraft gesetzt wird. Die solchen Ausspruch begehrende Klage kann nur mit der Behauptung, daß ein Bedürfnis zu dem angeordneten Bau niemals obgewaltet habe, sondern nicht minder damit begründet werden, daß dies Bedürfnis wegen veränderter Umstände nicht mehr bestehe. Zur Feststellung dessen sind die Verwaltungsgerichte befugt. Auf jenes Fundament kann sogar noch, nachdem ein Resolut unanfechtbar geworden, die Klage gegen ein auf dessen Grundlage ergangenes ferneres Resolut gestützt werden. Das hinfällig gewordene Resolut muß außer Kraft gesetzt werden. Entsch. v. 17. IV. 96 (Z.-Bl. U.-V. S. 606).

stischen Beschlußfassung der Schulaufsichtsbehörde über die streitige Verpflichtung zur Aufbringung der Baukosten. Abs. 4 des § 47 des Zust.-Ges. hebt ausdrücklich hervor, daß selbst in Fällen, wo ein solcher Beschluß ergangen, die Frist zur Klage gegen ihn aber versäumt ist, gleichwohl die Klage auf Erstattung dadurch nicht ausgeschlossen wird. Vergl. E.-O.-V. Bd. XIII S. 265, Bd. XV S. 259. Sie muß also auch zulässig sein, wo ein solcher Beschluß überhaupt nicht vorliegt. Daß aber bei den katholischen Schulen Schlesiens, sofern nicht ihre gesammte Unterhaltung ausnahmsweise (wie im Falle der Nr. 6, 22 des Reglements von 1801) auf dem Boden des A. L.-R.'s zu erfolgen hat, die gutsherrliche Schulbaupflicht sich lediglich nach Nr. 13 des Reglements von 1765 bestimmt, daran hat das O.-V.-G. stets festgehalten. Vergl. E.-O.-V. Bd. XIII S. 279.

Andererseits ist die Feststellung des Maßstabes für die Verteilung der Kosten zwischen Gemeinden und Dominien seitens der Schulaufsichtsbehörden die unerläßliche Grundlage für die Bemessung des Beitrages, sofern dieser Maßstab nach gültigen Vereinbarungen oder rechtsbeständigen Gewohnheiten nicht feststeht. Diese Feststellung steht, mangels einer Bestimmung des Verteilungsmaßstabes in den Reglements, hinsichtlich der Baubeiträge auch heute der Schulaufsichtsbehörde zu.[1])

Ist die Feststellung unterblieben, so steht nichts entgegen, daß das Verwaltungsstreitverfahren ausgesetzt und den Parteien Gelegenheit gegeben wird, die nachträgliche Feststellung herbeizuführen. Doch wird sie von der Regierung mit Recht abgelehnt werden, wenn es sich um kein Interimistikum mehr handelt, d. h. wenn nicht mehr die erste Feststellung der gesetzlichen Baupflicht oder die Verteilung der Baubeiträge — wenn auch nach Ausführung des Baues — in Frage steht, also zweifelsohne dann, wenn die Baukosten bereits bezahlt sind.

Nr. 14. Entsch. Bd. XXIII. S. 129 vom 4. Mai 1892. I B 8/92.

Zust.-Ges. § 47.

1) Nur Streitigkeiten über öffentlich-rechtliche Bauverpflichtungen unterliegen der Beschlußfassung nach Maßgabe des § 47 Abs. 1 des Zust.-Ges. vorbehaltlich des Verwaltungsstreitverfahrens.

2) Hat ein Lehrer in Fürsorge für sein persönliches und hauswirtschaftliches Bedürfnis Aufwendungen in seiner Dienstwohnung gemacht, die an sich einen Teil der Schulbaulast bilden, z. B. Öfen beschafft, oder eine Kochvorrichtung herstellen lassen, so steht ihm gegen die Gemeinde nur ein privatrechtlicher Anspruch auf Ersatz des in deren Nutzen Verwendeten zu, ein Anspruch, der mangels gütlicher Verständigung vor dem ordentlichen Richter zum Austrage gebracht werden muß. Die Schulaufsichtsbehörde ist nicht zuständig, den nach öffentlichem Rechte Baupflichtigen zur Befriedigung des Lehrers anzuhalten.

---

[1]) Diese, dem Verwaltungsrichter nirgends übertragene, vielmehr der Aufsichtsbehörde allein vorbehaltene, und nur mit der formlosen, unbefristeten Beschwerde anfechtbare Setzung der Norm ist keineswegs gleichbedeutend mit der Anwendung der so gesetzten Norm auf den Einzelfall, gleichviel ob diese durch die Regierung selbst im Wege der resolutorischen Entscheidung gemäß § 47 Abs. 1 des Zust.-Ges. oder durch den von einem Beteiligten mit der Klage aus Abs. 2, 3 oder 4 a. a. O. angegangenen Verwaltungsrichter erfolgt. Entsch. v. 20. VI. 91 (Z.-Bl. U.-V. S. 646).

Die Zweckmäßigkeit und Angemessenheit des von der Regierung festgesetzten Verteilungsmaßstabes unterliegt nicht der Kontrolle des Verwaltungsrichters. Entsch. v. 22. X. 90 (Pr. Verw.-Bl. Bd. XII S. 183) und v. 2. XII. 91 (Z.-Bl. U.-V. 1893 S. 256).

Nr. 15. Entsch. Bd. XXV. S. 186 vom 10. Mai 1893. I C 12/93.

A. L.-R. Teil II Tit. 11 §§ 708, 709. 789 ff. Tit. 12 § 37. Ges. v. 21. VII. 46 (G.-S. S. 392), betreffend Bau und Unterhaltung der Schul- und Küsterhäuser. Zust.-Ges. §§ 47, 154.

1) Ein Schulbauresolut kann für die Beteiligten nur unanfechtbar werden, aber nicht in Rechtskraft übergehen. Letzteres wäre nur möglich, wenn in dem mit dem Resolute endigenden Verfahren von der dazu berufenen Instanz eine Entscheidung zwischen zwei streitenden Teilen erginge. An dieser Voraussetzung fehlt es aber bei dem Erlasse eines Bauresolutes. Das Bauresolut stellt nur einen Akt der Verwaltung und nicht der Verwaltungsrechtsprechung dar und vermag deshalb materielles subjektives Recht weder zwischen den Unterhaltungspflichtigen unter einander, noch zwischen diesen und der Aufsichtsbehörde zu begründen. Betreffs Verteilung der Baukosten sind die Beteiligten im Verwaltungsstreitverfahren ohne weiteres befugt, über ihre öffentlich-rechtlichen Bauverpflichtungen ohne Rücksicht auf den Inhalt eines vorangegangenen Resolutes sich auseinanderzusetzen. Ebensowenig ist hinsichtlich der Festsetzung über die Notwendigkeit und die Art der Bauausführung ein Zweifel darüber vorhanden, daß das Bauresolut der Rechtskraft im eigentlichen Sinne nicht fähig ist, daher unabhängig vom Fristenlaufe, mithin auch dann noch, wenn den Beteiligten ein Anfechtungsrecht nicht mehr zusteht, der Korrektur sowohl der Regierung als auch des Ministers unterliegt und von ihnen geändert, aufgehoben und von neuem erlassen werden darf.

2) Daraus ist jedoch nicht zu folgern, daß für die von den Verwaltungsgerichten in Schulbaustreitigkeiten zu fällenden Urteile dem Inhalte unanfechtbar gewordener früherer Resolute irgend welche Bedeutung überhaupt nicht zukomme. Zweckbestimmung des Schulbauresolutes ist, durch vorläufige Feststellung, was zur Befriedigung des jeweiligen Schulbedürfnisses und von wem zur Zeit gebaut werden muß, die Verhütung einer dem Gemeinwohle nachteiligen Verzögerung der Schulbauten zu ermöglichen, und die Anordnung event. bei Gefahr im Verzuge gemäß § 53 L.-V.-G. für sofort vollstreckbar zu erklären. Die Aufsichtsbehörde ist nicht gehindert, in demselben Baufalle beim Entstehen verschiedener Streitpunkte nach einander eine Mehrzahl von Resoluten so zu erlassen, daß immer die nachfolgenden von den Festsetzungen der früheren als der gegebenen unverrückbaren Basis ausgehen, und kann ferner geeigneten Falles vorerst nur die bei dem Bau oder bei der Kostenverteilung nach dessen Vollendung zu beobachtenden schul- und bautechnischen, bezw. rechtlichen, Grundsätze im allgemeinen feststellen und abwarten, ob und inwieweit demnächst entstehende Streitigkeiten über die Einzelheiten noch fernere resolutorische Entscheidungen bedingen werden. Vergl. E.-O.-V. Bd. XVII S. 278, XXI S. 186.

Die Annahme, daß jedesmal durch ein späteres Resolut die Klage gegen die Festsetzungen eines früher erlassenen, unanfechtbar gewordenen, unter allen Umständen wieder eröffnet werde, ist nach der rechtlichen Natur des Schulbauresolutes nicht haltbar. Jene Festsetzungen bleiben vielmehr von späteren Resoluten, sofern sie nicht in diesen selbst modifiziert oder aufgehoben werden, der Regel nach unberührt. Sie zum Gegenstande eines Angriffes mit einer Klage zu machen, die sich unmittelbar gegen ein Resolut jüngeren Datums richtet, ist nur unter der Voraussetzung zulässig, daß der Fortfall ihrer thatsächlichen Voraussetzungen — z. B. ein Rückgang der Kinderzahl, der den Anbau entbehrlich macht — behauptet und erwiesen wird oder eine dem Resolute den Boden entziehende Änderung der Rechtslage eingetreten ist, wie diejenige, die sich aus dem Ges. v. 26. V. 87 dahin ergiebt, daß bei der Konkurrenz einer baulichen Anforderung mit derjenigen einer Vermehrung der Lehrkräfte jene als notwendig nicht anerkannt und festgestellt werden kann, bevor nicht diese sichergestellt ist.

3) Die aus § 47 Abs. 1 und 2 des Zust.-Ges. gegen die Schulaufsichtsbehörde und zugleich gegen den vermeintlichen Drittverpflichteten angestellte Klage ist eine einheitliche, und eine materielle Entscheidung über die mit ihr dem Dritten gegenüber verfolgten Ansprüche verbietet sich deshalb von selbst, wenn sie der Behörde gegenüber als unzulässig befunden wird.

4) Nach Gemeinem Kanonischen Rechte hat der Kirchenpatron nur dann, wenn er aus dem Kirchengute Einkünfte bezieht, zu Bauten an kirchlichen Gebäuden einschließlich der Kirchschulen bei Unvermögen des Ärars beizutragen. Vergl. E.-O.-V. Bd. XXI S. 205. Das A. L.-R. stellt aber den Inhaber des Kirchenpatronates keineswegs als Träger der Schulbaulast hin. Es verpflichtet ihn in § 37 Tit. 12 und §§ 789 ff. Tit. 2 Teil II nur, wo das Schulhaus zugleich die Küsterwohnung ist, zu ihrer Unterhaltung „in der Regel" auf ebendieselbe Art wie bei Pfarrbauten beizutragen, mithin in Ermangelung partikularer Rechtsnormen im Falle der Unzulänglichkeit des Kirchenvermögens zusammen mit den Eingepfarrten die Baarkosten, bei Landkirchen im Verhältnis von 2 zu 1 herzugeben. Durch das Ges. v. 21. VII. 46 ist diese Küsterschulbaupflicht des Kirchenpatrones noch weiter dahin eingeschränkt worden, daß er, wenn auch die Entwickelung des Schulwesens Räume für neue Klassen oder zu Wohnungen für neue Lehrer notwendig werden, zu solchen Bauten überhaupt nicht beizusteuern hat.

5) Eine Observanz, die den Kirchenpatron gegenüber der Hausvätersozietät zur alleinigen Unterhaltung und Vorhaltung sämmtlicher, auch der erst in Zukunft erforderlich werdenden Schulräume verpflichten soll, konnte sich zwar noch nach der Emanation des A. L.-R.'s bilden, da dieses Gesetzbuch auf ununterbrochene Gewohnheiten für das hier in Rede stehende Gebiet als eine der nächsten Quellen des Rechtes ausdrücklich hinweist. Wäre aber selbst eine derartige Observanz zur rechtlichen Existenz gekommen, so würde sie durch die positiven Vorschriften des Ges. von 1846, wonach für Erweiterungsbauten im Schulinteresse die Schulunterhaltungspflichtigen ohne Mitbeteiligung der Pfarrbaupflichtigen aufzukommen haben, ihre Geltung verloren haben. Auch eine Änderung der durch jenes Gesetz geregelten Baupflicht durch Observanzbildung wäre zu Gunsten der Schulgemeinde, weil deren Pflicht lediglich auf diesem Gesetze beruht, rechtlich unmöglich und würde nur zu Gunsten des Patrons und der Eingepfarrten möglich sein, weil diese zugleich aus dem nur „die Regel" angebenden, daher abweichende Gewohnheiten nicht ausschließenden § 37 Tit. 12 Teil II A. L.-R.'s verpflichtet sind. Vergl. E.-O.-V. Bd. XIV S. 252, Bd. XVI S. 266.

6) Der Einwand der Verjährung kann, sofern sie nicht lediglich einen privatrechtlichen Inzidenzpunkt in einer sonst publizistischen Streitsache, sondern das für sich bestehende alleinige Fundament für die Schulbauverpflichtung darstellen soll, nur vor dem ordentlichen Richter und nicht im Verwaltungsstreitverfahren geltend gemacht werden. Vergl. E.-O.-V. Bd. XXI S. 190.

Nr. 16. Entsch. Bd. XXVI. S. 177 vom 14. Februar 1894. I C 102/93.

Reg.-Instr. v. 23. X. 17 (G.-S. S. 248) § 18. Zust.-Ges. §§ 47, 49.

Die Verwaltungsgerichte haben über die Anordnung von Neu- und Reparaturbauten bei Schulen, die der allgemeinen Schulpflicht dienen, gegebenen Falles in demselben Umfange und in demselben Maße zu befinden, wie dies den Bezirksregierungen nach § 18 der Reg.-Instr. zustand. Eine Schranke besteht, abgesehen davon, daß gemäß § 79 L.-V.-G. die Entscheidungen nur die Parteien und die im Streitverfahren erhobenen Ansprüche betreffen dürfen, einzig und allein darin, daß nach § 49 Abs. 2 und 3 des Zust.-Ges. eine Nachprüfung der von den Schulaufsichtsbehörden innerhalb ihrer gesetzlichen Zuständigkeit über die Ausführung von Schulbauten getroffenen allgemeinen Anordnungen, sowie der von den Schulaufsichtsbehörden über die Einrichtung neuer oder die Teilung vorhandener Schulsozietäten für nötig erachteten Maßnahmen zu unterbleiben hat. Vergl. E.-O.-V. Bd. XII S. 223.

Hiernach unterliegt die Prüfung der Frage nach dem Bauplatze, d. i. demjenigen Orte innerhalb des Schulbezirkes, wo zu bauen ist, dem freien Ermessen des Verwaltungsrichters.

Nr. 17. Entsch. Bd. XXIX. S. 205 vom 21. Januar 1896. I C 103 95.

Landschulordn. für das Herzogtum Lauenburg v. 10. X. 68 (Off. Woch.-Bl. S. 44) §§ 36, 38. Zust.-Ges. §§ 47, 49.

1) Die Bestimmung des § 38 Abs. 5 der Lauenburgischen Landschulordnung v. 10. X. 68, wonach über alle vorfallenden Bauten, mit Ausnahme der kleineren Reparaturen die Schulkommunen und bei Küsterschulhäusern auch die Kirchengemeinden vorgängig gutachtlich zu hören sind, die Entscheidung aber der Schulaufsichtsbehörde (an Stelle des durch § 5 des Ges. v. 23. VI. 76 G.-S. S. 169 aufgehobenen Lauenburgischen Konsistoriums) zusteht, hat in ihrem ersten Teile dem § 47 des Zust.-Ges. gegenüber nur noch instruktionelle Bedeutung. Dies ergiebt sich auch daraus, daß die Regierung anerkanntermaßen auch nach Vollendung eines Baues ohne Rücksicht darauf, ob vor seinem Beginne eine Vernehmung der Interessenten stattgefunden hat oder nicht, eine Entscheidung über die Verpflichtung zur Tragung der Kosten treffen kann. Vergl. E.-O.-V. Bd. XII S. 226, Bd. XX S. 107.

2) Die Herstellung von Blitzableitern auf Schulgebäuden stellt einen Schulbau im Sinne des § 47 des Zust.-Ges. dar, ohne daß es darauf ankommt, ob eine solche Anlage als ein integrierender Teil des Gebäudes anzusehen ist, oder nicht. Vgl. Min.-Erl. v. 28. III. 84 (Schneider und v. Bremen, Volksschulwesen, Bd. II S. 632).

2. Begriff und Umfang der Schulbaulast.[1])

Litteratur und **Materialien** siehe oben S. 525.

Nr. 1. Entsch. Bd. I. S. 188 vom 18. Oktober 1876.

Zust.-Ges. §§ 47, 49 Abs. 2.

Bei der Bemessung des Bedürfnisses der Lehrer an Wohnungsräumen seitens der Verwaltungsgerichte liegt es den letzteren ob, das streitige Wohnungsbedürfnis nach der besonderen Lage des vorliegenden Falles zu bemessen, sofern nicht eine für die Verwaltungsgerichte maßgebende Verordnung der zuständigen Behörde vorliegt.

---

[1]) Vergl. zu diesem Abschnitte auch Bd. XX S. 175 (Mietsräume); Entsch. v. 18. X. 93 (Pr. Verw.-Bl. Bd. XV. S. 154, desgl.); 15. IX. 83 (Pr. Verw.-Bl. Bd. V S. 2, Geldentschädigung für eine dem Lehrer nicht gewährte, oder zugesicherte freie Wohnung); E.-O.-V. Bd. XXIX S. 205 (Blitzableiterablage), Bd. XXI S. 212 (Kalken der Wände), Entsch. v. 4. X. 95 (Pr. Verw.-Bl. Bd. XVII S. 246 — das Weißen der Schulstube gehört sowohl nach dem gewöhnlichen Sprachgebrauche, als auch rechtlich zu den Bauausführungen, und zwar nicht nur dann, wenn es durch eine bauliche Schadhaftigkeit notwendig gemacht war, sondern auch wenn es zu Desinfektionszwecken erfolgte), E.-O.-V. Bd. XXIII S. 129 (feststehende oder bewegliche Öfen in der Lehrerwohnung). Entsch. v. 3. III. 94 (Pr. Verw.-Bl. Bd. XV S. 594, desgl.)

Solche Verordnungen sind die Min.-Erl. v. 11. IV. 72 und 26. II. 74 (Z.-Bl. U.-V. 1872 S. 499, 1874 S. 345) weder ihrem Inhalte, noch ihrem Anlasse nach. Es kann daher von der Schulgemeinde die Beschaffung von Heizvorrichtungen für Schlafkammern nicht gefordert werden, falls nicht besondere Umstände dafür sprechen.

Nr. 2. Entsch. Bd. I. S. 192 vom 21. Oktober 1876.

Zust.-Ges. § 47.

Über die Entscheidung der Frage, ob bei Bestimmung des Umfanges und der Einrichtung eines zu erbauenden Schulhauses auch ein erst in Aussicht stehendes Bedürfnis (die mutmaßliche Vermehrung der Kinderzahl) zu berücksichtigen ist, ist zwar im Verwaltungsstreitverfahren zu befinden. Jedoch ist sie zu verneinen; denn die Schulaufsichtsbehörde kann nur die Befriedigung des gegenwärtigen Bedürfnisses verlangen, und die Schulgemeinde ist nicht verpflichtet, für die infolge einer möglichen künftigen Vermehrung der Kinderzahl erforderliche Anstellung eines zweiten Lehrers im voraus zu sorgen.

Nr. 3. Entsch. Bd. IV. S. 183 vom 29. Juni 1878.

A. L.-R. Teil II Tit. 12 §§ 29, 33, 34, 36. Zust.-Ges. §§ 4, 6, 47.

1) Die Tische und Bänke der Schulstuben gehören zum Inventarium der Schule, nicht aber „zu den Schulgebäuden und Schulmeisterwohnungen" im Sinne der die Schulbaulast regelnden Bestimmungen des A. L.-R.'s.

2) Das Verwaltungsstreitverfahren über die Verpflichtung der Gutsherrschaften, das Holz zur Beschaffung dieser Utensilien zu liefern, kann deshalb nicht auf Grund des § 47, sondern nur auf Grund des § 46 des Zust.-Ges. stattfinden.[1])

Nr. 4. Entsch. Bd. XIII. S. 265 vom 20. Dezember 1885. I C 107/85.

A. L.-R. Teil I Tit. 2 §§ 44, 46, 48, 75, 77, 79, 93, 102, 105. Teil II Tit. 12 §§ 34, 36, 37, Tit. 11 §§ 786 ff. Ges. v. 21. VII. 46 (G.-S. S. 392) betreffend Bau und Unterhaltung der Küsterhäuser. Zust.-Ges. §§ 46, 47.

1) Die Beteiligten im Sinne des § 47 des Zust.-Ges. bei Aufbringung der Kosten von Schul- und Küsterhausbauten sind nach Maßgabe des Ges. v. 21. VII. 46 die Kirche, bezw. der Patron und die Eingepfarrten (Kirchengemeinde) und die, denen in Ermangelung eines Küsterhauses die Unterhaltung einer gemeinen Schule obliegen würde. Diese Rechtssubjekte können gegen einander auf Feststellung ihrer baulichen Verpflichtungen klagend vorgehen. Die zur Unterhaltung der Schule Verpflichteten können von der Kirche die Übernahme eines Teiles der Baupflicht fordern, auch hindert nichts, daß sie den Kirchenpatron direkt in Anspruch nehmen. Der Kirchenvorstand kann von dem Patrone und der Pfarrgemeinde die Erfüllung ihrer subsidiären Verbindlichkeit verlangen und letztere können, wenn sie glauben, die Kirche habe selbst die Mittel, um die Baukosten zu decken, gegen diese klagen.

Ein vorgängiger Beschluß der Schulaufsichtsbehörde (Regulierung des Interimistikums) ist nicht unbedingt erforderlich.

2) Utensilien, die zur Ausstattung eines den Schulzwecken gewidmeten Gebäudes für den Unterricht notwendig sind, z. B. Tische und Bänke, sind regelmäßig als ein Zubehör des Gebäudes nicht zu erachten und

[1]) Der Rest der Entscheidung (Zulässigkeit des Rechtsweges und Endgültigkeit der Entscheidung der Verwaltungsgerichte) ist veraltet.

infolgedessen nicht von demjenigen zu beschaffen, dem die bauliche Herstellung der Schulräume obliegt. Sie gehören wohl zum Inventarium der Schule, nicht aber zu den Schulgebäuden und Schulmeisterwohnungen. Vergl. E.-O.-V. Bd. IV S. 183. Das Gegenteil ist (bei Küsterhäusern) auch aus A. L.-R. Teil II Tit. 11 nicht zu folgern, um so weniger, als § 786 das. als innere Pertinenzstücke der Pfarrgebäude Thüren, Fenster, Öfen und innere Schlösser benennt.[1])

Jedoch können Schulbänke (Subsellien) u. s. w. unter Umständen Pertinenz eines Schulhauses werden, sofern Handlungen oder Willenserklärungen der Beteiligten im Sinne der §§ 42, 44 Teil I Tit. 2 A. L.-R.'s vorliegen, aus denen also zu entnehmen ist, daß die Inventarienstücke von zuständiger Stelle (durch Bestimmung des Patrones, der Kirchengemeinde oder der Schulgemeinde) mit dem Schul- und Küsterhause als dessen Zubehör haben vereinigt werden sollen und vereinigt sind.

Schulutensilien sind auch keine Nebensachen nach § 46 a. a. O., ohne die die Hauptsache, das Schulhaus, nicht gebraucht werden kann, noch weniger sind sie den Gerätschaften beizuzählen, die nach der Bestimmung des Gebäudes dem Betriebe eines gewissen Gewerbes gewidmet sind (§ 79 a. a. O.), wie es überhaupt ungerechtfertigt erscheint, den Unterricht in einer der allgemeinen Schulpflicht dienenden Schule als ein Gewerbe zu bezeichnen, zu dessen Betrieb es einer besonderen baulichen Herstellung oder Einrichtung bedürfe. Die Schulutensilien stehen der Regel nach den Möbeln, dem Hausrate und den Gerätschaften gleich.

Sofern es also an dem Nachweise fehlt, daß Tische, Bänke und sonstiges Inventar von Schulräumen ausnahmsweise ein Zubehör des Schul- und Küsterhauses bilden, fallen ihre Kosten nicht unter den Begriff der Baukosten.

Nr. 5. Entsch. Bd. XVIII. S. 167 vom 5. Juni 1889. I C 14/89.

Zust.-Ges. §§ 47—49. Ges. v. 3. VI. 76 (G.-S. S. 125), betreffend die ev. Kirchenverfassung, Art. 27.

1) Die Kosten der baulichen Untersuchung eines angeblich baufälligen Gebäudes (hier eines Schul- und Küsterhauses) sind als „Baukosten" nicht anzusehen, wohl aber die Kosten, die durch die Ausarbeitung des Bauprojektes und die hierfür erforderliche Besichtigung und Aufnahme des Gebäudes seitens der Sachverständigen, sowie durch die spätere Bauleitung und Abnahme des Baues bedingt werden.

2) Erachtet die Schulaufsichtsbehörde die Kirchen- und Schulgemeinde nach öffentlichem Rechte für verpflichtet, die zuerst gedachten Besichtigungskosten zu bezahlen, so muß sie in Gemäßheit des § 48 des Zust.-Ges. bezw. des § 27 des Ges. v. 3. VI. 76 das Geeignete veranlassen.

---

[1]) Bänke und andere Schulzimmer-Ausstattungsgegenstände können durch Zuschlagung seitens der Beteiligten Pertinenz des Schulhauses werden und zwar genügt hierzu der Mangel eines Widerspruches Dritter. Liegt die Schulunterhaltungs- und Schulbaulast verschiedenen Subjekten ob, so muß die Zuschlagung mit Wissen und Willen der Baupflichtigen erfolgen. Entsch. v. 13. XI. 94 (Pr. Verw.-Bl. Bd. XVI S. 257).

Die Verpflichtung des Patrons, das Holzmaterial zu Bauten und Reparaturen an einem Schul- und Küsterhause unentgeltlich herzugeben, erstreckt sich auch auf die im Unterrichtsraum befindlichen Tische und Bänke, wenn diese Gegenstände als Pertinenzstücke des Hauses anzusehen sind. — An sich gehören Tische und Bänke zum Inventar, nicht aber zum Gebäude. Es können diese aber die Eigenschaft von Pertinenzstücken erhalten, wenn sie durch Handlungen oder Bestimmungen der Beteiligten dem Schulhause zugeschlagen werden. Entsch. v. 3. VI. 93 (Pr. Verw.-Bl. Bd. XV S. 75).

Nr. 6. Entsch. Bd. XIX. S. 181 vom 31. Mai 1890. I C 141 89.

A. L.-R. Teil I Tit. 2 §§ 4, 42, 44, 46, 76, 84, 108, Tit. 11 § 81. Teil II Tit. 11 §§ 786, 778 ff. Reg.-Instr. v. 23. X. 17 (G.-S. S. 248) § 18. Zust.-Ges. §§ 47, 49.

1) Der Regierungspräsident ist nicht der ausschließliche gesetzliche Vertreter der Regierung, wohl aber deren Vorsitzender. Hat er in einem Verwaltungsstreitverfahren in dieser Eigenschaft namens einer der beiden Parteien eine Prozeßhandlung vorgenommen, z. B. eine Vollmacht erteilt, so ist er deshalb gemäß § 61 L.-V.-G. und § 41 Nr. 4 der Ziv.-Proz.-Ordn. von der Ausübung des Richteramtes in der betreffenden Angelegenheit kraft des Gesetzes ausgeschlossen. Vergl. E.-O.-V. Bd. XVIII S. 177.

2) Unzutreffend ist die Behauptung, daß den Schulbaupflichtigen eine neue Verpflichtung, wie diejenige der Beschaffung von Öfen für die Lehrerwohnungen nicht anders, als im Wege der Gesetzgebung auferlegt werden könnte. Das A. L.-R. nimmt die Einwohner des Schulbezirkes für den Unterhalt des Lehrers und diese, sowie unter gewissen Voraussetzungen die Gutsherrschaften oder die kirchlichen Interessenten für die Unterhaltung der Schulgebäude und Schulmeisterwohnungen in Anspruch, trifft aber keine Bestimmung über die Höhe des dem Lehrer zustehenden Einkommens oder über die Beschaffenheit der zur Aufnahme des Unterrichtszimmers und zur Unterbringung des Lehrers dienenden Räumlichkeiten. Das Recht, den Umfang der persönlichen und sächlichen Leistungen zur Schulunterhaltung festzusetzen, stand früher den Regierungen zu und ist durch Ges. v. 26. V. 87 bezüglich der Unterhaltungspflicht im engeren Sinne (mit Ausnahme der Bauleistungen) auf den Kreis- und Bezirksausschuß übergegangen, während gemäß §§ 47, 49 des Zust.-Ges. auf dem Gebiete des Schulbauwesens die Schulaufsichtsbehörden auch jetzt noch zuständig sind, die zu gewährenden Leistungen durch allgemeine Anordnungen verbindlich für den Verwaltungsrichter und im Einzelfalle durch Beschluß, vorbehaltlich der verwaltungsrichterlichen Nachprüfung (vergl. E.-O.-V. Bd. XII S. 223) verbindlich für den Pflichtigen festzusetzen. Dem Festsetzungsrechte der Aufsichtsbehörden unterliegt aber nur das Maß der Bauleistungen, nicht der Begriff der Baupflicht, deren Grenzen zu verrücken sie nicht befugt sind. Wird es einer allgemeinen Anordnung oder einem im Einzelfalle ergangenen Beschlusse gegenüber streitig, ob damit über dasjenige hinausgegangen sei, was begrifflich unter die Baupflicht fällt, so hat hierüber der Verwaltungsrichter zu entscheiden.[1])

3) Die Erlasse des Unterrichtsministers v. 10. X. 83 und 22. VI. 85 (Z.-Bl. U.-V. 1883 S. 616, 1885 S. 639), wonach die Schulbaupflichtigen gehalten sind, für die zu den Dienstwohnungen der Volksschullehrer gehörigen heizbaren Zimmer auch die erforderlichen Öfen zu liefern, gleichviel, ob diese Öfen feststehende oder bewegliche sind, tragen den Charakter allgemeiner Anordnungen an sich: sie enthalten — abgesehen davon, daß die in dem Zentralblatte für die gesammte Unterrichtsverwaltung publizierten Verfügungen des Unterrichtsministers nicht bloß als für die Behörde, an die sie gerichtet sind, sondern bei gleicher Sach- und Rechtslage als für alle Behörden maßgebend erklärt sind (Z.-Bl. U.-V. 1883 S. 651) — die Willensmeinung der anordnenden Zentralbehörde für das Unterrichtswesen; danach darf innerhalb des gesammten Staatsgebietes und ohne Rücksicht auf die Verschiedenheit der privatrechtlichen

---

[1]) Hat die Zentralunterrichtsverwaltung allgemein die Anlage von Pissoirs bei den Volksschulen für die Schüler männlichen Geschlechtes angeordnet, so handelt die Schulaufsichtsbehörde innerhalb ihrer Zuständigkeit, wenn sie derartige Einrichtungen für die Schulen ihres Bezirkes allgemein anordnet. Über die Notwendigkeit kann also im Einzelfalle nicht gestritten werden. Entsch. v. 24. V. 93 (Pr. Verw.-Bl. Bd. XV S. 169).

Normen über die Pertinenzqualität die **Beschaffung von Öfen für die Lehrerwohnungen** von den Trägern der Schulbaulast als **eine ihnen obliegende öffentlich-rechtliche Pflicht** gleichmäßig gefordert werden. Bezüglich ihrer verbindlichen Kraft kommt es also darauf an, ob die Beschaffung von Öfen für die Dienstwohnungen der Volksschullehrer unter den Begriff einer Bauleistung fällt. Dies ist zu bejahen.

Der **öffentlich-rechtliche Begriff der Schulbaupflicht** umfaßt zweifellos die erste Herstellung, sowie die Unterhaltung und Erneuerung des Schulhauses in allen seinen konstruktiven Bestandteilen (Substanz), nicht aber die Beschaffung **aller** zu dessen Benutzung dienlichen Ausstattungsgegenstände. Zu jenen Bestandteilen gehören auch die **Heizvorrichtungen** (z. B. Öfen), gleichviel, ob sie beweglich sind oder unbeweglich. Die Zulassung beweglicher Öfen ist lediglich als eine den Pflichtigen in wohlwollender Berücksichtigung ihrer Interessen nachgelassene Minderleistung anzusehen.[1]) Dem stehen auch die Vorschriften im A. L.-R. § 84 Tit. 2 Teil I und § 786 Tit. 11 Teil II nicht entgegen, wo Öfen als innere Pertinenzstücke der Gebäude bezeichnet werden. Die Pertinenzeigenschaft einer Sache, mag sie sich auf ausdrückliche Willenserklärung des Eigentümers der Hauptsache oder auf ihre Notwendigkeit zum bestimmungsmäßigen Gebrauche der letzteren gründen (§§ 42, 44, 46, 108 Tit. 2 Teil I A. L.-R.'s), hat allerdings die **vorangegangene** Thatsache der hergestellten rechtlichen Verbindung der Nebensache mit der Hauptsache zur notwendigen Voraussetzung, an der es in dem Falle, wo es sich um einen erst zu beschaffenden Ofen handelt, fehlen würde. Vergl. E.-O.-V. Bd. XIII S. 265. Allein die Terminologie des A. L.-R.'s ist in der Bezeichnung von Sachen als Pertinenzien oder als Bestandteile eines Begriffsganzen keine gleichmäßige. Der § 81 Tit. 11 Teil I begreift unter „Pertinenzstücke" auch Teile der Substanz und als letztere bezeichnet der § 4 Tit. 2 Teil I alles dasjenige, ohne das die Sache nicht das sein kann, was sie vorstellen soll oder wozu sie bestimmt ist. Da nun Vorkehrungen, die die Heizung der Zimmer erst möglich machen, bei einem zur Bewohnung auch im Winter bestimmten Hause denjenigen Herstellungen beigezählt werden müssen, ohne die ein Haus nicht vollständig bewohnt werden kann, so steht nichts entgegen, feststehende Öfen als im Sinne der Schulbaupflicht zur Substanz der Lehrerwohnungen gehörig zu betrachten.

4) **Verkehrssitten**, nach denen bewegliche Öfen von den Mietern, Nutznießern oder sonstigen Inhabern der Wohnungen beschafft werden müssen, sind **als Rechtsnormen nicht zu betrachten**. Sie können privatrechtliche Verhältnisse regeln, nicht aber als die für das **öffentliche** Recht maßgebenden Satzungen angesehen werden. Hat aber eine allgemeine Anordnung Ausnahmen nach Maßgabe der besonderen Umstände des einzelnen Falles gestattet, so ist zu beachten, daß die gewissen Landesteilen gemeinsame Sitte keineswegs gleichbedeutend ist mit der besonderen Lage eines Falles bei **einer einzelnen Schule**.

5) Die Zulässigkeit des Anspruches der Aufsichtsbehörde, für einen Lehrer ein höheres Einkommen, als das ihm ausgesetzte, oder eine bessere Ausstattung der ihm überwiesenen Dienstwohnung zu verlangen, ist **unabhängig von dem Inhalte der Matrikel** und lediglich nach den öffentlich-rechtlichen Befugnissen der Schulaufsichtsbehörde zu beurteilen.

---

[1]) Sowohl im Geltungsbereiche des Code civil als in dem des Allgemeinen Landrechtes gehört die Beschaffung der erforderlichen, feststehenden oder beweglichen, Öfen sowie einer Kochvorrichtung für die Lehrerwohnung zu einem Teil der Schulbaulast. Entsch. v. 3. III. 94 (Pr. Verw.-Bl. Bd. XV S. 594).

Nr. 7. Entsch. Bd. XIX. S. 192 i. d. Anm. vom 31. Mai 1890. I B 36/89.
Code civile Art. 524, 525, 534.

Im Sinne der vorstehend unter Nr. 6 abgedruckten Entscheidung und aus den dort entwickelten Gründen ist auch für das Geltungsgebiet des code civil die Vorhaltung von Öfen als eine den Schulbaupflichtigen obliegende Last anerkannt worden.

Art. 3 Tit. II der Vd. v. 11. Floreal X (Bulletin 3e série tome VI p. 216) schreibt vor, daß dem Lehrer von der Gemeinde Wohnung zu gewähren sei. Wie sie im allgemeinen und namentlich in Beziehung auf die Heizbarmachung der Zimmer beschaffen sein soll, ist weder dort, noch sonst im Gesetze gesagt. Die allgemeine Anordnung des Unterrichtsministers, die die Beschaffung von Öfen verlangt, widerstreitet daher keiner Norm des bestehenden Rechtes. Die Zulassung beweglicher Öfen stellt sich lediglich als eine aus Billigkeitsrücksichten nachgelassene Minderleistung dar.

Nr. 8. Entsch. Bd. XXI. S. 187 vom 17. September 1890. I C 40/90.
A. L.-R. Teil I Tit. 8 § 81, Teil II Tit. 7 §§ 28 ff., Tit 8 § 160, Tit. 12 §§ 29, 34, 36. Zust.-Ges. § 47.

1) Wenn im Absatz 1 des § 47 des Zust.-Ges. neben der Anordnung von Schulbauten auch die öffentlich-rechtliche Verpflichtung zur Aufbringung der Baukosten und ihre Verteilung auf die Verpflichteten im Streitfalle der Beschlußfassung der Schulaufsichtsbehörde, vorbehaltlich des Verwaltungsstreitverfahrens, überwiesen wird, so sind hier unter den „Baukosten" nicht bloß die Baarkosten, sondern auch anderweitige Leistungen, die nach den Normen des zur Anwendung kommenden Rechtes von den Bauverpflichteten verlangt werden können, z. B. die Hand- und Spanndienste, Verabfolgung angeblich vorhandener Materialien, Hergabe des Bauholzes oder Entrichtung seines Geldwertes, überhaupt alle diejenigen Obliegenheiten zu verstehen, die von den Bauverpflichteten zu erfüllen sind. Hierher gehört auch die Frage über die Hergabe oder den zu bewirkenden Ankauf des Bauplatzes.[1])

2) Nicht zutreffend ist die Rechtsanschauung, daß Nutzungsrechte an fremden Grundstücken nur durch privatrechtliche Titel und auf dem Gebiete des öffentlichen Rechtes nicht wirksam werden könnten. Das Gegenteil ergiebt sich aus dem Rechte der Hauseigentümer auf die Nutzung der Bürgersteige oder aus dem Rechte der Gemeindemitglieder in Dorf und Stadt zur Teilnahme an den gemeinschaftlichen Nutzungen, aber auch aus dem Wohnungs- und Landnutzungsrechte, das den Lehrern durch die Berufungsurkunden mit Genehmigung der Aufsichtsbehörde, also zu öffentlichem Rechte, zugesichert wird.

Als ein öffentlich-rechtlicher Titel des einer Schulgemeinde an einem Grundstücke zustehenden Nutzungsrechtes gilt auch die in früheren Zeiten erfolgte Widmung eines Grundstückes seitens der Gutsherrschaft zum Schulbauplatze. Über die Frage der Ersitzung als Eigentum an solchen Dotationsgrundstücken haben die Zivilgerichte zu entscheiden.

Nr. 9. Entsch. Bd. XXI. S. 213 vom 7. Februar 1891. I C 114/90.
Code civile Art. 605, 625 ff., 1719, 1720, 1754. Ges. v. 26. V. 87 (G.-S. S. 175), betreffend Feststellung von Anforderungen für Volksschulen, § 5. Zust.-Ges. §§ 47, 49.

1) Zum Kalken der Lehrerwohnungen sind in dem Gebiete des vormaligen Großherzogtumes Berg die Lehrer selbst verpflichtet und nicht die Gemeinden, sofern nach dem Ortsgebrauche der Mieter und nicht der Eigentümer vermieteter Wohnungen (also der Vermieter) die Kosten des

---

[1]) Ebenso Entsch. v. 30. X. 94 (Pr. Verw.-Bl. Bd. XVI S. 229).

Kalkes zu tragen hat. Diese Last der Lehrer gehört aber nicht zu den Schulbaulasten, deren Erfüllung nach § 47 des Zust.-Ges. erzwungen werden kann.

2) Das Kalken der Wände muß zwar zweifelsohne als eine bauliche Herstellung gelten; denn es dient nicht nur einer gewissen Annehmlichkeit und Behaglichkeit. Das Überziehen des Mauerbewurfes mit einer Kalktünche, die dadurch zu einem Bestandteile des Gebäudes selbst wird, stellt zweifellos nicht bloß nach dem Sprachgebrauche des täglichen Lebens, sondern auch rechtlich eine Bauausführung, die notwendige Erneuerung eines schadhaft gewordenen Kalkanstriches, daher einen Reparaturbau dar. Demzufolge ist darüber, ob solche Baureparaturleistung an dem Gebäude einer der allgemeinen Schulpflicht dienenden Schule unter den spezifischen Begriff der Schulbaulast fällt, sowie, falls dies bejaht wird, wer die Kosten herzugeben hat, auf Grund des § 47 des Zust.-Ges. von der Schulaufsichtsbehörde zu beschließen und auf Klage gegen deren Beschluß im Verwaltungsstreitverfahren zu entscheiden, und es bleibt gemäß § 5 des Ges., betreffend die Feststellung von Anforderungen für Volksschulen v. 26. V. 87 die Zuständigkeit der Beschlußbehörden selbst dann ausgeschlossen, wenn es sich um Anforderungen handelt, die durch neue und erhöhte Leistungen der Schulunterhaltungspflichtigen zu erfüllen sind.

3) Unrichtig ist auch, daß bauliche Herstellungen an Lehrerwohnungen zu den Neu- und Reparaturbauten bei den im § 47 des Zust.-Ges. allein genannten Schulen nicht gezählt werden können. Das Gesetz begreift unter „Schule“ (vergl. E.-O.-V. v. 31. V. 90 Nr. I 575) die Gesammtanstalt, die dazu bestimmt ist, innerhalb eines örtlichen Bezirkes der allgemeinen Schulpflicht zu dienen, mithin nicht bloß die zur Erteilung des Unterrichtes, sondern auch die zur Befriedigung des Wohn- und Wirtschaftsbedürfnisses des Lehrers dienenden Räume, und zwar gleichviel, ob letztere nach den örtlichen Verhältnissen zur Unterbringung des Lehrers notwendig oder ihm ungeachtet der Möglichkeit mietweiser Beschaffung einer angemessenen Unterkunft überwiesen worden sind. Es hängt nicht lediglich von dem Belieben einer Gemeinde ab, den Lehrern an den von ihr zu unterhaltenden Schulen entweder Dienstwohnung oder Wohnungsentschädigung zu gewähren. Über die Notwendigkeit und Zweckmäßigkeit der Beschaffung von Dienstwohnungen steht vielmehr im Streitfalle der Schulaufsichtsbehörde bezw. den Verwaltungsgerichten die Entscheidung zu. Allerdings hat ein Lehrer, dem in seinem Berufungsvertrage bezw. Einkommensverzeichnisse ein Anspruch auf Dienstwohnung oder Wohnungsentschädigung eingeräumt ist, nicht ein unwiderrufliches Recht auf eine einmal ihm überwiesene Wohnung, sondern muß sich auf das von der Schulaufsichtsbehörde genehmigte Verlangen der Schulunterhaltungspflichtigen die Überweisung einer anderen Wohnung oder die Gewährung von Wohnungsentschädigung anstatt der Naturalwohnung gefallen lassen.

4) Die Nichtverpflichtung der Gemeinde zur Erneuerung des Kalkanstriches folgt aber aus dem geltenden Rechte. Nach dem Art. 21 des für das vormalige Großherzogtum Berg erlassenen Kaiserlichen Dekretes, betreffend die Organisation des öffentlichen Unterrichtes, v. 17. XI. 11 (Gesetz-Bulletin für Berg Bd. III S. 804), fallen die Errichtungs- und Unterhaltungskosten der Primärschulen den Kommunen zur Last, für die sie errichtet werden. Sodann bestimmt die in Vollziehung dieses Dekretes von dem Großherzoglich Bergischen Ministerium des Innern erlassene Instr. v. 21. VI. 12 (Scotti, Gesetz- und Verordnungssammlung Bd. III S. 1466) unter Nr. 7: „Die sämmtlichen Primärschulen werden auf Kosten der betreffenden Mairie errichtet. Nr. 10: Außer der freien Wohnung . . . . wird das Gehalt eines Primärlehrers mit . . . . festgesetzt.“ Unter der hier dem Lehrer ausgesetzten „freien Wohnung“ ist nichts

anderes zu verstehen, als das „logement, fourni par les communes“, das nach Tit. II Art. III des aus demselben gesetzgeberischen Willen hervorgegangenen Gesetzes vom 11. Floreal des Jahres X den Primärlehrern gebührt, mithin nur eine Wohnung frei von Miete, nicht aber auch frei von der Reparaturpflicht in demjenigen Umfange, wie sie sonst dem Mieter nach französischem Rechte obliegt, — wie denn auch die heutige preußische Gesetzessprache Dienstwohnungen, deren Inhaber gewisse Unterhaltungspflichten zu leisten haben, nichtsdestoweniger als „freie“ bezeichnet. Wenn es auch zu weit gehen würde, den in der vormals Großherzoglich Bergischen Gesetzgebung begründeten Anspruch des Volksschullehrers auf freie Wohnung als ein dem Nießbrauche gleichstehendes droit d'habitation nach Art. 625 ff. des code civil aufzufassen, so daß dementsprechend der Lehrer alle Reparaturen mit Ausnahme der Hauptreparaturen zu tragen hätte, so fallen diesem doch als nur von der Mietszahlung befreiten Inhaber seiner Dienstwohnung, die ihm nach Art. 1719, 1720 a. a. O. von den Gemeinden in zum Gebrauche dienlichen Zustande zu überliefern und so zu unterhalten ist, in Ermangelung einer entgegenstehenden Übereinkunft die im Art. 1754 bezeichneten Ausbesserungen und kleinen Unterhaltungskosten, für deren Bestimmung in erster Linie auf den Ortsgebrauch verwiesen wird, zur Last. Und nur auf den Ortsgebrauch, und nicht auf die Gewohnheit in weiteren Bezirken kommt es an. Vergl. E.=O.=V. Bd. XIX S. 189. Muß aber ein Lehrer in dem vormaligen Fürstentum Hardenberg vermöge seines Berufsvertrages mit der Gemeinde die Instandhaltung der Dienstwohnung selbst besorgen, so bilden die dahin gehörigen Leistungen, u. a. das Kalken, nicht mehr einen Teil der öffentlichen Baulast, für die die Gemeinde in ihrem Verhältnisse zu der Schulanstalt und zu der Aufsichtsbehörde aufzukommen hat. Sie sind aber andererseits auch von dem Lehrer nur zufolge seiner Amtsstellung, nicht aber kraft einer nach allgemeinem Landes- oder Provinzial-Gesetze ihm obliegenden Schulbaulast aufzuwenden, woraus sich ergiebt, daß er zu ihrer Erfüllung zwar im Wege der Disziplin, aber nicht auf Grund des § 47 des Zust.-Ges. angehalten werden kann.

5) Ist nach Lage der Gesetzgebung nicht notwendig ein anderer vorhanden, den eine Gemeinde zum Zwecke der Entbindung von der ihr angesonnenen Leistung als an ihrer Statt nach öffentlichem Rechte Verpflichteten hätte nachweisen müssen, so ist sie berechtigt, gegenüber einem Beschlusse der Regierung als Schulaufsichtsbehörde (§ 47 des Zust.-Ges.), der den Begriff der Schulbaulast verkennt, ihre Befreiung von der streitigen Leistung durch eine gegen die Regierung allein gerichtete Klage durchzusetzen (vergl. auch E.=O.=V. Bd. XI S. 205/213, Bd. XIX S. 193/195.

Nr. 10. Entsch. Bd. XXIII. S. 153 vom 15. Juni 1892. I C 12/92.

General-Landschulreglement für Schlesien v. 3. XI. 1765 (Kornsche Ed.-Samml. Bd. VIII S. 780). Zust.-Ges. § 47.

1) Die Schulbaupflicht, die aus der die gesammte Unterhaltung der Schule und des Lehrers einschließenden Verpflichtung als eine besondere, nach anderen Grundsätzen und teilweise von anderen Personen zu erfüllende Unterart ausgeschieden ist, besteht nicht ausschließlich in der Aufführung, Erhaltung und Erneuerung der zur Unterrichtserteilung und Unterbringung des Lehrers bestimmten Räume, sondern erstreckt sich darüber hinaus auf mannigfache weitere Leistungen, die je nach der Bewandtnis des Einzelfalles mit der Bereitstellung jener Räume in unmittelbarem Zusammenhange stehen und deshalb in der Fürsorge für das Baubedürfnis der Schule einbegriffen sind. Mit Rücksicht hierauf ist seitens des O.-V.-G.'s (vergl. Bd. XX

S. 178, Pr. V.-Bl. Bd. XII S. 177) in gleichmäßiger Rechtsprechung ausgesprochen, daß beispielsweise den Schulbaupflichtigen in Ermangelung eigener Gebäude die mietweise Beschaffung der erforderlichen Räumlichkeiten, ferner die Errichtung von Scheune und Stall für den Lehrer auf dem Lande, die Anlegung eines Brunnens, die Hergabe oder der Ankauf eines Bauplatzes u. dgl. obliegt. Von demselben Gesichtspunkte aus bildet nicht minder der Ersatz für eine abgenutzte Umwährung des Schulgehöftes einen Teil der Schulbaulast.[1]) Dem steht nicht entgegen, daß in einzelnen Rechtsgebieten der Gutsherr des Schulortes Holz nur zu den Gebäuden und nicht auch zu den Umzäunungen und Gehegen herzugeben hat. Denn hierdurch wird nicht der Begriff und Umfang der Schulbaulast, sondern lediglich das Verhältnis bestimmt, nach dem die Gutsherren zu dieser Last beizutragen haben. Streitigkeiten der Beteiligten darüber, wer von ihnen die öffentlich-rechtliche Verbindlichkeit zum Bau oder zur Unterhaltung der Zäune zu erfüllen habe, unterliegen also der Entscheidung im Verwaltungsstreitverfahren.

2) Die Schulgemeinden haben als solche im Geltungsbereiche des Schles. Schulreglements v. 3. XI. 1765 keine selbständige Rechtspersönlichkeit. Vergl. E.-O.-V. Bd. XIII S. 255, 267. Die bei der Schulbaulast beteiligte politische Gemeinde kann im Verwaltungsstreitverfahren klagend auftreten.

3) Nach Nr. 13 ff. des genannten Schulreglements haben die Gutsherrschaften zur Unterhaltung der Zäune in Konkurrenz mit den Gemeinden nach dem im Streitfalle von der Königl. Regierung, Abteilung für Kirchen- und Schulwesen, bestimmten Verhältnisse, beizutragen. Ist eine Gutsherrschaft aus Rechtsirrtum zu einem solchen Beitrage bisher nicht herangezogen worden, so ändert dies an der Beitragspflicht nichts, da dadurch ein Gewohnheitsrecht nicht begründet werden kann. Vergl. E.-O.-V. Bd. XIII S. 283.

4) Die Notwendigkeit eines Baues und die Angemessenheit der Kosten können in der Revisionsinstanz nicht mit Erfolg angegriffen werden.

3. Die Schulbaupflichtigen.

Litteratur und **Materialien** siehe oben S. 525.

a) Im Geltungsgebiete des Allgemeinen Landrechtes.

α) Bei gewöhnlichen Volksschulen.

Nr. 1. Entsch. Bd. XIV. S. 229 vom 26. Februar 1887. I C 128/86.

A. L.-R. Teil II Tit. 11 §§ 294, 723, Tit. 12 §§ 31, 35.

1) **Wenn der § 35 Tit. 12 Teil II A. L.-R.'s bestimmt, daß das Mitglied einer fremden zugeschlagenen Gemeinde zur Unterhaltung der Schulgebäude nur halb so viel beiträgt, als ein Einwohner von gleicher**

[1]) Die Erneuerung der Umwährung des Schulgehöftes ist als ein Schulreparaturbau anzusehen. Die Schulbaupflicht besteht nicht ausschließlich in der Aufführung, Erhaltung und notwendigen Erneuerung der für die Unterrichtserteilung und Unterbringung des Lehrers und seiner Familie bestimmten Räume, sowie in deren Umgestaltung und Erweiterung nach Maßgabe des gesteigerten Bedarfes, sondern erstreckt sich auf weitere Leistungen, die in der Fürsorge für das Baubedürfnis der Schule mit einbegriffen sind, z. B. mietweise Beschaffung der Räumlichkeiten beim Mangel eines eigenen Schulhauses, Hergabe bezw. Ankauf eines Bauplatzes, Errichtung einer Scheune oder eines Stalles für den Lehrer auf dem Lande, Anlegung eines Brunnens u. s. w. Entsch. v. 14. X. 91 (Pr. Verw.-Bl. Bd. XIII S. 63). Vergl. auch Entsch. v. 8. III. 93 (Z.-Bl. U.-V. S. 795) — Zaun ums Schulgehöft.

Klasse an dem Orte, wo die Schule sich befindet, so kann dies nur so verstanden werden, daß diese Erleichterung nicht schon bei der Zuweisung einzelner Einwohner, sondern nur dann Platz greift, wenn eine ganze fremde Schulgemeinde einem bestehenden Schulverbande zugeschlagen wird.

2) Der § 31 Tit. 12 Teil II A. L.-R.'s will zwar bei der Verteilung der Schulbaulasten das Verhältnis der Besitzungen (des Einkommens aus Grundeigentum) und der Nahrungen (des Einkommens aus Kapital und Arbeit) berücksichtigt sehen, schreibt aber keinen bestimmten Verteilungsmaßstab vor, insbesondere nicht den nach den gleichen Sätzen der sämmtlichen direkten Staatssteuern. Vergl. E.-O.-V. Bd. XII S. 203.

3) Die durch Einschulungsverfügung zu Mitgliedern des Schulverbandes gewordenen Einzelpersonen können auch zu Beiträgen behufs Tilgung solcher Schulbaukosten herangezogen werden, die bereits vor deren Eintritt in den Schulverband erwachsen waren.

Nr. 2. Entsch. Bd. XIV. S. 231 vom 23. Februar 1887. I C 112/86.
A. L.-R. Teil II Tit. 7 §§ 18, 308, Tit. 12 § 36.

1) Wenn im § 36 Tit. 12 Teil II A. L.-R.'s dem Gutsherrn des Schulortes die Verpflichtung zur unentgeltlichen Verabfolgung der auf dem „Gute“ gewachsenen oder gewonnenen Materialien auferlegt wird, so können hier unter „Gut“ nur die herrschaftlichen Grundstücke verstanden werden im Gegensatze zu den bäuerlichen.[1])

[1]) Der Besitzer eines adeligen Gutes ist nicht schon deshalb als Gutsherr der Schule anzusehen, weil seine Bauern mit ihrem Besitze in den Gemeindebezirk, in dem die Schule sich befindet, übergegangen sind. Entscheidend ist vielmehr in diesem Falle, ob das Schulgehöft ganz oder wenigstens zum Teile auf ehemals adeligem Gutslande steht. Entsch. v. 14. I. 91 (Z.-Bl. U.-V. S. 479).

Fehlt es an einem durch Observanz vor Einführung des Allg. Landrechtes gebildeten, den damaligen gemeinrechtlichen Zustand — wonach die Unterhaltung der Volksschule den Gemeinden und den Gutsherrschaften oblag — abändernden und demnächst in Geltung verbliebenen Lokalrechte, so sind für die Regelung der Baupflicht die Bestimmungen des Allg. Landrechtes maßgebend. Beim Vorhandensein mehrerer Gutsherrschaften liegt dann die im § 36 Teil II Tit. 12 der Gutsherrschaft zugewiesene Verpflichtung der Lieferung der Rohbaumaterialien derjenigen Gutsherrschaft ob, in deren Anteil die Schule belegen ist. Für die Frage, ob mehrere Güter in öffentlich-rechtlicher Beziehung als selbständig anzusehen sind oder eine einheitliche Gutsherrschaft bilden, ist es nicht von Erheblichkeit, ob sie auf einem Grundbuchblatte vereinigt sind. Eine derartige grundbuchliche Vereinigung verschiedener Güter hat gegenüber den dem einzelnen Fundus obliegenden öffentlich-rechtlichen Verpflichtungen kein entscheidendes Gewicht. Entsch. v. 18. XII. 90 (Pr. Verw.-Bl. Bd. XI S. 425).

Zu den „gewachsenen und gewonnenen“ Materialien, die der Gutsherr gemäß § 36 A. L.-R.'s Teil II Tit. 12 zu liefern hat, gehören nur solche, die in ihrem natürlichen Zustande als Baumaterialien dienen. Für den eigenen Bedarf hat der Gutsherr auch dann, wenn mit dessen Eintritt ein Schulbau zeitlich zusammenfällt, den Vorrang vor den Bedürfnissen der Schule zu beanspruchen. Entsch. v. 24. VI. 93 (Pr. Verw.-Bl. Bd. XV S. 170).

Die Rohmaterialien an Holz sind „hinreichend“ vorhanden, wenn der Gutswald bei forstwirtschaftlicher Benutzung über die nachhaltige Deckung des regelmäßigen Gutsbedarfes hinaus Erträge giebt, die für das Baubedürfnis der Schule in Anspruch genommen werden können. Entsch. v. 20. XII. 90 (Pr. Verw.-Bl. Bd. XII S. 337).

Die Materialien sind ohne Einschränkung auf gewisse Hausteile zu verabfolgen, also nicht allein das Zimmerholz, sondern auch z. B. das Holz für Fenster und Thüren, Entsch. v. 28. IX. 92 (Z.-Bl. U.-V. 1893 S. 375), und zwar unter Umständen auch für mehr als eine Schule, Entsch. v. 6. I. 94 (Z.-Bl. U.-V. S. 758).

Behauptet der aus § 36 in Anspruch genommene Gutsbesitzer, daß er Baumaterialien nur auf solchen Gütern habe, die mit seinem zum Schulbezirke gehörigen Gute in keinem öffentlich-rechtlichen Zusammenhange stehen, so muß er dies beweisen. Anderenfalls ist

Da sich aus den herrschaftlichen Grundstücken die Gutbezirke entwickelt haben (vergl. E.-O.-V. Bd. II S. 147), so werden sich in der Regel die Grenzen des Gutes und des Gutsbezirkes decken. Doch ist es auf das Recht der Schulgemeinden und die Pflicht des Gutsherrn einflußlos und es wird die rechtliche Einheit des Gutes dadurch nicht berührt, wenn für einen Teil des Gutes ein besonderer Gutsvorsteher bestellt ist, oder wenn das Gut nicht einem, sondern mehreren Amtsbezirken zugeteilt ist. Dagegen werden diejenigen bäuerlichen Grundstücke, die der Gutsherr nach dem Normaljahre eingezogen, bezw. nach Erlaß der Ed. v. 7. X. 07 und 14. IX. 11 erworben hat, von der Verpflichtung im § 36 Tit. 12 Teil II A. L.-R.'s nicht betroffen, da sie nicht die Qualität herrschaftlicher Grundstücke besitzen. Dasselbe gilt, wenn der Gutsherr Teile eines fremden selbständigen Gutes oder einer fremden bäuerlichen Feldmark erworben hat, da die gedachte Verpflichtung nur dem Gutsherrn des Schulortes auferlegt ist und solche Erwerbungen nicht dem Gute ohne Weiteres zuwachsen. Um derartige neue Erwerbungen dem Gute einzuverleiben, sie öffentlich-rechtlich zu Bestandteilen des Gutes zu machen und ihnen den Charakter herrschaftlicher Grundstücke beizulegen, bedarf es vielmehr eines Aktes der Staatshoheit.

Nr. 3. Entsch. Bd. XXI. S. 181 vom 17. September 1890. I C 41/90.

General-Landschulreglement v. 12. VIII. 1763 (Mylius, N. C. C. Tom III S. 265), A. L.-R. Teil II Tit. 11 §§ 707 ff., Tit. 12 §§ 29, 34, 36. Zuit.-Ges. § 47.

1) In der vorlandrechtlichen Zeit lag die Unterhaltung der niederen Schulen, soweit die Zuschüsse der Kirche und die Einnahme aus dem Schulgelde nicht hinreichten, in Pommern (Regierungsbezirk Stettin) dem Adel und dessen Unterthanen, den Dominien und Gemeinden ob. Die Verteilung dieser Last zwischen diesen ihren öffentlich-rechtlichen Trägern regelte sich in Ermangelung gültiger Verträge und Gewohnheiten nach den Bestimmungen der Schul-Aufsichtsbehörde. Die späteren Hausväter-Sozietäten sind erst durch das A. L.-R. geschaffen.

Fehlte es in jener vorlandrechtlichen Zeit an einer „Schulgemeinde" und auch an einer „politischen Gemeinde", so lastete der staatlichen Behörde gegenüber die Pflicht, die Schule mit allem Notwendigen zu versehen, insbesondere für sie die erforderlichen Lehr-, Wohn- und Wirtschaftsräume bereit zu stellen und sie zu unterhalten, auf dem Dominium. Die Schule war somit eine Gutsschule. Mit ihrer räumlichen Unterbringung erfüllte das Dominium eine ihm kraft gemeinen Rechtes obliegende Verbindlichkeit, so daß eine Begründung partikulären Gewohnheitsrechtes hier nicht in Frage kommen konnte. Unter einem „partikulären Gewohnheitsrechte" ist immer nur ein Zustand zu verstehen, der sich wider das gemeine Recht oder neben ihm gebildet hat, niemals aber ein solcher, der gerade auf diesem Rechte beruht.

2) Mit der Einführung des A. L.-R.'s kam die bisherige alleinige Schulunterhaltungspflicht der Gutsherrschaft in Wegfall, und an ihre Stelle trat diejenige der Hausväter des Schulbezirkes, während die Gutsherrschaft fortan der Schule gegenüber eine exemte Stellung mit besonderen Rechten und entsprechenden besonderen Pflichten einnahm. Die Unterhaltungspflicht schließt

---

sein Gesammtgrundbesitz in Betracht zu ziehen. Entsch. v. 19. III. 95 (Z.-Bl. U.-V. S. 471).

Die Gutsherrschaft ist zwar der Regel nach mit Grundbesitz verbunden, aber nicht untrennbar mit diesem verknüpft, sondern kann auch auf den Besitz bloßer Berechtigungen den Unterthanen gegenüber fundiert sein. Entsch. v. 6. X. 96 (Pr. Verw.-Bl. Bd. XVIII S. 356).

aber in sich diejenige zur Ausführung der erforderlichen Schulbauten mit der Maßgabe, daß die Gutsherrschaft gehalten ist, die auf dem Gute, wo die Schule sich befindet, gewachsenen oder gewonnenen Materialien, soweit solche hinreichend vorhanden und zum Bau notwendig sind, unentgeltlich zu verabfolgen. Eine der letztgedachten Vorschrift entgegenstehende Observanz hat sich seit der Emanation des A. L.-R.'s nicht bilden können. Vergl. E.-O.-V. Bd. XIV S. 235.[1])

3) Aufgabe der Schulaufsichtsbehörde und im Streitverfahren des Verwaltungsrichters ist es, die Grundsätze für die Verteilung der Baukosten bereits vor Beginn des Baues festzustellen, auch wenn der Umfang der von den Beteiligten zu übernehmenden Leistungen sich ziffernmäßig noch nicht berechnen läßt, und so klar zu legen, was jeder der Verpflichteten zum Baue und während des Baues zu leisten und herzugeben hat. Sollte demnächst sich zeigen, daß über das Vorhandensein oder die Abgeblichkeit der Materialien eine Einigung nicht zu erzielen ist, so würde auch hierüber, wie über die Verpflichtung zur Hergabe des Bauplatzes, von der Regierung auf Grund des § 47 des Zust.-Ges. durch Beschluß, vorbehaltlich des Verwaltungsstreitverfahrens, zu befinden sein. Vergl. E.-O.-V. Bd. XVII S. 278.

Nr. 4. Entsch. Bd. XXIII. S. 132 vom 18. November 1891. I B 17 91.

A. L.-R. Einl. § 86; Teil I Tit. 16 §§ 178, 179, 195; Teil II Tit. 12 §§ 31, 36. Zust.-Ges. § 47.

1) Nach § 47 Zust.-Ges. findet die Klage im Verwaltungsstreitverfahren nicht nur statt gegen den Beschluß der Schulaufsichtsbehörde, durch den der Streit über die Anordnung von Neu- und Reparaturbauten bei Volksschulen, über die öffentlich-rechtliche Verpflichtung zur Aufbringung der Baukosten, sowie über ihre Verteilung auf Gemeinden und Dritte entschieden wird, sondern es unterliegen auch im übrigen Streitigkeiten der Beteiligten darüber, wem von ihnen die öffentlich-rechtliche Verbindlichkeit zum Bau oder zur Unterhaltung der Schule obliegt, der Entscheidung im Verwaltungsstreitverfahren und es kann insbesondere auch die Klage im Verwaltungsstreitverfahren auf Erstattung des irrtümlich Geleisteten gegen einen aus Gründen des öffentlichen Rechtes verpflichteten Dritten gerichtet werden.

Hat aber Jemand aus Liberalität oder aus einem sonstigen nicht öffentlich-rechtlichen Grunde zu den Schulbaukosten beigetragen, so ist das Verwaltungsstreitverfahren auf Rückerstattung ausgeschlossen.

2) Der Streit zwischen den Beteiligten **allein** darüber, wem von **ihnen** die öffentlich-rechtliche Bauverpflichtung obliegt, ist unabhängig von

---

[1]) Nach gemeinem deutschen — bis zur Einführung des Landrechtes auch in Preußen geltenden und durch das General-Landschulreglement v. 12. VIII. 1763 hierin nicht abgeänderten — Rechte lag die Unterhaltung der niederen Schulen, soweit die Zuschüsse der Kirche und die Einnahmen aus dem Schulgelde nicht hinreichten, dem Adel und seinen Unterthanen, den Dominien und Gemeinden ob. Wo daher zur Schule eine Gemeinde nicht gehörte, war — wie noch jetzt im Geltungsbereiche des Schles. Schulreglements v. 3. XI. 1765 und 18. V. 01 — Kontribuent allein das Dominium, da der andere Kontribuent, die Gemeinde, ausfiel. Mit der Einführung des allgemeinen Landrechtes kam v. 1. VI. 1794 ab die alleinige Schulunterhaltungspflicht der Gutsherrschaft in Wegfall und es trat an ihre Stelle diejenige der Hausväter des Schulbezirkes, während erstere fortan der Schule gegenüber eine exemte Stellung mit besonderen Rechten und entsprechenden besonderen Pflichten einnahmen. Die Unterhaltungspflicht schließt diejenige zur Ausführung der erforderlichen Schulbauten in sich, die — vorbehaltlich der der Gutsherrschaft eventuell obliegenden Materialbaulieferung — als gemeine Last von allen zur Schule gewiesenen Hausvätern ohne Unterschied getragen werden muß. Entsch. v. 17. IX. 90 (Pr. Verw.-Bl. Bd. XII S. 73).

dem Beschlusse der Schulaufsichtsbehörde zu entscheiden. Vergl. E.-O.-V. Bd. XX S. 191.

3) Der Gutsherr kann sich seinen gutsherrlichen Pflichten willkürlich durch einseitige Handlungen nicht entziehen, es bedarf zur Aufhebung der gutsherrlichen Pflichten und Rechte vielmehr eines besonderen Aktes der Staatshoheit.

Durch Eingehen einer Ortschaft, deren Gutsherr der Pflichtige war, infolge Erhebung zu einer Stadt mittelst eines solchen Aktes der Staatshoheit gehen aber die gutsherrlichen Rechte und Pflichten von selbst verloren, da die Landgemeinde, der gegenüber sich die Befugnisse und Pflichten gründeten, aufgehört hat zu existieren. Die etwaige fernere Ausübung gutsherrlicher Rechte ist ohne rechtliche Bedeutung. Auch auf Observanz wird eine Verpflichtung des Gutsherrn z. B. zur Hergabe des Bauholzes nicht gestützt werden können. So lange seine Eigenschaft als Gutsherr bestand, stellt sich die Lieferung von Bauholz zu Schulbauten als die Erfüllung einer ihm nach § 36 Tit. 12 Teil II des A. L.-R.'s gesetzlich obliegenden Pflicht dar und die später nach Untergang der gutsherrlichen Verpflichtungen fortgesetzte Leistung ist nur in der irrigen Annahme erfolgt, daß letztere noch fortdauerten. Aus diesen Verhältnissen kann nicht auf eine Übung geschlossen werden, die geeignet wäre, eine Rechtsnorm für die Verpflichtung zu fernerer Lieferung des Bauholzes zu schaffen. Vergl. E.-O.-V. Bd. XX S. 171. Für die Aufbringung der Baukosten für Volksschulen sind lediglich die §§ 34 bis 36 a. a. O. entscheidend; gegen diese, die Schulbaupflicht erschöpfend regelnden Bestimmungen ist die Bildung einer abweichenden Observanz überhaupt nicht zulässig.[1])

[1]) Die Zweckbestimmung eines die Volksschule enthaltenden Gebäudes, nicht das Privateigentum an ihm ist das für die Beurteilung der öffentlich-rechtlichen Natur des Gebäudes entscheidende Moment. Die Normen für Schulhausbauten finden daher auch Anwendung, wenn das Gebäude im Privateigentume, z. B. des Gutsherrn, sich befindet. Die Entscheidung der Frage, ob gleichmäßiges Handeln in Reparaturfällen geeignet ist, die Bildung einer Observanz in Ansehung der auch Neubauten umfassenden Pflicht zur Gebäudeunterhaltung überhaupt erkennbar zu machen, hängt in jedem einzelnen Falle von der Beschaffenheit der betreffenden Handlungen und den dabei mitwirkenden individuellen Umständen ab. Die Vorschriften der §§ 34, 36 A. L.-R.'s über die Baupflicht bei Schulhäusern sind nicht nur subsidiär geltendes Recht, sondern allgemeine präzeptive Gesetzesnormen, die eine Außerkraftsetzung durch Observanz ausschließen. Nur soweit sie einzelne Lücken zeigen, ist deren Ausfüllung durch Observanzbildung zulässig. Insbesondere kann auch eine Erweiterung der gutsherrlichen Leistungen über die in § 36 bestimmte Grenze hinaus wohl durch Vertrag, nicht aber durch Observanz erfolgen. — Nach dem Sprachgebrauch des A. L.-R.'s werden durch den Ausdruck „Gebäudeunterhaltung" auch Neubauten mit umfaßt. Entsch. v. 16. XII. 91 (Pr. Verw.-Bl. Bd. XIII S. 255).

Eine Befreiung von Schulbaubeiträgen durch Verjährung kann nur auf den Nachweis gestützt werden, daß der sie Behauptende ungeachtet der an ihn ergangenen Aufforderung zur Leistung solcher Beiträge sie verweigert habe und rechtsverjährte Zeit hindurch davon frei geblieben sei. Da diese Beiträge nicht dinglicher, sondern persönlicher Natur sind, kommt es nicht darauf an, ob die Vorgänger im Besitze des Grundstückes sie entrichtet haben oder nicht. — Der zwingenden Vorschrift des § 34 A. L.-R.'s Teil II Tit. 12 gegenüber, wonach die Unterhaltung der Schulgebäude als gemeine Last von allen zur Schule gewiesenen Einwohnern ohne Unterschied zu tragen ist, kann sich eine hiervon abweichende Observanz nicht bilden. Ein Abkommen, wonach ein Beitragspflichtiger gegen ein gewisses Äquivalent von Schulbaubeiträgen freigelassen wird, ist an sich zulässig und wird durch die Genehmigung der Schulaufsichtsbehörde zu einem Teile des Lokalrechtes. Nur die durch Vertrag festgestellte gänzliche Freilassung eines Bauverpflichteten von jeglicher Beisteuer zu den Bauten würde gegen das Gesetz verstoßen und von der Schulaufsichtsbehörde nicht genehmigt werden dürfen. Entsch. v. 4. I. 90 (Pr. Verw.-Bl. Bd. XI S. 307).

Die Bildung einer Observanz gegen die Vorschriften, welche in den §§ 34, 36 Teil II Tit. 12 A. L.-R.'s über die Baupflicht der nicht mit Küsterwohnungen verbundenen Schulgebäude getroffen sind, ist rechtlich nicht möglich. Vielmehr kann eine Observanz hier nur insoweit Platz greifen, als jene Vorschriften eine Lücke zeigen oder einzelne Fragen

4) Die im § 178 Tit. 16 Teil I A. L.-R.'s erwähnte **moralische Verpflichtung** zu einer Zahlungsleistung ist nicht identisch mit einer sittlichen, sondern es ist unter ihr eine unvollkommene d. h. **eine aus einem Rechtsverhältnisse entspringende Verpflichtung** zu verstehen, die wegen eines positiven Gesetzes vor Gericht keine Geltung findet und daher klaglos ist, wie die obligatio naturalis des römischen Rechtes (§ 86 Einl., § 179 Tit. 16 Teil I A. L.-R.'s, Erkenntnis des früheren Obertribunals v. 13. IX. 59 Entsch. Bd. XLII S. 104.)

Nr. 5. Entsch. Bd. XXIX. S. 188 vom 11. Februar 1896. I C 88/95.
A. L.-R. Teil II Tit. 12 § 36. Allg. Hyp.-Ordn. v. 20. XII. 1783 (N. C. C. Bd. VII S. 2566).

Die **Behandlung** eines **selbständigen Gutes** im **Grundbuche**, insbesondere seine Zusammenschreibung mit anderen Grundstücken, ist **ohne Einfluß auf** den Umfang der **Schulbaulast**, die dem Besitzer als Gutsherrn des **Schulortes** nach den Grundsätzen des A. L.-R.'s obliegt. Das Grundbuch ist wesentlich zur Regelung zivilrechtlicher Verhältnisse bestimmt. Vergl. E.-O.-V. Bd. XXIII S. 334. Eintragungen darin haben, abgesehen von besonderen positiven Vorschriften, keine öffentlich-rechtliche Bedeutung.

β) Bei Schul- und Küsterhäusern insbesondere.

Litteratur: Kletke: Rechtsverhältnisse bei Kirchen, Pfarr-, Küster- und Schulhausbauten, Neuruppin 1865.

Materialien: Gesetz betreffend den Bau- und die Unterhaltung der Schul- und Küsterhäuser vom 21. Juli 1846 (G.-S. S. 392). — Neumärkische Kastenordnung von 1540 (Mylius, C. C. M. I [1], II 249). — Brandenburgische Visitations- und Konsistorial-Ordnung von 1573 (das. I [1] 273). — Kirchenordnung für das Herzogtum Magdeburg und die Grafschaft Mansfeld vom 9. Mai 1739.

Nr. 1. Entsch. Bd. XIII. S. 261 vom 20. Februar 1886. I C 122/85.
Vd. v. 2. V. 11 (G.-S. S. 193) wegen allgemeiner Separation der Küstereien u. s. w. §§ 1—4. Ges. v. 21. VII. 46 (G.-S. S. 392), betreffend Bau und Unterhaltung der Küsterhäuser. A. L.-R. Teil II Tit. 11 §§ 37 ff.

1) Die Vd. wegen allgemeiner Separation der Küstereien an Filialkirchen von den Küstereien an den Mutterkirchen v. 2. V. 11 ist ergangen, um den Küstern an den Mutterkirchen die gehörige Besorgung des ihnen obliegenden Schulunterrichtes zu erleichtern. Zu diesem Behufe bestimmt sie im § 1 die Trennung der Küstereien bei den Tochterkirchen in ihren Dienstgeschäften und Emolumenten von den Küstereien an den Mutterkirchen und im § 2 die Übertragung aller Küsterdienste an den Tochterkirchen und in den zu ihnen eingepfarrten Dörfern an die Schullehrer der Dörfer, in denen die Tochterkirchen befindlich sind. Im § 4 ordnet sie an, daß nach ausgeführter Separation die Schullehrer- und Küsterwohnung bei der Tochterkirche durch verhältnismäßige Beiträge aller zu ihr eingepfarrten Dörfer gemeinschaftlich zu unterhalten ist.

---

unentschieden lassen. — Es ist rechtlich unzulässig, eine Präsumtion für die Rechtsbeständigkeit zweier von einander unabhängiger kommunaler Verwaltungskörper daraus zu entnehmen, daß eine in gesetzlicher Weise vollzogene Abtrennung des einen von dem anderen nicht dargethan ist. Denn die Rechtsregel, daß Veränderungen nicht vermutet werden, ist nicht als Rückschluß von der Gegenwart auf die Vergangenheit anwendbar. Entsch. v. 18. VI. 87 (Pr. Verw.-Bl. Bd. VIII S. 331).

Gegen die Vorschrift des § 36 A. L.-R.'s Teil II Tit. 12 über die Bauverpflichtung des Gutsherrn kann eine Observanz sich überhaupt nicht bilden. Ein die Baupflicht anderweit regelnder Vertrag kann eine besondere Ortsschulverfassung nur dann begründen, wenn er die Genehmigung der Schulaufsichtsbehörde erhalten hat. Entsch. v. 10. VI. 93 (Pr. Verw.-Bl. Bd. XV S. 25). Ebenso Entsch. v. 2. X. 96 (Pr. Verw.-Bl. Bd. XVIII S. 270).

Durch diese Vd. werden die bisherigen Schulgebäude nicht in Kirchengebäude verwandelt. Sie bleiben Schulgebäude, und nur der Gemeinde des Schulortes wird insofern ein Vorteil zugewendet, als die zur Tochterkirche eingepfarrten Dörfer die Wohnung des Schullehrers und Küsters mit zu unterhalten haben, während die Unterhaltung der Unterrichtsräume und der Wirtschaftsgebäude des Lehrers auch nach Übertragung der Küsterdienste an den Lehrer am Orte der Filialkirche denen verbleibt, denen sie bis dahin oblag. Die auf Grund der Vd. v. 2. V. 11 zu Küsterwohnungen gewordenen Schulhäuser gehören nicht zu den Küster- und Schulhäusern, die durch das Ges. v. 21. VII. 46 und in Gemäßheit des § 37 Tit. 12, Teil II des A. L.-R.'s als kirchliche Gebäude von den kirchlichen Interessenten in ihrem ganzen Bestande, also auch hinsichtlich der nur zu Unterrichtszwecken dienenden Räume zu unterhalten sind.

2) Ein die Schulbaulast regelnder, von der General-Kommission bestätigter Regulierungs-Rezeß ist Teil der Ortsverfassung geworden.

Nr. 2. Entsch. Bd. XIV. S. 235 vom 12. März 1887. I C 6/87.

Vd. v. 2. V. 11 (G.-S. S. 193) wegen allgemeiner Separation der Küstereien u. s. w., § 4. A. L.-R. Teil II Tit. 12 § 36.

1) Während der Herrschaft des A. L.-R.'s hat sich eine von der Vorschrift des § 36 Tit. 12 Teil II a. a. O. abweichende Observanz überhaupt nicht bilden können.

2) Nach § 4 der Vd. v. 2. V. 11 ist es zwar nicht unrichtig, insofern zwischen Schulbauten und Küstereibauten zu unterscheiden, als unter den Reparaturen der ersteren Art diejenigen zu verstehen sind, die die Wohnräume des Küsters und Lehrers, unter den letzteren die, die das Schulzimmer und die Wirtschaftsgebäude des Lehrers betreffen. Vergl. E.-O.-V. Bd. XIII S. 261.[1]) Doch wird das bisherige Schulgebäude durch die Vd. nicht zum Kirchengebäude. So wenig davon das bisherige Beitragsverhältnis des Patrones der Tochterkirche zu den Küsterbauten der Mutterkirche berührt wird, so wenig werden die Pflichten der städtischen Magistrate und der ländlichen Gutsherrschaften bei Bauten und Reparaturen der ganzen Schulgebäude einschließlich der Lehrerwohnungen aus § 36 Tit. 12 Teil II des A. L.-R.'s durch die Thatsache beeinflußt, daß die in einem Filialkirchdorfe belegene Schulstelle mit der Küsterei der Tochterkirche verbunden wird. Denn die ursprüngliche Bestimmung des Hauses als Schulhaus hat sich dadurch, daß der bisherige Schullehrer zugleich-Küster wurde, nicht geändert.[2])

Nr. 3. Entsch. Bd. XIV. S. 239 vom 29. Januar 1887. I C 80/86.

A. L.-R. Teil II Tit. 12 § 37. Neumärkische Kastenordn. von 1540 (Mylius, C. C. M. I[1] Nr. II S. 249). Brandenb. Visitations- und Konsistorialordn. von 1573 (Mylius, C. C. M. I Abt. I S. 273).

1) Das Verfügungsrecht über das Eigentum von Schul- und Kirchengemeinden steht nicht der Kirchen- und Schulabteilung der Regierung, sondern ausschließlich der gesetzlichen Vertretung dieser Institute unter Genehmigung der Aufsichtsbehörde zu. Durch Erklärungen und Vorbehalte, die die Regierung der von ihr ausgesprochenen Genehmigung eines Auseinander-

---

[1]) Vorstehend unter Nr. 1.

[2]) Ein Schulhaus wird nicht dadurch zum Schul- und Küsterhause im Sinne des § 37 Teil II Tit. 12 A. L.-R.'s. bezw. des Ges. v. 21. VII. 46, daß dem Lehrer erst nachträglich die Küsterdienste übertragen worden sind. Vielmehr wird hierdurch, abgesehen von der Wohnung des Schullehrers und Küsters, in der Art, wie das Schulgebäude bisher zu unterhalten und event. neu zu bauen war, nichts geändert. Entsch. v. 4. I. 90 (Pr. Verw.-Bl. Bd. XI S. 307).

setzungsrezesses hinzufügt, können daher die in dem Rezesse selbst ungeordnet gebliebenen Eigentumsverhältnisse der beteiligten Institute eine für diese maßgebende Regelung nicht erfahren.

2) Enthält ein bestätigter Rezeß Bestimmungen über die kirchliche Baulast, so beweist das zwar den Rechtszustand zur Zeit des Rezeßabschlusses, enthält aber keine unabänderlichen Rechtsnormen für die Zukunft und steht namentlich der Abänderung und Fortbildung solcher Rechtsnormen durch spätere Observanz nicht entgegen.

3) Die Baupflicht liegt bei Küsterschulen sowohl nach Landrecht, als nach Neumärkischem Provinzialrechte ausschließlich den kirchlichen Interessenten ob, ohne Unterschied, ob die Bauten im Interesse der Küsterei oder der Schule, des Küsters oder des Lehrers notwendig sind.

Nr. 4. Entsch. Bd. XIV. S. 243 vom 5. Januar 1887. I C 126/86.

A. L.-R. Teil II Tit. 12 § 37; Tit. 11 §§ 710, 711, 720, 790. Ges. v. 21. VII. 46 (G.-S. S. 392), betreffend Bau und Unterhaltung der Schul- und Küsterhäuser, §§ 1, 3, 6. Zust.-Ges. § 47.

1) Wenn Jemand der Schulaufsichtsbehörde gegenüber die Befreiung von einer ihm durch Resolut auferlegten Leistung zu Küsterei- und Schulbauten erlangen will, so liegt es ihm ob, gemäß § 47 Abs. 2 des Zust.-Ges. die Klage zugleich gegen den mitzurichten, den er statt seiner zu dieser Leistung aus Gründen des öffentlichen Rechtes für verpflichtet erachtet. Der Verwaltungsrichter muß den demgemäß gegen die Schulgemeinde als die vermeintlich Pflichtige erhobenen Anspruch prüfen und, wenn er findet, daß er unbegründet ist, entsprechend entscheiden. Hebt er zwar das Resolut der Regierung z. B. deshalb auf, weil der Kläger zu der ihm angesonnenen Leistung nicht principaliter, sondern nur für den Fall des Unvermögens der Kirchenkasse verpflichtet sei, und weist aber zugleich den gegen die Schulgemeinde gerichteten Antrag zurück, so ist der Kläger dennoch zur Berufung insofern berechtigt, als er sich durch die Abweisung des Antrages gegen den Drittverpflichteten in seinen Rechten verletzt fühlen kann.

2) Die in Auseinandersetzungs-, Gemeinheitsteilungs- und Ablösungs-Rezessen über die Regelung öffentlich-rechtlicher Verhältnisse, wie: über den Bau und die Unterhaltung öffentlicher Wege und Gräben, über das Beitragsverhältnis zu den Gemeinde-, Kirchen- und Schullasten getroffenen Festsetzungen haben nicht lediglich den Charakter von vertragsmäßigen, nach den Normen des Privatrechtes zu beurteilenden Abmachungen zwischen den Interessenten, sondern sie sind unter Mitwirkung der hierzu staatlich verordneten Auseinandersetzungsbehörden zu stande gekommene autonome Satzungen des lokalen öffentlichen Wege-, Gemeinde-, Kirchen- und Schulrechtes bezw. Beurkundungen solcher Satzungen, mithin nicht sowohl als besondere Rechtstitel im Sinne des Privatrechtes, sondern als lokales öffentliches Recht anzusehen. Vergl. E.-O.-V. Bd. IV S. 109, Bd. VII S. 186, 190, Bd. XIII S. 261. Die Aufhebung oder Abänderung solcher Satzungen des geschriebenen Lokalrechtes durch Observanz ist rechtlich zulässig, da bei der Bildung dieser derselbe gesetzgeberische Wille waltet, wie bei der Schaffung jener, die Autonomie derselben Quelle entspringt, wie die Observanz. Vergl. E.-O.-V. Bd. XIII S. 289.

3) Handelt es sich um Unterhaltung eines Schulhauses, das zugleich Küsterwohnung ist, so ist davon auszugehen, daß die Vorschriften des Ges. v. 21. VII. 46 über die künftige Unterhaltung der im § 3 a. a. O. gedachten Erweiterungsbauten nur da zur Anwendung kommen, wo das Bedürfnis zur Herstellung dieser Erweiterungsbauten erst nach Erlaß des gedachten Ge-

setzes hervorgetreten ist. Betraf dieses Bedürfnis die Herstellung eines neuen Abtrittsgebäudes, in dem 2 Abteilungen zur Benutzung der Schulkinder, die dritte dem Gebrauche des Küsters und Lehrers dienen soll, so ist nicht etwa die ganze Abortanlage eine Vervollständigung des gemeinsamen Küster- und Schulgehöftes, sondern es stellt vielmehr die Anlage der beiden für die Schulkinder bestimmten Aborte ausschließlich einen Erweiterungsbau im Schulinteresse dar, hinsichtlich dessen die Baulast sich nach § 3 a. a. O. regelt.

Wenn nun gemäß § 6 a. a. O. da, wo das bisherige, mit der Vorschrift des § 37 des A. L.-R.'s Teil II Tit. 12 übereinstimmende Rechtsverhältnis auf einem besonderen Rechtstitel beruht, durch das Ges. v. 21. VII. 46 nichts geändert werden soll, so liegt ein solcher Fall nicht vor, falls die Bestimmungen eines Auseinandersetzungsrezesses in Frage stehen. Solche Satzungen des auf Autonomie beruhenden geschriebenen und ungeschriebenen Lokalrechtes sind eben — vergl. oben zu 2 — nicht als besondere Rechtstitel, sondern als Lokalgesetz und Herkommen anzusehen. Sie gelten daher, da Satz 1 des § 6 keineswegs voraussetzt, daß das betreffende Provinzial- oder Lokalgesetz u. s. w. mit den im § 37 Teil II Tit. 11 des A. L.-R.'s in Bezug genommenen Vorschriften über die Pfarrbauten — §§ 790, 711 ff. Tit. 11 Teil II —, die immer nur subsidiarisch eintreten, übereinstimmt, auch dann als durch § 6 beseitigt und die §§ 2—5 ersetzt, wenn sie mit den Bestimmungen in §§ 790, 711 ff. Tit. 11 Teil II sich nicht in Übereinstimmung befinden.

Nr. 5. **Entsch. Bd. XIV. S. 253** vom 2. Februar 1887. I C 71/86.

A. L.-R. Teil II Tit. 12 § 37. Tit. 11 §§ 710, 711, 720, 790. Ges. v. 21. VII. 46 (G.-S. S. 392), betreffend Bau und Unterhaltung der Schul- und Küsterhäuser, §§ 1, 3, 6. Zust.-Ges. § 47.

§ 3 des Ges. v. 21. VII. 46 beseitigt den § 37 Tit. 12 Teil II des A. L.-R.'s, bezw. das mit ihm übereinstimmende Herkommen nur für die Fälle, in denen das Bedürfnis, bei dem mit der Küsterwohnung verbundenen Schullokale die Schulstube zu erweitern oder Räume für neue Schulklassen oder zu Wohnungen für Lehrer zu beschaffen, nach Erlaß des Ges. eingetreten ist.

Ein solcher Fall liegt nicht vor, wenn Notwendigkeit und Umfang des Baues bereits vor Erlaß des Ges. (1845) festgesetzt sind, mag auch der Bau selbst erst später (1848—49) begonnen und vollendet sein.

Nr. 6. **Entsch. Bd. XIV. S. 259** vom 26. März 1887. I C 114/86.

A. L.-R. Teil II Tit. 12 § 37 Tit. 11 §§ 707—709. Ges. v. 21. VII. 46 (G.-S. S. 392), betreffend Bau und Unterhaltung der Schul- und Küsterhäuser, § 5. Zust.-Ges. §§ 47, 49.

1) Der § 37 Tit. 12 Teil II des A. L.-R.'s macht die Verpflichtung der kirchlichen Interessenten zur Unterhaltung eines Schulhauses, das zugleich die Küsterwohnung enthält, nicht von dem Umstande abhängig, daß der Kirche das Eigentum des Küster- und Schulhauses zusteht. Die Worte „Wo das Schulhaus zugleich die Küsterwohnung ist“ können nur dahin verstanden werden, daß das Haus dazu bestimmt sein muß, dem Küster als Wohnung zu dienen. Die Zweckbestimmung, nicht das dominium civile ist maßgebend, wenn es sich um die Frage handelt, ob die Unterhaltung des Schulhauses auf eben die Art, wie bei Pfarrbauten vorgeschrieben ist, besorgt werden muß.

2) Auch die Streitfrage, ob die Baukosten aus dem Vermögen der (evangelischen) Kirche bestritten werden müssen oder im Falle der Unzulänglichkeit des Kirchenvermögens von dem Patron und der Gemeinde,

unterliegt der Entscheidung der Verwaltungsgerichte bezw. dem Beschlusse der Schulaufsichtsbehörden.[1])

Das Recht zur Regelung des Interimistikums gemäß §§ 707—709 Teil II Tit. 11 des A. L.-R.'s ist von den geistlichen Oberen durch § 9 der Dienstinstruktion für die Provinzialkonsistorien und § 18 der Reg.-Instr. v. 23. X. 17 (G.-S. S. 237, 248) auf die Regierungen übergegangen und ihnen auch nach § 3 der Vd. v. 27. VI. 45 (G.-S. S. 440), betr. die Ressortverhältnisse der Provinzialbehörden für das evangelische Kirchenwesen, verblieben. Ein gleiches Recht erhielten die Regierungen bezüglich der Regelung der Baupflicht zwischen kirchlichen Interessenten und Schulbaupflichtigen durch § 5 des Ges. v. 21. VII. 46, während es ihnen bezüglich gewöhnlicher Schulhausbauten schon aus § 18 der Reg.-Instr. zustand.

Diese Beschlußfassung über die streitige Baupflicht (ohne Unterverteilung der Baukosten in den einzelnen Gemeinden u. s. w., vergl. E.-O.-V. Bd. XIII S. 264), also auch die Festsetzung einer Verpflichtung für die vermögende Kirchengemeinde, steht ihr auch nach § 47 des Zust.-Ges. zu, vorbehaltlich des gegen ihren Beschluß möglichen Verwaltungsstreitverfahrens.

Nr. 7. Entsch. Bd. XV. S. 268 vom 20. April 1887. I C 2/87.

Pommersche Kirchenordnungen von 1535 und 1690. A. L.-R. Teil II Tit. 12 § 37. Ges. v. 11. VII. 46 (G.-S. S. 392), betreffend Bau und Unterhaltung der Küsterhäuser, § 2. Zust.-Ges. §§ 47, 49.

1) Da die **Pommerschen Kirchenordnungen über die Unterhaltung der Schulhäuser, die zugleich Küsterwohnungen sind, nichts bestimmen**, so ist für diese nach dem Publikationspatent v. 5. II. 1794 der § 37 Tit. 12 Teil II des A. L.-R.'s maßgebend, wonach die Unterhaltung in der Regel auf eben die Art, wie bei Pfarrbauten vorgeschrieben ist, besorgt werden muß. Zur Unterhaltung sind hiernach die kirchlichen Interessenten, also bei Unvermögen der Kirche der Patron und die Eingepfarrten, verpflichtet. Wenn diese eine Ausnahme von der Regel behaupten, so müssen sie sie beweisen.

2) Über die **Unterverteilung der eine Kirchengemeinde betreffenden Schulbaulast innerhalb der Parochie** haben weder die Schulaufsichtsbehörden, noch die zur Entscheidung über die Verteilung der Baukosten auf die Beteiligten berufenen Verwaltungsgerichte zu beschließen beziehungsweise zu entscheiden, auch nicht in dem Falle des § 2 des Ges. v. 21. VII. 46. Nach

---

[1]) Die Pfarr-, bezw. Küstereibaupflicht ist nach dem A. L.-R. eine auf den Eingepfarrten persönlich ruhende Last, nicht eine solche der im Kirchensprengel belegenen bürgerlichen Gemeinden. Entsch. v. 13. V. 91 (Z.-Bl. U.-V. S. 645). Ist durch rechtskräftiges Erkenntnis die Freiheit eines Kirchen- und Schulpatrones von Beiträgen zu Kirchen-, Pfarr- und Schulbauten ausgesprochen, so steht sie rücksichtlich derselben Schule endgültig fest, auch wenn damals das wirkliche Recht der Kirchengemeinde verletzt sein sollte. Entsch. v. 3. II. 92 (Pr. Verw.-Bl. Bd. XIV S. 350).

Ist eine Landgemeinde Trägerin der Baulast einer Schule, mit deren Lehrerstelle die Küsterei der Ortskirche in organischer Verbindung steht, so kann sie bei der Auslegung, die das märkische Provinzialrecht in der Judikatur gefunden hat, davon ausgehen, daß die öffentlich-rechtliche Pflicht zur baulichen Unterhaltung des Küsterschulhauses ihr in Gemeinschaft mit dem Kirchenpatrone, der die Materialien herzugeben hat, obliege. Entsch. v. 4. X. 95 (Pr. Verw.-Bl. Bd. XVII S. 246).

Über Observanzen, die die Küstereibaulast für die Pfarrbaupflichtigen regeln, vergl. Entsch. v. 19. II. 87 (Pr. Verw.-Bl. Bd. VIII S. 278), v. 18. V. 87 (Pr. Verw.-Bl. Bd. IX S. 5), v. 22. II. 90 (Pr. Verw.-Bl. Bd. XI S. 358) und v. 2. VI. 96 (Z.-Bl. U.-V. S. 674).

Besondere Rechtstitel im Sinne des § 6 des Ges. v. 21. VII. 46 sind letztwillige Verfügung, Schenkung, Vertrag, Vergleich, Judikat. Die nackte Thatsache, daß z. B. Fiskus ein Haus als Küsterhaus hergegeben hat und Eigentümer dieses Gebäudes ist, läßt die Frage, wem die Baupflicht an diesem obliegt, unberührt. Entsch. v. 8. I. 95 (Z.-Bl. U.-V. S. 379).

letzterem sollen nicht die nach § 37 Tit. 12 Teil II des A. L.-R.'s zur Unterhaltung des Küsterhauses Verpflichteten, die Kirchenkasse, bezw. der Patron und die Kirchengemeinde, die Eingepfarrten, frei von Beiträgen der fraglichen Art sein, sondern die innerhalb des Bezirkes der Kirchengemeinde gelegenen einzelnen Gemeinden u. s. w., die eine eigene öffentliche Schule haben. Die Kirchengemeinde als solche kann irgend welche Ansprüche für sich aus dem § 2 weder der Schulaufsichtsbehörde, noch auch den sogenannten Schulinteressenten gegenüber geltend machen. Vergl. E.-O.-V. Bd. XIV S. 254. Ihren verfassungsmäßigen Organen bleibt es überlassen, falls sie den § 2 für anwendbar erachten, dessen Bestimmungen bei der Unterverteilung jener Kosten auf die Pflichtigen innerhalb der Parochie entsprechend zu berücksichtigen.[1])

3) Die im § 47 Abs. 2 des Zust.-Ges. gegen den Beschluß der Schulaufsichtsbehörde und gegen den verpflichteten Dritten gegebene Klage, darf nur den im Beschlußverfahren geregelten Baufall und nicht die Baupflicht der Beteiligten an sich zum Gegenstande haben.

Nr. 8. **Entsch. Bd. XVI. S. 263** vom 27. Juni 1888. I C 26/88.

A. L.-R. Teil II Tit. 12 § 37, Tit. 11 §§ 711, 789 ff. Ges. v. 21. VII. 46 (G.-S. S. 392), betreffend Bau und Unterhaltung der Schul- und Küsterhäuser, §§ 1, 3, 6.

1) Nach § 1 des Ges. v. 21. VII. 46 müssen die Pfarrbaupflichtigen das vereinigte Küster- und Schulhaus durch Reparatur- wie durch Neubau in seinem bisherigen, wie in dem durch das jeweilige Bedürfnis erforderten Zustande unterhalten, letzteres jedoch mit der im § 3 bestimmten Ausnahme, daß — sobald dessen Erweiterung über den bei Erlaß des Ges. vorhandenen Umfang durch das Schulbedürfnis erforderlich wird — die Schulbaupflichtigen diese Erweiterung — mag sie in einem besonderen Gebäude bestehen oder mit dem alten Hause in Verbindung gebracht werden — sowohl neu herzustellen, als auch künftig (allein oder verhältnismäßig) zu unterhalten haben.

Die Verpflichtung des Kirchenverbandes erstreckt sich somit auf Erweiterungsbauten, die nicht durch das Bedürfnis der Schule erforderlich werden, sie erstreckt sich ferner auf den gänzlichen oder teilweisen Neubau des alten Küster- und Schulhauses auch dann, wenn ein solcher Neubau zwar durch das Bedürfnis der Schule erforderlich geworden, wenn er aber nicht die Erweiterung, sondern nur eine Wiederstellung der vorhandenen und bisher für die Schule benutzten Räume in deren früherem Flächenumfange bezweckt.

Ob der eine oder der andere Fall — ein bloßer Erneuerungs- oder ein Erweiterungsbau — vorliegt, ist lediglich nach dem Zwecke, dem der Bau dient, zu beurteilen.[2])

---

[1]) Vergl. Entsch. v. 3. X. 91 (Z.-Bl. U.-V. 1892 S. 430).

Für den Bau derjenigen Wirtschaftsräume, die durch das Bedürfnis der Schul- und Küsterstelle hervorgerufen werden, hat die ganze Kirchengemeinde zu sorgen. Auf solche Bauten findet § 2 des Ges. v. 21. VII. 46 keine Anwendung. Entsch. v. 9. I. 86 (Pr. Verw.-Bl. Bd. VII S. 205).

[2]) Durch das Ges. v. 21. VII. 46 ist die Unterhaltungslast hinsichtlich der Küsterschulhäuser einheitlich und unter Aufhebung nicht nur der entgegenstehenden landrechtlichen Bestimmungen, sondern auch aller besonderen Lokal- und Provinzialrechte geregelt worden. Alle im Interesse der Schulräume und der Lehrerwohnung erforderlichen Erweiterungen sind nunmehr auf Kosten der Schulunterhaltungspflichtigen, d. h. derjenigen auszuführen, die in Ermangelung eines gemeinsamen Küsterschulhauses verpflichtet sein würden, die für die Schule notwendigen Bauten herzustellen. Entsch. v. 2. I. 89 (Pr. Verw.-Bl. Bd. X S. 588).

Die provinzial- und landrechtliche Pfarrbaulast hat das Ges. v. 21. VII. 46 an sich bestehen lassen und nur gewissen Einschränkungen unterworfen. Diese wurzeln in der

2) Sollte der dritte mögliche Fall eintreten, daß gleichzeitig das Bedürfnis herantritt sowohl zu einem Erhaltungsbau, der durch gänzliche oder teilweise Erneuerung des vorhandenen Hauses zu bewirken, als auch zu einem Erweiterungsbau, der mit jenem in Verbindung zu bringen ist, so erübrigt nur, für jeden Teil eines solchen vereinigten Erneuerungs- und Erweiterungsbaues die für diesen durch das Gesetz aufgestellten Grundsätze anzuwenden. Muß an Stelle des alten Schul- und Küsterhauses ein neues und erweitertes errichtet werden, so fallen von den Gesammtkosten der Herstellung diejenigen, die aufzuwenden sind, um die im alten Hause vorhandenen Räume, einerlei ob sie Küsterei- oder Schulzwecken dienten, wiederherzustellen und ferner, um die im Küsterei-Interesse notwendigen erweiterten Räume zu beschaffen, den Pfarrbaupflichtigen zur Last, während diejenigen Kosten, die aufgewendet werden müssen, um die durch das Schulbedürfnis weiter erforderten neuen Räume zu neuen Klassen, zu Wohnungen für neue Lehrer oder die Räume zu beschaffen, um die die in dem alten Hause vorhanden gewesenen Schulstuben neuerdings erweitert werden, von den Schulbaupflichtigen zu tragen sind.

3) Die Unterhaltungslast der Schulinteressenten wird nur bestimmt nach Maßgabe des erst durch die Erweiterung neu beschafften Raumes, nicht aber nach Maßgabe des bereits vorhanden gewesenen Teiles des durch den Bau erweiterten, bezw. zugleich ersetzten Raumes. Die Unterhaltungspflicht der Pfarrbaupflichtigen bleibt bestehen nach Maßgabe derjenigen Teile des erweiterten Schul- und Küsterhauses, die vor der Erweiterung vorhanden waren und durch sie nicht berührt oder ersetzt sind.

Der von den Schul-Interessenten zu unterhaltende „Erweiterungsbau“ des Abs. 2 des § 3 ist nicht identisch mit den nach dem Schlußsatze des Abs. 1 von diesen herzustellenden „Bauten“. Erfordert das Schulbedürfnis eine Erweiterung des Umfanges der vorhandenen Schulräume, so haben die Schul-Interessenten nach Abs. 1 alle diejenigen Bauten allein herzustellen, ohne die die Erweiterung nicht möglich ist, dagegen nur von demjenigen Teile dieses Baues, um den der vorhandene Schulraum vergrößert worden ist, von dem „Erweiterungsbau“ im Sinne des Abs. 2 zur Unterhaltung des gesammten Küster- und Schulhauses beizutragen.

Der im zweiten Abs. des § 3 aufgestellte Begriff eines „mit dem alten Küsterhause verbundenen Baues“ schließt jede konstruktive Verbindung neuer Gebäudeteile mit den alten in sich und findet seine Erläuterung durch den Gegensatz der am Schlusse des ersten Abs. erwähnten „besonderen Gebäude“. Ein Anbau, der die alte Schulstube sowohl ersetzt, als erweitert, stellt nicht lediglich einen Erweiterungsbau dar, sondern in untrennbarer Verbindung mit diesem zugleich einen Erneuerungsbau. Die Unterhaltungslast dieses Anbaues ist nicht nach dem ersten, sondern nach dem zweiten Abs. des § 3 zu regeln.

4) Der § 3 ist nur für solche Erweiterungsbauten anwendbar, für die das Bedürfnis erst nach Erlaß des Ges. eingetreten ist. Hierfür ist die Zeit der Ausführung nicht unbedingt entscheidend, vielmehr bleibt der § 3 von der Anwendung auch dann ausgeschlossen, wenn nur vor jenem Zeitpunkte die Notwendigkeit eines erst später ausgeführten Baues von der Aufsichtsbehörde festgesetzt oder von allen Beteiligten anerkannt ist. Vergl. E.-O.-V. Bd. XIV S. 253.

Erwägung, daß die Pfarrbaulast keine Erweiterung in denjenigen Fällen erleiden soll, wo lediglich infolge der Entwickelung der Schulanstalt ausschließlich in deren Interesse Bauten erforderlich werden. Ein solcher Bau liegt nicht vor, wenn das Küsterschulgehöft durch einen bisher überhaupt nicht vorhanden gewesenen Brunnen vervollständigt wird. Entsch. v. 21. I. 96 (Z.-Bl. U.-V. S. 423).

Nr. 9. Entsch. Bd. XVI. S. 276 vom 12. Mai 1888. I B 12/88.

A. L.=R. Teil II Tit. 12 § 37, Tit. 11 §§ 711, 789 ff. Ges. v. 21. VII. 46 (G.=S. S. 392), betreffend Bau= und Unterhaltung von Schul= nnd Küsterhäusern, §§ 1, 3, 6.

Nach § 3 des Ges. v 21. VII. 46 sind die Kosten für die lediglich im Interesse der Schule bewirkten Erweiterungsbauten lediglich von den Schulinteressenten zu tragen. Hat die Beschaffung neuer Schulräume die Erneuerung des Daches des ganzen Gebäudes zur Folge, so fällt auch diese Baulast den Schulinteressenten zu, hatte dagegen der Bau die Erneuerung des Daches zum Zwecke, so werden auch die kirchlichen Interessenten in Mitleidenschaft gezogen. Letzteres würde vorliegen, wenn die Notwendigkeit der Neubedachung vor Beginn des Erweiterungsbaues von den beteiligten Interessenten anerkannt, event. von den zuständigen Behörden festgestellt worden wäre.

Nr. 10. Entsch. Bd. XIX. S. 203 vom 15. März 1890. I C 161/89.

Kirchenordnung für das Herzogtum Magdeburg und die Grafschaft Mansfeld v. 9. V. 1739. A. L.=R. Teil II Tit. 12 §§ 29, 34, 37. Ges. v. 21. VII. 46 (G.=S. S. 392), betreffend Bau und Unterhaltung der Schul= und Küsterhäuser.

1) Die Kirchenordnung für das Herzogtum Magdeburg und die Grafschaft Mansfeld v. 9. V. 1739 enthält im Kapitel 26 § 1 die Vorschrift: „Die Gebäude der Kirchen, Prediger-, Schulmeister- und Küsterhäuser sollen von jeder Kirchen Einkommen, und da solche nicht ausreichen, von denen Zuhörern und Eingepfarrten des Ortes — in Dachung und sonsten in guten Bau und Besserung erhalten werden." In einem Baufalle hatte die Schulaufsichtsbehörde der Kirchenkasse einer evangelischen Gemeinde die Verpflichtung auferlegt, die Kosten eines im Schulinteresse nötigen Erweiterungsbaues der Schule daselbst zu bestreiten. Es wurde aber entschieden, daß die Schulgemeinde zur Übernahme der gedachten Kosten an Stelle der Kirchenkasse für verpflichtet zu erklären.

2) Die Klage war seitens eines Kommissars des Konsistoriums namens der sich weigernden Kirchengemeinde erhoben, und das erschien zulässig auf Grund des durch die Kirchengemeinde=Ordn. v. 10. IX. 73 und durch das Ges. v. 25. V. 74 nicht berührten § 659 Tit. 11 Teil II A. L.=R.'s. Vergl. E.=O.=V. Bd. IX S. 118.

3) Die Magdeburger Kirchenordnung hat eine für die kirchlichen Interessenten von dem § 37 Tit. 12 Teil II A. L.=R.'s abweichende Schulbaupflicht nicht statuiert. Demgemäß sind die durch das erweiterte Schulbedürfnis bedingten Bauten zufolge § 3 des Ges. v. 21. VII. 46 von den zur Schule gewiesenen Einwohnern zu übernehmen. Die Unterhaltung der gemeinen Schulen bestimmt sich mangels eines anderweiten Gesetzes für die Provinz Sachsen nach Maßgabe der §§ 29, 34 ff. Tit. 12 Teil II A. L.=R.'s.

In der Magdeburger Kirchenordnung findet sich der Grundsatz nicht ausdrücklich ausgesprochen, daß der Kirchenkasse, dem Patrone und den Eingepfarrten die Fürsorge für das Volksschulwesen dahin obliegt, daß sie auch die zur Befriedigung des jeweiligen Bedürfnisses erforderlichen Schulen neu einzurichten und zu unterhalten haben. Hinsichtlich der Gebäude insbesondere beschränkt sich Kapitel 26 darauf, die Unterhaltung und Wiederherstellung der vorhandenen Gebäude zu regeln. Nun darf es zwar keinem Bedenken unterliegen, die für die Unterhaltung und Wiederherstellung der vorhandenen Gebäude gegebenen Bestimmungen auf deren Erweiterung und auch auf die Herstellung der in der Folge notwendigen Gebäude zu übertragen, jedoch nur unter der Voraussetzung, daß insoweit noch jetzt eine öffentlich-rechtlich erzwingbare Verpflichtung besteht. Dies ist in Ansehung der für den eigentlichen, kirchlichen Zweck erforderlichen Gebäude anzunehmen. Was die Schulgebäude anlangt, so ist maßgebend, daß die Kirchenordnung sich nur mit solchen Schulen befaßt, die als Zubehör der evangelischen Kirche für die schulpflichtigen Kinder der Glaubensgenossen eingerichtet sind. Kirchen- und Schulwesen sind als ein Ganzes, Gottesdienst und Schulunterricht als ein gemeinschaftlicher Zweck der Kirchengesellschaft behandelt worden. Solcher Schulen, die an anderen, als Kirchorten und nicht als Zubehör der Kirche bestehen, wird nicht gedacht. Die Kirchschule wird weiter mit der Küsterei als verbunden angesehen.

Im § 37 Tit. 12 Teil II A. L.-R.'s hat nun mit den Worten „wo das Schulhaus zugleich die Küsterwohnung ist" nicht beabsichtigt werden sollen, lediglich unter dieser Voraussetzung die Baulast nach den Grundsätzen für Pfarrbauten aufrecht zu erhalten, vielmehr gilt dies für alle Schulen, welche als Zubehör der Kirchen eingerichtet sind. Mit dem Hinweise auf das zugleich die Küsterwohnung enthaltende Schulhaus hat nur ein, aber nicht das einzige Erkennungszeichen für den Zusammenhang der Schule mit der Kirche aufgestellt werden sollen. Hieraus ergiebt sich auch in Anwendung der Magdeburgischen Kirchenordnung daß, weil sie jedenfalls die Baulast nur für die von den evangelischen Kirchen zur Förderung ihrer Zwecke als Zubehör der Kirchen eingerichteten Schulen regelt und mit dem § 37 also in Übereinstimmung steht, die Kosten des Erweiterungsbaues, der lediglich durch das Schulbedürfnis hervorgerufen, gemäß §§ 3 und 6 des Ges. v. 21. VII. 46 von den zur Unterhaltung der gemeinen Schule Verpflichteten zu übernehmen sind.

Nr. 11. Entsch. Bd. XXIV. S. 147 vom 22. Februar 1893. I C 106 92.

A. L.-R. Teil I Tit. 17 §§ 1, 2, 44, 45, 52, Teil II Tit. 11 §§ 605, 710, 711, 731, 733, 790. Tit. 12 §§ 29 ff., 37. Vd. v. 2. V. 11 (G.-S. S. 193) wegen Separation der Küstereien an Filialkirchen u. s. w. L.-V.-G. §§ 52, 85, 86.

1) Nach Ablauf der im § 85 L.-V.-G. zur Einlegung von Berufungen gesetzten Frist von zwei Wochen darf ein Antrag auf Bewilligung einer Nachfrist zur Rechtfertigung der rechtzeitig angemeldeten Berufung nicht mehr berücksichtigt werden; die Gewährung einer solchen kann überhaupt nur rechtswirksam ausgesprochen werden, wenn das bezw. Fristgesuch innerhalb der zweiwöchentlichen Präklusivfrist gestellt worden ist.

2) Wo das L.-V.-G. die prozessuale Behandlung streitiger Verwaltungssachen nicht erschöpfend regelt, ist auf die für den preußischen oder den neuen deutschen Prozeß erlassenen Bestimmungen zurückzugehen. Dies hat auch hinsichtlich der notwendigen Streitgenossenschaft zu geschehen, die, während das L.-V.-G. ihrer nicht besonders gedenkt, im § 59 der Ziv.-Proz.-Ordn. so geordnet ist, daß der Übertragung der dort gegebenen Vorschriften auf das Verwaltungsstreitverfahren weder dessen Grundzüge, noch einzelne Satzungen entgegenstehen.

3) Daß das streitige Rechtsverhältnis aber allen Streitgenossen gegenüber nur einer einheitlichen Feststellung fähig sei, ist zwar dann zutreffend, wenn es sich um ein nach der Natur des Streitgegenstandes unteilbares Rechtsverhältnis handelt, aber jedenfalls dann nicht, wenn es sich um die stets teilbare Leistung eines Geldbeitrages seitens mehrerer Kompatrone handelt, von denen überdies in dem Streite über die Leistungspflicht recht wohl der eine obsiegen, der andere unterliegen kann.

Kompatrone sind nach § 605 Tit. 11 Teil II A. L.-R.'s als Inhaber eines gemeinsamen Rechtes und einer gemeinsamen Verbindlichkeit zu betrachten. Damit ist auf Abschn. 1 Tit. 17 Teil I verwiesen, und hiernach nehmen die Miteigentümer einer Sache oder eines Rechtes an deren Nutzungen und Lasten nach dem Verhältnisse ihrer Anrechte teil, von denen bis zum Beweise des Gegenteiles die Vermutung gilt, daß sie gleich seien; jedem Dritten haften die Miteigentümer daher nur nach Anteilen, dagegen als Korrealschuldner, d. h. Jeder für das Ganze nur aus gemeinschaftlichen Verträgen (§§ 1, 2, 44, 45, 52 Tit. 17 Teil I A. L.-R.'s). Diesen allgemeinen Grundsätzen entsprechend, verpflichtet das A. L.-R. zwar einerseits mehrere Kompatrone, die ihnen obliegenden zwei Drittel der Baarkosten von Kirchen-, Pfarr- und Küsterschulbauten unter sich — und, was zu ergänzen ist, der Kirchengemeinde gegenüber — nach Verhältnis ihres Anteiles am Patronatsrechte zu tragen; andererseits läßt das Gesetz aber, da die die Beitragspflicht regelnden Bestimmungen der §§ 711ff., 790, 731, 733 Tit. 11 Teil II und § 37 Tit. 12 Teil II A. L.-R.'s nur subsidiärer Natur sind (§ 710 Tit. 11 Teil II), eine abweichende Gestaltung dahin zu, daß der eine von mehreren Kompatronen durch Vertrag, Judikat, Observanz von der seinem Anteile am Patronatsrechte entsprechenden Quote des Zweidrittel-Baubeitrages ganz oder teilweise befreit ist. Das Rechtsverhältnis kann den verschiedenen Kompatronen gegenüber daher verschieden sein und muß ihnen als Streitgenossen gegenüber nicht notwendig einheitlich festgestellt werden.

Ebensowenig ist ihre Streitgenossenschaft aus einem sonstigen Grunde eine notwendige. Denn es kann jeder der beiden Kompatrone in einem gesonderten Verfahren auf Erfüllung seiner vermeintlichen Baubeitragspflicht belangt werden, da weder eine dem materiellen Rechte angehörende, noch eine prozeßrechtliche Vorstellung für derartige Streitigkeiten die gleichzeitige Anstellung der Klage gegen alle Beteiligte gebietet.

4) Durch eine auf Grund der Vd. v. 2. V. 11 bewirkte Küstereiseparation wird das Schulhaus nicht schon in ein geistliches Gebäude umgewandelt. Hierdurch wird nur einzig und allein eine Änderung in den Verpflichtungen der Tochtergemeinde wie der zu ihr eingepfarrten Dörfer herbeigeführt, in keiner Weise aber die Verpflichtung des Kirchenpatrones der Tochtergemeinde erschwert oder irgendwie geändert. Vergl. E.-O.-V. Bd. XIII S. 260, Bd. XIV S. 234. Dies gilt auch für den Fall, wo die Filialküsterei nicht mit einer seit langer Zeit bestehenden Schulstelle vereinigt, sondern vielmehr mit einer erst nach Erlaß der Verordnung und zwar gleichzeitig mit der Separation für das Filialdorf neu gegründeten Lehrerstelle verbunden wird. Entscheidend ist nur und ausschließlich, ob die Verbindung der betreffenden Schulstelle mit der Küsterei nach deren vorgängiger, in Ausführung der Verordnung geschehener Separierung von der Küsterei im Mutterkirchdorfe sich vollzogen hat. Die Eigenschaft eines geistlichen Gebäudes kann aber dem ohne Mitwirkung oder Zuziehung der Kirchengemeinde erbauten Schulhause lediglich durch die Betrauung des eingesetzten Lehrers auch mit dem, dieserhalb von der Mutterkirche erst separierten Küsterdienste der Filialkirche, nicht aufgeprägt werden. Dazu hätte es eines sowohl von Schul- wie von Kirchenhoheitswegen zu genehmigenden vertragsmäßigen Abkommens zwischen der Schul- und Kirchengemeinde bedurft. Ist aber ein solches nicht abgeschlossen, so ist für den § 37 Tit. 12 Teil II A. L.-R.'s kein Raum und es bewendet bei den Vorschriften der Vd. v. 2. V. 11.

Nr. 12. Entsch. Bd. XXVIII. S. 157 vom 22. März 1895. I C 122/94.

A. L.-R. Teil II Tit. 12 §§ 29 ff., 34 ff.

Im Geltungsbereiche des A. L.-R.'s müssen die Träger der Schulbaulast, also auch der Kirchenpatron, soweit er als solcher an der Schulbaulast beteiligt ist, auch zu den Kosten der mietsweisen oder anderweiten Beschaffung notwendiger Räume beitragen, und zwar ohne Unterschied zwischen Ersatzräumen für fehlende und für solche Gebäude, die vorhanden, aber vorüber-

gehend nicht benutzbar sind. Vergl. E.-O.-V. Bd. XX S. 177.[1]) Dem steht nicht entgegen, daß der § 36 Tit. 12 Teil II A. L.-R.'s die ländlichen Dominien nur verpflichtet, die zu Schulgebäuden notwendigen Materialien, soweit sie auf dem Gute hinreichend vorhanden, herzugeben. Denn hierdurch wird nicht der Begriff und Umfang der Baulast bestimmt, sondern lediglich das Verhältnis, nach dem die Gutsherren zu dieser Last beizutragen haben.

Nr. 13. Entsch. Bd. XXVIII. S. 160 vom 9. April 1895. I C 117/94.

A. L.=R. Teil II Tit. 12 § 37, Tit. 11 §§ 790, 710 ff. Kab.=Ord. v. 11. XII. 1710 nebst Kgl. Deklaration v. 28. XI. 1796 (Nov. Corp. Const. March. Bd. X S. 763).

Nach märkischem Provinzialrechte hat der Kirchenpatron, sofern nicht örtliche Normen ein Anderes ergeben, nicht etwa bloß Gegenstände, aus denen Baumaterialien hergestellt werden können, sondern die Baumaterialien selbst zu verabfolgen. Er hat daher auch die Kosten für das Ausgraben und Sprengen der zu Küsterschulbauten erforderlichen Bausteine zu tragen.

b) Nach Provinzialrechten.

α) In Ost- und Westpreußen.

Nr. 1. Entsch. Bd. XIII. S. 274 vom 3. Juli 1886. I C 29/86.

Pr. Schulordnung v. 11. XII. 45 (G.=S. 1846 S. 1) §§ 39, 40, 44, 46, 54.

Wenn die Erweiterung einer schon bestehenden Schule in Ost- oder Westpreußen nicht in dem Beitritte benachbarter Grundherren oder Ortseingesessenen, sondern in der wachsenden Einwohnerzahl der Schulgemeinde ihren Grund hat, so sind die Leistungen der Gutsherren bei Bauten für das erweiterte Bedürfnis — sofern bezüglich des einzelnen Baufalles nicht besondere Vereinbarungen zu stande kommen — lediglich nach dem Gesetze und nicht nach Herkommen oder Verträgen zu bestimmen, durch die die Schulbaulast im allgemeinen in abweichender Weise geregelt ist.

Für den bisherigen Bedarf und dessen Beschaffung behält es bei einer von den Grundsätzen der Schulordnung abweichenden Norm, die sich hinsichtlich der Leistung der Gutsherren etwa durch Vertrag oder Herkommen gebildet hat, sein Bewenden.

Durch die Erhebung eines bisher in kommunalrechtlicher Beziehung einen Bestandteil eines Domänendorfes bildenden Vorwerkes zu einem selbständigen Gutsbezirke löst sich der bisherige kommunalrechtliche Zusammenhang. Fiskus hört auf, Gutsherr des Vorwerkes zu sein und ist zu gutsherrlichen Leistungen an Bauholz für die zum Vorwerke gehörigen Haushaltungen nicht mehr verpflichtet. Denn die Patronatslasten liegen den Gutsherren ob, auch wenn sie nicht zugleich Inhaber der Gerichtsobrigkeit sind. Entsch. v. 22. I. 95 (Z.=Bl. U.=V. S. 380). Der Begriff des Gutsherrn ist in der Schulordnung kein anderer, als nach gemeinem preußischen Rechte. Die Vorschrift des § 47 berechtigt nicht zu dem Schlusse, daß unangesessene Gutsherrschaften dem Gesetze unbekannt, der rechtlichen Existenz nicht fähig seien. Bei der Aufstellung jener Verteilungsnorm hat der Gesetzgeber allerdings nur den gemeingewöhnlichen Fall der Konkurrenz von Gutsherren mit Grundbesitz und Hintersassen im Auge gehabt und diesen allein geregelt, aber den ebenfalls möglichen und gar nicht seltenen, hauptsächlich auf seiten des Domänenfiskus vorkommenden Fall des Vorhandenseins und der Beitragspflicht eines Gutsherrn, der gar keinen oder doch keinen von Hintersassen bewohnten Grund und Boden im Schulbezirke besitzt, durchaus nicht ausschließen wollen. Ist eine Gutsherrschaft beim Neubau der Schule nicht herangezogen

[1]) Ebenso Entsch. v. 3. X. 91 (Z.=Bl. U.=V. S. 725).

Der Kirchenpatronat hat öffentlich=rechtliche Natur. Die Patronatsbaulast kann dem Umfange nach freilich durch Vertrag bestimmt werden, und dieser wäre ein privatrechtlicher Titel solange, als er nicht durch Genehmigung der zuständigen Behörde die Bedeutung einer öffentlich=rechtlich anzuerkennenden Norm erlangt hat. Aber abgesehen hiervon gehört der Patronat nach seiner ganzen Beziehung zur Kirche dem kirchlichen und um deswillen auch dem öffentlichen Rechte an. Das Bestehen eines allgemeinen Staatspatronates ist auf Grund von A. L.=R. Teil II Tit. 11 § 573 in der Praxis nicht angenommen worden. Entsch. v. 19. XII. 88 (Pr. Verw.=Bl. Bd. X S. 267).

worden, so würde dieser einzige Fall ein jene befreiendes Herkommen zu begründen nicht geeignet sein. Entsch. v. 27. IX. 95 (Pr. Verw.-Bl. Bd. XVII S. 215).

Dem Gutsherrn sind bei der Verteilung von Schulneubaukosten zwischen Landgemeinde und Gutsbezirk die Haushaltungen seines Gesindes, seiner Instleute u. s. w., die auf einem zur Landgemeinde gehörigen Hausgrundstücke wohnen, nicht anzurechnen, selbst wenn ein von den Beteiligten nicht vollzogener, aber von der Aufsichtsbehörde festgestellter Matrikelnachtrag dies (irrtümlich) thut und bestimmt, daß der dort festgelegte Maßstab für die nächsten 10 Jahre maßgebend sein soll. Entsch. v. 16. X. 94 (Pr. Verw.-Bl. Bd. XVI S. 124).

Eine Schulortschaft, die nicht zu den Domänendörfern gehört, hat auch den Schulbauplatz zu beschaffen, der Gutsherr nur, wenn er durch Herkommen dazu verpflichtet ist. Entsch. v. 29. IV. 91 (Z.-Bl. U.-V. S. 642).

Bezüglich des Baues von Küsterschul- und Organistenhäusern gilt in Ostpreußen gemäß Zusatz §§ 220, 221 des Ostpr. Provinzialrechtes v. 4. VIII. 01 das A. L.-R. (Teil II Tit. 12 § 37, Teil II Tit. 11 §§ 714, 715). Entsch. v. 30. I. 84 (Pr. Verw.-Bl. Bd. V S. 165). Wird ein Küsterschulhaus herkömmlich zu $^2/_3$ von den Pfarrbauverpflichteten, zu $^1/_3$ von der allein zur Schule gehörigen Landgemeinde unterhalten, so besteht für die Gutsherrschaft des Schulortes, die in der Vergangenheit einmal zu einem Neubau $^1/_3$ des Bauholzwertes beigetragen hat, zur Leistung des gutsherrlichen Anteiles für Bauholz weder Gesetz noch Herkommen als Verpflichtungsgrund. Weder § 44 der Schulordnung, noch § 3 des Ges. v. 21. VII. 46 finden Anwendung und § 36 Teil II Tit. 12 A. L.-R.'s gilt in Ost- und Westpreußen nicht. Entsch. v. 28. IX. 92 (Pr. Verw.-Bl. Bd. XIV S. 149).

β) In Schlesien.

Nr. 1. Entsch. Bd. XII. S. 230 vom 23. September 1885. I C 43/85.[1])

General-Landschulreglement für Schlesien v. 3. XI. 1765 (Kornsche Ed.-Samml. Bd. VIII S. 780) §§ 12, 13, 14. Schulreglement für die niederen kath. Schulen Schlesiens u. s. w. v. 18. V. 01 (Neue Kornsche Ed.-Samml. Bd. VII S. 266). Kr.-Ordn. v. 13. XII. 72 § 31.

1) Im Geltungsbereiche des schlesischen General-Land-Schul-Reglements v. 3. XI. 1765 und des Schulreglements für die niederen katholischen Schulen v. 18. V. 01 liegt der Bau und die Unterhaltung der Schule der politischen Gemeinde und der Gutsherrschaft ob. Fehlt es an einer politischen Gemeinde, so hat die Gutsherrschaft jene Last allein zu tragen. Vergl. Entsch. Ob.-Trib. v. 11. XI. 72 (Entsch. Bd. LXVIII S. 200).

2) Der § 31 der Kr.-Ordn. beabsichtigt nicht, den Gutsbezirken neue Lasten aufzuerlegen, die öffentlich-rechtlichen Verpflichtungen der Inhaber selbständiger Güter neu zu regeln, sondern nur den bisherigen Rechtszustand zum Ausdrucke zu bringen. Vergl. E.-O.-V. Bd. I S. 196, Bd. XI S. 165.

Nr. 2. Entsch. Bd. XIII. S. 279 vom 21. April 1886. I C 165/85.

General-Landschulreglement für Schlesien v. 3. XI. 1765 (Kornsche Ed.-Samml. Bd. VIII S. 780) § 13. Schulreglement für die niederen kath. Schulen Schlesiens u. s. w. v. 18. V. 01 (Neue Kornsche Ed.-Samml. Bd. VII S. 266) § 19a.

1) Das gemeine Recht kennt keine besonderen Rechte und Pflichten des Gutsherrn des Schulortes. Die zur Schule gehörigen Dörfer bilden den Schulverband und in jedem einzelnen Dorfe sind Gemeinde und Gutsherrschaft beitragspflichtig. Auf diesem Rechtsboden stehen die katholischen Schulreglements v. 3. XI. 1765 und 18. V. 01. Sie sprechen nur von zur Schule geschlagenen Gemeinden und Herrschaften und geben dem Gutsherrn des Schulortes überall kein Vorzugsrecht. Nach § 13 des Regl. von 1765 sind die katholischen Schulen auf Kosten der Gemeinden, aber mit Konkurrenz der Herrschaft, ohne Unterschied der Religion, zu erbauen, weil Herrschaften jeder Religion daran gelegen und nützlich ist, brauchbare Unterthanen durch den Dienst der Schule zu erhalten. Dies Motiv trifft bei allen zur Schule geschlagenen Dominien zu. Es konkurrieren daher zu den Schulbauten nicht lediglich die Gutsherrschaft des Schulortes, sondern alle eingeschulten Dominien, ohne Rücksicht darauf, ob die Dominialbesitzer im Schulbezirke wohnen oder nicht.[2])

[1]) Ähnlichen Inhaltes Entsch. v. 23. VI. 86 (Pr. Verw.-Bl. Bd. VII S. 379).
[2]) Ebenso Entsch. v. 15. X. 95 (Pr. Verw.-Bl. Bd. XVII S. 217).

2) Sind Herrschaften und Gemeinden an der Baulast beteiligt, so steht im Mangel gültiger Verträge oder rechtsbeständiger Gewohnheiten der Regierung als Aufsichtsbehörde die Bestimmung darüber zu, was jeder Kontribuent zu gewähren hat. Vergl. E.-O.-V. Bd. XI S. 170, Bd. XII S. 229, Bd. III S. 148, Bd. X S. 138.

Haben die Behörden in der irrtümlichen Annahme, daß die landrechtlichen Bestimmungen auch für die katholischen Schulen das maßgebende Gesetz seien, diese stets gleichmäßig zur Anwendung gebracht, so mag sich auf Grund dieser rechtsirrtümlichen Auffassung in einzelnen Schulverbänden unter gewissen Voraussetzungen ein besonderes Herkommen bezüglich der Beitragspflicht der Gutsherren haben bilden können. Ein auch für andere Schulverbände maßgebendes Gewohnheitsrecht ist aber dadurch nicht geschaffen.[1])

Nr. 3. Entsch. Bd. XVIII. S. 187 vom 25. Mai 1889. I C 176/88.

General-Landschulreglement für Schlesien v. 3. XI. 1765 (Kornsche Ed.-Samml. Bd. VIII S. 780) § 13. Schulreglement für die niederen kath. Schulen Schlesiens u. s. w. v. 18. V. 01 (Neue Kornsche Ed.-Samml. Bd. VII S. 266) A. L.-R. Teil II Tit. 12 §§ 34—38.

Das General-Landschul-Reglement für Schlesien v. 3. XI. 1765 enthält nur Vorschriften für katholische Schulen, an dem katholische Lehrer den Unterricht zu erteilen hatten. Dagegen regelt sich die Verpflichtung zur Herstellung der Gebäude einer evangelischen Schule in den „Dörfern vermischter Religion" im Sinne des Schulregl. v. 18. V. 01 lediglich nach dem A. L.-R. Teil II Tit. 12 §§ 34—38. Für die katholischen Schulen bleibt maßgebend der § 13 des oben gedachten Regl. von 1765, da das Regl. von 1801 die Baupflicht überhaupt nicht berührt.

Nr. 4. Entsch. Bd. XXV. S. 196 vom 21. Oktober 1893. I C 48/93.

A. L.-R. Teil II Tit. 12 § 30. General-Landschulreglement für Schlesien v. 3. XI. 1765 (Kornsche Ed.-Samml. Bd. VIII S. 780). Schulreglement für die niederen kath. Schulen Schlesiens u. s. w. v. 18. V. 01 (Neue Kornsche Ed.-Samml. Bd. VII S. 266). Zust.-Ges. § 47.

1) Das A. L.-R. sieht die Schulunterhaltungspflicht als eine Last an, die nicht auf dem Kommunalverbande, sondern auf einem von diesem völlig verschiedenen Sozietätsverhältnisse beruht. Deshalb ist der § 30 Tit. 12 Teil II A. L.-R.'s nur auf eine Mehrheit von Sozietäts-

---

[1]) Ähnlich Entsch. v. 24. V. 93 (Pr. Verw.-Bl. Bd. XV S. 70): Von der Bildung einer Observanz kann nur dann die Rede sein, wenn die Übung auch nach Entdeckung des Irrtumes fortgesetzt und dadurch Ausdruck gemeinsamer Rechtsüberzeugung geworden ist, oder wenn die Übung ohne Erkenntnis des Irrtumes durch langjährige, Generationen umfassende Befolgung allmählich zu einer derartigen Rechtsüberzeugung geführt hat. Vergl. auch Entsch. v. 22. X. 90 (Pr. Verw.-Bl. Bd. XII S. 183): Das Schlesische Schulreglement v. 3. XI. 1765 bestimmt, daß die Schulen auf Kosten der Gemeinden mit Konkurrenz der Herrschaft zu erbauen sind, ohne zu sagen, in welchem Verhältnisse Gemeinde und Herrschaft diese — auch Reparaturbauten umfassende — Last tragen sollen. Es ist sonach bei dem damals geltenden Rechtszustande verblieben, und es haben die Regierungen dieses Verhältnis im Streit- oder Bedarfsfalle beim Mangel gültiger Vereinbarungen oder rechtsbeständiger Gewohnheiten endgültig festzusetzen. Mehrere zu einer sogen. Herrschaft vereinigte und auf ein gemeinsames Grundbuchblatt eingetragene Güter gehen hinsichtlich der auf jedem einzelnen von ihnen lastenden Schulbauverpflichtungen nur dann in den Begriff der Herrschaft faktisch und rechtlich unter, wenn sie ihre individuelle Existenz verloren haben, d. h. wenn die Auflösung des betreffenden Gutsbezirkes durch einen Akt der Staatshoheit erfolgt ist. Aus einer Vereinbarung über das Beitragsverhältnis für den Neubau einer Schule folgt nicht notwendig, daß dasselbe Verhältnis auch für künftige Reparaturbauten Geltung haben soll. Das Vorhandensein einer irrigen Rechtsauffassung über die Schulbaupflicht schließt zwar die Bildung einer gültigen Observanz nicht unbedingt aus. Es müssen alsdann aber die einzelnen vorgekommenen Baufälle angegeben und dargethan werden, wie in ihnen übereinstimmend und zwar in der von dem ursprünglichen Irrtume über das anzuwendende geschriebene Recht nicht mehr beeinflußten Überzeugung rechtlicher Notwendigkeit verfahren sei.

schulen, niemals aber bei verschiedenen Kommunalschulen oder bei Konkurrenz einer solchen mit einer Sozietätsschule anwendbar. Besteht daher eine kommunale Konfessionsschule an einem Orte oder für einen aus mehreren Orten zusammengesetzten Schulverband, so kann die Frage, ob zu deren Unterhaltung solche Gemeindemitglieder beizutragen haben, die zu einer Schule der anderen Religionspartei gelegt sind, lediglich nach den provinzial- oder ortsrechtlichen Normen entschieden werden, nach denen sich die Unterhaltung der Gemeindeschule regelt.

2) Auch nach schlesischem Provinzialrechte sind die evangelischen Glieder einer politischen Gemeinde von den zur baulichen Unterhaltung der katholischen Gemeindeschulen aufzubringenden Umlagen selbst dann nicht befreit, wenn sie einer evangelischen Elementarschule zugewiesen sind. Vielmehr regelt sich ihre Beitragspflicht nach der kommunalen Ortsverfassung. Da nun das Provinzialgesetz keinen Verteilungsmaßstab innerhalb der Gemeinden aufgestellt hat, so steht der rechtlichen Möglichkeit einer nur die katholischen Gemeindeangehörigen der Gemeinde gegenüber zu Schulbauleistungen verpflichtenden Observanz ein rechtliches Bedenken nicht entgegen und es konnte eine derartige Observanz auch noch in landrechtlicher Zeit sowie unter der Herrschaft des Landgemeindeverfassungsges. v. 14. IV. 56 sehr wohl zur Entstehung kommen. Vergl. E.-O.-V. Bd. V S. 158, Bd. VII S. 5. Dabei ist zu beachten, daß einer Observanz hinsichtlich der den kirchlichen Interessenten obliegenden Schullast nicht ohne weiteres Geltung auch in Ansehung von baulichen Bedürfnissen zukommt, die von einer zur Unterhaltung der gemeinen Schule rechtlich verbundenen Dorfgemeinde, beziehungsweise dieser gegenüber von ihren kommunalabgabepflichtigen Mitgliedern zu befriedigen sind. Vergl. E.-O.-V. Bd. XV S. 274.

3) Aus Anlaß der Verteilung einer durch Regierungsbeschluß einer politischen Gemeinde für einen Schulhausbau auferlegten Last auf die einzelnen Gemeindeglieder kann von diesen im Streitverfahren gegen den Gemeindevorsteher die Verpflichtung der Gemeinde zu der ihr angesonnenen Leistung nicht in Frage gestellt werden.

Nr. 5. Entsch. Bd. XV. S. 274 vom 19. November 1887. I C 80/87.

General-Landschulreglement für Schlesien v. 3. XI. 1765 (Kornsche Ed.-Samml. Bd. VIII S. 780) §§ 13, 14, 19, 29. Schulreglement für die niederen kath. Schulen Schlesiens u. s. w. v. 18. V. 01 (Neue Kornsche Ed.-Samml. Bd. VII S. 266). Ges. v. 21. VII. 46 (G.-S. S. 392), betreffend Bau und Unterhaltung der Schul- und Küsterhäuser.

1) In Schlesien bestanden bereits vor Erlaß des General-Landschul-Regl. v. 3. XI. 1765 katholische Pfarrschulen, die für beständig zu den Pfarrkirchen gehörten, aus kirchlichen Mitteln unterhalten wurden und bei denen die Baupflicht den kirchlichen Interessenten oblag. Die Schulreglements von 1765 und 1801 berühren die Rechtsverhältnisse dieser Pfarrschulen nur insoweit, daß, wenn die kirchlichen Bezüge des Lehrers an einer solchen Pfarrschule zum Unterhalte nicht ausreichen oder wenn die Anstellung eines Adjuvanten an der Schule erforderlich wird, die Aufbesserung des Gehaltes des alten Lehrers und die Besoldung des Adjuvanten nicht von den kirchlichen Interessenten, sondern von den Schulunterhaltungspflichtigen, den zur Schule gehörenden Gemeinden und Dominiis zu bewirken ist. Das Ges. v. 21. VII. 46 hat endlich die zum Bau und zur Unterhaltung der katholischen Pfarrschulen verpflichteten kirchlichen Interessenten von der Verpflichtung zu Erweiterungsbauten, die durch das Schulinteresse geboten sind, entbunden und diese Verpflichtung denen auferlegt, denen in Ermangelung eines katholischen Pfarrschulhauses der Bau und die Unterhaltung einer gemeinen Schule am Orte obliegen würde. Für derartige Erweiterungen ist demnach jetzt der § 13 des General-Landschul-Regl. v. 3. XI. 1765 maßgebend,

wonach die gemeinen Schulen von den Gemeinden mit Konkurrenz der Herrschaft nicht nur zu erbauen, sondern auch mit allem nötigen Schulgerät von Tischen, Bänken (Subsellien), Tafeln u. s. w. zu versehen sind. Hat sich unter den kirchlichen Interessenten eine Observanz dahin gebildet, daß die Kosten für die Beschaffung des Schulgerätes von den Pfarrschulbaupflichtigen gleich den Baukosten zu tragen sind, so kann diese Observanz nicht etwa auch eine Norm bilden für die Aufbringung der durch die Einrichtung einer neuen Schulklasse verursachten Kosten.

2) Was den Repartitionsmaßstab betrifft, so gebührt die Bestimmung des Teilungsverhältnisses zwischen Gemeinde und Gutsherrschaft der staatlichen Aufsichtsbehörde; diese Bestimmung hat der Ausschreibung des Schulvorstandes vorauszugehen.

γ) In Pommern.

Nr. 1. Entsch. Bd. XVIII. S. 177 vom 22. Juni 1889. I C 21/89.

Pommersche Kirchenordnung von 1535 und 1563 (Richter, die evang. Kirchenordnungen des 16. Jahrhunderts, Bd. II S. 251). A. L.-R. Teil II Tit. 11 §§ 710, 731, 790, Tit. 12 § 37. Ges. v. 21. VII. 46 (G.-S. S. 392), betreffend Bau und Unterhaltung der Schul- und Küsterhäuser, § 4. L.-V.-G. §§ 61, 70. Ziv.-Proz.-Ordn. § 41.

1) In einer Streitsache zwischen einem Kirchenpatron einerseits und der Kirchen- und Schulgemeinde, sowie der beigeladenen Regierung andererseits wegen Wiederaufbaues des Küster- und Schulhauses, sowie der Wirtschaftsgebäude und wegen des dazu zu zahlenden Patronatsbeitrages hatte sich der Vertreter der beigeladenen Regierung durch eine von dem Regierungspräsidenten (Köslin) mitunterzeichnete Vollmacht legitimiert. Dieser Umstand mußte zur Folge haben, daß der Regierungspräsident von der Verhandlung und Entscheidung ausgeschlossen wurde. Denn der Richter ist kraft Gesetzes von der Ausübung des Richteramtes in Sachen ausgeschlossen, in denen er selbst Partei oder als gesetzlicher Vertreter einer Partei aufzutreten berechtigt ist. Der Beigeladene steht in dieser Beziehung der Partei gleich. Der Regierungspräsident ist zwar nicht der ausschließliche gesetzliche Vertreter der beigeladenen Regierung, wohl aber deren Vorsitzender. Nimmt er in dieser Eigenschaft an Prozeßhandlungen teil, sei es unmittelbar, sei es mittelbar durch Vollziehung der Vollmacht für den Prozeßvertreter, so ist er in sinngemäßer Anwendung des § 41 der Ziv.-Proz.-Ordn. von der Teilnahme an dem Richterspruche für ausgeschlossen zu erachten. Der zweite Absatz des § 61 L.-V.-G. bezieht sich auf Absatz 1 insoweit nicht, als hier die Vorschriften der bürgerlichen Prozeßgesetze über Ausschließung der Gerichtspersonen als maßgebend bezeichnet sind.

2) Das Ges. v. 21. VII. 46 beläßt es grundsätzlich bei der bisherigen Baulast der kirchlichen Verpflichteten und beteiligt die zur Unterhaltung der gemeinen Schule Verpflichteten nur soweit, als sich nach Erlaß des Gesetzes lediglich im Schulinteresse das Bedürfnis von Neu- oder Erweiterungsbauten herausstellt. Demgemäß kann auch § 4 nur dahin verstanden werden, daß die kirchlichen Verpflichteten einen Neubau im Umfange der alten, vor Erlaß dieses Gesetzes bestandenen Wirtschaftsgebäude auch dann auszuführen haben, wenn inzwischen die Landdotation des Küsters gemäß § 101 der Gemeinheitsteilungsordn. v. 7. VI. 21 zur Erreichung der in § 41 b a. a. O. festgesetzten geringsten Fläche vergrößert worden ist. Hat eine solche Vergrößerung bei der Regulierung der gutsherrlich-bäuerlichen Verhältnisse stattgefunden, so wäre die Schulgemeinde nur dann nach Maßgabe der Erweiterung an deren Neubau zu beteiligen, falls nachgewiesen wird, daß nach Erlaß des Ges. v. 21. VII. 46 auch eine Erweiterung der Wirtschaftsgebäude zur Ausführung gelangt sei.

Die Pommersche Kirchenordnung von 1535 und 1563 gilt noch heute als Provinzialgesetz, soweit sie nicht durch spätere Gesetze und das A. L.-R. aufgehoben ist. Daß sie über die Baupflicht für die mit der Schule verbundenen Küstereien nicht besonders verfügt, ist unerheblich. Denn in diesem Falle bleibt es bei dem auch in Pommern eingeführten § 37 Tit. 12 Teil II A. L.-R.'s, wonach die mit der Küsterei thatsächlich schon vor Erlaß der Vd. v. 2. V. 11 verbundenen Schulen gemäß den für Kirchengebäude bestehenden Vorschriften zu erbauen sind. Für Kirchengebäude kommen nach § 710 a. a. O. die Bestimmungen des A. L.-R.'s nur dann zur Anwendung, wenn Provinzialgesetze oder Gewohnheiten u. s. w. nichts anderes bestimmen. Die Kirchenordnung bestimmt aber, daß Kirchen, Pfarreien und Küstereien, sofern der Kirchenkasten nicht zulangt, von den Kirchspielsverwandten, die den Kirchenschoß zu leisten haben, baulich zu unterhalten sind. Der Patron hat, wenn kein Holz bei der Kirche oder auf dem Pfarrhofe ist, etwas Holz herzugeben. Hiernach ist also auch im vorliegenden Falle die Patronatslast zu bestimmen, und nicht etwa nach § 731 Tit. 11 Teil II A. L.-R.'s, falls eine solche Beitragspflicht nicht für den Patron auf Grund einer örtlichen Observanz oder eines anderen Rechtstitels feststehen sollte.

Es besteht kein Grund, die Artikel 4 und 5 des Regulatives v. 29. VIII. 31 nicht auch auf die vor 1831 ohne gesetzliche und rechtliche Basis errichteten Landschulen anzuwenden, sobald sie gemäß Art. 2 durch ausdrückliche oder stillschweigende Anerkennung der Staatsbehörde in öffentliche Schuleinrichtungen umgewandelt sind. Ein Mehrheitsbeschluß der vorschriftsmäßig geladenen Grundbesitzer einer Schulgemeinde, die Baukosten in Zukunft gemäß Art. 4 des Regl. nach der Grund- und Gebäudesteuer aufzubringen, der die Genehmigung der Regierung gefunden hat, steht daher mit dem Gesetze durchaus im Einklange. Entsch. v. 10. I. 91 (Z.-Bl. U.-V. S. 368).

δ) In den vormals Kgl. Sächsischen Landesteilen der Provinz Sachsen.[1])

Nr. 1. Entsch. Bd. XVIII. S. 190 vom 29. Mai 1889. I C 114/88.

Vd. v. 11. XI. 44 (G.-S. S. 698), betreffend die Beitragspflicht der Rittergutsbesitzer und anderer Grundbesitzer in den vormals Kgl. sächsischen Landesteilen der Prov. Sachsen zur Unterhaltung von Kirchen, Pfarren und Schulen, v. 21. VII. 46 (G.-S. S. 392), betreffend Bau und Unterhaltung von Schul- und Küsterhäusern, §§ 3, 6.

In der für die ehemals Kgl. Sächsischen Landesteile der Provinz Sachsen ergangenen Vd. v. 11. XI. 44 ist eine Verpflichtung der Rittergutsbesitzer und der ihnen gleich zu stellenden Gutsbesitzer, zur Unterhaltung der „gemeinen Schulen" im landrechtlichen Sinne beizutragen, begründet worden. Bezüglich der übrigen Interessenten ist der bei ihrem Erlasse bestehende Rechtszustand nicht geändert worden. Die Beitragspflicht der Rittergüter u. s. w. ist durch die Vd. von 1844 nicht nur für alle kirchlichen Bedürfnisse, sondern auch für alle Erfordernisse der Schulen, die das A. L.-R. in den §§ 12 ff. Tit. 12 Teil II als „gemeine Schulen" bezeichnet, festgestellt. Ob eine Last im Sinne des A. L.-R.'s und der es ergänzenden Gesetze als eine kirchliche Last, oder als eine gemeine Schullast anzusprechen ist, ist für die Beitragspflicht und Beitragsquote der Rittergüter u. s. w. bedeutungslos. Sie ist in beiden Fällen die gleiche und besteht auch dem Ges. v. 21. VII. 46 gegenüber voll zu Recht, da sie die gesammte Schullast gegenüber der in Frage kommenden Schule umfaßt, ihrem Wesen nach also sich nicht mit dem die Baulast der Küsterhäuser regelnden § 37 Tit. 12 Teil II A. L.-R.'s deckt.

Das Ges. v. 21. VII. 46 findet übrigens auch in den vormals Königlich sächsischen Landesteilen der Provinz Sachsen Anwendung, falls die Vorbedingungen dafür gegeben sind, falls es sich also z. B. um die Baulast eines Patronates, das nicht an einem Grundbesitze haftet, handelt, oder dem patronatberechtigten Gute eine besondere Patronatsbaulast durch Urteil auferlegt ist. Vergl. §§ 14, 22 der Vd.

---

[1]) Hierher gehört auch die oben S. 513 bei den Angelegenheiten der evang. Kirche abgedruckte Entsch. vom 24. Januar 1891 (Bd. XXI S. 202).

ε) In Hannover.

Nr. 1. Entsch. Bd. XVII. S. 272 vom 26. Januar 1889. I B 36/88.

Zust.-Ges. §§ 47, 49.

Für einen Schulbezirk in Hannover, zu dem die evangelischen Bewohner einer Stadt und mehrerer Landgemeinden gehörten, mußte ein neues mehrklassiges Schulhaus gebaut werden. Seitens der Stadt wurden Einwendungen gegen die Zweckmäßigkeit des Bauprojektes erhoben. Der darüber sich entwickelnde Streit konnte nicht in Gemäßheit des § 47 des Zust.-Ges. zum Austrage gebracht werden. Einmal hatte die Stadt zu den Baukosten nichts beizutragen, gehörte also auch nicht zu den „Beteiligten" im Sinne jenes § 47 Abs. 3. Demgemäß konnte dem Magistrat ein Klagerecht nicht eingeräumt werden, selbst nicht als Patron der oberen Klassen jener Schule, es sei denn, daß die Schulbaupflicht mit dem Patronate als solchem nach Lokalrecht verbunden gewesen wäre, was hier nicht vorlag. Anderen Falles würde allerdings die Schulbaupflicht als eine öffentlich-rechtliche Verpflichtung anzusehen und das Patronat den im Absatz 3 des § 47 genannten Verpflichteten zuzuzählen sein, da das Patronat nach seiner ganzen Beziehung zur Kirche und Schule dem Kirchen- und Schulrechte und um deswillen auch dem öffentlichen Rechte angehört.

Die Verwaltung des Schul- und Stiftungsvermögens, die Beschlußfassung über Bauten, die Art ihrer Ausführung, ihre Leitung und Beaufsichtigung stand in diesem Falle allein dem Schulvorstande zu. Überweist nun § 47 Abs. 1 auch nicht nur den Streit über die Baupflicht, sondern auch den über die Anordnung von Neu- und Reparaturbauten der Beschlußfassung der Schulaufsichtsbehörde, und kann ein Streit der letzteren Art nicht nur unter Schulbaupflichtigen, sondern unter allen denjenigen entstehen, die ein rechtlich begründetes Interesse an der Art und Ausführung des Baues haben, z. B. zwischen der Schulaufsichtsbehörde einerseits und den Schulbaupflichtigen andererseits, zwischen den kirchlichen Interessenten u. s. w., die dann alle aktiv und passiv zur Klage legitimiert sind, so würde aus dem Patronate das Recht zur Klageerhebung nur dann folgen, wenn darin das Recht zur Mitwirkung bei Schulbauten enthalten gewesen wäre, was ebenfalls nicht der Fall war.

ζ) In Kurhessen.

Nr. 1. Entsch. Bd. XXIX. S. 196 vom 27. März 1896. I C 19/94.

Bd. v. 29. VII. 67 (G.-S. S. 1245), betreffend das Diensteinkommen der öffentlichen Volksschullehrer im Regierungsbezirke Kassel, § 3. Hess.-Nass. Kr.-Ordn. v. 7. VI. 85 (G.-S. S. 193) § 37. Kurh. Gem.-Ordn. v. 23. X. 34 (Kurh. G.-S. S. 181) § 5. Konsistorial-Ausschreiben und Regulativ v. 28. II. 1766 (Neue Samml. der Landes-Bd. u. s. w. Bd. III S. 175). Reg.-Instr. v. 23. X. 17 (G.-S. S. 248) § 18.

1) Die Volksschule im vormaligen Kurfürstentum Hessen, ursprünglich als eine Einrichtung der Kirche in das Leben gerufen, hat sich seit den ersten Dezennien des gegenwärtigen Jahrhunderts zu einem organisch dem Staate eingegliederten, mit eigener Rechtspersönlichkeit ausgestatteten Institute entwickelt, dem als Träger der Unterhaltungslast gemeinhin die bürgerlichen Gemeinden und selbständigen Gutsbezirke gegenüberstehen.

2) Nicht durchweg ebenso verhält es sich im Bereiche des Konsistorialausschreibens v. 28. II. 1766. Diese mit Gesetzeskraft erlassene und bisher im Wege der Gesetzgebung nicht beseitigte Verordnung legt die Baulast den Eingepfarrten auf. Sie behandelt aber nur die geistlichen Gebäude am Orte der Mutterkirche.[1])

[1]) Die Vorschrift im § 4 des Hessischen Konsistorialausschreibens v. 28. II. 1766, wonach der Gutsherr zum Bau kirchlicher Gebäude am Orte der Mutterkirche nur nach $^2/_3$ der Grund- und Gebäudesteuer herangezogen werden kann, findet auf Schulen, die nicht Küsterschulen sind, keine Anwendung. Für die Verteilung der Kosten von Schul-

3) Alle außer den Bauten erforderlichen Aufwendungen für die Schule am Orte der Mutterkirche, desgleichen die Kosten überhaupt für die übrigen Schulen bilden zufolge des Überganges der Fürsorge für die Schule von der Kirche auf den Staat vorbehaltlich besonderer ortsrechtlicher Verhältnisse eine Last der bürgerlichen Gemeinden und selbständigen Gutsbezirke als der subsidiären Träger der Schulunterhaltungslast. Vergl. E.-O.-V. Bd. XVIII S. 215. Dieser Grundsatz gilt insbesondere auch hinsichtlich der Küsterschulen an kirchlichen Filialorten.

4) Ob die Bauten zur Erhaltung und Wiederherstellung der Gebäude im bisherigen Umfange dienen oder Erweiterungsbauten im Schulinteresse sind, macht keinen Unterschied. Was den Maßstab für die Verteilung von Schulbaukosten zwischen mehreren, zu derselben Schule gewiesenen Gemeinden oder Gutsbezirken anlangt, so ist, da das Gesetz einen solchen nicht vorgesehen hat, die Aufsichtsbehörde kraft der ihr durch § 18 der Reg.-Instr. v. 23. X. 17 übertragenen Machtvollkommenheiten an sich befugt, über den Beitragsfuß zu befinden. Der Verwaltungsrichter ist zu dessen Nachprüfung nicht nach Gesichtspunkten der Zweckdienlichkeit, sondern nur nach der Richtung hin berufen, ob er den Normen des bestehenden Rechtes nicht widerstreite.

V.

Zwangserziehung verwahrloster Kinder.

Litteratur: Kommentar zum Gesetze betreffend Unterbringung verwahrloster Kinder und den Ergänzungsgesetzen von Wiedemann, Berlin 1887. — Föhring in Holtzen=

---

bauten zwischen Gemeinde und Gutsbezirk ist in Ermangelung sonstiger Normen der Maßstab der sämmtlichen direkten Staatssteuern zulässig und angemessen. Ein Herkommen, das in anderen Schulverbänden bezüglich der Lastenaufbringung besteht, kann auf einen neu begründeten Schulverband nicht ohne weiteres übertragen werden. Entsch. v. 13. XII. 90 (Pr. Verw.=Bl. Bd. XII S. 230).

Das Kurhessische Konsistorialausschreiben v. 28. II. 1766 hat, soweit es die bauliche Unterhaltung des Küsterschulgebäudes regelt, nicht schon infolge des Überganges der Fürsorge für die Schule von der Kirche auf den Staat seine Bedeutung verloren. Denn aus dieser Übernahme folgt noch nicht, daß die bezüglich der Unterhaltung der Schule vordem erlassenen Gesetze außer Kraft gesetzt sind. Hierzu bedurfte es eines die Aufhebung aussprechenden Gesetzes, und ein solches ist hinsichtlich des genannten Konsistorialausschreibens nicht ergangen. Abgesehen von den hiernach besonders geregelten Kosten der baulichen Unterhaltung des Küster= und Schulhauses sind die sonst erforderlichen Kosten für die Küsterschule und für die übrigen Schulen überhaupt, nachdem die Fürsorge für die Schule nicht mehr Aufgabe der Kirche und deshalb auch nicht der Kirchengemeinde ist, bis zum Erlasse eines diesen Gegenstand regelnden Gesetzes — das für Kurhessen bisher nur bezüglich der Ausbringung des Diensteinkommens der Lehrer in der Vd. v. 29. VII. 67 gegeben ist — von den Gemeinden und Gutsbezirken als den Trägern aller öffentlichen Lasten aufzubringen, für die weder der Staat direkt eingetreten ist, noch Dritte verpflichtet sind. — Zur Feststellung, daß mehrere Gemeinden einen Schulverband bilden, bedarf es nicht des Nachweises eines die Bildung eines solchen ausdrücklich anordnenden oder genehmigenden Aktes der zuständigen Behörde; es genügt vielmehr, daß die Gemeinde seit Alters her thatsächlich unter Anerkennung der zuständigen Behörde in einem gemeinsamen Schulverbande stehen. — Eine festgestellte Observanz ist nur soweit und in dem Umfange die Rechtsnorm, als sie durch die gleichmäßige Übung bei jeder sich darbietenden Gelegenheit in der auf seiten aller Beteiligten beruhenden Überzeugung von deren rechtlicher Notwendigkeit sich kundgegeben hat. Aus der für das Kirchen= oder Pfarrgebäude erwiesenen Observanz ist daher nicht ohne weiteres zu folgern, daß sie auch für das Küsterhaus besteht, und umgekehrt, aus der für Reparaturbauten beobachteten Übung nicht notwendig, daß das Gleiche auch für Neubauten gilt. Der Umfang der Observanz ist in jedem Falle nach den besonderen Umständen von dem Richter zu bestimmen. Als die objektive Rechtsnorm unterliegt sie auch der freien Nachprüfung des Revisionsrichters. Entsch. v. 24. IX. 90 (Pr. Verw.=Bl. Bd. XII S. 156).

dorffs Handbuch des Gefängniswesens, 1888 Bd. II S. 278. — Münsterberg in Freiherrn v. Stengels Wörterbuch Bd. II S. 1003. — Fuld in Konrads Jahrbüchern, 1886 S. 326, in Schmollers Jahrbüchern, 1885 S. 161. — Kautz in Illing-Kautz, 7. Aufl., Berlin 1897, Bd. I.

Materialien: Gesetz betreffend die Unterbringung verwahrloster Kinder vom 13. März 1878. Verhandl. des Herrenhauses I, Session 1877. Drucks. Nr. 26. 59. 76. Sten.-Ber. S. 15. 16. 88—95. 116—139. — Verhandl. des Herrenhauses II, Session 1877. Drucks. Nr. 33. 39. 104. 105. Sten.-Ber. S. 16—28. 287—296. — Verhandl. des Abg.-Hauses, Session 1877/78. Drucks. Nr. 120. 204. 241. Sten.-Ber. S. 1065—1075. 1436—1455. 1491—1503. 1629—1640. — Ergänzungsgesetz vom 27. März 1881. Verhandl. des Abg.-Hauses, Session 1880/81. Drucks. Nr. 182. 253. Sten.-Ber. S. 1800—1802. 1811. — Verhandl. des Herrenhauses. Drucks. Nr. 90. 92. Sten.-Ber. S. 231. — Ergänzungsgesetz vom 23. Juni 1884. Verhandl. des Herrenhauses, Session 1883/84. Drucks. Nr. 52. 55. 82. 84. 85. 99. 105. Sten.-Ber. S. 121—127. 223—235. 263. 264. — Verhandl. des Abg.-Hauses, Session 1883/84. Drucks. Nr. 200. 213. 256. 272. 276. Sten.-Ber. S. 2041—2044. 2361—2372. 2395—2403.

Nr. 1. Entsch. Bd. VI. S. 187 vom 1. April 1880.

Ges. v. 13. III. 78 (G.-S. S. 132), betreffend die Unterbringung verwahrloster Kinder, §§ 7, 12, 15.

1) Nach § 15 des Ges. v. 13. III. 78 hat das O.-V.-G. auf Antrag des Oberpräsidenten zu entscheiden, wenn der zur Unterbringung verwahrloster Kinder verpflichtete[1]) Kommunalverband eine von der Behörde innerhalb der Grenzen ihrer Zuständigkeit festgestellte Leistung zu erfüllen verweigert. Diese Voraussetzung traf im vorliegenden Falle zu, indem der Oberpräsident unter näherer Begründung des Anspruches von der Provinzialverwaltung verlangte, sie solle einen vormundschaftsrichterlichen Beschluß, wonach ein verwahrlostes Kind in einer geeigneten Familie oder in einer Erziehungs- oder Besserungsanstalt untergebracht werden sollte, ohne Rücksicht auf den Umstand zur Ausführung bringen, daß kein Ortsarmenverband vorhanden sei, der die Kosten der Einlieferung und ersten Ausstattung bestreite. Falls sie — so war hinzugefügt — die Kosten nicht so ohne weiteres auf Provinzialfonds übernehmen wolle, bleibe nur übrig, daß der Provinzialverband wegen Erstattung jener Kosten gegen den seiner Meinung nach Verpflichteten klagbar werde; keinesfalls dürfe die Ausführung des Beschlusses unterbleiben oder bis zu der definitiven Erledigung der Kostenfrage ausgesetzt werden.

Damit war unzweideutig die Forderung ausgesprochen, daß der Provinzialverband die Überführung des Kindes in die Zwangserziehung seinerseits bewirken und insbesondere die Kosten der Einlieferung und ersten Ausstattung — wenigstens einstweilen — trage. Hierin mußte aber eine dem Gesetze entsprechende, von der zuständigen Behörde vorgenommene Feststellung dessen, was der Provinzialverband leisten sollte, erblickt werden, da bestimmte Formen für eine derartige Feststellung nicht vorgeschrieben sind und weder über die Art, noch über den Umfang der geforderten Leistung ein begründeter Zweifel obwalten konnte.

Andererseits war die Unterlassung der geforderten Leistung, bezw. die Weigerung darin zu erblicken, daß sich der Landesdirektor außer stande erklärte, die geforderte Zwangserziehung zur Ausführung zu bringen und anheim gab, die Entscheidung des O.-V.-G. herbeizuführen. Denn es handelte sich nicht um die Anordnung, daß das Kind der betreffenden Anstalt überwiesen werde, sondern um die Durchführung dieser Anordnung auf dem Wege, daß der Provinzialverband die Kosten der Einlieferung und ersten Ausstattung zunächst seinerseits übernehme.

2) Auch die fernere Frage, ob dem Provinzialverbande nach dem Gesetze obliege, die Kosten für die Einlieferung und erste Ausstattung

[1]) § 15 ist auch dem Art. I der Prov.-Ordn.-Novelle v. 22. III. 81 (G.-S. S. 176) gegenüber in unveränderter Geltung geblieben. Vergl. E.-O.-V. Bd. XV S. 1 ff.

des Kindes vorbehaltlich ihrer späteren Wiedereinziehung zu zahlen, wurde im bejahenden Sinne beantwortet und dabei auf den § 7 des Ges. v. 13. V. 78 Bezug genommen. In dem § 7 gelangt das Prinzip des Gesetzes zum Ausdrucke, daß die Fürsorge für die Unterbringung der verwahrlosten Kinder in die Hand der dort näher bezeichneten Kommunalverbände gelegt werden soll. Demgemäß ist die Verpflichtung dieser Verbände bedingungslos hingestellt und insbesondere ganz unabhängig von der im § 12 geregelten, die Tragung der Kosten betreffenden Frage gehalten. Daraus folgt, daß der angegangene Provinzialverband sich der ihm in dem § 7 auferlegten Verpflichtung zur Durchführung der vom Vormundschaftsgerichte beschlossenen Unterbringung des Kindes nicht durch die Behauptung entziehen kann, es seien von ihm nach § 12 die Kosten der Einlieferung und ersten Ausstattung des Zöglings nicht definitiv zu tragen. Unter allen Umständen hat er vielmehr seine Unterbringung zu bewirken. Deshalb muß er auch, wenn es an einem Ortsarmenverbande fehlt, der zur Übernahme der ersten Ausstattung und Einlieferung bereit ist, zunächst seinerseits eintreten und kann lediglich die Wiedererstattung der verausgabten Kosten von demjenigen fordern, den er für erstattungspflichtig hält.

Nr. 2. Entsch. Bd. VII. S. 239 vom 14. Oktober 1880.
Ges. v. 13. III. 78 (G.=S. S. 132) §§ 2, 7, 12, 15.

1) Die Voraussetzung des § 15 des Ges. v. 13. III. 78, daß ein Kommunal- (hier ein Provinzial-) Verband eine von der Behörde innerhalb der Grenzen ihrer Zuständigkeit festgesetzte Leistung zu erfüllen verweigert oder unterläßt, trifft zu, wenn der Oberpräsident als Aufsichtsbehörde den Landesdirektor der Provinz aufgefordert hat, zur Ausführung eines vormundschaftsgerichtlichen Beschlusses die Unterbringung eines Knaben in eine geeignete Familie oder Anstalt auf Kosten des Provinzialverbandes zu bewirken und der Landesdirektor dies verweigert, weil der Beschluß des Vormundschaftsgerichtes ein gesetzwidriger sei.

2) Aus der Entstehungsgeschichte des Ges. v. 13. III. 78 geht hervor, daß die Frage, ob eine Zwangserziehung stattzufinden hat, durch rechtskräftigen Beschluß des Vormundschaftsgerichtes erledigt wird. Es steht daher den beteiligten Kommunalverbänden nicht mehr frei, die Ausführung eines solchen Beschlusses um deswillen zu verweigern, weil die Zwangserziehung nach dem Gesetze nicht habe ausgesprochen werden dürfen. Ist einmal auf Unterbringung erkannt, so hat der betreffende Verband nach § 7 des Gesetzes die Verpflichtung, auf Grund des Beschlusses die Unterbringung in einer dem Gesetze entsprechenden Weise nach näherer Bestimmung der zu erlassenden Verwaltungsreglements herbeizuführen. Das O.-V.-G. kann hiernach überall da, wo ein solcher Beschluß des Vormundschaftsrichters vorliegt, nur dahin zu entscheiden haben, daß es eine dem Verbande nach dem Gesetze obliegende Leistung sei, dem Beschlusse Folge zu geben. In eine Prüfung, ob der vormundschaftsrichterliche Beschluß sachlich begründet erscheint, kann es nicht eintreten.

VI.

Angelegenheiten des Personenstandes.[1])

Litteratur: Kommentare zum Reichsgesetz über die Beurkundung des Personenstandes und die Eheschließung von Fitting, Zweibrücken 1875, Hinschius, 2. Aufl., Berlin 1876, Hurtzig, Hannover 1876, Kautz in Illing=Kautz, 7. Aufl., Berlin 1897,

[1]) Vergl. auch Bd. II S. 79, Bd. III S. 87.

Bd. I, Philler, Berlin 1875, v. Seyfried, Mannheim und Straßburg 1876, Stiegele, Stuttgart 1875/76, Völk, 3. Aufl., Nördlingen 1875, Weber, Erlangen 1875, Wohlers, Berlin, 4. Aufl. — Dr. Stölzel: Deutsches Eheschließungsrecht, 3. Aufl., Berlin 1876. — v. Erichsen: Die Führung der Standesregister, 7. Aufl., Berlin 1895. — v. Sicherer: Personenstand und Eheschließung in Deutschland, Erlangen 1879. — Derselbe in Freiherr v. Stengels Wörterbuch Bd. II S. 529.

Materialien: Preußisches Gesetz über die Beurkundung des Personenstandes und die Form der Eheschließung vom 9. März 1874. Verhandl. des Abg.-Hauses, Session 1873/74. Drucks. Nr. 84. 139. 150. 209. 293. Sten.-Ber. S. 389. 419. 449. 584. 611. 623. 651. 750. 1236. — Verhandl. des Herrenhauses, Session 1873/74. Drucks. Nr. 34. 54. 74. Sten.-Ber. S. 119. — Reichsgesetz betreffend die Beurkundung des Personenstandes und die Eheschließung vom 6. Februar 1875. Verhandl. des Reichstages, Session 1872. Drucks. Nr. 188. Sten.-Ber. S. 1151 ff. — Session 1873. Drucks. Nr. 37. 77. 142. Sten.-Ber. S. 265. 950 ff. — Session 1874. Drucks. Nr. 52. 126. 153. 197. 220. Sten.-Ber. S. 960. 987. 1011. 1047. 1067. 1091. 1216.

Nr. 1. Entsch. Bd. IV. S. 385 vom 29. Juni 1878.

Reichsges. v. 6. II. 75 (R.-G.-Bl. S. 23) über die Beurkundung des Personenstandes und die Eheschließung §§ 7, 8, 11, 83, 84. Zust.-Ges. § 154.

Die Festsetzung des Pauschquantums, das für Wahrnehmung der Geschäfte der Standesbeamten von dem zum Bezirke des Hauptamtes nicht gehörigen Gemeinden zu gewähren ist, erfolgt in den Stadtgemeinden durch die Gemeindevertretung, für die Landgemeinden durch Beschluß des Kreisausschusses. Über Beschwerden entscheidet endgültig der Bezirksausschuß.[1])

Nr. 2. Entsch. Bd. XIX. S. 415 vom 19. März 1890. I A 68/69.

Pr. Ges. v. 9. III. 74 (G.-S. S. 95) §§ 5, 7, 8 und Reichsges. v. 6. II. 75 (R.-G.-Bl. S. 23) §§ 7, 8, 11, 84, über die Beurkundung des Personenstandes u. s. w Min.-Erl. v. 1. XII. 75 (M.-Bl. S. 275). Zust.-Ges. § 154.

Die sächlichen Kosten der Standesbeamten in den Landgemeinden werden auch jetzt von dem Kreisausschusse, in höherer Instanz von dem Bezirksausschusse im Beschlußverfahren festgesetzt.

Allerdings erwähnt § 154 Abs. 3 des Zust.-Ges. die „sächlichen Kosten" nicht ausdrücklich, doch giebt dessen Entstehungsgeschichte nicht den geringsten Anhalt dafür, daß es beabsichtigt worden wäre, die sächlichen Kosten von dem Beschlußverfahren auszunehmen. Eine solche Absicht hätte dem bestehenden Rechtszustande gegenüber irgendwie verlautbart werden müssen.

VII.

Staatsangehörigkeit.

Litteratur: Kommentar zum Reichsgesetz vom 1. Juli 1870 von Dr. Wilh. Cahn, 2. Aufl., Berlin 1896. — Kautz in Illing-Kautz, 7. Aufl., Berlin 1897, Bd. I. — Gerber: Grundzüge des Staatsrechts §§ 15—17 und Beilage II, Staatsrechte von G. Meyer, §§ 75 ff., 213 ff., Gareis, S. 140 ff., Laband, Bd. I §§ 16—20, Schulze, Bd. I S. 344, Zorn, Bd. I S. 252, Landgraf in den Preußischen Jahrbüchern, 1869 S. 226, in Hirths Annalen, 1870 S. 625, Seydel in Hirths Annalen, 1876 S. 135 ff., 1883 S. 577 ff., Zorn in Freiherrn v. Stengels Wörterbuch Bd. II S. 345.

Materialien: Reichsgesetz über die Freizügigkeit vom 1. November 1867. Verhandl. des Reichstags, 1867. Drucks. Nr. 50, 109. Sten.-Ber. S. 532 ff. 550—567. — Reichsgesetz über die Erwerbung und den Verlust der Bundes- und Staatsangehörigkeit vom 1. Juni 1870. Verhandl. des Reichstags, 1870. Drucks. Nr. 11. 37. 45. 47. 48. Sten.-Ber. S. 81 ff. 251 ff. 1076 ff.

[1]) Und zwar nicht mehr im Streitverfahren; vergl. § 154 des Zust.-Ges.

Nr. 1. Entsch. Bd. XIII. S. 408 vom 23. Juni 1886. I A 5./96

Ges. v. 1. VI. 70 (B.-G.-Bl. S. 355), über Erwerbung und Verlust der Bundes- und Staatsangehörigkeit, §§ 7, 8, 10, 13, 18, 21. Freizügigkeitsges. v. 1. XI. 67 (B.-G.-Bl. S. 55) § 1.

1) Die preußischen Verwaltungsbehörden und Verwaltungsgerichte sind wohl befugt, die auf die Erwerbung und den Verlust der Bundes- und Staatsangehörigkeit bezüglichen Akte der Verwaltungsbehörden anderer Bundesstaaten auf ihre rechtliche Zulässigkeit und Wirkung zu prüfen, sobald diese Akte zur Grundlage der Verfügungen preußischer Behörden werden.

2) Eine Naturalisation kann aber nicht um deswillen ohne weiteres für ungültig erklärt werden, weil eine der im § 8 des Ges. v. 1. VI. 70 vorgesehenen Bedingungen der Naturalisation bei Erteilung der Naturalisationsurkunde thatsächlich nicht vorhanden gewesen ist. Die Naturalisation stellt sich rechtlich als ein Verwaltungsakt in Ausübung der Staatshoheit dar. Wenn sie gemäß § 8 a. a. O. nur unter gewissen Voraussetzungen stattfinden soll, so sind damit lediglich gewisse Verwaltungsnormen aufgestellt, die für die Behörden der Einzelstaaten bei Handhabung des Gesetzes zwingende sein sollen. Darf nun nach § 8 [3] die Naturalisationsurkunde Ausländern nur dann erteilt werden, wenn sie an dem Orte, wo sie sich niederlassen wollen, eine eigene Wohnung oder ein Unterkommen finden, so ist damit als notwendige Voraussetzung nicht die bereits erfolgte Niederlassung statuiert, sondern lediglich die Fähigkeit, Wohnung oder Unterkommen zu finden. Erfolgt die bei der Naturalisierung erwartete und vorausgesetzte Niederlassung demnächst nicht, so folgt daraus nicht, daß damit auch die durch Aushändigung der Naturalisationsurkunde erworbene Staatsangehörigkeit wieder wegfällt. Denn das Gesetz kennt eine Naturalisierung unter Bedingungen nicht. Ebensowenig ist wegen eines etwaigen Irrtumes oder Mißgriffes in der Prüfung der thatsächlichen Verhältnisse die Aufsichtsinstanz zum nachträglichen Einschreiten und zur Aufhebung einer einmal erteilten und gesetzmäßig zugestellten Naturalisationsurkunde für befugt zu erachten.

Nr. 2. Entsch. Bd. XIV. S. 388 vom 13. Oktober 1886. I A 42/86.

Reichsges. v. 1. VI. 70 (B.-G.-Bl. S. 355), über die Erwerbung und den Verlust der Bundes- und Staatsangehörigkeit, §§ 10, 13, 21. Staatsvertrag mit Nordamerika v. 22. II. 68 (B.-G.-Bl. S. 228) Art. 1, 4. Zust.-Ges. § 155.

1) Der Anspruch eines Deutschen, der die Staatsangehörigkeit durch Aufenthalt im Auslande verloren hat und demnächst nach Deutschland zurückgekehrt ist, auf Erteilung der Aufnahmeurkunde gemäß § 21 Abs. 5 des Reichsges. v. 1. VI. 70 kann nicht durch Klage auf Aufhebung einer ergangenen polizeilichen Ausweisungsverfügung, die ihm als einem nicht Reichsangehörigen gemäß § 130 L.-V.-G. überhaupt nicht zusteht, geltend gemacht, sondern nur in dem durch § 155 des Zust.-Ges. vorgeschriebenen besonderen Verfahren (Antrag beim Regierungspräsidenten, gegen dessen abweisenden Entscheid binnen zwei Wochen Klage beim O.-V.-G.) verfolgt werden.

2) Die Vorschrift des § 21 Abs. 3 des Ges. v. 1. VI. 70, wonach die zehnjährige Abwesenheitsfrist, die den Verlust der Staatsangehörigkeit bedingt, für solche Deutsche, die im Auslande eine fremde Staatsangehörigkeit erworben haben, durch Staatsvertrag bis auf fünf Jahre herabgesetzt werden kann, bezieht sich nicht nur auf Staatsverträge, die erst nach Erlaß dieses Gesetzes abgeschlossen wurden, sondern auch auf damals bereits bestehende, insbesondere auf den Staatsvertrag mit den Vereinigten Staaten von Nordamerika v. 22. VI. 68. Der fünf Jahre lang ununterbrochene Aufenthalt Deutscher in letzteren, verbunden mit dem Erwerbe der Staatsangehörigkeit daselbst, begründet also deren Verlust in Deutschland.

3) Im Falle der abgekürzten fünfjährigen Frist des § 21 Abs. 3 findet ein Anspruch des zurückkehrenden Deutschen auf Erteilung der Wiederaufnahmeurkunde, wie ihn der Abs. 5 demjenigen zuspricht, der durch zehnjährige Abwesenheit die Staatsangehörigkeit verloren hat, nicht statt.

Nr. 3. Entsch. Bd. XV. S. 405 vom 14. September 1887. I A 32/87.

Reichsges. v. 1. VI. 70 (B.=G.=Bl. S. 355), über die Erwerbung und den Verlust der Bundes= und Staatsangehörigkeit, §§ 15, 17. Bd. v. 7. IX. 79 (G.=S. S. 591), betreffend das Verwaltungszwangsverfahren, §§ 2, 55. Reichs=Ziv.=Proz.=Ordn. §§ 798, 812. Zust.=Ges. § 155.

Die Erteilung von Entlassungsurkunden über die Entlassung aus dem Staatsverbande kann nicht deshalb verweigert werden, weil der Antragsteller noch mit Staatssteuern im Rückstande ist. Hierdurch bleibt aber die Frage unberührt, ob die Steuerbehörde bis zu ihrer Befriedigung die Entlassungsurkunde mit Beschlag belegen und so deren Aushändigung an den Auswandernden hindern kann. Ist ein solcher Arrest verhängt und sieht sich infolge dessen die Landespolizeibehörde außer stande, die Ausfertigung der Entlassungsurkunde auszuhändigen, so muß der Schuldner hiervon in Kenntnis gesetzt werden und erlangt so die Möglichkeit, die etwaige Unzulässigkeit und Wiederaufhebung des Arrestes bei der der Vollstreckungsbehörde vorgesetzten Dienstbehörde darzuthun, bezw. nachzusuchen. Die Entscheidung eines in dieser Hinsicht entstehenden Streites liegt aber außerhalb des Rahmens des durch § 155 des Zust.-Ges. geordneten Verwaltungsstreitverfahrens.

Nr. 4. Entsch. Bd. XV. S. 410 vom 29. Oktober 1887. I A 63/87.

Reichsges. v. 1. VI. 70 (B.=G.=Bl. S. 355), über die Erwerbung und den Verlust der Bundes= und Staatsangehörigkeit, §§ 15, 18. Zust.=Ges. § 155.

Die behufs Erlangung der Entlassungsurkunde von den Kreisersatzkommissionen darüber auszustellenden Zeugnisse, ob die Entlassung aus der Staatsangehörigkeit nicht nur zu dem Zwecke nachgesucht ist, sich der Dienstpflicht im stehenden Heere oder in der Flotte zu entziehen, unterliegen bezüglich ihrer sachlichen Begründung einer Nachprüfung im Verwaltungsstreitverfahren nicht. Ein solches Zeugnis kann indessen, z. B. als nach der veränderten thatsächlichen Sachlage nicht mehr zutreffend, bis zur Aushändigung der Entlassungsurkunde wieder zurückgezogen werden.

Nr. 5. Entsch. Bd. XVI. S. 381 vom 18. Februar 1888. I A 12/88.

Freizügigkeitsges. v. 1. XI. 67 (B.=G.=Bl. S. 55) §§ 1, 2. L.=V.=G. §§ 127, 128, 130.

Nicht-Reichsangehörigen steht ein Recht zur Erhebung einer Klage wegen Landesverweisung auch dann nicht zu, wenn die Landesverweisung von Orts- oder Kreis-Polizeibehörden verfügt ist.

Daraus folgt übrigens keineswegs, daß die Ausländer in dieser Beziehung recht- und schutzlos sind. Die Handhabung des freien polizeilichen Ermessens, die nicht durch die Verwaltungsgerichtsbarkeit, sondern nur durch die Aufsichtsinstanzen kontrolliert wird, besteht auf weiten, wichtige Interessen selbst der Staatsangehörigen berührenden Gebieten und ist keineswegs gleichbedeutend mit Willkür.

Nr. 6. Entsch. Bd. XVI. S. 383 vom 3. März 1888. I A 65/86.

L.=V.=G. §§ 127, 128, 130.

Die Klage aus § 130 des Landesverw.-Ges. gegen eine Ausweisungsverfügung ist gemäß Abs. 3 a. a. O. und weil nur unter dieser Voraussetzung eine zur Klage berechtigende Rechtsverletzung vorliegt, von dem seitens des Klägers zu führenden Nachweise abhängig, daß er Reichsangehöriger ist.

Nr. 7. Entsch. Bd. XVIII. S. 397 vom 9. Oktober 1889. I A **14**/89.

L.-V.-G. § 130. A. L.-R. Teil II Tit. 17 §§ 127, 129, 131, 132, 139 (Anh. § 150), 142, 149, Tit. 18 § 238. Tit. 60 § 469. Ges. v. 31. XII. 42 (G.-S. 1843 S. 15), über die Erwerbung und den Verlust der Eigenschaft als preußischer Unterthan, §§ 21, 23. Reichsges. v. 1. VI. 70 (B.-G.-Bl. S. 355), über die Erwerbung und den Verlust der Bundes- und Staatsangehörigkeit § 21.

1) Nach dem Erlasse des Ges. v. 31. XII. 42 über den Erwerb oder Verlust der Rechte als preußischer Unterthan konnte jene Rechte durch langjährigen Aufenthalt im Inlande Niemand erwerben. Wenn vor jener Zeit ein solcher Erwerb durch die unter Zustimmung der Behörde erfolgte Gründung eines Domizils im Inlande oder ohne jene durch dessen Beibehaltung während eines Zeitraumes von zehn Jahren möglich war, so fehlten in dem zur Entscheidung stehenden Falle die Voraussetzungen, weil in dem Aufenthalte bei inländischen Verwandten, den der damals sechsjährige Kläger zum Zwecke der Erziehung im Jahre 1838 begonnen hatte, die Aufschlagung eines beständigen Wohnsitzes nach § 14 Tit. 2 Teil I der Allgemeinen Gerichtsordnung vom 6. VII. 1793 nicht erblickt werden kann, ganz abgesehen davon, daß für eine auf Gründung des Domizils gerichtete Zustimmung des Vaters oder der Polizeibehörde nichts beigebracht war.

2) Ebensowenig war der Kläger, dessen Vater im Jahre 1830 ausgewandert war und bei dem er von 1832—38 gelebt hatte, durch Abstammung Preuße. Denn die ohne jede Absicht der Rückkehr von dem Vater ausgeführte Verlegung des Wohnsitzes in das Ausland hatte bis zum Erlasse des Ges. v. 31. XII. 42 ohne Weiteres den Verlust der Eigenschaft als preußischer Unterthan zur Folge, und zwar selbst für den mit einem Auswanderungskonsense nicht versehenen, dieserhalb strafbaren Unterthan, und ebenso für seine mitgenommenen noch minderjährigen Kinder.

Nr. 8. Entsch. Bd. XXII. S. 389 vom 11. November 1891. I A 53/91.

Reichsges. v. 1. VI. 70 (B.-G.-Bl. S. 355), über die Erwerbung und den Verlust der Bundes- und Staatsangehörigkeit, §§ 7, 11, 19, 21. Freizügigkeitsges. v. 1. XI. 67 (B.-G.-Bl. S. 55) §§ 1, 11, 12.

1) Nach § 21 des Reichsges. v. 1. VI. 70 sind Deutsche, die ihre Staatsangehörigkeit durch zehnjährigen Aufenthalt im Auslande verloren haben und demnächst in das Gebiet des Deutschen Reiches zurückkehren, berechtigt, die Staatsangehörigkeit in demjenigen Staate, in dem sie sich „niedergelassen" haben, wieder zu erwerben. Das Gesetz erstreckt diesen Anspruch über die der Staatsangehörigkeit durch ihren zehnjährigen Aufenthalt im Auslande verlustig gegangenen Personen hinaus auch auf die im Auslande als Staatsangehörige geborenen Kinder der früher einmal Verzogenen, bei denen der Verlust der Staatsangehörigkeit dadurch eingetreten ist, daß sich diese Kinder zur Zeit des Ablaufes der zehnjährigen Frist als Minderjährige bei dem im Auslande abwesenden Vater unter der väterlichen Gewalt befunden haben. Auch die im Auslande von deutschen Eltern geborenen Kinder sind als solche anzusehen, die in das Reichsgebiet zurückkehren.

2) Der Begriff der „Niederlassung" ist nur aus dem Freizügigkeitsges. v. 1. XI. 67 zu entnehmen. Dieses läßt zunächst im § 12 Abs. 2 die Bestimmungen über die Fremdenpolizei unberührt und schließt damit das bloß momentane körperliche Verweilen Reisender oder Fremder von der neu zu schaffenden Regelung aus. Vergl. E.-O.-V. Bd. X S. 340. Für diese aber unterscheidet es scharf zwischen „Aufenthalt" und „Niederlassung". Unter jenem kann daher nur der vorübergehende, unter dieser nur ein ständiger, mit der Absicht längerer Dauer verbundener Zustand verstanden werden, dergestalt, daß der letztere zur Wohnsitzbegründung dann ausreichen würde, wenn zu diesem thatsächlichen Momente noch die rechtlichen Voraussetzungen des letzteren hinzutreten. Vergl. E.-O.-V. Bd. XV S. 56.

Die Begründung eines solchen dauernden, ständigen Aufenthalts-Verhältnisses bildet somit als Niederlassung auch die Voraussetzung für die Entstehung des Anspruches auf Erteilung der Aufnahmeurkunde in den Fällen der §§ 7 und 21 Ziffer 5 des Reichsges. v. 1. VI. 70. Zu dessen Begründung ist die Beschaffung einer dauernden oder selbst nur einer eigenen Wohnung nebst Errichtung eines Hausstandes im Gegensatze zu einer Schlafstelle oder dem Logis bei einem Arbeitgeber nicht erforderlich, ausreichend ist schon ein „Unterkommen"; sofern bei dem Beginne oder während der Fortsetzung des Aufenthaltes irgend welche Umstände hervortreten, aus denen erkennbar wird, daß dabei ein Mehreres, als ein bloß vorübergehender Zustand beabsichtigt worden ist.

Nr. 9. Entsch. Bd. XXVI. S. 376 vom 3. Februar 1894. I A 54/93.

Reichsges. v. 1. VI. 70 (B.-G.-Bl. S. 355), über die Erwerbung und den Verlust der Bundes- und Staatsangehörigkeit, §§ 13, 21.

Hat Jemand die Eigenschaft als Deutscher durch zehnjährigen Aufenthalt im Auslande verloren, so steht ihm bei demnächstiger Niederlassung im Reichsgebiete ein Rechtsanspruch auf Wiederaufnahme dann nicht zu, wenn er inzwischen Angehöriger eines fremden Staates geworden ist.

Nr. 10. Entsch. Bd. XXVII. S. 410 vom 1. Juni 1894. I A 15/94.

Reichsges. v. 1. VI. 70 (B.-G.-Bl. S. 355), über die Erwerbung und den Verlust der Bundes- und Staatsangehörigkeit, §§ 2, 6, 7, 8, 21.

Ist einem früheren Deutschen, der diese Eigenschaft auf andere Weise, als durch zehnjährigen Aufenthalt im Auslande verloren hat, zur Erlangung der preußischen Staatsangehörigkeit anstatt einer Naturalisationsurkunde nur eine Aufnahmeurkunde erteilt, so hat dies doch den Erwerb der preußischen Staats- und der deutschen Reichsangehörigkeit seitens des Betreffenden zur Folge. Durch Aushändigung der Aufnahmeurkunde wird die Staatsangehörigkeit derartig begründet, daß jede Nachprüfung der thatsächlichen oder rechtlichen Voraussetzungen für die Erteilung jener ausgeschlossen bleibt.

Von der Verwaltungsbehörde aber kann auch der Akt der Aufnahme (vergl. E.-O.-V. Bd. XIII S. 408) wegen Irrtumes, Betruges u. s. w. nicht für ungültig erklärt und seiner Wirkungen nachträglich entkleidet werden.

Nr. 11. Entsch. Bd. XXIX. S. 423 vom 4. Februar 1896. I A 115/95.

Reichsges. v. 1. VI. 70 (B.-G.-Bl. S. 355), über die Erwerbung und den Verlust der Bundes- und Staatsangehörigkeit, § 21.

Hat Jemand die preußische Staatsangehörigkeit durch Naturalisation erworben, oder durch zehnjährigen Aufenthalt im Auslande gemäß § 21 Abs. 1 des Ges. v. 1. VI. 70 wieder verloren, so findet auf ihn der Abs. 5 Anwendung, wonach Deutschen, die ihre Staatsangehörigkeit durch Aufenthalt im Auslande verloren haben und demnächst in das Gebiet des Deutschen Reiches zurückkehren, nach ihrer Niederlassung in einem Bundesstaate die Aufnahmeurkunde auf Ansuchen erteilt werden muß. Diesem Rechte steht nicht entgegen, daß der Kläger inzwischen russischer Unterthan geworden ist.

Druck von Greßner & Schramm, Leipzig.

Kolibri 360 GmbH
Ferdinand-Jühlke-Straße 7
99095 Erfurt, Deutschland
produktsicherheit@kolibri360.de